해커스공무원

이언담
형사정책 기본서

해커스

이언담

약력

현 | 해커스공무원 교정학, 형사정책 강의

해커스경찰 범죄학 강의

경기대학교 범죄교정심리학과 초빙교수

행정안전부 안전교육강사(폭력, 성폭력, 자살예방)

(사)아시아교정포럼 교정상담교육원장

인천가정법원 소년보호 국선보조인

전 | 가천대학교 경찰행정학과 겸임교수

경기대학교 교육대학원 겸임교수

법무연수원 교수

사법연수원 형사정책 외래교수

숭실사이버대학교 경찰교정학과 초빙교수

동국대학교 사법경찰대학원 외래교수

한세대학교 상담대학원 외래교수

남부행정고시학원 교정학 전임

종로행정고시학원 교정학 전임

에듀스파 교정학 전임

국가공무원 7, 9급 면접위원

소방직공무원 면접위원

저서

해커스공무원 이언담 형사정책 기본서

해커스공무원 이언담 교정학 기본서

해커스공무원 이언담 교정학 단원별 기출문제집

해커스경찰 이언담 범죄학 진도별 기출 + 실전문제집

해커스경찰 이언담 범죄학 기본서

이언담 경찰 범죄학 핵심요약 · 기출, 멘토링

아담 교정학 기본서, 박문각

아담 교정학 기출 · 예상문제, 박문각

아담 형사정책 기본서, 박문각

아담 형사정책 기출 · 예상문제, 박문각

이언담 교정학 핵심요약, 아담아카데미

이언담 형사정책 핵심요약, 아담아카데미

이언담 교정관계법령 · 판례 · 기출OX, 아담아카데미

이언담 형사정책법령 · 판례 · 기출OX, 아담아카데미

교정상담과 사회복귀, 학지사

교정의 복지학, 솔과학

그 외 연구 논문 다수 발표

여러분의 합격을 응원하는
해커스공무원의 특별 혜택

FREE 공무원 형사정책 **특강**

해커스공무원(gosi.Hackers.com) 접속 후 로그인 ▶ 상단의 [무료강좌] 클릭하여 이용

 해커스공무원 온라인 단과강의 **20% 할인쿠폰**

87A43B97F8D39BH4

해커스공무원(gosi.Hackers.com) 접속 후 로그인 ▶ 상단의 [나의 강의실] 클릭 ▶
좌측의 [쿠폰등록] 클릭 ▶ 위 쿠폰번호 입력 후 이용

* 등록 후 7일간 사용 가능(ID당 1회에 한해 등록 가능)

합격예측 **온라인 모의고사 응시권 + 해설강의 수강권**

8BE8F6AEF64CL74E

해커스공무원(gosi.Hackers.com) 접속 후 로그인 ▶ 상단의 [나의 강의실] 클릭 ▶
좌측의 [쿠폰등록] 클릭 ▶ 위 쿠폰번호 입력 후 이용

* ID당 1회에 한해 등록 가능

쿠폰 이용 관련 문의 **1588-4055**

단기 합격을 위한
해커스공무원 커리큘럼

입문

탄탄한 기본기와 핵심 개념 완성!

누구나 이해하기 쉬운 개념 설명과 풍부한 예시로 부담없이 쌩기초 다지기

TIP 베이스가 있다면 **기본 단계**부터!

▼

기본+심화

필수 개념 학습으로 이론 완성!

반드시 알아야 할 기본 개념과 문제풀이 전략을 학습하고
심화 개념 학습으로 고득점을 위한 응용력 다지기

▼

**기출+예상
문제풀이**

문제풀이로 집중 학습하고 실력 업그레이드!

기출문제의 유형과 출제 의도를 이해하고 최신 출제 경향을 반영한
예상문제를 풀어보며 본인의 취약영역을 파악 및 보완하기

▼

동형문제풀이

동형모의고사로 실전력 강화!

실제 시험과 같은 형태의 실전모의고사를 풀어보며 실전감각 극대화

▼

최종 마무리

시험 직전 실전 시뮬레이션!

각 과목별 시험에 출제되는 내용들을 최종 점검하며 실전 완성

PASS

* 커리큘럼 및 세부 일정은 상이할 수 있으며,
자세한 사항은 해커스공무원 사이트에서 확인하세요.

**단계별 교재 확인 및
수강신청은 여기서!**

gosi.Hackers.com

형사정책의 구조를 꿰뚫어 보는 도판식 강의!

이 책은 형사정책 기본서가 갖춰야 할 기본을 모두 갖추었습니다.

첫째, 보호직 형사정책 시험 준비에 특화된 교재입니다.
보호직 9·7급 시험의 형사정책 출제 난이도가 높아지고 있습니다.
범죄학 기반의 형사정책 범죄원인론에서 더 깊이 있는 문제가 출제되는 추세입니다.
이에 대비하기 위해 경찰 범죄학 기출영역까지 모두 반영하여 다양한 유형의 문제에 대응할 수 있도록 하였습니다.

둘째, 최신 기출문제와 법령·판례를 완벽하게 반영했습니다.
2025년 9급 공채와 형사정책 관련 경찰 범죄학 등 최신 기출문제를 총망라하고,
2025년 3월 개정된 범죄피해자보호법 등 최신 법령과 헌법재판소·대법원 판례를 철저히 반영했습니다.
본 교재는 9·7급 보호직 공채 준비생뿐 아니라 교정직 수험생들에게도 가장 확실하고 신뢰할 수 있는 교재가 될 것입니다.

셋째, 도판식 형사정책 강의를 권해 드립니다.
해커스공무원(gosi.Hackers.com)의 학원 강의나 인터넷 동영상 강의를 함께 이용하시길 권해 드립니다.
도판식 형사정책 강의는 전체 내용을 쉽게 이해하고 암기할 수 있는 획기적 단기공략법입니다.
30년 경력의 연구와 강의 노하우를 바탕으로 형사정책을 쉽고 빠르게, 체계적으로 학습할 수 있어 막연한 두려움에서 벗어날 수 있습니다.

마지막으로 변화하는 출제경향에 맞춘 교재편찬 과정은 쉽지 않은 일이었습니다. 그 과정에 함께 힘을 더해 준 아담아카데미 권형우 연구실장, 편집과정에서 수많은 요구사항을 정성을 다해 반영해주신 해커스공무원 교재편집팀을 비롯한 관계자 여러분께 심심한 감사의 인사를 드립니다.

오직 여러분의 합격만이 이 교재와 강의의 가장 큰 보람입니다.

감사합니다.

이언담

목차

목차

형사정책 학습법, 왜 도판(구조)식이어야 하는가?

형사정책 수험생의 하소연

• 용어가 확실하지 않아 애매하고, 낯설게 느껴진다.
• 설명을 들으면 이해되는 듯하지만, 막상 체계적인 결과물이 없어 허전함을 느낀다.

전문가의 지도 아래 형사정책의 학문적 특성을 정확히 이해하고, 효율적으로 대응해야 할 필요성이 있다.

이론과 법령, 두 개의 도판 활용

• 이론도판: 한 장의 도판에 연구자와 이론, 이론과 이론 간의 상호연계 및 비교학습을 가능하게 한다.
• 법령도판: 한 장의 도판으로 형사정책의 법령체계를 명확히 파악할 수 있어, 방대한 법령에 압도되는 느낌에서 벗어날 수 있다.

도판은 학습 초기의 이해부터 마지막 정리까지 가장 효과적이고 강력한 학습 도구로 활용할 수 있다.

최고의 효율성, 기대효과

• 강의 7일 차에는 초보자라도 형사정책을 체계적으로 이해할 수 있게 된다.
• 강의 종료 후에는 전체 내용을 확인하며 자신의 부족한 부분을 선별하여 보충할 수 있어 효율적인 학습이 가능하다.

* '아담아카데미'가 합격의 그날까지 여러분의 따뜻한 길동무가 되어 드리겠습니다.
• 네이버카페(https://cafe.naver.com/adamtop)
• 유튜브 '아담아카데미'에서 수험에 관한 정보를 얻을 수 있습니다.

형사정책 관계법령 도판

[형벌] 형법 등 소년형사처분 -책임-	징역, 금고, 구류	[교도소] 무기20 형기 1/3 이상	가석방심사위원회(차관) (5-9, 2년, 1차 연임가능)	보호관찰제외자 (가석방자관리규정)
			가석방 적격심사 및 가석방 취소(경찰감호)	
	구치소·교도소 (형집행법)	[소년교도소] [보관위 통보의무] 무-5, 15-3, 부단 3분의 1 경과시 *소년원 수용 6개월	보호관찰심사위원회(검사장) (5-9, 상3, 2년, 연임가능) ① (소년)가석방과 그 취소에 관한 사항 - 취소: 보호관찰중 성인, 소년 가석방자 ② 임시퇴원, 임시퇴원취소, 보호소년 퇴원 ③ 보호관찰 임시해제와 그 취소 ④ 보호관찰의 정지와 그 취소 ⑤ 가석방 중인 사람의 부정기형의 종료	보호관찰소 (보호관찰법)

가석방
임시퇴원 — (우측 표기)

[형벌] 선집, 판결전 조사요구 (통보의무) (전환↓)	선고유예	보관 가능_1년(고1-자정-벌금-2유)	확정 3일 이내 판결문, 준 수사항 관할보관소장 통지
	집행유예	보관, 수·사가능, 관찰기간 내, 수200·사500	
	가석방기간	보관: 무기10년, 유기 남은형기(10년 초과×), 소년은 집행받은 기간(장기도래 시)	⬆
	임시퇴원기간	보관: 6개월 이상 2년 이하 범위 정한 기간	

(좌측 박스) 10~ | 14~19

[보안처분]
형법
소년보호처분
보안주요 4법

-위험성-

보호처분 (소년법)	소년원 (보호소년법)	10호: 장기(12세이상)	2년 초과×	수용 6개월 경과 시 통보
		9호: 단기	6개월 초과×	
		8호: 1개월 이내	1개월 이내	
	7호: 병원.요양소.의료재활소년원 등 위탁		6개월 + 6개월	[병합가능] 1,2,3,4
	6호: 아동복지시설, 소년보호 시설 감호 위탁		6개월 + 6개월	1,2,3,5
↓	5호: 장기 보호관찰		2년 +1년 이내	4,6
	4호: 단기 보호관찰		1년 (연장 ×)	5,6
	3호: 사회봉사명령(14세 이상)		200시간 초과×	5,8
	2호: 수강명령(12세 이상)		100시간 초과×	※ 7,9,10불가
	1호: 보호자 등 감호위탁		6개월 + 6개월	

(좌측) 결정 전
조사요구
(통보의무)

치료감호 (치료감호법)	치료감호소 (심장고, 알마고, 정성성고)	치료감호심의위원회(차관) (판검변고6, 정신3,3년) ① 치료감호시설간 이송 ② 치료위탁, 가종료, 그 취소, 감호종료 ③ 준수사항부과, 전부 일부 추가·변경, 삭제 ④ 만료시 보호관찰 개시	[보관3년] 가종료 치료위탁 가출소
↓	치료명령(심미, 알마고)	선·집유예시: 선고1년, 집유 내 보호관찰기간 초과×, 자비	

[법원·검사 등 조사요구·
의뢰 및 답변의무]
① 법원·검사 판결 전·
결정 전 조사(요구)-보
관소장(서면답변의무)

② 수용기관·병원·요양
소·의료재활소년원장
환경조사(의뢰)-보관
소장(답변의무)-환경
개선활동 보관위(보고)

[보호관찰소관장사무]
① 보호관찰, 사·수집행
② 갱생보호
③ 기소유예자 선도
④ 범죄예방봉사위원
 교육, 지도
⑤ 범죄예방활동

전자부착 (성미살강스) (전자부착법)	1. 법원 판결·결정	2. 위원회 결정
	• 형종후 부착명령: 15년 내 • 형종후 보호관찰: 2-5 • 집행유예: 보호관찰 내 • 보석조건부, 스토킹범죄	• 미선고 특정범 수형자 가석방(필요적, 예외가능) • 보관위: 특정범 이외자 가석방(임) • 치감위: 미선고 특정범 가종료, 치료위탁, 가출소시(임)

약물치료명령 (성충동약물치료법)	1. 법원 판결	2. 법원 결정(수동)	3. 치감위 결정
	19세 이상, 15년 내, 치료기간 보호관찰	징역수형자 동의, 15년 초과×, 치료기간 보호관찰, 본인 부담	가종료, 치료위탁, 가출소 시 보호관찰 기간 내

스토킹 관련 조치 (스토킹처벌법)	• 사경관리 현장 응급조치 • 사경관 긴급응급조치 (직권 또는 피해자 등 요청) • 검사의 잠정조치 청구	법원의 잠정조치 ① 서면 경고 ② 100m 이내 접근금지 ③ 전기통신이용 접근금지 ④ 전자장치 부착 ⑤ 경찰서 또는 구치소 유치

[보호시설]
① 보호관찰소
 (준법지원센터)
② 위치추적관제센터
③ 소년원(○○ 학교)
④ 소년분류심사원
⑤ 청소년비행예방센터
 (청소년꿈키움센터)
⑥ 치료감호소
 (국립법무병원)

성매알선법	보호관찰 6개월 초과×(합산 1년 초과×), 사·수 100시간 초과×(합산 200시간 초과×)
성폭력처벌법 아청법	19세 미만 성범죄자 선고유예 시 반드시 보호관찰, 성범죄자(선고유예 제외): 500시간 범위 수강명령 or 치료프로그램 이수명령
가정폭력법	보호관찰 6개월 초과×(합산 1년 초과×), 사·수 200시간 초과×(합산 400시간 초과×)
벌금미납법	벌금 500만원 사회봉사 신청(1일 9시간 초과×, 6개월 이내 종료, 1회 연장 가능)

중간처벌적
보안처분

피해자보호	피해자보호법	구조심의회, 구조금(장해·중상해·유족), 검사, 형사조정(피의자·피해자)
	소송촉진법	법원, 배상명령: 직권 or 신청(물적피해, 치료비 및 위자료)
신상공개	특정중대범죄 피의자 등	국민의 알권리, 검·경(피의자), 검-법(피고인), 미성년×, 위원회(10인 이내)
	성범죄자	아·청법, 성폭처벌법: 법무장관(등록), 여성장관(집행)

형사정책(범죄학) 이론 도판

초단기 범죄학 정복을 위한 도판식 강의
범죄교정학 박사 이언담

범죄원인이론

범죄

	(1)범죄	범죄, 형v실, 일탈, 절v상, 자v법, 도v표, 개v집	(2) 연구방법	참,사,표,추행(코),실험,통계(율·범,검)	암수범죄 측정	이론형성
	범죄학	범죄 현상과 원인 규명(사실학,경험과학)+대책(규범)	자료수집	질적(면),양적(설),문헌,메타,자료발굴	가,피,정	논,검,타,정

(3) 범죄원인설명

고전	자유	도의	처벌	정기형	일반
실증	결정	사회	치료	부정기	특별

(4) 고전주의

베카	법정,균형,예방,사사폐,공리
벤담	파놉
포이	심리강제
하워	감옥개량

신고전주의

윌슨	억제이론(확,업,신)
깁스	살인(확,업)
티틀	살인외(확)
로스	음주(억제)
베커	범죄경제학(이득과 손실)
클락&코니	합리적 선택이론

(5) 피해자학

코헨&펠슨	일상활동(범,대,보)
하인&갓프	생활양식
미테&메이	구조-선택
브랜팅햄	범죄패턴(시간-공간)

피해자분류

멘델	책임5(무,유)
헨티	심리(일반-심리)
엘렌	심리(잠재-일반)
칼멘	규범
렉클	순수, 도발(피가피)
쉐이	기능책: 정자생사유무촉

(6) 피해자보호법제

범피보호법	구조금, 형사조정
소송촉진법	배상명령

(17) 범죄현상론

환경,빈곤,매스컴,전쟁
연령,계층,교육,직업

(18) 범죄인 유형분류

롬브	생적정기상잠
가로	자연-법정
페리	인류-물리-사회
리스	가능, 불능, 기회
아샤	7(우격기예수관직)

새유형분류

법(형법), 가해(롬,가,샤), 피해(멘,헨)

사회적 유형화

메이휴	전문,유연
린드&던햄	개인,사회
렉클	일반, 전문
퀴니	노(적응,저항),지(기,정,통)

다차원적 유형화

클리나드	공조직개정기비전통(9)
트레비노	공조직개정기기(7)

(19) 전통범죄

살인	폭스&레빈	량: 복사이테
	홈즈&드버	연: 사망권쾌
성폭	그로스	흥보독재
폭력	모이어, WHO	
사기	연성,경성,악성	

(7) 초기실증주의

이탈리아(범죄인류학파)

롬	생물: 신체
가	+심리: 자v법
페	+사회: 포(인물사),대

프랑스(사회학)

게	지리
케	통계, 예도케
라	곡물, 배미라
따	모방(거리,방향,삽입)
뒤	분(기-유), 자(아이숙), 아, 범(정,기) ⇨ 공헌(사회해체,아노미,사회통제)

독일

리	(심리+사회)범죄학+형법학=전형법학
아	법적위험(우격기예수관직)

(8) 생물학

		롬브	생래
신체		고링	롬(부)-유전
		후튼	롬(긍)
		크레	운,세,비
체형		셀던	내,중,외
		글룩	체형과 성격
		코르	기질
유전	쌍생	랑게	긍정
			크리	중
		달&크	부정
	가계	고링	칼리
		덕대	쥬크
		서덜	에드
	양자	슐징	긍정
		크로	긍정
		허&메	친
	XYY	제프	긍정
		위트	부정
뇌구조		뇌간	생존
		변연	편도
		피질	전두엽
신경전달물질		뉴&시	뉴런,시냅스
		도파	엑세
		세로	브레
		노르	투쟁-도주
		가바	억제
분해효소		MAOA	도,세,노 분효
		MAOB	도파
		COMT	도,노,분해
중추		메드	뇌파
		루이	체벌
자율		아이	외,신,정
생화학(호르몬)		슈&스	긍정
		버만	긍정
		몰리&폴리	부정
		달톤	월경
		테스터스	폭력
		폴링	영양
		트원키	과자
유전자		행동유전	유,표
		분자유전	DNA

아 담
야카데미
[네이버카페, 유튜브]

(9) 심리·성격

정신분석	프로	S↑
	에이크	S↓
	힐&브	부모
	볼비	애착
	레&와	비행자아
	융	분석
	아들	개인
	에릭	심리사회
	클라	대상
	파블	고전
행동주의	스키	조작
	반두	사회학습
인지발달	피아	감전구형
	콜버그	3-6
	로렌쯔	공격(생존)
	달라드	좌절-공
본능	버코	좌-분-공
	찔만	입법,위헌
	짐바	루시퍼
정신병질	슈나	무우-광폭
	해어	싸이코
	로르	투사
성격도구	MMPI	환자
	CPI	정상
	아이	성격
	위렌	대인성숙

(20) 특수범죄

화이	조직: 사시뇌기
	직업: 기,정,전
조직	야발은 8
	하스&야불
표적	증오
	스토 단애허망

사이버범죄

통·침	해킹,D-도스
통·이	사(금,피,파,스,메,몸)
불·컨	성,도박

마약범죄

정의	마약,향정,대마
생산	아: 황금삼각(미태라), 황금초(이아파)
	코: 콜럼,페,볼리비아
방식	천연,합성,대마
작용	진정,각성,환각
야쿠	술,판,조,폭,전

(10) 사회과정

학습	써덜	차접
	그래	차동
	버&에	차강
	에이	사학
	라이	자사
	나이	가정
통제	렉클	3P
	사&마	중화
	허쉬	연대
	갓&허	자통
낙인	탄넨	악
	레머	2차
	베커	지위
	슈어	관념
	패&이	발전

(11) 비범죄화와 전환

비	사	수사,재판	4D
	법	입법,위헌	비시
	경	훈϶통위	비형
전	검	기유,불기	비범
	법	선유,집유	적법
	교	가석,보관	
장단	인도주의, 통제망(확,강,다)		

(12) 회복적 사법

최초	이글러쉬	
대면		만남
유엔	회복	보상
	변환	정책
배경	비판	
	퀴&페	평화
	브레	재수치
	피·가중	온타리
	가족집	마오리
유형	양형써	인디
	패널	버몬트

(13) 사회구조

	토마스	상황
	워스	도시
	파크	생태
사회해체	버제스	동심
	쇼&멕	해체
	버&웹	무능
	로빈스	비판
	카&재	체계
	콘하	해-문
	콜만	사·자
↓	윌&켈	깨진
	샘슨	집합
아노미	머튼	아노
	매&로	제도
	에그누	일반
	밀러	TTESFA
하위문화	울프강	폭력
	코헨	비하
	클&오	차기

(14) 갈등이론

	셀린	문화
	볼드	집단
보수	터크	권력
	막스	경
	봉거	경
급진	퀴니	적-저
	스핏짝	잉

(15) 여성범죄와 페미니즘

여성범죄

롬브	남성성가설
폴락	기사도
아들	신여성범죄론
체스	페미, 성별차별

페미니즘

자유	성역할 기회불평등
막스	경제적 불평등
사회	막스+가부장제
급진	가부장, 폭행

(16) 특질·발달·통합이론

	갓&허	자기통제	기질+부적양육
잠재특질	콜빈	차별강압	차강+유대약화
	티틀	통제균형	결핍·과잉

발달범죄이론

초기	글룩(종단연구), 울프강(필라코호트연구)
샘&라	생애 지속-가변(중지)
손베	상호 통제+학습
패링	행동발달 연령에 따른 범죄변화
패터	조기-만기 E(부적절양육)-L(비행친구)
모핏	지속-청한 신경심리(언,인)/모방과 성숙차
인지	지오다노 전연
	마루나 구원
통합이론	엘리엇	긴+통	성공열망
		통+학	1,2경로
	헤이건	비+통	비판+가부장통제
	콜빈&폴	막+통	차별통제

(21) 예측

워너	가석,재범 점수법
버제	가석,실점부여경험표
글룩	가중실점 조기예측
엑스	버-필요성 강조
쉬트	출소: 교정기,불,의문
전제	단순,타당,경제,객관
단계	조기,수사,재판,교정
방법	전체,임상,통계

(22) 예방모델

모델	
랩	범,두사전
브랜&파	1사,2조,3복
제프	사,억,환
톤리&패	사,상,발,법
뉴&레	방어,상황

환경(CPTED)

뉴만	방어공간
제프	CPTED
1세	물리
2세	응집
3세	통합

상황

클&코	5*5=25
* 위,로,변,보,자	
클&와	이익
레페	전이
* 시,장,목,수,기	

(23) 형벌론

이념	응,목,교,신응보
양형론	
전환	

(24) 형벌의 종류

사형	
미결단계	
징역,금고,구류	
벌금,과료,몰수	
자상,자정	

(25) 보안처분론

이론: 일원,이원,대체
보호관찰

(26) 보안 주요 5법

보호관찰법
치료감호법
전자부착법
성폭력약물치료법
스토킹처벌법

(27) 소년사법론

소년보호제도
보호이념

(28) 소년관계법령

소년법: 보호, 형사
소년원법
아·청법
*신상공개관련법

(29) 교정론

교정이념
교도소연구
모델: 구,의,적,재,정
귀휴,펜-오번,자치
과밀수용,

이 책의 구성

『해커스공무원 이언담 형사정책 기본서』는 수험생 여러분들이 형사정책 과목을 효율적으로 정확하게 학습할 수 있도록 상세한 내용과 다양한 학습장치를 수록·구성하였습니다. 아래 내용을 참고하여 본인의 학습 과정에 맞게 체계적으로 학습 전략을 세워 학습하시기 바랍니다.

01   형사정책의 구조를 꿰뚫어 보는 도판식 강의

한 장으로 정리하는 형사정책 법령과 이론

1. 형사정책 관계법령 도판

주요 법령 및 구조를 체계적으로 도식화하여 형사정책의 방대한 법령체계를 한눈에 파악할 수 있습니다.

2. 형사정책(범죄학) 이론 도판

이론의 발전 흐름과 주요 이론가들의 핵심 사상을 한 눈에 비교하여 연구자와 이론, 이론과 이론 간의 상호연계 및 비교학습이 가능합니다.

02   이론의 세부적인 내용을 정확하게 이해하기

제22장 / 범죄예방

제1절 범죄예방의 의의와 예방모델

01 범죄예방의 의의

(1) 의의
① 범죄예방이란 범죄를 사전에 방지하기 위한 대책으로서 법과 제도, 정책, 범죄적 환경의 개선 등을 포함하는 활동으로, 범죄발생의 원인을 제거하거나 범죄억제작용을 하는 여러 원인을 강화함으로써 장래에 범죄가 발생하지 않도록 하는 것을 말한다.
② 범죄예방을 주된 임무로 하는 기관은 경찰이지만, 민간기관이나 시민들도 범죄예방활동에 관여할 수 있다.
③ 사후 진압적 방법: 이미 행하여진 범죄를 진압함으로써 범죄예방 효과를 얻는 방법으로, 이는 당해 범죄자의 재범을 방지하는 특별예방의 효과와 일반인의 범죄의사를 저지하는 일반예방 효과를 거둘 수 있다.
④ 사전 예방적 방법: 사후 진압적 방법의 범죄예방보다 범죄의제자 발생, 범죄자의 검거와 교정의 비용 발생, 피해자 가족의 사회적 타격, 범죄증가로 인한 일반인의 불안감 증대 등의 부정적 효과가 있으므로, 사전적 범죄예방대책이 우선되어야 한다. [2024, 경찰2차]

(2) 범죄예방과 형사사법제도 비교 [2024, 경찰2차]
① 범죄예방은 사전 예방적인 반면, 형사사법제도는 사후 대응적이다.
② 범죄예방의 범주는 범죄행동뿐 아니라 범인인, 두려움 등에도 중점을 두는 반면, 형사사법제도의 범주는 범죄행동에 중점을 둔다.
③ 범죄예방의 접근방법은 개입뿐 아니라 예측 및 평가를 포함하는 반면, 형사사법제도의 접근방법은 개입에만 중점을 둔다.
④ 범죄예방은 비공식적 사회통제에 중점을 두는 반면, 형사사법제도는 공식적 사회통제에 중점을 둔다.

(3) 제프리(C. R. Jeffery)의 범죄예방
① 범죄예방이란 범죄발생 이전의 활동이며 범죄행동에 대한 직접적인 통제이다.
② 개인의 행동에 초점을 맞추는 것이 아니라 개인 내의 인간관계에 초점을 맞추어 하며 인간의 행능을 연구하는 다양한 학문을 배경으로 하는 것이다. [2023(73), 경위]
③ 범죄예방모델은 ① 범죄억제모델, ⓒ 사회복귀모델, ⓒ 환경공학적 범죄통제모델을 제시하였으며, 세 가지 모델은 상호보완관계에 있다고 보았다. [2023(73), 경위]

최신 출제경향을 완벽히 반영한 체계적 구성

1. 효과적인 형사정책 학습을 위한 체계적 이론 구성

기본서를 회독하는 과정에서 기본 개념부터 심화 이론까지 자연스럽게 이해할 수 있도록 형사정책의 핵심 내용을 체계적으로 구성하였습니다. 이를 통해 형사정책 과목의 방대한 내용 중 시험에 나오는 이론을 효과적으로 학습할 수 있습니다.

2. 최신 출제경향 반영 및 개정 법령·최신 판례 수록

최신 공무원 시험의 출제경향을 철저히 분석하여 자주 출제되거나 출제가 예상되는 내용 등을 엄선하여 수록하였으며, 교재 내 이론에 최근 개정된 법령과 최신 판례들을 전면 반영하였습니다. 기본서만으로도 형사정책 관련한 이론과 법령, 판례를 충분히 학습할 수 있습니다.

03 다양한 학습장치를 활용하여 이론 학습하기

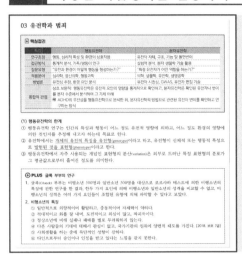

한 단계 실력 향상을 위한 다양한 학습장치

1. 핵심정리

주요 개념들을 요약 및 정리하여 '핵심정리'에 수록하였습니다. 이를 통해 형사정책의 중요한 이론을 한눈에 파악하고 학습한 이론을 확실하게 비교 및 정리할 수 있습니다.

2. 플러스

본문 내용 중 더 알아두면 좋을 개념이나 이론들을 '플러스'에서 추가로 설명하여 보다 쉽게 이해할 수 있도록 했습니다. 이를 통해 본문만으로 이해가 어려웠던 부분의 학습을 보충하고, 심화된 내용까지 학습할 수 있습니다.

04 단원별 OX와 해설을 통해 다시 한번 이론 정리하기

단원별 OX와 상세한 해설

1. 단원별 OX

보호, 교정직 9·7급 공채 등 형사정책 기출문제 중 시험에 재출제될 가능성이 높고 우수한 퀄리티의 문제들을 엄선한 후, OX 문제로 변형하여 단원별로 수록하였습니다. 기출되었던 지문을 풀면서 학습한 이론을 다시 한번 점검할 수 있습니다.

2. 상세한 해설

각 문제마다 상세한 해설을 수록하였습니다. 문제를 풀고 해설을 확인하는 과정을 통해 학습한 내용을 복습하고 스스로 실력 점검을 하시기 바랍니다.

제1편

형사정책 일반론

제1장 범죄와 형사정책

제1절 형사정책학과 범죄학

01 형사정책학

(1) 의의 [2022. 보호 7급] 총 2회 기출
① **포이에르바하**: '형사정책'이라는 용어는 독일의 형법학자이자 근대형법학의 아버지라고 불리는 포이에르바하(Feuerbach, 1775 - 1833)에 의해 처음 사용되었다.
② **의미의 확장**: 초기에는 '형사입법을 위한 국가의 예지', 즉 형사입법정책이라는 좁은 의미로 사용되었으나, 점차 범죄의 원인 및 실태를 규명하여 이를 방지하는 일반대책의 개념으로 확대되었다.

(2) 종합과학성
① **경험과학성과 규범학**: 형사정책학은 범죄의 현상과 원인에 대해서 실증적 · 인과적 연구를 지향한다는 점에서 경험과학이면서, 범죄현상에 기초하여 바람직한 범죄대책까지 연구대상으로 포함하므로 규범학적 측면도 지니고 있다.
② **종합과학성과 독립과학**: 형사정책학은 법학, 심리학, 정신의학, 인류학, 교육학, 사회학, 통계학 등 다양한 주변 학문영역에서의 성과를 기초로 하는 종합과학성을 지니며, 이를 기초로 범죄방지를 위한 체계적인 대책을 확립하는 것을 목표로 하므로 독립과학성도 아울러 지니고 있다. [2014. 교정 7급]
③ **종합과학성의 강조**
　㉠ **레크리스**(Reckless): '범죄학자는 학문계의 영원한 손님이다.'
　㉡ **셀린**(Sellin): '범죄학은 영토를 가지지 않은 제왕의 학문이다.'

(3) 유사학문의 개념
① **형법과 형사정책의 상호의존성과 제한성**

상호의존성	㉠ 연구영역: 형법학은 실정형법의 해석 및 체계화, 형법학설적인 논의를 연구대상으로 하는 반면, 형사정책학은 실정법과 정책의 영역을 모두 포괄하므로 형법학보다 연구대상이 광범위하다. ㉡ 상호의존성(불가분성): 형법학은 기존 형벌체계의 운용과 해석에 있어서 결정적인 지침이 되므로 형사정책학의 연구에 대한 일정한 규준이 되고, 형사정책학은 기존 형벌체계가 '과연 범죄대책 수단으로 유효한가'에 대한 검증결과를 제시하므로 형사법 규정의 개정방향을 선도하는 상호불가분적 관계에 있다.

상호제한성	㉠ 상호제한성: 형법의 해석과 개정에 형사정책적 고려가 반드시 필요하지만, 지나치게 형사정책적 측면만 강조하여 형벌제도를 완전히 폐지하고 보안처분 내지 사회방위처분으로의 일원화나 형법체계상 책임주의를 예방으로 완전히 대체하는 것은 형법의 보장적 기능, 즉 책임주의에 반하므로 경계되어야 한다. ㉡ 형법의 형사정책 제한: 리스트(Liszt)는 형법의 보장적 기능(책임주의 원칙)이 형사정책을 제한하는 점에 대하여 '형법은 형사정책의 뛰어넘을 수 없는 한계(책임주의)'라고 말한 바 있다. [2022. 보호 7급] 총 4회 기출 ㉢ 형사정책의 형법 제한성: 범죄가 있으면 반드시 형벌이 있다는 응보적 형벌관은 오늘날 '범죄예방에 필요 없으면 형벌도 없다.'는 형사정책적 고려에 의하여 제한을 받는다.

② **행형학 또는 형벌학**: 19C 중반 미국의 리버(Lieber)가 처음 사용한 것으로 당시 수형자의 교도소 내 구금에 관한 학문으로 인식해 협의의 형사정책학의 일부로 이해되었다.

③ **신형벌학**: 벨기에의 뒤쁘렐(Dupreel)이 형벌 이외에 널리 형사제재 내지 범죄자처우에 관한 분야라는 의미로 사용되었다.

④ **교정학과 범죄자처우론**: 제2차 세계대전 이후 미국을 중심으로 목적형 내지 교육형을 기초로 한 행형학 또는 형벌학이 교정학 내지 범죄자처우론으로 발전하면서 형사정책의 한 부분이 아니라 독립과학으로 인정되고 있다.

⑤ **사법정책과 형사정책**: 사법정책이 사법기관이나 형 집행기관, 법조교육 등 사법관련 분야에 국한된다면, 형사정책은 사법영역을 뛰어넘어 사회정책, 고용정책, 교육정책, 안보정책까지도 포함한다. 이는 형사정책이 경제, 사회환경 등 다양한 요인에 대한 형사법적 판단을 넘어서야 함을 보여준다.

⑥ **범죄수사학**: 범죄수사학은 범죄원인을 밝히는 것이 목적이 아니라, 범죄 자체의 수사와 관련된 분야의 연구이다. 지문, 음성분석, DNA검사 등 기술적 방법, 심리적 방법을 연구하거나 가장 효율적인 수사방법의 강구, 수사 장구나 보조기구 등에 관한 연구분야이다.

(4) 형사정책의 한계

① **페리의 범죄포화의 법칙**: 페리(Ferri)는 일정한 사회에 일정한 범죄는 항상 존재하기 마련이고 그것은 병리가 아니라고 보는 범죄포화의 법칙을 주장하였다.

② **뒤르켐의 범죄정상설**: 뒤르켐(Durkheim)은 '어떠한 범죄대책도 완벽할 수 없다.'라는 형사정책의 한계를 잘 표현하고 있다.

02 범죄학(Criminology)

(1) 의의

① **용어의 사용**: 범죄학의 용어는 프랑스 인류학자 토피나르(Topinard)가 처음 사용하였고(1879), 이탈리아 법학자 가로팔로(Garofalo)는 저술한 책명을 「범죄학(Criminolgia)」(1885)이라 명명하였다. 이외 범죄학을 포함하는 것으로 범죄심리학(1792년 이후), 범죄사회학(1882년 이후), 범죄생물학(1883년 이후)이라는 용어가 사용되고 있다.

② **의의**: 범죄의 현상과 원인을 규명해서 효과적인 범죄방지대책을 수립하는 학문으로, 범죄와 범죄자, 사회적 일탈행위 및 이에 대한 통제방법을 연구하는 경험과학 혹은 규범학이 아닌 사실학의 총체를 의미한다(경험과학: 관찰과 실험에 기초한 탐구방법). [2014. 교정 7급] 총 2회 기출

서덜랜드와 크레시 (Sutherland & Cressey)	범죄학은 ㉠ 법의 제정과정과 ㉡ 법을 위반하는 과정, ㉢ 법위반에 대해 대응하는 과정을 연구의 대상으로 하며, 대체로 법의 기원과 발달에 관한 법사회학, 범죄의 원인을 규명하는 범죄병리학, 범죄에 대한 사회적 반응인 행형학으로 구성된다고 하였다. [2023. 경찰2차] 총 2회 기출
기본스(Gibbons)	형법의 제정과정과 범법행위에 대한 대응체제인 형사사법제도, 법의 기원, 범죄량과 그 분포, 범죄의 원인을 연구하는 학문이라고 정의하고 있다.
리스트(von Liszt)	범죄와 범죄자, 사회적 범죄통제조직 및 범죄피해자와 범죄예방을 포함한다. 그가 '범죄퇴치는 범죄에 대한 인식을 전제로 한다.'고 한 것은 범죄학적 연구가 없이는 형사정책의 수립이 불가능함을 말한 것이다.
결론	범죄학은 그 사회가 경험하고 있는 ㉠ 범죄의 실태를 파악하여 ㉡ 어떠한 종류의 범죄가 ㉢ 어떠한 사람과 물질을 대상으로, ㉣ 어떠한 사람에 의해서 ㉤ 어떠한 방법으로, ㉥ 어떤 이유와 동기, 원인으로 범행을 하는가를 이해하여야 한다. 그리고 ㉦ 이를 바탕으로 어떻게 범죄를 예방하고 조치할 것인가를 강구하고자 함을 연구의 목적과 범위로 한다고 볼 수 있다.

(2) 범죄학의 범위

① **범죄현상의 파악**: ㉠ 무엇이 범죄인가의 규명을 위한 법의 기원과 발전, ㉡ 법률위반 행위가 과연 어느 정도나 발생하고 있는가의 관심, ㉢ 범죄가 사회계층별, 연령별, 성별, 지역별, 또는 기타 범죄와 관련이 있는 사회적 제변수별로 어떻게 분포되고 있는가의 실태파악, ㉣ 어떤 유형의 사람이 무슨 범죄에 대하여 어떠한 조건하에서 어느 정도의 공포를 느낄 것인가에 대한 연구를 파악한다.

② **범죄원인의 분석**: 범죄문제의 해결을 위해 생물학적·심리학적으로 개인적 속성에서 그 원인을 찾기도 하였고, 사회화 과정과 사회학습 또는 사회통제라는 관점에서 원인을 규명하려 했으며, 비판적 관점으로 범죄를 보는 새로운 범죄관도 있다.

③ **범죄대책의 강구**

사전예방	범죄피해에 따른 과다한 비용, 피해회복의 불가능, 범죄자의 처리와 개선의 비용과 어려움 등을 고려할 때, 범죄의 통제는 사전예방이 우선시되어야 한다는 점에서 범죄예방대책의 강구는 범죄학 연구의 대상이자 목적이 된다.
사후대응	이미 발생한 범죄사건에 대한 사후대응으로 형사사법기관의 형사사법절차와 과정 및 이들 기관과 제도 등 범죄에 대한 국가와 사회의 반응 및 대처양식에 대한 연구도 범죄학의 영역이다.
신범죄학 비판범죄학	사회환경론적 범죄원인론에 기인하여 범죄를 유발 또는 조장한다고 고려되는 사회환경의 예측과 그 개선을 통한 범죄의 예방, 개선을 통한 범죄예방의 하나로서 사회정의 실현을 주장하는 신범죄학 또는 비판범죄학도 범죄학 연구의 대상이 된다.

④ **범죄피해와 피해자의 연구**

㉠ 뒤르켐(Durkheim)과 미드(Mead)는 범죄가 지역사회를 통일시키고 강화시킨다는 범죄의 순기능을 논하기도 했지만, 그보다는 부정적인 결과를 더 많이 초래하는 것으로 이해하여야 한다.

㉡ 피해자학은 범죄행위가 이루어지는 과정에 있어서 피해자의 역할과 책임을 규명하고, 범죄의 종류와 범행의 수법과 범죄자의 특성을 파악할 수 있다.

(3) 범죄학의 종합과학성

① 범죄학은 상이한 학문적 관점을 가진 다양한 학자들에 의해서 연구되고, 다양한 학자 간의 공동연구를 통해서 연구되는 학문분야이다.

② 범죄학은 여러 학문들이 결합된 하나의 학제적인 과학 또는 종합과학적 특성을 가지고 있다.

분야	주요 관심분야
생물학과 의학	범법행위를 유발하는 특성을 구분하기 위한 범죄자의 신체적 특성 연구
역사학, 정치경제학	법의 역사와 범죄개념의 진화 등에 관해 연구
사회학	사회구조가 범죄발생에 영향을 미치는지를 설명하고, 대책 부분에서도 수형자사회에서 어떤 문화가 발생하고 수형자들의 태도에 영향을 미치는지를 설명
심리학과 정신건강 전문가	개인이 사회화 과정에서 형성된 특별한 성격이 범죄에 어떻게 영향을 미치고, 대책 측면에서 범죄자들의 재활을 위해 어떤 프로그램이 필요한지에 대해 제시

③ 범죄학의 독립과학성 강조

울프강(Wolfgang)과 페라쿠티(Ferracuti)	범죄학은 연구에 있어서 과학적인 방법, 이해를 위한 과학적인 접근, 과학적인 태도를 활용하는 이론적 개념화와 일련의 조직적 자료를 집합해왔다는 점에서 여러 분야로부터 지식을 통합한 하나의 <u>독립된 학문분야임을 강조</u>
웹(Webb)과 호프만(Hoffmann)	범죄학 분야가 범죄와 범죄자라는 자신의 주제를 가지고 있고, 자율적이며 구별되는 지식의 체계를 가지고 있다는 점에서 범죄학은 <u>독립된 하나의 학문분야</u>

03 형사정책학과 범죄학의 상호관계

(1) 협의의 범죄학과 형사정책학

① **범죄학**(사실학): 범죄의 현상과 원인을 규명하는 것을 주된 내용으로 하는 사실학 내지 경험과학을 '범죄학' 또는 '사실학으로서의 형사정책학'이라고 한다.

② **형사정책학**(범죄방지대책): '협의의 형사정책학' 또는 '규범학으로서의 형사정책학'이라고 한다. 즉 범죄자에 대한 형사법상의 강제시책으로 형벌과 이와 유사한 수단을 통하여 범죄자 및 범죄의 위험성이 있는 자에 대하여 직접 범죄를 방지하기 위한 국가의 입법 · 사법 · 행정상의 활동을 말한다. [2014. 교정 7급] 총 2회 기출

③ 형사정책학 연구의 한계를 명확히 할 수 있다는 장점이 있으나, 학문으로서 형사정책을 형법적 수단에 의한 정책만으로 한정하는 것은 스스로 논의의 한계를 축소시킨다는 비판이 있다.

(2) 광의의 범죄학과 형사정책학

① **넓은 의미의 범죄학과 형사정책학**: 범죄현상과 원인을 과학적으로 규명하고, 현재 발생하였거나 발생할 염려가 있는 범죄에 대하여 현존하는 형벌제도가 범죄의 대책으로서 가치가 있는지를 살피면서 형벌제도 자체의 개혁방안 및 보완대책을 수립하는 국가적 활동이다.

② **형사정책 개념의 확장**

　㉠ 범죄방지에 관한 국가시책으로 강제적 시책뿐 아니라 비강제적 시책(노동정책, 주택사업, 사회복지시책 등)을 포함하는 것으로(통설), 범죄방지를 간접적 · 종속적 목적으로 하는 활동을 의미한다. [2012. 교정 7급]

　㉡ 이는 범죄예방과 관계되는 각종 사회정책을 포괄한다. 리스트(Liszt)의 '가장 좋은 사회정책이 가장 좋은 형사정책'이라는 표현이 이를 대변한다(사회정책과 형사정책의 연관성을 중시하는 표현). [2012. 보호 7급]

③ **결론**: 범죄학과 형사정책학은 각각 넓은 의미로 쓰일 경우 연구영역이 동일하고, 프랑스의 가로(Garraud)가 처음 사용한 '형사학'(Sciences Penals, 1914) 또한 범죄학, 행형학, 형사정책까지 포괄한 개념으로써 유사한 의미로 이해할 수 있다.

④ **비판**: 형사정책의 학문적 한계가 애매하고 개념규정 자체를 무의미하게 만들 우려가 있으므로 일정한 한계를 긋는 것이 타당하다는 지적이 있다.

(3) 교정학(행형학)과의 관계

우리나라 교정학의 연구 범위는 교정처우를 중심으로 하되, 범죄학과 형사정책학을 포함하고 있어 사실상 광의의 범죄학과 광의의 형사정책 영역과 동일하다고 할 수 있다.

단원별 지문 O X

01 범죄학은 법학, 심리학, 사회학 등 다양한 학문과 연계되는 학제적인 학문이다. ( ) [2023. 경찰2차]

02 "형법은 형사정책의 뛰어 넘을 수 없는 한계이다."라고 한 리스트(Liszt)의 말은 형법에 대한 형사정책의 우위성을 강조한 말이다. ( ) [2012. 보호 7급]

03 형사정책은 초기에는 형사입법정책이라는 좁은 의미로 사용되었으나, 점차 범죄의 실태와 원인을 규명하여 이를 방지하려는 일반대책의 개념으로 확대되었다. ( ) [2014. 보호 7급]

04 좁은 의미의 형사정책학은 범죄와 범죄자, 사회적 일탈행위 및 이에 대한 통제방법을 연구하는 경험과학 또는 규범학이 아닌 사실학의 총체를 말한다. ( ) [2014. 보호 7급]

05 좁은 의미의 국가작용으로서의 형사정책은 범죄방지를 간접적·종속적 목적으로 하는 활동을 의미한다. ( ) [2012. 보호 7급]

06 "최선의 사회정책이 가장 좋은 형사정책이다."라는 말은 넓은 의미의 국가작용으로서의 형사정책을 의미한다. ( ) [2012. 보호 7급]

07 "범죄학은 영토를 가지지 않은 제왕의 학문이다."라고 한 셀린(Sellin)의 말은 넓은 의미의 범죄학의 특징을 잘 표현한다. ( ) [2013. 보호 7급]

---

01 ○ 범죄학은 상이한 학문적 관점을 가진 다양한 학자들에 의해서 연구되고, 다양한 학자 간의 공동연구를 통해서 연구되는 학문분야로, 법학, 심리학, 사회학 등 여러 학문들이 결합된 하나의 학제적인 과학 또는 종합과학적 특성을 가지고 있다.

02 × 형법학과 형사정책학은 상호제한성을 가진다. 형법의 보장적 기능이 형사정책을 제한하는 점에 대하여, 리스트(Liszt)는 "형법은 범죄인의 마그나카르타(대헌장)이며, 형사정책의 극복할 수 없는 한계이다."라고 하였다.

03 ○

04 × 범죄학에 대한 설명이다.

05 × 형사정책을 넓은 의미로 파악하는 리스트(Liszt), 메츠거(Mezger), 마이어(Mayer) 등은 범죄방지를 간접적·종속적 목적으로 하는 모든 활동을 의미하는 것으로 정의한다. 좁은 의미의 형사정책은 직접 범죄를 방지하기 위한 국가의 입법·사법·행정상의 활동을 의미한다.

06 ○ 리스트(Liszt)는 사회정책과 형사정책의 연관성을 중시하여 '좋은 사회정책은 최상의 형사정책'이라고 보았다.

07 ○

08 19세기 말 리스트(Liszt)는 '형법에서의 목적사상'을 주장하여 형이상학적 형법학이 아니라 현실과 연계된 새로운 형사정책 사상을 강조하였다. ( ) [2022. 보호 7급]

09 형법학과 형사정책학은 상호의존적이며 동시에 상호제약적인 성격을 가지며, 리스트(Liszt)는 '형법은 형사정책의 극복할 수 없는 한계'라고 주장하였다. ( ) [2022. 보호 7급]

10 포이에르바흐(Feuerbach)는 형사정책을 '입법을 지도하는 국가적 예지'로 이해하고, 형사정책은 정책적 목적을 유지하기 위한 형법의 보조수단으로서 의미가 있다고 주장하였다. ( ) [2022. 보호 7급]

11 공리주의적 형벌목적을 강조한 벤담(Bentham)에 의하면, 형벌은 특별예방목적에 의해 정당화될 수 있고, 사회방위는 형벌의 부수적 목적에 지나지 않는다. ( ) [2022. 보호 7급]

12 형사정책을 시행함에 있어서도 죄형법정주의는 중요한 의미를 가진다. ( ) [2020. 보호 7급]

13 형사정책을 시행함에 있어서는 공식적인 통계에 나타나지 않는 범죄도 고려의 대상이 된다. ( ) [2020. 보호 7급]

14 형사정책의 기본원칙으로 법치주의가 요구되는 점에서 형식적 의미의 범죄가 아닌 것은 형사정책의 대상에서 제외된다. ( ) [2020. 보호 7급]

15 형사정책은 사회학, 통계학 등 다양한 주변 학문의 성과를 기초로 범죄 현상을 분석함으로써 일반적인 범죄방지책을 제시한다. ( ) [2020. 보호 7급]

---

08 ○ 19세기 말 형법학상 리스트(Liszt)를 중심으로 하는 형사입법상 새로운 경향으로 인하여 형이상학적 형법학이 아닌 현실을 보는 형사정책이 중시되었으며, 형벌제도의 목적사상의 도입, 형벌의 대상은 범죄행위가 아닌 행위자라고 하여 특별예방주의의 전면 등장은 형사정책적 사고가 형법학에 미친 영향이다.

09 ○ 형법학과 형사정책학은 상호의존적이며 동시에 상호제약적인 성격을 가지며, 리스트(Liszt)는 '형법은 형사정책의 넘을 수 없는 한계'라고 하여, 형법의 보장적 기능이 형사정책을 제한하고 형사정책은 민주법치국가에서 요구되는 규범적 한계 내에서 이루어져야 한다는 원칙을 강조하였다.

10 ○ 포이에르바흐(Feuerbach)는 형사정책을 '입법을 지도하는 국가의 예지'로 이해하고, 집행기관은 형벌목적에 대한 정당성을 고려하여 인간적 · 자유주의적으로 법을 집행하여야 한다고 하였으며, 형사정책은 이러한 정책적 목적을 유지하기 위한 형법의 보조수단으로서 의미가 있다고 주장하였다.

11 × 공리주의를 주장한 벤담(Bentham)은 최대다수의 최대행복의 원리를 바탕으로 범죄를 설명하면서, 처벌의 비례성과 형벌의 일반예방을 통해 성취될 수 있는 최대다수의 행복을 강조하였으며, 범죄를 공동체에 대한 해악으로 간주하고, 형벌은 응보의 목적보다는 예방을 목적으로 행사되어야 한다는 입장이었다.

12 ○

13 ○

14 × 형사정책의 대상은 형식적 의미의 범죄에 국한되지 않고 실질적 의미의 범죄도 포함된다.

15 ○

제2절 형사정책에서의 범죄 개념

01 범죄의 개념

(1) 형식적(형법적) 의미의 범죄

① **범죄**: 일반적으로 '형사법령을 위반한 행위'라는 법규범에 의한 정의로써 법률 없으면 범죄도 없고 형벌도 없다는 주장에서 제기된 범죄와 관련된 개념이다. [2024. 해경 경위]

② **순수한 법적 개념**: 범죄란 형법상 범죄구성요건으로 규정된 행위(절도, 사기, 살인, 명예훼손, 통화위조 등)를 의미하며, 범죄는 형법규범의 파괴행위라는 규범종속적 개념이 되는 것이다. [2015. 교정 9급] 총 2회 기출

③ **형사법령**: 형법만을 의미하지 않고 특별형법은 물론 처벌조항이 있는 법령도 형사법령에 포함된다.

④ 형법해석과 죄형법정주의에 의한 형법의 보장적 기능의 기준이 된다. [2016. 보호 7급]

⑤ **유용성**: 국가, 지역, 시대에 따라서 범죄의 정의가 달라지더라도 사용하는데 큰 혼란이 없다는 점에서 그 유용성이 있다.

⑥ **갈등이론과 낙인이론에서의 범죄개념**: 갈등이론이나 낙인이론 등은 국가기관에 의한 범죄의 정의에 주목하므로, 형식적 의미의 범죄를 설명하는 경향이 있다.

⑦ 법의 명확성을 기할 수 있는 장점이 있는 반면, 입법적 지체현상에 따라 언제나 법적 허점이 야기되는 문제점이 있다.

(2) 실질적 의미의 범죄

① **범죄학적 범죄개념**: 범죄학이론들은 범죄뿐만 아니라 범죄와 유사한 행동들을 설명한다.

② 범죄란 법 규정과는 관계없이 범죄의 실질을 가지는 '반사회적인 법익침해행위'를 말하며, 이를 미국의 범죄사회학에서는 '일탈행위'라고 보고 있다. [2015. 교정 9급]

③ 갓프레드슨(Gottfredson)과 허쉬(Hirschi)의 자기통제이론(1990)은 범죄를 설명하는 이론이지만, 범죄로 규정되지 않은 충동적이거나 위험을 무릅쓰는 행동 등도 함께 설명한다.

④ 범죄학이론들은 협의의 범죄개념인 형식적 의미의 범죄를 넘어 형식적 범죄정의에 포함되지 않는 다양한 유사행위들을 설명한다(실질적 의미의 범죄).

⑤ **범죄와 유사한 행위**: 범죄학이론에서는 범죄, 비행, 일탈행동, 반사회적 행동과 같은 개념들을 다룬다 (범죄 < 비행 < 일탈행동 < 반사회적 행동). [2024. 해경 경위]

구분	내용
(협의)범죄	형사법령에 위반한 행위, 처벌의 대상
비행	주로 청소년 비행(형식적 의미의 범죄 + 지위비행: 가출, 음주, 흡연, 무단결석, 거짓말, 도박, 음란물 관람 등)
일탈	다양한 사회규범 위반행위, 범죄나 비행을 포함한 여러 행위 포괄, 알코올 남용, 자살기도, 가출, 학교자퇴 등과 같은 비정상적인 행위 포함
반사회적 행동	사회적 규약을 위반하거나 사회적으로 해가 되는 행위, 심리학적 이론 예 모핏(Moffitt): 청소년 한정형 범죄자와 인생지속형 범죄자 분류

(3) 일탈행위

① 형사정책의 대상을 규범의존성에서 벗어나 몰가치적인 것으로 바라보는 시도로, '일탈행위'란 일반적으로 기대되는 행위와 모범적 행위에서 벗어나는 행위를 말한다.

② 일탈행위는 형식적 범죄에 한정되지 않고 알코올 남용, 자살기도, 가출, 학교자퇴 등과 같은 비정상적인 행위를 포함한다. [2016. 보호 7급] 총 2회 기출

③ 일탈행위를 범죄와 동일한 것으로 본다면, 일탈행위는 법규범에 의존되지 않는 점에서 실질적 범죄개념과 동일한 것이 되고, 그 기초를 사회규범에서 찾는 점에서 사회학적 범죄개념이라고 할 수 있다.

④ **문화, 사회윤리, 도덕 등 규범외적 요소에 따른 정의:** 대표적으로 낙인이론에서 범죄란 일탈행위와 마찬가지로 사회 내의 통제 조직에 의해 범죄의 내용과 범죄자가 결정되는 의미에서만 존재한다. 즉, 사회통제 조직을 장악한 자와 통제를 받는 자의 역학관계에 따라 범죄개념이 정해지고 이에 따라 범죄자도 결정된다고 본다.

(4) 범죄의 상대성과 가변성

① 범죄학(형사정책)의 대상으로 실질적 의미의 범죄개념을 포함하는 이유는 범죄개념에는 시간적·공간적 상대성과 가변성이 있기 때문이다. 이는 범죄개념에 탄력성을 부여하는 이점이 있으나 입법자에게 그 기준을 제시할 뿐 법해석에 관하여는 간접적인 역할을 할 뿐이라는 한계가 있다.

② 범죄학(형사정책)의 중요한 목표 중 하나는 현행법상 가벌화되지 않은 반사회적 행위를 신범죄화하는 것과 사회의 변화에 따라 이제는 가벌화할 필요가 없는 행위에 대하여 비범죄화하는 것을 포함한다. 이의 척도가 되는 범죄개념이 실질적 범죄개념이다. [2016. 보호 7급]

02 범죄개념의 다양한 접근

(1) 절대적 범죄와 상대적 범죄

절대적 범죄	① 시간과 공간을 초월하여 타당하고 일정한 국가의 법질서와 무관한 자연적 범죄개념을 말한다. ② 가로팔로(Garofalo)는 시간과 문화를 초월하여 인정되는 범죄를 자연범이라 하였다. ③ 살인, 폭력, 절도, 강간 등이 해당된다.
상대적 범죄	① 범죄는 시간과 공간적으로 상대적인 개념으로 파악되어야 한다. ② '시간적 상대성'이란 과거에는 범죄가 되지 않던 것이 범죄로 취급되거나, 범죄로 규정된 것이 범죄로 취급되지 않는 경우이다. ③ '공간적 상대성'이란 특정 사회나 지역에서는 범죄에 해당되는 행위가 다른 지역이나 사회에서는 범죄가 되지 않거나, 그 반대의 경우를 말한다.

(2) 자연범과 법정범

자연범	① 법 제정과 무관하게 그 자체가 도덕적 비난을 받을 수 있는 속성을 지닌 행위를 말한다. ② 가로팔로(Garofalo)는 자연범과 법정범을 구분하고, 자연범은 범죄 가운데 시간과 문화를 초월하여 인정되는 범죄로 살인, 강도, 강간, 절도행위 등은 형법상 금지 여부와 상관없이 그 자체의 반윤리성·반사회성으로 인해 비난받는 범죄행위라고 하였다. [2016. 보호 7급]
법정범	① 행위 자체는 도덕성과 무관하나 법에서 범죄로 규정하여 그 위반에 대한 비난이 가해지는 행위를 말한다. ② 죄형법정주의에 의한 정의로 교통법규 위반 등을 들 수 있다.

(3) 개별현상과 집단현상으로서의 범죄

개별현상으로서의 범죄	① 특정한 개인에 의한 비정상적인 병리현상을 의미하며, 생물학적 · 심리학적 접근이 가능하다(특정 개인에 의한 범행 - 개인적 병리현상). ② 특별예방적 관점과 교정정책 및 보안처분의 주요대상이 된다.
집단현상으로서의 범죄	① 일정한 시기에 있어서 일정한 사회의 자연적 산물인 범죄의 총체를 의미하는 것으로, 사회적 병리현상을 말한다. ② 특정사회의 유형성과 경향성을 나타내므로 사회학적 연구방법으로 접근해야 하며, 일반예방적 관점 및 입법정책과 사법정책의 주요대상이 된다. ③ 사회에 미치는 영향이 대량적이고 지속적이기 때문에 범죄학이 상대적으로 더 중점적으로 연구대상으로 삼아야 하는 것이다.

(4) 도구적 범죄와 표출적 범죄

도구적 범죄	① 원하는 물품과 봉사를 관습적인 방법을 통해서는 얻을 수 없게 되어 불법적인 방법에 호소하여 획득하게 되는 범죄이다. ② 범죄자 개인의 금전적 이익이나 욕구 등을 충족할 목적의 절도, 사기, 횡령 등이 도구적 범죄에 속한다. [2024. 경찰2차]
표출적 범죄	① 범죄자가 모욕, 신체적 공격, 실패, 좌절처럼 분노를 유발하는 상황에서 주로 우발적으로 발생하는 범죄이다. ② 가난한 사람들은 자신을 강인하고 나쁜 사람으로 인식함으로써 긍정적인 자아상을 개발할 수 없기 때문에 자신의 분노와 좌절감을 표현하는 수단으로서 폭력성의 표출적 범죄를 많이 범한다. [2024. 경찰2차]

03 범죄의 비법률적 정의

(1) 서덜랜드의 사회-법률적 접근

① 서덜랜드(Sutherland)는 법률적 정의의 범주를 넓혀서 다양한 반사회적 행위까지 관심을 기울일 것을 주장하였다.

② 비판: 그러나 여기서도 사회적으로 위해한 행위에 대한 법률적 기술과 그 행위에 대한 처벌의 법률적 제공이라는 두 가지 범주에 의해 법률적으로 정의된 범죄성이 강조된다는 점, 상위계층에 의한 경제범죄에 대해 범죄학적 연구의 중요성을 강조하였으나, 어떤 행위가 범죄적인 것으로 정의되는 과정에 대하여는 등한시하였다는 비판을 받고 있다.

(2) 셀린의 비교문화적 접근

① 셀린(Sellin)은 모든 집단은 행위규범이라고 일컬어지는 고유의 행위기준을 가지고 있으나, 이 기준이 반드시 법으로 규정되는 것은 아니라고 주장한다.

② 모든 문화적 집단에 걸쳐서 동일한 보편적인 행위규범도 있다고 주장하면서 바로 이 보편적인 행위규범이 범죄연구의 적절한 초점이라는 것이다.

③ 비판: 보편적이면서도 중요한 행위규범은 사실상 찾아보기 힘들다고 볼 수 있다.

(3) 윌킨스의 통계적 접근

① 윌킨스(Wilkins)는 특정 사회에서 일어나는 <u>다양한 행위의 발생빈도에 초점</u>을 맞추어, 발생빈도가 높은 것은 정상이며 발생빈도가 낮은 것은 일탈적인 것으로 보고 있다.
② 종형의 정상적인 빈도분포표 중에서 가운데 다수는 정상적인 행위이며, 양 극단은 중요범죄행위와 성스러운 행위이다.
③ **비판**: 범죄와 일탈의 변량적 특성을 이용한 것이 특징이나, 지나치게 단순하다는 단점이 있다.

(4) 베커의 낙인적 접근

① 베커(Becker)에 의하면, 일탈자란 일탈이라는 낙인이 성공적으로 부착된 사람이며, 일탈행위는 사람들이 그렇게 낙인찍은 행위라는 것이다.
② 문화집단의 구성원으로서 다른 사람들이 일탈적인 것으로 반응하지 않는 한 어떤 행위라도 일탈적인 것이 되지 않는다는 것이다.
③ **비판**
　㉠ 보르두아(Bordua)는 이러한 낙인적 정의가 범죄와 일탈을 일탈적인 자극이 아니라 <u>모든 사회적 반응으로만 만들고 있다</u>고 비판하고 있다.
　㉡ 낙인적 접근은 특성적으로 반응에 있어서 거의 또는 전혀 역할을 못하는 수동적인 주체를 가정하고 있으나 대부분의 경우는 그렇지 않다고 비판하고 있다.

(5) 슈벤딩거의 인권적 접근

① 슈벤딩거(Schwendinger)부부는 모든 사람은 행복(Well-being)을 위한 기본적인 전제조건뿐 아니라, 약탈적 개인이나 억압적이고 제국주의적인 사회지도층으로부터의 안전을 보장받아야만 하는데, 바로 이러한 것들이 형법이 보장하고 보호해야 하는 권리라는 것이다.
② 따라서 범죄로 간주되어야 하는 것은 바로 이러한 <u>권리의 부정을 야기시키는 조건</u>이라는 것이다.
③ **비판**: 제국주의나 인종주의 등을 비난하려는 열성 때문에 범죄의 가정된 원인과 우리가 연구하고자 하는 행위를 혼돈하고 있다.

(6) 테일러 등 무정부주의자적 접근

① 테일러(Taylor), 월튼(Walton), 영(Young)의 「신범죄론」에서 <u>범죄와 일탈을 '인간의 다양성(human diversity)'</u>으로 재정의하고 있다.
② 일탈은 목적을 갖고 사회적 부정의를 수정하고 항거하기 위한 정상적인 시도로 보고 있다. 이에 대한 반응으로서, 사회는 이러한 행동에 가담한 행위자를 범죄화함으로써 이들의 도전을 억압하려고 한다는 것이다.
③ 범죄는 억압자와 피억압자의 갈등의 소산이고 그 해결책은 이러한 상황의 역전이라는 것이다.
④ **비판**: 재산범죄나 정치범죄 등 일부 범죄에 대해서는 이러한 정의가 유용한 것일 수 있으나, 강간 등과 같은 대부분의 중요범죄까지도 이러한 관점에서 보는 것은 다분히 이상론적이라고 할 수 있다.

단원별 지문 O X

01 '법률이 없으면, 범죄도 없고, 형벌도 없다'라는 주장은 형식적 의미의 범죄개념을 의미한다. (   )   [2024(74). 경위]

02 형식적 의미의 범죄는 입법의 지연에 따라 법적 허점을 야기할 수 있다. (   )   [2024. 경찰2차]

03 형식적 의미의 범죄는 법규정과 관계없이 반사회적인 법익침해행위이고, 실질적 의미의 범죄는 형법상 범죄구성요건으로 규정된 행위이다. (   )   [2023. 해경 경위]

04 실질적 의미의 범죄는 사회에 유해한 반사회적 행위를 뜻한다. (   )   [2024. 경찰2차]

05 실질적 의미의 범죄는 범죄개념에 더 근원적으로 접근하기 때문에 정책적 판단기준을 제시해준다. (   ) [2024. 경찰2차]

06 집단현상으로서의 범죄는 사회 병리적 현상이므로 사회심리학의 관점에서 다루어야 하며 범죄학의 연구대상이 되지 않는다. (   )   [2016. 사시]

07 일탈행위는 일반적으로 기대되는 행위와 모범적 행위에서 벗어나는 행위를 의미하므로 그 자체가 범죄가 되지 않는 알코올 중독이나 자살기도, 가출 등이 이에 해당하고, 형식적 의미의 범죄는 일탈행위에 해당하지 않는다. (   )   [2016. 사시]

08 표출적 범죄(expressive crime)는 특정한 목적이나 목표를 위해 동기부여된 범죄이다. (   )   [2024. 경찰2차]

09 표출적 범죄는 주로 개인의 욕구 충족을 위해 저지르는 경우가 많다. (   )   [2024. 경찰2차]

10 도구적 범죄(instrumental crime)는 타인과의 갈등 상황에서 감정이 격해져 우발적으로 저지르는 범죄이다. (   )   [2024. 경찰2차]

---

01 ○

02 ○

03 ✕   실질적 의미의 범죄는 법규정과 관계없이 반사회적인 법익침해행위이고, 형식적 의미의 범죄는 형법상 범죄구성요건으로 규정된 행위이다.

04 ○

05 ○

06 ✕   집단현상으로서의 범죄는 사회에 미치는 영향이 대량적 · 지속적이기 때문에 범죄학이 상대적으로 (개별현상으로서의 범죄보다) 더 중점적으로 연구대상으로 삼아야 한다.

07 ✕   일탈행위는 형식적 범죄뿐만 아니라 그 자체가 범죄가 되지 않는 알코올 남용, 자살기도, 가출, 학교자퇴 등과 같은 행위도 포함한다.

08 ✕   주로 개인의 욕구충족을 위해 저지르는 도구적 범죄에 대한 설명이다.

09 ✕   표출적 범죄는 가난하게 사는 사람들은 자신을 강인하고 나쁜 사람으로 인식함으로써 긍정적인 자아상을 개발할 수 없기 때문에 자신의 분노와 좌절감을 표현하는 수단으로서 폭력성의 표출적 범죄를 많이 범한다.

10 ✕   표출적 범죄에 대한 설명이다.

제3절 형사정책학(범죄학)의 발전과 국제성

01 형사정책학(범죄학)의 발전

(1) 유럽 범죄학
① 고전학파
- ㉠ 18세기 후반, 원시적인 법률제도를 개혁하기 위한 시도로써 그리고 피의자에 대한 정부의 임의적이고 가혹한 처벌로부터 피의자를 보호하기 위한 노력으로써 발전되었다.
- ㉡ 고전학파의 선구자는 베카리아(Beccaria)와 벤담(Bentham)이다.
- ㉢ 인간이 여러 가지 대안행위 중에서 어떠한 행위를 선택하는 데 있어서 자신의 자유의사를 활용한다고 가정한다. [2022(72). 경위]
- ㉣ 범죄행위는 상대적인 위험과 이득에 대한 합리적인 계산의 결과로 선택된 행위이다.
- ㉤ 범죄를 예방하고 범죄자를 제지하기 위해 범죄에 상응한 처벌을 주장한다.
- ㉥ 연구의 초점을 형법에 맞춘다.

② 제도학파(초기의 과학적 범죄연구의 선구자)
- ㉠ 19세기 제도학파(지도학파, 범죄지리학파)의 선구자는 게리(Guerry, 프랑스)와 케틀레(Quetelet, 벨기에)이다.
- ㉡ 케틀레(Quetelet)는 통계학적 방법이 범죄의 연구에 적용될 수 있음을 알고 처음으로 범죄학 연구에 있어서 계량적 기술을 도입하였으며, 통계표를 통해 범죄현상의 규칙성이 존재하고 있음을 밝혔다.

③ 실증주의학파
- ㉠ 범죄학에서의 실증주의학파는 사회문제의 연구에 과학적인 방법을 적용하였던 19세기의 실증철학에서 따온 것이다.
- ㉡ 19세기의 실증주의학파는 범죄자의 연구를 위하여 과학적인 방법을 적용하기 위한 시도로써 발전되었으며, 특정의 범죄자에게 상응한 개별화된 처우와 더불어 범죄자로부터 사회의 보호를 동시에 강조하였다.
- ㉢ 롬브로조(Lombroso), 페리(Ferri), 가로팔로(Garofalo) 등의 학자들은 범죄자와 비범죄자에 대한 통제된 조사의 중요성을 강조함으로써 범죄자에 대한 연구를 과학적인 것으로 만들었다.
- ㉣ 인간의 행위는 과학적으로 설명될 수 있는 방식으로 결정된다고 가정한다.
- ㉤ 연구의 초점을 형법보다는 범죄자를 우선시하고 있다.
- ㉥ 범죄자와 비범죄자는 근본적으로 다르며, 그러한 차이점의 발견이 실증주의 학파의 과업이다.

(2) 미국범죄학 - 사회학파
① 초기단계
- ㉠ 실증주의의 영향을 많이 받았으며, 실증주의적 뿌리는 아동지도상담소에서 찾아볼 수 있다.
- ㉡ 이들은 주로 청소년비행의 개별사례에 대해 그 주요 원인을 찾아내기 위한 임상팀을 중심으로 사례연구적 접근에 기초하였다.

② 1920년대 이후
- ㉠ 시카고학파
  - ⓐ 미국범죄학은 파크(Park), 버제스(Burgess), 토마스(Thomas) 등 1920년대 시카고대학의 사회학자들을 중심으로 발전하게 되었다.
  - ⓑ 1930년대 시카고학파의 쇼(Shaw)와 맥케이(mcKay)는 파크(Park)와 버제스(Burgess)의 동심원이론을 이용한 사회해체에 초점을 맞춘 생태학적 범죄연구를 시작하였다.

ⓒ 트래셔(Thrasher): 청소년 갱(gang)연구를 통해 심층현장조사의 중요성을 일깨웠다.

ⓒ 구조·과정·갈등론: ⓐ 문화적 갈등이론, 긴장이론, 부문화적 긴장이론 등의 사회구조의 모순과 문제점에서 범죄와 비행의 원인을 찾았던 사회구조이론과 ⓑ 사회학습이론, 사회통제이론, 낙인이론 등의 사회과정을 중시하는 사회과정이론, ⓒ 범죄의 원인을 사회의 갈등에서 찾는 갈등이론을 축으로 발전하였다.

③ 1980년대 이후

㉠ 1960년대 후반: 범죄의 원인에 대한 과학적인 규명과 예측의 어려움과 이에 따른 <u>범죄자의 교화개선 효과에 대한 의문</u>이 제기되었다.

㉡ 1980년대 후반: 복고적 경향을 띤 고전주의적 범죄관에 입각한 <u>선별적 구금이나 무력화</u> 등이 대두되었다.

(3) 현대의 범죄학

① 자유주의적 성향과 보수주의적 성향의 범죄학

㉠ 1960년대 비판범죄론과 1970년대 자유주의적 범죄학: 범죄를 유발하는 <u>사회적인 요인</u>을 규명하고자 하였다.

㉡ 1980년대 초반 이념의 변화: 자유주의적인 성향에서 보수주의적인 성향으로의 이념적인 변화를 맞게 된다.

㉢ 1980년대 이후 보수주의적 범죄학: 무엇이 범죄를 유발하는가보다는 범죄를 예방하기 위해서는 무엇을 할 것인가에 더 많은 관심을 표한다.

㉣ 자유주의: 아직도 다수를 차지하는 자유주의적 이념가들은 범죄를 유발하는 요인은 개인이 통제할 수 없는 것이며, 따라서 범죄율이 감소되기 위해서는 개인을 처벌하는 것보다 학교, 가족, 지역사회 등의 개선이 더 중요하다고 주장한다.

㉤ 이념의 복수성: 결국 <u>1980년대는 범죄학의 이념적 복수성</u>을 경험하고 있다고도 볼 수 있다.

② 피해자에 대한 관심

㉠ 형사정책의 보수화 성향과 성범죄피해에 대한 관심의 고조 등으로 <u>1980년대 유럽을 중심으로 범죄 문제에 대한 피해자의 역할</u>이 점점 강조되었다.

㉡ 피해자조사를 통한 범죄피해자통계가 범죄율과 추세를 연구하는 중요한 방법이 되었다.

㉢ 피해자와 가해자의 관계가 범죄연구의 초점이 되었고, 범죄자와 피해자의 개인적 특성이 중시되었다.

③ 인본주의 범죄학

㉠ 범죄학이 전반적으로 <u>범죄와 범죄자에 대한 과학적인 연구</u>임과 동시에 사람을 대상으로 하는 인본주의적 학문으로 자리잡아가고 있다.

㉡ 현대의 범죄학은 범죄와 범죄자, 그 해결책을 밝히는 사회과정에 대한 과학적이고 인본주의적인 연구를 추구하고 있다.

⊕ PLUS 범죄학의 발전 단계

발전	시기	내용
고전주의	18C 중엽	• 르네상스와 계몽주의의 영향을 받아 중세의 형사사법의 자의적 집행과 잔혹한 처벌에 대한 반성을 토대로 태동 • 형법 개혁운동
실증주의	19C 중엽	• 생물학, 물리학, 화학 등 자연과학의 발전 • 인문분야도 사변적인 논의와 철학적 주장에서 탈피하여 물리학과 같이 엄밀한 논리와 객관적인 자료로서 현상을 탐구해야 한다는 주장 • 범죄원인에 대한 결정론적 시각
사회적 환경론 상호작용론	1920년대	• 미국 시카고학파의 사회생태학적 연구를 시작으로 범죄자의 사회적 환경을 중심으로 관심의 초점이 옮겨지기 시작 • 사회적 구조, 즉 지역과 계층에 따라 범죄행위의 유형이 다양해짐에 따라 범죄원인이 무엇이며, 어떻게 제거할 수 있는가의 규명을 노력
비판범죄학	1960~1970년대	• 유럽과 미국의 정치적 위기와 저항적 사회운동에서 학문발전의 동기가 됨 • 범죄행위의 개별적 원인을 규명하기보다는 어떤 행위가 범죄로 규정되는지의 과정에 더 관심 • 연구초점을 일탈자 개인으로부터 자본주의 사회의 모순에 대한 총체적 해명 속에서 이해하고자 함
신고전주의	1970년대 후반	실증주의 범죄학 및 관련 정책의 효과에 대한 비판적 시각과 관련

02 형사정책의 국제적 연대

(1) 국제적 연대 필요성

① **국제범죄 동향**: 테러범죄나 마약, 밀수, 국제적인 무기밀매와 같은 국제범죄행위는 물론 WTO체제 아래에서는 공무원에 대한 뇌물범죄 역시 무역장벽으로 보는 등 국제적 협력이 필요한 범죄가 속출하고 있다.

② **인권의 보편성**: 인권의 보편성에 따라 범죄자의 처우 및 특히 소년범죄자의 인권문제가 국가 간의 주요 관심사로 대두되었으며 이 역시 형사정책의 국제화를 가져오게 한 원인이다.

(2) 구체적 협력상황

① **유엔헌장**: '국제사회의 경제적, 사회적, 문화적, 인도주의적 성격의 문제해결과 인종, 성별, 언어, 종교에 따른 차별 없이 인권과 기본적 자유를 보장하기 위한 국제적 협력의 달성'을 규정하고 있다.

② **유엔범죄방지 형사사법위원회**: 범죄방지 및 형사사법 분야의 전문기구로서 위원회 과업의 수행은 유엔 사무국의 유엔 마약 및 범죄국(UNDOC)이 담당하고 있다.

(3) 국제범죄에 대한 논의

유엔국제법위원회	1954년 유엔국제법위원회에서 국제형사법원 설치 초안을 마련한 바 있고, 최근 초국가적 범죄현상이 심화되자 각국이 국제적 협력 강화의 필요성에 공감하게 되었다. ▶ **국제범죄**: 침략행위, 침략위협, 내정간섭, 식민지배 및 다른 형태의 타국 지배, 집단학살, 인종분리정책, 인권의 조직적 혹은 대량적 위반행위, 매우 중대한 전쟁범죄, 용병모집·사용·재정지원 및 훈련, 국제적 테러리즘, 마약의 불법밀수, 환경에 대한 고의적이고 심각한 파괴행위 등
특별국제형사법원	1945년 나치 전범처벌을 위한 국제군사법정, 1946년 태평양전범 처벌을 위한 도쿄극동국제군사법정, 1993년 구 유고슬라비아 밀로세비치 전범 재판을 위한 유엔의 국제형사법원 등이 있다.
일반국제형사법원	1998년 유엔회의에서 채택한 로마규정에 의해 2002년 7월 1일 국제형사법원이 창설되었다. 이 법원에서는 집단학살, 반인도적 범죄, 전쟁범죄에 대한 재판관할권을 갖는다.
우리나라	범죄인 인도를 위해 19개국, 형사사법공조를 위해 28개국과 조약을 체결하고, 국제형사경찰기구를 통한 공조를 위해 190여 개국이 가입되어 있는 인터폴에 참여하고 있다.

(4) 정부 차원의 공적 단체와 학술연구단체

정부차원의 공적 단체	학문연구 중심의 사적 단체
① 국제형무회의(1872, 런던) ㉠ 정부 간의 공적인 대표들로 구성 ㉡ 5년마다 소집, 초기에는 행형문제를 중심으로 토의를 하다가 점차 형법을 포괄한 광범위한 형사정책상 문제로 확대 [2019. 5급 승진] ② 국제형법 및 형무회의로 개칭(CIDP 또는 IPPC, 1929) ㉠ 1929년 '국제형법 및 형무회의'로 개칭하고 1935년 베를린 회의까지 개최 ㉡ 세계대전으로 일시 중단되었다가 1950년 네덜란드 헤이그(제12회)회의는 그 활동을 종료하고, '유엔 범죄예방 및 범죄인처우회의'에 인계 ③ 유엔 범죄예방 및 범죄인 처우회의(1955) ㉠ 유엔 범죄예방 및 형사사법총회 ㉡ '국제형법 및 형무회의'를 계승한 정부단위의 현존하는 최대규모 형사정책에 관한 국제협력체 [2019. 5급 승진] ㉢ 1948년 유네스코 산하에 창설된 '유엔 사회방위국'과 개최국 정부의 공동협력으로 주최 ㉣ 1955년 스위스 제네바에서 제1차 회의 개최, 2021년 일본 교토에서 제14차 회의 개최 [2019. 5급 승진] ▶ **수용자 처우에 관한 유엔 최저기준규칙**: 1955년 제1회 유엔 범죄방지회의에서 채택, 2016년 개정, 범죄자 처우에 대한 국제적 지침기능(강제력은 없음)	① 국제범죄인류학회(I.K.K, 1885) ㉠ 국제형사인류학회 ㉡ 초기에는 롬브로조(Lombroso)의 영향으로 범죄인류학적 테마 연구 ㉢ 후에 페리(Ferri)의 영향으로 사회적 요인을 중시하는 입장으로 연구의 범위 확대 ㉣ 범죄생물학적 연구의 선구적 역할 ② 국제형사학협회(국제형사법학회, IKV, 1889) ㉠ 신파이론 확립: 독일의 리스트(Liszt)를 중심으로 네덜란드 하멜(Hamel), 벨기에 프린스(Prins) 등에 의해 창설 ㉡ 리스트(Liszt)의 마부르그강령, 이탈리아 실증주의, 프랑스와 독일의 사회학적 범죄이론을 근간으로 한 신파이론 확립 목적 ㉢ 1895년 오스트리아의 린츠에서 개최된 이래 국제형사법학회를 통해 이어지다가 1937년 공식적으로 해산 ㉣ 1937년 해산까지 제11회의 국제회의 개최, 25권에 달하는 보고서 발간 [2019. 5급 승진] ③ 국제형법학회(A.I.D.P, 1924, 파리) ㉠ 제1차 세계대전에 의해 중단되었던 국제형사법학회(IKV) 계승 ㉡ 1924년 파리에서 결성, 5년마다 형법총론, 형법각론, 형사소송법·법원조직법, 국제형법 등 4개 분과로 나누어 학술대회 개최 [2019. 5급 승진] ㉢ 주요 주제: 보안처분, 교도작업, 법인의 형사책임, 단독 및 합의재판소의 가치, 형사재판관의 전문화, 배심·참심의 가치, 범죄인의 전과통지, 죄형법정주의, 범죄인 인도제도, 형사절차의 분화 등 ④ 국제범죄학회(I.S.C, 1934, 파리) ㉠ 1934년 파리에서 '범죄과학회의' 결성, 1938년 로마에서 '국제범죄학회'로 명칭 변경 ㉡ 5년마다 개최, '국제범죄학연보' 발간 ㉢ 범죄학분야 우수 논문 캐롤상(Denis Carrol Award) 수여 [2019. 5급 승진]

단원별 지문 OX

01 범죄학은 계몽주의와 ㉠ 고전학파 ⇨ ㉡ 도시생태와 시카고학파 ⇨ ㉢ 과학적 탐구와 실증학파 ⇨ ㉣ 신고전주의 범죄학의 순으로 발전했다. (   ) [2023(73). 경위]

02 고전주의 범죄학은 범죄의 원인에 관심을 두기보다는 범죄자에 대한 처벌 방식의 개선에 더 많은 관심을 기울였다. (   ) [2023. 경찰1차]

03 18세기 후반 원시적인 법률제도를 개혁하기 위한 시도로 피의자에 대한 정부의 임의적이고 가혹한 처벌로부터 피의자를 보호하기 위한 노력으로 실증주의가 발전하였다. (   )

04 현대범죄학은 자유주의와 보수주의의 이념적 복수성을 경험하고 있다고 볼 수 있다. (   )

05 미국의 범죄학은 심리학적 측면에서 가장 크게 발달하였다. (   )

06 범죄학연구에 있어서 계량적 기술을 도입하여 범죄현상의 규칙성을 찾고자 한 학파의 대표자는 롬브로조(Lombroso)를 들 수 있다. (   )

07 범행주체인 범죄자와 범죄는 범죄학의 연구대상이 되며, 범행대상인 피해자는 이에 해당되지 않는다. (   ) [2016. 사시]

---

01 ✕ 범죄학의 발전과정은 ㉠ ⇨ ㉢ ⇨ ㉡ ⇨ ㉣ 순이다.

02 ○ 18C 중엽 공리주의 사회철학자인 베카리아(Beccaria)와 영국의 벤담(Bentham)으로 대표되는 고전학파가 중점적으로 관심을 둔 사항은 범죄행위에 대한 설명보다는 형벌제도와 법제도의 개혁에 관한 것이었다.

03 ✕ 고전주의에 대한 설명이다.

04 ○

05 ✕ 미국은 1920년대 시카고학파를 중심으로 한 사회학적 연구가 가장 활발하였다.

06 ✕ 제도학파에 대한 설명으로 대표적 선구자는 게리(Gary)와 케틀레(Quetelet)이다.

07 ✕ 피해자학은 범죄행위가 이루어지는 과정에 있어서 피해자의 역할과 책임을 규명하고, 범죄의 종류와 범행의 수법과 범죄자의 특성을 파악할 수 있다.

제4절 범죄학이론의 형성

01 범죄학이론

(1) 의의
① 협의: 범죄학이론은 범죄학 중에서도 범죄를 설명하는 이론으로, 일반적으로 어떤 사람이 왜 범죄에 개입하게 되는지를 설명하는 이론, 즉 범죄의 원인을 설명하는 이론들을 말한다.
② 광의: 범죄원인을 설명하는 이론이 아닌 이론도 포함한다.

🗎 이론의 형성 과정

가설	어떤 현상의 있음직한 일을 진술한 것으로 인과관계를 가정하는 것이다.
명제	반복적으로 유사한 조건에서 가설이 참으로 입증되어 '있음직한' 수준이 아닌 '확실한' 수준이 되었을 때를 말한다.
이론	사회과학의 설명방식으로 가설에서 시작하여 명제를 만들고, 유기적으로 얽힌 명제들을 이용한 어떤 현상에 대한 설명을 이론이라 한다.

(2) 범죄학 이론을 평가하는 기준(에이커스와 셀러스) [2022(72). 경위]

논리적 일관성	어떤 이론의 설명은 논리적으로 일관적이어야 한다.
검증 가능성	범죄학이 사회과학의 한 하위분야이기 때문에 반복 가능한 연구에 의해 검증이 가능하여야 한다.
경험적 타당성	어떤 이론이 주장하는 명제나 가설이 경험적 증거(설문조사, 실험, 관찰 등)에 의해 지지된다면 경험적 타당성이 높다고 할 수 있으며, 좋은 이론이라 할 수 있다.
정책적 함의	정책적 함의가 풍부하여 유용성이 있어야 한다. 좋은 범죄학이론은 바로 정책에 적용할 수 있는 다양한 정책함의를 가진다.

(3) 범죄학 이론의 유형

고전주의이론	① 베카리아(Beccaria)가 주장한 여러 합리적인 제안 중에서, 현대의 억제이론의 출발이 된 세 가지의 처벌의 원칙(확실성, 엄정성, 신속성)에서 기원한다. ② 고전주의 범죄학은 범죄를 하는 이유가 아니라 <u>범죄를 하지 않는 이유를 설명</u>한다. ③ 1960년대 이후 억제이론의 부활과 사회통제이론, 1980년대의 합리적 선택이론, 일상 활동이론 등 고전주의 범죄학은 명맥을 이어왔다.
실증주의이론	① 고전주의와는 반대로 <u>범죄를 하게 만드는 원인</u>을 찾는다. ② 인간은 선하게 태어났는데 다양한 이유로 범죄를 하게 되고, 개인을 둘러싸고 있는 다양한 환경이 자유의지가 없는 인간을 범죄로 몰아간다는 것이 인간에 대한 기본가 정이다. ③ 생물학적 이론, 사회해체이론, 아노미/긴장이론, 사회학습이론, 낙인이론 등이 있으 며, 이들은 각각 범죄를 하는 원인으로 생물학적 요인, 지역해체, 아노미/긴장, 비행 에 대한 학습, 공식기관에 의한 낙인을 제시한다.
형법작용이론	① 서덜랜드(Sutherland)의 범죄학 세 분야, 즉 법을 만들고, 법을 위반하고, 법위반에 대 해 대응하는 과정 중에서 <u>법의 제정과정에 대해 연구하는 이론</u>으로, 주로 <u>범죄의 정 의가 어떻게 만들어지고 어떻게 집행되는지 설명</u>한다. ② 범죄를 정의하는 형법이 어떤 과정을 통해서 만들어지고, 이 형법을 위반할 가능성 이 어떤 요인에 따라서 달라지는지를 보여준다.
통합 및 생애과정이론	① 고전주의에서 강조하는 원인과 실증주의에서 강조하는 원인 모두를 포섭한다. ② 다양한 요인들을 통합하여 범죄 또는 생애과정상의 범죄를 설명한다. ③ 엘리엇(Elliott)과 동료들의 통합이론, 손베리(Thornberry)의 상호작용이론, 샘슨(Sampson) 과 라웁(Laub)의 생애과정이론 등이 여기에 속한다.

02 형법과 범죄이해의 관점

(1) 합의의 관점

① 사회질서가 구성원들 간의 합의에 의해서 유지된다고 가정한다.

② <u>형법은 대부분의 사회구성원이 공유하는 가치와 규범</u>에 의해 만들어지고, 계급이나 집단에 관계없이 평등하게 적용되므로 범죄를 저지르는 것은 사회구성원 대다수의 합의를 깨뜨린 것이고, 따라서 비난 의 대상이 된다. [2022. 경찰2차]

③ 구조기능론자들은 사회의 다양한 부분들이 하나의 통합된 구조로 조직되고, 완벽하게 통합된 문화에서 는 사회적 안정성이 존재하고, 사회의 구성원들이 규범·목표·규칙·가치에 대해서 일종의 합의나 동 의를 이루게 된다. 따라서 그 사회의 법률은 일반적으로 합의된 행위규범을 반영하는 것이다. [2025. 보호 9급] 총 2회 기출

④ 이러한 관점에서 볼 때, 시겔(Seagel)이 법을 단순히 관습의 산물로 이해하고 있는 것처럼 법이란 사회 상호작용의 비공식적 규칙에 의한 산물인 것이다.

(2) 갈등의 관점

① 사회는 희소자원을 둘러싼 경쟁에서 서로 충돌하는 둘 이상의 집단이 존재하고, 사회질서는 힘 있는 집단이 힘없는 집단을 강제함으로써 유지된다고 가정한다.

② <u>형법은 힘 있는 지배집단이 자신들의 이익을 보호하기 위해서 만든 행동의 목록</u>이며, 이 형법을 통해 서 자신들의 이익을 침해하는 행위는 금지하게 된다. [2025. 보호 9급] 총 2회 기출

③ 따라서 범죄는 사회구성원 대다수가 동의한 것이 아닌, 힘 있는 집단이 만든 하나의 정의에 불과하다. [2022. 경찰2차]

④ 사회를 상호 갈등적인 다양한 집단의 집합으로 보고, 이들 집단 중에서 자신들의 정치적·경제적 힘을 주장할 수 있는 집단이 자신들의 이익과 기득권을 보호하기 위한 수단으로서 법을 만들어 냈다고 보고 있다. [2022. 경찰2차]

⑤ 터크(Turk)는 법이란 영향력 있는 집단의 이익을 보호하기 위한 하나의 무기라고 주장했으며, 챔블리스(Chambliss)와 사이드만(Seidman)은 법을 지배집단이 자신들의 우월성을 보장하기 위한 행위규범이라고 규정하고 있다.

⑥ 갈등론자들은 범죄의 개념을 도덕적 합의나 사회의 붕괴를 통제하기 위해서가 아니라, 부와 권력, 지위를 지키기 위해서 생겨난 것으로 인식하기 때문에 이들의 관점에서 본 범죄는 법률적이라기 보다는 오히려 사회경제적이고 정치적인 색채가 짙다.

⑦ 돌레샬(Doleschal)과 클랍뭇(Klapmuts)은 범죄란 실제 행위의 위해(危害) 여부와는 아무런 관계도 없는 사회세력에 의해서 유지된다고 보고 있으며, 퀴니(Quinney)는 인간행위에 대한 법률적 정의로서의 범죄는 정치적으로 조직된 사회에서 지배계급에 의해 만들어지기 때문에 범죄의 정의도 지배계급의 이익과 갈등을 초래하는 행위로 이루어진다고 주장하고 있다. [2022. 경찰2차]

⑧ 갈등론자들은 범죄를 피지배집단을 대상으로 지배집단의 지위와 권한을 보호하기 위해 고안된 정치적 개념으로 파악하고 있는 것이다. [2022. 경찰2차]

⑨ 그 외 갈등주의적 관점이론으로 챔블리스(Chambliss)의 마르크스주의 범죄이론, 체스니-린드(Chesney-Lind)의 페미니스트 범죄이론, 블랙(Black)의 법행동이론 등이 있다. [2023(73). 경위]

(3) 상호작용의 관점 [2024(74). 경위]

① 범죄의 정의는 지배적인 도덕적 가치를 반영한다고 본다. [2025. 보호 9급]

② 합의의 관점과 같이 사회구성원 대다수의 합의가 존재하는 것이 아니라, 소수의 리더인 종교지도자나 형사사법기관의 수장과 같은 도덕십자군(moral crusaders)들의 판단에 의해 사회문제나 범죄가 만들어진다고 주장한다.

③ 범죄자는 도덕십자군들에 의해 범죄자라는 낙인이 성공적으로 씌워진 사람들이다.

④ 범죄개념은 고유하고 객관적 실체가 없고 권력집단의 도덕적 기준에 따라 임의적으로 규정된 행위나 낙인된 행위가 범죄가 된다.

⑤ 범죄는 그 자체로 악하거나 반도덕적인 행동이 아니라, 사회가 그렇게 규정한 행동이라고 베커(Becker)는 주장하였다.

⑥ 상호작용의 시각에서 범죄를 줄이기 위해서는 이런 낙인을 덜 부여하는 것이다.

⑦ 범죄대책은 범죄의 목록을 줄이고(비범죄화), 더 적은 사람들이 형사사법기관을 거치게 하고, 지역사회에서 더 많은 범죄자들을 처우(다이버전, 탈시설화)하는 것이다.

단원별 지문

01 어떠한 이론이 범죄 또는 형사사법에 관해 적절하게 설명하는지 알기 위해서는 이론들을 특정한 기준에 의해 평가할 필요가 있다. 에이커스(Akers)와 셀러스(Sellers)가 제시한 범죄학 이론 평가의 기준은 검증가능성, 시대적 대응성, 경험적 타당성, 정책적 함의이다. (　　) [2022(72). 경위]

02 범죄의 개념과 원인 등은 합의론적 관점, 갈등론적 관점, 상호주의적 관점에서 접근할 수 있다. (　　) [2024(74). 경위]

03 범죄개념의 상호주의적 관점은 형사사법을 포함한 사회의 다양한 부분들이 하나의 통합된 구조로 조직되고, 어느 한 부분의 제도 변화가 다른 부분에 상당한 영향을 미친다고 본다. (　　) [2024(74). 경위]

04 합의론적 관점의 법은 지배계층을 보호할 수 있는 도구가 된다. (　　) [2022. 경찰2차]

05 합의론적 관점의 범죄는 사회가 낙인찍거나 정의하기 때문에 불법적인 행위가 된다. (　　) [2022. 경찰2차]

06 합의론적 관점의 범죄는 실제 행위의 위해(危害) 여부와는 관계없이 사회세력에 의해 유지된다. (　　) [2022. 경찰2차]

07 최근 범죄학 연구에서는 여러 이론을 통합하여 종합적으로 설명하는 새로운 경향이 등장하였다. (　　) [2023. 경찰1차]

---

01 ✕ 에이커스(Akers)와 셀러스(Sellers)는 논리적 일관성, 검증가능성, 경험적 타당성, 정책적 함의를 들고 있다.

02 ○

03 ✕ 상호주의적 관점에 의하면 사회구성원 대다수의 합의가 존재하는 것이 아니라 소수의 리더인 종교지도자나 형사사법기관의 수장과 같은 도덕십자군들(권력집단의 도덕적 기준)의 판단에 의해 사회문제나 범죄가 만들어진다.

04 ✕ 갈등론적 관점에 대한 설명이다. 합의론에 의하면 형법은 사회구성원 대다수의 의견을 반영하고 계급이나 집단에 관계없이 평등하게 적용되므로, 범죄를 저지르는 것은 사회구성원 대다수의 합의를 깨뜨린 것이기 때문에 비난의 대상이 된다.

05 ✕ 상호작용의 관점에 대한 설명으로, 범죄자는 도덕십자군(moral crusaders)들에 의해 범죄자라는 낙인이 성공적으로 씌워진 사람들이다. 이런 점에서 범죄는 그 자체로 악하거나 반도덕적인 행동이 아니라, 사회가 그렇게 규정한 행동이라고 베커(Becker)는 주장하였다.

06 ✕ 갈등론적 관점에 대한 설명으로, 범죄는 사회구성원 대다수가 동의한 것이 아닌, 힘 있는 집단이 만든 하나의 정의에 불과하다고 한다. 돌레샬(Doleschal)과 클랍뭇(Klapmuts)은 범죄란 실제 행위의 위해 여부와는 아무런 관계도 없는 사회세력에 의해서 유지된다고 보고 있다.

07 ○ 다양한 범죄학 이론들을 통합하자는 논의가 시작된 데에는 크게 두 가지 이유가 있다. ① 이론의 과잉 문제로서 너무 많은 이론들이 난립한다는 비판이 있었으며 ② 개별 이론들이 범죄현상을 충분히 설명하지 못하고 있다는 비판이 있었다. 따라서 전통적 범죄이론처럼 각 이론을 경쟁적 관계로 대비시킬 것이 아니라 상이한 인과적 모형을 가진 각 이론들로부터 가장 유용하고 경험적으로 검증할 수 있는 특징들만을 도출하여 하나의 통합적 인과모형으로 발전시키는 것이 설명력을 높이는 방편이 될 수 있다는 것이다.

제2장 / 형사정책학의 연구방법론

제1절 경험과학과 실증적 연구

01 개요

(1) 의의
① **성격**: 형사정책학은 경험과학에 속하는 범죄학을 포함한다.
② **연구방법**: 의견을 제시하는 것보다 관찰과 실험에 기초한 탐구방법을 사용한다. 다만 범죄학은 단순한 사실의 기술과 수집을 떠나 그 문제영역의 배경, 관련성 및 구조의 파악에 힘써야 한다.

(2) 사회과학적 연구
① **검증을 통한 이론형성**: 범죄원인을 설명하고 범죄자가 되는 원인을 설명하는 등 현실을 합리적으로 설명하기 위하여 체계를 세우고 설정된 주제의 핵심적 내용을 설명한다. 실증적 연구 없이 이론만을 주장하면 탁상공론이 될 가능성이 있고, 이론적 설명 없는 실증적 연구는 단순한 사실들만의 집합에 불과하다.
② **연구방법론**: 범죄의 발생량이나 범죄자의 유형별 분석 등 정확한 데이터와 객관적 사실들을 수집하고 분석하는 것을 내용으로 한다. 독자적인 방법론적 체계는 없지만, 경험과학으로서 관련 사회과학분야 연구방법론의 집합체적 성격을 띠고 있다.
③ **사회과학 연구방법론의 연구단계**
   ㉠ **1단계**(조사): 설문조사와 응답, 인터뷰, 참여관찰, 실험 등의 기초조사단계이다.
   ㉡ **2단계**(분석): 1단계 조사를 토대로 하는 분석단계이다.
   ㉢ **3단계**(평가): 평가단계이다.

(3) 범죄학 이론의 평가기준(에이커스와 셀러스, Akers & Sellers) [2023. 경간부]
① **논리적 일관성**: 어떤 이론의 설명은 논리적으로 일관적이어야 한다.
② **검증 가능성**: 범죄학이 사회과학의 한 하위분야이기 때문에 반복가능한 연구에 의해 검증이 가능해야 한다.
③ **경험적 타당성**: 어떤 이론이 주장하는 명제나 가설이 경험적 증거(설문조사, 실험, 관찰 등)에 의해 지지된다면 경험적 타당성이 높다고 할 수 있으며, 좋은 이론이라고 할 수 있다.
④ **정책적 함의**: 정책적 함의가 풍부하여 유용성이 있어야 한다. 좋은 범죄학 이론은 바로 정책에 적용할 수 있는 다양한 정책적 함의를 가진다.

02 연구방법의 객관성과 윤리성

(1) 객관성

① 사회과학적 연구에서 가장 중요한 자세는 객관성의 유지이다. 즉, 연구자의 주관이 배제된 가치중립적 연구방법이 전제되어야 한다. 그러므로 연구대상자들의 부도덕한 태도나 생활습관, 이상성격과 같은 모습들에 의해 영향을 받지 않으려는 노력이 필요하다.

② 연구자들은 객관적 사실을 평가하는 것이 아니라, 이를 기록하고 수집한 사실들이 범죄학적 관점에서 갖는 의미가 무엇인지를 판단하여야 한다.

(2) 윤리성

① 연구자의 자의적인 판단과 선택을 통하여 자신이 원하는 결론을 이끌어내려고 하여서는 안 되며, 조사대상자에게 피해가 되는 조사방법을 피하여야 한다.

② 조사자와 조사대상자 사이에 존재하는 신뢰와 의무를 내용으로 하는 호혜성을 존중하여야 한다. 동시에 상대방의 사생활과 신뢰를 저버리는 행동을 해서는 안 되고, 익명을 사용하여 개인과 단체 등을 보호하여야 한다.

📋 이론의 형성

가설	명제	이론
있음직한 일에 대한 진술 ▶ 평균기온이 높을수록 성범죄는 높을 것이다.	가설의 원인(측정가능한 변수) – 결과 = 확실한 수준	• 명제들의 유기적 연결 • 중복과 모순 • 독창적 핵심명제 도출

03 자료수집 방법

(1) 질적 연구 [2024(74). 경위]

① '심층면접'이라고 지칭되는 이 방법은 어떤 연역적인 전제나 가설을 만들지 않고, 자료를 해석하여 거기서 어떤 법칙을 발견하고 이것을 이론화하는 귀납적인 연구방법이다.

② 사회해체이론에 속하는 여러 학자들이 소매치기범이 성장한 자연사를 연구한다든지, 은퇴한 침입절도범을 심층면접하는 것은 이들이 해체된 지역사회로 더 가깝게 다가서는 중요한 방식 중 하나였다.

③ 대규모의 양적인 연구를 하기 어려운 상황에서 접근하기 어려운 대상에 대한 자료를 얻을 수 있다는 장점이 있다.

④ 질적 연구는 대부분이 사례연구이거나 매우 소수의 표본을 대상으로 한 연구이기 때문에, 연구결과를 일반화하기 어렵다는 단점이 있다.

⑤ 사회현상에 대한 심층적 이해가 가능하지만, 주관적으로 분석한다는 한계가 있다.

⑥ 소규모 분석에 유리하고 자료분석에 시간이 많이 소요된다. [2024. 경찰2차]

(2) 양적 연구(설문조사)

① 장점

　　㉠ 현대의 범죄학에서 설문조사를 통한 연구방법은 <u>가장 일반적인 연구방법</u>이다.

　　㉡ 설문조사는 두 변수 사이의 관계를 넘어서는 <u>다변량관계를 연구</u>할 수 있다. [2022(72). 경위]

　　㉢ 측정 가능한 객관적인 자료를 바탕으로 결론을 도출하는 양적 연구는 직접 관찰한 자료의 질을 바탕
　　　으로 결론을 도출하는 질적 연구에 비해 연구결과의 <u>외적 타당성</u>(일반화할 수 있는 정도)을 확보하기 쉽다.
　　　[2022(72). 경위]

② 문제점

　　㉠ 설문조사를 통한 연구는 <u>부정확한 응답의 가능성</u>에 대한 고려가 필요하다. [2022(72). 경위]

　　㉡ 실험자와 피실험자의 태도에 의해 조사결과가 왜곡될 수 있다. 설문조사자는 응답자로부터 가능한
　　　많은 정보를 알아내고자 하고, 응답자는 개인적 가치관이나 사회적 요청 또는 사회적 기대에 대한
　　　생각에 따라 주관적으로 대답하기도 한다.

　　㉢ 신뢰성과 유효성에 한계가 있다.

신뢰성	여러 실험자가 상이한 조건하에서 상이한 시기에 적용하더라도 얼마나 같은 결과를 얻느냐의 정도
유효성	자기보고식 조사와 거짓말탐지기 조사의 결과가 상이한 경우가 많음

🗒 양적 연구방법 vs 질적 연구방법

양적	① 객관적, ② 인과관계 이해, ③ 자료 수치화, ④ 행위 연구, ⑤ 설문조사, 실험연구
질적	① 주관적, ② 심층적 이해, ③ 주관적 해석, ④ 동기·의도 연구, ⑤ 심층면접, 참여관찰

(3) 문헌연구법 [2024(74). 경위]

① 사회·문화 현상을 연구하기 위한 자료 수집 방법의 하나로, <u>기존에 존재하고 있는 문헌자료</u>를 통해 필
　요한 정보를 수집하는 방법이다.

② 문헌은 기록으로 된 모든 문서나 서적을 가리키는 것으로, 기존의 연구 기록이나 역사적인 기록을 비
　롯하여 각종 서적, 통계자료, 법률 자료, 일기와 같은 사적인 기록, 신문이나 잡지와 같은 언론 자료 등
　매우 광범위하다.

③ 자료의 형태도 글로 된 기록물뿐만 아니라 사진, 그림, 영상 등으로 다양하다. 오늘날에는 문헌자료의
　상당 부분이 인터넷에 문서화되어 있어 쉽게 검색되기 때문에 <u>자료 수집이 더욱 용이</u>해졌다.

④ 문헌연구법은 경험적인 자료를 수집하여 통계적으로 분석하는 <u>양적 연구</u>의 결과나 연구자의 직관적인
　통찰로 현상의 의미를 해석하는 <u>질적 연구</u>방법에서 취득한 자료 모두 활용 가능하다.

⑤ 연구자가 1차 자료(직접수집한 원본자료)를 수집하기 어려운 경우 문헌연구법을 통한 <u>2차 자료를 수집하여
　활용</u>하기도 한다. 문헌연구법은 연구 과정에 있어서 기존의 연구 동향을 파악하면서 주제를 설정하거
　나, 양적 연구방법에서 가설을 설정할 때 참고 자료로 사용할 수 있다. 또한 문헌의 내용 자체를 분석
　할 때도 쓰인다.

⑥ 장단점

장점	단점
㉠ 질문지법, 면접법, 참여관찰법, 실험법 등의 다른 자료 수집 방법에 비해 자료를 수집하는 데 소요되는 <u>시간과 비용을 절약</u>할 수 있고, ㉡ 상대적으로 정보 수집이 쉬움	㉠ 문헌의 신뢰성 문제, ㉡ 해석과정에서 연구자의 주관적인 가치나 편견개입 우려, ㉢ 기록되지 않은 부분에 대한 연구 한계, ㉣ 연구내용에 적합한 자료 획득 어려움

(4) 메타분석연구(Meta-analysis)

① 기존 두 개 이상의 개별적인 연구들의 추정치를 종합하여 요약 추정치(pooled estimate)를 합성하는 통계적 방법(양적연구)을 말한다.

② 연구들에서 제시된 결과들의 통합된 요약 추정치를 정량적으로 산출하여 효과 및 효율성을 평가하기 위해 사용되는 통계적 기법이다.

③ 실증연구 결과를 일정 기준에 따라 수집한 후 통계 절차를 거쳐 효과크기의 평균과 신뢰구간을 구하고 수집한 효과크기가 동질적인지 이질적인지 그 여부를 이질성 검정을 통해 분석한다.

④ 메타분석은 실험실 내에서나 현장에서 실험 반복 횟수나 재원의 소모 없이 서로 상충하는 결과를 보이는 연구에 대한 논쟁을 끝낼 수 있다.

⑤ 실험환경에 차이가 있는 독립적인 연구들을 종합하여 일반화시킬 수 있다.

⑥ 많은 개별적인 연구결과를 근거로 가설을 검증하므로, 일부 연구결과에만 치우치지 않는 종합된 결과를 제시할 수 있다.

⑦ 상이한 연구결과가 있을 때 그 원인 규명이 가능하며, 상반된 연구들 사이에서 발생하는 논쟁을 조절할 수 있다.

(5) 자료발굴연구(data mining)

① 자료발굴연구란 인공지능과 컴퓨터공학을 활용하여 여러 정보원천을 대상으로 대량으로 자료를 분석하는 방법이다.

② 전통적 연구방법에 의하여 파악이 어려운 범죄의 유형과 경향을 파악하기 위한 것이다.

③ 범죄신고기록, 경찰에 대한 출동요청자료, 목격자진술, 피의자조사기록 등을 분석하여 장래의 사건이나 범죄발생을 예측할 수 있게 되어 범죄유형에 따라 경찰력을 효과적으로 배치·운용할 수 있게 된다.

④ 대규모 데이터 집합에서 패턴, 규칙, 통계적 구조 등의 유용한 정보를 발견하는 과정을 의미하며, 이를 위해 통계학, 인공지능, 기계학습 등의 기술과 알고리즘을 사용하여 데이터를 탐색하고 분석한다.

⑤ 분류: 연관성 분석, 클러스터링, 예측 그리고 시퀀스 패턴 분석(사건발생 순서와 규칙 파악) 등으로 분류할 수 있다.

04 범죄통계표의 분석

(1) 의의

① 대량관찰: 사회 내에서 '얼마나 많은 범죄가 발생하는가.'를 중심내용으로 하는 연구방법으로, 수사기관 등 정부기관이 범죄와 범죄자에 대한 다각적인 분석결과를 집계한 것으로, 범죄현상에 대한 대량적 관찰을 가능하게 하는 기초자료이다.

② 범죄상황 파악: 오늘날 형사정책에서 범죄상황을 파악하는 데 가장 일반적이고 기본적인 수단으로 활용된다. [2018. 교정 7급] 총 4회 기출

③ 통계자료의 한계: 사회에서 발생하는 전체 범죄 수 ⇨ 수사기관에 의해 인지된 범죄 수(암수범죄의 누락) ⇨ 검찰이 기소한 범죄 수(기소편의주의에 의한 불기소처분 건수 탈락) ⇨ 법원의 유죄판결을 선고한 범죄 수 ⇨ 집행유예 등 석방된 건수 ⇨ 형 집행 건수로 점점 감소하게 되어 있다.

▶ 통계의 불완전성을 보완하기 위해 암수범죄연구의 필요성이 제기된다.

📋 대표적인 공식범죄통계

> 1. **범죄분석**(대검찰청): 「범죄분석」은 경찰과 검찰 그리고 특별사법경찰인 산림청, 항만청, 관세청 등에서 작성한 범죄발생원표, 검거통계원표, 피의자 통계원표를 토대로 집계·분석한 것으로, 우리나라에서 가장 상세하고 포괄적이며 대표적인 공식통계이다.
>
> 2. **범죄통계**(경찰청): 경찰에서 발행하는 「범죄통계」는 검찰에서 직접 처리한 사건을 제외하고 전국 각급 경찰서에서 취급한 사건의 발생통계원표, 검거통계원표, 피의자 환경조사표 등 3종의 범죄통계원표를 토대로 집계·분석한 것으로 범죄발생 및 검거, 범죄발생 상황, 범죄자 및 피해자 특성에 대한 내용을 포함한다. [2024(74). 경위]
>
> 3. **범죄백서**(법무연수원): 각종 범죄동향, 범죄자 유형별 동향, 검찰의 범죄사건 처리동향, 법원의 사건처리현황, 교정 및 갱생보호 현황 등이며 대검찰청과 경찰청의 범죄분석, 기타 검찰, 법원, 교정기관의 통계자료를 인용하고 있다. [2024. 해경 경위]

(2) 범죄율

① **범죄율**: 범죄통계와 관련하여 인구 100,000명당 범죄발생건수(범죄수/인구수×100,000)를 계산한 것을 범죄율이라고 한다. [2020. 교정 7급]

② **유용성과 한계**: 인구대비 범죄발생건수 및 특정 기간별 범죄발생을 비교할 수 있다는 장점이 있으나, 중요범죄와 상대적으로 가벼운 범죄가 동등한 범죄로 취급되어 통계화된다는 문제점이 있어 범죄의 중요도를 구분한 범죄율 조사를 주장하기도 한다(Sellin, Thorsten, Wolfgang). [2023. 보호 7급]

(3) 범죄시계

① **범죄시계**: 범죄시계란 미국범죄통계에서 나온 것으로 매 시간마다 범죄의 종류별 발생빈도를 수치로 표시하는 것을 말한다.

② **유용성과 한계**: 일반인들에게 범죄경보기능을 하고 있다는 데 그 의의가 있으나, 인구성장률을 반영하지 않고 있고 시간을 고정적인 비교단위로 사용하는 문제점이 있기 때문에 통계적 가치는 크지 않다는 한계가 있다. [2018. 교정 7급]

(4) 공식통계의 유용성과 한계 [2019. 교정 7급] 총 8회 기출

유용성	① 자료획득이 용이하고, 범죄현상의 양적·외형적·일반적 경향 파악에 유용하다. ② 통계표는 통상 1년 단위로 작성되므로 계절적·시간적 상황 등 일정 기간의 범죄발생 동향 및 특성을 파악하는 데 유용하다(특정 시점의 범죄발생 동향 파악 ×).
한계	① 통계에는 암수범죄가 나타나 있지 않기 때문에 객관적인 범죄상황을 정확히 나타내 주지는 못한다. ② 범죄통계는 일선경찰서의 사건처리방침과 경찰관들의 재량행위로 인하여 범죄율이 왜곡되고 축소될 가능성이 있다. ③ 범죄의 구체적 상황이나 범죄자의 개인적 특성 등 질적 파악 및 범죄의 인과관계의 해명이 어렵다. [2019. 교정 7급] 총 3회 기출 ④ 연구목적이 아닌 수사기관의 독자적인 목적을 우선시하여 사회과학적 연구를 위한 자료로는 한계가 있다. ⑤ 두 변수 사이의 2차원 관계 수준의 연구를 넘어서기 어렵다. ⑥ 양적 분석을 위주로 하므로 개별사건의 비중이 무시될 가능성이 있다. [2024. 해경 경위]

05 실험적 방법

(1) 의의

① **의의**: 설정된 가정을 검증하기 위하여 제한된 조건하에서 반복적으로 이루어지는 관찰을 의미한다. 경험과학적 연구에서 실험은 가장 효과적인 방법 중 하나로 인정되고 있다. [2019. 교정 7급] 총 5회 기출

② **전제조건**: 집단의 등가성(비슷한 가치: 청소년계층) 확보, 사전과 사후조사, 대상(실험)집단과 통제집단이라는 세 가지 전제조건을 특징으로 하고, 연구의 내적 타당성에 영향을 미치는 요인들을 통제하는데 유리한 연구방법이다. [2020. 교정 7급] 총 2회 기출

　㉠ 집단의 유사성을 확보하기 위해 무작위 할당방법(동전 던지기, 주사위 굴리기)이 주로 활용된다. [2020. 교정 7급]

　㉡ 실험집단과 통제집단에 대한 사전검사와 사후검사를 통해 종속변수(결과)에 미치는 처치의 효과를 검증한다. [2020. 교정 7급]

　　▶ 원인은 독립변수

③ **새로운 제도 점검**: 보통 새로운 제도의 효율성을 미리 점검할 때 이용되는데, 가택구금제도 시행 시 그 안에서의 피구금자의 행동상 반응을 교도소 내에서의 경우와 비교하여 살펴보는 것 등이다.

④ 인과관계 검증과정을 통제하여 가설을 검증하는 데 유용한 방법이다. [2020. 교정 7급]

　▶ 그러나 모든 변수를 완벽하게 통제하는 데는 한계가 있어 완전한 인과관계 검증에는 한계가 있다. [2025. 보호 9급]

⑤ 실험적(인위적) 관찰방법은 암수범죄의 조사에도 이용될 수 있다(위장된 절도범).

(2) 유용성과 한계

유용성	① 적은 비용으로 원하는 내용을 신속하고 쉽게 자료화할 수 있다. ② 내적타당성에 영향을 미치는 요인들을 통제하는 데 가장 유리하다.
한계	① 실험여건이나 대상의 확보가 쉽지 않고 자연사실이 아닌 인간을 대상으로 한다는 점에서 실행의 곤란함이 있다. [2019. 교정 7급] ② 조사대상자의 수가 소수에 그칠 수밖에 없어 그 결과를 일반화하기 어렵다. ③ 외적 타당화에는 어려움이 있다. [2023. 교정 7급]

⊕ PLUS 내적 타당도 vs 외적 타당도

내적 타당도	① 측정된 결과(종속변수)가 실험처치(독립변수)에 의한 영향으로만 나타난 변화가 맞는지에 관한 것이다. 즉, 종속변수에 나타난 변화가 독립변수의 영향에 의한 것임을 확신할 수 있는 정도를 나타낸다. 만일 내적타당도가 낮다면 독립변수의 영향 외에 제3의 변수가 영향을 미쳤다는 것이며, 내적타당도가 높다면 독립변수만이 종속변수에 영향을 미쳤다고 보면 된다. 내적 타당도를 높이기 위해서는 독립변수와 종속변수의 관계에 영향을 미치는 외생변수를 통제해야 한다. ② 내적 타당도 저해요인: 사전검사와 사후검사 사이에 발생하는 통제 불가능한 특수한 사건 또는 우연한 사건 등으로 생기는 변화, 피시험자의 내적인 변화, 사전검사의 경험이 사후검사에 영향을 줌으로써 생기는 변화, 측정도구, 실험대상자의 상실 등이 있다.
외적 타당도	① 실험결과, 즉 독립변수로 인해 나타난 종속변수의 변화를 다른 상황에서도 적용했을 때 동일한 효과가 나타나는가를 나타내는 타당도이다. 이는 실험의 결과를 일반화할 수 있는가, 즉 '일반화될 수 있는 정도'를 의미한다. ② 외적 타당도 저해요인: 사전검사에 대한 반응적 효과, 실험대상자의 선발 편견, 실험절차에 대한 반응적 효과(조사 반응성), 다양한 실험처리의 복합적 영향 등이 있다.

06 참여적 관찰방법

(1) 의의

① **의의**: 현장조사라고도 하는 것으로 관찰자(연구자)가 직접 범죄자 집단에 들어가 함께 생활하면서 그들의 생활을 관찰하는 조사방법을 말하며, 서덜랜드(Sutherland)는 이를 '자유로운 상태에 있는 범죄자의 연구'라고 불렀다. [2023. 교정 7급] 총 2회 기출

② **관찰**: 체포되지 않은 자와 체포된 자 등 모두 참여관찰의 연구대상이 되며, 참여관찰의 초점은 그 대상이 아니라 직접적으로 관찰하는지의 여부이다.

③ 인류학자들이 즐겨 사용하는 연구방법이다. [2012. 교정 7급]

④ 참여적 관찰방법은 암수범죄의 조사에도 이용될 수 있다.

⑤ **구체적 사례**: 오스본이 1주일간 자원수형자로 오번 감옥에 들어가 당시 감옥제도의 문제점을 지적하고 수형자자치제를 주장하였다.

(2) 유용성과 한계

유용성	① 체포되지 않은 범죄자들의 일상을 관찰할 수 있으므로 범죄인에 대한 생생한 실증자료를 얻을 수 있다. [2019. 교정 7급] 총 2회 기출 ② 다른 연구방법에 비하여 직접적인 자료의 획득이 용이하다. ③ 일반적인 범죄통계나 시설수용자의 설문조사 등의 방법보다 타당성이 높다.
한계	① 조사방법이 소규모로 진행되기 때문에 연구결과를 일반화할 수 없다(관찰의 대상이 한정되어 다양한 범죄인의 전체적인 파악에 한계가 있으므로 그 결과를 일반화할 수 없다). [2023. 보호 7급] 총 3회 기출 ② 대상이 범죄자 개인이기 때문에 집단현상으로서의 범죄원인 및 대책에 대하여 원용하는 데에는 한계가 있다. ③ 피관찰자들의 인격상태에 관한 객관적 관찰이 불가능하기 때문에 연구 관찰자의 주관적인 편견이 개입될 우려가 있다. [2023. 보호 7급] 총 2회 기출 ④ 조사대상자들과 인간적인 교감을 형성하면서 연구를 진행해야 하기 때문에 조사방법의 성격상 많은 시간과 비용이 소요된다. [2023. 보호 7급] 총 2회 기출 ⑤ 객관성을 유지하지 못한 채 조사대상자들에게 동화되거나 반대로 이들을 혐오하는 감정을 가질 수 있다.

⊕ PLUS 참여적 관찰방법의 주의점(폴스키, Polsky)

1. 장치나 도구사용(녹음기·질문지 등)을 피하고 조사 후 당시 상황을 기록할 것
2. 눈과 귀는 열되 입은 다물 것
3. 그들만의 은어를 습득하되 과도한 사용은 피할 것
4. 그들의 일원인 체 하지 말고 실행할 수 있으면 곧 자신의 목적을 밝힐 것
5. 연구자와 범죄자 사이에는 분명한 경계선이 있을 것(폴스키는 그들의 범행현장을 목격하지 않으려고 하였음)
6. 정보원의 신원을 보호하기 위하여 가명을 사용할 것
7. 원칙보다는 융통성이 있어야 할 것
▶ 폴스키(Polsky)는 범죄자와 일반인의 차이가 생각하는 것보다 그렇게 큰 것이 아니며 이들 세계에 접근하는 어려움 역시 과장된 것이라고 주장하였다.

07 개별적 사례조사

(1) 의의
① **의의**: 범죄자 개개인에 대해 인격과 환경 등 여러 요소를 종합적으로 분석하여 상호 연결관계를 규명하는 방법이다. [2020. 교정 7급] 총 2회 기출
② 조사대상자에 대한 개별적 사례조사나 그의 과거사를 조사하는 것으로 일기나 편지 등 개인의 극히 내밀한 정보의 획득이 요구된다. [2019. 교정 7급]
③ 미시범죄학적인 연구방법이며 하나 또는 몇 개의 대상에 대한 깊이 있는 정밀조사를 목표로 한다. [2023. 교정 7급] 총 2회 기출
④ **구체적 사례**: 1937년 서덜랜드(Sutherland)가 실시한 직업(전문)절도범 연구가 있다. [2023. 교정 7급] 총 3회 기출

(2) 유용성과 한계

유용성	① 참여적 관찰법과 마찬가지로 조사대상자에 대해 가장 깊이 있는 이해를 할 수 있다. ② 조사대상자의 장래에 관한 대책수립이 용이하다.
한계	① 연구자의 인적 범위가 지나치게 협소하므로 연구자의 편견, 선택된 사례의 부정형성의 소지, 집단현상으로서의 활용이 곤란하다. ② 전형적인 대상이 아니면 다른 상황에 일반화할 수 없다. [2012. 교정 7급]

08 표본집단조사

(1) 의의
① **의의**: 전체 범죄자를 관찰하는 것이 현실적으로 불가능한 데에서 나온 방법으로, 일반적으로 범죄인군에 해당하는 실험집단과 정상인군에 해당하는 대조집단을 선정하여 양 집단을 비교하는 방법을 취한다.
② 범죄자의 일부를 표본으로 선정(실험집단)하여 이들을 정밀 관찰한 결과를 전체 범죄자에게 유추 적용하여 그 전체상황을 파악하는 조사방법을 말한다. [2014. 교정 7급] 총 4회 기출
③ **구체적 사례**: 글룩(Glueck)부부의 비행소년(실험집단, 500명)과 일반소년(대조집단, 500명)의 비교분석 연구가 있다.

(2) 유용성과 한계

유용성	① 비교적 쉽게 자료를 계량화하여 실험집단과 대조집단 간의 차이를 찾아낼 수 있다. ② 정보수집의 방법이 체계적이고 객관성이 높다. ③ 비교적 많은 사람들을 대상으로 다량의 자료를 한꺼번에 수집할 수 있다.
한계	① 편중성 없는 표본선정이 쉽지 않다. ② 표본조사의 결과와 사실 사이의 상호연결 관계를 명확히 규명하기 어렵다. ③ 통계조사가 갖는 일반적 허상을 그대로 안고 있으며(일반적 경향만 파악할 수 있음), 표본집단이 얼마나 대표성을 갖고 전체 집단을 대표할 수 있는지 의문시된다. ④ 시간적 차원에서 변화를 분석할 수 없다.

09 추행조사(Follow-up Study)

(1) 의의

① **의의**: 일정 수의 범죄자 또는 비범죄자를 일정 기간 계속적으로 추적·조사하여 그들의 특성과 사회적 조건의 변화상태를 분석하고, 그 변화상태와 범죄자 또는 범죄와의 연결관계를 살펴보는 방법이다. [2014. 교정 7급]

② **시간적 간격**: 표본조사 시 실험집단과 비교되는 대조집단을 동일한 시간적 범위 내에서 상호 비교하는 것이 아니라 일정 시점과 일정한 시간이 경과한 다음 시점 간의 추적적인 비교방법을 말한다.

③ **수직적 비교**: 표본조사가 수평적 비교방법(실험집단과 비교하는 대조집단을 동일한 시간적 범위 내에서 상호 비교)이라면, 추행조사는 수직적 비교방법이라고 할 수 있다.

(2) 유용성과 한계

유용성	① 일정한 시간적 연속성 속에서 조사대상자들의 변화를 관찰하기에 용이하다. ② 추행을 당하는 사람들의 사실관계를 정확히 밝힐 수 있어 오랜 시간 경과 후에도 그 사실을 파악할 수 있다. [2010. 교정 7급]
한계	① 개인에 대한 추행이 인권적 측면에서 사생활 침해라는 결과를 가져올 수 있다. ② 대상자의 심리상태를 정확히 파악하는 데 한계가 있다. ③ 대상자가 추행되는 사실을 알게 되면 의식적인 행동을 하게 되어 자연적 상태에서의 동정을 파악할 수 없게 된다.

🗒 코호트 연구와 패널조사

코호트(cohort) 연구	패널조사(Panel Survey) [2023. 해경 경위]
① 유사한 특성을 공유하는 집단(cohort)을 시간의 흐름에 따라 추적하여 관찰하는 시계열 연구방법이다. [2022. 경찰2차] ② 범죄유발 원인의 추론 가능: 폭력하위문화론의 울프강(Wolfgang) 등은 코호트연구를 통해 소수의 경력 범죄자가 전체 범죄의 대부분을 차지한다는 사실을 밝혀냈다. ③ 대상자를 시간의 흐름에 따라 추적하는 것이 쉽지 않은 경우 조사수행이 어렵고, 자료수집에 비용이 많이 들며 시간이 많이 소요된다는 단점이 있다.	① 동일한 표본 집단(패널)을 여러 시점에 걸쳐 반복적으로 조사하는 방식이다. ② 소비패턴, 여론조사 등 시간 경과에 따른 개인 또는 집단의 변화 추이를 파악하고, 장기적인 변화를 분석하는 데 중점을 둔다. ③ 시계열 데이터 축적으로 시간에 따른 변화와 경향 등 개인의 변화 추이를 추적하여 보다 깊은 통찰을 제공할 수 있다. ④ 초기에 선정된 표본을 여러 시점에 걸쳐 반복 조사하므로 패널 유지와 관리에 필요한 비용이 많이 들며, 중간에 표본 손실의 가능성과 조사 피로로 인해 응답품질이 저하될 수 있다.

단원별 지문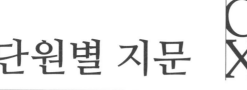

01 범죄학 연구방법 중 질적 연구는 사회현상에 대한 심층적 이해가 가능하다. (   )   [2024. 경찰2차]

02 공식적 범죄통계를 이용하는 연구방법은 두 변수 사이의 2차원 관계 수준의 연구를 넘어서기 어렵다는 비판이 가능하다. (   )   [2022. 보호 7급]

03 설문조사를 통한 연구는 부정확한 응답의 가능성에 대한 고려가 필요하다. (   )   [2022(72). 경위]

04 범죄학 연구방법 중 문헌연구는 연구자가 설문 및 사례 등을 계량적으로 분석하는 방법으로, 연구 결과의 신뢰성을 높일 수 있다는 장점이 있다. (   )   [2024(74). 경위]

05 공식범죄통계에서 범죄율은 일정 기간(보통 1년) 동안 인구 10만 명당 몇 건의 범죄가 발생했는지를 나타내며, 검거율은 경찰이 한 해 동안 범인을 검거한 사건에서 한 해 동안 인지한 사건 수를 나누어 백분율로 계산한다. (   )

06 범죄측정에 있어서 인구대비 범죄발생건수를 의미하는 범죄율(Crime Rate)은 각 범죄의 가치를 서로 다르게 평가한다. (   )   [2023. 보호 7급]

07 범죄학 연구방법 중 실험연구는 일정한 기간을 정하고, 이 기간 동안 연구대상 집단에 대한 시계열 분석을 하는 방법이다. (   )   [2024(74). 경위]

08 범죄학 연구방법 중 참여관찰은 연구자가 스스로 범죄집단에 들어가 범죄자의 일상을 관찰할 수 있다는 장점이 있지만, 연구의 객관화가 어렵고, 윤리문제가 제기될 수 있다. (   )   [2024(74). 경위]

---

01 ○

02 ○   따라서 현대의 연구자들은 주로 설문조사를 통한 연구방법을 사용한다. 이는 두 변수 사이의 관계를 넘어서는 다변량관계를 연구할 수 있다는 것이다.

03 ○   설문조사(간접적 관찰)는 행위자, 피해자, 정보제공자의 부정확한 응답의 가능성에 대한 고려가 필요하다.

04 ×   시간과 비용을 절약할 수 있고 기존 연구의 동향을 알 수 있는 장점이 있지만, 연구자의 주관이 영향을 줄 수 있고 문헌의 신뢰도에 문제가 있을 때 연구가 손상될 수 있다.

05 ○

06 ×   범죄율은 범죄의 일반적 경향성을 나타낼 뿐 범죄의 질적 가치를 다르게 평가하기 어렵다.

07 ×   실험연구는 일정한 기간 사전·사후검사를 통한 연구결과의 측정은 하지만 추적연구의 시계열 연구는 아니다.

08 ○   조사방법이 소규모로 진행되기 때문에 연구결과를 일반화할 수 없고, 연구대상에 피해를 줄 가능성·연구대상을 기만할 가능성·연구과정에서 법을 위반할 가능성 등 윤리문제가 제기될 수 있다.

09 범죄학 연구방법 중 사례연구는 과거중심적 연구방법으로 특정 범죄자의 성격, 성장과정, 범죄경력 등을 종합적으로 분석함으로써, 연구결과의 일반화가 가능하다는 장점이 있다. (　　) 　　　　　　　　　　　　　　　　　　　　[2024(74). 경위]

10 코호트연구란 특정 지역에 거주하며 공통된 특성을 공유하고 있는 집단을 대상으로 상당 시간 동안 관찰하여 수행하는 것으로, 대부분의 연구방법들은 시계열적 분석이 미흡하고, 범죄경력의 진전 과정이나 범죄율 증감 과정에 대한 분석이 간과되기 쉽다는 단점을 보완하기 위해 고안되었다. 시간의 흐름에 따라 범죄율이 증감되는 과정의 관찰이 가능하다는 장점이 있으나, 대상자의 자료 수집에 큰 비용과 시간이 소요된다. (　　) 　　　　　　　　　　　　[2023(73). 경위]

11 패널조사설계란 범죄자의 장기적인 범죄경력 연구에 가장 적합한 조사설계이다. (　　) 　　　　　　　[2023. 해경 경위]

12 실험연구는 연구자가 필요한 조건을 통제함으로써 내적 타당성을 확보하기에 용이하다. (　　) 　　　　[2022(72). 경위]

13 사례연구는 특정한 범죄자의 생애를 연구하기에 유용하다. (　　) 　　　　　　　　　　　　　　　　[2023. 경찰1차]

---

09 ✕ 　개인을 대상으로 하므로 연구결과를 일반화할 수 없고, 전형적인 대상이 아니면 다른 상황에 일반화할 수 없다.

10 ○

11 ○ 　패널 조사설계는 인간생애를 종단적으로 연구하는 것으로, 선별된 표본을 일정한 시간 간격을 두고 중복적으로 관찰하여 생애사를 연구하는 설계를 의미한다.

12 ○ 　실험연구방법은 연구의 내적 타당성에 영향을 미치는 요인들을 통제하는 데 가장 유리한 연구방법으로서 비교적 빨리 그리고 적은 비용으로 쉽게 계량화할 수 있는 자료를 확보할 수 있다. 즉, 연구자 자신이 자극·환경·처우시간 등을 통제함으로써 스스로 관리할 수 있다는 것이다. 반면에 외적 타당성에 관해서는 약점을 가지고 있다.

13 ○ 　개별적 사례조사는 범죄자 개개인에 대해 인격과 환경 등 여러 요소를 종합적으로 분석하여 상호연결관계를 규명하는 방법으로, 조사대상자에 대한 개별적 사례조사나 그의 과거사를 조사하는 것으로 일기나 편지 등 개인의 극히 내밀한 정보의 획득이 요구된다. 특정한 사례를 연구하여 자료를 수집하는 사례연구, 특정인의 생애를 연구하여 자료를 수집하는 생애사연구 등이 있다.

제2절 형사정책학의 연구방향

01 형사정책의 법치국가적 한계에 대한 인식

(1) 민주법치국가의 이념
① **형사정책의 규범적 한계**: 형사정책은 민주 법치국가에서 요구되는 규범적 한계 내에서 이루어져야 한다. '형법은 형사정책이 넘을 수 없는 한계'라고 지적한 것은 이를 의미한다.
② **죄형법정주의**: 권력으로 국민의 자유와 권리를 제한하거나 의무를 부과하려고 할 때에는 반드시 의회가 제정한 법률로 하여야 한다는 이념은 형사법에서 '법률 없으면 범죄 없고 형벌도 없다.'는 죄형법정주의가 법치주의 내용으로 정착되었다.

(2) 비례성의 원칙
① **의의**: 민주국가에서 법은 국민의 자유와 권리를 최대한 보장하는 것이므로 국가의 공권력을 발동하는 형사정책은 비례성의 원칙에 의해 엄격히 제한받아야 한다.
② **내용**
　㉠ **적합성의 원칙**: 공권력 행사는 정당한 목적을 달성하는 데 가장 적합한 방법을 선택하여야 한다.
　㉡ **최소침해의 원칙**: 필요한 최소한에 그쳐야 한다.
　㉢ **균형의 원칙**: 국민의 자유와 권리를 제한하는 것과 그 제한을 통해 얻어지는 공익을 엄격하게 비교해서 후자가 크게 나타날 때에만 작동하여야 한다.
　㉣ **과잉금지의 원칙**: 내용이나 형식이 지나쳐서는 안 된다.
③ **보충성의 원칙**: 비례성의 원칙은 형사법의 영역에서 평화로운 사회질서를 유지할 수 없는 경우에만 최후의 수단으로 개입되어야 한다는 보충성의 원칙 내지 범죄와 형벌은 균형을 이루어야 한다는 사상으로 나타난다.

02 사회변동과 형사정책

(1) 서론
① **사회변화와 범죄현상**: 범죄현상은 사회변화에 상응하여 나타난다. 외국인 근로자, 정보보호의 확산에 따른 신종 컴퓨터 관련범죄, 환경문제, 지적재산권 등의 분쟁 등이 그 예이다.
② **양가적 법감정**: 개인적 정의와 자유의 실현, 인간으로서의 존엄성과 적법절차에 따른 권리보장 측면과 사회정의의 확보 및 사회방위와 범죄공포로부터 자유를 갈망하는 시민들의 요구 사이에서 그 균형점을 찾아내야 한다.
③ **최후수단으로서의 형사정책**: 형사정책은 사회현상에 대응하는 마지막 정책에 해당한다. 즉, '좋은 사회정책이야말로 최상의 형사정책'인 것이다.

(2) 형사정책연구의 다양성
① **형사법 중심의 연구**: 범죄예방과 퇴치를 위한 효과적인 형사법 연구 혹은 형사법 영역에서의 법 정책에만 주력하는 것은 좁은 의미의 형사정책 연구라 할 수 있다.
② **형법 외적 수단 강구**: 오늘날 형사정책은 형법적 수단은 물론 형법 외적 수단까지 활용하는 넓은 의미의 형사정책을 지향하고 있다. 즉, 심리적 장애나 질환의 예방, 직장알선이나 부부에 대한 상담, 여가활동 지도 등 간접적인 범죄예방활동을 포함하는 개념이다.
③ **형사정책의 구조적 변화추구**: 전통적 형사정책이 취하는 범죄에 대응하는 방법론이나 사회방위라는 일방적 목표설정에 반대하면서 '형법의 폐지'까지를 포함하는 '신형사정책'을 주장하기도 한다.

03 수단의 선택

(1) 원인론과 대책론

① **논의**: 윌슨(James Wilson)은 '원인이 제거되지 않는 한 문제해결은 불가능하다.'는 전제를 원인론적 망상이라고 비판하고, 정책분석적 방법을 중심으로 한 형사정책을 강조한다.

구분	보수적	자유주의적	급진적
원인	자유의지의 결과	계층간 분배, 실업문제	분배구조의 불평등
대책	범죄통제모델	사회정책 강조	사회구조와 제도의 변혁

② **결론**: 현대의 형사정책은 자유주의적 이념에 따라 적법절차를 준수하면서 원인과 대책을 동시에 수립하는 것이 타당하다고 할 수 있다.

(2) 형사정책의 기본방향 설정

① **법과 질서의 강조**: 법과 질서의 확립의 강조는 국가형벌권 행사가 가장 쉽고 효과적인 수단의 인식에서 출발한다. 이는 사회변화에 부응하는 탄력적인 형사정책의 개발을 더디게 하고 자신이 가지고 있는 권력의 유지에 기여하는 방법이 된다.

② **기본방향 설정의 필요성**: 여론에 떠밀린 특정범죄에 대한 과도한 수사와 처벌, 정치적 이유나 목적달성을 위한 가석방과 사면의 실시 등 무원칙과 자의성을 극복할 수 있는 형사정책의 진중한 기본방향 설정이 필요하다.

(3) 형사정책의 방향

① **비례적 형사정책**: 모든 범죄에 대하여 평균적·일률적인 대응보다는 조직범죄나 정치적 부패범죄 등 범죄의 중요도에 따른 선별적·차별적 대응이 필요하다.

② **예방 중심의 형사정책**: 형사처벌과 교정을 통한 사회복귀 지원 등 범죄자 개인 중심의 사후적 대응보다는 사회통제시스템의 개선이라는 사전적 예방에 초점을 맞출 필요가 있다.

③ **입법적 방법에 의한 형사정책**: 행정법규 영역에서의 사전적 부패시스템 방지를 위해 입법과정에서 사전적 통제시스템을 마련할 필요성이 있고, 한편으로 형사특별법에 의한 중벌정책은 결과적으로 일반형법의 형해화(형식만 있고 가치나 의미가 없게 됨), 위하형 사고에 입각한 과잉형벌화, 형법체계의 혼란 등의 이유가 되므로 적절한 형사정책적 수단이 되지 못한다.

④ **새로운 범죄현상에 대한 이론의 재구성 필요**: 신종 컴퓨터범죄, 환경범죄, 기업범죄, 금융범죄 등 전통적인 형사정책방안으로는 접근하기 어려운 새로운 범죄현상을 해결하기 위해서는 이에 합당한 이론적 재구성이 필요하다.

⑤ **형사제재의 대안모색과 재사회화 이념문제**: 교정시설의 과밀수용, 이로 인한 관리상의 문제 등에 따른 개선책으로 형집행 방법상의 대안인 전환 등의 모색뿐 아니라 형사사건의 자연적 축소방안, 즉 고소·고발 사건의 축소, 신용카드 관련 범죄의 재검토 등의 방안 모색이 필요하다.

제3절 공식통계자료와 암수범죄

01 공식통계자료

(1) 의의
① 범죄문제에 대해 정당하고 실효성 있는 형사정책을 강구하기 위해서는 범죄실태를 정확히 파악하는 것이 선결적으로 요구된다.
② 공식통계는 경찰, 검찰, 법원 등과 같이 국가의 공식적인 형사사법기관을 통하여 인지되고 처리되는 가해자 중심의 수집된 범죄통계자료이다.

(2) 종류
① **범죄통계**(대검찰청): 범죄통계는 경찰과 검찰 그리고 특별사법경찰인 산림청, 항만청, 관세청 등에서 작성한 범죄발생원표, 검거통계원표, 피의자 통계원표를 토대로 집계·분석한 것으로, 우리나라에서 가장 상세하고 포괄적이며 대표적인 공식통계이다.
② **기타**: 범죄분석(경찰청), 범죄백서(법무연수원), 검찰연감, 사법연감, 교정통계, 범죄예방정책 통계분석, 청소년 백서 등이 있다.

(3) 문제점
① 가해자 중심으로 수집된 자료이기 때문에 발견되지 않은 범죄, 즉 암수범죄(숨은 범죄)에 대한 관심이 도외시되었다.
② 공식통계자료는 사회에서 실제로 발생하는 범죄양상과 심각한 편차가 있는 것으로 지적되었다.

02 암수범죄의 이해

(1) 의의
실제로 범죄가 발생하였으나 수사기관에 인지되지 않았거나, 인지되기는 하였으나 해명(해결)되지 않아 공식적인 범죄통계에 나타나지 않는 범죄를 말한다. [2018. 교정 7급] 총 4회 기출

> 1. 현실적으로 발생한 범죄 – 공식통계범죄 = 암수범죄
> 2. 공식통계범죄 + 암수범죄 = 현실적으로 발생한 범죄

(2) 연구 필요성 논의
① **정비례의 법칙**: 범죄통계학이 발달한 초기부터 케틀레(Quetelet)·외팅겐(Oettingen)·페리(Ferri) 등에 의해 암수범죄가 지적되었지만, 보고된 범죄와 암수범죄의 관계가 일정한 비율을 지닌다고 보아 20C 초반까지는 특별히 문제삼지 않았다. [2024. 교정 9급]

> ⊕ **PLUS** 케틀레의 통계인식
>
> 케틀레(Quetelet)는 암수범죄와 관련하여 정비례의 법칙을 주장하면서 명역범죄(공식적으로 인지된 범죄)와 암역범죄 사이에는 변함없는 고정관계가 존재한다고 보고, 명역범죄가 크면 그만큼 암역범죄도 크며, 명역범죄가 작으면 그만큼 암역범죄도 작다고 하였다. 이 공식에 따라 공식적 통계상의 범죄현상은 실제의 범죄현상을 징표하거나 대표하는 의미가 있다고 보았다. [2021. 보호 7급] 총 2회 기출

② **비항상성**: 서덜랜드(Sutherland)·셀린(Sellin)·엑스너(Exner) 등에 의해 암수율은 항상적인 것이 아니라 불규칙적으로 변화한다는 사실이 밝혀지고, 범죄나 비행이 사회의 정상적이고 필요한 현상이라는 인식과 함께 진정으로 개선·교화해야 할 대상을 찾기 위한 노력이 진행되면서 그 필수적인 전제로 등장하였다.

③ **암수범죄 규명의 필요**: 숨은 범죄의 존재로 인해 범죄에 대한 대책을 수립하는 데 범죄통계가 충분한 출발점이 될 수 없다는 데서 연구의 필요성이 강조되고 있다. '축소적으로 실현된 정의에 대한 기본적 비판'(Kaisar)은 암수범죄에 대한 해명의 필요성을 대변한다. [2016. 교정 7급]

03 암수범죄 발생의 원인

(1) 절대적 암수범죄의 발생(수사기관에서 인지 ×)

① **의의**: 실제로 범하여졌지만 어느 누구도 인지하지 않았거나 기억조차 하지 못하는 범죄로 성매매, 도박, 마약매매와 같은 피해자가 없거나 피해자와 가해자의 구별이 어려운 범죄에 많이 발생하게 된다. 이러한 범죄에 대한 국민의 고소·고발은 거의 기대할 수 없기 때문이다. [2024. 교정 9급] 총 4회 기출

② 강간, 강제추행 등과 같은 성범죄의 경우 피해자가 수치심 때문에 범죄신고를 하지 않는 경우가 많고, 범죄신고에 따른 불편과 범죄자에 의한 보복의 두려움 등이 절대적 암수범죄의 발생 원인이 된다. [2018. 교정 7급] 총 2회 기출

(2) 상대적 암수범죄의 발생(수사기관에서 인지 ○ ⇨ 해결 ×)

① **의의**: 수사기관에 인지는 되었으나 해결되지 않은 범죄로 수사기관과 법원과 같은 법집행기관의 자의 내지 재량 때문에 발생하는 암수범죄이다. 즉, 경찰, 검찰, 법관 등이 범죄의 혐의가 명백히 존재함에도 개인적인 편견이나 가치관에 따라 범죄자에 대하여 차별적인 취급을 함으로써 암수범죄가 발생한다. [2024. 교정 9급] 총 5회 기출

② **차별적 취급**: 미국의 경우 소수민족이나 유색인종에 대한 엄격한 태도, 백색인종에게의 관대한 처우가 이에 해당하고, 우리나라의 경우 여성이나 화이트칼라범죄율이 비교적 낮은 것도 이 때문이라는 지적이 있다.

③ **기사도 가설**: 여성범죄 연구가 폴락(O. Pollak, 1950)은 여성범죄율이 적은 이유는 여성이 남성에 못지않은 범죄를 하지만, 단지 여성의 범죄는 은폐되거나 편견적인 선처를 받기 때문에 통계상 적은 것으로 보일 뿐이라는 기사도정신가설(chivalry hypothesis)을 주장하였다. 경찰은 여성을 체포하기를 꺼려하고, 검찰은 기소하기를 꺼려하며, 재판관이나 배심원은 유죄로 하기를 꺼려한다.

④ **체계적 낙인과정**: 셀린(Sellin)은 범죄통계의 가치는 절차의 개입에 의하여 범죄로부터 멀어지면 멀어질수록 (범죄통계의 가치는) 적어지게 된다고 한다. 왜냐면 범죄통계는 범죄 자체로부터 멀어질수록 유실되어 줄어들기 때문에 범죄발생에 가까울수록 실제 범죄발생량과 근접한 통계라고 볼 수 있다. 따라서 암수를 줄이는 가장 좋은 방법은 형사사법의 첫 번째 단계인 경찰의 통계를 활용하는 것이다.

⊕ PLUS 암수범죄에 대한 이해

1. 화이트칼라범죄는 피해의 규모가 큰 반면 법률의 허점을 교묘히 이용하거나 권력과 결탁하여 조직적으로 은밀히 이루어지기 때문에 암수범죄가 많이 발생한다.
2. 수사기관이 범죄피해자가 아닌 제3자의 신고를 받고 범죄를 인지하여 해결한 경우 암수범죄로 볼 수 없다.

제4절 암수범죄의 측정(조사)방법

01 직접적 관찰 [2020. 교정 7급] 총 2회 기출

(1) 개요
① 직접적 관찰이란 조사자가 암수범죄를 직접 실증적으로 파악하는 방법이다.
② 실제로 일어나는 암수범죄를 직접 관찰하는 자연적 관찰과 인위적인 실험을 통하여 암수범죄를 직접 실증하려는 인위적 관찰인 실험이 있다.

(2) 자연적 관찰과 실험적 관찰
① **자연적 관찰**: 범죄행위에 직접 참가함으로써 관찰하는 참여적 관찰과 유리벽을 통해 백화점 절도를 관찰하거나 숨겨진 카메라로 촬영하는 방법인 비참여적 관찰이 있다.

📋 **참여적 관찰의 구체적 사례**

험프리(Humphrey)	공중화장실에서 동성애자를 찾는 시늉을 함
하퍼캄프(Haferkamp)	상점절도범 및 마약중독자와 같이 행동하면서 암수비행을 탐구
퀴르찐거(Kürzinger)	경찰 유니폼을 입고 고소가 어떻게 이루어지는지를 탐구

② **실험적 관찰**(인위적 관찰): 의도적으로 범죄상황을 실현하여 관찰하는 방법으로, 위장된 절도범과 관찰자를 보내 상점절도의 발각 위험성을 알기 위한 블랑켄부르그(Blankenburg)의 연구가 대표적이다.

02 간접적 관찰(설문조사) [2024. 보호 9급] 총 2회 기출

(1) 자기보고조사(Self - Report Survey)
① **의의**: 행위자조사, 가해자조사라고도 하는 것으로, 일정한 집단을 대상으로 개개인의 범죄나 비행을 면접이나 설문지를 통하여 스스로 보고하게 하여 암수범죄를 측정하는 방법이다.
② **조사방법**: 응답자가 익명으로 자신들이 저지른 범죄를 진술하게 하는 방법(익명성 보장), 표본조사나 집단조사의 방법이 사용된다.
③ 자기보고에는 범죄피해를 당한 사실과 범죄행위를 한 경험까지를 포함한다.

📋 자기보고조사의 장단점

장점	① 공식통계상 기록되지 않은 범죄의 암수를 파악하는 데 유용하다. ② 공식적 통계에 나타난 범죄인과 자기보고에 기초한 범죄인의 특성을 비교·연구할 수 있다. ③ 보다 객관적인 범죄 실태와 실제로 발생한 범죄량 및 빈도 파악에 도움이 된다. ④ 우리사회의 범죄분포에 관한 포괄적인 이해가 가능하며 범죄성과 범죄통계상 존재할 수 있는 계급적인 편견을 파악할 수 있다. ⑤ 피조사자의 인격, 특성, 가치관, 태도 등을 조사할 수 있어 범죄이론을 검증하고 범죄원인을 파악할 수 있다.
단점	① 보고자가 자신의 추가범죄사실에 대한 발각이 두려워 사실을 은폐하는 등 진실성에 문제가 있을 수 있으므로, 조사대상자의 정직성과 진실성에 따라 조사결과의 타당성 여부가 달라질 수 있다 (스스로 보고하기 때문에 강력범죄의 실태파악이 어렵다). [2024. 교정 9급] 총 2회 기출 ② 조사방법이 한정적이고 조사결과가 추상적이라 조사결과를 일반화하기 곤란하고, 다양한 종류의 실태파악이 어렵다. ③ 경범죄(경미범죄)의 실태파악은 가능하지만, 처벌에 대한 두려움 등으로 중범죄(강력범죄)에 대한 실태파악은 곤란하다. [2024. 보호 9급] 총 2회 기출 ④ 범죄자가 자기가 범한 범죄를 인식하지 못한 경우나 범죄를 범하지 않았다고 오신하는 경우에는 실태파악이 곤란하다. [2010. 교정 7급]

(2) 피해자조사(victim survey)
① **의의**: 실제 범죄의 피해자로 하여금 범죄의 피해경험을 보고하게 하는 방법으로, 암수범죄의 조사방법으로 가장 많이 활용된다. [2023. 교정 7급] 총 5회 기출
② 경미범죄보다 강력범죄를 더 오래 기억하므로 강력범죄의 실태파악에 용이하다.
③ **피해자조사의 목표**
　㉠ 범죄의 범위·분포 및 발전 정도를 확인할 수 있고 범죄피해의 빈도, 범행장소 및 시간, 범죄자와 피해자 사이의 관계 및 사회통계학적 특징을 탐구한다.
　㉡ 개인 또는 어떠한 사회단체(가정)가 범죄로 인해 침해될 수 있는 여지를 조사한다.
　㉢ 신체적·정신적 피해와 물적 피해의 범위를 확인한다.
　㉣ 범죄피해를 당한 자와 당하지 않은 자의 범죄공포감을 비교한다.
　㉤ 범죄신고 여부와 그 원인, 형사사법기관에 대한 만족도 및 그 원인조사가 가능하다.

🗐 피해자조사의 장단점

장점	① 피해자 중심의 통계를 이용한 범죄현상 파악과 연구를 가능하게 한다. ② 피해자를 직접 조사함으로써 정확한 범죄현상 파악이 가능하고 전국적 조사가 가능하므로 대표성 있는 자료를 수집을 할 수 있다. ③ 암수범죄의 규모를 파악할 수 있게 하여 실제의 범죄발생량을 추산할 수 있고, 범죄유형 간의 상대적 비교도 가능하므로 공식통계의 문제점을 보완할 수 있다. ④ 피해자의 역할 등 범죄발생 과정을 밝혀 줌으로써 범죄예방, 특히 피해의 축소와 범행기회의 제거 측면에서 유용한 자료로 제공된다. ⑤ 자기보고조사보다는 대표성 있는 자료를 수집할 수 있고, 사회전체의 범죄비용을 산출해 낼 수 있다.
단점	① 피해자조사는 주로 전통적인 중범죄인 대인범죄나 재산범죄가 대상이 되므로 사회 전체의 범죄 파악이 곤란하다. 즉, 국가적·사회적 법익에 관한 범죄의 암수 파악이 곤란하다. ② 마약범죄, 경제범죄, 정치범죄, 조직범죄와 가정에서 일어나는 범죄에 대한 자료를 거의 제공하지 못한다. [2018. 교정 7급] 총 4회 기출 ③ 피해자 없는 범죄, 법인이나 집단의 범죄, 화이트칼라범죄 등은 조사가 거의 불가능하며 수치심과 명예심 등으로 인한 과소·과대 보고로 실제 피해와 다를 수 있다. ④ 가해자가 아닌 피해자가 대상이므로 범행원인에 대한 필요한 정보를 얻을 수 없다. ⑤ 피해자조사 결과를 공식통계와 직접 비교하기에는 곤란하다. ⑥ 피해자가 피해를 인식하지 못한 경우나 피해자가 범죄피해가 없었다고 오신하는 경우에는 조사 결과의 정확성이 결여된다. [2010. 교정 7급] ⑦ 기억의 부정확성으로 인하여 오류가 발생할 수 있다. ⑧ 피해자의 기억에 의존하므로 피해자의 특성에 따라 달라질 수 있는 등 객관적 자료를 수집하기 곤란하다. ⑨ 범죄구성요건에 대한 응답자의 지식이 충분하지 못하고, 질문 문항이 잘못 작성될 가능성이 있다는 등의 문제점이 지적된다. [2013. 교정 7급]

(3) 정보제공자 조사

① 의의: 법집행기관에 알려지지 않은 범죄나 비행을 인지하고 있는 자로 하여금 이를 보고하게 하는 것으로서 피해자 조사에 의해서도 밝혀지지 않는 범죄를 밝히기 위한 보조수단으로 사용된다.
② 자기보고나 피해자조사와 결합하여 행해지면 더욱 효과적이다.
③ 주관적 편견이 개입되고 객관성을 유지하지 못하여 조사대상자에게 감정적으로 동화될 우려가 있다.
④ 자기보고나 피해자조사에서 발생할 수 있는 문제점이 나타날 수 있다.

03 설문조사의 한계와 의의

(1) 암수범죄조사(설문조사)의 한계

① 일부 범죄는 경찰에 신고되지도 않고, 암수범죄의 조사에서도 밝혀지지 않는다. 경미범죄는 그 범죄의 사소한 성격 때문에 빨리 잊어버리고, 강력범죄에 대해서는 기억조차 하지 않으려고 하는 경우가 있기 때문이다.

② 실험자와 피실험자의 태도에 의해 조사결과가 왜곡될 수 있다. 설문조사자는 응답자로부터 가능한 많은 정보를 알아내고자 하고, 응답자는 개인적 가치관이나 사회적 요청 또는 사회적 기대에 대한 생각에 따라 주관적으로 대답하기도 한다.

③ 응답자들의 응답에 영향을 미칠 수 있는 요소, 즉 질문의 방식, 순서, 강조점 등이 있음에도 암수범죄에 대한 질문지가 규격화되어 있지 않다.

④ 설문조사의 신뢰성과 유효성에 대해 의문이 제기된다.

　㉠ 신뢰성은 여러 실험자가 상이한 조건하에서 상이한 시기에 적용하더라도 얼마나 같은 결과를 얻느냐의 정도이다.

　㉡ 유효성은 자기보고식 조사와 거짓말탐지기 조사의 결과가 상이한 경우가 많다.

(2) 공식통계와 암수범죄조사의 의의

공식통계	암수범죄조사
형사사법의 실무적 관점이 더 많이 작용	범죄학적 연구의 관점 중시
중대범죄와 일탈행위에 유용	경미한 범죄와 일탈행위에 유용
범죄행위와 행위자의 입장, 범죄와 일탈행위에 대한 형법적 평가 고려	범죄피해에 대한 자료제공, 불안심리, 범죄위험성, 범죄피해 분포도와 범죄비용정보 제공

① 공식통계와 암수조사결과 비교: 공식적 사회통제기관의 역할 효과성을 확인 가능

② 국제적 범죄비교 용이: 공식적 통계에서 나타나는 조사방법상의 왜곡(형사입법 및 형법적용의 상이성)을 막을 수 있기 때문

⊕ PLUS 범죄학에서의 연구윤리 문제

1. 연구주제를 편향적으로 선택하거나 연구의도와 부합하는 사실만 보고할 가능성이 있다.
2. 연구대상에 피해를 줄 가능성이 있다.
3. 편향적인 연구방법을 사용할 가능성이 있다.
4. 익명성과 개인정보에 대한 침해가능성이 있다.
5. 연구대상을 기만할 가능성이 있다.
6. 연구과정에서 법을 위반할 가능성이 있다.

단원별 지문

01 '암수범죄에 대한 연구는 축소적으로 실현된 정의에 대한 기본적 비판(Kaiser)'은 숨은 범죄의 존재로 인해 범죄에 대한 대책을 수립하는 데 범죄통계가 충분한 출발점이 될 수 없음을 나타낸 표현이다. (　　)　　　　　　　　　[2013. 보호 7급]

02 케틀레(A. Quetelet)는 암수범죄와 관련하여 반비례의 법칙을 주장하면서, 공식적 통계상의 범죄현상은 실제의 범죄현상을 징표하거나 대표하는 의미가 있다고 보았다. (　　)　　　　　　　　　[2010. 보호 7급]

03 절대적 암수범죄란 수사기관에 의하여 인지되었으나 해결되지 못하여 범죄통계에 반영되지 못한 범죄를 말한다. (　　)　　　　　　　　　[2023(73). 경위]

04 암수범죄(숨은 범죄)는 실제로 범죄가 발생하였으나 범죄통계에 나타나지 않는 범죄를 의미한다. (　　)　[2023(73). 경위]

05 상대적 암수범죄의 원인은 수사기관에 알려진 모든 범죄를 수사기관이 해결할 수는 없다. (　　)　　　[2024(74). 경위]

06 상대적 암수범죄의 원인은 수사기관에서 처리한 모든 범죄가 기소되는 것은 아니다. (　　)　　　　[2024(74). 경위]

07 자기보고식조사는 보통 설문조사를 통하여 지난 1년 동안 각 유형별로 몇 건의 범죄를 했는지를 질문하는 방식인데, 익명조사로 이루어지는 경우가 많다. (　　)　　　　　　　　　[2024(74). 경위]

08 범죄피해조사는 공식 형사사법기관에 보고되지 않은 암수범죄를 밝히는데 유용하지만 살인, 강도, 강간, 절도 등 전통적인 범죄가 조사대상이 된다는 한계가 있다. (　　)　　　　　　　　　[2024(74). 경위]

---

01 ○

02 ✕　정비례한다고 보았다.

03 ✕　상대적 암수범죄에 대한 설명이다.

04 ○

05 ○

06 ○

07 ○

08 ✕　피해자조사는 보편적으로 전통적인 통상범죄를 주로 조사대상으로 하고 있어서 상당한 종류의 범죄가 조사되지 않기 때문에 우리 사회의 전체범죄를 파악하는 데는 불충분하다. 즉, 개인적 법익에 대한 조사는 가능하지만, 국가적·사회적 법익에 관한 범죄의 암수 파악이 곤란하다. 살인의 경우 피해자가 존재하지 않기 때문에 피해조사가 사실상 불가능하고, 강간의 경우 대부분 여성이 그 피해자로 수치심에 의해 자신의 피해를 신고하기를 꺼리는 경향이 있어 피해자조사의 한계로 지적되고 있다. 본 지문은 강도, 강간, 절도 등 전통적인 범죄가 조사대상이 된다는 점에서 범죄피해조사의 한계로 본다는 점에서도 잘못된 지문이다.

09 공식범죄 통계를 통해 확인하기 어려운 암수를 직접 관찰하는 방법으로는 자기보고식 조사와 피해자 조사가 있다. (   )

[2023. 경찰2차]

10 공식범죄통계가 갖는 암수범죄의 문제를 극복하기 위해 자기보고식조사나 피해자조사를 활용하기도 한다. (   )

[2023(73). 경위]

11 서덜랜드(Sutherland)는 범죄와 비행에 대한 통계에는 암수가 존재하며, 암수는 가변적이므로 모든 사회통계 중에서 가장 신빙성이 없고 난해한 것이라고 하였다. (   )

[2023(73). 경위]

12 우리나라는 암수범죄의 규모를 파악하기 위해 해마다 범죄피해 패널조사를 실시한다. (   )   [2023. 해경 경위]

13 화이트칼라범죄는 피해규모가 크기 때문에 암수범죄가 될 가능성이 상대적으로 낮다. (   )   [2014. 사시]

14 상점절도를 숨긴 카메라로 촬영하거나 유리벽을 통해 관찰하는 등의 참여적 관찰 방법은 인위적 관찰 방법에 속한다. (   )

[2015. 사시]

15 중범죄나 사회적으로 금기시되는 범죄를 조사하는 유일한 방법은 행위자의 자기보고 방식이다. (   )   [2015. 사시]

16 피해자를 개인으로 구체화할 수 없는 국가적·사회적 법익에 관한 범죄의 암수는 피해자조사를 통해 명확하게 파악할 수 있다. (   )

[2015. 사시]

17 정보제공자 조사는 법집행기관에 알려지지 않은 범죄나 비행을 인지하고 있는 제3자로 하여금 이를 보고하게 하는 방법이다. (   )

[2015. 사시]

---

09 × 공식범죄 통계를 통해 확인하기 어려운 암수를 간접 관찰하는 방법으로 자기보고식 조사, 피해자 조사, 정보제공자 조사가 있다.

10 ○

11 ○

12 × 암수범죄의 조사방법으로 가장 많이 활용되는 것은 피해자조사이다. 국내에서는 한국형사정책연구원에서 2년 정도를 주기로 전국 범죄피해조사를 수행하고 있다.

13 ○ 절대적 암수범죄는 성매매, 도박, 마약매매와 같은 피해자가 없거나 피해자와 가해자의 구별이 어려운 범죄에 많이 발생하게 된다. 이러한 범죄에 대한 국민의 고소·고발은 거의 기대할 수 없기 때문이다.

14 × 자연적 관찰 중 비참여적 관찰 방법에 속한다. 인위적 관찰은 의도적으로 범죄상황을 실현하여 관찰하는 방법이다.

15 × 자기보고조사는 경범죄(경미범죄)의 실태파악은 가능하지만 처벌에 대한 두려움 등으로 중범죄(강력범죄)에 대한 실태파악은 곤란하다는 단점이 있다. 피해자조사는 경미범죄보다 강력범죄를 오래 기억하므로 강력범죄의 실태파악이 용이하다.

16 × 피해자조사는 주로 전통적인 중범죄인 대인범죄나 재산범죄가 대상이 되므로 사회 전체의 범죄파악이 곤란하며, 마약범죄, 경제범죄, 정치범죄, 조직범죄와 가정에서 일어나는 범죄에 대한 자료를 거의 제공하지 못한다.

17 ○

해커스공무원 학원 · 인강
gosi.Hackers.com

제2편

범죄원인론

제3장 / 범죄원인에 대한 인식

01 범죄원인에 대한 인식방법

(1) 일원론과 다원론
① **일원론**: 범죄의 원인을 소질이나 환경 중 어느 한 가지에 역점을 두고 설명하는 방법이다. 오늘날처럼 다양한 원인에 의해 발생하는 복잡한 범죄현상을 제대로 설명하기 어렵다는 비판이 있다.
② **다원론**: 여러 요인들의 복합관계로 범죄원인을 설명하고 그 요인들의 상호관계를 분석하고 해명하는 것을 중시하는 이론이다. 다원론에 대해서는 어떤 것이 범죄의 유력한 원인이 되는지가 불분명하므로 결과적으로 형사정책방안을 강구하기 곤란하다는 비판이 있다.

(2) 소질론과 환경론
① **소질론**
   ㉠ 생물학적 원인론과 심리학적 원인론은 범죄를 불변하는 개인의 기본특성, 즉 범죄인의 선천적 기질을 가장 중요한 범죄원인으로 보고 있다.
   ㉡ 롬브로조(Lombroso)의 생래적 범죄인설에서 시작되어 그 후 번스타인(Viernstein), 렌츠(Lenz), 메츠거(Mezger), 크레취머(Kretschmer) 등이 인류유전학·체질생물학·성격학·정신병리학 등의 학문을 동원하여 발전시켰다.
   ㉢ 생물학적 원인론과 심리학적 원인론은 비록 개인의 소질을 강조한다는 점에서는 같지만, 생물학적 원인론은 주로 외부적으로 인식될 수 있는 신체적 혹은 유전적 요인들을 다루는 반면에 심리학적 원인론은 잠재적이고 외부적으로 파악하기 힘든 인간의 심리상태, 성격 등을 주요 범죄원인으로 다루는 입장이다.
② **환경론**
   ㉠ 사람들은 같은 조건의 환경이 주어지면 동일한 행동을 할 것으로 보는 것이 사회학적 원인론의 입장이다.
   ㉡ 게리(Guerry)와 케틀레(Quetelet)에 의해 시작되었고, 페리(Ferri)에 의해 계승·전개되었으며, 라까사뉴(Lacassagne)·따르드(Tarde)·뒤르켐(Dukheim) 등에 의해 발전되었다.

⊕ PLUS 거시적·미시적 환경론

1. 거시사회환경론과 미시개인환경론은 개인보다는 각자가 처해 있는 상황을 주요한 범죄발생원인으로 고려한다는 점에서는 유사하다. 그중에서 미시개인환경론은 환경 중에서 개인의 생활에 보다 밀접히 연관된 생활환경을 강조하는 입장이며, 거시사회환경론은 생활환경보다는 보다 광범위한 사회환경을 강조하는 입장이다. [2012. 교정 7급]
2. 소질설은 범죄인 개인의 생리적·정신적인 내부적 특질이 범죄발생의 주요원인이라고 보는 입장이고, 환경설은 범죄인을 둘러싼 환경을 범죄원인으로 본다. 빈곤, 가정해체 등은 환경설에서 중시한다.

---

(3) 자유의사론과 결정론

① 자유의사론

ㄱ 사람은 동물과는 달리 지능과 합리적인 판단능력을 가졌으며 자유로운 의사에 따라 자신의 운명을 지배하고 자기생활을 영위하는 존재라고 보는 비결정론적 관점으로, 범죄를 포함한 모든 인간행위를 이러한 관점으로 이해하는 이론이다.

ㄴ 비결정론은 법률적 질서를 자유의사에 따른 합의의 산물로 보고 법에서 금지하는 행위를 하거나 의무를 태만히 하는 행위 모두를 범죄로 규정하며, 범죄의 원인에 따라 책임소재를 가리고 그에 상응하는 처벌을 부과해야 한다는 견해이다. [2012. 교정 7급]

ㄷ 인간의 자유의지를 중시한 고전주의는 비결정론적 입장이다.

② 결정론

ㄱ 인간은 자신이 희망하는 사항이나 이성적 판단에 따라 행동하는 자율적 존재가 아니며 인간의 행위는 이미 결정된 대로 행동하는 것으로 보는 입장으로, 인간의 행위는 개인의 특수한 소질조건과 그 주변의 환경조건에 따라 결정된다고 이해한다.

ㄴ 결정론에 따르면 인간의 사고나 판단은 이미 결정된 행위 과정을 정당화하는 것에 불과하므로 자신의 사고나 판단에 따라 자유롭게 행위를 선택할 수 없다고 본다. [2012. 교정 7급]

ㄷ 소질과 환경을 중시한 실증주의는 결정론적 입장을 취하고 있다.

🔢 고전주의 학파 vs 실증주의 학파 [2024. 교정 9급] 총 6회 기출

고전주의 학파	실증주의 학파
① 인간은 기본적으로 자유의지를 가진 합리적·이성적 존재이다.	① 범죄는 주로 생물학적·심리학적·환경적 원인에 의해 일어난다.
② 범죄는 개인의 의지에 의해 선택한 규범침해이다.	② 소질과 환경을 중시하여, 결정론적 입장에서 사회적 책임을 강조한다.
③ 개인의 자유의지에 따른 범죄행위에 대한 개인의 책임 및 처벌을 강조한다.	③ 범죄는 과학적으로 분석가능한 개인적·사회적 원인에 의해 발생하는 것이다.
④ 형벌은 계몽주의, 공리주의에 사상적 기초를 두고 이루어져야 한다.	④ 범죄의 연구에 있어서 체계적이고 객관적인 방법을 추구하여야 한다.
⑤ 효과적인 범죄예방은 형벌을 통해 사람들이 범죄를 포기하게 만드는 것이다.	⑤ 인간에 대한 과학적 분석을 통해 범죄원인을 규명하고자 하였다.
⑥ 범죄를 효과적으로 제지하기 위해서는 처벌이 엄격·확실하고, 집행이 신속해야 한다.	⑥ 범죄원인을 규명해서 범죄자에 따라 형벌을 개별화해야 한다.
⑦ 자의적이고 불명확한 법률은 합리적 계산을 불가능하게 하여 범죄억제에 좋지 않다.	⑦ 범죄행위를 유발하는 범죄원인을 제거하는 것이 범죄통제에 효과적이라고 본다.
⑧ 법과 형벌제도의 개혁에 관심이 있다(범죄원인에는 관심 ×).	⑧ 법·제도적 문제 대신에 범죄인의 개선 자체에 중점을 둔 교정이 있어야 범죄예방이 가능하다.
⑨ 범죄인과 비범죄인은 본질적으로 다르지 않다. [2024. 교정 9급]	⑨ 범죄인과 비범죄인은 근본적으로 다르다.

(4) 합의론과 갈등론

① 합의론

ㄱ 사회는 많은 개인 또는 개체들로 구성된 하나의 유기체로서 여러 개인들이 한 사회 내에서 질서를 유지하며 살아가기 위해서는 어떠한 형태로든 합의하지 않으면 안 된다고 본다.

ㄴ 범죄란 사회구성원의 보편적인 인식과 가치관을 바탕으로 한 합의나 동의에 의해 형성된 '규범·규칙·목표' 등을 의미한다.

② 갈등론

　㉠ 고전적 갈등론에서는 두 부분으로 구성되어 있다고 보지만, 현대적 갈등론에서는 인종, 종교, 계층, 성별 간의 갈등을 다루기 때문에 상충되는 여러 이해집단으로 구성되어 있다고 본다.

　㉡ 사회는 두 가지 또는 여러 부분으로 구성되어 있고 각 부분들은 언제나 상충된 이익을 추구하는 이익집단들이 존재하고 있으며, 사회가 유지되고 질서가 있는 것처럼 보이지만 사실은 사회의 힘 있는 일부가 힘없는 다수를 강제하고 있기 때문이라는 관점에서 범죄를 이해하고 있다. [2012. 교정 7급]

02 일반화 이론과 유형화 이론

(1) 일반화 이론

① 범죄요소들의 복합관계를 일반화하여 모든 범죄에 공통된 범죄원인의 일반모델을 제시하려는 입장이다.

② 미국의 사회학적 가설설정방법이 여기에 속한다.

> **[일반이론(General Theory)]**
> 1. 범죄학이론은 범죄의 원인을 설명하는 이론이다.
> 2. 범죄학이론은 절도, 강도, 살인, 방화, 폭행 등 특정 범죄를 설명하기 위해 고안된 이론과 모든 유형의 범죄를 설명할 수 있는 일반이론으로 구분할 수 있다.
> 3. 대표적인 범죄학의 일반이론으로 갓프레드슨과 허쉬의 자기통제이론, 에그뉴의 일반긴장이론, 허쉬의 사회유대이론, 에이커스의 사회학습이론 등이 있다. [2022. 경찰2차]

(2) 유형화 이론

① 일정한 범죄와 범죄인을 유형화한 후 개별유형에 따라 별도의 범죄원인론을 전개하려는 입장이다.

② 일반화 이론에 대한 보완적인 차원에서 등장한 이론이며, 최근 미국의 경향이다.

📄 범죄학 이론의 발전

1. 고전주의 – 신고전주의 – 현대적 고전주의
2. 실증주의 ┌ 인류학파 – 생물학파 – 심리학파 – 신롬브로조학파 – 현대적 생물학파
　　　　　　└ 통계학파 ┌ 환경학파 – 사회주의학파 – 비판범죄학
　　　　　　　　　　　　└ 초기사회학파 – 범죄사회학파 – 사회반응주의

단원별 지문 O/X

01 범죄원인의 결정론적 시각은 범죄자의 처벌보다는 치료를 강조한다. ( ) [2024. 경찰2차]

02 범죄원인의 결정론적 시각은 인간의 자유의지를 중요시 한다. ( ) [2024. 경찰2차]

03 범죄원인의 결정론적 시각은 특별예방주의적 사고를 기초로 하고 있다. ( ) [2024. 경찰2차]

04 범죄원인의 결정론적 시각은 사회적 책임론을 책임의 근거로 하고 있다. ( ) [2024. 경찰2차]

05 미시적 환경론과 거시적 환경론은 개인의 소질보다는 각자가 처해 있는 상황을 주요한 범죄발생원인으로 고려한다는 점에서 유사하다. ( ) [2012. 교정 7급]

06 갈등이론에 의하면 법률은 사회구성원들이 함께 나누고 있는 가치관이나 규범을 종합한 것으로서, 법률의 성립과 존속은 일정한 가치나 규범의 공유를 상징한다. ( ) [2012. 교정 7급]

07 고전학파는 소질과 환경이 모두 범죄원인으로 작용하지만 소질이 훨씬 강하게 작용한다고 보았다. ( ) [2014. 사시]

08 범죄발생원인으로서 소질의 내용에는 유전, 신체, 빈곤, 가정해체 등이 포함된다. ( ) [2014. 사시]

09 볼드(Vold)는 집단갈등론을 통해 범죄유전인자를 가진 가족 사이의 갈등이 중요한 범죄원인이 된다고 보았다. ( )

---

01 ○

02 ✕ 비결정론에 대한 설명이다.

03 ○ 결정론은 특별예방주의적 사고를 기초로 하고 있고, 비결정론은 일반예방주의적 사고를 기초로 하고 있다.

04 ○ 결정론은 사회적 책임을 강조하고, 비결정론은 도덕적 책임을 강조한다.

05 ○

06 ✕ 법의 기원을 사회적 합의로 보는 입장은 사회학의 구조기능주의로, 이들은 사회의 다양한 부분들이 하나의 통합된 구조로 조직되며, 완벽하게 통합된 문화에서는 사회적 안정성이 존재하고 사회의 구성원들이 규범·목표·규칙·가치에 대해서 일종의 합의나 동의를 이루게 된다고 보았다. 상대적으로 권력을 갖는 집단과 힘 없는 집단 간의 갈등이 범죄를 유발한다는 갈등이론(비판범죄론)에 의하면 법은 집단 간 이해관계의 충돌에 따른 부산물이라고 한다.

07 ✕ 고전학파(고전주의)는 범죄원인에는 관심이 없었고, 법과 형벌제도의 개혁에 관심을 가졌다.

08 ✕ 빈곤, 가정해체 등은 환경론에서 중시한다.

09 ✕ 볼드(Vold)는 그의 저서 「이론범죄학」에서 이해관계의 갈등에 기초한 집단갈등이론을 전개하였는데, 집단 간의 이해관계 대립이 범죄원인이라고 주장하였으며, 범죄란 집단이익의 갈등이나 집단 간 투쟁의 결과이며, 범죄행위란 집단갈등과정에서 자신들을 방어하지 못한 집단의 행위로 보았다.

10 고전주의는 인본주의 철학사상을 배경으로 한다. (　　) [2023(73). 경위]

11 고전주의에 의하면 인간은 환경의 영향을 받는 존재이다. (　　) [2023(73). 경위]

12 실증주의는 과학적 연구방법을 중시한다. (　　) [2023(73). 경위]

13 고전주의에 의하면 형벌의 본질은 응보이며, 형벌의 목적은 일반예방이다. (　　) [2023(73). 경위]

14 고전주의적 관점에서는 형벌은 개인의 특성에 따라 차별적으로 결정되어야 한다. (　　) [2023(73). 경위]

15 실증주의에 의하면 인간은 자유의지를 가진 합리적이고 이성적인 존재이다. (　　) [2023(73). 경위] [2023. 경찰2차]

16 고전주의 범죄학파는 개인의 소질과 환경에 주목하여 범죄자의 행위에 대한 결정론을 주장하였다. (　　)
[2023. 경찰2차]

17 실증주의 범죄학파는 생물학적, 심리학적, 사회학적 요인에 기반하여 범죄원인을 설명하였다. (　　) [2023. 경찰2차]

18 실증주의 범죄학파는 범죄원인의 규명과 해결을 위해서 과학적 연구방법의 중요성을 강조하였다. (　　) [2023. 경찰2차]

19 19세기의 과학적 증거로 현상을 논증하려는 학문 사조는 실증주의 범죄학의 등장에 영향을 끼쳤다. (　　)
[2024. 교정 9급]

20 실증주의는 적법절차모델(Due Process Model)에 바탕을 둔 합리적 형사사법제도 구축에 크게 기여하였다. (　　)
[2024. 교정 9급]

---

10 ○

11 × 실증주의에 대한 설명이다.

12 ○

13 ○

14 × 실증주의 관점이다.

15 × 고전주의적 시각이다.

16 × 실증주의 범죄학파에 대한 설명이다. 인간의 자유의지를 중시한 고전주의 범죄학파는 비결정론적 입장으로, 개인의 자유의지에 따른 범죄행위에 대한 개인의 책임 및 처벌을 강조한다.

17 ○

18 ○

19 ○

20 × 고전주의에 대한 설명이다.

제4장 / 고전주의 범죄학

제1절 고전주의 태동과 범죄학자

01 고전학파의 태동

(1) 공리주의

① **자의적 형벌제도 비판**: 1761년에 발생한 칼라스家(Jean. Calas)의 비극은 계몽주의자들과 베카리아(Beccaria)에게 당시 자의적이고 공정하지 못한 왜곡된 사법 및 형벌체계에 대한 개혁의 단초를 제공하였고, 이는 1789년 프랑스 대혁명으로 이어지는 동력이 되었다.

② **형벌제도와 법제도 개혁**: 18C 중엽 공리주의 사회철학자인 베카리아(Beccaria)와 영국의 벤담(Bentham)으로 대표되는 고전학파가 중점적으로 관심을 둔 사항은 범죄행위에 대한 설명보다는 형벌제도와 법제도의 개혁에 관한 것이었다.

(2) 자연주의

① 인간을 포함한 자연의 세계를 신의 뜻이라고 돌리는 교회의 논리에 대항하여 인간의 사유능력을 통하여 자연세계의 많은 부분을 변화시킬 수 있다는 믿음을 전파하였다.

② 과학을 물질세계에 적용하여 자연적 진리를 발견하듯이 도덕이나 윤리 부분도 과학적 방법을 동원함으로써 사회적 진리를 구현할 수 있다고 확신하였다.

(3) 쾌락주의

① **쾌락주의**: 인간은 본질적으로 기쁨을 극대화하고 고통을 최소화하려는 속성을 가졌다는 것이다.

② **통제**: 행위를 통제할 수 있는 근본적인 도구는 고통에 의한 공포감이다. 공포감을 불러일으키기 위한 방법으로 처벌(고통의 부과, 수치, 불명예)은 인간의 의지가 행위를 통제하는 데에 영향을 주기 위해서 필요하다.

③ **처벌의 억제효과**: 벤담은 각자가 고통을 느끼는 정도는 그것이 얼마나 강력하게 작용하였고, 오랫동안 지속되었으며, 또한 얼마나 확실하였는가에 의해 달라진다고 보았다. 벤담의 이러한 인식은 형사사법 기관의 처벌을 통하여 범죄를 억제할 수 있다는 처벌의 범죄억제효과에 대한 논리적 배경이 되었다(행위를 통제할 수 있는 근본적인 도구는 고통에 의한 공포감이다).

(4) 시민의식의 성장과 사회계약론

① **시민의식의 성장**: 18C 당시의 유럽은 중상주의의 발전과 산업혁명의 시작으로 중산계층이 사회의 새로운 중심세력으로 대두되었다.

② **사회계약론**: 정부의 역할을 국가와 시민들 간의 사회계약으로 설명하여 시민의 정치참여와 국가가 시민에 봉사해야 한다는 이론적 근거를 제공하였다.

③ 사회계약하에서 국민 각자는 다른 국민의 권리를 보장하기에 필요한 부분만큼의 자유를 국가에 위임하는 것으로 이해되었다.

④ 사회는 개인을 처벌할 수 있는 권리가 있으며, 이러한 권리는 형벌집행을 전담하는 국가기구에 위임될 수 있다.

(5) 자유의지와 인간의 합리성

① **자유의지**: 인간의 의지란 심리적으로 실재하는 것으로 인식되어야 하며, 의지로써 사람들은 자기 스스로의 행동을 규율하고 통제할 수 있다. 이러한 의지는 자유로운 것으로서 개인들이 할 수 있는 선택에는 어떠한 한계도 없다.

② **인간의 합리성**: 인간과 사회와의 관계는 계약관계이다. 사람들은 합리적 판단에 따라 본인들의 권리를 보장하기에 필요한 부분만큼의 자유를 사회에 위임하여 국가를 형성하였다.

(6) 천부인권설

① 천부인권설에 근거한 인간존엄성에 대한 강조도 고전주의 사상의 특징이다. 주로 영국과 프랑스에서 태동한 인본적인 사고경향은 당시 유럽의 많은 지식인들에 전파되었다.

② 특히 몽테스키외(Montesquieu)의 「법의 정신」(1748), 볼테르(Voltaire)가 이러한 사고를 체계화한 대표적인 인물이었으며, 이외 흄(Hume), 몽테뉴(Montaigne), 루소(Rousseau) 등은 시민사회를 옹호하며 교회나 국가보다 시민을 우선시하는 주장을 펼쳤다.

02 베카리아의 「범죄와 형벌」

(1) 범죄와 형벌

① **베카리아**(Beccaria): 18C 고전학파의 선구자이자, 형법개혁운동의 개척자이다. 「범죄와 형벌」(1764)을 통하여 자의적인 형사사법제도의 개혁을 주장하였다.

② 판사의 독단적인 형벌부과, 잔인하고 야만적인 처벌방식에 대해서 비판하였고, 형사사법제도 내에서의 개인의 권리를 강조하였다. [2018. 교정 9급]

(2) 베카리아의 형사사법제도 개혁안

계약사회와 처벌의 필요성		법은 사회를 형성하기 위한 조건이고 이를 위반하면 처벌해야 한다는 계약사회와 처벌의 필요성을 강조하였다.
죄형법정주의		입법의 역할을 강조한 것으로, 판사는 이미 설정되어 있는 범위를 넘어 범죄자들에게 형벌을 부과할 수 없도록 하여야 한다.
죄형균형론	범죄의 중대성	범죄의 속성은 사회에 미친 해악에 따라 판단되어야지 범죄자의 의도에 의해 결정되어서는 안 된다.
	비례적 형벌	범죄는 사회에 대한 침해이며 침해의 정도와 형벌 간에는 적절한 비례관계가 성립하여야 한다. [2019. 교정 7급] 총 2회 기출
	형벌의 정도	형벌이 그 목적을 달성하기 위해서는 형벌로 인한 고통이 범죄로부터 얻는 이익을 약간 넘어서는 정도가 되어야 한다. [2024. 보호 9급]

처벌의 효과성	확실성	① 범죄를 예방할 수 있는 가장 확실한 장치는 처벌의 가혹성이 아니라 처벌의 완벽성이라는 처벌의 확실성을 강조하였다. ② 집행자는 용서 없이, 입법자는 관용적이고 인간적이어야 한다. ③ 처벌의 확실성 개념은 범죄자가 확실하게 체포되고 처벌을 받을 가능성을 의미한다. 범죄자를 확실하게 처벌한다는 구체적인 의미는 범죄자의 체포, 유죄판결 그리고 제재까지 포함하며 체포, 유죄판결 그리고 제재의 확률이 클수록 범죄율이 틀림없이 감소할 것이라는 의미까지 내포하고 있다. ④ 처벌의 확실성은 엄격성보다 범죄억제에 더 효과적이라는 것이 일반적인 견해로, 처벌의 확실성 개념은 범죄자가 확실하게 체포된다는 의미를 가장 우선시한다. [2025. 보호 9급]
	엄중성	① 해악의 정도에 맞는 확고한 행위결과에 상응한 처벌이어야 한다. ② 억제이론의 전제는 범죄의 유형이 동일하다면, 그것으로부터 얻는 이득이나 쾌락의 양은 모든 사람에게 거의 동일하다는 것이다. 따라서 범죄에 상응하는 처벌은 그가 누구인가와는 아무런 관계가 없다. ③ 범죄억제이론은 일반적으로 처벌이 엄격할수록 범죄율은 감소할 것이라고 가정한다. 처벌 수준을 높이면 범죄율은 감소한다고 보는 것이다. ④ 그러나 처벌의 엄격성은 범죄의 해악의 크기에 따라서 처벌도 그만큼 엄격해야 하며, 형사법에 근거하여 이루어져야 한다는 것을 본질로 한다.
	신속성	① 범죄가 일어난 후 처벌이 신속하여 처벌과 범죄가 근접할수록 처벌은 더욱 공정해지고 효과적이다. ② 범죄자에 대한 처벌이 신속하고 확실하게 이루어져야 억제효과가 있다는 가정을 한다. 처벌의 신속성은 범행 후에 범죄자가 얼마나 빨리 처벌되는가를 의미한다. ③ 범행 후에 범죄자가 즉각적으로 처벌을 받을수록 처벌은 정당하고 유용할 것이다. 범행과 처벌 사이의 시간적 간격이 짧을수록 범죄와 처벌이라는 두 관념의 결합은 더 긴밀하고 지속적인 것이 될 것이다.
		형벌의 제지효과 3요소의 중요도: 확실성 > 엄중성 > 신속성
범죄예방주의		① 범죄를 처벌하는 것보다 범죄를 예방하는 것이 더욱 중요하며 처벌은 범죄예방에 도움이 된다고 판단될 때에 정당화된다. [2024. 보호 9급] 총 2회 기출 ② 법에 대한 공포심을 강조하였다.
사형과 사면의 반대	사형 폐지	① 범죄의 심각성과 형벌의 강도는 합리적인 연관성이 없다고 생각했기 때문에 사회계약설에 의거, 사형제도를 폐지하고 대신에 구금형으로 대체되어야 한다. [2024. 보호 9급] ② 사형은 예방 목적의 필요한 한도를 넘는 불필요한 제도로서 폐지되어야 한다.
	사면 폐지	사면은 형사제도의 무질서와 법에 대한 존중심의 훼손을 초래한다고 보고, 자비라는 얼굴을 한 가면이라고 혹평하였다. [2024. 보호 9급]
공리성		형사사법제도 내에서 개인의 권리를 강조하고 처벌에 대한 유일한 정당화와 진실한 목적은 공리성에 있다고 주장하였다.

03 벤담(Bentham)

(1) 최대다수의 최대행복

① 법의 목적은 최대다수의 최대행복을 보장하여 주는 것이라고 보았다.
② 형벌부과의 목적은 범죄예방에 있으며, 이를 위해 가장 적은 비용을 사용하여야 한다고 주장하였다.
③ 범죄란 악을 낳는 것, 즉 실제적 범죄이어야 하는 것으로 보면서 그렇지 아니한 상상(관념)적 범죄와는 엄격히 구별하였다.

(2) 행복지수계산법과 채찍이론

① **형벌의 계량화**: 범죄로 인한 이익, 고통, 완화상황 등을 고려하여 적절한 형벌이 부과되도록 형벌을 계량화하는 행복지수계산법을 주장하였다. 범죄와 형벌의 비례성을 논증하면서 채찍의 비유를 들었다.
② **범죄와 형벌의 비례성**: 범죄자에 대한 채찍은 매질하는 자의 근력과 범죄자에 대한 적개심에 따라 달라질 수 있기 때문에 이러한 불공정함과 불합리한 것을 예방하기 위해 형벌의 강도는 범죄의 중대성에 의해서만 결정되어야 한다(비례적 형벌을 위해 균일한 타격기계 구상).

(3) 파놉티콘 교도소

① 최소비용으로 최대효과를 거둘 수 있는 유토피아적인 파놉티콘(Panopticon)형 교도소건립계획을 수립하였다. [2018. 교정 9급] 총 3회 기출
② 그리스어로 '모두'를 뜻하는 'pan'과 '본다'를 뜻하는 'opticon'을 합성한 것으로, 벤담은 소수의 감시자가 자신을 드러내지 않고 모든 수용자를 감시할 수 있는 형태의 감옥을 제안하면서 이 말을 창안하였다.
③ 야간에 감시자는 중앙의 원형감시탑에서 한 감방에 8명씩 수용된 수용자를 훤히 들여다볼 수 있지만, 수용자는 감시자가 있는지, 감시하는지 여부를 알 수 없어 실제로 감시자가 항상 있는 것과 같은 효과를 낸다.

④ 여러 명의 죄수를 야간에 혼거시키려는 것으로서 당시의 감옥개혁가들이 범죄전염방지를 위해 주장하였던 독거제와는 다소 배치되는 것으로, 의회의 반대 및 당시 열악한 건축기술로 실제로 건립되지는 않았으나 현대 교도소 건축에 많은 영향을 미쳤다.

(4) 국제형법
① '국제형법'이라는 용어를 처음으로 사용하였다.
② 범죄피해자 구조의 필요성을 강조하였다.

04 포이에르바하(Feuerbach)

(1) 심리강제설
① 심리강제설과 비결정주의의 사상을 바탕으로 국가는 시민의 자유를 보장함에 그 목적이 있는 것으로 보았다.
② 법률에 위반하는 경우 물리적 강제를 가해서는 안 되고, 심리적 강제로 위법행위와 고통을 결부하여야 한다.

(2) 형법의 보조수단으로서의 형사정책
① 형사정책을 '입법을 지도하는 국가의 예지'로 이해하고, 집행기관은 형벌목적에 대한 정당성을 고려하여 인간적·자유주의적으로 법을 집행하여야 한다.
② 형사정책은 이러한 정책적 목적을 유지하기 위한 형법의 보조수단으로서 의미가 있다.

05 존 하워드(J. Howard)의 감옥개혁운동

(1) 감옥상태론
① 영국의 박애주의자 존 하워드는 「영국과 웰스의 감옥상태론」(1777)을 통해 인도적인 감옥 개혁을 주장하였다. [2018. 교정 9급]
② 다섯 번에 걸쳐 전 유럽의 300여 감옥을 직접 둘러보고 자기가 체험한 것을 내용으로 하여 저술한 것으로 경험적 범죄학 연구의 효시가 되었다.

(2) 주장 내용 [2010. 교정 9급]
① **위생시설의 확충**: 전염병으로 사망한 수용자가 사형집행으로 사망한 자보다 많은 점을 지적하며 통풍과 채광이 잘되는 구금시설을 확보할 것
② **분류수용**: 수형자를 연령층과 성별에 따라서 분리수용할 것
③ **공적 운영**: 교도관을 공적 임명하고 충분한 보수를 지급할 것
④ **수형자 인권보장**: 독립된 행정관청에 의해 수형자를 통제하고, 수형자의 인권을 보장할 것
⑤ **교육적 노동**: 강제노동은 응보적·약탈적 목적이 아니라 교육적·개선적 목적으로 시행할 것
⑥ **종교활동 보장**: 감옥 내에 교회당을 설치하고 성서나 기도서를 비치할 것
⑦ **자력개선 촉진**: 수형실적에 따른 형기단축제도를 도입하여 수형자의 자력개선을 촉진할 것
⑧ **독거제 실시**: 최초로 독거제 실시를 주장하였다.

⊕ **PLUS** 신고전학파

1. 고전학파의 이론은 철저한 입법주의와 법관의 재량을 인정하지 않음으로 인해 결과적으로 초범자와 재범자, 정상인과 정신이상자, 성년과 미성년자를 동등하게 취급한다는 비현실적인 문제에 봉착하게 되었다.

2. 문제해결을 위해 1810년 형법은 법관의 재량을 어느 정도 인정하는 방향에서 개편되었으며, 1819년 몇 가지 객관적인 상황에 대한 법관의 재량을 명시적으로 인정하는 방향으로 형법이 개정되었다.

3. 그러나 이는 형벌의 개별화와 법관의 재량권을 인정하였지만, 범죄자의 범행의도와 같은 심리적인 상황에 대한 고려는 인정하지 않은 것이었다.

01 고전주의는 형벌이 범죄결과의 정도에 상응하여야 한다고 주장한 반면, 실증주의는 부정기형과 사회 내 처우를 중요시하였다. ( )
[2024. 교정 9급]

02 고전주의는 인간은 누구나 자유의지를 지닌 존재이기 때문에 평등하고, 범죄인이나 비범죄인은 본질적으로 다르지 않다고 인식하였다. ( )
[2024. 교정 9급]

03 베카리아(Beccaria)에 의하면, 형벌의 목적은 범죄를 억제하는 것이다. ( )
[2024. 보호 9급]

04 베카리아(Beccaria)에 의하면, 범죄를 억제하는 효과를 높이기 위해서는 처벌의 신속성뿐만 아니라 처벌의 확실성도 필요하다. ( )
[2024. 보호 9급]

05 베카리아(Beccaria)에 의하면, 인도주의의 실천을 위하여 사형제도는 폐지되어야 하고 사면제도가 활용되어야 한다. ( )
[2024. 보호 9급]

06 베카리아(Beccaria)에 의하면 입법부의 역할은 각각의 범죄에 대한 형벌을 규정하는 것이고, 판사의 역할은 재량권을 가지고 유죄의 여부 및 양형을 결정하는 것이다. ( )
[2024(74). 경위]

07 '형벌의 목적은 오직 범죄자가 시민들에게 새로운 해악을 입힐 가능성을 방지하고, 타인들이 유사한 행위를 할 가능성을 억제시키는 것이다. 따라서 형벌 및 형 집행의 수단은 범죄와 형벌 간의 비례관계를 유지하면서 인간의 정신에 가장 효과적이고 지속적인 인상을 만들어 내는 동시에, 수형자의 신체에는 가장 적은 고통을 주는 것이다.'라고 주장한 학자는 베카리아(Beccaria)이다. ( )
[2023. 경찰1차]

---

01 ○

02 ○

03 ○ 범죄를 처벌하는 것보다 범죄를 예방하는 것이 더욱 중요하며, 처벌은 범죄예방에 도움이 된다고 판단될 때에 정당화된다는 범죄예방주의를 표방하였다. 또한 범죄예방의 가장 좋은 방법의 하나는 잔혹한 형의 집행보다 확실하고 예외 없는 처벌이라고 하였다.

04 ○ 처벌의 신속성, 확실성, 엄격성의 효과를 강조한다.

05 × 범죄의 심각성과 형벌의 강도는 합리적인 연관성이 없다고 생각했기 때문에 사회계약설에 의거, 사형제도를 폐지하고 대신에 구금형으로 대체되어야 한다고 주장한다. 또한 사면은 형사제도의 무질서와 법에 대한 존중심의 훼손을 초래한다고 보고, 자비라는 얼굴을 한 가면이라고 혹평하면서 사면의 폐지를 주장하였다.

06 × 법관의 재량권 인정을 거부하고 형법 적용의 도구로 보았다. 즉, 범죄에 대한 형벌은 법률로서만 정할 수 있고, 형사사건에서 법관은 형법을 해석할 권한이 없다.

07 ○

08 벤담(Bentham)은 형벌은 범죄자의 재사회화를 목표로 하는 특별예방에 주된 목적이 있다고 보아 형벌대용물사상을 주장하였다. (　　)

[2015. 사시]

09 벤담(Bentham)은 최소비용으로 최대의 감시효과를 거둘 수 있는 파놉티콘(Panopticon)이라는 감옥 형태를 구상하였다. (　　)

[2015. 사시]

10 벤담(Bentham)은 처벌의 비례성과 형벌의 특별예방을 강조하였고 최대다수의 최대행복을 주장하였다. (　　)

[2024(74). 경위]

11 고전학파에 의하면 심리에 미치는 강제로서 형벌을 부과해야 한다고 하는 심리강제설을 주장하였다. (　　)

[2021. 보호 7급]

---

07 × 페리(Ferri)에 대한 설명이다.

09 ○ 벤담(Bentham)은 최소비용으로 최대효과를 거둘 수 있는 유토피아적인 파놉티콘(Panopticon)형 교도소 건립계획을 수립하여 이상적인 교도행정을 추구하였다. 그러나 의회의 반대 및 당시 열악한 건축기술로 실제로 건립되지는 않았으나, 현대 교도소 건축에 많은 영향을 미쳤다.

10 × 공리주의를 주장한 벤담(Bentham)은 최대다수의 최대행복의 원리를 바탕으로 범죄를 설명하면서, 처벌의 비례성과 형벌의 일반예방을 통해 성취될 수 있는 최대다수의 행복을 강조하였다.

11 ○ 포이에르바하(Feuerbach)는 법률을 위반하는 경우 물리적 강제를 가해서는 안 되고, 심리적 강제로 위법행위와 고통을 결부하여야 한다는 심리강제설을 주장하였다.

제2절 현대적(신) 고전학파

01 서론

(1) 범죄학의 관심변화

① 고전학파이론은 19C 실증주의 범죄원인론이 대두하기까지 약 100년간 범죄현상을 이해하는 데 가장 지배적인 입장이 되었다.

② 범죄행위가 개인의 자유의지보다는 외부적인 여러 요인들에 의해 영향을 받는다는 실증주의에 의해 재활이념과 부정기형이 도입되었으나 그 성과가 미미하고 오히려 범죄문제가 악화된 데에 따라 종래 고전주의 범죄학이 추구하였던 범죄억제에 관심을 갖게 되었다.

(2) 현대적 고전주의

① **억제이론과 범죄경제학**: 1960년대 이후 현대적 고전주의는 크게 억제이론과 범죄경제학의 서로 다른 견해로 발전하였다.

② **일상생활이론과 합리적 선택이론**: 범죄문제에 있어 범죄자가 아니라 범행의 조건을 특정화하는 일상생활이론과 경제이론에서의 기대효용의 법칙에 기초한 합리적 선택이론이 있다.

02 억제이론

(1) 억제이론의 등장

① 1970년대와 1980년대에 미국은 범죄발생이 폭증하면서 대부분의 보수주의적인 범죄학자와 전문가들은 실증주의 범죄학에 근거한 교화 위주의 형사정책의 실패를 이유로 처벌 위주의 범죄억제 정책을 지지하기 시작했다.

② 억제이론(제지이론)으로 발전시킨 학자들은 현대 인간행동과학의 지식을 바탕으로 고전학파의 주장대로 형벌이 확실하게 집행될수록(확실성), 형벌의 정도가 엄격할수록(엄격성), 형벌집행이 범죄발생 이후에 신속할수록(신속성) 사람들이 형벌에 대한 두려움을 더욱 느끼고 이에 따라 범죄를 자제하는가를 연구한 것이다. [2025. 교정 9급]

(2) 범죄억제모형

일반억제	처벌의 위협에 의해 불특정 다수의 잠재적인 범죄자들의 범죄행위를 억제할 수 있다는 관점이다. 즉, 범죄자를 확실히 체포하여 신속하고 엄격하게 처벌할 경우에 범죄를 범할 생각을 포기하게 되기 때문에 결과적으로 범죄가 억제된다. [2012. 교정 9급]	적극적 일반억제	형벌에 의해 잠재적 범죄자의 범죄의지를 억제하고 일반시민들의 법 집행기능에 대한 신뢰감을 향상시킨다(규범의식 강화, 법규범에의 자발적 복종). [2024. 보호 9급]
		소극적 일반억제	잠재적인 범죄자들이 범죄를 범하지 못하도록 형벌에 의해 위협(위하)을 가하는 것이다(형벌 위하에 의한 범죄예방).
특별억제	특별억제는 강력한 처벌에 의해 경력 범죄자들, 즉 전과자들이 범죄를 되풀이하지 못하도록 대책을 강구하는 것을 목적으로 한다. 범죄의 종류나 범죄인의 특성에 따라서 차별화되어야 한다.	적극적 특별억제	교화·개선 위주의 적극적 억제전략이다.
		소극적 특별억제	범죄자에 대한 극형이나 무능력화 같은 처벌 위주의 소극적 억제전략이다.

(3) 집단비교분석(억제이론 실증연구): **깁스**(Gibbs)**와 티틀**(Tittle)**의 연구**

① **의의**: 일정 시점에서 형벌의 양태가 다른 여러 지역을 대상으로 각 지역의 범죄발생률을 상호 비교하여 범죄억제 효과를 밝히려는 것으로, 형벌의 확실성의 효과분석을 위해 형벌이 집행된 비율, 즉 검거율을 조사하고, 형벌의 엄격성의 효과분석을 위해 지역별로 같은 종류의 범죄들에 선고된 형량을 기준으로 평가하였다.

② **깁스**(Gibbs)**의 연구**: 1968년 미국의 50개 주를 대상으로 각 주의 범죄발생률, 범죄검거율, 평균형량 등의 관계를 분석한 결과, 살인의 경우 형벌의 집행이 확실하고 그 정도가 엄격한 주일수록 그 주의 살인사건 발생률은 낮은 것으로 확인되었다. 그 결과 형벌이 어떻게 운용되는가에 따라 범죄발생의 정도가 변화할 수 있고, 사람들이 형벌을 두려워하는 정도가 그 사회의 범죄발생 정도를 결정하는 데 중요한 요인이라고 결론지었다.

③ **티틀**(Tittle)**의 연구**: 깁스(Gibbs)의 연구를 확장, 살인사건 외 다른 범죄까지 포함하여 연구한 결과 살인사건의 경우 형벌의 엄격성이 높을수록 살인 발생률은 감소했으나, 강도사건과 같이 살인 이외 범죄의 경우 형벌이 높은 지역과 낮은 지역에서의 발생률은 차이를 보이지 않았다.

④ **연구결과**: 형벌의 '확실성'은 모든 유형의 범죄발생률에 중요한 영향을 미쳤지만, 형벌의 '엄격성'은 살인사건에만 억제효과가 있었다.

⑤ **집단비교분석의 문제점**
   ㉠ 형벌의 확실성이 범죄발생률에 미치는 정도와 범죄발생률이 형벌의 확실성에 미치는 정도를 분간할 수 없다는 점이다.
   ㉡ 검거율이 높았을 때 범죄발생률이 낮은 경우 이것이 두려움 때문이라면 형벌의 확실성을 입증하는 것이지만, 실제 범죄가 많았음에도 경찰인력 등 한계로 검거가 어려워 형벌의 확실성이 떨어졌다면 억제이론과는 아무런 상관이 없는 것이 된다.

(4) 로스(Ross)**의 시계열연구**

① **의의**: 집단비교분석방법의 문제점, 즉 형벌의 확실성이 범죄발생률에 미치는 정도와 범죄발생률이 형벌의 확실성에 미치는 정도를 분간할 수 없다는 문제점을 해결하기 위해서 활용된 연구방법이다.

② **시행 전후 범죄율 증감비교**: 어떤 입법정책이나 형벌양태의 시행 이전과 이후로 나누어 범죄율의 증감을 서로 비교하는 방법으로, 1982년 로스(Ross)에 의해 대표적 연구가 이루어졌다.

③ **연구결과**: 1967년 영국에서 음주운전을 규제하는 도로안전법 시행 후 음주운전 사고율을 비교한 결과 법 시행 이전의 음주운전 사고건수가 월 평균 1,200건에서 법 시행 이후에는 400건으로 감소하였다.

(5) 평가

① **한계**: 집단비교를 통한 형벌효과분석은 특정범죄에 대한 법정형량(엄격성)이나 범죄검거율(확실성)에 대한 내용을 모든 사회구성원들이 알고 이 정보를 바탕으로 행동을 결정할 것이라는 가정에 기초하지만, 실제 형벌의 객관적 운영실태와 사회구성원의 인지정도 사이에 편차가 큰 상태에서 집단분석방법은 형벌의 범죄억제효과를 제대로 밝힐 수 없는 한계가 있다.

② **형벌의 확실성효과**: 집단비교의 한계를 극복하기 위해 개인의 형벌인지수준과 범죄행위와의 관계를 분석한 결과 형벌의 확실성을 강하게 인지하는 사람들은 대체로 범죄를 자제하는 경향이었지만, 형벌의 엄격성은 범죄행위와 주목할 만한 관계를 보여주지 못하였다.

03 베커의 범죄경제학

(1) 범죄경제학의 가정
① **의의**: 인간이 형벌의 위협을 이해하고 계산할 수 있는 존재라는 전제로, 범죄는 경제활동과 마찬가지의 과정, 즉 범행 시 얻게 되는 이익과 발생할 수 있는 손실(비용)을 계량한 후에 저지르는 것이다.
② 범죄인을 치료한다는 처우효과에 대한 불신을 배경으로, 억제이론이 주로 범죄학자와 사회학자들에 의해 주도된 반면, 베커(Becker)를 중심으로 한 경제학자들의 고전학파 견해이다.

(2) 이득과 손실
① **범죄행위의 이득**: 금전적 사항뿐만 아니라 개인의 취향, 정서적인 만족감, 대인관계에 있어 위신, 편리함 등을 포함한다.
② **범죄로 인한 손실**: 형벌에 부수된 비용과 형벌을 받게 될 가능성의 곱으로 계산한다. 교도소 수감기간, 전과자로서 사회적 이미지 손상이나 이웃으로부터의 비난 등이 비용개념에 포함된다.
③ 범죄는 비용과 이득이라는 관점에서 개인이 내린 자유로운 의사결정의 결과이다.

04 클라크와 코니쉬의 합리적 선택이론(Rational Choice Theory)

(1) 의의
① 클라크(Clarke)와 코니쉬(Cornish)의 합리적 선택이론은 인간의 자유의지를 전제로 한 비결정론적 인간관에 입각하고 있다.
② 경제이론에서의 기대효용의 법칙에 기초하여, 인간은 범죄로 인하여 얻게 될 효용(이익)과 손실의 크기를 비교하여 범행여부를 결정한다고 본다. 이는 고전 범죄학에서 이해하는 인간본성에 대한 가정과 일치한다. [2010. 9급]

(2) 범죄행위 선택의 요인
① 범죄행위는 결국 각 개인이 선택한 결과이다.
② 선택과정에서 고려하는 요인들로는 행위자 자신의 개인적 요인(금전욕구, 가치관, 학습경험 등)과 상황적 요인(범행대상이 얼마나 잘 지켜지고 있는가, 사람들이 집에 있는가, 주위환경이 어떠한가 등)을 지적하였다.

단원별 지문 O/X

01 고전주의 범죄학의 영향을 받은 현대 범죄이론에는 합리적 선택이론, 일상활동이론, 인지이론, 행동주의이론 등이 있다. (　　)
[2024(74). 경위]

02 억제이론(Deterrence Theory)의 주장에 의하면 억제이론의 기초가 되는 것은 인간의 공리주의적 합리성이다. (　　)
[2012. 교정 9급]

03 억제이론(Deterrence Theory)의 주장에 의하면 형벌의 특수적 억제효과란 범죄를 저지른 사람에 대한 처벌이 일반시민들로 하여금 처벌에 대한 두려움을 불러 일으켜서 결과적으로 범죄가 억제되는 효과를 말한다. (　　) [2012. 교정 9급]

04 억제이론(Deterrence Theory)의 주장에 의하면 범죄자에 대한 처벌의 억제효과는 범죄자의 자기통제력 수준에 따라 달라질 수 있다. (　　)
[2012. 교정 9급]

05 억제이론(Deterrence Theory)의 주장에 의하면 처벌의 신속성, 확실성, 엄격성의 효과를 강조한다. (　　)
[2012. 교정 9급]

06 억제이론은 촉법소년의 연령 하향을 주장하는 학자들의 이론적 근거 중 하나이다. (　　) [2022. 경찰2차]

07 신고전주의 범죄학인 합리적 선택이론(Rational Choice Theory)은 사람들이 이윤을 극대화하고 손실을 최소화하기 위한 결정을 한다는 경제학의 기대효용원리에 기초하고 있다. (　　) [2022(72). 경위]

08 신고전주의 범죄학인 합리적 선택이론에 따르면, 범죄자는 범행 여부에 대한 의사결정을 함에 있어 처벌의 가능성과 강도뿐 아니라 다양한 개인적, 상황적 요인을 포괄적으로 고려한다. (　　) [2022(72). 경위]

09 신고전주의 범죄학의 등장은 실증주의 범죄학 및 관련 정책의 효과에 대한 비판적 시각과 관련이 있다. (　　)
[2022(72). 경위]

---

01 ✕　고전주의 범죄학의 영향을 받은 현대 범죄이론(신고전주의 범죄학)에는 합리적 선택이론, 생활양식 · 노출이론, 일상활동이론, 구조적 선택이론, 범죄패턴이론 등이 있다. 인지이론과 행동주의는 실증주의적 관점이다.

02 ○

03 ✕　특수적 억제효과는 형벌의 목적을 범죄인에 대한 위하와 범죄인이 다시 죄를 범하는 것을 방지하는 데 있다.

04 ○

05 ○

06 ○

07 ○　클라크(Clarke)와 코니쉬(Cornish)의 합리적 선택이론에 대한 설명이다.

08 ○

09 ○

제3절 고전학파의 공적과 한계

01 공적

(1) 죄형법정주의 확립
① 베카리아(Beccaria)와 벤담(Bentham)은 범죄를 현실적으로 사회의 안녕과 존속을 해치는 정도에 따라 구분하였으며, 자의적인 형벌운영을 지양하기 위해서 모든 형벌집행은 법률에 의하도록 주장하였다.
② 이를 배경으로 당시 자의적이고 전횡적인 형사사법 운영실태를 비판하고, 인본주의를 바탕으로 합목적적인 형사사법제도의 토대를 마련하기 위해 노력하였다. [2024. 교정 9급]
③ 효율적인 범죄방지를 위하여 형벌 등 현대적인 형사사법제도의 발전에 크게 기여하였다.

(2) 범죄예방과 제지
① 범죄의 예방과 제지를 위한 가장 기본적인 일반예방주의 개념을 제공하였다.
② 이성적 판단에 의해 행위를 하며, 이에 따라 본인의 행위에 대해서 책임을 져야 한다는 것을 전제로 인간의 가치, 합리성 등을 추구하였다.
③ 범죄행위가 현실세계에 존재하는 원인에 의해 설명하도록 하였다는 점에서 과학적인 범죄학의 출발을 가능하게 하였다.

02 한계

(1) 형벌중심의 범죄원인론
① 범죄현상을 형벌사용과 관련하여서만 고찰하였다는 점이다. 즉, 형벌제도를 객관화하고 형벌집행을 합리화함으로써 사람들이 범죄에 대한 두려움을 느끼고 이로 인하여 범죄를 규제할 수 있다는 형벌중심의 범죄원인론이라고 할 수 있다.
② 이로 인해 범죄를 저지를 수밖에 없는 외부적 영향에 대한 고려가 충분하지 않았다는 비판이 있다.

(2) 실증주의의 비판
① 범죄는 본인이 자기 이익을 충족시키기 위하여 스스로 선택하는 것이라는 범죄인식과 인간은 선악을 이성적으로 판단하고 자유로이 선택할 수 있는 존재라고 개념적으로만 규정할 뿐 직접 보여주지 못하여, 19C 후반 이후에 등장한 실증주의에 의해 비판을 받게 되었다.
② 범죄는 개인의 본질적 특성, 심리학적 성격, 주위환경의 영향 등에 의해 결정되어지는 것이라는 다양한 범죄의 원인을 등한시하고, 형법과 형사절차에만 지나친 관심을 가졌다.
③ 처벌은 사람에 따라서 상이한 영향을 미친다는 사실을 인식하지 못하였다.

단원별 지문 OX

01 고전학파의 형법이론은 범죄대책을 형벌을 통한 고통의 부과라고 지나치게 단순화하였다. (　　)

02 고전학파의 형법이론은 인간행위의 동기를 지나치게 단순하게 파악하였다. (　　)

03 고전학파의 형법이론은 신속하고 확실한 처벌이 범죄를 억제한다는 주장에 대한 경험적 연구를 등한시하였다. (　　)

04 고전학파의 형법이론은 관념론적 입장에서 처우를 통한 범죄인의 개선가능성을 과신하였다. (　　)

05 고전학파의 형법이론은 범죄원인에 대한 사실적 탐구를 등한시하였다. (　　)

---

01 ○　고전학파는 인간은 이성적 합리적 존재로 자유의사에 따라 고통은 회피하고 쾌락을 추구하므로 일정한 행위에 형벌(고통)을 부과함으로써 범죄는 억제될 것이라 주장하였다. 그러나 고전주의의 한계는 범죄현상을 형벌 사용에 관련하여서만 고찰하였다는 것이다. 즉, 형벌제도를 객관화하고 형벌집행을 합리화함으로써 사람들이 범죄에 대한 두려움을 느끼고 이로 인하여 범죄를 규제할 수 있다는 형벌중심의 범죄원인론이라 할 수 있다.

02 ○　고전학파는 범죄결과(범죄사실)에 대해 그에 상응한 형벌을 부과할 것을 중시하였고 인간의 주관적 의사는 고려하지 않았다.

03 ○　베카리아(Beccaria)는 범죄예방(억제)을 위해서는 형벌의 확실성, 신속성, 엄중성이 필요하다고 주장하였으나 이에 대한 실증적 연구는 1960년대 현대적 고전주의가 다시 등장하면서 발전하게 되었다.

04 ×　고전학파는 범죄의 연구에 있어서 실증적이라기보다는 관념론적 입장에서 연구하고, 인간에 있어서 동질동량의 자유의사를 가정하면서 범죄인이 아닌 범죄행위 결과에 초점을 두어 동일한 범죄에 동등한 형벌을 부과할 것을 강조하였다.

05 ○　인간은 이성적·합리적 존재로 자유의사에 의한 선택의 결과로 보아 형벌은 그 행위결과에 대한 도의적 책임을 묻는 것으로 보았다. 즉, 범죄원인에 대한 사실적 탐구는 등한시하였던 것이다.

MEMO

해커스공무원
이언담 형사정책 기본서

제 3 편

범죄피해자론

제5장 범죄피해자학과 피해설명이론

제1절 피해자학의 역사와 의의

01 피해자학의 의의와 연구대상

(1) 피해자학의 의의
① 피해자학은 범죄피해자와 가해자, 사회에 대한 학문이라고 포괄적으로 정의된다.
② 피해자와 범죄자, 형사사법시스템, 매스미디어, 경제, 사회운동 등과의 연관성 등을 통해 범죄피해의 원인과 현상, 그리고 관련 법제 및 사회적 대응 등을 연구하는 학문이라고도 정의된다.

(2) 피해자학의 독립과학성 논의

독립과학 긍정설	① 가해자와 피해자는 행위의 동반자이므로 피해자학을 범죄학과 대응되는 하나의 독립된 학문으로 보는 견해이다. ② 피해자학에 대한 관심을 적극적으로 끌어내기 위해서도 독립과학성을 인정할 필요가 있다고 한다(멘델존, 슈나이더 등).
독립과학 부정설	① 피해자학을 범죄학의 한 분과로 보는 견해이다(다수설 입장). ② 피해자학의 독립과학성 여부에 있는 것이 아니라, 피해자 문제에 대한 과학적·규범적 접근을 보다 활성화시키면서 인접 학문분야와의 밀접한 관련을 유지하여 나가는 것이라고 한다(헨티히, 나겔 등).

(3) 피해자의 범위

최협의설	형식적 의미의 범죄개념에 입각하여, 범죄행위에 의해 손해를 입은 사람만을 의미한다(독립과학성 부정).
협의설	헨티히(Hentig): 형식적 의미의 범죄뿐만 아니라 실질적 의미의 범죄로 인해 보호법익을 침해당한 사람까지 포함하는 개념이다(독립과학성 부정, 통설).
광의설	지프(Zipf): 피해자를 법익을 침해당한 자에 국한하지 않고 그와 관련을 맺고 있는 사람, 즉 피해자의 가족 등과 같은 간접피해자까지 피해자 범위를 확장한다(독립과학성 강조).
최광의설	멘델존(Mendelsohn): 피해자를 범죄와 분리하여 유해성의 원인이 범죄자가 아닌 민법상·행정법상 사건 등에 의한 경우까지도 포함하여 산업재해나 자연현상에 의한 피해 등 모든 유해한 결과가 발생된 사람으로 확장한다.

(4) 피해자책임론

피해자수용성 (피해자성, 피해유발성)	멘델존(Mendelsohn)에 의하면 피해자에게는 피해자수용성, 즉 피해자가 되기 쉬운 특성이 있다고 한다.
피해자비난론	가해자와 피해자는 상호적 관계이므로 가해자가 범죄에 책임을 지고 처벌을 받는 것처럼 피해자도 범죄의 발생과정에서 자신의 행위에 책임을 져야 한다는 입장이다.
피해자옹호론	피해자는 일반인과 현저한 차이가 없으므로, 이해와 도움을 필요로 하는 존재이지 비난의 대상이 아니다.

(5) 피해자학의 대상과 과제
① 피해자학의 대상

범죄적 피해	범죄로 인한 직접적 피해, 경제적·심리적 피해 등이 있다.
비범죄적 피해	언론의 가십성 기사 등이나 기업의 비윤리적 경영에 의한 피해 등이 있다.
제도적 피해	장소적 특수성(학교의 집단따돌림, 교도소 인권침해 등), 관계적 특수성(상하관계, 고용관계에서의 갑질, 차별, 인격모독, 학대 등)으로 인한 피해가 포함된다.

② 피해자학의 과제

피해원인 규명	피해자의 유형화, 심리상태 조사, 사회구조 및 사회현상 연구 등이 해당한다.
형사절차상 피해자 보호	피해자 진술권 보장, 배상명령제도, 변호인의 조력을 받을 권리, 증인보호, 원상회복 등이 해당한다.
피해자 공적부조	공적부조절차와 내용의 합리화·현실화 등이 해당한다.

02 범죄피해와 피해자화

(1) 직접피해
① 피해자가 해당 범죄로부터 즉시, 직접적으로 경험하는 신체적·물리적·심리적 피해를 의미한다.
② 피해자나 피해가구의 신체피해와 재산피해가 포함된다.

(2) 간접피해
① 직접피해를 제외하고 피해자나 피해가구에 나타나는 간접적인 영향을 의미한다.
② 범죄피해로 인한 노동력 상실이 가져오는 경제적 손실, 범죄피해자가 겪는 심각한 정신적 피해 그리고 피해를 막기 위한 회피비용이나 호신도구 구입 등의 예방비용 등이 있다.

(3) 피해자화(Victimization)
① 피해자화라는 용어는 범죄화(Criminalization)에 대응하는 개념으로, 일정한 원인에 의하여 일련의 과정을 거쳐 피해자에 이르게 된다고 하는 가설에 기초하고 있다.
② 범죄의 직접적인 피해 이후 형사절차에서, 지역사회에서, 언론이나 미디어를 통해서도 손해나 피해가 발생될 수 있다는 것에 기초하여 범죄사건이 종료된 이후에도 피해자가 겪게 되는 일련의 현상을 통칭해서 피해자화라고 칭한다.

③ **키플**(Kielf)**과 람넥**(Lamnek): 「피해자의 사회학」에서 피해자를 3단계로 나누어 설명하고 있다.

제1차 피해자화	㉠ 개인이나 집단이 범죄 또는 위법행위 등에 의해 <u>직접적인 피해를 당하는 과정</u>을 말한다. ㉡ 신체적·경제적·정신적 피해로 크게 나눌 수 있다.
제2차 피해자화	㉠ <u>수사 및 재판과정에서 형사사법기관의 부적절한 행위</u>로 인하여 겪는 피해를 말한다. ㉡ 참고인 진술, 공판과정에서 피해사실의 증언, 피고인 및 변호인으로부터의 신문과정 중에 경험하는 사생활 침해 및 정신적·심리적 피해뿐만 아니라 언론이나 지역사회로부터 겪는 피해 등이 포함된다. ㉢ 사생활 침해와 심리적 충격, 피해회복 지연으로 인한 경제적 손실 등도 포함된다.
제3차 피해자화	㉠ 제1차·제2차 피해자화로 인해 정신적·육체적 고통을 느끼고 있는 피해자에 대하여 적절한 대응이 이루어지지 않음으로써 발생되는 피해이다. ㉡ 범죄사건이 모두 <u>종결된 이후에도 지속되는 범죄피해자가 겪는 고통과 손실</u>을 말한다. ㉢ 범죄피해로 인한 우울증, 외상후 스트레스 장애(PTSD) 등이 포함된다.

④ **울프강**(미국, Wolfgang): <u>개인 범주</u>의 피해자화를 제1차 피해자화, <u>조직규모</u>의 피해자화를 제2차 피해자화, <u>사회질서나 질서의 파괴자</u>를 제3차 피해자화라고 하였다. 그는 범죄자와 피해자가 가장 밀접하게 연결되는 영역은 가정폭력범죄로 보고, 이를 개인적 성격의 범죄로 인식하였다.

⑤ **패렐**(Farrell)**의 반복피해자화 유형**(첫번째 피해 후 일정기간 내 두 번째 피해)

구분	의의	예시
표적(Target)	동일한 표적에 대한 범죄	동일한 사람, 건물, 자동차 등
전술적(tactical) 사실상(virtual)	동일한 수법, 기술을 요하는 범죄, 종종 동일한 유형 표적	동일한 자물쇠, 동일한 자동차, 특정 유형의 보안 웹사이트
시간적(Temporal)	연속범행	같은 날 밤, 다른 재물에 대한 반복적 절도
공간적(spatial) 근접(near)	근접성과 특성에 기인한 근접한 장소, 위치 에서의 범죄	범죄다발지역
범죄유형	같은 표적에 대한 상이한 범법자에 의한 피 해자화	동일한 표적이 상이한 시간에 강도, 폭행, 절도를 당함
범법자	같은 표적이 다른 범법자에게 피해	다른 범법자에게 표적재물이 매력적으로 보임

03 피해자학의 역사

(1) 발전 과정

① 고대시대에는 가해자에 대한 보복과 피해자에 대한 배상에 초점을 맞춘 <u>응보형 관점의 사적 절차</u>가 중심을 이루었다.

② 중세시대에는 국가 형사사법체계가 구축되면서 가해자에 대한 <u>형벌과 사회적 배상</u>을 중요시하게 되었다.

③ 국가 형사사법체계의 구축은 범죄피해자의 지위를 주변으로 한정하는 결과를 가져왔는데, 피해자는 수사개시를 위한 고소인이나 <u>공소유지를 위한 증인</u> 또는 보조자로 인식되었다.

④ 제2차 세계대전 이후 여성주의 운동과 시민권 운동, 범죄 증가 및 가해자 중심의 처우모델에 대한 한계 인식, 피해자 중심의 범죄원인론적 접근과 신자유주의적 정치사조 등이 복합적으로 영향을 미쳐 피해자는 관심의 대상이 되었다.

⑤ 가해자 처우 중심 모델이 가지는 범죄억제력의 한계 인식과 함께 개인의 범죄피해 가능성의 차이를 설명하려는 시도들이 초기 피해자학의 출발이라 할 수 있다.

⑥ 피해자학의 발전은 형사사법체계에서 피해자의 재발견 과정과 그 맥을 같이한다.

⑦ 범죄학자들은 주로 범죄자와 피해자의 상호 영향이나 범행과정에서의 역할 등을 연구하였고, 대표적인 학자들로는 멘델존(Mendelsohn), 헨티히(Hentig), 울프강(Wolfgang) 등이 있다.

⑧ 1960년대 낙인이론가와 상징적 상호작용주의자의 영향으로 전통적 노상범죄 외에 다수의 피해자 없는 범죄가 관심의 대상이 되었다.

(2) 초기 피해자학자

멘델존 (Mendelsohn)	① 「범죄학에 있어서 강간과 부인(여성) 사법관의 중요성」(1940): 강간범죄의 피해자 연구를 통해 피해자학의 기초를 마련하였다. ② "새로운 생물·심리·사회학의 지평선: 피해자학"(1947) 강연을 통해 독립과학으로서의 피해자학을 역설하였다. ③ 멘델존(B. Mendelsohn)은 1956년 최초 피해자학(Victimology) 용어를 사용하여 피해자학의 아버지로 불렸다. 그는 범죄피해자 유형을 피해자의 유책성(귀책성) 정도를 기준에 따라 구분하여 제시하였고, 국제적 규모의 조직을 통한 피해자학 연구의 활성화를 주장하였다. [2022(72). 경위]
헨티히 (Hentig)	① 행위자와 피해자 사이의 상호작용에 관한 연구(1941): 그동안 피해자를 단순히 수동적 주체인 정적인 관점에서 최초로 범죄화과정의 적극적 주체인 동적 관점에서 이해하였다. 즉, 피해자도 범죄발생의 원인이 될 수 있다는 주장이다. ② 「범죄자와 그 피해자」(1948): 발간 이후, 피해자학은 결정적으로 발전되기 시작하였고, 범죄피해자가 되기 쉬운 성격을 연구함으로써 피해자학을 범죄학에서 실질적·체계적 보조과학으로서 자리 잡게 하였다. ③ 범죄피해자의 특성을 중심으로 하여 피해자 유형을 나누는 것에 중점을 두었다. ④ 범죄피해자가 되기 쉬운 성격 연구: 죄를 범한 자와 그로 인해 고통을 받는 자라는 도식을 통해 피해자의 존재가 오히려 범죄자를 만들어 낸다고 지적하여, 범죄피해자는 단순한 수동적 객체에 불과한 것이 아니라 범죄화과정에 있어서 적극적인 주체라는 점을 부각시켰다. ⑤ 피해자에 대한 관찰 없이 심리적 비난이 피해자에게도 가해진다고 보고, 이는 정당방위의 부인과 같고, 성범죄 피해자인 여성을 비난하는 것도 같은 심리적 기제의 결과로 이해하였다.
울프강 (Wolfgang)	1948년부터 1952년까지 필라델피아에서 발생한 살인사건 기록을 토대로 피해자의 역할을 분석하였는데, 살인사건의 26%는 피해자가 상대방(가해자)에게 직접적인 물리력을 먼저 사용하였음을 발견하였다. [2024(74). 경위]
엘렌베르거 (Ellenberger)	① 「범죄자와 피해자 간의 심리학적 관계」(1954): 인간은 순차적으로 범죄자와 피해자가 된다고 보았다. 중범죄자는 어릴 때 학대·착취 등의 피해자였던 점을 발견하였다. ② '피해원인'의 개념을 제시하고, 범죄예방을 위해서는 피해원인의 중요성을 강조함으로써 피해자학에 대한 관심을 고조시켰다.

> ⊕ **PLUS** 범죄피해자에 대한 학술적 논의
>
> 1. 1973년 이스라엘에서 제1회 국제피해자학 심포지엄, 3년마다 개최
> 2. 1979년 제3회 심포지엄에서 슈나이더(H. Schneider)의 주도로 세계피해자학회 설립
> 3. **우리나라**: 1992년 피해자학회 설립, 『피해자학 연구』 간행

04 피해자 공적구조에 관한 관심과 발전

(1) 의의
① **의의**: 범죄피해를 받은 사람에게 피해의 전부 또는 일부를 국가가 금전으로 보상하여 구제하는 제도이다.
② **주장**: 벤담(Bentham)은 행위자를 추가적으로 제재하기 위해 피해자를 위한 원상회복의무를 주장했고, 가로팔로(Garofalo)는 범죄자에 대한 사회방위와 재사회화를 위한 강력한 수단으로 원상회복을 고려하였다.

(2) 프라이 여사의 노력
① 프라이 여사(M. Fry)는 『피해자를 위한 정의』(1950)라는 논문을 통해 피해자의 공적구제에 대한 관심을 촉구하였다. [2023. 경행2차]
② 1963년 뉴질랜드가 「범죄피해자보상법」을 처음 제정·실시한 후 영연방국가들과 미국 그리고 다른 유럽국가의 순서로 범죄피해자에 대한 공적구제를 위한 입법이 이루어졌다.

(3) 우리나라
① 1987년 제9차 헌법개정에서 최초로 입법근거조항이 마련되었다.
② 1987년 「범죄피해자구조법」, 1990년 「특정강력범죄의 처벌에 관한 특례법」, 1993년 「성폭력범죄의 처벌 및 피해자 보호 등에 관한 법률」이 제정되어 피해자 보호 규정이 마련되었다.
③ 이후 2010년 「범죄피해자구조법」은 타법의 피해자보호규정을 통합하여 「범죄피해자 보호법」으로 통합 제정되었다.

단원별 지문 OX

01 프라이 여사(M. Fry)는 『피해자를 위한 정의』(1950)라는 논문을 통해 피해자의 공적구제에 대한 관심을 촉구하였다. ( ) [2023. 경행2차]

02 엘렌베르거(Ellenberger)는 『피해자를 위한 정의』라는 논문을 통하여 피해자의 공적구제에 대한 관심을 촉구하였다. ( ) [2023. 경찰2차]

03 1963년 뉴질랜드가 「범죄피해자보상법」을 처음 제정·실시한 후 영연방국가들과 미국 그리고 다른 유럽국가의 순서로 범죄피해자에 대한 공적구제를 위한 입법이 이루어졌다. ( )

04 우리나라는 1987년 「범죄피해자 보호법」이 제정되어 오늘에 이르고 있다. ( )

05 헨티히(Hentig) 등이 주장하는 피해자학의 독립과학성은 피해자학의 일반적 견해이다. ( )

06 울프강(Wolfgang)은 살인사건 기록을 분석하여, 피해자가 범죄유발 동기를 제공하는 경우도 있다는 것을 설명하였다. ( ) [2024(74). 경위]

07 키플(Kielf)과 람넥(Lamnek)은 「피해자의 사회학」에서 피해자를 제1차 피해자화, 제2차 피해자화, 제3차 피해자화 등 3단계로 나누어 설명하고 있다. ( )

08 울프강(미국, Wolfgang)은 개인 범주의 피해자화를 제1차 피해자화, 조직규모의 피해자화를 제2차 피해자화, 사회질서나 질서의 파괴자를 제3차 피해자화라고 하였다. 그는 범죄자와 피해자가 가장 밀접하게 연결되는 영역은 사회질서로 보았다. ( )

09 패렐(Farrell)은 반복적인 피해의 유형을 구분하여 반복피해자화를 주장하였다. ( )

---

01 ○

02 × 프라이 여사(Mrs. Fry)에 대한 설명이다. 1957년 영국의 여성 형벌개량가이며 범죄피해자 보상제도의 어머니라고 불리는 프라이(Fry)는 「피해자를 위한 정의」에서 범죄자를 피해자와 화해시키고 법평화를 재생시키기 위하여는 원상회복제도가 고려되어야 한다고 주장하였다.

03 ○

04 × 1987년 「범죄피해자구조법」으로 출발하여 2010년 타법의 피해자보호규정을 통합하여 「범죄피해자 보호법」으로 발전하여 오늘에 이르고 있다.

05 × 헨티히(Hentig)는 피해자학을 범죄학의 한 분과로 보고 피해자학의 독립과학으로서의 지위를 부정하고 있다. 반대로 멘델존(Mendelsohn)과 슈나이더(Schneider) 등은 독립과학성을 긍정하는 입장에 있다.

06 ○

07 ○

08 × 범죄자와 피해자가 가장 밀접하게 연결되는 영역은 가정폭력범죄로 보고, 이를 개인적 성격의 범죄로 인식하였다.

09 ○

제5장 범죄피해자학과 피해설명이론 **87**

제2절 범죄피해자의 분류

01 피해자의 유책성의 정도에 따른 분류

(1) 멘델존(Mendelsohn)의 분류: 피해자의 유책성 정도를 기준 [2018. 교정 7급] 총 4회 기출

책임이 없는 피해자	범죄발생에 책임이 없는 피해자(무자각의 피해자) 예 미성년자 약취유인죄의 미성년자, 영아살해죄의 영아 등
책임이 조금 있는 피해자	무지에 의한 피해자 예 낙태로 사망한 임산부 등
가해자와 동등한 책임이 있는 피해자	자발적 피해자의 경우 예 동반자살, 살인을 촉탁·승낙한 자 등
가해자보다 더 유책한 피해자	유발적 피해자(부주의에 의한 피해자) 예 공격 당한 패륜아
가해자보다 책임이 많은 피해자	가해자보다 범죄발생에 더 큰 영향을 미친 피해자

가해자보다 책임이 많은 피해자	공격적 피해자	정당방위의 상대방
	기만적 피해자	범죄피해를 가장하고 타인을 무고한 자(무고죄)
	환상적 피해자	피해망상자·히스테리발작자·병적 거짓말쟁이

(2) 헨티히(Hentig)의 분류 [2010. 교정 7급] 총 2회 기출

일반적 피해자	피해자의 외적특성 기준 예 여성, 어린이, 노인, 심신장애자, 이민, 소수민족 등
심리학적 피해자	피해자의 심리적 공통점 기준 예 의기소침자, 무관심자, 탐욕자, 방종 또는 호색가, 비탄에 빠진 사람, 학대자·파멸된 자 등

(3) 칼멘(Karmen)의 분류: 규범과 피해자의 책임을 종합적으로 고려

비행적 피해자	반사회적 행위로 타인의 범행표적이 된 경우	자신의 잘못된 행동에 대한 응보
	타인을 속이려다 사기의 표적이 된 경우	일확천금이나 부당한 이득을 노리는 자
	피해자 자신이 범죄 유발 내지 촉진하는 경우	지속적인 남편의 폭행을 참다 살해한 아내
유인 피해자	피해자가 유인·유혹하여 가해자가 범행한 경우 예 일부 강간피해자	
조심성이 없는 피해자	피해자의 부주의로 인해 범죄자를 유인하게 되어 피해를 입은 경우	
보호받을 가치가 없는 피해자	부의 축적과정이나 방법이 비도덕적인 졸부의 경우 약탈범죄의 대상이 되었더라도 그러한 부를 정당하게 확보한 것이 아니므로 보호가치가 없다고 보는 경우	

(4) 엘렌베르거(Ellenberger)의 분류: 심리학적 기준 [2018. 교정 7급] 총 2회 기출

잠재적 피해자	피해자가 되기 쉬운 경향을 가진 자로, '생래적 - 타고난 피해자'라고 불림 예 피학대자, 우울한 자, 자기만족에 빠진 자, 막연하게 불안감을 느끼는 자, 공포증환자, 죄책감에 빠진 자 등
일반적 피해자	위와 같은 특수한 원인을 갖고 있지 않은 그 외의 사람

▶ 특징: 가해 - 피해 사이에 신경증적, 심리학적, 유전학 · 생물학적 특수관계 제시, 피해원인 해명의 중요성 강조

(5) 레크리스(Reckless)의 분류: 피해자의 도발을 기준 [2022. 교정 7급] 총 2회 기출

순수한 피해자	'가해자 - 피해자' 모델
도발한 피해자	'피해자 - 가해자 - 피해자' 모델

(6) 쉐이퍼(Schafer)의 기능적 책임성(functional responsibility) 기준 분류 [2024. 경찰2차] 총 2회 기출

① 쉐이퍼는 「피해자와 그의 범죄(The Victim and His Criminal)」(1968)에서 피해자 유형을 분류하였다.
② 쉐이퍼는 개인적 특성에 기초한 헨티히의 피해자 유형과 행동에 기초한 <u>멘델존의 피해자 유형을 전제로, 피해자의 사회적 특성과 행동을 모두 사용</u>하여 피해자가 자신의 피해에 대하여 얼마의 책임이 있는지를 분류하였다.
③ 범죄를 단지 개인적 행동으로만 평가해서는 안 되고, <u>사회적 현상의 일종</u>으로 평가되어야 한다고 주장하고, 유발적 피해자는 책임 공유, 촉진적 피해자는 어느 정도 책임, 자기피해자화는 전적인 책임, 그 외 유형은 책임 없음으로 분류하였다.
④ 분류와 책임 정도

분류	책임 유무
무관한 피해자(unrelated victim)	책임 없음
유발적 피해자(provocative victim)	책임 공유
촉진적 피해자(precipitative victim)	어느 정도 책임
생물학적으로 연약한 피해자(biologically weak victim)	책임 없음
사회적으로 연약한 피해자(socially weak victim)	책임 없음
자기피해자화(self-victimizing)	전적인 책임
정치적 피해자(political victim)	책임 없음

02 피해자 입장에서 본 범죄 유형

(1) 피해자 없는 범죄

① **범죄유형**: 마약매매, 성매매, 성기노출, 포르노영업 등은 실정법상 범죄이지만, 이들 행위는 서로 동의하에 행해지는 교환행위이거나, 개인적인 범죄피해가 없는 공공법익에 관한 범죄에 해당하는 경우로, 이는 피해자가 없거나 가해자와 피해자를 구분하기 어려운 범죄유형이다. [2016. 보호 7급]

② **암수범죄**: 개인적으로 피해를 입은 자가 없기 때문에 대체로 경찰에 신고되지도 않으며, 대부분 암수범죄로 되기 때문에 피해자 없는 범죄는 암수범죄에 대한 조사가 특별히 요구된다.

③ **비범죄화론**: 입법론상 피해자 없는 범죄는 피해자가 없음에도 불구하고 형벌로써 처벌할 필요성이 있는가의 문제와 관련하여 많이 거론된다.

④ **경제범죄와 환경범죄**: 보호법익이 사회나 공공의 이익과 같은 보편적인 법익의 경우가 피해자 없는 범죄에 해당되지만, 경제범죄와 환경범죄 등은 피해자 없는 범죄로 보는 것은 옳지 않다는 비판이 있다. 사회공공의 이익은 결국 구성원 각자의 이익으로 환원될 수 있기 때문이다.

(2) 피해자가 동의·기여한 범죄

① 가해자와 피해자의 구별이 곤란한 범죄가 주로 해당된다.

② 장물수수, 증수뢰, 성매매, 도박, 동성애 등이 그 예로 관계범죄라고 부르기도 하며, 경찰에 통보되거나 발각되는 경우가 적어서 암수범죄가 되는 경우가 많다.

③ **비범죄화론**: 대책으로는 범죄자와 피해자가 합의를 한 경우에는 비범죄화하자는 주장도 있지만, 한편으로는 비범죄화의 척도는 본질적으로 피해자에 대한 합의 여부와는 무관한 문제라는 주장도 있다.

단원별 지문 $\overset{O}{X}$

01 멘델존(Mendelsohn)은 범죄피해자 유형을 5가지로 분류하였다. ( )　　　　[2022(72). 경위]

02 멘델존(Mendelsohn)은 범죄발생에 있어 귀책성의 정도에 따라 피해자를 구분하였고, 엘렌베르거(Ellenberger)는 심리학적 기준에 따라 피해자를 분류하였다. ( )　　　　[2018. 보호 7급]

03 헨티히(Hentig)는 개인의 의지와 무관하게 피해 가능성을 높이는 취약한 피해자가 있음을 지적하면서, 일반적인 피해자 유형과 심리학적 피해자 유형으로 구분하였다. ( )　　　　[2024(74). 경위]

04 헨티히(Hentig)는 피해자 유형을 일반적 피해자와 심리학적 피해자로 나누며, 심신장애자를 심리학적 피해자로 분류한다. ( )　　　　[2010. 보호 7급]

05 레클리스(Reckless)는 피해자의 도발을 기준으로 피해자 유형을 '가해자-피해자' 모델과 '피해자-가해자-피해자' 모델로 분류하였다. ( )　　　　[2023. 경찰2차]

06 쉐이퍼(Schafer)가 제시한 범죄피해자 유형의 분류기준은 기능적 책임성에 따른 것이다. ( )　　　　[2023(73). 경위]

07 쉐이퍼(Schafer)는 범죄를 단지 개인적 행동으로만 평가해서는 안 되고, 사회적 현상의 일종으로 평가되어야 한다고 주장하였다. ( )　　　　[2024. 경찰2차]

08 쉐이퍼(Schafer)는 피해자의 유형으로는 범죄와 무관한(unrelated), 피해를 유발한(provocative), 피해를 촉진시키는 (precipitative), 생물학적으로 취약한(biologically weak), 사회적으로 취약한(socially weak), 자신에게 피해를 야기한 (self-victimizing), 윤리적(ethical) 피해자 등 7가지로 분류하였다. ( )　　　　[2024. 경찰2차]

---

01 ○ 멘델존(Mendelsohn)은 범죄피해자 유형을 피해자의 유책성(귀책성) 정도를 기준으로 책임이 없는 피해자, 책임이 조금 있는 피해자, 가해자와 동등한 책임이 있는 피해자, 가해자보다 더 유책한 피해자, 가해자보다 책임이 많은 피해자로 분류하였다.

02 ○

03 ○

04 × 헨티히(Hentig)는 피해자 유형을 일반적 피해자와 심리학적 피해자로 나누고, 심신장애자를 일반적 피해자로 분류하였다.

05 ○ 레크리스(Reckless)는 피해자의 도발을 기준으로 피해자 유형을 순수한 피해자('가해자-피해자' 모델)와 도발한 피해자('피해자-가해자-피해자' 모델)로 분류하였다.

06 ○

07 ○

08 × 쉐이퍼(Schafer)는 범죄피해자를 기능적 책임성(Functional Responsibility)을 기준으로 무관한 피해자(unrelated victim), 유발적 피해자(provocative victim), 촉진적 피해자(precipitative victim), 생물학적으로 연약한 피해자(biologically weak victim), 사회적으로 연약한 피해자(socially weak victim), 자기피해자화(self-victimizing), 정치적 피해자(political victim)로 분류하였다.

제3절 피해자학 설명이론

피해자학 설명 모형

접근방식	분류	이론	강조
기회이론	개인적 차원	일상활동이론	시대흐름 + 일상활동
		생활양식 – 노출이론	사회적 계층
		구조적 – 선택이론	접근·노출 + 매력성·보호부재
		* 표적 – 선택과정	배경이론
	지역적, 구조적 차원	사회해체이론	지역의 특성
		집합효율성이론	사회적 연결망
		깨진유리창이론	무질서
피해과정이론	상호작용	클렉과 맥얼라스	가해자 – 피해자 상호작용 + 기타요인
	피해자유발	울프강의 살인사건	능동적, 수동적 유발

01 피해자학 이론에 필요한 주요 개념

거시적	범죄와의 근접성	① 범죄와의 물리적 근접성은 범죄다발지역에 가까울수록 피해 위험성이 증대된다는 것을 의미한다. ② 근접성이란 범죄의 잠재적 표적이 사는 곳과 상대적으로 많은 수의 범죄자가 발견된 지역과의 물리적 거리로 나타낼 수 있다. ③ 범죄다발지역에 거주하는 사람일수록 범죄피해자가 될 위험성이 더 높은 이유는 범죄자와의 빈번한 접촉가능성을 증대시키기 때문이다. ④ 물리적 접근성의 보편적인 척도는 도시와 농촌 등 거주지역, 소득수준이나 실업률 등 사회경제적 특성, 거주지역의 안전인식 등이 이용되고 있다.
	범죄에의 노출	① 범죄에의 노출은 개인에 대한 취약성을 나타내며, 대체로 개인의 일상적 활동과 생활양식에 기인하는 바가 크다. ② 노출의 정도는 개인의 주요 일상활동, 여가활동 등을 위해 야간에 외출하는 빈도나 집을 비우는 평균시간 등으로 측정되고 있다. ③ 상대적으로 위험성이 높은 야간시간에 위험성이 많은 공공장소 등에 많이 노출되는 사람일수록 범죄에 그만큼 많이 노출되는 것이고, 따라서 범죄피해의 위험성도 높아진다는 것이다.
미시적	표적의 매력성	① 범죄에 있어서 특정한 표적이 범죄자에게 상징적·경제적 가치가 있기 때문에 선택된다는 논리에 기초하고 있다. ② 범죄의 표적으로서의 매력은 가치뿐만 아니라 물리적 저항이 적을수록 매력적인 표적이라 할 수 있다. ③ 범죄피해의 구조적 – 선택이론에 의하면, 표적의 결정 시 중요한 것은 표적과 관련된 상이한 가치와 주관적 유용성이라고 한다.
	보호능력	① 피해의 대상이 될 수 있는 사람이나 물건이 범죄발생을 미연에 방지할 수 있는 능력을 말한다. ② 보호능력이란 대인적 또는 사회적인 면과 물리적 차원을 내포하고 있다. ③ 사회적 보호능력에는 가족구성원, 이웃 주민과의 친분 또는 협조 등이 있으며, 물리적 차원의 보호성은 방범시설이나 장치를 통해서 이루어질 수 있다.

02 개인적 차원의 피해요인 및 기회에 관한 이론

> ★ **핵심정리** 일상활동이론과 생활양식노출이론

일상활동이론(미시/거시적) (Routine Activity Theory)	생활양식노출이론(거시적) (Lifestyle Exposure Theory)
• 코헨(Cohen)과 펠슨(Felson) • 범죄발생원인: 일상활동의 변화가 ① 동기를 지닌 범죄자(범행을 동기화한 사람), ② 합당한 표적(적절한 범행 대상), ③ 보호능력의 부재(감시의 부재)라는 세 가지 요소에 시간적 · 공간적인 영향을 미쳐서 범죄가 발생한다. • 범죄피해발생과 거리가 먼 일상생활 유형을 가진 사람은 범죄기회를 얼마든지 감소시킬 수도 있다.	• 하인드랑(Hindelang)과 갓프레드슨(Gottfredson) • 개인의 직업적 · 여가 등 모든 생활양식이 범죄피해위험성을 높이는 중요한 요인이다. • 인구학적 · 사회계층 · 지역에 따른 범죄율 차이는 피해자의 개인적 생활양식 차이 때문이다. • 젊은이, 남자, 미혼자, 저소득층, 저학력층이 범죄피해자가 될 확률이 높은 이유: 외부활동이 많아 범죄자와 접촉할 기회가 증대되기 때문이다.
시간의 흐름에 따른 범죄율 변화 설명	사회적 계층에 따른 범죄피해 위험성 차이 설명
매력성과 보호가능성을 가변변수로 보아 상황적 범죄예방모델의 이론적 근거가 됨	범죄근접성과 노출 등 범죄기회의 구조적 특성 강조
공통점	• 범죄기회구조 강조: 관습적인 사회에서 일상활동이나 생활양식의 유형이 범죄를 위한 기회구조를 어떻게 제공하는가를 강조한다(고전주의적 시각). • 실증주의적 관점 경시: 범죄의 사회생태학이나 범죄피해에 대한 개인의 위험성을 이해하는 데 범죄자의 동기와 기타 범인성 관점의 중요성은 경시하였다.
비판	범죄자 입장보다 피해자 측면에서 범죄현상을 파악하려 했기 때문에, 범죄자가 구체적으로 범죄 상황을 어떻게 해석하고 그 대상과 위험성을 판단하는 데는 적절치 않다.

(1) 코헨과 펠슨의 일상활동이론(Routine Activity Theory)

① 일상활동이론은 1970년대 미국의 범죄증가율을 설명하기 위하여 코헨(Cohen)과 펠슨(Felson)이 제안하였으며, 억제이론과 합리적 선택이론의 요소들을 근간으로 한다.

② 어느 시대나 사회에도 범죄를 범할 개연성이 있는 사람의 수는 일정하다고 가정하며, 범죄기회가 주어지면 누구든지 범죄를 저지를 수 있다고 본다. [2022. 경찰2차]

③ 범죄발생의 원인에 대하여 범죄자의 동기적 측면을 주로 강조하는 기존의 범죄이론과 달리 일상활동이론은 피해자를 둘러싸고 있는 범행의 조건을 강조한다.

④ 일상활동이론은 범죄율을 설명함에 있어서 미시적이고도 거시적인 접근을 시도한다.

거시적 설명	① 거시적 차원에서의 일상활동이론은 거대 사회와 지역사회의 어떠한 특징이 미시적 차원에서 세 가지 핵심요소의 결합을 통한 범죄발생을 더 용이하게 한다고 설명한다. ② 미국의 범죄율 상승의 원인을 사람들의 활동범주가 가족과 가정을 벗어나 확대되는 사회분위기에서 찾고자 하였다. ③ 제2차 세계대전 이후 직업이나 여가에서의 일상활동의 변화로 사람들이 특정한 장소와 시간에 모이는 상황이 조성되었고, 이러한 일상활동의 변화가 범죄대상이 될 가능성을 증가시키고 재산을 감시할 능력을 감소시켰다고 설명하였다. ④ 도시화, 여가활동 증대 등 <u>가정 밖에서 일어나는 활동을 증가</u>시킴으로써 피해자와 범죄자가 시·공간적으로 수렴할 가능성을 증대시킨다고 본다. [2022. 경찰2차] ⑤ 거대사회와 지역사회의 변화가 범죄기회를 양산하여 특정 범죄를 증가시킨 것으로 설명될 수 있다. [2022(72). 경위]
미시적 설명	① 미시적 차원에서 시간, 공간, 대상물, 사람을 기본요소로 범죄에 대한 일상활동이론을 발전시켰으며, 핵심은 <u>범죄삼각형</u>이라는 세 가지 요소를 전제로 한다. [2022(72). 경위] ② <u>동기화된 범죄자</u>, 범행에 적합한 대상, 사람이나 재산에 대한 <u>감시(보호자)의 부재</u>가 동일한 시간과 공간에서 만나면 범죄발생의 가능성이 높아진다는 것이다. [2022(72). 경위] 총 5회 기출 ③ 범죄자와 피해자가 함께 시간과 공간에 걸쳐 분포되는 양식과 그들의 일상활동을 고려하여 피해를 설명한다. ④ 펠슨(Felson)은 감시인 또는 보호자는 경찰이나 민간경비원 등의 공식 감시인을 의미하는 것이 아니라, 그 존재나 근접성 자체가 범죄를 좌절시킬 수 있는 사람들을 의미하는 것으로 의도하지 않더라도 사람들이 친지나 친구 또는 모르는 사람들로부터 보호받게 되는 측면을 의미한다고 설명하였다. 즉, 일상활동이론은 <u>비공식적 통제체계에서의 자연스러운 범죄예방과 억제를 중요시</u>한다. [2022(72). 경위] 총 2회 기출

(2) 에크(Eck)의 범죄삼각형 수정모형
① 일상활동이론의 3요소에 통제인을 추가하여 이를 기반으로 범죄의 삼각형을 고안하였다.
② 내부의 삼각형은 잠재적 범죄자(Offender), 범죄대상과 피해자(Target/Victim), 범행에 용이한 장소(Place)로 구성되어 있다.
③ 외부의 삼각형은 통제인(광의)으로 추가된 세 주체로서 통제인(handler), 관리인(manager), 감시인(guardian)을 나타낸다.
④ 일상생활이론 및 범죄의 삼각형은 환경설계를 통한 범죄예방(CPTED) 및 상황적 범죄예방기법과 밀접한 관련이 있다.

📋 **코헨(Cohen)과 펠슨(Felson)의 범죄삼각형과 에크(Eck)의 수정모형**

코헨(Cohen)과 펠슨(Felson)의 일상활동이론의 범죄삼각형	에크(Eck)가 제시한 범죄의 삼각형 수정모형
 [범죄삼각형]	 [수정모형]

<table>
<tr><td colspan="2">

① 코헨(Cohen)과 펠슨(Felson)은 미시적 차원에서 시간, 공간, 대상물, 사람을 기본요소로 범죄에 대한 일상활동이론 발전
② 비공식적 통제체계에서 자연스러운 범죄예방과 억제 중시

</td><td colspan="3">

① 에크(Eck)의 범죄삼각형, 문제삼각형: 동기화된 범죄자, 범행에 적합한 대상, 사람이나 재산에 대한 감시의 부재 + 통제인 추가
② 안쪽: 잠재적 범죄자, 대상물과 피해자, 범행에 용이한 장소로 구성
③ 바깥쪽(통제인: 감시주체): 통제인, 감시인, 관리인으로 구체화, 통제자의 영향력에서 벗어나 감시인이 없는 피해자나 대상물을 관리인의 눈길이 없는 장소에서 만나 범죄 발생

</td></tr>
</table>

동기화된 범죄자	고전주의적 시각		[통제인: 감시주체]	
적절한 범행대상	대상의 매력성			

		통제인(handler)	잠재적 범죄자에게 영향력 행사, 통제, 부모형제나 선생님
감시의 부재	경찰이나 민간경비원 등 공식 감시인이 아니라, 그 존재나 근접성 자체가 범죄를 좌절시킬 수 있는 사람들: 의도치 않은 친지나 친구, 모르는 사람들로부터 보호	감시인(guardian)	대상물이나 피해자를 감시하고 보호, 이웃이나 지나가는 사람
= 동일한 시간과 공간에서 만나면 범죄발생 가능성 높아짐		관리인(manager)	장소를 관리하는 역할, 편의점의 경우 편의점 주인이나 종업원

[합리적 선택이론, 일상활동이론 등 신고전주의 범죄이론]
① 주거지를 안전한 지역에 갖는다거나 우범지역 등 위험한 장소를 피해 다닌다거나 문단속이나 경보기를 설치하는 등의 조치를 포함한 일상적인 예방조치를 통해 범죄를 예방할 수 있다는 정책적 함의를 기본 개념 속에서 제시
② 이러한 이론들은 합리적으로 판단하여 결정하는 인간을 전제로 하고 있기에 과학적인 설계를 통해 범죄를 예방할 수 있다는 정책적 함의가 강함
③ 셉테드(CPTED)는 신고전주의 범죄학이론에 근거한 대표적인 범죄예방정책으로 범죄자, 피해자, 취약한 공간 구조의 세 가지 조건이 갖추어질 때 범죄가 발생한다는 일상활동이론의 기본요소와 이의 근간이 되는 합리적 선택이론을 토대로 범죄기회요인을 감소시키는 전략에 집중

(3) 하인드랑과 갓프레드슨의 생활양식-노출이론(Lifestyle-Exposure Theory)
① 생활양식노출이론은 힌델랑(Hindelang)과 갓프레드슨(Gottfredson) 등 그의 동료들이 연구하였다. [2024. 경찰2차]
② 기본적 가설은 범죄피해의 가능성에 있어서 인구학적 차이는 <u>피해자의 개인적 생활양식</u>의 차이에 기인한다는 것이다.
③ 생활양식이란 직장과 학교 등 직업적 활동과 여가활동을 포함한 <u>매일의 일상적 활동</u>을 말하는 것으로, 이러한 생활양식이 범죄피해에 미치는 영향에 주목하였다. [2023(73). 경위]

④ 사람은 그 생활환경에 따라 범죄피해의 위험이 높은 상황·지역·시간에 노출되는 정도가 다르기 때문에 범죄피해에 대한 위험부담 또한 다르게 된다는 것이다.

⑤ <u>인구통계학적·사회구조적 요인</u>이 개인별 생활양식의 차이를 야기하고 이러한 생활양식의 차이가 범죄피해 가능성의 차이로 이어진다고 본다. 예컨대, 밤늦은 시간 술집에 가거나 혼자 밤 늦게까지 일하는 생활양식을 가진 사람은 그렇지 않은 사람에 비해 상대적으로 범죄피해의 가능성이 증가한다는 것이다. [2023. 경찰1차] 총 3회 기출

⑥ 생활양식의 차이는 <u>다양한 역할기대와 구조적 제약</u>에 대한 개인의 집합적 반응 또는 적응에 의해 사회적으로 결정된다.

⑦ <u>접촉이나 노출이 많은 생활양식을 가진 사람</u> 즉, <u>젊은 사람, 남자, 미혼자, 저소득층, 저학력층 등</u>은 노년층, 여자, 기혼자, 고소득층, 고학력층보다 범죄피해자가 될 확률이 훨씬 높다. 왜냐하면 그들은 가족과 보내는 시간이 적고, 외부에서 보내는 시간과 하는 일이 많으며, 범죄자특성의 소유자와 빈번한 접촉을 하기 때문이다. [2024. 경찰2차]

⑧ 처음에 사회계층별 폭력범죄에 대한 피해위험성의 차이를 밝히기 위해 제안되었으나, 점차 재산범죄까지로 확대되었고, 더 나아가 보다 정교한 <u>표적선택과정이론의 기초를 제공</u>하였다. [2024. 경찰2차]

⑨ **피해자화**(피해의 원인)

　㉠ 범죄기회 구조의 내용으로서 <u>범죄자와의 근접성과 범죄위험에의 노출</u>이라는 거시적 요소를 중시한다. [2024. 경찰2차]

　㉡ 범죄피해자화의 위험은 <u>범죄자와의 접촉 및 노출수준</u>에 의해 결정되고, 접촉과 노출수준은 개인의 생활양식에 따라 달라진다.

　㉢ 개인의 <u>방어능력</u>(guardianship)<u>과 노출</u>(exposure)이 개인의 범죄피해자화에 영향을 미친다고 설명하는 이론이다. [2024. 경찰2차]

> ➕**PLUS** 하인드랑(Hindelang)의 생활양식과 범죄피해 관계 8명제
>
> 1. 공공장소에서 많은 시간을 보낼수록 (특히 야간)범죄피해를 당할 가능성이 높다.
> 2. 특정생활양식에 따르는 개인은 공공장소에 더 자주 간다.
> 3. 다른 사람과 상호관계를 유지하는 사람은 그들과 생활양식을 공유하는 경향이 있다.
> 4. 가해자와 같은 인구학적 범주에 속할수록 범죄피해를 당할 가능성이 높다.
> 5. 가족구성원이 아닌 다른 사람들이 많은 장소에서 시간을 보내는 정도는 생활양식에 따라 다양하게 결정된다.
> 6. 범죄피해를 당할 개인의 기회는 가족구성원이 아닌 다른 사람과 함께 보내는 시간에 비례하여 증가한다.
> 7. 생활양식의 차이는 가해자와 자신을 구분하는 능력과 관련이 있다.
> 8. 생활양식의 다양성은 개인의 범죄피해 가능성에 영향을 미친다.

---

(4) 미테와 메이어의 구조적 – 선택모형이론(Structural – Choice Model Theory)

① 미테(Miethe)와 메이어(Meier)는 <u>생활양식노출이론과 일상활동이론을 통합</u>하여 범죄발생의 네 가지 요인을 범행기회와 대상선택이라는 두 가지 관점으로 압축하여 동태적으로 설명하였다. [2023(73). 경위]

② 사회적 상호작용의 특성과 개인의 특성이 가져오는 범행기회(구조적 요인 – 근접성과 노출)가 있고, 주어진 사회적·공간적 상황에서 범죄자의 주관적 선택, 즉 범죄표적의 선택(대상선택)에 영향을 미치는 요인들(상황적 요인 – 표적의 매력성, 보호능력)이 있다.

③ 개인의 일상생활에 따라 노출이나 근접성의 정도가 달라지며, 이에 따라 범죄의 발생이 가능한 구조적 기회가 만들어진다.

④ 이러한 구조적 맥락 속에서 잠재적인 피해대상의 매력성과 보호·감시능력에 따라 최종적인 피해자로써의 선택이 결정된다.

(5) 클라크와 코니쉬의 표적 - 선택과정이론(Target - Selection Process Theory)
① 클라크(Clarke)와 코니쉬(Gornish)가 주장한 것으로, 범행대상을 선정하여 범행을 실행하기까지는 범죄자가 의사결정을 통하여 선택한다는 이론이다.
② <u>사고하는 범죄자의 범죄선택</u>이라는 측면에 초점을 두고 범죄자가 범행을 결정하고 실제 범행을 저지르는 범행동기에 관심을 둔다.
③ 범죄자도 범죄행위를 통해 <u>최소한의 위험과 비용으로 최대의 효과</u>를 얻을 수 있는 피해자를 선택한다는 것을 밝혀 미시적 범죄발생 원인을 중시한다.
④ 범행대상 선택과정에 영향을 미칠 수 있는 요인으로는 <u>피해자의 특성, 환경, 체포 위험, 범행의 용이성, 보상정도</u> 등이 있다.

(6) 휴(Hough)**의 선정모형**
① 범행대상의 선정을 설명하기 위하여 선정과정에서 일상활동과 생활양식의 중요성을 분명히 하는 개념적 틀을 제안하였다.
② 나이·성별·사회적 계급 등의 인구학적 특성은 직업·소득·거주지역 등 사람의 생활양식의 구조적 특징을 결정하고 나아가 이것이 그 사람의 일상생활에도 영향을 미친다.
③ 동기부여된 범죄자에게 보다 빈번히 노출되고(근접성), 범행대상으로서 잠재적 수확가능성이 있으며(보상), 접근 또한 용이하여 범행대상으로 매력(매력성)이 있을 뿐만 아니라 충분한 방어수단이 갖추어져 있지 않으면(보호성 부재) 범행대상으로 선정될 위험성이 높다고 본다.

📑 **표적선택과정이론에 의한 선정모형(Hough)**

03 지역적·구조적 차원의 피해설명이론

(1) 사회해체이론 또는 일탈장소이론(deviant place theory)
① **사회해체이론**: <u>지역이 가지고 있는 특성이 그 지역의 범죄율에 영향을 미친다.</u> 즉, 지역의 구조적 특성(빈곤, 이질적인 인종구성, 잦은 인구이동 등)이 주민들의 관계적 연결망에 영향을 미치고, 관계적 연결망이 다양한 종류의 사회통제에 영향을 미쳐 그 지역의 범죄수준을 결정한다.
② **일탈장소이론**(탈선장소이론): 특정지역 또는 장소가 범죄위험에 더 많이 노출되어 있으므로 이러한 지역 또는 장소에 있는 개인은 범죄발생에 아무런 원인제공이 없음에도 다른 지역 또는 장소에 있는 경우보다 범죄피해를 당할 가능성이 더 높다는 입장이다. 이는 생활양식이론이나 일상활동이론에 비하여 <u>거시적·지리적 관점의 연구</u>로서 범죄피해에 대한 물리적 환경의 중요성을 강조하는 입장이다.

(2) 샘슨의 집합효율성이론

(3) 윌슨과 켈링의 깨진유리창이론

(4) 콜만의 사회자본이론

04 피해자 - 가해자 상호작용 또는 유발이론(victim precipitation theory) [2023(73). 경위]

(1) 의의

범죄피해자를 범죄과정에서 일정한 역할을 담당하는 행위자로 인식하고, 피해자의 행동이나 반응이 범죄 진행과정에 미치는 영향을 고려하여 범죄의 발전과정을 설명한다.

(2) 클렉(Kleck)과 맥얼라스(McElrath)의 가해 - 피해자 상호작용

범죄발생이 항상 가해자의 의도대로 발생하는 것은 아니며, 범죄의 개시 이후에 전개되는 양상은 <u>가해자 와 피해자의 상호작용</u> 및 여러 요인에 따라 다양하게 달라질 수 있음을 지적하였다.

(3) 울프강(Wolfgang)의 피해자유발이론

살인사건 연구에서 살인사건의 26%는 피해자가 상대방(가해자)에게 직접적인 물리력을 먼저 사용하였고, 이를 '피해자 유발'로 설명하였다(피해자 촉발이론).

능동적 유발	피해자가 가해자를 위협하거나 먼저 공격하여 자극하는 경우
수동적 유발	피해자가 성격적 특질로 인하여 가해자를 무의식적으로 자극하는 경우

다만, 이는 범죄피해의 원인을 피해자에게 전가하고, 피해자의 책임을 이유로 가해자의 형사책임을 덜어줄 수 있다는 비판이 제기된다.

05 가보의 범죄대체효과와 무임승차효과

(1) 가보(Gabor)

피해자이론이 주로 개인적 원인을 통한 분석이라면, 가보(Gabor)는 특정지역의 보호 · 보안수준의 차이는 지역적 · 집단적 측면에서 범죄발생에 영향을 줄 수 있다고 한다.

(2) 범죄대체효과

특정지역의 범죄를 예방하기 위하여 사전조치가 철저하게 이루어지고 있다면 이로 인하여 범죄의 보안수준이나 보호수준이 낮은 지역으로 옮겨가는 효과를 말한다.

(3) 무임승차효과

그 지역에 거주하는 특정인이 개인적인 일상활동이나 생활양식상 범죄의 위험성이 높다할지라도 그 지역이 보안수준이나 보호수준이 높아 범죄피해의 위험성이 줄어드는 효과를 말한다.

단원별 지문 O X

01 일상활동이론(Routine Activity Theory)은 범죄 발생의 3요소 중 가해자의 범행 동기를 가장 중요한 요소로 제시한다.
(   )   [2022(72). 경위]

02 비범죄적 대안의 부재(Absence of Non-criminal Alternatives)는 일상활동이론(Routine Activities Theory)의 범죄
발생 요소의 하나에 해당한다. (   )   [2021. 보호 7급]

03 코헨(L. Cohen)과 펠슨(M. Felson)의 일상생활이론(Routine Activity Theory)은 경제적 불평등, 실업률 등 범죄를 자
극하거나 동기를 부여하는 구조적 조건이 저하됨에도 불구하고 범죄율이 지속적으로 증가하고 있는 이유에 대한 설명을 가
능하게 한다. (   )   [2011. 사시]

04 일상활동이론은 범죄자와 피해자의 일상활동이 특정 시간과 공간에 걸쳐 중첩되는 양식을 고려하여 범죄피해를 설명한다.
(   )   [2023(73). 경위]

05 코헨(Cohen)과 펠슨(Felson)의 일상활동이론은 사람들의 일상활동에 영향을 미친 사회변화에 관한 거시적 차원의 고찰이
없다는 비판을 받는다. (   )   [2022(72). 경위]

06 "범죄가 발생하기 위해서는 최소한 범죄성향을 갖고 그 성향을 행동으로 표현할 능력을 가진 동기화된 범죄자(Motivated
Offender)가 존재해야 한다. 이러한 범죄자에게 적당한 범행대상(Suitable Target)이 되는 어떤 사람이나 물체가 존재하
고, 범죄를 예방할 수 있는 감시의 부재(Absence of Guardianship)가 같은 시간과 공간에서 만날 때 범죄가 발생한다."
는 범죄이론에 의할 때 범죄예방의 중점을 환경이나 상황적 요인보다는 범죄자의 성향이나 동기의 감소에 둔다. (   )
                                                                                           [2024. 교정 9급]

07 펠슨(Felson)은 경찰과 같은 공식적 감시자의 역할보다 가족, 이웃, 지역사회 등 비공식적 통제수단에 의한 범죄예방과 억
제를 강조하였다. (   )   [2022(72). 경위]

---

01 ✕ 코헨(Cohen)과 펠슨(Felson)의 일상생활이론은 범행을 촉발하는 요인으로 동기화된 범법자의 존재(범행을 동기화한 사람), 범행
에 적합한 대상(적절한 범행 대상), 범행대상에 대한 경찰, 집주인, 이웃, 친구, 친척 등과 같은 보호자의 부존재(범행을 막을 수
있는 사람의 부존재)를 들고 있으며, 이 범죄의 세 가지 요소 중 가해자의 범행동기는 상수에 해당하고 나머지 두 요소에 관심을
두었다.

02 ✕ 비범죄적 대안의 부재는 범인성이론과 피해이론의 통합모형인 발견적 모형의 '범법자 동기의 요소'에 대한 내용이다.

03 ○

04 ○

05 ✕ 일상활동이론은 범죄율을 설명함에 있어서 미시적이고 거시적인 접근을 시도한다. 미시적인 차원에서 코헨(Cohen)과 펠슨
(Felson)은 시간, 공간, 대상물, 사람을 기본요소로 범죄에 대한 일상활동이론을 발전시켰으며, 핵심은 범죄삼각형이라는 동기화된
범죄자, 범행에 적합한 대상, 보호(감시)의 부재라는 세 가지 요소가 동일한 시간과 공간에서 만나면 범죄발생의 가능성이 높아진다
는 것이다. 거시적인 차원에서의 일상활동이론은 거대 사회와 지역사회의 어떠한 특징이 미시적 차원에서 세 가지 핵심요소의 결합
을 통한 범죄발생을 더 용이하게 한다고 설명한다.

06 ✕ 범죄발생의 원인에 대하여 범죄자의 동기적 측면을 주로 강조하는 기존의 범죄이론과 달리 일상활동이론은 피해자를 둘러싸고 있
는 범행의 조건을 강조한다. 따라서 범죄예방의 중점을 범죄자의 성향이나 동기의 감소보다는 환경이나 상황적 요인에 두고 있다.

07 ○

08 코헨(Cohen)과 펠슨(Felson)의 일상활동이론에 의하면 범죄기회가 주어지면 누구든지 범죄를 저지를 수 있다고 본다. ( )
[2022. 경찰2차]

09 생활양식이론에 의하면, 범죄예방을 위하여 체포가능성의 확대와 처벌의 확실성 확보를 강조한다. ( )
[2023. 보호 7급]

10 에크(Eck)가 제시한 범죄삼각형은 두 개의 삼각형으로 구성되었다. 안쪽의 삼각형은 일반적으로 발생하는 범죄의 세 요소인 잠재적인 범죄자, 범죄의 대상물과 피해자, 범행에 용이한 장소로 구성되어 있다. 동기화된 범죄자가 범행을 수행하기 위해서는 적합한 상황에서 범죄대상을 찾아야 가능한 것이다. 바깥쪽 삼각형은 세 감시주체들로서 통제인(Handler), 감시인(Guardian), 관리인(Manager)으로 구체화되었다. ( )
[2023(73). 경위]

11 생활양식노출이론은 개인의 방어능력(guardianship)과 노출(exposure)이 개인의 범죄피해자화에 영향을 미친다고 설명하는 이론이다. ( )
[2024. 경찰2차]

12 생활양식노출이론은 남성·기혼자·저소득층 및 저학력층은 범죄피해자가 될 확률이 보다 높다고 설명한다. ( )
[2024. 경찰2차]

13 생활양식노출이론은 구조적 기대에 대한 순응과 같은 거시적인 요소보다 미시적 요소로 인해 개인의 위험 노출 정도가 결정된다고 설명한다. ( )
[2024. 경찰2차]

14 생활양식노출이론은 이론 초기에는 사회계층별 대인범죄를 설명하고자 시도하였으나, 이후 재산범죄와 같은 대물범죄까지 확대되었다. ( )
[2024. 경찰2차]

15 생활양식·노출이론은 인구통계학적·사회구조적 요인이 개인별 생활양식의 차이를 야기하고 이러한 생활양식의 차이가 범죄피해 가능성의 차이로 이어진다고 본다. 예컨대, 밤늦은 시간 술집에 가거나 혼자 밤 늦게까지 일하는 생활양식을 가진 사람은 그렇지 않은 사람에 비해 상대적으로 범죄피해의 가능성이 증가한다는 것이다. ( )
[2023. 경찰1차]

---

08 ○

09 × 하인드랑(Hindelang)과 갓프레드슨(Gottfredson)의 생활양식 – 노출이론에 따르면, 개인의 직업적 활동과 여가활동을 포함하는 일상적 활동의 생활양식이 그 사람의 범죄피해위험성을 결정하는 중요한 요인이 된다고 한다. 범죄피해자화의 위험은 범죄자와의 접촉 및 노출수준에 의해 결정되고, 접촉과 노출수준은 개인의 생활양식에 따라 달라지므로 범죄예방을 위해서는 범죄자와의 접촉과 노출이 적은 생활양식을 가져야 한다고 한다.

10 ○

11 ○

12 × 젊은 사람, 남자, 미혼자, 저소득층, 저학력층 등은 노년층, 여자, 기혼자, 고소득층, 고학력층보다 범죄피해자가 될 확률이 월씬 높다. 왜냐하면 그들은 가족과 보내는 시간이 적고, 외부에서 보내는 시간과 하는 일이 많으며, 범죄자특성의 소유자와 빈번한 접촉을 하기 때문이다.

13 × 범죄기회 구조의 내용으로서 범죄자와의 근접성과 범죄위험에의 노출이라는 거시적 요소를 중시한다. 인구통계학적, 사회구조적 요인이 개인별 생활양식의 차이를 야기하고 이러한 생활양식의 차이가 범죄피해 가능성의 차이로 이어진다고 본다.

14 ○

15 ○

제6장 / 피해자 보호법제

제1절 공적구제와 형사절차에서의 피해자보호

01 범죄피해자에 대한 공적구제

(1) 범죄피해자 보상제도의 연혁

① **고대 함무라비법전**: 강도죄의 경우 범인 미검거 시 피해자의 재산손해와 생명손실에 대하여 국가배상을 인정하였다.

② **벤담과 가로팔로의 원상회복**: 벤담은 행위자를 추가적으로 제재하기 위하여 피해자를 위한 원상회복의 의무를 범죄자에게 부과하여야 한다고 주장하였고, 가로팔로는 범죄자에 대한 사회방위와 범죄자의 재사회화를 위한 강력한 수단으로 원상회복을 고려하였다.

③ **프라이여사의 공적 구제**: 영국의 여성 형벌개량가이며, 범죄피해보상제도의 어머니인 프라이(Fry) 여사는 「피해자를 위한 정의」(1957)에서 피해자의 공적 구제에 대한 관심을 촉구하였다.

④ **최초 뉴질랜드입법**: 뉴질랜드에서 1963년 최초로 「범죄피해자보상법」을 제정·실시한 이후 영국을 비롯한 세계 각국에서 입법화되기에 이르렀다.

⑤ **범죄피해자 보호법**: 헌법 제30조(타인의 범죄행위로 인하여 생명·신체에 대한 피해를 입은 국민은 법률이 정하는 바에 의하여 국가로부터 구조를 받을 수 있다)에 근거하여 1987년 「범죄피해자 구조법」이 제정되었고, 이후 2010년 범죄피해자를 보호·지원하는 제도와 범죄피해자를 구조하는 제도를 통합하여 「범죄피해자 보호법」으로 일원화하였다.

▶ **범죄피해자 보상제도 채택국가**: 호주, 캐나다, 북아일랜드, 미국, 일본 등

(2) 범죄피해자보상의 법적 성격

국가책임이론 (책임배상형)	① 국가는 국민을 범죄로부터 보호해야 할 의무가 있고, 이 의무를 게을리한 결과인 범죄피해에 대해 피해자는 그 피해를 구제받을 수 있는 청구권을 가진다. ② 국가가 모든 범죄피해자에게 충분한 손해배상을 해 주는 것이 원칙이다.
사회복지이론 (생활보호형)	① 국가는 범죄피해를 당한 피해자를 정신적·물질적으로 도와 범죄피해로 인한 고통으로부터 해소시켜주는 것이 현대 복지국가의 과제이다. ② 특정범죄로 인한 피해와 생활이 곤궁할 것을 조건으로 국가로부터 피해구제를 받을 수 있다.
우리나라	① 초기 생명·신체를 해하는 범죄의 피해자로 제한하면서 생계유지가 곤란한 사정이 추가적으로 인정되어야 가능했기 때문에 사회복지설적 성격이 강하였다. ② 다만, 범죄피해 구조금지급 사유에서 '생계유지의 요건'은 법개정으로 삭제되었다.

02 형사절차에서의 피해자 보호

[형법]

제51조【양형의 조건】 형을 정함에 있어서는 다음 사항을 참작하여야 한다.
  1. 범인의 연령, 성행, 지능과 환경
  2. 피해자에 대한 관계
  3. 범행의 동기, 수단과 결과
  4. 범행 후의 정황
  ▶ 검사의 결정, 법원의 양형인자(형법 제51조): 피해자에 대한 관계 [2021. 보호 7급]

제58조【판결의 공시】 ① 피해자의 이익을 위하여 필요하다고 인정할 때에는 피해자의 청구가 있는 경우에 한하여 피고인의 부담으로 판결공시의 취지를 선고할 수 있다.

[형사소송법]

제35조【서류·증거물의 열람·복사】 ① 피고인과 변호인은 소송계속 중의 관계 서류 또는 증거물을 열람하거나 복사할 수 있다.
③ 재판장은 피해자, 증인 등 사건관계인의 생명 또는 신체의 안전을 현저히 해칠 우려가 있는 경우에는 제1항 및 제2항에 따른 열람·복사에 앞서 사건관계인의 성명 등 개인정보가 공개되지 아니하도록 보호조치를 할 수 있다.

제95조【필요적 보석】 보석의 청구가 있는 때에는 다음 이외의 경우에는 보석을 허가하여야 한다.
  6. 피고인이 피해자, 당해 사건의 재판에 필요한 사실을 알고 있다고 인정되는 자 또는 그 친족의 생명·신체나 재산에 해를 가하거나 가할 염려가 있다고 믿을만한 충분한 이유가 있는 때

제99조【보석조건의 결정 시 고려사항】 ① 법원은 제98조의 조건을 정할 때 다음 각 호의 사항을 고려하여야 한다.
  4. 피해자에 대한 배상 등 범행 후의 정황에 관련된 사항

제102조【보석조건의 변경과 취소 등】 ② 법원은 피고인이 다음 각 호의 어느 하나에 해당하는 경우에는 직권 또는 검사의 청구에 따라 결정으로 보석 또는 구속의 집행정지를 취소할 수 있다. 다만, 제101조 제4항에 따른 구속영장의 집행정지는 그 회기 중 취소하지 못한다.
  4. 피해자, 당해 사건의 재판에 필요한 사실을 알고 있다고 인정되는 자 또는 그 친족의 생명·신체·재산에 해를 가하거나 가할 염려가 있다고 믿을 만한 충분한 이유가 있는 때

제134조【압수장물의 피해자환부】 압수한 장물은 피해자에게 환부할 이유가 명백한 때에는 피고사건의 종결 전이라도 결정으로 피해자에게 환부할 수 있다.

제146조【증인의자격】 법원은 법률에 다른 규정이 없으면 누구든지 증인으로 신문할 수 있다.

제161조의2【증인신문의 방식】 ④ 법원이 직권으로 신문할 증인이나 범죄로 인한 피해자의 신청에 의하여 신문할 증인의 신문방식은 재판장이 정하는 바에 의한다.

제163조의2【신뢰관계에 있는 자의 동석】 ① 법원은 범죄로 인한 피해자를 증인으로 신문하는 경우 증인의 연령, 심신의 상태, 그 밖의 사정을 고려하여 증인이 현저하게 불안 또는 긴장을 느낄 우려가 있다고 인정하는 때에는 직권 또는 피해자·법정대리인·검사의 신청에 따라 피해자와 신뢰관계에 있는 자를 동석하게 할 수 있다.
② 법원은 범죄로 인한 피해자가 13세 미만이거나 신체적 또는 정신적 장애로 사물을 변별하거나 의사를 결정할 능력이 미약한 경우에 재판에 지장을 초래할 우려가 있는 등 부득이한 경우가 아닌 한 피해자와 신뢰관계에 있는 자를 동석하게 하여야 한다.

제165조의2【비디오 등 중계장치 등에 의한 증인신문】① 법원은 다음 각 호의 어느 하나에 해당하는 사람을 증인으로 신문하는 경우 상당하다고 인정할 때에는 검사와 피고인 또는 변호인의 의견을 들어 비디오 등 중계장치에 의한 중계시설을 통하여 신문하거나 가림 시설 등을 설치하고 신문할 수 있다.

1. 「아동복지법」제71조 제1항 제1호·제1호의2·제2호·제3호에 해당하는 죄의 피해자
2. 「아동·청소년의 성보호에 관한 법률」제7조, 제8조, 제11조부터 제15조까지 및 제17조 제1항의 규정에 해당하는 죄의 대상이 되는 아동·청소년 또는 피해자
3. 범죄의 성질, 증인의 나이, 심신의 상태, 피고인과의 관계, 그 밖의 사정으로 인하여 피고인 등과 대면하여 진술할 경우 심리적인 부담으로 정신의 평온을 현저하게 잃을 우려가 있다고 인정되는 사람

제214조의2【체포와 구속의 적부심사】⑤ 법원은 구속된 피의자(심사청구 후 공소제기된 사람을 포함한다)에 대하여 피의자의 출석을 보증할 만한 보증금의 납입을 조건으로 하여 결정으로 제4항의 석방을 명할 수 있다. 다만, 다음 각 호에 해당하는 경우에는 그러하지 아니하다.

1. 범죄의 증거를 인멸할 염려가 있다고 믿을 만한 충분한 이유가 있는 때
2. 피해자, 당해 사건의 재판에 필요한 사실을 알고 있다고 인정되는 사람 또는 그 친족의 생명·신체나 재산에 해를 가하거나 가할 염려가 있다고 믿을 만한 충분한 이유가 있는 때

제223조【고소권자】범죄로 인한 피해자는 고소할 수 있다.

제232조【고소의 취소】① 고소는 제1심 판결선고 전까지 취소할 수 있다.
② 고소를 취소한 자는 다시 고소할 수 없다.

제245조의6【고소인 등에 대한 송부통지】사법경찰관은 제245조의5 제2호의 경우에는 그 송부한 날부터 7일 이내에 서면으로 고소인·고발인·피해자 또는 그 법정대리인(피해자가 사망한 경우에는 그 배우자·직계친족·형제자매를 포함한다)에게 사건을 검사에게 송치하지 아니하는 취지와 그 이유를 통지하여야 한다.

제245조의7【고소인 등의 이의신청】① 제245조의6의 통지를 받은 사람(고발인을 제외한다)은 해당 사법경찰관의 소속 관서의 장에게 이의를 신청할 수 있다.
② 사법경찰관은 제1항의 신청이 있는 때에는 지체 없이 검사에게 사건을 송치하고 관계 서류와 증거물을 송부하여야 하며, 처리결과와 그 이유를 제1항의 신청인에게 통지하여야 한다.

제259조【고소인 등에의 공소불제기이유고지】검사는 고소 또는 고발있는 사건에 관하여 공소를 제기하지 아니하는 처분을 한 경우에 고소인 또는 고발인의 청구가 있는 때에는 7일 이내에 고소인 또는 고발인에게 그 이유를 서면으로 설명하여야 한다.

제259조의2【피해자 등에 대한 통지】검사는 범죄로 인한 피해자 또는 그 법정대리인(피해자가 사망한 경우에는 그 배우자·직계친족·형제자매를 포함한다)의 신청이 있는 때에는 당해 사건의 공소제기 여부, 공판의 일시·장소, 재판결과, 피의자·피고인의 구속·석방 등 구금에 관한 사실 등을 신속하게 통지하여야 한다.

제260조【재정신청】① 고소권자로서 고소를 한 자(「형법」제123조부터 제126조까지의 죄(직권남용죄, 불법체포·불법감금죄, 폭행·가혹행위죄, 피의사실공표죄)에 대하여는 고발을 한 자를 포함한다. 이하 이 조에서 같다)는 검사로부터 공소를 제기하지 아니한다는 통지를 받은 때에는 그 검사 소속의 지방검찰청 소재지를 관할하는 고등법원(이하 "관할 고등법원"이라 한다)에 그 당부에 관한 재정을 신청할 수 있다. 다만, 「형법」제126조의 죄(피의사실공표죄)에 대하여는 피공표자의 명시한 의사에 반하여 재정을 신청할 수 없다.
② 제1항에 따른 재정신청을 하려면 「검찰청법」제10조에 따른 항고를 거쳐야 한다(항고전치주의). 다만, 다음 각 호의 어느 하나에 해당하는 경우에는 그러하지 아니하다.

1. 항고 이후 재기수사가 이루어진 다음에 다시 공소를 제기하지 아니한다는 통지를 받은 경우
2. 항고 신청 후 항고에 대한 처분이 행하여지지 아니하고 3개월이 경과한 경우
3. 검사가 공소시효 만료일 30일 전까지 공소를 제기하지 아니하는 경우

제294조의2【피해자 등의 진술권】① 법원은 범죄로 인한 피해자 또는 그 법정대리인(피해자가 사망한 경우에는 배우자·직계친족·형제자매를 포함한다. 이하 이 조에서 "피해자 등"이라 한다)의 신청이 있는 때에는 그 피해자 등을 증인으로 신문하여야 한다. 다만, 다음 각 호의 어느 하나에 해당하는 경우에는 그러하지 아니하다. [2021. 보호 7급]

1. 삭제
2. 피해자 등 이미 당해 사건에 관하여 공판절차에서 충분히 진술하여 다시 진술할 필요가 없다고 인정되는 경우
3. 피해자 등의 진술로 인하여 공판절차가 현저하게 지연될 우려가 있는 경우

② 법원은 제1항에 따라 피해자 등을 신문하는 경우 피해의 정도 및 결과, 피고인의 처벌에 관한 의견, 그 밖에 당해 사건에 관한 의견을 진술할 기회를 주어야 한다.

제294조의3【피해자 진술의 비공개】① 법원은 범죄로 인한 피해자를 증인으로 신문하는 경우 당해 피해자·법정대리인 또는 검사의 신청에 따라 피해자의 사생활의 비밀이나 신변보호를 위하여 필요하다고 인정하는 때에는 결정으로 심리를 공개하지 아니할 수 있다.

제294조의4【피해자 등의 공판기록 열람·등사】① 소송계속 중인 사건의 피해자(피해자가 사망하거나 그 심신에 중대한 장애가 있는 경우에는 그 배우자·직계친족 및 형제자매를 포함한다), 피해자 본인의 법정대리인 또는 이들로부터 위임을 받은 피해자 본인의 배우자·직계친족·형제자매·변호사는 소송기록의 열람 또는 등사를 재판장에게 신청할 수 있다.

[성폭력범죄의 처벌 등에 관한 특례법]

제27조【성폭력범죄 피해자에 대한 변호사 선임의 특례】① 성폭력범죄의 피해자 및 그 법정대리인(이하 "피해자 등"이라 한다)은 형사절차상 입을 수 있는 피해를 방어하고 법률적 조력을 보장하기 위하여 변호사를 선임할 수 있다.
② 제1항에 따른 변호사는 검사 또는 사법경찰관의 피해자 등에 대한 조사에 참여하여 의견을 진술할 수 있다. 다만, 조사 도중에는 검사 또는 사법경찰관의 승인을 받아 의견을 진술할 수 있다.
③ 제1항에 따른 변호사는 피의자에 대한 구속 전 피의자심문, 증거보전절차, 공판준비기일 및 공판절차에 출석하여 의견을 진술할 수 있다. 이 경우 필요한 절차에 관한 구체적 사항은 대법원규칙으로 정한다.
④ 제1항에 따른 변호사는 증거보전 후 관계 서류나 증거물, 소송계속 중의 관계 서류나 증거물을 열람하거나 등사할 수 있다.
⑤ 제1항에 따른 변호사는 형사절차에서 피해자 등의 대리가 허용될 수 있는 모든 소송행위에 대한 포괄적인 대리권을 가진다.
⑥ 검사는 피해자에게 변호사가 없는 경우 국선변호사를 선정하여 형사절차에서 피해자의 권익을 보호할 수 있다. 다만, 19세 미만 피해자 등에게 변호사가 없는 경우에는 국선변호사를 선정하여야 한다.

제31조【심리의 비공개】① 성폭력범죄에 대한 심리는 그 피해자의 사생활을 보호하기 위하여 결정으로써 공개하지 아니할 수 있다.
② 증인으로 소환받은 성폭력범죄의 피해자와 그 가족은 사생활보호 등의 사유로 증인신문의 비공개를 신청할 수 있다.
③ 재판장은 제2항에 따른 신청을 받으면 그 허가 및 공개 여부, 법정 외의 장소에서의 신문 등 증인의 신문 방식 및 장소에 관하여 결정할 수 있다.
④ 제1항 및 제3항의 경우에는 「법원조직법」 제57조(재판의 공개) 제2항·제3항 및 「군사법원법」 제67조 제2항·제3항을 준용한다.

제34조【신뢰관계에 있는 사람의 동석】① 법원은 다음 각 호의 어느 하나에 해당하는 피해자를 증인으로 신문하는 경우에 검사, 피해자 또는 그 법정대리인이 신청할 때에는 재판에 지장을 줄 우려가 있는 등 부득이한 경우가 아니면 피해자와 신뢰관계에 있는 사람을 동석하게 하여야 한다.

 1. 제3조부터 제8조까지, 제10조, 제14조, 제14조의2, 제14조의3, 제15조(제9조의 미수범은 제외한다) 및 제15조의2에 따른 범죄의 피해자
 2. 19세 미만 피해자 등

② 제1항은 수사기관이 같은 항 각 호의 피해자를 조사하는 경우에 관하여 준용한다.

③ 제1항 및 제2항의 경우 법원과 수사기관은 피해자와 신뢰관계에 있는 사람이 피해자에게 불리하거나 피해자가 원하지 아니하는 경우에는 동석하게 하여서는 아니 된다.

[특정범죄신고자 등 보호법]

제6조【범죄신고자 등 보좌인】① 사법경찰관, 검사 또는 법원은 범죄신고자 등이나 그 친족 등이 보복을 당할 우려가 있는 경우에는 직권으로 또는 범죄신고자 등, 그 법정대리인이나 친족 등의 신청에 의하여 범죄신고자 등 보좌인(이하 "보좌인"이라 한다)을 지정할 수 있다.

② 보좌인은 범죄신고자 등의 법정대리인, 친족 또는 대통령령으로 정하는 자 중에서 지정한다. 다만, 수사기관 종사자는 보좌인이 될 수 없다.

③ 보좌인은 범죄신고자 등을 위하여 해당 형사사건의 수사·공판 과정에 동행하거나 조언하는 등 필요한 조력(助力)을 할 수 있다.

단원별 지문 O/X

01 현행법상 피해자는 공판절차에서 증인으로서 일정한 범위 내에서 형사절차에 참여할 수 있는 지위를 보장받고 있다.
(   )   [2016. 사시]

02 「형사소송법」은 피의자 또는 피고인이 피해자 등에게 해를 가하거나 가할 염려가 있는 경우 보증금납입조건부 석방 내지 보석을 제한하여 범죄피해자를 보호하고 있다. (   )   [2016. 사시]

03 「특정범죄신고자 등 보호법」에 따르면 법원은 범죄신고자 등이 보복을 당할 우려가 있는 경우에 사법경찰관 또는 검사의 신청에 따라 수사 및 공판과정에서 필요한 협력을 할 수 있는 보좌인을 지정할 수 있다. (   )   [2016. 사시]

04 「형법」에 의하면 피해의 정도뿐만 아니라 가해자와 피해자의 관계도 양형에 고려된다. (   )   [2022. 보호 7급]

05 「형사소송법」상 법원은 범죄로 인한 피해자를 증인으로 신문하는 경우 당해 피해자·법정대리인 또는 검사의 신청에 따라 피해자의 사생활의 비밀이나 신변보호를 위하여 필요하다고 인정하는 때에는 결정으로 심리를 공개하지 아니할 수 있다.
(   )   [2021. 보호 7급]

06 「형사소송법」상 법원은 동일한 범죄사실에서 피해자 등의 증인신문을 신청한 그 피해자 등이 여러 명이라도 진술할 자의 수를 제한할 수 없다. (   )   [2021. 보호 7급]

---

01 ○   법원은 범죄로 인한 피해자 또는 그 법정대리인의 신청이 있는 때에는 그 피해자 등을 증인으로 신문하여야 한다(형사소송법 제 294조의2 제1항).

02 ○   '피해자, 당해 사건의 재판에 필요한 사실을 알고 있다고 인정되는 사람 또는 그 친족의 생명·신체나 재산에 해를 가하거나 가할 염려가 있다고 믿을 만한 충분한 이유가 있는 때'는 보증금납입조건부 피의자석방결정의 불허사유(형사소송법 제214조의2 제5항 제2호), 필요적 보석의 예외사유(동법 제95조 제6호), 보석의 취소사유(동법 제102조 제2항 제4호), 구속집행정지의 취소사유(동법 제102조 제2항 제4호)에 해당한다.

03 ×   사법경찰관, 검사 또는 법원은 범죄신고자 등이나 그 친족 등이 보복을 당할 우려가 있는 경우에는 <u>직권으로</u> 또는 범죄신고자 등 (범죄신고 등을 한 자), 그 법정대리인이나 친족 등(범죄신고자 등의 친족 또는 동거인, 그 밖의 밀접한 인적 관계에 있는 자)의 신청에 의하여 보좌인을 지정할 수 있다(특정범죄신고자 등 보호법 제6조 제1항).

04 ○   형을 정함에 있어서는 ① 범인의 연령, 성행, 지능과 환경, ② 피해자에 대한 관계, ③ 범행의 동기, 수단과 결과, ④ 범행 후의 정황을 참작하여야 한다(형법 제51조).

05 ○   동법 제294조의3 제1항

06 ×   법원은 동일한 범죄사실에서 피해자 등의 증인신문을 신청한 사람이 여러 명인 경우에는 진술할 자의 수를 제한할 수 있다(동법 제294조의2 제3항).

제2절 범죄피해자 보호법과 소송촉진법

01 범죄피해자 보호법

제1장 총칙

제1조【목적】 이 법은 범죄피해자 보호·지원의 기본 정책 등을 정하고 타인의 범죄행위로 인하여 생명·신체에 피해를 받은 사람을 구조(救助)함으로써 범죄피해자의 복지 증진에 기여함을 목적으로 한다.

제2조【기본이념】 ① 범죄피해자는 범죄피해 상황에서 빨리 벗어나 인간의 존엄성을 보장받을 권리가 있다.

② 범죄피해자의 명예와 사생활의 평온은 보호되어야 한다.

③ 범죄피해자는 해당 사건과 관련하여 각종 법적 절차에 참여할 권리가 있다.

제3조【정의】 ① 이 법에서 사용하는 용어의 뜻은 다음과 같다.

1. 범죄피해자	타인의 범죄행위로 피해를 당한 사람과 그 배우자(사실상의 혼인관계를 포함한다.), 직계친족 및 형제자매를 말한다. [2020. 교정 7급] 총 3회 기출
2. 범죄피해자 보호·지원	범죄피해자의 손실 복구, 정당한 권리 행사 및 복지 증진에 기여하는 행위를 말한다. 다만, 수사·변호 또는 재판에 부당한 영향을 미치는 행위는 포함되지 아니한다.
3. 범죄피해자 지원법인	범죄피해자 보호·지원을 주된 목적으로 설립된 비영리법인을 말한다.
4. 구조대상 범죄피해	대한민국의 영역 안에서 또는 대한민국의 영역 밖에 있는 대한민국의 선박이나 항공기 안에서 행하여진 사람의 생명 또는 신체를 해치는 죄에 해당하는 행위(「형법」제9조, 제10조 제1항, 제12조, 제22조 제1항에 따라 처벌되지 아니하는 행위를 포함하며, 같은 법 제20조 또는 제21조 제1항에 따라 처벌되지 아니하는 행위 및 과실에 의한 행위는 제외한다)로 인하여 사망하거나 장해 또는 중상해를 입은 것을 말한다. [2019. 5급 승진] 총 5회 기출 **형법** **[구조대상피해 포함]** **제9조【형사미성년자】** 14세 되지 아니한 자의 행위는 벌하지 아니한다. **제10조【심신장애인】** ① 심신장애로 인하여 사물을 변별할 능력이 없거나 의사를 결정할 능력이 없는 자의 행위는 벌하지 아니한다. **제12조【강요된 행위】** 저항할 수 없는 폭력이나 자기 또는 친족의 생명, 신체에 대한 위해를 방어할 방법이 없는 협박에 의하여 강요된 행위는 벌하지 아니한다. **제22조【긴급피난】** ① 자기 또는 타인의 법익에 대한 현재의 위난을 피하기 위한 행위는 상당한 이유가 있는 때에는 벌하지 아니한다. **[구조대상범죄피해 제외]** **제20조【정당행위】** 법령에 의한 행위 또는 업무로 인한 행위 기타 사회상규에 위배되지 아니하는 행위는 벌하지 아니한다. **제21조【정당방위】** ① 현재의 부당한 침해로부터 자기 또는 타인의 법익(法益)을 방위하기 위하여 한 행위는 상당한 이유가 있는 경우에는 벌하지 아니한다. ▶ **구조대상제외:** 정당행위, 정당방위, 과실에 의한 행위

5. 장해	범죄행위로 입은 부상이나 질병이 치료(그 증상이 고정된 때를 포함)된 후에 남은 신체의 장해로서 대통령령으로 정하는 경우를 말한다.
6. 중상해	범죄행위로 인하여 신체나 그 생리적 기능에 손상을 입은 것으로서 대통령령으로 정하는 경우를 말한다.

② 제1항 제1호에 해당하는 사람 외에 범죄피해 방지 및 범죄피해자 구조 활동으로 피해를 당한 사람도 범죄피해자로 본다.

제2장 범죄피해자 보호·지원의 기본 정책

제8조【형사절차 참여 보장 등】 ① 국가는 범죄피해자가 해당 사건과 관련하여 수사담당자와 상담하거나 재판절차에 참여하여 진술하는 등 형사절차상의 권리를 행사할 수 있도록 보장하여야 한다.
② 국가는 범죄피해자가 요청하면 가해자에 대한 수사 결과, 공판기일, 재판 결과, 형 집행 및 보호관찰 집행 상황 등 형사절차 관련 정보를 대통령령으로 정하는 바에 따라 제공할 수 있다.

제8조의2【범죄피해자에 대한 정보 제공 등】 ① 국가는 수사 및 재판 과정에서 다음 각 호의 정보를 범죄피해자에게 제공하여야 한다.

[범죄피해자에 대한 정보제공](법 제8조의2 제1항)
1. 범죄피해자의 해당 재판절차 참여 진술권 등 형사절차상 범죄피해자의 권리에 관한 정보
2. 범죄피해 구조금 지급 및 범죄피해자 보호·지원 단체 현황 등 범죄피해자의 지원에 관한 정보
3. 그 밖에 범죄피해자의 권리보호 및 복지증진을 위하여 필요하다고 인정되는 정보

② 제1항에 따른 정보 제공의 구체적인 방법 및 절차 등에 필요한 사항은 대통령령으로 정한다.

제9조【사생활의 평온과 신변의 보호 등】 ① 국가 및 지방자치단체는 범죄피해자의 명예와 사생활의 평온을 보호하기 위하여 필요한 조치를 하여야 한다.
② 국가 및 지방자치단체는 범죄피해자가 형사소송절차에서 한 진술이나 증언과 관련하여 보복을 당할 우려가 있는 등 범죄피해자를 보호할 필요가 있을 경우에는 적절한 조치를 마련하여야 한다.

제10조【교육·훈련】 국가 및 지방자치단체는 범죄피해자에 대한 이해 증진과 효율적 보호·지원 업무 수행을 위하여 범죄 수사에 종사하는 자, 범죄피해자에 관한 상담·의료 제공 등의 업무에 종사하는 자, 그 밖에 범죄피해자 보호·지원 활동과 관계가 있는 자에 대하여 필요한 교육과 훈련을 실시하여야 한다.

제11조【홍보 및 조사연구】 ① 국가 및 지방자치단체는 범죄피해자에 대한 이해와 관심을 높이기 위하여 필요한 홍보를 하여야 한다.
② 국가 및 지방자치단체는 범죄피해자에 대하여 전문적 지식과 경험을 바탕으로 한 적절한 지원이 이루어질 수 있도록 범죄피해의 실태 조사, 지원정책 개발 등을 위하여 노력하여야 한다.

제11조의2【범죄피해자 인권 주간】 범죄피해자에 대한 사회적 관심을 높이고 범죄피해자의 복지를 증진하기 위하여 대통령령으로 정하는 바에 따라 1년 중 1주간을 범죄피해자 인권 주간으로 한다.

제3장 범죄피해자 보호·지원의 기본계획 등

제12조【기본계획 수립】 ① 법무부장관은 제15조에 따른 범죄피해자 보호위원회의 심의를 거쳐 범죄피해자 보호·지원에 관한 기본계획(이하 "기본계획"이라 한다)을 5년마다 수립하여야 한다.
② 기본계획에는 다음 각 호의 사항이 포함되어야 한다.

> [범죄피해자 보호·지원에 관한 기본계획 포함](법 제12조 제2항)
> 1. 범죄피해자 보호·지원 정책의 기본방향과 추진목표
> 2. 범죄피해자 보호·지원을 위한 실태조사, 연구, 교육과 홍보
> 3. 범죄피해자 보호·지원 단체에 대한 지원과 감독
> 4. 범죄피해자 보호·지원과 관련된 재원의 조달과 운용
> 5. 그 밖에 범죄피해자를 보호·지원하기 위하여 법무부장관이 필요하다고 인정한 사항

제13조【연도별 시행계획의 수립】 ① 법무부장관, 관계 중앙행정기관의 장과 특별시장·광역시장·도지사·특별자치도지사(이하 "시·도지사"라 한다)는 기본계획에 따라 연도별 시행계획(이하 "시행계획"이라 한다)을 수립·시행하여야 한다.

② 관계 중앙행정기관의 장과 시·도지사는 다음 연도의 시행계획과 전년도 추진 실적을 매년 법무부장관에게 제출하여야 한다. 이 경우 법무부장관은 그 시행계획이 부적합하다고 판단할 때에는 그 시행계획을 수립한 장에게 시행계획의 보완·조정을 요구할 수 있다.

③ 제1항 및 제2항에서 정한 사항 외에 시행계획의 수립과 시행에 필요한 사항은 대통령령으로 정한다.

제14조【관계 기관의 협조】 ① 법무부장관은 기본계획과 시행계획을 수립·시행하기 위하여 필요하면 관계 중앙행정기관의 장, 지방자치단체의 장 또는 관계 공공기관의 장에게 협조를 요청할 수 있다.

② 중앙행정기관의 장 또는 시·도지사는 시행계획을 수립·시행하기 위하여 필요하면 관계 중앙행정기관의 장, 지방자치단체의 장 또는 공공기관의 장에게 협조를 요청할 수 있다.

③ 제1항과 제2항에 따른 협조요청을 받은 기관의 장이나 지방자치단체의 장은 특별한 사유가 없으면 협조하여야 한다.

제15조【범죄피해자보호위원회】 ① 범죄피해자 보호·지원에 관한 기본계획 및 주요 사항 등을 심의하기 위하여 법무부장관 소속으로 범죄피해자보호위원회(이하 "보호위원회"라 한다)를 둔다.

② 보호위원회는 다음의 사항을 심의한다.

> 1. 기본계획 및 시행계획에 관한 사항
> 2. 범죄피해자 보호·지원을 위한 주요 정책의 수립·조정에 관한 사항
> 3. 범죄피해자 보호·지원 단체에 대한 지원·감독에 관한 사항
> 4. 그 밖에 위원장이 심의를 요청한 사항

③ 피해자보호위원회는 위원장(법무부장관)을 포함하여 20명 이내의 위원으로 구성한다.

④ 제1항부터 제3항까지의 규정에서 정한 사항 외에 보호위원회의 구성 및 운영 등에 관한 사항은 대통령령으로 정한다.

> **제13조【범죄피해자보호위원회의 구성】** ① 법 제15조에 따른 범죄피해자보호위원회(이하 "보호위원회"라 한다)의 위원장은 법무부장관이 된다. [2014. 교정 9급]
> ② 보호위원회의 위원은 다음 각 호의 사람이 된다.
> 1. 기획재정부차관, 교육부차관, 법무부차관, 행정안전부차관, 보건복지부차관, 여성가족부차관, 법원행정처차장, 대검찰청차장검사 및 경찰청차장
> 2. 범죄피해자 보호·지원에 관한 전문지식과 경험이 풍부한 사람 중에서 법무부장관이 위촉하는 10명 이내의 민간위원
> ③ 제2항 제2호에 따라 위촉된 위원의 임기는 2년으로 하고, 두 차례만 연임할 수 있으며, 보궐위원의 임기는 전임자의 임기의 남은 기간으로 한다.

제4장 구조대상 범죄피해에 대한 구조

제16조【구조금의 지급요건】국가는 구조대상 범죄피해를 받은 사람(이하 "구조피해자"라 한다)이 다음 각 호의 어느 하나에 해당하면 구조피해자 또는 그 유족에게 범죄피해 구조금(이하 "구조금"이라 한다)을 지급한다.

[구조금 지급요건](법 제16조)

1. 구조피해자가 피해의 전부 또는 일부를 배상받지 못하는 경우
2. 자기 또는 타인의 형사사건의 수사 또는 재판에서 고소·고발 등 수사단서를 제공하거나 진술, 증언 또는 자료제출을 하다가 구조피해자가 된 경우 [2011. 교정 7급] 총 2회 기출
▶ **구조금 지급요건 ×:** 가해자 불명, 무자력 사유, 피해자의 생계유지 곤란 [2014. 교정 7급]

제17조【구조금의 종류 등】① 구조금은 유족구조금·장해구조금 및 중상해구조금으로 구분한다. [2019. 5급 승진] 총 2회 기출

② 유족구조금은 구조피해자가 사망하였을 때 제18조에 따라 맨 앞의 순위인 유족에게 지급한다. 다만, 순위가 같은 유족이 2명 이상이면 똑같이 나누어 지급한다.

③ 장해구조금 및 중상해구조금은 해당 구조피해자에게 지급한다. 다만, 장해구조금 또는 중상해구조금의 지급을 신청한 구조피해자가 장해구조금 또는 중상해구조금을 지급받기 전에 사망(해당 구조대상 범죄피해의 원인이 된 범죄행위로 사망한 경우는 제외한다)한 경우에는 제18조에 따라 맨 앞의 순위인 유족에게 지급하되, 순위가 같은 유족이 2명 이상이면 똑같이 나누어 지급한다.

④ 구조금은 일시금으로 지급한다. 다만, 구조피해자 또는 그 유족이 연령, 장애, 질병이나 그 밖에 대통령령으로 정하는 사유로 구조금을 관리할 능력이 부족하다고 인정되는 경우로서 다음 각 호(유족의 청구 또는 심의회의 직권)의 어느 하나에 해당하는 경우에는 대통령령으로 정하는 바에 따라 구조금을 분할하여 지급할 수 있다.

[구조금 분할지급 사유](법 제17조 제4항)

1. 구조피해자나 그 유족이 구조금의 분할 지급을 청구하여 제24조 제1항에 따른 범죄피해구조심의회가 구조금의 분할 지급을 결정한 경우
2. 제24조 제1항에 따른 범죄피해구조심의회가 직권으로 구조금의 분할 지급을 결정한 경우

시행령 제16조【구조금의 분할 지급】① 법 제17조 제4항 단서에 따라 구조금을 분할하여 지급할 수 있는 경우는 구조금 지급을 결정할 당시 법 제16조에 따른 구조피해자(이하 "구조피해자"라 한다)나 그 유족이 다음 각 호의 어느 하나에 해당하는 사유로 구조금을 관리할 능력이 부족하다고 인정되는 경우로 한다.

[분할지급 사유](시행령 제16조 제1항)

1. 미성년자
2. 피성년후견인
3. 파산선고를 받은 사람으로서 복권되지 않은 사람
4. 노령, 장애, 질병 또는 그 밖의 사유로 심신상실 등 정신적 제약이 있는 사람

③ 법 제17조 제4항 단서에 따른 구조금의 분할 지급은 최대 48개월의 범위에서 할 수 있다.

제18조【유족의 범위 및 순위】① 유족구조금이나 제17조 제3항 단서에 따라 유족에게 지급하는 장해구조금 또는 중상해구조금(이하 "유족구조금등"이라 한다)을 지급받을 수 있는 유족은 다음 각 호의 어느 하나에 해당하는 사람으로 한다.

[유족구조금 지급대상](법 제18조 제1항) [2017. 교정 9급]

1. 배우자(사실상 혼인관계를 포함) 및 구조피해자의 사망 당시 구조피해자의 수입으로 생계를 유지하고 있는 구조피해자의 자녀
2. 구조피해자의 사망 당시 구조피해자의 수입으로 생계를 유지하고 있는 구조피해자의 부모, 손자ㆍ손녀, 조부모 및 형제자매
3. 제1호 및 제2호에 해당하지 아니하는 구조피해자의 자녀, 부모, 손자ㆍ손녀, 조부모 및 형제자매

② 제1항에 따른 유족의 범위에서 태아는 구조피해자가 사망할 때 이미 출생한 것으로 본다.
③ 유족구조금 등을 받을 유족의 순위는 제1항 각 호에 열거한 순서로 하고, 같은 항 제2호 및 제3호에 열거한 사람 사이에서는 해당 각 호에 열거한 순서로 하며, 부모의 경우에는 양부모를 선순위로 하고 친부모를 후순위로 한다.
④ 유족이 다음 각 호의 어느 하나에 해당하면 유족구조금 등을 받을 수 있는 유족으로 보지 아니한다.

[유족으로 보지 않는 경우](법 제18조 제4항)

1. 구조피해자를 고의로 사망하게 한 경우
2. 구조피해자가 사망하기 전에 그가 사망하면 유족구조금등을 받을 수 있는 선순위 또는 같은 순위의 유족이 될 사람을 고의로 사망하게 한 경우
3. 구조피해자가 사망한 후 유족구조금등을 받을 수 있는 선순위 또는 같은 순위의 유족을 고의로 사망하게 한 경우

제19조 【구조금을 지급하지 아니할 수 있는 경우】 ① 범죄행위 당시 구조피해자와 가해자 사이에 다음 각 호의 어느 하나에 해당하는 친족관계가 있는 경우에는 구조금을 지급하지 아니한다.

[구조금을 지급하지 아니하는 경우](법 제19조 제1항) [2017. 교정 9급]

1. 부부(사실상의 혼인관계를 포함한다)
2. 직계혈족
3. 4촌 이내의 친족
4. 동거친족

② 범죄행위 당시 구조피해자와 가해자 사이에 제1항 각 호의 어느 하나에 해당하지 아니하는 친족관계가 있는 경우에는 구조금의 일부를 지급하지 아니한다.
③ 구조피해자가 다음 각 호의 어느 하나에 해당하는 행위를 한 때에는 구조금을 지급하지 아니한다.

[구조금 피해자의 행위로 구조금을 지급하지 아니하는 경우](법 제19조 제3항)

1. 해당 범죄행위를 교사 또는 방조하는 행위
2. 과도한 폭행ㆍ협박 또는 중대한 모욕 등 해당 범죄행위를 유발하는 행위
3. 해당 범죄행위와 관련하여 현저하게 부정한 행위
4. 해당 범죄행위를 용인하는 행위
5. 집단적 또는 상습적으로 불법행위를 행할 우려가 있는 조직에 속하는 행위(다만, 그 조직에 속하고 있는 것이 해당 범죄피해를 당한 것과 관련이 없다고 인정되는 경우는 제외한다)
6. 범죄행위에 대한 보복으로 가해자 또는 그 친족이나 그 밖에 가해자와 밀접한 관계가 있는 사람의 생명을 해치거나 신체를 중대하게 침해하는 행위

④ 구조피해자가 다음 각 호의 어느 하나에 해당하는 행위를 한 때에는 구조금의 일부를 지급하지 아니한다.

[구조금의 일부를 지급하지 아니한 경우](법 제19조 제4항) [2023. 보호 7급]
1. 폭행·협박 또는 모욕 등 해당 범죄행위를 유발하는 행위
2. 해당 범죄피해의 발생 또는 증대에 가공(加功)한 부주의한 행위 또는 부적절한 행위

⑤ 유족구조금 등을 지급하지 아니할 수 있는 경우에 관하여는 제1항부터 제4항까지를 준용한다. 이 경우 "구조피해자"는 "구조피해자 또는 맨 앞의 순위인 유족"으로 본다.

⑥ 구조피해자 또는 그 유족과 가해자 사이의 관계, 그 밖의 사정을 고려하여 구조금의 전부 또는 일부를 지급하는 것이 사회통념에 위배된다고 인정될 때에는 구조금의 전부 또는 일부를 지급하지 아니할 수 있다.

⑦ 제1항부터 제6항까지의 규정에도 불구하고 구조금의 실질적인 수혜자가 가해자로 귀착될 우려가 없는 경우 등 구조금을 지급하지 아니하는 것이 사회통념에 위배된다고 인정할 만한 특별한 사정이 있는 경우에는 구조금의 전부 또는 일부를 지급할 수 있다.

제20조【다른 법령에 따른 급여 등과의 관계】 구조피해자나 유족이 해당 구조대상 범죄피해를 원인으로 하여 「국가배상법」이나 그 밖의 법령에 따른 급여 등을 받을 수 있는 경우에는 대통령령으로 정하는 바에 따라 구조금을 지급하지 아니한다.

제21조【손해배상과의 관계】 ① 국가는 구조피해자나 유족이 해당 구조대상 범죄피해를 원인으로 하여 손해배상을 받았으면 그 범위에서 구조금을 지급하지 아니한다. [2017. 교정 9급] 총 7회 기출

② 국가는 지급한 구조금의 범위에서 해당 구조금을 받은 사람이 구조대상 범죄피해를 원인으로 하여 가지고 있는 손해배상청구권을 대위한다.

③ 국가는 제2항에 따라 손해배상청구권을 대위할 때 대통령령으로 정하는 바에 따라 가해자인 수형자나 보호감호대상자의 작업장려금 또는 근로보상금에서 손해배상금을 받을 수 있다.

제22조【구조금액】 ① 유족구조금은 구조피해자의 사망 당시(신체에 손상을 입고 그로 인하여 사망한 경우에는 신체에 손상을 입은 당시를 말한다)의 월급액이나 월실수입액 또는 평균임금에 24개월 이상 48개월 이하의 범위에서 유족의 수와 연령 및 생계유지상황 등을 고려하여 대통령령으로 정하는 개월 수를 곱한 금액으로 한다.

② 장해구조금과 중상해구조금은 구조피해자가 신체에 손상을 입은 당시의 월급액이나 월실수입액 또는 평균임금에 2개월 이상 48개월 이하의 범위에서 피해자의 장해 또는 중상해의 정도와 부양가족의 수 및 생계유지상황 등을 고려하여 대통령령으로 정한 개월 수를 곱한 금액으로 한다.

③ 제1항 및 제2항에 따른 월급액이나 월실수입액 또는 평균임금 등은 피해자의 주소지를 관할하는 세무서장, 시장·군수·구청장(자치구의 구청장을 말한다) 또는 피해자의 근무기관의 장(長)의 증명이나 그 밖에 대통령령으로 정하는 공신력 있는 증명에 따른다.

④ 제1항 및 제2항에서 구조피해자의 월급액이나 월실수입액이 평균임금의 2배를 넘는 경우에는 평균임금의 2배에 해당하는 금액을 구조피해자의 월급액이나 월실수입액으로 본다.

제23조【외국인에 대한 구조】 구조피해자 또는 그 유족이 외국인인 때에는 다음 각 호의 어느 하나에 해당하는 경우에만 이 법을 적용한다.

[외국인에 대한 구조](법 제23조) [2019. 5급 승진] 총 3회 기출
1. 해당 국가의 상호 보증이 있는 경우
2. 해당 외국인이 구조대상 범죄피해 발생 당시 대한민국 국민의 배우자이거나 대한민국 국민과 혼인관계(사실상의 혼인관계를 포함한다)에서 출생한 자녀를 양육하고 있는 자로서 다음 각 목의 어느 하나에 해당하는 체류자격을 가지고 있는 경우
   가. 「출입국관리법」 제10조 제2호의 영주자격
   나. 「출입국관리법」 제10조의2 제1항 제2호의 장기체류자격으로서 법무부령으로 정하는 체류자격

제24조【범죄피해구조심의회 등】① 구조금 지급 및 제21조 제2항에 따른 손해배상청구권 대위에 관한 사항을 심의·결정하기 위하여 각 지방검찰청에 범죄피해구조심의회(이하 "지구심의회"라 한다)를 두고 법무부에 범죄피해구조본부심의회(이하 "본부심의회"라 한다)를 둔다. [2016. 교정 7급]

지구심의회	본부심의회
② 지구심의회는 설치된 지방검찰청 관할 구역(지청이 있는 경우에는 지청의 관할 구역을 포함한다)의 구조금 지급 및 제21조 제2항에 따른 손해배상청구권 대위에 관한 사항을 심의·결정한다.	③ 본부심의회는 다음 각 호의 사항을 심의·결정한다. 1. 제27조에 따른 재심신청사건 2. 그 밖에 법령에 따라 그 소관에 속하는 사항

④ 지구심의회 및 본부심의회는 법무부장관의 지휘·감독을 받는다.
⑤ 지구심의회 및 본부심의회 위원 중 공무원이 아닌 위원은 「형법」 제127조 및 제129조부터 제132조까지의 규정을 적용할 때에는 공무원으로 본다.
⑥ 지구심의회 및 본부심의회의 구성 및 운영 등에 관한 사항은 대통령령으로 정한다.

제25조【구조금의 지급신청】① 구조금을 받으려는 사람은 법무부령으로 정하는 바에 따라 그 주소지, 거주지 또는 범죄 발생지를 관할하는 지구심의회에 신청하여야 한다. [2011. 교정 7급]
② 제1항에 따른 신청은 해당 구조대상 범죄피해의 발생을 안 날부터 3년이 지나거나 해당 구조대상 범죄피해가 발생한 날부터 10년이 지나면 할 수 없다. [2011. 교정 7급] 총 2회 기출

제26조【구조결정】지구심의회는 제25조 제1항에 따른 신청을 받으면 신속하게 구조금을 지급하거나 지급하지 아니한다는 결정(지급한다는 결정을 하는 경우에는 그 금액을 정하는 것을 포함한다)을 하여야 한다.

제27조【재심신청】① 지구심의회에서 구조금 지급신청을 기각(일부기각된 경우를 포함한다) 또는 각하하면 신청인은 결정의 정본이 송달된 날부터 2주일 이내에 그 지구심의회를 거쳐 본부심의회에 재심을 신청할 수 있다. [2023. 보호 7급]
② 제1항의 재심신청이 있으면 지구심의회는 1주일 이내에 구조금 지급신청 기록 일체를 본부심의회에 송부하여야 한다.
③ 본부심의회는 제1항의 신청에 대하여 심의를 거쳐 4주일 이내에 다시 구조결정을 하여야 한다.
④ 본부심의회는 구조금 지급신청을 각하한 지구심의회의 결정이 법령에 위반되면 사건을 그 지구심의회에 환송할 수 있다.
⑤ 본부심의회는 구조금 지급신청이 각하된 신청인이 잘못된 부분을 보정하여 재심신청을 하면 사건을 해당 지구심의회에 환송할 수 있다.

제28조【긴급구조금의 지급 등】① 지구심의회는 제25조 제1항에 따른 신청을 받았을 때 구조피해자의 장해 또는 중상해 정도가 명확하지 아니하거나 그 밖의 사유로 인하여 신속하게 결정을 할 수 없는 사정이 있으면 신청 또는 직권으로 대통령령으로 정하는 금액의 범위에서 긴급구조금을 지급하는 결정을 할 수 있다.
② 제1항에 따른 긴급구조금 지급신청은 법무부령으로 정하는 바에 따라 그 주소지, 거주지 또는 범죄 발생지를 관할하는 지구심의회에 할 수 있다.
③ 국가는 지구심의회가 긴급구조금 지급 결정을 하면 긴급구조금을 지급한다.
④ 긴급구조금을 받은 사람에 대하여 구조금을 지급하는 결정이 있으면 국가는 긴급구조금으로 지급된 금액 내에서 구조금을 지급할 책임을 면한다.
⑤ 긴급구조금을 받은 사람은 지구심의회에서 결정된 구조금의 금액이 긴급구조금으로 받은 금액보다 적을 때에는 그 차액을 국가에 반환하여야 하며, 지구심의회에서 구조금을 지급하지 아니한다는 결정을 하면 긴급구조금으로 받은 금액을 모두 반환하여야 한다.

제29조【결정을 위한 조사 등】① 지구심의회는 구조금 지급 및 제21조 제2항에 따른 손해배상청구권 대위에 관한 사항을 심의하기 위하여 필요하면 신청인이나 그 밖의 관계인을 조사하거나 의사의 진단을 받게 할 수 있고 행정기관, 공공기관이나 그 밖의 단체에 조회하여 필요한 사항을 보고하게 할 수 있다.

② 지구심의회는 신청인이 정당한 이유 없이 제1항에 따른 조사에 따르지 아니하거나 의사의 진단을 거부하면 그 신청을 기각할 수 있다.

제29조의2【자료요청】① 지구심의회는 제21조 제2항에 따른 손해배상청구권 대위에 관한 업무와 관련하여 가해자의 손해배상금 지급능력을 조사하기 위하여 필요한 경우에는 다음 각 호의 자료를 보유하고 있는 법원행정처·행정안전부·국토교통부·국세청 등 국가기관과 지방자치단체의 장 및 「국민건강보험법」에 따른 국민건강보험공단 등 관계 기관·단체의 장(이하 이 조에서 "관계 기관의 장"이라 한다)에게 다음 각 호(가해자의 주민등록표 초본, 각종 재산보유관련 자료)의 자료의 제공 또는 관계 전산망의 이용을 요청할 수 있다.

② 제1항에 따른 요청을 받은 관계 기관의 장은 정당한 사유가 있는 경우를 제외하고는 그 요청에 따라야 한다.

제29조의3【금융정보등의 제공 요청】① 지구심의회는 제21조 제2항에 따른 손해배상청구권 대위에 관한 업무와 관련하여 가해자에 대한 다음 각 호의 자료 또는 정보(이하 "금융정보 등"이라 한다)에 의하지 아니하고는 가해자의 손해배상금 지급능력이나 재산은닉 여부를 확인할 수 없다고 인정하는 경우에는 「금융실명거래 및 비밀보장에 관한 법률」 제4조에도 불구하고 같은 법 제2조 제1호에 따른 금융회사등의 장이나 그 특정점포에 가해자에 대한 금융정보등의 제공을 요청할 수 있다. 이 경우 금융정보등의 제공 요청은 필요한 최소한의 범위에 그쳐야 한다.

② 지구심의회는 다음 각 호의 어느 하나에 해당하는 경우에만 제1항에 따른 금융정보등의 제공을 요청할 수 있다.

[지구심의회의 금융정보 등의 요청가능 사유](법 제29조의3 제2항)
1. 구조대상 범죄피해를 원인으로 하여 가해자에게 유죄판결이 선고되거나 약식명령이 확정된 경우
2. 구조대상 범죄피해를 원인으로 하는 수사 또는 재판 절차에서 가해자가 범죄사실 또는 공소사실을 자백하는 경우

③ 제1항에 따라 금융정보등의 제공 요청을 받은 금융회사등의 장이나 그 특정점포는 특별한 사유가 없으면 이에 따라야 한다.

⑥ 제1항부터 제3항까지에 따라 제공된 금융정보 등은 가해자 또는 제3자에 대한 수사 또는 형사재판에서 증거로 할 수 없다.

⑦ 지구심의회는 손해배상청구권 추심이 완료되는 등 손해배상청구권 대위에 관한 업무의 목적을 달성한 경우에는 제1항부터 제3항까지에 따라 제공받거나 수집한 금융정보등을 지체 없이 파기하여야 한다.

제30조【구조금의 환수】① 국가는 이 법에 따라 구조금을 받은 사람이 다음 각 호의 어느 하나에 해당하면 지구심의회 또는 본부심의회의 결정을 거쳐 그가 받은 구조금의 전부 또는 일부를 환수할 수 있다.

[구조금의 환수가능 사유](법 제30조 제1항) [2023. 보호 7급]
1. 거짓이나 그 밖의 부정한 방법으로 구조금을 받은 경우
2. 구조금을 받은 후 제19조에 규정된 사유가 발견된 경우
3. 구조금이 잘못 지급된 경우

② 국가가 제1항에 따라 환수를 할 때에는 국세징수의 예에 따르고, 그 환수의 우선순위는 국세 및 지방세 다음으로 한다.

제31조【소멸시효】구조금을 받을 권리는 그 구조결정이 해당 신청인에게 송달된 날부터 2년간 행사하지 아니하면 시효로 인하여 소멸된다. [2023. 보호 7급] 총 3회 기출

제32조【구조금 수급권의 보호】구조금을 받을 권리는 양도하거나 담보로 제공하거나 압류할 수 없다. [2019. 5급 승진] 총 2회 기출

제5장 범죄피해자 보호 · 지원사업의 지원 및 감독

제33조【범죄피해자 지원법인의 등록 등】① 범죄피해자 지원법인이 이 법에 따른 지원을 받으려면 자산 및 인적 구성 등 대통령령으로 정하는 요건을 갖추고 대통령령으로 정하는 절차에 따라 법무부장관에게 등록하여야 한다.

② 범죄피해자 지원법인의 설립 · 운영에 관하여 이 법에 규정이 없는 사항에 대하여는 「민법」과 「공익법인의 설립 · 운영에 관한 법률」을 적용한다.

제34조【보조금】① 국가 또는 지방자치단체는 제33조에 따라 등록한 범죄피해자 지원법인(이하 "등록법인"이라 한다)의 건전한 육성과 발전을 위하여 필요한 경우에는 예산의 범위에서 등록법인에 운영 또는 사업에 필요한 경비를 보조할 수 있다. [2016. 교정 7급]

▶ **벌금의 보호기금납입**: 형사소송법 제477조 제1항에 따라 집행된 벌금에 100분의 6 이상의 범위에서 대통령령으로 정한 비율(100분의 8)을 곱한 금액을 범죄피해자보호기금에 납입하여야 한다(범죄피해자보호기금법 제4조 제2항). [2022. 보호 7급]

② 국가는 제7조 제2항 후단에 따른 위탁기관(범죄피해자 지원법인을 제외한다. 이하 "위탁기관"이라 한다)의 보호시설 운영에 필요한 경비를 보조할 수 있다.

③ 법무부장관으로부터 보조금을 받으려는 등록법인과 위탁기관은 대통령령으로 정하는 바에 따라 사업의 목적과 내용, 보조사업에 드는 경비 등 필요한 사항을 적은 신청서와 첨부서류를 법무부장관에게 제출하여야 한다.

④ 제3항에 따른 보조금의 지급 기준 및 절차에 관한 사항은 대통령령으로 정한다.

제35조【보조금의 목적 외 사용금지 및 반환】① 등록법인 또는 위탁기관은 제34조에 따라 교부받은 보조금을 범죄피해자 보호·지원 또는 보호시설 운영을 위한 용도로만 사용할 수 있다.

② 법무부장관은 등록법인 또는 위탁기관이 제34조 제3항에 따른 신청서 등에 거짓 사실을 적거나 그 밖의 부정한 방법으로 보조금을 받은 경우 또는 교부받은 보조금을 다른 용도에 사용한 경우에는 교부한 보조금의 전부 또는 일부를 반환하게 할 수 있다.

③ 보조금의 반환에 관하여는 「보조금 관리에 관한 법률」을 준용한다.

제36조【감독 등】① 법무부장관은 필요하다고 인정하면 등록법인 또는 위탁기관에 대하여 그 업무·회계 및 재산에 관한 사항을 보고하게 하거나 자료의 제출이나 그 밖에 필요한 명령을 할 수 있으며, 소속 공무원으로 하여금 그 운영 실태를 조사하게 할 수 있다.

② 법무부장관은 등록법인 또는 위탁기관의 임직원이 다음 각 호의 어느 하나에 해당하면 해당 등록법인 또는 위탁기관의 대표자에게 이를 시정하게 하거나 해당 임원의 직무정지 또는 직원의 징계를 요구할 수 있으며, 해당 법인의 등록을 취소하거나 보호시설의 운영 위탁을 취소할 수 있다.

[법인의 등록취소, 보호시설 위탁취소 사유](법 제36조)

1. 제1항에 따라 법무부장관이 요구하는 보고서 또는 자료를 거짓으로 작성하거나 그 보고 또는 제출을 거부한 경우
2. 제1항에 따른 검사를 거부, 방해 또는 기피한 경우
3. 법무부장관의 시정명령, 직무정지 또는 징계요구에 대한 이행을 게을리한 경우

③ 법무부장관은 제2항에 따라 등록법인의 등록을 취소할 경우 청문을 하여야 한다.

제37조【등록법인 오인 표시의 금지】누구든지 등록법인이 아니면서 등록법인으로 표시하거나 등록법인으로 오인하게 할 수 있는 명칭을 사용하여서는 아니 된다.

제38조【재판 등에 대한 영향력 행사 금지】범죄피해자 보호·지원 업무에 종사하는 자는 형사절차에서 가해자에 대한 처벌을 요구하거나 소송관계인에게 위력을 가하는 등 수사, 변호 또는 재판에 부당한 영향을 미치기 위한 행위를 하여서는 아니 된다.

제39조【비밀누설의 금지】범죄피해자 보호·지원 업무에 종사하고 있거나 종사하였던 자는 그 업무를 수행하는 과정에서 알게 된 타인의 사생활에 관한 비밀을 누설하여서는 아니 되며, 범죄피해자를 보호하고 지원하는 목적으로만 그 비밀을 사용하여야 한다.

제40조【수수료 등의 금품 수수 금지】범죄피해자 보호·지원 업무에 종사하고 있거나 종사하였던 자는 범죄피해자를 보호·지원한다는 이유로 수수료 등의 명목으로 금품을 요구하거나 받아서는 아니 된다. 다만, 다른 법률에 규정이 있는 경우에는 그러하지 아니하다.

제6장 형사조정

제41조【형사조정 회부】① 검사는 피의자와 범죄피해자(이하 "당사자"라 한다) 사이에 형사분쟁을 공정하고 원만하게 해결하여 범죄피해자가 입은 피해를 실질적으로 회복하는 데 필요하다고 인정하면 당사자의 신청 또는 직권으로 수사 중인 형사사건을 형사조정에 회부할 수 있다. [2023. 교정 7급] 총 2회 기출

▶ **당사자:** 형사조정의 당사자는 피의자와 타인의 범죄행위로 피해를 당한 사람이 되는 것을 원칙으로 한다(시행령 제47조).

② 형사조정에 회부할 수 있는 형사사건의 구체적인 범위는 대통령령으로 정한다.

[법 제41조 제2항에 따른 형사조정 대상사건](시행령 제46조)

1. 차용금, 공사대금, 투자금 등 개인 간 금전거래로 인하여 발생한 분쟁으로서 사기, 횡령, 배임 등으로 고소된 재산범죄 사건
2. 개인 간의 명예훼손·모욕, 경계 침범, 지식재산권 침해, 임금체불 등 사적 분쟁에 대한 고소사건
3. 제1호 및 제2호에서 규정한 사항 외에 형사조정에 회부하는 것이 분쟁 해결에 적합하다고 판단되는 고소사건
4. 고소사건 외에 일반 형사사건 중 제1호부터 제3호까지에 준하는 사건

② 형사조정에 회부할 수 있는 형사사건의 구체적인 범위는 대통령령으로 정한다. 다만, 다음 각 호의 어느 하나에 해당하는 경우에는 형사조정에 회부하여서는 아니 된다.

[형사조정 회부 제외사유][2021. 교정 9급] 총 3회 기출

1. 피의자가 도주하거나 증거를 인멸할 염려가 있는 경우
2. 공소시효의 완성이 임박한 경우
3. 불기소처분의 사유에 해당함이 명백한 경우(다만, 기소유예처분의 사유에 해당하는 경우는 제외한다)

제42조【형사조정위원회】① 제41조에 따른 형사조정을 담당하기 위하여 각급 지방검찰청 및 지청에 형사조정위원회를 둔다.

② 형사조정위원회는 2명 이상의 형사조정위원으로 구성한다.

③ 형사조정위원은 형사조정에 필요한 법적 지식 등 전문성과 덕망을 갖춘 사람 중에서 관할 지방검찰청 또는 지청의 장이 미리 위촉한다.

④「국가공무원법」제33조 각 호의 어느 하나에 해당하는 사람은 형사조정위원으로 위촉될 수 없다.

⑤ 형사조정위원의 임기는 2년으로 하며, 연임할 수 있다.

⑥ 형사조정위원회의 위원장은 관할 지방검찰청 또는 지청의 장이 형사조정위원 중에서 위촉한다.

⑦ 형사조정위원에게는 예산의 범위에서 법무부령으로 정하는 바에 따라 수당을 지급할 수 있으며, 필요한 경우에는 여비, 일당 및 숙박료를 지급할 수 있다.

⑧ 제1항부터 제7항까지에서 정한 사항 외에 형사조정위원회의 구성과 운영 및 형사조정위원의 임면(任免) 등에 관한 사항은 대통령령으로 정한다.

[**형사조정위원회의 구성·운영 등**](시행령 제48조) [2021. 보호 7급]
1. 법 제42조에 따른 형사조정위원회의 위원장은 대외적으로 형사조정위원회를 대표하고 형사조정위원회의 업무를 총괄하며, 법 제42조에 따른 형사조정위원 중에서 3명 이내의 형사조정위원을 지정하여 각 형사조정사건에 대한 형사조정위원회(개별 조정위원회)를 구성한다.
2. 형사조정위원회의 사무 처리를 위하여 간사 1명을 둘 수 있다. 이 경우 간사는 관할 지방검찰청 또는 지청 소속 공무원 중에서 지방검찰청 또는 지청의 장이 지명한다.
3. 개별 조정위원회 조정장은 형사조정위원 중에서 호선(互選)한다.
4. 개별 조정위원회의 조정장은 조정절차를 주재한다.

제43조【형사조정의 절차】 ① 형사조정위원회는 당사자 사이의 공정하고 원만한 화해와 범죄피해자가 입은 피해의 실질적인 회복을 위하여 노력하여야 한다.
② 형사조정위원회는 형사조정이 회부되면 지체 없이 형사조정 절차를 진행하여야 한다.
③ 형사조정위원회는 필요하다고 인정하면 형사조정의 결과에 이해관계가 있는 사람의 신청 또는 직권으로 이해관계인을 형사조정에 참여하게 할 수 있다.
④ 제1항부터 제3항까지에서 정한 사항 외에 형사조정의 절차에 관한 사항은 대통령령으로 정한다. [2023. 교정 7급] 총 2회 기출
▶ 형사조정절차를 개시하기 위해서는 당사자의 동의가 있어야 한다(시행령 제52조 제1항).

제44조【관련 자료의 송부 등】 ① 형사조정위원회는 형사사건을 형사조정에 회부한 검사에게 해당 형사사건에 관하여 당사자가 제출한 서류, 수사서류 및 증거물 등 관련 자료의 사본을 보내 줄 것을 요청할 수 있다.
② 제1항의 요청을 받은 검사는 그 관련 자료가 형사조정에 필요하다고 판단하면 형사조정위원회에 보낼 수 있다. 다만, 당사자 또는 제3자의 사생활의 비밀이나 명예를 침해할 우려가 있거나 수사상 비밀을 유지할 필요가 있다고 인정하는 부분은 제외할 수 있다.
③ 당사자는 해당 형사사건에 관한 사실의 주장과 관련된 자료를 형사조정위원회에 제출할 수 있다.
④ 형사조정위원회는 제1항부터 제3항까지의 규정에 따른 자료의 제출자 또는 진술자의 동의를 받아 그 자료를 상대방 당사자에게 열람하게 하거나 사본을 교부 또는 송부할 수 있다.
⑤ 관련 자료의 송부나 제출 절차 및 열람 등에 대한 동의의 확인 방법 등에 관한 사항은 대통령령으로 정한다.

제45조【형사조정절차의 종료】 ① 형사조정위원회는 조정기일마다 형사조정의 과정을 서면으로 작성하고, 형사조정이 성립되면 그 결과를 서면으로 작성하여야 한다.
② 형사조정위원회는 조정 과정에서 증거위조나 거짓 진술 등의 사유로 명백히 혐의가 없는 것으로 인정하는 경우에는 조정을 중단하고 담당 검사에게 회송하여야 한다.
③ 형사조정위원회는 형사조정 절차가 끝나면 제1항의 서면을 붙여 해당 형사사건을 형사조정에 회부한 검사에게 보내야 한다. [2021. 보호 7급]
④ 검사는 형사사건을 수사하고 처리할 때 형사조정 결과를 고려할 수 있다. 다만, 형사조정이 성립되지 아니하였다는 사정을 피의자에게 불리하게 고려하여서는 아니 된다. [2023. 교정 7급]
⑤ 형사조정의 과정 및 그 결과를 적은 서면의 서식 등에 관한 사항은 법무부령으로 정한다.
▶ 개별 조정위원회는 당사자 사이에 합의가 성립되지 아니하는 경우 또는 성립된 합의 내용이 위법하거나 선량한 풍속, 그 밖의 사회질서에 위반된다고 인정되는 경우에는 조정 불성립 결정을 하고 담당 검사에게 사건을 회송하여야 한다(시행령 제54조).

제46조【준용규정】 형사조정위원이나 형사조정위원이었던 사람에 관하여는 제38조부터 제40조까지의 규정을 준용한다.

제7장 보칙

제46조의2【경찰관서의 협조】 범죄피해자 지원법인의 장 또는 보호시설의 장은 피해자나 피해자의 가족구성원을 긴급히 구조할 필요가 있을 때에는 경찰관서(지구대·파출소 및 출장소를 포함한다)의 장에게 그 소속 직원의 동행을 요청할 수 있으며, 요청을 받은 경찰관서의 장은 특별한 사유가 없으면 이에 따라야 한다.

제8장 벌칙

제49조【양벌규정】 법인의 대표자나 법인 또는 개인의 대리인, 사용인, 그 밖의 종업원이 그 법인 또는 개인의 업무에 관하여 제47조 제2항·제4항 또는 제48조의 위반행위를 하면 그 행위자를 벌하는 외에 그 법인 또는 개인에게도 해당 조문의 벌금형을 과(科)한다. 다만, 법인 또는 개인이 그 위반행위를 방지하기 위하여 해당 업무에 관하여 상당한 주의와 감독을 게을리하지 아니한 경우에는 그러하지 아니하다.

02 「소송촉진 등에 관한 특례법」상 배상명령제도

제1장 총칙

제1조【목적】 이 법은 소송의 지연(遲延)을 방지하고, 국민의 권리·의무의 신속한 실현과 분쟁처리의 촉진을 도모함을 목적으로 한다.

제6장 형사소송에 관한 특례

제25조【배상명령】 ① 제1심 또는 제2심의 형사공판 절차에서 다음 각 호의 죄 중 어느 하나에 관하여 유죄판결을 선고할 경우, 법원은 직권에 의하여 또는 피해자나 그 상속인(이하 "피해자"라 한다)의 신청에 의하여 피고사건의 범죄행위로 인하여 발생한 직접적인 물적(物的) 피해, 치료비 손해 및 위자료의 배상을 명할 수 있다.

> **[배상명령의 범위]**(법 제25조 제1항)
> 1. 「형법」상 상해죄, 중상해죄, 상해치사죄, 폭행치사상죄(존속폭행치사상의 죄는 제외), 과실치사상죄, 강간과 추행의 죄, 절도와 강도의 죄, 사기와 공갈의 죄, 횡령과 배임의 죄, 손괴의 죄
> 2. 「성폭력범죄의 처벌 등에 관한 특례법」상 업무상 위력 등에 의한 추행, 공중 밀집 장소에서의 추행, 성적 목적을 위한 공공장소 침입행위, 통신매체를 이용한 음란행위, 카메라 등을 이용한 촬영, 「아동·청소년의 성보호에 관한 법률」상 아동·청소년 매매행위, 아동·청소년에 대한 강요행위
> 3. 제1호의 죄를 가중처벌하는 죄 및 그 죄의 미수범을 처벌하는 경우 미수의 죄

② 법원은 제1항에 규정된 죄 및 그 외의 죄에 대한 피고사건에서 피고인과 피해자 사이에 합의된 손해배상액에 관하여도 제1항에 따라 배상을 명할 수 있다.

③ 법원은 다음 각 호의 어느 하나에 해당하는 경우에는 배상명령을 하여서는 아니 된다.

> **[배상명령 제외사유]**(법 제25조 제3항)
> 1. 피해자의 성명·주소가 분명하지 아니한 경우
> 2. 피해 금액이 특정되지 아니한 경우
> 3. 피고인의 배상책임의 유무 또는 그 범위가 명백하지 아니한 경우
> 4. 배상명령으로 인하여 공판절차가 현저히 지연될 우려가 있거나 형사소송 절차에서 배상명령을 하는 것이 타당하지 아니하다고 인정되는 경우

제25조의2【배상신청의 통지】검사는 제25조 제1항에 규정된 죄로 공소를 제기한 경우에는 지체 없이 피해자 또는 그 법정대리인(피해자가 사망한 경우에는 그 배우자·직계친족·형제자매를 포함한다)에게 제26조 제1항에 따라 배상신청을 할 수 있음을 통지하여야 한다.

제26조【배상신청】① 피해자는 제1심 또는 제2심 공판의 변론이 종결될 때까지 사건이 계속(係屬)된 법원에 제25조에 따른 피해배상을 신청할 수 있다. 이 경우 신청서에 인지(印紙)를 붙이지 아니한다(따라서 상고심 에서는 신청할 수 없다). [2022. 교정 7급] 총 2회 기출

② 피해자는 배상신청을 할 때에는 신청서와 상대방 피고인 수만큼의 신청서 부본(副本)을 제출하여야 한다.

③ 신청서에는 다음 각 호의 사항(배상 청구 금액 등)을 적고 신청인 또는 대리인이 서명·날인하여야 한다.

⑤ 피해자가 증인으로 법정에 출석한 경우에는 말로써 배상을 신청할 수 있다. 이 때에는 공판조서(公判調書)에 신청의 취지를 적어야 한다.

⑥ 신청인은 배상명령이 확정되기 전까지는 언제든지 배상신청을 취하(取下)할 수 있다.

⑦ 피해자는 피고사건의 범죄행위로 인하여 발생한 피해에 관하여 다른 절차에 따른 손해배상청구가 법원에 계속 중일 때에는 배상신청을 할 수 없다. [2013. 교정 7급]

⑧ 배상신청은 민사소송에서의 소의 제기와 동일한 효력이 있다.

제27조【대리인】① 피해자는 법원의 허가를 받아 그의 배우자, 직계혈족(直系血族) 또는 형제자매에게 배상 신청에 관하여 소송행위를 대리하게 할 수 있다.

② 피고인의 변호인은 배상신청에 관하여 피고인의 대리인으로서 소송행위를 할 수 있다.

제29조【공판기일 통지】① 법원은 배상신청이 있을 때에는 신청인에게 공판기일을 알려야 한다.

② 신청인이 공판기일을 통지받고도 출석하지 아니하였을 때에는 신청인의 진술 없이 재판할 수 있다(즉 신청인은 공판기일에 출석할 의무가 있는 것은 아니다).

제30조【기록의 열람과 증거조사】① 신청인 및 그 대리인은 공판절차를 현저히 지연시키지 아니하는 범위에서 재판장의 허가를 받아 소송기록을 열람할 수 있고, 공판기일에 피고인이나 증인을 신문(訊問)할 수 있으며, 그 밖에 필요한 증거를 제출할 수 있다.

② 제1항의 허가를 하지 아니한 재판에 대하여는 불복(不服)을 신청하지 못한다. [2013. 교정 7급]

제31조【배상명령의 선고 등】① 배상명령은 유죄판결의 선고와 동시에 하여야 한다. [2013. 교정 7급]

② 배상명령은 일정액의 금전 지급을 명함으로써 하고 배상의 대상과 금액을 유죄판결의 주문(主文)에 표시하여야 한다. 배상명령의 이유는 특히 필요하다고 인정되는 경우가 아니면 적지 아니한다. [2013. 교정 7급]

③ 배상명령은 가집행(假執行)할 수 있음을 선고할 수 있다.

제32조【배상신청의 각하】① 법원은 다음 각 호의 어느 하나에 해당하는 경우에는 결정(決定)으로 배상신청을 각하(却下)하여야 한다.

[배상신청 각하사유](법 제32조 제1항)

1. 배상신청이 적법하지 아니한 경우
2. 배상신청이 이유 없다고 인정되는 경우
3. 배상명령을 하는 것이 타당하지 아니하다고 인정되는 경우

② 유죄판결의 선고와 동시에 제1항의 재판을 할 때에는 이를 유죄판결의 주문에 표시할 수 있다.

③ 법원은 제1항의 재판서에 신청인 성명과 주소 등 신청인의 신원을 알 수 있는 사항의 기재를 생략할 수 있다.

④ 배상신청을 각하하거나 그 일부를 인용(認容)한 재판에 대하여 신청인은 불복을 신청하지 못하며, 다시 동일한 배상신청을 할 수 없다. [2013. 교정 7급]

제33조【불복】 ① 유죄판결에 대한 상소가 제기된 경우에는 배상명령은 피고사건과 함께 상소심(上訴審)으로 이심(移審)된다. [2013. 교정 7급]

② 상소심에서 원심(原審)의 유죄판결을 파기하고 피고사건에 대하여 무죄, 면소(免訴) 또는 공소기각(公訴棄却)의 재판을 할 때에는 원심의 배상명령을 취소하여야 한다. 이 경우 상소심에서 원심의 배상명령을 취소하지 아니한 경우에는 그 배상명령을 취소한 것으로 본다.

③ 원심에서 제25조 제2항에 따라 배상명령을 하였을 때에는 제2항을 적용하지 아니한다.

④ 상소심에서 원심판결을 유지하는 경우에도 원심의 배상명령을 취소하거나 변경할 수 있다.

⑤ 피고인은 유죄판결에 대하여 상소를 제기하지 아니하고 배상명령에 대하여만 상소 제기기간에 「형사소송법」에 따른 즉시항고를 할 수 있다. 다만, 즉시항고 제기 후 상소권자의 적법한 상소가 있는 경우에는 즉시항고는 취하된 것으로 본다.

제34조【배상명령의 효력과 강제집행】 ① 확정된 배상명령 또는 가집행선고가 있는 배상명령이 기재된 유죄판결서의 정본은 「민사집행법」에 따른 강제집행에 관하여는 집행력 있는 민사판결 정본과 동일한 효력이 있다.

② 이 법에 따른 배상명령이 확정된 경우 피해자는 그 인용된 금액의 범위에서 다른 절차에 따른 손해배상을 청구할 수 없다.

③ 지방법원이 민사지방법원과 형사지방법원으로 분리 설치된 경우에 배상명령에 따른 청구에 관한 이의의 소는 형사지방법원의 소재지를 관할하는 민사지방법원을 제1심 판결법원으로 한다.

④ 청구에 대한 이의의 주장에 관하여는 「민사집행법」 제44조 제2항에 규정된 제한에 따르지 아니한다.

제35조【소송비용】 배상명령의 절차비용은 특별히 그 비용을 부담할 자를 정한 경우를 제외하고는 국고의 부담으로 한다.

제36조【민사상 다툼에 관한 형사소송 절차에서의 화해】 ① 형사피고사건의 피고인과 피해자 사이에 민사상 다툼(해당 피고사건과 관련된 피해에 관한 다툼을 포함하는 경우로 한정한다)에 관하여 합의한 경우, 피고인과 피해자는 그 피고사건이 계속 중인 제1심 또는 제2심 법원에 합의 사실을 공판조서에 기재하여 줄 것을 공동으로 신청할 수 있다.

② 제1항의 합의가 피고인의 피해자에 대한 금전 지급을 내용으로 하는 경우에 피고인 외의 자가 피해자에 대하여 그 지급을 보증하거나 연대하여 의무를 부담하기로 합의하였을 때에는 제1항의 신청과 동시에 그 피고인 외의 자는 피고인 및 피해자와 공동으로 그 취지를 공판조서에 기재하여 줄 것을 신청할 수 있다.

③ 제1항 및 제2항에 따른 신청은 변론이 종결되기 전까지 공판기일에 출석하여 서면으로 하여야 한다.

⑤ 합의가 기재된 공판조서의 효력 및 화해비용에 관하여는 「민사소송법」 제220조 및 제389조를 준용한다.

[민사소송법]

제220조【화해, 청구의 포기·인낙조서의 효력】 화해, 청구의 포기·인낙을 변론조서·변론준비기일조서에 적은 때에는 그 조서는 확정판결과 같은 효력을 가진다.

제389조【화해비용】 화해비용은 화해가 성립된 경우에는 특별한 합의가 없으면 당사자들이 각자 부담하고, 화해가 성립되지 아니한 경우에는 신청인이 부담한다. 다만, 소제기신청이 있는 경우에는 화해비용을 소송비용의 일부로 한다.

판례 |

[1] 배상명령, 피해자 회복을 위한 제도 [2020. 교정 7급]

배상명령은 피고사건의 범죄행위로 발생한 직접적인 물적 피해, 치료비 손해와 위자료에 대하여 피고인에게 배상을 명함으로써 간편하고 신속하게 피해자의 피해회복을 도모하고자 하는 제도이다(대법원 2019. 1.17. 2018도17726).

[2] 배상책임의 유무 또는 범위가 명백하지 아니한 경우, 법원은 결정으로 신청각하

배상명령은 피고인의 배상책임의 유무 또는 그 범위가 명백하지 아니한 때에는 배상명령을 하여서는 아니 되고, 그와 같은 경우에는 법원은 결정으로 배상명령 신청을 각하하여야 한다(대법원 1996.6.11. 96도945).

단원별 지문 O X

01 「범죄피해자 보호법」상 검사는 기소유예처분 사유에 해당함이 명백한 형사사건을 형사조정에 회부하여서는 아니 된다. ( )
[2023. 보호 7급]

02 「범죄피해자 보호법」상 구조금은 유족구조금, 장해구조금 및 중상해구조금으로 구분하며, 일시금으로 지급한다. 다만, 특별한 사정이 있는 경우에는 분할하여 지급할 수 있다. ( )
[2017. 교정 9급]

03 형사공판절차에서 상해죄에 관하여 유죄판결을 선고할 경우, 법원은 피고사건의 범죄행위로 인하여 발생한 직접적인 물적 피해, 치료비 손해 및 위자료의 배상을 명할 수 있다. ( )
[2016. 사시]

04 피해자는 제2심 공판절차에서는 사건이 계속된 법원에 「소송촉진 등에 관한 특례법」에 따른 피해배상을 신청할 수 없다. ( )
[2022. 보호 7급]

05 「범죄피해자보호기금법」에 의하면 「형사소송법」에 따라 집행된 벌금의 일부도 범죄피해자보호기금에 납입된다. ( )
[2022. 보호 7급]

06 「범죄피해자 보호법」에서는 대인범죄 피해자와 재산범죄 피해자를 모두 범죄피해 구조대상으로 본다. ( )
[2014. 교정 7급]

07 정당방위(형법 제21조 제1항)에 해당하여 처벌되지 않는 행위 및 과실에 의한 행위로 인한 피해는 범죄피해 구조대상에서 제외된다. ( )
[2014. 교정 7급]

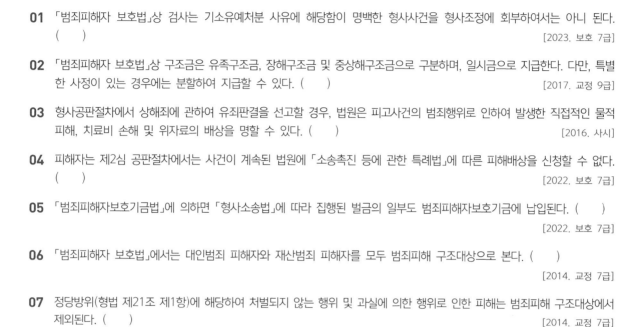

01 ✕ 형사조정에 회부할 수 있는 형사사건의 구체적인 범위는 대통령령으로 정한다. 다만, ㉠ 피의자가 도주하거나 증거를 인멸할 염려가 있는 경우, ㉡ 공소시효의 완성이 임박한 경우, ㉢ 불기소처분의 사유에 해당함이 명백한 경우(다만, 기소유예처분의 사유에 해당하는 경우는 제외한다)에는 형사조정에 회부하여서는 아니 된다(동법 제41조 제2항).

02 ○ 구조금은 유족구조금·장해구조금 및 중상해구조금으로 구분하며, 구조금은 일시금으로 지급한다. 다만, 구조피해자 또는 그 유족이 연령, 장애, 질병이나 그 밖에 대통령령으로 정하는 사유로 구조금을 관리할 능력이 부족하다고 인정되는 경우로서 다음 각 호(유족의 청구 또는 심의회의 직권)의 어느 하나에 해당하는 경우에는 대통령령으로 정하는 바에 따라 구조금을 분할하여 지급할 수 있다(동법 제17조 제1항, 제4항).

03 ○ 소송촉진 등에 관한 특례법 제25조 제1항

04 ✕ 제1심 또는 제2심의 형사공판 절차에서 일정한 범죄에 관하여 유죄판결을 선고할 경우, 법원은 직권에 의하여 또는 피해자나 그 상속인의 신청에 의하여 피고사건의 범죄행위로 인하여 발생한 직접적인 물적 피해, 치료비 손해 및 위자료의 배상을 명할 수 있다(소송촉진 등에 관한 특례법 제25조 제1항).

05 ○ 정부는 형사소송법 제477조 제1항에 따라 집행된 벌금에 100분의 6 이상의 범위에서 대통령령으로 정한 비율(100분의 8)을 곱한 금액을 범죄피해자보호기금에 납입하여야 한다(범죄피해자보호기금법 제4조 제2항).

06 ✕ 범죄피해자 보호법은 사람의 생명 또는 신체를 해치는 죄에 해당하는 행위로 인하여 사망하거나 장해 또는 중상해를 입은 것을 구조대상 범죄피해로 규정하고 있으므로(범죄피해자 보호법 제3조 제1항 제4호), 대인범죄 피해자에 대해서만 구조대상으로 하고 있다.

07 ○ 범죄피해자 보호법 제3조 제1항 제4호

제7장 / 초기 실증주의

★ **핵심정리** 초기 실증주의 전개

이탈리아(범죄인류학파)		프랑스(사회학)		독일	
롬	생물: 신체	게	지리	리	(심리＋사회)범죄학＋형법학＝전형법학
		케	통계, 예도케		
가	＋심리: 자v법	라	곡물, 배미라	아	법적위험(우격기예누관직)
		따	모방(거리, 방향, 삽입)		
페	＋사회: 포(인물사), 대	뒤	분(기-유), 자(아이이숙), 아, 범(정, 기) ⇨ 공헌(사회해체, 아노미, 사회통제)		

제1절 과학주의와 결정론

01 등장배경

(1) 과학주의와 진화론

① **과학주의**: 18C에서 19C로 이행하면서 생물학, 물리학, 화학 등 자연과학의 발전이 이루어졌고, 인문분야도 사변적인 논의와 철학적 주장에서 탈피하여 물리학과 같이 엄밀한 논리와 객관적인 자료로서 현상을 탐구해야 한다는 주장이 나타났다.

② **진화론**: 19C 지적환경에 중요한 또 다른 사건은 다윈이 발표한 진화론 「종의 기원」(1859)이 갖는 의미였다. 진화론으로 인해 종래 인간에게 부여되었던 만물의 영장이며 종교적인 의미는 퇴색했으며, 고전주의에 의해 주장된 인간의 선험적 자유의지도 인정될 수 없게 되었다.

③ **결정론**: 근대적인 인간이 환경의 변화에 꾸준히 적응하면서 진화하였듯이 인간행위는 개인들의 외부에 존재하는 경제·사회·물리·심리적 영향들에 의해 통제되고 결정된다는 것이다.

(2) 새로운 연구방법(범죄통계학파)

① **통계학의 활용**: 지도상에 표시된 여러 국가들의 범죄통계자료를 통한 범죄현상의 해명방법은 실증주의 범죄학 탄생과 이후 범죄사회학이론에 이론적 토대를 제공하였다. 이들을 제도학파, 지도학파, 범죄지리학파라고도 하는데 대표적으로 게리(Guerry)와 케틀레(Quetelet)가 있다.

② **게리**(Guerry, 프랑스): 「도덕통계분석」(1833)에서 다양한 사회적 요소, 특히 경제적 조건에 따른 범죄율을 지도상에 명암으로 표시하여 범죄생태지도를 작성하는 등 범죄지리학파의 창시자가 되었다.

③ **케틀레**(Quetelet, 벨기에): 통계학의 창시자로 「사회물리학」(1836)에서 게리의 통계적 수법을 정밀화하였고 모든 사회현상을 '대수(大數)의 법칙'으로 파악하면서, 범죄를 개별적 사실이 아닌 집단현상이라고 보고 '범죄를 예비(준비)하는 것은 사회이며 범죄자는 그것을 실천하는 수단(도구)에 불과하다.'고 하여 사회적 범죄원인론을 지적하였다. [2013. 교정 9급] 총 2회 기출

02 실증주의의 발전

(1) 초기 실증주의
① 생물학적 원인론과 심리학적 원인론으로 범죄를 시간의 흐름에 관계없이 대체로 불변하는 개인의 기본 특성, 즉 소질을 강조하는 입장이다.
② 이탈리아에서 생물학적 차이를 중심으로 범죄원인을 규명하고자 했다면, 프랑스와 벨기에에서는 사회적 환경과 범죄발생과의 관계에 많은 관심을 두고 그 원인을 규명하고자 노력하였다.

(2) 후기 실증주의
① **생물학적 범죄원인**: 초기 롬브로조(Lombroso)의 범죄인론에 대한 비판과 검증, 신체적 특징, 체형, 유전적 영향, 생화학불균형, 중추신경조직, 자율신경조직 등 보다 다양한 원인규명을 위한 연구로 확장되었다.
② **심리·성격적 범죄원인**: 프로이드(Freud)의 정신분석, 성격분석, 정신병리, 사이코패스 등에 의한 범죄원인 분석의 연구영역으로 확장되었다.
③ **사회환경적 범죄원인**: 사회해체, 사회적 긴장, 범죄문화, 통제이론, 낙인이론, 갈등론 등 다양한 사회의 범죄적 요인으로 연구영역이 확장·발전하였다.

01 실증주의 범죄학파는 범죄행위보다는 범죄자 개인에게 중점을 두어 범죄요인을 제거하는 것이 범죄통제에 효과적이라고 보았다. (   )
[2022. 경찰2차]

02 실증주의 범죄학파는 야만적인 형사사법제도를 개편하여 효율적인 범죄예방을 위한 형벌제도 개혁에 힘썼다. (   )
[2022. 경찰2차]

03 실증주의 학파에 의하면 인간은 자신의 행동을 합리적, 경제적으로 계산하여 결정하기 때문에 자의적이고 불명확한 법률은 이러한 합리적 계산을 불가능하게 하여 범죄억제에 좋지 않다고 보았다. (   )
[2021. 교정 9급]

04 실증주의 범죄학파는 학문적 지식은 이상 또는 신념에 의해 습득되는 것이 아니라, 직접적인 관찰을 통해서 얻어진다고 보았다. (   )
[2022. 경찰2차]

05 실증주의 범죄학파는 인간을 자유로운 의사에 따라 합리적으로 결정하여 행동할 수 있는 이성적 존재로 인식한다. (   )
[2022(72). 경위]

06 실증주의 범죄학파는 합의의 결과물인 실정법에 반하는 행위를 범죄로 규정하고, 범죄에 상응하는 제재(처벌)를 부과하여야 한다고 본다. (   )
[2022(72). 경위]

07 실증주의 범죄학파는 일반시민에 대한 형벌의 위하효과를 통해 범죄예방을 추구한다. (   )
[2022(72). 경위]

08 실증주의 범죄학파는 인간의 행동은 개인적 기질과 다양한 환경요인에 의하여 통제되고 결정된다고 본다. (   )

---

01 ○

02 × 고전주의 범죄학파에 대한 설명으로, 합리적인 형사사법제도를 통해 범죄자의 형벌로 인한 고통이 범죄로 인한 이익보다 크도록 하였을 때 범죄행위들이 억제될 수 있다고 본다.

03 × 고전주의 학자들의 견해이다.

04 ○

05 × 고전주의 학파의 비결정론에 대한 설명이다. 실증주의 학파의 결정론에 따르면 인간의 사고나 판단은 이미 결정된 행위 과정을 정당화하는 것에 불과하므로 자신의 사고나 판단에 따라 자유롭게 행위를 선택할 수 없다고 본다.

06 × 고전주의 학파에 대한 설명이다. 실증주의 학파는 인간에 대한 과학적 분석을 통해 범죄원인을 규명하고자 하였으며, 범죄원인을 규명해서 범죄자에 따라 형벌을 개별화할 것을 주장하였다.

07 × 고전주의 학파에 대한 설명이다. 실증주의 학파는 범죄행위를 유발하는 범죄원인을 제거하는 것이 범죄통제에 효과적이라고 보며, 법·제도적 문제 대신에 범죄인의 개선 자체에 중점을 둔 교정이 있어야 범죄예방이 가능하다고 본다.

08 ○ 실증주의 학파는 인간은 자신이 희망하는 사항이나 이성적 판단에 따라 행동하는 자율적 존재가 아니며 인간의 행위는 이미 결정된 대로 행동하는 것으로 보는 입장으로, 인간의 행위는 개인의 특수한 소질조건과 그 주변의 환경조건에 따라 결정된다고 이해한다.

제2절 이탈리아의 초기 실증주의

01 롬브로조(Lombroso)의 범죄인론

(1) 범죄학의 아버지
① **범죄인류학**: 롬브로조(Lombroso)는 실증주의 및 범죄인류학의 선구자이자 범죄학의 아버지로 불리우며, 자연과학을 바탕으로 한 생물학적 범죄원인연구의 개척자이다.
② **관찰과 검증**: 처음으로 관찰과 검증이란 과학적 방법을 동원하여 범죄유발요인을 규명하려고 하였다.
[2018. 교정 7급] 총 2회 기출

(2) 범죄인론
① **신체적 특징**: 「범죄인론」(1876)에서 범죄자에게는 일정한 신체적 특징이 있고, 이러한 신체적 특징은 원시인에게 있었던 것이 격세유전에 의하여 나타난 것이라고 하며, 생래적 범죄성과 신체적 특징과의 관계에 주목하였다. [2023. 보호 7급]
② **생래적 범죄인**: 범죄자적 신체특성을 5가지 이상 가진 사람들을 "생래적 범죄자"라고 부르고, 이들은 원래 생물학적으로 원시적인 형질을 가지고 태어났기 때문에 범죄를 저지를 수밖에 없다고 보았다. [2010. 교정 9급]
  ▶ 생래적 범죄인의 특징: 두개골의 이상, 신체적 · 생리적 이상, 정신적 이상, 사회적 특징
③ **범죄인 유형화**: 형벌을 개별화하기 위해 범죄인을 유형별로 분류하여 이를 기초로 한 범죄방지대책 수립을 주장하였다.
④ **남성성가설**: 여성범죄에 대해 범죄대상으로서의 성매매를 주장하고 이는 대부분 기회범이며 그 특징은 모성감각의 결여에서 찾았다. 여성의 전형적인 특질이 부족한 소수의 여성범죄집단은 신체적 특성이나 감정적인 면에서 범죄적 또는 비범죄적 남성과 유사하다는 남성성가설을 주장하였다.
⑤ **범죄인 분류**: 범죄인류학적 입장에서 범죄인을 분류하였으나, 이후 제자인 페리(Ferri)의 영향으로 범죄원인에 있어 사회적 원인에 대한 중요성을 인식하기도 하였다.

02 페리(Ferri)

(1) 사회적 범죄원인
① **초기 범죄사회학파**: 페리는 범죄인류학파에 속하면서, 초기 범죄사회학파로 범죄의 사회적 원인을 중시하였다. 롬브로조가 생물학적 범죄원인에 집중한 나머지 범죄인의 사회적 영향을 무시한다고 비판하고 범죄사회학적 요인을 고려하여 범죄인을 분류하였다. [2014. 교정 7급]
② **범죄사회학**: 마르크스의 유물론, 스펜서의 사회관, 다윈의 진화론, 롬브로조의 생래적 범죄인 등을 종합하였다. 개인적 원인인 인류학적 요소(나이, 성별, 신체적 혹은 심리적 상태 등), 자연적 원인인 물리적 요소(인종, 기후, 지리적 위치, 계절적 효과, 기온 등), 사회환경적 요인인 사회적 요소(인구밀도, 관습, 종교, 정부조직, 경제조건 및 산업조건 등)를 중시한 것이다.
③ **결정론**: 인간은 전혀 자유의사가 없는 것이며 인간의 행위는 내적 · 외적 원인요소에 의해 결정되는 것이라고 보았다. 이같이 범죄자의 통제 밖에 있는 힘이 범죄성의 원인이므로 범죄자에게 그들의 행위에 대해 개인적으로나 도덕적으로 책임을 물어서는 안 된다. [2021. 교정 9급]
④ **기회범죄인 중시**: 롬브로조와는 달리 생래적 범죄인에 대해서는 사형을 부정하고 무기격리할 것을 주장하였으며, 그는 범죄인류학적 입장에 기초하면서도 사회적 환경을 중시하여 '기회범죄인'을 가장 중시하였다(대다수의 범죄자가 기회범). [2018. 교정 7급]
⑤ **형벌대용물사상**: 형사제재를 보안처분으로 일원화한 이탈리아 형법초안을 기초하였다.

(2) 범죄포화의 법칙과 형벌대용물 사상

범죄포화의 법칙	① 의의: 범죄원인을 인류학적 요인(나이, 성별, 신체적·정신적 상태), 물리적 요인(자연환경), 사회적 요인(인구밀도, 관습, 종교, 정부조직, 경제조건, 산업조건)으로 구분하고, 일정한 개인적·사회적 환경하에서 그에 맞는 일정량의 범죄가 있는 것은 정상이며 그 수는 증감할 수 없다. [2018. 교정 7급] 총 3회 기출 ② 범죄대책: 특정한 사회에 있어서의 범죄예방의 조직이나 형사정책은 무의미하며, 범죄방지를 위해서는 범죄를 발생하게 하는 원인인 사회를 변경하는 방법 밖에는 없다.
범죄과포화의 법칙	사회적·물리적 예외조건의 발생에 따라 기본적이고 전형적인 살인·강도·절도 등의 범죄에 수반하여, 반사적이고 부수적인 공무집행방해죄, 장물범죄, 명예훼손죄, 위증죄 등의 범죄가 발생한다는 법칙을 주장하였다.
형벌대용물사상 (형벌의 한계성)	① 「형법초안」(1921)에서 '형사책임 및 형벌 없는 형법전'의 제정을 통해 형사처분도 도덕적 책임(고전주의)을 배제한 사회방위처분 내지 보안처분으로 일원화할 것을 주장하였다. 다만, 범죄에 앞선 보안처분은 반대하였다. ② 인간행위는 환경에 의해 영향을 받을 수밖에 없다는 결정론에 입각하여, 형벌의 한계성을 극복하기 위해 사회정책을 통한 범죄충동방지가 효과적이라고 주장하였다. ③ 형벌이라는 직접적인 반작용보다 범죄성의 충동을 간접적으로 방지시킬 수 있는 범죄방지대책으로 자유무역, 독점폐지, 저렴한 주거비용, 공공은행제도, 가로등 확대설치, 산아 제한, 결혼 및 이혼의 자유, 무기생산에 대한 국가관리, 성직자 결혼 허용, 복지시설 설립, 대중오락시설 설치 등 전반적인 사회생활 향상을 통한 범죄방지대책을 주장하였다. [2024(74). 경위] ④ 국가는 시민의 생활을 향상시키기 위한 수단이라는 도구주의적 국가관에 의해 가로팔로와 함께 무솔리니의 전체주의를 지지하고, 그의 '페리초안'은 파시즘의 이념적 배경이 되었다. [2024(74). 경위]
특별예방론	형벌은 범죄자의 재사회화를 목표로 하는 특별예방에 주된 목적이 있다고 보았다.

03 가로팔로(Garofalo)

(1) 심리적 측면 강조

① 「범죄학」(1885)에서 범죄원인으로 인류학적(인류에 관한 문화의 기원이나 특질을 계통적으로 연구하는 학문) 요소 중 정신적·심리적 측면을 중시하였다. [2018. 교정 7급] 총 2회 기출

② 범죄는 인간의 근본적인 품성에 속하는 '연민과 성실의 정'을 침해하는 특성을 갖고 있다. 즉, 범죄는 심리적 혹은 도덕적 변종에 의한 것이라고 하면서 정상인들은 모두 이타적인 정서를 기본적으로 가지고 있는데 범죄자들은 이러한 정서가 결핍되어 있다고 보았다. [2018. 교정 7급]

③ 결정론: 인간의 자유의지를 부정하고 사회적 진화론과 적자생존의 원칙에 기초한 결정론적 입장에서 범죄원인을 파악하였다.

④ 롬브로조(Lombroso)와 달리 신체적 비정상이 아니라 정신적 비정상에 관심을 갖고 범죄행위는 심리적 혹은 도덕적 변종에 의한 것이라고 주장하였다(사회심리학적 요소).

(2) 자연범과 법정범의 구별

① 자연범: 생물학적 요소에 사회심리학적 요소를 덧붙여 범죄인을 자연범과 법정범으로 구분하고, 자연범죄의 속성은 정직성과 동정심이라는 사회의 두 가지 근본적인 감정을 침해하는 행위라고 보았다.

② 페리(Ferri)와의 차이: 시간적·공간적 종속성을 부정하는 자연범설은 범죄의 사회적 원인을 강조한 페리의 공격대상이 되었다.

③ 범죄대책

분류	대책
과실범	처벌하지 않아야 함
고질적인 심리적 비정상	사형
유목생활이나 원시부족생활에 적합한 자	장기구금, 무기형, 추방
젊은 범죄자나 개선가능자	외딴 식민지에 고립시켜 제거하는 '부분적 제거'
재범가능성 없는 이타심 결여자	피해자에게 강제적으로 보상하도록 하는 '보상'

04 이탈리아학파(범죄인류학파)의 공헌과 비판

(1) 공헌

① 과학적 연구방법을 범죄학에 도입한 최초의 실증주의 범죄학파이다.
② 범죄학연구에서 범죄(고전주의)로부터 범죄인(실증주의)에게로 관심의 초점을 전환시켰다.
③ 형벌의 감소를 주요대상으로 한 고전학파에 비하여 범죄의 감소 문제까지 연구범위에 포함시킨 업적이 인정된다.
④ 현대 형벌에 있어서 교화개선철학의 기초를 마련하는 계기를 만들었다.

(2) 비판

① 인류학적 또는 정신의학적 · 사회학적 입장이 혼합되어 통일성이 없다.
② 오늘날의 범죄학적 관점에서 보면 그들의 범죄인 유형은 부적절하다.

01 롬브로조(Lombroso)는 자유의지에 따라 이성적으로 행동하는 인간을 전제로 하여 범죄의 원인을 자연과학적 방법으로 분석하였다. (   )

02 롬브로조(Lombroso)는 생물학적 퇴행성 때문에 범죄를 저지를 수밖에 없는 유형의 범죄자는 교정의 효과를 거의 기대할 수 없기 때문에 영구격리 또는 도태처분을 해야 한다고 하였다. (   )

03 페리(Ferri)는 범죄방지를 위해서는 법률제도 및 사회제도의 근본적 개량이 필요하다고 주장하였다. (   )

04 페리(Ferri)는 범죄자의 개인적(인류학적), 물리적 요인이 일정한 사회적 요인과 결합할 때 반드시 그에 상응한 일정량의 범죄가 발생한다고 하였다. (   )

05 페리(Ferri)는 범죄자의 통제 밖에 있는 힘이 범죄성의 원인이므로 범죄자에게 그들의 행위에 대해 개인적으로나 도덕적으로 책임을 물어서는 안 된다고 주장했다. (   )

06 페리(Ferri)는 범죄행위는 생물학적·심리학적으로 비정상적인 사람이 저지르는 것이 아니라, 정상적으로 태어난 사람이 이후에 다른 사람의 범죄를 모방한 결과라고 하였다. (   )

07 페리(Ferri)는 롬브로조(Lombroso)와는 달리 범죄 발생의 사회적 요인을 중시하여 생래적 범죄인의 존재를 부정하였다. (   )

08 가로팔로(Garofalo)는 정상적인 사람은 정직성, 동정심, 성실 등과 같은 이타적 정서를 기본적으로 지니고 있는데 반해 범죄자는 이러한 정서가 결핍되었다고 하였다. (   )

09 가로팔로(R. Garofalo)는 범죄원인으로서 심리학적 측면을 중시하였다. (   )

---

01 × 이탈리아학파는 결정론을 전제로, 자연과학적 방법을 도입하여 범죄원인을 실증적으로 분석하였다. 자유의지에 따라 이성적으로 행동하는 인간을 전제로 한 것은 고전학파이다.

02 ○

03 ○

04 ○

05 ○

06 × 따르드(Tarde)의 모방의 법칙에 대한 설명이다.

07 × 페리(Ferri)는 롬브로조(Lombroso)가 생물학적 원인에 치중한 나머지 범죄인의 사회적 요인을 무시한 점을 비판하고 범죄사회학적 요인을 고려하여 생래적 범죄인, 정신병 범죄인, 격정(우범) 범죄인, 기회 범죄인, 관습(상습) 범죄인으로 범죄인을 분류하였다 (잠재적 범죄인은 페리의 범죄인 분류에는 나타나지 않는 유형이다). 그러므로 생래적 범죄인의 존재를 부정하지는 않았다.

08 ○

09 ○

제3절 초기 범죄사회학적(환경학파 · 리용학파) 실증주의

01 게리와 케틀레의 통계활용

(1) 게리(Guerry)의 범죄지리학

① **범죄지리학**: 게리는 최초로 1825년부터 1830년 사이의 프랑스에서 발생한 범죄통계를 지도에 표시(1883년) 하여 '범죄지리학'의 창시자가 되었다.

② **연구결과**: 범죄와 연령 관계는 25세~30세 사이에 범죄율이 최고인 점, 빈민구역에서 사기와 절도가 가장 적게 발생하였다는 점을 들어 범죄발생에 빈곤은 큰 영향을 미치지 않는다고 보았다.

③ **도덕교육의 중요성 강조**: 범죄발생의 가장 중요한 원인은 국민의 비도덕화로, 이는 지식교육보다 성격형 성적 도덕교육에 의해서만 바로 잡을 수 있다는 점 등을 적시하였다.

(2) 케틀레(Quetelet)의 통계활용

① **일반인 개념**: 벨기에의 케틀레는 각 나라에서 발표된 여러 통계수치를 계산하여 '일반인'이란 개념을 구상하고 이를 범죄발생 정도와 연관지었다.

② **사회적 환경에 따른 범죄발생 법칙성**: 각 나라의 사회 및 자연환경으로 고려한 요인들은 지리적 위치, 기후, 연령분포, 성, 계절, 교육수준 등이었으며, 이러한 사회환경적 요인들은 범죄발생과 함수관계에 있다는 것을 밝혀 범죄발생의 법칙성을 주장하였다.

③ **범죄예비와 도구**: 사회물리학에 관한 논문(1836)에서 '사회는 범죄를 예비하고 범죄자는 그것을 실천하는 도구에 불과하다.'고 주장하여 범죄가 사회적 환경요인에 의해 유발된다는 점을 지적하였다. [2013. 교정 9급] 총 2회 기출

④ **집단현상으로서의 범죄문제 관심**: 통계활용은 이후 프랑스와 영국, 독일 등 유럽각국에 계승되어 지도학파의 탄생을 낳게 하였으며, 범죄발생에 있어 범죄자 개인뿐만 아니라 집단현상으로서의 범죄문제에 관심을 갖는 계기가 되었다.

02 라까사뉴(Lacassagne)

(1) 범죄사회학의 주도

① **범죄사회학**: 라까사뉴는 프랑스의 범죄사회학의 주도자로, 롬브로조의 생물학적 결정론을 반대하면서 사회환경, 그중에 특히 경제상황을 강조하였다.

② **곡물가격과 재산범죄**: 통계자료를 이용하여 곡물가격과 재산범죄의 관계를 연구한 결과 물가의 앙등과 실업의 증대가 범죄의 증가를 가속시킨다고 하였다(최초의 연구: 메이어 – 곡가변동과 절도범의 상관관계 연구).

③ **사회적 문제로서의 범죄**: '사회는 범죄의 배양기이며, 범죄자는 미생물에 해당할 뿐이다.'라고 말함으로써 범죄라는 세균도 사회적 환경이라는 배양기가 없으면 번식할 수 없다고 보았다. 즉, 사회는 그 각각에 상응하는 범죄를 갖기 마련이며 처벌해야 할 것은 범죄인이 아니라 사회라고 주장하여 범죄문제를 개인의 문제가 아니라 사회적 문제로 인식하였다(범죄원인은 사회와 환경에 있다는 점을 강조). [2018. 5급 승진] 총 5회 기출

(2) 리용학파

① 리용대학에 재직하면서 여러 학자들에 계승되어 소위 '리용학파'를 구성하였다.

② 「사형과 범죄」를 통해 사형은 해당국가의 인도적 문제와 감정, 철학 등에 따라 허용될 수 있다고 하였다.

03 따르드(Tarde)

(1) 환경결정론

① **자본주의 경제의 모순과 범죄**: 따르드는 마르크스(Marx)주의적 세계관에 입각하여 범죄의 사회적 원인에서 강조한 자본주의 경제체제의 모순과 범죄의 상관관계를 연구하였다.

② **극단적 환경결정론**: '범죄인을 제외한 모든 사회에 책임이 있다.'라고 하는 극단적 환경결정론을 주장하였다. [2013. 교정 9급]

(2) 모방의 법칙

① **모방의 법칙**(1890): 사회는 곧 모방이라는 전제 아래 개인의 특성과 사회와의 접촉과정을 분석한 사회심리학적 연구방법을 사용하였다.

② 모든 사회현상이 모방이듯이 범죄행위도 모방으로 이루어진다. 인간은 사회생활을 하는 중에 다른 사람의 행위를 모방하는데, 범죄행위도 그 한 예이다.

거리의 법칙 (제1법칙)	⊙ 사람들은 서로를 모방하는 경향이 있으며, 그 정도는 빈도와 강도 등 타인들과 얼마나 밀접하게 접촉하는가에 비례하여 타인을 모방한다는 것이다. [2024. 해경 경위] ⓒ 거리란 심리학적 의미의 거리와 기하학적 의미의 거리를 포함하는 개념이다. ⓒ 모방은 도시에서 빈번하고 빠르게 변화하는데 이를 '유행'이라고 하였고, 반면에 시골에서는 모방의 빈도가 덜하고 천천히 변화하는데 이를 '관습'이라고 하였다.
방향의 법칙 (제2법칙)	⊙ 학습의 방향에 관한 것으로 일반적으로 열등한 사람이 우월한 사람을 모방하는 경향이 있다(위에서 아래로). ⓒ 모방은 사회의 상류계층 ⇨ 하층계급, 도시 ⇨ 농촌으로 전해지는 등 사회적 지위가 우월한 자를 중심으로 이루어진다. [2024. 해경 경위] 총 3회 기출
삽입의 법칙 (제3법칙) (무한진행의 법칙)	⊙ 범죄의 발전과 변화과정을 설명하는 이론(모방의 변화과정)이다. ⓒ 새로운 유행이 기존의 유행을 대체한다거나 모방은 모방 ⇨ 유행 ⇨ 관습의 패턴으로 확대·진전되어 새로운 유행으로서 모방이 종래의 모방 속에 삽입되어 예전부터 있었던 관습으로 변화한다는 것이다(처음에 단순한 모방이 유행이 되고, 유행은 관습으로 변화·발전된다). ⓒ 총기에 의한 살인이 증가하면서 칼을 사용한 살인이 줄어드는 현상을 따르드(Tarde)는 새로운 유행이 기존의 유행을 대체하는 대표적인 예로 들었다.

(3) 공헌과 비판

공헌	① 범죄행위를 생물학적 결함이나 심리적 기능장애로 설명하는 입장을 극복하고 정상행위와 마찬가지로 학습의 결과라는 사실을 최초로 지적했다는 점에서 매우 중요한 공헌을 하였다. ② 미국 범죄사회학이론의 출발점이 된 학습이론에 결정적 단서를 제공하였다. ③ 도시는 재산범죄, 농촌은 인신범죄의 특징을 가지고 있다고 주장하며, 도시직업인 범죄개념을 제시하였다.
비판	① 봉거(Bonger)는 경제의 영향과 같은 특별한 사회적 동기를 무시하였다고 비판하였다. ② 뒤르켐(Durkheim)은 새로운 사회현상에 대해서는 모방으로 설명하기 어렵다고 비판하였다(농촌에서 일어난 범죄를 도시지역에서 모방하는 경우를 설명할 수 없다). ③ 생물학의 업적인 유전법칙, 사회적 도태이론을 간과하였다. ④ 학습과정에 대한 설명이 불충분하다.

04 뒤르켐(Durkheim)

(1) 범죄발생의 주된 원인

① **배경**: 뒤르켐(Durkheim)은 범죄문제를 사회학적 시각에서 고찰한 대표적 학자로, 프랑스혁명과 산업화 과정에서 정치적·경제적인 급격한 변화가 사회적 통합력과 도덕적 권위의 훼손을 가져왔다고 보고, 범죄발생의 주된 원인을 사회적 통합의 수준과 도덕적 통합의 수준에서 찾았다.

② '사회적 통합의 수준'이란 사람들이 일상적 사회생활을 하는 중 얼마나 상호간에 밀접히 연관되어 있는가에 관한 것이고, '도덕적 통합의 수준'이란 자기가 속해 있는 사회적 단위와 일체감을 느끼고 그것의 권위를 얼마나 인정하는가에 관한 것이다.

③ **목표**: 그의 주된 관심은 안정적이며 도덕적인 사회를 가능하게 하는 사회적 질서를 형성하는 조건을 파악하고, 산업사회에서의 안정된 사회질서를 확보하려는 것이었다.

(2) 분업론(기계적 연대에서 유기적 연대로의 변화)

① 사회분화의 발전에 따라 과거 사회통제가 가능했던 부분이 점차 개인 스스로의 도덕적 규제가 더욱 중요한 사회통제방법이 된다.

② 뒤르켐은 「사회분업론」(1893)에서 사회에서 분업의 증가가 기계적 사회에서 유기적 사회로의 이동을 일으키며 사회적 연대도 그에 따라 변한다고 지적한다. 기계적 연대(Mechanical Solidarity)는 구성원들의 동일한 가치와 규범의 공유(집합의식)가 사회의 통합과 개인의 결속의 기초로 작용하는 상태이고 유기적 연대(Organic Solidarity)는 전문화된 각각의 개인들이 상호의존성에 기반하여 결속된 상태이다. [2024(74). 경위]

③ 뒤르켐은 분업이 진행될수록 집합의식이 약화되고 개인 상호 간의 이질성이 증대하지만, 이것이 사회적 유대 자체를 없애는 것은 아니며 오히려 개인들 간의 상호의존을 증대시킨다고 보았다. 이러한 전문화되고 이질적인 개인 간의 상호의존성의 증대는 집합의식의 대안적 형태로 나타난다. 곧 분업은 집합의식을 약화시키고 개인성을 증대시키는 동시에 유기적 연대를 촉진한다는 것이다.

④ 아노미란 사회구성원에 대한 도덕적 규제가 제대로 되지 않은 상태, 즉 사회의 도덕적 권위가 무너져 사회구성원들이 지향적인 삶의 기준을 상실한 무규범 상태를 지칭한다.

⑤ **아노미상태**: 갑자기 경제적으로 어려워졌다거나 반대로 갑자기 부가 형성되었을 때 사람들은 자기의 삶을 지도할 수 있는 기준을 상실함으로써 많은 반사회적 행위를 저지르게 된다.

(3) 자살론(1897)

① 사회적 통합 및 도덕적 규제와 관련하여 당시 유럽사회의 자살률이 급격히 증가하는 것은 산업화되는 과정에서 정치·경제·기술적 사회변동으로 사회통합이 약화에 기인한 것으로 보았다.

② **자살 유형**: 자살은 아노미적 자살, 이기적 자살, 이타적 자살, 숙명적 자살 네 가지 유형이 있는데, 이 가운데 아노미적 자살이 가장 큰 문제이다. [2024(74). 경위]

아노미적 자살	㉠ 집단이나 사회의 규범이 느슨한 상태에서 개인적 욕구가 실현되지 않는 경우에 발생하게 된다. ㉡ 개인의 현재와 미래의 역할에 대한 불확실성이 큰 경제위기 상황이 발생할 때 사회가 적절한 규제를 하지 않으면 자살이 발생하게 되는 것이다. ㉢ 가난한 사람이 벼락부자가 된 경우, 경제공황 때문에 직장에서 해고당한 경우에 발생하는 자살 등이 이에 해당된다. ㉣ 경제성장기의 문제가 경제침체기보다 더 큰 문제를 야기하는 것으로 보았다.
이기적 자살	㉠ 개인이 사회에 통합되지 못해 사회로부터 격리되고 지지를 잃음으로써 고립감, 소외감에 빠져 발생하게 된다. ㉡ 가족이나 친구와의 사회적 유대가 결여되는 경우에도 사회적 통합이 결여되기 때문에 자살이 발생할 수 있다. ㉢ 독신자의 자살률이 기혼자보다 높게 나타나거나, 강한 사회적 공동체를 기반으로 하는 가톨릭 신자들보다 개인을 중요시하는 개신교도들의 자살률이 높게 나타나는 경우가 이에 해당된다.
이타적 자살	㉠ 이기적 자살과는 반대로 개인이 사회에 지나치게 통합돼 있어 자살로 인한 사망 자체가 사회를 위하는 길이라고 생각할 때 발생하게 된다. ㉡ 군대조직과 같이 소속 구성원들에게 집단을 위한 헌신과 충성을 우선적으로 강조하는 공동체에서 발생한다. ㉢ 전쟁터에서의 육탄돌격대, 일본의 가미가제, 할복 등의 경우가 이에 해당된다.
숙명적 자살	㉠ 사회적 구속의 정도가 높은 사회에서 발생하게 되는데, 개인에 대한 사회의 규범에 의한 구속력이 너무 강해 더 이상의 희망을 발견할 수 없게 될 때 유일한 탈출구로써 자살이 발생하게 된다. 즉 개인의 욕구가 과도하게 억압되면 자살이 발생한다는 것이다. ㉡ 자녀가 없는 기혼여성이 자신의 처지를 비관해서 죽는 자살이나, 고대 인도에서처럼 왕이나 신하가 죽었을 때 노예들이 함께 순장되는 죽음 등이 이에 해당된다.

구분	사회적 통합(유대)	도덕적 규제
아주 강함	이타적 자살	숙명론적 자살
아주 약함	이기적 자살	아노미적 자살

(4) 이기주의와 아노미

① 개인과 사회와의 관계에 대하여 사회가 인간을 만들고 규제하는 측면을 강조하면서 사회적 규범해체의 원인을 이기주의(egotism)와 아노미(anomie)로 파악하였다.

② **이기주의**: 개인이 사회로부터 독립적이며 비교적 자유롭고 사회와 통합되어 있지 않아 사회에 의해 규제를 거의 받지 않는 사회와 개인 간의 관계를 의미한다.

③ **아노미**: 인간의 생래적인 끝없는 욕망을 사회의 규범이나 도덕으로서 제대로 통제하지 못하는 상태로, 사회적·도덕적 권위가 훼손되어 사회구성원들이 '자신의 삶을 지도할 수 있는 기준(지향적인 삶의 기준)'을 상실한 무규범 상태를 말한다. [2020. 교정 9급] 총 3회 기출

(5) 범죄론

① 범죄를 일반적 집합의식을 위반한 행위가 아니라 그 시대 그 사회구성원의 의식 속에 강력하게 새겨져 있고 명백하게 인지된 집합의식을 위반한 행위라고 정의하였다.

② 사회적 통합력의 저하 또는 도덕적 권위의 훼손을 범죄발생의 원인으로 보았다.

③ 그렇기 때문에 형벌은 개인의 피해에 대한 보복이 아니라 범죄예방이라는 목표를 지향하는 제도로 보았다. 이는 고전학파가 주장한 응보와 위하에 의한 소극적 일반예방이 아닌 적극적 일반예방을 강조한 것이다. [2023(73). 경위]

④ **범죄관**: 모든 사회와 시대에 공통적으로 적용될 수 있는 객관적 범죄개념을 부정하며, 특정사회에서 형벌의 집행대상으로 정의된 행위를 범죄로 보는 새로운 범죄관을 제시하였다(절대적 범죄개념의 부정). [2015. 5급 승진] 총 2회

⑤ **범죄정상설**: 범죄는 사회의 구조적 모순에서 자연적으로 발생하는 정상적이고 불가피한 현상으로 어느 사회든지 일정량의 범죄는 있을 수밖에 없으며, 이는 집단적 비승인이 존재하는 한 범죄는 모든 사회에 어쩔 수 없이 나타나는 현상으로 병리적이기보다는 정상적인 현상이기 때문이다. [2024(74). 경위] 총 9회 기출

⑥ **범죄기능설**: 범죄란 이에 대한 제재와 비난을 통하여 사회의 공동의식을 사람들이 체험할 수 있도록 함으로써 사회의 유지존속을 위해 중요한 역할을 담당하며, 범죄는 사회의 규범유지를 강화시켜주는 필수적이고 유익한 기능을 한다고 하였다. [2013. 보호 7급] 총 2회 기출

⑦ 현재의 사회규범에 저항하는 범죄는 사회의 변화와 새로운 규범의 창설을 가능하게 한다.

⑧ **형법발전론**: 사회가 발전할수록 형벌은 억압적 형태에서 보상적 형태로 변화한다.

⊕ PLUS 범죄정상설과 범죄정당설

뒤르켐의 범죄정상설은 범죄가 도덕적으로 정당하다고 보는 범죄정당설을 의미하는 것은 아니다. 집단감정을 침해하는 것을 본질로 하는 범죄에 대해서는 강력한 대처를 주장하였던 것이다.

---

(6) 공헌과 비판

① **공헌**(영향) [2024(74). 경위]

시카고 학파의 사회해체이론	⊙ 산업화 과정에서의 사회해체에 따른 사회통제의 약화가 일탈행위의 원인이라는 사회해체이론은 뒤르켐의 이론을 그대로 수용한 것이다. ⓒ 뒤르켐이 산업화와 사회전체의 측면을 강조한 반면 사회해체이론은 도시화와 지역공동체의 측면을 강조하였다.
머튼(Merton)의 아노미이론	개인의 욕망에 대한 사회적 규제가 안 되는 상황을 나타내는 뒤르켐의 아노미 개념을 미국의 머튼은 사회구조 내에서 문화적으로 정의된 목표와 이를 달성할 수 있는 수단 간의 불일치로 파악하여 기능주의적 범죄이론을 전개하였다. [2020. 교정 9급]
허쉬(Hirschi)의 사회통제이론	허쉬는 인간을 끝없는 욕망의 존재로 보고 사회통제력의 약화가 범죄를 야기한다는 뒤르켐의 견해를 수용하여 사회통제이론을 전개하였다.

② **비판**: 뒤르켐은 범죄가 사회적 문제로 일어나는 것임을 강조하였음에도, 그에 대응할 수 있는 사회정책을 제시하지 못했다는 비판을 받기도 하였다. [2015. 보호 7급]

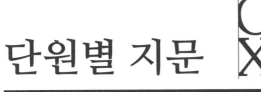

단원별 지문 O X

01 라까사뉴(Lacassagne)는 사회는 범죄의 배양기이고 범죄자는 그 미생물에 해당한다고 하여 범죄원인은 결국 사회와 환경에 있다는 점을 강조하였다. ( ) [2023. 해경 경위]

02 타르드(Tarde)의 모방의 법칙은 학습이론(Learning Theory)에 영향을 미쳤다. ( )

03 타르드(Tarde)의 거리의 법칙에 따르면 모방의 강도는 사람 간의 거리에 비례하고 사람과 얼마나 밀접하게 접촉하고 있는가에 반비례한다. ( )

04 타르드(Tarde)의 방향의 법칙에 따르면 대개 열등한 사람이 우월한 사람을 모방하는 방향으로 진행된다. ( )

05 뒤르켐(Durkheim)에 의하면 근대 산업화과정에서 사회는 기계적(Mechanical) 사회에서 유기적(Organic) 사회로 급격하게 변동하였다. ( ) [2024(74). 경위]

06 뒤르켐(Durkheim)에 의하면 사회통합을 조절하는 기능이 약화되면, 사회구성원들이 자신의 행위를 통제하지 못하는 아노미(Anomie)라는 병리현상이 나타난다. ( ) [2024(74). 경위]

07 뒤르켐(Durkheim)에 의하면 사회병리의 대표적인 현상은 자살인데, 이는 개인적 문제라기보다는 사회통합의 정도와 관련되어 있다. ( ) [2024(74). 경위]

08 뒤르켐(Durkheim)에 의하면 자살은 아노미적 자살, 이기적 자살, 이타적 자살, 무동기 자살 네 가지 유형이 있는데, 이 가운데 아노미적 자살이 가장 큰 문제이다. ( ) [2024(74). 경위]

09 뒤르켐(E. Durkheim)에 따르면 범죄는 범죄자의 비인간성이나 성격적 불안정성에서 기인한다. ( ) [2018. 5급 승진] [2024(74). 경위]

10 뒤르켐(Durkheim)의 주장은 20세기 범죄생태학, 긴장이론, 통제이론 등에 많은 영향을 미쳤다. ( ) [2024(74). 경위]

---

01 ○ 라까사뉴(Lacassagne)는 사회환경은 범죄의 배양기이며 범죄자는 미생물에 해당하므로, 벌해야 할 것은 범죄자가 아니라 사회라고 하면서 사회환경의 영향을 강조하였다. 케틀레(Quetelet)는 사회는 범죄를 예비하고, 범죄자는 그것을 실천하는 도구에 불과하다고 주장하였다.

02 ○

03 × 거리의 법칙에 따르면, 사람들은 서로를 모방하는 경향이 있으며, 모방의 정도(강도)는 사람 간의 거리에 반비례하고 타인들과 얼마나 밀접하게 접촉하는가에 비례하여 타인을 모방한다는 것이다.

04 ○

05 ○

06 ○

07 ○

08 × 자살은 아노미적 자살, 이기적 자살, 이타적 자살, 숙명적 자살 네 가지 유형이 있는데, 이 가운데 아노미적 자살이 가장 큰 문제이다.

09 × 뒤르켐(Durkheim)은 범죄를 일반적 집합의식을 위반한 행위가 아니라, 그 시대 그 사회구성원의 의식 속에 강력하게 새겨져 있고 명백하게 인지된 집합의식을 위반한 행위라고 정의하였고, 사회적 통합력의 저하 또는 도덕적 권위의 훼손을 범죄발생의 원인으로 보았다.

10 ○ 시카고 학파의 사회해체이론(생태학적 범죄원인론으로 지역적 특성이 범죄의 원인이 된다고 보는 이론), 머튼(Merton)의 아노미이론, 허쉬(Hirschi)의 사회통제이론 등에 많은 영향을 미쳤다.

제4절 독일 및 오스트리아의 초기 실증주의

01 리스트(Liszt, 1851-1919)

> **★ 핵심정리** 리스트 이론의 전개
>
> | 범죄심리학 ⇨ | 범죄학 | ⇨ 전형법학 ⇨ | 형벌의 개별화 | 개선불능: 종신형, 무해화 |
> |---|---|---|---|---|
> | 범죄사회학 | | | | 개선가능: 형벌, 단기자유형 × |
> | 형법학 | | | | 기회범: 벌금형, 단기자유형 × |

(1) 전형법학 사상

① 리스트(Liszt)는 독일 사회학파의 대표자로, 범죄사회학과 범죄심리학을 통합하여 범죄학이라 지칭하고 형법학을 포괄하는 '전형법학(全刑法學)'사상을 주장하였다.

② 범죄는 범죄자의 타고난 특성과 범행 당시 그를 둘러싼 사회적 환경의 산물이라고 보고, 다원적 범죄원인론(개인과 사회)을 제시하면서도 사회적 원인(환경)을 더 중시하였다. [2018. 보호 7급]

③ 다원적 범죄원인론자인 벨기에의 하멜(Hamel), 프린스(Prins) 등과 함께 국제형사학협회(국제범죄학연맹, I.K.V, 1888)를 창설하였다.

(2) 범죄예방주의

① 행위자의 반사회적 태도 또는 위험성 중심의 처우를 주장하여 주관주의적 입장을 취하였다.

② 형벌의 본질은 응보가 아니라 응보 이외의 이성적 목적을 달성, 즉 사회를 방위하기 위하여 장래의 범죄를 예방하려는 목적을 가졌기 때문에 형벌 그 자체와 목적을 상대적으로 이해하였다.

③ 형벌의 목적은 범죄인을 개선·교육하여 그 범죄인이 장차 범죄를 저지르지 않도록 예방하는 데에 있다(특별예방주의).

④ 사회정책과 형사정책의 연관성을 중시하여 '최선의 사회정책이 최상의 형사정책'이라고 주장하였다.

(3) 범죄관

① 범죄원인은 소질과 환경을 종합적으로 고려하여 파악되어야 한다(범죄원인 이원론, 다원론).

② 형벌의 대상은 행위가 아니라 행위자이다(고전주의: 행위 중심, 실증주의: 행위자 중심).

(4) 형법관

① **인권보호기능**: 형법은 '범죄인의 마그나카르타(대헌장)'라고 하였다.

② **형법과 형사정책**: '형법은 형사정책의 넘을 수 없는 한계'라고 하여, 형법의 보장적 기능이 형사정책을 제한하고 형사정책은 민주법치국가에서 요구되는 규범적 한계 내에서 이루어져야 한다는 원칙을 강조하였다. [2013. 보호 7급]

(5) 범죄방지대책

① **범죄인 분류**: 범죄대책적 차원에서 범죄인을 ㉠ 법익침해 의식이 결여되었거나 희박한 범죄인, ㉡ 타인에 대한 동정으로 인한 범죄인, ㉢ 긴급범죄인, ㉣ 성욕범죄인, ㉤ 격정범죄인, ㉥ 명예심이나 지배욕에 의한 범죄인, ㉦ 특정한 이념으로 인한 사상범죄인, ㉧ 이욕, 쾌락욕 등에 의한 범죄인 등 8가지 유형으로 분류하였다.

② **형벌의 개별화**: 형벌을 범죄인에 따라 부과하는 형벌의 개별화를 주장하고, ㉠ <u>개선이 가능한 자</u>는 개선형을, ㉡ <u>개선이 불가능한 자</u>는 사회로부터의 격리, 즉 무해화를, ㉢ <u>개선을 필요로 하지 않는 범죄인</u>은 위하를 주장하였다. [2014. 보호 7급]

③ 부정기형의 채택, 단기자유형의 폐지(특별예방효과가 없기 때문에 - 실증주의), 집행유예, 벌금형, 누진제의 합리화, 강제노역의 인정, 소년범에 대한 특별처우를 주장하였다.

02 아샤펜부르그(Aschaffenburg)

(1) 범죄원인의 구분

① 오스트리아 출신으로,「범죄와 그 대책」(1903)에서 범죄의 원인을 일반적 원인과 개인적 원인으로 구분하여 이러한 원인들과 범죄와의 관계를 통계자료를 이용하여 분석하였다.

② **일반적 원인**: 계절, 장소, 인종, 종교, 도시와 농촌, 직업, 알코올, 성매매, 도박, 영화, 퇴폐문화, 미신, 경제상태, 공황 등 대부분의 사람들이 영향을 받을 수 있는 요인들이다.

③ **개인적 원인**: 혈통, 생육조건, 교양, 연령, 배우자, 신체적 특징, 정신적 특징 등 각 개인에게만 해당하는 요인들이다.

(2) 범죄인 분류와 범죄대책론

① **범죄인 7분법**: 국제형사학협회(I.K.V) 분류(3분법)를 세분화하여 법적위험성을 기준으로 7분법으로 분류하였다. 가장 전통적인 분류로 인정받고 있다.

② **범죄대책론**: 범죄예방책, 형벌대책, 재판대책, 소년범 및 정신병질자 등에 대한 특수대책 등을 구체적으로 논의하여 실증주의에 바탕을 둔 형사정책의 방향을 제시하였다.

03 기타

(1) 그로스(Gross)와 렌츠(Lenz)

① **그로스**: 사법실무가 및 형법학자로, 유럽 최초로 범죄학 · 범죄수사학연구소(1912)를 설립하였으며,「범죄과학」,「범죄수사학」을 통해 범죄수사를 연구대상으로 삼았다. 특히 그의 연구는 범죄자의 범죄수법에 착안하여 수법수사에 큰 영향을 미쳤다.

② **렌츠**: 그로스의 후계자로, 범죄생물학회를 창립하였고, 범죄인류학과 범죄심리학을 발전적으로 통합하였다. "범죄는 환경의 영향하에서의 모든 인격의 발로이며, 선천적 · 후천적 · 정신적 · 신체적 잠재원인이 현실화된 것이다."라는 점을 강조하였다.

(2) 그 외의 연구

① **엑스너**(Exner): 아샤펜부르그와 렌츠의 범죄학 체계에 자신의 형법학 지식을 통합하고 통계적 수치를 통하여 사회현상으로서의 범죄를 설명하였다.

② **메츠거**(Mezger): 인과적 행위론자로,「범죄학 교과서」(1951)에서 비정상적 인격형성에 대한 정신의학적 지식이나 유형론을 범죄학의 범죄자유형에 적용해 보고자 하는 시도를 하였다.

③ **자우어**(Sauer): 범죄의 원인이 되는 범죄병원체가 있다고 믿고, '모든 민족의 체질에 언제든지 나타나고 또한 언제든지 쇠퇴할 수 있는 파괴적 힘'이 이에 해당한다고 보았다.

단원별 지문 O/X

01 리스트(Liszt)는 형벌의 목적으로 특별예방사상을 처음으로 주장함으로써 형벌 예고를 통해 일반인의 범죄충동을 억제하는 것이 형벌의 가장 중요한 기능이라고 보았다. (   ) [2015. 사시]

02 리스트(Liszt)는 '처벌되어야 할 것은 행위자가 아니고 행위'라는 명제를 제시하였다. (   ) [2015. 사시]

03 리스트(Liszt)는 개선이 불가능한 범죄자를 사회로부터 격리수용하는 무해화 조치도 필요하다고 주장하였다. (   ) [2015. 사시]

04 리스트(Liszt)는 부정기형의 폐지, 단기자유형의 활용, 강제노역의 폐지 등을 주장하였다. (   ) [2015. 사시]

05 리스트(Liszt)는 형벌의 주된 목적을 응보로 이해하였다. (   ) [2015. 사시]

06 리스트(F. Liszt)에 따르면 범죄는 범죄자의 타고난 특성과 범행 당시 그를 둘러싼 사회적 환경의 산물이다. (   ) [2018. 5급 승진]

07 리스트(Liszt)에 따르면 죄는 범죄인을 제외한 모든 사람에게 있다. (   ) [2013. 교정 9급]

---

01 ✕   형벌의 목적은 범죄인을 개선·교육하여 그 범죄인이 장차 범죄를 저지르지 않도록 예방하는 데에 있다.

02 ✕   '처벌되어야 할 것은 행위가 아니고 행위자'라는 명제를 제시하였다.

03 ○   형벌의 개별화(형벌을 범죄인에 따라 부과)를 주장하고, 범죄인에 따라 개선, 위하, 무해화(사형)를 인정하였다.

04 ✕   부정기형의 채택, 단기자유형의 폐지, 집행유예, 벌금형, 누진제의 합리화, 강제노역의 인정, 소년범에 대한 특별처우를 주장하였다.

05 ✕   형벌의 본질은 응보가 아니라 응보 이외의 이성적 목적을 달성, 즉 사회를 방위하기 위하여 장래의 범죄를 예방하려는 목적을 가졌기 때문에 형벌 그 자체와 목적을 상대적으로 이해하였다.

06 ○

07 ✕   따르드(Tarde)의 주장이며, 범죄원인이 환경에 기인한다는 철저한 사회적 원인론을 주장하였다.

제8장 / 개인적 범죄원인론(1): 생물학적 요인

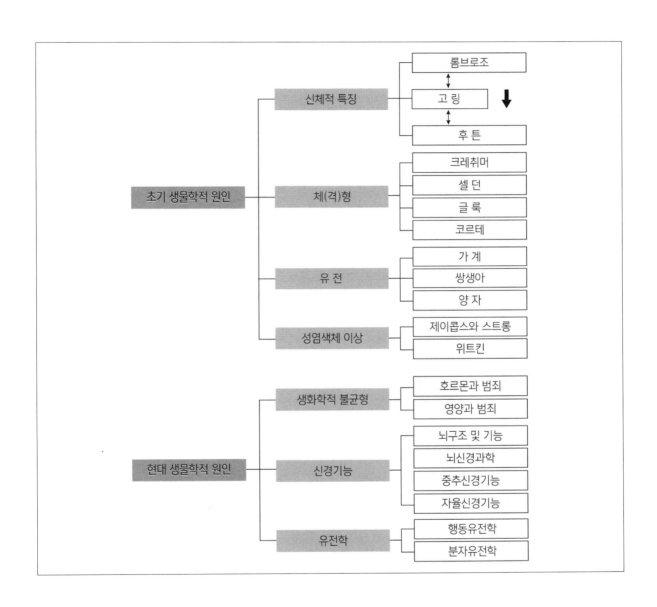

제1절 생물학적 범죄원인과 신체적 특징

01 생물학적 원인론의 발전

(1) 발전
① 19C 롬브로조(Lombroso)가 진화단계에서의 퇴행성을 중심으로 생물학적 요인의 중요성을 지적한 것이 계기가 되어 실증주의적 범죄원인의 문을 열었다.
② 20C 의사, 생물학자, 유전학자, 생화학자들은 각 개인이 유전적으로 취득한 생물학적 소질을 중심으로 범죄의 발생 원인을 규명하고자 하였다.
③ 21C 인간게놈의 염기배열 해독이 완료됨에 따라 유전학 연구는 급속도로 발전해왔고, 유전학자들은 유전 및 생물학적 요인이 범죄에 미치는 영향에 대해 괄목할 만한 연구결과들을 내놓기 시작했다.

(2) 일반적 인식
① **기본적 인식**: 범죄인들은 일반인들과 다른 생물학적 결함을 가지고 있고, 이 같은 소질적 결함에 의해 본인의 의지와는 관계없이 범죄를 저지를 수밖에 없다.
② **분야별 차이**: 기본적 인식에서는 서로 같은 견해이지만, 연구자들의 다양한 출신배경과 관심영역에 따라 생물학적 결함의 역할이나 이것이 작용하는 양상은 서로 다르게 인식되었다.

(3) 생물학적 결함 자체의 행위결정
① **전제**: 주로 생물학적 원인론의 초기단계에서 주장된 것으로, 사람들은 생물학적으로 서로 다르게 구성되어 있고 이러한 구성적 차이에 의해 서로 다르게 행동한다는 것이다.
② 그러므로 만약 생물학적 구성을 우리가 완전히 관찰하고 측정할 수 있다면 개인들 간에 서로 다른 모든 행위는 바로 생물학적 구성의 차이를 밝힘으로써 이해할 수 있다는 것이다.
③ **한계**: 이러한 견해는 유전적인 요소만을 강조한 것으로 다른 생물학적 소질들을 간과한 것이다.

(4) 잠재적 가능성으로서의 생물학적 결함
① 개인의 생물학적 구성이 범죄행위와 관련하여 어떤 잠재적인 가능성을 높여주기는 하지만 그것 자체가 행위를 할 것인가를 결정하지는 않는다는 견해이다.
② **생물학적 사회이론**: 범죄행위는 개인의 생물학적 구성과 환경 사이의 상호작용을 통해서만 제대로 이해될 수 있다는 것이다.
③ **생물학적 결함의 원인**: ㉠ 부모로부터의 유전적 소질, ㉡ 임신 시에 발생하거나 태아의 변형의 결과, ㉢ 출생 후에 입은 손상이나 양육과정에서의 부적절한 양육 등 여러 원인으로 파악하였다.

02 신체적 특징과 범죄

(1) 롬브로조의 생래적 범죄인설

① 초기 생물학적 범죄학자들은 다윈의 진화론의 영향을 많이 받은 관계로 범죄인은 일반인에 비해 생물학적으로 열등한 존재이기 때문에 범죄를 저지른다고 믿었다.

② 이탈리아 군대의 외과의사이던 롬브로조(Lombroso)는 당시의 이런 주장을 확장하여 범죄자의 징표는 얼굴이나 두개골 외에도 신체 전반에 걸쳐 나타난다고 주장하였다.

③ 롬브로조는 도둑의 시체를 해부하던 중 우연히 뇌의 후두부의 한 지점이 일반인에 비해 훨씬 움푹 파인 것을 발견하였다. 이는 설치류나 열등한 동물에게서 보이는 현상으로, 인간과 같은 고등 생명체에서는 발견하기 힘든 현상이었다.

④ 이를 보고 롬브로조는 범죄자들은 마치 다시 원시상태로 되돌아간 것처럼 진화가 덜 된 상태로 태어났기 때문에 범죄를 저지르는 것이라고 추정하였다.

⑤ 롬브로조는 많은 범죄자들과 일반인들에 대해 해부 및 신체검사를 한 결과, 범죄자들은 인간보다 더 열등한 원숭이나 침팬지의 신체적 특징을 지닌다고 하였다.

⑥ 특징으로는 큰 턱, 돌출된 광대뼈, 두터운 입술, 긴 팔, 비대칭 얼굴 등이 있다고 주장하며, 자신의 검사 결과를 「범죄인」(1876)이라는 책으로 발표하였다.

⑦ 측정도구를 활용하여 직접 범죄자들의 신체적 특징을 측정하는 등 범죄학 연구에 있어 경험적 방법을 동원하였기에 롬브로조를 실증주의 범죄학의 창시자라고 부른다.

(2) 고링의 표본집단조사와 유전학적 열등성 발견

① 「영국의 수형자」(1913)

　㉠ 고링(Goring)은 1901년부터 8년간에 걸쳐 영국의 수형자 3,000명과 대학생, 병원환자, 공무원과 군인 등 일반인의 신체적 특징을 상호 비교하는 방법으로 인간의 신체적 특징과 범죄발생과의 관계를 분석하였다. [2022. 경찰2차]

> **[고링의 표본집단조사]**
> 1. 두 집단 간 이마의 돌출, 머리의 비대칭, 코의 윤곽, 눈의 색깔, 머리카락의 색깔, 왼손잡이 등 신체적 특징을 비교했지만 주목할 만한 차이를 발견하지 못했다.
> 2. **범죄인 종류별 특징 비교**: 37종류의 신체특성을 기준으로 주거침입범, 위조범, 절도범 등 범죄인 종류별로 비교했으나 신장과 체중을 제외하고 신체적 차이가 나타나지 않았다.
> 3. 범죄자들은 다른 사람보다 키가 1~2인치 정도 작고, 몸무게도 정상인에 비해 3~7파운드 정도 적은 것으로 나타났다.

　㉡ **피어슨의 상관계수법 활용**: 연구진은 교도관, 교도소 의사, 통계학자 등이 참여하였는데, 특히 통계학자 피어슨(Pearson)의 상관계수법을 이용하여 범죄성이 유전되는지를 검토하였다. [2024. 경찰2차]

　㉢ 범죄성의 정도를 구금빈도와 구금기간의 두 가지 측면에서 고찰하고, 부모의 범죄성과 자식의 범죄성이 어떻게 관련되었는지를 살펴보았다.

　㉣ 범죄성은 유전에 의해 전수되는 것이며 각자가 처해있는 사회적 환경이나 자연적 환경의 결과가 아니라고 주장하였다.

　㉤ **유전학적 열등성**: 범죄자들은 다른 사람보다 키가 1~2인치 정도 작고, 몸무게도 정상인에 비해 3~7파운드 정도 적은 것으로 나타나 범죄행위란 신체적인 변이형태와 관계된 것이 아니라 이들의 유전학적 열등성에 의한 것이라고 주장하였다. [2024. 경찰2차]

　㉥ 신체적 차이가 있더라도 이러한 사실이 두 집단 간 서로 단절된 집단을 의미하는 것으로 생각해서는 안 된다고 주장하였다.

    Ⓐ **대책**: 범죄행위가 '결손적 지능'으로 인해 유전되므로, 문제 있는 가족의 재생산을 규제함으로써 범죄를 통제해야 한다고 주장하였다.

    ◎ 범죄자란 용어는 모호한 윤리적 판단이나 도덕적 판단에 의존하는 위험성이 있기 때문에 법률을 위반했고 유죄판결을 받은 사람이라는 법률 현실을 반영해야 한다고 강조하였다.

② **롬브로조의 퇴행론 비판**

    ㉠ 롬브로조의 연구는 비과학적인 것으로, 생래적 범죄인은 어떠한 방법을 통해서도 판별해낼 수 없는 비경험적인 개념이라고 비판하였다. [2024. 해경 경위]

    ㉡ 롬브로조에 의하면 범죄자는 격세유전에 의해 원시선조의 야만성이 후대에 신체적 특징과 함께 나타났다고 하였으나, 연구결과 범죄인들의 신체적 변이징후는 나타나지 않았다.

    ㉢ 두 집단 간 이마의 돌출, 머리의 비대칭, 코의 윤곽, 눈의 색깔, 머리카락의 색깔, 왼손잡이 등 신체적 특징을 비교했지만, 주목할 만한 차이를 발견하지 못했다.

    ㉣ **범죄인 종류별 특징 비교**: 37가지 종류의 신체특성을 기준으로 주거침입범, 위조범, 절도범 등 범죄인 종류별로 비교했으나 신장과 체중을 제외하고 신체적 차이가 나타나지 않았다.

(3) 후튼의 신체적 열등성과 범죄

① **「범죄와 인간」**(1939)

    ㉠ 1930년대 하버드대학의 인류학자인 후튼(Hooton)은 12년간에 걸쳐 미국 10개 주 약 17,200명(교도소 수용자 13,873명, 대학생 등 일반인 3,203명)을 대상으로 인류학적(골상학적) 연구를 실시했는데, 연구결과 범죄자는 신체의 많은 부분이 크게 구별되어, 신체적 특징과 범죄는 관계가 없다는 고링(Goring)의 주장을 반박하였다.

    ㉡ 구별되는 특징은 <u>신체적 열등성 또는 생물학적 열등성</u>이라고 보고, 이러한 열등성은 현실의 경쟁사회에서 성공적으로 적응하는데 장애가 되어 범죄자의 길로 전락할 수밖에 없다고 보았다. [2025. 보호 9급]

    ㉢ **신체적 특징에 따른 범죄유형 분류**: 키가 크고 마른 사람은 살인범이나 강도범에 많고, 키가 작은 사람은 절도범, 작고 뚱뚱한 사람은 폭행, 강간, 기타 성범죄의 경향이 큰 것으로 나타났다. [2025. 보호 9급]

    ㉣ **범죄대책**: 범죄의 결정적인 요인에 대한 해답은 우생학, 즉 재생산의 사회적 통제에 놓여 있다고 하면서 <u>단종할 필요성을 주장</u>하였다.

② **연구결과 범죄인의 신체적 특징**

    ㉠ 33가지 비교항목 중 19가지에서 중대한 신체적 차이가 있었는데, ⓐ 범죄자는 검은 눈과 푸른 눈이 드물고, 푸른 갈색 및 색깔이 혼합된 눈이 많았고, ⓑ 입술이 얇고 턱뼈가 짓눌린 형태가 많았으며, ⓒ 귀의 돌출이 심하고, 작은 경향이었다. 또한 ⓓ 이마가 좁고 경사졌고, ⓔ 목이 길고 가늘었으며, 어깨의 경사도가 심하였다.

    ㉡ 범죄자들은 신체적 특징에서 거의 모든 항목에서 일반인보다 열등하였는데, 이는 정신적인 열등성과 관련되어 있기 때문에 매우 중요한 사항이다.

    ㉢ 신체적 열등성의 근본원인은 아마도 유전일 것이므로 상황이나 환경과는 관계가 없다.

③ **후튼에 대한 비판**

    ㉠ **순환논증의 오류**: 인간의 우월성을 평가할 수 있는 독립적인 신체적 기준이 없는데, 어떻게 범죄자의 신체적 차이로 그들이 열등하다고 해석할 수 있는가이다. 즉, 열등성의 판별기준으로 범죄유무를 이용하고, 범죄특성을 설명하기 위해 열등성을 고려하는 순환논증의 오류에 빠져있다는 비판이다.

    ㉡ **범죄유형별 신체특성 비교의 문제**: 조사대상이 된 범죄자들의 상당수가 과거에는 다른 유형의 범죄를 저질렀다는 사실을 간과하여 신체적 특성과 범죄유형별 연관성을 일반화할 수 없다는 점이다.

01 롬브로조(Lombroso)는 범죄인은 일반인에 비해 얼굴이나 두개골 등 신체 전반에 걸쳐 생물학적 열등성이 존재한다는 생래적 범죄인(born criminals)을 주장하였다. (　　) [2023. 경찰1차]

02 롬브로조(Lombroso)는 격세유전이라는 생물학적 퇴행성에 근거하여 생래성 범죄인을 설명하였다. (　　) [2023. 보호 7급]

03 고링(Goring)은 범죄자 집단과 비범죄자 집단을 비교·분석한 결과, 범죄의 원인이 신체적 차이에 있는 것이 아니라 유전학적 열등성에 있다고 주장하면서 롬브로조(Lombroso)의 연구를 비판하였다. (　　) [2023. 경찰2차]

04 고링(Goring)은 수형자와 일반사회인에 대한 비교 연구를 통해 유전보다는 환경의 역할이 결정적이라고 주장하였다. (　　) [2022. 경찰2차]

05 고링(Goring)의 통계방법에 의한 연구는 범죄성향과 유전을 부정하였다. (　　) [2024. 경찰2차]

06 고링(Goring)은 통계학자인 피어슨(Pearson)과 협업하여 생래적 범죄인설을 비판하였다. (　　) [2024. 경찰2차]

---

01 ○ 초기 생물학적 범죄학자들은 다윈의 진화론의 영향을 많이 받은 관계로 범죄인은 일반인에 비해 생물학적으로 열등한 존재이기 때문에 범죄를 저지른다고 믿었다. 이탈리아 군대의 외과의사이던 롬브로조(Lombroso)는 당시의 이런 주장을 확장하여 범죄자의 징표는 얼굴이나 두개골 외에도 신체 전반에 걸쳐 나타난다고 주장하였으며, 범죄자들은 마치 다시 원시상태로 되돌아간 것처럼 진화가 덜 된 상태로 태어났기 때문에 범죄를 저지르는 것이라고 추정하였다.

02 ○

03 ○ 20세기 신체적 특징과 범죄와의 관계를 연구한 대표적인 학자인 고링(Goring)은 1901년부터 8년간에 걸쳐 인간의 신체적 특징과 범죄발생과의 관계를 분석하였다. 영국의 수형자 3,000명과 대학생, 병원환자, 공무원과 군인 등 일반인의 신체적 특징을 상호 비교하는 방법으로 진행되었고, 연구진은 교도관, 교도소 의사, 통계학자 등이 참여했다. 연구결과, 범죄자들은 다른 사람보다 키가 1~2인치 정도 작고, 몸무게도 정상인에 비해 3~7파운드 정도 적은 것으로 나타나 범죄행위란 신체적인 변이형태와 관계된 것이 아니라 이들의 유전학적 열등성에 의한 것이라고 주장하면서, 범죄자는 격세유전에 의해 원시선조의 야만성이 후대에 신체적 특징과 함께 나타난다는 롬브로조(Lombroso)의 주장을 비판하였다.

04 × 고링(Goring)은 범죄성이란 유전에 의해 전수되는 것이며 각자가 처해 있는 사회적 환경이나 자연적 환경의 결과가 아니라고 하였다.

05 × 유전학적 열등성을 인정했다.

06 ○ 통계학자 피어슨(Pearson)이 계발한 상관계수를 적용하여 범죄의 유전성을 입증하고, 롬브로조(Lombroso)의 생래적 범죄인설을 비판하였다.

제2절 체형과 범죄

01 크레취머(Kretschmer)의 신체구조와 성격

(1) 체형과 정신

① **체형이론**: 범죄행위와 신체적 특징 및 그에 따른 기질에 의해 분류하는 것을 의미한다.

② 독일의 정신병리학자 크레취머는 일정한 체격형은 그와 병존하는 성격 내지 기질을 가지고 있고, 그에 상응하는 정신병질 및 정신병이 존재한다고 하여 체형과 성격유형, 범죄잠재성은 높은 상관관계가 있다고 주장하였다. [2025. 보호 9급]

③ 정신질환이 있는 인간유형을 조울증 환자와 정신분열증 환자로 분류하였다.

(2)「신체구조와 성격」(1921)

① **체형구분**: ㉠ 근육이 잘 발달된 투사형 또는 운동형, ㉡ 키가 크고 마른 체형의 쇠약형 또는 세장형, ㉢ 키가 작고 뚱뚱한 비만형, ㉣ 발육부전형(혼합형)으로 구분하고 기질을 분열성, 점착성, 회귀성(순환성) 등으로 나누어 체형과 기질과의 관계를 설명하였다.

② **체형과 범죄유형**: 4,414건의 범죄사례를 분석하여, ㉠ 운동형은 폭력범이, ㉡ 세장형은 절도나 사기범, ㉢ 비만형은 사기범 다음으로 폭력범, ㉣ 혼합형은 풍속범죄나 질서위반죄, 폭력범죄가 많았다. [2016. 교정 7급]

③ 크레취머의 연구는 셀던(Sheldon)의 연구에 영향을 미쳤다.

(3) 비판

① 체형과 범죄유형과의 일반적 경향을 본인 나름대로 일반화한 것일뿐, 상호간의 관계를 체계적인 절차에 따라 분석한 것이 아니었다.

② 연구대상이 일반인들을 대상으로 비교·검토한 것이 아니기 때문에 이 연구결과로 체형과 범죄유형과의 관계를 추론하기는 어려운 일이다.

02 셀던(Sheldon)의 체형과 세포막 연구

(1) 체형과 비행연구

① **세포막의 성장과 체형**: 셀던은 사람의 신체유형은 태아가 형성될 때에 기본적인 3개의 세포막, 즉 내배엽, 중배엽, 외배엽이 어떻게 구성되는가에 의해 구별할 수 있다고 보고, 이를 토대로 체형과 비행 사이의 관계를 고찰하였다.

② **세포막의 성장**: ㉠ 내배엽은 이후 성장하여 소화기관이 되고, ㉡ 중배엽은 뼈나 근육 그리고 운동근육이나 힘줄이 되며, ㉢ 외배엽은 신경체계의 연결세포나 피부 또는 관련조직으로 분화·발전되므로 태아 형성 시 배엽구성의 형태에 따라 각자의 신체유형을 알 수 있다고 보았다. [2023. 보호 7급]

(2) 비행소년의 평균체형

① **집단표본조사**: 1939년부터 10년간 메사추세츠주 소년원에 수용된 200명의 소년과 범죄경험이 없는 대학생 200명의 신체유형을 측정하여 비교분석하였다.

② **연구결과**: 비행소년집단은 중배엽형, 즉 근육이나 골격의 발달이 높았고, 외배엽형, 즉 신경계는 낮았으며, 내배엽형, 즉 소화기 등의 발달 상태는 보통이었다. 반면 일반 대학생의 경우 중배엽형 수치는 매우 낮고, 반면 외배엽형의 수치는 주목할 정도로 높은 수치였다.

③ 각자의 신체유형과 기질유형은 매우 밀접한 연관이 있다고 보았다.

(3) 신체유형과 기질유형

신체유형	기질유형
① 내배엽 우월형: 상대적으로 소화기관이 크게 발달, 살이 찐 편, 전신부위가 부드럽고 둥근 편, 짧은 사지, 작은 골격, 부드러운 피부	① 내장긴장형: 몸가짐이 대체로 이완, 편안한 성격, 가벼운 사치품을 좋아함, 온순하지만 본질적으로 외향적
② 중배엽 우월형: 근육, 골격, 운동조직이 상대적으로 발달, 큰 몸통, 장중한 가슴, 손목과 손이 큼, 여윈 경우에는 각이 진 체형, 여위지 않은 경우 우람한 체형	② 신체긴장형: 활동적, 역동적, 걸을 때와 말할 때 단호한 제스처를 취하는 사람, 공격적으로 행동하는 사람
③ 외배엽 우월형: 피부와 신경계통 기관이 상대적으로 발달, 여위고 섬세한 체형, 작은 얼굴, 높은 코, 몸무게는 적지만 피부면적은 넓음	③ 두뇌긴장형: 내향적, 알레르기, 피부병, 만성피로, 불면증 등 언제나 신체불편을 호소, 소음이나 외부자극에 민감, 비사교적인 성격

03 글룩(Glueck)부부의 다원적 연구

(1) 연구방법
① **집단표본조사**: 나이, 지능지수, 인종, 거주지역 등이 유사한 11세부터 16세 사이의 범죄소년 500명과 일반소년 500명을 비교 연구대상으로 삼았다.
② **연구의 특징**: 가정적 · 가족적 관계, 성격구조나 체형적 · 인류학적 체질 평가 등 다양한 측면의 통계를 비교하고, 동태적으로 추적하는 다원인자적이고, 예측적인 관점과 임상적 관점을 통합하는 특징을 보여주고 있다.

(2) 연구결과
① **체형특징**: 비행소년은 체격적으로 투사형(중배엽우월성, 신체긴장형)이 많고, 기질적으로도 보통소년과 차이점이 있다고 지적하였다.
   ▶ **범죄성**: 중배엽 > 외배엽 > 균형형 > 내배엽
② **심리적 특징**: 비행소년은 심리적으로는 직접적 · 구체적 표현을 하는 경향이 있고 침착하지 못하며, 태도가 적대적이거나 의혹적이고 문제의 해결에 있어 무계획적이라는 특성을 가지고 있다고 보았다.

> **[글룩 부부의 소년비행연구 공헌]**
> 1. 글룩(1896-1980)은 폴란드 태생으로 6세 되던 해에 미국으로 이주하여 1920년 미국 시민으로 귀화하였다. 하버드대학교에서 박사학위를 받은 그는 1925년부터 1963년까지 하버드 강단에 섰다.
> 2. 글룩 부부는 보스톤의 500명의 비행소년과 500명의 일반소년의 비교 연구를 통해 다양한 관점의 소년비행원인을 밝히고자 노력하였다.
> 3. 생물학적 관점의 체형연구, 유전적 결함과 비행, 심리학적 관점의 로르샤하 테스트를 통한 성격연구, 지능수준과 비행연관성, 발달범죄 초기모형인 성숙이론(종단연구), 교육과 비행, 가정환경과 비행, 표본집단조사를 통한 횡적연구, 나이를 추적한 종적연구, 범죄예측에 있어서 조기예측 등 다양한 연구성과를 남겼다.

04 코르테(Cortes)의 체형과 정신기질

(1) 체형과 정신적 기질연구
① **체형과 기질**: 앞선 체형이론이 신체적 특징에만 관심을 두어 왜 중배엽형의 사람이 범죄를 저지를 가능성이 높은가에 대해 충분히 설명하지 못하였으나, 코르테는 체형에 따른 정신적 성향을 고려하여 체형과 범죄발생과의 인과관계를 보다 정교히 발전시켰다.
② 체형이 뚜렷한 73명의 소년 및 100명의 여대생과 20명의 성인범죄자를 대상으로 조사한바, 체형별로 뚜렷한 정신적 기질의 차이를 발견할 수 있었다.

(2) 연구결과
① **내배엽형**: 정신기질이 내장긴장형, 즉 몸가짐이 부드럽고 온순한 성향이었다.
② **중배엽형**: 정신기질이 신체긴장형, 즉 활동적이며 공격적인 성향과 상관성이 높았다.
③ **외배엽형**: 정신기질이 두뇌긴장형, 즉 내향적이며 비사교적인 성향이 강한 상관도를 보였다.

(3) 성과와 한계
① **성과**: 중배엽형의 사람들은 활동적이고, 반항적인 기질이 강하고, 이러한 정신적인 기질로 인하여 범죄를 저지르는 경향이 크다고 체형의 중요성을 입증하였다.
② **한계**: 연구대상이 너무 적었다는 점, 정신적 성향을 조사하는 데 객관적인 방법이 아닌 자기보고식 조사를 했다는 점은 연구결과의 일반화에 한계를 가지고 있다.

🔲 체형이론의 정리

크레취머	셸던	긴장부분 (정신병형)	정신병질 (기질성)	범죄형태	범죄 시기
투사형 (운동형)	중배엽 우월성	신체긴장 (간질)	① 간질병질 (점착성) ② 촉발적 불만	폭력적 재산범·풍속범 및 조발 상습범, 폭력·상해 등 신체상의 범죄 등 범죄자가 가장 많다.	사춘기
세장형	외배엽 우월성	두뇌긴장 (정신분열)	① 분열병질(분열성) ② 비사교적 ③ 변덕적	사기, 절도 및 누범에 많다.	사춘기
비만형	내배엽 우월성	내장긴장 (조울증)	① 순환병질(순환성) ② 사교적 ③ 정이 많음	① 범죄가 적다. ② 기회적·우발적 범죄가 많다.	갱년기
발육부전형 (혼합형)				비폭력적 풍속범이 많다.	사춘기 전후

① 점착성 기질: 촉발적으로 자신의 불만표출(참지 못하는 사람)
② 분열성 기질: 감정의 기복이 많음(예측 곤란하고 민감·예민한 사람)
③ 순환성 기질: 감정의 표현이 풍부한 사람(정이 많고 사교적인 사람)

① 중배엽 우월성: 뼈와 근육과 관련된 세포가 발달 = 투사형
② 외배엽 우월성: 피부나 신경조직과 관련된 세포가 발달 = 세장형
③ 내배엽 우월성: 소화기관과 관련된 세포가 발달 = 비만형

⊕ PLUS 강력범죄·흉악범죄와 관련성

투사형·점착성 기질·중배엽 우월성·생래적 범죄인·XYY성염색체

단원별 지문 O/X

01 크레취머(Kretschmer)는 인간의 체형을 크게 세장형(asthenic), 근육형(athletic), 비만형(pyknic) 등으로 분류한 후 각각의 신체특징별 성격과 범죄유형을 연구하였다. (   )   [2023. 경찰1차]

02 크레취머(Kretschmer)는 사람의 체형 중 비만형이 범죄확률이 높은데 특히 절도범이 많다고 하였다. (   )   [2016. 보호 7급]

03 셀던(Sheldon)은 인간의 체형을 중배엽형(mesomorph), 내배엽형(endomorph), 외배엽형(ectomorph)으로 구분하고, 이 중 외배엽형은 활동적이고, 공격적이며, 폭력적 면모를 가진다고 주장하였다. (   )   [2022. 경찰2차]

04 셀던(Sheldon)은 소년교정시설에 수용된 청소년과 일반 청소년의 신체적 특징을 비교·조사하여 범죄자는 독특한 체형을 지니며, 이러한 체형이 반사회적 행동의 원인이라고 주장하였다. (   )   [2023(73). 경위]

05 글룩(Glueck) 부부는 체형이 행위에 영향을 주어 간접적으로 비행을 유발하는 다양한 요인 중 하나라고 하였다. (   )   [2023(73). 경위]

06 꼬르떼(Cortes)는 신체적으로 중배엽형 사람일수록 범죄성향이 높다고 주장하였다. (   )   [2015. 사시]

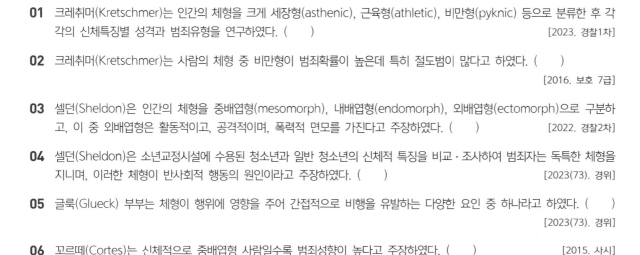

01 ○

02 ✕ 크레취머(Kretschmer)는 체형 중 운동형이 범죄확률이 높다고 하였으며, 절도범이나 사기범 중에는 세장형이 많다고 하였다.

03 ✕ 셀던(Sheldon)에 따르면 내배엽형 인간은 배가 나오고 둥그스름한 체형에 살이 찌기 쉬운 체질이고 성격적으로는 느긋하며 외향적이며, 중배엽형은 가슴과 어깨근육이 발달한 근육형 인간으로 활동적이고 공격적인 성향을 띠며, 외배엽형은 길고 연약한 체형에 예민하고 알레르기나 피부 트러블이 많은 사람들이라고 하였다.

04 ○

05 ○ 글룩(Glueck) 부부는 셀던(Sheldon)의 세 가지 체형과 어느 특정한 체형이라고 할 수 없는 유형의 체형을 가미한 네 가지 체형으로서 500명의 비행소년과 이들과 부합되는 일반소년 500명을 비교하여 비행의 관련성을 검증하였다. 그 결과 60.1%의 비행소년이 신체긴장형이었던 반면, 일반소년은 30.7%만이 신체긴장형이라는 사실을 발견하였다. 그러나 이들은 연구결과를 인과적 견지에서 해석하기보다는 체형이 비행을 유발시킬 수 있는 요소로 해석하면서, 범죄유발 환경하에 사는 신체긴장형이 비행의 잠재성이 더욱 크다고 주장하였다. 즉, 체형이 비행의 직접적인 원인이라기보다는 단순히 외형이 그 사람의 행위에 영향을 미치며, 비행을 유발시키는 많은 요인 가운데 체형은 그중 하나에 불과하다는 것이다.

06 ○ 신체적으로 중배엽형(신체긴장형)의 사람일수록 활동적이며 공격적인 성향과 상관성이 높다고 주장하였다.

제3절 유전과 범죄

01 유전적 요인의 범죄원인력

(1) 유전적 결함과 범죄
① 유전이란 동일한 소질이 선조와 자손에 나타나는 현상을 말하는 것으로, 유전적 요인의 범죄원인력은 유전적 결함을 물려받은 자와 범죄성의 상관관계를 연구하는 것을 내용으로 한다.
② 유전부인(遺傳負因, 유전적 결함)이 부모에게 있는 경우를 직접부인, 조부모에게 있는 경우를 간접부인, 부모의 형제에게 있는 경우를 방계부인이라 한다.
③ 범죄성이 유발되기 쉬운 나쁜 유전조건, 즉 유전적 결함으로 정신분열증, 조울증, 간질과 같은 내인성 정신병과 중독, 전염병, 외상 등에 의한 정신병 등과 같은 외인성 정신병이 있다.

(2) 슈툼플의 연구
① 오스트리아의 인종생물학과 유전생물의학자 슈툼플(Stumpfl)은 261명의 범죄자를 대상으로 부모의 내인성 정신병을 조사한 결과를 발표하였다.
② **연구결과**: 부모의 내인성 병력, 아버지의 정신병질, 부모의 전과 유무 등은 모두 초범자보다 상습적인 범죄자 중에서 높은 비율을 보여 부모의 유전적 결함이 자식의 범죄습관에 중요한 요인이 된다는 것을 알 수 있었다.

(3) 글룩 부부의 연구
① 글룩(Glueck) 부부는 범죄소년과 일반소년 중에서 부모가 지능지체, 정서장애, 음주벽, 전과경험 등이 있는 정도를 분석해서 유전적 결함이 범죄에 미치는 영향을 살펴보았다.
② **연구결과**: 부모가 지능지체, 정서장애, 음주벽, 전과경험 등이 있는 경우를 범죄소년과 일반소년을 상호 비교했을 때에 일관되게 부모의 유전적 결함이 있는 경우 범죄소년들에서 높게 나타났다.

(4) 유전적 결함의 연구한계
① 부모의 유전적 결함이 직접적 범죄원인인 것인지 아니면 그것이 경제적 빈곤으로 이어져 자녀의 양육환경의 악화로 자녀가 범죄자로 된 것인지를 제대로 규명하지 못했다는 점이다.
② 만약 경제적 빈곤으로 인한 양육환경의 악화로 범죄자가 되었다면, 범죄발생의 직접적인 원인은 환경요인이 될 것이고, 유전적 소질이란 단지 환경요인을 구성하는 한 부분일 뿐이다.

(5) 고링(Goring)의 통계적 연구방법
① 통계학의 상관계수법으로 범죄성이 유전되는지를 검토하기 위해, 범죄성의 정도를 구금빈도와 구금기간의 두 가지 측면에서 고찰하고 부모의 범죄성과 자식의 범죄성이 어떻게 관련되었는지를 살펴보았다.
② **연구결과**: 부모의 구금횟수가 많고 구금기간이 길수록 자식들의 경우에도 같은 구금횟수와 기간을 확인할 수 있었고, 반면 같은 방법으로 빈곤정도, 교육정도, 국적, 출생순서, 결손가정 등의 사회적 환경요인들과 범죄성과 관계를 분석한 결과 이들 사이에는 관련 거의 없었다.
③ **한계**: 범죄성이란 유전에 의해 전수되는 것이며 각자가 처해 있는 사회적 환경이나 자연적 환경의 결과가 아니라는 결론이지만, 고링이 측정한 환경요인들은 극히 일부로 보다 다양한 환경요인을 적절히 고려하지 못했다는 지적이 있다. [2022. 경찰2차]

02 범죄인 가계연구

(1) 의의
① 특정 범죄인의 조상들에 대한 종단적 조사를 통하여 가계(혈통)의 특징인 유전조건에서 범죄의 원인을 찾으려는 데 초점을 둔 연구이다.
② 대표적인 연구로 덕데일의 쥬크家 연구와 고다드의 칼리카크家 연구가 있다.

(2) 덕데일(Dugdale)의 쥬크家 연구(1877)
① 덕데일(Dugdale)은 미국의 교도소에 수감 중인 쥬크(Jukes)의 가족 6명의 후손 1,000명 이상을 조사하여 범죄성의 유전성을 입증하고자 하였다. [2021. 교정 9급]
② 연구결과: 280명의 극빈자, 60명의 절도범, 7명의 살인범, 140명의 범죄자, 40명의 성병 사망자, 50명의 매춘부 및 기타 일탈행위자가 확인되어 범죄성의 유전을 인정하는 조사로 평가되었다.

(3) 고다드(Goddard)의 칼리카크家 연구(1912)
① 정신박약자와의 혼외 자손: 미국 남북전쟁 당시 민병대원이었던 칼리카크(Kallikak)는 전쟁 중에 정신박약자와의 사이에 사생아인 아들을 낳아 그 자손 488명 가운데 정신박약자, 사생아, 알코올중독자, 간질병자, 포주, 범죄자 등이 나타났다.
② 정식결혼을 통한 자손: 전쟁이 끝난 후 고향에 돌아와 정식결혼을 통해 여러 명의 자녀를 두었는데, 그 자손 중에는 교육자나 의사, 변호사 등 훌륭한 시민으로 성장한 사실이 밝혀졌다.
③ 연구결과: 이를 통해 유전적 요인의 중요성을 확인한 것이다.

(4) 서덜랜드의 조나단 에드워드家의 연구
서덜랜드(Sutherland)는 조나단 에드워드(Jonathan Edward)가(家)의 연구를 통해 선조 중에는 살인범이 있었으나, 후손 중에는 살인범이 전혀 없다는 점을 들어 범죄의 유전성을 부정하였다.

(5) 한계
① 연구결과만으로는 자식이 부모의 범죄성향을 닮은 이유가 순전히 유전에 의한 것인지, 아니면 부모가 자식에게 제공한 환경의 영향 때문인지에 대해 명확한 해답을 제시할 수 없다는 비판을 받는다.
② 연구사례가 다양하지 못해 일반화에는 한계가 있고, 과학적 기초가 부족하다는 비판이 있다.
③ 가계연구는 범죄에 대한 유전과 환경의 영향을 분리할 수 없는 단점을 갖는다. [2023. 보호 7급]

03 쌍생아 연구

(1) 개관
① 가계연구들은 부모의 외모와 성격이 자식에게 유전되는 일반적 현상을 범죄성향으로 확장하여, 부모의 범죄성향 또는 전적으로 유전에 의해 자식에게 대물림된다고 주장하였다.
② 이 주장은 자식이 부모의 범죄성향을 닮은 이유가 순전히 유전에 의한 것인지, 아니면 부모가 자식에게 제공한 환경의 영향 때문인지에 대해서는 명확한 해답을 제시할 수 없다. 가계연구만으로는 유전의 영향과 환경의 영향을 분리할 수 없기 때문이다.
③ 이런 단점을 극복하고자, 환경과 유전의 개별적 영향을 적절하게 밝히기 위해서 쌍생아 연구가 시작되었다.
④ 표본조사방법에 의한 대표적 연구로, 일란성 쌍생아와 이란성 쌍생아가 각기 범죄를 행하는 일치율을 비교하여 범죄에 있어 유전적 영향을 명확히 하려는 연구방법이다.

⑤ 다른 모든 조건이 동일한 상황에서 일란성 쌍생아의 일치율이 이란성 쌍생아의 일치율보다 높다면 범죄는 유전의 영향을 강하게 받는 것이고, 두 쌍생아 집단의 일치율에 전혀 차이가 없다면 범죄는 환경의 영향에 따른 것이라고 결론지을 수 있다.

⑥ **연구학자**: 쌍생아 연구의 개척자 갈톤(Galton), 랑게(Lange), 뉴만(Newmann), 크리스티안센(Christiansen), 달가드와 크링그렌(Dalgard & Kriglen) 등이 있다.

⊕ PLUS 쌍생아 연구

1. 일란성 쌍생아는 1개의 수정란이 2개로 분리된 후 각각 독립된 개체로 발달하기 때문에 유전적으로 100% 동일하다.

2. 이에 비해 이란성 쌍생아는 2개의 수정란이 자궁 내에서 독립적으로 성장한 것에 불과하기 때문에 유전적으로 일반 형제자매 사이와 동일하므로 50%의 유전자만을 공유한다.

3. 쌍생아 연구는 이러한 유전적 사실에 근거하여 쌍생아 중 1명이 범죄자일 때 다른 1명도 범죄자일 확률, 즉 일치율을 조사한다.

---

(2) 랑게

① 쌍생아 연구를 체계화하고 쌍생아 연구방법을 범죄생물학(범죄학)에 도입하였다.

② 독일의 생리학자 랑게(Lange)는 「운명으로서의 범죄」(1929)에서 일란성 13쌍과 이란성 17쌍 모두 30쌍의 쌍생아를 대상으로 연구한 결과, 일란성 쌍생아의 경우 13쌍 중에서 10쌍이, 이란성의 경우 2쌍만이 양쪽 모두 범죄를 저질러, 일란성 쌍생아에서 쌍생아 모두(함께)가 범죄를 저지른 비율이 이란성 쌍생아에서 쌍생아 모두가 범죄를 저지른 비율보다 높다는 것을 확인하였다. [2021. 교정 9급] 총 5회 기출

③ **결론과 한계**: '범죄란 개인이 타고난 유전적 소질에 의해 저질러지는 것'으로 이해하였지만, 이미 범죄를 저지른 쌍둥이를 대상으로 다른 쌍둥이 형제가 범죄를 행했는지 여부를 조사했기 때문에 자신의 가설을 증명하기 위해 제한적인 경우들만을 조사 대상으로 삼았다는 비판을 받는다.

(3) 뉴만

① 1930년대 초반 행동유전학 및 심리학에 기여한 미국의 뉴만(Newmann)은 42쌍의 일란성 쌍생아와 25쌍의 이란성 쌍생아 등 모두 67쌍을 대상으로 범죄유형상의 일치성 여부와 상이성을 연구하였다.

② **연구결과**: 일란성 쌍생아에서는 양쪽 모두 범죄를 저지른 경우가 92%, 이란성 쌍생아의 경우에는 20%로 랑게와 마찬가지로 유전적 소질의 영향을 밝혀냈다.

(4) 크리스티안센

① 덴마크의 크리스티안센(Christiansen)에 의한 쌍생아 연구는 가장 광범위한 것으로, 공공기록인 '쌍생아 기록부'를 통해 1881년부터 1910년까지 태어나서 15세까지 양쪽이 모두 생존한 쌍생아 600쌍을 연구대상으로 하였다.

② **연구결과**: 일란성의 경우 범죄를 저지른 67쌍 중 양쪽 모두 범죄를 저지른 경우는 24쌍(35.8%)이고, 이란성의 경우 범죄를 저지른 114쌍 중 양쪽 모두 범죄를 저지른 경우는 14건(12.3%)으로, 일란성 쌍생아 집단의 일치율이 높았기 때문에 유전이 범죄에 미치는 영향이 존재함을 입증하였다.

③ 그러나 만약 범죄발생이 환경과는 무관하게 오로지 유전에 의한 것이라면 일란성 쌍생아의 일치율은 100%에 해당해야 한다. 그런데 약 65%의 불일치율을 감안하면, 범죄에 미치는 환경의 영향 또한 강하다는 사실을 확인할 수 있다. 이러한 견지에서 크리스티안센은 유전적 요인은 중요하지만 사회적 변수에 따라 많은 영향을 받는다고 주장하였다. [2024(74). 경위]

④ **한계**: 1974년 연구에 의하면, 범죄의 일치는 범죄의 종류, 출생지역, 사회계층, 범죄에 대한 집단의 저항 강도에 따라 달라진다고 보면서, 종전의 연구결과보다는 일치율이 현저히 떨어진다고 보고하였다(일란성: 남성 35.8%, 여성 21.4%, 이란성: 남성 12.3%, 여성 4.3%).

(5) 달가드와 크링그렌

① 달가드(Dalgard)와 크링그렌(Kriglen)은 노르웨이 139쌍의 남자 쌍둥이 연구에서 유전적 요인 이외에 양육 과정의 차이인 환경적 요인도 함께 고려하여 연구하였다.
② **연구결과**: 일란성 쌍생아의 범죄일치율(두 명 모두 범죄를 저지른 비율)은 25.8%, 이란성의 경우 14.9%로 나타났다. 이러한 차이는 조사대상자들이 비슷한 양육과정에 있었기 때문인 것으로 분석하였다.
③ **결론**: 실제 양육과정별로 분석하였을 경우 일란성 쌍생아의 일치율은 이란성 쌍생아들의 일치율과 큰 차이가 없었음을 확인하고, 범죄발생에 있어 유전적인 요소는 중요하지 않다고 주장하였다. [2021. 교정 9급]

(6) 그로브와 동료들

① 그로브(Grove)와 동료들은 일란성 쌍생아가 이란성 쌍생아보다 더 유사한 환경을 경험한다는 사실을 통제할 수 있는 연구방법을 사용하여 태어나자마자 분리되어 서로 다른 환경에서 자란 일란성 쌍생아들의 일치율을 조사하였다.
② 따로 떨어져서 자란 32쌍의 일란성 쌍생아들을 조사한 결과, 유의미한 일치율이 나타남에 따라 유전이 범죄에 미치는 영향이 실재함을 확인하였다.

(7) 평가

① **신뢰성**: 대부분의 연구결과는 유전적 소질이 범죄발생에 중요하게 작용한다는 것을 시사하지만, 환경의 영향을 전혀 고려하지 않았기 때문에 연구결과는 충분한 신뢰성을 갖기 어렵다.
② **연구결과 해석의 문제**: 일란성 쌍생아의 일치율이 35.8%, 불일치율이 64.2%라는 것은 결국 유전적 소질만 가지고는 범죄현상을 충분히 이해할 수 없다는 사실을 의미한다.
③ 쌍생아 연구는 일란성과 이란성의 분류 방법의 문제, 표본의 대표성, 공식적인 범죄기록에 의한 일치율 조사 등에 문제가 있다는 비판이 있다.

⊕ **PLUS** 쌍생아와 환경

1. 시설에 수용된 쌍생아뿐만 아니라 모든 쌍생아가 등록된 기록을 기초로 한 크리스티안센(Christiansen)이나 달가드(Dalgard)와 크링그렌(Kriglen)의 연구결과에 따르면, 일란성 쌍생아가 상대적으로 높은 일치율을 보여주고 있으나, 환경의 영향이 고려될 때는 유전적 요인의 중요성이 약화됨을 알 수 있었다.
2. 메드닉(Mednick)과 크리스티안센(Christiansen)은 유전적 요인은 중요하지만, 사회적 변수에 따라 많은 영향을 받는다고 주장하였다. 예를 들어 범인성에 대한 유전적 영향은 하류계층보다는 중류계층에 더 큰 영향을 미치는데, 그 이유는 하류계층의 범인성에 있어서는 사회경제적 변수가 더욱 중요하기 때문이다.
3. 로우(Rowe)와 오스구드(Osgood)는 유전적 영향뿐만 아니라 가족 모두에게 영향을 미치는 공통의 환경 그리고 각각의 구성별로 개별적 영향을 미치는 특별한 환경영향 모두가 쌍생아의 비행에 있어서 상이점을 설명할 수 있는 변수라고 지적하였다.

04 양자(입양아) 연구

(1) 개관
① 범죄에 대한 유전의 영향을 확인할 수 있는 방법은 쌍생아 연구 외에도 입양아들의 성장과정을 연구하는 입양아 연구가 있다.
② 만약 입양아의 범죄성향이 입양부모보다 생물학적 부모의 범죄성향을 더 닮는다면 범죄에 대한 유전적 영향이 더 강하다고 볼 수 있고, 반대로 입양부모의 범죄성향을 더 닮는다면 환경적 영향이 더 강하다고 볼 수 있다는 이론이다.

(2) 슐징거
① 슐징거(Schulsinger)는 처음으로 입양아 연구를 통해 범죄의 유전성을 밝히고자 한 학자로, 입양아 중에 충동적인 행동의 정신질환자 57명, 정상적인 입양아 57명을 비교 연구대상으로 하였다.
② **연구결과**: 알코올중독, 약물중독, 범죄경험 등의 문제가 있는 혈연관계의 비율이 정신질환 입양아들 중에서는 14.4%, 정상적인 입양아들 중에는 6.7%로 나타났다. 이를 통해 <u>정신질환과 같은 정신적 결함이 혈연관계를 통하여 전수</u>된다는 것을 확인하였다.

(3) 크로우
① 크로우(Crowe)는 미국 아이오와 주에서 어머니가 범죄자였던 입양아 52명과 같은 수의 정상적인 입양아들을 대상으로 그 상관성을 입증하였다.
② **연구결과**: 어머니가 범죄자였던 입양아들 중 7명이 범죄를 저질렀으며, 정상적인 입양아들은 52명 중 1명만이 범죄를 저질렀고, 수감기간에서도 3년 6개월 이상 수감자가 전자의 경우에는 5명이었지만 후자의 경우에는 아무도 없었다.

(4) 허칭스와 메드닉
① 허칭스(Hutchings)와 메드닉(Mednick)은 1927년부터 1941년까지의 덴마크 입양아 표본을 사용하여, 14,427명의 생물학적 부모, 입양부모, 입양아들의 범죄경력을 조사·연구하였다(1984).
② 그 결과 생물학적 부모와 입양부모 모두 범죄경력이 없을 때는 입양아의 13.5%가 범죄경력이 있었고, 입양부모만 범죄경력이 있을 때에는 입양아의 14.7%가, 생물학적 부모만 범죄경력이 있을 경우는 입양아의 20%가 범죄경력을 지닌 것으로 나타났다. 입양부모와 생물학적 부모 모두 범죄경력이 있는 경우에는 입양아의 범죄경력이 25%로 가장 높았다.
③ 이 입양아 연구결과는 <u>생물학적 부모에 의한 유전의 영향(20%)이 입양부모에 의한 환경의 영향(14.7%)보다 더 크다</u>는 사실을 밝혔고 더불어 생물학적 부모와 입양부모가 모두 범죄경력이 있을 때, 즉 유전과 환경의 영향이 중첩될 때 범죄성향이 가장 증가(25%)한다는 사실도 보여 주었다.
④ **결론**: 생물학적 부모와 입양부모 모두 범죄경력이 없을 때 < 입양부모만 범죄경력(환경의 영향) < 생물학적 부모만 범죄경력(유전의 영향) < 생물학적 부모와 입양부모가 모두 범죄경력(유전과 환경의 복합적인 산물의 결과)이 있을 때 순으로 나타났다. [2021. 교정 9급] 총 2회 기출

(5) 장점 및 단점
① 입양아 연구는 쌍생아 연구를 보충하여 범죄에 대한 유전의 영향을 조사할 수 있는 유용한 방법이다.
② 입양부모가 최소 중산층 이상이 되어야 입양심사를 통과하기 때문에 입양부모들이 제공하는 환경이 전체 모집단의 환경을 대표한다고 볼 수 없으므로 그 연구결과를 모집단에 일반화하기 어려운 단점이 있다.

05 성염색체와 범죄

(1) 염색체 구성의 비정상성

① 제이콥스(Jacobs)와 스트롱(Strong)을 중심으로 한 연구로, 인간의 성염색체는 그 형태·구성·개수 등에 있어서 이상이 나타날 수 있고 이로 인하여 성격적 결함을 초래할 수 있으며, 이것이 범죄성과 어떠한 상관관계를 갖는가에 대한 연구이다.

② 이 연구는 유전적 특성이 가계전승과 같이 세습되는 것이 아니라, <u>수태전후의 변이</u>에 의해 유전적 특성이 형성된다고 봄으로써 유전적 결함에 관한 연구들과 차이가 있다.

(2) 유형

① 클라인펠터 증후군(XXY): 정상적인 남성이 XY염색체인데 X염색체가 증가한 경우로, 신체적으로 둥그스름, 발육지체상태가 엿보이고, 고환의 왜소, 무정자증, 가슴의 확대 증상이 있다. 지능과 정신적 능력이 낮고 반사회적 성향으로 자기중심적이며 자신감 결여, 알코올중독과 동성애, 성범죄, 조폭범죄, 방화·절도죄 등과 관련이 있다.

② 초남성(XYY)에 대한 범죄성 가정: 남성성을 나타내는 Y염색체가 일반 남성보다 많은 XYY형 남성은 남성기질을 초과하여 지능이 낮고, 성적인 조숙, 조발성, 뇌파측정에서 간질환자의 뇌파와 유사한 이상파를 보이는 자로 <u>폭력적이고 강한 범죄성향을 가지며 공격성이 강하다</u>고 가정되고 있다.

> ⊕ PLUS 성염색체
>
> 염색체는 23쌍 46개로 구성되어 있는데 그중 1쌍인 2개의 염색체가 성염색체에 해당된다. 이중 상염색체(성염색체 이외의 모든 염색체. 22쌍) 이상일 경우 다운증후군 등의 문제가, 성염색체 이상일 경우 클라인펠터 증후군(Klinefelter), 초남성 등의 문제가 발생한다.

(3) 제이콥스의 범죄성 인정

① 제이콥스(Jacobs)는 스코틀랜드 정신병원에 수용된 환자들을 대상으로 염색체 구조를 조사한 결과, 196명의 정신질환자들 중 Y염색체 과잉인 XYY형으로 파악된 사람이 7명으로, 이는 일반인 1,000명당 1.5명에 비해 매우 높은 것이었다. [2025. 보호 9급]

② XYY형은 '초남성'이고 보다 <u>폭력적이며 강한 범죄성향</u>을 가졌다고 보았다. [2022. 경찰2차] 총 4회 기출

(4) 범죄성을 부정하는 연구

① 제이콥스 연구 비판: 다른 연구에서 성염색체에 아무런 이상이 없었던 재소자들이 XYY형의 재소자들에 비해 과거에 저지른 범죄건수가 많았고 오히려 더욱 폭력적이었다는 점을 들어 XYY형이 폭력적이라는 주장을 비판하였다.

② 위트킨(Witken)은 1944년에서 1947년 사이 덴마크 코펜하겐에서 태어난 XYY형 12명을 대상으로 범죄내역을 조사했지만, 정상적인 XY형에 비해 폭력적인 범죄를 더 많이 저지른다는 증거를 발견하지 못했다.

③ 프라이스와 왓모어(W.H. Price & P.B. Whatmore)는 제이콥스 등이 발견한 9명의 XYY재소자를 같은 시설에 수용되어 있던 18명의 정상염색체 소유 재소자의 통제집단과 비교한 결과, 정상염색체 소유의 통제집단이 이상염색체집단보다 더 폭력적이고 범죄적임을 발견하였다

④ 사빈과 밀러(T.R. Sarbin & J.E. Miller) 같은 경우 XYY남성이 예견할 수 있을 정도로 공격적이지 않으며, 오히려 정도의 차이가 있다면 XY에 비해 덜 공격적이라고 결론짓는 사람도 있다.

⑤ 결론: 실제 XYY형 중에서 범죄자보다는 그렇지 않은 사람들이 더 많다는 것은 타고난 소질만을 범죄의 원인으로 고려하는 <u>XYY 염색체론으로는 쉽게 설명할 수 없는 현상</u>이다. [2024. 해경 경위]

단원별 지문 OX

01 랑게(Lange)는 가계 연구에서 밝히기 어려운 범죄성에 대한 유전과 환경의 관계를 밝히기 위해 쌍생아 연구를 하였다.
(   )
[2024(74). 경위]

02 입양아 연구는 쌍생아 연구를 보충하여 범죄에 대한 유전의 영향을 조사할 수 있지만, 입양 환경의 유사성을 보장할 수 없기 때문에 연구결과를 일반화하기 어렵다. (   )
[2023. 보호 7급]

03 크리스티안센(Christiansen)은 일란성 쌍생아의 경우 성별을 불문하고 이란성 쌍생아보다 한 쪽이 범죄자인 경우에 다른 쪽도 범죄자인 비율이 높은 것을 확인하였고, 범죄성의 환경적 요인에 따른 영향력은 없다고 하였다. (   )
[2024(74). 경위]

04 달가드(Dalgard)와 크린글렌(Kringlen)은 쌍둥이연구를 통해 범죄 발생에서 유전적 요소는 중요하지 않다고 주장하였다.
(   )
[2015. 사시]

05 허칭스와 메드닉(Hutchings & Mednick)은 입양아 연구결과 양아버지의 영향이 생물학적 아버지의 영향보다 크다고 하였다. (   )
[2023(73). 경위]

06 허칭스와 매드닉(Hutchings & Madnick)의 연구에 따르면, 친부와 양부 모두 범죄경력이 있는 경우가 한 쪽만 범죄경력이 있는 경우에 비해 입양아의 범죄 가능성에 더 큰 영향력을 미치는 것으로 나타났다. (   )
[2024(74). 경위]

07 허칭스(Hutchings)와 메드닉(Mednick)은 환경적 요인을 통제하지 못한 가계도 연구의 한계를 보완하기 위하여 쌍생아를 대상으로 범죄와 유전과의 관계를 연구하였다. (   )
[2023. 경찰1차]

---

01 ○

02 ○ 입양아 연구는 쌍생아 연구를 보충하여 범죄에 대한 유전의 영향을 조사할 수 있는 유용한 방법이지만, 입양부모가 최소 중산층 이상이 되어야 입양심사를 통과하기 때문에 입양부모들이 제공하는 환경이 전체 모집단의 환경을 대표한다고 볼 수 없으므로 그 연구결과를 모집단에 일반화하기 어려운 단점이 있다.

03 ✕ 크리스티안센(Christiansen)은 일란성 쌍생아가 상대적으로 높은 일치율을 보여 주고 있으나, 환경이 고려될 때는 그 중요성이 약화됨을 알 수 있다. 이러한 견지에서 크리스티안센은 유전적 요인은 중요하지만 사회적 변수에 따라 많은 영향을 받는다고 주장하였다.

04 ○

05 ✕ 허칭스(Hutchings)와 메드닉(Mednick)의 입양아 연구결과는 생물학적 부모에 의한 유전의 영향(20%)이 입양부모에 의한 환경의 영향(14.7%)보다 더 크다는 사실을 밝혔다. 더불어 생물학적 부모와 입양부모가 모두 범죄경력이 있을 때, 즉 유전과 환경의 영향이 중첩될 때 범죄성향이 가장 증가(25%)한다는 사실도 보여 주었다.

06 ○

07 ✕ 허칭스(Hutchings)와 메드닉(Mednick)은 환경적 요인을 통제하지 못한 가계도 연구의 한계를 보완하기 위하여 입양아를 대상으로 범죄와 유전과의 관계를 연구하였다.

08 범죄성 유전에 대한 가계도 연구는 쥬크(Juke)가(家)와 칼리카크(Kallikak)가(家)에 대한 연구가 대표적이다. (   )

[2022. 경찰2차]

09 고다드(Goddard)의 칼리카크가(Kallikak 家) 연구는 범죄성향과 유전을 부정하였다. (   )   [2024. 경찰2차]

10 덕데일(Dugdale)의 쥬크가(Juke 家) 연구는 범죄성향과 유전을 부정하였다. (   )   [2024. 경찰2차]

11 덕데일(Dugdale)은 쥬크가(The Jukes) 연구를 통해 범죄의 유전적 요인에 주목하였다. (   )   [2024(74). 경위]

12 서덜랜드(Sutherland)의 에드워드가(Edward 家) 연구는 범죄성향과 유전을 부정하였다. (   )   [2024. 경찰2차]

13 제이콥스(Jakobs)에 의하면 XYY형의 사람은 남성성을 나타내는 염색체 이상으로 신장이 크고 지능이 낮으며 정상인들에 비하여 수용시설에 구금되는 비율이 높다고 하였다. (   )   [2016. 보호 7급]

14 초남성(supermale)으로 불리는 XXY 성염색체를 가진 남성은 보통 남성보다 공격성이 더 강한 것으로 알려져 있다. (   )

---

08 ○ 범죄성 유전에 대한 가계도 연구는 덕데일의 쥬크(Juke)가(家) 연구와 고다드의 칼리카크(Kallikak)가(家)에 대한 연구가 대표적이다.

09 × 고다드(Goddard)는 미국 독립전쟁 당시 생존했던 '마틴 칼리카크(가명)'라는 남자와 그의 후손들에 대한 가계를 조사하여 유전과 범죄의 관계를 찾을 수 있었다.

10 × 덕데일(Dugdale)은 1700년대 중반에 미국에 살았던 '에이다 쥬크(가명)'라는 여자 범죄자의 후손들을 조사한 결과 상당수가 전과자, 포주, 창녀, 극빈자였다는 사실을 밝혀내어 범죄는 유전과 관계되는 것으로 결론지었다.

11 ○ 덕데일(Dugdale)은 미국의 교도소에 수감 중인 에이다 쥬크(Jukes. 가명)의 가족 6명의 후손 1,000명 이상을 조사하여 범죄성의 유전성을 입증하고자 하였으며, 280명의 극빈자, 60명의 절도범, 7명의 살인범, 140명의 범죄자, 40명의 성병 사망자, 50명의 매춘부 및 기타 일탈행위자가 확인되어 범죄성의 유전을 인정하는 조사로 평가되었다.

12 ○ 서덜랜드(Sutherland)는 조나단 에드워드가(家)의 연구를 통해 선조 중에는 살인범이 있었으나, 후손 중에는 살인범이 전혀 없다는 점을 들어 범죄의 유전성을 부정하였다.

13 ○ 제이콥스(Jakobs)는 Y염색체를 하나 더 가지고 있는 XYY형은 '초남성'이고 보다 공격적이며 범인성의 소지가 많다고 보았다. 다만, 이후의 대부분의 연구에서는 초남성의 XYY 성염색체가 정상적인 XY 성염색체보다 더 공격적이거나 폭력적이라는 증거를 찾지 못했다.

14 × XXY 성염색체는 여성스러운 남성으로 공격적이거나 폭력성과는 거리가 멀다. 초남성은 XYY 성염색체 소유자에 대한 연구에서는 제이콥스(Jakobs)는 공격적, 폭력적이라는 연구결과를 발표했지만, 이후 대부분의 연구에서는 이를 뒷받침할만한 근거를 찾지 못했다.

제4절 기타 생물학적 범죄원인의 발달

01 생화학적 불균형과 범죄

(1) 개관
① 생화학물이란 인간의 내분비선에서 생성되는 호르몬 등의 각종 분비물을 의미한다.
② 20C 들어 생물학자나 인체생리학자들에 의해 인체 내 생화학물질을 생성하는 내분비선의 기능장애와 이로 인한 생화학적 불균형상태가 사람들의 신체반응이나 정신활동에 중요한 영향을 미칠 수 있다는 견해에서 출발하였다.

(2) 슈랍과 스미스, 버만의 연구
① 슈랍(Schlapp)과 스미스(Smith)는 「새로운 범죄학」(1928)에서 생체화학과 호르몬 불균형 문제를 다루면서, 범죄는 호르몬의 불균형에 의해 야기되는 감정의 혼란 때문에 발생한다고 주장하였다. 그러나 실제 그에 관한 경험적 증거는 제시하지 못했다.
② 버만(Burman)은 뉴욕의 싱싱교도소 250명의 수형자를 대상으로 내분비선 상태, 신진대사, 물리검사를 실시한 결과, 정상인에 비해 2~3배 정도 내분비선의 기능장애나 생화학물의 불균형 문제가 있는 것을 밝혀냈다. 특히 소년범죄자의 경우에도 2~3배 정도 기능장애가 있음을 확인하여 인체의 생화학적 기능이 <u>범죄발생에 미치는 중요한 영향</u>을 입증하였다.

(3) 몰리취와 폴리아코프의 범죄성 부정
① 몰리취(Molitch)와 폴리아코프(Poliakoff)는 버만(Burman)이 연구과정을 상세히 밝히지 않아 연구결과의 신뢰성에 대한 문제가 제기되자, 버만(Burman)의 연구결과를 입증하기 위해 연구를 시작하였다.
② 미국 뉴저지 주 소년수용시설의 비행소년들을 대상으로 좀 더 자세하고 전체적인 일련의 연구를 시행하였으나, 정상적인 내분비선을 가진 소년들과 내분비선의 장애를 가진 소년들의 비행행위는 그 빈도수나 내용면에서 별다른 차이를 확인하지 못하였다.

(4) 월경과 범죄
① **월경긴장**: 여성의 월경 전후에 있는 비정상적인 호르몬 수치의 변화로 인한 생화학적 불균형은 이들의 범죄와 어느 정도 관련이 있는 것으로 조사되었으나, 이러한 연구는 호르몬 수치의 변화 자체로 인하여 범죄가 유발되었다기보다는 단지 이러한 상태가 다른 요인들과 결합하여 범죄가능성을 높였다는 기여요인의 하나로 설명하였다.
② <u>롬브로조(Lombroso)</u>는 1894년에 공무집행방해죄로 체포된 여성 80명 중 71명이 월경 중이었다고 하였고, 1971년 영국의 <u>달튼(Dalton)</u>은 월경 전 또는 월경 중에 자살공격행동 등 반사회적 행동의 가능성이 높아진다고 하였다.

(5) 남성호르몬 테스토스테론
① 남성호르몬인 테스토스테론(testosterone)이 남성의 범죄적 폭력성과 관계가 있다는 주장이다.
② 테스토스테론 호르몬의 차이는 최소한 남자와 여자의 범죄율 차이의 일부와 관련된 것으로 이해할 수 있다.

(6) 영양과 범죄

① 신체의 생화학적 불균형은 부적절한 음식섭취에 의해 발생할 수도 있다. 1980년대 미국을 중심으로 영양과 범죄와의 관련성이 주목받게 되었는데, 이는 트윈키 항변(Twinky Defense)사건이 계기가 되었다.

② **트윈키 항변**: 트윈키는 당시 미국에서 인기 있던 스낵과자 이름으로, 1987년 미국 캘리포니아 주의 한 피고인이 당분이 많은 과자의 과잉섭취가 심신쇠약을 초래하였다는 항변으로 형량을 감경받은 사건이다.

③ 폴링(Pauling)은 영양결핍으로 인한 지각장애와 영양부족·저혈당증에 수반되는 과활동반응에서 범죄원인을 찾았다.

(7) 평가

① 내분비선의 활동이 사람들의 성격이나 행동에 영향을 미친다는 연구들은 소수의 사례들을 대상으로 이루어졌기 때문에 그 결과를 신뢰하기 어렵다. 따라서 성호르몬의 역할을 제외하고 내분비 호르몬이 범죄행동과 직접적인 영향을 미치는 것은 아니라고 한다.

② 어떤 영양상태가 어느 정도 범죄행위에 관련된 것인지에 대한 체계적인 고찰을 하지 않아 이 같은 사실을 일반화하는 데는 많은 어려움이 있다.

02 신경기능과 범죄

(1) 뇌의 구조와 기능

① 뇌는 인간의 유전적 성향과 환경적 경험이 통합되는 최고 중추기관으로, 인간 유전자의 약 60%가 뇌를 구성하는 데 사용된다.

② 뇌는 크게 뇌간, 변연계, 대뇌피질의 3층 구조로 구성되어 있다.

③ 척추 위에 위치한 뇌간은 호흡, 순환, 생식 등 기초적인 생존관련 기능을 담당한다.

④ 뇌의 가운데 부분에 위치한 변연계에는 편도체, 시상하부, 해마 등이 존재하며 주로 본능적 욕구, 충동, 감정을 담당하고, 그중 편도체는 공포와 분노기능을 담당하기 때문에 범죄와 직접적 관련성이 높다. [2022(72). 경위]

⑤ 뇌의 바깥쪽에 위치한 대뇌피질은 기억, 언어, 집중, 의식 등 고차원적 사고 기능을 담당하고, 그중 전두엽은 변연계에서 대뇌피질 방향으로 투사된 욕구, 충동, 감정 관련 신경정보를 억제하거나 사회적 맥락에 맞게 조절, 제어, 표출하게 하는 집행기능을 수행한다. [2022(72). 경위]

(2) 뇌의 발달과정

① 뇌는 순차적으로 발달하는바, 출생 시 뇌간은 이미 성장을 마친 상태이나, 변연계와 대뇌피질은 아이가 성장함에 따라 점차 발달해간다.

② 가장 늦게 성장하는 것은 대뇌피질로 집행기능의 핵심역할을 담당하는 전두엽은 20대 초·중반이 되어야 성장을 완료한다.

③ 뇌는 위계적 발달을 하는바, 뇌간이 정상적 성장을 완료해야 이에 기초하여 변연계가 정상적으로 성장하고, 정상적인 변연계에 바탕을 둔 후에야 대뇌피질 또한 정상적인 발달을 마칠 수 있다.

④ 대부분의 폭력 범죄자들의 뇌는 비정상적인 충동과 욕구를 생성하는 과활성화된 변연계와 그러한 충동에 대한 조절기능이 저활성화된 전두엽으로 구성된다.

⑤ 반사회적 폭력성과 공격성은 결정적 시기에 당연히 경험할 것으로 예상되는 애착자극을 받지 못하거나 전혀 예견되지 못한 자극(학대, 폭력 등)으로 인해 변연계와 전두엽이 정상적으로 발달하지 못한 사실과 깊은 관련이 있다고 볼 수 있다.

⑥ 뇌가 순차적·위계적으로 발달한다는 사실에 의거하여 나이와 범죄율의 관계를 설명할 수 있다.

(3) 뉴런과 시냅스

① 인간의 뇌는 약 1,000억 개의 뉴런(neuron) 또는 신경세포들로 구성되어 있고, 뉴런은 수상돌기(가지돌기)와 축삭으로 이루어져 있다.

② 1개의 뉴런은 약 1만개 정도의 수상돌기를 지니고 이를 통해 다른 뉴런들로부터 유입되는 정보를 받아 축삭을 통해 활동전위라고 불리는 전기신호의 형태로 축삭말단으로 보낸다.

③ 축삭말단은 다른 뉴런들의 수상돌기와 맞닿아 해당 활동전위를 전달하게 되는데 이 맞닿은 지점을 시냅스(synapse)라고 하고, 여기에는 다소 벌어진 틈이 존재한다.

④ 두 뉴런 사이에 틈이 존재하기 때문에 시냅스 상에서의 정보전달은 전기적 신호가 아닌 화학적 신호를 통해 이루어진다.

⑤ 축삭말단에는 시냅스 소포(小胞)들이 존재하고 그 안에는 화학적 신호전달자 역할을 하는 다수의 신경전달물질이 존재한다.

⑥ 사람의 범죄성향과 관련된 중요한 뇌신경과학적 기제는 신경전달물질이 수용체와 결합 후에 발생한다.

⑦ 신경전달물질 중에서 범죄와 가장 긴밀한 연관이 있는 것은 도파민과 세로토닌이다.

⑧ 대뇌 안에 적절한 양의 도파민과 세로토닌이 유지되고 이들의 신경전달이 효율적일 경우 정상적 감정, 사고, 행동이 가능하며, 범죄나 공격성의 억제와 적절한 조절이 가능해진다.

⑨ 그러나 효율적이지 못한 도파민과 세로토닌의 신경전달은 다양한 심리 및 행동이상을 초래하는바, 우울증, ADHD, 행동장애, 반사회적 성향, 약물중독, 공격성 등을 그 예로 들 수 있다.

(4) 신경전달물질

① 도파민(dopamine)

　㉠ 사람마다 도파민과 세로토닌의 양이 다른 이유는 근본적으로 이들의 생산, 수송, 분해를 담당하는 유전자들이 유전적 다형성을 지니기 때문이다.

　㉡ 범죄와 관련하여서 도파민의 경우, 1개의 도파민 수송체 유전자와 2개의 도파민 수용체 유전자가 유전적 다형성을 지닌다.

　㉢ 도파민은 운동능력, 집중력, 문제해결능력을 매개한다. 특히 뇌에 존재하는 도파민 시스템은 보상과 쾌락을 담당하는 역할을 한다. [2022(72). 경위]

　㉣ 특정 행위나 자극이 도파민을 증가시키는 경우, 즉각적인 만족과 쾌감을 느끼게 되므로 사람들은 관련 행위나 자극을 지속적으로 추구하게 되며, 이런 이유로 도파민 시스템을 흔히 자동차의 가속페달에 비유한다.

　㉤ 도파민이 제대로 합성되지 않거나 도파민 시스템이 정상적으로 작동하지 않은 경우, 우리 몸과 뇌 또한 정상 기능을 수행할 수 없다.

　㉥ 도파민은 흥분성 신경전달물질이므로, 비정상적 도파민 신경전달은 충동적 행위 및 폭력범죄와 깊은 관련성을 지닌다. [2024. 해경 경위]

② 세로토닌(serotonin)

　㉠ 범죄와 관련하여서 세로토닌의 경우, 세로토닌의 재흡수를 담당하는 세로토닌 수송체 유전자가 다형성을 지닌다.

　㉡ 세로토닌 시스템은 사람의 충동성이나 욕구를 조절하고 억제하는 역할을 담당하기 때문에 자동차의 제동장치에 비유된다.

　㉢ 세로토닌 시스템이 정상적으로 작동할 때, 사람은 원시적인 욕구나 충동 또는 감정을 억제할 수 있게 되고, 폭력 및 공격행위를 할 가능성은 줄어든다.

　㉣ 반대로 세로토닌 시스템이 정상적으로 작동하지 않을 경우, 충동성이나 욕구조절이 되지 않기 때문에 폭력을 포함한 다양한 행동 및 심리적 장애가 발생한다.

ⓐ 세로토닌이 너무 적은 경우 충동성, 욕구, 분노 등이 제대로 통제되지 않아 폭력, 자살, 알코올중독 등이 유발되기도 한다. [2022(72). 경위] 총 2회 기출

ⓑ 다른 종류의 신경전달물질과 비교했을 때, 세로토닌이 보다 일관되게 비행과 범죄행위를 예측한다.

③ **노르에피네프린**(norepinephrine)

ⓐ 뇌간의 청반에서 분비되는 신경전달물질이자 부신수질에서 분비되는 호르몬이다.

ⓑ 스트레스 반응으로 싸우거나 도망가야 할 상황과 관련된 신체적, 심리적 변화에 관여하며, 집중, 각성, 기분 조절에 중요한 역할을 한다.

ⓒ **교감신경계**: 교감신경계를 자극하여 "투쟁-도피 반응(Fight-or-Flight Response)"을 유도하는데, 심박수 증가, 혈관 수축, 호흡속도 증가, 에너지 공급을 위한 혈당상승이 나타난다.

ⓓ **중추신경계**: 전두엽에서 뇌의 각성과 주의를 집중하는 기능을 담당한다. 충동성, 공격성과 관련된 신경전달물질이다. [2024. 해경 경위]

ⓔ 농도가 높을 경우 과잉각성에 의한 주의력 증가, 불안, 공황장애와 연결될 수 있다.

ⓕ 농도가 낮을 경우 무기력, 주의력결핍/과잉행동, 우울증과 저혈압의 증상을 보이게 된다.

④ **모노아민 산화효소 A 유전자**

ⓐ 모노아민 산화효소 A(MAOA) 유전자는 신경전달물질을 분해하는데 활용되는 효소의 하나인 모노아민 산화효소를 합성하는 유전자이다.

ⓑ 모노아민 산화효소는 도파민, 세로토닌, 노르에피네프린의 분해를 담당하는 효소로, 이 효소의 합성과 활동성이 비정상적이라면 시냅스상의 신경전달물질들이 적절히 제거되지 않기 때문에 다양한 행동 및 정신병리적 증상들이 야기된다.

ⓒ 특히 이 효소가 과활성화되면 신경전달물질의 양이 급격히 감소하게 되고, 저활성화되면 신경전달물질의 양이 급격히 증가하게 되어 폭력행위를 보일 가능성이 높아진다. [2024. 해경 경위]

ⓓ 위와 같은 이유로 MAOA 효소의 활동성에 영향을 미치는 MAOA 유전자는 범죄 및 폭력과 깊은 관계가 있다.

⑤ **COMT 유전자**

ⓐ MAOA와 더불어 신경전달물질을 분해하는 또 다른 대표적 효소는 COMT(카테콜-O-메틸트랜스퍼라제) 효소이다.

ⓑ 이 효소는 세로토닌의 분해에는 관여하지 않고, 도파민과 노르에피네프린의 분해만을 담당한다.

ⓒ 특히 전두엽상의 도파민 분해를 전담하므로 전두엽의 정상기능 여부에 중대한 영향을 미친다.

ⓓ 기존 연구는 COMT 대립유전자가 주의력결핍 과잉행동장애(ADHD), 공격성, 반사회적 행동 및 특히 모핏(Moffitt)이 지칭한 생애지속형 범죄 성향과 유의한 연관성이 있음을 시사한다.

(5) 중추신경조직과 뇌파

① 중추신경조직은 뇌와 척추에 있는 것으로 사고활동과 자율운동을 담당하는 신체기관이다. 비정상적인 뇌파는 여러 가지 이상행동과 밀접한 연관이 있는 것으로 주장되는데, 뇌파검사기(EEG)를 통해 측정한다.

② 뇌파검사결과 범죄자들의 25~50% 가량이 비정상적인 데 반해 정상인은 5~20%에 불과한 것으로 나타나 뇌파와 범죄와는 어느 정도의 관련이 있다는 사실이 드러났다.

③ **메드닉**(Mednick)**의 뇌파검사**: 뇌파의 활동성과 범죄와의 관계를 연구하였는데, 6년의 연구기간을 정하여 10~13세의 소년들의 뇌파 활동성을 측정하고 6년 후 그동안의 범죄경력을 확인한 결과, 뇌파활동이 낮았던 사람들 중에 범죄비율이 높았으며, 뇌파활동이 높았거나 정상적인 범위의 사람들은 비교적 낮은 것으로 나타났다.

④ **메드닉의 뇌손상과 기능장애 연구**: X선 검사 등의 방법으로 조사한 결과, 범죄자들이나 폭력성향의 사람들은 전두엽과 측두엽 부분에서 발생한 뇌기능 장애를 겪고 있는 것으로 조사되어 뇌손상과 폭력행위와는 중요한 연관이 있다는 것을 발견하였다.

⑤ **루이스(Lewis)의 연구**: 어린 시절 부모의 적절한 양육을 받지 못했거나 지나친 체벌로 신체적으로나 정신적으로 손상을 입은 아이들은 나중에 반사회적 경향이 강한 것으로 조사되었다.

▣ **뇌파의 종류**

구분	Hz	상태
감마	30 이상	극도의 긴장과 흥분
베타	12 – 30	각성
알파	8 – 13	이완
세타	4 – 8	최면, 졸음
델타	0 – 4	수면

⊕PLUS 학습무능력증과 범죄

1. 학습무능력증은 중추신경계에 발생한 기능장애의 하나로, 대뇌의 기능장애 중에서 장애 정도가 가장 약한 유형으로 대부분에는 특별한 이상이 없으나 일상적인 교육환경에서 학습능력이 없는 경우를 의미한다.
2. 생물학적 측면을 강조하는 학자들은 학습무능력증은 생물학적 특징으로 인하여 성격 자체가 충동적이 되며, 사회적 암시(social cues)에 대한 지각능력이나 경험으로부터 배우는 능력이 일반적으로 저하된다고 주장하였다.
3. 사회학적 측면에서 학습무능력증 소년은 학교에서 교과 성적이 나쁜 경우 이를 학교생활 부적응자로 인식하는 경향이 있다. 이로 인하여 문제아로 낙인되거나 불량행위 소년들로 취급되며, 이에 따라 학교결석, 급기야 퇴학을 당하는 등 일상적인 학교생활로부터 점차 고립되면서 범죄행위를 저지르게 된다는 것이다.
4. 학습능력에 문제가 있는 원인이 중추신경의 기능장애와 연관된 것인지, 아니면 가정환경과 같은 환경적 요인인지 분명하지 않다.

---

(6) 자율신경조직의 기능과 범죄

① **신경조직과 범죄**

　㉠ 자율신경조직은 신경조직 중에서 의식적으로 자각되지는 않지만 신체기능을 관장하는 별도의 신경조직을 말한다.

　㉡ 자율신경계 기능의 장애로 처벌이 예견되는 상황에서 불안반응이 즉각적으로 발현되지 않거나, 또는 그 반대로 상황이 종료되었는데도 불안반응을 신속히 제거하지 못한다면 정상적인 사회생활이 어렵게 된다.

② **아이센크의 성격이론**(제8장 제5절에서 상술)

　㉠ 아이센크(Eysenck)는 '성격이론'에서 자율신경계의 특징에 따라 사람들의 성격을 내성적인 사람과 외향적인 사람의 두 부류로 분류하였다.

　㉡ **불안반응**: 내성적인 사람은 자율신경계에서 불안반응을 유발하는 기능은 발달되었고 이를 제거하는 기능의 발달정도는 낮은 수준이며, 반면에 외향적인 사람은 불안반응의 유발기능이 저조하고 해제능력은 발달된 상태이다.

© **대뇌의 자극**: <u>외향적인 사람</u>은 대뇌에 가해지는 자극이 낮기 때문에 항상 자극을 갈망하여 성격 자체도 충동적·낙관적·사교적·공격적이 되고, 반면 <u>내성적인 사람</u>은 대뇌에 가해지는 자극이 강하고 오랫동안 지속되기 때문에 자극을 회피하는 경향이 강하여 성격 자체도 신중하고, 조심스러우며, 비관적이 된다는 것이다.

@ **결론**: 내성적인 사람은 처벌에 대한 불안감을 크게 느끼고 이를 회피하는 성향이 강하기 때문에 규범에 어긋난 행동을 하는 정도가 약하고, 반면에 <u>외향적인 사람</u>은 처벌에 대한 불안감을 대체로 덜 느끼고 기본적으로 새로운 자극을 항상 추구하기 때문에 그만큼 반사회적 행위를 저지를 가능성이 크다고 보았다. 이는 극단적인 범행동기를 파악하는 데 유용하지만, 그렇지 않은 범행원인 파악은 어려운 것으로 평가된다. [2023. 경찰1차]

③ **자율신경조직의 기능상태 조사**

㉠ 자율신경조직의 기능상태를 조사하기 위하여 메드닉(Mednick)이 개발한 '피부전도반응 회복률' 검사를 많이 사용하고 있다.

㉡ **시들**(Siddle): 피부전도반응 회복률 검사를 사용하여 자율신경조직과 반사회적 행위와의 관계를 규명하였던 연구들을 검토한 결과, 피부전도반응 회복과 반사회적 행위에 관한 연구결과들은 대체로 일치하였으며, 반사회적 행위를 저지른 정신병자, 비행소년 등 피실험자들은 정상인에 비해 피부전도가 회복되는 속도가 현저히 낮았다고 하였다.

> ⊕ **PLUS** 피부전도반응 회복률(the rate of skin conductance response recovery)
>
> 흔히 SCR검사로 불리는 것으로, 피검사자가 불안상태 등에서 피부전도가 최고치에 달했다가 이후 피부전도가 정상수준으로 회복되는 시간을 측정하는 것이다.

④ **패싱햄과 바톨**

㉠ **패싱햄**(Passingham): 1971년 10개의 연구를 재검토하여 당시까지 아이센크(Eysenck)의 이론을 뒷받침하는 경험적인 자료는 없다고 결론지어 시들(Siddle)과 상반되는 견해를 보였다.

㉡ **바톨**(Bartol): 기존 연구를 재검토한 결과, 아이센크의 이론을 지지하는 연구와 부정하는 연구들이 상충하여 명확한 결론을 내리지는 못했지만, 최소한 범죄발생의 일반요인이 될 가능성은 있는 것으로 긍정적인 평가를 하였다.

03 유전학과 범죄

★ 핵심정리

특징	행동유전학	분자유전학
연구초점	행동, 심리적 특성 및 환경의 상호작용	유전자 자체, 구조, 기능 및 돌연변이
접근방식	통계적 분석, 가족/쌍둥이 연구	실험적 분석, 분자 생물학 기술 활용
질문유형	"유전과 환경이 어떻게 행동을 형성하는가?"	"특정 유전자가 어떤 역할을 하는가?"
적용분야	심리학, 정신의학, 행동과학	의학, 생물학, 유전학, 생명공학
방법론	유전성 추정, 환경 요인 분석	유전자 시퀀싱, GWAS, 유전자 편집 기술
통합적 관점	상호 보완적: 행동유전학은 유전적 요인의 영향을 통계적으로 확인하고, 분자유전학은 확인된 유전자나 변이를 분자 수준에서 분석하여 그 기제 이해 예 ADHD의 유전성을 행동유전학으로 분석한 뒤, 분자유전학적 방법으로 관련된 유전자 변이를 확인하고 연구하는 방식	

(1) 행동유전학의 한계

① 행동유전학 연구는 인간의 특성과 행동이 어느 정도 유전적 영향에 의하고, 어느 정도 환경의 영향에 의한 것인지를 추정해 내고자 하는데 목표로 한다.

② 유전학에서는 <u>개체의 유전적 특징을 유전형(genotype)</u>이라고 하고, 유전형이 신체적 또는 행동적 특성으로 <u>발현된 것을 표현형(phenotype)</u>이라고 한다.

③ 행동-유전학에서 자주 사용되는 개념인 표현형의 분산(variation)은 외부로 드러난 특정 표현형의 분포가 그 평균값으로부터 흩어진 정도를 의미한다.

④ 연구결과, 인간의 모든 성향과 행동은 약 50% 유전의 영향과 약 50% 환경의 영향을 받는 것으로 판명된다. 이는 범죄학이론이 유전적 요인을 제외하고 오직 사회·환경적 요인만으로 범죄현상을 설명한다면 결코 충분한 설명이 될 수 없음을 방증하여 기존 사회학적 범죄원인론을 보충해주는 역할을 한다.

⑤ 그러나 유전이 범죄에 영향을 미친다는 사실은 밝혔지만, 어떤 경로를 통해서 영향을 미치는지, 구체적으로 어떠한 유전자가 어떤 종류의 범죄에 영향을 미치는지는 특정할 수 없어 이를 특정하기 위한 분자유전학적 연구가 필요하다.

(2) 분자유전학

① 분자유전학은 유전자 분석을 통해 특정 <u>유전자의 구조와 기능을 분석</u>하는 학문이다.

② 1990년에 시작하여 2003년에 완성한 인간게놈프로젝트에 의해 DNA에 존재하는 모든 염기서열과 유전자를 밝혀내어 총 2만 5천 개 정도의 유전자와 30억 개의 염기쌍이 해독되었다.

③ 게놈(genom)의 해독으로 인해 각종 신체적, 정신적 장애나 범죄성향의 유전적 연결고리가 밝혀지게 된 것이다.

④ DNA와 유전자

DNA	⊙ 인간의 세포 핵 안에는 촘촘히 뭉쳐진 <u>실타래 모양의 염색체</u>가 있고, 이 염색체를 구성하는 성분은 DNA이다. ⓒ DNA는 모든 생명체의 형성과 발달에 필요한 유전적 정보를 함유한 화학적 구조물 또는 코드(code)의 집합물이다. ⓒ DNA는 이중 나선형으로 꼬여 있는 사다리 모양을 하고 있으며, 이 사다리의 난간은 당과 인산으로 구성되어 있고, 계단은 염기(neucleotide)로 구성되어 있다. ⨪ 각 계단은 2개의 염기가 결합된 염기쌍으로 이루어졌는데 염기는 A(아데닌), C(사이토신), G(구아닌), T(티민) 모두 4종으로, 아데닌은 항상 티민과, 구아닌은 항상 사이토신과 결합한다. ⨪ 인간이 다른 생명체들과 다른 이유는 염기쌍들의 배열이 다르기 때문이며, 사람들 사이에서도 염기쌍 배열의 차이가 외모, 성격, 행동, 능력 등의 차이를 만들어 낸다.
유전자	⊙ DNA상에 인접해있는 일련의 염기쌍들은 협동해서 특정 아미노산을 생산하는 역할을 한다. ⓒ 이 경우 공동으로 아미노산을 생성하는 일련의 염기쌍들의 배열을 유전자라 부른다. ⓒ 통상적으로 1개의 유전자는 보통 1,000개 이상의 염기쌍들의 조합으로 구성되며, 유전자가 생산하는 아미노산은 단백질의 구성요소가 된다.

(3) 유전자와 환경의 관계

① 본성과 양육 또는 유전과 환경의 영향 중 무엇이 중요한가에 대한 논란이 지속된 적이 있었다. 그러나 20세기 후반에 들어와서 <u>대부분의 표현형은 유전자 또는 환경의 일방적 영향이 아닌 둘의 공동작용에 의한 것임이 밝혀짐</u>에 따라 이러한 논란은 종식되었다.

② 유전자와 환경의 공동작용으로 범죄적 표현형이 발현되는 기제는 크게 두 가지로 나눌 수 있다.

유전자-환경 상호작용	⊙ 개인의 유전형질에 따라 환경적 요인에 대한 반응성 또는 예민성이 달라지는 현상을 말한다. ⓒ 동일한 범죄유발환경(부모의 학대나 슬럼가 거주)이 개인의 유전적 성향에 따라 각기 다른 결과로 나타남을 보여준다.
유전자-환경 상관관계	⊙ 개인이 처하거나 경험하게 되는 범죄유발환경 자체가 그 개인의 유전적 성향과 관련성이 있음을 나타내는 개념이다. ⓒ 유전자와 환경 간에 상관관계가 존재하게 되는 이유는 사람들이 자신들의 유전적 성향에 따라 자신의 환경을 선택하고, 변화시키며, 만들어 낸다는 사실에 기인한다. ⓒ 유전자-환경 상관관계의 종류에는 수동적 유전자-환경 상관관계, 촉발적 유전자-환경 상관관계, 능동적 유전자-환경 상관관계가 있다.

(4) 후성유전학

① 양육, 가난, 학대, 스트레스 등 전통적 범죄학에서 주로 다루어지는 환경적 요인들이 사람의 DNA 염기서열은 변화시키지 않은 채 유전자의 발현과 기능에 영향을 미치는 복잡한 기제를 연구하는 학문분야이다.

② 후성유전학은 다양한 환경적 요인들이 DNA 메틸화를 통해 유전자의 발현을 억제하기도 하고 염색체를 구성하는 히스톤 단백질의 아세틸화를 통해 유전자를 활성화시키는 기제에 대한 연구를 한다.

③ DNA 메틸화와 히스톤 아세틸화가 발생하는 이유는 주로 환경적 요인과 개인의 경험 때문이며, 유전적으로 동일한 쌍둥이가 성장과정 중 학습자극 여부에 따라 지능이 상이하게 되는 것은 후성유전적 변형에 해당한다.

④ 사회학적 범죄학에서 주요 독립변수로 간주되는 아동학대, 비행친구와의 교제, 스트레스, 경제적 궁핍 등도 후성유전학적 변형을 불러일으키는 중요한 요인들이다.

📋 생물학적 원인론의 인식변화

구분	초기	최근
범죄인 인식	신체적·지적 열등자	정상적 사회생활이 어려운 일종의 환자
범죄원인론	소질이 있으면 범죄를 저지른다는 결정론	범죄를 유발하는 여러 원인 중 하나
결론(매드닉)	반사회적인 사람의 사회적 환경에서 큰 문제가 없는 경우에 생물학적 요인은 중요하게 작용할 것이며, 반면에 사회적 환경 자체가 매우 열악한 상태라면 생물학적 요인의 영향력은 그만큼 감소할 것이다.	

단원별 지문

01 정신치료감호소에 있는 폭력범죄자들의 경우 이것의 수치가 높을수록 과도한 공격성을 보였으나, 반대로 폭력범죄자들에게 낮은 수치가 발견되기도 하였다. 결국 높고 낮은 수치 모두 도구적 공격성과 관계가 있는 신경전달물질은 노르에피네프린 (Norepinephrine)이다. (   ) 　　　　　　　　　　　　　　　　　　　　　　　　　[2023. 해경 경위]

02 뇌의 변연계에 존재하는 편도체는 공포 및 분노와 관련되어 있다. (   ) 　　　　　　　　　　　[2022(72). 경위]

03 뇌의 전두엽은 욕구, 충동, 감정 관련 신경정보를 억제하거나 사회적 맥락에 맞게 조절, 제어, 표출하게 하는 집행기능을 수행한다. (   ) 　　　　　　　　　　　　　　　　　　　　　　　　　　　　　　　　　　[2022(72). 경위]

04 세로토닌 수치가 너무 높을 경우 충동, 욕구, 분노 등이 제대로 통제되지 않을 수 있다. (   ) 　　　[2022(72). 경위]

05 도파민 시스템은 보상 및 쾌락과 관련되어 있다. (   ) 　　　　　　　　　　　　　　　　　　　[2022(72). 경위]

06 아이센크(Eysenck)는 내성적인 사람의 경우 대뇌에 가해지는 자극이 낮기 때문에 충동적, 낙관적, 사교적, 공격적이 된다고 보았다. (   ) 　　　　　　　　　　　　　　　　　　　　　　　　　　　　　　　　　　　　[2015. 사시]

07 아이젠크(Eysenck)의 성격이론은 극단적인 범행동기를 파악하는 데 유용하지만, 그렇지 않은 범죄자의 범행원인 파악은 어려운 것으로 평가된다. (   ) 　　　　　　　　　　　　　　　　　　　　　　　　　　　　　　　　　　[2023. 경찰1차]

08 폴링(Pauling)은 영양결핍으로 인한 지각장애와 영양부족 · 저혈당증에 수반되는 과활동반응에서 범죄원인을 찾았다. (   ) 　　[2015. 사시]

---

01 ○ 노르에피네프린(Norepinephrine) 또는 노르아드레날린은 스트레스 호르몬으로, 중추신경계의 신경전달물질로서, 주의력을 증가시키고 빠른 반응 시간을 보이게 하며, 개인의 기분과 집중력에도 영향을 미치게 된다. 이 호르몬의 수치가 낮을 경우 주의력결핍/과잉행동, 우울증과 저혈압의 증상을 보이게 된다.

02 ○ 뇌의 가운데 부분에 위치한 변연계에는 편도체, 시상하부, 해마 등이 존재하며 주로 본능적 욕구, 충동, 감정을 담당한다. 그중 편도체는 공포와 분노기능을 담당하기 때문에 범죄와 직접적 관련성이 높다.

03 ○ 뇌의 바깥쪽에 위치한 대뇌피질은 기억, 언어, 집중, 의식 등 고차원적 사고 기능을 담당하고 그중 전두엽은 변연계에서 대뇌피질 방향으로 투사된 욕구, 충동, 감정 관련 신경정보를 억제하거나 사회적 맥락에 맞게 조절, 제어, 표출하게 하는 집행기능을 수행한다.

04 × 세로토닌 시스템은 사람의 충동성이나 욕구를 조절하고 억제하는 역할을 담당한다. 세로토닌이 너무 적은 경우 충동성, 욕구, 분노 등이 제대로 통제되지 않아 폭력, 자살, 알코올 중독 등이 유발되기도 한다.

05 ○ 신경전달물질 도파민은 운동능력, 집중력, 문제해결능력을 매개한다. 특히 뇌에 존재하는 도파민 시스템은 보상과 쾌락을 담당하는 역할을 한다. 특정 행위나 자극이 도파민을 증가시키는 경우 즉각적인 만족과 쾌락을 느끼게 되므로 사람들은 관련 행위나 자극을 지속적으로 추구하게 된다. 비정상적 도파민 신경전달은 충동적 행위 및 폭력범죄와 깊은 연관성을 지닌다.

06 × 아이센크(Eysenck)는 외향적인 사람은 대뇌에 가해지는 자극이 낮기 때문에 항상 자극을 갈망하여 성격자체도 충동적 · 낙관적 · 사교적 · 공격적이 되고, 반면 내성적인 사람은 대뇌에 가해지는 자극이 강하고 오랫동안 지속되기 때문에 자극을 회피하는 경향이 강하여 성격 자체도 신중하고, 조심스러우며, 비관적이 된다고 하였다.

07 ○

08 ○

제9장 / 개인적 범죄원인론(2): 심리·성격적 요인

☆ 핵심정리 심리·특성이론과 범죄원인

심리이론과 범죄원인		
이론	범죄원인	중심관심분야
정신역동	정신내적 과정	무의식적 갈등, 기분장애, 성격성향, 분노, 성
행동주의	학습과정	학습경험, 자극, 보상과 처벌, 관찰
인지	정보처리	사고, 계획, 기억, 지각, 윤리적 가치관
특성이론과 범죄원인		
특성	범죄원인	중심관심분야
성격	성격과정	반사회적 성격, 반사회적 이상성격/정신병질 기질, 이상감정, 정서적 깊이 결여
지능	지능과정	낮은 지능지수, 낮은 학업성적, 의사결정능력

제1절 개관

01 의의

(1) 가정
① 사람들은 시간의 흐름이나 상황의 변화에도 불구하고 대체로 변화하지 않는 자기 나름대로의 정신적 혹은 심리적 특성이 있다고 가정한다.
② 심리학적 원인론은 개인의 특성으로 자리 잡은 정신상태나 심리상태를 중심으로 범죄현상을 설명하는 입장이다.

(2) 생물학적 이론과의 관계
① **공통점**: 환경의 영향보다는 개인의 자질이나 속성을 중심으로 하는 이론에 속한다.
② **차이점**: 생물학적 이론이 개인의 속성을 신체적 조건, 뇌기능, 생화학적 특성 등 유기체적 특성 측면에서 찾는 반면, 심리학적 이론은 심리상태, 성격, 성향 등 정신적 측면을 중요시한다.

(3) 심리학적 범죄원인론
① 심리학적 범죄원인론의 초기에는 범죄자의 정신착란을 중심으로 논의되었고, 지능검사가 도입되면서 일탈행위에 대한 특정한 정신적 분야에 연구의 초점을 맞추었다.
② 현재는 범죄에 대한 심리학적 접근에 있어서 대체로 ㉠ 범죄자의 정신을 중심으로 범죄의 원인을 규명하려는 <u>정신의학적 또는 정신분석적 접근</u>, ㉡ 인간의 인격 특성의 차이에서 범인성을 찾으려는 <u>인성(성격)이론</u>, ㉢ 범죄자의 인지발달 정도에 따라 범죄자를 밝히고자 하는 <u>인지발달이론</u>, ㉣ 범죄를 범죄자의 과거 학습경험의 자연적인 발전으로 파악하는 <u>학습 및 행동이론</u>, ㉤ 심리학적 관점뿐만 아니라 생물학적 관점도 동시에 고려하는 <u>심리생물학적 접근</u> 등이 주류를 이루고 있다. [2022(72). 경위]

02 연구의 접근

(1) 정신의학적 접근
① 정신병이나 정신질환을 다루는 정신과 의사들에 의해 인간의 정신상태나 심리상태를 정신과적으로 분석한 것이다.
② 노인성 치매, 매독에 의한 진행 마비, 간질 등 신경계통의 손상이나 장애로 규범적인 자유의사 능력이나 정상적인 의사결정력을 상실함으로써 일반인에게 기대되는 통상의 범위를 벗어나는 행위를 하게 된다는 것이다.

(2) 정신분석학
① 프로이드(Freud)에 의해 주창된 정신분석학은 개인의 성장과정이나 생활과정에서 형성된 정신심리상의 특징을 해명하고자 하였다.
② 개인의 콤플렉스로 인한 무의식적인 죄책감과 망상을 극복할 수 없는 경우에 범죄의 원인이 된다고 주장하였다.

단원별 지문 OX

01 심리학적 범죄이론에는 범죄자의 정신을 중심으로 범죄의 원인을 규명하려는 '정신분석이론', 범죄자의 행위가 과거의 학습경험을 통해 발달한다고 파악하는 '행동이론', 범죄자의 개인적 추론 과정이 행동에 미치는 영향을 바탕으로 범죄원인을 밝히고자 하는 '인지이론', 각 개인의 성격적 결함에서 비행성을 찾으려는 '인성(성격)이론' 등이 있다. (   )

[2022(72). 경위]

02 범죄는 내적 장애의 표출로 범죄자에게는 충동성, 공격성, 도덕성 부족, 낮은 자존감 등과 같은 특성을 발견할 수 있다는 인식의 범죄원인론은 심리·성격적 범죄원인론이다. (   )   [2010. 교정 7급]

03 심리학적 범죄원인론은 심리학적 성격이론, 자기통제이론 등이 이에 해당한다. (   )   [2010. 교정 7급]

04 심리학적 범죄원인론은 범죄행위에 대한 개인의 자유의지를 부정하는 편이다. (   )   [2010. 교정 7급]

05 심리학적 범죄원인론은 범죄인 교정을 위해 범인성에 대한 치료적 접근이 필요하다. (   )   [2010. 교정 7급]

06 심리학적 범죄원인론은 범죄 원인 규명을 위해 개개인의 특성보다 범죄자가 처한 사회적 상황에 관심을 갖는다. (   )

[2010. 교정 7급]

07 행태이론(behavier)은 범죄의 원인을 설명하면서 개인의 인지능력을 과소평가한다. (   )   [2023. 보호 7급]

---

01 ○ 심리학적 범죄이론에는 범죄자의 정신을 중심으로 범죄의 원인을 규명하려는 정신의학적 또는 정신분석적 접근, 인간의 인격 특성의 차이에서 범인성을 찾으려는 인성(성격)이론, 범죄자의 인지발달 정도에 따라 범죄자를 밝히고자 하는 인지발달이론, 범죄를 범죄자의 과거학습경험의 자연적인 발전으로 파악하는 학습 및 행동이론, 심리학적 관점뿐만 아니라 생물학적 관점도 동시에 고려하는 심리생물학적 접근 등이 있다.

02 ○ 개인적 범죄원인론의 심리·성격적 요인에 대한 설명으로, 프로이드(Freud)의 정신분석과 슈나이더(Schneider)의 정신병질 및 개인적 통제이론이 이에 해당한다.

03 ○

04 ○

05 ○

06 × 범죄원인 규명을 위해 개개인의 특성보다 범죄자가 처한 사회적 상황에 관심을 갖는 것은 사회학적 범죄원인론이다.

07 ○ 인간의 행동이 무의식의 반응이라는 정신분석학의 주장을 거부하고, 행동은 자극에 대한 반응이라고 주장한다. 특히 다른 심리학적 범죄학 이론가들이 범죄자의 정신적, 인지적, 성격적 문제가 범죄행위를 유발한다는 결정론에 기초하는 것과 달리 행동주의 학습이론가들은 범죄자의 행위는 다른 사람들의 반응 또는 자극에 의해 변화(학습)한다고 주장한다.

제2절 프로이드의 정신분석학

01 프로이드

(1) 개관

① 오스트리아의 정신의학자인 프로이드(Freud)는 인간의 모든 행동, 사고, 감정은 생물학적 본능의 지배를 받고, 특히 무의식의 영향을 많이 받는다고 가정하며 성적 본능과 공격적 본능의 역할을 강조하였다.

② **정신결정론**: 인간을 결정론적 존재로 보고, 인간의 마음 안에 일어나는 것은 무엇이라도 우연이 없고, 반드시 어떤 원인이 있다고 보았다.

(2) 관심 영역

① **무의식과 성충동**: 프로이드에 의하면, 정신현상 자체는 의식되지 않으며, 의식되는 감정·사고·욕망은 전체의 일부에 지나지 않고, 성적 충동은 정신병리를 일으킬뿐만 아니라 인간정신이 이룩한 문화, 예술, 종교 등 최고의 창조물에도 공헌하는 것이다.

② **무의식의 중요성**: 의식구조를 의식, 전의식, 무의식으로 나누고, 무의식이란 우리가 정상적으로 인식하지 못하고, 인식할 수 없는 모든 관념, 사고 및 감정을 말한다. 인간은 자신의 행동을 이해·예측하거나 통제할 수 없는 존재로 보고, 사랑이나 애증 등 사람들의 중요한 감정과 행동, 흡연 등의 버릇은 자신이 모르는 원인에 의해 지배되며 그 원인을 통찰해야 통제될 수 있다고 본다.

③ **성적충동**: 프로이드는 히스테리 환자들의 증상에 대한 이해에서부터 시작된다. 성적 욕구와 충동의 억압이 신경증의 원인이며, 그 억압의 뿌리는 어릴 때의 욕망과 좌절, 갈등에 있다. 성추동과 생식추동을 구분하고, 성추동(sexual drive)은 출생 직후부터 나타나고 성은 몸의 부위로들로부터 즐거움을 얻는 것이다. 생식추동(genital drive)은 사춘기에 성적 성숙과 함께 생겨나고, 번식에의 봉사는 이차적이다. 성충동을 에로스 또는 리비도라는 에너지의 개념으로 본다.

> ⊕ **PLUS** 리비도(Libido)
>
> 성적 자극이나 흥분을 유발하도록 조건지우는 어떤 물리적이며 구체적인 힘이다. 리비도는 성적인 원동력으로 심리적으로나 생리적인 의미의 에너지, 활동력, 생명령을 의미한다. 본능(id)은 성적 본능에 해당한다.

④ **죽음의 본능**: 삶과 사랑뿐 아니라 죽음과 파괴도 인간의 본질적인 부분이다. 파괴추동의 긍정적인 목표로 살아있는 것을 무기물 상태로 가져가는 것이다. 삶(배고픔, 자기보존 및 성)과 죽음(파괴, 공격)의 기본추동은 같이 나타난다. 먹는 행위는 생명유지의 목표를 가지고 객체(음식물)를 파괴하는 것이며, 성행위는 가장 친밀한 통일을 위한 공격이고 강한 사랑에도 파괴추동이 섞이며 극한적 공격에도 에로스가 섞인다. 파괴의 원천인 죽음의 에너지를 타나토스(thanatos)라고 한다.

(3) 성격(인성)구조 - 이드, 에고, 슈퍼에고

① **사고과정**: 1차 사고과정은 원초아가 꿈, 백일몽과 같은 정신적 심상을 통해서 즉각적이고 부분적인 본능만족을 획득하는 과정이다. 2차 과정사고는 자아가 현실세계에서 원초아 본능을 만족시키는 안전하고 효과적인 방법을 찾기 위해 지적인 추리를 사용하는 과정이다.

② **마음의 구조**: 자아는 의식적인데 일부는 무의식적이며, 감각을 통해 외부세계의 지식을 획득한다. 초자아도 또한 일부는 의식적인데 일부는 무의적이다. 그러나 원초아는 완전히 무의식적이며 무한하다. 프로이드는 의식·전의식·무의식을 전제하고 원초아(id) - 자아(ego) - 초자아(superego)를 제시하였다.

③ 후에 프로이드는 의식과 무의식의 개념을 의식은 자아(ego)로, 무의식은 본능(id)과 초자아(superego)로 나누어 보완하였다. [2024. 경찰2차] 총 3회 기출

Id (원초아)	⊙ 생물학적·심리학적 충동의 커다란 축적체를 가리키는 것으로서 모든 행동의 밑바탕에 놓여 있는 동기들을 의미한다. ⓒ 모든 행동의 기초를 이루는 <u>생물학적·심리학적 욕구와 충동 자극</u> 등을 대표하는 것으로서 태어날 때부터 존재하는 무의식적 개념이고, 타인의 권리를 배려하지 않는 즉각적인 만족을 요구하는 <u>쾌락의 원칙</u>을 따른다. [2024. 보호 9급] 총 2회 기출 ⓒ 무의식의 세계에 자리 잡고, 욕구 실현을 위한 사고능력은 없으나 다른 욕구 충족을 소망하고 그것을 위해 비논리적이고 맹목적으로 움직일 뿐이다.
Ego (자아)	⊙ 이드(id)가 잠재적으로 <u>해를 끼치는 자극을 규제하는</u> 역할을 하며, 유아가 욕구는 즉각적으로 만족될 수 없다는 것을 배우기 시작할 때인 생의 초기에 발전된다. ⓒ 에고는 사회관습의 테두리 내에 남도록 행동을 안내하는 것을 도와줌으로써 이드의 요구를 보상하는 합리적이고 온순한 특성의 인성부분으로서 <u>사회적 기준에 따라 무엇이 관습적이며 실질적인가를 고려하는 현실원리</u>를 따른다. ⓒ 에고는 의식적 인성이며, 이드의 욕구와 슈퍼에고의 금지를 중재·통제·균형 유지를 하려고 한다. ⓔ 이드가 맹목적 욕구충족을 꾀하는 데 비해, 에고는 주관적 욕구와 외부의 현실을 구별할 줄 아는 현실 검증의 능력이 있다.
Superego (초자아)	⊙ 쾌락보다 안전을 추구하고, <u>현실적인 것보다 이상적인 것</u>을 추구하며, <u>양심의 자리</u>에 속한다. ⓒ 부모로부터 영향을 받은 전통적 가치관과 사회적 이상이 자리 잡고, 대부분 무의식 상태에서 영향력을 행사한다. ⓒ 인성의 도덕적 관점으로서 행위에 대한 판단을 맡는다. 즉, 사회적 규범과 제재의 두려움으로부터 도출된 내적 제재인 것이다. ⓔ 도덕에 위배되는 이드의 충동을 억제하며, 에고의 현실적 목표를 도덕적이고 이상적인 목표로 유도하려고 한다. [2024. 보호 9급]

④ **불안**: 현실의 요구들이 감당하기 어려울 때 자아는 불안으로 반응한다. 위험의 출처에 따라 원초아 불안(신경증적 불안), 초자아 불안(죄책감, 도덕적 불안), 현실적 불안(공포)으로 나뉜다.

현실적 불안	⊙ 외부환경에서 실제로 위험을 객관적으로 지각하여 야기된 정서적 반응 ⓒ 개인이 위험을 효과적으로 대처할 수 있는 능력약화를 말한다(例 시험불안 등).
신경증적 불안	⊙ 통제할 수 없는 본능적 욕구에 의해 자아가 위협받을 때 겪는 정서적 공포반응이다. ⓒ 이드(id) 충동이 의식화될 것이라는 것 때문에 위협을 받고 이에 따라 생긴 불안을 말한다. ⓒ 이드 본능 중 성적·공격적 본능을 자아가 조절할 수 없을 것이라는 두려움이 신경증적 불안의 원인이다.
도덕적 불안	⊙ 자아가 초자아로부터 처벌위협을 받아 생긴 <u>개인의 수치심·죄책감</u>과 같은 정서반응이다. ⓒ 이드(id)가 비도덕적 생각이나 행동을 적극 표현하려고 애쓸 때 초자아가 수치, 죄책감과 자기 저주 감정으로 반응하여 도덕적 불안이 발생하고, 처벌받을 것에 대한 두려움이 발생한다. ⓒ 도덕적 불안 발달은 사회적 발안을 발생시키며, 사회적 불안은 자신의 태도나 행동이 동료집단성원으로부터 거부당해 그 집단에서 소외감을 느낄 때 나타난다. 초자아의 차후 발달이다.

(4) 방어기제(Ego Defence Mechanism) - 승화와 억압

① **죄의식**: 이드와 슈퍼에고 간의 충돌과정에서 발생하는 불안이나 죄의식을 에고가 적절히 해결할 수 없을 때, 자아를 보호하기 위한 사고 및 행동수단을 자기방어기제라고 한다. 이에는 억압, 부인, 투사, 동일시, 퇴행, 합리화, 승화, 치환, 반동형성 등이 있다.

② **승화**: 이드와 슈퍼에고 간의 충돌을 건전하고 정상적인 방법으로 해결하는 방법이다. 즉, 공격적이고 파괴적인 충동을 체육활동, 학습, 전문적 활동에 전념하는 등의 방법으로 승화시키는 것이다. [2024. 경찰2차]

③ **억압**(repression): 성폭력 등 의식하기에는 현실이 너무나 고통스럽고 충격적이기 때문에 무의식 속으로 억눌러 버리는 것으로, 반동형성이나 투사와 같은 다른 방어기제나 신경증적 증상의 기초가 된다. 이는 과거 사건을 기억하고 있으면서 의식적으로 생각과 느낌을 갖지 않으려고 노력하는 억제(suppression)와 구별된다.

🗐 기타 방어기제

부인 (denial)	고통스러운 현실을 인식하지 않는 것, 사랑하는 사람의 죽음이나 배신을 사실이 아닌 것으로 여기는 것
투사 (projection)	받아들이기 어려운 느낌, 생각, 충동을 무의식적으로 타인의 탓으로 돌리는 것, 자신의 심리적 속성이 타인에게 있는 것처럼 생각하고 행동, 자기가 화나 있는 것은 의식하지 못하고 상대방이 자기에게 화났다고 생각
동일시 (identification)	중요한 인물들의 태도와 행동을 자기 것으로 만들면서 닮으려고 하는 것, 자아와 초자아 형성 및 성격발달에 가장 큰 영향, 부모의 성격을 배우는 자녀
퇴행 (regression)	심각한 스트레스 상황이나 곤경에 처했을 때의 불안 감소전략으로 비교 이전의 발달단계로 후퇴하는 행동, 불안을 느끼면 불안이 쉽게 해소되었던 이전의 행동양식으로 돌아가는 것
합리화 (rationalization)	현실에 더 이상 실망을 느끼지 않기 위해 그럴듯한 구실로 불쾌한 현실도피
치환 (displacement)	자신의 감정을 대상에게 직접 표현하지 못하고 전혀 다른 대상에게 발산, 종로에서 뺨맞고 남대문에서 분풀이
반동형성 (reaction)	실제 느끼는 분노나 화 등의 부정적 감정을 직접 표현하지 못하고 반대로 표현, 실제 자기를 학대하는 대상인데 좋아하는 것처럼 행동하는 경우

(5) 심리성적 발달단계

① **리비도**(성적 욕망): 인간의 욕망 가운데 가장 중요한 것이 성적 욕망, 즉 리비도(Libido)인데 프로이드는 인간 정신구조의 성장과정을 '구순기 → 항문기 → 남근음핵기 → 잠복기 → 성기기'로 나누고, 이러한 단계별 정상적인 진행이 건전한 성인으로의 발전을 좌우한다고 한다. [2024. 보호 9급] 총 4회 기출

구강기(0-1)	의존, 신뢰, 독립성 등, 자폐, 우울, 알코올, 흡연, 병적 수다 등
항문기(2-3)	통제력, 인내심, 자율성과 독립심, 고착 시 구두쇠, 수집광
남근기(4-5)	초자아 형성기, 성 정체감, 오이디푸스 컴플렉스
잠재기(-11)	성적충동이 조용한 시기, 외부활동으로 승화
성기기(사춘기)	자기정체성 확립, 이성에 대한 사랑 갈구

② 초자아의 발달에 중요한 남근음핵기에 오이디푸스 콤플렉스와 일렉트라 콤플렉스가 형성되고, 이러한 콤플렉스로 인한 죄책감을 에고(자아)가 적절히 조절하지 못하면 이는 각자의 성격에 중요한 영향을 미쳐 향후 행동에 심각한 영향을 미친다고 보았다. [2023. 보호 7급] 총 3회 기출

오이디푸스 콤플렉스 (Oedipus complex)	남성이 모친에 대한 성적 감정(근친상간의 욕망)과 부친에 의한 거세공포의 적대 감정(살인 욕망)
일렉트라 콤플렉스 (Electra complex)	여성이 페니스가 없는 자신이 남성보다 열등하다는 생각, 모친에 대한 실망과 부친의 아이를 임신하고 싶은 환상을 일으킴

(6) 콤플렉스 해결방법과 범죄

① **전이**(transference): 과거의 중요했던 인간관계가 현재 개인이 밀접히 맺고 있는 인간관계에서 재연되는 현상을 의미하며, 정신분석가와 환자 사이의 치료 장면에서 과거 환자가 경험한 어린 시절을 재연하면서 환자의 문제를 해결해 가는 과정이다.

② **범죄행위**: 개인이 콤플렉스에 의한 잠재적인 죄책감과 망상을 극복할 수 없는 경우 그 불안과 긴장을 해결하는 방법으로 범죄로 나아갈 수 있다.

③ 범죄를 퇴행에 의하여 원시적이고 폭력적이며 비도덕적인 어린 시절의 충동이 표출한 것으로, 유아적 충동과 초자아의 통제의 불균형의 표출이라고 본다.

④ 대부분의 범죄행위는 직접적인 만족을 추구하는 이드(원초아)의 결과인데, 이를 통제할 수 있는 에고(자아)나 슈퍼에고(초자아)가 제대로 형성되지 않았거나 작동하지 않기 때문에 범죄가 발생한다.

⑤ **슈퍼에고의 과잉발달**: 프로이드는 범죄자들이 지속적인 죄책감과 불안감으로 인해 과도하게 발달된 슈퍼에고를 가지고 있기 때문에 범죄행동을 수행한다고 하였다. [2024(74). 경위]

⑥ **범죄대책**: 프로이드는 형벌의 위하력에 대하여는 부정하는 관점을 취하면서, 범죄인의 치료법으로 인간의 무의식적인 동기를 의식화시키는 의학적 치료와 사회적 보호처분을 해야 한다고 주장하였다.

02 정신분석에 기초한 범죄원인

(1) 에이크혼

① 오스트리아의 정신과 의사 에이크혼(Aichhorn)은 소년비행의 원인을 반사회적 행위를 준비시키는 심리적 소질에 있음을 지적하고 이것을 '비행의 잠복'이라고 불렀다.

② 비행소년은 슈퍼에고가 제대로 형성되지 않아 이드가 전혀 통제되지 못함으로써 반사회적 행위를 아무런 양심의 가책 없이 저지르는 것으로 보았다. [2024. 해경 경위]

③ 이들에 대한 치료방법은 어렸을 때 경험해 보지 못했던 성인들과의 동일시 경험을 증진시키기 위해 소년들이 즐거워하고 행복해 할 수 있는 환경을 제공하는 일이다.

④ 다만, 반사회적 심리소질의 소년이 부모에게 애정이 결핍된 경우, 과잉보호인 경우, 슈퍼에고가 적절히 형성되었으나 에고 측면에서 부모의 범죄성을 내면화한 경우 등은 각각의 다른 치료방법이 필요하다고 보았다.

(2) 힐리와 브론너

① 힐리(Healy)와 브론너(Bronner)는 형제 중에서 한 명은 범죄를 일삼고 다른 한명은 정상적인 105명의 형제들을 대상으로 어린 시절 부모와의 관계를 조사하였다.

② 대체로 부모들과 정상적인 애정관계를 갖지 못한 사람들이 자신의 가족으로부터 충족하지 못한 욕구를 대신 충족시키려는 잠재적 의도에 의해 범죄가 저질러지는 것이라고 주장하였다.

(3) 바울비의 애착이론

① **모성의 영향**: 영국의 심리학자 바울비(Bowlby)는 어린 시절 어머니가 없는 경우에는 아이들이 기초적인 애정관계를 형성할 수 없기 때문에 불균형적인 인성구조를 갖게 되고, 이후에 범죄와 같은 반사회적 행위에 빠져든다고 보았다. [2024(74). 경위]

② **잘못된 발달과정 세 단계**: ㉠ 겉으로만 어머니가 사랑하는 것 같은 경우 무의식적으로 이를 거부하는 형태(불만), ㉡ 원하지 않는 아이를 출산한 경우 의식적으로 거부하는 형태(거부), ㉢ 아이에 대한 관심이 지나친 경우(과잉보호)이다.

(4) 레들과 와인맨의 비행적 자아

① 레들(Redl)과 와인맨(Wineman)은 증오심이 강한 소년들의 공통된 특성을 살폈는데, 고립되어 성장한 결과 어른들이 자기를 사랑하고, 원하고, 보호하고, 격려한다는 느낌을 가지지 못한 것으로 나타났다.

② **비행적 자아**: 비행소년들은 적절한 슈퍼에고를 형성하지 못하고, 에고도 이드의 욕구를 무조건 옹호하는 방향에서 구성되었다고 보고, 에고가 슈퍼에고의 규제 없이 이드의 욕구대로 형성된 경우를 '비행적 자아'라고 지칭하였다. [2024(74). 경위]

③ **치료**: 어렸을 때에 결핍되었던 어른들과 자기를 연계시킬 수 있는 동일시 감정을 증진시키는 것이 무엇보다 중요하다고 주장하였다.

03 이론의 한계

(1) 공헌

① 정신분석학적 접근은 범죄자의 배경, 가족생활, 인성, 태도, 범행의 동기나 이유 등에 대한 이해와 범죄자의 처우에 있어서 중요한 역할을 수행하고 있다.

② 프로이드 이후 심리학 연구에 수많은 영감을 제공하였다.

(2) 비판

① 주요한 개념을 측정하고 기본 가정이나 가설을 검증하기 어렵다.

② 초기 아동기의 경험과 성적 욕구를 지나치게 강조하고, 문화와 환경적 영향을 무시하고 있다.

04 신프로이드 학파(정신분석학의 발전)

(1) 융의 분석심리학

① 스위스의 심리학자 융(Jung)은 프로이드와 함께 무의식을 중시하였으나, 프로이드가 강조한 리비도를 성적 욕구에 한정하지 않고 모든 행동의 기초를 이루는 '심적 에너지'로 이해하여 그 차이를 중심으로 분석심리학의 체계를 정립하였다.

② 융은 인간의 태도를 외향성과 내향성으로 분류하고, 외향적인 사람이 범죄에 친한 반면 내향적인 사람은 신중하고 사회규범 등에 대한 학습능력이 높으므로 상습범죄자가 되기 어렵다고 한다.

③ **콤플렉스**: 엄마나 아빠 콤플렉스, 외할머니 콤플렉스, 돈 콤플렉스 등 '내가 남보다 못하다'는 일상생활에서 겪는 열등감을 의미하는 것으로, 이러한 콤플렉스는 다른 사람들의 진심 어린 칭찬도 사실 그대로 받아들이지 못하고 의미를 왜곡해 버리고 만다.

④ **집단적 무의식**(collective unconsciousness): 과거세대의 누적된 경험

원형 (archetype)	• 집단무의식으로 전해진 모든 인간의 공통적 사고 형태 • 집단무의식의 중요한 구조적 요소, 보편적 심상이나 상징을 의미
페르소나 (persona)	공적가치, 가면(인습적 역할), 여자의 도리, 학생의 본분 등
아니마 (anima)	• 남성의 여성적 측면(감성적), 거부 시 냉담, 무딘 감정 • 위기상황에서 남성이 감성적 불안으로 안절부절, 집에서 잔소리, 중년 이후 남성의 여성화 현상
아니무스 (animus)	• 여성의 남성적 측면(이성적), 거부 시 지나친 모성애에 빠짐 • 여자다운 여자의 위기상황에서 이성적 현명한 판단으로 위기극복, 중년 이후 여성의 남성화
그림자 (shadow)	• 페르소나의 반대속성, 인간의 어둡고 사악한 동물적 측면 • 도덕적 결백의 모습 뒤에 성적 · 금전적 스캔들(지킬박사와 하이드, 흥부와 놀부)
자기 (self)	• 진실된 나, 진정한 자기, 통합, 중년 이후 균형적 모습 • 개인적 무의식: 개인의 억압된 사고들, 잊혀진 경험들(전의식과 유사) • 자아: 개인이 의식하는 모든 가정, 생각, 기억 등, 창조적 힘도 포함

(2) 아들러의 개인심리학

① 아들러(Adler)는 프로이드가 강조한 성과 공격이 유일한 동기라는 것에 의문을 제기하고, 더 숭고한 동기들과 사회적 상호작용을 강조하여 인간의 심층심리에 작용하는 원동력은 프로이드가 말하는 성욕이 아니고 '힘의 의지'라며, 프로이드의 성욕설을 비판하였다.

② 아들러는 생물학적 측면보다 사회적 충동 · 무의식적 사고를 중시하였고, 심리적 열등감 · 고통스러운 감정(콤플렉스)을 감소시키기 위한 보상추구로 관심을 옮긴 것이 특징이다. 보상이란 상상된 혹은 실제적으로 개인이 자신의 허약(결핍)을 극복하려는 개인적 노력을 의미한다.

③ 우월에 대한 추구에 대해 초기에는 권력에 대한 의지를 강조하였고, 이것이 신경증적이 되면 권력에 대한 바람, 타인에 대한 통제로 표현된다.

④ 인간은 힘(권력)에 대한 의지와 자기보존욕구를 가지는데, 이러한 욕구가 충족되지 못할 때 열등감 콤플렉스를 지니게 되고, 이를 지나치게 보상하려는 시도에서 범죄나 비행을 저지르게 된다고 한다. [2024(74). 경위]

⑤ 그러나 건강한 경우 타인의 행복에 공헌하기 위해 자신의 우월목표를 포기하고 사회적 관심을 갖기도 하는데, 성격발달은 부모 · 아동 간에 주고 받는 사랑, 가족, 형제관계, 출생순위에 영향을 받는다는 형제서열이론을 주장하기도 했다.

⑥ 콤플렉스의 주된 요인은 개인심리학적 원인인 신체적 결함에서 비롯되지만 사회적 소외와 같은 사회적 영역으로 확대하였으며, 형벌의 범죄방지 효과에 대한 의문을 제기하고 심리적 치료를 강조하였다.

(3) 에릭 에릭슨의 심리사회발달이론

① 에릭슨(Erikson)은 독일인으로 미국에 활동한 발달심리학자이자 아동정신분석학자로, 인간의 사회성 발달이론과 '정체감 위기(Identity Crisis)'라는 말을 만들어 냈다.

② 프로이드가 사춘기까지의 심리성적 발달이론을 주장한 데 반해 에릭슨은 인간의 전 생애에 걸친 발달심리학(life span developmental psychology)을 다룬 것이다. 복잡한 출생배경과 불우한 성장환경으로 인해 평생에 걸쳐서 자아정체감에 대해 관심을 가졌다.

③ 각 단계마다 사회가 요구하는 과업들이 있고, 사회적 요구와 개인 사이의 갈등이 있다고 보았다. 그 과제를 잘 수행하면 좋은 방향의 성격이 표출되고, 사회적 과제를 잘못 수행하면 나쁜 방향의 성격이 표출된다고 보았다.

📖 심리사회적 발달단계

단계	덕목	적응 vs 부적응 방식
1(감각-구강)	희망(Hope)	기본적 신뢰 : 기본적 불신
2(근육-항문)	의지(Will)	자율성 : 수치심
3(운동-남근)	목적(Purpose)	자기주도 : 죄책감
4(잠재기)	유능(Competence)	근면성 : 열등감
5(사춘기-성기)	충성(Fidelity)	정체성 : 역할 혼란
6(초기성인기)	사랑(Love)	친밀성 : 고립감
7(성인, 중년기)	돌봄(Care)	생산성 : 침체감
8(노년기)	지혜(Wisdom)	자아 통합 : 절망감

단원별 지문 O/X

01 프로이드(Freud)의 정신분석학에 의하면 이드(id)를 구성하는 핵심요소에는 성(性)적 에너지인 리비도(libido)가 있다. (   )

[2024. 경찰2차]

02 프로이드(Freud)의 정신분석학적 범죄이론에 의하면 인간의 무의식은 에고(Ego)와 슈퍼에고(Superego)로 구분된다. (   )

[2024. 보호 9급]

03 프로이드(Freud)의 정신분석학에 의하면 오이디푸스 콤플렉스는 남자아이가 어머니에게 성(性)적 욕망을 느끼고 아버지에게서는 거세의 공포를 느끼는 것이다. (   )

[2024. 경찰2차]

04 프로이트(Freud) 이론에 의하면, 성 심리의 단계적 발전 중에 필요한 욕구가 충족되지 못함으로써 야기된 긴장이 사회적으로 수용되지 못할 때 범죄행위를 유발하는 것으로 설명할 수 있다. (   )

[2023. 보호 7급]

05 프로이드(Freud)는 특정한 사람들은 슈퍼에고(Superego)가 과잉발달되어 죄책감과 불안을 느끼게 되어 죄의식 해소와 심리적 균형감을 얻고자 범죄를 저지르게 된다고 하였다. (   )

[2024(74). 경위]

06 프로이트(Freud)에 따르면 인성 구조에서 이드(Id)는 쾌락원칙, 에고(Ego)는 도덕원칙을 따른다. (   )

[2023(73). 경위]

07 프로이트(Freud)에 따르면 슈퍼에고(Superego)는 양심과 이상 같은 긍정적 요소이므로 미발달한 경우는 문제이지만 과다하게 발달하는 경우는 문제가 되지 않는다. (   )

[2023(73). 경위]

08 프로이트는 인간 발달의 성 심리적 단계를 구순기(Oral Stage), 항문기(Anal Stage), 남근기(Phallic Stage), 잠복기(Latent Stage), 생식기(Genital Stage) 순으로 제시하였다. (   )

[2023(73). 경위]

---

01 ○

02 ✕ 프로이드(Freud)는 의식을 에고(Ego)라고 하고, 무의식을 이드(Id)와 슈퍼에고(Superego)로 나누었다. 무의식인 이드가 의식으로 표출되면 범죄가 발생한다고 본다.

03 ○

04 ○ 성 심리의 단계적 발전 중에 각 단계별로 아동은 그에 맞는 욕구를 해결해야 되는데, 바로 이들 욕구가 긴장을 야기시키며 이러한 긴장이 사회적으로 수용될 수 있는 행위를 통하여 해결되지 않을 때 범죄적 적응이 유발될 수 있다고 한다.

05 ○

06 ✕ 이드(Id)는 타인의 권리를 배려하지 않는 즉각적인 만족을 요구하는 쾌락의 원칙을 따르고, 에고(Ego)는 사회적 기준에 따라 무엇이 관습적이며 실질적인가를 고려하는 현실원리를 따른다. 슈퍼에고(Superego)는 인성의 도덕적 관점으로서 행위에 대한 판단을 맡는다.

07 ✕ 프로이드(Freud)는 범죄자들이 지속적인 죄책감과 불안감으로 인해 과도하게 발달된 슈퍼에고를 가지고 있기 때문에 범죄행동을 수행한다고 하였다.

08 ○

09 프로이드(Freud)에 따르면 남근기에 여자아이는 아버지에게 성적 감정을 가지게 되는데 이를 오이디푸스 콤플렉스라고 한다. (   )   [2023(73). 경위]

10 프로이드(Freud)의 정신분석이론은 범죄자의 현재 상황보다 초기 아동기의 경험을 지나치게 강조한다는 비판을 받는다. (   )   [2023. 경찰1차]

11 프로이드(Freud)의 인성구조 중 이드(Id)는 모든 행동의 기초를 이루는 생물학적·심리학적 욕구와 충동 자극 등을 대표하는 것으로서 즉각적인 만족을 요구하는 쾌락원리(pleasure principle)를 따른다. (   )   [2022. 경찰2차]

12 에이크혼(Aichhorn)에 따르면 비행소년은 슈퍼에고(Superego)의 과잉발달로 이드(Id)가 통제되지 않아 양심의 가책 없이 비행을 하게 된다고 보았다. (   )   [2015. 사시]

13 아들러(Adler)는 인간의 무의식에는 열등감 콤플렉스가 내재해 있는데, 일부는 이러한 열등감을 과도하게 보상받기 위해 비행이나 범죄를 저지르게 된다고 하였다. (   )   [2024(74). 경위]

14 에릭슨(Erikson)은 모성의 영향을 중시했는데, 어렸을 때 엄마가 없는 경우에는 기초적인 애정관계를 형성하지 못해 불균형적 인성구조를 형성하게 되어 범죄와 같은 반사회적 행동에 빠져든다고 하였다. (   )   [2024(74). 경위]

15 레들과 와인맨(Redl & Wineman)은 비행소년들이 적절한 슈퍼에고(Superego)를 형성하지 못하고 에고(Ego) 또한 이드(Id)의 충동을 무조건 수용하는 방향으로 형성되어, 에고(Ego)가 슈퍼에고(Superego)의 억제 없이 이드(Id)의 욕구대로 형성된 경우를 '비행적 자아'라고 지칭하였다. (   )   [2024(74). 경위]

---

09 × 일렉트라 콤플렉스에 대한 설명이다.

10 ○

11 ○

12 × 에이크혼(Aichhorn)에 의하면 비행소년의 경우 슈퍼에고(Superego)가 제대로 형성되지 않아 이드(Id)가 전혀 통제되지 못함으로써 이들이 반사회적 행위를 아무런 양심의 가책 없이 저지르게 된 것으로 보았다.

13 ○

14 × 바울비(Bowlby)는 모성의 영향을 강조하고, 어린 시절 어머니가 없는 경우에는 아이들이 기초적인 애정관계를 형성할 수 없기 때문에 불균형적인 인성구조를 갖게 되고, 이후에 범죄와 같은 반사회적 행위에 빠져든다고 보았다.

15 ○

제3절 행동주의(학습이론)

01 고전적 조건형성과 조작적 조건형성

(1) 행동주의 학습이론(Behavioral Learning Theory)
① 인간의 행동이 무의식의 반응이라는 정신분석학의 주장을 거부하고, 행동은 자극에 대한 반응이라고 주장한다.
② 특히 다른 심리학적 범죄학 이론가들이 범죄자의 정신적, 인지적, 성격적 문제가 범죄행위를 유발한다는 결정론에 기초하는 것과 달리 행동주의 학습이론가들은 범죄자의 행위는 다른 사람들의 반응 또는 자극에 의해 변화(학습)한다고 주장한다.
③ 범죄행위는 어떤 행위에 대한 보상 또는 처벌의 경험에 따라 범죄가 학습되는 것이지, 비정상적이거나 도덕적으로 미성숙한 심리상태로 인해 범죄행위에 가담하는 것이 아니라고 주장한다.

(2) 파블로프의 고전적 조건형성
① 고전적 조건형성실험을 고안한 러시아의 생리학자 파블로프(Pavolv)는 개를 대상으로 소화에 관한 연구를 하던 중 우연히 행동심리학의 기초를 만든 중요한 고전적 조건형성이론을 제안하게 되었다.
② 특정 무조건 자극(개에게 먹이를 줌)과 함께 반응(침을 흘림)과 관계없는 자극(조건자극: 메트로놈/종소리)을 동시에 제공하면 무조건 자극(먹이)이 없을지라도 조건자극(메트로놈/종소리)에 반응(침을 흘림)을 일으키게 된다. 이를 반복하면 조건자극만으로도 침샘에 자극을 주어 침을 흘리게 된다는 것이다.
③ 파블로프는 고전적 조건형성실험을 통해 조건자극(메트로놈 소리)이 무조건 자극(먹이) 없이도 개의 행동반응(침 흘리기)을 유발할 수 있음을 증명함으로써 자극과 반응이라는 행동주의 학습이론의 기초를 세웠다. [2024(74). 경위]

(3) 손다이크의 퍼즐(문제)상자
① 손다이크(Thorndike)는 컬럼비아 대학교 심리학자로 굶주린 고양이를 상자 안에 넣고 지렛대를 눌러서 상자를 빠져나오면 먹이를 주는 실험을 하였다. 그 결과 동물은 시행착오와 우연적 성공에 의해서 올바른 행동을 학습하게 된다는 시행착오학습을 주장하였다.
② 상자를 빠져나오기 위한 고양이의 행동은 도구적, 즉 조작적이기 때문에 도구적 또는 조작적 학습이라고 한다.

(4) 스키너의 조작적 조건형성
① 스키너(Skinner)는 실험상자 지렛대 실험에서 쥐의 행동이 보상과 처벌에 따라 변화하는 것을 확인하였고, 이를 통해 인간의 행위 역시 조절할 수 있다고 보았다. [2024. 해경 경위] 총 3회 기출
② 조작적 조건형성 실험을 통해 피실험체(생쥐)가 우연한 기회(지렛대 누르기)에 긍정적인 보상(먹이)이 주어지는 것을 경험하고 지렛대 누르기를 반복하게 되는 행동의 강화가 일어남을 증명하였다.
③ 학습은 단순한 자극에 의한 수동적 반응이 아닌 능동적 행동에 따른 보상의 경험으로도 획득될 수 있다는 것이다.
④ 행동의 동기요인: 강화는 행동에 중요한 요인으로, 만일 어떤 특정의 행동이 다른 사람의 긍정적인 반응에 의해 강화가 된다면 그 행동은 지속될 것이다. 반면에 어떤 행동이 다른 사람에 의해 지지되거나 강화되지 않고, 오히려 벌을 받게 되면 그러한 행동은 점점 줄어들거나 완전히 없어진다는 것이다.
⑤ 보상을 통한 학습의 강화는 버제스(Burgess)와 에이커스(Akers)의 차별적 강화 또는 사회학습이론에서 특히 강조된다.
⑥ 비판: 범죄자의 행동수정에 원용되는 학습이론은 비록 선의라 하더라도 타인의 행위를 변화시키도록 조작한다는 강제교육의 문제점이 있다는 비판을 받는다.

⊕ **PLUS** 스키너 상자 실험

1. 조작적 조건형성실험은 지렛대를 누르면 먹이가 나오도록 설계된 실험용 박스에 생쥐를 넣고 우연히 생쥐가 지렛대를 눌러 먹이가 나오게 되면 같은 행동을 반복하는 횟수가 증가한다는 사실을 보여줌으로써 행동의 강화를 파악할 수 있게 되었다.
2. 강화물은 행동의 빈도를 증가시키는 역할을 하는 모든 자극물을 의미하며, 강화물은 음식, 공기, 물 등 일차적 사회적 인정, 칭찬, 지위 등의 이차적 강화물로 구분된다.
3. 강화는 정적 강화와 부적 강화로 구성되는데, 정적 강화는 행동의 지속성을 강화시키는 것으로써 특정 행동에 대해 보상이 주어질 때 그 행동을 지속할 가능성이 높아지고, 부적 강화는 정적 강화의 반대로, 특정 행동을 멈추거나 감소시키기 위해 특정 보상을 제거하거나 혐오자극을 제공하는 것이다.

02 반두라의 사회학습이론

(1) 행동주의 비판과 사회학습이론

① 캐나다의 심리학자 반두라(Bandura)는 당시 학습심리학이 행동주의에 치중되어 있다는 생각을 가지고 인지와 행동의 관계를 연구하여 관찰학습이론(Observational Learning) 또는 모델행동(modeling)을 주장하였다.
② 그는 아동의 공격적인 행동이 모방학습을 통해 이루어질 수 있다는 증거를 보여줌으로써 단순히 보상과 처벌에 의해 행동이 학습된다는 기존 자극 – 행동주의 학습이론을 비판하였다.
③ 특히 그는 보보인형(Bobo Doll) 실험을 통해 TV 등 미디어를 통한 공격성 학습원리를 증명하였다. 이 실험은 폭력과 같은 행동이 관찰자에게 제공되는 어떠한 강화자극이 없더라도 관찰과 모방을 통해 학습될 수 있음을 증명하였다는 의의를 가진다.
④ 관찰학습에는 관찰을 통한 고전적 조건화와 관찰을 통한 조작적 조건화의 두 가지 유형을 제시하였다.

관찰을 통한 고전적 조건화(파블로프)	관찰을 통한 조작적 조건화(스키너)
어떤 유기체가 특정 조건자극(cS)에 대해 공포반응을 느끼는 장면을 보면 다른 유기체는 그 조건자극(cS)에 대한 공포반응을 학습하게 된다.	어떤 유기체가 어떤 행동을 했을 때 강화를 받는 것을 목격했다면 다른 유기체도 그 행동을 하기 원하게 된다.
예 흰 쥐를 보고 깜짝 놀라는 형을 본 동생이 다음부터 흰 쥐를 보면 놀라게 되는 것	예 형이 김치를 먹은 뒤 부모님께 칭찬을 받은 것을 동생이 보면 동생도 김치 먹기를 원한다는 것

⊕ **PLUS** 보보인형(Bobo Doll) 실험 [2023(73). 경위] 총 3회 기출

1. 보보인형 실험은 실험참가 아동 72명 중 24명을 통제집단, 나머지 48명을 8개 실험집단에 할당하여 실험을 진행하였다.
2. 실험의 결과, 보보인형을 공격하고 상을 받거나, 벌을 받는 조건에서도 상을 받는 상황을 관찰한 실험집단에서 보다 더 공격적인 행동을 보여, 관찰을 통한 대리강화가 발생하는 것으로 나타났다.
3. 이 실험의 결과로 미디어와 범죄의 관계에 대한 역사적 논쟁이 시작되었다.

(2) 반두라의 사회인지학습이론

① 반두라는 관찰학습이론(사회학습이론) 이후에 환경의 영향을 추가하여 환경과 개인의 특성(인지적 요인), 행동 간의 삼원적 관계를 골자로 하는 사회인지이론을 제안하였다.

② 사회인지이론에서는 동기, 사고, 기대, 신념과 같은 개인적 특성과 행동 양식, 부모나 직장동료, 친구와 같은 타인의 영향, 농촌, 도시, 경제적 지위, 인종적 다양성 등과 같이 개인이 처한 사회적 상황을 포괄하는 환경적 요소가 상호작용하며 양방향적으로 영향을 미친다고 본다.

③ 사람들이 단순히 강화와 처벌만으로 학습하는 것이 아니라, 인지적인 과정을 통해 학습한다는 점을 강조한 것이다.

④ 동기화와 강화: 모델링과 사회적 상호작용을 통해 이루어지는 과정에서 관찰학습 4단계를 통한 동기화와 세 가지 강화유형을 주장했다.

📋 반두라의 관찰학습 4단계를 통한 동기화(motivation)

주의(attention)	① 타인의 행동을 모방하기 위해 그 행동에 주의를 기울인다. ② 관심과 집중을 해야 행동의 요소와 의도를 파악할 수 있다.
회상(retention)	① 주의를 기울여 관찰한 내용을 기억에 저장하는 단계이다. ② 추후 유사한 상황에서 해당 행동을 떠올리고 수행할 수 있다.
재생(reproduction)	① 기억한 행동을 실제로 재현하는 과정이다. ② 자신의 행동이 타인의 행동과 동기화되며, 학습된 행동이 자신에게 내재화된다.
동기(motivation)	① 관찰한 행동을 재현하려는 의지로 행동의 반복과 지속에 영향을 미친다. ② 보상이나 성공 가능성이 높다고 판단될 때, 행동을 반복하려는 동기가 강화된다.

📋 반두라의 동기강화 유형 [2024. 해경 경위]

대리 강화 (Vicarious Reinforcement)	① 타인이 특정 행동을 하고 그에 대한 보상이나 처벌을 받는 것을 관찰하면서 학습하는 방식이다. ② 간접적으로 보상이나 처벌의 결과를 학습할 수 있어, 위험을 감수하지 않고도 효과적으로 행동을 변화시킬 수 있다. 예 친구가 교사의 칭찬을 받는 것을 보고 학습동기를 얻는 상황
자기 강화 (Self-Reinforcement)	① 목표를 설정하고, 목표를 달성했을 때 스스로 보상을 주는 방식이다. ② 자기 강화는 내적 동기를 높이며, 자기 통제력과 자기 효능감을 키우는 데 도움이 된다. 예 하루 목표를 달성한 후 좋아하는 간식을 사 먹는 경우
외부 강화 (Extrinsic Reinforcement)	① 외부 요인에 의해 보상이나 처벌이 주어져 특정 행동이 강화되는 방식이다. ② 사람의 행동을 유도하는 데 효과적이지만, 지나치게 의존하면 행동이 외부 보상에만 의존하게 되어 내적 동기가 약화될 수 있다. 예 학교에서 받은 상장이나 직장에서의 승진, 친구나 가족의 칭찬 등

03 행동주의 심리학의 공헌과 한계

(1) 공헌

① **과학적 방법의 도입**: 행동주의는 인간 행동을 측정 가능하고 검증 가능한 방식으로 접근하여 심리학이 객관적이고 과학적인 학문으로 자리 잡는 데 중요한 기여를 했다.

② **학습 이론의 발전**: 행동주의는 고전적 조건화(classical conditioning)와 조작적 조건화(operant conditioning)를 통해 학습 이론을 체계화했다.

③ **응용 분야에서의 기여**: 행동주의 원리는 교육, 상담, 심리치료 등 다양한 분야에 적용되었다. 특히 행동 수정(behavior modification) 기법을 통해 심리치료에 큰 영향을 미쳤다. 즉, 강화와 처벌의 원리를 적용하여 바람직한 행동을 증진하고, 부적응적 행동을 줄이기 위한 치료법이 개발된 것이다.

④ **사회적 학습 이론에 기초 제공**: 행동주의는 후에 반두라의 사회학습이론(social learning theory) 발전에 중요한 기초를 마련했다. 반두라는 행동주의의 기본 개념을 바탕으로, 인간이 타인의 행동을 관찰하고 이를 모방하며 학습한다는 관점으로 나아갔다.

(2) 행동주의 심리학의 한계

① **내적 과정의 무시**: 행동주의는 인간의 행동을 외부 자극에 대한 반응으로만 설명하려 했기 때문에 감정, 동기, 사고와 같은 내적 과정이 배제되었다. 그러나 인간의 행동은 단순한 자극 – 반응 관계로만 설명할 수 없는 경우가 많다.

② 인간의 사고 과정, 기억, 문제 해결 등 내적 과정을 고려하지 않은 한계가 있다.

③ **행동의 복잡성 간과**: 인간은 환경에 의해 조건화되는 것뿐만 아니라 주체적으로 선택하고 해석하는 존재이기 때문에, 자극과 반응만으로 단순 설명하는 데는 어려움이 있다.

④ **자유 의지와 자율성의 배제**: 행동주의는 인간이 환경에 의해 거의 결정된다는 입장을 취했기 때문에 자유 의지나 주체성을 경시하였다. 인간의 행동이 환경 자극에 의해 조절된다는 입장이지만, 많은 연구는 인간이 자율적이고 주체적으로 선택할 수 있는 존재임을 시사한다.

⑤ **실험실 연구의 한계**: 행동주의 연구는 주로 실험실에서 이루어졌으며, 동물 실험 결과를 인간에게 일반화하는 경우가 많았다. 따라서 현실적인 인간의 복잡한 행동을 설명하는 데 한계가 있을 수 있다.

단원별 지문 O/X

01 고전적 조건화(Classical Conditioning)는 인간의 정서반응을 형성하는 데 중요한 영향을 미친다. 공포증(phobia)과 관련하여, 객관적으로 위험하지 않은 대상이나 상황에 대해서 강한 공포와 두려움을 느끼는 경우가 있다. 예컨대, 덩치가 크고 사납게 생긴 개를 보고 크게 놀란 경험이 있는 어린 아이는 아주 강력하고, 일반화된 '개 공포증'을 학습할 것이며, 이후에는 다른 개에게도 접근하는 것을 두려워하게 될 것이다. (   )
[2024(74). 경위]

02 스키너(Skinner)는 실험상자(Skinner box) 지렛대 실험에서 쥐의 행동이 보상과 처벌에 따라 변화하는 것을 확인하였고, 이를 통해 인간의 행위 역시 조절할 수 있다고 보았다. (   )
[2022. 경찰2차]

03 스키너(Skinner)의 행동이론은 외적 자극의 영향보다는 인지·심리 등 내적 요인을 지나치게 강조하였다는 비판을 받는다. (   )
[2023. 경찰1차]

04 보울비(Bowlby)는 아동이 한 행동에 대하여 칭찬이나 보상을 하면 그 행동이 강화되지만 처벌이나 제재를 하면 그러한 행동이 억제된다고 하였다. (   )
[2023(73). 경위]

05 반두라(Bandura)는 사람들이 폭력행위를 할 수 있는 능력을 가지고 태어나는 것이 아니라, 삶의 경험을 통해서 공격적 행동을 학습하는 것이며, 학습행동이 범죄와 깊은 관련성이 있다고 보았다. (   )
[2023(73). 경위]

06 사회학습이론 및 행동주의이론을 바탕으로 하여 이루어진 실제 실험에서 조건자극(종소리)이 무조건 자극(먹이) 없이도 개의 행동반응(침 흘림)을 유발할 수 있음을 증명하여 자극과 반응을 통한 학습의 원리를 처음으로 제시한 사람은 파블로프(Pavolv)이다. (   )
[2023(73). 경위]

---

01 ○ 파블로프(Pavolv)의 고전적 조건형성실험에 대한 설명이다.

02 ○

03 × 스키너(Skinner)는 과학적 실험연구를 통하여 인간의 특정 행동이 어떻게 형성되는지 구체적으로 보여줌으로써, 문제행동의 변화를 목표로 하는 행동주의 상담 및 행동치료의 이론적 체계를 구축하는 데 공헌하였다. 그의 연구는 인간행동에 대한 환경의 결정력을 지나치게 강조하여 인간의 내적·정신적 영향력을 배제하였고, 인간을 조작이 가능한 대상으로 취급하고 인간의 모든 행동이 조작화를 통해 수정 가능하다고 보는 시각 때문에 인간의 자유의지와 존엄성을 무시하고 인간을 지나치게 단순화·객관화하는 것이라는 비판을 받고 있다.

04 × 행동주의 학습이론(Behavioral Learning Theory)에 대한 설명이다. 보울비(Bowlby)는 모성의 영향을 강조하여, 어린 시절 어머니가 없는 경우에는 아이들이 기초적인 애정관계를 형성할 수 없기 때문에 불균형적인 인성구조를 갖게 되고, 이후에 범죄와 같은 반사회적 행위에 빠져든다고 보았다.

05 ○ 반두라(Bandura)의 보보인형실험의 결과이다.

06 ○ 파블로프(Pavolv)는 고전적 조건형성실험을 통해 조건자극(메트로놈 소리)이 무조건 자극(먹이) 없이도 개의 행동반응(침 흘리기)을 유발할 수 있음을 증명함으로써 자극과 반응을 통한 학습의 원리를 처음으로 제시하였다.

07 사회학습이론 및 행동주의이론을 바탕으로 하여 이루어진 실제 실험에서 피실험체(생쥐)가 우연한 기회(지렛대 누르기)에 긍정적인 보상(먹이)이 주어지는 것을 경험하고 지렛대 누르기를 반복하게 되는 것을 통해 행동의 강화를 증명하였다. ( )

[2023(73). 경위]

08 사회학습이론 및 행동주의이론을 바탕으로 하여 이루어진 실제 실험에서 성인 모델이 인형을 대상으로 하는 폭력적·비폭력적 행동을 아동이 화면으로 시청한 후에 성인 모델의 행동방식을 그대로 모방하는 경향을 관찰하였다. ( )

[2023(73). 경위]

09 사회학습이론 및 행동주의이론을 바탕으로 하여 이루어진 실제 실험에서 가상의 교도소에 교도관과 수용자 역할을 할 지원자를 모집하여 각자의 행동 변화를 관찰하였다. ( )

[2023(73). 경위]

---

07 ○ 스키너(Skinner)는 조작적 조건형성 실험을 통해 피실험체(생쥐)가 우연한 기회(지렛대 누르기)에 긍정적인 보상(먹이)이 주어지는 것을 경험하고 지렛대 누르기를 반복하게 되는 행동의 강화가 일어남을 증명하였다.

08 ○ 반두라(Bandura)의 보보인형실험에 대한 설명이다.

09 × 스탠퍼드 감옥 실험(SPE, 루시퍼 이펙트. 루치펠 효과)에 대한 설명으로, 이는 스탠퍼드 대학교의 필립 짐바르도(Philip Zimbardo) 심리학 교수가 1971년에 한 심리학 실험이다. 감옥이라는 환경(상황)이 인간의 반응과 행동에 어떤 영향을 미치는지 관찰하기 위하여 진행되었다. 참고로, 실험심리학은 실험적 방법을 사용하여 인간의 행동과 행동 과정에 기반한 심리학적 특성에 대해 연구하는 학문을 말한다.

제4절 인지이론

01 인지발달이론

(1) 개관
① 인지이론(cognitive theory)은 <u>도덕적 판단력이 인간의 인지발달에 따라 '내재화'하는 과정을 상정하여</u> 범죄원인을 탐구하며, 사람이 어떻게 외부 사회세계의 가치와 규범을 획득하여 내재화하는가가 비행행위의 연구에 있어서 중요한 문제가 된다고 본다.
② 여기에서 '내재화'는 사람이 사건이나 신념을 수용하고, 그것을 자신의 사고의 일부로 만든다는 것을 의미한다.
③ 결론적으로 태도나 기준의 인지적 내재화를 강조하는 인지발달이론에 의하면, 사회적 규칙을 내재화하는 사람은 그 규준(規準)을 범할 가능성이 적다는 것이다.

(2) 피아제(Piaget)의 인지발달이론
① 인간은 환경과 능동적으로 상호작용하는 존재이며, 환경의 재구성을 통해 능동적으로 인지구조(Schema, 스키마)를 발달시켜 가는 존재이다.
② 피아제(Piaget)는 인간의 지적 행동을 환경에 대한 순응이라고 보았으며, 이 순응은 동화(assimilation)와 조절(accomodation)이라는 두 가지의 보충적 과정을 통해서 이루어진다고 했다
③ 인간의 인지발달은 감각동작기, 전조작기, 구체적 조작기, 형식적 조작기라는 질적으로 다른 4가지 단계를 거쳐 발달한다.

인지발달단계	
감각운동기 (sensori motor stage)	신체적 감각을 통하여 인지구조를 변화시켜 나가는 시기로서 출생부터 2세까지의 기간
전조작기 (preoperational stage)	자아 중심적이고 사물의 하나의 특징에 집중하여 사고하는 경향성이 관찰되는 시기
구체적 조작기 (concrete operational stage)	아동의 구체적인 문제들 또는 구체적인 의미에서 쉽게 상상될 수 있는 사물이나 문제들을 다룰 수 있는 능력이 증가하는 단계
형식적 조작기 (formal operational stage)	구체적이지 않은 추상적인 사상이나 개념에 대해서도 논리적·체계적·연역적 사고가 가능한 인지발달단계

④ 피아제는 지적 발달은 두 가지 성숙단계를 거쳐 발달되는데 첫째 단계는 출생해서 약 2세까지의 지능을 감각 운동적 지능이라고 보았고, 둘째 단계는 2세 이후 지능으로 이를 개념적 지능이라고 했다.
⑤ 각 발달단계는 연속된 것으로 이전 단계에 근거해서 새로운 단계가 나타나게 된다. 즉, 새로운 단계와 이전 단계가 별개의 것이 아니라 서로 통합된다.
⑥ 발달단계의 순서와 발달단계별 행동이 나타나는 순서는 유전이나 경험, 즉 개인차에 관계없이 일정하다.
⑦ 발달단계가 나타나는 시기에는 개인차가 있을 수 있다.
⑧ 형식적 조작기(11세 이후)는 구체적이고 실제적인 상황을 넘어서 추상적으로 사물을 다룰 수 있는 단계를 말하며, 이로 인해 인지발달이론은 촉법소년의 연령 하향을 주장하는 학자들의 이론적 근거가 된다.

> **⊕ PLUS** 피아제의 스키마 형성과정
>
> 인간은 타고난 능력을 가지고 있으며, 이 능력을 가지고 환경과 상호작용을 하면 그 결과(스키마)가 나타나게 되는데 이러한 과정(능력 + 환경 → 도식 = 스키마)이 구조, 즉 틀이나 순서가 잡혀져 있다는 점에서 구조기능주의라는 평가를 받기도 한다.
>
> 예 2살배기 아기가 손으로 뜨거운 냄비를 잡아서 통각을 느끼면 다음부터는 뜨거운 냄비를 잡으면 안 되겠다는 도식 생성

(3) 콜버그의 도덕발전단계

① 콜버그(Lawrence Kohlberg)는 인간의 도덕적 사고와 판단은 인지적 발달에 기반하여 시간이 흐르며 발전한다는 도덕발달단계 이론을 주장했다.
② 도덕적 발달은 3개의 수준으로 나뉘며, 각 수준은 2개의 단계로 구성된다.
③ 이후 발전단계를 6단계로 수정하였는데, 대부분의 일반청소년은 3~4단계, 대부분의 비행청소년은 1~2단계에 속한다고 주장하였다. [2023. 보호 7급] 총 3회 기출
④ **단계적 발달과 보편성**: 각 단계는 순서를 건너뛰지 않고, 이전 단계의 사고를 기반으로 발전한다. 이러한 발달 단계는 모든 문화와 사회에 적용될 수 있다.
⑤ **인지적 성숙과 경험**: 도덕적 발달은 교육, 사회적 경험, 비판적 사고를 통해 촉진된다.
⑥ **연구 방법**: 하인츠가 아내를 살리기 위해 약을 훔치는 상황에서, 참여자들에게 "하인츠가 약을 훔치는 것이 옳은가?"(하인츠 딜레마, Heinz Dilemma)라는 질문법을 통해 답변 자체보다, 도덕적 판단의 이유에 초점을 맞추어 분석하였다.

📋 콜버그의 도덕발전 3수준 6단계 [2023. 보호 7급]

3수준	6단계(지향)	구체적 내용
관습 이전 (Pre-conventional Level) [비행청소년]		도덕적 판단이 개인의 욕구와 직접적인 결과에 따라 이루어지는 단계, 외적 권위와 처벌에 크게 의존한다.
	1단계: 처벌과 복종 지향	① 옳고 그름은 처벌을 받을지 여부에 따라 판단 ② "규칙을 어기면 벌 받아"
	2단계: 도구적 목적 지향	① 자기 이익에 따라 옳고 그름 판단, 상호 이익을 기반으로 한 거래적 사고 ② "내가 널 도와주면, 너도 날 도와야 해!"
관습단계 (Conventional Level) [일반청소년]		사회적 규범과 역할 기대에 따라 도덕적 판단을 내리고, 타인의 기대와 사회 질서를 중요시한다.
	3단계: 대인관계 조화 지향	① 타인과의 관계와 타인의 인정 중요시 ② 선한 의도와 행동이 도덕적 기준 ③ "착한 사람, 친구를 돕는 행위"
	4단계: 법과 질서 지향	① 법과 사회적 질서 유지가 도덕적 행동의 기준 ② 규칙과 권위 존중 ③ "법 준수"
관습 이후 (Post-conventional Level)		도덕적 판단이 사회적 규범 초월, 개인적 가치와 보편적 윤리에 근거를 둔다.
	5단계: 사회 계약 지향	① 법과 규칙은 사회적 합의를 기반으로, 사회의 복지를 위해 필요, 다만 비합리적일 경우 변화 가능 ② "법은 중요하지만, 공정하지 않다면 바꿔야 해."
	6단계: 보편적 윤리 지향	① 보편적 윤리 원칙에 따라 행동, 정의와 평등, 생명존중 등 추상적이고 보편적 가치가 도덕적 판단의 기준 ② "양심과 정의에 따른 행동"

(4) 문제점(비판)

① **인습 이후 도덕성의 부적합성**: 5·6단계에 도달한 사람들은 드물며, 실제 도덕 발달 양상을 진단해 줄 수 있는 이론적 틀로서는 부적합하다.

② **도덕적 퇴행**: 고등학교 시기에서 대학생 시기 사이에 4단계에서 5단계로 진전하는 대신에 2단계의 전인습적 수준으로 퇴행하는 것이 실제 연구에서 발견되었다.

③ **도덕적 사고와 도덕적 행위 간의 불일치**: 일상경험에 비춰보면, 갈등 상황에서 올바른 판단을 했다고 반드시 올바른 도덕적 행동으로 실현되는 것은 아닌데도, 콜버그는 도덕적 추론 능력만 중시하여 도덕적 판단과 도덕적 행위 간의 불일치에 대해 적절한 설명을 제시하지 못하였다. [2023. 경찰1차]

④ **캐롤 길리건**(Carol Giligan)**의 비판**: 남성 중심적인 남성편향이론으로, 도덕성에 관한 여성의 목소리를 간과하고 왜곡하였다. 그 결과로 여성 추론 능력을 낮은 단계로 격하시키고, 여성은 도덕적으로 결함이 있다는 잘못된 입장을 취하였다.

02 지능수준과 비행

(1) 의의

① 일반적인 견해는 지능이 비행행위에 보다 직접적인 관련이 있는 다른 요인들에 영향을 미침으로써 간접적으로 비행행위에 영향을 미치는 것으로 이해되고 있다. 지능이 정상보다 훨씬 낮은 상태를 뜻하는 정신박약은 일반적으로 지능지수가 70 이하인 경우를 말한다.

② **지능검사법**: 웨슬러(Wechsler)의 지능검사방법은 언어성 지능과 동작성 지능으로 나누어 진단할 수 있는데, 일반적으로 비행소년들은 정상소년들보다 언어적 지능능력에 있어 부족한 것으로 나타나는 특징이 있다.

(2) 연구자

① **고다드**(Goddard)**의 연구**: 미국의 심리학자 고다드는 1920년에 실시한 한 연구를 통해, 상당한 수의 수감생활을 하는 청소년들이 정신박약상태라고 주장하며, 지능적 결함이 청소년비행의 주요원인이라고 강조하였다. [2023. 보호 7급]

② **글룩**(Glueck) **부부의 연구**: 비행청소년들이 문제를 취급하는 방법이 비체계적이기 때문에 실패하는 일이 많다는 것과 매개적인 기호에 존재하는 추상적 사고가 뒤떨어지고 보다 구체적이고 물질적인 접근을 선호한다는 사실을 지적하였다.

01 콜버그(L. Kohlberg)는 개인마다 어떤 특정 상황에서 옳다고 판단하는 평가의 기준이 다르고, 이 기준은 도덕발달 단계에 따라 다르다고 주장하며, 도덕발달 단계를 처벌과 복종 단계, 법과 질서유지 단계 그리고 보편적 윤리 단계의 세 단계로 구분한다. (   )　　　　　　　　　　　　　　　　　　　　　　　　　　　　　　　　[2018. 5급 승진]

02 콜버그(Kohlberg)의 도덕발달이론은 도덕적 판단과 도덕적 행위 간의 불일치가 문제점으로 지적되고 있다. (   )　　　　　　　　　　　　　　　　　　　　　　　　　　　　　　　　　　　　　　　[2023. 경찰1차]

03 도덕적 발달단계를 범죄에 적용하였으며, 도덕적 발달단계를 3가지 수준인 전관습적, 관습적, 후관습적 수준으로 나누고 각 수준마다 2단계씩 총 6단계로 나눈 학자는 콜버그(Kohlberg)이다. (   )　　　　[2023. 경찰2차]

04 인지이론은 연령에 따른 지적 능력 발달과 범죄 중단 과정의 관련성을 설명한다. (   )　　　[2023(73). 경위]

05 인지이론은 범죄행동은 보상에 의해 강화되고 처벌에 의해 소멸된다고 본다. (   )　　　[2023(73). 경위]

06 인지이론은 미디어가 어떻게 범죄와 폭력에 영향을 미치는지 보여준다. (   )　　　　[2023(73). 경위]

07 인지이론은 초기 아동기의 무의식적 성격 발달이 일생 동안의 행동에 영향을 미친다고 본다. (   )　　[2023(73). 경위]

08 고다드(Goddard)는 적어도 비행청소년의 50%가 정신적 결함을 갖고 있다고 하였다. (   )　　[2023. 보호 7급]

---

01 ✕ 도덕발달 단계를 관습 이전 단계와 관습 단계, 관습 이후 단계의 세 단계로 나누고, 그에 따라 인간의 추론 능력도 발전한다고 하였다. 후에 콜버그(Kohlberg)는 사람들은 도덕적 발달의 여섯 단계들을 거쳐 가게 된다고 내용을 수정하였는데, 범죄자들은 동일한 사회적 배경을 가진 비범죄자들보다 도덕적 판단의 발달이 매우 낮다고 하였으며, 대부분의 비범죄자들은 3~4단계에 속하는 반면, 대부분의 범죄자들은 1~2단계에 속한다고 주장하였다.

02 ○

03 ○

04 ○ 인지이론(cognitive theory)은 도덕적 판단력이 인간의 인지발달에 따라 '내재화'하는 과정을 상정하여 범죄원인을 탐구하며, 사람이 어떻게 외부 사회세계의 가치와 규범을 획득하여 내재화하는가가 비행행위의 연구에 있어서 중요한 문제가 된다고 본다.

05 ✕ 사회학습이론에 대한 설명이다.

06 ✕ 반두라(Bandura)는 보보인형실험을 통해 TV 등 미디어를 통한 공격성 학습원리를 증명하였다. 이 실험의 결과로 미디어와 범죄의 관계에 대한 역사적 논쟁이 시작되었다.

07 ✕ 정신분석이론에 대한 설명이다.

08 ○ 미국의 심리학자 고다드(Goddard)는 1920년에 실시한 한 연구를 통해, 상당한 수의 수감생활을 하는 청소년들이 정신박약상태라고 주장하며, 지능적 결함이 청소년비행의 주요원인이라고 강조하였다.

제5절 성격(인성)검사와 인간의 본성연구

01 의의

(1) 성격

① 성격(인성)이론(personality theory)에서 성격이란 지적능력과는 별도로 한 개인의 특징을 의미하는 것으로, 범죄자는 정상인과는 다른 비정상적이고 부적합하고 범죄적 성향을 가지고 있다고 본다.

② 성격발달은 현재의 생활경험도 중요하지만 그 발생 기원은 아동기에 있다. 어려서 형성된 인성적 특징이 그 사람의 전반적인 행위에 영향을 끼치며, 인간의 심리적 틀 내에 존재하는 비정상적 인성이 비행을 유발시키도록 작용한다고 가정한다.

③ 범죄행위란 충동성, 폭력성, 자극추구성, 반발성, 적대감 등과 같은 개인의 성향이 표현된 것뿐이라는 것이다.

④ 공헌: 인성이론은 비행의 원인으로 비행자의 특성을 파악하고, 아울러 비행자의 비행적 인성을 교정하거나 치료하는 데 중요한 역할을 해 오고 있다.

(2) 인성이론의 연구

① 심리검사나 측정방법의 개발을 통해 일반인들과 범죄자들을 대상으로 인성검사를 실시하고 그 점수를 서로 비교하는 방법으로 범죄가능성을 경험적으로 분석하였다.

② 연구방법으로 비행과 관계되는 것으로 알려진 파괴적·비정상적 인성특징을 평가하기 위해 투사법, 인성검사표 등이 사용된다.

> **⊕ PLUS** 투사법(Projective Techniques)
> 투사법은 추상적인 그림, 모양, 소리 등을 자극재료로 사용하여 피검사자에게 제시함으로써 나타나는 반응을 분석하는 방법을 말하며, 그 종류로 로르샤하 검사, SCT, HTP, 주제통각 검사 등이 있다.

02 심리검사 도구

(1) 로르샤하 테스트(투사법)

① 스위스의 정신과 의사인 헤르만 로르샤하(Rorschach)가 만든 것으로, 개인의 성격을 다차원적으로 이해하는 데 도움을 주는 심리검사 방법이다.

② 잉크 방울을 떨어트린 종이를 반으로 접어 좌우 대칭으로 번지게 만든 카드 10장으로 구성되어 있으며, 검사를 받을 사람(피검자)에게 카드를 한 장씩 보여주고 그 그림이 무엇으로 보이는가를 물어본다.

③ 여러 장의 카드를 연결된 이야기로 간주하는 반응을 보이는 사람은 세계를 통합적 또는 체계적으로 사유하는 경향이 강하다고 판정하고, 그림의 사소한 부분에 집착하는 사람은 강박적 경향이 있는 것으로 판정한다.

1. 글룩(Glueck) 부부는 비행소년 500명과 일반소년 500명을 대상으로 로르샤하 테스트에 의한 비행소년의 특징에 관한 연구를 한 결과, 한두 가지 요인에 의해 비행소년과 일반소년의 성격을 비교할 수 없고, 비행소년의 성격은 여러 가지 요인들이 조합된 유형에 의해 파악할 수 있다고 보았다.

2. 비행소년의 특징
   ① 일반적으로 외향적이며 활발하고, 충동적이며 자제력이 약하다.
   ② 적대적이고 화를 잘 내며, 도전적이고 의심이 많고, 파괴적이다.
   ③ 정상소년에 비해 실패나 패배를 별로 두려워하지 않는다.
   ④ 다른 사람들의 기대에 대해서 관심이 없고, 국가기관의 권위에 양면적 태도를 가진다. [2018. 보호 7급]
   ⑤ 사회생활을 하는 중에 독단적인 성향이 강하다.
   ⑥ 타인으로부터 승인이나 인정을 받고 있다는 느낌을 갖지 못한다.

(2) 미네소타 다면적 인성검사(MMPI)

① 미네소타 다면적 인성검사(다중 성격검사, MMPI)는 1940년 미국의 하서웨이(Hathyway)와 멕킨리(Mckinley)가 정신의학과 일반의료 분야에서 환자들의 임상진단에 관한 정보를 제공해 주려는 목적으로 550개 문항의 질문지로 개발한 가장 널리 사용되는 객관적 인성검사기법이다.

② **반사회적 성향**: 임상척도 중 4번 척도(Pd)는 반사회성 정도를 측정하기 위한 것으로 반항, 가족관계 분열, 충동성, 학업이나 직업문제, 범법행위, 약물중독 등 반사회적 행동을 나타내므로 범죄인과 비범죄인의 구분에 가장 근접한 척도이다.

③ **평가**: 검사 실시 및 채점방법이 간단하여 비전문가에 의해서도 손쉽게 행할 수 있다는 장점이 있지만, 문항수가 너무 많고 피검사자의 학력수준이 높아야 정확한 예측이 가능하므로 피검사자의 검사에 대한 태도와 검사상황 등에 따라 그 결과가 좌우될 수 있다고 하는 단점이 있다.

📑 **MMPI의 임상척도**

척도명	기호	약자
건강염려증(Hypochondriasis)	1	Hs
우울증(Depression)	2	D
히스테리(Hysteria)	3	Hy
반사회성(Psychopathic Deviate)	4	Pd
남성특성 – 여성특성(Masculinity – Femininity)	5	Mf
편집증(Paranoia)	6	Pa
강박증(Psychasthenia)	7	Pt
정신분열증(Schizophrenia)	8	Sc
경조증(Hypomania)	9	Ma
사회적 내향성(Social Introversion)	10	Si

(3) 고프의 캘리포니아 성격검사(CPI)

① 1956년 캘리포니아 버클리대학의 고프(Gough)가 개발한 18개 척도의 성격검사도구로, MMPI와 함께 가장 널리 활용되는 성격검사이다.

② MMPI가 신경증이나 정신병과 같은 정서적 문제를 진단하기 위한 것인데 반해, <u>CPI는 정상적인 사람의 심리적 특성을 이해하기 위한 것</u>이라고 할 수 있다.

③ 비행성이 있는 성격과 그렇지 않은 성격을 구분하기 위한 수단으로 개발된 14세 이상 정상인 대상 성격측정 도구이다. [2023. 해경 경위]

④ 개인의 성격특성과 행동스타일을 측정하여 <u>일상생활의 적응력과 사회적 기능성을 평가</u>에 활용된다.

⑤ 434개 또는 462개 문항에 '참(true)' 또는 '거짓(false)'으로 응답을 구하여 지배 – 순응, 외향 – 내향, 자기실현, 사회화 정도 등을 측정한다.

03 성격연구

(1) 워렌의 대인성숙도(I - Level)

① 워렌(Warren)은 청소년의 대인 성숙도를 1~7단계로 나누었는데, 낮은 단계인 <u>2~4단계에 속한 사람들이 전체 비행소년의 90%를 차지</u>하여 성숙이론의 타당성을 긍정하는 논리를 제공하였다.

② 비행소년의 인성은 미성숙할 뿐만 아니라 공격적·수동적·신경질적이다.

③ 범죄의 원인을 인간관계의 미성숙에 있다고 보고, 치료방법으로 범죄인의 대인관계 수준을 개선시키는 데에 중점을 두었다.

④ 이 검사법에 의해 교정효과가 향상되었다는 실증적 연구가 없고, 훈련이 잘된 전문가를 필요로 하며, 비교적 비용이 많이 든다는 단점이 있다. [2019. 교정 9급]

2~4단계 낮은 단계 비행소년 90%, 미성숙, 공격적, 수동적, 신경질적				
I(2)	비사회적	비사회적 공격형 (asocial aggressive)	타인에 적극적 요구, 좌절시 공격적	• 원인: 극단적 감정적 박탈, 부모의 거부, 신체적 잔인성이나 방치 • 특징: 자신을 비행소년으로 보지 않고 비합리적·적대적이며 혼란스러운 세계의 피해자로 간주 • 처우: 환자부모대체(양육가정), 사회를 향한 지지적 선회, 전통적 심리요법보다 교육을 통한 거부감 해소
		비사회적 수동형 (asocial passive)	좌절할 때마다 위축되고 불평	
I(3)	동조형	미성숙 동조형 (immature conformist)	권력자는 누구라도 추종	• 원인: 가족무력감이나 무관심, 비일관된 구조와 훈육, 적정한 성인모형 부재, 슈퍼에고 비내면화 • 특징: 권력지향, 자기존중심 저하, 비신뢰, 극단적 적개심 • 처우: 사회적 인식도·응집력 증대를 위한 집단처우, 비비행을 지향한 동료집단압력, 생활기술교육, 합법적 기회증대와 기술개발, 장기적 개별처우를 통한 아동기 문제해소, 약취욕구 해소
		문화적 동조형 (cultural conformist)	동료집단의 권위에 추종	
	반사회적 약취	조정자(의사행동형) (manipulator)	세력 있는 대상자 조정시도	
I(4)	신경증	신경증적 행동형 (neurotic acting-out type)	불편한 감정을 직접 행동으로 표현	• 원인: 부모불안, 신경증적 갈등의 피해자 • 특징: 위협적, 혼란, 과도한 억제, 불안, 우울 • 처우: 가족집단요법, 소년에 대한 개인적·집단적 심리요법으로 내적 갈등해소
		신경증적 불안형 (neurotic anxious induvidual)	불안한 감정을 행동 아닌 말로 표현	
	상황적·감정적 반응형 (situational-emotional reactor)		위기상황에 대한 반응으로 비행적 행위	• 원인: 사고적 또는 특정한 상황 • 특징: 정신신경증이나 정신착란 • 처우: -
	(부)문화적 동일화 유형 (cultural identifier)		일탈적 가치체계 동화	• 원인: 내재화된 일탈하위문화 • 특징: 강한 동료집단 지향, 권위 비신뢰, 비행자 낙인에 만족, 자기만족적, 내면보다 외적 • 처우: 억제통한 비행중지, 친사회적 동일시 모형과의 관계개발, 집단 내 자기개념 확대

(2) 아이센크의 범죄와 성격

① 아이센크(Eysenck)는 「범죄와 성격」에서 융(Jung)의 내향성과 외향성의 개념을 파블로프(Pavlov)의 고전적 조건이론을 응용하여 범죄자의 범죄행동과 성격특성 간의 관련성을 체계적으로 설명하였다.

② 범죄행동에 대한 그의 초기 이론(1970)은 외향성과 신경증적 경향성의 2가지 요인의 결합이 환경적 조건과는 독립적으로 범죄행동을 유발시킬 수 있다고 하였다. 이후 정신병적 경향성이라는 개념을 성격이론에 도입해 성격차원을 3가지 요인으로 발전시켰다.

③ 신경계적 특징과 범죄행동 및 성격특성 간의 관련성을 정신병적 경향성(Psychoticism), 외향성(Extroversion), 신경증(Neuroticism) 등 성격의 3가지 차원에서 설명하였다. [2018. 5급 승진] 총 2회 기출

④ 극단적 범죄동기 파악에 유용하지만 그렇지 않은 범죄자의 범행원인 파악은 어려운 것으로 평가된다. [2023. 경찰1차]

▤ 3가지 성격유형

외향성	외향성을 개인의 조건화 능력을 결정짓는 중요한 성격차원으로 간주하고, 대뇌의 피각질성 수준으로 내·외향성을 판단하였으며, 외향성은 사회적·물리적 환경의 외적인 자극에 관심이 많은 성향을 가지고 있다.
신경증적 경향성	신경증적 경향성은 그 자체의 충동적 속성에 의해 증폭기제로 작용하기 때문에 범죄행동과 관련이 있으며, 정서적으로 불안정한 성향을 가지고 있다.
정신병적 경향성	정신병환자와 정신병질자들의 특징을 잘 나타내 주는 성격특성이며, 정신병적 취약성과 반사회적 성향을 가지고 있고, 공격적이고 자기중심적이며, 차갑고 비정한 성향을 가지고 있다.

(3) 슈에슬러와 크레시의 연구

① 성격분석에 관한 113건의 연구 중에서 일반소년들과 비행소년들 사이에 성격 차이가 있다는 것을 밝힌 것은 42%에 불과했고, 나머지는 유의할만한 성격 차이가 나타나지 않았다.

② 슈에슬러(Schuessler)와 크레시(Cressey)는 성격과 범죄 사이에 어떤 연관성이 있다고 주장하기는 어렵다고 결론지었다.

04 공격본능이론

(1) 로렌츠의 본능이론

① 본능이론은 인간의 공격성을 설명하기 위한 것으로서, 인간의 공격적 행동특징은 학습이 아니라 본능에 의존한다고 한다.

② 로렌츠(Lorenz)는 많은 동물의 종 가운데 공격본능은 공통적이라는 것을 실증적으로 연구하였으며, 공격성을 파괴적이고 폭력적으로 본 프로이드(Freud)와는 달리 종 안에서 나타나는 공격성은 종의 생존을 위해 필수적인 것으로 간주한다.

③ 평가: 타인에 대한 범죄가 일정부분 본능적 공격욕에 의한 것이라는 점을 부인하기는 어렵지만, 그것만으로 범죄인의 심리를 파악하려는 것은 무리라는 것이 최근 심리학의 정설로 받아들여지고 있다.

(2) 달라드의 좌절공격이론

① 본능이론과는 달리 공격성이 외부조건에 의해 유발된 동기로 생긴다는 이론이다.

② "공격성은 항상 좌절의 결과이다."라고 주장한 달라드(Dollard)는 인간의 공격성은 자연적이고 좌절 상황에 대하여 거의 자동적으로 반응한다고 설명한다. 즉, 좌절하거나 방해받고 위협받은 사람은 거의 자동적으로 공격행동을 한다는 것이다. [2018. 보호 7급]

③ 공격성은 이 좌절에 대한 대응방법 중 하나이며, 다른 대안으로는 무응답, 타협, 대안 찾기 등이 있다.

④ 비판적 입장에서는 실제로 무엇에 의해 좌절받는지, 그리고 좌절의 정도를 정확하게 측정할 수 있는지에 대해 어려움이 있다는 것이다. 또한 항상 좌절이 공격성으로 이끄는 것이 아니며 좌절에 따른 반응이 다양할 수 있다고 주장한다.

⑤ 좌절이 공격을 유발하는 유일한 조건이라는 가설이 많은 비판을 받게 되자 다음과 같은 다양한 형태로 절충되었다. 현재는 본능이론과 좌절공격이론의 절충이라고 할 수 있는 학습이론에 의해 이러한 비판은 거의 극복한 상태이다.

(3) 버코위츠의 수정된 좌절공격이론

① **3단계 과정**: 버코위츠(Berkowitz)는 좌절에 따른 개인차를 지적하면서 좌절은 화가 나게 되고 곧 공격적으로 행동할 가능성을 높여 준다고 하였다.
　　㉠ **1단계**: 개인은 어떤 목적을 이루는 것에서 차단되어 있다.
　　㉡ **2단계**: 좌절은 분노를 일으킨다.
　　㉢ **3단계**: 분노는 사람을 공격적으로 행동하게 한다.

② **수정된 좌절공격이론**(기대하는 목표): 사람들은 무엇인가 기대한 것을 성취하지 못하였을 때 좌절하기 시작하고, 이 때문에 공격성이 나타나기 쉽다는 것이다.

③ 버코위츠는 좌절 이외에 외부적, 내부적 환경이 공격적인 대응을 증가시킨다고 보았다. 공격적인 행동은 개인이 의도적으로 방해받는다고 생각될 때 발생할 수 있고, 혐오적인 사건을 겪음으로 인해 심리적인 불안정이 발생하고, 이러한 불안정에 의해 사람의 공격성은 자동적으로 발생할 수 있다고 한다.

(4) 찔만의 자극전달이론

① **화풀이이론**: 찔만(Zillmann)은 어떻게 물리적인 각성이 한 상황에서 다른 상황으로 일반화할 수 있는지 설명하였다. 이전에 어떤 장소에서 존재했던 각성이 전혀 다른 장소에서 받은 짜증에 의해 더 분노가 증폭될 때 공격성을 증가시키기도 한다는 화풀이이론을 제기하였다. [2018. 보호 7급]

② 특히 화난 이유에 대하여 정확한 인식이 없는 경우에 다른 장소와 다른 상황에서 분노가 전환되는 것이 쉽게 발생할 수 있다.

③ 인간은 고통을 느낄 때 본능적으로 벗어나기 위해 보복과 복수, 그리고 제3자에게 화풀이를 하게 되는데, 보복과 복수 중간에 있는 화풀이는 얼마든지 조절하고 피할 수 있다고 한다.

05 밀그램의 복종실험과 짐바르도의 루시퍼 이펙트

(1) 밀그램의 복종실험

① 예일대학교 심리학과 교수 스탠리 밀그램(Stanley Milgram)은 1961년 '권위적인 불법적 지시'에 다수가 항거하지 못한다는 사실을 증명한 실험을 실시하였다.

② 평범한 실험참가자들이 사회적 역할에 따라 기대된 것 이상의 전기충격을 타인에게 가하는 결과로 나타나 인간 도덕성의 취약성을 확인하였다.

③ 이 실험은 후일 짐바르도의 '루시퍼 이펙트'와 맥을 같이 하는 것으로서 평범한 사람들이 사회적 조건에 의하여 폭력적이거나 타인에게 위해를 가하는 행동을 보일 수 있음을 보여주었다.

1. 밀그램은 "징벌에 의한 학습 효과"라는 이름으로 위장한 실험을 실시하면서 나이 20대에서 50대 사이의 남성 40명을 모집하여 교사와 학생으로 나누었다.
2. 교사 역할과 학생 역할 각각 1명씩 그룹을 지어, 학생 역할의 피실험자는 양쪽에 전극이 부착된 의자에 묶인 채 실험관에 의해 전기 충격 장치를 연결하고, 교사 역할자는 전기 충격 발전기가 있는 다른 방으로 안내되었다.
3. 전기 충격 발전기에는 15V부터 시작해 450V까지 15V씩 증가하도록 총 30개의 스위치가 달려 있었고, 교사가 학생에게 문제를 냈을 때 학생이 틀리면 교사가 학생에게 전기 충격을 가할 수 있도록 하였다(전기 충격장치는 가짜).
4. 본래 실험의도는 인간의 도덕성 확인을 위해 아무리 명령이 있는 상황이라도 사람들은 자신의 도덕심에 따라 행동할 것이라고 생각에 기초하였다.
5. 그러나 협박이나 설득이 아닌 "계속하십시오" 등의 단순 지시에도 거부하지 않고 65%의 피실험자가 450V까지 전압을 올려 충격을 가하는 결과를 보였다.

(2) 짐바르도의 모의교도소 실험

① **루시퍼 이펙트**: 「루시퍼 이펙트(Lucifer Effect)」(2008)는 1971년 짐바르도(Philip George Zimbardo)가 스탠포드 대학교 지하에서 진행한 모의 감옥실험을 통해 <u>인간의 행위와 본성</u>을 연구한 내용을 정리한 결과물이다. [2024(74). 경위]

② 그는 선량한 인간이 어떻게 악인으로 변하게 되는지를 설명하기 위해 루시퍼 효과라는 용어를 사용했다.

③ 인간의 본성은 원래 선하거나 악한 것 중 하나로 정해져 있지 않으며, <u>상황적 조건에 의해 많은 영향을</u> 받을 수 있음을 보여주는 실험이다.

④ 인간의 본성은 생물학적 유전 등에 의해 결정되는 것이 아니라 <u>경험과 실천을 통해서 형성</u>된다고 보고, 인간은 상황에 따라 모두 범죄자가 될 수 있다고 보았다.

1. 짐바르도는 24명의 미국과 캐나다 중산층 출신의 정신적으로 문제가 없고 잘 교육받은 남성들을 선발하여 모의 감옥 상황에서 교도관과 죄수의 역할을 부여하였다.
2. 교도관과 죄수들은 각각 역할에 맞는 복장을 입었으며, 교도관들에게는 죄수를 통제할 권리가 있음을 설명하면서 그들이 역할에 몰입할 수 있도록 하였다.
3. 시간이 지남에 따라 교도관들이 점점 가학적이고 잔인한 행동을 보이고 죄수들이 극심한 우울감과 무기력감, 두려움을 나타내 2주 예정이었던 실험은 결국 6일만에 중단되었다.
4. 이 기간 동안 교도관들은 죄수 역할을 맡은 학생들에게 모욕감을 주는 행위를 강요하거나 생리적 현상을 통제하는 등 과몰입하는 경향을 보였다.
5. 이 실험은 <u>사회적 상황과 인간의 본성</u>에 대한 통찰을 제공한 것으로 평가받았으며, 2004년 이라크의 아부 그라이브에서 일어난 미군의 이라크 포로에 대한 잔혹행위를 심리학적으로 분석하는 데에도 중요한 역할을 하였다.
6. 인간이 어떠한 <u>특수한 환경에서 도덕성이 어떻게 변할 수 있는지</u>를 보여주는 실험으로 인정받고 있다.

단원별 지문 O X

01 비행성이 있는 성격과 그렇지 않은 성격을 구분하기 위한 수단으로 개발되어 세계적으로 많이 쓰이고 있는 14세 이상 정상인 대상의 성격 측정 지필검사도구는 CPI 검사이다. ( ) [2023. 해경 경위]

02 글룩(S. Glueck & E. Glueck) 부부는 비행소년들이 일반소년들보다 도전적이고 반항적이지만 외향적이고 양면가치적인 성격은 갖지 않는다고 주장한다. ( ) [2018. 5급 승진]

03 워렌(Waren)의 비행소년 유형 중 부문화 동일시자 유형은 일탈적 하위문화 가치체계의 내재화가 원인이다. ( ) [2019. 5급 승진]

04 워렌(Waren)의 비행소년 유형 중 상황적 유형은 동료 일탈집단에 대한 강력한 지향과 비행자로서의 낙인에 대한 만족을 특징으로 한다. ( ) [2019. 5급 승진]

05 워렌(Waren)의 비행소년 유형 중 비사회적 유형은 심리요법보다 교육을 통하여 사회에 대한 거부감과 방치를 해소하는 처우가 적합하다. ( ) [2019. 5급 승진]

06 아이젠크(Eysenck)는 신경계적 특징과 범죄행동 및 성격특성 간의 관련성을 정신병적 경향성(Psychoticism), 외향성(Extroversion), 신경증(Neuroticism) 등 성격의 3가지 차원에서 설명하였다. ( ) [2022(72). 경위]

07 질만(D. Zillmann)은 좌절 - 공격이론을 주장하면서, 인간의 공격성은 자연적이고 좌절 상황에 대하여 거의 자동적으로 반응한다고 설명한다. ( ) [2018. 5급 승진]

---

01 ○ 고프의 캘리포니아 성격검사(CPI)에 대한 설명이다.

02 × 글룩(Glueck) 부부에 의하면 비행소년들이 외향적이고 충동적·자제력이 약하고 도전적·파괴적이었다고 한다. 또한 이들은 다른 사람들의 기대에 관심이 없고, 국가기관의 권위에 대해서도 양면적인 태도를 갖는다고 하였다. 뿐만 아니라 그들은 좌절과 불안을 많이 느끼고 있으며, 후회·주저·의심·방어적인 태도를 많이 보이고 있다고 밝혔다.

03 ○ 부문화 동일시자 유형은 강한 동료집단 지향, 권위 비신뢰, 비행자 낙인에 대한 만족, 자기 만족적, 내적보다 외적 문제 등을 특징으로 하고, 내재화된 일탈하위문화 가치 체계가 비행의 원인이며, 처우기법은 억제통한 비행중지, 친사회적 동일시 모형과의 관계 개발, 집단 내 자기 개념 확대 등이 있다.

04 × 상황적 유형은 정신신경증이나 정신착란을 가진 증상 등을 특징으로 하고, 사고적 또는 특정한 상황이 비행의 원인이며, 처우기법은 없다.

05 ○

06 ○

07 × 좌절 - 공격이론은 달라드(Dollard)의 주장이다. 그에 의하면 로렌쯔(Lorenz) 본능이론과는 달리 공격성이 외부조건에 의해 유발된 동기로 보았다. "공격성은 항상 좌절의 결과이다."라고 주장한 그는 인간의 공격성은 자연적이고 좌절 상황에 대하여 거의 자동적으로 반응한다고 설명한다. 질만(Zillmann)은 자극전달이론, 즉 고조된 각성이론을 주장했다.

08 인간의 본성과 관련한 연구로, 루시퍼 효과(Lucifer Effect)라는 용어를 사용하고, 모의교도소 실험을 통해 인간은 상황에 따라 모두 범죄자가 될 수있다고 한 연구자는 짐바르도(Zimbardo)이다. (　　) [2024(74). 경위]

09 밀그램(Milgram)에 의해 실시된 일명 '복종실험'이 이루어졌다. 인간의 내재된 도덕성에 대한 평가실험으로, 인간이 자신의 평소 도덕적 기준이 누군가의 지시나 명령(강압적이지 않더라도)에 얼마나 쉽게 무너지는지를 확인하는 결과로 나타났다. 이 실험의 기초로 1971년 짐바르도의 모의교도소 실험이 이루어졌다. (　　) [2024(74). 경위]

10 험프리스(Humphreys)는 현대 생활심리학자로 가족, 자아(자존감), 육아, 일 등 일상생활의 갈등과 고민의 문제를 심리학의 관점에서 분석하고 그 해결방법을 제시해왔다. (　　) [2024(74). 경위]

11 손다이크(Thorndike)는 최초 고양이를 퍼즐상자에 넣고 고양이가 어떻게 그 상자에서 빠져나오는지를 관찰하는 통찰학습을 연구했다. 이 실험은 추후 스키너의 조작적 조건형성을 입증한 흰쥐실험의 모태가 되었다. (　　) [2024(74). 경위]

08 ○
09 ○
10 ○
11 ○

제6절 정신병리적 결함과 범죄

01 의의

(1) 정신병리적 성격
① 정신병리적 성격(사회병리적 성격, 반사회적 성격)은 <u>성격의 이상 정도가 정상성을 크게 벗어나 거의 병적으로 볼 수 있는 경우</u>이다.
② 정신병리자란 위와 같은 성격을 소지한 사람을 말한다. 다만, 이는 정신분열증과 같은 정신병과는 구별된다.

(2) 반사회적 성격의 특성
① 기본적으로 사회화가 되지 않았거나 행위유형들이 반복적으로 사회와 마찰을 빚는 사람들의 성격을 지칭한다.
② 다른 사람이나 집단 그리고 사회적 가치의 중요성을 인식하지 못하고, 이기적이고 자기 독단적이며 무책임하고 충동적이며 죄의식을 느끼지 못하고, 과거의 경험이나 처벌로부터 교육을 얻지 못한다.
③ 좌절감에 대한 인내력이 부족하고, 타인을 비난할 줄만 알고 자기의 행동에 대해서도 그럴듯하게 합리화할 뿐이다.
④ 작은 자극에도 격렬한 감정의 폭발을 일으키는 자극과 반응의 부조화를 경험하고, 생물학적 욕망 등 감정생활을 적절히 조절할 수 있는 능력이 결핍되어 있는 경향이 강하다.

02 크레페린과 슈나이더의 분류

(1) 크레페린의 정신병질자 유형
① 독일의 정신의학자인 크레페린(Kraepelin)은 정신병질자 유형을 일곱 가지 성격상 결함으로 구분하였다.
② 정신병질자 유형: 흥분인, 의지부정인, 욕동인[欲動人, 무의식, 전(前)의식에서 나와서 실행으로 추진하는 욕동에 행동이 지배되는 사람], 기교인, 허언과 기만인, 반사회인, 싸움을 즐기는 유형 등으로 나누었다.

(2) 슈나이더(Schnerider)의 10분법 [2022(72). 경위] 총 9회 기출
① 슈나이더(Kurt Schneider)는 1923년 발표한 「정신병질적 성격(Die Psychopathischen Persönlichkeiten)」에서 정신병질(성격장애)의 개념과 분류를 체계적으로 정리하였다.
② 슈나이더는 성격장애를 단순히 병리적 특징으로 보지 않고, 이러한 특성이 개인과 사회에 미치는 영향을 중심으로 분류하여 개인의 삶과 사회적 관계를 심각하게 방해할 때 이를 병리적으로 간주했다.
③ 의의: 반사회적 성격장애 및 경계선 성격장애 이해에 기여하는 등 현대의 성격장애 개념(DSM-5 등)의 기초가 되었다.
④ 한계: 슈나이더의 분류는 주관적이고, 명확한 진단 기준이 부족하며, 성격 특성의 병리적 경계가 모호하여 과도한 낙인이 발생할 수 있다는 한계가 있다.

구분	성격의 특징	범죄상관성
발양성	① 자신의 운명과 능력에 대한 과도한 낙관 ② 경솔, 불안정성 ③ 실현가능성이 없는 약속 남발	① 상습사기범, 무전취식자 ② 죄의식 결여, 충동적 행동 ③ 상습누범자 중에 다수
우울성	① 염세적·회의적 인생관에 빠져 자책성 불평이 심함 ② 과거 후회, 장래 걱정, 불평	① 강박증세로 살상과 성범죄 가능 ② 자살유혹이 가능하고, 살인범
의지박약성	① 모든 환경에 저항을 상실하여 우왕좌왕하며, 지능이 낮음 ② 인내심과 저항력 빈약	① 상습누범이 가장 많음(누범의 60% 이상) ② 상습누범자, 성매매여성, 마약중독자 ③ 온순·모범생활이지만 범죄유혹에 취약
무정성 (정신박약) [2024. 해경 경위]	① 동정심·수치심·회오 등 인간의 고등감정이 결여되어 냉혹·잔인함 ② 복수심이 강하고 완고하며 교활함 ③ 자기중심적, 죄책감 없음 ④ 사이코패스(Psychopath)	① 범죄학상 가장 문제시 됨 ② 목적달성을 위한 흉악범(살인, 강도, 강간 등), 범죄단체조직원, 누범 등에 많음 ③ 생래적 범죄인, XYY범죄인
폭발성	① 자극에 민감하고 병적 흥분자 ② 음주 시 무정성·의지박약성과 결합되면 매우 위험하나 타유형에 비해 자기치료가 가능	① 살상, 폭행, 모욕, 손괴 등 충동범죄의 대부분과 관련되며 충동적인 자살도 가능 ② 간질성(뇌전증) 기질
기분이변성	기분동요가 많아 예측이 곤란	① 방화, 도벽, 음주광, 과음, 도주증상에 따른 격정범으로 상해, 모욕, 규율위반 등을 범함 ② 방화범, 상해범
과장성 (자기현시욕)	① 자기중심적, 자신에의 주목 및 관심을 유발하고자 하며 자기 기망적 허언을 남발 ② 욕구좌절 시 히스테리 반응을 보임	① 타인의 사기에 걸려들 가능성 높음 ② 구금수형자 중 꾀병자가 많음 ③ 고등사기범(화이트칼라범죄)
자신결핍성 (자기불확실성)	① 능력부족의 인식으로 주변을 의식하고 강박관념에 시달림 ② 주변사정에 민감하여 도덕성은 강함	① 도덕성이 강해 범죄와의 관련은 적음 ② 강박증세로 살상, 성범죄 가능성
광신성 (열광성)	① 개인적·이념적 사항에 열중하여 그에 따라서만 행동하는 강한 성격 ② 정의감에 따라 소송을 즐김	종교적 광신자, 정치적 확신범
무력성	심신의 부조화 상태를 호소하여 타인의 동정을 바라며 신경질적임	범죄와의 관련성은 적음

- 적극적 범죄관련: 기분이변성, 무정성, 발양성, 의지박약성, 폭발성, 과장성, 광신성
- 소극적 범죄관련: 무력성, 자신결핍성, 우울성

(3) 슈나이더 이후의 연구

① **긍정 – 슈툼플**(Stumpfl)**과 빌링거**(Villinger): 기분이변성이 범죄자에게 가장 많이 나타나며, 상습범의 경우에는 정신병질적 성격자가 전체의 40~100% 정도를 차지할 정도로 많다고 주장하였다.

② **클렉크리**(Cleckley): 정신병질 개념의 엄밀성이 떨어지는 등의 이유로 정신질환과 범죄행위를 직접적으로 연결 지을 수 없다는 점을 들어 정신병리적 성격에 관한 연구에 비판적이었다.

③ **볼드**(Vold)**와 버나드**(Bernard): 성격적 비정상 징후의 환자를 정신병질자로 구분하고 치료방법을 개발했지만, 이러한 구분은 왜 이들이 반사회적 행위를 하였는지를 이해하고자 하는 범죄학적 연구에 큰 유용성이 없다고 지적하였다.

03 헤어의 사이코패스와 범죄

(1) 의의

① **사이코패스**(Psychopath)
  ㉠ 로버트 헤어(R. Hare)는 '우리의 삶을 위협하는 것은 대부분 냉혹한 살인마가 아니라 달변의 사기꾼이다.'라고 사이코패스를 정의하였다.
  ㉡ 사이코패스는 다른 사람에게 비정상적으로 공격적이거나 심각하게 무책임한 행동을 하는 지속적인 성격장애 또는 정신적인 장애자이지만, 자신의 행동의 원인과 의미를 잘 인식하면서 잔인한 범죄를 통해 다른 사람과 사회를 괴롭히는 정신병질자이다.

② **소시오패스**(sociopath)
  ㉠ 반사회적 이상행동자로, 범죄적 징후가 사회적 영향과 초기 사회경험을 통해 형성된다고 보아 사회학자나 범죄학자들은 사회병질자, 즉 소시오패스 용어를 선호한다.
  ㉡ 반면 심리학적, 생물학적, 유전적 범죄원인론자들은 사이코패스 용어를 사용한다. [2023. 해경 경위]

③ **반사회적 성격장애**(Antisocial Personality Disorder, ASPD)
  ㉠ 미국의 정신진단체계(DSM – 5)상 정의로, 유년기 또는 청년기에 시작해서 성인이 된 이후로도 계속되는 타인의 권리 또는 도덕을 무시하거나 침해하는 행위를 말한다.
  ㉡ 반복적인 범법행위, 거짓말, 충동성, 공격성 등의 특성이 있으며, 사이코패스와 소시오패스의 개념은 반사회적 성격장애(ASPD)의 하위개념에 포함된다. [2023. 해경 경위]

(2) 사이코패스 특징

① **감정 · 대인관계 측면** [2023. 보호 7급]
  ㉠ 달변이며 깊이가 없고, 자기중심적이며 과장이 심하다.
  ㉡ 후회나 죄의식이 결여되어 있으며, 공감능력이 부족하다.
  ㉢ 거짓말과 속임수에 능하고, 파상적인 감정을 가지고 있다.

② **사회적 일탈 측면**
  ㉠ 충동적이고 행동 제어가 서투르며, 자극을 추구하고 책임감이 없다.
  ㉡ 어린 시절 문제가 많고 성인기에 반사회적 행동을 하며, 둘러대기, 허풍, 과시와 과장 등의 특징이 드러나도 전혀 개의치 않는다.

(3) 사이코패스 대책

① 사이코패스는 태어날 때부터 감정과 공감능력을 담당하는 전두엽과 측두엽이 발달되어 있지 않고, 소시오패스는 그 정도는 아니지만 타고난 유전적 성향에 어린 시절의 학대가 결합되어 만들어진다고 본다.
② 이들의 특징은 정서적 불안정성, 충동성, 고양된 감정, 불안장애 등이며, 고민이나 본인이 느끼는 위협감을 공격적 방법으로 대응한다.
③ **치료**
  ㉠ 본인 스스로 자신에게 심리적 · 정서적 문제가 있다는 것을 인정하고 적극적으로 동참하여야 하지만, 이들은 자신들이 인정하지 않는 사회적 기준에 자신을 맞추어야 한다고 생각하지 않는다.
  ㉡ 통상적인 심리치료방식은 이들에게는 적용되지 않는다는 전제에서 출발하여야 한다.

(4) 사이코패스 진단을 위한 심리적 척도

① **PCL 척도**(psychopathy checklist): PCL은 남성교도소, 법의학적 또는 정신병리학적 집단에 속하는 범죄적 사이코패스를 확인하기 위하여 설계된 22개 항목의 체크리스트이다.

② **PCL－R**(psychopathy checklist revision): 헤어(Hare)가 개발한 사이코패스에 대한 표준화된 진단표(PCL-R)는 PCL의 개정판으로 <u>자기보고, 행동관찰 그리고 부모, 가족, 친구와 같은 2차적인 원천을 포함한 20개의 다양한 측면에서 범죄적 사이코패스의 정서적·대인적·행동적·사회적 일탈 측면을 평가</u>하며, 가장 많이 사용하는 사이코패스 측정 도구이다. [2023. 보호 7급] 총 2회 기출

> ⊕ **PLUS** 사이코패스 체크리스트
>
> 1. 난잡한 성생활 이력
> 2. 쉽게 지루해지며 과도한 자극 필요
> 3. 병적인 거짓말쟁이
> 4. 현실적인 장기적 목표 부재
> 5. 타인에게 잔혹함 이력
> 6. 어린 시절에 비행이나 범죄 이력
> 7. 얄팍한 감정적 반응의 양상
> 8. 여러 가지 불법행위
> 9. 더 자유로운 사회적 스타일
> 10. 거창한 자존감
> 11. 책임회피, 남탓하는 습관
> 12. 타인을 자주 속이거나, 사기, 조종
> 13. 범법 행위에 가벼운 질책이나 충고 후 다시 범행
> 14. 과하게 충동적
> 15. 인생책임 회피경향
> 16. 행동적 제어, 충동제어 어려움
> 17. 반성이나 죄책감 결여
> 18. 흐지부지된 진지한 연인 관계
> 19. 다른 사람들에게 기생충적 삶
> 20. 냉담하고/하거나 공감 능력 결여
>
> • **3개 척도**: 해당되지 않음(0), 부분적으로 해당되거나 알 수 없음(1), 아주 많이 해당됨(2)
> • **평가**: 총체적, 사이코패스적 대인관계성향·생활양식·반사회적특성

01 슈나이더(Schneider)의 정신병질에 대한 10가지 분류 중 무정성 정신병질자는 동정심이나 수치심 등 인간의 고등감정이 결여되었으며, 토막살인범이나 범죄단체조직원 등에서 많이 나타나는 유형이다. (　　) [2013. 보호 7급]

02 슈나이더(Schneider)는 대부분의 범죄자가 정신병질자이므로 정신치료에 초점을 맞추어야 한다고 주장하였다. (　　) [2022(72). 경위]

03 슈나이더(Schneider) 분류 중 의지박약성은 모든 환경에 저항을 상실하여 우왕좌왕하고, 지능이 낮은 성격적 특징을 가지고 있으며, 인내심과 저항력이 빈약하다. 상습범, 누범에서 이러한 정신병질이 많이 발견된다. (　　) [2022(72). 경위]

04 슈나이더(Schneider) 분류 중 기분이변성은 기분 동요가 많아서 예측이 곤란하고, 폭발성과 유사하나 정도가 낮은 특징을 가지고 있다. 방화범, 상해범에서 이러한 정신병질이 많이 발견된다. (　　) [2022(72). 경위]

05 슈나이더(Schneider) 분류 중 무력성은 심신의 부조화 상태를 호소하여 타인의 동정을 바라고 신경질적인 특징을 보이나, 범죄와의 관련성은 적다. (　　) [2022(72). 경위]

06 슈나이더(Schneider) 분류 중 발양성은 자신의 운명과 능력에 대해 과도하게 비관적이며, 경솔하고 불안정한 특징을 보인다. 현실가능성이 없는 약속을 남발하기도 한다. 상습사기범과 무전취식자 등에서 이러한 정신병질이 많이 발견된다. (　　) [2022(72). 경위]

07 미국 정신의학회의 DSM에서는 사이코패스(정신병질)를 반사회적 성격장애와 구별한다. (　　) [2023. 해경 경위]

---

01 ○ 무정성 정신병질자는 동정심·수치심·회오 등 인간의 고등감정이 결여되어 냉혹·잔인하고, 복수심이 강하고 완고하며 교활하다. 범죄학상 가장 문제시 되며, 목적달성을 위한 흉악범(살인, 강도, 강간 등), 범죄단체조직원, 누범 등에 많이 나타나는 유형이다.

02 × 슈나이더(Schneider)는 정신병질적 성격유형을 10가지 유형으로 분류하였는데, 이 중 무력성, 자신결핍증, 우울증은 일반적으로 범죄와는 관계가 적다.

03 ○
04 ○
05 ○

06 × 발양성 정신병질자는 자신의 운명과 능력에 대해 과도하게 낙관적이며, 이로 인해 경솔하고 불안정한 특징을 보인다. 이들은 다혈질적이고 활동적이어서 어디서나 떠들고 실현가능성이 없는 약속을 남발함으로써 상습사기범이 되기 쉽다. 무전취식자로 돌아다니기도 하며 닥치는 대로 훔치기도 한다. 반성을 하지 않으며, 찰나적인 충동에 따라 움직이고, 누구와도 쉽게 흉금을 털어놓고 이야기를 나누다가 범죄의 유혹에 쉽게 빠지기도 한다. 특히 상습누범자 중에 상당수 있는 것으로 본다.

07 × 반사회적 성격장애(ASPD)는 미국의 정신진단체계(DSM-5)상 정의로, 유년기 또는 청년기에 시작해서 성인이 된 이후로도 계속되는 타인의 권리 또는 도덕을 무시하거나 침해하는 행위를 말한다. 반복적인 범법행위, 거짓말, 충동성, 공격성 등의 특성이 있으며, 사이코패스와 소시오패스의 개념은 반사회적 성격장애(ASPD)의 하위개념에 포함된다.

08 사이코패스(정신병질)는 유전적·생물학적 요인보다 후천적·환경적 요인이 더 크게 작용한다. (   ) [2023. 해경 경위]

09 사이코패스(정신병질)에 가장 많이 사용되는 진단도구는 슈나이더(Schneider)가 개발한 PCL-R이다. (   )

[2023. 해경 경위]

10 모든 사이코패스가 형사사법제도 안에서 범죄행위가 드러나는 형태로 걸러지는 것은 아니다. (   ) [2023. 보호 7급]

11 사이코패스는 공감, 양심, 대인관계의 능력 등에 대한 전통적 치료프로그램의 효과를 거의 기대하기 어렵다. (   )

[2023. 보호 7급]

12 헤어(Hare)는 사이코패스에 대한 표준화된 진단표(PCL-R)를 개발하였으며, 오늘날 사이코패스 검사 도구로 광범위하게 사용되고 있다. (   )

[2022(72). 경위]

13 헤어(Hare)의 사이코패스 체크리스트 수정본(PCL-R)은 0~2점의 3점 척도로 평가되는 총 25개 문항으로 구성된다. (   )

[2023. 보호 7급]

---

08 ✕ 후천적·환경적 요인보다는 유전적·생물학적 요인이 더 크게 작용한다.

09 ✕ 헤어(Hare)가 개발한 사이코패스에 대한 표준화된 진단표(PCL-R)는 PCL의 개정판으로 자기보고, 행동관찰 그리고 부모, 가족, 친구와 같은 2차적인 원천을 포함한 20개의 다양한 측면에서 범죄적 사이코패스의 정서적·대인적·행동적·사회적 일탈 측면을 평가하며, 가장 많이 사용하는 사이코패스 측정 도구이다.

10 ○ 사이코패스는 주어진 환경에 따라 다양하게 발현된다. 그들은 계산적인 행동과 표정과 말투로 사회에서 능숙히 섞여 지내고 환경에 따라 발현되는 정도가 달라 범죄를 저질렀을 때만 사이코패스를 일반인과 구분할 수 있다는 특징을 가진다. 그래서 보통 사이코패스를 '반사회성 인격장애'라 부르기도 한다.

11 ○ 본인 스스로 자신에게 심리적·정서적 문제가 있다는 것을 인정하고 적극적으로 동참하여야 하지만, 이들은 자신들이 인정하지 않는 사회적 기준에 자신을 맞추어야 한다고 생각하지 않는다. 그러므로 통상적인 심리치료방식은 이들에게는 적용되지 않는다는 전제에서 출발하여야 한다.

12 ○

13 ✕ 헤어(Hare)가 개발한 사이코패스에 대한 표준화된 진단표(PCL-R)는 PCL의 개정판으로 자기보고, 행동관찰 그리고 부모, 가족, 친구와 같은 2차적인 원천을 포함한 20개의 다양한 측면에서 범죄적 사이코패스의 정서적·대인적·행동적·사회적 일탈 측면을 평가하며, 가장 많이 사용하는 사이코패스 측정 도구이다. 총 20문항으로 각 항목별 점수는 0~2점이다.

제10장 / 사회과정(미시)이론

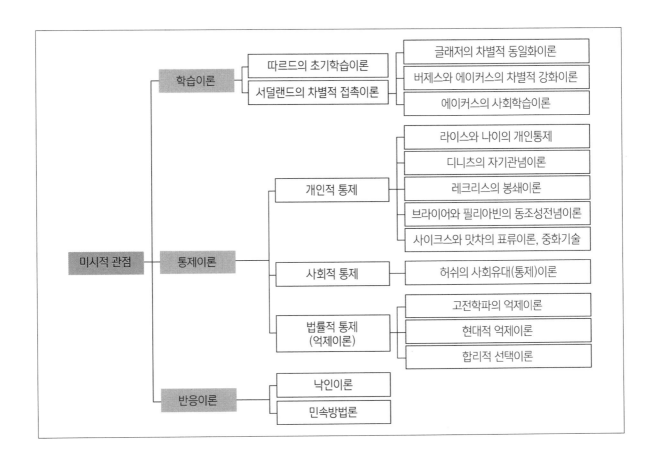

해커스공무원 이윤탁 형사정책 기본서

제1절 학습이론

01 따르드(Tarde)의 초기학습이론

(1) 개요

① **범죄의 모방**(학습)**성**: 롬브로조(Lombroso)의 생물학적 원인론을 부정하고 인간행위는 다른 사람들과 접촉하면서 관념을 학습하며, 행위는 자기가 학습한 관념으로부터 유래하는 것이라고 주장하였다. 즉, 모든 사회현상이 모방이듯이 범죄행위도 모방한다고 보았다. [2013. 교정 9급]

② **모방의 법칙**: 사회심리학적 방법을 기초로 개인의 특성과 사회의 접촉과정을 중시하였으며, 그의 학습이론은 모방의 법칙(거리의 법칙, 방향의 법칙, 삽입의 법칙)으로 설명되고 있다.

(2) 공헌 및 한계

① 범죄행위가 생물학적 결함이나 심리적 기능장애라는 주장을 타파하고 다른 정상적인 행위와 마찬가지로 학습, 즉 모방의 결과라는 사실을 최초로 지적했다.

② 하지만 지나치게 단순한 이론으로 범죄자가 범죄를 학습하는 과정을 충분히 설명하지 못하였다.

02 서덜랜드(Sutherland)의 차별적 접촉이론

(1) 개요

① 사회해체이론과 문화전달이론을 기초로 범죄의 전달(학습)과정을 밝히고자 노력하였다.

② **가정**: 사회조직은 범죄집단·중립집단·준법집단 등 서로 다른 특성을 가진 이질적 이익과 이질적 목표를 가진 잡다한 조직으로 분화되어 있다.

③ **백지설**: 분화된 집단 가운데 어느 집단과 친밀감을 가지고 차별적 접촉을 갖느냐에 따라 백지와 같은 인간의 본성에 특정집단의 행동양식을 배우고 익혀나간다는 이론이다.

④ **정상인과 동일한 학습과정**: 범죄자는 정상인과 원래 다르다는 심리학적 분석을 수용하지 않고 범죄자도 정상인과 다름없는 성격과 사고방식을 갖는다는 데서 출발한다.

⑤ 범죄자는 타인과의 접촉과정에서 범죄행위를 배우게 된다고 보았으며, 최우선적인 접촉대상은 부모, 가족, 친구 등이라고 하였다. [2016. 교정 9급] 총 4회 기출

⑥ **친밀집단의 중요성**: 학습은 주로 친밀한 사람들과의 상호작용을 통해 일어나고, 일탈에 대한 부정적 정의보다 긍정적 정의에 많이 노출될수록 일탈가능성이 높다.

⑦ 범죄행위란 범죄적인 행동양식에 동의하고 이를 지지하는 집단 내에서 정상적인 학습을 통해서 터득한 행동양식의 표현이다.

⑧ 사람들이 법률을 위반해도 무방하다는 생각을 학습한 정도가 법률을 위반하면 안 된다는 생각을 학습한 정도보다 클 때에 범죄를 저지르게 된다.

⑨ 범죄학습은 개인의 불법적 생각을 접촉한 정도와 준법적인 생각을 접촉한 정도의 차이이다. [2012. 교정 7급]

⑩ 범죄자와 비범죄자 간의 차이는 학습과정의 차이가 아니라 접촉유형의 차이에서 발생한다. [2016. 교정 7급] 총 3회 기출

⑪ **사회해체이론과의 차이**: 접촉을 통한 범죄유발이라는 점에서 주류문화로부터 소외된 사람, 궁핍에 빠지고 황폐해져 상이한 규범과 가치를 지닌 이웃이 된 사람이 범죄자가 된다고 보았던 사회해체이론과 구별된다.

(2) 사회심리과정 9가지 명제

명제	특징
제1명제	따르드(Tarde)의 모방법칙을 수용하면서 보다 정교화된 학습과정을 바탕으로 범죄행위는 학습의 결과이다.
제2명제	범죄자도 정상인과 다름없는 성격과 사고방식을 갖춘 자로, 범죄행위는 의사소통과정에 있는 다른 사람과의 상호작용을 수행하는 과정에서 학습된다. [2021. 교정 7급] 총 3회 기출
제3명제	범죄는 최우선적인 접촉대상인 부모, 가족, 친구 등 직접적인 친밀 집단과의 접촉과정에서 학습한다(라디오·TV·영화·신문·잡지 등과 같은 비인격적 매체는 범죄행위의 학습과 크게 관련이 없다). [2018. 교정 7급] 총 4회 기출
제4명제	범죄행위 학습에는 범행기술, 동기, 욕망, 합리화 방법 그리고 태도와 구체적 방향의 학습을 포함한다. [2021. 교정 7급]
제5명제	법규범을 우호적(긍정적) 또는 비우호적(부정적)으로 정의하는가에 따라 동기와 욕구의 특정한 방향을 학습한다. [2021. 교정 7급] 총 2회 기출
제6명제	법에 대한 비우호적 정의가 우호적 정의보다 클 때 범죄를 실행한다. 즉, 법률을 위반해도 무방하다는 생각을 학습한 정도가 법률을 위반하면 안 된다는 생각을 학습한 정도보다 클 때에 범죄를 저지르게 된다.
제7명제	차별적 접촉은 접촉의 빈도·기간·시기·강도에 따라 다르다. 즉, 접촉의 빈도가 많고 길수록 학습의 영향은 더 커지고, 시기가 빠를수록 접촉의 강도가 클수록 더 강하게 학습된다. [2016. 교정 9급]
제8명제	범죄자와 준법자와의 차이는 접촉유형에 있을 뿐 학습이 진행되는 과정에는 아무런 차이가 없다. [2018. 교정 7급] 총 3회 기출
제9명제	범죄행위도 욕구와 가치의 표현이란 점에서 다른 일반행동과 동일하나, 일반적인 욕구나 가치관으로는 범죄행위를 설명할 수 없다. 어떤 사람들은 비범죄적 행동을 통해서도 동일한 욕구와 가치관을 표현하기 때문이다. [2021. 교정 7급] 총 2회 기출

(3) 차별적 접촉이론의 기본적 특징

① **학습내용의 구체화**: 범죄의 학습내용으로 지적된 것은 범행기술, 범행동기, 범행의욕, 자기 행위의 합리화, 태도 등이다. 따라서 서덜랜드가 학습내용으로 중시한 것은 구체적인 행위양태가 아닌 행위자의 생각이다.

② **학습과정의 구체화**: 서덜랜드는 자신과 친밀한 집단들과의 접촉을 통하여 범죄에 관한 생각이 학습되는 것으로 지적하였다. 범죄관념을 학습하는 정도는 접촉의 빈도, 접촉기간, 접촉의 우선순위, 접촉의 강도 면에서 다르며 접촉의 빈도가 많을수록, 접촉한 기간이 길수록, 우선순위에서 먼저 접촉할수록, 접촉의 강도가 클수록 학습정도가 높다고 봄으로써 범죄학습과정을 구체적으로 기술하였다.

[차별적 접촉의 유형](범죄관념을 학습하는 정도)

1. **빈도**(frequency): 특정개인이 범죄에 호의적 또는 범죄거부적 정의들과 접촉한 횟수
2. **기간**(duration): 범죄에 호의적 또는 거부적 정의와 접촉한 시간적 길이
3. **시기**(priority): 범죄에 호의적 또는 거부적 정의와 접촉할 당시의 나이
4. **강도**(intensity): 특정개인과 범죄호의적·범죄거부적 정의를 제공하는 자 사이의 애착 정도

▶ 교도관이 장시간 범죄인과 함께 생활을 함에도 수용자 문화에 물들지 않는 이유는 상대방에 느끼는 존경이나 권위의 강도가 매우 약하기 때문으로 이해될 수 있다.

(4) 차별적 접촉이론의 공헌과 비판

① 공헌
　㉠ 범죄인의 행동도 인간의 행동이므로 일반인의 행동과 동일한 일반적인 기초 위에서 설명되어야 한다.
　㉡ 범죄행위를 사회적 상호작용을 통해서 학습되는 정상적인 것으로 설명하였다.
　㉢ 범죄행위에 대한 일반이론화의 토대를 마련하여 전통적인 범죄뿐만 아니라 화이트칼라범죄 등의 새로운 범죄현상도 동시에 설명할 수 있는 가능성을 제시하였다.
　㉣ **화이트칼라범죄의 설명에 유용**: 기업인들이 사회 주류로부터 소외되거나 가난때문에 범행을 하는 것이 아니라, 오히려 이윤추구를 위해 규범위반을 대수롭지 않게 여기는 주류사회 기업인들과의 더 많은 접촉을 통한 학습의 결과로 본다.
　㉤ 집단현상으로서 범죄행위의 설명에 매우 유용하다는 점에서 높이 평가되고, 이러한 범죄인의 개선방법으로 집단관계요법치료를 제시하였다.

② 비판
　㉠ 범죄 호의적 집단과 자주 접촉했다고 모두 범죄인이 되는 것은 아니며, 소질적 범죄성향자는 범죄와의 접촉경험이 없더라도 범죄를 저지를 수 있다.
　㉡ 범죄수행의 역동적·상황적 설명이 미흡하고, 차별적 반응을 무시하였으며 경험적 검증이 어렵다.
　㉢ 매스미디어 등에 의한 학습 등 준거집단의 중요성을 경시하였고, 과실범죄나 격정에 의한 폭력 및 충동범죄 등 개별현상으로서의 범죄행위(단독범행)에 대한 설명이 곤란하다.
　㉣ 인간의 범죄적 성향을 후천적인 것에서만 찾으려 하였고, 역사적·발생론적 방법을 사용함으로써 사회구조적 측면을 간과하였다.

⊕ PLUS 차별적 접촉이론을 수정·보완한 이론 [2013. 교정 7급]

1. **글래저(Glaser)의 차별적 동일화이론**: 매스미디어 등 준거되는 접촉집단을 확대하여 적용
2. **버제스(Burgess)와 에이커스(Akers)의 차별적 강화이론**: 범죄행위 결과로 보상이 취득되고 처벌이 회피될 때 행위가 강화되고, 보상이 상실되고 처벌이 가해지면 그 행위는 약화된다는 조작적 조건형성 원리로 학습과정에 대한 설명 보완
3. **클라워드(Cloward)와 오린(Ohlin)의 차별적 기회구조이론**: 비합법적 수단이 어떻게 분포되어 있느냐에 따라 그 지역의 비행하위문화의 성격 및 비행의 종류도 달라진다는 학습환경에의 접근가능성 문제 보완
4. **레크리스(Reckless)의 자기관념이론**: 차별적 반응의 무시에 대한 비판을 보완
5. **맛차(Matza)와 사이크스(Sykes)의 중화이론**: 범죄인이 되는 과정의 차이 수정(합리화)
6. **퀴니(Quinney)의 기호이론**: 학습된 행위양식의 비율이나 접촉의 강도, 우선순위 등 측정과 검증의 곤란에 대한 보완

▶ 허쉬(Hirschi)의 사회유대이론, 비판범죄학 등은 차별접촉이론의 보완이론이 아니다.

03 글래저(Glaser)의 차별적 동일화이론

(1) 개요

① **동일화**: 사람은 누구나 자신을 누군가와 동일화하려는 경향이 있고 자신의 범죄행위를 수용할 수 있다고 생각되는 실재의 인간이나 관념상의 인간에게 자신을 동일화시키는 과정을 통해 자기 자신을 합리화하고 용납하면서 범죄를 저지른다는 이론이다. [2019. 교정 7급] 총 2회 기출

② **학습대상의 확대**: 범죄를 학습의 결과로 보는 차별적 접촉이론의 관점과 공통되나, 서덜랜드(Sutherland)의 '접촉' 대신 '동일화'라는 개념을 사용하여 범죄학습대상을 확대하여 차별적 접촉이론을 수정·보완하였는데, 사람들이 동일화되어가는 과정에서 범죄행동을 수행한다고 보았다(동일화 ⇨ 합리화 ⇨ 범죄행위).

③ **동일시**: 범죄는 행위자가 단순히 범죄적 가치와 접촉함으로써 발생하는 것이 아니라, 행위자 스스로 그것을 자기 것으로 동일시하는 단계로까지 나가야 발생한다. [2016. 교정 7급]

④ **관념적 동일화**: 사람은 범죄적 행동양식과 직접 접촉하지 않더라도 TV나 영화 속에 등장하는 주인공과 자신의 이상형을 일치시키면 관념적 동일화를 거쳐 범죄를 학습할 수 있다. [2018. 교정 7급] 총 2회 기출

(2) 평가

① **공헌**: 문화전달의 범위를 확장하고 범행경로에 심리학적 요소를 도입하였다. 즉, 매스컴의 역할강조로 문화전달의 주체를 멀리 떨어져 있는 준거집단이나 준거인에게까지 확장함으로써 문화전달의 범위를 보다 탄력적이고 광범위한 것으로 보았다.

② **비판**: 격정범이나 성욕도착자에 대한 설명이 곤란하다는 비판이 있다.

(3) 범죄학습과정에 대한 차이점

① 서덜랜드(Sutherland)는 친밀한 집단들과의 직접적 접촉을 중요하게 여겼으나, 글래저(Glaser)는 범죄를 학습하는 과정에 있어서 누구와 자신을 동일시하는지 또는 자기의 행동을 평가하는 준거집단의 성격이 어떠한지가 더욱 중요하게 작용한다고 보았다. [2014. 교정 7급]

② 서덜랜드의 차별적 접촉이론은 범행의 학습은 주로 친밀한 사적 집단 안에서 이루어진다고 보았으나, 글래저의 차별적 동일시이론은 범죄를 학습할 수 있는 대상이 텔레비전이나 영화의 주인공처럼 관념상의 인간으로까지 확장될 수 있다고 보았다.

(4) 차별적 기대이론으로의 발전

① 글래저는 차별적 접촉, 차별적 기회구조, 사회통제를 기초로 차별적 접촉이론이 무시한 기회구조의 문제에 대응하고 사회통제이론의 요소를 가미하려는 시도로서 자신의 차별적 동일시이론을 차별적 기대이론으로 재구성하였다.

② 차별적 기대이론에 따르면, 개인적 범죄성은 행위의 결과에 대한 자신의 기대감의 산물이라는 것이다.

③ 기대감이란 행위에 대한 상대적 보상과 처벌을 의미하는 인간의 범죄적 또는 반범죄적 사회적 유대, 범죄행위를 유발하거나 조장하는 기술과 태도 및 합리화 등의 차별적 학습, 그리고 범행의 기회와 위험성에 대한 자신의 인식에 의해서 영향을 받게 되는 것을 말한다.

④ 그런데 인간은 인식된 또는 기대되는 최선의 대안을 선택할 때 실제로 최선의 대안을 중요시하는 것이 아니라 최선의 대안에 대한 자신의 기대감을 중요시하고 있다.

⑤ 결론적으로 차별적 기대이론은 사람이 범죄로부터의 만족감에 대한 기대감이 사회적 유대, 차별적 학습 그리고 기회의 인식의 결과로 이들 요소들로부터의 부정적 기대감을 상회할 경우에 범행하고자 한다는 것이다. [2023. 해경 경위]

04 버제스와 에이커스(Burgess & Akers)의 차별적 강화이론

(1) 개요
① 서덜랜드(Sutherland)의 이론적 한계를 극복하기 위한 사회적 학습이론으로, 버제스와 에이커스는 형벌의 역할과 형벌을 부과하는 자에 대해서 관심을 가졌다.
② **보상과 처벌**: 범죄행위의 결과로서 보상이 취득되고 처벌이 회피될 때 그 행위는 강화되는 반면, 보상이 상실되고 처벌이 강화되면 그 행위는 약화된다. [2023. 보호 7급] 총 2회 기출

(2) 특징
① **학습과정에서의 보상**: 차별적 접촉이론이 특정인이 범죄자가 되기 전에 거쳐야 하는 학습과정을 명확히 설명하지 못했다는 점에 착안하여, 사회학습이론은 '행동의 결과(보상)가 좋으면 다시 한다.'는 조작적 조건화의 논리를 반영하였다. 즉, 범죄행위는 과거에 이러한 행위를 했을 때에 주위로부터 칭찬을 받거나 인정을 받거나 더 나은 대우를 받거나 하는 등의 보상이 있었기 때문이라는 것이다. '차별적 접촉 ⇨ 차별적 강화 ⇨ 범죄행위'라고 하는 범죄학습과정을 설명하였다. [2023. 보호 7급] 총 2회 기출
② **학습환경의 사회적 · 비사회적 요인**: 차별적 접촉이론의 범죄적 학습환경으로 사람들과의 접촉에 한정하지 않고, 사회적 상호작용과 물리적 만족감(굶주림, 갈망, 성적욕구 등의 해소)과 같은 비사회적 환경 모두를 고려하였다. [2024. 보호 9급]

(3) 에이커스의 사회학습이론
① **모델링(모방)**: 범죄학습의 한 방법으로 모델링, 즉 모방을 포함하였다. 본인의 직접적인 경험이 아니더라도 범죄행위의 결과가 다른 사람들에게 미치는 영향을 관찰함으로써 이를 학습할 수 있다는 것이다.
② **학습과정의 4가지 주요 초점**: 에이커스는 개인의 범죄활동을 설명하기 위하여 다음의 개념을 제시하였다. [2016. 5급 승진]

(4) 공헌과 비판
① **공헌**: 사회학적 변수와 심리학적 변수를 연계하였으며, 사회학습이론의 행태주의적 · 인지적 · 사회적 상호작용적 원리는 청소년 범죄자뿐만 아니라 성인범죄자를 대상으로 한 예방 · 치료프로그램에도 적용된다.
② **비판**: 사회학적 강화나 자극만을 강조한 나머지 상대적으로 비사회적 자극과 강화의 면을 소홀히 하였다.

차별적 접촉	① 차별적 접촉이란 개인이 법 준수나 법 위반에 대해 우호 또는 비우호적인 규범적 정의에 노출되어 있는 과정을 말한다. ② 서덜랜드가 직접적인 접촉에 기초한 상호작용을 강조하였다면, 에이커스는 직접적 접촉뿐만 아니라 간접적 접촉(스마트폰, 인터넷, TV, 신문 등)과 준거집단에 대한 동일시를 포함하고 있다. [2024. 보호 9급] 총 2회 ③ 차별적 접촉이 이루어지는 사회집단은 가족, 친구와 같은 1차적 준거집단뿐만 아니라 지역주민, 교사, 경찰 등 다른 사회구성원도 차별적 접촉의 대상이 될 수 있다. ④ 차별적 접촉을 통해 범죄에 우호적 또는 비우호적인 정의에 노출되며, 차별적 접촉의 우선성, 지속성, 빈도, 강도에 따라 그 영향력의 크기가 달라진다.
정의	① 정의는 특정 행위에 대하여 사람들이 <u>부여하는 의미와 태도</u>를 말하며, 여기에는 범죄에 대한 개개인의 지향성, 긍정적 정의, 부정적 정의, 중화적 정의(합리화), 상황에 대한 정의 그리고 도덕적 평가태도를 포함한다. [2024(74). 경위] ② 에이커스의 정의개념 세분화(일반, 특수): 일반정의는 보편적인 도덕의 원리에 대한 지향성, 특수정의는 구체적인 행위에 대한 태도를 말한다.

차별적 강화			
	① 차별적 강화는 행위의 결과로 얻게 되는 <u>보상과 처벌</u>에 의해 영향을 받는다. ② 강화는 행위의 지속이나 증가하게 만드는 것이고, 처벌은 그 행위를 중단하거나 감소하게 만든다. ③ 주변으로부터의 인정이나 금전적 보상 등이 빈번하고 강할수록 차별적 강화는 강하게 나타난다. [2024(74). 경위]		
	강화	정적강화	행동을 지속하도록 보상을 제공하여 행위의 지속 📋 어떤 행위에 대하여 부모로부터 보상
		부적강화	① 행위에 처벌이 제공되지 않아 강화가 이루어져 행위의 지속 ② 고통을 주는 자극을 제거하거나 회피하도록 하여 행동을 지속하게 만드는 상황 📋 어떤 행위에 대해 부모로부터 처벌을 받아야 함에도 처벌을 받지 않음
	처벌	정적처벌	고통(불쾌)을 주는 자극을 통해 행동을 감소시키는 실험상황 📋 나쁜 짓을 했을 때 부모가 적절한 훈육
		부적처벌	행위에 보상을 철회(제거)하거나 착한 행위에도 보상을 하지 않아 행위 감소 📋 아이가 잘못된 행동을 했을 때, 좋아하는 장난감을 빼앗거나, TV 시청시간을 줄이는 것, 지각한 학생의 자유시간을 없애는 것 📋 착한 일을 했음에도 불구하고 보상이 주어지지 않은 경우

모방	① 모방이란 다른 사람의 행동을 관찰함으로써 그 행위를 따라하는 것이다. ② <u>대리강화</u>라 불리는 간접적 체험을 통해서도 행위가 모방이 될 수 있으며, 미디어를 통한 행위학습은 대리강화의 원리가 반영된 대표적인 예이다. ③ 모방은 주로 새로운 행위의 시도나 범행수법의 도입에 더 큰 영향을 미치지만, 행위의 지속에도 영향을 미친다. [2024(74). 경위]

단원별 지문 OX

01 서덜랜드(Sutherland)의 차별적 접촉이론에 의하면 범죄원인으로는 접촉의 경험이 가장 큰 역할을 한다고 보아, 나쁜 친구들을 사귀면 범죄를 저지를 것이라는 단순한 등식을 제시했다. (　　) [2022. 보호 7급]

02 서덜랜드(Sutherland)의 차별접촉이론에 의하면 범죄행위를 학습할 때 학습은 범죄기술, 구체적 동기나 욕구, 합리화, 태도 등을 포함한다. (　　) [2022. 경찰2차]

03 서덜랜드(Sutherland)의 차별접촉이론은 갓프레드슨(Gottfredson)과 허쉬(Hirschi)의 자기통제이론과 달리 하류계층의 반사회적 행동을 설명하는데 국한된다. (　　) [2022. 경찰2차]

04 서덜랜드(Sutherland)의 차별접촉이론(Differential Association Theory)에 의하면 금전적 욕구, 좌절 등 범죄의 욕구와 가치관이 범죄행위와 비범죄행위를 구별해 주는 변수가 된다. (　　) [2021. 교정 7급]

05 서덜랜드(Sutherland)의 차별접촉이론에 의하면 범죄행위는 타인과의 의사소통에서 이루어지는 상호작용으로 학습된다. (　　) [2022(72). 경위]

06 서덜랜드(Sutherland)의 차별접촉이론에 의하면 차별적 접촉은 교제의 빈도, 기간, 우선성, 강도에 있어 다양할 수 있다. (　　) [2022(72). 경위]

07 서덜랜드(Sutherland)의 차별접촉이론에 의하면 범죄행위는 일반적인 욕구와 가치관으로 설명될 수 없다. (　　) [2022(72). 경위]

08 차별적 접촉이론은 주요 개념이 명확하여 결과적인 이론검증이 신속하게 이루어진다는 특징이 있다. (　　) [2024. 경찰2차]

---

01 ✕ 법률위반에 대한 호의적인 정의가 법률위반에 대한 비호의적인 정의보다 클 때 개인은 범죄를 저지르게 된다(제6명제). 즉, 사람들이 법률을 위반해도 무방하다는 생각을 학습한 정도가 법률을 위반하면 안 된다는 생각을 학습한 정도보다 클 때에 범죄를 저지르게 된다는 것이다. 이처럼 차별적 접촉이론은 나쁜 친구들을 사귀면 범죄를 저지를 것이라는 식의 단순한 등식이 아니라 불법적인 생각과 접촉한 정도와 준법적인 생각과 접촉한 정도와의 차이가 범죄유발의 중요한 요인이라고 본다.

02 ○

03 ✕ 하위계층의 청소년비행을 중심으로 하는 사회구조이론과는 달리 전 계층의 모든 사람들의 모든 범죄유형을 일관적으로 설명한다는 점에서 적용범위가 넓다. 갓프레드슨(Gottfredson)과 허쉬(Hirschi)의 자기통제이론은 문제행동에서부터 재산, 폭력범죄를 포함한 모든 유형의 범죄를 설명하며, 모든 연령층과 모든 국가, 문화권에도 적용되는 일반이론이다.

04 ✕ 범죄행위는 일반적 욕구와 가치의 표현이지만, 비범죄적 행위도 똑같은 욕구와 가치의 표현이므로 일반적 욕구와 가치로는 범죄행위를 설명할 수 없다(제9명제).

05 ○

06 ○

07 ○

08 ✕ 차별적 접촉이론의 가장 큰 문제로 지적되는 것이 중요한 개념의 모호성과 그로 인한 측정의 불가능 및 결과적인 이론검증의 어려움이다.

09 사람이 악하게 태어나는 것이 아니라 주변 환경의 영향 때문에 악해지는 것이다. 따라서 아동이 범죄자로 성장하지 않도록 하기 위해서는 범죄행동을 부추기는 사람들과의 접촉을 차단하는 것이 더 중요하다는 주장은 서덜랜드(Sutherland)의 차별적 접촉이론이다. (   )   [2022(72). 경위]

10 글레이저(Glaser)는 사람들은 물리적 접촉을 통해서 뿐만 아니라, 주관적 애착을 통해서도 영향을 받는다고 보았다. (   )   [2023. 해경 경위]

11 글레이저(Glaser)는 단순히 범죄적 집단이나 가치에 접촉함으로써 범죄를 저지르는 것이 아니라, 그것을 자기와 동일시하는 단계에 이르러야 범죄를 저지른다고 보았다. (   )   [2023(73). 경위]

12 글레이저(Glaser)의 차별적 동일시이론은 차별적 접촉이론의 "범죄행동 학습의 중요한 부분은 친밀한 집단 내에서 일어난다."라는 명제를 수정한 것이다. (   )   [2024. 경찰2차]

13 버제스(Robert L. Burgess)에 의하면 범죄로부터 얻을 만족에 대한 기대감이 부정적 기대감을 상회할 때 범행하기 쉽다. (   )   [2023. 해경 경위]

14 초등학생 甲은 조직폭력배 역할인 범죄영화 주인공에 심취하여 그 주인공의 일탈행동을 흉내내고 결국 강력범죄를 저질렀는데, 이와 같은 甲의 범죄화 과정은 권력갈등이론에 부합한다. (   )   [2024. 경찰2차]

15 버제스와 에이커스(Burgess & Akers)의 차별강화이론에 의하면 범죄행위에 대해 처벌이 이루어지지 않아 범죄행위가 지속·강화된다면 이것은 부정적 처벌이다. (   )   [2023(73). 경위]

16 조작적 조건화의 논리를 반영한 사회적 학습이론은 사회적 상호작용과 더불어 물리적 만족감(굶주림, 갈망, 성적욕구 등의 해소)과 같은 비사회적 사항에 의해서도 범죄행위가 학습될 수 있다고 본다. (   )   [2021. 보호 7급]

17 차별강화이론에 의하면 범죄행위에 대한 보상이 제공됨으로써 범죄행위가 지속·강화된다면 이것은 긍정적 강화이다. (   )   [2023(73). 경위]

18 차별강화이론은 차별접촉이론과 심리학적 학습이론을 접목하였다. (   )   [2023(73). 경위]

---

09 ○

10 ○

11 ○

12 ○

13 ✕ 글래저(Glaser)의 차별적 기대이론에 대한 설명이다.

14 ✕ 甲의 범죄화 과정은 글래저(Glaser)의 차별적 동일시이론에 부합한다. 차별적 동일시이론은 사람은 누구나 자신을 누군가와 동일화하려는 경향이 있고 자신의 범죄행위를 수용할 수 있다고 생각되는 실재의 인간이나 관념상의 인간에게 자신을 동일화시키는 과정을 통해 자기 자신을 합리화하고 용납하면서 범죄를 저지른다는 이론이다.

15 ✕ 부정적 강화(Negative Reinforcement)에 대한 설명이다. 어떤 아이가 착한 일을 했음에도 불구하고 보상이 주어지지 않는다면 향후 그 행위를 지속할 가능성이 낮아지는데, 이를 부정적 처벌(Negative Punishment)이라 한다.

16 ○ 차별적 접촉이론(Sutherland)은 범죄의 학습환경으로 사람들과의 접촉을 고려하였지만, 조작적 조건화의 논리를 반영한 사회학습이론(Akers)은 학습환경으로 사회적 상호작용과 비사회적 환경을 모두 고려하였다. 즉, 사회적 상호작용과 함께 물리적 만족감(굶주림, 갈망, 성적욕구 등의 해소)과 같은 비사회적 환경에 의해서도 범죄행위가 학습될 수 있다고 넓게 보았다.

17 ○

18 ○

19 에이커스(Akers)의 사회학습이론에서 차별적 접촉이란 개인이 법 준수나 법 위반에 대한 우호적 또는 비우호적 정의에 노출되어 있는 과정을 의미하는데, 직접 접촉은 물론 영상 등을 통한 간접 접촉도 포함된다. (　　) [2024(74). 경위]

20 에이커스(Akers)의 사회학습이론에서 정의란 개인이 특정 행위에 부여하는 의미 또는 태도를 말하며, 여기에는 범죄에 대한 긍정적 정의와 부정적 정의는 포함되나 중화적 정의는 포함되지 않는다. (　　) [2024(74). 경위]

21 에이커스(Akers)의 사회학습이론에서 차별적 강화는 행위로부터 얻게 되거나 예상되는 보상과 처벌의 균형을 의미하고, 주변으로부터의 인정이나 금전적 보상 등이 빈번하고 강할수록 차별적 강화는 약하게 나타난다. (　　) [2024(74). 경위]

22 에이커스(Akers)의 사회학습이론에서 모방은 다른 사람의 행동을 관찰함으로써 행위를 따라 하는 것으로, 새로운 행위의 시도나 범죄 수법에 영향을 미치지만 행위의 지속에는 영향을 미치지 않는다. (　　) [2024(74). 경위]

23 에이커스(Akers)가 주장하는 사회학습이론의 핵심 개념은 차별적 접촉, 차별적 강화, 차별적 동일시, 정의 및 모방이다. (　　) [2024. 경찰2차]

---

19 ○

20 ✕ 정의는 특정 행위에 대하여 사람들이 부여하는 의미와 태도를 말하며, 여기에는 범죄에 대한 긍정적 정의, 부정적 정의, 중화적 정의가 포함된다.

21 ✕ 차별적 강화는 주변 사람들로부터 얻게 되는 인정, 돈, 음식, 칭찬 등이 빈번하고 강하며 강화가능성이 높을수록 차별강화는 더 크게 나타난다고 한다. 일반적으로 강화는 어떤 행동을 지속하게 만든다.

22 ✕ 모방은 주로 새로운 행위의 시도나 범행수법의 도입에 더 큰 영향을 미치지만, 행위의 지속에도 영향을 미친다.

23 ✕ 사회학습이론은 개인의 범죄활동을 설명하기 위하여 차별적 접촉, 정의, 차별적 강화, 모방을 중심으로 학습과정의 핵심 개념을 제시하였다.

제2절 통제이론

01 개관

(1) 범죄원인에 대한 질문
① '범죄의 원인은 무엇인가?'라는 물음에서 '왜 대부분의 사람들은 일탈하지 않고 사회규범에 동조하는가?'라는 물음에 관한 이론으로 누구나 범죄 또는 일탈동기를 가지고 있으나 개인이나 사회적 통제에 의해 제지되고 있다는 이론이다. [2020. 교정 7급] 총 3회 기출
② 인간은 본질적으로 범죄성을 지니고 있기 때문에 그대로 두면 누구든지 범죄를 저지를 것이라는 가정에서 출발한다. [2018. 교정 7급] 총 2회 기출

(2) 주요관점
① 개인에게 부여된 통제력 혹은 억제력이다. 준법적인 사람은 자신을 통제할 수 있는 능력이 있기 때문에 범죄를 저지르지 않는다는 것이고, 반대로 범죄자는 어떤 원인에 의해 통제력이 와해되었고, 이로 인해 범죄나 그 밖의 반사회적 행동이 야기된 것으로 이해한다.
② 범죄를 저지르는 사람은 통제력이 약화되었기 때문이지 기존의 이론과 같이 범죄를 충동하는 힘이 강해졌기 때문이 아니라는 것이다.

02 개인 및 사회통제이론

(1) 라이스(Reiss)의 개인적·사회적 통제
① **개인적·사회적 통제:** 「개인적·사회적 통제실패로 인한 일탈」(1951)에서 개인의 자기통제력과 범죄와의 관계에 주목하여 소년비행의 원인을 개인통제력의 미비와 사회통제력의 부족으로 파악하였다.
② **개인통제력:** 소년비행은 개인통제력의 미비로 인해 유발된다. 즉, 사회의 규범이나 규칙들과 마찰을 일으키지 않고 자기가 하고 싶은 일을 할 수 있는 능력을 갖추지 못함으로써 비행에 빠져든다. [2020. 교정 7급]
③ **사회통제력:** 소년비행은 사회통제력 부족으로 인해 유발된다. 즉, 학교와 같이 교육을 담당하는 사회화 기관들이 소년들을 제대로 수용하고 순응시키지 못함으로써 비행성향이 표출되는 것을 통제하지 못함에 따라 비행에 빠져든다.

(2) 나이(Nye)의 가정 내의 욕구 미충족
① 소년비행은 욕구의 미충족으로 인해 유발된다. 즉, 애정, 인정, 보호, 새로운 경험 등에 대한 욕구가 가정 내에서 충족되지 못함으로써 가정 외에서 비정상적인 방법으로 욕구를 해소하는 과정에서 소년비행이 발생한다. [2024. 보호 9급]
② **비공식적 간접통제 중요성:** 나이(Nye)는 라이스의 견해를 발전시켜 청소년의 비행을 예방할 수 있는 사회통제방법의 종류를 세 가지로 분류하였다. 그중 소년비행을 가장 효율적으로 예방할 수 있는 방법으로 가정이나 학교와 같은 비공식기관들이 소년들에게 본인들의 행위가 주위사람들에게 실망과 고통을 줄 것이라고 인식시키는 비공식적인 간접통제방법을 들었다. [2020. 교정 7급] 총 3회 기출

직접통제	부모가 억압적인 수단의 사용과 처벌을 부과함으로써 비행을 예방하는 것이다.	
	공식통제	경찰 등 국가사법기관에 의한 통제
	비공식통제	가정이나 학교에서 담당
간접통제	소년들이 자신의 잘못이 부모나 주위사람들에게 고통과 실망을 줄 것이라는 점 때문에 비행을 자제하는 경우이다.	
내부적 통제	청소년 스스로의 양심이나 죄의식 때문에 비행을 하지 않는 경우이다.	

03 자아관념이론과 동조성전념이론

(1) 레크리스, 디니츠, 머레이의 자아관념이론(Self - Concept Theory)

① **자아관념의 형성**: 소년이 자기 자신에 대해서 갖는 인식으로, 레크리스(Reckless)는 내적 봉쇄요인들이 적절히 형성되는지 여부는 자아관념에 달려있다고 보았으며, 자아관념은 가정에서 담당하는 사회화교육에 크게 영향을 받아 12세 이전에 형성된다고 하였다.

② **차별적 접촉이론의 수정보완**: 자아관념이론은 차별적 접촉이론이 각각의 개인들의 차별적 반응에 대한 문제를 도외시하고 있다는 비판을 한다. 즉, '왜 범죄적 문화와 접촉한 사람 중에서 어떤 사람은 범죄에 빠지지 않는가?'라는 질문을 한다. 이 이론에 따르면 비행다발지역의 청소년들 중에서 다수가 비행에 가담하지 않는 것은 자신에 대한 좋은 이미지를 통해 비행에의 유혹이나 압력을 단절시키기 때문이다.

③ 자아관념이론은 합법적 기회구조의 차단을 범죄원인으로 보지 않고, 긍정적 자아관념에 의한 통제의 결여를 가장 중요한 범죄원인으로 본다. [2010. 교정 7급]

④ 자아관념이론은 긍정적인 자아관념이 있다면 아무리 범죄자인 친구들과 접촉을 한다고 하더라도 범죄를 실행하지 않는다는 입장으로 레크리스에 의해 봉쇄이론으로 발전하였는데, 그는 자아관념을 내적 봉쇄요인으로 보았다. [2021. 교정 7급] 총 3회 기출

⑤ **비행에 대한 절연체**: 레크리스는 자아관념을 비행에 대한 절연체라고 주장하면서 선량한 소년들로 하여금 비행을 멀리하게 하는 중요한 절연체의 역할을 하는 요소는 가족관계에 있으며 이를 바탕으로 형성된 무비행적 태도의 내면화, 즉 사회적으로 용인된 적정한 자기관념의 획득과 유지가 범죄로부터 멀어지게 되는 요인이 된다고 한다. [2020. 교정 7급] 총 2회 기출

⑥ **비판**: 자기관념의 형성(생성)과정과 상황에 따른 변화문제를 해결하지 못하고 있다.

(2) 브라이어(Briar)**와 필리아빈**(Piliavin)**의 동조성 전념이론**(동조성 집착이론)

① 동조성이란 사회규범에 대한 동조 또는 순응으로 정의하고, 동조성에 대한 전념이 강할수록 범죄행위의 확률이 낮아지고, 내적 통제가 약할수록 범죄행위 확률이 높아진다고 주장하였다.

② 동조성에 대한 강한 집착을 가진 사람은 집착이 약한 사람에 비해 범죄행위에 가담할 확률이 낮다.

04 레크리스(Reckless)의 봉쇄이론

(1) 개요
① 레크리스는 1961년 이전까지 논의된 내용들을 종합하여 봉쇄이론을 발표하였다.
② 내부적·외부적 통제개념에 기초하여 범죄유발요인과 범죄차단요인으로 나누고, 만약 범죄를 이끄는 힘이 차단하는 힘보다 강하면 범죄나 비행을 저지르게 되고, 차단하는 힘이 강하면 비록 이끄는 힘이 있더라도 범죄나 비행을 자제한다는 것이다. [2020. 교정 7급] 총 6회 기출
③ 외부적 통제요소와 내부적 통제요소 중 어느 한 가지만 제대로 작동되어도 범죄는 방지될 수 있다고 보았다. [2020. 교정 7급]
④ 고도로 개인화된 사회에서 개인은 사회적 연대의 틀 밖에서 많은 시간 생활을 영위하므로 범죄대책은 각 개인의 내부적 억제요소를 강화하는 것에 맞춰질 수밖에 없다는 것으로, 특히 '내부적 통제요소'를 강조하였다.

(2) 범죄나 비행을 유발하는 요인

압력요인 (pressures)	불만족한 상태에 들게 하는 조건을 지칭한 것으로, 열악한 생활조건, 가족갈등, 열등한 신분적 지위, 성공기회의 박탈 등
유인요인 (pulls)	정상적인 생활로부터 이탈하도록 유인하는 요소로, 나쁜 친구들, 비행이나 범죄하위문화, 범죄조직, 불건전한 대중매체 등
배출요인 (pushes)	불안감, 불만감, 내적 긴장감, 증오심, 공격성, 즉흥성, 반역성 등과 같이 범죄나 비행을 저지르도록 하는 각 개인의 생물학적 혹은 심리적 요소들을 지칭

(3) 범죄나 비행을 차단하는 요인

내적 통제	사람들이 내면화한 사회적 규칙 또는 규범으로, 자기통제력 및 자아나 초자아의 능력과 좌절감을 인내할 수 있는 능력, 책임감, 집중력, 성취지향력, 대안을 찾을 수 있는 능력 등
외적 통제	가족이나 주위사람들과 같이 외부적으로 범죄를 차단하는 요인들로, 일관된 도덕교육, 교육기관의 관심, 합리적 규범과 기대체계, 집단의 포용성, 효율적인 감독과 훈육, 소속감과 일체감의 배양 등

(4) 평가
① 공헌: 사회학적 측면보다 심리학적 측면을 강조한다는 것으로, 비범죄행위에 대한 심리학적 설명이다.
② 비판: 기존의 범죄학이론의 종합일 뿐 새로운 것이 없고, 개념들이 구체적이지 않으며, 심리학적 측면을 강조하여 소년들의 행동과 관련하여 측정이 곤란하다.

05 사이크스(Sykes)와 맛차(Matza)의 표류이론 내지 중화기술이론

(1) 개요
① **결정론의 비판**: 맛차는 「비행과 표류」(1964)에서 기존의 범죄원인을 밝히는 이론, 즉 생물학적, 심리학적, 사회학적 이론은 비행소년들이 일반소년과 근본적인 차이가 있다고 보고 어쩔 수 없이 비행에 빠져들 수밖에 없다는 너무 결정론적인 접근방법임을 비판하였다.
② **행위자의 자유의지와 책임성 인정**: 행위자의 범행결심에는 행위자 자신의 자유의지나 개인적 책임이 어느 정도 존재한다고 보고, 비행소년은 대부분의 경우 다른 사람들과 마찬가지로 일상적이고 준법적인 행위를 하며 특별한 경우에 한하여 위법적인 행위에 빠져든다는 것이다. [2016. 5급 승진] 총 3회 기출

③ **표류하는 존재:** 비행소년은 일반사회로부터 상대적으로 밖에 자립할 수 없는 중간적이고 표류하는 존재로, 사회의 전통적 가치에 동조를 나타내면서 비행을 저지르게 된다. [2010. 교정 7급]

④ **자기합리화:** 비행소년들이 범죄자와 접촉하는 과정에서 전통의 규범을 중화시키는 기술을 습득하게 된다고 한다. 즉, 범죄는 사회적으로 용인된 기술을 학습하여 얻은 자기합리화의 결과이다. 중화기술이론을 학습이론으로 분류하기도 한다. [2024. 교정 9급] 총 3회 기출

⑤ **내적통제의 약화:** 규범위반에 대해 일련의 표준적 합리화(중화)를 통한 내적 통제의 약화가 범죄의 원인이 된다고 보았다. [2014. 교정 7급]

⑥ **상황적 결정론:** 중화기술이론은 표류이론을 근거로 상황적 결정론에 입각하고 있다.

⑦ 중화기술은 잠재가치이론으로 발전되었고 다시 표류이론으로 발전되었다.

(2) 표류의 개념

① 사이크스와 맛차가 비행소년의 올바른 모습으로 지적한 것은 표류(Drift)이다.

② **합법과 위법의 중간:** 표류란 사회통제가 약화되었을 때에 소년들이 합법적인 규범이나 가치에 전념하지 못하고 그렇다고 위법적인 행위양식에도 몰입하지 않는 합법과 위법의 중간단계에 있는 상태를 의미한다.

③ 비행소년이라 하더라도 대부분의 경우 지배적 규범에 순응하지만 특별한 경우에 한하여 위법적 행위에 빠져들게 되며, 비행에 빠졌던 소년들도 성년이 되면 대부분 정상적인 생활을 하게 되는 현상을 설명한다.

④ **통제의 미흡과 표류:** 충분한 통제를 하지 못하면 표류상태에 빠져들고, 이러한 상태에서는 합법과 위법의 어느 한 가지에도 전념하고 있지 않기 때문에 자기 눈앞에서 전개되는 상황을 어떻게 판단하는가에 따라 소년들은 합법적인 행위를 할 수도 비행을 저지를 수도 있다.

⑤ **표류자로서 비행소년:** 대부분의 비행소년들은 '본질적 요소에 의해 강제'되거나 '비행적 가치를 수용'하여 비행을 저지르는 것이 아니라, 단지 사회통제가 약화된 상태에서 합법과 위법의 사이를 표류하는 표류자(Drifter)일 뿐이다.

⑥ **표류의 요건 중시:** 중요한 것은 소년들을 표류하게 하는 여건, 즉 사회통제가 약화되는 조건이 무엇인지를 밝히는 것이라고 주장한다. [2015. 교정 7급]

(3) 표류원인으로서의 중화기술(범죄행위 정당화) [2024. 해경 경위] 총 15회 기출

	① 의도적인 것이 아니었거나 자기의 잘못이 아니라 주거환경, 친구 등에 책임을 전가 ② 자신도 자기를 통제할 수 없는 외부세력의 피해자라고 합리화 [2025. 보호 9급]
책임의 부정	① 술에 너무 취해서 제정신이 없는 상태에서 자신도 모르게 강간 주장(음주로의 책임 전가) [2018. 교정 9급] ② 열악한 가정환경, 빈약한 부모훈육, 불합리한 사회적 환경, 빈곤한 외부적 요인으로 전가 [2018. 교정 7급] 총 2회 기출 ③ 폭력을 행사하면서 어린 시절 부모로부터 학대를 당해 그럴 수밖에 없었다고 주장 [2024(74). 경위] ④ 만약 가게에서 구할 수 있었다면 직장에서 훔치지 않았을 것이라고 정당화 ⑤ 자신과 같은 처지에 있다면 누구도 그런 행동을 했을 것이라고 생각하는 경우 ⑥ "무엇인가가 나를 그렇게 하도록 만들었어. 어쩔 수 없었어." [2019. 5급 승진]

가해의 부정	① 훔친 것을 빌린 것이라고 하는 등 자신의 행위가 위법한 것일지는 몰라도 실제로 자신의 행위로 인하여 손상을 입은 사람은 아무도 없다고 주장 ② 자신의 범죄사실을 부정하는 것 ① 자신의 행위는 누구에게도 피해를 주지 않았다고 함 [2025. 보호 9급] ② 절도범죄를 저지르면서 물건을 잠시 빌리는 것이라고 주장 [2018. 교정 9급] 총 3회 기출 ③ 마약을 사용하면서 누구에게도 피해를 주지 않았다고 생각 [2018. 교정 7급] ④ 방화를 하면서 보험회사가 피해를 모두 보상해 줄 것이라고 생각 ⑤ 타인의 재물을 횡령하면서 사후에 대가를 지불하면 아무런 문제가 없다고 변명 [2024(74). 경위]
피해자의 부정	① 자신의 행위가 피해를 유발한 것은 인정하지만, 그 피해는 당해야 마땅한 사람에 대한 일종의 정의로운 응징이라고 주장(도덕적 복수자) [2025. 보호 9급] 총 2회 기출 ② 피해를 본 사람이 노출되지 않은 경우에 피해자의 권리를 무시함으로써 중화(범행 행위의 원인을 피해자가 제공) ① 가게에서 물건을 훔치면서 가게주인은 정직하지 못하므로 자신의 행동 정당화 [2018. 교정 7급] ② 성적으로 난잡한 여성이나 성매매여성은 보호받을 가치 없는 정조라는 강간범의 주장 [2024(74). 경위] ③ 아버지의 폭력에 의해 심하게 괴롭힘을 당했기 때문에 나의 아버지에 대한 폭력 정당화 ④ 다른 사람을 폭행하면서 힘없는 부녀자를 때렸기 때문에 나도 너를 때릴 수 있다고 합리화 ⑤ 甲은 다른 남자 동료 직원과 함께 乙을 집단으로 따돌리며 乙이 오히려 부서의 단합을 저해한 원인을 제공하고 있다고 합리화 [2015. 교정 9급]
비난자에 대한 비난	자신을 비난하는 사람, 즉 경찰·기성세대·부모·선생님 등이 더 나쁜 사람이면서 소년 자신의 작은 잘못을 비난하는 것은 모순이라는 식으로 합리화 ① 은행강도가 자신에 대한 처벌이 뇌물을 받은 정치인이나 은행돈을 횡령한 은행가보다 엄하게 처벌하는 것에 항변하는 경우 ② 사법당국 등 사회통제기관을 부패한 자들로 규정하여 자기를 심판할 자격이 없다고 하는 경우 [2025. 보호 9급] ③ 다른 사람들은 더 나쁜 짓을 하고서도 처벌받지 않잖아. [2019. 5급 승진] ④ 경찰, 검사, 판사들은 부패했기 때문에 자신의 비행을 비난할 자격이 없다고 비난 [2018. 교정 7급] ⑤ 꾸짖는 부모에게 항변하고, 오히려 자신의 잘못된 행동은 모두 부모의 무능으로 돌리는 경우 [2012. 교정 7급] ⑥ 부모들은 본인의 무능을 자식들을 대상으로 분풀이하는 사람들이기 때문에 이들이 비행소년을 비난할 자격이 없다고 비난함
상위가치에 대한 호소 (충성심에의 호소)	자신의 행위가 옳지는 않지만, 친구 등 중요한 개인적 친근집단에 대한 충성심이나 의리에서 어쩔 수 없었다는 주장으로 중화시키는 것 ① 은행 여직원이 사랑하는 애인을 위하여 원치 않는 돈을 횡령한 경우 ② 조직원이 의리 때문에 자신과 상관없는 일에 참여함으로써 범죄행위를 한 경우 ③ 악덕기업인으로부터 근로자로서의 정당한 권익을 보장받기 위한 폭력시위 ④ 가족을 먹여 살리기 위해 어쩔 수 없이 범죄를 하였다고 생각 [2019. 5급 승진] ⑤ 자식에 대한 도리를 다하기 위해 어쩔 수 없이 범죄를 하였다고 생각 ⑥ 차량을 절도하면서 친구들과의 의리 때문에 할 수밖에 없었다고 합리화 [2024(74). 경위] ⑦ 폭력시위 현장에서 화염병 사용은 민주주의를 위해 어쩔 수 없다고 합리화

(4) 중화기술의 새로운 유형

대차대조의 비유	자신이 일생동안 한 일을 비교해보면 선행을 더 많이 했으므로 이번에 비행행위를 하였더라도 자신은 선한 사람에 해당한다는 주장
정상의 주장	자신이 한 행위 정도는 누구나 하는 행위로서 특별히 자신만의 행위가 비난받아서는 안 된다는 주장 예 사무실에서 간단한 물건 가져오기, 혼외정사 등
악의적 의도의 부정	단순한 장난행위였다는 주장과 같이 고의적으로 한 행위가 아니었다고 자신의 행위를 정당화하는 것
상대적 수용성의 주장	나보다 더 나쁜 사람도 많다는 식으로 자신의 행위 정도는 받아들여져야 한다는 주장

(5) 공헌 및 비판
① **공헌**: 사회심리학적 측면에서 범죄를 설명하였고, 비행자와 사회와의 관련성에 관하여 비유사성을 강조하는 종래의 전통적인 관점과는 달리 양자의 유사성에 주목하였다.
② **비판**: 비행의 원인에 대한 설명이 아니라 비행에 대한 반응을 기술한 데 지나지 않으며, 어떤 청소년은 지속적으로 비행에 표류하며 다른 청소년은 관습적으로 표류하지 않는 개인적인 차이점을 설명하지 못하였다.

06 허쉬(Hirschi)의 사회통제(연대, 유대, 결속)이론

(1) 개요
① '범죄의 원인은 무엇인가?'라는 물음에서 '왜 대부분의 사람들은 일탈하지 않고 사회규범에 동조하는가?'라는 물음에 관한 이론이다. [2017. 교정 7급]
② 허쉬는 「비행의 원인」(1969)에서 뒤르켐(Durkheim)의 아노미이론(범죄는 정상적인 사회현상이다)과 반대로 규범준수행위가 정상적이고 규범위반행위는 비정상적이라고 보면서, 우리 사회는 비행을 저지르도록 강요하는 긴장은 없으며 오히려 저지르지 못하게 하는 요인, 즉 사회연대의 요소만이 있다고 본다.
③ "우리는 모두 동물이며 자연적으로 누구든지 범죄를 저지를 수 있다."라고 단언하면서 반사회적 행위를 자행하게 하는 근본적인 원인은 인간의 본성에 있다고 보았다(고전주의 시각). [2017. 교정 7급]
④ 사람은 일탈의 잠재적 가능성을 가지고 있는데, 이것을 통제하는 시스템에 기능장애가 생기면 통제가 이완되고 일탈가능성이 발현되어 범죄가 발생한다고 한다. [2010. 교정 7급]
⑤ 누구든지 범행 가능성이 잠재되어 있음에도 불구하고 이를 통제하는 요인으로 허쉬가 지적한 것은 개인이 사회와 맺고 있는 일상적인 유대이다. 따라서 허쉬는 비행이 발생한 경우에 비행문화를 내면화하였다든지, 불량친구의 영향을 받았다든지 하는 측면에서 설명하지 않는다. 대신에 해당 소년과 사회와의 유대가 약화되거나 단절됨으로써 소년의 타고난 비행성향이 노출된 것으로 이해한다. [2020. 교정 7급]
⑥ 개인이 사회와 유대를 맺는 방법인 애착, 전념, 참여, 믿음의 정도에 따라 비행을 저지를지 여부가 결정된다고 보았다. [2024. 보호 9급]

(2) 개인이 사회와 유대를 맺는 방법(사회연대의 요소) [2024. 보호 9급] 총 5회 기출

애착 (attachment)	① 개인이 다른 사람과 맺는 감성과 관심으로, 이를 통해 청소년은 범죄를 스스로 억누르게 되는 감정적 유대감을 말한다. [2023(73). 경위] ② 애정과 정서적 관심을 통하여 개인이 사회와 맺고 있는 유대관계로 부자지간의 정, 친구 사이의 우정, 가족구성원끼리의 사랑, 학교선생에 대한 존경심 등을 들 수 있다. ③ 자식이 비행을 저지르려 하다가도 부모가 실망하고 슬퍼할 것을 우려해서 그만둔다면 이는 애착에 의하여 사회통제가 이행되는 사례라 할 수 있다. ④ 허쉬는 사회의 가치나 규범을 개인이 내면화하기 위해서는 다른 사람들에 대한 애착관계가 형성됨으로써 가능하다는 점에서 애착에 의한 사회유대를 가장 강조하였다.
전념 (관여·수용) (commitment)	① 규범준수에 따른 사회적 보상에 얼마나 관심을 갖는가에 관한 것이다. ② 미래를 위해 교육에 투자하고 저축하는 것처럼 관습적 활동에 소비하는 시간과 에너지, 노력 등을 의미한다. ③ 애착이 감정적·정서적인 관계에 기초한 것이라면 전념은 각자의 합리적인 판단을 바탕으로 개인과 사회의 유대가 형성되고 유지되는 형태이다. ④ 전념에 의한 통제는 규범적인 생활에 집착하고 많은 관심을 두었던 사람은 그렇지 않은 사람들에 비해 잃을 것이 많기 때문에 비행이나 범죄를 자제하도록 한다고 본다.
참여 (involvement)	① 행위적 측면에서 개인이 사회와 맺고 있는 유대의 형태로 개인이 인습적인 활동에 얼마나 많은 시간을 투여하고 있는가에 따라 평가할 수 있다. ② 학교, 여가, 가정에서 많은 시간을 보내게 되면 범죄행위의 유혹에서 멀어진다는 것을 의미한다. ③ 참여와 범죄발생의 관계에 대해서 허쉬는 마치 '게으른 자에게 악이 번창하듯이' 사회생활에 대하여 참여가 낮으면 그만큼 일탈행동의 기회가 증가됨으로써 비행이나 범죄를 저지를 가능성이 높다고 보았다. ④ 전념의 결과 참여의 연대는 강화된다. [2024. 보호 7급]
믿음(신념) (belief)	① 관습적인 규범의 내면화를 통하여 개인이 사회와 맺고 있는 유대의 형태로 관습적인 도덕적 가치에 대한 믿음을 의미한다. ② 믿음이란 내적 통제를 의미하는 것으로, 사람들마다 사회규범을 준수해야 한다고 믿는 정도에는 차이가 있고, 규범에 대한 믿음이 약할수록 비행이나 범죄를 저지를 가능성이 높다고 보았다.

(3) 평가

① **공헌**: 자기보고조사라는 새로운 조사기법을 사용하여 주장하고자 하는 가설을 지지하는 경험적 조사결과, 즉 검증 가능한 이론을 제시하였다.

② **비판**: 사소한 비행만을 연구대상으로 하여 강력범죄와 같은 유형의 경우에는 설득력을 갖지 못한다.

PLUS 토비의 순응(동조) 지분이론

1. 토비(Jackson Toby)는 「사회적 해체와 순응의 지분(Social Disorganization and Stake in Conformity)」(1957)에서 "순응의 지분(Stake in Conformity)" 개념을 도입하여, 사회통제이론의 발전에 기여하였다.

2. 순응의 지분은 개인이 사회적 규범에 순응하면서 유지하려는 사회적, 경제적, 개인적 이해관계를 의미하는 것으로, 개인이 사회규범을 어길경우 잃게 될 "지분"이 많을수록, 범죄나 비행을 저지를 가능성이 낮아진다는 가정을 담고 있다.

3. **범죄억제 요인**: 규범을 따르게 하는 지분으로 사회적 지위, 명성, 가족관계, 직업 안정성 등을 들었다.

4. 순응의 지분이 적을 가능성이 큰 하위계층의 경우 비행이나 범죄에 빠질 가능성을 높이고, 중상류층은 교육, 직업 기회, 사회적 네트워크를 통해 더 많은 지분을 가지게 되어 규범 준수를 강화하게 된다고 보았다.

5. 사회적 통제 메커니즘을 강조한 그의 주장은 지역사회나 가족과 같은 사회적 네트워크가 강할수록 개인이 규범을 따르게 된다고 보아, 허쉬(Travis Hirschi)의 사회유대이론(Social Bond Theory)과 청소년 대상 범죄 예방프로그램에 영향을 미쳤다.

6. **공헌**: 불평등한 사회구조가 개인의 순응 동기에 영향을 미친다는 점을 암시하며, 범죄와 사회적 불평등 간의 관계를 이해하는 데 기여하였다.

7. **한계**: 개인의 범죄억제 요인으로 순응지분의 주장은 빈곤, 차별, 기회부족 등 구조적 요인이 비행에 미치는 영향을 충분히 다루지 못했다는 점, 경제적 동기가 아닌 폭력, 충동적 범죄 등 범죄의 다양성에 대해서는 설명이 어렵다는 비판이 있다.

8. **억제이론에 동조**: 강제와 제재가 통제의 수단으로 작용하여 쾌락과 처벌에 대한 정확한 계산으로써 일탈 행위의 표출을 억제할 수 있다고 주장하였다.

07 갓프레드슨과 허쉬의 자기통제이론(범죄일반이론)

★ **핵심정리** 자기통제이론

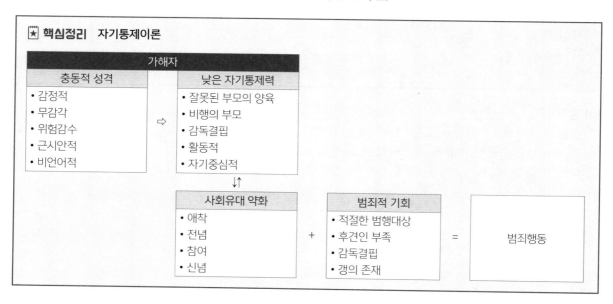

(1) 범죄일반이론

① 갓프레드슨(Gottfredson)과 허쉬(Hirschi)의 자기통제이론(1990)은 범죄에 대한 일반이론으로도 불리며, 기존의 실증주의 학파와 고전주의 학파를 통합하려 하였다. [2024. 해경 경위]

② **통합이론**: 고전주의로부터는 대부분의 범죄가 우연히 즉각적이면서도 우발적으로 발생한다는 범죄의 속성을 따르면서도, 실증주의로부터는 일반인과 다른 범죄자의 특성, 즉 개인의 순간만족과 충동성을 통제·조절할 수 있는 능력의 부족을 강조한 것이다. [2024. 보호 7급]

③ **일반이론**: 자기통제이론은 문제행동에서부터 폭력범죄로부터 화이트칼라 범죄에 이르기까지 모든 유형의 범죄를 낮은 자기통제의 결과로 이해한다. 이는 모든 연령층과 모든 국가, 문화권에도 적용되는 이론이다. [2023. 보호 7급]

④ 모든 인구사회학적 집단에 의해 발생하는 모든 유형의 범죄행위와 범죄유사행위를 설명할 수 있다고 주장하였다. [2023. 경찰2차]

⑤ **낮은 자기통제력**: 이 이론은 어릴 때 형성된 자기통제력이라는 내적 성향 요소가 어려서의 다양한 문제행동, 그리고 청소년비행뿐만 아니라 성인들의 범죄도 설명할 수 있는 유일하면서도 중요한 원인이 된다는 점을 강조하였다. [2024. 해경 경위] 총 2회 기출

⑥ 비행친구와의 차별적 접촉과 같은 요인들은 비행의 원인이 될 수 없다고 하였다.

(2) 자기통제력 형성과정과 비행

① **의의**: 자기통제력은 순간만족과 충동을 조절할 수 있는지, 스릴과 모험을 추구하기보다는 분별력과 조심성이 있는지, 근시한적이기보다는 앞으로의 일을 생각하는지, 쉽게 흥분하는 성격인지 등을 말한다.

② **자기통제력의 형성**: 자기통제력이라는 내적 성향은 어릴 때 형성되며, 아동기에 형성된 자기통제력은 청소년기를 지나 성인이 되어서도 변하지 않는 안정적이고도 지속적인 성향이 된다고 한다. [2023. 경찰2차] 총 4회 기출

③ 모든 범죄의 원인은 '낮은 자기통제력' 때문이며, 부모의 부적절한 자녀 양육이 자녀의 낮은 자기통제력의 원인이라고 보았다. [2022(72). 경위] 총 5회 기출

④ 자기통제능력의 상대적 수준은 부모의 양육방법으로부터 큰 영향을 받는다. [2022(72). 경위]

⑤ 자기통제력은 어릴 때 부모로부터 감독이 소홀하거나 애정 결핍 속에 무계획적 생활습관이 방치되고, 잘못된 행동에 일관적이고도 적절한 처벌이 없이 자란 아이들이 자기통제력이 낮다고 보았다.

⑥ 어려서 형성된 자기통제력은 안정적이고 지속적 성향이 된다고 봄으로써 어릴 때 부모의 양육이 중요하고, 그와 같은 예방만이 중요하며 청소년기의 어떠한 대책과 조치도 불필요하다고 보았다.

⑦ 교정기관의 노력도 불필요한 것이며, 청소년비행을 막기 위해서는 어려서 조기 예방만이 필요하다.

(3) 범죄의 기회

① 범죄의 발생에는 개인의 자기통제력도 중요하지만 범죄의 기회도 중요한 기능을 한다고 주장한다. [2020. 보호 7급]

② 충동적인 성격으로 인해 자기 통제력이 약한 사람은 범죄를 범할 위험성이 있지만, 그들의 충동적인 욕구를 만족시켜줄 만한 범죄기회가 없다면 범죄를 범하지 않게 된다.

③ 반대로 비교적 자기 통제력이 강한 사람도 욕구충족을 위한 기회가 발견된다면, 범죄행동을 저지르게 된다. 범죄에 대한 유인이 크다면, 즉 기회가 좋다면 자기 통제력은 범죄기회에 굴복하게 되는 것이다. [2023. 보호 7급]

(4) 평가

① 사회화와 범죄성 개념의 통합
   - ㉠ 자기 통제력이 약한 사람이 반드시 범죄를 범하는 것이 아니고, 반대로 높은 자기 통제력을 소유한 사람이 범죄를 범하는 데 대한 이유를 설명한다.
   - ㉡ 허쉬(Hirschi)에 의해 초기에 주장된 '통제모델'이 설명하지 못하는 부분들에 대한 해답을 제시해 준다.

② 범죄성향과 범죄기회의 통합
   - ㉠ 유사한 환경에서 자란 아이들 중 왜 어떤 아이는 범죄를 범하지 않고 다른 아이는 범죄를 범하는지를 설명할 수 있다.
   - ㉡ 기업의 경영진이 횡령이나 기업 사기행위를 하는지를 설명할 수 있다. 부유한 경영주도 불법적인 행동으로 얻는 이익이 매우 크다면, 자기 통제력이 힘을 잃고 범죄를 범하게 된다.

(5) 비판

① 범죄를 설명함에 있어 청소년기에 경험하는 다양한 환경적 영향요인을 충분히 고려하지 않는다는 비판이 제기되어 왔다. [2022(72). 경위]

② 개인성향으로서 자기통제력을 유일한 범죄 원인으로 봄으로써 지나치게 심리적 요인에 주목했다는 비판을 받는다.

③ 거시적인 사회구조의 측면을 고려하지 못했다는 비판이 있다. [2024. 해경 경위]

> ⊕ **PLUS** 거시적 사회구조 측면을 고려하지 못한 한계이론
>
> 허쉬(Hirschi)의 사회통제이론이나 중화이론, 자기통제이론이 안고 있는 한계는 그 이론이 거시적인 사회구조의 측면을 고려하지 못했다는 점이다. 그 이론은 개인적인 수준에서만 파악될 수 있는 이론으로 사회 간, 지역 간의 비행 및 범죄율의 차이를 고려하지 못하게 되며, 또한 행위자의 사회구조적 성격에 따른(예를 들면 계층, 성, 연령, 거주지역 등) 비행이나 범죄의 차이를 설명하지 못한다. 이러한 점에서 사회통제이론의 거시적 측면의 이론이라 할 수 있는 사회해체이론과의 연계를 통해 보다 확대된 논의의 전개가 필요한 것도 사실이다.

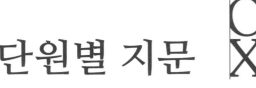

단원별 지문

01 나이(Nye)는 직접통제가 공식적 제재를 통해 행사될 수 있음을 인정하면서도, 가정에서의 비공식적 간접통제를 강조하였다. ( )　　　　　　　　[2023. 경찰1차]

02 라이스(Reiss)와 나이(Nye)의 내적·외적 통제이론에 따르면, 애정·인정·안전감 및 새로운 경험에 대한 청소년의 욕구가 가족 내에서 충족될수록 범죄를 저지를 확률이 낮아진다. ( )　　　　　　[2024. 보호 9급]

03 레클리스(Reckless)는 동일한 비행적 접촉 환경 속에서도 사람들이 다른 반응을 하는 이유는 자아관념의 차이 때문이라고 하였다. ( )　　　　　　　　[2023. 해경 경위]

04 토비(Toby)의 통제이론은 범죄를 통제하는 기제로서 자아의 역할을 특히 강조하였다. ( )　　　　[2022(72). 경위]

05 사이크스(Sykes)와 맛차(Matza)의 중화(기술)이론에 따르면, 자신의 비행에 대하여 책임이 없다고 합리화하는 것도 중화기술의 하나에 해당한다. ( )　　　　　　[2024. 보호 9급]

06 마차(Matza)는 비행청소년들이 비행가치를 받아들여 비행이 나쁘지 않다고 생각하기 때문에 비행을 저지른다고 보았다. ( )　　　　　　　　[2023. 경찰1차]

07 허쉬(Hirschi)의 사회유대이론에 의하면 누구나 범죄를 저지를 가능성이 있지만, 그것을 통제하는 요인은 개인이 사회와 맺고 있는 일상적인 유대이며, 그 유대가 약화되거나 단절되었을 때 범죄를 저지르게 된다고 하였다. ( )　　　　　　　　[2024(74). 경위]

---

01 ○

02 ○ 청소년비행은 욕구의 미충족으로 인해 유발된다. 즉, 애정, 인정, 보호, 새로운 경험 등에 대한 욕구가 가정 내에서 충족되지 못함으로써 가정 외에서 비정상적인 방법으로 욕구를 해소하는 과정에서 소년비행이 발생한다.

03 ○

04 × 레클리스(Reckless)는 범죄를 통제하는 기제로서 자아의 역할을 특히 강조한 자아관념이론을 제시하고, 긍정적인 자아관념이 있다면 아무리 범죄자인 친구들과 접촉을 한다고 하더라도 범죄를 실행하지 않는다고 하였다. 토비(J. Toby)는 초기 통제학자로 순응지분이론을 통해 개인이 사회규범을 어길 경우 잃게 될 "지분"이 많을수록 범죄나 비행을 저지를 가능성이 낮아진다고 보았다. 또한 강제와 제재가 통제의 수단으로 쾌락과 처벌에 대한 정확한 계산으로 일탈행위의 표출을 억제할 수 있다고 보았다. 자아의 역할 등 내적통제요인보다는 외적통제를 강조한 것이다.

05 ○ 자신의 범죄사실은 인정하지만, 사람·환경에 책임을 전가하는 '책임의 부정'에 대한 설명이다.

06 × 중화이론에서 비행을 해서는 안 된다고 생각하면서도 순간적으로 표류하여 비행을 하게 될 때 비행 전에 자신의 비행행위를 정당화하고 중화하는 것이 비행의 원인이라고 보았다. 즉, 불법적 행위에 대한 일련의 표준적 합리화를 수용함으로써 사회적으로 수용된 가치를 중화시킨 결과가 비행이라고 파악하였다.

07 ○

08 허쉬(Hirschi)의 사회유대이론에 의하면 모든 사람이 범죄성을 지니고 있는 것은 아니지만 사회적 유대가 약해질 때 범죄를 저지르게 된다. (　　) 　　　　　　　　　　　　　　　　　　　　　　　　　　　　[2023(73). 경위]

09 인간의 본성은 악하기 때문에 그냥 두면 범죄를 저지를 위험성이 높다. 그래서 어릴 때부터 부모나 주변 사람들과의 정서적 유대를 강화하여 행동을 통제해야한다는 학자와 이론은 허쉬(Hirschi)의 사회통제이론이다. (　　) 　　　[2022(72). 경위]

10 갓프레드슨(Gottfredson)과 허쉬(Hirschi)의 자기통제이론은 모든 인구사회학적 집단에 의해 발생하는 모든 유형의 범죄행위와 범죄유사행위를 설명할 수 있다고 주장하였다. (　　) 　　　　　　　　　　　　　　[2023. 경찰2차]

11 갓프레드슨(Gottfredson)과 허쉬(Hirschi)의 자기통제이론(Self Control Theory)에 의하면 청소년은 사회통제로부터 벗어나 합법과 위법의 사이를 표류하여 비행을 저지른다. (　　) 　　　　　　　　　　　　　[2023. 경찰2차]

12 갓프레드슨(Gottfredson)과 허쉬(Hirschi)의 낮은 자기통제(Low Self-Control)는 비효율적 육아와 부적절한 사회화보다는 학습이나 문화전이와 같은 실증적 근원에서 낮은 자기통제의 원인을 찾는다. (　　) 　　　[2023. 보호 7급]

---

08 ✕　범죄동기는 누구에게나 주어지는 것이라고 가정하였고, 모두가 범죄동기를 가지고 있음에도 왜 대부분의 사람들이 법과 규범을 지키는 것인지를 설명하고자 하였으며, 그들에게는 사회통제 또는 사회유대가 작동하기 때문이라고 보았다.

09 ◯

10 ◯

11 ✕　사이크스(Sykes)와 맛차(Matza)의 중화이론에 대한 설명이다.

12 ✕　모든 범죄의 원인은 '낮은 자기통제력' 때문이며, 부모의 부적절한 자녀 양육이 자녀의 낮은 자기통제력의 원인이라고 보았다. 또한 낮은 자기통제와 관련하여 사회화의 결여가 비행·범죄활동으로 이어진다고 주장한다.

제3절 사회반응이론 – 낙인이론

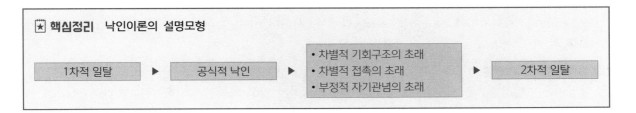

☑ 핵심정리 **낙인이론의 설명모형**

| 1차적 일탈 | ▶ | 공식적 낙인 | ▶ | • 차별적 기회구조의 초래
• 차별적 접촉의 초래
• 부정적 자기관념의 초래 | ▶ | 2차적 일탈 |

01 낙인이론의 기원과 의의

(1) 낙인이론의 기원
① 패터노스터(Paternoster)와 이오반니(Iovanni)는 낙인이론의 뿌리를 <u>갈등주의와 상징적 상호작용이론</u>에서 찾았다. [2022(72). 경위]
② 갈등주의 관점
　㉠ 낙인이론가들은 비행 낙인과 범죄를 집단 간 갈등의 측면에서 정의한다. 낙인, 비행, 범죄 등의 개념을 힘 있는 자와 그렇지 않은 자 간의 갈등구조 속에서 바라본 것이다.
　㉡ **베커**(Becker): 힘 있는 계층이 자신들의 우월적 지위를 공고히 하기 위해 약자 계층에 부여하는 것이 비행 낙인이다.
　㉢ **로프랜드**(Lofland): 비행은 사회계층 간 갈등 경쟁의 산물이다.
　㉣ **슈어**(Schur): 사회적 약자계층이 중산층이나 지배계층에 비해 낙인의 대상이 될 가능성이 더 높다.
③ 상징적 상호작용이론
　㉠ 미드(Mead), 쿨리(Cooley) 등에 의해 연구된 인간의 삶과 행위에 관한 접근법이다.
　㉡ **브루머**(Blumer): 개인의 정체성이나 자아관념은 타인과의 상호작용을 통해 형성된 것일 뿐이며, 개인이 내재적으로 가지고 있는 고유의 특성이 아니라고 주장한다.
　㉢ **쿨리**(Cooley): '거울 자아'를 통해 타인이 나를 어떻게 바라보느냐 또는 나에 대하여 어떠한 의미를 부여하느냐에 따라서 나라는 사람의 정체성이 형성된다고 보았다.
　㉣ 낙인이론이 사회적 상호작용의 한 유형인 낙인과 그 결과로 형성되는 비행자아로서의 정체성에 초점을 맞추고 있다는 점을 고려해볼 때, 상징적 상호작용이론은 낙인이론에 큰 영향을 미친 사상적 기원이다.

(2) 사회적 반응
① 낙인이론은 비행의 원인보다 비행에 대한 사회의 반응에 초점을 맞춘다.
② 한 개인이 왜 비행행위를 하는지 보다는 비행행위를 한 개인에 대하여 사회가 어떻게 반응하고, 그러한 반응이 초래하는 결과가 어떠한지를 보는 것이다.
③ 낙인이론은 일탈행위와 사회적 낙인화의 동적 관계를 사회적 상호작용의 관점에서 파악하여 이를 사회적 반작용이론 또는 사회반응이론이라 한다.
④ 갈등론적 관점에서 시카고학파의 상징적 상호작용이론을 발전적으로 계승한 후기 시카고학파에 속한다.
⑤ 낙인이론은 어느 한 명의 학자에 의해 확립된 이론이 아니며, 여러 학자들에 의한 집합적인 노력의 산물이다.

⑥ 비공식적 통제기관의 낙인과 공식적 통제기관의 처벌이 이차적 일탈·범죄의 중요한 동기로 작용한다고 본다. [2020. 교정 9급]

⑦ **주요학자 및 저서**: 탄넨바움(Tannenbaum)의 「범죄와 지역공동체」(1938), 태판(Tappan)의 「소년비행」(1949), 레머트(Lemert)의 「사회병리학」(1951), 베커(Becker)의 「아웃사이더」(1963), 슈어(Schur)의 「낙인적 일탈행동」(1971) 등을 들 수 있다.

(3) 범죄개념과 자기관념

① 낙인이론의 범죄개념은 실정법적인 범죄개념에 한정하지 않고 사회적 일탈을 폭넓게 연구대상으로 하고 있다.

② 범죄는 일정한 행위속성의 결과가 아니라, 통제기관에 의해 일탈행위에 대한 '사회적 반응'이 범죄로 규정된다. [2016. 보호 7급] 총 4회 기출

③ **비행성에 대한 가정**: 비행성이 개인의 고유한 특성이 아니라 사회의 평가에 의해 만들어지는 관념이라고 가정한다.

④ 사회적으로 합의된 범죄행위라는 것은 없으며, 한 개인의 행위에 대하여 사회가 어떻게 평가하는지에 따라 범죄자가 될 수도 있고 되지 않을 수도 있다고 본다.

⑤ 외부 환경뿐만 아니라 내적 자아의 역할에 주목하여 외적 요인인 낙인과 내적 자아 간의 상호작용과정에 초점을 맞춘다.

⑥ 인간은 낙인이라는 외적 영향을 무비판적으로 받아들이기만 하는 수동적인 존재가 아니라, 내적 자아의 판단에 따라 때로는 낙인을 거부하기도 하고, 때로는 낙인과 타협하기도 하는 능동적인 존재이다.

⑦ 낙인이론은 외부적 영향뿐 아니라 이를 경험한 개인의 반응 및 그 개인의 내면에서 일어나는 내면화과정을 중요시한다.

⑧ 일탈이나 범죄행위에 대한 공식적 또는 비공식적 통제기관의 반응(reaction)과 이에 대해 일탈자나 범죄행위자 스스로가 정의(definition)하는 자기관념에 주목한다. [2020. 교정 9급]

(4) 공식적 낙인과 비공식적 낙인

① 비행에 대한 사회적 반응을 크게 공식 낙인과 비공식 낙인 두 가지를 제시한다.

② 공식적 낙인은 형사사법기관에 의한 형사처벌을 의미하며, 비공식 낙인은 가족, 이웃, 친구 등 주위 사람들에 의한 부정적 평가를 의미한다.

③ 공식적 처벌(형사사법기관에 의한 처벌)이 가지는 긍적적 효과보다는 부정적 효과에 주목한다. [2024(74). 경위] 총 3회 기출

④ 특히 낙인의 주체인 법집행기관의 역할에 초점을 맞춘 규범회의주의의 입장에 있다.

⑤ 범죄가 범죄통제를 야기하기보다는 범죄통제가 오히려 범죄를 야기한다고 보았다.

⑥ 사법기관의 결단주의적 요소 및 법관의 법창조적 활동 그리고 행위자의 반작용에 관심을 두었다. [2010. 보호 7급]

⑦ 국가의 범죄통제가 오히려 범죄를 증가시키는 경향이 있으므로 과감하게 이를 줄여야 한다고 주장한다. [2022. 교정 9급]

(5) 차별적 낙인과 암수문제

① **차별적 낙인**: 똑같이 비행을 저지르더라도 사회적 약자계층에 속한 사람들은 그렇지 않은 사람들보다 낙인을 경험할 가능성 및 낙인의 정도가 더 높다고 한다.

② 형사사법기관의 역할에 대해 회의적이며, 공식적 낙인은 사회적 약자에게 차별적으로 부여될 가능성이 높다고 본다. [2012. 보호 7급]

③ 한 국가에서 소수인종 또는 저소득층에 속하거나 사회적 지위가 낮을수록 더 가혹한 낙인을 경험하게
   되는 등 인구통계학적 특성에 따라 낙인 가능성 및 정도가 달라질 수 있다. [2022(72). 경위]
④ 약자계층의 여부는 주로 인종, 소득, 사회적 지위 등 인구통계학적 요인들을 중심으로 논의되어 왔다.
⑤ 일탈자에 대한 사회의 반응으로 인한 암수의 문제점을 지적하고(사회적 강자들은 국가가 개입하지 않으므로 이
   들이 범하는 범죄는 통계에 잡히지 않는다. → 암수범죄) 자기보고나 참여적 관찰에 의한 보충을 요구하였다.

(6) 범죄대책 – 비범죄화와 다이버전(제3장에서 상술)

① 범죄의 원인을 개인의 소질이나 환경에서 찾고 범죄는 소수 일탈자의 문제이므로 이를 교정주의적 간
   섭을 통하여 해결하고자 한 실증주의 범죄학(범죄자를 치료나 처우의 대상으로 보고 국가가 개입해서 치료나 처우)에
   대한 코페르니쿠스적 전환을 가져온 범죄학이론(낙인이론: 국가의 개입이 범죄의 원인이므로 국가의 개입을 배제)으
   로 평가받고 있다.
② 구금에 따른 악풍감염과 낙인의 문제점을 지적하고, 공적 개입과 공식 낙인보다는 다양한 전환제도의
   활용을 증대시키고, 처우지향적인 소년사법분야나 경미범죄 등에 대해 비범죄화와 비형벌화의 확대에
   기여하였다. [2021. 보호 7급] 총 6회 기출
③ 이는 곧 선별적 수용을 통한 교도소의 다양화와 사회 내 처우의 필요성을 강조하여 불간섭주의의 이론
   적 근거가 되었고, 나아가 비판범죄학[자본주의 사회의 구조적 모순(법이라는 것은 지배계층을 위한 것)이 범죄의 원인
   이라고 보는 시각]의 형성에 기여한 바가 크다. [2015. 보호 7급]
④ 사회적 위험성이 없는 행위는 범죄목록에서 제외해야 한다고 주장하였다. [2019. 보호 7급]
⑤ 범죄자에 대한 시설 내 처우의 축소와 사회 내 처우의 확대를 주장하였다. [2021. 보호 7급] 총 3회 기출

⊕ PLUS 범죄이론별 범죄대책

1. **사회해체이론**: 지역사회의 재조직화
2. **차별적 접촉이론**: 집단관계요법
3. **낙인이론**: 비범죄화 또는 다이버전
4. **급진적 갈등론**: 사회주의 사회의 건설

🗒 형사처벌의 의미 비교

억제이론	낙인이론
특별예방효과에 의해 향후 범죄 억제요인이 된다.	공식적 낙인으로 작용하여 또 다른 범죄를 유발하는 촉발요인이 된다.
인간은 자유의지에 따라 이익을 극대화하는 방향으로 행동하는 존재이므로, 형사처벌은 자신의 이익을 침해하는 것이자 행위에 대한 대가 또는 비용이다.	형사처벌은 한 개인에 대한 평가로 작용하며 그러한 사회적 평가를 경험한 개인은 내면화하는 과정을 거쳐 또 다른 범죄를 저지를 수 있다.
형사처벌과 재범과의 관계는 매개변수(형사처벌과 재범 두 변수를 이어주는 변수)이다. 형사처벌이 개인의 이익과 손해에 대한 합리적 평가과정에 영향을 미쳐 범죄를 억제한다고 보므로, 매개변수는 위험에 대한 인식이다.	형사처벌이 개인의 자아관념을 바꾸고, 사회적 기회를 박탈하며, 비행 하위문화와의 접촉을 높이는 등의 매개과정을 거쳐 재범을 유발한다고 보므로, 매개변수는 자아관념의 변화, 사회적 기회 박탈, 비행 하위문화와의 접촉이다.

02 대표적 학자

(1) 탄넨바움의 악의 극화(일탈강화의 악순환)

① 탄넨바움(Tannenbaum)은 「범죄와 지역공동체」(1938)라는 저서에서 소년들이 지역사회로부터 범죄자로 낙인되는 과정을 묘사하였다. [2022(72). 경위] 총 2회 기출

② 공공에 의해 부여된 범죄자라는 꼬리표에 비행소년 스스로가 자신을 동일시하고 그에 부합하는 역할을 수행하게 되는 과정을 '악의 극화'라고 하였다. [2023. 교정 7급] 총 3회

③ 부정적 낙인은 부정적 자아관념을 심어 일단 자신에게 일탈자로서 낙인이 붙게 되면 스스로 일탈자로 치부하여 일탈행위를 지속한다고 보았다.

▶ 이 시기(1938년)의 미국: 강경책 → 탄넨바움의 주장이 받아들여지지 않음 [2018. 보호 7급] 총 2회

④ 사회에서 범죄자로 규정되는 과정은 일탈강화의 악순환으로 작용하여 오히려 범죄로 비난받는 특성을 자극하여 강화시켜주는 역할을 한다. [2018. 보호 7급]

⑤ 청소년의 사소한 비행에 대한 사회의 부정적 반응이 그 청소년으로 하여금 자신을 부정적인 사람으로 인식하게 한다. [2018. 보호 7급]

⑥ 범죄형성의 과정은 낙인의 과정이다.

> **⊕ PLUS** 탄넨바움의 범죄자로 낙인되는 과정
>
> 1. 청소년들과 지역사회 구성원들 간에는 몇몇 행위들에 대한 가치판단의 차이가 존재한다. 예를 들어 청소년들은 남의 집 창문을 깨는 행위, 무단으로 결석하는 행위 등을 단순한 모험이나 놀이 정도로 여기지만, 지역사회 구성원들은 일종의 일탈행위로 인식하고 부정적인 시각으로 바라본다.
> 2. 따라서 청소년들에 의한 이러한 행위들이 반복되면 지역사회 구성원들은 점점 해당 청소년들에 대한 부정적인 인식을 키워나가게 되고 결국 이들을 나쁘고 치유할 수 없는 존재들로 규정짓게 된다.
> 3. 이러한 규정짓기는 공식 낙인 또는 비공식 낙인의 형태로 이루어진다. 결국 해당 청소년들은 자신들을 바라보는 지역사회의 시선, 즉 자신들에 대한 지역사회의 낙인을 인식하게 되고 비행청소년으로서의 자아관념을 갖게 된다.
> 4. 탄넨바움은 이러한 낙인과정을 "비행청소년은 나쁘다고 규정되기 때문에 나쁜 존재가 된다."라고 표현하였다.

(2) 레머트의 일차적 일탈과 이차적 일탈(사회적 낙인으로서의 일탈)

① 레머트(Lemert)는 일차적 일탈에 대하여 부여된 사회적 낙인으로 인해 일탈적 자아개념이 형성되고, 이 자아개념이 직접 범죄를 유발하는 요인으로 작용하여 이차적 일탈이 발생한다고 하였다. 즉, 일차적 일탈에 대한 부정적 사회반응이 이차적 일탈을 만들어 낸다. [2023(73). 경위] 총 5회 기출

② **일차적**(일시적) **일탈**

㉠ 낙인을 받기 전에 행하는 비행행위들로 조직적이지 않고, 일관성이 없으며, 자주 일어나지 않는 사소한 일탈행위들을 말한다. [2022(72). 경위]

㉡ 사회적·문화적·심리적·생리적 요인들에 의해 야기되는 규범일탈행위이다.

㉢ 규범위반자는 자기 자신을 일탈자로 생각하지 않고, 타인에게 노출되지도 않아 일탈에 대한 사회적 반작용이 나타나지 않는다.

③ **이차적**(경력적) **일탈** [2023. 해경 경위]

㉠ 일차적 일탈에 대한 사회적 반응, 즉 비행 낙인이 있은 후에 발생하는 일탈 및 심각한 범죄행위들을 말한다.

㉡ 일반적으로 오래 지속되며, 행위자의 정체성이나 사회적 역할들의 수행에 중요한 영향을 미친다.

ⓒ 낙인은 낙인을 받은 개인의 자아관념에 큰 변화를 가져와 스스로를 일탈행위자, 범죄자로 여기게 하고, 결국 이러한 일탈행위자로서의 자아관념은 향후 그 개인의 영구적 지위에 중대한 영향을 미치는 이차적 일탈로 이어지게 된다. 즉, 자기완성적 예언의 실현이다. [2023. 해경 경위]

ⓔ 레머트가 특히 관심을 두고 분석한 사항은 이차적 일탈에 관한 것으로, 사회반응의 종류를 크게 사회구성원에 의한 반응과 사법기관에 의한 공식적인 반응으로 나누었다. [2021. 보호 7급]

④ 사회적 반응 중에서 특히 사법기관에 의한 공식적인 반응(처벌은 일차적 일탈자에게 오명을 씌우고, 사법제도의 불공정성을 자각하게 하고, 제도적으로 강제당하고, 일탈하위문화를 사회화하고, 죄책감이나 책임감을 회피할 수 있는 긍정적 이익을 제공)은 일상생활에서 행해지는 비공식적 반응들보다 심각한 낙인효과를 끼쳐 일차적 일탈자가 이차적 일탈자로 발전하게 된다고 한다. [2021. 보호 7급] 총 2회 기출

🔲 사법기관에 의한 공식반응이 미치는 낙인효과

오명씌우기	사법기관에 의한 공식반응이 행해짐으로써 일차적 일탈자에게 도덕적 열등아라는 오명이 씌워진다. 특히 공식처벌은 대중매체를 통해 알려지고 전과자로 기록되면서 종전과는 달리 타인과의 관계설정이 어려워지고 구직이 어려워지는 등 정상적인 사회생활을 하지 못하게 되므로 이차적 일탈로 이어진다.
불공정에 대한 자각	공식적인 처벌을 받는 과정에서 일차적 일탈자는 불공정한 사법집행의 측면을 경험하게 된다. 따라서 사법제도의 공정성에 대한 신뢰를 상실하고 사회정의에 대한 신뢰감을 상실하게 된다.
제도적 강제의 수용	일차적 일탈자는 공식적 처벌을 받게 되면 자신에 대한 사법기관의 판단을 수용할 수밖에 없게 된다.
일탈하위문화에 의한 사회화	집행시설 내에서는 그 특유한 일탈하위문화가 존재한다. 공식처벌에 따라 일차적 일탈자는 이를 접하게 되면서 범죄를 옹호하는 가치나 새로운 범죄기술을 습득하게 된다.
부정적 정체성의 긍정적 측면	사법기관이 일탈자에게 부정적인 정체성을 부여하지만, 이것을 수용했을 때에 얻게 되는 책임감에 대한 면책이나 죄책감으로부터 도피 등의 이익 때문에 일차적 일탈자는 자신에 대한 부정적인 평가를 거부하지 않는다. [2024. 보호 7급]

(3) 베커의 사회적 지위로서의 일탈

① 베커(Becker)는 일탈자로 낙인했을 때에 그 사람의 지위변화에 초점을 두었다.

② 금지된 행동에 대한 사회적 반응이 이차적 일탈을 부추길 뿐 아니라 사회집단이 만든 규율을 특정인이 위반한 경우 '이방인(outsider)'으로 낙인찍음으로써 일탈을 창조한다. [2019. 교정 9급]

③ 사람에게 범죄적 낙인이 일단 적용되면, 그 낙인이 다른 사회적 지위나 신분을 압도하게 되므로 일탈자로서의 신분이 그 사람의 '주지위'로 인식된다. [2023(73). 경위] 총 5회 기출

④ 일탈자라는 낙인은 그 사람의 사회적 지위와 타인과의 상호작용에 부정적인 영향을 미친다. [2021. 보호 7급] 총 2회 기출

⑤ 일탈자란 낙인이 성공적으로 적용된 자이며, 일탈행위란 사회가 낙인을 찍은 행위이다.

⑥ 일탈자로 낙인찍히는 과정 그 자체가 그 후에 계속되는 개인의 일탈행위를 결정하는 중요한 요인이 된다.

⑦ 베커는 범죄원인을 단계적 이론과 동시적 이론으로 구분하여 기존 이론들이 대부분 최초의 범죄발생만을 분석한 동시적 이론이기 때문에 재범이나 누범과 같이 지속적인 범죄현상을 설명하지 못한다고 보았다.

(4) 슈어의 자기관념으로부터의 일탈

① 슈어(Schur)는 개인의 적응을 고려하여 낙인과정의 유동적 속성과 스스로에 의한 자아규정의 중요성을 강조하였다.

② 규범위반을 하였다고 하여 바로 낙인이 되는 것이 아니고 낙인이 이루어졌더라도 이차적 일탈자로 되는 과정이 단계적으로 진행되지 않는다고 보았다. 즉, 낙인과정에서 개인의 적응노력에 따라 어떤 사람은 낙인을 수용하며 어떤 사람은 여러 가지 협상이나 타협을 통해 낙인을 회피할 수도 있다는 것이다.

③ 사법기관의 공식적 개입은 귀속지위, 오명찍기, 눈덩이 효과로 인한 자기관념 부정을 초래하는 등 내적인 자아낙인을 통해 스스로 일탈자라고 규정하는 이차적 일탈에 주목하고 불간섭주의를 주장하였다.

④ 이차적 일탈로의 발전은 레머트(Lemert)의 주장처럼 정형화된 발전단계를 거치는 것이 아니라, 그 사람이 사회적 반응에 어떻게 반응하느냐에 따라 외부적 낙인이 자아정체성에 영향을 미칠 수도 있고 미치지 않을 수도 있다고 한다. [2024(74). 경위]

⑤ 이차적인 일탈로의 발전은 개인이 어떻게 사회적 낙인에 반응하느냐에 따라 달라질 수 있다든지, 본인 스스로의 자아낙인을 고려했다는 점에서 다른 낙인이론가들과는 차이가 있다.

03 낙인이론의 쇠퇴와 부활

(1) 깁스와 티틀의 비판
① 1960년대 중반 큰 관심을 받았던 낙인이론은 1970년대에 접어들면서 여러 가지 비판에 직면하게 되었다.
② 깁스(Gibbs)와 티틀(Tittle) 등에 의해 하나의 이론으로 보기에는 주요 개념들이 명확하지 않고, 개념들 간의 관계 역시 구체적이지 않으며, 실증연구의 지지가 충분하지 않다는 비판이 이어졌다.
③ 그들은 낙인이론에 관한 경험적 연구들이 개인이 독립적인 주체로서 낙인을 내면화하는 과정을 제대로 반영하지 못했고, 낙인의 비행자아관념에 대한 효과 또한 과장되었다고 비판한다. [2024(74). 경위]
④ 타인에게 비행행위자로 낙인찍힌 사람들 모두가 순순히 타인의 평가를 내면화하여 비행자아관념을 갖게 되는 것은 아니며, 때로는 타인들의 평가를 부인하거나 거부할 수도 있다는 것이다. 또한 개인이 단순히 주어진 낙인을 받기만 하는 것이 아니라, 낙인을 찾아나서는 경우도 있다는 것이다.

(2) 패터노스터와 이오반니의 낙인이론 재평가
① 1980년대 후반에 접어들면서 낙인이론을 새로운 시각으로 해석하고자 하는 시도가 이루어지고, 낙인이론을 지지하는 실증연구들이 등장하면서 다시 범죄학의 주요 이론으로 부상하게 된다.
② 특히 패터노스터(Paternoster)와 이오반니(Iovanni)는 낙인이론의 기원, 낙인이론의 이론적 주장, 낙인이론에 대한 비판의 반박, 초창기 실증연구들의 문제점을 체계적으로 정리하고 향후 연구들이 나아가야 할 방향을 제시함으로써 낙인이론이 다시 범죄학의 주요 이론으로 자리매김하는데 크게 기여하였다. [2022(72). 경위]

04 브레이스웨이트에 의한 낙인이론의 확장

(1) 비공식 낙인에의 주목
① 비공식 낙인이란 공식적인 사회통제기관에 소속되지 않은 사람들이 공식적인 사회통제 수단을 통하지 않고, 사회적 맥락에서 한 사람을 특정한 유형으로 규정하려는 시도를 말한다.
② 경찰, 검찰, 법원 등 형사사법기관이 아닌 가족, 친구, 교사 등 주위 사람들에 의하여 이루어지는 낙인을 비공식 낙인이라고 한다.
③ 초기 이론가들은 공식 낙인과 비공식 낙인을 거의 동등한 비중으로 다루었으나, 낙인이론의 관심은 점차 공식 낙인에 집중되었다.
④ 하지만 1990년대에 들어서면서 비공식 낙인의 이차적 일탈에 대한 효과에 주목하는 실증연구들이 증가하였다.
⑤ 단순히 주변사람들로부터 일방적인 영향을 받기보다는 주변인들의 평가를 내적으로 평가하여 거부하기도 하고, 받아들이기도 하는 내면화과정에 낙인이론은 주목하였다.

(2) 브레이스웨이트의 재통합적 수치이론
① 낙인이론은 형사처벌, 즉 공식 낙인이 향후 범죄 및 비행을 유발한다고 보는 반면, 전통적 억제이론은 형사처벌이 향후 범죄를 억제한다고 본다.
② 브레이스웨이트(Braithwaite)의 재통합적 수치이론은 이렇듯 엇갈리는 형사처벌의 효과에 대한 이론 및 실증연구의 결과들을 통합하고자 하는 시도의 일환이라고 볼 수 있다. [2022(72). 경위]
③ 「범죄, 수치와 재통합」(1989)에서 낙인이론에 대한 실증연구의 지지가 제한적인 이유는 낙인의 종류를 제대로 구분하지 못하였기 때문이라고 주장하면서, 이에 대한 대안으로 재통합적 수치이론을 제시하였다.
④ 재통합적 수치이론은 '어떠한 유형의 낙인이 이차 비행을 유발하는가?'라는 질문에 대한 해답을 모색하는 과정에서 탄생한 이론이라 볼 수 있다.

(3) 오명과 재통합적 수치

① 이론의 핵심개념인 '수치'란 낙인이론에서의 '낙인'에 상응하는 개념으로 볼 수 있는데, 브레이스웨이트는 수치를 '불승인 표시'로서 "당사자에게 양심의 가책을 느끼게 하는 것"으로 정의하였다. [2022(72). 경위]

② 수치는 오명과 재통합적 수치의 두 종류로 나뉜다.

    ㉠ **오명**: 범죄자를 공동체의 구성원으로 받아들이려는 노력을 수반하지 않는 제재이다. 오명을 경험한 범죄자는 긍정적인 인간관계와 사회적 기회로부터 소외되고 결국 비행자아관념을 갖게 된다. 즉, 오명은 낙인이론에서 말하는 낙인의 개념과 유사하다고 볼 수 있다.

    ㉡ **재통합적 수치**

        ⓐ 재통합적 수치는 제재를 가하되 범죄자라는 낙인으로부터 벗어나도록 해주기 위한 의식, 용서의 말과 몸짓 등을 수반한다. [2022(72). 경위]

        ⓑ 재통합적 수치는 일정한 제재를 통해 범죄자로 하여금 양심의 가책을 느끼도록 하되, 지역사회의 구성원으로 재통합하려는 노력을 병행함으로써 미래 범죄의 가능성을 줄이고자하는 의도를 포함한 수치를 의미한다.

(4) 재통합 수치심의 효과와 영향 [2024. 해경 경위]

① 특별예방 및 일반예방의 효과를 가지고 있다.

특별예방효과		가해자가 피해자와 대화할 기회를 부여함으로써 피해자의 고통을 깨닫고 자신의 행위를 반성하게 하여, 규범적 행동양식으로 회복할 수 있도록 촉진한다. 뿐만 아니라 피해자 및 지역사회와의 화해를 통하여 원활한 사회복귀를 조장한다는 의미에서 특별예방에 기여할 수 있다.
일반예방효과	소극적	지역주민들을 비롯하여 피해자와 함께 참여하는 사람들에게는 범죄피해의 양상을 체험을 통하여 깨닫게 하고 불법행위에 대한 반작용으로서의 처벌위협 및 피해회복을 위한 압력이 존재한다는 사실을 인식하게 함으로써 범죄의 동기를 억제한다.
	적극적	가해자와 피해자 또는 그 가족 및 지역사회 구성원이 협의과정에 함께 참여하여 피해자와 그 가족의 고통을 공유하고 적정한 급부를 모색하는 과정을 반복함으로써 사건 관여자를 포함한 일반시민에 대한 도덕형성력을 발휘할 수 있다는 의미에서 적극적 일반예방에 기여한다.

② 수치심 부여과정에서 피해자의 참여는 자신의 범죄를 대면(직면)하지 않을 수 없게 되고 자신이 가한 피해에 대한 자신의 책임을 회피하거나 중립화시킬 가능성은 그만큼 더 적어진다. 감정이 섞이지 않은 판사 앞에서 보다는 '의미있는 타인들' 앞에서 수치심을 입을 때가 범죄자에게 더 큰 영향력이 생긴다는 것이다.

③ 전통적 낙인이론을 새롭게 보완한 브레이스웨이트는 비공식적 사회통제는 법적·공식적 통제보다 영향력이 커서 개인적 수치심을 경험하는 것이 법적 처벌을 받는 것보다 범죄예방효과가 더 크다고 주장하였다.

④ 수치심은 비공식적 사회통제의 강력한 수단이 될 수 있으므로, 범죄를 예방하기 위해서는 사회는 재통합적 수치심을 진작시켜야 한다고 주장하였다. 이러한 그의 주장은 회복적 사법제도 발전에 중요한 촉진제가 되었다. [2022. 경찰2차] 총 3회 기출

⑤ 브레이스웨이트는 상호의존적이고 공동체 지향적인 사회일수록 재통합적 수치의 효과가 더 크다고 주장하였다. [2022(72). 경위]

05 형사정책적 대안 및 낙인이론의 평가

(1) 형사정책적 대안(4D 정책)

① **비범죄화**(decriminalization): 기존형법의 범죄목록 중에서 사회변화로 인하여 더 이상 사회위해성이 없는 행위로 평가되는 것에 대해서는 범죄목록에서 삭제되어야 한다.

② **전환**(diversion): 가능한 범죄에 대한 공식적 반작용은 비공식적 반작용으로, 중한 공식적 반작용은 경한 공식적 반작용으로 대체되어야 한다.

③ **탈제도화·탈시설수용화**(deinstitutioalisation): 가능한 한 범죄자를 자유로운 공동체 내에 머물게 하여 자유상태에서 그를 처우하여야 한다.

④ **적정절차**(due process): 정당한 법 적용절차를 강조한다.

⑤ **탈낙인화**(destigmatization): 이미 행해진 사회통제적 낙인은 재사회화가 성과 있게 이루어진 후에는 피낙인자에게 그의 사회적 지위를 되돌려 주는 탈낙인화가 뒤따라야 한다.

⑥ 범죄자에 대한 국가개입은 가능한 축소하고, 대신에 비공식적인 사회 내 처우가 새로운 범죄자의 교화방법으로 제시되기도 하였다.

(2) 공헌

① 동기의 문제에서 정의의 문제로, 범죄문제 자체보다 범죄통제의 문제로 관심을 전환시켰다.

② 소년사법분야나 경미범죄, 과실범죄 등에 대해 그 예방차원으로 비범죄화, 다이버전, 시설 내 구금수용의 철폐 등 사회 내 처우의 근거가 되었다. [2019. 보호 7급] 총 4회 기출

③ 상징적 상호작용론을 수용하여 피해자 없는 범죄에 대해서도 관심을 기울였고, 범죄피해자 조사를 통한 공식범죄통계를 보완하였다.

(3) 비판

① 사회통제의 전체적 구조를 간과하여 미시적·사회심리학적 이론의 한계를 보였다.

② 연구대상에서 하류계층의 일탈로 범위가 한정되어서 기업범죄나 숨겨진 제도적 폭력 등을 간과하고 구조적 불평등 문제를 무시하여 비판범죄학의 출현계기가 되었다.

③ 일탈의 원인으로서 사회통제나 사회반응의 효과를 너무 강조하여 사회통제기관에 대한 비판적 시각을 나타내었다.

④ '낙인 없으면 일탈도 없다.'는 지나친 상대주의에 빠져 인간이 사회적인 반작용 없이도 스스로 범죄자가 될 수 있는 점을 간과하고 있다.

⑤ 최초의 일탈에 대한 원인 설명이 부족하며, 반교정주의로 발전할 위험성이 크다. [2018. 보호 7급] 총 5회 기출

⑥ 규범을 위반하는 모든 사람이 스스로 일탈자라는 낙인을 수용하지는 않는다.

⑦ 화이트칼라 범죄와 같은 지배계층의 범죄에 관대한 결과를 양산할 가능성이 있으며, 일탈의 원인으로서 사회통제나 사회반응의 효과를 지나치게 강조하였다.

⑧ 통제완화 후 범죄감소의 경험적 증거가 부족하며, 낙인 이후의 환경적 차이를 고려하지 않았다.

⑨ 낙인이론은 비행을 저지른 소년들에 대한 사회의 차별적 반응과 그러한 사회적 반응이 한 개인에게 미치는 영향에 주요관심을 둠으로써 일차적 일탈에 대한 범죄원인과 범죄피해자에 대한 관심이 적었다는 비판이 있다. [2023(73). 경위]

단원별 지문 O X

01 낙인이론은 공식적 형사처벌의 긍정적 효과보다는 부정적 효과에 주목하였다. ( ) [2024(74). 경위]

02 낙인이론은 최초 일탈의 발생 원인과 가해자에 대한 관심이 적다는 비판이 있다. ( ) [2023(73). 경위]

03 낙인이론에 따르면 범죄자의 인구통계학적 특성에 따라 낙인 가능성 및 정도가 달라질 수 있다. ( ) [2022(72). 경위]

04 낙인이론에 관한 경험적 연구들은 개인이 독립적인 주체로서 낙인을 내면화하는 과정을 명확하게 실증하고 있다. ( ) [2024(74). 경위]

05 패터노스터(Paternoster)와 이오반니(Iovanni)에 의하면 낙인이론의 뿌리는 갈등주의와 상징적 상호작용이론으로 볼 수 있다. ( ) [2022(72). 경위]

06 탄넨바움(Tannenbaum)은 '악의 극화(Dramatization of Evil)'라는 개념을 사용하여 범죄행위의 원인은 사회적으로 부여된 낙인의 결과라고 하였다. ( ) [2024(74). 경위]

07 탄넨바움(Tannenbaum)은 일차적 일탈에 대한 부정적인 주변의 반응이 이차적 일탈을 유발한다고 하였다. ( ) [2023(73). 경위]

---

01 ○ 공식적 처벌(형사사법기관에 의한 처벌)이 가지는 긍정적 효과보다는 부정적 효과에 주목한다.

02 × 최초의 일탈에 대한 원인설명이 부족하며, 범죄피해자에 대한 관심이 적었다는 비판이 있다. 낙인이론의 주요 관심사는 비행을 저지른 소년들에 대한 사회의 차별적 반응과 그러한 사회적 반응이 한 개인에게 미치는 영향이다.

03 ○ 낙인이론에 따르면 똑같이 비행을 저지르더라도 사회적 약자계층에 속한 사람들은 그렇지 않은 사람들보다 낙인을 경험할 가능성 및 낙인의 정도가 더 높다고 한다. 한 개인이 사회적 약자계층에 속하는지 여부는 주로 인종, 소득, 사회적 지위 등 인구통계학적 요인들을 중심으로 논의되어 왔다. 즉, 한 국가에서 소수인종 또는 저소득층에 속하거나 사회적 지위가 낮을수록 더 가혹한 낙인을 경험하게 된다는 것이다.

04 × 깁스(Gibbs)는 낙인의 비행자아관념에 대한 효과가 과장되었다고 비판한다. 즉, 타인에게 비행행위자로 낙인찍힌 사람들 모두가 순순히 타인의 평가를 내면화하여 비행자아관념을 갖게 되는 것은 아니며, 때로는 타인들의 평가를 부인하거나 거부할 수도 있다는 것이다. 또한 개인이 단순히 주어진 낙인을 받기만 하는 것이 아니라, 낙인을 찾아나서는 경우도 있다는 것이다. 낙인이론에 관한 실증연구들 역시 한 개인이 독립적인 주체로서 낙인을 내면화하는 과정을 제대로 반영하지 못하고 있다.

05 ○

06 ○

07 × 레머트(Lemert)의 사회적 낙인(Social Label)으로서의 일탈에 대한 설명이다.

08 레머트(Lemert)는 일탈행위에 대한 사회적 반응은 크게 사회구성원에 의한 것과 사법기관에 의한 것으로 구분할 수 있고, 현대사회에서는 사회구성원에 의한 것이 가장 권위 있고 광범위한 영향력을 행사하는 것으로 보았다. (   )
[2021. 보호 7급]

09 레머트(Lemert)는 조직적이고 일관성 있게 일어나는 일차적 일탈을 막기 위해서는 지역사회의 관심과 역할이 중요하다고 주장하였다. (   )
[2022(72). 경위]

10 베커(Becker)는 일탈자는 공식적인 일탈자라는 주지위를 얻게 되어 교육과 직업 등에 방해를 받게 되며, 이로 인해 일탈을 반복하게 된다고 하였다. (   )
[2023(73). 경위]

11 베커(H. Becker)는 금지된 행동에 대한 사회적 반응이 이차적 일탈을 부추길 뿐 아니라 사회집단이 만든 규율을 특정인이 위반한 경우 '이방인(Outsider)'으로 낙인찍음으로써 일탈을 창조한다고 하였다. (   )
[2019. 교정 9급]

12 슈어(Schur)는 이차적 일탈로의 발전이 정형적인 것은 아니며, 사회적 반응에 대한 개인의 적응노력에 따라 달라질 수 있다고 주장하였다. (   )
[2024(74). 경위]

13 자기완성적 예언(Self-fulfilling Prophecy)은 슈어(Schur)의 주장이다. (   )
[2023. 해경 경위]

14 브레이스웨이트(Braithwaite)의 재통합적 수치이론에서 수치란 일종의 불승인 표시로서 당사자에게 양심의 가책을 느끼게 하는 것을 의미한다. (   )
[2022(72). 경위]

15 브레이스웨이트는 상호의존적이고 공동체 지향적인 사회일수록 재통합적 수치의 효과가 더 크다고 주장하였다. (   )
[2022(72). 경위]

16 브레이스웨이트(J. Braithwaite)의 재통합적 수치심부여이론에 따르면 사회구조적 결핍은 대안적 가치로써 높은 수준의 폭력을 수반하는 거리의 규범(Code of The Street)을 채택하게 하고, 결국 이것이 높은 수준의 폭력을 양산한다. (   )
[2016. 교정 9급]

---

08 ✕ 레머트(Lemert)가 특히 관심을 두고 분석한 사항은 이차적 일탈에 관한 것으로, 일탈행위에 대한 사회적 반응의 종류를 크게 사회구성원에 의한 반응과 사법기관에 의한 공식적인 반응으로 나누었다. 사회적 반응 중에서 특히 사법기관에 의한 공식적인 반응(처벌은 일차적 일탈자에게 오명을 씌우고, 사법제도의 불공정성을 자각하게 하고, 제도적으로 강제당하고, 일탈하위문화를 사회화하고, 죄책감이나 책임감을 회피할 수 있는 긍정적 이익을 제공)은 일상생활에서 행해지는 비공식적 반응들보다 심각한 낙인효과를 끼쳐 일차적 일탈자가 이차적 일탈자로 발전하게 된다고 하였다.

09 ✕ 일차적 일탈이란 낙인을 받기 전에 행하는 비행행위들로 조직적이지 않고, 일관성이 없으며, 자주 일어나지 않는 사소한 일탈행위라고 레머트(Lemert)는 정의하였다.

10 ○ 베커(Becker)는 사람에게 범죄적 낙인이 일단 적용되면, 그 낙인이 다른 사회적 지위나 신분을 압도하게 되므로 일탈자로서의 신분이 그 사람의 '주지위'로 인식되어 교육과 직업 등에 방해를 받게 되며 이로 인해 일탈을 반복하게 된다고 하였다.

11 ○

12 ○

13 ✕ 슈어(Schur)는 규범위반을 하였다고 하여 바로 낙인이 되는 것이 아니고 낙인이 이루어졌더라도 이차적 일탈자로 되는 과정이 단계적으로 진행되지 않는다고 보았다. 자기완성적 예언은 머튼(Merton)의 주장이다.

14 ○ 재통합적 수치이론의 핵심개념인 '수치'란 낙인이론에서의 '낙인'에 상응하는 개념으로 볼 수 있는데, 브레이스웨이트(Braithwaite)는 수치를 '불승인 표시'로서 "당사자에게 양심의 가책을 느끼게 하는 것"으로 정의하였다.

15 ○

16 ✕ 엘리야 앤더슨(Elijah Anderson)은 사회구조적 결핍은 대안적 가치로서 높은 수준의 폭력을 수반하는 거리의 규범(Code of The Street)을 채택하게 하고, 결국 사회구조적 결핍은 높은 수준의 폭력을 양산하게 된다고 보았다.

제11장 / 비범죄화와 전환

제1절 비범죄화와 신범죄화

01 비범죄화(Decriminalization)

(1) 배경
① 제2차 세계대전 후 영국, 미국, 독일 등에서 가치관의 다양화에 기초한 개방사회의 이념을 배경으로 대두되었다.
② 1960년대 미국에서 번성했던 낙인이론 및 갈등이론에서 비롯되었다.

(2) 의의
① 비범죄화 혹은 탈범죄화란 형사사법절차에서 특정범죄에 대한 형사처벌의 범위를 축소하는 것을 의미한다. [2023. 교정 9급] 총 2회 기출
② 형법이 가지는 보충적 성격과 공식적 사회통제기능의 부담가중을 고려하여 일정한 범죄유형을 형벌에 의한 통제로부터 제외시키는 경향이다. [2015. 교정 9급]
③ 특정행위에 대한 범죄화와 비범죄화의 차원이 아닌 특정 행위에 대한 법적 규제와 비규제라는 형사정책적 접근론으로, 비범죄화론은 범죄행위에 대한 사회적 동의를 의미하는 것은 아니다.
④ 비범죄화론은 행위에 대한 형사처벌의 폐지가 아니라 형사처벌의 완화를 목표로 한다. [2017. 보호 7급] 총 2회 기출
⑤ 비범죄화론은 특히 공공질서 관련 범죄들이 주로 거론되는데, 이러한 범죄들이 국가나 사회를 위한 공식조직의 관심사항이 아니라 가족이나 지역사회 등 비공식적 통제조직에 의해서 오히려 효과적으로 통제될 수 있기 때문이라는 것이다.

(3) 비범죄화의 필요성
① 범죄개념의 상대성을 잘 설명해주고 있다.
② 형법의 보충성 원칙이나 최후수단성 원칙에 부합한다. [2017. 보호 7급] 총 3회 기출
③ 도덕 또는 윤리에 맡겨도 될 행위에서 특히 문제된다.
④ 사회가치관의 변화에 따라 입법자뿐만 아니라 수사기관이나 법원에 대해서도 요청된다.
⑤ 경미한 범죄에 대해서도 형사사법의 경제적 관점에서 비범죄화가 주장된다.
⑥ 피해자 없는 범죄의 처벌을 반대하는 입장과도 맥락을 같이 한다.
⑦ 비범죄화는 다양한 가치관이 공존하는 사회에서 개인의 이익을 구체적으로 침해하지 않는 경우에는 범죄로서 처벌하지 못하게 하자는 것으로, 벌금 대신에 행정상의 행정벌을 과하는 경우도 비범죄화에 포함된다.
⑧ 경미범죄에 대한 경찰의 훈방조치 또는 지도장 발부, 범칙금 납부제도 등은 넓은 의미의 비범죄화의 일환이다.

(4) 비범죄화의 분류 [2023. 교정 9급] 총 4회 기출

법률상 비범죄화	① 입법자에 의한 법률규정 그 자체의 폐지를 통한 비범죄화 ② 헌법재판소의 위헌결정과 같은 판결에 의한 형벌법규의 무효화	
	① 비범죄화와 동시에 해당 행위가 법적·사회적으로 완전히 승인되는 경우 ② 국가의 임무에 대한 인식변화와 인권신장이 일정한 행위양태에 대해 국가적 중립성을 요구하는 경우(예 간통죄 폐지)	
사실상 비범죄화	① 형사사법의 공식적 통제권한에는 변함이 없으면서도 일정한 행위양태에 대해 형사사법체계의 점진적 활동축소로 이루어지는 비범죄화 ② 해당 행위의 가벌성이 법률적으로 여전히 인정되어 있음에도 국가가 여러 가지 이유로 형법의 투입을 포기하는 경우 등	
	수사상	수사기관이 형벌법규가 존재함에도 불구하고 사실상 수사하지 아니함으로써 달성되는 비범죄화 예 검찰의 기소편의주의, 불기소처분, 범죄관련자의 고소·고발 기피, 경찰의 무혐의 처리
	재판상	재판주체가 더 이상 범죄로 판단하지 않음으로써 달성되는 비범죄화 법원의 절차 중단 등 [2017. 보호 7급]

(5) 비범죄화의 논의 대상 [2023. 교정 9급] 총 8회 기출
① 비영리적 공연음란죄, 음화판매죄, 사상범죄 등
② **피해자 없는 범죄**: 성매매, 마리화나 흡연 등 경미한 마약 사용, 단순도박 등

> ⊕ **PLUS** 혼인빙자간음죄·간통죄·낙태죄 폐지 [2024. 해경 경위]
>
> 비범죄화 논의의 대표적 범죄로 거론되었던 혼인빙자간음죄와 간통죄는 위헌 및 형법 개정으로 폐지되었고, 낙태죄는 헌법재판소가 헌법불합치로 결정(헌재 2019.4.11. 2017헌바127)함에 따라, 2020년까지 「형법」의 관련 조항을 개정하도록 하였다. 2020년 11월 「형법」과 「모자보건법」의 개정안이 국무회의를 통과했으나, 연말까지 국회를 통과하지 못함에 따라 낙태죄 관련 조항은 대체입법 없이 2021년 1월 1일 자동 폐지되었다.

02 신범죄화와 진화적 범죄

(1) 신범죄화(신규 범죄화)
① 산업화·도시화 등 사회구조의 변화에 따라 종래 예상치 못했던 행위에 대하여 형법이 관여하게 되는 경향을 말한다.
② 지금까지 존재하지 않던 새로운 형벌구성요건을 창설하는 것이다.
③ 환경범죄, 교통범죄, 경제범죄, 컴퓨터범죄 등이 거론된다. [2015. 교정 9급]

(2) 진화적 범죄
① 사상이나 윤리상의 견지에서 비난할 행동이 아니지만 그 시대의 상황에 의해 범죄로 규정되는 것으로 경제범, 정치범, 종교범, 확신범 등이 있다.
② 이러한 경제범, 정치범, 종교범, 확신범 등은 시대적 상황과 국가에 따라 달리 규정될 수 있는 특징이 있다.

⊕PLUS 경미범죄의 비범죄화

1. **의의**
   ① 경미범죄란 사회적으로 정상적인 사람에 의해 주로 범하여지는 범죄로, 교통범죄, 경미한 상점절도, 도시화 과정에 따른 일반인의 질서위반행위 등을 말한다.
   ② **우리나라**: 경범죄처벌법의 위반행위로, 경미범죄 현상은 잠재적으로 국민 모두에게서 일어날 수 있다.

2. **문제점**
   ① **사회통합저해**: 정상적인 사람들 모두에게 형사절차를 거쳐 형벌을 부과하는 것은 사회적 통합을 저해할 수 있다.
   ② **규범력 약화**: 법규범과 그 위반에 대한 제재 사이에는 일종의 한계효용점이 있어서 일정한 한계점을 넘어선 제재는 오히려 규범의 효력을 약화시킨다.

3. **드레허(Dreher)의 구분**
   ① **진정 경미범죄**: 형사처벌을 받을 만한 불법에 해당되지 않아 일반적 관점에서 범죄구성요건에 포섭할 수 없는 경미범죄를 말하는 것으로, 입법상의 비범죄화 대상이 된다.
   ② **부진정 경미범죄**: 일반적 관점에서는 범죄구성요건에 포섭할 수 있으나 개별적인 사건에서 법익침해가 경미하여 형벌을 면제할 수 있는 경미범죄를 말하는 것으로, 적용상의 비범죄화 대상이 된다.

4. **형사정책**(비범죄화)
   ① **넓은 의미의 비범죄화**: 경찰에 의한 훈방조치 또는 지도장 발부, 범칙금 납부제도 등의 제도가 마련되어 있다.
   ② **통고처분제도**: 조세범처벌법, 출입국관리법 등에 부분적으로 도입되어 있는 범칙금 통고제도는 위반행위자의 범칙금 납부로 신속하게 법적 제재에서 벗어나게 하고, 전과자로 낙인이 되지 않는 효과가 있으므로 보다 확대할 필요성이 있다.
   ③ **재산형과 사회 내 처우 확대**: 자유형과 재산형의 선택형 형태의 경우에는 가능한 자유형 대신에 벌금 또는 과료와 같은 재산형을 선택하도록 하고, 불가피하게 자유형을 선고하여야 할 경우에도 집행유예와 함께 보호관찰, 사회봉사명령, 수강명령의 제도 등의 사회 내 처우가 고려되어야 한다.

단원별 지문

01 비범죄화는 피해자 없는 범죄와 주로 사회적 법익을 침해하는 범죄에 적용 가능하다. (   ) [2024(74). 경위]

02 양심적 병역거부는 대법원의 판결에 따라 비범죄화되었다. (   ) [2024(74). 경위]

03 「성매매방지 및 피해자보호 등에 관한 법률」상 성매매 목적의 인신매매를 당한 사람은 처벌하지 아니한다. (   ) [2024(74). 경위]

04 입법부에 의한 법률상의 비범죄화뿐만 아니라 경찰·검찰과 같은 수사기관에 의한 실무상의 비범죄화도 이루어지고 있다. (   ) [2024(74). 경위]

05 비범죄화란 지금까지 형법에 범죄로 규정되어 있던 것을 폐지하여 범죄목록에서 삭제하거나 형사처벌의 범위를 축소하는 것이다. (   ) [2023. 해경 경위]

06 신범죄화(신규 범죄화)란 지금까지 존재하지 않던 새로운 형벌구성요건을 창설하는 것이다. (   ) [2023. 해경 경위]

07 비범죄화는 형사처벌의 완화가 아니라 폐지를 목표로 한다. (   ) [2017. 교정 7급]

08 비범죄화는 형법의 보충성 요청을 강화시켜주는 수단이 되기도 한다. (   ) [2017. 교정 7급]

09 피해자 없는 범죄(victimless crimes)란 전통적인 범죄와 마찬가지로 피해자와 가해자의 관계가 명확하여 피해자를 특정하기 어려운 범죄를 의미한다. (   ) [2023. 경찰1차]

10 비범죄화의 유형 중에서 사실상 비범죄화는 범죄였던 행위를 법률의 폐지 또는 변경으로 더 이상 범죄로 보지 않는 경우를 말한다. (   ) [2023. 교정 9급]

---

01 ○

02 ○ 대법원 2018.11.1. 2016도10912, 대법원 2020.7.9. 2019도17322 등

03 × 성매매방지 및 피해자보호 등에 관한 법률은 성매매를 방지하고, 성매매피해자 및 성을 파는 행위를 한 사람의 보호, 피해회복 및 자립·자활을 지원하는 것을 목적으로 하므로(동법 제1조) 이들에 대한 처벌조항이 없다. 다만, "성매매알선 등 행위의 처벌에 관한 법률은 성매매 목적의 인신매매를 당한 사람(동법 제2조 제1항 제4호 라목)은 성매매피해자(동법 제2조 제1항 제4호)에 해당하고 성매매피해자의 성매매는 처벌하지 아니한다(동법 제6조 제1항)."라고 규정하고 있다.

04 ○ 법률상 비범죄화와 사실상의 비범죄화에 대한 설명이다.

05 ○

06 ○

07 × 비범죄화론은 행위에 대한 형사처벌의 폐지가 아니라 형사처벌의 완화를 목표로 한다.

08 ○

09 × 피해자 없는 범죄는 전통적 범죄와는 달리 가해자와 피해자의 관계가 분명치 않다는 점에서 피해자가 없는 것으로 간주하는 것이다. 피해자 없는 범죄는 개인적 차원의 범죄로서 범죄의 가해자와 피해자와 동일인인 경우(성매매, 도박, 약물남용 등)와 기업범죄로서 기업이 범죄의 가해자인 반면 그 피해자는 불특정 다수여서 가해자와의 관계가 분명하지 않은 경우로 나눌 수 있다.

10 × 사실상 비범죄화는 형사사법의 공식적 통제권한에는 변함이 없으면서도 일정한 행위양태에 대해 형사사법체계의 점진적 활동축소로 이루어지는 비범죄화를 의미한다.

제2절 다이버전(전환)

01 배경과 의의

(1) 배경
① 다이버전(Diversion, 전환)은 사회통제수단으로서의 형벌이 갖는 기능상의 한계로 인식되는 효율성과 형사처벌로 인한 과잉처벌의 문제점에 대한 비판에서 비롯되었다.
② **낙인이론의 산물**: 범죄인에 대한 형사처벌 및 형집행이 낙인효과를 가져와 오히려 범죄인의 사회복귀를 힘들게 할 뿐만 아니라 범죄인의 자아의식을 왜곡시켜 재범으로 나아가게 한다는 사실이 다이버전을 모색하게 된 동기이다. [2022. 경찰2차] 총 2회 기출

(2) 의의
① 일반적으로 공식적 형사절차로부터의 이탈과 동시에 사회 내 처우프로그램에 위탁하는 것을 그 내용으로 한다.
② 다이버전이란 형사사법기관이 통상의 형사절차를 중단하고 이를 대체하는 절차에 의해 범죄인을 처리하는 제도를 말한다. [2023. 교정 7급] 총 4회 기출
③ 비범죄화가 실체적 의미를 갖는 데 반하여 다이버전은 절차적 의미를 갖는다.
④ 성인형사사법보다 소년형사사법에서 그 필요성이 더욱 강조된다. [2022(72). 경위] 총 3회 기출
⑤ 시설 내 처우를 사회 내 처우로 대체하는 것도 다이버전에 포함된다.
⑥ 가석방은 넓은 의미의 전환에 속하나, 낙인이론적 관점에서 보면 전환이 아니다.
⑦ 약물범죄와 같은 공공질서 관련 범죄에 대해서 많이 주장되고 있다. [2014. 보호 7급]
⑧ 보석이나 구속적부심사제도는 통상의 형사절차에 해당한다는 점에서 다이버전의 예라고 볼 수 없다. [2024. 해경 경위] 총 4회 기출
⑨ 소년분류심사원 위탁제도는 소년보호처분을 위한 통상적 사법절차에 해당하는 것으로 소년에 대한 전환제도의 일환으로 볼 수 없다.

(3) 다이버전의 목표
① 형사사법제도에 융통성을 부여해 범죄인에 대하여 보다 적절히 대응하고 범죄를 효과적으로 처리할 수 있도록 한다.
② 범죄인에게 형사절차와 유죄판결을 피할 수 있는 기회를 제공한다.
③ 범죄인에게 범죄를 중단할 수 있는 변화의 기회를 제공한다.
④ 형사사법제도의 운영이 최적수준이 되도록 자원을 배치한다.
⑤ 범죄인이 책임감을 갖고 스스로 자신의 생활을 영위할 수 있도록 한다.
⑥ 범죄인이 직업을 가지고 자신과 가족을 부양할 수 있도록 한다.
⑦ 범죄인이 피해자에게 배상할 수 있는 기회를 갖도록 한다.

02 다이버전의 종류와 내용

(1) 주체별 다이버전 [2024. 보호 9급] 총 5회 기출

경찰단계	훈방, 경고, 통고처분, 보호기관 위탁 등
검찰단계	기소유예, 불기소처분, 선도조건부 기소유예, 약식명령청구 등
법원(재판)단계	선고유예, 집행유예, 약식명령 등
교정(행형)단계	가석방, 개방처우, 보호관찰, 주말구금 등

(2) 기타 다이버전의 분류

형사절차 진행에 따른 분류	체포 전, 기소 전, 공판절차 개시 전
다이버전 대상자 처우 여부	단순 다이버전, 개입형 다이버전(범죄인에 대한 교육과 직업알선, 지역사회의 처우프로그램, 의학적·심리적 치료, 피해자에 대한 손해배상이나 화해 등)

03 장점과 비판(문제점)

(1) 장점

① 정식의 형사절차보다 경제적인 방법으로 범죄문제를 처리할 수 있고(형사사법비용 절감), 범죄자에 대한 보다 인도적인 처우방법이다. [2025. 교정 9급] 총 2회 기출

② 교도소의 과밀수용문제 및 구금의 비생산성에 대한 대안적 분쟁해결방식을 제공한다. [2024. 해경 경위]

③ 범죄로 인한 낙인의 부정적 영향을 최소화하여 2차적 일탈의 예방에 긍정적이다. 낙인효과를 줄여 범죄를 중단할 수 있는 기회를 제공한다. [2025. 교정 9급] 총 9회 기출

④ 형사사법기관의 업무량을 줄여 상대적으로 중요한 범죄사건에 집중할 수 있도록 한다. 즉, 업무경감으로 인하여 형사사법제도의 능률성과 신축성을 가져온다. [2024. 보호 9급] 총 5회 기출

(2) 문제점

① **사회통제망의 확대**: 다이버전의 등장으로 인하여 그동안 형사사법의 대상조차 되지 않았던 문제가 통제대상이 되어 오히려 사회적 통제가 강화될 우려가 있다. [2025. 교정 9급] 총 7회 기출

② 형벌의 고통을 감소시켜 오히려 재범의 위험성을 증가시킬 수 있다.

③ 범죄원인 제거에는 큰 효과가 없다는 비판이 있다.

④ 선별적 법집행으로 인하여 형사사법의 불평등을 가져올 수 있다.

⑤ 재판절차 전 형사개입이라는 점에서 또 다른 형사사법절차의 창출이라는 비판도 있다.

🔳 사회통제망의 확대

망의 확대(wider nets)	국가에 의해서 통제되고 규제되는 시민의 비율이 증가되는 현상, 즉 더 많은 사람을 잡을 수 있도록 그물망을 키워 옴
망의 강화(stronger nets)	범죄자에 대한 개입의 강도를 높힘으로써 범죄자에 대한 통제를 강화시킴
상이한 망(different nets)의 설치	범죄자를 사법기관이 아닌 다른 기관으로 위탁하여 실제로는 더 많은 사람을 범죄의 통제대상이 되게 함

단원별 지문 OX

01 전환처우(다이버전)는 낙인효과에 의한 2차 범죄를 방지하고 법원의 업무경감을 통해 형사사법 제도의 능률성을 높인다는 장점이 있다. (   )   [2024(74). 경위]

02 검찰 단계의 대표적 다이버전으로서 훈방과 통고처분이 있다. (   )   [2024. 보호 9급]

03 전환처우(다이버전)는 경찰 단계의 훈방과 「경범죄 처벌법」, 「도로교통법」상 통고처분이 이에 해당한다. (   )   [2024(74). 경위]

04 전환처우(다이버전)는 교도소의 수용인원을 줄여 과밀 수용 문제를 해결하는 장점이 있다. (   )   [2024(74). 경위]

05 다이버전은 리스(Reiss)와 나이(Nye)의 사회통제이론(social control theories)을 근거로 하고 있다. (   )   [2022. 경찰2차]

06 사법기관의 공식적 개입을 최소화함으로써 부정적 영향을 감소시키는 전략을 의미하며, 검찰 단계에서의 소년범에 대한 선도조건부 기소유예제도 등이 대표적인 제도는 다이버전이다. (   )   [2022. 경찰2차]

07 보석과 구속적부심사제도는 다이버전의 한 종류이다. (   )   [2023. 경찰2차]

08 법원 단계에서의 다이버전은 선고유예, 집행유예 등이 있다. (   )   [2023. 경찰2차]

09 형사사법기관의 업무량을 줄여 상대적으로 더 중요한 범죄사건에 집중할 수 있게 해 준다. (   )   [2024. 보호 9급]

10 전환처우는 형사사법절차에서 적법절차의 원리를 강화하기 위한 것이다. (   )   [2022(72). 경위]

---

01 ○

02 ✕　경찰 단계의 대표적 다이버전으로서 훈방, 경고, 통고처분, 보호기관 위탁 등이 있으며, 검찰 단계의 대표적 다이버전으로서 기소유예, 불기소처분, 선도조건부 기소유예, 약식명령청구 등이 있다.

03 ○

04 ○

05 ✕　다이버전은 낙인이론가들의 주장이다.

06 ○

07 ✕　보석이나 구속적부심사제도는 통상의 형사절차에 해당한다는 점에서 다이버전의 한 예라고 볼 수 없다.

08 ○　법원 단계에서의 다이버전은 선고유예, 집행유예, 약식명령 등이 있다.

09 ○　형사사법기관의 업무량을 줄여 상대적으로 더 중요한 범죄사건에 집중할 수 있게 해 준다. 즉, 업무경감으로 인하여 형사사법제도의 능률성과 신축성을 가져온다.

10 ✕　다이버전이란 형사사법기관이 통상의 형사절차를 중단하고 이를 대체하는 절차에 의해 범죄인을 처리하는 제도를 말한다.

제12장 / 회복적 사법

제1절 회복적 사법의 의의와 발전

01 회복적 사법의 의의(Restorative Justice)

(1) 응징적 사법과 회복적 사법

① 응징적 사법

  ㉠ 응보적 사법은 응보, 억제, 무력화를 위한 유죄확정과 처벌을 목표로 한다. [2023(73). 경위]

  ㉡ 범죄를 국가에 대한 침해행위 및 법위반 행위로 이해하면서 대립적 시스템과 엄격한 증거규칙에 의한 유죄입증을 통한 처벌에 그 목표를 둔다.

  ㉢ 피해자는 고소인이나 기소를 위한 증인에 한정하고, 가해자는 비난을 수용하고 결과를 견뎌내야 하는 것으로 인식된다. [2023(73). 경위]

② 회복적 사법

  ㉠ 가해자의 처벌만이 능사가 아니라 피해자의 피해회복을 통하여 사회적 화합을 성취하는 것이 중요하다. [2023. 경찰1차]

  ㉡ 이를 위해서는 범죄예방 및 통제에서 비처벌적 방식, 즉 범죄를 특정 개인 또는 지역사회에 대한 침해행위로 이해하며 중재나 협상, 합의 등을 통해 피해자 회복과 가해자 교화개선 등에 그 목표를 둔다.

  ㉢ 피해자는 직접참여자로써 범죄 해결과정의 중심 인물로 인식되고, 가해자는 책임을 수용하고 배상과 교화의 대상으로 인식된다. [2023(73). 경위]

📋 응징적 패러다임과 회복주의 패러다임 비교

구분 관점	응징적 패러다임 (retributive paradigm)	회복주의의 패러다임 (restorative paradigm)
초점	법의 위반	인간관계의 위반
내용	응징적(retributive/vindictive)	복구적(reparative)
방식	강제적	협조적
주체	정부와 범죄자	정부, 지역사회, 가해자와 피해자, 그들의 가족
장소	격리된 시설 내	지역사회 내
시기	사후 대응적	사전 예방적
관심	적법절차준수	참여자의 만족 극대화
역점	공식절차를 통한 개인의 권리보호	비공식적 절차를 통한 범죄자의 책임감 강조와 집단적 갈등의 해결
정서	공평감(a sense of fairness)	동의감(consensus of agreement)

(2) 회복적 사법 개요

① 피해자에 대한 피해의 원상회복, 범죄에 대한 보상, 지역사회 내에서의 가해자와 피해자의 재통합을 추구하며, 궁극적으로는 범죄로 발생한 손상을 복구하고 나아가 범죄를 예방함으로써 미래의 손상을 감소시키고자 하는 전략을 의미한다. [2022. 경찰2차]

② **용어**: 원상회복주의 또는 보상주의와 회복주의로 불리는 현대적 처벌관으로, 1970년대 후반에 이글래시 (Eglash)가 처음 사용한 용어에서 비롯되었다(= 회복적 사법, 공동체적 사법, 합리적 사법, 적극적 사법). [2012. 교정 9급]

③ **이론적 틀**: 브레이스웨이트(Braithwaite)의 재통합적 수치심부여이론은 회복적 사법의 기본적 이론 틀이다 (제10장 제3절 04에서 상술). [2023. 경찰1차] 총 5회 기출

> ⊕ **PLUS** 퀴니와 페핀스키의 평화구축 범죄학
>
> 1. 퀴니(Quinney)와 페핀스키(Pepinsky)는 평화구축범죄학에서 평화롭고 정의로운 사회를 실현하는 데 범죄학의 목표가 있다고 보고, 경험적 연구보다는 종교적이고 철학적인 가르침으로부터 영감을 얻는 것에 관심을 가졌다.
> 2. 평화주의 범죄학의 기본적인 주제는 연락, 관심, 배려 등으로, 중재와 갈등해결, 화해 그리고 고통의 완화와 범죄를 줄이려는 노력을 통해 범죄자를 지역공동체에 재통합시켜야 한다고 주장한다.

④ **배경**: 과거 응징적·강제적·사후대응적 사법제도에 대한 반성에서 출발하여 범죄자들로 하여금 보다 생산적이고 책임감 있는 시민이 되도록 능력개발이 이루어져야 한다는 목표를 지향하는 적극적인 형사패러다임의 강조사상으로, 일반적인 형사사법보다는 소년사법에서 중시되고 있다. [2012. 교정 9급] 총 2회 기출

⑤ **핵심가치**

ㄱ 회복적 사법의 핵심가치는 피해자, 가해자 욕구뿐만 아니라 지역사회 욕구까지 반영하는 것이며, 범죄가 발생하는 여건·환경에 관심을 둔다. [2023. 경찰1차]

ㄴ 범죄로 인한 손해의 복구를 위해 중재, 협상, 화합의 방법을 강조하며 피해자 권리운동의 발전과 관련이 깊다. [2023. 경찰1차] 총 4회 기출

⑥ **목표**: 피해의 회복, 가해자의 재통합, 공동체 강화를 목표로 한다. [2024. 해경 경위]

⑦ **피해에 대한 인식**: 범죄행동은 법을 위반한 것일 뿐만 아니라 피해자와 지역사회에 해를 끼친 것이다. [2023(73). 경위] 총 2회 기출

⑧ **피해자**

ㄱ 형사절차상 피해자의 자발적이고 능동적 참여와 감정적 치유를 추구하며, 피해자의 상처를 진단하고 치유하는 과정이 형사절차에 반영되어야 한다. [2023. 경찰1차]

ㄴ 사건의 처리과정이나 결과에 대한 보다 많은 정보를 피해자에게 제공해 주어야 한다. [2020. 교정 9급]

⑨ 범죄자의 사회재통합을 위해서 지역사회와의 의미 있는 접촉과 유대관계를 중시하므로 지역사회 교정을 강조한다. [2015. 보호 7급]

⑩ **가해자**

ㄱ 강력범죄를 포함한 다양한 범죄와 범죄자에게 적용될 수 있다.

ㄴ 회복적 사법은 가해자에게 책임을 수용하고 진심으로 반성할 수 있는 기회를 제공함으로써 재사회화에도 도움이 되고, 형사화해를 통해 형벌이 감면되는 경우 낙인 효과를 경감시킬 수 있다. [2023(73). 경위]

ㄷ 범죄자의 처벌이 목적이 아니라 범죄피해자의 피해회복을 통하여 사회적 화합을 성취하는 것이므로, 이를 통해 가해자에게도 사회복귀의 기회와 가능성을 높여줄 수 있다. [2018. 보호 7급] 총 3회 기출

⑪ 가해자에 대한 공식적 처벌보다는 피해자를 지원하고 지역사회를 재건하는데 역점을 두면서 가해자에게는 자신의 행위에 대해 책임감을 갖게 하는 제도로, 주로 비공식적 절차에 의해 범죄 피해에 대한 문제를 해결하고자 한다. [2015. 보호 7급]

⑫ 중재자의 도움으로 범죄로 인한 피해자와 가해자, 그 밖의 관련자 및 지역공동체가 함께 범죄로 인한 문제를 치유하고 해결하는 데에 적극적으로 참여하는 절차를 의미한다. [2020. 교정 9급]

(3) 유형

내부프로그램	형사사법제도 내에서 행해지는 경우로, 형사조정제도, 배상명령 등
외부프로그램	형사사법제도 외에서 행해지는 경우로, 지역공동체와 가족그룹 간 협의, 양형써클, 평화조성써클 등

(4) 유엔(UN)의 회복적 사법 개념 [2023. 경찰1차]

대면개념 (encounter conception)	범죄 피해자와 가해자가 함께 만나 범죄에 대하여 이야기를 하고, 이를 시정하기 위하여 어떠한 일을 하여야 하는가에 대하여 토론하는 것
회복(배상)개념 (restorative conception)	범죄로부터 받은 피해를 회복하는 데에 중점을 두는 것으로, 피해자의 공판참여, 지원, 법원에 의한 피해 회복적 조치 등
변환개념 (transformative conception)	가장 넓은 의미의 회복적 사법으로, 범죄원인의 구조적 · 개인적 불의를 시정하여 변화를 가져오는 것으로 빈곤이나 차별적 교육개선 등

02 회복적 사법의 주요 모델 [2022. 경찰2차]

(1) 피해자 – 가해자 중재(victim-offender mediation)모델

① 피해자 – 가해자 중재(조정, 화해)모델은 범죄자와 피해자 사이에 제3자가 개입하여 화해와 배상 등을 중재하는 프로그램을 의미한다.

② 1974년 캐나다 온타리오 주의 피해자 – 가해자 화해 프로그램에서 시작되었으며, 가장 오래된 회복적 사법 프로그램의 모델이다. [2022(72). 경위]

③ 중재모델에는 지역사회 중재, 피해자 – 가해자 화합, 피해자 – 가해자 조정 등 다양한 유형이 포함된다.

④ 핵심적인 회복과정을 촉진시키기 위해 조정이나 중재의 방법을 사용하며, 중립적인 제3자가 피해자와 가해자의 대화를 조정한다.

⑤ 중재과정에서는 피해자의 요구와 가해자의 책임성, 손실의 보상과 회복에 초점을 둔다.

⑥ 가해자의 범죄행위가 피해자에게 어떤 영향을 미쳤는지를 가해자 스스로 이해하고 중재를 통해 모두가 동의하는 배상합의문을 작성한다.

⑦ 중재자가 배상합의문의 내용이 잘 지켜지고 있는가를 감독하는 사후 검증을 실시한다.

(2) 가족집단 회합(family group conference)모델

① 피해자와 가해자 및 양 당사자의 가족까지 만나 피해회복에 대해 논의하는 회복적 사법 프로그램 중 하나이다. [2020. 교정 9급]

② 뉴질랜드 마오리족의 전통에 기원을 두고 있는데, 1989년 뉴질랜드의 소년범 중 마오리족 청소년들이 높은 비중을 차지하는 문제를 해결하기 위한 방안으로 「아동 · 청소년 및 그 가족들에 관한 법」에 의해 도입되었다. [2022(72). 경위]

③ 피해자 - 가해자 중재 프로그램과 구별되는 가장 큰 특성은 가족집단 회합 프로그램에서는 참여자의 범위가 매우 광범위하다는 점이다.

④ 중재자와 당사자를 비롯해서 피해자와 가해자의 가족은 물론 친한 친구와 이들을 지지하는 집단 등이 모두 참여할 수 있다.

⑤ 합의안 도출을 위한 공식적인 중재자가 존재할 필요는 없고, 회합을 긍정적으로 이끌어 갈 수 있는 독려자로 충분하다는 점에서도 다른 프로그램들과 구별된다.

⑥ 형사사법기관 실무자 및 사회복지사, 경찰관, 가해자의 변호사 등도 참여가 가능하다.

⑦ 참여자들은 범죄피해로 인한 손실이나 피해에 대한 그들의 느낌과 생각, 피해자에 대한 걱정, 가해자에 대한 실망, 문제해결을 위한 제언 등을 다루며, 회합 이후에 합의사항에 대한 가해자의 준수여부를 모니터링하는 등의 책임도 진다.

(3) 양형서클(sentencing circle)모델

① 서클(circle)모델은 범죄의 상황을 정리하는 치유서클(healing circle)에서 기원하며, 캐나다와 미국 등지에서 운영되고 있다.

② 아메리칸 인디언과 캐나다 원주민들에 의해 사용되던 것으로, 범죄상황을 정리하여 피해자와 가해자를 공동체 내로 재통합하려는 시도이다. [2022(72). 경위] 총 2회 기출

③ 치유 서클은 개인적으로 피해자나 가해자에 의해 형성되었으며, 이 제도에 기인하여 이후 가해자 처벌과 관련하여 형사사법기관에 적절한 양형을 권고하는 데 중점을 둔 제도가 양형 서클이다.

④ 양형서클은 재판과정의 일부로 진행되기도 하고, 재판과 독립하여 이루어지기도 하는데, 일부의 경우를 제외하고는 주로 경미한 범죄를 대상으로 실시된다.

⑤ 대표적인 서클모델 프로그램으로는 캐나다 매니토바(Manitoba) 주 Hollow Water 원주민 지역에서 발전된 치유서클, 캐나다 유콘(Yukon) 주 지역의 양형서클, 미국 아리조나 주 나바호(Arizona Navajo) 화해중재 서클 등이 있다.

⑥ 서클모델은 치유와 중재, 평화구축 과정 및 합의적 의사결정과정에 기초하고 있지만, 형사사법기관의 법정절차와 인력에 연계한다는 점이 특징이다.

(4) 시민패널

① 미국과 캐나다에서 경미사건 처리를 위한 민간위원회나 패널 활용에서 비롯되었다.

② 비폭력적 범죄인 노상방뇨나 낙서, 음주, 성매매와 같이 지역사회의 삶의 질을 떨어뜨리는 피해자 없는 범죄를 다룬다.

③ 미국 버몬트 주 민간위원회에서 운영한 배상적 보호관찰(reparative probation) 프로그램은 미국에서 시행된 가장 대규모 회복적 사법제도이다. [2022(72). 경위]

03 회복적 사법의 장점과 문제점

(1) 장점

① 회복적 사법은 가해자에게 진심으로 반성할 수 있는 기회를 제공함으로써 재사회화에도 도움이 되고, 형사화해를 통해 형벌이 감면되는 경우 낙인 효과를 경감시킬 수 있다.

② 범죄자의 처벌이 목적이 아니라 범죄피해자의 피해회복을 통하여 사회적 화합을 성취하는 것이므로, 이를 통해 가해자에게도 사회복귀의 기회와 가능성을 높여줄 수 있다.

③ 가해자에 대한 인본주의적 전략으로 구금 위주 형벌 정책의 대안으로 제시되고 있다.

(2) 문제점

① 강력사건에 적용 시 보복의 두려움이 있고, 가해자와 피해자 사이에 권한 불균형의 반복·영속화할 우려가 있다.

② 피해자 참여가 단순히 가해자의 교화개선을 위한 도구로 이용될 가능성이 크다.

③ 범죄를 개인과 국가 간 갈등보다 개인 간 갈등으로 인식, 공익보다 사적 잘못(private wrong)에 지나친 초점을 맞추고 있다. [2023. 교정 9급]

④ 양형에 있어서 예측가능성이 미흡하고, 가해자와 피해자가 회복과정에 참여함으로써 처분의 불균형을 초래할 수 있다. 이는 동등한 보호를 받을 권리의 침해로 이어질 수 있다.

⑤ 지나치게 피해자에 대한 손상(harm)에 초점을 맞추고 강력범죄에서 핵심적 요소인 범법자의 정신태도를 경시하고 있다.

단원별 지문 O/X

01 응보적 사법은 응보, 억제, 무력화를 위한 유죄확정과 처벌을 목표로 한다. (　　) [2023(73). 경위]

02 회복적 사법에 의하면 가해자는 배상과 교화의 대상으로서 책임을 수용하기보다는 비난을 수용하여야 한다. (　　)
[2023. 보호 7급]

03 응보적 사법에서 피해자는 사법절차의 직접 참여자, 범죄 해결 과정의 중심인물이다. (　　) [2023(73). 경위]

04 회복적 사법은 범죄피해자의 피해회복을 통하여 사회적 화합을 성취하고 이를 통하여 가해자에게도 사회복귀의 기회와 가능성을 높여주기 위한 프로그램이다. (　　) [2018. 보호 7급]

05 회복적 사법의 이론적 근거로는 브레이스웨이트(Braithwaite)의 재통합적 수치이론(Reintegrative Shaming Theory)을 들 수 있다. (　　) [2023. 경찰1차]

06 전자장치 부착은 회복적 사법에 기초한 대표적 프로그램 중 하나이다. (　　) [2023. 해경 경위]

07 브레이스웨이트(Braithwaite)의 재통합적 수치심부여이론(Reintegrative Shaming Theory)에 의하면 해체적 수치심(Disintegrative Shaming)을 이용한다면 범죄자의 재범확률을 낮출 수 있으며, 궁극적으로는 사회의 범죄율을 감소시키는 효과를 기대할 수 있다. (　　) [2022. 보호 7급]

08 회복적 사법은 가해자에게는 엄격한 처벌을, 피해자에게는 회복을 중심으로 두고 있다. (　　) [2023. 경찰1차]

09 국제연합(UN)은 회복적 사법의 개념을 대면, 변환, 회복(배상) 3가지 개념으로 분류하고 있다. (　　) [2023. 경찰1차]

---

01 ○

02 × 응보적 사법에서 피해자는 고소인이나 기소를 위한 증인에 한정하고, 가해자는 비난을 수용하고 결과를 견뎌내야 하는 것으로 인식되는 반면, 회복적 사법에서 피해자는 직접 참여자로써 범죄 해결과정의 중심 인물로 인식되고, 가해자는 책임을 수용하고 배상과 교화의 대상으로 인식된다.

03 × 응보적 사법에서 피해자는 고소인이나 기소를 위한 증인에 한정하는 것으로 인식되는 반면, 회복적 사법에서의 피해자는 사법절차의 직접 참여자로써 범죄 해결과정의 중심인물로 인식된다.

04 ○

05 ○

06 × 전자장치 부착은 범죄통제전략의 일환으로 회복적 사법에 의한 프로그램이 아니다.

07 × 브레이스웨이트(Braithwaite)는 사회가 범죄를 감소시키기 위해서는 좀 더 효과성 있게 수치심부여를 하여야 한다고 주장하고, 이를 재통합과 거부(해체)로 나누었다. 재통합적 수치심부여는 범죄자를 사회와 결속시키기 위한 고도의 낙인을 주는 것이고, 거부적 수치심부여는 범죄자에게 명백한 낙인을 찍어 높은 수치심을 주는 것으로 전자는 범죄율이 보다 낮은 반면, 후자는 범죄율이 더 높은 결과가 초래된다고 하였다.

08 × 가해자에 대한 엄격한 처벌은 응징적 사법에 해당한다.

09 ○

10 회복적 사법은 사적 잘못(Private Wrong)보다는 공익에 초점을 맞춘다는 비판을 받는다. (　　) [2023. 교정 9급]

11 회복적 사법은 중재나 협상 및 합의 등을 통해 피해자 회복과 가해자의 처벌에 그 목표를 둔다. (　　) [2023. 경찰1차]

12 회복적 사법의 대표적 프로그램으로는 피해자 – 가해자 중재(victim-offender mediation) 모델, 양형서클(sentencing circles) 모델 등이 있다. (　　) [2022. 경찰2차]

13 회복적 사법은 시민에게 갈등과 사회문제의 해결에 참여하는 기회를 제공함으로써 공동체 의식을 강화하는 것을 목표로 한다. (　　) [2023. 보호 7급]

14 회복적 사법의 프로그램 중 양형서클은 피해자와 가해자를 공동체 내로 재통합하려는 시도로써 회복적 사법에 해당한다. (　　) [2023. 경찰1차]

15 회복적 사법은 피해자에 대한 피해의 원상회복, 범죄에 대한 보상, 지역사회 내에서의 가해자와 피해자의 재통합을 추구하며, 궁극적으로는 범죄로 발생한 손상을 복구하고 나아가 범죄를 예방함으로써 미래의 손상을 감소시키고자 하는 전략을 의미한다. (　　) [2022. 경찰2차]

16 최초의 공식적인 회복적 사법 프로그램은 미국 오하이오 주에서 도입된 피해자 – 가해자 화해프로그램(victim-offender mediation)이다. (　　) [2022(72). 경위]

17 회복적 사법 중 가족집단 회합모델(family group conference)은 뉴질랜드 마오리족의 전통에서 유래하였다. (　　) [2022(72). 경위]

18 회복적 사법 중 써클 모델(circle)은 아메리칸 인디언과 캐나다 원주민들에 의해 사용되던 것으로, 범죄상황을 정리하여 피해자와 가해자를 공동체 내로 재통합하려는 시도이다. (　　) [2022(72). 경위]

19 미국에서 시행된 가장 대규모의 회복적 사법제도는 버몬트주의 배상적 보호관찰 프로그램이다. (　　) [2022(72). 경위]

---

10 ✕　공익보다는 사적 잘못(Private Wrong)에 지나치게 초점을 맞춘다는 비판을 받고 있다.

11 ✕　범죄를 특정 개인 또는 지역사회에 대한 침해행위로 이해하며 중재나 협상, 합의 등을 통해 피해자 회복과 가해자 교화개선 등에 그 목표를 둔다.

12 ○　회복적 사법의 주요 모델로는 피해자 – 가해자 중재모델, 양형서클모델, 가족집단 회합모델 등이 있다.

13 ○　회복적 사법은 피해의 회복, 가해자의 재통합, 공동체 강화를 목표로 한다. 공동체 강화는 가해자와 피해자 모두 사건이 적절하게 마무리되었다고 느끼고 지역사회로 통합되는 것을 의미한다. 또한 시민들에게 갈등과 사회문제의 해결에 참여하는 기회를 제공함으로써 스스로 공동체 의식을 강화할 수 있도록 돕는다.

14 ○

15 ○

16 ✕　피해자 – 가해자 중재(조정) 모델은 범죄자와 피해자 사이에 제3자가 개입하여 화해와 배상 등을 중재하는 프로그램을 의미한다. 1974년 캐나다 온타리오주의 피해자 – 가해자 화해 프로그램에서 시작되었으며, 가장 오래된 회복적 사법 프로그램의 모델이다.

17 ○

18 ○

19 ○

제2절 회복적 사법 법제

01 현행법상 회복적 사법

(1) 범죄피해자 보호법상 형사조정제도

① 형사조정제도는 형사사건에 대해 형사절차를 거치지 않고 분쟁을 해결한다는 점에서 대안적 분쟁해결 프로그램에 해당하며 광의의 회복적 사법으로 볼 수 있다.

② 「범죄피해자 보호법」에서 검사가 형사사건을 수사하고 처리할 때 형사조정 결과를 고려할 수 있다. 다만, 형사조정이 성립되지 아니하였다는 사정을 피의자에게 불리하게 고려하여서는 아니된다고 규정하고 있어, 형사조정이 형사사건 처리과정의 고려사항이지 최종 종결을 의미하지는 않는다.

> **[범죄피해자 보호법]**
>
> **제41조【형사조정 회부】** ① 검사는 피의자와 범죄피해자(이하 "당사자"라 한다) 사이에 형사분쟁을 공정하고 원만하게 해결하여 범죄피해자가 입은 피해를 실질적으로 회복하는 데 필요하다고 인정하면 당사자의 <u>신청 또는 직권</u>으로 수사 중인 형사사건을 형사조정에 회부할 수 있다.
> > ▶ **시행령 제52조【형사조정절차의 개시】** ① 형사조정절차를 개시하기 위해서는 <u>당사자의 동의가 있어야 한다.</u>
>
> **제42조【형사조정위원회】** ① 제41조에 따른 형사조정을 담당하기 위하여 각급 지방검찰청 및 지청에 형사조정위원회를 둔다.
> ② 형사조정위원회는 <u>2명 이상의 형사조정위원</u>으로 구성한다.
> ⑤ 형사조정위원의 <u>임기는 2년으로 하며, 연임할 수 있다.</u>
> > ▶ **시행령 제48조【형사조정위원회의 구성·운영 등】** ① 법 제42조에 따른 형사조정위원회의 위원장은 대외적으로 형사조정위원회를 대표하고 형사조정위원회의 업무를 총괄하며, 법 제42조에 따른 형사조정위원 중에서 <u>3명 이내의 형사조정위원을 지정</u>하여 각 형사조정사건에 대한 형사조정위원회(이하 "개별 조정위원회")를 구성한다.

(2) 소송촉진법상 배상명령제도와 형사소송 절차에서의 화해제도

① 「소송촉진 등에 관한 특례법」은 형사사건에서 피고인과 피해자가 합의를 한 경우 합의 사실을 판결문 내지 조서에 기재하여 그 권리를 공적으로 인정해 주는 제도이다.

② 피해자가 별도의 민사소송을 하지 않더라도 형사사건에서 배상명령을 통해 보다 빠르고 손쉽게 손해배상을 받을 수 있도록 하는 등 피해자의 권리를 보다 확실하게 보장한다는 점에서 피해자의 피해회복에 도움을 주는 측면이 있다.

> **[소송촉진 등에 관한 특례법]**
>
> **제25조【배상명령】** ① 제1심 또는 제2심의 형사공판 절차에서 다음 각 호의 죄 중 어느 하나에 관하여 유죄판결을 선고할 경우, 법원은 <u>직권</u>에 의하여 또는 <u>피해자나 그 상속인(이하 "피해자"라 한다)의 신청</u>에 의하여 피고사건의 범죄행위로 인하여 발생한 직접적인 물적(物的) 피해, 치료비 손해 및 위자료의 배상을 명할 수 있다.
> ② 법원은 제1항에 규정된 죄 및 그 외의 죄에 대한 피고사건에서 피고인과 피해자 사이에 합의된 손해배상액에 관하여도 제1항에 따라 배상을 명할 수 있다.

02 소년법상 화해권고제도와 경찰의 회복적 경찰활동

(1) 소년법상 화해권고제도

「소년법」은 소년보호사건에서 소년부 판사가 화해권고위원을 통해 가해자에게 피해자의 피해를 배상하고 화해하도록 권고하는 대신 보호처분을 완화할 수 있는 제도를 운영하고 있다.

> **[소년법]**
>
> **제25조의3 【화해권고】** ① 소년부 판사는 소년의 품행을 교정하고 피해자를 보호하기 위하여 필요하다고 인정하면 소년에게 <u>피해 변상 등 피해자와의 화해를 권고할 수 있다.</u>
> ② 소년부 판사는 제1항의 화해를 위하여 필요하다고 인정하면 기일을 지정하여 소년, 보호자 또는 참고인을 소환할 수 있다.
> ③ 소년부 판사는 소년이 제1항의 권고에 따라 피해자와 화해하였을 경우에는 보호처분을 결정할 때 이를 고려할 수 있다.
>
> > ▶ **효과:** 가해자에게 부여하는 낙인효과를 경감시키고, 사건을 개별적으로 고려할 수 있으며, 가해자로 하여금 자신의 행동에 대한 원인과 결과를 직시하게 하고 행위에 대한 진정한 책임을 갖게 한다. [2025. 교정 9급]

(2) 경찰의 회복적 경찰(수사)활동

① 지역사회에서 범죄와 분쟁이 발생하였을 때 경찰이 범인을 검거·처벌함에 그치지 않고, 당사자의 동의를 전제로 가해자와 피해자 간 회복적 대화모임을 제공하여 상호 대화를 통해 근본적 문제해결 방안을 모색할 수 있도록 지원하는 제도이다.
② **연혁:** 2019년부터 범죄피해회복과 공동체의 평온을 위한 '회복적 경찰활동'을 시범운영하여 학교폭력, 가정폭력, 층간소음 등으로 인한 범죄 문제해결에 효과를 거두고, 2021년 전국적으로 시행하고 있다.

> **[경찰수사규칙]**
>
> **제82조 【회복적 대화】** ① 사법경찰관리는 피해자가 입은 피해의 실질적인 회복 등을 위하여 필요하다고 인정하면 피해자 또는 가해자의 신청과 그 상대방의 동의에 따라 서로 대화할 수 있는 기회를 제공할 수 있다.
> ② 제1항에 따라 대화기회를 제공하는 경우 사법경찰관리는 피해자와 가해자 간 대화가 원활하게 진행될 수 있도록 전문가에게 회복적 대화진행을 의뢰할 수 있다.

단원별 지문 O X

〈범죄피해자 보호법〉

01 검사는 피의자와 범죄피해자 사이에 형사분쟁을 공정하고 원만하게 해결하여 범죄피해자가 입은 피해를 실질적으로 회복하는 데 필요하다고 인정하면 직권으로 수사 중인 형사사건을 형사조정에 회부할 수 있다. (   )　　　[2023. 보호 7급]

02 피의자가 도주하거나 증거를 인멸할 염려가 있는 경우에는 형사조정에 회부하여서는 아니 된다. (   ) [2021. 보호 7급]

03 각 형사조정사건에 대한 형사조정위원회(개별 조정위원회)는 3명 이내의 조정위원으로 구성한다. (   ) [2021. 보호 7급]

04 형사조정에 회부하는 것이 분쟁해결에 적합하다고 판단되는 경우에는 당사자의 동의가 없어도 조정절차를 개시할 수 있다. (   )　　　[2021. 보호 7급]

05 형사조정을 담당하기 위하여 각급 지방검찰청 및 지청에 형사조정위원회를 둔다. (   )　　　[2020. 5급 승진]

06 형사조정위원회는 2명 이상의 형사조정위원으로 구성한다. (   )　　　[2020. 5급 승진]

07 형사조정위원의 임기는 3년으로 하며, 연임할 수 있다. (   )　　　[2020. 5급 승진]

〈소송촉진 등에 관한 특례법〉

08 피해자는 제2심 공판절차에서는 사건이 계속된 법원에 「소송촉진 등에 관한 특례법」에 따른 피해배상을 신청할 수 없다. (   )　　　[2022. 보호 7급]

09 소년보호사건에서 소년부 판사는 가해자에게 피해자의 피해를 배상하고 화해하도록 권고하는 대신 그 결과를 보호처분에 반영하여야 한다. (   )

10 우리나라 경찰은 2019년부터 범죄피해회복과 공동체의 평온을 위한 '회복적 경찰활동'을 시범운영하여 학교폭력, 가정폭력, 층간소음 등으로 인한 범죄 문제해결에 효과를 거두고, 2021년 전국적으로 시행하고 있다. (   )

---

01 ○

02 ○ 범죄피해자 보호법 제41조

03 ○ 범죄피해자 보호법 시행령 제48조

04 ✕ 범죄피해자 보호법 시행령 제52조

05 ○ 범죄피해자 보호법 제42조

06 ○ 범죄피해자 보호법 제42조 제2항

07 ✕ 조정위원회 위원의 임기는 2년으로 하며, 연임할 수 있다(범죄피해자 보호법 제42조 제5항).

08 ✕ 제1심 또는 제2심의 형사공판 절차에서 피해자는 범죄행위로 인하여 발생한 직접적인 물적피해, 치료비 손해 및 위자료의 배상을 신청할 수 있다(소송촉진 등에 관한 특례법 제25조).

09 ✕ 소년부 판사는 소년의 품행을 교정하고 피해자를 보호하기 위하여 필요하다고 인정하면 소년에게 피해 변상 등 피해자와의 화해를 권고할 수 있다. 권고에 따라 피해자와 화해하였을 경우에는 보호처분을 결정할 때 이를 고려할 수 있다(소년법 제25조의3).

10 ○

제13장 / 사회구조(거시)이론

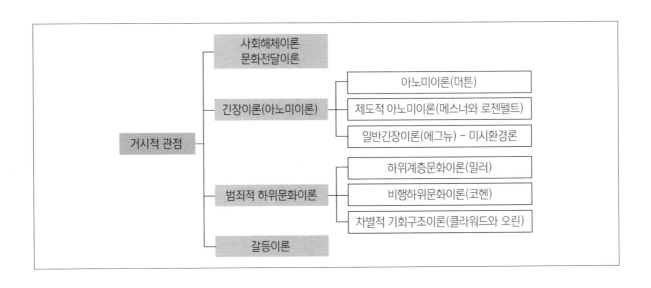

제1절 범죄사회학의 발달

01 일탈이론과 범죄사회학

(1) 범죄사회학의 발달

① 범죄의 원인을 주로 범죄자의 개인적 자질과 속성이라는 개인적 요인에서 찾았으나, 1920년대부터는 미국의 시카고학파의 사회생태학적 연구를 시작으로 범죄자의 사회적 환경을 중심으로 관심의 초점이 옮겨지기 시작하였다.

② 제2차 세계대전을 전후하여 대륙의 사변적이고 관념적인 연구방법의 한계가 노출되고, 다원적인 사회구조를 해명하는데 미국의 실용주의 이론이 세계 범죄학을 주도하게 된 것이다.

③ 사회학적 접근이 시도되는 이유는 사회적 구조, 즉 지역과 계층에 따라 범죄행위의 유형이 다양해짐에 따라 범죄학자들은 그 이유가 무엇이며, 어떻게 제거할 수 있을 것인가를 규명하고자 노력해 왔으나 개인적 요인을 지향하는 이론들로는 이런 범죄율의 차이를 설명하지 못했다.

④ 초기 실증주의의 영향을 많이 받았으나, 1920년대 시카고대학의 사회학자들을 중심으로 사회해체에 초점을 둔 생태학적 범죄연구를 시작으로 범죄학은 사회학이 지배하는 실증주의 학문으로서 사회의 환경이 범죄를 유발한다고 보고 이를 과학적으로 증명하려는 노력이 이루어졌다.

⑤ 사회학적 원인론도 범인성의 원천을 설명하는 데는 상당한 다양성을 보이고 있으나, 전체적으로 인간의 행위를 모양지우는 데 있어서 사회의 구조·제도 그리고 과정의 역할을 강조하고 있다.

(2) 범죄원인의 다원적 접근

① 범죄발생은 하나의 원인이 아닌 생물학적·사회학적·심리학적 원인이 복합적으로 작용된 결과라고 보는 것으로, 1920년대 소년비행예측에 사용된 이론이다. 힐리(Heal)와 브론너(Bronner), 글룩(Glueck)부부가 대표적이다.

② **글룩부부의 횡적연구**: 보스톤 소년원생 550명의 소년우범자(실험군)와 동일한 규모의 비범죄소년 집단(통제군)을 비교한 결과 범죄자군은 ㉠ 사랑 없는 가정, ㉡ 범죄자인 아버지, ㉢ 지능은 같으나 성적은 저조, ㉣ 학교기피증과 비행이 많고, ㉤ 모험심이 강하고, 퇴학시기가 빠르며, ㉥ 예외 없이 다른 범죄자와 어울리는 특성을 보였다.

③ **글룩 부부의 종적연구**: 나이 25살 때와 31살 때를 비교한 결과 ㉠ 조기 결혼자, 짧은 교제기간, 이혼율이 높았고, ㉡ 배우자와 어린이에 대한 애정이 약하고, ㉢ 가정이 원만하지 않았으며, ㉣ 대개는 실업자이고, 전직이 잦았고, ㉤ 국가로부터 경제적 보조를 받고, ㉥ 가정 외에서 여가시간을 보내고 있었다.

④ **비판**: 다원인자론은 다양한 인자들의 통합과 체계화가 곤란하고, 요소들 간의 상관관계와 어떤 요소가 주된 요소인지 확인이 어렵다는 비판에 따라 사회학적 가설설정방법으로 발전하게 되었다.

02 사회학적 수준의 범죄설명(과정이론과 구조적 이론)

(1) 공통점

① 규범위반으로서 일탈을 개인의 생물학적 또는 심리학적 구조나 과정을 중시하여 설명하는 생물학적 이론이나 심리학적 이론과는 달리 사회학적 이론에서는 일탈을 사회구조와 인간의 사회적 과정을 중심으로 설명한다.

② 사회학적 이론은 사회구조를 강조하는 입장과 사회과정을 강조하는 입장으로 구분할 수 있으며, 일탈을 규범위반으로서뿐만 아니라 사회적 정의로서 보고 거시적 입장은 물론 미시적 입장에서 분석하고 있다.

③ 범죄유발원인을 개인 외부에서 찾는다는 점에서 거시적 입장과 미시적 입장은 동일하다.

(2) 차이점 [2022(72). 경위]

사회과정 이론	사회구조 이론
① 시간에 따른 사회적 상호작용의 계속적인 변화와 발전의 견지에서 규범위반을 설명하는 이론이다.	① 사회적 상호작용의 <u>반복적인 안정된 유형으로서 규범위반</u>을 설명하는 이론이다.
② 범죄의 원인을 <u>개인이 처해 있는 주위 상황</u> 자체와 밀접하게 연관된 생활환경에서 찾는다.	② 범죄원인에 있어 개인의 생활환경보다는 보다 광범위한 <u>정치·경제·사회·문화와 같은 구조적인 사회적 상황 자체와</u> 연관되어 있다는 것이다.
③ 사회과정을 중시하는 <u>미시적 수준</u>에서의 설명은 집단과 개인의 상호작용의 결과와 유형에 초점을 맞추고, 어떠한 상호작용의 발전과 구조가 범죄를 유발하는가를 공식화하고자 한다.	③ 거시적 관점에서 하위문화를 포함한 문화 및 사회제도의 속성을 중시한다.
④ 다양한 형태의 사회학습적 이론들이 이 범주에 속하며, <u>학습이론, 통제이론, 낙인이론, 일반긴장이론</u> 등이 있다.	④ 다양한 형태의 기능주의이론, 사회해체이론, 문화전달이론, 갈등이론, 마르크스주의 이론, 긴장/아노미이론, 차별적 사회조직화, 하위문화이론 등이 이 범주에 속한다.
	⑤ 특정 개인이 아닌 사회구조적 범죄유발원인을 설명하고자 한다.

단원별 지문

01 전통적으로 범죄의 원인을 범죄자의 개인적 자질과 속성이라는 개인적 요인에서 찾았으나, 1920년대부터는 미국의 시카고 학파의 사회생태학적 연구를 시작으로 범죄자의 사회적 환경을 중심으로 관심의 초점이 옮겨지기 시작하였다. (   )

02 사회학적 범죄원인론은 범죄발생은 생물학적·심리학적 범죄원인론을 극복하고 오로지 사회환경적 요인을 범죄발생의 주요한 원인으로 보는 일원론적 범죄원인연구의 영향을 크게 받았다. (   )

03 사회과정이론은 범죄인이 어떤 사회적 계층에 속해있느냐에 따라 범죄자가 되는지를 설명하고자 하였다. (   )

04 사회과정이론은 크게 사회학습이론, 사회통제이론, 사회반응이론인 낙인이론으로 나눈다. (   )

05 사회과정이론에 의하면 법 위반에 대한 우호적 정의를 학습할수록 범죄를 저지를 가능성이 커진다. (   )

[2022(72). 경위]

06 사회과정이론에 의하면 아동기에 형성된 자기통제력이 낮을수록 범죄를 저지를 가능성이 커진다. (   ) [2022(72). 경위]

07 사회과정이론에 의하면 부모와의 정서적 유대관계가 약할수록 범죄를 저지를 가능성이 커진다. (   ) [2022(72). 경위]

08 사회과정이론에 의하면 낮은 사회적 지위 때문에 목표 달성에 실패할수록 범죄를 저지를 가능성이 커진다. (   )

[2022(72). 경위]

---

01 ○

02 ✕   사회학적 범죄원인론에서는 범죄발생은 하나의 원인이 아닌 생물학적·사회학적·심리학적 원인이 복합적으로 작용된 결과라고 보는 것으로, 1920년대 소년비행예측에 사용된 이론이다. 힐리(Heal)와 브론너(Bronner), 글룩(Glueck)부부가 대표적이다.

03 ✕   사회과정이론은 어떻게 사람들이 범죄자가 되는지를 설명하고자 하였다. 즉, 범죄를 유발하거나 조장할 수 있는 환경이나 범죄자의 특성이 무엇인가 보다는 개인이 범죄자가 되는 과정을 설명하고자 하였다.

04 ○

05 ○   학습이론에 대한 설명이다.

06 ○   갓프레드슨(Gottfredson)과 허쉬(Hirschi)의 자기통제이론에 대한 설명이다.

07 ○   사회통제이론 중 허쉬(Hirschi)의 사회통제이론에 대한 설명이다.

08 ✕   사회구조적 이론에 속하는 머튼(Merton)의 아노미(긴장)이론에 대한 설명이다.

제2절 사회해체이론

> ★ **핵심정리** 사회해체이론의 인과구조
>
> | 산업화·도시화 | ⇨ | 사회해체 | ⇨ | 사회통제의 약화 | ⇨ | 일탈 |
> |---|---|---|---|---|---|---|

01 등장 배경

(1) 시카고학파

① 19세기 말 뒤르켐(Durkheim)이 당시 사회의 진단 및 학계에 미친 영향은 매우 컸으며, 그는 프랑스 사회의 급격한 사회변동을 아노미(Anomie)로 진단하고 사회병리적 상태에서 벗어나기 위한 대안을 제시하였다.

② 분석단위는 다르지만, 뒤르켐과 유사한 시각에서 급격한 사회변동을 진단한 사람들이 시카고학파의 학자들이다.

③ 특히 1920년대 시카고대학 사회학과의 구성원들은 사회통제의 붕괴에 관심을 가지고 범죄와 관련한 환경적 요인을 분석하고 그 관계를 정리하는 데 집중하였다.

④ 다만, 뒤르켐이 사회 전체의 급격한 변화에 초점을 맞추었던 것에 비해 시카고학자들은 근린(neighborhood, 이웃, 인근, 주변)에서의 급격한 변화에 초점을 맞추었다.

(2) 시카고학파의 공헌과 한계

① 시카고의 학자들이 후대에 이르기까지 많은 관심과 주목을 받는 이유는 근린과 관련한 많은 양의 자료를 수집하고 체계화하였다는 점이다.

② 특히 범죄와 관련한 다양한 자료들을 다양한 방법을 통해 관찰하고 체계적으로 정리하였다.

③ 다만, 초기 사회해체이론은 지역사회의 범죄문제를 설명함에 있어서 지역사회의 하위문화가 원인인지 아니면 지역사회의 사회통제능력이 범죄를 유발하는 것인지에 대하여 명확한 입장을 제시하지 않았다.
[2023(73). 경위]

02 초기의 시카고 학자들

(1) 토마스의 상황 정의

① 토마스(Thomas)는 상황 정의(situational definition)라는 용어를 통해 사회와 문화의 인지적 경험의 중요성을 강조하였다.

② 경험적 인지란 현실이나 실재(사물과 현상)에 대한 사회적 규정을 의미한다.

③ 사물과 현상을 개인이 어떻게 경험적으로 인지하는지를 이해하려면 그가 사물과 현상에게 부여한 개별적 속성과 주변의 환경을 객관적으로 규정하고 인식하게 되는 일련의 과정을 이해해야 한다.

④ 사람들이 실재를 무엇이라고 규정하느냐에 따라 그것이 객관적으로 사실인지 아닌지에 관계없이 그것을 규정한 사람들에게는 그대로 현실이 되고 그들의 행동 역시 그 현실에 맞게 이루어진다.

⑤ 사회적 현실과 질서는 수많은 사람이 서로 소통하고 상호작용하는 과정에서 사회적 사실로서 받아들이고 동의하는 과정을 통해 형성된다.

⑥ 상황 정의는 사람들의 삶과 믿음에 커다란 영향을 행사하며, 때로는 문화적 수준에서 때론 개인적 수준에서 그들의 태도와 행위를 좌우한다.

⑦ 범죄에 대한 상황 정의는 비록 범죄에 대한 처벌수준이 실제 범죄율의 증감과 관계없이 안정적인 수준을 유지한다고 하여도 일반인들의 범죄 인식 및 대응에 큰 영향을 미친다.

(2) 워스의 도시 연구

① 워스(Wirth)는 「삶의 방식으로서의 도시성」이라는 논문에서 <u>인간의 복잡한 삶의 방식을 논의</u>하였다.

② 인간은 도시생활이 가지는 익명성, 추상성, 일시성, 다양성, 특수성 등의 복잡한 상황 속에서 분절화되고 이질화된 다양한 조직의 구성원으로 살아간다.

③ 개인은 개인으로서가 아니라 조직화된 집단 속에서만 효과적으로 삶을 영위한다.

④ 도시성은 사람들의 삶과 일상을 지배하는 하나의 문화적 현상이자 중요한 삶의 지표이다.

(3) 파크의 도시 연구 – 인간생태학

① 파크(Park)는 1914년 시카고대학의 교수로 임명되면서 자신만의 인간생태학 연구를 개척하였으며, 워밍(Warming)의 식물생태학적 개념을 차용하여 <u>인간공동체를 생태학적으로 설명</u>하였다.

② 인간공동체는 워밍이 규정한 식물공동체와 다르지 않고, 개별유기체는 상호 연관되고 상호 의존적이며 각자의 삶을 위해 끊임없이 투쟁한다.

③ 도시에 사는 사람들이 동·식물집단과 마찬가지로 유기적 통일성을 가지고 살아가고 있는 모습을 연구하고, 이를 <u>인간생태학</u>이라고 하였다. [2024(74). 경위]

④ 인간생태학 이론은 '공생'과 '침입 – 지배 – 계승'이라는 두 핵심 용어로 대변된다.

⑤ **공생**
   ㉠ 공생이란 생태학적으로 규정된 장소에서 유기체들이 서로 어울려 살아가는 것을 말한다.
   ㉡ 생태학은 동식물이 각자의 자연적 서식지에서 서로 어떤 관계를 맺고 살아가는가를 연구하는 생물학의 한 분과이다.
   ㉢ 인간의 삶도 다양한 인종이 서로 교류하며 성장·발전해가면 결국 이들이 서로 어우러지는 자연지역이 형성된다. 이처럼 도시는 인간 유기체들의 상생을 위한 하나의 생태적 장(場)이 된다.
   ㉣ 도시라는 유기체 안에서 이질적 사람들이 동질적 삶을 추구하는 자연지역이 형성되며, 자연지역은 지역주민 간의 공생적 상호관계로부터 유기적 통일성을 형성한다.

⑥ **침입 – 지배 – 계승**
   ㉠ 특정 지역에서의 <u>자연적 균형이 무너지고 변화하는 과정</u>을 말한다.
   ㉡ 식물생태학에서도 그렇듯 인간의 세계에서도 다양한 인종이 토착세력의 영역에 침입, 지배, 계승의 과정을 거치면서 인종구성이 변화한다.
   ㉢ 주거를 목적으로 하던 거주지역이 상업이나 유흥을 목적으로 하는 상업지역으로 바뀌기도 한다.

⑦ 워스(Wirth)와 파크(Park)는 도시의 변화과정을 살펴봄으로써 사회변동의 근원을 파헤치고 사회문제를 파악하여 그 해결책을 제시하고자 하였다.

(4) 버제스의 동심원 이론

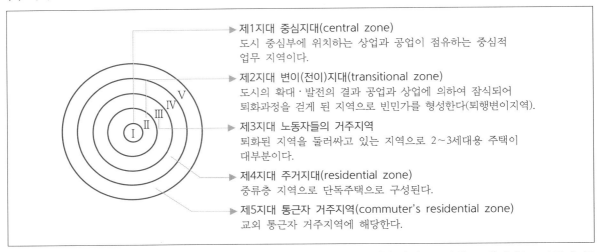

제1지대 중심지대(central zone)
도시 중심부에 위치하는 상업과 공업이 점유하는 중심적 업무 지역이다.

제2지대 변이(전이)지대(transitional zone)
도시의 확대·발전의 결과 공업과 상업에 의하여 잠식되어 퇴화과정을 걷게 된 지역으로 빈민가를 형성한다(퇴행변이지역).

제3지대 노동자들의 거주지역
퇴화된 지역을 둘러싸고 있는 지역으로 2~3세대용 주택이 대부분이다.

제4지대 주거지대(residential zone)
중류층 지역으로 단독주택으로 구성된다.

제5지대 통근자 거주지역(commuter's residential zone)
교외 통근자 거주지역에 해당한다.

① 버제스(Burgess)는 침입, 지배, 계승의 과정을 보다 구체적으로 적용하여, 동심원 모델이라는 이론적 틀로 시카고의 확장 및 발전을 설명하였다.
② 동심원 모델이란 마치 중심은 같지만 지름이 다수의 원이 중심에서 외곽으로 확장해가듯 도시가 성장해가는 모습을 이론화한 것이다.
③ 버제스는 도시를 지대(地帶. zone)라는 용어를 사용해 5개로 구분하였고, 이들 5개 지대는 도시가 성장해가면서 겪게 되는 침입, 지배, 계승의 과정을 통해 확장해간다.
④ 5개 지대는 각기 자신만의 자연지역을 갖게 되며, 때로는 다른 구역의 자연지역과도 연계된다.
⑤ 특히 버제스는 유대인 이주자가 초기에 정착한 시카고의 제2지대에 주목했다. 소위 전이(轉移) 지대(점이지대, 퇴행변이지역)라고 불리는 이곳은 빈곤한 사람들, 소수민족구성원들, 사회적 일탈자들이 주로 거주함으로써 범죄와 비행에 가장 취약한 지역이다. [2024. 해경 경위]
⑥ 사회의 현상을 분석하기 위한 지리적 접근은 이후 시카고 출신의 학자들이 지역과 범죄의 관계를 설정하는 이론적 토대가 된다.

03 시카고학파의 발전기

(1) 쇼(Shaw)와 맥케이(mcKay)
① 도시공간적 특성에 대한 경험적 연구
  ㉠ 범죄 또는 청소년비행의 성격이 도시의 공간적 특성에 의해 형성된다는 생각은 쇼(1895-1957)와 맥케이(1899-1971)의 연구를 통해 보다 명료해진다.
  ㉡ 양적 접근에 강한 그들은 롬브로조(Lombroso)와 그의 추종자들의 주장을 경험적 자료를 통해 반박하였다.
  ㉢ 사람들이 범죄를 저지르는 근본적인 원인은 그들의 유전적 구성물이 아니라, 그들이 거주하는 지역의 지리적, 사회적 환경과 밀접히 연계되어 있다고 주장한 것이다.
  ㉣ 생물학적, 심리학적 실증주의가 전성기를 구가하던 시대에 사회환경적 원인론을 주장하였고, 이를 통해 사회학적 범죄학의 기초가 다져진 것이다.
  ㉤ 그들은 파크(Park)와 버제스(Burgess)의 도시연구를 계승·발전시켰고, 특히 동심원 이론을 경험적으로 검증한 선두주자가 된다.
  ㉥ 그들이 사용한 자료는 비행청소년들의 거주지 주소로서 청소년비행에 대한 시각적 통계자료를 통해 비행에 미치는 지역의 영향력을 밝혀냈다.

Ⓐ 다양한 자료들을 근거해 지역사회의 특성과 청소년비행률 사이에 강한 생태적 상관관계가 있음을 경험적으로 검증하였다. [2022. 경찰2차]

② 비행과 관계된 근린지역의 세 가지 요인

물리적 환경 (거주불안정성)	주거 안정성이 확보되지 못하는 물리적 환경은 높은 범죄율과 연관
경제적 환경 (낮은 경제적 지위)	싼 월세자 비율, 낮은 소득자 비율, 높은 실업률, 정부보조를 받는 높은 기초수급자 비율 등 빈곤율이 높을수록 높은 비행률
이질적 인구 구성 (민족적 이질성)	다양한 이민자집단의 존재, 인구전환이나 이주 또는 주거 안정성의 결여 등 이주율이 높은 집단일수록 높은 비행률

③ 전이지역의 비행적 특징
  ㉠ 청소년비행의 지리적 집중현상이 중심상업지역으로부터 외곽으로 벗어날수록 약화된다고 지적하면서 도심집중 현상이 가장 극심한 곳은 버제스(Burgess)의 동심원 모델에서 제시된 제2지대인 전이지대라고 주장하였다.
  ㉡ **사회해체의 3요소**: 전이지역은 가난하고(낮은 경제적 지위), 이동이 잦은 이질적인 구성원들의 잦은 이동(거주 불안정)으로 인하여 높은 범죄율을 보인다. 거주민의 교체율이 높음에도 불구하고, 즉 사람이 바뀌어도 범죄율은 여전히 높은 것이다. [2024. 해경 경위] 총 4회 기출
  ㉢ 높은 범죄율의 원인이 특정 인종이나 민족과 같은 개인적 특성과 관련된 것이 아니라 지역적 특성과 관련되어 있다고 보았다. 즉, 범죄 및 비행은 지대와 관련된 것이지 행위자의 특성이나 사회전체의 경제적 수준 등과는 관계없다는 것이다. [2024. 보호 9급] 총 4회 기출
  ㉣ 특정지역에서 범죄가 다른 지역에 비해서 높게 나타나는 이유는 급격한 도시화, 산업화가 지역사회에 기초한 통제의 붕괴를 낳게 되고, 이는 사회해체로 이어지며, 해체된 지역은 관습과 가치관을 대신하는 일탈과 범죄성을 발달시키게 된다. [2020. 보호 7급]

④ 전이지대의 형성과정과 특성
  ㉠ 특정 지역사회의 경제발전에 따른 산업화 ⇨ 거주지로서의 특성 상실 ⇨ 상업 및 경제적 활동에 적합한 모습으로 변화 ⇨ 사회통제력의 약화 초래 ⇨ 전통이 사라지고 인습적 가치의 약화 ⇨ 비행과 범죄자가 늘어난다.
  ㉡ 전이지대는 서로 다른 다양한 역사적 배경과 문화적 가치를 바탕으로 갈등과 반목 ⇨ 다양한 출신의 청소년 비행과 범죄는 용인되고 묵인되는 현상 ⇨ 점차 이기적·배타적·분열적 가치가 지배적인 지역사회 해체화가 진행된다.
  ㉢ 전이지대는 유럽의 이민과 흑인 이주자들의 혼재로 문화의 이질성이 높고, 이로 인한 사회해체가 촉진되면서 개인해체를 가져오고, 나아가 범죄 및 비행으로 연결되고 범죄발생률이 지속적으로 높다. [2024. 보호 9급] 총 4회 기출
  ㉣ 이와 같은 지역사회의 생태학적 변화를 범죄 발생의 주요 원인으로 본다. [2022. 경찰2차]

⑤ **자기규제의 약화와 비행의 전승**(학습)

자기규제 붕괴 (일시적)	지역사회 지탱의 중심적 기제인 구성원들의 자기규제의 약화
비행의 전승 (영속성)	전통적 가치의 약화와 새로운 가치의 부상에 따른 비행과 범죄의 유행은 한 세대에 머무르지 않고 시간적으로 연속되어 전승

서덜랜드(Sutherland)와의 교류를 통해 이론 정교화: 사회해체는 이웃에서의 자기 규제가 붕괴된 결과 초래되는 일시적 과정임과 동시에 문화적 전승에 의해 강화되고 변화하는 영속적 과정이기도 하다.

(2) 조보(Zorbaugh)의 자연지역

① **자연지역**: 「황금해안과 슬럼」(1929)에서 문화적 독특성에 따라 자연적으로 발생하는 문화지역들이 도시의 성장과 발전과정에 따른 <u>무계획적이고 자연적인 산물</u>이라는 점에서 자연 지역이라고 규정하였다.

② 할렘, 리틀이태리, 차이나타운, 코리아타운 등은 자연 지역으로서의 문화지역인 셈이다.

③ **토지시장**: 그는 도시 사람들을 문화적으로 분리된 작은 지역들로 배분하여 이주시키는 것은 토지시장(land market)이라는 주장도 하였다.

(3) 사회해체이론의 공헌

① 하위계층의 높은 범죄원인 등 사회적 환경을 중시함으로써 사회학적 범죄이론의 기초를 형성하였다.

② 이후 전개된 아노미이론, 차별적 접촉이론, 문화갈등이론, 사회통제이론 등에 많은 영향을 주었다.

③ 범죄예방을 위한 개별 비행자의 처우보다 도시 생활환경에 영향을 미치는 사회의 조직화 필요성을 강조하였는데, 대표적인 정책으로 시카고지역 프로젝트(Chicago Area Project)가 있다. [2023(73). 경위]

④ 지역사회 공동체의 중요성을 강조한 사회해체론을 계승한 <u>사회자본론, 집합효율성이론, 깨진유리창이론, 환경범죄학의 발전의 토대</u>가 되었다. [2023(73). 경위]

> ⊕ **PLUS** 시카고 프로젝트(Chicago Project)
>
> 시카고 프로젝트는 1920년대 미국 시카고에서 발생한 도시 범죄 문제를 연구하기 위해 시카고 대학교의 사회학자들이 시작한 프로젝트로, 범죄학과 사회학 연구에서 중요한 전환점을 마련한 연구이다. 이 연구는 특히 시카고의 특정 지역에서의 범죄율이 높은 이유를 밝혀내고자 했으며, 지역 사회와 환경 요인이 범죄 발생에 미치는 영향을 중점적으로 분석했다. 시카고 프로젝트의 핵심 이론은 '사회 해체 이론'(Social Disorganization Theory)으로, 이 이론은 사회적 연대가 약화되고, 공동체 규범이 제대로 작동하지 않는 경우 범죄율이 높아진다고 보았다. 이는 가난, 주거 이동률, 인종적 다양성 등 특정 사회적 요인들이 개인적 요인보다 범죄 발생에 더 큰 영향을 미친다는 점을 강조한 것이다. 이 연구의 결과는 이후 범죄학 연구의 기초를 형성했으며, 특히 도시 범죄 예방을 위해 지역사회의 역할을 강조하게 된 계기가 되었다.

(4) 사회해체론의 한계

설명력의 한계	① 산업화·도시화의 초기 단계에는 어느 정도 타당성이 있으나, 정보사회로 접어든 현 사회에서는 적용하기에는 어렵다. ② 동일한 비행지역에서 비행에 가담하지 않은 수많은 청소년에 대한 설명이 어렵다.
보편성 결여	지역과 통계의 모델이 모두 미국에 국한되어 보편성이 결여되어 있다.

⊕ **PLUS** 틈새지역과 사회해체 및 문화전달

1. 틈새지역

① 인구이동이 많은 지역에서 과거의 지배적인 사회관계는 와해되었지만, 아직까지 새로운 관계가 형성되어 있지 않은 지역을 말한다. 주민들 간의 조직은 과도기적 형태이며, 주민들도 지역에 대해 애착을 갖지 못한 채 지역사회의 평판이나 외관에 전혀 관심을 갖지 않는 특성이 있다.

② 전통적인 이웃 간의 통제기능뿐만 아니라, 인구이동이 심하여 학교에서 전·출입하는 학생들이 많아지고 이에 따라 교육기관은 정상적인 교육을 실시하기 어렵기 때문에 교육기관의 기본적인 통제기능도 제대로 발휘될 수 없다.

2. 사회해체

① 지역사회가 주민들에 대한 통제력을 상실한 상태, 즉 틈새지역의 사회적 환경을 말한다. [2022(72). 경위]

② 지역사회의 전통적인 기관들이 주민들의 행동을 규제하지 못하며, 주민들에게 일관된 가치를 제공하지 못하고, 지역사회가 공통으로 겪는 문제를 자체적으로 해결할 수 있는 능력을 상실한 상태를 사회해체라고 한다.

③ **사회해체의 단계**: 제1단계에서는 사회의 분화, 가치규범의 갈등, 사회이동 등 사회해체의 사회문화적 조건이 발생하며, 제2단계는 사회해체가 내적 사회통제를 약화시키는 단계로 진행한다고 보았다.

3. 문화전달

① 사회해체지역에서는 전통적인 사회통제기관들이 규제력을 상실하면 반사회적 가치를 옹호하는 범죄하위문화가 형성되고, 계속적으로 주민들 간에 계승됨으로써 해당 지역에는 높은 범죄율이 유지되는 문화전달이 이루어진다고 보았다.

② 따르드(Tarde)의 모방이론에서 비롯되어 사회해체이론을 계승한 것으로, 이후 서덜랜드(Sutherland)의 차별적 접촉이론에 영향을 미쳤다.

③ 비행다발지역에 사는 정상소년과 비비행지역에 사는 비행소년의 문제를 제대로 설명하지 못한다는 비판이 있다.

04 사회해체이론의 쇠퇴와 부활

(1) 로빈슨과 굿만의 사회해체이론 비판

① 1950년 로빈슨(Robinson)의 생태학적 오류에 대한 지적이 있은 이후 한동안 시카고학파는 정체기를 맞는다.

② 로빈슨은 개인적 상관관계와 생태학적 상관관계를 구분하면서 초기 시카고학파의 생태학적 오류 문제점을 지적하였다. [2024. 해경 경위]

③ 개인적 상관관계에 사용하는 변수는 사람의 키나 수입, 눈의 색이나 인종과 같이 기술적인 속성을 가진 변수이지 평균이나 백분율과 같은 기술통계적 상수가 아니다.

④ 반면 생태학적 상관관계에서 사용되는 변수는 개인의 특성을 기술하는 것이 아니라 집단 또는 복수의 사람들의 특성을 기술하는 것이다.

⑤ 쇼(Shaw)와 맥케이(mcKay)를 포함한 다수의 학자들이 개인의 특성에 대해 파악하고자 하는 목적을 가지고 있었음에도 개인적 상관관계에 근거하지 않고 오히려 생태학적 상관관계에 근거해 자신들의 주장을 펼쳤다는 것이 로빈슨의 비판이다. [2022. 경찰2차]

⑥ 굿만(Goodman)은 사회학자들이 생태학적 변수를 사용하는 이유를 통해 로빈슨의 비판을 보다 명확하게 했다는 평가를 받는다.

(2) 사회해체이론의 부활

① **카사다**(Karsarda)**와 재노위쯔**(Janowitz)**의 체계모델**(공동체 애착모델)

　ⓒ 지역사회의 사회적 영역에 관심을 보이면서, 공동체를 향한 태도와 행위에 가장 큰 영향을 주는 외적 요인으로 거주기간을 꼽았다.

　ⓒ 도시화, 밀도 및 다른 요인들이 통제된 상태에서 거주기간은 개인들의 우정, 공동체 의식 및 지역 이슈 참여와 정적인 관계를 보였다.

　ⓒ 체계모델은 도시와 농촌 간 생태학적 단순 비교가 아니라 사회학의 일반적 접근을 채택한다.

　ⓔ 여러 주제 중 체계모델이 주목한 것은 사회적 응집(social cohesion)인데, 이는 미시적 수준의 개인뿐 아니라 거시적 수준의 공동체가 구성하는 사회적 연결망(social network) 속에서 발견된다.

　ⓜ 체계이론은 거주지 안정성을 중요한 요소로 꼽았다는 점에서 쇼(Shaw)와 맥케이(mcKay)의 이론과 유사하지만, 빈곤과 민족이질성을 배제하였다는 점에서 차이가 있다.

② **콘하우저의 사회해체적 관점과 하위문화적 관점** [2024. 경찰2차]

　ⓒ 콘하우저(Kornhauser)는 비행의 사회적 근원을 파헤친 자신의 책에서 쇼와 맥케이의 주장이 크게 사회해체적 관점과 하위문화적 관점으로 구성되어 있다고 파악한다.

　ⓒ 사회해체적 관점은 청소년비행이 동네 또는 근린의 특성을 반영한다고 주장하는데, 그 이유는 근린에서의 주민관계 및 제도적 기능이 붕괴되면 효과적인 사회통제가 이루어지지 못하기 때문이다.

　ⓒ 하위문화적 관점은 청소년들의 비행행위가 세월이 흐르면서 주민들 사이에 공유되는 가치와 규범에 반영되어 전승된다고 주장한다.

　ⓔ 콘하우저의 판단에 따르면, 쇼와 맥케이는 두 가지 관점 중 하위문화적 관점을 더 중요시하였고, 그들은 비행하위문화가 청소년비행을 더 잘 설명한다고 보았다.

　ⓜ 그러나 콘하우저는 이러한 쇼와 맥케이의 결론이 비논리적이라고 주장하며, 지역사회의 사회통제가 작동하지 않는 사회해체가 먼저 진행되고 그로 인해 비행이 발생하며 비행하위문화는 비행행위에 대한 사회적 지지를 제공하기 위해 형성되는 것이라고 하였다.

　ⓗ 이론적 차원에서 보면 비행의 발생에 중요한 역할을 하는 것은 사회해체이지 비행하위문화가 아니다.

05 버식과 웹의 지역사회붕괴와 사회해체론

(1) 사회해체와 거주지의 계승

① 1982년 버식(bursik)과 웹(Webb)도 콘하우저(Kornhauser)와 마찬가지로 시카고 근린의 사회해체가 그 지역의 청소년비행률을 결정짓는 핵심 요소라고 주장한다.

② 거주지의 특성이 거주자의 특성과 관계없이 세대를 이어 전승된다는 점에 주목하여 이를 거주지 계승이라고 하였다.

③ 쇼(Shaw)와 맥케이(mcKay)의 주장처럼 버식과 웹도 특정 지역은 거주자들의 교체에도 불구하고 여전히 높은 범죄 및 범죄율을 유지한다는 점에 주목했고, 이것이 의미하는 것은 사람이 아닌 지역이 문제라는 것이다.

(2) 지역사회 무능력이론

① 쇼와 맥케이의 이론이 지역사회의 해체가 어떻게 범죄발생과 관련되는지를 명확하게 설명하지 못했다고 비판하고, 사회해체론의 입장을 지역사회(공동체)의 안정성(Community Stability)의 관점에서 재정리하였다.

② 지역사회해체를 지역사회의 무능력, 즉 지역사회가 주민들에게 공통된 가치체계를 실현하지 못하고 지역주민들이 공통적으로 겪는 문제를 해결할 수 없는 상태라고 정의하고, 사회해체의 원인을 주민의 이동과 주민의 이질성으로 보았다. [2014. 보호 7급]

③ <u>주민의 이동과 주민의 이질성</u>이 사회해체의 정도를 나타내는 이유는 ⑦ 주민들이 지역사회에 관심이 없고 기회가 닿는 대로 전출하고자 하면 이들의 행동을 통제할 수 있는 시설들이 형성되기 어렵고, ⓒ 지역주민들의 조직이 유동적이면 비공식적인 사회통제를 담당하는 일차적 관계가 형성되기 어렵고, ⓒ 주민들이 이질적이면 상호간에 충분한 의사소통이 어렵기 때문에 공통의 문제나 목표를 해결하는데 주민참여가 어렵게 된다.

(3) 사회해체지역의 범죄가 많은 이유

① **사회통제능력 측면**: 사회해체지역은 공식적인 행동지배규범이 결핍되어 있으므로 ⑦ <u>비공식적 감시기능의 약화</u>로 범죄의 유혹이 커지고, ⓒ <u>행동지배율의 결핍</u>으로 우범지역이나 위험지역 등에 대한 정보가 제대로 공유되지 않아 범죄의 발생여지가 많아지고, ⓒ <u>직접통제의 부재</u>로 수상한 사람이나 지역주민의 비행이 있을 때 개입하거나 지적하지 않아 지역주민에 의한 직접 통제가 어렵다고 하였다. [2024. 경찰2차]

② **사회화 능력 측면**: 사회해체지역은 ⑦ 이질적인 지역출신의 사람들이 공존하면서 서로 다른 행위 양식, 태도, 가치를 표출하게 되고, ⓒ 거주 주민들은 일관된 행위기준을 내면화하지 못하여 혼란에 빠져서 쉽게 반사회적 행위를 하게 된다.

06 사회해체론에 근거한 범죄예방이론(상황적 범죄이론에 기초한 범죄예방전략)

(1) 콜만의 사회자본

① 시카고대학의 경제학자이자 사회학자인 콜만(Coleman)은 다양한 유형의 자본에 관심을 가졌다.

② 한 사회에서 권력이 전승되고 계급이 유지되는 방식을 설명하기 위해 마르크스(Marx)는 경제적 자본, 부르디외(Bourdieu)는 문화적 자본이라는 개념을 발전시켰듯이 콜만은 사회적 자본에 많은 관심을 가지고 연구를 하였다.

③ 콜만은 「사회자본의 개념과 그것의 창출」(1988)에서 사회적 자본(social capital)이란 특정한 사회적 구조 내에 존재하며 이 구조의 구성원들이 공동의 이익을 위해 활용할 수 있는 자원, 즉 개인의 행동이나 목표 달성을 돕는 사회적 관계와 구조적 지원이라고 주장하였다.

④ 사회적 자본을 합리적 행동의 원리에서 찾고자 한 그는 시카고학파의 주요 관심인 사회조직 또는 사회해체의 개념을 염두에 두고 개인의 사회적 행동을 경제학의 합리적 선택이라는 개념과 연결한다. 즉, 사회학적 기능주의와 경제학적 합리주의를 결합한 개념이다.

⑤ **사회자본의 성격**: 기능주의와 합리주의의 결과물이다.

사회학적 기능주의	개인의 행동은 사회구조에 의해 조건화되는 사회적 행동
경제학적 합리주의	개인의 목표는 이기심이나 사리사욕의 추구 및 효용의 극대화

사회적 자본의 형성: 개인은 이기심의 발로에서 행동하는 독립적 존재이지만, 동시에 사회적으로 제약을 받는 합리적 존재, 사회적 자본은 합리적이자 사회적 구성들 사이의 구조적 관계에서 비롯된다.

⑥ **사회적 자본의 가치**

⑦ 사회적 자본의 불평등한 배분으로 인한 갈등을 우려한 부르디외(Bourdieu)와는 달리 콜만은 사회적 자본이 <u>집단의 집합적 자산</u>이며 권력과 지위의 불평등한 배분을 낳을 소지가 없다고 보았다.

ⓒ 특정 개인의 소유가 되지 않고 오히려 집단이 공유함으로써 불평등과 불균형을 낳기보다는 <u>집단 구성원들에게 유익이 되는 공동의 자산</u>인 것이다.

ⓒ 사회적 자본은 집단의 형성에 기여하든 안 하든 관계없이 집단 구성원 모두에게 도움이 되는 사익이자 공익이다.

ⓔ 사회 자본은 특정 행위를 용이하게 하는 사람들 간의 관계의 변화를 통해 일어난다.

(2) 윌슨과 켈링의 깨진 유리창이론

① 윌슨(Wilson)과 켈링(Kelling)의 깨진 유리창이론은 건물주인이 건물의 깨진 유리창을 수리하지 않고 방치해 둔다면 건물관리가 소홀하다는 것을 반증함으로써 절도나 건물파괴 등 강력범죄를 일으키는 원인을 제공한다는 것이다. [2023(73). 경위]

② 그들은 범죄에 이르는 연속된 사건들의 긴 사슬이 밝혀지지 않으면 완성된 모습의 범죄연구가 불가능하다고 판단하였다.

③ 특정한 지역사회에서 살인과 강도와 같은 중범죄가 발생하는 이유를 밝혀내기 위해서는 연쇄적 사건의 시초에 해당하는 사소한 위반이나 침해행위 등 무질서와 비시민성에 주목할 필요가 있으며, <u>무질서와 비시민성을 제거하면 범죄 발생이 억제될 수 있다</u>고 주장하였다.

④ 깨진 유리창이 상징하는 것은 지역사회 환경의 퇴락이 가져온 지역사회의 무질서이다. 깨진 유리창이론은 특정 지역사회에 무질서가 확산되면 지역주민들은 그 지역이 안전하지 않다는 불안감을 느끼게 되고, 이는 범죄에 대한 두려움으로 이어진다고 주장한다.

⑤ 두려움을 느끼는 주민들은 잠재적 범죄자의 출현에 소극적으로 대응할 수밖에 없고, 이는 지역사회 내 사회통제의 약화를 초래한다.

⑥ 무질서는 크게 물리적 무질서와 사회적 무질서로 나뉜다.

물리적 무질서	빈 건물이나 깨진 유리창, 버려진 차량과 쓰레기로 가득 찬 공터와 같이 물리적 환경에서 나타나는 무질서를 말한다.
사회적 무질서	걸인이나 부랑자, 무단횡단자나 불량청소년집단처럼 대체로 사회질서를 어지럽히는 무리가 초래하는 무질서를 말한다.

⑦ 깨진 유리창이론은 다른 이론들과 달리 거시적 사회정책이 아니라, <u>미시적 형사정책</u>의 차원에서 대응책을 모색할 수 있다는 장점이 있다.

⑧ 종래의 범죄대책이 범죄자 개인에 집중하는 개인주의적 관점을 취한다는 점을 비판하고, 공동체적 관점으로의 전환을 주장하며 범죄예방활동의 중요성을 강조한다. [2023(73). 경위] 총 2회 기출

⑨ **비판**: 무질서가 두려움을 초래하고 사회통제의 붕괴로 이어지며 결국 범죄가 발생하는 논리적 연쇄작용이 이루어져야 하지만, 과연 무질서가 범죄를 초래하는 것인지에 대한 경험적으로 뒷받침하는 연구는 상대적으로 미약하다.

⑩ 1990년대 <u>미국 뉴욕 시</u> 줄리아니 시장은 깨진 유리창이론을 적용하여 사소한 범죄라도 강력히 처벌하는 무관용주의를 도입·시행하였다. [2023(73). 경위] 총 3회 기출

(3) 샘슨의 집합효율성 [2023. 교정 7급] 총 3회 기출

① 1997년 샘슨(Sampson)을 중심으로 근린의 구조와 문화가 어떻게 범죄율의 차이를 가져오는지 알기 위해 근린과 범죄 간의 관계에 대해 연구하였다.

② 빈곤이 그 자체로는 범죄와 관련이 없지만, <u>거주지 안전성이 낮은 곳의 빈곤은 폭력범죄율</u>과 높은 상관관계가 있음을 발견하였다.

③ **사회해체**: 지역사회가 자체의 <u>공동가치를 실현할 수 있는 능력을 상실한 상태</u>를 사회해체라고 정의하였다.

④ 사회해체를 경험한 근린은 콜만(Coleman)의 사회자본, 즉 공동 행동을 용이하게 하고 공동 목표의 성취를 가능하게 하는 사람들 간의 관계망을 결여하게 된다.

⑤ 샘슨은 지역사회 주민들 간에 존재하는 수많은 사회적 관계가 있을 때, 범죄는 줄어든다고 주장한다.

⑥ **집합효율성**(collective efficacy)

   ㉠ **의의**: 집합효율성이란 공통의 선을 유지하기 위한 <u>지역주민들 사이의 사회적 응집력</u>을 의미하며, 상호신뢰와 유대 및 사회통제에 대한 공통된 기대를 포함하는 개념이다. [2022. 경찰2차]

ⓛ 거리, 보도, 공원 등과 같은 공공장소에서 질서를 유지할 수 있는 능력으로 근린지역의 거주민들이 당국에 불만을 토로하거나 지역 감시 프로그램을 조직하는 것과 같이 질서유지를 위한 명확한 행동이 선택될 때 나타난다.

ⓒ 주민들은 '근린의 결속과 상호신뢰'가 '근린의 사회통제를 위해 개입하려는 주민들의 공유된 기대'와 연계될 때에만 범죄를 줄이기 위한 행동을 한다.

ⓔ 집합효율성은 이웃 상호 간 신뢰수준이나 자신의 이웃 및 외부에서 온 사람에 대해 적극적으로 개입하려고 하는 성향 등으로 설명되는데, 범죄가 집중되는 곳은 이러한 집합효율성이 낮게 나타난다. 그러므로 사회해체지역의 문제를 해결하기 위해 구성원 상호 간의 응집력이 강한 공동체를 만들어야 할 것을 주장하였다. [2024(74). 경위] 총 2회 기출

ⓜ 결국 집합효율성의 약화는 범죄율을 증가시킨다. [2024. 경찰2차]

⑦ 실증적 연구

ⓖ 샘슨과 로덴부시(Raudenbush)는 물리적 무질서와 사회적 무질서 모두 빈곤의 집중 및 혼합된 토지사용과 관련되어 있는데, <u>사회적 결집력이 강할수록, 근린의 문제해결을 위한 개입에 대해 공유된 기대가 많을수록</u> 그 지역의 범죄는 적게 발생하였음을 발견하였다.

ⓛ 구조적인 불이익이 강하고 집합효율성이 약화될 때 범죄는 활성화된다고 결론지었다.

ⓒ 모레노프(Morenoff), 샘슨, 로덴부시의 3자 연구에서도 집합효율성의 역할이 증명되었는데, 특히 집합효율성은 경범죄뿐만 아니라 살인범죄와 같은 중범죄에서도 여전히 중요하다는 점이 검증되었다.

⊕ PLUS 거리 효능감(Street Efficacy)

1. 의의
① 2004년 샘슨(Robert J. Sampson)과 라운덴부쉬(Stephen W. Raudenbush)에 의해 처음 제안된 개념으로, <u>개인이 자신이 사는 환경 속에서 폭력과 범죄를 피하면서도 사회적·심리적으로 긍정적인 선택을 할 수 있는 능력</u>을 말한다.
② 도시지역의 청소년들이 폭력과 범죄의 위험 속에서 스스로를 보호하고 적절한 행동을 선택하는 능력을 연구하며 이 개념을 발전시켰다.

2. 거리 효능감 요소
① **자기통제 능력**(심리적): 위험한 상황에서도 충동적이거나 부정적인 반응을 자제하는 능력으로, 자신이 위험 상황에서 스스로를 보호할 수 있다는 믿음이다. 부모, 선생님, 지역 리더는 긍정적 사회적 역할 모델은 거리 효율성을 강화할 수 있다.
② **사회적 기술**: 주변 사람들과 원만히 소통하며 위험을 회피할 수 있는 능력으로, 사회적 자본(인맥, 지원 네트워크)의 양과 질이 거리 효율성에 영향을 미친다. 또래 집단의 영향도 중요한데, 긍정적인 또래 관계는 거리 효율성을 높이고, 부정적인 또래 압력은 감소시킬 수 있다.
③ **환경에 대한 이해**: 지역사회의 위험성과 자원을 파악하고 이를 활용하는 능력으로, 거주하는 지역의 사회적·경제적 조건(예 빈곤, 범죄율)과 밀접하게 연관된다. 안정적이고 협력적인 지역일수록 청소년들의 거리효율성은 높아지는 경향이 있다.

3. 비교개념
① **집합 효율성**: 집합 효율성(Collective Efficacy)이 지역사회 수준에서 긍정적인 행동을 설명한 것이라면, 거리 효율성(Street Efficacy)은 개인 수준에서의 긍정적인 행동을 설명한다.
② **자기 효율성**: 자기 효율성(Self-Efficacy)이 개인이 특정 상황에서 목표를 달성할 수 있다고 믿는 자신감이라면, 거리 효율성은 특정 맥락(즉, 범죄나 폭력의 위험이 높은 거리 환경)에서 자기 효능감의 특수한 형태라고 할 수 있다.

4. 거리 효율성의 효과
   ① **긍정적인 행동 유도**: 청소년들이 폭력적인 상황을 피하거나, 범죄 활동에 연루되지 않는 선택을 할 가능성을 높인다.
   ② **사회적 성공**: 스트레스를 효과적으로 관리하고, 장기적으로 교육이나 직업에서 성공할 가능성을 증가시킨다.
   ③ **범죄와 폭력 감소**: 거리 효율성이 높은 청소년은 자신뿐만 아니라 주변 사람들에게도 긍정적인 영향을 미쳐 지역사회의 범죄율을 낮출 수 있다.

5. 거리 효율성의 한계
   ① **구조적 요인 간과 가능성**: 거리 효율성은 개인의 능력에 초점을 맞추지만, 빈곤, 차별, 열악한 지역 환경과 같은 구조적 요인들도 큰 영향을 미친다.
   ② **사회적 자본의 부족**: 자원이 부족한 지역에서는 거리 효율성을 발달시키기 어려울 수 있다.
   ③ **문화적 차이**: 어떤 문화나 사회적 맥락에서는 거리 효율성의 개념이 다르게 적용될 수 있다.

단원별 지문

01 사회해체(Social Disorganization)란 지역사회가 공동체의 문제해결을 위한 능력이 상실된 상태를 의미한다. (　　)
[2023(73). 경위]

02 파크(Park)는 도시에 사는 사람들이 동·식물집단과 마찬가지로 유기적 통일성을 가지고 살아가고 있는 모습을 연구하고, 이를 인간생태학이라고 하였다. (　　)
[2024(74). 경위]

03 버식과 웹(Bursik & Webb)은 사회해체지역에서는 공식적인 행동 지배규범이 결핍되어 있으므로 비공식적인 감시와 지역 주민에 의한 직접적인 통제가 어렵다고 주장하였다. (　　)
[2024. 경찰2차]

04 초기 사회해체이론은 사회해체의 개념을 명확히 측정하고 다수의 실증연구를 제시했다. (　　)
[2023(73). 경위]

05 사회해체이론(Social Disorganization Theory)에서 초기 시카고학파의 학자들은 지역사회수준의 연구결과를 개인의 행동에 적용하는 생태학적 오류(ecological fallacy) 문제를 해결하였다는 평가를 받는다. (　　)
[2022. 경찰2차]

06 사회해체이론(Social Disorganization Theory)에서는 지역사회의 생태학적 변화를 범죄 발생의 주요 원인으로 본다. (　　)
[2022. 경찰2차]

07 쇼와 맥케이(Shaw & McKay)는 범죄율이 거주민의 인종 및 민족구성과 상관관계가 낮다고 주장하였다. (　　)
[2024. 경찰2차]

08 쇼와 맥케이(Shaw & McKay)는 동심원을 형성한 도시 가운데 급격한 인구유입이 이루어진 전이지대에서 청소년비행 등 많은 문제를 발견하고, 이를 사회해체라고 하였다. (　　)
[2024(74). 경위]

09 쇼(Shaw)와 맥케이(McKay)의 사회해체이론(Social Disorganization Theory)에 의하면 전이지역(transitional zone)은 타 지역에 비해 범죄율이 상대적으로 높게 나타났다. (　　)
[2023. 경찰2차]

10 쇼(Shaw)와 맥케이(McKay)의 사회해체이론(Social Disorganization Theory)에 의하면 사회해체의 요소로 낮은 경제적 지위, 민족적 이질성, 거주 불안정성 등을 제시하였다. (　　)
[2023. 경찰2차]

---

01 ○
02 ○
03 ○
04 × 초기 사회해체이론은 지역사회의 범죄문제를 설명함에 있어서 지역사회의 하위문화가 원인인지 아니면 지역사회의 사회통제능력이 범죄를 유발하는 것인지에 대하여 명확한 입장을 제시하지 않았다.
05 × 로빈슨(Robinson)은 개인적 상관관계와 생태학적 상관관계를 구분하면서 생태학적 오류의 문제점을 지적하였다. 쇼(Shaw)와 맥케이(mcKay)를 포함한 다수의 학자들이 개인의 특성에 대해 파악하고자 하는 목적을 가지고 있었음에도 개인적 상관관계에 근거하지 않고 오히려 생태학적 상관관계에 근거해 자신들의 주장을 펼쳤다는 것이 로빈슨의 비판이다.
06 ○
07 ○ 쇼(Shaw)와 맥케이(mcKay)는 높은 범죄율의 원인이 특정 인종이나 민족과 같은 개인적 특성과 관련된 것이 아니라 지역적 특성과 관련되어 있다고 보았다.
08 ○
09 ○
10 ○

11 시카고학파인 쇼(Shaw)와 맥케이(McKay)가 수행한 연구의 결과 지역 거주민의 인종과 민족이 바뀌었을 때 해당 지역의 범죄율도 함께 변했다. ( )　　　　　　　　　　　　　　　[2022(72). 경위]

12 쇼(Shaw)와 맥케이(McKay)는 사회해체가 높은 범죄율과 상관관계가 있다고 보았다. ( )　　　[2024. 보호 9급]

13 시카고학파인 쇼(Shaw)와 맥케이(McKay)가 수행한 연구의 결과 범죄지역에서는 전통적 규범과 가치가 주민들의 행동을 제대로 통제하지 못했다. ( )　　　　　　　　　　　　　　[2022(72). 경위]

14 버제스(Burgess)는 특정 도시의 성장은 도시 주변부에서 중심부로 동심원을 그리며 진행되는데, 그러한 과정에서 침입·지배·계승이 이루어진다고 하였다. ( )　　　　　　　　　　[2024(74). 경위]

15 버제스(Burgess)의 동심원 이론에 따르면, 도시 중심부로부터 멀어질수록 범죄 발생률이 높아진다. ( )
　　　　　　　　　　　　　　　　　　　　　　　　　　　　　　　　　　　　[2024. 보호 9급]

15 샘슨(Sampson)은 집합효율성의 약화가 범죄율을 증가시킨다고 주장하였다. ( )　　　[2024. 경찰2차]

16 샘슨(Sampson)은 사회해체된 지역의 문제를 해결하기 위하여, 구성원 상호 간의 응집력이 강한 공동체를 만들어야 한다는 집합효율성이론을 제시하였다. ( )　　　　　　　　　　　[2024(74). 경위]

17 집합효율성이론, 환경범죄학, 깨진 유리창 이론은 사회해체이론을 계승·발전한 것이다. ( )　　　[2023(73). 경위]

18 콘하우저(Kornhauser)는 사회해체가 진행된 지역에 비행하위문화가 형성되어야만 무질서 및 범죄가 발생된다고 주장하였다. ( )　　　　　　　　　　　　　　　　　　　　　　　　[2024. 경찰2차]

19 사회해체이론에 기반한 대표적 정책은 시카고지역 프로젝트(Chicago Area Project)가 있다. ( )　[2023(73). 경위]

---

11 × 전이지역 내 구성원의 인종이나 국적이 바뀌었음에도 불구하고 계속적으로 높은 범죄율을 보이는 것은 개별적으로 누가 거주하든지 관계없이 지역의 특성과 범죄발생과는 중요한 연관이 있다는 것이다.

12 ○ 특정지역에서 범죄가 다른 지역에 비해서 높게 나타나는 이유는 급격한 도시화, 산업화가 지역사회에 기초한 통제의 붕괴를 낳게 되고, 이는 사회해체로 이어지며, 해체된 지역은 관습과 가치관을 대신하는 일탈과 범죄성을 발달시키게 된다고 보았다.

13 ○

14 × 버제스(Burgess)는 특정 도시의 성장은 도시의 성장은 도시 중심부에서 주변부로 동심원을 그리며 진행한다고 하였다.

15 × 버제스(Burgess)는 도시 중심부에서 멀어질수록 지가(地價)가 높아진다고 하면서 범죄는 중심지일수록 발생률이 높다고 주장하였다. 특히 버제스(Burgess)는 유대인 이주자가 초기에 정착한 시카고의 제2지대에 주목했다. 소위 전이지대(점이지대, 퇴행변이지대)라고 불리는 이곳은 빈곤한 사람들, 소수민족구성원들, 사회적 일탈자들이 주로 거주함으로써 범죄와 비행에 가장 취약한 지역이다. 또한 쇼(Shaw)와 맥케이(McKay)는 청소년비행의 지리적 집중현상이 중심상업지역으로부터 외곽으로 벗어날수록 약화된다고 지적하면서 도심집중 현상이 가장 극심한 곳은 버제스(Burgess)의 동심원 모델에서 제시된 제2지대인 전이지대라고 주장하였다.

15 ○ 집합효율성은 이웃상호간 신뢰수준이나 자신의 이웃 및 외부에서 온 사람에 대해 적극적으로 개입하려고 하는 성향 등으로 설명되는데, 범죄가 집중되는 곳은 이러한 집합효율성이 낮게 나타난다.

16 ○ 샘슨(Sampson)은 지역사회 주민들 간에 존재하는 수많은 사회적 관계가 있을 때, 범죄는 줄어든다고 주장한다.

17 ○

18 × 콘하우저(Kornhauser)는 지역사회의 사회통제가 작동하지 않는 사회해체가 먼저 진행되고 그로 인해 비행이 발생하며, 비행하위문화는 비행행위에 대한 사회적 지지를 제공하기 위해 형성되는 것이라고 하였다. 따라서 이론적 차원에서 보면 비행의 발생에 중요한 역할을 하는 것은 사회해체이지 비행하위문화가 아니라고 하였다.

19 ○

제3절 아노미/긴장이론

01 아노미/긴장

(1) 개관
① 아노미/긴장이론은 <u>범죄행동의 동기를 설명</u>하는 대표적인 이론이다.
② 이론의 미시적 측면을 보는 입장에서는 긴장이론이라 부르고, 이론의 거시적 측면을 보는 입장에서는 아노미이론이라 부른다.
③ 이 이론은 미시적 측면과 거시적 측면을 함께 담고 있다.

(2) 이론의 유래
① 아노미/긴장이론은 거시적 이론으로 출발했으며, 시초는 뒤르켐(Durkheim)이다.
② <u>뒤르켐</u>은 「사회분업론」(1893)에서 규범이 제대로 작동하지 않거나 규범의 효력이 사회구성원들에게 제대로 미치지 못하는 사회적 상태를 아노미(Anomie)라고 불렀다.
③ 「자살론」(1897)에서 아노미상태에 있을 때 그 사회의 자살률은 증가한다고 주장하였다. 따라서 아노미는 사회의 특성에 대한 거시적 개념이다.
④ 머튼은 뒤르켐의 아노미 개념을 새롭게 해석하여 사회의 문화와 구조의 불일치로 설명하였으므로 머튼의 이론도 거시적 이론으로 보아야 한다.
⑤ 다만, 머튼은 아노미 상태에서 개인들은 긴장을 겪게 되고, 그래서 일탈을 저지르게 된다고 미시적 과정을 설명하였다. 이 이론이 미시적 관점을 가진 학자들에 의해 수용되는 과정에서 머튼의 이론을 긴장이론이라고 하였다.

(3) 뒤르켐의 아노미 설명
① 인간의 욕구란 생래적인 것으로 인간의 끝없는 자기욕망을 사회의 규범이나 도덕으로 제대로 규제하지 못하는 사회적 상태를 아노미라고 불렀다.
② 급격하고 근본적인 사회변동의 결과로 나타나는 과도기적 현상으로 보았다.
③ 기존의 사회질서와 규범체계가 무너지고 새로운 사회질서와 규범체계는 아직 확립되지 않은, 마치 무규범(normlessness)과 같은 상황이 아노미인 것이다.
④ 이때 개인들은 어떤 규범을 따라야 할지 모르기 때문에 규범의 효력이 사회구성원들에게 제대로 미치지 못하게 된다.
⑤ 사회가 더 이상은 개인들을 적절히 규제하지 못하게 되는 것이다.
⑥ 사회의 규제에서 풀려나면 자유로울 것 같지만, 오히려 개인들은 삶의 방향을 잃고 고통스러워한다. 그리고 그 사회적 결과는 자살의 증가이다.
⑦ 현대사회에서 <u>유기적 연대</u>가 확립되면 새로운 사회질서가 나타나 아노미는 사라질 것으로 예측하였다.

(4) 머튼의 아노미 설명
① 뒤르켐의 이기적 인간관에 기초했지만, 인간의 욕구 또는 기호는 자연적인 것이 아니라 문화적 영향력에 의해 형성된 것으로, <u>문화적 목표와 이를 달성하기 위한 제도적 수단 사이에 간극</u>이 있을 때 구조적 긴장이 생기고 여기에서 아노미가 발생한다고 봤다. [2016. 보호 7급] 총 2회 기출
② 어떤 사회에서는 아노미가 무규범 상태가 아니라 마치 <u>규범처럼 지속될 수 있다</u>고 보았다.

구분	뒤르켐(거시적)	머튼(거시적/미시적)
의의	무규범, 사회통합의 결여 상태	문화적 목표와 제도적 수단의 불일치 상태
인간관	• 성악설적 인간 • 인간의 욕구를 생래적인 것으로 파악	• 성선설적 인간 • 인간의 욕구도 사회의 관습이나 문화적 전통에 의해 형성되는 것으로 파악
발생 시기	사회적 변혁기	사회 일상적 상황
개념	현재의 사회구조가 개인의 욕구에 대한 통제력을 유지할 수 없는 상태	문화적 목표(부의 성취·성공)와 제도적 수단(합법적 수단)의 괴리에 의한 긴장의 산물
범죄 원인	욕망의 분출 또는 좌절에 의한 긴장의 해소(개인적 차원)	강조되는 문화적 목표에 비해 제한된 성취 기회(사회구조적 차원)

02 머튼의 아노미이론

(1) 개관

① 머튼(Merton)은 아노미 개념을 활용하여 1930년대 미국 사회를 비판적으로 분석하면서, 아노미를 낳는 문화와 사회구조의 특징이 무엇인지, 아노미가 어떻게 개인들로 하여금 일탈과 범죄를 저지르게 하는지 설명하였다.

② 머튼은 미국 사회의 구조는 문화적 목표와 이에 도달하기 위한 제도적·규범적 수단의 두 요소로 이루어진다고 가정하였다. [2024(74). 경위]

③ 문화와 사회구조

  ㉠ 아노미의 사회적 조건을 문화의 측면과 사회구조의 측면으로 구분하였다.

  ㉡ 문화는 우리가 무엇에 가치를 두고 어떤 목표를 추구해야 할지, 그 목표를 어떻게 추구하며 살아야 할지를 규정해준다.

  ㉢ 사회구조는 그러한 목표를 달성하기 위해 필요한 수단을 제공하거나 제한한다.

  ㉣ 머튼은 문화적 목표를 합법적으로 추구할 사회적으로 승인된 기회에 대한 차별적 접근과 관련된 계급구조로 사회구조를 구체화했다.

  ㉤ 인간의 행위와 관련하여 중요한 문화와 사회구조의 구체적인 측면은 문화적 목표와 그 목표를 달성하기 위한 제도적 수단이다.

  ㉥ 문화적으로 정의된 열망과 사회적으로 구조화된 수단 사이의 분리는 아노미를 발생시킴으로써 일탈을 낳는 사회적 조건이 된다.

(2) 거시적 요인 - 아노미

① 「사회구조와 아노미」(1938)에서 사회·문화적 요인으로 일탈 행위의 원인을 설명하고, 사회구성원들이 순응적 행위가 아닌 비순응적 행위를 하도록 사회가 어떻게 압력을 가하는지 알아내는 것이 목적이라고 밝히고 있다. 즉, 그의 이론은 일탈의 원인을 개인이 아닌 사회의 특성에서 찾는 거시적 이론이라는 것이다.

② 사람들이 추구하는 목표가 문화적으로 형성되고, 이를 달성할 수 있는 수단 역시 문화적으로 규정된다.

③ 부(富)의 성취는 미국 사회에 널리 퍼진 문화적 목표이다. [2022. 교정 9급]

④ 목표달성을 위한 합법적 수단에 대한 접근은 하류계층에게 더 제한되어 있다. [2022. 교정 9급]

⑤ 합법적 수단이 제한된 하류계층 사람들은 비합법적인 수단을 통해서라도 목표를 달성하려고 한다.

⑥ 머튼에 따르면 성공목표를 달성하기 위한 수단이 주로 사회경제적 계층에 따라 차등적으로 분배되어 목표와 수단의 괴리(분리)가 커지게 될 때 범죄가 발생한다. [2022(72). 경위] 총 4회 기출

⑦ 이러한 목표와 수단의 괴리는 한 사회의 문화와 사회구조가 갖는 특징에서 기인한다.

⑧ 경제적 성공 목표를 모든 사회구성원에게 지나치게 강조하는 문화(문화적 강조)와 경직된 계급구조 또는 심한 불평등구조(사회구조)가 결합함으로써 목표와 수단 사이의 괴리가 발생하고 이는 일탈로의 강한 사회적 압력을 넣는다. [2022(72). 경위]

⑨ 문화와 사회구조의 잘못된 결합으로 규범의 붕괴 또는 무규범으로의 긴장(Strain)이 발생하게 되는 것이다. [2011. 교정 9급]

⑩ 규범의 효력이 제대로 작용하지 않아 사회가 규제력을 상실하는 아노미 현상으로 규범을 어기는 행위인 일탈과 범죄가 증가한다는 것이 머튼의 주장이다.

⑪ '안 되면 되게 하라', '모로 가도 서울만 가면 된다'와 같이 목표를 지나치게 강조하고, 반면에 이를 추구하는 수단을 경시하는 인식유형은 머튼이 제기한 문화적 아노미의 좋은 예가 될 수 있다.

(3) 미시적 설명 – 긴장

① 머튼은 문화와 사회구조의 불균형이라는 거시적 조건이 구체적으로 목표와 수단 사이의 괴리 또는 불일치로서 그 사회구성원들에게 어떻게 일탈로의 압력을 가하는지 그 미시적 과정과 결과를 설명하였다.

② 경제적 성공을 지나치게 강조하는 문화와 심한 불평등구조의 영향하에서 개인의 적응 양식 또는 대응방식으로 동조형(순응형), 혁신형(개혁형), 의례형(의식형), 도피형(은둔형, 회피형), 반역형(혁명형, 전복형) 다섯 가지를 제시하였다.

③ 적응양식의 차이는 개인적인 속성의 차이가 아니라 사회적 문화구조에 의해 결정된다고 본다.

④ 문화적 목표를 달성할 수 있는 제도화된 수단이 제한되었을 때 개인의 적응방식에 따라 비행이 발생할 수 있다고 한다.

⑤ 범죄학적으로 중요한 적응 양식은 혁신과 도피이다. 혁신은 범죄행동과, 도피는 일탈행동과 연결된다고 할 수 있다.

⑥ 머튼의 아노미이론에서 핵심은 어떻게 사회적인 요인이 개인으로 하여금 '혁신'과 같은 반사회적 행위를 선택하게 하는지에 대한 설명이라고 할 수 있다.

⑦ 모든 개인이 경제적 성공을 달성할 것을 문화적으로 강요(공평한 성공기회에 대한 평등주의적 이념)하면서도, 실제로는 심한 불평등으로 인해 특히 하류계층의 경우 성공 수단에 대한 접근 기회가 사회구조적으로 제한되어 있는 딜레마 상황을 범죄 문제의 원인으로 지목한 것이다.

⑧ 머튼은 이러한 문화적·사회구조적 특징을 보이는 사회에서 일탈로의 압력은 하류계층에게 가장 크게 작용한다고 보았다. 이들은 교육과 경제적 자원 등 제도적 수단으로의 접근 기회에서 가장 불리한 구조적 위치에 있는 집단이기 때문이다.

⑨ 하류계층의 범죄율이 상대적으로 높은 이유는 이렇게 아노미이론으로 설명된다.

⑩ 종합하면, 많은 구성원을 긴장 상황에 처하게 하는 문화와 사회구조의 불일치는 사회의 규제력 약화, 즉 아노미를 낳고 결과적으로 일탈과 범죄를 증가시킨다는 것이다.

⑪ 머튼이 가장 관심을 둔 적응 양식은 혁신형(개혁형)인데, 이 유형은 합법적인 기회가 중상류층에 비하여 차단된 하류계층의 높은 범죄율을 설명하는 논리적 근거로 생각되면서 이후 많은 조사와 연구의 기초가 되었다. [2011. 교정 9급]

목표와 수단에 대한 개인적 적응유형 [2024(74). 경위] 총 5회 기출

적응양식의 유형	문화적 목표	제도적 수단
동조형(comfirmity)	+	+
혁신형(innovation)	+	−
의례형(ritualism)	−	+
도피형(retreatism)	−	−
반역형(rebellion)	±	±

▶ +는 수용, −는 거부, ±는 제3의 대안을 추구하는 것을 의미

아노미 상황에서 개인의 적응 방식 [2020. 보호 7급] 총 13회 기출

동조형 (순응형)	① 정상적인 기회구조에 접근할 수는 없지만, 문화적으로 설정된 목표와 사회적으로 제도화된 수단을 통하여 목표를 추구하는 적응 방식이다. 즉, 사회의 문화적 요구와 기존 사회구조에 부분적으로만 수용하고 순응하는 유형이다. ② 모든 사회에서 동조는 가장 일반적이고 보편적인 적응 양식이다. 예 비록 자신은 충분한 교육을 받지 못했지만 주어진 조건 내에서 돈을 많이 벌려고 노력하는 자
혁신형 (개혁형)	① 범죄자들의 전형적인 적응방식으로 문화적 목표는 수용하지만, 제도화된 수단은 거부하는 적응 방식으로 범죄학상 가장 문제되는 유형이다. ② 문화적 목표를 강하게 내면화하여 경제적 성공에의 강한 열망을 갖지만, 구조적 여건상 제도적 수단으로는 목표를 달성할 수 없을 때, 제도적 수단을 거부하고 불법적 수단으로 목표를 달성하려고 하는 경우이다. ③ 목표 달성을 위해 기존의 수단을 버리고 새로운 수단을 택한다는 의미에서 혁신이며, 그 새로운 수단이 사회적으로 금지하는 비제도적 수단이기 때문에 범죄적 행위 유형으로 분류될 수 있다. 예 정상적인 방법으로는 부자가 될 수 없다고 판단하고 사기, 횡령, 마약밀매, 강도, 절도 등을 행하는 자
의례형 (의식형)	① 문화적 목표를 받아들이지 않으면서도 이를 달성하기 위한 제도적 수단은 수용하는 적응 방식이다. ② 제도적 수단에 대한 규범적 명령에 따르며 살아가지만, 정작 수단의 목적인 문화적 목표에 대해서는 관심이 없는 경우이다. ③ 이들은 아예 목표 자체를 포기했기 때문에 목표를 달성하지 못했다고 실망하지 않으며, 모든 제도화된 수단을 따르기 때문에 실제 큰 문제는 야기하지도 않는다. ④ 사회적으로 중하층에 속해 있는 사람들에게 흔히 볼 수 있는 적응방식으로, 성공의 가능성은 제한적이지만 사회의 도덕적 의무와 관습을 강하게 사회화하기 때문이다. 예 자기가 하는 일의 목표는 안중에 없고 무사안일하게 절차적 규범이나 규칙만을 준수하는 관료
도피형 (은둔형) (회피형)	① 가장 드물게 나타나는 적응 양식으로, 동조와는 정반대로 개인이 문화적 목표와 제도적 수단 모두를 거부하는 적응 방식이다. ② 제도적 수단으로 문화적 목표를 달성할 수 없음을 반복적으로 경험하게 될 때, 이들은 제도적 수단을 거부할 뿐만 아니라 문화적 목표마저 포기해 버리고 사회의 영향력 밖으로 물러나 버린다. ③ 때로는 이들도 사회적으로 수용되는 목표는 가지고 있지만 정신적으로 또는 육체적으로 합법적인 수단을 이용할 능력이 없기 때문에 그 수단이 거부되며 이를 도피하려 함으로써 자신의 성공의 부재로부터 벗어나려는 이중실패자가 되는 것이다. 예 정신이상자, 빈민층, 부랑자, 폭력배, 만성적 알코올중독자 및 마약상습자

반역형 (혁명형) (전복형)	① 가장 극단적인 대응 방식으로, 기존의 문화적 목표와 제도화된 수단을 모두 거부하면서 동시에 새로운 목표와 수단으로 대체하려는 적응 방식이다. ② 목표 달성이 좌절되는 구조적 상황에서 주변인의 시각으로 기존의 사회질서를 거부하고 새로운 사회질서를 세우려고 시도하는 것으로, 혁명이 그 예가 될 것이다. ③ 이들은 대부분 사적인 목적달성보다는 공동체 전체를 위한다는 동기에서 새로운 목표와 수단을 도모하는 경향이 강하다(환경보호론자, 낙태금지론자, 동물보호론자 등). 🗹 환경보호를 이유로 공공기관이 시행하는 댐건설현장에서 공사 중단을 요구하며 시위를 하는 자, 정치범 등

(4) 공헌 및 비판
① 공헌
  ㉠ 일탈을 사회구조적 측면에서 파악하고, 사회구조적 갈등의 원인을 지적하였다.
  ㉡ 하류계층의 높은 범죄율을 설명하는 데 도움을 주었다. [2022. 교정 9급] 총 4회 기출
  ㉢ 성공목표와 합법적 수단 간의 통합수준을 높이는 사회정책을 범죄대책으로 제시하였다.
② 비판
  ㉠ 모든 인간이 일률적으로 부의 성취(물질적 성공)라는 목표를 공유하고 있는지 의문스럽다. [2024(74). 경위]
  ㉡ 특정 사회 내의 다양한 문화와 추구하는 목표의 다양성을 무시하고 있다. [2011. 교정 9급]
  ㉢ 문화적 목표와 제도화된 수단 사이의 괴리현상에서 사람들마다 적응방식이 다른 이유를 설명하지 않는다.
  ㉣ 미국 사회에 국한된 이론으로 남성위주 일탈에 초점을 두고 있다.
  ㉤ 하류계층에 주목하게 함으로써 하층에 대한 비난을 함축하고, 중·상류층의 범죄 등에 대한 설명이 곤란하다. [2022. 교정 9급] 총 4회 기출
  ㉥ 재산범죄에 대해서는 타당한 논리이지만, 목표달성과 무관한 폭력범죄(격정범죄) 등 비공리적 범죄에 대한 설명력은 낮다.
  ㉦ 일탈의 원인과 결과에 대한 혼동을 가져오고 비합법적 수단의 차별적 분배(기회구조)에 대한 설명이 없다.
  ㉧ 왜 하나의 반응을 택하는지 설명하지 못하고, 청소년비행의 비공리적인 이유에 대한 설명이 부족하다.
  ㉨ 일탈의 원인을 문화와 사회구조 속에서 파악하려 한 나머지 집단 또는 개인들 간의 상호작용이 일탈 행위에 미치는 영향을 과소평가 또는 무시한다.

(5) 머튼의 반론
① 머튼은 자신의 이론이 중·상류층의 범죄를 설명하지 못한다는 비판을 받자 문화적 목표는 만족할수록 그 정도가 높아져서 더욱 많은 것을 추구하게 된다는 아노미의 피드백효과(feedback effect)라는 가설로 반론을 전개하였다.
② 문화적 목표는 완전한 귀결점이 아닌 가변적인 것으로서 개인은 문화적 목표를 달성한 다음에도 완전한 만족을 하지 못하고, 점차 높아지는 목표에 의해 다시 불법적 수단을 사용하게 된다고 보았다.
③ 아노미/긴장이론이 재산범죄 등 경제적 동기의 비행이나 범죄에 대한 설명에 한정된다는 비판에 대해서 아노미는 '합리적 계산에 의한 실리주의적' 일탈행동에 한정되는 것은 아니라고 반박하였다. 목표와 수단 사이의 불일치로 인한 극심한 압력에 처한 개인은 큰 좌절을 겪게 된다는 점이 이론의 핵심이며, '파괴성'은 심리학적으로 지속적인 좌절에 대한 반응 중 하나이기 때문에 개인은 얼마든지 비합리적 행동을 할 수도 있다고 주장하였다. [2024(74). 경위]

03 메스너와 로젠펠드(Messner & Rosenfeld)의 제도적 아노미이론 – 사회구조적 수준

(1) 거시적 관점
① **일반긴장이론으로의 계승과 한계**: 애그뉴(Agnew)에 의해 머튼(Merton)의 이론은 미시적인 사회심리적 과정에 초점을 둔 일반긴장이론으로 계승되었으나, 이는 머튼이 강조했던 거시적 요인에 관한 부분들을 찾을 수 없다.
② 반면, 메스너(Messner)와 로젠펠드(Rosenfeld)의 제도적 아노미이론(Institutional Anomie Theory)은 「범죄와 아메리칸 드림」(1994)에서 머튼의 아노미이론이 갖고 있던 거시적 관점을 그대로 계승하여 발전시켰다. [2022(72). 경위] 총 2회 기출
③ 머튼과 같은 입장에서, 사회학적 지식과 원칙의 체계적인 적용을 통해 범죄의 <u>국가 간 변이에 대한 거시적 설명</u>을 추구한다(개인의 관심 ×). [2024. 경찰2차]
④ 미국 사회의 문화와 사회구조에 주목하여 범죄현상에서 보이는 '미국 예외주의'를 사회학적으로 설명하였다.
⑤ 문화적 측면은 기본적으로 머튼의 생각과 유사하지만, 사회구조적 측면에서는 머튼의 이론과 많은 차이가 있다.

(2) 문화 – 아메리칸 드림
① 메스너와 로젠펠드는 경제적 성공을 모든 사회구성원에게 강조하는 문화가 아노미를 초래하고, 아노미는 미국 사회의 심각한 범죄 문제를 낳는다는 머튼의 이론에 동의한다.
② 더 나아가 '아메리칸 드림'을 이러한 <u>문화적 경향</u>의 핵심으로 지목하고, 구체적인 문화적 요소와 문제점들을 자세히 연구하였다.
③ 아메리칸 드림을 '개인들의 열린 경쟁이라는 조건하에서 사회의 모든 이들이 추구해야 할 물질적 성공이라는 목표에 대한 헌신을 낳는 문화사조'로 정의하고, 그 저변에는 성취지향, 개인주의, 보편주의, 물신주의의 네 가지 주요 가치가 전제되어 있다고 분석한다. [2022(72). 경위] 총 2회 기출

성취지향	어떤 수단과 방법을 써서라도 성공해야 한다는 문화적 압박이 강하다.
개인주의	규범적인 통제를 무시하고 개인적인 목표를 위해 어떤 수단과 방법을 사용해도 좋다는 생각을 하게 만든다.
보편주의	대부분의 미국 사회의 구성원들이 유사한 가치를 갖고 있으며, 동일한 목표에 대한 열망이 존재한다.
물신주의	성공에 대한 열망이 존재하며, 그 성공의 가장 대표적인 척도는 경제적 성공이다.

④ 아메리칸 드림이 미국의 번영에 크게 기여한 것은 사실이지만, 그 이면에는 심각한 사회문제의 근본 원인이 되기도 하는 '양날의 칼'이라고 보았다.
⑤ 아메리칸 드림은 사람들에게 수단과 방법을 가리지 말고 <u>물질적 성공을 추구</u>하라는 강력한 <u>문화적 압력</u>으로 작용하여 규범적 통제의 붕괴를 촉진한다. [2024. 해경 경위]
⑥ 아메리칸 드림이라는 문화사조가 사회제도들의 짜임새에 영향을 미치고, 이러한 사회구조적 특성이 범죄 문제와 밀접하게 연관된다.

(3) 사회구조 – 제도적 힘의 불균형
① 사회구조는 사람 간의, 집단 간의 패턴화된 관계로 구성되며, 이러한 관계는 사회제도를 통해 정의되고 조직된다는 입장에서 메스너와 로젠펠드는 '사회제도들의 짜임새'로 사회구조를 개념화한다.
② 아메리칸 드림이라는 문화사조는 경제제도가 다른 사회제도들(정치·종교·가족·교육제도 등)을 지배하는, '제도적 힘의 불균형' 상태를 초래했다고 주장한다. [2022(72). 경위] 총 2회 기출
③ 경제제도의 지배는 비경제적 제도의 평가절하, 적응, 침투라는 세 가지 상호 연관된 방식으로 나타난다.

평가절하	경제와 무관한 목표나 활동들은 그 가치를 인정받지 못하는 상황을 의미하며, 경제제도가 아닌 다른 사회제도들의 고유 기능과 목표는 경시된다.
적응	사회제도들 스스로 경제적 기준에 맞춰 작동하는 경향을 말하며, 사회제도들이 경제제도의 논리에 충실히 적응하게 된다.
침투	경제의 논리와 규범이 다른 사회제도들에 깊숙이 침투함으로써 완전한 경제제도의 지배가 자연스럽게 이루어진다.

④ 기본적 속성상 개인을 통제하는 기능이 가장 취약한 경제제도가 다른 사회제도를 지배하게 되면 사회제도들의 통제력이 약화될 수밖에 없다. 이것이 바로 아메리칸 드림이라는 미국 자본주의의 문화사조가 낳는 사회구조적 특성인 '제도적 아노미'인 것이다.

⑤ 사회 규범의 규제력이 약화되는 아노미 상황은 <u>경제제도가 지배하는 제도적 힘의 불균형</u> 상태와 밀접한 관련이 있으며, 이는 사회구성원에 대한 <u>사회제도들의 통제력 약화</u>로 이어진다. [2024. 해경 경위]

⑥ 아메리카 드림이라는 문화적 측면과 제도적 힘의 불균형이라는 사회구조적 측면이 상호의존적임을 강조한다.

⑦ **범죄감소전략**: 탈상품화(decommodification)가 치열한 경쟁을 줄이고 궁극적으로 범죄를 감소시킬 것이라고 설명한다. [2024. 경찰2차]

> **⊕ PLUS 탈상품화(decommodification)**
>
> 비상품화 또는 탈상품화는 경제 주체인 가계가 시장경제 활동에 참여하지 않고도 적절한 생활수준을 유지할 수 있는 정도를 나타내기 위해 덴마크의 사회학자 요스타 에스핑 안더르슨이 제시한 개념이다. 복지국가에서 시장의 영향력을 억제하는 공적부조의 정도를 측정하기 위한 척도로, 사회의 발전이 부와 고용, 복지 프로그램을 위한 과세기반을 창출하는 민간 경제활동에 절대적으로 의존한다는 사실을 가려내는 데 용이하다.
> 다시 말해, 개인이 노동시장에서 이탈되었을 때 공적 사회보장제도를 통해 가능한 높은 수준의 임금대체율을 보장해 줌으로써 시장에 대한 의존성을 약화시키는 것을 의미한다.

04 애그뉴(Agnew)의 일반긴장이론(General Strain Theory) - 개인적 수준의 긴장

(1) 머튼 이론의 수정과 미시적 접근

① 애그뉴(Agnew)는 머튼(Merton)의 '긴장이론'의 수정이 필요하다는 점을 지적하며 '수정된 긴장이론'을 제시하였고, 이후 <u>스트레스에 대한 심리학 연구들을 참고하여 '일반긴장이론'</u>으로 발전시켰다.

② 일반긴장이론은 머튼의 이론을 수정하고 미시적으로 계승한 이론이라 할 수 있다.

③ 애그뉴는 청소년 비행을 대상으로 연구하였고, 청소년 입장에서 그들이 중요시하는 목표와 현실적인 긴장이 무엇인지에 주목하였다.

④ 청소년의 긴장의 원인을 '당장의 다양한 목표 추구에 대한 장애'에서 찾아야 하며, '고통스러운 상황을 회피하려는 시도에 대한 장애'에서도 찾아야 한다고 하였다. [2023. 해경 경위]

⑤ 긴장과 감정의 관련성에 주목하였다. 목표 달성에 실패하는 좌절 상황과 불쾌하고 고통스러운 자극으로 인한 긴장은 분노와 같은 부정적 감정을 유발하고, 이러한 부정적 감정에 의해 비행을 저지르게 된다는 것이다. [2024(74). 경위]

⑥ 머튼의 긴장이론에 그 이론적 기초를 두고 있지만, 머튼의 이론과 달리 계층과 상관없는 긴장의 개인적, 사회심리학적 원인을 다루고 있다. [2024(74). 경위]

⑦ 일반긴장이론은 하류계층의 범죄 행위가 아닌 사회의 모든 구성요소의 범죄 행위에 대한 일반적 설명을 제공하고 있다. [2022. 경찰2차]

머튼(Merton)	애그뉴(Agnew)
사회적 수준의 긴장	개인적 수준의 긴장
문화적 목표와 제도적 수단의 괴리에 의한 긴장	다양한 원인에 의한 긴장 또는 스트레스
범죄율에서 사회계층의 차이를 설명	긴장의 개인적 영향을 밝히는 데 도움
하류층의 범죄에 국한	모든 계층(하류층, 중·상류층) 범죄설명 가능
거시 환경이론	미시 환경이론
인간은 선한 존재, 사회구조적 제약이 긴장 야기	인간은 선한 존재, 일상적 생활사건들로 인해 긴장 야기

(2) 긴장의 출처와 결과

① 스트레스와 긴장을 느끼는 개인이 범죄를 저지르기 쉬운 이유를 미시적 관점에서 설명하는 이론으로, 긴장은 스트레스와 같은 의미로 보아도 무방하다. [2022. 경찰2차] 총 3회 기출

② **긴장 또는 스트레스의 출처**(원인)

 ㉠ 개인적 수준에서의 열망과 기대 간의 괴리, 열망과 실체 성취 간의 괴리, 기대와 실제 성취 간의 괴리, 공정한 결과와 실제 결과 간의 괴리로 인해 긴장 및 스트레스가 발생하고 이는 범죄를 유발하는 요인이 된다.

 ㉡ 범죄발생의 원인으로 목표달성의 실패, 기대와 성취 사이의 괴리, 긍정적 자극의 소멸, 부정적 자극의 발생을 제시하였다. [2024(74). 경위] 총 4회 기출

목표달성의 실패	머튼의 긴장이론이 지목한 요인이지만, 경제적 목표나 지위달성의 목표에 한정하는 것이 아니라 당장의 다양한 목표들까지도 포함한다.
기대와 성취 사이의 괴리	동료와의 비교에서 느끼는 상대적인 감정을 말한다.
긍정적 자극의 소멸	사람은 자신에게 긍정적인 가치를 갖는 무엇인가를 상실했을 때 또는 그럴 것이라고 예상될 때 긴장을 겪는다. ㉾ 자신에게 중요한 이성 친구와의 결별이나 실연, 이혼, 친한 친구나 가족의 사망 등
부정적 자극의 발생	사람은 자신에게 괴로움과 고통을 주는 자극이 주어지거나 주어질 것으로 예상될 때, 그리고 이를 피할 수가 없을 때, 긴장을 겪는다. ㉾ 아동학대, 범죄피해, 체벌, 가족 또는 또래집단에서의 갈등, 학업실패 등의 유해한 자극에 노출

 ㉢ 다양한 유형의 긴장을 고려한다는 의미에서 이론의 이름이 '일반'긴장이론이다.

 ㉣ 애그뉴는 긍정적 자극의 소멸, 부정적 자극의 발생은 근본적으로 타인과의 부정적 관계에서 비롯된다고 지적하며, 타인과의 긍정적 관계에만 주목하는 기존 이론들의 한계를 극복한 이론이라고 설명하였다.

③ **이론의 설명모형**

 ㉠ 목표 달성의 실패, 긍정적 자극의 제거나 상실, 부정적 자극의 존재나 발생과 같은 다양한 상황이나 사건들이 긴장을 유발하고, 이러한 긴장은 부정적 감정(분노, 좌절, 실망, 우울, 공포)을 낳게 되며, 결과적으로 범죄나 비행을 저지를 가능성을 높인다. [2022(72). 경위]

 ㉡ 특히 만성적이고 반복적인 긴장은 범죄 성향을 강화한다.

ⓒ 부정적 감정 중에서 분노는 특히 중요한 감정적 반응으로 간주되며, <u>공격적(폭력적)인 비행과 범죄로 이어질 가능성</u>이 크다. [2023. 해경 경위]

ⓔ 우울과 공포는 분노보다 비행이나 범죄로 나아갈 가능성이 상대적으로 낮지만, 다른 유형의 일탈을 할 가능성을 높인다.

ⓜ 비행과 범죄가 긴장과 부정적 감정을 해소하거나 긴장 요소를 해결하는 방법이 될 수 있다.

(3) 조건 요인

① 긴장을 경험하고 부정적 감정을 갖는 모든 사람이 범죄를 저지른다거나 범죄에 의존하게 되는 것은 아니다. [2017. 교정 9급] 총 2회 기출

② 애그뉴는 긴장에 대처하는 인지적·행동적·감정적 차원의 대응전략들이 다양하게 존재할 수 있고, 여기에서 개인 차이가 존재한다고 보았다.

③ 대응전략에서의 차이로 인해 긴장을 겪을 때 범죄나 비행으로 나아가는 사람들이 있는 반면, 그렇지 않은 사람들도 있는 것이다.

④ 긴장상태에 있는 모두가 범죄를 행하는 것은 아니라는 점에 대해 설명하고 있다. [2023. 해경 경위]

⑤ 애그뉴는 대응전략에서의 차이를 만드는 요인, 즉 긴장과 부정적 감정이 비행이나 범죄에 미치는 효과에 영향을 주는 요인을 ㉠ 규범적이고 합법적인 방식으로 긴장에 대처할 수 있는 능력, ㉡ 범죄적 대처로 인해 자신이 감수해야 할 손해에 대한 판단, ㉢ 범죄적으로 긴장을 대처하려는 성향에서 찾는다.

(4) 범죄를 유발하는 긴장의 유형

① 일반긴장이론은 기존 긴장이론이 제시한 긴장의 원인에 더해서 부정적인 사회 관계나 환경과 관련된 긴장을 포함하여 '일반'긴장으로 개념 범주를 크게 확장하였다. [2022. 경찰2차]

② 애그뉴는 다양한 긴장들 중 특히 비행이나 범죄로 나아갈 수 있는 긴장 유형의 4가지 특성을 제시하였다.

㉠ **크고 심하다고 느끼는 긴장**: 정도가 심하고, 오래 지속되거나 자주 발생하고, 최근에 발생했고, 개인에게 중요한 목표나 욕구, 가치 등 중심적 요소를 위협하는 긴장을 겪을 때 비행이나 범죄를 저지를 가능성이 높아진다.

㉡ **부당하다고 생각되는 긴장**: 부당함은 분노 같은 범죄 친화적인 감정을 불러일으킬 가능성이 크다.

㉢ **낮은 사회통제와 관련된 긴장**: 변덕스러운 훈육, 부모의 학대와 방임, 실업, 열악하고 불안정한 일자리, 노숙 등이 이에 해당한다.

㉣ **범죄적 대처를 조장하는 긴장**: 비행이나 범죄로 쉽게 해결될 수 있는 긴장의 경우에는 비행이나 범죄의 압력 또는 동기로 작용한다.

(5) 평가와 비판

① **평가**

㉠ 긴장의 범주를 일반화함으로써 기존 긴장이론에 비해 설명력과 일반성에서 향상되었다.

㉡ 동일한 계층이나 인종이라도 개인에 따라 경험하는 긴장은 다양하기 때문에 비행행위의 계층적·인종적 차이에 얽매일 필요가 없다는 점에서 기존 긴장이론과의 차이가 있다.

㉢ 비행에 이르게 하는 부정적 압박에 초점을 맞춤으로써 유대이론이나 학습이론과 구별된다.

㉣ 기대와 가능성 이외에 긴장을 측정하는 다양한 척도를 사용하였다.

㉤ 생애과정에 걸쳐 사회적 사건이 행동에 미치는 영향을 보여주었다.

㉥ 하류계층뿐만 아니라 중산층의 범죄 설명에도 유용하다.

② **비판**

㉠ 긴장의 개념이 지나치게 포괄적이어서 거의 모든 관련 요인들을 포함시켰다.

㉡ 계층에 따라 범죄율이 달라지는 이유를 설명하지 못한다는 비판을 받는다. [2018. 보호 7급]

1. 머튼(Merton)의 아노미이론과 코헨(Cohen)의 하위문화이론은 빈곤이 범죄의 원인이라고 동일하게 주장하지만, 왜 빈곤이 범죄의 원인이 되는지에 대해, 머튼은 빈곤층에게 허용되어진 부자가 되는 합법적인 방법이 매우 제한되어 있기 때문이라고 설명하는 데 반해서, 코헨은 빈곤층 청소년들 사이에 공유되는 범죄를 유발하는 하위문화가 범죄를 발생시킨다고 주장한다.

2. 메스너(Messner)와 로젠펠드(Rosenfeld)의 제도적 아노미이론은 뒤르켐(Durkheim)이나 머튼의 아노미 개념과는 다른 '권력의 제도적 불균형'이라는 새로운 아노미 개념을 제시하였고, 이 제도적 불균형이 심할수록 범죄율이 높다고 한다.

단원별 지문 O X

01 '전과자 甲은 마약범죄 총책으로 해외에 본거지를 두고 조직을 운영하면서 범죄수익으로 해외 부동산 개발투자를 하고 있다.'는 사례는 머튼의 아노미이론 관점에서 '혁신형'의 유형이다. (   ) [2023(73). 경위]

02 '공무원 丙은 경제적 문제로 배우자와 이혼을 한 이후 틈틈이 불법약물로 스트레스를 풀고 있다.'는 사례는 머튼의 아노미이론 관점 중 은둔형에 속한다. (   ) [2023(73). 경위]

03 '가정주부 丁은 한때 마약중독에 빠졌으나, 현재는 재활치료에 전념하면서 사회복귀를 위해 준비하고 있다.'는 사례는 머튼의 아노미이론 관점 중 순응형에 속한다. (   ) [2023(73). 경위]

04 머튼(Merton)은 미국 사회의 구조는 문화적 목표와 이에 도달하기 위한 제도적 · 규범적 수단의 두 요소로 이루어진다고 가정하였다. (   ) [2024(74). 경위]

05 머튼(Merton)의 아노미이론은 하류계층뿐만 아니라 상류계층의 범죄를 설명하는 데 유용하다. (   ) [2022. 교정 9급]

06 머튼(Merton)은 목표와 수단에 대한 5가지 적응유형으로 동조형(Conformity), 혁신형(Innovation), 의례형(Ritualism), 회피형(Retreatism), 반역형(Rebellion)을 제시하였다. (   ) [2024(74). 경위]

07 머튼(Merton)의 아노미이론은 사회의 모든 구성원이 물질적 성공을 문화적 목표로 하고 있다고 보기 어렵다는 비판이 있다. (   ) [2024(74). 경위]

08 메스너(Messner)와 로젠펠드(Rosenfeld)의 제도적 아노미이론은 탈상품화(decommodification)가 치열한 경쟁을 줄이고 궁극적으로 범죄를 감소시킬 것이라고 설명한다. (   ) [2024. 경찰2차]

09 메스너(Messner)와 로젠펠드(Rosenfeld)의 제도적 아노미이론은 애그뉴(Agnew)의 일반긴장이론을 구조적 차원에서 재해석하고 확장한 이론으로 평가된다. (   ) [2024. 경찰2차]

---

01 ○
02 ○
03 ○
04 ○
05 ✕ 성공목표를 달성하기 위한 수단이 주로 사회경제적 계층에 따라 차등적으로 분배되어 목표와 수단의 괴리가 커지게 될 때 범죄가 발생한다는 머튼(Merton)의 아노미이론은 기회구조가 차단된 하류계층의 범죄를 설명하는 데에는 유용하지만, 최근 증가하는 중산층 범죄나 상류층의 범죄를 설명하는 데에는 한계가 있다.
06 ○
07 ○
08 ○
09 ✕ 「범죄와 아메리칸 드림」(1994)에서 머튼(Merton)의 아노미이론이 갖고 있던 거시적 관점을 그대로 계승하여 발전시켰으며, 머튼(Merton)과 같은 입장에서 사회학적 지식과 원칙의 체계적인 적용을 통해 범죄의 국가 간 변이에 대한 거시적 설명을 추구한다. 미국 사회의 문화와 사회구조에 주목하여 범죄현상에서 보이는 '미국 예외주의'를 사회학적으로 설명하였다.

10 메스너(Messner)와 로젠펠드(Rosenfeld)의 제도적 아노미이론은 성취 지향(achievement), 개인주의(individualism), 보편주의(universalism), 행위규범(conduct norms) 및 물질만능주의(money fetish)의 다섯 가지 하위 가치관이 범죄행위를 유도한다고 주장한다. (　　) [2024. 경찰2차]

11 메스너(Messner)와 로젠펠드(Rosenfeld)의 제도적 아노미이론은 다른 사회제도가 경제에 종속되어 있어 비경제적 기능과 역할이 평가절하되는 사회제도의 불균형과 개인의 관심적 초점(focal concerns)이 미국의 높은 범죄율의 원인이라고 설명한다. (　　) [2024. 경찰2차]

12 1990년대에 등장한 긴장이론의 하나인 메스너(Messner)와 로젠펠드(Rosenfeld)의 제도적 아노미이론은 아메리칸 드림이라는 문화사조는 경제제도와 다른 사회제도 간 '힘의 불균형' 상태를 초래했다고 주장한다. (　　) [2022(72). 경위]

13 1990년대에 등장한 긴장이론의 하나인 메스너(Messner)와 로젠펠드(Rosenfeld)의 제도적 아노미이론은 머튼의 긴장이론이 갖고 있던 거시적 관점을 계승하여 발전시켰다. (　　) [2022(72). 경위]

14 애그뉴(Agnew)의 일반긴장이론은 거시적 수준에서 하류층뿐만 아니라 다양한 계층의 긴장원인을 설명하고자 하였다. (　　) [2024(74). 경위]

15 애그뉴(Agnew)의 일반긴장이론에 따르면 인간은 부·명예와 같은 목표의 달성에 실패하였을 때, 긴장하게 된다. (　　) [2024(74). 경위]

16 애그뉴(Agnew)의 일반긴장이론에 따르면 인간은 이혼, 해고, 친구의 죽음 등 긍정적인 자극이 제거되었을 때, 긴장하게 된다. (　　) [2024(74). 경위]

17 애그뉴(Agnew)의 일반긴장이론에 따르면 인간은 직장 내 갑질, 가정폭력, 선생님의 꾸중 등 부정적인 자극을 받았을 때, 긴장하게 된다. (　　)

18 애그뉴(Agnew)의 일반긴장이론에 따르면 특히 청소년들은 긴장상태가 지속되면 부정적인 감정에 의해 비행에 빠지기 쉽다. (　　) [2024(74). 경위]

19 애그뉴(Agnew)의 일반긴장이론에 따르면 하류계층 청소년들이 중류사회의 성공목표를 합법적으로 성취할 수 없는 긴장상태에 놓였을 때, 경험하는 죄책감, 불안감, 증오심을 지위좌절(Status Frustration)이라고 하였다. (　　) [2024(74). 경위]

---

10 ×　보편주의, 성취지향, 물질주의, 개인주의 등 네 가지 하위 가치관이 범죄를 유도한다고 주장한다.

11 ×　다른 사회제도가 경제에 종속되어 있어 비경제적 기능과 역할이 평가절하되는 사회제도의 불균형이 미국의 높은 범죄율의 원인이라고 설명한다. 개인의 관심적 초점은 아노미의 중요한 요인이 아니다.

12 ○

13 ○

14 ×　애그뉴(Agnew)의 일반긴장이론은 머튼(Merton)의 긴장이론에 그 이론적 기초를 두고 있지만, 머튼(Merton)의 이론과 달리 계층과 상관없는 긴장의 개인적, 사회심리학적 원인을 다루고 있다.

15 ○

16 ○

17 ○

18 ○

19 ×　코헨(Cohen)의 비행하위문화이론에 대한 설명이다.

20 애그뉴(Agnew)의 일반긴장이론은 긴장의 원인을 다양화하였다. (　　) [2023. 해경 경위]

21 애그뉴(Agnew)의 일반긴장이론은 아노미이론에 비해 긴장에 대한 폭력적 반응도 잘 설명할 수 있다. (　　)
[2023. 해경 경위]

22 애그뉴(Agnew)의 일반긴장이론은 긴장 상태에 있는 모두가 범죄를 행하는 것은 아니라는 점에 대한 적절한 해명을 하지 못한다. (　　) [2023. 해경 경위]

23 애그뉴(Agnew)의 일반긴장이론(General Strain Theory)은 모든 사회인구학적 집단의 범죄행위와 비행행위를 설명하는 일반이론 중 하나이다. (　　) [2022. 경찰2차]

24 애그뉴(Agnew)의 일반긴장이론(General Strain Theory)은 개인적인 스트레스와 긴장이 범죄의 유발요인이므로 미시적 수준의 범죄이론으로 볼 수 있다. (　　) [2022. 경찰2차]

25 애그뉴(Agnew)의 일반긴장이론(General Strain Theory)은 긴장 원인의 복잡성과 부정적 감정의 상황들을 밝혀내어 결국 아노미이론을 축소시켰다. (　　) [2022. 경찰2차]

26 애그뉴(Agnew)의 일반긴장이론(General Strain Theory)은 부정적 자극의 발생(presentation of negative stimuli)은 일상생활에서 자신이 통제할 수 없는 부정적 사건의 발생을 의미하며, 부모의 사망, 이혼 등이 대표적인 사례이다. (　　) [2022. 경찰2차]

---

20 ○

21 ○

22 × 　긴장을 경험하고 부정적 감정을 갖는 모든 사람이 범죄를 저지른다거나 범죄에 의존하게 되는 것은 아니다. 애그뉴(Agnew)는 긴장에 대처하는 인지적·행동적·감정적 차원의 대응전략들이 다양하게 존재할 수 있고, 여기에서 개인 차이가 존재한다고 보았다. 이러한 대응전략에서의 차이로 인해 긴장을 겪을 때 범죄나 비행으로 나아가는 사람들이 있는 반면, 그렇지 않은 사람들도 있는 것이다.

23 ○

24 ○

25 × 　일반긴장이론은 기존 긴장이론이 제시한 긴장의 원인에 더해서 부정적인 사회 관계나 환경과 관련된 긴장을 포함하여 '일반'긴장으로 개념 범주를 크게 확장하였다.

26 × 　긍정적 자극의 소멸에 대한 설명이다. 애그뉴(Agnew)는 범죄발생의 원인으로 목표달성의 실패, 기대와 성취 사이의 괴리, 긍정적 자극의 소멸, 부정적 자극의 발생을 제시하였으며, 부정적 자극의 발생이란 사람은 자신에게 괴로움과 고통을 주는 자극이 주어지거나 주어질 것으로 예상될 때, 그리고 이를 피할 수가 없을 때, 긴장을 겪게 되는 것을 말한다. 아동학대, 범죄피해, 체벌, 가족 또는 또래집단에서의 갈등, 학업실패 등의 유해한 자극에 노출 등이 이에 해당한다.

제4절 하위문화(갱)이론

01 개관

(1) 하위문화이론
① 사회해체이론은 특정 지역에서 비행 하위문화가 세대를 거쳐 전승되기 때문에 그 지역의 청소년비행률이 높게 유지된다고 보았다.
② 하위문화이론은 이런 비행 하위문화(subculture)가 구체적으로 어떤 성격을 갖고 있으며, 어떻게 생겨나고 유지되는지에 대한 이론적 설명을 제시한다.
③ 머튼(Merton)의 이론이 이러한 설명에 활용되기 때문에 코헨(Cohen)의 이론이나 클라워드(Cloward)와 오린(Ohlin)의 이론을 아노미/긴장이론으로 분류하기도 한다.
④ 하위문화이론에 속하는 여러 이론들은 공통적으로 비행 하위문화의 소재를 대도시 하류계층이 모여 사는 동네의 남자 청소년집단, 즉 갱(gang)을 연구한다.
⑤ **하위문화**: 사회에서 각계각층의 구성원들이 공유하는 문화(지배집단의 문화)와는 별도로 특정한 집단에서 강조되는 가치나 규범체제를 의미하며, 해체된 지역사회에서는 하위계층의 독자적인 문화가 발전한다고 본다.
⑥ 하위문화이론은 문제를 겪고 있거나 좌절 상황에 있는 청소년들에게 비행집단이 나름 중요한 기능을 할 수도 있음을 보여준다.

(2) 형성 과정
① 하위문화이론은 일반시민들이 보편적인 문화를 내면화함으로써 사회규범에 따라 행동하듯이 하위문화적 환경에서 생활하는 사람들은 범죄적 하위문화의 영향으로 인하여 범죄에 빠져든다고 설명한다.
② 하위문화이론은 모두 범죄행위를 특정한 하위문화의 자연적 결과로 인식하는 점에서는 동일하지만, 범죄적 하위문화의 구체적 성격이나 그 형성과정에 대해서는 다양한 입장을 보인다.
③ 하위문화이론에 속하는 여러 견해들의 공통점은 특정한 집단이 지배집단의 문화와는 상이한 가치나 규범체계에 따라 행동하며, 그 결과가 범죄와 비행이라고 본다.

02 밀러의 하위계층(계급)문화이론

(1) 개관
① 밀러(Miller)는 「갱단비행의 환경으로서 하층문화」(1958)에서 범죄행위를 독특한 하위계층 하위문화의 가치와 규범에 대한 정상적인 반응으로 보고 있다.
② 코헨(Cohen)이나 클라워드(Cloward)와 오린(Ohlin)의 이론은 하위계층의 비행을 구조적 긴장을 전제로 설명하고 있으나, 밀러는 하위계층의 비행을 설명하는 데 그러한 구조적 긴장이 반드시 전제될 필요는 없다고 한다.
③ 하위계층의 갱(gang)은 남성지향적·거리지향적인 특성이 있고, 이러한 특성은 우연히 발전된 것이 아니며, 갱의 지역사회가 아니라 일반적인 하위계층 문화제도의 특성을 반영한 것이다.
④ 밀러는 하위계층 청소년들의 공통된 가족구조의 특성이 아버지의 물리적·심리적 부재라는 점에 주목한다.
⑤ 가족이 제대로 기능하지 못하는 상황에서 하위계층 청소년들에게 그들의 집단, 즉 갱과 같은 비행집단은 가족의 필수적인 기능을 대신해 주는 중요한 존재이다.

⑥ 하위계층 청소년들은 갱의 가치와 규범에 열심히 따르며, 그 집단에 안정적으로 소속되고 지위를 확보하려고 하는 것이다.

⑦ 밀러가 보기에 하위계층 청소년들의 비행과 하위문화는 지배 규범과 문화에 반대하려는 것이 아니라, 주어진 열악한 환경에 나름대로 적응하며 살아가려는 긍정적인 노력의 불행한 결과이다.

(2) 하위계층 주요 관심사론

① 하층계급의 독자적인 문화규범에의 동조가 중산층문화의 법규범에 위반함으로써 범죄가 발생한다는 것으로, 중류계급의 규범에 대한 악의성의 표출이 아닌 그들의 집중된 관심의 추구(focal concerns)가 범죄원인이 된다. [2023. 경찰1차]

② 하류계층의 대체문화가 갖는 상이한 가치는 지배계층의 문화와 갈등을 초래하며, 지배집단의 문화와 가치에 반하는 행위들이 지배계층에 의해 범죄적·일탈적 행위로 간주된다고 주장한다. [2013. 보호 7급]

③ 중류계층의 가치를 거부하는 것이 아니고 그들만의 문화에 따르는 행위를 하다 보니 그 자체가 중류계층의 가치나 행동패턴과 상치되어 그것이 범죄원인이 된다는 것이다. [2013. 보호 7급]

④ 범죄행위를 독특한 하류계층 하위문화의 가치와 규범에 대한 정상적인 반응으로 본다.

⑤ 하위계층 청소년들은 하위계층문화의 '주요 관심사'에 따라 학습하고 행동하며, 비행청소년들은 특히 이를 과장된 방법으로 표현하고 행위로 나타낸다. [2013. 보호 7급]

⑥ 다만, 이러한 관심은 중류계층의 규범에 위반이지만, 악의적인 원한이나 울분 또는 저항을 표시하는 것은 아니라는 점에서 코헨(Cohen)의 비행하위문화이론과 다르다. [2024. 해경 경위]

⑦ 하류계층의 비행을 '중류층에 대한 반발에서 비롯된 것'이라는 코헨의 주장에 반대하고 그들만의 독특한 하류계층문화 자체가 집단비행을 발생시킨다고 보았다. [2023. 경찰2차] 총 4회 기출

(3) 하위계층의 주요 관심사(관심의 초점) [2023. 경찰1차] 총 8회 기출

Trouble (말썽·걱정·사고치기)	① 주위사람들의 주목을 끌고 높은 평가를 받기 위해서 사고를 치고 사고의 결과를 회피하는 일에 많은 관심을 두고 있음 ② 법이나 법집행기관 등과의 말썽이 오히려 영웅적이거나 정상적이며 성공적인 것으로 간주
Toughness (강인·완강)	신체적 강건함, 싸움능력 등을 중시, 용감성·대담성에 대한 관심
Smartness (교활·영악·영리함)	① 영리함: 지적인 총명함을 의미하는 것이 아니라 도박, 사기, 탈법 등과 같이 기만적인 방법으로 다른 사람을 속일 수 있는 능력 ② 남이 나를 속이기 이전에 내가 먼저 남을 속일 수 있어야 함
Excitement (흥분·자극·스릴)	① 하위계급이 거주하는 지역에서 도박, 싸움, 음주 등이 많이 발생하는 것은 흥분거리를 찾는 과정에서 발생함 ② 스릴, 모험 등 권태감을 모면하는 데 관심
Fatalism (운명·숙명)	① 자신의 미래가 스스로의 노력보다는 스스로 통제할 수 없는 운명에 달려 있다는 믿음 ② 하위계급은 행운이나 불행에 많은 관심을 갖고 있으며, 범죄를 저지르고 체포되더라도 이를 운수가 좋지 않기 때문이라고 판단 ③ 빈곤한 사람은 때로 그들의 생활이 숙명이라고 생각하며 현실을 정당화
Autonomy (자율·자립)	① 다른 사람의 간섭을 받기 싫어하는 태도나 자기 마음대로 행동하려는 태도로서 일종의 방종을 의미 ② 사회의 권위 있는 기구들에 대하여 경멸적인 태도를 취하게 됨 ③ 타인으로부터 명령과 간섭을 받고 있는 현실에 대한 잠재의식적인 반발

(4) 울프강과 페라쿠티의 폭력하위문화이론

① 밀러(Miller)의 하위문화이론은 1967년 울프강(Wolfgang)과 페라쿠티(Ferracuti)에 의해 폭력하위문화론에 의해 계승되었다.

② 미국 필라델피아 시(市)에서 살인범죄율이 높은 이유는 지배적인 문화와 별도로 특정지역을 중심으로 폭력사용을 용인하고 권장하는 폭력하위문화가 존재하기 때문이라고 한다. [2023. 경찰2차]

③ 폭력적 하위문화에서 폭력은 불법적인 행동으로 간주되지 않고, 폭력적 태도는 차별적 접촉을 통하여 형성된다. [2023. 해경 경위]

④ 폭력적 하위문화라도 모든 상황에서 폭력을 사용하지도 않고, 주류문화와 항상 갈등상태를 형성하는 것도 아니라고 본다. [2023. 해경 경위]

(5) 엘리자 앤더슨(Elijah Anderson)의 거리의 규범(폭력하위문화)

① **거리의 규범**(Code of the Street, 1999): 필라델피아 도시 빈곤 지역에서 발생하는 폭력적 행동과 사회적 규범의 형성을 설명하여 폭력적하위문화 연구에서 중요한 주제로 자리잡았다.

② 울프강(Wolfgang)과 페라쿠티(Ferracuti)의 폭력 하위문화 이론을 현대적으로 확장하고 구체화한 것으로 평가받는다.

③ 거리의 규범은 폭력을 통해 존중과 명예를 획득하려는 가치체계로, 이는 주로 빈곤 지역에서 생존과 존중을 확보하기 위해 발전된 비공식적 규범을 의미한다.

④ **사회적·구조적 맥락에서 범죄 이해**: 경제적 불평등, 사회적 배제, 제도적 실패(특히 경찰과 사법체계에 대한 불신)로 인해, 도시 빈곤지역에서 공식적인 규범이 약화되어 지역 주민들이 자발적으로 "거리의 규범"을 따르며 자신의 안전과 명예를 보호하려는 방식의 적응한다. 울프강과 페라쿠티는 폭력 하위문화의 일반적인 특성과 원인에 초점을 맞췄다면, 앤더슨은 도시 내부의 구체적인 환경(예 빈곤 지역, 거리 문화)에서 폭력이 어떻게 규범화되는지에 더 집중하였다.

⑤ **비판과 한계**: 도시 빈곤층이나 소수민족 등 특정 집단에 대해 문화적 낙인을 강화할 수 있다는 점, 비공식적 규범만 강조하면서, 구조적 원인(예 경제 불평등, 주거 분리)이 범죄에 미치는 영향을 충분히 설명하지 못한다는 비판이 있다.

(6) 하위문화론의 평가

① **공헌**: 범죄발생의 원인을 문화적 측면에서 검토하면서 하류계층에 현저한 범죄의 발생과정을 잘 설명하고 있다.

② **비판**: 미국의 대도시 빈민가의 청소년범죄자를 대상으로 한 것이기 때문에 보편적 범죄현상을 설명하기에는 한계가 있고, 하류계층 출신의 청소년이 모두 범죄인이 되는 것은 아니다.

⊕ PLUS 하위문화의 성격 구분

Miller: 고유문화   Cohen: 중산층의 지배문화에 대한 반항문화

하위계층문화이론	비행하위문화이론
↳ 주요관심사 ↙ 고의성×, 악의성× ↳ 동조 ↳ 비행·범죄	↳ 중류계층의 기준 ↙ 고의성○, 악의성○ ↳ 실패·좌절 → 반항 ↳악의적·부정적·거부적 반응

▶ **하위문화**: 밀러(Miller)는 중산층과 상관없이 고유의 전통과 역사를 가진 독자적 문화로 보았으며, 코헨(Cohen)은 중산층의 보편적인 문화에 대항하고 반항하기 위해서 형성되는 것이라고 보았다. [2016. 보호 7급] 총 2회 기출

▶ **자율성의 차이**: 밀러의 자율성은 일종의 방종이며, 코헨의 외부에 대한 적개심과 내부적 응집력이다. [2024. 해경 경위]

03 코헨의 비행하위문화이론

(1) 개관
① 코헨(Cohen)은 노동계급의 남자 청소년들에게서 발견되는 <u>비행적인 하위문화의 형성과정</u>을 아노미이론의 틀을 빌려서 설명한다. [2022(72). 경위]
② 하위계층의 비행청소년들이 공유하고 있는 하위문화는 사회의 규범적 상식으로 이해하기 어려운 특징들을 보이는데, 왜 그리고 어떻게 이처럼 특이한 문화 형태가 노동계급의 하위계층 청소년들 사이에서 나타나게 되었는지를 아노미이론으로 이해할 수 있다는 것이다.
③ 코헨의 이론은 사회의 계급구조에 주목하여 하위계층이 목표 달성을 위한 대안적 수단을 찾는 과정을 묘사하고 있다는 점에서 머튼(Merton)의 이론적 영향을 찾을 수 있다.
④ 하지만 경제적 성공 목표가 아닌 보다 본질적인 차원의 지위문제 해결을 목표로 설정하였다는 점, 개인의 적응이나 대응 방식이 아닌 공통된 긴장 상황에서의 <u>집합적 해결책을 강조했다는 점</u>에서 중요한 차이가 있다. [2022(72). 경위]
⑤ 코헨은 「비행소년」(1955)에서 일반문화체계에서 구별되는 문화 안의 부문화에 대한 개념으로 비행집단에 공통된 특정한 가치관이나 신념·지식 등을 포함하는 사고나 그에 기초한 행동양식이 곧 범죄행위로 나타난다고 보았다. [2012. 보호 7급]
⑥ 하위계층 청소년들 사이에서 반사회적 가치나 태도를 옹호하는 비행문화가 형성되는 과정을 규명하였는데, 이는 밀러(Miller)나 울프강(Wolfgang) 등이 범죄하위문화가 사회계층이나 특정지역에 전래하는 것으로 가정하고 이러한 문화가 생성되는 과정에 대해서는 특별한 관심을 두지 않았던 것과 대비된다.

(2) 지위문제
① 인간은 집단에 소속되고 그 집단으로부터 <u>인정받으려는 근본적인 욕구</u>가 있으며, 이러한 욕구가 제대로 충족되지 않으면 지위문제를 겪게 되고, 이 문제를 해결하려는 압력 아래에 놓이게 된다.
② 하위계층의 아이들은 학교에서 중간계급의 아이들과 섞이게 되면서 지위문제에 부딪히게 되고, 이러한 지위문제로 인해 학교에서의 실패를 경험하게 된다.
③ 사회에서 중심이 되는 집단은 중간계급이고, 그들의 문화가 지배문화이다. 하위계층의 아이들은 중간계급 아이들의 집단에 속하고 싶어 하고, 이를 위해서는 중간계급의 문화를 체화해야 하는데, 계급의 위치상 아이들은 가정에서 중간계급의 규범과 가치를 사회화하기 어렵다.
④ 계급적 위치에 따른 문화적 차이로 하위계층의 아이들은 중간계급 아이들의 집단에 속하지 못하는 지위문제를 겪게 된다.

(3) 지위좌절과 반동형성
① 학교는 지배문화인 중간계급의 문화를 학생들에게 사회화시키려는 목적이 있고, 선생님은 전형적인 중간계급이므로 하위계층의 아이들은 선생님으로부터 인정을 받는 것에도 실패한다.
② 하위계층 청소년들은 자신들에게 익숙하지 않은 가치관에 적응하지 못하고, 학교에서 주변적인 위치로 밀려나면서 지위 달성에 실패하고 적응의 문제를 겪게 된다. 이같은 <u>중간계급의 문화적 가치에 대한 부적응</u>이 긴장을 유발한다. [2024. 해경 경위] 총 3회 기출
③ 하류계층의 청소년들은 중류사회의 성공목표를 합법적으로 성취할 수 없기 때문에 지위좌절이라고 하는 문화갈등을 경험하게 된다. [2022. 경찰2차]
④ 지위좌절과 동일한 적응의 문제를 겪는 하층 청소년들은 서로 상호작용하면서 그들만의 새로운 문화(비행하위문화)를 형성함으로써 그들의 집단을 통해 지위문제를 해결한다(집합적 해결책). 코헨은 이를 <u>문화적 혁신</u>이라고 표현하였다. [2022(72). 경위] 총 4회 기출
⑤ 코헨은 비행하위문화가 반동 형성(저항)으로 나타나기 때문에 독특한 성격을 띠게 된다고 보았다. [2023. 경찰2차]

(4) 비행하위문화(대체문화)

① 중간계급의 가치나 규범을 중심으로 형성된 사회의 중심문화와 하위계층 청소년들의 익숙한 생활 사이에 긴장이나 갈등이 발생하며, 이러한 긴장관계를 해결하려는 시도에서 비행하위문화가 형성되고 비행이 발생한다. [2022(72). 경위] 총 3회 기출

② 하위계층의 청소년들이 그들이 처한 구조적 상황에서 지위문제에 대해 해결책을 강구한 결과가 비행집단이고 비행하위문화이다.

③ 비행하위문화의 특성 [2024. 해경 경위] 총 5회 기출

비합리성 (비실리성) (비공리성) (non-utilitarian)	㉠ 필요에 의해서 비행을 저지르는 것도 아니고, 그렇다고 뚜렷한 비행 동기가 있는 것도 아니다. ㉡ 합리성의 추구라는 중산층 가치에 반대되는 것으로, 합리적 계산에 의한 이익에 따라 행동하는 것이 아니라, 다른 사람의 물건을 훔치는 경우에 그 경제적 효용가치보다 스릴이나 동료들로부터 인정받고 지위를 얻기 위한 행위로 생각한다.
악의성 (maliciousness)	㉠ 중산층의 문화나 상징에 대한 적대적 표출로써 다른 사람에게 불편을 주는 행동, 사회에서 금지하는 행동을 하는 것을 즐긴다. ㉡ 특별한 이유 없이 타인에게 피해를 주고, 다른 사람들에게 주는 불편과 그에 따른 고통받는 모습에서 쾌감을 느낀다.
부정성 (거부주의) (megativism)	㉠ 기존의 지배문화, 인습적 가치에 반대되는 행동을 추구하며, 기존 어른들의 문화를 부정하는 성향을 갖는다. ㉡ 기성세대의 규범과 갈등하는 문화적 코드를 공유하며, 규범적 요구에 반항한다.
변덕(다면성)	일정한 체계 없이 매 순간 바뀌는 마음과 가치 체계를 말한다.
단기적 쾌락주의 (short-term hedonism)	장기적 계획이나 목표가 아닌 현실적 쾌감에 급급하는 심리를 말한다.
집단 자율성	외부에 대한 극도의 적개심(반항)과 내부에 대한 응집력을 말한다.

(5) 공헌 및 비판

공헌	① 하위계층 청소년들의 비행원인을 지위좌절, 반항형성, 비행하위문화의 출현 등과 같은 새로운 개념들로 설명하여, 학교 등에서 비행적 폭력조직을 형성하는 이유를 비교적 잘 설명하고 있다. [2012. 교정 9급] ② 청소년비행의 원인을 거시적으로 접근하고 있을 뿐 아니라 그 대책으로 사회구조적 해결책을 제시하고 있다.
비판	① 중산층 또는 상류계층 청소년의 비행이나 범죄를 잘 설명하지 못한다. [2023(73). 경위] 총 3회 기출 ② 하위계급 출신 중에는 범죄를 저지르지 않는 소년이 많다는 점을 간과하였다. [2023(73). 경위] 총 2회 기출 ③ 하위계층에서 가장 많이 저지르는 것이 절도범죄인데, 이러한 범죄가 비행하위문화의 특성인 비합리성, 악의성, 부정성을 강조하는 비행하위문화의 영향으로 보기는 어렵다. ④ 상당수의 청소년비행은 비행하위문화에 속한 청소년들에 의해 집단적으로 발생하기 보다는 청소년 각자의 개인적 이유 때문에 발생한다는 사실을 경시하였다. [2023(73). 경위] ⑤ 범죄소년들은 범죄행위에 대해 자부심과 만족감보다는 대부분 뉘우치고 후회한다는 점을 설명하기 어렵다.

🔖 하위계층문화이론과 비행하위문화이론의 차이점

하위계층문화이론(Miller)	비행하위문화이론(Cohen)
① 중산층문화의 법규 위반은 그들 고유의 집중된 관심에의 추구에서 형성된 것으로 파악한다. ② 범죄하위문화가 사회계층이나 특정지역에 전래하는 것으로 가정하고, 이러한 문화가 생성되는 과정에 대하여는 특별한 관심을 두지 않았다. ③ 반드시 구조적 긴장을 전제로 하는 것은 아니다.	① 중상류계층에 적응하지 못한 청소년들이 형성한 비행집단은 상류집단에 대해 비합리적, 악의적, 부정적이다. ② 청소년 사이에서 반사회적 가치나 태도를 옹호하는 비행문화가 형성되는 과정을 집중적으로 다루었다. ③ 하류계층의 비행에 대하여 구조적 긴장을 전제로 설명하고 있다.

🔖 비행하위문화이론과 아노미이론의 차이점

비행하위문화이론(Cohen)	아노미이론(Merton)
① 많은 비행에서 발견되는 비실용적인 성격을 설명하고자 하였다. ② 일탈의 비공리주의적인 특성을 강조한다. ③ 반항이 취하는 특별한 형태는 중간계급의 가치들에 대한 반작용에 의해 결정된다. ④ 반항의 선택은 그 집단의 다른 성원의 선택들과 연계하여 선택한다.	① 혁신에 초점을 두고 범죄원인의 실용적 성격을 강조하여 설명하였다. ② 범죄의 공리주의적 본성을 강조한다. ③ 반항은 상당수의 서로 다른 형태들 중에서 어떤 하나를 임의적으로 취할 수 있다. ④ 사회의 적응형태에 대한 선택은 개인이 한다.

⊕ PLUS 이론의 구분

1. **사회해체이론**
   ① 도시화·산업화 → 빈곤, 좌절, 긴장, 갈등 → 사회해체(비공식 사회통제 부족) → 사회통제의 붕괴 → 범죄지역(퇴행변이지역) → 문화전수
   ② 퇴행변이지역(틈새지역)에서 하류계층의 높은 범죄율을 설명

2. **머튼(Merton)의 아노미이론**
   ① 빈곤 → 문화적 목표와 제도화된 수단 간의 괴리 → 긴장 초래 → 범죄
   ② 하류계층의 범죄 중 재산범의 설명에는 유용하나, 중류층 내지 상류층의 범죄를 설명하기 곤란함

3. **밀러(Miller)의 하위계층문화이론**: 주요 관심사 → 동조(고의성 없음) → 하위계층 관심의 초점에 부응하는 행동 → 비행·범죄

4. **코헨(Cohen)의 비행하위문화이론**
   ① 중류계층의 기준 → 하류계층의 실패(지위 좌절) → 집단형성·반항(고의성 있음) → 집단적으로 악의적·부정적 비행을 통해 자신의 의미 부여
   ② 하류계층 청소년들의 중류계층의 가치와 규범에 반동(대항)

04 클라워드와 오린의 차별적 기회이론

(1) 개관
① 클라워드(Cloward)와 오린(Ohlin)은 「비행과 기회」(1960)에서 일탈에 이르는 압력의 근원에 초점을 맞춘 <u>머튼(Merton)의 아노미이론</u>과 비행을 학습의 결과로 파악하는 서덜랜드(Sutherland)의 차별적 접촉이론으로 대도시 하층 거주 지역에서 하위문화가 형성되는 과정을 설명하였다. [2025. 보호 9급]
② 아노미현상을 비행적 하위문화의 촉발요인으로 본다는 점에서 머튼의 영향을 받았고, 비합법적인 기회가 주어졌을 때 비로소 비행이 가능하다고 보아 머튼의 한계를 보완해준다. [2016. 보호 7급] 총 3회 기출
③ 청소년 비행의 핵심을 개별적 행위보다는 성공이나 출세라는 사회의 공통된 가치의 내면화 ⇨ 일부계층의 기회 차단 ⇨ 좌절감이나 심각한 부적응 ⇨ 다른 수단이나 방법 모색 ⇨ 비행하위문화 형성에 이르는 과정의 집단적 행위에서 찾았다.

(2) 비행적 하위문화
① 기본적으로 하위계층의 청소년들이 자신들이 처한 열악한 사회구조적 환경에 적응하며 겪는 문제와 이에 대한 해결책으로서 비행적인 하위문화가 형성된다.
② 코헨(Cohen)과 마찬가지로 '집합적 해결책'에 주목하여 비행하위문화가 형성되는 과정을 설명하지만, 차이점은 하위문화를 세 유형으로 구분한 점이다.
③ 세 유형의 하위문화의 차이를 하위계층 청소년들이 거주하는 공동체의 구조적 특징에서 찾으며, 여기서 클라워드와 오린은 서덜랜드의 차별적 접촉이론을 활용하면서 머튼의 이론에서 도출한 '기회구조' 개념을 확장하여 적용하였다.
④ 머튼의 이론을 적용하여, 성공 기회로의 접근 가능성이 구조적으로 희박한 하위계층의 청소년들은 문화적으로 강조되는 목표와 합법적인 수단 간의 괴리로 긴장을 경험하며, 이는 불법적 대안을 모색하게 하는 압력으로 작용하여 비행하위문화가 형성된다.
⑤ 코헨과는 달리 하위계층의 청소년들은 중간계급에 속하기를 원하는 것이 아니라 단지 경제적 위치의 상승만을 원한다고 보았다. 즉, 중간계급의 문화적 환경 내에서 경제적 성공만을 목표로 한다는 것이다.
⑥ 실제 비행하위문화의 성격은 비합법적인 기회가 어떻게 분포되었는가에 따라 그 지역 비행하위문화의 성격 및 비행의 종류도 달라진다. 즉, 조직적인 범죄활동이 많은 지역은 다른 지역에 비해 범죄기술을 배우거나 범죄조직에 가담할 수 있는 기회가 많기 때문에 비합법적인 방법으로 문화적 목표를 성취할 수 있는 기회가 많이 있다. [2019. 보호 7급]

(3) 집합적 해결책
① 목표 달성에 실패한 공통의 문제 상황에서 집합적으로 해결책을 찾는 과정에 대한 설명은 코헨의 이론과 거의 같다.
② 하위계층의 청소년들은 서로 소통하고 상호작용하면서 공통의 문제를 공유하고 부당한 박탈과 차별이 나만의 문제가 아님을 깨달았을 때, 그들은 실패의 원인을 부도덕하고 불공정한 사회 시스템의 문제로 돌리게 된다.
③ 실패의 원인을 외부로 돌릴 때 문제 상황에 대해 개인적으로 해결하려 하지 않고 집합적 해결책을 추구할 가능성이 커진다.
④ 갱(gang)이라는 집단은 지배 규범을 거부하고 불법적 수단을 정당화하는 안정적인 비행의 문화적 기반이 되며, 비행으로 인한 도덕적 긴장과 죄책감으로부터 심리적으로 자유로워진다.

(4) 개인적 적응양식의 유형(Merton의 모형 수정)

적응 유형	문화적 목표	합법적 수단	비합법적 수단	폭력 수용	비행 하위문화의 유형	머튼과 비교
동조(순응)형	+	+			일반인	동조형
개혁(혁신)형	+	—	+		범죄적 하위문화	개혁형
공격(폭력)형	+	—	—	+	갈등적 하위문화	없음
도피(은둔)형	+	—	—	—	도피적 하위문화	도피형

▶ 문화적 목표는 모두 ○, 2가지 기회구조(어떤 하위문화에 속해 있느냐에 따라 합법·비합법적 수단 사용)
▶ 공격형: 머튼의 적응유형에는 없는 새로운 유형

(5) 비행하위문화의 유형

① 비행하위문화는 거주하는 지역의 구조적 여건에 따라 세 가지 유형으로 구분되며, 불법적 수단에 대한 차별적 접근이라는 개념으로 비행하위문화가 세 가지로 나타나게 되는 과정을 설명한다.

② 기회(수단)의 불평등한 분포
  ㉠ 성공을 위한 합법적인 수단이 없다고 하여 곧바로 비합법적 수단을 사용한다는 머튼의 가정에 동조하지 않는다. [2020. 보호 7급] 총 3회 기출
  ㉡ 머튼은 성공 목표 달성을 위한 합법적 수단에 대한 접근이 계급에 따라 차별적으로 주어진다는 점만을 고려하여, 불법적 수단에는 누구나 접근할 수 있는 것처럼 가정하였다.
  ㉢ 클라워드와 오린은 이 부분을 비판하며, 성공을 위한 불법적 수단에 대한 접근 역시 모두에게 동등하게 주어지는 것은 아니라고 하였다. 즉, '차별 기회'를 합법적 수단뿐만 아니라 불법적 수단에 대해서도 고려해야 한다는 것이다. [2025. 보호 9급] 총 2회 기출

③ 합법적 기회의 차단이 범죄로 이어지기 위해서는 범죄소년이 되는 방법을 학습할 기회를 필요로 한다.

④ 기회구조의 개념을 도입하여 성공을 위한 목표로의 수단이 합법적·비합법적인 두 가지 기회구조가 있음을 전제로 한다. [2017. 보호 7급]

⑤ 개인이 합법적인 기회구조와 비합법적인 기회구조라는 양자에 걸친 지위에 있다고 가정하고, 두 가지 기회구조 중 어느 수단을 취하는가는 사회구조와의 관계에서 어떠한 수단을 취할 수 있는 위치에 있는가에 달려 있다고 보고, 범죄는 개인의 심리적 결단의 문제가 아니라 어떤 하위문화(범죄적·갈등적·도피적)에 속해 있느냐의 문제로 보았다.

범죄적 하위문화 (개혁형)	① 경제적 수입을 보장하는 범죄를 중심으로 조직화된 갱(gang)에서 특징적으로 나타나는 유형이다. ② 합법적 기회는 없고, 비합법적 기회와는 접촉이 가능하여 범행이 장려되고 불법이 생활화되는 유형이다. ③ 범죄로 성공한 성인범죄자를 자신의 미래상으로 인식하고 범죄적 가치나 지식을 습득한다. ④ 주로 성인범죄자들과의 연계가 긴밀한 안정적 하류계층 사회에서 나타나며, 재산범죄가 발생하기 쉽다.
갈등적 하위문화 (공격형)	① 지위 획득을 위한 방법으로 폭력이 만연하는 갱(gang)에서 주로 발견되는 유형이다. ② 범죄기술을 전수할 수 있는 환경이나 기회가 없기 때문에 이러한 지역에서는 안정된 범죄적 하위문화가 형성되지 못한다. ③ 합법적 기회뿐만 아니라 비합법적 기회에도 접근하지 않고, 자신들의 욕구불만을 폭력으로 표현하는 투쟁적인 하위문화유형이다. [2020. 보호 7급] ④ 범죄조직에 대한 통제가 확고하지 않은 관계로 과시적인 폭력과 무분별한 갱 전쟁 등이 빈번하게 발생한다. [2025. 보호 9급] ⑤ 분노와 좌절을 폭력으로 분출할 수 있고, 폭력적 수단에 대한 접근에는 장애가 없으므로 경제적 성공 대신 폭력을 통해 지위 성취를 목표로 하는 경향이 나타난다.
도피적 하위문화 (은둔형)	① 마약 소비 행태가 두드러지게 나타나는 갱(gang)에서 주로 발견되는 유형이다. ② 문화적 목표의 가치는 인정하지만 이를 달성하기 위한 수단이 모두 봉쇄되어 있고, 이를 해소할 폭력도 사용하지 못하는 자포자기 집단의 유형이다. ③ 합법적 기회와 비합법적 기회가 모두 결여된 사람들을 이중실패자로 분류하였다. [2021. 보호 7급] ④ 이중실패자들은 합법적인 세계와 불법적인 세계로부터 모두 차단됨으로써 문화적 목표 추구를 포기한 채 도피적 생활양식(약물중독, 정신장애, 알코올중독)에 빠져든다. [2025. 보호 9급]

⊕ PLUS 비행하위문화의 유형 관련 설명

1. 합법적 수단, 비합법적 수단, 폭력의 수용 여부에 따라 하류계층의 비행이나 범죄는 범죄적, 갈등적, 도피적 유형으로 구분된다. [2022. 경찰2차]
2. 범죄적 하위문화가 나타나기 위해서는 범죄가 생계유지 수단이 될 뿐만 아니라 경제적 성공 목표를 이룰 수 있는 가능성이 있어야 한다.
3. 이를 위해서는 비행청소년에게 적절한 역할 모형과 인맥을 제공하는 성인 범죄자와의 연결이 중요하다.
4. 연령집단 간의 통합이 이루어져 있는 공동체에서는 비행청소년과 성인 범죄자 사이의 연결망이 존재하고, 이는 범죄하위문화가 나타날 수 있는 구조적 조건이 된다.
5. 범죄적 가치를 갖고 있는 사람들과 관습적 가치를 갖고 있는 사람들 간에 유대와 통합이 형성되어 있는 지역에서 범죄적 하위문화가 나타날 가능성이 크다.
6. 연령집단 간의 통합과 범죄적 가치의 조직화라는 구조적·문화적 조건이 결여된 지역 공동체의 하위계층 청소년들에게는 불법적 기회에 대한 접근 기회마저 여의치 않다. 이 지역에서는 갈등적 하위문화나 도피적 하위문화가 특징적으로 발견된다.

(6) 공헌 및 비판

공헌	① 집단비행현상의 구조적 요인은 아노미이론에서, 구체적인 비행의 성격과 형태는 문화전달이론과 차별적 접촉이론에서 파악했다. ② 범죄와 비행을 유발하는 중간적인 사회구조적 여건, 즉 합법적 기회구조·비합법적 기회구조를 지적했다. ③ 미국의 1960년대에 지역사회 교정과 비행예방 프로그램 등의 사회정책에 크게 영향을 주었다.
비판	① 상이한 하류계층 간에 존재하는 가족구조와 인종적 요소 등 배경적인 차이를 체계적으로 취급하지 않고 있다. ② 비행이 하류계층에 상대적으로 더욱 보편화되어 있다는 가정에서 출발한 이론으로 중상류계층에서의 비행발생에 관한 설명이 없다. ③ 동일한 기회구조 속에서도 왜 사람마다 서로 다르게 반응하는지에 대해서 설명할 수 없다. ④ 높은 청소년 비행률을 나타내고 있는 지역사회들에는 어느 특정한 한 가지의 하위문화가 아니라 복수의 하위문화가 존재한다.

단원별 지문 OX

01 울프강(Wolfgang)의 폭력사용의 정당화, 코헨의 지위좌절, 밀러의 주요 관심사이론을 모두 포괄하는 이론은 하위문화이론이다. ( ) 　　　　　　　　　　　　　　　　　　　　　　　　　[2022. 보호 7급]

02 밀러(Miller)의 하류계층 문화이론(Lower Class Culture Theory)에 의하면 범죄와 비행은 중류계층에 대한 저항으로서 하류계층 문화 자체에서 발생한다. ( ) 　　　　　　　　　　　　　　　　[2023. 보호 7급]

03 밀러(Miller)가 주장한 하위계층문화이론의 '관심의 초점(focal concerns)'인 강인함(toughness)은 감성적으로 정에 이끌리는 태도보다는 힘의 과시나 남자다움을 중시하는 것을 말한다. ( ) 　　　　　　　[2023. 경찰1차]

04 밀러(Miller)가 주장한 하위계층문화이론의 '관심의 초점(focal concerns)'인 영악함(smartness)은 사기나 도박 등과 같이 남을 속임으로써 영리함을 인정받는 것을 말한다. ( ) 　　　　　　　　　[2023. 경찰1차]

05 밀러(Miller) 하위계층문화이론의 운명주의(fatalism)는 자기 마음대로 자신의 일을 처리하는 것으로, 경찰이나 부모 등 어느 누구로부터의 통제나 간섭을 기피하는 것을 말한다. ( ) 　　　　　　　[2023. 경찰1차]

06 밀러(Miller)는 하류계층에 중류계층의 문화와는 구별되는 독자적인 문화가 있다고 설명하였다. ( ) 　[2023. 경찰2차]

07 울프강(Wolfgang)과 페라쿠티(Ferracuti)는 폭력사용이 사회적으로 용인되는 폭력하위문화가 존재한다고 설명하였다. ( ) 　　　　　　　　　　　　　　　　　　　　　　　　　　　　[2023. 경찰2차]

08 울프강(Wolfgang)과 페라쿠티(Ferracuti)의 폭력적 하위문화는 주류문화와 항상 갈등상태를 형성한다. ( ) 　　　　　　　　　　　　　　　　　　　　　　　　　　　　　　　　　　　[2023. 해경 경위]

09 코헨(Cohen)의 비행하위문화이론은 청소년비행의 원인을 자본주의 체제에 책임을 전가함으로써 사회구성원 간의 상호작용 과정에서 주로 발생하는 대부분의 비행행위를 객관적으로 설명하지 못한다는 비판을 받는다. ( ) [2023(73). 경위]

01 ○

02 × 밀러(Miller)는 범죄행위를 독특한 하류계층 하위문화의 가치와 규범에 대한 정상적인 반응으로 본다. 하위계층 청소년들은 하위계층문화의 '주요 관심사'에 따라 학습하고 행동하며 비행청소년들은 특히 이를 과장된 방법으로 표현하고 행위로 나타낸다. 다만, 이러한 관심은 중류계층의 규범에 위반이지만 악의적인 원한이나 울분 또는 저항을 표시하는 것은 아니라는 점에서 코헨(Cohen)의 비행적 하위문화이론과 다르다. 즉, 하류계층의 비행을 '중류층에 대한 반발에서 비롯된 것'이라는 코헨(Cohen)의 주장에 반대하고 그들만의 독특한 하류계층문화 자체가 집단비행을 발생시킨다고 보았다.

03 ○

04 ○

05 × 자율·자립(Autonomy)에 대한 설명이다. 운명·숙명(Fatalism)은 자신의 미래가 스스로의 노력보다는 스스로 통제할 수 없는 운명에 달려 있다는 믿음이다. 하위계급은 행운이나 불행에 많은 관심을 갖고 있으며 범죄를 저지르고 체포되더라도 이를 운수가 좋지 않았기 때문이라고 판단한다.

06 ○

07 ○

08 × 폭력적 하위문화는 주류문화와 항상 갈등상태를 형성하는 것은 아니며, 폭력적 하위문화라도 모든 상황에서 폭력을 사용하지는 않는다.

09 × 코헨(Cohen)의 비행하위문화이론은 비행적인 하위문화의 형성과정을 아노미적 틀을 빌려 설명한다.

10 코헨(Cohen)의 비행하위문화이론은 상당수의 청소년비행은 비행하위문화에 속한 청소년들에 의해 집단적으로 발생하기 보다는 청소년 각자의 개인적 이유 때문에 발생한다는 사실을 경시했다. (　　) [2023(73). 경위]

11 코헨(Cohen)의 비행하위문화이론은 하류층의 청소년 중에서 비행을 저지르지 않는 청소년들이 많다는 사실을 간과하였다. (　　) [2023(73). 경위]

12 코헨(Cohen)은 하류계층의 비행이 중류계층의 가치와 규범에 대한 저항이라고 설명하였다. (　　) [2023. 경찰2차]

13 하류계층의 청소년들은 중류사회의 성공목표를 합법적으로 성취할 수 없기 때문에 지위좌절(status frustration)이라고 하는 문화갈등을 경험하게 된다는 하위문화론은 코헨(Cohen)의 비행적 하위문화이론이다. (　　) [2022. 경찰2차]

14 코헨(Cohen)이 1955년에 발표한 비행하위문화이론은 주로 사회학습이론의 틀을 빌려 비행하위문화의 형성과정 및 유래를 제시한다. (　　) [2022(72). 경위]

15 코헨(Cohen)이 1955년에 발표한 비행하위문화이론은 하층 비행청소년들의 비행 하위문화가 비실리적이고, 악의적이며, 부정적인 특성을 갖는다고 하였다. (　　) [2022(72). 경위]

16 코헨(Cohen)이 1955년에 발표한 비행하위문화이론은 중간계급의 문화에 잘 적응하지 못하는 하층 청소년들이 하위문화 형성을 통해 문제를 해결하고자 하는 과정을 문화적 혁신이라고 하였다. (　　) [2022(72). 경위]

17 코헨(Cohen)이 1955년에 발표한 비행하위문화이론은 경제적 목표와 수단 사이의 괴리가 긴장을 유발하는 것이 아니라 중간계급의 문화적 가치에 대한 부적응이 긴장을 유발한다고 하였다. (　　) [2022(72). 경위]

18 코헨(Cohen)은 중산층 문화에 적응하지 못한 하위계층 출신 소년들이 자신을 궁지에 빠뜨린 문화나 가치체계와는 정반대의 비행하위문화를 형성한다고 보았다. (　　) [2023. 해경 경위]

19 클로워드(Cloward)와 올린(Ohlin)은 머튼(Merton)의 아노미이론(Anomie Theory)과 사이크스(Sykes)와 맛차(Matza)의 중화이론(Neutralization Theory)을 확장하여 범죄원인을 설명하였다. (　　) [2023. 경찰2차]

20 클로워드(Cloward)와 올린(Ohlin)의 차별기회이론(Differential Opportunity Theory)은 비행하위문화를 갈등 하위문화, 폭력 하위문화, 도피 하위문화로 구분하였다. (　　) [2023. 교정 9급]

---

10 ○
11 ○
12 ○
13 ○
14 × 　코헨(Cohen)은 노동계급의 남자 청소년들에게서 발견되는 비행적인 하위문화의 형성과정을 아노미이론의 틀을 빌려 설명한다.
15 ○
16 ○
17 ○
18 ○
19 × 　클로워드(Cloward)와 오린(Ohlin)의 차별적 기회이론은 일탈에 이르는 압력의 근원에 초점을 맞춘 머튼(Merton)의 아노미이론과 비행을 학습의 결과로 파악하는 서덜랜드(Sutherland)의 차별적 접촉이론으로 대도시 하층 거주 지역에서 하위문화가 형성되는 과정을 설명하였다.
20 × 　비행하위문화를 합법적 수단, 비합법적 수단, 폭력의 수용 여부에 따라 범죄적 하위문화, 갈등적 하위문화, 도피적 하위문화로 구분하였다.

제14장 / 갈등이론

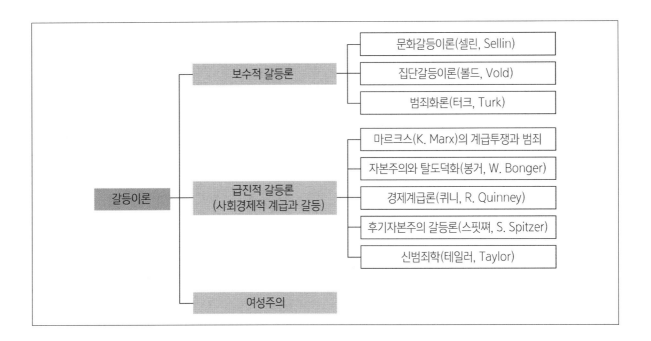

제1절 개관

01 의의

(1) 갈등론적 관점

① 갈등론적 범죄학(비판범죄학, 급진범죄학)은 범죄의 연구대상을 사회적 상호작용이 아닌 '비행에 대한 사회 통제 메커니즘'으로 옮겨 놓은 거시적(구조적) 이론이다.

② 범죄행위의 개별적 원인을 규명하기보다는 어떤 행위가 범죄로 규정되는 과정에 더 관심을 가졌고, 연구초점을 일탈자 개인으로부터 자본주의체제로 전환시켜 연구의 범위를 확대함으로써 일탈의 문제도 자본주의 사회의 모순에 대한 총체적 해명 속에서 이해하고자 하였다.

③ 범죄는 <u>자본주의 사회의 본질적인 불평등</u>과 밀접한 관련이 있다고 본다. [2022. 경찰2차]

④ 갈등론은 이러한 점에서 사회구성원의 가치합의와 국가기관의 중립성을 강조하는 합의론과는 대립되는 견해이다.

⑤ 사회는 집단 간의 갈등 속에서 강제와 통제, 타협 속에서 생존한다는 것이 갈등론의 핵심이다.

⑥ 갈등주의적 시각에서는 누가 범죄를 저지르는가보다는 어떤 행위가 국가의 형사법에 의해 범죄로 규정이 되는가를 살펴보아야 한다고 주장한다.

⑦ 범죄에 대한 갈등론적 관점은 이익갈등론과 강제론을 전제로 한다. 그리고 범죄에 대한 대책에서도 개혁적·변혁적 경향을 띠고 있다.

⑧ 갈등이론은 자본주의체계의 모순과 경제적 불평등을 범죄와 범죄통제, 법 적용과정을 설명하는 이론이다.

(2) 법에 대한 시각

① 갈등론은 법을 만들고, 범죄를 규정하고, 범죄자를 색출하고, 처벌하는 국가사법기관의 활동 역시 집단 간 갈등의 산물로 본다.

② 입법이나 사법활동은 사회구성원 대다수의 가치를 반영하고 공공이익을 대변하기보다는 강력한 권력과 높은 지위를 차지한 집단의 이익을 도모하는 방향에서 운용된다는 것이다.

③ 갈등론에 의하면 한 사회의 법률을 위반하는 범죄의 문제도 도덕성의 문제가 아니라 사회경제적이고 정치적인 함의를 지니는 문제일 뿐이다. [2017. 보호 7급]

④ 사회의 다양한 집단들 중에서 자신들의 정치적·경제적 힘을 주장할 수 있는 집단이 자신들의 이익과 기득권을 보호하기 위한 수단으로 만들어 낸 것이 법이다. [2024(74). 경위]

⑤ 법이란 지배계층의 가치와 신념의 표현이며 형사사법기관은 그들의 사회통제기제에 불과할 따름이어서 범죄란 그 사회의 부와 권력의 불공정한 분배에 대한 반응으로 본다.

(3) 범죄의 정의

① 범죄는 하류층의 희생에 기초해서 상류층의 권력과 지위를 보호하기 위해 고안된 정치적인 개념이라고 본다.

② 하류층의 범죄는 그들이 자본주의 사회에서 경험하는 소외와 착취, 차별에 대한 대응하는 행위라고 보았으며, 인종차별이나 성차별, 제국주의, 환경파괴, 국가의 무력사용과 전쟁, 인권침해, 불안정한 노동조건, 부적절한 아동보호, 불량주택 등이 진짜 범죄(real crime)라고 주장한다.

③ 살인, 성폭력, 강도와 절도 같은 노상범죄가 무거운 처벌을 받는 것은 그 대부분이 하류층에 의해 저질러지기 때문이다.

(4) 낙인이론과의 차이

구분	낙인이론	비판범죄학
이론적 관점	미시적(사회과정, 사회적상호이론)	거시적(사회구조이론)
연구 대상	법집행기관의 범인성	사회구조의 범인성
연구 초점	범죄인 개인과 형사사법기관 간의 상호작용	범죄인 집단과 국가권력의 문제
보호관찰	긍정	부정(사회적 강자들을 위한 제도)
대책	불간섭주의	자본주의 타파와 사회주의로의 전환
공통점	범죄에 대한 상대적 개념, 주류범죄학의 문제점 지적, 사회적 반응의 문제점 지적	
낙인이론비판	낙인이론의 영향을 받았지만, 낙인이론의 가치중립성과 추상성 비판 [2015. 보호 7급]	

02 자본주의 사회에서 국가와 형사사법의 역할

(1) 개관

① 비판범죄학자들은 국가는 법을 제정하고 형사사법 활동을 통해 기존의 자본주의적 경제질서를 유지하는 역할을 하는 강압적 수단이라는 점에는 일반적으로 동의한다.

② 하지만 국가가 자본가를 포함한 지배계급의 이익을 보호하는 지배계급의 수단인가 아니면 자본주의를 유지하고 존속하기 위해 사회의 갈등을 조정하고 법을 제정하는 역할을 하는가에 대해서는 의견이 두 갈래로 나뉜다.

(2) 도구주의적 이론

① 국가가 지배계급의 이익을 대변한다고 보는 관점을 도구주의적 이론이라고 한다.
② 자본주의하에서 권력과 부를 가진 사람들은 자신들의 범죄적이고 불법적인 행위를 규제하는 법 제정과 법 적용을 최소화하기 위한 다양한 수단을 활용할 수 있다.
③ 반면에 권력과 부를 가지지 못한 사람들은 법 제정을 밀어부칠 힘도, 자신들에 대한 법 적용의 불공정에 대항할 힘도 가지고 있지 않으며 좌절 속에서 현 질서에 대한 반감을 가지게 된다.

(3) 구조주의적 이론

① 자본주의 질서의 유지를 위해서 필요하다면 지배계급을 통제할 수 있는 힘을 국가가 소유하고 행사한다는 관점을 구조주의적 이론이라고 한다.
② 국가와 형사사법의 역할이 그리 간단하지 않으며, 언제나 지배계급의 이익을 위해서만 움직이는 것은 아니다.
③ 국가는 특정 계급의 이익을 보호한다기보다는 원활하게 자본주의가 발전할 수 있도록 조정하는 역할을 수행한다는 점을 강조한다.
④ 퀴니(Quinney)는 구조주의적 관점에서 법의 제정, 자본주의 사회에서의 범죄통제, 후기산업사회의 범죄문제 등에 대해 분석하였다.
⑤ 그는 국가는 법을 통해 자신의 이익과 자본가계급의 이익을 강력하게 보호하고 있으며, 범죄통제는 현존 사회질서에 대한 위협을 억제하는 강제적 수단이라고 보았다.

(4) 이론의 공통된 특징

① 사회과학의 가치중립성을 거부하고, 실증주의 및 자유주의의 패러다임과 결별하였다.
② 자본주의 사회의 모순에 관심을 갖고 일탈의 문제도 자본주의 사회의 모순에 대한 총체적 해명 속에서 이해하였다.
③ 일탈 및 범죄문제의 해결방법으로 현상유지와 개혁주의적 해결을 거부하고 전반적인 체제변동과 억압에 대한 투쟁적 정치참여를 주장하였다.

03 공헌과 비판

(1) 공헌

① 범죄원인을 개인에게서 찾는 미시적 관점에서 벗어나 범죄원인을 사회구조에서 찾는 거시적 관점에서 파악하였다.
② 형벌법규의 정당성 자체에 의문을 가지고, 범죄를 다루는 기관들의 행동에 대해 그 배후에 있는 진정한 동기를 묻고자 하였다.
③ 권력형 범죄의 분석에 유용하다.
④ 공식적 범죄통계의 신빙성에 의문을 제기하고, 암수에 대한 인식의 중요성을 지적하였다.

(2) 비판

① 이념적·사변적 경향이 있으며, 사회과학영역에서 예언적 미래관을 신봉하는 것은 위험하다.
② 사회주의 국가에서 범죄가 소멸하였다는 경험적 증거가 없고, 범죄문제를 지나치게 정치적으로 이해하고 있으며, 범죄통제측면의 강조로 범죄의 원인규명에 미흡하다.

③ 상층범죄에 관심을 집중한 나머지 범죄의 주된 희생자인 하층계급과 피해자의 보호에 충분한 배려가 없다.

④ 우연적·예외적 위반을 강조할 뿐 구조적이고 제도화된 정규적 위반을 분석하지 못하고 있다.

⑤ 자본주의 체계에 대한 비판적 시각만 있을 뿐 형사사법체계의 개선을 위한 구체적 대안을 제시하지 못하고 있다.

⑥ 생물학적 또는 심리학적 범죄대책을 도외시하고 있다.

⑦ 갈등이라고 하는 개념이 명확하게 정의되지 못하고 있다.

⑧ 살인·강도·강간·유괴 등 비정치적 전통범죄까지 집단갈등의 소산으로 가정하는 것은 한계가 있다.
[2024(74). 경위]

⑨ 사회의 경제적 계층화는 사람들이 열심히 노력하도록 하는 동기자극 등의 긍정적인 면이 있다.

⑩ 생산수단의 소유와 통제를 동일한 것으로 잘못 이해하고 있다.

⑪ 경찰은 범죄를 대응할 때 그 범죄행위의 심각성을 중요시할 뿐 피해자 등의 압력을 중요시 하지 않는다.

⑫ 집단간 갈등제거는 범죄문제해결을 위한 이상적 사회주의 국가지향성일 뿐, 사회주의사회에서 하류계층의 범죄가 사라졌다는 증거는 없다.

⊕ PLUS 비판범죄학

1. 급진적 범죄학 또는 갈등론적 범죄학이라고도 한다.

2. 갈등론적 관점에서 기존의 범죄학을 비판하는 데에서 출발하였다.

3. 범죄원인을 개인의 반사회성에서 찾는 종래의 범죄원인론을 비판한다.

4. 범죄행위의 개별적 원인을 규명하기보다는 어떤 행위가 범죄로 규정되는 과정에 더 관심을 가졌다(범죄발생의 저변에 작용하고 있는 구조적 요인을 거시적 시각에서 분석).

5. 범죄인 가운데 하층계급의 사람들이 많은 것은 국가가 이들의 범죄만을 집중적으로 통제하기 때문이다.

6. 형사사법기관은 사회성원 대다수의 이익보다는 권력과 지위를 차지하고 있는 소수집단의 이익을 위해 차별적으로 법을 집행한다고 보며, 법의 내용은 권력을 차지한 집단의 이익을 도모하는 방향으로 정해진다고 한다(형사사법기관의 선별적 형사소추에 대한 비판을 제시).

7. 사회는 일정한 가치에 동의하는 동질적 집단이 아니라, 서로 다른 가치와 이해관계가 충돌하는 이질적 집단이라고 본다(갈등론적 관점).

8. 형법은 국가와 지배계급이 기존의 사회·경제 질서를 유지하고 영속화하기 위한 도구라고 보고, 형법의 정당성에 대하여 의문을 제기한다.

9. 연구초점을 일탈자 개인으로부터 자본주의체제로 전환시켜 연구의 범위를 확대하였다.

10. 범죄통제의 측면에 대한 지나친 관심으로 범죄의 원인에 대한 규명이 제대로 행해지지 못하고, 자본주의 구조 또는 국가가 범죄를 생산한다는 지극히 일차적이고 막연한 논리에 그치고 있으며, 범죄통제를 위한 구체적인 대안도 제시하지 못하였다.

11. 휴머니즘 비판범죄학은 노동력 착취, 인종차별, 성차별 등과 같이 인권을 침해하는 사회제도가 범죄적이라고 평가하는 인도주의적 입장이다.

단원별 지문 O X

01 하층이나 소수민, 청소년, 여성처럼 사회적 약자에게 법은 불리하게 적용될 수 있다는 범죄학은 비판범죄학이다. (   )
[2013. 보호 7급]

02 낙인이론과 비판범죄학 양자 모두 범죄에 대한 상대적 개념을 전제하고 있다. (   )   [2016. 사시]

03 낙인이론이 범죄인 개인과 형사사법기관 간의 상호작용에 초점을 맞춘다면 비판범죄학은 범죄인 집단과 국가권력의 문제를 다루고 있다. (   )   [2016. 사시]

04 낙인이론은 국가의 범죄통제가 오히려 범죄를 증가시키는 경향이 있으므로 과감하게 이를 줄여야 한다고 주장한다. (   )
[2016. 사시]

05 비판범죄학에 의하면 범죄인 가운데 하층계급의 사람들이 많은 것은 국가가 이들의 범죄만을 집중적으로 통제하기 때문이다.
(   )   [2016. 사시]

06 비판범죄학자들은 자본주의의 불평등으로 인해 야기되는 일상범죄에 초점을 맞추었으므로, 국가범죄나 기업범죄 등 자본가 계급의 범죄는 범죄학과는 다른 차원에서 접근해야 한다고 보았다. (   )   [2016. 사시]

07 갈등론은 법의 제정과 집행은 사회 일반의 이익을 보호하기 위해서가 아니라, 국가운영을 통제하는 지배계층의 이익을 보호하기 위해 존재한다. (   )   [2024(74). 경위]

08 갈등론적 관점에서는 범죄원인을 밝히기보다는 '대부분의 사람은 왜 범죄를 저지르지 않고, 사회규범에 동조하는가'라는 의문에서 출발하고 있다. (   )   [2024(74). 경위]

09 갈등론적 관점에서는 살인, 강도, 절도, 도박 등 일반범죄의 원인을 설명하는 것은 한계가 있다. (   ) [2024(74). 경위]

---

01 ○
02 ○
03 ○
04 ○
05 ○
06 ✕ 비판범죄학은 범죄의 연구대상을 사회적 상호작용이 아닌 '비행에 대한 사회통제 메커니즘'으로 옮겨 놓은 거시적(구조적) 이론이다. 범죄행위의 개별적 원인을 규명하기보다는 어떤 행위가 범죄로 규정되는 과정에 더 관심을 가졌고, 연구초점을 일탈자 개인으로부터 자본주의 체제로 전환시켜 연구의 범위를 확대하여 일탈의 문제도 자본주의 사회의 모순에 대한 총체적 해명 속에서 이해하고자 하였다.
07 ○
08 ✕ 사회통제이론에 대한 설명이다. 갈등론적 관점은 누가 범죄를 저지르는가보다는 어떤 행위가 국가의 형사법에 의해 범죄로 규정되는가를 살펴보아야 한다고 주장한다.
09 ○

제2절 보수적 갈등론

01 셀린의 문화갈등이론

(1) 개관

① 문화갈등이론은 인간의 사회행동을 결정하는 데는 한 사회의 문화적 가치체계가 결정적 작용을 한다는 전제로부터 출발한다. 그리고 일탈행동은 개인이 사회의 지배적 가치와 다른 규범 체계, 즉 하위문화 또는 이주자의 생소한 문화로부터 배운 가치체계를 지향할 때 발생하는 것으로 설명한다.

② 사회 내의 서로 다른 문화집단들 간의 갈등에 기초한 이론으로, 문화갈등이란 사회적 가치에 대한 이해 및 규범 등의 충돌을 의미한 것으로 보았다.

③ 셀린(Sellin)은 「문화갈등과 범죄」(1938)에서 서로 다른 문화들에는 독특한 행위규범, 즉 어떤 상황에서 어떤 유형의 사람들이 특정한 방식으로 행동하도록 요구하는 규칙들이 있다고 주장하였다.

④ 개별집단의 문화적 행동규범과 사회전체의 지배적 가치체계 사이에 발생하는 문화적 갈등관계가 범죄원인이 된다.

⑤ 법은 그 사회의 다양한 구성원들의 합의를 대변하는 것이 아니라, 지배적인 문화의 행위규범을 반영하는 것이고, 전체 사회의 규범과 개별집단의 규범 사이에는 갈등이 존재하며, 개인도 이러한 종류의 갈등이 내면화됨으로써 인격해체가 이루어지고 범죄원인으로 작용하게 된다. [2023. 해경 경위] 총 2회 기출

⑥ 일차적, 이차적 문화갈등이 있게 되면, 법규범은 다양한 사회구성원들 간의 합의된 가치를 반영하는 것이 아니라 단지 지배적인 문화의 행위규범만을 반영할 뿐이다.

⑦ 문화갈등의 유형을 다음과 같이 나누어 설명한다. 여기에서 중요한 것은 갈등의 구조·동태가 아니라 비관습적 규범과 가치가 대대로 전승되는 사회적 과정에 있다고 한다.

📋 일차적 문화갈등과 이차적 문화갈등 [2023. 해경 경위] 총 4회 기출

일차적(횡적) 문화갈등	이질적 문화 사이에서 발생하는 갈등으로 두 문화 사이의 경계지역에서 발생한다(이질적 문화 간의 충돌). 예 식민지 정복과 같이 하나의 문화가 다른 문화영역 속으로 확장하는 경우, 이민 집단과 같이 특정문화의 구성원들이 다른 문화 영역으로 이동할 때
이차적(종적) 문화갈등	하나의 단일문화가 각기 독특한 행위규범을 갖는 여러 개의 상이한 하위문화로 분화될 때 일어나는 갈등형태이다(동일문화 내에서 사회분화로 인한 갈등). 예 신·구세대 간, 도시·농촌 간, 빈·부 간

(2) 문화갈등과 범죄

① 문화갈등이 존재하는 지역의 사람들은 그 지역의 행위규범이 모호하고 서로 경쟁적이므로, 사회통제가 약화되고 스트레스를 유발하여 보다 용이하게 범죄나 일탈행위에 끌리게 된다.

② 지배적인 문화의 행위규범만이 법제화됨으로써, 그렇지 못한 문화를 가진 사람들은 자신이 속한 문화의 행위규범을 따르다 보면 법과 마찰을 일으킬 수밖에 없게 된다. 특히 이차적 문화갈등의 상황에 놓인 사람은 어느 집단의 규범을 따르는가에 관계없이 하나의 문화규범을 어기고 그로부터 거부당할 수밖에 없기 때문에 사회학적 이중곤경(double bind)에 사로잡히게 된다.

③ 문화갈등에 따른 행위규범의 갈등은 심리적 갈등의 원인이 되고, 나아가 범죄의 원인이 된다. [2023(73). 경위] 총 2회 기출

④ 범죄는 하나의 단일문화가 독특한 행위규범을 갖는 여러 개의 상이한 하위문화로 분화될 때, 사람들이 자신이 속한 문화의 행위규범을 따르다 보면 발생할 수 있다.

(3) 공헌과 비판

① 공헌

    ㉠ 범죄의 중요한 요소로서 이민집단이나 인종 간의 범죄현상을 집단 간의 문화규범의 충돌인 갈등으로 설명하였다.

    ㉡ 20C 범죄학에서 가장 큰 영향력을 미친 이론으로, 서덜랜드(Sutherland)의 차별적 접촉이론, 베커(Becker) 등의 낙인이론, 터크(Turk)나 볼드(Vold)의 갈등이론, 코헨(Cohen)의 하위문화이론, 에이커스(Akers)의 사회적 학습이론 등의 이론적 기초를 제공하였다.

② 비판

    ㉠ 이민사회의 다양한 민족을 전제로 한 이론이기 때문에 범죄이론으로 보편화하는 데는 처음부터 한계가 있다.

    ㉡ 문화갈등이 없는 집단의 범죄율은 그렇지 않은 집단보다 상대적으로 낮게 나타나야 하나, 이와 같은 사실은 통계적으로 입증되지 않고 있다.

02 볼드의 집단갈등이론

(1) 개관

① 셀린(Sellin)의 문화갈등이론이 행위규범들의 갈등에 기초한 반면, 볼드(Vold)는 「이론범죄학」(1958)에서 이해관계의 갈등에 기초한 집단갈등이론(Group Conflict Theory)을 주장하였다.

② **집단형성의 동기**: 사람이란 원래 집단지향적인 존재이며, 이들의 생활은 대부분 집단에 참여함으로써 가능하다는 전제에서 출발한다. 자신의 노력보다 집단을 통한 요구가 잘 실현되기 때문으로 새로운 이해관계에 따라 집단은 만들어지고 소멸된다.

③ **집단의 속성**: 항상 집단이익을 살피고 이를 수호하려고 한 결과, 다른 집단에 대해 자신의 위상을 유지하거나 개선하려는 연속적인 투쟁 상태에 있게 된다. 이와 같은 집단 간의 갈등은 사회가 제대로 기능하는데 있어서 가장 핵심적이고 필수적인 요인이다.

④ 집단들 간의 갈등은 집단들 간 추구하는 이익과 목적의 중첩, 경쟁적이기 때문에 분쟁의 유발이라는 부정적 측면과 구성원들이 집단에 대한 애착심을 강화시키는 긍정적 측면이 있다.

(2) 집단갈등과 범죄

① 법의 제정, 위반 및 법집행의 전 과정은 집단이익의 갈등이나 국가의 권력을 이용하고자 하는 집단 간 투쟁의 결과이다. 특히 법 제정을 권력집단의 협상의 결과로 보고 범죄를 개인적 법률 위반이 아니라 비권력 <u>소수계층의 집단투쟁</u>으로 이해한다. [2022. 경찰2차] 총 3회 기출

② 집단 간의 이익갈등이 <u>가장 첨예한 상태로 대립하는 영역은 입법정책 부분</u>이다. [2024. 해경 경위]

③ 범죄를 법제정과정에 참여하여 자기의 이익을 반영시키지 못한 집단의 구성원이 일상생활 속에서 법을 위반하며 자기의 이익을 추구하는 행위로 본다. [2023. 해경 경위] 총 6회 기출

④ 정치적 갈등의 가장 궁극적인 형태는 반란과 혁명, 특수유형의 범죄뿐만 아니라 통상적인 범죄들도 집단갈등과 관련된다.

⑤ 사회의 주도권을 쟁취한 권력집단이 스스로의 이익을 지키기 위해 법규범과 범죄를 규정하고 국가경찰력을 통제한다고 하였다. [2023(73). 경위]

정치적 갈등(혁명)	과거집권세력의 정부관리가 범죄자, 실패한 혁명가
노사 간 이익갈등	파업과 파업파괴 시 수반되는 폭력행위의 정당화
노동조합 간 분쟁	특정노조에 대한 충성심의 표현으로 협박과 폭력행위
인종적 갈등	인종차별에 대한 저항, 흑백 또는 한인과 흑인 간 갈등 등

(3) 공헌과 비판

① 인종분쟁, 노사분쟁, 확신범죄 등과 같은 이익집단 간의 갈등에서 비롯된 범죄현상을 설명하는데 유용하다. [2024(74). 경위]

② 노조파업과 같은 일시적 갈등 및 소수집단이 그들의 지위를 쉽게 바꿀 수 있는 양심적 반대자, 그리고 나이가 들면서 자연히 지위가 변할 수 있는 비행청소년처럼 소멸될 수 있는 갈등을 이해하는 데 유용하다.

③ 이익집단들 간의 갈등과 연관되지 않은 비이성적 · 격정적 범죄를 설명하는 데에는 부적합하다.

④ 강도 · 강간 · 사기와 같은 개인 차원의 전통적 범죄를 설명하는 데 한계가 있다. [2023. 경찰1차]

⑤ 범죄의 정치적 성격을 강조하지만 권력과 범죄와의 관계에 대해서는 언급하지 않아 현대적 갈등이론이나 비판범죄학의 이념과는 거리가 있다.

03 터크의 권력갈등이론(범죄화론)

(1) 개관

① 터크(Turk)는 다른 갈등론자와 마찬가지로 사회의 질서가 유지되는 근원이 집단 간의 경쟁과 투쟁의 소산이라고 보고, 범죄자로 되는 것은 투쟁의 결과에 좌우되는 것으로 파악하였다.

② 갈등의 원인(지배 - 피지배)
  ㉠ 사회를 통제할 수 있는 권위를 추구하는 데에 있다고 보고, 사회의 권위구조를 집단의 문화규범이나 행동양식을 다른 사람들에게 강제할 수 있는 권위를 가진 지배집단과 그렇지 못한 피지배집단으로 구분하였다. [2024. 해경 경위]
  ㉡ 사회적으로 권력이 있는 집단이 하층계급의 사람들에게 그들의 실제 행동과는 관계없이 범죄자라는 신분을 부여할 수 있다는 측면에서 피지배집단의 범죄현상을 이해한다. [2010. 보호 7급]

③ 다른 갈등이론과 달리 법제도 자체보다는 법이 집행되는 과정에서 특정집단의 구성원이 범죄자로 규정되는 과정을 중시하였는데, 법집행기관이 자신들의 이익을 위해 차별적 법집행을 한다고 보았다. [2023. 경찰1차] 총 2회 기출

④ 사회를 통제할 수 있는 권력 또는 권위의 개념을 범죄원인과 대책분야에 적용시키고자 하였다. [2022. 보호 7급]

(2) 범죄화 현상의 세 가지 조건(다원적 갈등)

① 지배집단의 행동규범 및 문화규범 일치성	㉠ 현실의 법이 지배집단의 행동규범 및 문화규범과 일치할수록 그러한 법이 우선적으로 집행될 가능성이 높다. ㉡ 절도죄 위반과 공정거래법 위반 중 절도죄 위반이 지배집단에서 문화적으로 더욱 중요한 법으로 인식하기 때문에 그만큼 집행될 가능성이 높다.
② 피지배집단의 권력약화 (힘의 상대성)	권력집단보다 피지배집단의 권력이 약할수록 법이 집행될 가능성이 커진다.
③ 비현실적 갈등 진행 (갈등진행의 현실성)	㉠ 법집행자와 저항자가 현실적으로 갈등을 진행한다면, 즉 갈등에서 이기기 위해 노력한다면 범죄화 또는 법집행의 가능성은 낮아지지만, 비현실적으로 갈등을 진행하면 법집행의 가능성이 높아진다. ㉡ 집단 간의 갈등의 산물인 법규위반이 실현가능성이 낮은 목표를 주장·관철하려는 경우일수록 법집행이 강화된다. 기자들 앞에서 징병영장을 태워버리는 징병기피자와 같이 법을 조롱하는 자들은 법집행당국의 주목을 받아 법집행의 가능성이 더 커진다.

⊕ PLUS

구분	문화규범(Cultural Norms)	행동(사회)규범(Behavioral Norms)
정의	사회적으로 공유되는 가치관, 믿음, 어떤 방식으로 행동해야 하는지에 대한 사고 체계로서 행동규범의 기초	사람들이 실제로 어떻게 행동해야 하는지를 규정하는 구체적이고 실제적인 규칙으로 문화규범의 구체적 표현
특징	이데올로기(이념), 옳고 그름, 선과 악을 구분하는 기준, 법의 근거가 되는 철학적 또는 도덕적 원칙, 주로 추상적이고 개념적	주로 행동지침, 법적규범이 행동규범으로 나타나는 경우가 많음, 더 구체적이고 실질적인 성격을 가짐
예시	질서, 평등의 가치, 인간은 모두가 평등	교통법규, 공공장소 흡연금지 등, 차별금지법

(3) 갈등의 조건

① 터크는 문화규범과 사회규범을 구별하여 문화규범은 가치의 언어적 형성물, 예컨대 법조문에 관계한다면 사회규범은 그러한 법이 실제로 집행되는 실제적 행동양식과 관련된다고 한다.

② 지배집단과 피지배자 사이에 문화적·사회적 규범의 차이가 있다는 점에서 출발한다면, 피지배자들이 그들의 행동양식, 즉 그들의 사회규범을 방어할 수 있는 수단으로 자신들의 성숙된 언어와 철학, 즉 문화규범을 가지고 있을 때 갈등의 개연성은 가장 커진다고 한다.

③ 갈등의 개연성은 지배집단과 피지배자, 양자의 조직화의 정도와 세련됨의 수준에 의해 영향을 받는다고 한다. [2023. 해경 경위]

④ 그러나 그는 모든 갈등이 언제나 피지배자의 범죄화를 유발하는 것은 아니며, 이러한 갈등이 범죄화를 유발하는 요인들이 존재한다고 한다.

> ## ⊕ PLUS 권력관계이론
>
> 1. 권력관계이론은 베버(Max Weber)의 사회사상에 바탕을 둔다. 즉, 사회계층화의 핵심요소를 권력으로 설정하는 관점인데, 볼드(Vold)와 터크(Turk)는 이를 발전시켜서 범죄이론을 구성하였다.
> 2. 베버의 범죄분석
>   ① 베버는 권력개념 또는 사회의 권력갈등을 범죄의 해명에 이용한다. 즉, 범죄를 사회 내 여러 집단들이 자기의 생활기회를 증진시키기 위해 하는 정치적 투쟁 내지 권력투쟁의 산물이라고 본다. [2017. 보호 7급]
>   ② 범죄는 사회체제 여하를 떠나서 권력체계, 즉 정치체계가 조직되어 있는 모든 사회에 존재한다고 한다.
>   ③ 베버는 범죄와 범죄통제를 사회의 체제 여하에 구애받지 않고 일반적으로 분석하는 것이 가능하다고 하였다.

(4) 한계

① 권력관계와 갈등에 중점을 두었기 때문에 사회적 협력이나 합의의 중요성을 상대적으로 간과한다.
② 문화규범과 행동규범의 갈등을 과도하게 구조적 요인으로 설명하여 개인의 자율성과 행위의 다양성을 충분히 고려하지 못할 수 있다.

단원별 지문

01 셀린(Sellin)은 문화갈등에 따른 행위규범의 갈등은 심리적 갈등을 유발하고 이것이 범죄의 원인이 된다고 하였다. ( )
[2023(73). 경위]

02 셀린(Sellin)은 전체 사회의 규범과 개별집단의 규범 사이에는 갈등이 존재하고, 개인도 이러한 종류의 갈등이 내면화됨으로써 인격해체가 이루어지고 범죄원인으로 작용하게 된다고 한다. ( )
[2023. 해경 경위]

03 셀린(Sellin)은 이질적인 문화 사이에서 발생하는 갈등을 일차적 문화갈등이라고 하고, 하나의 단일 문화가 각기 독특한 행위규범을 갖는 여러 개의 상이한 하위문화로 분화될 때 일어나는 갈등을 이차적 문화갈등이라고 하였다. ( )
[2024. 보호 9급]

04 볼드(Vold)는 사회의 주도권을 쟁취한 권력집단이 스스로의 이익을 지키기 위해 법규범과 범죄를 규정하고 국가경찰력을 통제한다고 하였다. ( )
[2023(73). 경위]

05 볼드(Vold)의 집단갈등이론은 인종분쟁, 노사분쟁과 같은 이익집단 간 갈등에서 비롯된 범죄현상을 설명하는데 유용하다. ( )
[2024(74). 경위]

06 볼드(Vold)는 범죄를 법제정과정에 참여하여 자기의 이익을 반영시키지 못한 집단의 구성원이 일상생활 속에서 법을 위반하며 자기의 이익을 추구하는 행위로 본다. ( )
[2023. 해경 경위]

07 볼드(Vold)는 범죄를 개인적 법률위반이 아니라 집단 간 투쟁의 결과로 보았다. ( )
[2022. 경찰2차]

08 볼드(Vold)의 집단갈등이론(Group Conflict Theory)은 범죄를 집단 간 투쟁의 결과로 보았으며, 강도·강간·사기와 같은 개인 차원의 전통적 범죄를 설명하는 데 유용한 것으로 평가된다. ( )
[2023. 경찰1차]

---

01 ○ 셀린(Sellin)의 문화갈등이론은 인간의 사회행동을 결정하는 데는 한 사회의 문화적 가치체계가 결정적 작용을 한다는 전제로부터 출발한다. 그리고 일탈행동은 개인이 사회의 지배적 가치와 다른 규범 체계, 즉 하위문화 또는 이주자의 생소한 문화로부터 배운 가치체계를 지향할 때 발생하는 것으로 설명한다.

02 ○

03 ○ 셀린(Sellin)은 문화갈등의 유형을 일차적 문화갈등과 이차적 문화갈등으로 나누어 설명하였는데, 여기에서 중요한 것은 갈등의 구조·동태가 아니라 비관습적 규범과 가치가 대대로 전승되는 사회적 과정에 있다고 한다.

04 ○

05 ○

06 ○

07 ○

08 × 볼드(Vold)의 집단갈등이론은 법의 제정, 위반 및 법집행의 전 과정은 집단이익의 갈등이나 국가의 권력을 이용하고자 하는 집단 간 투쟁의 결과로 파악한다. 이러한 맥락에서 범죄행위도 집단갈등 과정에서 자신들의 이익과 목적을 제대로 방어하지 못한 집단의 행위로 인식하였다. 볼드(Vold)의 이론은 정치적 갈등으로 야기된 범죄, 노사 간의 이익갈등으로서 범죄, 노동조합 간의 관할권 분쟁으로서 범죄, 인종적 갈등으로서 범죄에 가장 적합한 설명이라고 할 수 있다.

09 터크(Turk)는 법제도 자체보다는 법이 집행되는 과정에서 특정집단의 구성원이 범죄자로 규정되는 과정에 주목하였다. ( )

[2024. 보호 9급][2023. 해경 경위]

10 터크(Turk)는 자본가들의 지배에 대항하는 범죄형태를 저항범죄(crime of resistance)라고 정의하였다. ( )

[2022. 경찰2차]

11 터크(Turk)는 법이 집행되는 과정에서 특정한 집단의 구성원이 범죄자로 규정되는 과정에 주목하였고, 이를 '비범죄화(decriminalization)'라고 규정하였다. ( )

[2023. 경찰1차]

12 갈등이론에 의하면 한 사회의 법률을 위반하는 범죄 문제는 사회경제적이고 정치적인 함의를 지니는 문제가 아니라 도덕성의 문제로 다루어진다. ( )

[2023. 해경 경위]

---

09 ○ 터크(Turk)의 범죄화론은 다른 갈등이론과 달리 법제도 자체보다는 법이 집행되는 과정에서 특정집단의 구성원이 범죄자로 규정되는 과정을 중시하였는데, 이를 '범죄화'라고 하였으며, 법집행기관이 자신들의 이익을 위해 차별적 법집행을 한다고 보았다.

10 × 퀴니(Quinney)의 범죄에 대한 설명이다.

11 × 터크(Turk)의 권력갈등이론은 다른 갈등이론과 달리 법제도 자체보다는 법이 집행되는 과정에서 특정집단의 구성원이 범죄자로 규정되는 과정을 중시하였는데, 이를 '범죄화(criminalization)'라고 규정하였다.

12 × 갈등론은 한 사회의 법률을 위반하는 범죄의 문제도 도덕성의 문제가 아니라 사회경제적이고 정치적인 함의를 지니는 문제로 다루어진다.

제3절 급진적 갈등론

01 비판범죄학 개관

(1) 범죄의 원인
① 마르크스(Marx)는 근본적인 사회과정을 생산수단의 소유자인 자본가 계급과 그들에게 고용된 노동자 계급 간에 발생하는 갈등에 기초하는 것으로 본다.
② 범죄발생의 원인을 계급갈등과 경제적 불평등으로 보고 다음과 같이 설명한다. [2022. 경찰2차] 총 2회 기출

원시적 반역	생활에 필요한 물적 자산을 충분히 갖지 못한 피지배계급이 기존 사회가 허락하지 않는 방법으로 물적 자산 또는 지배적 지위에 접근하는 행위가 범죄이다.
타락	산업화된 자본주의 사회에서 실업이나 불완전 고용의 상태에 처하게 된 수많은 사람들은 비생산적이기 때문에 타락하게 되고, 여러 종류의 범죄와 악습에 물들게 된다.

③ 비판범죄학자(갈등론자)들은 범죄를 하류층의 희생에 기초해서 상류층의 권력과 지위를 보호하기 위해 고안된 정치적인 개념이라고 본다. [2023. 경찰1차]

(2) 범죄 대책
① 범죄를 야기하는 계급갈등을 없애는 것으로 사회변혁이 가장 확실한 범죄대책이다.
② 형벌로써 범죄를 감소시키려는 정책의 허구성을 비판하고, 특히 공리주의적 형벌관은 발상 자체가 다른 사람들을 위해 개인의 희생을 강요하는 비인도성을 지니고 있다고 공박한다.

02 봉거의 자본주의와 탈도덕화

(1) 개관
① 봉거(Bonger)는 마르크스주의의 입장에서 범죄원인론을 처음으로 체계화한 학자로, 「범죄성과 경제적 조건」(1916)에서 롬브로조(Lombroso)의 범죄생물학에 대항하여 범죄의 원인을 경제적 이유에서 찾았다.
② 자본주의 사회의 경제제도가 빈곤한 사람들의 개인적 불만족을 심화시키고 이것이 그들의 범죄성향을 더욱 증대시킨다는 경제적 결정론을 제시하면서, 이기주의적 인성이 지배하는 사회일수록 범죄율이 높다는 범죄원인론적 가설을 세운다. [2022. 경찰2차]

(2) 범죄의 원인 – 계급갈등과 경제적 불평등
① 자본주의 사회는 경제영역에서 소수가 다수를 지배하는 체계로서, 이러한 억압적 체계는 인간이 본질적으로 지니는 사회적 본성을 질식시켜 모든 사람들을 탐욕스럽고 이기적으로 만들며, 다른 사람의 복리에 신경 쓰지 않으면서 오로지 자신의 이익을 추구하게끔 조장한다.
② 자본주의 사회에서의 생산수단 소유 여부, 즉 자본주의적 경제조건 때문에 범죄가 발생한다고 하였다. [2023(73). 경위]
③ 사법체계는 가진 자에게는 그들의 욕망을 달성할 수 있는 합법적 수단을 허용하는 반면, 가난한 자에게는 이러한 기회를 허용하지 않기 때문에 범죄는 하위계급에 집중된다. 그리하여 가진 자와 못 가진 자의 갈등적 양상이 심화되면서 양자는 모두 비인간화되고, 여기서 범죄생산의 비도덕성(탈도덕화)이 형성된다는 것이다. [2016. 보호 7급] 총 2회 기출

(3) 범죄 대책 – 사회주의 사회 달성

① 봉거가 제시하는 범죄문제에 대한 정책은 사회주의 사회의 달성이다.
② **사회주의**: 생산과 수단이 공유되며, 부의 재분배가 가능한 사회주의 사회가 되면 부유한 자에 대한 법적 편향성을 제거하고, 전체 사회의 복지를 배려할 것이기 때문에 궁극적으로 범죄가 없어질 것이다.
③ 다만, 사회주의가 건설되더라도 병리적 인간에 의한 소수의 범죄는 존재하는데 이 경우 법에 의해 처벌받는 것이 아니라 의학적으로 치료될 것이라고 보았다.

03 퀴니의 경제계급론

(1) 범죄의 사회적현실 강조

① 퀴니(Quinney)의 초기 연구는 터크(Turk)와 비슷하게 경쟁적 이해관계라는 측면에서 다양한 집단들의 갈등현상을 다루었으나, 후기 연구에서 범죄는 자본주의 물질적 상황에 의해 어쩔 수 없이 유발되는 것이라고 보는 마르크스주의적 관점을 취하였다. [2016. 보호 7급]
② 마르크스(Marx) 이후 발전된 경제계급론을 총체적으로 흡수하여 자본주의 사회에서의 범죄 및 범죄통제를 분석하였다. [2016. 보호 7급]
③ 가진 자는 유리한 입장에서 자신의 이익을 보호하기 위하여 공공정책을 입안하고 그것을 이용하게 된다. 이 과정이 현대사회에 존재하는 범죄의 사회적 현실을 조작하는 능력이라고 보았다.
④ 그의 이론은 사회의 권력·권위 그리고 이익구조가 범죄의 사회적 현실을 구성하는 방법을 보여 준 시도로, 지배계층의 범죄에 대한 인식을 강조하고 있다.
⑤ 사회·경제적 지배계층이 견지하고 있는 범죄에 대한 인식이 곧 현실로 반영되기 때문에 권력계층이 범죄에 관하여 염려할수록 범죄적 규정이 만들어질 확률이 더 높아진다.
⑥ **범죄의 사회적 현실 모형구축 과정**(The Social Reality of Crime) [2024. 교정 7급]

범죄의 정의	범죄는 정치적으로 조직된 사회의 권한 있는 기관에 의해서 만들어지는 인간행위의 규정이다.
범죄규정의 형성	범죄규정은 공공정책을 형성하는 힘을 가진 사회계층의 이익에 갈등적인 행위를 기술한다.
범죄규정의 적용	범죄규정은 형법의 운용과 집행을 형성하는 힘을 가진 사회계층에 의해서 적용된다.
범죄규정과 관련된 행위유형의 발전	행위유형은 분파적으로 조직된 사회에서 범죄규정과 관련하여 구축되고, 이러한 구조 내에서 사람들은 범죄로 규정될 상대적 확률이 있는 행동에 가담하게 된다.
범죄인식의 구성	범죄의 인식은 다양한 방법의 의사소통에 의해서 사회의 계층에서 구축되고 전파된다.
범죄의 사회적 현실	범죄의 사회적 현실은 범죄규정의 형성과 적용, 범죄규정과 관련된 행위유형의 발전, 범죄인식의 구성에 의해서 구축된다.

(2) 범죄의 원인과 유형

① 퀴니는 범죄란 자본주의의 물리적 상황에 의해 어쩔 수 없이 유발된다고 주장한다.
② 자본주의 사회에서 불평등에 시달리는 하류계층 노동자계급(피지배 집단)이 저지르는 범죄를 자본주의 체계에 대한 적응범죄와 저항범죄로 나누어 설명한다.
③ 자본주의는 노동자계급의 범죄를 유발할 뿐만 아니라 지배계급도 이익의 극대화를 위해 범죄를 저지른다. 이러한 지배계급의 범죄를 지배와 억압의 범죄라고 보았다.
④ 지배와 억압의 범죄에는 기업범죄, 통제범죄, 정부범죄와 함께 성차별, 인종차별과 같은 인권침해와 사회적 해악이 포함된다고 보았다.

⑤ 자본주의 사회에서는 노동자계급도, 자본가를 포함한 지배계급도 모두 범죄를 저지르게 되기 때문에 범죄의 원인은 자본주의 경제체계 자체라고 본다.

⑥ **적응범죄와 저항범죄**: 생산수단을 소유·통제하지 못하는 노동자 계급이 개별적으로 자본주의의 기본모순에 반응하는 형태를 말한다. [2023. 경찰2차]

적응의 범죄 (화해의 범죄)	자본주의에 의해 곤경에 빠진 사람들이 <u>다른 사람의 수입과 재산을 탈취함으로써</u> 보상을 받으려 하거나, 자본주의에 의해 피해를 입은 사람들이 <u>무력을 행사하여 다른 사람의 신체를 해하는</u> 유형의 범죄이다. [2021. 보호 7급] 총 2회 기출	
	약탈범죄	<u>생존의 필요에 의한 약탈범죄</u>(절도, 강도, 마약거래 등)
	살인 등 대인범죄	기본모순의 심화 속에서 야기된 <u>난폭성의 대인범죄</u>(살인, 폭행, 강간 등)
저항의 범죄 (대항의 범죄)	㉠ 자본가의 지배에 대항하는 노동자계급의 범죄로, 비폭력적이거나 잠재적인 불법행위와 자본주의에 직접적으로 대항하는 혁명적인 행위들을 포함한다. [2022. 경찰2차] ㉡ 시위, 파업, 혁명 등	

⑦ **지배와 억압의 범죄**: 자본가 계급의 범죄는 그들이 자본주의 기본모순을 안고 체제유지를 해나가는 과정에서 자신의 이익을 보호하기 위해 불가피하게 자신이 만든 법을 스스로 위반하는 경우를 말한다.

기업범죄	가격담합, 부당거래, 입찰담합 등의 경제적 지배를 위한 범죄
통제범죄	지배계급의 보호에 경도된 형사사법기관의 활동에 의한 시민의 인권 탄압
정부범죄	공무원이나 정부 관리들의 독직범죄, 부정부패, 정경유착 등

(3) 범죄 통제

① 퀴니는 범죄통제 역시 지배집단의 체제유지라는 맥락에서 이해되어야 한다고 주장한다. 즉, 자본주의 사회에서 행해지는 체제유지 방법은 사회통제와 사회적 서비스의 두 가지로, 통제와 복지가 체제유지를 위한 두 축인 것이다.

② 사회주의 사회에서 시행되는 범죄통제의 여러 형태들은 통제와 복지라는 복합적인 구조 속에서 파악되어야 한다.

(4) 범죄문제에 대한 급진론적 관점

① 법이란 기존의 사회·경제질서를 유지하고 영속시키기 위한 국가와 자본가 계급의 도구로 규정한다.

② 자본주의 사회에서 범죄통제는 국가질서를 확립할 목적으로 자본가 계급의 이해관계를 대변하는 정부 엘리트에 의해 설립되고 관리되는 다양한 제도와 기관을 통해 이루어진다.

③ 후기 산업사회에는 자원의 편중으로 인한 실업자와 규모가 커진 노동자 계급에 의한 기존 사회질서의 위협으로 사회자원의 막대한 부분이 강압적인 사회통제를 위해 소비된다.

04 스핏쩌의 후기 자본주의 갈등이론

(1) 후기 자본주의 문제

① 스핏쩌(Spitzer)는 대량생산과 대량소비를 주축으로 하는 후기 자본주의 시대의 경제활동이나 계급갈등을 중심으로 범죄발생이나 사회통제에 관심을 두었다.

② 범죄의 근본원인을 자본주의하에서 잉여 노동력의 존재와 그들의 위협가능성에서 찾는다.

③ 「일탈과 범죄에 대한 마르크스적 관점」에서 자본주의 사회에서 필요악인 잉여인구의 통제를 위한 방법의 하나로 범죄자를 통제한다고 주장한다.

④ **잉여인구의 양산**: 후기 자본주의에서는 생산활동의 기계화·자동화에 따른 전문적인 숙련노동자들을 필요로 하기 때문에 전문성이 없는 다수의 비숙련노동자들은 점차 생산활동에서 소외되는 잉여인구 또는 문제인구가 되어, 후기 자본주의에서 가장 중요한 사회문제 중의 하나가 된다.

⑤ 개인적인 특성이나 사회적 관계에서의 위치, 그리고 행동 특성이 자본주의 체계의 유지에 위협이 될 수 있는 집단을 '문제집단'이라고 규정하고, 문제집단을 소셜 정크(social junk)와 소셜 다이나마이트(social dynamite)로 분류하였다.

소셜 정크	생존을 위해 사회적 비용이 들어가지만, 자본주의 질서 자체를 크게 위협하지 않는 집단으로, 노인, 정신질환자, 지체장애자, 알코올 중독자 등이 이에 해당한다.
소셜 다이나마이트	사회의 주변부에 위치해 있는 젊은 실업자, 정치적인 세력을 규합하여 <u>자본주의 질서를 바꾸어보려는 위협적인 집단</u>을 말한다.

⑥ 생산활동에서 소외된 이들은 부유한 사람들의 물건을 탈취하거나 자본주의 이념에 도전하는 정치적 행동을 하는 등 자본주의에 위협이 되는 일탈과 범죄행동을 하게 된다고 보았다.

⑦ 문제인구가 늘어남에 따라 전통적인 사회통제방법으로는 급증하는 범죄문제를 대처할 수 없게 되고, 이에 따라 사회통제의 방법 자체를 변화시킬 수밖에 없게 된다.

(2) 사회통제의 방법의 전환

① **범죄의 방치**: 비시설수용화와 같이 범죄자를 교정시설에 수용하지 않고, 바로 지역사회에 방치하여 범죄자에 대한 국가 관리를 포기하는 것이다.

② **전환**: 범죄를 저지를 개연성이 높은 사람이나 재활을 끝낸 범죄자를 보호관찰 보조자, 교도소의 상담인과 같이 국가사법기관의 활동을 보좌하는 보조자로 전환하는 것이다.

③ **억류**: 문제가 될 수 있는 인구들을 특정지역에 억류시키고, 지역외부로 나오지 않는 한 이들의 범죄행위를 묵인하는 것이다.

④ **범죄적 사업의 묵인**: 문제인구들이 나름대로 수입과 직업을 창출하도록 하여 국가가 이들에 대한 관리비용을 절감하는 방법이다.

05 신범죄학

(1) 개관

① 신범죄학은 갈등론적·비판적·마르크스주의적 비행이론을 반영한 범죄이론으로서 사회학의 갈등이론이 확대된 것이다.

② 신범죄학의 명칭은 테일러(Taylor), 월튼(Walton), 영(Young) 3인이 공동으로 집필한 「신범죄학」(The New Criminology, 1975)에서 비롯되었다.

③ 신범죄학의 중점은 실증주의 비판으로, 기존의 범죄학이론들과 달리 마르크스(Marx)의 일탈이론에 입각하여 규범의 제정자와 제정이유를 중점적으로 파악하여야 한다고 주장한다.

(2) 일탈의 원인과 범죄대책

① 이들이 보는 사회구조는 '권력, 지배 그리고 권위구조'와 어느 시점에서 어떤 행동 형태들을 규정·제재하는 국가의 주도권이다. 이와 같은 권력구조와 권위구조에 도전하는 사람을 일탈자 또는 범죄자로 본다.

② 이들에게 일탈은 정상이며, <u>범죄학자의 임무는 인격적이고 유기적인 또는 사회적인 인간 다양성의 사실이 범죄화되지 않는 사회를 만드는 것</u>으로 보았다.

③ 범죄의 제거는 지배와 통제의 범죄생성적 원인제거를 통하여 달성될 수 있다고 주장하였다.

1. 법이 힘있는 이익집단의 손안에만 있는 것이라고 보는 것은 충분하지 않다고 비판하였다.
2. 퀴니(Quinney)는 정부와 기업은 분리될 수 없다는 사실을 인정하고, 상류계층의 집단 간에 다양한 갈등적 이익이 있을 수 있다는 사실도 인정한다.
3. 테일러(Taylor)와 동료들은 집단갈등이론에서 형법을 이익집단의 다원성에 의한 결과로 보는 데 잘못이 있다고 주장하면서, 국가와 자본가의 동맹으로 형성된 단 하나의 유력한 이익만이 존재할 뿐이라고 보았다.
4. 자본가의 '개인주의의 윤리성' 호소: 개인으로 하여금 자신의 행동에 대한 책임을 지도록 요구하는 것이다.

개인주의적 윤리	노동자의 행동에 대부분 형법과 형사제재를 통한 책임으로 규제, 하층계층에 더 큰 영향
국가와 자본가	각자 경쟁을 규제하는 민법에 의해서만 책임을 규제
결론	두 집단 중 더 유리한 국가와 자본가들은 죄를 면하게 되고, 형사제재도 받지 않게 됨

5. 다른 집단갈등이론의 범죄자에 대한 병리학적 개념화를 비판하고, 병리는 심리·생물학적이라기 보다는 정치적·경제적 의미가 강하다고 주장한다.
6. 신범죄자를 목적있는 창조물, 행동의 혁신자로서 개인적 또는 집단적 행동의 산물로 보고, 알려진 계층의식으로 표현하였다.

06 기타 갈등이론가

(1) 챔블리스와 사이드만(Chambliss & Seidman)의 차별적 범죄화 [2023(73). 경위] 총 2회 기출
① 갈등론적 관점에서 형사사법기관과 제도를 분석하였다.
② 우리 사회는 매우 다양한 규범과 가치를 가진 집단들로 구성되어 있으며, 사회가 복잡하고 계층화될수록 규율의 집행이 점증적으로 요구된다.
③ 범죄는 가난한 사람 자신의 행위의 결과가 아니라 관료제적 법체계와 제도 및 계층편견으로 설명하고자 하였다. 즉, 법은 지배집단이 자신들의 우월성을 보장하기 위한 행위규범이고, 법은 공공이익을 대변하지도 않고, 모든 시민을 동등하게 취급하지도 않으며, 사회 최고의 이익에 봉사하지도 않는다.
④ **법률관료제의 지도원리와 법의 집행**: 책임과 역할을 관료적으로 구조화된 기관들이 떠맡게 되는데, 규율의 제정과 집행은 그들에게 보상이 증대시킬 때 가능하게 되고, 조직적 제재에 기여하게 되면 법의 제정과 집행은 이루어지지 않는다. 즉, 법률관료제의 지도원리는 조직의 이익의 극대화와 조직제재의 극소화에 있다.
⑤ 형사사법기관과 제도상 모든 단계에 존재하는 재량권은 무력한 사람들을 주로 법 테두리 속으로 밀어넣어 조직활동의 매력적인 목표물로 삼게 된다.

(2) 챔블리스(Chambliss)의 막스주의 범죄이론
① **주류범죄학 비판**: 주류범죄학은 법률적 범죄 개념 중에서도 오로지 노동계급이나 사회의 하층계급이 범한 범죄행위에만 집중한다.
② **마르크스 지배계급모델 기반**: 범죄는 경제권력과 정치적 투쟁 간의 상호작용이라거나, 법적 관계가 사회의 물질적 조건의 반영이라고 하여, 기본적으로는 마르크스주의적 지배계급모델에 기반하고 있다.
③ **지배계급 뿐 아니라 국가관료나 중·하층 계급의 영향 중시**: 법은 지배적인 자본가 계급의 직접적인 의사라기보다는 사회체제 내에서 비롯되는 모순의 결과로 파악된다.

④ **합법성의 필요성 강조**: 국가가 생산수단에 대한 자본가들의 독점적 권리를 안정적으로 보호해 주기 위해서는 일정한 공공의 승인, 즉 합법성이 필요한데, 이를 확보하기 위한 일련의 독점금지법, 최저임금법 등 제정, 이 같은 국가행위는 특정 지배계급 일부의 이익 증진보다는 자본주의 자체를 가능케 하는 생산관계의 유지에 보다 관심이 있고, 그럼으로써 때로는 자본가 계급의 독자적인 이해와는 상반되는 입법을(비록 그것이 '상징적'인 것에 불과하더라도) 행하기도 한다.

⑤ **결론**: 법은 "자본의 계속적인 축적을 위한 경제체제의 욕구와 국가의 합법성 요구 사이의 근본적인 모순에서 비롯된 것"이다.

(3) 블랙(Black)의 법행동이론 [2022(72). 경위]

① **법은 통치적 사회통제**: 법은 사회통제의 일종이며, 사회통제란 일탈행동의 한정과 그것에의 대응으로 이루어지고 이러한 사회통제가 통치기구에 의해서 수행되는 경우에 법이 된다.

② 사회적 계층이나 문화 등의 차이에 의해 법을 동원하는 양이 결정된다.

③ 사회계층이 높은 사람들이 낮은 사람들에 비해서 법을 이용할 확률이 높아지고 법은 많아진다(법은 사회계층에 정비례하여 변화).

④ 민중의 도덕성이나 사적조직의 규칙에 의한 사회통제는 이 정의에서 제외된다.

(4) 그린버그(David F. Greenberg)

① **계급에 기초한 비행이론**: 연령 – 범죄 곡선으로 설명하였다.

② 10대 중반에 비행 및 범죄율이 급격하게 증가하기 시작해서 10대 후반과 20대 초반에 절정에 달했다가 이후 감소하기 시작한다는 일반적인 경향을 마르크스주의의 틀에서 분석하였다.

③ 청소년 범죄의 구조적 원인이 노동으로부터 청소년들이 체계적으로 배제되는 자본주의 경제구조에서 상당 부분 기인한다는 것이다.

(5) 콜빈과 폴리(Mark Colvin & John Pauly)

자본주의에 수반되는 불평등과 계급화의 형태가 교육 기회에 영향을 미쳤고, 이것은 다시 개인의 범죄성향을 형성하게 되었다고 주장한다.

(6) 돌레샬과 클랍뭇(Doleschal & Klapmuts)

범죄란 실제 행위의 위해 여부와는 아무런 관계도 없는 사회세력에 의해서 유지된다.

단원별 지문 O/X

01 갈등이론에서 범죄는 자본주의 사회의 본질적인 불평등과 밀접한 관련이 있다고 본다. (   )   [2022. 경찰2차]

02 비판범죄학자들은 범죄를 하류층의 권력과 지위를 보호하기 위해 고안된 정치적 개념으로 본다. (   )   [2023. 경찰1차]

03 봉거(Bonger)는 자본주의 사회에서의 생산수단 소유 여부, 즉 자본주의적 경제조건 때문에 범죄가 발생한다고 하였다.
(   )   [2023(73). 경위]

04 봉거(Bonger)는 법규범과 문화적·사회적 규범의 일치도, 법 집행자와 저항자 간의 힘의 차이, 법규범 집행에 대한 갈등의 존재 여부가 범죄화에 영향을 미친다고 보았다. (   )   [2024. 보호 9급]

04 퀴니(Quinney)는 노동자 계급의 범죄를 자본주의 체계에 대한 적응범죄와 저항범죄로 구분하였다. (   )   [2023. 경찰1차]

05 퀴니(Quinney)는 법이 집행되는 과정에서 특정한 집단의 구성원이 범죄자로 규정되는 과정에 주목하였다. (   )   [2022. 경찰2차]

06 스핏처(Spitzer)는 후기 자본주의 사회에서는 생산활동에서 소외되는 인구가 양산됨에 따라 이로 인해 많은 일탈적 행위가 야기될 것이라고 보았다. (   )   [2024. 보호 9급]

07 챔블리스(Chambliss)의 마르크스주의 범죄이론은 갈등주의에 속한다. (   )   [2022(72). 경위]

---

01 ○

02 ✕ 비판범죄학자(갈등론자)들은 범죄를 하류층의 희생에 기초하여 상류층의 권력과 지위를 보호하기 위해 고안된 정치적인 개념이라고 본다.

03 ○ 봉거(Bonger)는 계급갈등과 경제적 불평등을 범죄원인으로 보았으며, 범죄문제에 대한 정책은 사회주의 사회의 달성에 있다고 보았다.

04 ✕ 터크(Turk)의 범죄화론에 대한 설명이다. 봉거(Bonger)에 의하면, 사법체계는 가진 자에게는 그들의 욕망을 달성할 수 있는 합법적 수단을 허용하는 반면, 가난한 자에게는 이러한 기회를 허용하지 않기 때문에 범죄는 하위계급에 집중된다. 그리하여 가진 자와 못 가진 자의 갈등적 양상이 심화되면서 양자는 모두 비인간화되고, 여기서 범죄생산의 비도덕성(탈도덕화)이 형성된다는 것이다.

04 ○

05 ✕ 터크(Turk)의 권력갈등이론은 다른 갈등이론과 달리 법제도 자체보다는 법이 집행되는 과정에서 특정집단의 구성원이 범죄자로 규정되는 과정을 중시하였는데, 법집행기관이 자신들의 이익을 위해 차별적 법집행을 한다고 보았다.

06 ○ 스핏처(Spitzer)는 대량생산과 대량소비를 주축으로 하는 후기 자본주의 시대의 경제활동이나 계급갈등을 중심으로 범죄발생이나 사회통제에 관심을 두었다. 후기 자본주의에서는 생산활동의 기계화·자동화에 따른 전문적인 숙련노동자들을 필요로 하기 때문에 전문성이 없는 다수의 비숙련노동자들은 점차 생산활동에서 소외되는 잉여인구 또는 문제인구가 되어, 후기 자본주의에서 가장 중요한 사회문제 중의 하나가 된다. 생산활동에서 소외된 이들은 부유한 사람들의 물건을 탈취하거나 자본주의 이념에 도전하는 정치적 행동을 하는 등 자본주의에 위협이 되는 일탈과 범죄행동을 하게 된다고 보았다.

07 ○ 챔블리스(Chambliss)의 마르크스주의 범죄이론은 범죄원인을 자본주의 경제체제의 속성에 따른 분배구조의 불평등에서 찾는다.

08 챔블리스(Chambliss)는 범죄를 지배적 범죄와 저항적 범죄로 구분하고, 자본가들의 지배에 대항하는 범죄형태를 저항적 범죄라고 하였다. (　　) [2023(73). 경위]

09 체스니 – 린드(Chesney – Lind)의 페미니스트 범죄이론은 갈등주의에 속한다. (　　) [2022(72). 경위]

10 블랙(Black)의 법행동이론은 갈등주의이다. (　　) [2022(72). 경위]

11 메스너(Messner)와 로젠펠드(Rosenfeld)의 제도적 아노미이론은 갈등주의이론이다. (　　) [2022(72). 경위]

---

08 × 퀴니(Quinney)의 경제계급론에 대한 설명이다. 챔블리스(Chambliss)와 사이드만(Seidman)은 법을 지배집단이 자신들의 우월성을 보장하기 위한 행위규범이라고 규정하였다. 즉, 법은 공공이익을 대변하지도 않고, 모든 시민을 동등하게 취급하지도 않으며, 사회 최고의 이익에 봉사하지도 않는다고 한다.

09 ○ 체스니-린드(Chesney-Lind)의 페미니스트 범죄이론은 가부장제의 형성과 강화를 통해 여성에 대한 억압과 여성의 성에 대한 통제가 어떻게 이루어졌는지에 대한 분석이 필요하다고 주장한다.

10 ○ 블랙(Black)의 법행동이론은 종적분화 · 횡적분화 · 문화 · 사회조직 · 대체적 사회통제의 5가지 관점에 의하여 사회적 요인을 분석하였다.

11 × 메스너(Messner)와 로젠펠드(Rosenfeld)의 제도적 아노미이론은 아노미(긴장)이론에 속하며, 제도적 불균형과 이로 인한 규범적 통제 요소의 부재가 일탈행동을 유발하게 된다는 이론으로, 경제적 제도와 비경제적 제도의 영향력 간 차이가 클수록 일탈행동이 빈번해질 수 있다고 한다.

제15장 / 여성범죄와 페미니즘

제1절 여성범죄의 이해

01 여성범죄의 특성

(1) 개관

① 공식통계는 거의 모든 범죄행위에 있어 남성이 여성보다 높은 범죄율을 보여 주고 있다. 이러한 공식 통계상의 범인성의 성차는 대부분의 자기보고식 조사에서도 확인되고 있다.

② 싸리(Sarry)는 경미비행의 경우 남녀 간 비행률이 비슷하지만 중요비행은 남녀 간의 차이가 분명히 있다고 주장한다.

③ 하인드랑(Hindelang)도 몇 가지 비행을 제외한 거의 모든 비행의 경우 남자의 비행률이 높음을 발견하였다.

④ 여성범죄의 특징 중 가장 대표적인 것은 은폐된 범죄성으로, 여성이 주로 범하는 범죄의 유형이 가시적이지 않아 인지되기가 힘들고 여성범죄자가 자신을 은폐하기도 쉽기 때문이다.

⑤ 여성범죄의 대부분은 우발적이거나 상황적 범죄이며, 배후에서의 공범으로 가담하는 경우가 많다는 것이다.

⑥ 여성은 대개 자신이 잘 아는 사람을 주로 범행의 대상으로 삼고 있으며, 범행의 수법도 독살 등 비신체적 수법을 택하는 경우가 많고, 경미한 범행을 반복해서 자주 행하는 것이 특징이다. [2023. 해경 경위]

⑦ 사회학적 범죄이론인 헤이건(Hagan)의 권력통제이론(Power-control theory)은 계급, 성별 불평등과 청소년의 성별 범죄율 차이에 대해 분석하였다. [2022. 경찰2차]

> ⊕ **PLUS** 헤이건의 권력통제이론
>
> 남녀의 범죄율을 설명하는 사회학적 범죄원인론으로써 헤이건(Hagan)의 권력통제이론은 계급, 성별, 불평등과 청소년의 성별 범죄율 차이에 대한 분석을 제공하고 있고, 에이커스(Akers)는 권력통제이론을 페미니스트이론에 포함시키고 있다.
> 하지만 이 이론은 계급과 성별 불평등의 복잡한 영향력, 그리고 가부장제의 본질에 대한 접근에서 한계를 드러냈다는 비판을 받고 있다.

(2) 여성범죄가 낮은 이유(남성범죄의 10~20% 내외)

① 오랫동안 여성범죄자들은 범죄학 연구에서 배제되거나 편견을 가지고 이해되어 왔다.

② 그 이유는 여성범죄자의 수가 적고, 전통적으로 여성의 행동을 생물학적 특성 또는 심리학적 특성과 연관시키려는 경향이 강하게 남아있고, 대부분의 범죄학자는 남성이었기 때문이다.

③ 특히 여성범죄를 그들의 성(sexuality)과 연결하여 해석하려는 경향이 상당기간 지속되었다.

(3) 여성범죄 이해의 시각

① 여성범죄에 관한 초기의 이론들은 여성범죄자를 신체적·감정적 또는 심리적 탈선의 결과로 보았다.
② 이와 같은 여성의 범죄에 대한 생물학적, 심리학적 설명은 모두 전통적인 여성상에 대한 고정관념을 가지고 여성의 범죄를 설명하려는 공통점을 보여주고 있다.
③ **생물학적, 심리학적 요인**: 자녀양육이나 가사활동을 통한 인내와 헌신의 심리적 성향이 수동적인 성격이 되기 때문에 범죄를 저지를 개연성이 낮다는 견해이다.
④ **여성의 사회화 과정**: 여성은 사회적으로 의존적이고 생존경쟁에 뛰어드는 경우가 상대적으로 적어 활동 범위가 좁으며, 가정을 위주로 생활하기 때문에 범죄의 기회나 필요성이 줄어든다는 견해이다.
⑤ **여성의 낮은 범죄율**: 생물학적 본능에 기인한 심리적 성향과 함께 사회적 역할의 차이에서 비롯되는 복합적 원인으로 보는 것이 타당하다.

02 여성범죄에 대한 생물·심리학적 견해

(1) 롬브로조의 남성성 가설

① 롬브로조(Lombroso)는 「여성범죄자」(The Female Offender, 1895)에서 여성은 남성에 비해 수동적이며 범죄성이 약하지만 경건함, 모성애, 저지능, 약함 등 여성의 전형적인 특질이 부족한 소수의 여성범죄 집단이 있다고 주장하였다.
② 여성은 남성보다 진화가 덜 되었으며, 보다 어린애 같으며, 덜 감성적이며, 지능이 낮다고 한다. 즉, 범죄를 범하는 여성은 몸에 털이 많이 나는 등 신체적 특성으로 정상적인 여성과 구별될 수 있다는 것이다.
③ 신체적 특성뿐 아니라 감정적인 면에서도 다른 여성보다 비행여성은 범죄적 또는 비범죄적 남성과 더 가까운 것으로 보인다고 주장하였다. 이러한 롬브로조의 주장을 '남성성 가설'이라고 한다. [2023. 해경 경위]
④ 여성범죄자는 정상인과 다를 뿐만 아니라 일반적 여성과도 다른 특이한 존재로서의 이중적인 의미를 지닌 '괴물'이라 하였다. [2022. 교정 9급]
⑤ 여성 범죄가 적은 것은 단지 겉으로 보기에만 그럴 뿐이고 실제로 여성이 저지르는 성매매를 고려한다면 남성을 훨씬 능가한다.
⑥ **비판**: 엑스너(Exner)와 아샤펜부르그(Aschaffenburg) 등의 학자들은 성매매는 무력성, 사회의존성에 기인하는 것이므로 남성의 부랑이나 걸식에 해당하는 것이라고 비판하였다.

> **⊕ PLUS 생물학적 관점의 여성범죄성**
> 1. 롬브로조(Lombroso)와 페레로(Ferrero)는 여성범죄자들은 여성으로서의 특징인 모성, 순종, 온순함이 부족하고 성적으로 활발하다고 주장하였다.
> 2. 달튼(Dalton)은 여성의 생리주기와 범죄와의 관계를 분석한 결과 높은 상관관계가 있다고 하였다.

---

(2) 폴락의 기사도정신 가설

① 폴락(Pollak)은 「여성의 범죄성」(1950)에서 여성의 범죄는 사적인 영역에서 발생하며, 잘 들키지 않는다고 주장하였다. 즉, 여성범죄가 감추어져 있는 것이지 실제로는 남성의 범죄와 비슷한 양을 가지고 있을 것이라고 추정하였다. [2023(73). 경위]
② 여성범죄를 기본적인 자연적 여성성향으로부터의 일탈로 보지 않고, 자연적으로 범죄지향적인 성향이 있다고 보고 있다.
③ 여성이 남성보다 더 일탈적이고, 약으며, 생리적이고, 사회적으로 어떤 유형의 범죄에 대해서는 더 용이하다는 것이다.

④ **여성범죄의 특성**: 살인의 경우 독살 등 비폭력적인 방법에 의한 경우가 많으며, 범죄를 교사하면서 자신은 체포되지 않거나, 들키지 않는 방법으로 범죄를 행하는 특성이 있다. 사소한 범죄수준을 일단 넘어서면 잔혹하고 폭력적으로 변한다. [2023(73). 경위]

⑤ 여성범죄는 소규모로 반복되는 경향이 있으며, 피해자는 남편, 자녀, 가족, 연인과 같이 면식이 있는 자로 한정되어 있다. [2023. 해경 경위]

⑥ **기사도정신 가설**: 여성이 남성에 못지않은 범죄를 하지만 이렇게 감추어지는 이유는 첫째, 형사사법이 여성에게 기사도적이고 관대한 처분을 내리기 때문이며, 둘째, 여성은 그들의 범죄를 잘 감추는 능력을 타고 나기 때문이라고 한다. 단지 여성의 범죄는 은폐되거나 편견적인 선처를 받기 때문에 통계상 적은 것으로 보일 뿐이라는 것이다. [2024(74). 경위] 총 4회 기출

(3) 프로이드(Freud)의 남근선망

① 프로이드(Freud)는 남근선망의 개념을 가지고 여성의 일탈을 설명하고자 하였다. 범죄여성은 남성이 되기를 원하는 여성이고, 남근을 얻고자 하는 무모한 생각으로 신경증을 갖게 되고 법규범을 어기는 결과를 초래하게 된다는 것이다.

② 여성범죄인은 남성에 대한 자연적인 시기심을 억제할 수 없어서 규범으로부터 일탈한 것으로 간주하고 있다. 따라서 여성범죄인을 병약자처럼 취급하여 대부분의 여성범죄인 교정의 기초가 되고 있다.

03 여성범죄에 대한 사회학적 견해

(1) 아들러와 사이먼의 성평등 가설 또는 여성해방 가설

① 1970년대 여성범죄의 원인에 대한 새로운 주장이 등장하였으며, 이는 여성의 사회적 역할의 변화와 그에 따른 여성범죄율의 변화의 관계에 초점을 맞추고 있다.

② **성평등 가설**: 여성범죄 연구의 선구자로 불리는 아들러(Adler)와 사이먼(Simon)은 사회발전과 여성지위의 변화를 여성범죄와 연관시킨다.

③ 사회발전은 여성의 사회경제적 역할의 변화와 사회활동의 기회를 증가시키며, 이러한 역할변화와 증가된 기회는 여성들의 범죄동기도 함께 증가시킬 것이라고 가정한다.

④ 전통적으로 여성범죄율이 낮은 이유를 여성의 사회경제적 지위가 낮기 때문이라고 보고, 여성의 사회적 역할이 변하고 생활형태가 남성의 생활상과 유사해지면서 여성의 범죄활동도 남성의 그것과 닮아간다는 주장이다.

⑤ 이러한 주장을 '신여성범죄자'로 지칭하고 있으며, 최근의 여성범죄의 증가로 인하여 많은 설득력을 얻기도 하였다. [2023. 해경 경위]

⑥ 아들러(Adler)는 여성해방운동이 여성범죄를 증가시켰다고 주장한다. [2022. 경찰2차]

⑦ 가정 내에서 자신의 역할에 충실했던 여성들이 전통적인 역할을 버림에 따라 주로 남성에 의해 저질러지던 폭력범죄나 강력범죄를 일으키는 여성들의 수도 증가할 것이라고 가정한다.

⑧ 1968년과 1978년 사이에 강도와 폭행 등에서 여성범죄자의 수가 남성의 수보다 훨씬 더 빠른 속도로 증가하고 있다는 것을 자신의 가설을 지지하는 증거로 제시하였다.

⑨ 성평등 가설 또는 여성해방가설이라고 불리는 이들의 주장은 전반적인 사회발전은 여성의 지위를 향상시켜 점차 남성과 평등해지며, 이 향상된 지위가 합법적인 영역에서의 남녀평등과 함께 비합법적인 영역, 즉 범죄영역에 있어서도 남녀가 범죄의 양과 질에 있어 유사해진다고 본다.

⑩ 사이먼은 1953년에서 1972년까지 약 20년 동안의 공식통계를 통해 여성들은 그 전보다 더 많은 재산범죄를 저질렀다고 밝히고 있다.

(2) 체스니-린드(Chesney-Lind)**의 페미니스트 범죄이론**

① 가부장제의 형성과 강화를 통해 여성에 대한 억압과 여성의 성에 대한 통제가 어떻게 이루어졌는지에 대한 분석을 통해 비행 여자청소년과 여성범죄자를 가해인인 동시에 피해자로서 이해하고자 한다.

② 여자청소년과 남자청소년은 학교에서의 낮은 학업성취, 비행친구, 부모 간의 유대 등과 같은 문제에 의해 영향을 받는 것은 동일하지만 신체적, 성적, 정서적 학대와 같은 문제에 있어서는 남자청소년에 비해 여자청소년들이 상대적으로 더욱 취약하다는 점을 강조하며, 비행과 범죄에 대한 진입의 첫 단계가 범죄피해자라는 점을 주장한다.

③ 여자비행청소년들은 남자비행청소년들에 비해 가정에서 부모로부터 신체적·언어적 폭력을 경험한 경우가 많아 그 상황을 벗어나기 위해 비행과 범죄를 선택하는 경우가 많다고 한다.

④ 형사사법체계에서 여자청소년의 비행과 범죄는 남자청소년에 비해 더 엄한 법적 처벌을 받는다면서 소년범들의 성별에 따른 차별적 대우가 존재한다고 보았다. [2022. 경찰2차]

⑤ 여성의 사소한 비행의 결과로 인한 사회적 낙인은 남성보다 더 자아상에 부정적인 영향을 줄 수 있으며, 낮아진 사회적 지위에 따른 생존으로 이차적인 비행을 일으킬 수 있음을 제시하고 있다.

04 여성범죄 증가에 대한 논쟁

(1) 경제적 주변화 가설

① 여성의 범죄참여 정도가 증가하고 있다는 것에는 동의하지만, 그 증가원인을 여성의 역할변화나 사회적·경제적 지위의 향상에서 찾는 것이 아니라, 전통적인 여성역할의 수행을 위해, 그리고 악화된 그들의 지위 때문이라고 보는 주장이다.

② 주변화 가설이라고 불리는 이 주장은 특히 재산범죄자의 증가에 관심을 가지고 여성들이 주로 저지르는 재산범죄의 구체적 유형을 연구하였다.

③ 여성이 범하는 범죄는 상점절도나 크레디트(Credit) 카드와 수표 사기에 집중되어 있으며, 이것은 여성의 지위상승에 기인하기보다는 전통적인 역할의 연장선상에서 이해해야 하는 것으로 보고 있다.

④ 따라서 경제적 기회의 확대가 아닌 경제적 주변화가 여성범죄의 증가를 설명한다고 주장한다.

(2) 여성의 범죄경로에 대한 연구

① 가정에서 가출하여 길거리생활을 하는 과정에서 범죄를 저지르게 되는 일련의 과정에 주목하여 거리에서 생존하기 위한 그들의 행위가 범죄화되고 있다고 주장한다.

② 데일리(Daly)와 체스니-린드(Chesney-Lind) 등의 학자들은 이것을 '생존전략의 범죄화'라고 규정하였으며, 피해와 가해의 모호한 경계가 여성범죄의 특징이라고 주장하였다.

③ 데일리는 여성범죄자가 범죄에 가담하게 되는 경로를 ㉠ 거리여성, ㉡ 학대받은 여성, ㉢ 어린 시절 학대와 그로 인해 공격적인 여성, ㉣ 약물 관련 여성, ㉤ 경제적 동기로 범죄를 한 여성 등 5가지로 분류하였다.

(3) 여성범죄자의 처벌

① 여성이기 때문에 관대한 처벌을 받는다는 입장과 여성에게 일관되게 관대한 처벌을 하는 것은 아니며 여성성에 대한 순응 정도에 따라 반응의 정도는 달라진다는 입장이 있다.

② 여성범죄자가 가벼운 형을 받는 이유를 남성들의 기사도 정신으로 설명하는 입장이 있고, 여성은 범죄를 저지른 후 더 후회하고 반성하며 경찰 등에게 더 협조적이므로 관대한 처벌을 받는다는 여성범죄자의 특성 때문이라는 입장이 있다.

③ 사법당국으로부터 일관되게 가벼운 처벌을 받는 것은 아니라는 주장이 있다. 데일리와 체스니-린드 같은 여성주의적 범죄학자들은 여성범죄자가 가벼운 처벌을 받는 것은 가족주의적 사법에 근거하기 때문으로 본다.

▶ **가족주의적 사법**: 아시아 등 공동체 중심사회의 사법적 접근으로, 권리와 책임보다 공동체 조화를 우선시하는 접근방식이다.

(4) 젠더폭력의 피해자로서의 여성

① 여성주의 학자들은 여성의 범죄행위보다는 여성이 피해자가 되는 범죄, 즉 여성에 대한 범죄행위인 아내구타나 성폭력, 스토킹 등에 더 큰 관심을 가지고 있다.

② 남성에 의한 여성에 대한 폭력은 크게 젠더폭력이라는 범주로 분류한다.

러셀(Russell)	한 사회의 가부장적 관계와 성폭력 발생수준의 관련성을 주장하였는데, 국가 간 비교연구를 통해 성폭력범죄가 많이 발생하는 사회는 여성의 공적 영역 참여 정도가 낮고, 전반적인 남녀 간 권력차이가 크다는 것을 밝혀냈다.
벨크냅(Belknap)	현재 또는 과거에 친밀한 관계가 있는 또는 있던 배우자나 애인에 의해 자행되는 폭력은 데이트폭력 또는 교제폭력, 아내구타, 스토킹을 포함하는데, 이러한 폭력을 포괄적으로 친밀한 관계에서의 학대와 폭력이라고 이름 붙였다.
통(Tong)	친밀한 관계에서의 학대와 폭력을 ⊙ 신체적 폭력, ⓒ 성적 학대, ⓒ 심리적 학대, ⓔ 재산의 파손 및 애완동물 학대 등 4가지로 분류하였다.

(5) 사회학적 범죄이론에 대한 비판

① 여성주의 범죄학자들은 사회학적 범죄이론들이 여성범죄를 별도의 분석대상으로 삼지 않았다고 비판한다.

② 이론의 검증을 위해 대부분 남성표본을 사용하였으며, 여성표본이 포함된 경우에도 여성을 독립적으로 분석하기보다는 '추가해서 뒤섞는' 것에 불과하다고 한다.

③ 데일리(Daly)와 체스니-린드(Chesney-Lind)는 이러한 남성표본 위주의 연구가 가지는 문제 중 하나가 일반화 가능성의 제약이라고 하였다.

④ 전통적인 사회학적 범죄이론들이 남성의 범죄를 설명하면서 암묵적으로 남성과 여성 모두에게 적용되는 것으로 일반화를 하고 있다는 점을 비판한다.

⑤ 여성주의 범죄학자들은 여성이 한 사회에서 어떤 모습으로 존재하고 있는지를 탐구하여 사회적 존재로서의 여성이 어떻게 범죄적 상황과 관련되는지를 밝혀내야 한다고 주장한다.

⑥ 한 사회의 공식적인 법규범과 비공식적인 전통과 관습들이 여성에게 미치는 영향력을 가지고 여성과 범죄의 관계를 설명하고자 한다.

단원별 지문

01 롬브로조(Lombroso)는 범죄여성은 신체적으로는 다른 여성과 구별되는 특징이 없지만, 감정적으로는 다른 여성과 구별되는 특징이 있다고 설명하였다. ( )
[2016. 보호 7급]

02 여성범죄는 우발적이거나 상황적인 경우가 많고 경미한 범행을 반복해서 자주 저지르는 경향이 있다. ( )
[2023. 해경 경위]

03 자신의 저서 「여성의 범죄성」(The Criminality of Women)에서 여성의 범죄는 대개 사적인 영역에서 발생하며 잘 들키지 않는다고 주장한 학자는 폴락이다. ( )
[2023(73). 경위]

04 폴락은 여성범죄가 감추어져 있는 것이지 실제로는 남성의 범죄와 비슷한 양을 가지고 있을 것이라고 추정하였다. ( )
[2023(73). 경위]

05 폴락(Pollak)은 여성이 남성에 비해 범죄행위를 덜 할 뿐만 아니라, 은폐되는 경향이 있기 때문에 통계상 적게 나타난다고 하였다. ( )
[2024(74). 경위]

06 폴락에 의하면 여성이 남성에 비해 가벼운 처벌을 받는 이유로 사법당국의 남성들이 발휘하는 기사도 정신이나 여성에 대한 온정주의가 있다. ( )
[2024(74). 경위]

07 아들러(Adler)는 여성해방운동이 여성범죄를 증가시켰다고 주장하였다. ( )
[2022. 경찰2차]

---

01 × 롬브로조(Lombroso)는 「The Female Offender」(여성범죄자, 1895)에서 여성은 남성에 비해 수동적이며 범죄성이 약하지만, 경건함, 모성애, 저지능, 약함 등 여성의 전형적인 특질이 부족한 소수의 여성범죄집단이 있다고 주장한다. 여성은 남성보다 진화가 덜 되었으며, 보다 어린애 같으며, 덜 감성적이며, 지능이 낮다고 한다. 즉, 예를 들어 범죄를 범하는 여성은 몸에 털이 많이 나는 등 신체적 특성으로 정상적인 여성과 구별될 수 있다는 것이다.

02 ○

03 ○

04 ○

05 × 폴락(Pollak)은 여성이 남성 못지않게 범죄행위를 저지르지만, 은폐 또는 편견적 선처에 의해 통계상 적게 나타나는 것일 뿐이라고 지적하였다.

06 ○

07 ○

08 신여성범죄자(New Female Criminals) 개념은 여성의 사회적 역할변화와 그에 따른 여성범죄율의 변화와의 관계에 초점을 맞추어 등장하였다. ( ) [2016. 보호 7급]

09 데일리(Daly)와 체스니-린드(Chesney-Lind)는 여성이 남성보다 일관되게 가벼운 처벌을 받는 것은 아니며, 전통적인 여성성을 위반했다고 인정되는 경우에는 오히려 더 엄중한 처벌을 받는다고 하였다. ( ) [2022. 보호 7급]

10 체스니-린드(Chesney-Lind)는 형사사법체계에서 소년범들의 성별에 따른 차별적 대우가 존재한다고 보았다. ( ) [2022. 경찰2차]

---

08 ○ 1970년대에 들어서는, 여성범죄의 원인에 대한 새로운 주장이 등장하였다. 이는 여성의 사회적 역할의 변화와 그에 따른 여성범죄율의 변화의 관계에 초점을 맞추고 있다. 전통적으로 여성범죄율이 낮은 이유를 여성의 사회경제적 지위가 낮기 때문이라고 보고, 여성의 사회적 역할이 변하고 생활형태가 남성의 생활상과 유사해지면서 여성의 범죄활동도 남성의 그것과 닮아간다는 주장이다. 이러한 주장을 '신여성범죄자'로 지칭하고 있으며, 최근의 여성범죄의 증가로 인하여 많은 설득력을 얻기도 하였다. 신여성범죄자 개념은 여성의 사회적 역할변화와 그에 따른 여성범죄율 변화와의 관계에 초점을 맞추어 등장하였다

09 ○ 체스니-린드(Chesney-Lind)는 형사사법체계에서 여자청소년의 비행과 범죄는 남자청소년에 비해 더 엄한 법적 처벌을 받는다며 소년범들의 성별에 따른 차별적 대우가 존재한다고 보았으며, 특히 성(性)과 관련된 범죄에서는 더욱 그렇다고 주장하였다.

10 ○

제2절 페미니즘(여성주의) 범죄학

01 등장배경

(1) 여성권리운동
① 1960년대 이후부터 발전되어 온 여성운동의 영향을 받은 여성주의적 시각은 많은 학문영역에서 새로운 관점으로 기존 이론들에 도전하였다.
② 여성주의 범죄학자들은 여성범죄의 특성이나 범죄에 이르는 경로가 남성과는 차이가 있다는 점을 인식하고, 젠더(gender)라는 렌즈를 통해 여성의 범죄행위와 여성의 범죄피해, 처벌에 있어서의 성별 차이 등에 대해 분석이 필요하다는 것을 강조하기 시작하였다.

(2) 여성주의 범죄학의 주류성
① 페미니즘은 단일한 관점이 아니라, 성 불평등의 원인과 해결방안 등에 대해 다양한 주장을 하는 여러 개의 관점이 공존하고 있다.
② 여성주의 범죄학이 범죄학의 주류에 포함되고 있느냐에 대해서는 많은 여성주의 범죄학자들은 동의하고 있지 않다. 여성이 미국 범죄학회 회장이 된 경우는 역대 40명의 회장 중에서 11명으로 26%만을 차지하고 있고, 여전히 명망 있는 저널에 게재되는 논문의 주저자의 성비를 보아도 높지 않다. 이것은 여전히 여성범죄학자, 구체적으로는 여성주의 범죄학자들의 위상이 높지 않다는 것을 의미하고, 이는 여성주의 범죄학의 주류성을 인정하기 어렵다는 것을 의미한다[체스니-린드(Chesney-Lind)]. [2023(23). 경위]

(3) 여성주의 범죄학의 주요 개념
① **성평등**(Gender Equality): 성별에 관계없이 동등한 권리와 기회를 보장받는 상태를 의미하는 것으로, 이는 법적, 경제적, 사회적 측면에서의 평등을 포함한다.
② **젠더 역할**(Gender Roles): 사회가 기대하는 남성과 여성의 역할과 행동규범을 의미한다. 페미니즘은 이러한 고정된 역할이 개인의 자유와 발전을 제한한다고 본다.
③ **성적 자기결정권**(Sexual Autonomy): 개인이 자신의 성적 정체성과 선택을 자유롭게 할 수 있는 권리를 의미한다. 이는 성적 지향, 성적 활동, 성적 표현의 자유를 포함한다.
④ **가부장제**(Patriarchy): 남성이 사회적, 경제적, 정치적 권력을 지배하는 사회구조를 의미하는 것으로, 페미니즘은 가부장제를 여성 억압의 근원으로 규정하고 이를 해체하려고 한다.

02 페미니즘 운동의 발달

(1) 자유주의적 페미니즘
① 성 불평등의 원인은 법적·제도적 기회의 불평등으로 인한 것이므로, 여성에게 기회를 동등하게 부여하고 선택의 자유를 허용한다면 성 불평등은 해결될 수 있다고 주장한다. [2023(73). 경위]
② 나아가 법적·제도적 불평등은 성별 분업과 전통적 성역할 때문이며 교육의 기회, 취업의 기회, 정치적 기회 등 공적 영역에서 동등한 기회를 여성에게 제공한다면 불평등은 낮아질 것이라고 낙관한다. [2022(72). 경위]
③ 성 불평등을 구조적이고 체계적인 문제라고 보지 않으며, 성차별도 사회의 정책적인 노력에 의해 해소될 수 있다고 한다.
④ 남성의 특징, 여성의 특징을 함께 인정하는 양성적 성역할의 습득과 구급을 타파하는 노력을 해결방안으로 제시한다[심슨(Simpson)].

제15장 여성범죄와 페미니즘 **321**

⑤ 사회적·문화적으로 요구되는 전통적 성 역할의 차이로 인해 여성보다 남성이 더 많은 범죄를 저지른다고 한다. [2022(72). 경위]

(2) 마르크스주의적 페미니즘
① 마르크스주의의 핵심적 주장을 성 불평등을 설명하는데 분석틀로 사용한다.
② 여성억압은 사유재산제의 도입과 함께 시작되었으며, 여성억압과 불평등을 해결하려면 사유재산의 불평등이 극대화된 자본주의에 대해 투쟁해야 한다고 주장한다. [2024(74). 경위]
③ 계급사회가 타파되면 여성은 남성에게 더 이상 경제적으로 의존하지 않고 자유로워질 수 있다.
④ 여성의 억압이 자본주의의 정치적·경제적·사회적 구조 때문이라고 보았으며, 임금차별은 자본주의의 속성과 관련되어 있는 것으로 분석하고 있다.
⑤ 자본주의하에서 저임금 노동과 불안정한 노동이 여성의 삶을 고통으로 내몰고 있다는 점을 강조한다[벨크냅(Belknap)].
⑥ 자본주의 체제로 인해 남성이 경제권을 장악하고 여성은 가사노동으로 내몰리면서 남성의 경제적 지배를 위협하는 여성의 행동은 범죄로 규정되었다고 한다. [2022(72). 경위]

(3) 사회주의적 페미니즘
① 마르크스주의적 페미니즘이 사유재산으로 인한 계급 불평등을 지나치게 강조하다보니 성 불평등이 핵심적으로 부각되지 못했다는 점을 비판하면서 계급 불평등과 함께 가부장제로 인한 성 불평등을 분석해야 한다고 주장한다. [2023(73). 경위]
② 자본주의가 성 불평등의 필요하고 또 충분한 원인이 되는지 아니면 그렇지 않은지에 따라서 마르크스주의적 페미니즘과 사회주의적 페미니즘이 갈라진다.
③ 계급 하나로만 여성의 종속을 설명할 수는 없으며, 계급 불평등과 가부장제를 양대 지배체계로 진단해야 함을 강조하여 마르크스주의와 급진적 페미니즘을 결합한 이론이다[심슨(Simpson)].

(4) 급진적 페미니즘(Radical Feminism)
① 가부장제에 의한 여성억압은 남성의 여성에 대한 공격과 여성의 성에 대한 통제로 나타난 것이라고 주장한다.
② 여성은 임신과 출산을 위한 기간에는 자신과 아이의 생존을 위해 남성에게 의존적일 수밖에 없으며, 이것이 남성으로 하여금 쉽게 여성을 지배하고 통제하도록 만들었다[심슨(Simpson)].
③ 급진적 페미니스트들은 여성의 성에 대한 억압과 통제를 분석의 핵심으로 삼는다. 즉, 가부장제의 형성과 강화를 통해 여성에 대한 억압과 여성의 성에 대한 통제가 어떻게 이루어졌는지에 대한 분석이 필요하다고 주장한다[체스니-린드(Chesney-Lind)]. [2023(73). 경위]
④ 가부장제에서 비롯된 남성우월주의에 대한 믿음과 남성지배 - 여성종속의 위계구조가 사회 전반으로 확대되면서 여성에 대한 남성의 폭력이 정당화되었다고 한다. [2022(72). 경위]
⑤ 성적 억압, 폭력, 성적 대상화를 문제삼아 여성의 몸과 성적 자율성을 보호하고 해방해야 한다고 주장한다.
⑥ 여성범죄의 원인을 여성해방이나 기회의 증가로 설명하려는 시도는 자유주의적 페미니즘적 분석이라고 할 수 있으며, 가부장제 아래에서의 전통적인 성 고정관념, 성, 여성의 폭력과 학대 피해 등에 강조를 두는 연구들은 사회주의적 또는 급진적 페미니즘적 분석이라 할 수 있다.

⊕ PLUS 다양한 여성주의 관점

1. 에코페미니즘(Ecofeminism)
   ① 환경문제와 여성 억압을 연결하여, 자연과 여성의 억압이 비슷한 구조에서 발생한다고 본다.
   ② 자연 보호와 여성의 권리 증진이 상호 연관되어 있으며, 환경 파괴와 성차별이 서로 연관된 사회적 구조에서 발생한다고 주장하면서 지속가능한 사회와 생태계 보호를 강조한다.

2. 포스트모던 페미니즘(Postmodern Feminism)
   ① 고정된 성별 정체성과 권력 구조를 비판하며, 다양한 정체성과 경험을 인정하는 포용적 접근을 시도한다.
   ② 급진적 페미니즘이 남성과 여성이라는 이분법적 구분으로 여성의 주체성을 여성의 한계에 머무르게 했다는 점을 비판하며, 남녀를 떠나 인간으로서의 주체성 확립을 강조하는 제3세대 여성운동이라고 할 수 있다.

3. 차별적 페미니즘
   ① 페미니즘 이론에 대한 비판적 시각을 가진 사람들에 의해 주로 사용되며, 페미니즘을 통해 여성의 권리 증진이 이루어지면서 동시에 불필요한 성 갈등이나 부정적인 인식이 생겼다는 지적과 함께 제기되는 개념이다.
   ② 차별적 페미니즘과 관련된 비판으로는 성평등을 목표로 한 운동이 지나치게 한쪽 성을 우대하거나 타 성별을 폄하할 때, 일종의 역차별이 일어날 수 있다는 점과 특정 성에 대한 대립과 갈등 조장을 들고 있다.
   ③ 남성성에 대한 비판, 여성성의 새로운 발견, 양자 간 정체성 확립이라고 하는 균형 있는 입장을 취하고 있다.

⊕ PLUS 페미니즘의 역사

1. **1차 물결**(19C 후반~20C 초반): 여성의 법적 권리와 정치적 참여에 중점을 두었다.
2. **2차 물결**(1960년대~1980년대): 단순한 법적 평등을 넘어 여성의 신체적 자율성과 재생산권, 임금평등, 성적해방으로 영역을 확대하였고, "개인적인 것은 정치적인 것"이라는 슬로건을 내세우며 여성의 사적 경험을 공적 영역에서 논의하는 데 기여하였다.
3. **3차 물결**(1990년대~현재): 인종, 성 정체성, 계층 등 다양한 차이와 교차성을 인정하며, 보다 포괄적이며 다층적인 억압을 해체하는 방향으로 발전하였다.

단원별 지문 OX

01 페미니즘 범죄이론은 1970년대에 다양한 실증적 연구가 이루어져 1980년대부터 주류 범죄학 이론 중 하나로 완전히 자리 매김하였다. (   ) [2023(73). 경위]

02 마르크스주의 페미니즘에 따르면, 여성 억압은 사유재산제의 도입과 함께 시작되었으며, 여성 억압과 불평등을 해결하려면 사유재산의 불평등이 극대화된 자본주의에 대해 투쟁해야 한다고 주장한다. 이 이론에 따르면 자본주의 – 가부장제 체제를 위협하는 행동은 형법과 형사사법기관에 의해 범죄로 정의된다. (   ) [2024(74). 경위]

03 자유주의적 페미니즘은 성 불평등의 원인은 법적·제도적 기회의 불평등이므로 여성에게 동등한 기회를 부여하고 선택의 자유를 허용한다면 성 불평등은 해결될 수 있다고 한다. (   ) [2023(73). 경위]

04 사회주의적 페미니즘은 계급불평등과 함께 가부장제로 인한 성 불평등을 분석해야 한다고 한다. (   ) [2023(73). 경위]

05 급진적 페미니즘에 따르면 남성은 생물학적 우월성을 근거로 여성이 자신보다 나약한 존재이기 때문에 통제나 지배를 할 수 있는 대상이라고 인식한다. (   ) [2023(73). 경위]

06 급진적 페미니즘에 의하면 임신, 출산, 육아에 있어 여성의 생물학적 특성에서 비롯된 역할로 인해 노동의 성 분업이 이루어졌고, 남성에 대한 여성의 의존도가 높아졌으며, 남성에게 더 많은 범죄기회가 주어졌다. (   ) [2022(72). 경위]

07 급진적 페미니즘에 의하면 사회적·문화적으로 요구되는 전통적 성 역할의 차이로 인해 여성보다 남성이 더 많은 범죄를 저지른다. (   )

---

01 ✕ 피해자로서의 여성이 형사사법기관에서 어떤 방식으로 처리되는지에 대한 관심, 양형에 있어서의 성차에 대한 연구, 여성의 범죄경로에 대한 연구 등이 진행되고 있지만, 여성주의 범죄학이 범죄학의 주류에 포함되고 있느냐에 대해서는 많은 여성주의 범죄학자들은 동의하고 있지 않다.

02 ○

03 ○

04 ○

05 ○

06 ✕ 생물학적 특성에 따른 남성에 대한 의존도로 인한 지배와 폭행의 문제를 다룬 가부장제에 대한 비판인 급진적 페미니즘과 전통적인 성역할로 인한 기회의 문제를 다룬 자유주의적 페미니즘을 혼합하여 기술하고 있다.

07 ✕ 급진적 페미니즘에 의하면 임신, 출산, 육아에 있어 여성의 생물학적 특성에서 비롯된 역할에서 여성차별의 원인을 찾는다. 이 지문은 자유주의적 페미니즘에 대한 설명이다.

제16장 / 잠재적 특질·발달·통합이론

제1절 잠재적 특질이론

01 개관

(1) 개념의 기초

① 1990년에 로우(Rowe), 오스구드(Osgood) 그리고 알렌(Alan) 등에 의해 제안된 잠재적 특질이론은 <u>생애 사이클에 따른 범죄흐름</u>을 설명하는 것이 목적이다.

② 많은 사람들이 범죄행동의 성향이나 경향을 통제하는 <u>개인적 속성이나 특질</u>을 가지고 있다고 가정한다.

③ 개인의 성향이나 특질은 태어나면서 가지고 태어나거나 또는 생애 초기에 형성되고, 세월이 흘러도 아주 안정적으로 존재한다는 것이 이 이론의 개념적 본질이다.

④ 인간은 변하지 않고 기회가 변할 뿐이라는 관점을 취한다.

(2) 범죄와 인간성

① 잠재적 특질이론은 윌슨(Wilson)과 헤른스테인(Herrnstein)이 「범죄와 인간성」(1985)을 통해 유전적 특질, 지능 그리고 체형 같은 <u>개인적 특질이 범죄행동의 예측에 있어 사회적 변수보다 더 중요</u>하다고 주장하면서 부각되기 시작했으며, 이를 인간성 이론이라고도 한다.

② 행위는 단순히 사회적 산물이 아닌 심리·생물·사회요인이 복합적으로 작용하고, 쾌락을 극대화하고 고통을 최소화하고자 하는 인간의 본성에 기반함을 설명하고 있다. 범죄행동을 포함한 모든 인간행동은 인지되는 그 행동결과에 의해 결정된다는 것으로, 인간은 범죄행위를 하기 전에 범죄행위로 얻는 순이익과 적법한 행위로 얻는 순이익을 비교하여 범죄로 얻는 순이익률이 더 클 경우에 범죄를 범하게 된다.

02 콜빈의 차별적 강압이론

(1) 개관

① 콜빈(Colvin)은 낮은 자기 통제력이 충동적인 성격의 함수라고 주장하는 갓프레드슨(Gottfredson)과 허쉬(Hirschi)의 견해와는 달리 「범죄와 강압」에서 개인이 강압(Coercion)이라고 하는 거대한 사회적 힘을 경험함으로써 낮은 자기 통제력 상태에 있게 된다고 주장한다.

② 개인의 낮은 통제력은 충동적 성격이 원인이 아니라 <u>개인으로서도 어쩔 수 없는 강력한 힘의 작용</u>이 원인이라는 것이다.

③ 강압은 사회적 유대를 약화시키는 강압적 가족훈육(가족모형), 긴장의 원인(일반긴장이론), 경제적 불평등(아노미 이론), 억압(통제균형 이론)이 포함되는 통합개념이다.

해커스공무원 이이영 형사정책 기본서

(2) 강압의 유형

대인적 강압	사람에 대한 직접적인 힘의 사용이나 위협, 부모, 친구 그리고 주요한 다른 사람들로부터 협박에 의한 강압을 의미한다.
비인간적 강압	개인이 통제할 수 없는 경제적·사회적 압력들에 의한 강압으로, 실업, 빈곤, 기업이나 다른 집단과의 경쟁 등으로 초래되는 경제적·사회적 압력 등이 원인이다.

(3) 강압적 악순환
① 강압적인 환경 속에서 성장한 사람들은 자기 통제력이 약해서 더욱 강압적인 환경 속에 노출되고, 결국 폭력이나 약탈범죄 등으로 반응하게 된다. 그들의 강압적 반응에 대해 형사사법기관은 역시 강압적으로 대응한다.
② 그들은 강압 속에 자라고 강압을 유발하고, 강압에 폭력적으로 반응하는 강압적 악순환에 빠지게 된다. 이러한 악순환을 파괴하는 것이 치료와 교화의 핵심이다.

03 티틀의 통제균형이론(Control Balance Theory)

(1) 개관
① 티틀(Tittle)이 개발한 통제균형 이론은 통제와 자율성을 강조한 또 하나의 뛰어난 잠재적 특질 이론으로, 범죄성향의 요인으로서 개인적 통제요인을 확대하는 이론이다.
② 통제비율: 통제의 개념을 개인에 의해 통제받는 양(피통제량)과 개인을 통제하는 양(통제량)으로 구분하고, 이 두 개의 통제량이 균형을 이루면 개인은 순응적이 되고, 불균형을 이루면 일탈적이고 범죄적인 행동을 하게 된다. [2024. 경찰2차] 총 4회 기출
③ 통제의 균형은 네 개의 주요 변수, 즉 경향(범죄동기), 도발(상황적 자극), 범죄기회, 억제 등의 관계에 의해서 결정된다. 이러한 변수들은 사회학습이론, 아노미이론, 범죄억제·합리적 선택이론 그리고 사회유대이론의 개념들을 통합한다.

(2) 통제균형과 범죄
① 티틀은 통제를 계속적인 변수로서 생각한다. 자신에 대한 타인의 통제량과 타인에 대한 자신의 통제량은 고정되어 있는 것이 아니라 사회적 환경이나 사회적 위치의 변화에 따라 계속 변화한다.
② 그 변화는 통제의 결핍으로부터 통제과잉의 형태로 나타날 정도로 광범위하다.
③ 통제와 관련하여 중요한 것은 범죄는 통제결핍이나 통제과잉 점에서 모두 증가한다는 사실이다.
④ 통제결핍과 잉여는 하나의 연속선상에 존재하는 통제에 관련된 현상으로서 중앙의 균형점으로 이동하던 범죄가 감소하고 결핍과 잉여의 양극단으로 갈수록 범죄는 증가한다. [2024. 경찰2차]

(3) 통제결핍과 통제과잉상태의 범죄

통제결핍 (Control Deficit)	① 자신의 환경이나 타인에게 통제당하는 상태로, 자기 삶에 대한 자율성이 적은 경우이다. ② 이 경우 자신의 좌절감을 해소하고 주체성을 회복하기 위해 반항적이거나 파괴적인 방식으로 기존의 사회규범을 거스르며 통제에서 벗어나려는 일탈경향을 보일 수 있다. ③ 이러한 유형의 일탈을 도전적 일탈이라 한다. 균형을 회복하기 위하여 약탈이나 반항적 행동, 사회규범을 무시하기도 하는데, 극단적인 억압은 굴종의 형태로 나타날 수 있다. [2024. 경찰2차] ④ 범죄예방: 통제력의 결핍을 줄이고 개인의 자율성을 존중하는 사회적 환경조성이 필요하다.	
	주체성 회복을 위한 도전적 일탈(repressive)	
	폭력 범죄	폭행, 살인 등 폭력적인 행동은 자신이 받는 압박에 대한 반발이자, 개인의 자율성을 되찾으려는 시도로 나타날 수 있다.
	절도 및 강도	경제적 상황이나 자원을 통제할 수 없는 상황에서, 절도나 강도를 통해 즉각적인 통제감을 얻으려는 경향이 있다.
	반항적 일탈	법이나 규칙을 무시하는 반항적인 태도로, 부모나 학교로부터 과도한 통제를 거부하고 무단결석, 약물 남용, 공공기물 파손 등의 행위로 일시적인 자유와 자율감을 느끼려 할 수 있다.
	공공질서 무시	사회 규범을 위반하거나 소란 등 공공질서를 무시하는 행동을 통해 자신이 가진 좌절감을 표출하려고 한다.
통제과잉 (Control Surplus)	① 자신이 타인이나 상황을 과도하게 통제할 수 있는 상태로, 권력이나 권한이 많아지는 경우에 해당한다. ② 이 경우 착취나 조작, 범죄를 통해 자신의 힘을 과시하면서 권력을 강화하거나 유지하려는 적응적 일탈의 경향이 높아질 수 있다. ③ 범죄예방: 개인의 권력 남용을 견제하고 법적 규제를 통해 권력의 균형 있는 배분이 필요하다.	
	적응적(accommodative) 일탈	
	이기적 이용	살인청부업자와 계약을 하거나 마약거래자를 이용하는 것과 같이 다른 사람들을 범죄에 이용하는 행동을 선택한다.
	폭력과 약탈	• 불특정 증오범죄나 환경오염 같은 것이다. • 폭력적 수단을 활용한 인신매매, 강요, 협박 등과 같은 범죄를 말한다.
	비합리적 일탈	아동학대 등 일시적으로 비합리적인 행동에 빠지는 일탈행동 등을 말한다.
	경제적 착취와 부패	상대방의 약점을 이용한 사기, 권력을 남용한 부정부패 등을 말한다.
	지배적 행동	고용주의 직원 인권침해, 가정 내 가부장적인 권력 행사 등 갑질행위이다.

단원별 지문 O/X

01 인생항로이론은 인간의 발달이 출생 시나 출생 직후에 나타나는 주된 속성에 따라 결정된다고 주장한다. [2020. 교정 7급]

02 콜빈(Colvin)은 개인의 낮은 통제력은 충동적 성격의 원인이 아니라 개인으로서도 어쩔 수 없는 강력한 힘의 작용으로 보았다. ( )

03 티틀(Title)의 통제균형이론은 개인이 받는 통제의 양과 개인이 행사할 수 있는 통제의 양이 일탈의 확률을 결정한다는 '통제 비율(control ratio)'을 제시하였다. ( ) [2024. 경찰2차]

04 티틀(Tittle)의 통제균형이론은 통제 결손(control deficit)이 발생할 경우 약탈적이거나 반항적 행동을 저지를 가능성이 더 높다고 주장하였다. ( ) [2024. 경찰2차]

05 티틀(Tittle)의 통제균형이론은 극단적인 억압은 굴종형(submission)과 가장 관련성이 높다고 주장하였다. ( ) [2024. 경찰2차]

06 티틀(Tittle)의 통제균형이론은 강제적이고 비일관적인 통제가 가장 심각한 범죄를 유발한다고 주장하였다. ( ) [2024. 경찰2차]

07 티틀(Tittle)의 통제균형이론은 타인으로부터 받는 통제와 자신이 행사하는 통제의 양이 균형을 이룰 때 순응이 발생하고 통제의 불균형이 비행과 범죄행위를 발생시킨다고 설명한다. ( ) [2023(73). 경위]

---

01 ✕ 잠재적 특질이론에 대한 설명이다. 잠재적 특질이론은 범죄행동이 출생 또는 그 직후에 나타나고, 평생을 통해서 변화하지 않는 주요한 특질에 의해 통제되기 때문에 인간은 변하지 않고 기회가 변할 뿐이라는 관점을 취한다.

02 ◯

03 ◯

04 ◯

05 ◯

06 ✕ 사람들이 범죄나 비행을 하지 않고 순응하도록 하는 것은 통제 그 자체가 아니라 '통제의 균형'이라고 하였다. 통제를 계속적인 변수로서 생각하고, 자신에 대한 타인의 통제량과 타인에 대한 자신의 통제량은 고정되어 있는 것이 아니라 사회적 환경이나 사회적 위치의 변화에 따라 계속 변화한다. 통제결핍과 통제과잉(잉여)는 하나의 연속선상에 존재하는 통제에 관련된 현상으로서 중앙의 균형점으로 이동하면 범죄가 감소하고 결핍과 과잉의 양극단으로 갈수록 범죄는 증가한다.

07 ◯ 티틀(Tittle)의 통제균형이론은 통제의 개념을 개인에 의해 통제받는 양(통제량)과 개인을 통제하는 양(피통제량)으로 구분하고, 이 두 개의 통제량이 균형을 이루면 개인은 순응적이 되고, 불균형을 이루면 일탈적이고 범죄적인 행동을 하게 된다고 보았다.

제2절 발달범죄학의 의의

01 개관

(1) 의의

① 1990년대 샘슨(Sampson)과 라웁(Laub)이 글룩(Glueck) 부부의 연구를 재분석하며 생애과정이론을 제시하여 활성화된 이론이다. [2024(74). 경위] 총 3회 기출
② 발달범죄학은 행위자의 생애과정이라는 맥락 속에서 범죄를 설명하려는 이론적 사조를 일컫는다.
③ 발달범죄학 이론가들은 기존의 범죄학이론들이 범죄성을 일종의 불변적인 특성처럼 취급하는 태도를 비판한다.
④ 이들에게 범죄성이란 행위자가 태어나고 성장하고 살아가는 전 과정 속에서 경험하는 다양한 요인들과의 상호작용 속에서 변화해 가는 역동적인 개념이다.
⑤ 범죄자는 자신이 속한 연령대에 따라 상이한 요인들에 의해 차별화된 영향에 노출된다.
⑥ 발달범죄학은 단순히 범죄행위의 실행 여부를 기준으로 범죄자와 비범죄자를 구별하는 단선적 관점을 지양한다.

(2) 설명모형

① 발달범죄학의 이론적 가정들은 연령과 범죄 간의 상관관계에 대한 해석을 놓고 기존의 범죄학이론들과 충돌하게 되었다.
② **미국의 범죄통계 범죄율**: 연령집단에 따라 큰 차이를 나타내는데 후기 아동기와 초기 청소년기에 해당하는 10~14세 연령대에 비행행위가 시작된 후 점차 범죄율이 증가하다가 중기와 후기 청소년기인 16~17세에 가장 높은 범죄율을 기록하고 이후 성인기에 접어들면서 범죄율이 급격히 감소한다.
③ 이와 같은 현상에 대해 전통적 범죄학은 범죄성향을 근거로, 발달범죄학은 범죄경력이라는 개념을 적용하여 설명한다.

범죄성향 설명모형 (전통범죄학)	㉠ 연령과 범죄율 간의 상관관계가 범죄자들의 범행 빈도 변화를 나타내는 것이며, 범죄자 숫자의 변화를 보여주는 것은 아니라고 주장한다. ㉡ 갓프레드슨(Gottfredson)과 허쉬(Hirschi)에 의하면 범죄성향은 대략 4~5세 어린 나이에 형성되며, 평생 동안 큰 변화 없이 유지된다. ㉢ 따라서 처음부터 범죄성향을 가진 집단과 그렇지 않은 집단이 구분되며, 범죄율은 주로 전자의 집단이 저지르는 범죄를 반영한다. ㉣ 20세 이후의 범죄율이 감소한 이유는 단지 범죄성향을 가진 집단이 성인기에 접어들면서 성숙해졌기 때문이다.
범죄경력 설명모형 (발달범죄학)	㉠ 범죄율의 변화는 범죄행위 참여자 숫자 자체의 변화를 반영한다고 주장한다. ㉡ 달리 말해 16~17세 연령집단이 가장 높은 범죄율을 나타내는 이유는 이 시기에 범죄행위에 가담하는 청소년들이 가장 많기 때문이다. ㉢ 성인기에 접어들자 범죄율이 급감하는 이유는 일부를 제외하고 다수는 범죄행위를 중지하기 때문이다. ㉣ 20대 초반 이후에도 범죄에 가담하는 자들은 경력 범죄자가 되어 지속적으로 높은 범죄성을 나타낸다.

④ 연구방법적 측면에서도 범죄성향과 범죄경력 설명모형은 확연한 대조를 보인다.

범죄성향 설명모형	㉠ 특정 시점을 기준으로 행위자들의 개인적 성향 차이를 조사하는 횡단적 연구가 적절하다고 보는 입장이다. ㉡ 한 사람의 생애과정을 통해 범죄성향은 큰 변화 없이 안정적으로 유지되기 때문에 특정 시점을 기준으로 한 번의 조사만으로도 충분하다는 것이다.
범죄경력 설명모형	㉠ 행위자의 생애과정을 따라 반복적으로 추적 조사하는 종단적 연구방법이 필수적이라고 주장한다. ㉡ 생애과정의 각 시점에 따라 다른 요인들이 행위자에게 차별적인 영향을 미치며, 이를 통해 범죄성의 지속, 중지, 강화, 약화 등의 역동적 변화가 생겨나기 때문이다.

(3) 발달범죄학의 특징

① 비행청소년들의 어렸을 때 경험을 중시하면서, 한편으로는 아동기에서 청소년기로 성장하는 과정에서 경험하는 다양한 변화들을 중시한다.
② 일생동안 범죄와 관련한 개인의 내재된 변화를 설명하고자 한다.
③ 연령에 따른 범죄행동에 대한 유발요인 및 억제요인을 확인한다. 이 요인들은 개인이 범죄에 최초로 진입하는 요소와 범죄를 지속하거나 중단하는 원인을 설명해준다.
④ 성장과 범죄행동의 과정에서 생활사건의 영향에 관해 연구한다. 결혼과 취업과 같은 생활사건, 수감생활과 같은 생활사건은 범죄행동과 깊은 관련이 있다.

(4) 범죄에 대한 일반이론 비판

① 발전이론이 주목을 받는 것은 기존의 갓프레드슨(Gottfredson)과 허쉬(Hirschi)의 범죄에 대한 일반이론(자기통제이론)을 반박했다는 점이다.
② 일반이론에서는 어릴 때 형성된 낮은 자기통제력이 성인에 이르기까지 지속적으로 문제행동과 비행, 범죄의 성향으로 이어진다고 보았다.
③ 여기에 덧붙여 발전이론에서는 이러한 초기의 비행청소년이 어떻게 더욱 심각한 범죄자로 발전하게 되는지, 그리고 어떤 비행소년은 어떤 이유로 비행을 중단하고 평범한 삶으로 돌아가는지를 설명하고자 했다.
④ 발전이론은 비행의 발전과 중단에 영향을 미치는 요인으로 단일한 요인을 제시하는 수준에서 끝나는 것이 아니고, 기존 사회통제이론이나 차별적 접촉이론, 사회학습이론 등에서 강조되었던 다양한 사회환경요인들을 강조하였다.

02 생애과정 관점

(1) 개념

① 생애과정이론은 범죄성의 원인을 부적응적 성격, 교육실패 그리고 가족관계 등으로 보는 다차원적 이론이다. 이러한 관점에 따르면, 범죄성은 단일의 원인에 귀결될 수 없고, 단일의 기본적인 경향을 표상하는 것이 아니다.
② 사람들은 성장함에 따라 다양한 요인들에 의해 영향을 받는다. 결과적으로 하나의 단계에서 중요한 영향을 미쳤던 요인은 다음 단계에서는 거의 영향을 미치지 못한다.
③ 생애과정이론은 생물학적, 발달론적, 사회유대, 사회학습 그리고 기타 기존의 통제이론의 개념을 통합하려는 시도이다. 이 이론의 특징은 인생의 단계마다 범죄에 대한 다른 설명이 존재한다는 점이다.

(2) 생애과정과 범죄성향

① 인간은 생애과정 속에서 인간의 성장과정과 발전을 의미하는 많은 전환을 경험한다.

② 다양한 사회적 · 개인적 그리고 경제적 요인들은 범죄성에 영향을 주며, 이러한 요인들은 시간이 흐름에 따라 변화하고 범죄성도 역시 변화한다. 생애의 성장 전환점마다 사회적 상호작용의 성질은 변화하기 때문에, 사람의 행동은 바뀌게 된다. [2020. 보호 7급]

③ 상습 범죄자의 성장 역사와 범죄경력의 발달과정을 추적하여 범죄성의 원인을 밝히고, 범죄자의 삶의 궤적을 통해 <u>범죄를 지속하는 요인</u>과 <u>중단하는 요인</u>이 무엇인지를 찾아내는 데 관심이 있다. [2024(74). 경위] 총 3회 기출

(3) 범죄 개시의 나이와 범죄성의 관계

① 대부분의 생애과정이론은 범죄성이 아주 어린 시기에 형성되고, 어린 나이에 일탈행위의 경험자는 후에 더 심각한 범죄성을 나타낼 것이라고 강조한다. 다시 말해, 범죄성 개시의 <u>나이가 어릴수록, 범죄경력은 더 빈번하고 다양하며, 지속될 것</u>이라는 것이다. [2020. 보호 7급]

② 생애과정이론은 범죄자의 범죄경로도 다르지만, 범죄를 범하는 시기, 즉 나이도 다르다고 가정한다. 어떤 사람들은 아주 어린 시기에 범죄행위를 하고, 다른 사람들은 10대에 들어서 범죄행동 개시를 한다. 그리고 어떤 사람들은 청소년기에 범죄에서 손을 떼고, 다른 사람들은 성인이 되어도 지속한다.

단원별 지문

01 1930년대 글룩(Glueck)부부의 종단연구는 발달범죄학이론의 토대가 되었다. (   ) [2020. 교정 7급]

02 발달이론(Developmental Theory)은 1990년대 샘슨(R. Sampson)과 라웁(J. Laub)이 1930년대 글룩(Glueck) 부부의 연구를 재분석하며 활성화된 이론이다. (   ) [2017. 5급 승진]

03 발달범죄이론 샘슨과 라웁(Sampson & Laub)은 글룩(Glueck) 부부의 연구를 재분석하여 생애과정이론을 제시하였다. (   ) [2024(74). 경위]

04 발달범죄이론은 범죄자 삶의 궤적을 통해 범행의 지속 및 중단 요인을 밝히는 데 관심을 둔다. (   ) [2024(74). 경위]

05 발달이론(Developmental Theory)은 범죄자의 삶의 궤적을 통해 범죄를 지속하는 요인과 중단하는 요인이 무엇인지를 찾아내는 데 관심이 있다. (   ) [2017. 5급 승진]

---

01 ○

02 ○ 1930년대 글룩(Glueck) 부부의 종단연구는 발달범죄학이론의 토대가 되었으며, 1990년대 샘슨(Sampson)과 라웁(Laub)이 글룩(Glueck) 부부의 연구를 재분석하며 활성화된 이론이다. 발달범죄학이론은 1990년대 이후 개인의 범죄경력이 연령의 증가에 따라 발전하는 과정을 이론화하려는 시도에서 출발한다.

03 ○

04 ○ 발달범죄학은 1990년대 샘슨(Sampson)과 라웁(Laub)이 글룩(Glueck) 부부의 연구를 재분석하며 활성화된 이론으로 행위자의 생애과정이라는 맥락 속에서 범죄를 설명하려는 이론적 사조를 일컫는다. 발달범죄학 이론가들에게 범죄성이란 행위자가 태어나고 성장하고 살아가는 전 과정 속에서 경험하는 다양한 요인들과의 상호작용 속에서 변화해 가는 역동적인 개념이다.

05 ○ 상습 범죄자의 성장 역사와 범죄경력의 발달과정을 추적하여 범죄성의 원인을 밝히고, 범죄자의 삶의 궤적을 통해 범죄를 지속하는 요인과 중단하는 요인이 무엇인지를 찾아내는 데 관심이 있다.

제3절 발달범죄이론의 전개

01 글룩 부부의 종단연구와 울프강의 필라델피아 코호트연구

(1) 글룩 부부의 종단연구

① 1930년대 글룩(Glueck) 부부가 수행한 일련의 종단 연구들은 발달범죄학의 개념적 토대를 제공하였다.
[2020. 보호 7급]

② 비행청소년 500명과 일반소년 500명을 선정한 뒤 그들이 25세와 30세가 되는 때 두 차례에 걸쳐 조사를 실시하였다.

③ 첫 번째 조사에서는 비행청소년 집단의 20%만 범죄행위를 중단하였고, 두 번째 조사에서는 범죄중단 비율이 50%로 증가했다.

④ 일반청소년 집단의 경우에는 성인이 될 때까지 법을 잘 준수하는 삶을 유지하고 있었다.

⑤ 아동과 청소년이 이른 시기에 범죄행위를 시작하는 데에는 낮은 지능, 정신질환 등의 생물학적 요인과 불우한 가정환경, 낮은 사회경제적 지위, 학습능력 부족 등 사회학적 요인들이 중요하게 작용한다는 사실을 확인하였다.

⑥ 반사회적 성향을 가진 사람들은 청소년기를 거쳐 성인기에 이르기까지 지속적으로 범죄를 저질러왔음을 확인할 수 있었다.

⑦ 그런데 이와 같은 범죄행동의 지속성이 모든 범죄자들에게서 공통적으로 나타나지는 않았다.

(2) 울프강과 동료들의 필라델피아 코호트 연구

① 초창기 발달범죄학의 발전에 기여한 연구로는 울프강(Wolfgang)과 동료들의 필라델피아 코호트 연구가 있다. [2022. 경찰2차]

② 그들은 1945년 출생자 중에서 10세부터 18세의 기간 동안 필라델피아시에 거주한 청소년들을 조사한 결과, 전반적으로 연령이 높아질수록 비행청소년의 비율도 증가했는데 가장 비행을 많이 저지르는 연령은 16세였다. 그런데 이러한 비행청소년들의 46%는 한 번만 범죄에 가담한 것으로 나타났다.

③ 반면 소수의 비행청소년들이 전체 범죄의 절반 이상을 집중적으로 저질렀으며, 이러한 청소년들의 약 45% 가량은 30세가 되었을 때 성인 범죄자가 되는 것으로 밝혀졌다.

④ 반면 청소년기에 비행을 저지르지 않은 청소년들의 82%는 성인이 되어도 여전히 비범죄자군에 속했다.

⑤ 그런데 울프강과 동료들이 10세부터 30세까지 각 연령대별 범죄자 일인당 평균 범죄횟수를 분석한 결과, 대략 1.2건에서 1.8건 사이로 별 차이가 없었다.

⑥ 16세를 중심으로 범죄율이 점증적으로 증가하다가 정점에 이른 뒤 급격히 하락하는 현상은 각 범죄자들이 저지르는 범행건수의 변화라기보다는 각 연령대에 속한 범죄자 수의 변화 때문인 것으로 해석하는 것이 논리적이다.

⑦ 연령과 범죄성 간의 상관관계에 대한 범죄경력 설명모형의 타당성을 지지하는 결과이다.

02 샘슨과 라웁의 생애과정이론

(1) 개관

① 1993년 샘슨(Sampson)과 라웁(Laub)은 1930년대 <u>글룩(Glueck) 부부의 종단연구의 타당성을 검증하였을</u> 뿐만 아니라, 보다 정교한 연구결과를 바탕으로 생애과정이론을 제시하였다.

② 다른 발달범죄학 이론들과 마찬가지로 어린 아이에서 성인에 이르는 과정에 범죄성이 지속되거나 범죄가 중단되는 현상을 설명하고자 하였다.

③ 패터슨(Patterson)이나 모핏(Moffitt)의 이론처럼 청소년 집단을 인위적으로 구분하지는 않았으며, 그 대신 누구든지 생애과정 속에서 범죄행위를 지속하거나 중지할 수 있다고 전제하였다.

④ 범죄행위의 아동기, 청소년기를 거쳐 성인기까지의 생애과정에 걸친 범죄의 <u>지속성과 가변성</u>이 어린 시절의 특성이나 경험에 의해 결정된다기보다는 인생의 중요한 전환기에 발생하는 사건들과 그 결과에 의해 영향을 받는다고 보았다. [2025. 보호 9급] 총 4회 기출

⑤ 범죄의 시작, 유지, 중단의 연령에 따른 변화는 생애과정에서의 비공식적 통제와 사회유대를 반영하고, 인생의 중요한 전환기에 발생하는 사건들과 그 결과에 영향을 받는다고 보았다. [2022. 경찰2차]

⑥ 범죄경력의 발전과정에서 통제이론과 낙인이론을 중심으로 손베리(Thornberry)와 유사한 설명을 하고 있다. 즉, 비행은 비공식적 사회통제 또는 유대의 결과라는 점을 강조하였다. [2022. 경찰2차]

(2) 사회유대의 약화와 범죄의 지속성

① 생애과정이론은 사회유대의 약화를 범죄행위의 직접적인 원인으로 간주한다는 점에서 허쉬의 사회통제이론의 핵심 주장을 그대로 차용한다. [2025. 보호 9급]

② 하지만 허쉬(Hirschi)의 사회유대가 아동기와 청소년기에 국한되었다면, 샘슨과 라웁은 사회유대의 강화, 약화, 단절이 한 사람의 생애 전 과정에서 반복되는 현상으로 보았다.

③ **아동기 사회유대**: 사회구조적 배경요인과 아동의 기질적 요인에 관심을 가졌다.

  ㉠ 가족의 경제적 취약성, 가정불화 등의 불리한 사회구조적 배경과 분노조절장애, 행동장애 등은 가정, 학교, 친구관계에 있어서 적절한 사회유대가 형성되는 것을 가로막는 요인이 되어 청소년기에 접어들면 범죄와 비행에 가담할 가능성이 높아진다.

  ㉡ 사회유대가 구조적 환경 안에서 형성된다고 본 점은 구조적 배경요인을 고려하지 않았던 사회유대이론과 비교된다. 샘슨과 라웁은 구조적 배경요인이 비행에 미치는 영향이 가정 내 유대에 의해 매개된다고 본 것이다.

  ㉢ 손베리의 상호작용이론의 주장과 마찬가지로 범죄와 비행은 역으로 사회유대관계를 더욱 악화시킨다고 보았다. [2022(72). 경위]

④ **청년기 사회유대 약화와 범죄의 지속**

  ㉠ 대학 진학, 취업, 결혼 등이 비공식적 사회유대 형성에 있어서 중요한 의미를 갖는다. 그러나 청소년기의 범죄와 비행 경력은 관습적 제도를 통한 유대관계 형성을 어렵게 만들고, 그 결과 청년기의 범죄행위 위험성을 높인다.

  ㉡ 실직, 이혼, 교도소 수감 등 부정적 경험들이 누적될수록 사회와의 유대관계가 악화되어 범죄행위가 초래되고, 그 결과 또 다시 사회와의 연결고리가 더욱 느슨해진다.

⑤ **사회유대의 약화와 반사회적 행위의 지속**: 아동기부터 성인기까지 생애과정 전반에 걸쳐 반사회적 행위와 폭력성이 지속되는 이유는 행위와 이에 대한 사회적 반응이 반복적으로 상호작용하는 가운데 사회유대가 자꾸 약해지기 때문이다.

(3) 인생의 변곡점과 범죄의 가변성

① 샘슨과 라웁은 연령에 따른 <u>범죄행위의 지속성</u>이라는 특성과 함께 <u>가변성</u>이 인생의 중요한 전환기에 발생하는 사건들과 그 결과에 의해 영향을 받는다고 주장하였다. [2024(74). 경위] 총 2회 기출

② 인간의 삶 속에는 장기간에 걸쳐 반복되는 행동패턴이 하나의 궤적을 이루는데, 범죄행위와 이에 대한 반응이 반복되면서 인생 전반에 걸쳐 범죄궤적을 형성한다.

③ 궤적 속에는 단기간에 걸쳐 발생하는 다양한 인생사건이 내재되어 있는데 이것이 인생의 변곡점이 되어 범죄궤적을 올바른 방향으로 바꿀 수 있다는 것이다.

④ 대표적인 인생의 변곡점으로 <u>결혼, 취업</u>, 군 입대 등 사회유대 또는 사회자본의 형성이 인생의 전환점이 된다. [2025. 보호 9급] 총 5회 기출

  ▶ 체포나 수감 경험은 범죄중단의 결정적 전환점이 아니다. [2025. 보호 9급]

⑤ 이와 같은 변곡점들은 이미 약화되었거나 단절된 사회유대를 새롭게 복원시키는 기능을 한다. [2022(72). 경위]

⑥ 사회유대의 회복을 통해 범죄와의 단절이 이루어지는 과정에 관하여 샘슨과 라웁은 행위자를 둘러싼 결혼, 취업 등 <u>상황적·구조적 변화</u>가 장기적인 행동의 변화(범죄중단)를 이끈 것이라고 설명한다. [2023. 경찰2차] 총 2회 기출

> ⊕ **PLUS** 패링턴(Parrington)의 범죄행동 발달에 관한 10가지 특징
>
> 1. 범죄행동은 10대 후반에 정점에 달한다.
> 2. 범죄를 시작하는 나이는 8~14세에, 범죄를 중지하는 나이는 20~29세 사이에 집중된다.
> 3. 초년의 범죄개시는 장기간의 범죄경력지속을 예측한다.
> 4. 아동기에 나타난 범죄나 반사회적 행동은 청소년기와 성년기까지 이어진다.
> 5. 일부의 만성적 범죄자가 전체 범죄의 상당 부분을 차지한다.
> 6. 범죄행동은 전문화되기보다 다양화의 형태로 발달한다.
> 7. 위법행위는 반사회적 행동의 주요 요인이다.
> 8. 10대 후반까지는 다른 사람과 함께 범죄를 저지르지만, 20세 이후에는 단독으로 범죄를 저지른다.
> 9. 10대 후반까지 범죄를 저지르는 이유는 실리추구부터 쾌락추구나 분노표출까지 매우 다양하다.
> 10. 연령대에 따라 범죄의 종류는 달라진다.

03 손베리의 상호작용이론

(1) 개관

① 손베리(Thornberry)의 <u>사회통제(유대)이론과 사회학습이론을 통합</u>하여 범죄행위는 행위자와 환경이 상호작용하는 발전적 과정에 의하여 발생한다고 주장하였다. [2025. 교정 9급] 총 2회 기출

② 그는 단일 범죄이론이 가진 설명력의 한계를 지적하며, 두 개 이상의 이론에서 도출된 명제들을 결합하여 범죄현상에 대해 보다 포괄적인 설명을 제공하고자 하였다.

(2) 사회유대의 약화

① 사회유대이론에 의하면 가정, 학교 등 관습적 사회제도들과의 유대 약화는 비행의 증가에 직접적인 영향을 미친다고 하지만, 손베리는 사회유대의 약화가 비행으로 바로 이어지는 것이 아니라 단지 청소년들에게 더 많은 행동의 자유를 부여할 뿐이라고 하였다. 다만, <u>사회유대의 약화를 비행이 시작되는 출발점</u>으로 보았다. [2023(73). 경위]

② 늘어난 행동의 자유가 비행으로 진행되기 위해서는 매개 요인이 필요한데 비행친구들과의 교류와 반사회적 가치의 수용 등이 그 역할을 담당한다는 것이다.

③ **사회유대약화의 원인**: 지속적인 변화변수로 인식
　　㉠ 최초에는 사회경제적 지위, 인종, 성별, 주거조건 등의 구조적 요인들에 의해 사회유대의 강도가 결정되지만, 성장과정에 비행친구들과의 교류, 반사회적 가치와 태도의 습득을 통해 사회유대가 점점 약화된다.
　　㉡ 사회유대의 구체적 요소들도 상호 영향을 주고 받게 되는데, 가장 중요하게는 범죄와 비행에 가담한 경험이 사회유대에 영향을 미친다.
　　㉢ 사회유대와 비행 간에는 성장발달과정에 따라 상호 교차하면서 영향을 주는 일종의 순환적 인과관계가 존재한다고 볼 수 있다.

(3) 사회유대의 약화와 비행의 학습(상호작용)
① 사회유대이론의 애착, 전념, 믿음과 사회학습이론의 비행친구와의 교류와 비행가치의 수용으로 구성되어 있다.
② 청소년 시기에 따라 이러한 변수들 간의 인과관계가 변화한다고 가정하고, 이론모형을 청소년 초기(11~13세), 청소년 중기(15~16세), 청소년 후기(18~20세)로 구분하여 제시하고 있다.
③ 부모에 대한 애착은 세 모형 모두에 있어서 최초의 원인변수로 설정하고 있지만 부모에 대한 애착이 직간접적으로 비행에 미치는 영향은 청소년 초기에는 강한 반면, 중기에는 감소하다가 후기에 이르면 점차 사라지는 것으로 보았다.
④ 그 대신 청소년 중기와 후기에는 학교와 친구들의 영향이 상대적으로 높은 것으로 보았다.

04 패터슨과 모핏의 범죄자 유형화 모형

(1) 범죄자의 유형화
① 발달범죄학 분야에서는 아동기에서 시작하여 청소년기를 거쳐 성인기에 이르는 과정에서 발견되는 특징들을 기준으로 범죄자를 유형화하려는 시도들이 있었다.
② 패터슨(Patterson)과 모핏(Moffitt)의 분류가 이에 해당한다.

(2) 패터슨의 범죄자 분류
① 패터슨(Patterson)은 성장과정 속에서 아동의 문제행동과 주변 환경 간의 상호작용을 통해 반사회성이 형성되는 점에 주목하였다.
② 비행청소년이 되어가는 두 가지 경로에 따라 <u>조기 개시형(초기 진입자)</u>과 <u>만기 개시형(후기 진입자)</u>으로 구분하였다. [2025. 보호 9급] 총 2회 기출

조기 개시형 (Early starters)	㉠ 아동기부터 공격성을 드러내고 반사회적 행동을 저지르는 특징을 보인다. ㉡ 아동기의 부적절한 양육에 원인이 있고, 이것은 후에 학업의 실패와 친구집단의 거부를 초래하게 되고, 이러한 이중적 실패는 비행집단에 참가할 가능성을 높이게 된다. ㉢ 이러한 발전과정을 경험한 사람들은 성인이 되어서도 지속적으로 범죄를 저지른다(만성적 범죄자).
만기 개시형 (Late starters)	㉠ 아동기에 부모에 의해 적절하게 양육되었으나, 청소년 중기나 후기에 접어들어 비행친구들의 영향으로 비행에 가담하게 되는 유형이다. ㉡ 일탈의 주된 원인은 부모들이 청소년 자녀들을 충분히 감시·감독하지 못한 데에서 찾을 수 있다. ㉢ 비행에 가담하는 기간은 단기간에 그치며, 대부분의 경우 성인기에 접어들면서 진학이나 취업 등 관습적 활동기회가 제공됨에 따라 불법적 행동을 중단하게 된다. ㉣ 조기 개시형에 비해서 심각성의 수준도 떨어진다.

(3) 모핏의 범죄자 분류

① 모핏(Moffitt)은 <u>신경심리학, 낙인이론, 긴장이론</u>의 입장에서 범죄경력의 발전과정을 설명하였고, 생물사회이론 범죄학자답게 생물학적 특성을 보다 강조하였다.

② 패터슨의 유형화와 비슷하게 범죄자를 청소년기 한정형 범죄자와 인생(생애)지속형 범죄자로 분류하고, 청소년기 한정형 범죄자보다 인생지속형 범죄자가 정신건강상의 문제를 더 많이 가지고 있다고 하였다.
[2023(73). 경위] 총 5회 기출

③ 패터슨의 연구와 일정부분 유사한 면도 있지만, 패터슨은 조기에 비행을 시작하는 사람에게도 친구의 영향이 중요하다고 보았다는 점에서 차이가 있다.

인생 지속형	㉠ 유아기부터 문제행동이 시작되어 평생 동안 범죄행동을 지속하는 유형이다. ㉡ 생래적인 신경심리학적 결함(<u>언어 및 인지능력에서 장애증상</u>)을 보이고, 각종 문제를 일으키며, 범죄 유발적 환경과 상호 작용한다. [2025. 보호 9급] 총 2회 기출 ㉢ 자녀양육에 서툰 부모들은 부적절한 방식의 <u>체벌이나 학대</u>로 아이에게 반응하고, 이로 인해 아동의 문제적 기질은 더욱 강화된다. ㉣ 열악한 경제적 여건으로 행동교정에 필요한 치료를 제때 받지 못하면 살아가는 동안 타인들과의 관계 속에서 문제가 반복되고 누적되어 적절한 사회화가 어려워진다. ㉤ 또래 집단과의 유대관계, 즉 친구의 영향은 미미하다. [2025. 보호 9급]
청소년기 한정형	㉠ 반사회적 행동의 <u>불연속성</u>(가변성)을 특징으로 한다. [2023. 경찰2차] ㉡ 아동기까지는 반사회적 행동을 하지 않다가 사춘기에 접어들면서 집중적으로 일탈행동을 저지르다가 성인이 되면 일탈행동을 멈추는 유형이다. ㉢ 적절한 사회화 과정을 거쳤고, 학교생활과 교우관계도 원만한 편이다. ㉣ 사춘기 초기에 일탈행동에 가담하게 되는 주된 이유는 <u>성장 격차</u> 때문이다. 즉, 사춘기는 생물학적 나이와 사회적 나이 간에 격차가 발생하는 시기에 비행의 특징은 <u>모방적</u>이라는 점이다. [2025. 보호 9급] ㉤ 사춘기를 벗어나면서 성인으로서의 지위와 역할이 부여되고, 범죄에 수반되는 처벌이 심각하게 인식되면서 비행을 멈추게 된다. ㉥ <u>친구의 영향</u>을 보다 강하게 받는다.

05 인지변화와 비행중단

(1) 지오다노(Giordano)와 동료들의 인지적 전환이론

① 샘슨(Sampson)과 라웁(Laub)의 후기 이론이 범죄성의 변화에 있어서 행위자의 의지적 요소를 일부 고려했지만, 행위자의 내면적 변화과정이 본격적으로 다루어지지는 않았다.

② 비공식적 사회통제의 강화의 효과는 사회유대의 복원과 같은 관계적 차원의 변화이지 인지적 차원의 변화에 있지 않았다.

③ 지오다노(Giordano)와 동료들은 이러한 통제이론의 가정들이 환경에 대한 의존성이 높은 아동기와 청소년기의 변화를 설명하는 데에는 적합하지만, 성인기에는 그렇지 않다고 지적한다.

④ 성인들은 특정한 행위를 주체적으로 선택하여 자신과 주변에 영향을 미칠 수 있는 능력과 여지가 미성년자들보다 크다.

⑤ 따라서 <u>성인기의 행동 변화과정</u> 속에서 행위주체의 능동적이고 의도적인 역할에 주목해야 하며, 이를 위해서 <u>인지적 차원의 변화</u>를 이해하는 것이 필수라는 것이다.

⑥ 인지이론은 성인 범죄자가 과거로부터 이어져 온 범죄의 궤적과 결별하는 과정에 구체적으로 어떠한 인지적 변화가 발생하는지 설명하고 있다.

⑦ 범죄중지를 위해서는 4가지의 인지적 전환이 필요하다.

범죄중지를 위한 4가지 인지적 전환요소

변화의 수용	가장 근본적으로 변화를 받아들이려는 마음이 요구된다.
긍정적 상황의 인식	변화의 계기를 만나야 하며, 보다 중요하게는 이를 긍정적 발전을 위한 새로운 상황으로 인식해야 한다.
대체자아의 구체화	친사회적으로 바람직한 '대체 자아'를 마음 속에 그려 보고 구체화해야 한다.
범죄와 무관한 삶	행위자가 지금까지의 범죄행동을 더 이상 긍정적으로 여기지 않으며, 자신의 삶과도 무관하다고 인식하게 되는 상태이다.

(2) 마루나의 구원대본이론

① 범죄중지과정에서 나타나는 정체성의 변화에 주목한 또 다른 이론으로 마루나(Maruna)의 구원대본이론이 있다.

② 마루나는 한 개인이 자신의 지나온 삶을 이야기하는 방식이 그 사람의 삶 전반에 지대한 영향을 미친다고 보았다.

③ 스스로가 과거의 삶을 어떻게 바라보는가는 그 사람의 성격이나 배경을 드러낼 뿐만 아니라, 현재와 미래에 취할 행동과 선택을 형성한다.

④ 지오다노의 인지적 전환이론과 마찬가지로 마루나는 어떤 사람의 과거·현재·미래의 행동을 이해하려면 그 사람의 정체성을 파악해야 한다고 주장한다.

⑤ 다만, 차이점은 정체성을 파악하려면 범죄자가 들려주는 그들만의 인생 이야기에 주목해야 한다는 것이다. 한 사람의 정체성은 일종의 서사 구조를 띄고 있기 때문이다.

⑥ 마루나는 범죄를 중단하는 사람들과 그렇지 못한 사람들로 나뉘게 되는 원인을 삶에 대한 서사의 차이로 분석했다.

⑦ 범죄를 중단한 집단에서 발견되는 서사를 구원대본으로, 범죄를 지속하는 집단의 서사를 저주대본으로 이름 붙였다.

06 발달범죄학의 평가와 비판

(1) 평가

① 생애 전반에 걸쳐 반사회적 행동과 행위자에게 불리하고 부정적인 환경과 조건들이 상호작용하는 역동적 과정을 드러냈다.

② 생애과정이란 불예측성과 역동성으로 점철되어 있다는 사실을 충분히 고려함으로써 범죄성의 가변적 특성을 놓치지 않고 있다.

(2) 비판

① 개인들의 삶 속에서 발생할 가능성이 있는 개별적인 사건들에 초점을 맞춘 사후적 설명에 불과하다.

② 개인의 인생사에서 변곡점으로 취급하고 있는 사건들은 행위자의 성향으로 인한 결과라는 점을 간과하고 있다.

③ 나이가 들어감에 따라 사람에게서 보편적으로 나타나는 생물학적 변화를 고려하지 않았다.

단원별 지문

01 발달범죄이론에서 범죄경력을 중단하는 계기가 되는 중요한 사건으로는 결혼과 취업이 있다. ( ) [2024(74). 경위]

02 샘슨(Sampson)과 라웁(Laub)은 연령에 따른 범죄행위의 지속성과 가변성이 인생의 중요한 전환기에 발생하는 사건들과 그 결과에 의해 영향을 받는다고 주장하였다. ( ) [2023. 경찰1차]

03 샘슨과 라웁(Sampson & Laub)의 생애과정이론은 사회유대이론과 사회학습이론을 결합한 합성이론이다. ( ) [2023(73). 경위]

04 샘슨(Sampson)과 라웁(Laub)은 행위자를 둘러싼 상황적·구조적 변화로 인해 범죄가 중단된다고 주장하였다. ( ) [2023. 경찰2차]

05 범죄의 시작, 유지, 중단의 연령에 따른 변화는 생애과정에서의 비공식적 통제와 사회유대를 반영하고, 인생의 중요한 전환기에 발생하는 사건들과 그 결과에 영향을 받는다고 본 학자와 이론은 샘슨과 라웁(Sampson & Laub)의 '생애과정이론'이다. ( ) [2022. 경찰2차]

06 손베리(Thornberry)는 사회통제이론(Social Control Theory)과 사회학습이론(Social Learning Theory)을 통합하여 범죄행위는 행위자와 환경이 상호작용하는 발전적 과정에 의하여 발생한다고 주장하였다. ( ) [2023. 경찰2차]

07 손베리(Thornberry)는 비행청소년을 청소년기 한정형(adolescence-limited)과 생애지속형(life-course-persistent)으로 분류하였다. ( ) [2023. 경찰1차]

08 손베리(Thornberry)의 상호작용이론은 사회유대의 약화를 비행이 시작되는 출발점으로 보았다. ( ) [2023(73). 경위]

09 발달범죄이론의 모피트(Moffitt)에 따르면 청소년기 한정형(Adolescence-limited)은 신경심리학적 결함으로 각종 문제행동을 일으키는 경우가 많다고 하였다. ( ) [2024(74). 경위]

---

01 ○
02 ○
03 × 손베리(Thornberry)의 상호작용이론에 대한 설명이다.
04 ○
05 ○
06 ○
07 × 모피트(Moffitt)에 대한 설명이다.
08 ○
09 × 인생(생애)지속형 범죄자는 유아기부터 문제행동이 시작되어 평생 동안 범죄행동을 지속하는 유형으로, <u>생래적인 신경심리학적 결함으로 인해 유아기 동안 언어 및 인지능력에서 장애증상을 보이며, 각종 문제를 일으킨다.</u>

10 모핏(Moffitt)은 비행청소년이 되어가는 경로에 따라 조기 개시형(Early Starters)과 후기 개시형(Late Starters)으로 구분하였다. (　　) [2023(73). 경위]

11 모핏(Moffitt)은 범죄자를 청소년기 한정형 범죄자와 생애지속형 범죄자로 분류하였다. 청소년기 한정형은 사춘기에 집중적으로 일탈행동을 저지르다가 성인이 되면 일탈행동을 멈추는 유형이고, 생애지속형은 유아기부터 문제행동이 시작되어 평생 동안 범죄행동을 지속하는 유형이다. (　　) [2022. 경찰2차]

12 모피트(Moffitt)의 청소년기 한정형(Adolescence-Limited)은 일탈의 원인으로 신경심리적 결함(Neuropsychological Deficit)을 들 수 있다. (　　) [2022. 보호 7급]

13 패터슨(Patterson)은 비행청소년이 되어가는 경로를 조기 개시형과 만기 개시형으로 구분하였다. (　　) [2023. 경찰1차]

14 패터슨(Patterson)은 비행청소년을 생애 지속형(Life Persistent)과 청소년기 한정형(Adolescent Limited)으로 구분하였다. (　　) [2023(73). 경위]

---

10 ✕ 패터슨(Patterson)의 범죄자 분류에 대한 설명이다.

11 ○

12 ✕ 청소년기 한정형은 아동기까지는 반사회적 행동을 하지 않다가 사춘기에 접어들면서 집중적으로 일탈행동을 저지르다가 성인이 되면 일탈행동을 멈추는 유형으로, 사춘기 초기에 일탈행동에 가담하게 되는 주된 이유는 성장 격차 때문이다. 즉, 사춘기는 생물학적 나이와 사회적 나이 간에 격차가 발생하는 시기이다. 또한 청소년기 동안 성인들의 역할과 지위를 갈망하게 되고, 인생지속형 범죄자들을 흉내 내며 흡연, 음주 등 경미한 지위비행 등을 일삼게 된다. 신경심리적 결함은 생애지속형 범죄원인에 속한다.

13 ○

14 ✕ 모핏(Moffitt)의 유형분류이다.

제4절 통합이론

01 개관

(1) 이론 통합의 논의
다양한 범죄학 이론들을 통합하자는 논의가 시작된 데에는 크게 두 가지 이유가 있다.
① 이론의 과잉 문제로서 너무 많은 이론들이 난립한다는 비판이 있었다. 각 이론들은 나름대로의 이론적 가정을 기반으로 하고 있는데, 이러한 가정들이 상호 모순되기도 한다는 것이다.
② 개별 이론들이 범죄현상을 충분히 설명하지 못하고 있다는 비판이 있었다. 대부분의 이론들은 범죄원인에 있어 특정한 측면만을 집중적으로 조명하거나 범죄현상에 대한 파편화된 정보만을 제공하고 있다는 것이다.

(2) 경쟁적 접근방식
① 이론의 전통적인 발전과정은 경쟁적 접근방식을 취하고 있다.
② 범죄현상을 둘러싸고 대립되는 이론적 주장들이 범죄학자들이 수행하는 경험적 연구들을 통해 검증되고, 그 결과 경험적 증거에 의해 지지를 받은 주장은 살아남고 그렇지 못한 주장들은 폐기되는 방식이다.
③ 경쟁적 접근방식의 한계
  ㉠ 수많은 연구결과들이 일관되게 어느 한쪽의 이론적 주장만을 지지하는 경우는 현실에서 거의 존재하지 않는다.
  ㉡ 아무리 연구방법적 엄격함을 추구하더라도 방법론적 한계가 없는 무결점 연구를 수행하는 것이 불가능하다.
  ㉢ 어느 한 이론을 채택한다고 반드시 경쟁관계에 있는 상대 이론을 배제해야만 하는 것은 아니다.

(3) 대안적 접근방식
① 이론 통합은 경쟁에 의한 이론적 발전과정에 수반되는 문제점들을 해결하기 위한 대안적 접근방식이라고 할 수 있다.
② 이론 간 우열을 다투기보다는 현상에 대한 논리적이고 체계적인 설명의 제공이라는 이론 본연의 역할에 보다 충실하고자 하는 데에 목적이 있다.
③ 손베리(Thornberry)는 이론 통합을 특정 현상에 대해 보다 종합적인 설명을 제공할 목적으로 논리적으로 연결되는 두 개 이상의 명제를 결합시키는 행위라고 정의하고 있다.

02 이론 통합의 유형

(1) 이론 통합의 구분
① 이론 통합은 통합방식을 기준으로 상하통합, 병렬통합, 순차통합으로 구분할 수 있다.
② 통합되는 이론들의 수준에 따라 교차수준 통합, 거시적 수준 통합, 미시적 수준 통합으로 나눌 수도 있다.
③ 이러한 유형화가 상호배타적인 것은 아니며, 대부분의 통합이론은 두 가지 분류방식에 따른 유형에 동시에 속한다.

(2) 상하통합방식

① 가장 고전적인 형태의 이론 통합이며, 일반성이나 추상성이 상대적으로 높은 이론으로 그보다 수준이 낮은 이론을 포섭하는 방식을 말한다.

② 상하통합에는 이론 감소와 이론 합성의 두 가지 방법이 있다.

③ 이론 감소의 대표적인 예로는 차별적 강화이론이 일반적인 행동주의 원리를 적용하여 차별적 접촉이론을 포섭한 것을 들 수 있다.

(3) 병렬통합방식

① 가장 손쉬운 방식의 이론 통합에 속하며, 설명하고자 하는 범죄나 범죄자 집단을 가장 잘 설명할 수 있는 범죄학 이론별로 분할하는 방식이다.

② 범죄자를 성별, 사회경제적 지위, 성장 환경 등에 따라 구분한 뒤, 각각 최적의 이론을 적용할 수도 있다.

③ 예를 들어 엘리엇(Elliott)과 동료들의 통합모형은 행위자를 사회적 유대가 강한 청소년 집단과 약한 집단으로 구분한 뒤, 전자의 범죄는 긴장이론으로, 후자의 범죄는 차별적 접촉이론으로 각각 설명하였다.

(4) 순차통합방식

① 가장 논리적인 형태의 통합으로, 인과관계의 차원에서 각 이론에 속한 변수들의 시간적 순서를 정한 뒤, 한 이론의 종속변수가 다른 이론의 독립변수가 되도록 하여 이론들을 병합하는 방식이다.

② 순차통합이 가능한 이유는 다양한 범죄 원인들이 범죄행위라는 결과로부터 시간적으로 얼마나 멀리 위치하는가에 따라 서열화될 수 있기 때문이다.

③ 엘리엇(Elliott)과 동료들의 통합모형은 순차통합의 예에도 해당된다.

03 엘리엇과 동료들의 통합이론

(1) 긴장이론, 사회통제이론의 통합

① 엘리엇(Elliott)과 동료들은 긴장이론, 사회통제이론, 사회학습이론을 결합한 통합이론을 제시하였다. [2024. 경찰2차]

② 먼저 긴장이론과 사회통제이론을 결합하여 성공기회의 제약으로 인해 유발된 긴장이 어떻게 사회유대의 개인차에 의해 조건화되는지 설명하였다.

③ 두 이론의 연결고리 역할은 '성공에 대한 열망'이 담당했다. 성공에 대한 열망이 범죄에 미치는 영향은 긴장이론과 사회통제이론에서 정반대 방향으로 작동한다.

④ **긴장이론**: 긍정적 목표를 달성하기 위한 기회가 차단되었다고 느끼는 개인에게 성공에 대한 높은 열망은 관습적 수단을 포기하고 불법적 수단을 선택하게 만드는 요인이 된다.

⑤ **사회통제이론**: 높은 성공 열망은 교육과 같은 제도화된 수단에 대한 몰입을 높여 범죄의 유혹에 빠지지 않도록 하는 규범적 통제기제로 작용한다.

⑥ **사회질서와의 유대정도의 차이**: 사회질서와의 유대정도는 주로 가정과 학교를 중심으로 이루어지는 사회화과정에 의해 결정된다. 즉, 가족관계, 또래관계, 학업 등에 있어 성공과 실패, 긍정적 자극과 부정적 낙인 등은 사회유대를 강화 또는 약화시킨다.

⑦ **제도적 기회차단과 개인의 상이한 반응방식**

ㄱ 사회유대가 강하고 관습적 목표에 대한 전념 정도가 높은 사람은 기회가 차단되었을 때 긴장이론의 주장대로 긴장이 발생하고 이를 해소하기 위한 방편으로 비제도적, 즉 불법적 수단을 동원하게 된다. [2022(72). 경위] 총 2회 기출

ㄴ 하지만 처음부터 사회유대가 약하고, 제도적 목표에 그다지 전념하지 않는 사람은 비록 성공기회가 제약되더라도 이로 인한 부정적 영향을 별로 받지 않게 된다.

(2) 사회통제이론과 사회학습이론의 결합

① 허쉬(Hirschi)의 사회통제이론은 사회적 유대가 약하기 때문에 청소년이 범죄를 저지른다고 주장하지만, 엘리엇과 동료들은 이것만으로는 충분한 설명이 되지 않는다고 비판한다.
② 청소년의 비행행위가 특정 사회집단으로부터 지지를 받거나 보상으로 이어질 때 비행행위가 유지된다는 점을 고려해야 한다는 것이다.
③ 비행 또래집단은 사회적 유대가 약한 청소년이 비행을 시작하고 지속하는 데 필수적인 사회적 조건을 제공한다고 볼 수 있다.
④ 한 개인이 범죄와 범행을 저지르게 되는 인과과정은 두 개의 경로로 나누어 설명된다.

첫 번째 경로	가정과 학교 등 관습집단과의 유대가 약한 청소년이 비행 또래집단과 접촉하면서 범죄에 대한 학습이 이루어지는 과정이다.
두 번째 경로	초기에는 관습적 집단과의 사회적 유대가 강한 청소년들이 문화적으로 가치 있는 성공 목표에 몰입하지만, 이를 성취하기 위한 제도적 수단과 기회가 제약됨으로 인해 긴장이 형성되고, 이로 인해 사회적 유대는 느슨해지는 반면 비행 또래집단과의 유대는 강화되어 범죄를 학습하게 되는 과정이다.

04 헤이건의 권력통제이론(power-control theory)

(1) 마르크스 범죄이론과 사회통제이론의 통합

① 헤이건(Hagan)은 마르크스주의 범죄이론과 페미니스트 범죄이론과 같은 비판적 범죄학을 사회통제이론과 결합한 통합이론을 제시하였다.
② 사회의 계급구조와 전통적 가부장제가 어떻게 가정 내에서 자녀의 성별에 따른 차별적인 양육방식으로 적용되고, 범죄성의 차이로 이어지는지 설명하고자 계급, 성별 불평등과 청소년의 성별 범죄율 차이를 분석하였다. [2024(74). 경위]

(2) 이론의 주요내용

① 성과 계급, 가족구조를 하나의 이론적 틀 안에서 범죄를 설명하고, 모든 성인 가족구성원이 그가 속한 직장과 가정에서 특정한 권력적 지위를 차지하고 있다고 전제한다.
② 직장에서의 권력적 지위는 가정 내에서 가족구성원들과의 사회적 관계 속에 작동되는 권력과 밀접하게 연관되어 있다. 즉, 부모는 가족 내에서 자신들의 직장 내 권력관계를 재생산한다고 보았다.
③ 직장에서의 권력적 지위가 가족구성원 간의 권력관계에 반영된다는 것이다. 부모의 직장에서의 권력적 지위가 부부 간의 권력관계에 반영되고, 이는 자녀에 대한 감독·통제 수준과 연계되는 것으로 본 것이다. [2023. 경찰2차] 총 2회 기출

(3) 가정구조와 양육방식의 차이(가부장적 가정과 양성평등적 가정)

가부장적 가정	① 남편은 직장에서 권력적 지위를 차지하고, 아내는 직장을 다니더라도 권력적 지위에 있지 않다. ② 남성과 여성 간의 젠더계층화가 뚜렷하며, 아내는 남편의 통제에 종속된다. ③ 남성은 생산활동, 여성은 가사활동이라는 전통적 성역할에 대한 인식이 강하다. ④ 아들에 비해 딸의 행동을 더 엄격히 감시하고 통제한다. ⑤ 딸은 모험적이거나 일탈적 행동을 못하도록 제약당하기 때문에 사춘기 동안 비행이나 범죄에 별고 가담하지 않는다. ⑥ 아들은 상대적으로 자유롭게 위험하거나 일탈적인 행동들을 저지른다. ⑦ 아들은 어려서부터 다른 사람을 통제하는데 익숙해지도록 사회화되어, 그 결과 여자형제에 비해 더 많은 범죄와 비행을 저지르게 된다.
양성평등적 가정	① 남편과 아내는 맞벌이부부로서 직장 내 지위의 격차가 별로 크지 않다. ② 가정 내에서도 남편과 아내 사이에 비교적 수평적 권력관계가 유지된다. ③ 가부장적 가정에 비해 젠더계층화가 약하고, 성역할에 대한 고정관념도 덜하다. ④ 딸과 아들에 대한 부모의 감시와 통제가 별반 다르지 않다. ⑤ 젠더 사회화를 통해 자녀들이 고정된 성역할을 받아들이도록 하지 않는다.

(4) 범죄율의 차이

① **가부장적 가정**: 양성평등적 가정보다 청소년비행에 있어 성별의 차이가 크다. 즉, 감독과 통제의 주요대상인 <u>딸의 비행은 아들에 비해 상대적으로 낮게</u> 나타난다. [2022(72). 경위]
② **양성평등적 가정**: 자녀들이 저지르는 비행과 범죄의 정도에 있어서 성별 차이가 뚜렷하게 나타나지 않고, <u>딸은 아들과 비슷한 수준의 비행</u>을 저지른다.

⊕ PLUS 일탈개념의 이탈과 비동조 구분

이탈(Deviation)	비동조(Nonconformity)
① 사회의 목표(예 경제적 성공)는 받아들이지만, 합법적인 수단을 거부하고 비합법적 수단을 사용하는 행위로, 머튼(Merton)의 혁신형(Innovation)이 이에 해당한다. ② 범죄 행위, 부정행위 등 사회 규범을 위반한 행동으로, 보다 강한 제재를 받을 가능성이 있다.	① 사회의 목표와 규범 모두를 거부하거나 대안적 가치를 추구하는 행위로, 반체제 운동, 급진적 사회운동, 머튼(Merton)의 전복형(Rebellion)이 이에 해당한다. ② 반문화 운동, 특정 복장 스타일, 정치적 저항 등 사회 규범을 따르지 않는 행동이지만, 항상 범죄로 간주되지는 않는다.

① 머튼(Merton)은 이탈과 비동조를 이론전개 과정에서 암시적으로 구분하였다.
② 래리 시겔(Larry Siegel)은 비동조를 사회 규범에 대한 단순한 불일치로 보고, 일탈은 사회적 제재를 받을 수 있는 규범 위반으로 구분하여 정의하였다.
③ 헤이건(Hagan, 1985)은 일탈 행동의 심각성과 사회적 반응에 따라 차별화된 접근을 제시하기 위해 일탈을 이탈과 비동조로 구분하여 설명하였다.

05 콜빈과 폴리의 마르크스주의 통합이론

(1) 마르크스주의와 사회통제이론의 결합
① 콜빈(Colvin)과 폴리(Poly)는 마르크스주의 범죄이론과 사회통제이론을 결합한 통합이론을 제시하였다.
② 자본주의 사회에서 자본가계급은 자신들의 이익을 극대화하기 위해 생산과정에 <u>노동자계급을 보다 효과적으로 통제</u>하려고 한다.
③ 노동자계급은 세 가지 부류로 나뉠 수 있으며, 각각 다른 유형의 통제방식이 적용된다.
④ <u>미숙련 저임금 노동자</u>에게는 강압적인 통제방식을 적용하고, 노동조합에 가입한 산업체 노동자에게는 물질적 보상을 통해 통제한다.
⑤ <u>고숙련 노동자나 고임금 전문가</u>들은 업무적 자율성과 의사결정권한을 부여하거나 동료직원들보다 높은 지위를 제공하는 방식으로 자본가계급의 명령에 순응하도록 만든다.
⑥ 노동자의 지위에 따라 차별적인 통제방식이 가정에서 이루어지는 부모의 양육방식과 연관되어 있다는 것이 콜빈과 폴리의 핵심적 주장이다.

(2) 노동자 계급 가정의 양육방식과 사회적응
① 노동자 계급 가정에서 양육된 청소년은 <u>부모의 강압적 양육방식</u>으로 인해 부모와의 유대관계가 약해져 범죄를 저지를 가능성이 크다고 한다. [2022(72). 경위]
② 콜빈과 폴리에 따르면 가장 문제가 되는 부류는 미숙련 저임금 노동자 집단이다.
③ <u>직장 내에서 강압적인 통제방식에 익숙해진 이들은 가정에서 자녀들을 같은 방식으로 양육</u>한다.
④ <u>강압적이고 과도하며 일관성이 결여된 처벌로 자녀들이 부모의 요구에 순응하게 만들고자 한다.</u>
⑤ 하지만 이러한 그릇된 양육방식은 부모와 자녀 사이의 정상적인 유대관계가 형성되는 것을 방해하고, 학교에서도 선생님과의 유대관계를 맺지 못하고 낮은 학업성취도와 소외감을 겪는다.
⑥ 결국 주류 사회와의 단절을 경험하고 있는 비슷한 처지의 비행청소년들에게로 이끌리게 되고 비행에 가담하게 된다.

⊕ PLUS 기타통합이론
1. 슈메이커(Shoemaker)는 아노미나 사회해체가 사회통제의 약화나 결여를 초래하며, 약화된 사회통제가 동료집단의 영향력을 증대시켜서 비행에 이르게 한다는 인과모형을 제시함으로써 문화적 일탈(아노미와 사회해체), 사회통제이론, 사회학습이론(동료집단의 영향)을 통합하고 있다.
2. 웨이스(Weiss)와 동료들은 성별, 인종, 경제적 지위 등의 사회구조적 모형을 이용하여 통합하였다. 즉, 저소득층이거나 해체된 지역사회일수록 일선 사회화기관과 제도의 영향력이 약하기 때문에 이들 지역에 사는 청소년일수록 관습적 사회와의 유대가 약화되기 쉽다는 것이다.

01 엘리엇(Elliott)과 동료들은 사회통제이론, 긴장이론, 사회학습이론을 결합한 통합이론을 제시하였다. 사회통제이론과 긴장이론의 연결고리 역할은 '성공에 대한 열망'이지만, '성공에 대한 열망'이 범죄에 미치는 영향은 서로 정반대 방향으로 작용한다. 이후 두 이론과 사회학습이론을 결합하여 관습집단과의 사회적 유대 강도에 따라 범죄에 이르게 되는 다양한 경로를 제시하였다. (　　) [2024. 경찰2차]

02 엘리엇(Elliott)과 동료들의 통합이론에 의하면 가부장적 가정은 양성 평등적 가정보다 청소년비행에 있어 성별 차이가 크다. (　　) [2022(72). 경위]

03 엘리엇(Elliott)과 동료들은 사회유대가 강한 청소년일수록 성공기회가 제약되면 긴장을 느끼게 되고, 불법적 수단을 활용할 가능성이 크다고 주장하였다. (　　) [2023. 경찰1차]

04 헤이건(Hagan)과 그의 동료들은 테스토스테론(testosterone)이 남성을 여성보다 폭력적으로 만든다고 주장하였다. (　　) [2022. 경찰2차]

05 헤이건은 권력 – 통제이론에서 계급, 성별 불평등과 청소년의 성별 범죄율 차이를 분석하였다. (　　) [2024(74). 경위]

06 헤이건(Hagan)과 동료들의 권력통제이론은 아노미(anomie)의 발생원인을 문화적 목표와 제도화된 수단 간의 괴리에서 찾는다. (　　) [2023. 경찰2차]

07 헤이건(Hagan)과 동료들의 권력통제이론에 의하면 부모의 직장에서의 권력적 지위가 부부 간의 권력관계에 반영되고, 이는 자녀에 대한 감독 · 통제 수준과 연계된다. (　　) [2023. 경찰2차]

---

01 ○
02 ✕　헤이건(Hagan)의 권력통제이론에 대한 설명이다.
03 ○
04 ✕　헤이건(Hagan)은 마르크스주의 범죄이론과 페미니스트 범죄이론과 같은 비판적 범죄학을 사회통제이론과 결합한 통합이론을 제시하였다.
05 ○
06 ✕　머튼(Merton)의 아노미이론에 대한 설명이다.
07 ○

제17장 / 범죄현상론

제1절 환경변화와 범죄

01 자연환경과 범죄

(1) 자연환경
① 자연환경이란 사람들의 인위적인 조작에 영향을 받는 일이 거의 없이 사람들의 생활에 영향을 미치는 제반환경을 의미하는 것으로 기상, 기후, 지세, 경관, 밤과 낮의 차이 등에 의해 사람들이 생리나 심리적 상태가 달라짐으로써 범죄현상에 영향을 미칠 수 있다.
② **케틀레와 게리의 범죄 기온법칙**: 케틀레(Quetelet)와 게리(Guerrey)는 인신범죄는 따뜻한 지방에서, 재산범죄는 추운지방에서 상대적으로 많이 발생한다고 한다. [2010. 보호 7급]

(2) 범죄의 주기성

계절주기성	① 계절의 규칙적 변화에 따라 범죄성도 규칙적으로 변하는 현상을 범죄의 계절적 리듬현상이라고 한다. ② 강간범죄가 여름에 많은 이유는 야외활동이 잦고 노출이 심한 옷차림 등의 범죄유발요인이 증가하는 것으로 설명할 수 있다. [2016. 보호 7급]
주간주기성	① 요일이란 사회적 약속으로, 사람들 생활양식에 큰 영향을 미친다. 특히 현대산업사회에서 토요일과 일요일의 휴식은 일상생활에 중요한 역할을 한다. ② 범죄의 주간리듬: 주급제로 봉급을 지급하는 국가는 토요일에 임금을 받아 토·일요일에 음주를 하는 경향이 많아 그 여파가 월요일까지 영향을 미쳐 음주성 폭행범죄가 토, 일, 월 3일간에 많이 발생한다. 이러한 현상을 '범죄의 주간리듬'이라 하며, 오토 랑(Otto Lang)은 '상해죄의 토일월 곡선'이라고 하였다.
시간주기성	① 밤과 낮은 사람들의 일상생활에 많은 영향을 미치는 자연환경이다. ② 낮 시간에는 사람들의 활동량이 많아 범죄발생 가능성이 높고, 밤 시간에는 어둠에 의한 익명성과 범죄에 대한 감시감독 활동의 약화로 범죄가 용이하다.

02 지역사회 변화와 범죄

(1) 산업화 · 도시화
① **농촌에 대한 관념**: 인구이동이 적고, 생존경쟁이 약하며, 대인관계가 견고하고, 가족 · 이웃에 의한 비공식적 통제가 강하여 '사회해체'가 되지 않는다.
② **도시의 사회해체**: ㉠ 인구의 급격한 증가에 따른 사회적 마찰, ㉡ 주민의 이질성 · 유동성에 따른 문화갈등과 규범의식의 저하, ㉢ 핵가족화에 따른 가정통제력의 약화, ㉣ 개인의 고립화 · 익명성 · 비인격성, ㉤ 경쟁사회에 따른 불안감 등이 부정적 요소가 된다.
③ **도시화**: 오늘날 교통, 통신 등의 발달에 따라 지역 간의 차이가 줄어들고 있지만, 도시화가 범죄에 미치는 영향은 더 중요하다.

📖 도시화와 범죄와의 관계(3대 원칙)

도시집중의 원칙	범죄는 도시에 집중된다.
도시방사의 원칙	범죄는 도시에서 범죄과포화현상에 이르면 주변으로 방사된다.
지역교류의 원칙	농촌과의 경제 인구교류에 의해 농촌에도 범죄피해를 입힌다.

(2) 지역사회환경이 범죄에 미치는 영향
① **경제상황과 범죄발생**: 산업화, 경제발전, 경기변동, 실업률, 불평등, 빈곤 등과 같은 지역사회가 처해 있는 경제상황과 범죄발생과의 관계를 분석하고자 한 것이다.
② **생태학적 요인과 범죄발생**: 인구증가가 범죄현상에 미치는 영향으로, 특히 도시화와 범죄발생과의 관계를 분석하고자 한 것이다.
③ **사회적 특성과 범죄발생**: 지역사회의 도덕이나 규범상태가 범죄발생에 어떤 영향을 미쳤는가를 분석하려는 시도이다. 뒤르켐의 아노미이론이 같은 시도로 볼 수 있는데, 산업화 과정에서의 분업이 지역사회의 사회적 규범상태를 변화시킨다는 관점이다.

(3) 룬덴(Lunden)의 지역사회와 범죄발생론
① 산업사회와 도시는 전통사회와 농촌보다 범죄발생률이 높다. 즉, 생활양식이 전통적 농촌사회에서 도시의 산업화적 생활로 변화함으로써 범죄가 증가한다는 것이다.
② 이질적 문화를 가진 사회는 동질적 문화를 가진 사회보다 범죄율이 높다.
③ 수평적 · 수직적 사회이동이 많은 사회는 사회이동이 적은 사회에 비하여 범죄율이 높다.
④ 사회구조와 그 기능의 갑작스런 변화는 범죄를 증가시킨다.
⑤ 상호적 · 공식적 계약에 의한 사회는 가족적 · 종족적 연대에 의한 사회보다 범죄율이 높다.
⑥ 강제력과 권력에 의하여 통제되는 사회는 계약적이고 가족적 체계에 의한 사회보다 범죄율이 높다.
⑦ 계급 간의 차이가 큰 사회는 계급 간의 차이가 작은 사회보다 범죄율이 높다.
⑧ 심리적 고립감, 무규범의 정도가 높은 사회는 사회적 통합성과 유대가 높은 사회보다 범죄율이 높다.
⑨ 물질적으로 풍요로운 사회는 빈곤한 사회보다 범죄율이 높다.
⑩ 공식적 규범과 비공식적 규범 간의 갈등이 심한 사회는 두 요소가 일치하는 사회보다 범죄율이 높다.
⑪ 전쟁에서 패배한 사회는 권위구조의 붕괴로 인하여 범죄율이 증가한다.
⑫ 홍수, 지진 등의 갑작스런 재해는 도덕과 규범적 통제를 약화시켜 범죄발생을 증가시킨다.

(4) 클리나드(Clinard)**의 도시화 단계에 따른 청소년범죄의 발생경향 4단계**

부족문화단계	거의 완벽하게 통합된 부족집단에 의하여 소속 구성원들이 통제됨으로써 범죄는 낮은 수준을 유지한다.
근대화단계	빠른 도시화가 가족의 유대를 약화시키고, 많은 농촌 주민들이 도시로 집중하게 됨으로써 전통적인 부족의 결속력과 전통적 관습의 통제력이 약화되어 범죄가 현저하게 증가한다.
교육, 경제, 사회서비스 부문의 개선단계	새로운 공동체의 가치와 규범이 형성되고 주민들은 이러한 가치규범에 동조함으로써 범죄가 감소한다.
미래 복지사회단계	소속 구성원들의 높은 욕구수준, 사회공동체로부터 야기된 불안감, 극단적인 개인주의, 한정된 사람들과의 인간관계 및 의사소통 등으로 인해 사회적으로 소외된 일탈집단이 형성될 가능성이 있다.

(5) 커즌즈와 네그폴(Cousins & Nagpaul)**의 도시사회가 갖는 범죄유발요인**

① 도시사회는 개인주의적 성향에 기초하는데 이로 인해 개인의 선택범위가 확대되고, 개인의 자율성이 증가하여 그만큼 범죄행위가 증가한다.

② 도시의 문화적 이질성과 갈등은 범죄기회를 제공하고, 반사회적 행위를 하려는 욕구를 자극함으로써 높은 범죄발생을 유발할 수 있다.

③ 도시의 자유로운 인간 결합은 범죄행위의 확산을 돕거나 정당한 사회규범을 집단적으로 거부할 가능성을 낳을 수 있다.

④ 인구이동과 사회변동은 도시사회의 도덕적·제도적 변화를 당연한 사실로 받아들이게 하여 도덕률의 불확실성, 사회통제의 약화를 가져와 범죄를 유발한다.

⑤ 도시의 풍요와 부, 향락문화는 인간의 물질적 탐욕을 자극함으로써 범죄를 유발한다.

⑥ 도시의 형사사법기관은 많은 경험과 지식의 축적으로 고도의 범죄적발능력을 유지함으로써 범죄발생의 정도가 높게 나타난다.

03 경제환경과 범죄

(1) 경기변동과 범죄

침체론(디프레이션론)	범죄는 호경기일 때에 감소하고 침체경기일 때에 증가한다.
팽창론	범죄는 팽창기일 때에 증가하고 침체기일 때에 감소한다.
침체·팽창론	범죄는 경제안정기에만 감소할 수 있을 뿐이고, 경기변동이 있으면 호황이든 불황이든 증가한다. 오늘날에는 침체·팽창론이 타당한 것으로 인정되고 있다.

(2) 자본주의와 경제불황

① 자본주의화는 도시인구의 증가, 경쟁사회의 고착화, 이윤추구의 극대화, 빈부격차의 심화, 대량실업 등의 야기로 범죄원인성이 인정된다. 반면에 국민소득의 증가와 복지를 통한 곤궁범죄에 대한 범죄억지력이 있다.

② 경제불황은 생산과 거래감소를 가져오고, 기업이 대량 도산하며, 실업자가 증대되는 등의 문제를 야기한다. 따라서 경제불황은 ㉠ 소득감소에 따라서 재산범죄, 특히 절도, 강도를 많이 유발하고, ㉡ 도덕적 타락을 초래하는 인격형성적 환경으로 작용할 것이며, ㉢ 부모의 실직에 따라 가정의 훈육적 기능에 장애를 일으킬 수 있다.

③ **반론**: 서덜랜드(Sutherland)는 불경기와 범죄의 상관관계를 밝히는 것은 불가능하다고 하였으며, 이외에 라이네만(Reinemann), 태판(Tappan)도 경기변동과 범죄가 관계가 없다고 주장한다. [2010. 보호 7급]

(3) 물가와 범죄

① 물가와 범죄의 관계에 대한 경험적 연구는 주로 곡물류 가격과 범죄의 관계를 대상으로 하였다. [2016. 보호 7급]
② 식량비의 변동은 재산범죄에 정비례하고, 임금변동과 재산범죄는 반비례한다. 다만 경제발전으로 소득수준이 높아지면서 물가 급등이 반드시 절도죄의 증가로 연결되지는 않는다.

(4) 소득변동과 범죄

① 호황기에는 주로 사치성 범죄와 종업원 및 젊은층의 범죄가 증가하고, 불황기에는 여성보다 남성범죄율이 높고 미혼자보다 기혼자의 범죄율이 높으며, 기업주 또는 고연령층의 범죄가 증가하고 절도 등 일반범죄가 증가한다.
② 다만, 노동자의 임금수준이 전반적으로 높아지면서 약간의 임금저하는 범죄와의 관련성이 거의 없는 것으로 나타나고 있다.
③ 렝거(E. Renger)는 실질임금에 대한 범죄의 의존성을 지적한다. [2011. 사시]

(5) 경제상태와 범죄

① **봉거**(Bonger): 「경제적 조건과 범죄성」(1905)을 통해 경제적 결정설의 입장에서 사회주의적 범죄관인 환경설을 최초로 주장하였고, 자본주의의 경쟁적·착취적 특성이 불가피하게 범죄를 야기한다고 보았다. [2011. 사시]
② **반칸**(Van Kan): 자본주의 사회를 범죄의 온상으로 보고 빈곤의 범죄결정력에 주목하였다.
③ **엑스너**(Exner): 범죄통계를 기초로 경제발전과 범죄와의 관계를 연구하였으며, 경제여건과의 관련성에서 인플레이션은 범죄에 중요한 변동을 가져왔다고 하였다. [2011. 사시]
④ **마이어**(Mayer): 곡가변동과 절도범의 상관관계를 최초로 연구하였다.

04 빈곤과 범죄

(1) 사회계층과 범죄

① 사회계층은 사회생활이나 경제상황에서 개인이 차지하는 위치로서 경제적 부, 정치적 권력, 사회적 지위 등이 복합적으로 관련된 개념이다.
② 이 같은 사회계층은 가족적 배경, 교육수준, 직업, 소득수준 등을 반영한다.

(2) 빈곤층의 범죄

① 빈곤층의 범죄율이 상대적으로 높은 것으로 나타나고 있다. 다만, 빈곤이 범죄의 직접적인 원인이라고 단정하기 어렵다는 것이 일반적 견해이다.
② **빈곤층의 범죄유발요인**: 빈곤이 범죄의 직접적인 원인이라기보다 빈곤층에 수반되기 쉬운 열등감, 좌절감, 소외감, 가정기능의 결함, 삶의 목표에 대한 포기 등이 매개가 되어 범죄가 유발된다.

(3) 절대적 빈곤과 상대적 빈곤

절대적 빈곤	① 일반적으로 빈곤과 관련한 범죄원인연구 결과는 절대적 빈곤과 범죄의 상관성을 인정하는 추세이다. ② 글룩(Glueck) 부부는 절대적 빈곤과 범죄가 비례한다고 보았다. [2011. 사시] ③ 1894년 이탈리아의 버어스(Verce), 1938년 영국의 버어트(Burt), 1942년 미국의 쇼(Shaw)와 맥케이(Mckay), 1965년 밀러(Miller)의 연구가 있다.
상대적 빈곤	① 상대적 빈곤은 타인과 비교함으로써 느끼는 심리적 박탈감을 뜻하는 것으로 이러한 연구결과는 범죄발생에 있어 빈곤의 영향은 단지 하류계층에 국한된 현상이 아니라 어떤 계층이든지 느낄 수 있는 것이기 때문에 광범위한 사회계층에 작용하는 문제라고 지적한다. ② 케틀레(Quetelet), 스토우퍼(Stouffer), 머튼(Merton), 토비(Toby) 등을 들 수 있다. [2022. 보호 7급]

(4) 밀러(Miller)의 빈민유형과 범죄와의 관계

안정된 빈민	가족관계와 직업, 양 측면에서 안정적이다.
긴장된 빈민	경제면에서는 다소 안정적이나 가족 간의 인간관계에 문제가 있어 불안정적이므로, 문제아가 발생할 가능성이 있다.
노력하는 빈민	경제면에서는 다소 불안정하나, 가족관계가 건전하여 문제를 일으키지 않는다.
불안정한 빈민	가족관계 및 경제면에 모두 불안정하여 가장 문제시되는 유형으로 소년비행이나 성인범죄가 발생할 가능성이 있다.

05 매스컴과 범죄

(1) 매스컴의 범죄무관론(범죄억제기능, 매스컴의 순기능, 정화론적 입장)
① 매스컴은 비인격적 관계에서 사회적으로 제시되어 있는 환경에 불과하므로 범죄증가 현상과 무관하다.
② 범죄는 개인의 인격, 가정, 집단관계 등 복합적 요소에 의하여 좌우되기 때문에 전체적으로는 미디어가 오히려 범죄의 감소에 커다란 기여를 하고 있다는 관점을 제시하였다.

민감화작용	폭력에 매우 강력한 반응, 지각된 현실의 충격과 윤리의식으로 폭력모방이 더 어렵게 된다.
정화작용 (카타르시스)	정서적 이완을 가져와 자극을 발산함으로써 환상과 정화를 가져와 공격성향을 감소시킨다. [2010. 보호 7급]
문화계발이론	서로의 모순·갈등을 이해시키는 작용을 하여 통합·조정역할을 하고 신기한 사건의 보도는 인간의 본능적인 범죄충동을 억제·상쇄하는 데 기여한다. 또한 비행자의 명단과 비행을 널리 알려 다른 유사행동의 방지에 기여한다.
억제가설	폭력피해에 대한 책임과 보복에 대한 공포심 등을 일으켜 범죄충동을 억제시킨다.

(2) 매스컴의 범죄유관론(매스컴의 역기능, 학습이론적 입장)

매스컴으로 인해 시청자들이 심적으로 충동을 받거나 실제로 모방을 하는 등 범죄 증가와 직접적 또는 간접적으로 관련이 있다는 입장이다.

단기(직접) 효과이론	자극성가설 또는 모방이론으로 매스미디어의 폭력장면은 시청자, 특히 청소년들에게 범죄모방을 자극하여 단기적으로 범죄를 유발하는 요인이 된다.
장기(간접) 효과이론	① 슈람(Schramm): 매스컴이 취미생활의 변화를 조장하고, 건전한 정신발달을 저해하며, 취미를 편협하게 만들고, 무비판적 · 무감각적 성향을 갖게 하며 심지어 범죄에 대한 과잉묘사로 엽기적 취향마저 유인한다. ② 습관성가설: 폭력장면을 장기적으로 보게 되면 범죄행위에 대해 무감각해지게 되고, 범죄를 미화하는 가치관이 형성되어서 장기적으로 범죄가 유발된다. [2016. 보호 7급] 총 2회 기출 ③ 매스컴에의 장기노출은 모방효과, 강화작용, 둔감화작용, 습관성 가설 등 학습이론적 시각으로 해석되기도 한다.
공동연대성 해체 작용	TV는 가정과 같은 사회공동체 구성원의 시선을 오직 자기에게만 끌어들임으로써 공동체 구성원 상호 간의 대화를 단절시키고 상호 작용의 통제력을 약화시켜 중대한 범죄증진요인이 된다.

06 전쟁과 범죄

(1) 전쟁과 범죄의 관계

범죄유발기능	경제생활이 불안정해지고, 가족과 같은 사회의 기본단위가 흔들리게 되어 개인은 극도의 이기심을 갖게 되며, 사회적 통제기능이 마비되어 범죄는 증가하게 된다.
범죄억제기능	범죄발생률이 높은 청년층이 전쟁에 참가하게 되고, 적국을 향한 공격성으로 사회 안에 있는 갈등요인이 희석되며, 애국심과 협동심 등으로 범죄적 충동이 억제되고, 경제통제가 증대됨으로써 반사회적 충돌이 줄어든다.

(2) 전쟁단계 구분

엑스너(Exner)는 전쟁을 진행 단계별로 나누어 전쟁과 범죄의 관련성을 설명하였다. [2016. 보호 7급]

감격기	전쟁발발단계에는 국민적 통합 분위기에 의해 범죄발생이 감소한다.
의무이행기	전쟁이 어느 정도 진행되는 단계에는 물자가 부족하게 되지만 국민은 각자 인내심을 가지고 의무를 이행하여 범죄율에는 특별한 변화가 없게 된다. 다만, 성인에 의한 통제약화로 소년범죄는 증가할 수 있다.
피로기	전쟁이 장기화된 단계에는 인내심의 약화로 범죄는 증가하게 된다. 특히 청소년범죄와 여성범죄가 늘어난다.
붕괴기	패전이 임박한 단계(붕괴기)에는 도덕심이 극도로 약화되어 각종 범죄가 급속히 증가한다. 그리고 전후기에는 패전국이 승전국보다 더욱 심하게 범죄문제를 겪게 된다.

⊕ **PLUS** 군중심리

1. **의의**

   군중현상이 난중의 형태로 발생하는 경우에 군중심리가 발생하며, 이러한 군중심리는 집단적 폭력범죄의 군중범죄로 발전할 수 있다.

2. **특징**

   개인적 사고의 저급한 정감성, 타인의 암시에 민감한 반응을 보이는 피암시성, 충동성 · 저능성, 단락반응의 현상, 무책임성 · 무절제성의 특성을 보인다.

▶ **군중심리학**(Le Bon): 군중은 처음에는 개별의사로 모이나, 나중에는 상호 간의 심리작용으로 지도자가 요구하는 바에 따라 일정한 단일정신(개체의 의사를 추월한 독립정신)으로 집합한다고 하여 '정신적 단일성'의 원칙을 주장했다.

단원별 지문

01 급격한 도시화는 인구의 이동이나 집중으로 인해 그 지역의 사회관계의 혼란을 초래하고, 지역사회의 연대를 어렵게 하여 범죄의 증가를 초래할 수 있다고 한다. (   )　　　　　　　　　　　　　　　　　　　　　　　　　　[2010. 보호 7급]

02 케틀레(A. Quetelet)는 인신범죄는 따뜻한 지방에서, 재산범죄는 추운 지방에서 상대적으로 많이 발생한다고 한다. (   )　　[2010. 보호 7급]

03 계절과 범죄의 관계에 대한 연구에 의하면 성범죄와 폭력범죄는 추울 때보다 더울 때에 더 많이 발생한다고 알려져 있다. (   )　　　[2016. 보호 7급]

04 클리나드의 도시화단계에 따른 청소년 범죄의 발행경향을 4단계로 설명하였다. (   )

05 경기와 범죄는 상관관계가 없다는 주장도 있지만, 일반적으로 불황기에는 호황기에 비해 재산범죄가 많이 발생한다고 한다. (   )　　　　　　　　　　　　　　　　　　　　　　　　　　　　　　　　　　　　　　[2010. 보호 7급]

06 물가와 범죄의 관계에 대한 경험적 연구는 주로 곡물류 가격과 범죄의 관계를 대상으로 하였다. (   ) [2016. 보호 7급]

07 글룩(Glueck) 부부는 절대적 빈곤과 범죄가 비례한다고 주장한다. (   )　　　　　　　　　　　　　[2011. 사시]

08 봉거(W. Bonger)는 자본주의의 경쟁적·착취적 특성이 불가피하게 범죄를 야기한다고 한다. (   )　　　　[2011. 사시]

09 엑스너(F. Exner)는 불경기와 범죄는 상관관계가 없다고 주장한다. (   )　　　　　　　　　　　　[2011. 사시]

10 토비(J. Toby)는 자신이 속한 사회에서 스스로 느끼고 경험하는 상대적 결핍감이 범죄원인이 된다고 한다. (   )　　　[2011. 사시]

---

01 ○
02 ○
03 ○
04 ○
05 ○
06 ○
07 ○
08 ○
09 ✕　엑스너(F. Exner)는 독일의 범죄학자로 1882년에서 1936년까지 범죄통계를 기초로 경제발전과 범죄와의 관계를 연구하였으며, 경제여건과의 관련성에서 인플레이션은 범죄에 중요한 변동을 가져왔다고 하였다.
10 ○

11 렝거(E. Renger)는 실질임금에 대한 범죄의 의존성을 지적한다. (　　)　　　　　　　　　　　　　　　　　[2011. 사시]

12 스토우퍼(Stouffer), 머튼(Merton) 등은 상대적 빈곤론을 주장하면서 범죄발생에 있어 빈곤의 영향은 단지 빈곤계층에 국한된 현상이 아니라고 지적하였다. (　　)　　　　　　　　　　　　　　　　[2022. 보호 7급]

13 매스컴과 범죄이론에서 자극성가설에 의하면 매스컴이 묘사하는 범죄실행장면이 모방심리를 자극함으로써 범죄를 유발한다고 한다. (　　)　　　　　　　　　　　　　　　　　　　[2012. 사시]

14 매스컴과 범죄이론에서 카타르시스가설에 의하면 일반인들이 매스컴의 범죄장면을 보고 스스로 카타르시스를 얻기 위해 범죄행위에 나설 수 있기 때문에 매스컴이 범죄를 유발한다고 한다. (　　)　　　　　　　　　　[2012. 사시]

15 엑스너(Exner)는 전쟁을 진행 단계별로 나누어 전쟁과 범죄의 관련성을 설명하였다. (　　)　　　　　[2016. 보호 7급]

---

11 ○

12 ○

13 ○

14 × 　카타르시스가설이란 매스컴의 범죄에 대한 영향력을 부정하는 견해(범죄억제기능)로, 영화 속의 폭력 시청은 시청자로 하여금 자기가 하지 못하는 폭력행위에 대해 대리만족을 얻게 하고, 그의 공격적 성향을 자제시킨다는 이론이다.

15 ○ 　엑스너(Exner)는 제1차 세계대전 당시 독일의 범죄현상에 대해 연구하여, 전쟁의 추이가 범죄에 미치는 영향을 네 단계(감격기, 의무이행기, 피로기, 붕괴기)로 나누어 전쟁과 범죄의 관련성을 설명하였다.

제2절 인구사회학적 특성과 범죄

01 개관

(1) 의의
① **의의**: 공식통계에 의하면 특정 집단, 즉 성별, 연령, 교육수준, 직업 등의 차이가 존재하고, 그가 속해있는 집단의 성격에 따라 상대적으로 범인성이 높음을 보여주고 있다.
② **범인성의 논의**: 그러나 범인성의 차이가 실질적인 범인성의 차이가 아닌 형사사법기관의 선별적 통제, 편견과 조작 등에 의한 인위적인 것일 수도 있기 때문에 인구사회학적 특성별 범인성의 관계를 규명하기 위해서는 바로 이러한 가설이 먼저 검증되어야만 한다.

(2) 유용성
① 공식통계상 나타난 집단별 범인성의 차이를 형사사법기관의 편견과 가시적 범죄와 숨겨진 범죄에 기인한 것이라고 확증할 수 없다면, 집단별 범인성의 차이가 사실이어서 특정 집단이나 부류의 사람이 상대적으로 더 많은 범행을 할 수도 있다는 사실을 가정할 수밖에 없다.
② 즉, 우리 사회의 다양한 집단에 따라서 범행에 대한 유인의 정도, 범행에 대한 제재의 정도, 범행에 필요한 기회와 기술이 다르기 때문에 집단별 범행의 정도도 다를 수 있다는 것이다.

02 연령과 범죄

(1) 상황의 변화중심 관점
① 연령단계를 청소년기, 성년기, 장년기, 갱년기, 노년기 등으로 구분하고, 각 단계에서 개인들이 겪게 되는 상황들이 연령단계별 범죄양상에 중요한 원인이라는 입장이다.
② 청소년기는 외적 상황의 확대와 비약이 있는 시기이며, 심리상태가 불안정하고 동요가 심하기 때문에 이 연령대에서 많은 범죄나 비행이 발생한다는 것이다.
③ **그린버그의 연령-범죄곡선**: 그린버그(Greenberg)는 범죄의 정점은 10대 후반이고, 시대적으로 점차 저연령화되며, 범죄유형별로는 다르게 나타난다고 하였다. 10대 후반의 범죄증가는 긴장이론으로, 20대 이후 범죄감소현상은 통제이론으로 설명하였다.
④ **호체와 호프만의 범죄생활곡선**: 호체(Hoche)와 호프만(Hoffmann)이 개발한 것으로, 범죄의 발생에서 소멸까지의 과정을 연령에 따라 추급하여 나타낸 곡선을 말하며, 이를 분석하여 시간의 경과에 따라 범죄의 종단적 분석을 통해 그 변화를 규명하고자 하였다.

(2) 연령의 불변적 영향 관점
① 연령과 범죄발생의 관계는 상황의 변화와 같은 매개요인을 필요치 않으며 모든 사회에서 나타나는 연령의 불변적인 영향에 의한 것이라는 입장이다. 즉 연령은 모든 곳에서 범죄와 직접적인 관계가 있다고 한다.
② 허쉬(Hirschi)는 연령과 범죄발생과의 관계는 특정 연령대까지 범죄발생률이 증가하다가 정점에 이르고, 그 이후로는 감소하는 경향으로 나타나는 것으로 보았는데, 이는 상황의 변화보다는 연령이라는 생물학적 특성에 기인한 것으로 해석할 수 있다.
③ **글룩부부의 성숙이론**: 글룩(Glueck)부부는 교도소 및 소년원 출소자를 상대로 추행조사를 실시하였는데 주로 25~30세까지는 많은 범죄를 반복하였고, 그 연령기가 지나면 스스로 범죄생활을 중단한다는 사실을 발견하였다. 이 이론은 나이가 들수록 범죄가 감소한다는 노쇠화이론과 정착과정이론과 유사하다.
▶ **범죄연령**: 일반적으로 각국의 통계에 의하면 최고범죄율을 나타내고 있는 연령계층은 20~25세이다.

1. 서덜랜드(Sutherland)와 크레시(Cressey)는 여러 나라의 범죄통계를 분석한 결과, 대체로 범죄성이 최고인 시기는 사춘기 또는 그 직전의 시기이며, 이를 정점으로 꾸준히 감소한다는 사실을 발견하였다.
2. 허쉬(Hirschi)와 갓프레드슨(Gottfredson)은 "나이가 모든 면에서 범죄와 관련된다. 범죄에 대한 나이의 영향은 범죄에 대한 다른 어떤 인구학적인 상관관계에도 구애받지 않는다."라고 주장하였다. 즉, 사회·경제적 지위, 결혼관계, 성별 등에 관계없이 젊은 사람이 나이든 사람보다 많은 범행을 한다는 것이다.
3. 로우(Rowe)와 티틀(Tittle)은 범행행위에 참여할 가능성에 대한 스스로의 추정인 '범죄적 성향'을 연구한 결과, 이 범죄적 성향이 연령에 따라 점차적으로 감소하는 것을 확인하였다.

03 계층과 범죄

(1) 하류계층의 범인성요인

① 하류계층의 사람이 범인성요인이 많다는 논리는 이들이 범행에 대한 유인요인을 많이 가지고 있다는 것이다.
② **도구적 범죄**: 원하는 물품과 봉사를 관습적인 방법을 통해서는 얻을 수 없게 되어 불법적인 방법에 호소하여 획득하게 된다는 주장인데, 절도, 사기, 횡령 등이 도구적 범죄에 속한다. [2024. 경찰2차]
③ **표출적 범죄**: 가난하게 사는 사람들은 자신을 강인하고 나쁜 사람으로 인식함으로써 긍정적인 자아상을 개발할 수 없기 때문에 자신의 분노와 좌절감을 표현하는 수단으로서 폭력성의 표출적 범죄를 많이 범한다는 것이다. [2024. 경찰2차]
④ **문화적 약점**: 하류계층의 사람들의 퇴폐적이고 무질서한 생활습관과 이들의 높은 실업률, 열악한 생활환경, 높은 문맹률 등 문화적 약점이 범죄를 유발하는 요인으로 작용한다는 것이다.

(2) 계층의 범죄유관 관점

① 엘리엇(Elliott) 등의 연구에서는 범죄의 계층별 차이가 있다고 한다. 가벼운 비행의 경우에는 사회경제적 지위에 따라서 아무런 관계가 없으나, 강력범죄에 있어서는 하류계층의 범행이 더 많다고 한다.
② 브레이스웨이트(Braithwaite)는 사회경제적 지위와 범죄는 무시할 수 없을 정도의 관계가 있다고 하였으며, 하인드랑(Hindelang) 등도 이와 유사한 입장을 취하고 있다.
③ 쏜베리(Thornberry)와 판워스(Farnworth)는 동일 시기 탄생집단(코호트. cohort)조사의 결과, 사회경제적 지위가 청소년의 경우에는 약한 관계만이 있었으나, 성인의 경우에는 상당한 관계가 있음을 알았다.

(3) 계층의 범죄무관 관점

① 쇼트(Short)와 나이(Nye)는 사회경제적 계층과 청소년범죄에 대해 직접적인 관계를 밝히지 못했다. 이들은 사회계층이나 저소득층과 관계있는 불건전가정 등의 요인이 실제범행과는 직접적인 관계가 없으며, 단지 형사사법기관에서의 처리과정에서만 관계가 있다고 하였다. 나이(Nye)와 그의 동료들, 덴틀러(Dentler)와 먼로(Monroe) 등도 이와 유사한 결과를 얻었다.
② 티틀(Tittle)과 그의 동료들은 사회경제적 지위와 범죄는 직접적인 관계가 없다고 주장하였다.

04 교육과 범죄

(1) 의의
① 학교는 개인의 인격을 형성하는 사회적 기구로서 일차적인 기능을 수행하고 있고, 사회적 존재로서의 인격형성은 대개 학교교육을 통해서 이루어진다. 학교교육이 범죄억제작용을 한다는 입장과 범죄촉진 작용을 한다는 관점이 있다.
② 글룩(Glueck)부부는 비행소년과 무비행소년의 학교생활의 특징을 분석하고, 학교생활의 불량성은 비행 또는 범죄와 상관관계가 매우 높음을 입증한 바 있다.

(2) 교육수준별 범죄발생정도
① 우리나라의 경우에는 고등교육을 이수한 인구가 많은 것이 한 원인이 되어 고등학교 이상의 교육을 받은 사람들이 전체범죄자의 40%를 넘는다.
② 대학 이상 학력자들은 절도죄를 포함한 재산범죄가 8.5%로 타 범죄에 비해 비교적 낮고, 뇌물죄의 경우에는 상대적으로 높다. 초등학교 정도의 학력자들은 타 범죄에 비해 방화, 손괴, 폭행, 상해, 살인 등의 강력범죄율이 상대적으로 높다.

05 직업과 범죄의 연관성

① **범죄율이 낮은 직업**: 공무자유업자(공무원·의사·변호사·저술가·교원 등), 농림업자, 가사사용인 등
② **범죄율이 높은 직업**: 불안정적인 노동자, 상공업자, 교통업종사자 등
③ 직업군의 발달에 따라 직업별 일반화된 범죄율의 판단은 타당하지 않다.

06 가정환경과 범죄

정상적 가정은,
① 범죄억제기능을 가진다.
② 부모의 보호감독이 철저하여 인격이 올바르게 형성되고, 가문의 전통과 위신이 중시되기 때문이다.

(2) 비정상적 가정

결손가정	① 형태적 결손가정: 양친 또는 그 어느 일방이 없는 가정을 말한다. ② 기능적 결손가정: 양친은 있어도 가정의 본질적인 기능인 생활의 상호보장과 자녀에 대한 심리적·신체적 교육이 결여된 가정으로, 범죄학상 문제되는 가정이다. ③ 글룩 부부와 버어트, 쇼와 맥케이 등의 조사에 의하면 일반소년에 비하여 비행소년그룹에서 결손가정 출신자가 더 많은 것으로 나타났다. ▶ 글룩 부부는 소년비행과 관련하여 양친의 애정에 대한 태도나 가족 간의 애정관계가 영향을 미친다고 하였다. ④ 우리나라: 결손가정의 뚜렷한 범죄관련성은 통계상으로 없는 것으로 나타났다.
빈곤가정	① 가정의 경제적 곤궁이 가족구성원들의 인격형성면에 영향을 주어 간접적으로 범죄와 연결된다고 보는 것이다. ② 글룩 부부와 힐리(Healy)에 의하면 빈곤가정과 범죄와의 관련성은 어느 정도 있는 것으로 나타났다. ③ 우리나라: 통계상 높은 관련성은 보이지만 직접적인 원인이라기보다는 빈곤이 가져오는 파생적인 열악한 환경요인이 더 중요한 것으로 볼 수 있다.
시설가정	① 시설가정은 고아원 기타 아동양육시설이 가정의 역할을 하는 경우이다. ② 범죄관련성은 파생적인 열악한 환경요인이다. ③ 일반가정에 상응한 인격형성, 교육 및 정서발달의 기능을 수행한다면 시설가정의 범죄관련성은 낮을 것으로 예상된다. ④ 미국: 비행소년그룹에서 더 많은 고아출신자가 있는 것으로 조사되었다.
기타	① 부도덕가정: 사회적 부적응자(전과자 또는 정신질환자, 이복형제 등)가 가족의 구성원으로 되어 있는 가정으로, 부도덕가정과 소년비행의 상관성은 범죄성의 유전에 대한 문제와 밀접한 관련이 있다. ② 갈등가정: 가족 간에 심리적 갈등이 있어 인간관계의 융화가 결여된 가정으로, 가족 간 심리적 응집력이 결여되고 가정불화로 긴장관계에 있는 가정이 비행의 주요 원인이 된다. 기능적 결손가정이나 부도덕가정이 갈등가정과 가장 유사한 형태이다. ③ 훈육결함가정: 부모의 언행의 불일치, 지나친 질책이나 과잉보호 그리고 맞벌이로 인한 훈육의 부재 등과 같은 자녀에 대한 교육과 감독이 적절히 행하여지지 못하고 있는 가정은 자녀들의 비행에 영향을 준다는 것이다.

(3) 결혼과 이혼

① **결혼과 범죄**: 남성의 결혼은 일반적으로 도덕성 회복의 계기가 되고 성범죄 등의 억제작용을 하나, 여성의 경우에는 범죄의 80% 이상이 기혼녀에 의하여 발생한다. 엑스너(Exner)는 경제적 기초가 없는 조혼은 쌍방 모두에게 범죄율을 높인다고 주장하였다(조혼과 재산범죄의 상관성).

② **이혼과 범죄**: 프린징(Prinzing)은 범죄의 상관성을 인정하였으나, 엑스너(Exner)와 핵커(Hacker)는 부정하였다.

단원별 지문 O/X

01 청소년기는 외적 상황의 확대와 비약이 있는 시기이며 심리상태가 불안정하고 동요가 심하기 때문에 이 연령대에서 많은 범죄나 비행이 발생한다. (　　)

02 글룩 부부에 의하면 주로 25~30세까지는 많은 범죄를 반복하지만, 그 연령기가 지나면 스스로 범죄생활을 중단한다는 사실을 발견하였다. (　　)

03 도구적 범죄란 가난하게 사는 사람들은 자신을 강인하고 나쁜 사람으로 인식함으로써 긍정적인 자아상을 개발할 수 없기 때문에 자신의 분노와 좌절감을 표현하는 수단으로서 주로 폭력성의 범죄로 나타나는 것을 말한다. (　　)

04 비교적 범죄율이 낮은 직업으로 불안정적인 노동자, 상공업자 등을 들 수 있다. (　　)

05 기능적 결손가정보다는 형태적결손가정의 환경이 비행가능성이 높다고 할 수 있다. (　　)

06 시설가정이란 고아원 등과 같은 아동양육시설을 의미한다. (　　)

---

01 ○

02 ○

03 ✕ 표출적 범죄에 대한 설명이다.

04 ✕ 일반적으로 범죄율이 낮은 직업은 공무자유업자, 농림업자, 가사사용인 등이 해당되며, 노동자나 상공업자는 범죄율이 높은 직업으로 본다. 다만, 직업군의 발달에 따라 직업별 일반화된 범죄율의 판단은 타당하지 않다는 비판이 있다.

05 ✕ 부모나 부모 어느 한 사람이 없는 경우의 형태적 결손가정보다 보모의 기능의 결함이 있는 가정환경이 문제시된다.

06 ○

제18장 / 범죄인 유형분류

제1절 초기실증주의 범죄유형론

01 범죄인과 수형자분류

범죄인 분류	범죄행위의 주체자로서의 범죄자를 유형별로 분류하는 것으로, 합리적인 범죄인의 처우대책을 수립하여 궁극적으로 범죄방지대책을 수립하는 것을 목적으로 한다.
수형자 분류	분류처우의 전제조건으로 교정의 과학화·합리화를 위해 수형자를 일정한 기준에 따라 동질적인 집단으로 구분하는 것으로, 범죄인 분류가 범죄의 원인과 대책에 대한 과학적 인식을 토대로 한다면, 수형자 분류는 수형자의 교정·교화와 처우의 과학화라는 관점에서 이루어진다.

02 범죄원인 및 동기를 기준으로 한 범죄인 유형화

(1) 롬브로조(Lombroso)의 분류

① 범죄인류학적 입장에서 「범죄인론」(1876)을 통해 생래적 범죄인론 등 범죄인의 분류 및 대책을 강조하였다. [2014. 보호 7급]
② 자연과학을 바탕으로 한 생물학적 범죄원인 연구의 개척자이며, 격세유전과 생래적 범죄인설을 내세우고, 범죄인별로 각각의 형벌을 개별화할 것을 주장하였다.
③ 범죄자적 신체특성을 5가지 이상 가진 사람들을 생래적 범죄자로 지칭하였다.
④ 후기에 제자인 페리(Ferri)의 영향으로 범죄원인에 있어 사회적 원인에 대한 중요성을 인식하기도 하였다.

분류		내용
생래적 범죄인		생물학적 열등성에 기초한 범죄인으로 개선의 여지가 없는 전형적 범죄인. 초범일지라도 무기구금하고 잔학한 행위를 반복하는 자(누범)는 극형 필요
정신병 범죄인		정신적 결함에 의한 범죄인
격정(우범)범죄인		순간의 흥분에 의한 범죄인. 구금보다 벌금형이 범죄예방에 효과적
기회범죄인	사이비범죄인	위험하지는 않으나 자신의 명예와 생존을 위한 범죄인
	준범죄인	생래적 범죄인과 구별되나 간질과 격세유전적 소질
관습범죄인		좋지 못한 환경으로 인하여 관습(상습)적으로 범죄
잠재적 범죄인		평상시에는 문제없으나 알코올, 분노감 등에 의해 범죄

▶ 잠재적 범죄인은 페리(Ferri)의 범죄인 분류에는 나타나지 않는 유형이다.

(2) 페리(Ferri)의 분류

① 롬브로조가 생물학적 범죄원인에 치중한 나머지 범죄인의 사회적 요인을 무시한 점을 비판하고, 범죄 사회학적 요인을 고려하여 범죄인의 분류 및 대책을 제시하였다. [2014. 보호 7급]

② 범죄인류학, 사회적 조건, 환경적 조건을 고려하여 범죄인을 분류하였다.

분류	내용
생래적 범죄인	유전의 영향이므로, 사회로부터 무기격리나 유형 필요(사형 반대)
정신병 범죄인	정신병원에 수용 필요
격정(감정)범죄인	돌발적 격정이 원인, 손해배상이나 필요에 따라 강제이주
기회(우발)범죄인	환경의 산물, 중한 범죄자는 농장이나 교도소 훈련, 경한 자는 격정범죄인에 준함
관습(상습)범죄인	개선가능자는 훈련, 개선불가능자는 무기격리

(3) 가로팔로(Garofalo)의 자연범과 법정범 분류

① 생물학적 요소에 사회심리학적 요소를 덧붙여 범죄인을 자연범과 법정범으로 구분하고, 그 죄질에 따라 다른 조치를 취할 것을 강조하였다. [2014. 보호 7급]

② **자연범**(절대적 범죄)

　㉠ 범죄 가운데 형법상 금지되는 것과 무관하게 시간과 문화를 초월하여 인정되는 범죄행위로 살인, 강도, 강간, 절도 등의 범죄를 의미한다.

　㉡ 자연범은 인류의 근본적·애타적 정조의 결여, 즉 연민과 성실의 정의 결여라는 두 개의 도덕적 정서에 반대되는 행위를 한 자로, 법률·정치·문명의 사회적 환경변화에도 개선을 기대할 수 없는 반윤리성·반사회성으로 인해 비난받는 원시인 및 생래적 범죄인을 말한다. [2016. 보호 7급]

　㉢ 오늘날에는 공동체 감정을 침해하는 실질적 범죄개념으로 이해하고 있다.

③ **법정범**(상대적 범죄): 형식적 의미의 범죄개념으로, 형사정책은 범죄개념의 가변성을 인정하는 상대적 범죄개념을 전제로 한다.

분류		내용
자연범	모살범죄인	개선불가능한 자는 사형 필요
	폭력범죄인	본능적인 살상범은 무기유형, 기타 폭력범죄인은 부정기 자유형
	재산범죄인	상습범 무기유형, 소년은 교도소 등에서 훈련, 성인은 강제노역
	풍속범죄인	주로 성범죄자. 부정기 자유형
법정범(자연범 외)		법률이 규정한 범죄, 사회적 환경의 변화 등으로 증감. 정기구금
과실범		처벌하여서는 아니 된다. [2014. 보호 7급]

▶ 처우방법을 차별화하기 위해 범죄인 분류를 중시한 학파는 범죄인류학파이다.

(4) 아샤펜부르그(Aschaffenburg)의 분류

① 범죄인 분류는 심리학적 입장에서 하는 것이 타당하다고 보고 범죄인의 <u>개인적 요인과 환경적 요인</u>을 결합하여 범죄인으로부터 생겨나는 <u>법적 위험성을 기준</u>으로 범죄인을 분류하였다.

② 국제형사학협회(I.K.V)의 분류(3분법)를 세분화(7분법)한 것으로 가장 전통적인 분류방법으로 이해될 수 있다. [2014. 보호 7급] 총 3회 기출

분류	내용
우발범죄인	과실범죄. 법적 안정성을 해칠 의도는 없지만 사회방위 관점에서 대책 필요
격정범죄인	순간적인 정서 폭발로 인한 범죄. 해를 끼칠 의도는 적지만 일정한 조치 필요
기회범죄인	우연한 기회로 범죄를 하는 자. 사려부족이나 유혹에 잘 빠지는 것이 특징
예비 · 모의범죄인	기회를 노리는 범죄인으로 고도의 공공위험성, 사전 범죄계획
누범범죄인	심리적 동기에서 범행을 반복하는 자
관습범죄인	내인적 · 병적 요인에 의한 범죄자. 이욕적 목적을 가진 자와 구별, 형벌을 불명예로 보지 않고 범죄에 익숙하여 나태와 무기력으로 살아가는 자(부랑자, 성매매범죄)
직업범죄인	범죄 자체를 직업으로 인식, 지능적 방법으로 사기, 조직적 인신매매, 대규모 절도 등 적극적 범죄 욕구를 가진 자, 개인적 소질을 가진 개선불능자

03 범죄대책적 측면을 중시한 범죄인 유형화

(1) 리스트(Liszt)의 분류

① 목적형사상을 바탕으로 주관주의 형법이론을 정립하여 <u>처벌의 대상은 행위가 아니라 행위자</u>이어야 한다고 보았다.

② 형벌의 목적을 개선, 위하, 무해화로 나누고, <u>행위자의 특성을 기준</u>으로 세 가지 유형으로 구분하여 각각의 유형에 따라 특별예방대책을 제시하였다. [2014. 보호 7급]

③ 범죄원인론적 측면보다 범죄대책적 측면을 중시한 분류를 하였으며, 초기에는 범죄심리학적 기준으로 후기에는 행위자의 반사회성 위험성을 기준으로 개선가능자, 개선불가능자로 분류하여 그 정도에 따라 형벌을 개별화할 것을 강조하였다.

행위자 유형		목적달성 방법(형벌의 개별화)
개선불능자	법익침해 의식이 없거나 희박한 범죄인	무해화: 종신형에 의한 무해화 조치 필요
개선가능자	동정범죄인	개선: 선천적 · 후천적으로 범죄성향이 있으나 개선이 가능한 자에 대해서는 개선을 위한 형벌 부과 필요. 다만, 단기자유형은 피해야 한다고 주장 [2014. 보호 7급]
	긴급범죄인	
	성욕범죄인	
	격정범죄인	
기회범	명예 · 지배욕 범죄인	위하: 일시적 기회범으로 형벌은 위하 목적으로 벌금형 정도가 적합하고, 단기자유형은 피해야 한다고 주장
	이념범죄인	
	이욕 · 쾌락욕 범죄인	

(2) 리스트의 영향을 받은 범죄인 유형 분류

① **마이호퍼**(Maihofer): 재사회화 이념의 목적으로 속죄 용의 여부에 따른 기회범과 개선가능 여부에 따른 상태범에 따라 네 집단으로 나누고 형벌의 목적을 구별하였다.

유형		내용
기회범	속죄 용의 있는 자	타인에게 긍정적 기여 기회 부여
	속죄 용의 없는 자	위하가 필요하지만, 자유형은 비사회화·반사회화 가능성으로 반대
상태범	개선 가능	치료효과 가능성 때문에 교육형 부과, 사회 내 재사회화 조치
	개선 불능	보안형 부과, 범죄자로부터 사회 보호 필요

② **국제형사학협회**(I.K.V.): 리스트의 영향을 받아 행위자의 사회적 위험성이라는 관점에서 다음과 같이 분류하였다.

범죄자 유형	내용
순간적 또는 기회적 범죄인	개선 가능
사회생활 적응능력이 현저하게 약화된 범죄인	개선 곤란
사회생활 적응능력을 기대할 수 없는 범죄인	개선 불능

04 기타 범죄인 유형 분류

(1) 범죄인의 특성을 기준으로 한 분류

① **젤리히**(Seelig): 범죄인의 인격적 특성과 행동양식의 양면을 종합하여 범죄인의 유형을 8가지로 분류하였다.

분류	내용
일하기 싫어하는 직업범죄인	부랑자, 소매치기, 좀도둑 등
의지력이 약한 재산범죄인	환경변화에 저항이 약하여 때때로 재산범죄
공격적인 폭력범죄인	내재된 만성흥분이나 긴장상태로 사소한 자극에 폭발적으로 적대행위를 하는 자
성적 억제력이 부족한 범죄인	성도착상태에서 억제력의 결여로 쉽게 성범죄를 저지르는 자
위기범죄인	갱년기, 파산 등 갈등상황을 극복하기 위해 범행하는 자
원시적 반응의 범죄인	월경 등 자기 통제가 곤란한 상태에서 범행하는 자
확신범죄인	일정한 개인적·사회적 신조를 지키기 위하여 범행하는 자
사회적 적응훈련이 부족한 범죄인	교통법규·경제법규 등의 위반자 또는 과실범

② **슈툼플**(Stumpfl): 범죄인의 성격적 태도나 장래징후를 기준으로 하여 다음과 같이 분류하였다.

분류		내용
성격적 태도	경범죄인 또는 갈등범죄인	외적·내적 갈등으로 인해 경미범죄를 범하는 자
	중범죄인	소질에 의하여 갈등 없이 범죄를 범하게 되는 자
장래 징후	조발성(早發性) 범죄인	25세 이전에 처음 범죄를 저지른 자
	지발성(遲發性) 범죄인	25세 이후에 처음 범죄를 저지른 자

(2) 엑스너(Exner)의 다원적 분류

5분류기준	범죄자 유형		내용
성격학적 측면	상태범죄인	적극적 상태범죄인	외부환경에 대하여 능동적으로 스스로 생활관계를 형성하며 저항할 능력도 있는 정신병질자(발양성, 과장성, 폭발성, 광신성)
		소극적 상태범죄인	외부환경에 대하여 지배되고 저항력이 약한 정신병질자(의지박약성, 무력성, 자신결핍성)
	기회범죄인	적극적 기회범죄인	격정범죄인, 확신범 등 자부심과 모험심에 의한 소년범죄
		소극적 기회범죄인	외적환경에 지배되는 범죄인, 영아살해, 낙태, 과실범
유전생물학적 측면	내인성 범죄인		유전적 소질에 기인한 범죄인
	외인성 범죄인		외적 성장환경에 기인한 범죄인
범죄심리학적 측면	소유욕 동기의 범죄인		범죄동기(심리)를 기준
	성욕 동기의 범죄인		
	호기심 동기의 범죄인		
	복수 동기의 범죄인		
	격정 동기의 범죄인		
	정치적 동기의 범죄인		
범죄사회학적 측면	조발성 범죄인	초범연령이 낮은 범죄인	-
	지발성 범죄인	초범연령이 늦은 범죄인	
형사정책학적 측면	원인론적 구분	내인적 상태 범죄인	범죄의 원인을 기준
		외인적 상태 범죄인	
		발달기 범죄인	
		탈인격 범죄인	
	예후 진단적 구분	개선가능 범죄인	범죄방지수단을 통해 범죄인에게 영향을 줄 수 있는지 여부를 기준
		개선불능 범죄인	
	연령 계층적 구분	소년범죄인	범죄인의 연령계층을 기준
		청년범죄인	
		장년범죄인	
		노년범죄인	

단원별 지문 O X

01 롬브로조(Lombroso)는 범죄인류학적 입장에서 범죄인을 분류하였으나, 페리(Ferri)는 롬브로조가 생물학적 범죄원인에 집중한 나머지 범죄인의 사회적 영향을 무시한다고 비판하고 범죄사회학적 요인을 고려하여 범죄인을 분류하였다. (   )

[2014. 보호 7급]

02 가로팔로(Garofalo)는 생물학적 요소에 사회심리학적 요소를 덧붙여 범죄인을 자연범과 법정범으로 구분하고, 과실범은 처벌하지 말 것을 주장하였다. (   )

[2014. 보호 7급]

03 리스트(Liszt)는 형벌의 목적을 개선, 위하, 무해화로 나누고 선천적으로 범죄성향이 있으나 개선이 가능한 자에 대해서는 개선을 위한 형벌을 부과해야 한다고 하면서, 이러한 자에 대해서는 단기자유형이 효과적이라고 주장하였다. (   )

[2014. 보호 7급]

04 그룰레(H. Gruhle)는 범죄를 자연범과 법정범으로 구분한다. (   )

[2011. 사시]

05 젤리히(E. Seelig)는 성격학, 유전생물학, 범죄심리학, 범죄사회학, 형사정책학 등을 기준으로 범죄인을 분류한다. (   )

[2011. 사시]

06 슈툼플(F. Stumpfl)은 범죄인의 인격적 특성과 행동양식을 종합하여 범죄인을 8가지 유형으로 분류한다. (   )

[2011. 사시]

07 아샤펜부르그(G. Aschaffenburg)는 개인적 요인과 환경적 요인을 고려하여 범죄인을 7가지 유형으로 분류한다. (   )

[2011. 사시]

---

01 ○

02 ○

03 ✕ 선천적·후천적으로 범죄성향이 있으나 개선이 가능한 자에 대해서는 개선을 위한 형벌을 부과하여야 한다. 다만, 단기자유형은 피해야 한다고 주장했다.

04 ✕ 범죄인 분류를 자연범과 법정범으로 구분한 이는 가로팔로(Garofalo)이다.

05 ✕ 젤리히(E. Seelig)는 범죄인의 인격적 특성과 행동양식의 양면을 종합하여 8가지 유형으로 분류하였고, 성격학, 유전생물학, 범죄심리학, 범죄사회학, 형사정책학 등 다원적 기준에 의해 범죄인의 유형을 분류한 학자는 엑스너(Exner)이다.

06 ✕ 슈툼플(F. Stumpfl)의 범죄인 분류는 범죄인의 성격적 태도에 의한 분류(경범죄인, 중범죄인)와 범죄인의 장래에 대한 징후를 기준으로 한 분류(조발성 범죄인, 지발성 범죄인)가 있다.

07 ○ 아샤펜부르그(G. Aschaffenburg)는 범죄인의 행위로 인한 법적 안정성의 위험성 정도를 기준으로 국제형사학협회(I.K.V)의 분류(3분법)를 세분화하여 7가지 유형으로 분류(7분법)하였는데, 가장 전통적인 분류방법으로 이해된다.

제2절 범죄유형분류의 다양화

★ 핵심정리 범죄유형분류

법률 기반 유형	법적 정의 및 특성에 따른 범죄구분	가장 널리 사용. 형법범죄 분류체계 등
가해자 기반 유형	연령, 성별, 성격, 사회적 지위 등 범죄자 특성에 따른 구분	롬브로조, 가로팔로, 페리 등
피해자 기반 유형	피해자 특성에 따른 범죄분류	멘델존, 헨티히
사회적 유형화	동기화 정도에 따른 분류	린드스미스와 던햄(Lindesmith & Dunham)
다중특성(다차원적) 유형화	법적 정의, 가해자 범죄경력, 범죄에 대한 단체지원, 사회반응과 처벌 등 고려	클리나드(Clinard)와 동료들, 트레비노(Trevino)

01 범죄유형론의 의의와 필요성

(1) 의의

① 범죄유형론(criminal typology)은 같은 유형의 범죄 행동을 법적 정의, 범죄자 특성, 피해자 특성, 범죄 행동 특성 등에 따라 분류하고 군집화하여 동일한 특성을 지닌 집단으로 유형화하는 범죄학의 한 분야이다.

② 즉, 발생 양태와 특성이 상이한 범죄를 분류하여 개별 범죄유형에 따른 원인과 특성 및 그에 상응한 예방대책을 모색하려는 학술적 노력이라고 할 수 있다.

(2) 필요성

① 범죄의 일반이론을 주장하는 입장에서는 범죄학 연구는 모든 형태의 범죄행위에 적용이 가능한 명제를 만들고 이를 검증하기 위해 노력해야 하며 개개의 범죄유형을 고려할 필요는 없다고 주장한다.

② 그러나 일반이론이 범죄해명에 한계를 나타내면서 범죄유형에 따라 다양한 범행동기와 범죄행위가 존재하므로 범죄자도 사회경제적 배경에 따라 구분할 필요가 있다는 주장이다. 범죄를 유형화하면 각 유형에 맞는 이론을 연구하기 쉽고 더욱 효과적인 범죄대책을 수립하는 데 유리하다.

(3) 유형화 기준

① 모든 범죄유형에 일률적으로 적용되는 유형 분류의 대원칙은 존재하지 않으나 범행동기, 범행수법, 범행대상, 행위 태양 등에 따라 범죄를 분류하는 것이 일반적이다.

② 대표적인 범죄유형으로는 형법상 범죄구성요건에 따른 법률 기반 유형, 범죄행위 주체와 특성에 따른 가해자 기반 유형, 피해 정도 및 특성에 따른 피해자 기반 유형 등이 있다.

02 범죄유형화의 기준

(1) 법률 기반 유형화

① 법적 정의 및 특성에 따라 범죄를 구분하는 방법으로 가장 널리 활용되는 범죄유형이다.

② 형법상 살인의 경우, 같은 살인이라 하더라도 범행대상, 동기, 수법에 따라 살인, 존속살인, 강도살인 등 다양한 방식으로 분류할 수 있다.

③ 대검찰청의 「범죄분석」상 형법범죄 분류체계에 따르면 재산범죄, 강력범죄(흉악), 강력범죄(폭력), 위조범죄, 공무원범죄, 풍속범죄, 과실범죄, 기타 범죄로 구분된다.

④ 경찰청의 「범죄통계」상 범죄유형은 대검찰청의 범죄유형보다 세분화되어 있으며 강력범죄, 절도, 폭력범죄, 지능범죄, 풍속범죄, 특별경제범죄, 마약범죄, 보건범죄, 환경범죄, 교통범죄, 노동범죄, 안보범죄, 선거범죄, 병역범죄, 기타 범죄 등을 포함한다.

⑤ 미국

    ㉠ 범죄의 심각성에 따라 범죄유형을 크게 1년 이상 징역형에 해당하는 중범죄와 그 외의 경미한 범죄를 의미하는 경범죄로 구분하고, 범죄 피해대상에 따라 대인범죄, 재산범죄, 공공질서위반 범죄로 구분한다.

    ㉡ 미국 연방수사국(FBI)의 종합범죄보고서(UCR)는 범죄유형을 크게 1군 범죄와 2군 범죄로 구분하며, 1군 범죄는 지표범죄(index crimes)로 살인·과실치사, 강간, 강도, 가중폭행, 침입절도, 단순절도, 차량절도, 방화를 포함한다.

법정형에 따른 구분	중범죄, 경범죄
보호법익에 따른 구분	개인적 법익, 사회적 법익, 국가적 법익범죄
위반법규에 따른 구분	형법범죄, 특별법범죄

⑥ 법률 기반 유형의 경우에는 범죄의 특성, 양태, 상황 및 시대적 맥락을 반영하지 못한다는 비판을 받고 있다.

(2) 개인적 유형화

① 가해자 기반 유형

    ㉠ 연령, 성별, 성격, 사회적 지위 등을 포함한 범죄자의 특성에 따라 범죄를 구분하는 방법을 의미하며 롬브로조(Lombroso), 가로팔로(Garofalo), 페리(Ferri) 등의 초기 범죄생물학자들에 의해 논의되었다. [2023(73). 경위]

    ㉡ 롬브로조는 범죄자의 신체적 특징에 따라 범죄자를 생래적 범죄인, 잠재적 범죄인, 격정 범죄인 등으로 분류하였고, 이 중 태어나면서부터 범죄를 저지를 수밖에 없는 운명을 타고난 생래적 범죄인을 가장 전형적인 범죄자로 보았다.

    ㉢ 가해자의 신체적 특성과 더불어 범행동기 및 목적에 따라 범죄는 범죄자의 개인적 욕구를 충족시키기 위해 계획적으로 범죄를 저지르는 도구적 범죄와 타인과의 갈등 상황에서 감정이 격해져 우발적으로 저지르는 표출적 범죄로 구분될 수 있다.

    ㉣ 경찰청의 「범죄통계」는 범죄자 유형을 성별, 연령, 직업, 정신상태 등을 기준으로 여성, 미성년, 학생, 공무원, 전과, 정신장애, 외국인, 고령 범죄자로 구분하고 있다.

② **피해자 기반 유형**

    ㉠ 행동양식, 피해 정도, 피해 횟수, 공동책임의 정도와 같은 피해자의 특성에 따른 범죄분류 방법을 의미한다.

    ㉡ 멘델존(Mendelsohn)은 피해자의 유책성 정도를 기준으로 책임이 없는 피해자, 책임이 조금 있는 피해자 등으로 구분하였고, 범죄 피해의 횟수에 따라 범죄 피해자를 일회성, 두세 번의 개별 피해, 짧은 기간 동안 반복적 피해, 만성 피해자 등으로 분류하였다.

    ㉢ 가해자와 피해자 기반 유형의 경우에는 다양한 범죄유형을 단순하게 분류하고, 범죄행위의 상황적 맥락을 간과하였다는 비판을 받고 있다.

(3) 사회적 유형화

① 사회적 유형화(Social Typologies)는 범죄자와 범죄행위를 범죄현상의 다양한 사회적 맥락에 따라 유형화하는 방식이다. [2022(72). 경위]

② 메이휴(H.Mayhew): 범죄가 빈곤과 열악한 양육방식에서 비롯된다는 관점에서 범죄자를 전문적 범죄자(범죄가 생계 수단)와 유연적 범죄자로 구분하였다.

③ 린드스미스와 던햄(A.R.Lindesmith & W.Dunham): 범죄행위가 집단이라는 맥락 속에서 <u>동기화되는 정도</u>에 따라 범죄자를 구분하여 순수하게 개인적 이유로 저지르는 범죄부터 개인이 속한 집단의 문화와 규범적 틀 안에서 저질러지는 범죄까지 범죄유형 연속체를 제시하였다. [2023(73). 경위]

개인적 범죄자	개인적·상황적 이유로 범죄를 저지르는 경우
사회적 범죄자	규범적·문화적으로 범죄를 통해 지위가 상승되는 집단에 속해 범죄를 저지르는 경우

④ 레클리스(W.C.Reckless): 범죄경력의 차원에서 범죄를 일반적 범죄와 전문적 범죄로 구분하고, 이 두 유형의 범죄를 저지르는 경력범죄자의 공통점과 차이점을 주장하였다.

일반적 범죄	특별한 기술을 요하지 않는 전통적 범죄, 즉 강도, 절도 등의 범죄
전문적 범죄	고도의 기술과 전문적 지식을 갖추고 막대한 규모의 금전적 이익을 추구하는 범죄
공통	금전적 이익을 추구하는 재산범죄, 특정범죄행위에 특화되는 경향, 평생에 걸친 지속형, 범죄실행과정에서 다양한 기술과 경험 필요

⑤ 퀴니(R. Quinney): 마르크스주의 범죄학의 관점에서 자본주의 체제에서 범죄를 지배계층의 범죄와 비지배계층의 범죄로 구분하였다.

노동자 (저항과 화해)	적응범죄 (화해의 범죄)	약탈(생존): 절도, 강도
		대인(모순심화, 난폭): 살인, 폭행
	대항범죄(저항)	자본주의 대항: 시위, 파업
자본가 (지배·억압)	㉠ 기업범죄: 가격담합, 부당내부거래, 입찰담합 등 경제적 지배 ㉡ 정부범죄: 공무원·정부관료의 독직범죄, 부정부패 등 ㉢ 통제범죄: 불공정 사법기관의 활동에 의한 시민인권 탄압	

(4) 다차원적 유형화

① 다차원적 유형화(Multi-Dimensional Typologies)는 다양한 차원을 복합적으로 고려하여 범죄를 유형화하는 방식이다.

② 서덜랜드(Sutherland)는 범죄의 종류에 따라 동기와 행동양식이 다양함을 반영하여 범죄유형을 구분하기 위해 범죄행동체계(구체적인 범죄현상을 묘사하고 비교하기 위해 만들어진 서로 관련성 있는 일련의 특징들)를 고안하였다.

③ 클리나드(M.B.Clinard)는 범죄행동의 5가지 이론적 차원을 바탕으로 9가지 범죄유형을 제시하였다. [2023 (73). 경위]

④ 트레비노(A.Javier Trevino)는 범죄행동 5가지 이론적 차원을 고려하여 7가지 범죄유형을 제시하였다.

서덜랜드의 범죄종류에 따라 동기와 행동양식이 다양함을 반영한 5가지 이론적 차원(범죄행동체계)	
1. 특정 범죄행위의 법률적 측면	형법은 주로 사회지배계층에 위협이 된다고 여겨지는 행동을 범죄로 규정
2. 범죄자의 범죄경력	행위자의 사회적 역할, 자아관념, 범죄행위의 발전과정, 범죄와의 일체감 등
3. 범죄 행동에 대한 집단지지	위법행위에 대한 태도는 범죄자가 속한 사회나 집단내 학습된 규범에 큰 영향을 받음
4. 범죄행동과 합법적 행동 간의 부합정도	어떤 행동을 범죄로 규정할 것인지에 대한 사회적 동의수준의 다양성
5. 사회적 반응과 법적 절차	범죄로 정의된 행동에 대한 사회적 반응의 강도는 비난에서 엄중한 형사처벌까지 다양, 형사사법 처리과정도 범죄유형에 따라 차이

⬇

클리나드(9개 유형)	트레비노(7개 유형)
1. 개인폭력범죄(살인, 폭행, 강도)	1. 개인적 폭력(강력한 사회적 반응)
2. 비상습적 재산범죄(위조, 상점절도)	2. 기회적 재산(초범의 경우 관대한 처벌)
3. 공공질서범죄(성매매, 음주)	3. 공공질서(일부만 처벌)
4. 전통적범죄(주거침입절도, 강도)	4. 직업(업무의 일부라 합리화, 처벌관대)
5. 정치범죄(불법공모, 정치적 시위)	5. 기업(심각성 희석, 처벌도 제한적)
6. 직업범죄(횡령, 배임)	6. 조직(최상급자는 범죄자 인식 희박)
7. 기업범죄(불법광고, 환경오염)	7. 정치(정부에 대한, 정부에 의한범죄)
8. 조직범죄(마약밀매, 사설도박)	
9. 전문범죄(위조, 사기)	

단원별 지문 O X

01 클리나드(Clinard)의 범죄유형과 트레비노(Trevino)의 범죄유형은 다차원적 범죄유형에 속한다. (　　) [2023(73). 경위]

02 가로팔로(Garofalo)의 범죄자유형과 페리(Ferri)의 범죄자유형은 개인적 유형화이다. (　　) [2023(73). 경위]

03 린드스미스와 던햄(Lindesmith & Dunham)의 범죄유형은 사회적 유형화이다. (　　) [2023(73). 경위]

04 피해자 기반 유형화는 대표적으로 초기실증주의자들의 범죄인 유형론이 해당된다. (　　)

05 트레비노는 범죄행동 5가지 이론적 차원을 고려하여 7가지 범죄유형을 제시하였다. (　　)

---

01 ○
02 ○
03 ○
04 ✕   초기실증주의는 가해자 기반 범죄인 유형 분류이다.
05 ○

제19장 / 전통범죄 유형론

제1절 살인

01 개념 및 특성

(1) 의의

① 살인이란 우리나라 형법상 사람을 살해한 행위로 규정하고 있고, 일반적으로는 타인의 생명을 의도적으로 단절시키는 행위를 의미한다.

② 그러나 모든 살인행위가 반드시 불법적인 것만은 아니다. 상해할 의도가 전혀 없거나 과실치사와 같은 '용서 가능한 살인행위', 경찰관의 임무 수행 중 자기방어 또는 시민이 자기방어를 위해 살해한 경우와 같은 '정당화할 수 있는 살인행위'가 있으며, 범죄적 살인행위와 구별된다.

③ 범죄학의 주요 관심의 대상인 특정인에 대한 타인에 의한 불법적 죽임인 '범죄적 살인행위'가 있다.

(2) 영 · 미의 보통법

① 보통법에서는 살인행위를 하나의 포괄적 개념으로 두고 살인의 고의 유무에 따라 모살(謀殺)과 고살(故殺)로 구분한다.

② 모살은 살인의 고의와 사전계획 · 준비를 포함한 1급 모살과 살인의 고의는 인정되나 사전계획이 부재한 2급 모살로 구분된다.

③ 고살은 자발적인 고살과 비자발적 고살로 세분화된다.

자발적 고살	㉠ 행위 자체는 고의 살인의 요건을 충족하나 피의자의 정신상태나 살해 정황 등에 있어 정상참작의 감경사유가 있는 경우를 말한다. ㉡ 가해자가 상해를 가할 의도로 폭력을 행사하였으나, 살해할 의도는 없는 상태에서 발생하는 우발적인 살인이 이에 해당한다.
비자발적 고살	부주의한 고살로, 타인을 해할 의도가 전혀 없고 부주의로 인해 사망에 이르게 하는 행위를 말한다.

④ 형법과 비교하면, 1급 모살과 2급 모살, 자발적인 고살은 고의에 의한 살인죄, 비자발적 고살은 과실치사죄에 해당된다.

02 유형

(1) 개관
① 형법상 살인은 살해의 대상과 범죄행위의 태양 등에 따라 세분된다.
② 범죄학에서는 살인의 유형을 살인의 동기, 범죄 현장의 특성, 피해자 수 등에 따라 구분한다.

(2) 범죄자와 범죄현장의 특성에 따른 구분
① 범죄자와 범죄현장의 특성에 따라 살인은 조직적 살인과 비조직적 살인으로 구분된다.

조직적 살인	⊙ 타인의 요구에 의한 청부살인이 다수이기 때문에 치밀히 계획되고 희생자와 개인적인 원한이 없다. ⓒ 살해 후에는 범죄현장에서 철저히 증거를 인멸하는 등의 특성이 있다.
비조직적 살인	⊙ 개인적 원한 등의 감정적 이유로 우발적이고 충동적으로 발생하는 살인이다. ⓒ 주로 면식 관계에서 발생한다.

② 조직적 살인과 비조직적 살인을 살인의 동기에 따라 분류했을 때 조직적 살인은 도구적 살인에 해당하고, 비조직적 살인은 표출적 살인에 해당한다.

도구적 살인	살해하는 행위 자체가 목적이 아니라 범죄자 개인의 금전적 이익이나 성적 욕구 등을 충족하기 위한 수단으로 살인을 하는 경우를 말한다.
표출적 살인	범죄자가 모욕, 신체적 공격, 실패, 좌절처럼 분노를 유발하는 상황에서 주로 우발적으로 발생하는 살인을 말한다.

③ **동기 없는 살인**: 가해자의 범행동기가 명확하지 않고, 불특정 다수가 희생자가 되는 살인을 말한다.

(3) 피해자 수에 따른 구분
① 피해자 수에 따라 살인의 유형은 크게 희생자가 한 명인 개인 사이에 발생하는 일반살인과 2명 이상의 피해자가 발생하는 다중살인으로 구분되고, 다중살인은 대량살인, 연속살인, 연쇄살인으로 세분된다.
② 연속살인과 연쇄살인은 한 사건과 다음 사건 사이에 일정 기간의 심리적 냉각기(일반적으로 만 24시간 이상을 의미)의 존재 여부에 따라 구분된다. [2023. 경찰1차]

대량살인	한 장소에서 4명 이상의 희생자가 발생하는 경우를 말한다.
연속살인	심리적 냉각기가 없이 여러 장소를 이동하면서 복수의 사람을 살해하는 행위를 말한다.
연쇄살인	사건과 사건 사이에 심리적 냉각기를 거친 후 복수의 사람을 살해하는 행위를 말한다.

③ 대량살인의 범죄인 분류 [2023. 해경 경위]

폭스(Fox)와 레빈(Levin)	복수형 살인범(Revenge Killers), 사랑형 살인범(Love Killers), 이익형 살인범(Profit Killers), 테러형 살인범(terror Killers)
디츠(Dietz)	가족학살자(family annihilator), 무기도착자(pseudo-commandos), 설치-도주형 살인자(set-and-runkillers)
홈즈(Holmes)와 홈즈(Holmes)	디츠의 분류 + 추종자(disciples), 불만 많은 피고용자(disgruntled employees), 불만 많은 시민(disgruntled citizens), 미친 대량살인자(psychotic mass murderers)

(4) 홈즈(Holmes)**와 드버거**(De Burger)**의 연쇄살인범 분류** [2024(74). 경위] 총 3회 기출

망상형	환청이나 환각 등의 망상증을 포함한 정신적 장애를 앓고 있는 자가 누군가를 살해해야 한다는 망상 때문에 살인을 하는 유형이다.	
사명형	정상인이 특정 집단에 대한 혐오 등의 이유로 특정한 사람들을 세상에서 제거해야 한다는 신념으로 살해하는 유형을 말한다.	
쾌락형	본인의 쾌락을 충족하기 위해 살해를 하는 유형을 말한다.	
	성욕형	성적 욕구를 충족하기 위한 유형이다.
	스릴형	피해자의 고통을 즐기면서 쾌감을 느끼는 유형이다.
	재물형	경제적 이익을 목적으로 하는 유형이다.
권력형	① 피해자를 완전히 지배할 수 있다는 정복감과 힘의 우위를 통한 만족감을 얻기 위해 타인을 살해하는 유형을 말한다. ② 주로 여성, 노인, 어린이를 대상으로 하고, 살인행동의 원천은 성적 즐거움이 아닌 피해자의 통제에서 만족을 얻는다. ③ 성적인 면모를 띄고 있는 연쇄살인범들은 성적 만족감이 살인을 위한 부차적인 것이지 주요 요인은 아니다. ④ 성장과정에서 권위적인 인물이나 가족들로부터 부정적인 영향을 받은 경우가 많으며, 자아상에 문제가 있는 경향이 있다.	

(5) 우리나라 법원의 구분
① 우리나라 법원은 살인 범죄자를 처벌하기 위해 범행 동기에 따른 살인범죄 유형을 규정하고, 유형별 양형기준을 정해 형량을 결정하고 있다.
② 살인범죄는 살인 동기에 따라 처벌이 상대적으로 낮은 참작 동기 살인행위부터 무기징역과 같은 엄중한 처벌이 가능한 극단적 인명경시 살인행위까지 매우 넓게 규정되어 있다.
③ 살인범죄의 유형

제1유형	참작 동기 살인	동기에 있어서 특별히 참작할 사유가 있는 살인행위로, 피해자로부터 자기 또는 가족이 장기간 가정폭력, 성폭행 등 지속적으로 육체적·정신적 피해를 당한 경우와 같이 피해자에게 귀책사유가 있는 살인을 말한다.
제2유형	보통 동기 살인	원한 관계에 기인한 살인, 가정불화로 인한 살인, 채권·채무관계에서 비롯된 불만으로 인한 살인 등을 포함한다.
제3유형	비난 동기 살인	보복살인, 금전, 불륜, 조직의 이익을 목적으로 한 살인 등 동기에 있어서 특히 비난할 사유가 있는 살인행위를 말한다.
제4유형	중대범죄 결합 살인	강간살인, 강제추행살인, 인질살해, 약취·유인 미성년자살해, 강도살인 등과 같이 중대범죄와 결합된 살인행위를 말한다.
제5유형	극단적 인명경시 살인	불특정 다수를 향한 무차별 살인으로서 2인 이상을 살해한 경우를 말한다.

03 살인과 범죄학이론

(1) 살인범죄
① 실제로 80% 이상의 살인범죄가 안면이 있는 사람에 의해서 저질러지고, 이 중 상당수는 가족 등 근친관계를 통해 이루어지고 있으며, 그 이유는 가족이 즐거움의 주요 근원인 동시에 때로는 좌절과 상처의 주요 근원이 되기 때문이다.

② **티오**(Thio)**의 가족문제**: 대부분의 다른 범죄와 달리 살인은 낯선 사람에 의해 가해지는 경우가 적고, 오히려 많은 경우가 안면이 있는 사람에 의해 이루어지고 있으며, 특히 가족 간에 살해하는 경우가 많다고 하였다. 이런 점에서 살인을 '가족문제(Family affair)'라고 하였다.

③ **피해자 유발살인**

울프강(Wolfgang)	필라델피아연구에서 26%의 살인사건이 사실상 피해자에 의해 예견된 것이었다고 하며, 이를 '피해자 유발살인'이라고 하였다.
러켄빌(Luckenbill)	캘리포니아연구에서 전체 살인사건의 63%가 피해자에 의해서 시작된 것이었다고 추정하였다.

(2) 살인범죄의 원인에 대한 이론

생물학적	인종학적	① 인간은 생물학적으로 <u>다른 동물보다 살인본능이 강하다</u>는 주장이다. ② 위험한 동물이더라도 동족을 살해하는 경우는 거의 없지만 인간만이 서로를 죽인다는 것이다.
	유전학적	Y염색체가 남성을 강인하고 공격적으로 만들기 때문에 XYY 남성을 살인과 같은 범죄를 범하도록 이끌게 된다는 주장이다.
심리학적	정신분석	① 심리상태: 기본적 욕구인 이드(id), 욕망을 성취하는 방법을 학습한 결과로 얻어진 지식이라고 할 수 있는 에고(ego), 인간의 자기만족 또는 자기희열에 대한 한계인 양심인 슈퍼에고(superego)로 구성되어 있다. ② 감정적이고 비이성적인 <u>이드(id)</u>와 <u>슈퍼에고(superego)</u>는 욕구를 만족시키고자 하는 요구와 그것을 제한하는 <u>갈등관계</u>에 있게 마련이다. ③ 갈등관계를 인간 마음의 이성적 부분인 에고(ego)가 해결해 주는데, 에고(ego)가 이드(id)를 만족시키지 못하거나 슈퍼에고(superego)를 거역했을 때 불행하거나 죄의식을 갖게 되고 나아가 정신적 질병을 앓게 되어 살인과 같은 폭력으로 이끌게 된다는 주장이다.
	좌절-공격성이론	① 공격성(폭력성)은 항상 좌절의 결과라는 주장으로, 여기서 좌절이란 목표성취 시도의 봉쇄를 의미한다. ② 한계: 좌절이 어떤 종류의 공격성을 초래하는지, 왜 좌절감이 여타의 공격성이 아닌 살인을 유발하는지를 설명하지 못한다.
사회학적	외적 제재이론	① <u>헨리</u>(Henry)와 쇼트(Short)는 살인이 <u>좌절감의 결과</u>라는 이유를 설명해 준다. ② 자살과 살인 모두가 공격적 행동이라는 점에서 동일하다(자살은 내부지향, 살인은 외부지향). ③ <u>약한 외적 제재</u>를 경험한다면 자기지향의 공격성인 자살을 택하고, 반면에 <u>강력한 외적 제재로 고통을 받는다면</u> 타인지향의 공격성인 살인을 선택한다. ④ 외적 제재의 강도는 타인의 기대감과 요구에 동조하는 정도, 즉 자신의 자유와 행동범위를 제한하기 위해서 자신에게 주어진 사회적 통제의 정도이다.
	폭력하위문화이론	① 울프강(Wolfgang)은 필라델피아에서의 살인에 관한 자료를 분석한 결과, 대인적 폭행을 나쁘다거나 반사회적이라고 규정하지 않는 폭력의 하위문화가 있으며, 그 하위문화에서는 신체적 공격에 대한 즉각적인 호소가 용인되고 있다고 주장하였다. ② 폭력의 하위문화가 빈곤지역과 흑인밀집지역에서의 높은 살인율의 원인이 된다고 이론화하였다.

단원별 지문  O X

01 연쇄살인범 A는 보험금을 노리고 가족과 지인 등을 대상으로 범행을 저질렀다. A의 범행으로 5명이 사망하고 5명이 실명하였으며 1명이 화상을 입었다. 사망한 사람은 A의 첫 번째와 두 번째 남편, 친아들과 친딸, 지인의 남편이었고, 실명한 사람은 친모와 친오빠 등이었다. 이는 홈즈와 드버거(Holmes & DeBurger)의 연쇄살인범 유형 중 쾌락형 연쇄살인범에 속한다. (   )
[2024(74). 경위]

02 홈즈와 드버거(Holmes & DeBurger)의 연쇄살인범 유형 중 망상형(Visionary Serial Killers)은 환각, 환청 또는 망상이 살인의 원인이 된다. 정신적 장애를 수반하며 망상형 연쇄살인범은 신의 지시 명령에 따른 것이라고 주장하기도 한다. (   )
[2023(73). 경위]

03 홈즈와 드버거(Holmes & DeBurger)의 연쇄살인범 유형 중 사명형(Mission-Oriented Serial Killers)은 성매매 여성, 동성애자, 범죄자 같은 특정 유형의 사람들을 사회에서 제거해야 한다는 신념으로 살해하는 경우로 정신이상이 아니며 환청이나 환각을 경험하지 않는다. (   )
[2023(73). 경위]

04 홈즈와 드버거(Holmes & DeBurger)의 연쇄살인범 유형 중 쾌락형(Hedonistic Serial Killers)은 본인의 쾌락을 충족하기 위해 살해하는 유형으로 이들이 추구하는 쾌락에 따라 성욕형, 스릴형, 재물형으로 구분할 수 있다. (   )
[2023(73). 경위]

05 홈즈와 드버거(Holmes & DeBurger)의 연쇄살인범 유형 중 권력형(Power/Control Serial Killers)은 정치적·경제적 권력을 쟁취하기 위하여 자신에게 방해되는 사람들을 무자비하게 살해하는 폭군이나 독재자 같은 포식자 유형이다. (   )
[2023(73). 경위]

06 피해자 수에 따라 살인은 일반살인과 다중살인으로 구분되며 다중살인은 다시 한 사건과 다음 사건 사이에 심리적 냉각기의 존재 여부에 따라 연속살인과 대량살인으로 구분된다. (   )
[2024(74). 경위]

07 폭스(Fox)와 레빈(Levin)이 분류한 대량 살인범의 유형으로는 복수형, 사랑형, 이익형, 테러형이 있다. (   )
[2023. 해경 경위]

---

01 ○ 쾌락형 연쇄살인범은 본인의 쾌락을 충족하기 위해 살해를 하는 유형을 말한다. 쾌락의 유형에 따라, 성적욕구를 충족하기 위한 성욕형, 피해자의 고통을 즐기면서 쾌감을 느끼는 스릴형, 경제적 이익을 목적으로 하는 재물형으로 세분된다.

02 ○

03 ○

04 ○

05 × 권력형 연쇄살인범은 다른 사람을 통제하고 힘을 휘두르고 싶어 하는 사람으로 피해자의 삶과 죽음을 완전히 통제하는 과정에서 오는 만족감 때문에 살인을 한다.

06 × 피해자 수에 따라 살인의 유형은 크게 희생자가 한 명인 개인 사이에 발생하는 일반살인과 2명 이상의 피해자가 발생하는 다중살인으로 구분되고, 다중살인은 대량살인, 연속살인, 연쇄살인으로 세분된다. 연속살인과 연쇄살인은 한 사건과 다음 사건 사이에 일정 기간의 심리적 냉각기(일반적으로 만 24시간 이상을 의미)의 존재 여부에 따라 구분된다.

07 ○ 폭스(Fox)와 레빈(Levin)은 복수형 살인범(Revenge Killers), 사랑형 살인범(Love Killers), 이익형 살인범(Profit Killers), 테러형 살인범(terror Killers)으로 구분하였다.

제2절 강도, 강간(성폭력)

01 강도

(1) 의의
① 형법상 강도란 폭행 또는 협박으로 타인의 재물을 강취하거나 기타 재산상의 이익을 취득하거나 또는 제3자로 하여금 이를 취득하게 함으로써 성립하는 범죄를 말한다.
② 강도행위의 주요 목적은 금품취득에 있으며, 강도의 대상이나 목표물은 강취 가능한 금품의 규모, 체포의 위험성, 범행의 용이성 등을 고려하여 합리적으로 결정된다.
③ 우발적인 강도범죄도 범행 실행에 있어서 최소한의 합리적 의사결정과정이 존재한다.

(2) 특성
① 강도범죄는 피해자에 대한 폭력과 폭력의 위협을 가하는 동시에 재물을 취하는 두 가지 특성을 가지기 때문에 재산범죄의 측면과 폭력범죄의 측면이 동시에 고려되어야 한다.
② **재산범죄로서의 강도**: 비교적 이성적이고 계산된 행위로, 세 가지의 의사결정을 내포하고 있는데, 재물의 필요성에 의해 강도하고자하는 동기, 목표물 또는 대상물을 선택하는 결정, 어떻게 강도할 것인가의 방법론이 결정되어야 한다.
③ **폭력범죄로서의 강도**

실제의 폭력성	물리적 힘의 사용 그 자체가 개인적 무기와 같은 기능을 하여 피해자를 위협함으로써 강도를 성공적으로 수행하는 경우이다.
잠재적 폭력성	폭력이 실제로는 거의 실행되지 않고 단지 폭력으로서의 위협적 영향을 미치게 하는 잠재적 폭력은 무장강도의 경우가 대부분을 차지하고 있다.

(3) 강도의 유형
① 형법상 강도의 유형은 행위 태양에 따라 특수강도, 준강도, 인질강도, 해상강도, 상습강도 등으로 구분된다.
② 강도는 범행수법에 따라 침입강도, 노상강도, 인질강도, 준강도 등으로 구분되고, 일반적으로 침입강도, 노상강도 순으로 많이 발생하였다.
③ **맥클린토크**(McClintock)**와 깁슨**(Gibson): 전문적 강도와 아마추어강도로 구분하였다.
④ **콘클린**(Conklin): 아마추어강도를 기회주의강도, 약물남용강도, 알코올중독강도로 분류하였다.

(4) 콘클린(Conklin)과 굴드(Gould)의 강도범죄의 원인에 대한 이론

상대적 박탈감	경쟁적 자본주의사회에서 어쩔 수 없는 빈부의 격차에서 빚어진 것으로서 이때 하류계층의 덜 가진 사람들이 상대적 박탈감을 느끼게 되어 범행을 저지른다는 논리이다.
경제적 풍요로움	① 굴드(Gould): 경제공황기에는 재산범죄가 비교적 낮은 수준을 유지하였으나, 호황기에는 오히려 발생률이 증가하였다고 한다. ② 아마추어강도 증가 – 상대적 박탈감과 범행대상의 증대로 인한 범행의 용이성: 경제적 풍요는 재물을 소지하지 못한 사람들에게 상대적 박탈감을 증대시키는 동시에 남의 재물을 쉽게 취할 수 있는 기회도 증가시키기 때문에 아마추어강도가 증가한다는 것이다.

02 성폭력(강간)

(1) 개념 및 특성
① **성폭력**: 성적 만족을 얻기 위해 물리적 폭력이나 협박 등을 행사하고, <u>상대방의 동의 없이 강제적으로 행해지는 다양한 성적 행위</u>를 모두 포괄하는 개념으로 상대방의 성적 자기 의사결정에 반하는 일체의 행위를 의미한다.
② **성범죄**: 보호법익에 따라 크게 성폭력범죄와 성풍속범죄로 구분할 수 있으며 형법, 성폭력범죄의 처벌 등에 관한 특례법, 아동·청소년의 성보호에 관한 법률 등의 법률에 규정되어 있다.
③ 성폭력범죄는 강간, 강제추행, 성희롱 등을 포함한 성적 자기결정권이라는 개인적 법익의 침해행위를 의미하고, 성풍속 범죄는 건전한 성문화 조성이라는 사회적 법익 침해행위를 말한다.
④ 강간범죄는 다른 범죄와 동일하게 학습되고, 학습의 효과는 강간 장면을 직접 목격하거나 대중매체를 통한 간접경험이 많을수록, 개인의 성적 취향과 폭력의 연관성이 높을수록, 강간 신화(강간에 대한 잘못된 인식 및 편견)의 수용도가 높을수록, 성폭력에 대한 고통, 두려움 등의 부정적 감정에 무감각할수록 증가하는 것으로 보고 있다.

(2) 강제추행죄
① 과거에는 먼저 피해자에 대하여 폭행 또는 협박을 가하고 추행을 하는 유형만을 강제추행으로 인정하였으나, 최근에는 폭행 또는 협박 없이 기습적으로 이루어지는 추행이나 예고 없이 신체에 접촉하는 행위가 피해자의 성적 자유를 침해할 때도 강제추행죄가 성립될 수 있다.
② 사적 공간보다는 노상이나 유흥접객업소 등 타인과의 접촉 빈도가 높은 공적 공간에서 주로 발생하는 특성이 있다.
③ 강간의 경우, 행위가 노출되지 않는 숙박업소나 아파트, 단독주택 등과 같은 사적 주거공간에서 주로 발생하고 있어 피해자가 신고하지 않는 이상 용의자 검거 및 증거확보가 어려운 특징이 있다.

(3) 강간유형

윤간	집단으로 한 여성을 상대로 하는 강간, 폭력적이고 파괴적이다. 강간사건의 약 25%를 차지한다.
연쇄강간	점점 더 심한 무력사용하거나 그렇지 않은 경우도 있다. 아주심한 모욕적인 언행을 퍼붓고, 다른 범죄와 연관되어 있다.
면식강간	평소 알고 지내는 사람에게 당하는 강간으로, 데이트강간, 미성년자강간, 부부강간 등이 이에 속한다.

(4) 그로스(Groth)의 범행동기에 따른 강간유형 [2023. 경찰 2차] 총 2회 기출

① 분노강간 (anger rape)	㉠ 성욕이 억압된 분노를 표출하는 수단으로 사용될 때 발생, 단순한 섹스보다 더 잔인한 강간으로 상대방에게 가능한 더 깊은 상처를 주는데 있다. ㉡ 스스로 통제할 수 없는 사건으로 무척 당황스럽거나 초조하거나 화가 난 후에 갑자기 상대여성을 공격한다. ㉢ 피해여성에게 예상했던것보다 덜 심한 정신적 고통을 안겨준다. ㉣ 강간이 행해지는 동안 보통 신체적 구타를 당해 동료, 친척, 사법기관의 동정을 받게 되고, 그 결과 강간에 순응했다는 일종의 가정에 면역되어 무감각해진다.
② 지배강간 (power rape)	㉠ 상대 여성에게 어떤 상처를 주고 싶어하지 않는 대신 상대여성을 성적으로 소유하고자 한다. ㉡ 목적은 성적지배이고, 목적달성을 위한 최소한의 폭력을 사용한다. ㉢ 상대 여성을 자신의 통제하에 놓고자하며, 상대 여성이 자비를 베풀어 달라고 애원하기를 바란다. ㉣ 이 유형은 지배강간범에게 성적 만족감을 주지는 않는다. ㉤ 여자친구와 좋은 관계를 유지하기도 하는데, 대신 강간을 개인적 불안감을 표출하고 이성애를 강조하며, 남성성을 유지하는 하나의 수단으로 사용한다. ㉥ 피해자는 나이가 같거나 강간범보다 어린 여자일 가능성이 높다. ㉦ 신체적 폭력이 잘 나타나지 않아서 피해자 가족이나 친구가 피해자의 고통을 잘 이해하지 못하는 경우가 많다. ㉧ 결과적으로 피해자의 죄의식과 수치심이 증가하고, 피해자는 자신의 인생이 끝났다고 생각한다.
③ 가학성 변태성욕 강간 (sadistic rape)	㉠ 성욕과 폭력이 동시에 수반된다. ㉡ 피해여성을 괴롭히고 묶고 고문하는 등 종교적 의식에 몰두한다. ㉢ 피해여성이 괴롭힘을 당하고 고통받기를 바라는 성격의 소유자라고 착각한다. ㉣ 이 유형의 강간은 강간범을 극도로 흥분시킨다. ㉤ 피해여성을 학대하고 모욕감과 수치심 주는 것으로 만족감을 느낀다. ㉥ 피해여성은 치명적인 상처를 받아 신체적 상처를 치유한 후에도 오랫동안 정신과 치료가 필요하다.

(5) 강간의 원인
① **진화론적 · 생물학적 요인**: 인간의 대를 잇기 위한 수단으로 시대를 거쳐 본능적으로 발달되었다는 주장이다.
② **남성중심의 사회화**: 일부 남성은 여성을 함부로 대해도 된다는 사회화과정으로 성관계가 순조롭지 못할 때 폭력과 무력의 사용이 합법적이라고 믿는다. 러셀(Russell)은 초남성성의 신비(virility mystique)로 설명했다. 초남성성이란 자신의 성적 불안감으로 일부 남성은 그들 자신의 자아상과 초남성성을 증명하는 강간사건을 저지른다는 것이다.
③ **심리적 이상**: 성격이나 정신질환이 원인이라는 것으로 여성에게 적의나 가학적 변태성욕을 보이기도 한다. 자신의 만족과 지배, 야망을 위해 이기적 특성이나 행동을 하는 자아도취적 성격이상과 밀접한 관련이 있다.
④ **사회적 학습**: 성폭력에 우호적인 태도를 취하는 동료와의 상호작용을 통해 성폭력을 학습한다고 본다. 그로스(Groth)는 강간범의 약 40퍼센트가 청소년기에 성적 공격을 당한 사람이라는 사실을 밝혀냈다.

단원별 지문 O X

01 그로스(Groth)의 폭력적 강간의 유형으로는 권력재확인형, 권력독단형, 분노보복형, 분노흥분형이 있다. (   )

[2023. 해경 경위]

02 권력형 강간은 피해자를 자신의 통제하에 놓고 싶어하는 강간으로, 여성을 성적으로 지배하기 위한 목적으로 행하는 강간의 유형이다. (   )

[2023. 경찰2차]

01 ○
02 ○

제3절 폭력

01 의의

(1) 개념 및 특성
① 폭력이란 자신, 타인, 단체 또는 공동체에 대해 상해, 사망, 심리적 위해 등을 야기하거나 야기할 가능성이 높은 물리력 또는 힘의 의도적 사용을 의미한다(세계보건기구. WHO).
② 형법에서는 폭력이라는 용어를 직접적으로 사용하지 않고 살인, 강도, 상해, 폭행 등 유형별로 구분하여 규정하고 있으나, 폭력행위 등 처벌에 관한 법률 등 특별법에서는 폭력이란 용어를 직접 사용하고 있다.
③ 폭력은 폭행, 상해 등의 용어와 혼용되며 법률적인 개념으로 표현되는 반면, 폭행은 신체에 대한 일체의 불법적인 유형력 행사를 말하고 위험만 있어도 성립하지만, 상해는 신체의 생리적 기능에 장애를 일으키는 것을 말하고 직접적인 침해가 있어야 성립되고 처벌이 폭행보다 중하다.
④ 가정폭력이란 가정구성원 사이에 발생한 폭력행위를 의미하며, 가정폭력범죄의 처벌 등에 관한 특례법에서는 가정구성원 사이의 신체적, 정신적 또는 재산상 피해를 수반하는 행위로 규정하고 있다.

(2) 유형
① 모이어(Moyer)는 대상과 방법에 따라 정서적 폭력, 도구적 폭력, 무작위 폭력, 집단적 폭력, 테러리즘 등으로 구분하였다.
② 세계보건기구(WHO)는 폭력의 유형을 신체적 폭력, 성적 폭력, 정신적 폭력과 박탈로 구분하고, 가해자와 피해자의 관계에 따라 ⊙ 자살, 자기학대와 같이 피해자가 동일한 자기 주도적 폭력, ⓒ 정치적 이념을 달리하는 집단에 대한 테러행위 등을 포함한 집단적 폭력, ⓒ 개인 간의 폭력을 의미하는 대인폭력으로 구분하였다.
③ 대인폭력은 가정폭력과 지역사회 폭력으로 구분되며, 지역사회 폭력은 지인폭력과 타인폭력으로 세분된다.
④ 일반적으로 가정폭력에는 아동학대, 노인학대, 가정폭력이 포함되고, 지역사회 폭력에는 직장 내 폭력, 청소년 폭력, 재산범죄 관련 폭력 등이 포함된다(세계보건기구. WHO).
⑤ 현행법상 폭행은 대상과 행위 태양에 따라 최광의, 광의, 협의, 최협의의 폭행 등으로 정의될 수 있다.

최협의의 폭행	상대방의 반항을 불가능하게 하거나 현저히 곤란하게 할 정도의 불법한 유형력의 행사를 말하고 강간죄의 폭행, 강도죄의 폭행이 이에 해당된다.
협의의 폭행	사람의 신체에 대한 직접적인 유형력의 행사를 의미하기 때문에 간접폭행은 포함되지 않는다.
광의의 폭행	⊙ 사람에 대한 직·간접의 유형력 행사를 의미하고, 공무집행방해죄, 특수도주죄 등이 포함된다. ⓒ 유형력의 행사가 직접적으로 사람의 신체에 대하여 가해질 필요는 없고, 물건에 대한 유형력의 행사가 간접적으로 사람의 신체에 대하여 작용하는 간접폭행의 경우도 해당된다.
최광의의 폭행	대상에 무관하게 일체의 유형력을 행사하는 경우를 말하고, 내란죄나 소요죄가 이에 해당한다.

02 가정폭력과 아동학대

(1) 가정폭력의 원인과 대응

① 가정폭력은 가족구성원의 인격적 존중의 결여, 사회 전반에 만연된 폭력문화의 영향을 들 수 있다.
② 가정폭력은 가정 내의 문제로 여기고 적극적인 해결책을 마련하지 않는 사회적 인식의 문제가 상습적인 폭력을 양산하는 형태로 발전할 수 있다.
③ 형법은 사회통제체제 안에서 보충성을 가지므로 가정문제에 대한 개입을 자제하는 반면, 가정 내에서 이루어지는 폭력은 지속적이고 상습적이며 피해의 심각성이 매우 크다고 할 수 있다.
④ 아동학대는 아동의 정상적 발달을 저해할 수 있는 신체적 · 정신적 · 성적 폭력과 아동을 유기하거나 방임하는 행위를 의미한다.
⑤ **대책**: 가정폭력범죄의 처벌 등에 관한 특례법, 아동학대범죄의 처벌 등에 관한 특례법, 가정폭력방지 및 피해자보호 등에 관한 법률 등을 통해 가정폭력문제에 대응하고 있다.

(2) 가정폭력의 유형

신체적 폭력	직접적인 폭행이나 물리적 공격을 통한 폭력을 말한다.
정신적 폭력	심리적 압박감 또는 공포심 조장을 통한 폭력을 말한다.
성폭력	가정 내에서의 성적 고통을 말한다.
방임	① 아동학대와 노인학대에서 주로 많이 나타나는 가정폭력의 유형의 하나로, 경제적 자립 능력이 부족하거나 일상생활에 도움이 필요한 아동과 노인을 방치하는 행위를 말한다. [2022(72). 경위] ② 「아동복지법」상 보호자를 포함한 성인이 아동의 건강 또는 복지를 해치거나 정상적 발달을 저해할 수 있는 신체적 · 정신적 · 성적 폭력이나 가혹행위를 하는 것과 아동의 보호자가 아동을 유기하거나 방임하는 것을 말한다(아동복지법 제3조 제7호). 다만, 「유아교육법」과 「초 · 중등교육법」에 따른 교원의 정당한 교육활동과 학생생활지도는 아동학대로 보지 아니한다(아동학대범죄의 처벌 등에 관한 특례법 제2조 제3호).

(3) 아동학대의 특성 [2024. 해경 경위]

① **가해자 특성**: 어릴 때 학대받은 경험이 있는 부모가 아동학대를 하는 경우가 많다. 학대 피해자가 성인이 되어 폭력의 가해자가 될 가능성이 높은 폭력의 대물림이라는 특징이 있다.
② 아동학대는 사건 대부분이 집안에서 은밀하게 벌어지거나 장기간 은폐되는 등 학대 사실을 파악하기조차 힘들어 대표적인 암수범죄로 꼽힌다.
③ 아동학대를 겪은 아이들은 불안과 두려움, 공포반응, 자신이 사랑받을 자격이 없다고 생각하거나 무가치하다고 느끼는 자존감 결여, 타인에 대한 신뢰문제로 인한 사회적 관계 형성의 어려움, 정서적 문제의 유발로 분노 폭발, 감정 둔화, 우울증 등 감정조절의 문제발생, 인지적 · 정서적 발달에 부정적 영향을 미치는 등의 문제로 나타날 수 있다.

⊕ PLUS 아동학대에 따른 심리적 이상반응 [2024. 해경 경위]

1. 회피형 애착(Avoidant Attachment)**과 회피적 대처**(Avoidant Coping)

회피형 애착은 타인과의 친밀한 관계를 불편하게 느끼고 정서적 거리를 유지하려는 경향을 말한다. 타인에게 의존하기보다는 독립적이려고 하며, 감정 표현을 억제하고 상호작용에서 감정적으로 냉담한 모습을 보인다. 회피적 대처는 스트레스 상황이나 감정적으로 어려운 상황에서 문제를 직면하기보다는 회피하려는 행동을 말한다. 사람과의 상호작용에서 눈을 피하고 대화를 피하려는 것도 이러한 회피적 대처의 일환일 수 있다.

2. 얼어붙은 감시상태(frozen watchfulness)

냉동 반응 혹은 동결반응으로 불리는 방어기제로, 공포, 위협, 또는 큰 불안 상황에서 사람이 반사적으로 "도망"이나 "싸움" 대신 "정지"하거나 "경직"되어 움직이지 않거나 반응하지 못하는 상태를 말한다.

[가정폭력범죄의 처벌 등에 관한 특례법]

제2조【정의】 이 법에서 사용하는 용어의 뜻은 다음과 같다.

1. "가정폭력"이란 가정구성원 사이의 <u>신체적, 정신적 또는 재산상</u> 피해를 수반하는 행위를 말한다.

제3조의2【형벌과 수강명령 등의 병과】 ① 법원은 가정폭력행위자에 대하여 유죄판결(선고유예는 제외한다)을 선고하거나 약식명령을 고지하는 경우에는 <u>200시간의 범위에서 재범예방에 필요한 수강명령</u>(「보호관찰 등에 관한 법률」에 따른 수강명령을 말한다. 이하 같다) 또는 가정폭력 치료프로그램의 이수명령(이하 "이수명령"이라 한다)을 병과할 수 있다.

② 가정폭력행위자에 대하여 제1항의 <u>수강명령은 형의 집행을 유예할 경우에 그 집행유예기간 내에서 병과</u>하고, <u>이수명령은 징역형의 실형 또는 벌금형을 선고하거나 약식명령을 고지할 경우에 병과</u>한다.

③ 법원이 가정폭력행위자에 대하여 형의 집행을 유예하는 경우에는 제1항에 따른 수강명령 외에 그 집행유예기간 내에서 보호관찰 또는 사회봉사 중 하나 이상의 처분을 병과할 수 있다.

④ 제1항에 따른 수강명령 또는 이수명령은 형의 집행을 유예할 경우에는 그 집행유예기간 내에, 징역형의 <u>실형을 선고할 경우에는 형기 내에, 벌금형을 선고하거나 약식명령을 고지할 경우에는 형 확정일부터 6개월 이내</u>에 각각 집행한다.

제4조【신고의무 등】 ① <u>누구든지</u> 가정폭력범죄를 알게 된 경우에는 수사기관에 <u>신고할 수 있다.</u>

제6조【고소에 관한 특례】 ① 피해자 또는 그 법정대리인은 가정폭력행위자를 고소할 수 있다. 피해자의 법정대리인이 가정폭력행위자인 경우 또는 가정폭력행위자와 공동으로 가정폭력범죄를 범한 경우에는 피해자의 친족이 고소할 수 있다.

② 피해자는 「형사소송법」 제224조에도 불구하고 가정폭력행위자가 자기 또는 배우자의 직계존속인 경우에도 고소할 수 있다. 법정대리인이 고소하는 경우에도 또한 같다.

③ 피해자에게 고소할 법정대리인이나 친족이 없는 경우에 이해관계인이 신청하면 <u>검사는 10일 이내에 고소할 수 있는 사람을 지정하여야 한다.</u>

제8조의3【긴급임시조치와 임시조치의 청구】 ① 사법경찰관이 제8조의2제1항에 따라 긴급임시조치를 한 때에는 지체 없이 검사에게 제8조에 따른 임시조치를 신청하고, 신청받은 검사는 법원에 임시조치를 청구하여야 한다. 이 경우 임시조치의 청구는 <u>긴급임시조치를 한 때부터 48시간 이내</u>에 청구하여야 하며, 제8조의2제2항에 따른 긴급임시조치결정서를 첨부하여야 한다.

② 제1항에 따라 임시조치를 청구하지 아니하거나 법원이 임시조치의 결정을 하지 아니한 때에는 즉시 긴급임시조치를 취소하여야 한다.

제9조【가정보호사건의 처리】① 검사는 가정폭력범죄로서 사건의 성질·동기 및 결과, 가정폭력행위자의 성행 등을 고려하여 이 법에 따른 보호처분을 하는 것이 적절하다고 인정하는 경우에는 가정보호사건으로 처리할 수 있다. 이 경우 검사는 피해자의 의사를 존중하여야 한다.
② 동행영장에 의하여 동행한 가정폭력행위자 또는 제13조에 따라 인도된 가정폭력행위자에 대하여는 가정폭력행위자가 법원에 인치된 때부터 24시간 이내에 제1항의 조치 여부를 결정하여야 한다.

제33조【피해자의 진술권 등】① 법원은 피해자가 신청하는 경우에는 그 피해자를 증인으로 신문하여야 한다. 다만, 다음 각 호의 어느 하나에 해당하는 경우에는 그러하지 아니하다.
 1. 신청인이 이미 심리 절차에서 충분히 진술하여 다시 진술할 필요가 없다고 인정되는 경우
 2. 신청인의 진술로 인하여 심리 절차가 현저하게 지연될 우려가 있는 경우
② 법원은 제1항에 따라 피해자를 신문하는 경우에는 해당 가정보호사건에 관한 의견을 진술할 기회를 주어야 한다.

제41조【보호처분의 기간】 제40조 제1항 제1호부터 제3호까지 및 제5호부터 제8호까지의 보호처분의 기간은 6개월을 초과할 수 없으며, 같은 항 제4호의 사회봉사·수강명령의 시간은 200시간을 각각 초과할 수 없다.

제48조【비용의 부담】① 제29조 제1항 제4호 및 제6호의 위탁 결정 또는 제40조 제1항 제7호 및 제8호의 보호처분을 받은 가정폭력행위자는 위탁 또는 보호처분에 필요한 비용을 부담한다. 다만, 가정폭력행위자가 지급할 능력이 없는 경우에는 국가가 부담할 수 있다.

제55조의3【피해자보호명령의 기간】① 제55조의2 제1항 각 호의 피해자보호명령의 기간은 1년을 초과할 수 없다. 다만, 피해자의 보호를 위하여 그 기간의 연장이 필요하다고 인정하는 경우에는 직권이나 피해자, 그 법정대리인 또는 검사의 청구에 따른 결정으로 2개월 단위로 연장할 수 있다.
② 제1항 및 제55조의2 제3항에 따라 피해자보호명령의 기간을 연장하거나 그 종류를 변경하는 경우 종전의 처분기간을 합산하여 3년을 초과할 수 없다.

제57조【배상명령】① 법원은 제1심의 가정보호사건 심리 절차에서 보호처분을 선고할 경우 직권으로 또는 피해자의 신청에 의하여 다음 각 호의 금전 지급이나 배상(이하 "배상"이라 한다)을 명할 수 있다.
 1. 피해자 또는 가정구성원의 부양에 필요한 금전의 지급
 2. 가정보호사건으로 인하여 발생한 직접적인 물적 피해 및 치료비 손해의 배상
② 법원은 가정보호사건에서 가정폭력행위자와 피해자 사이에 합의된 배상액에 관하여도 제1항에 따라 배상을 명할 수 있다.
③ 제1항의 경우에는 「소송촉진 등에 관한 특례법」 제25조 제3항(제2호의 경우는 제외한다)을 준용한다.

⚖ 판례 |

가정폭력범죄를 범한 자에게 의무적 노동을 부과하고 여가시간을 박탈하여 실질적으로는 신체적 자유를 제한하게 되므로, 이에 대하여는 원칙적으로 형벌불소급의 원칙에 따라 행위시법을 적용함이 상당하다(대법원 2008.7.24. 2008어4). [2014. 보호 7급]

[아동복지법]

제3조 【정의】 이 법에서 사용하는 용어의 뜻은 다음과 같다.

1. "아동"이란 18세 미만인 사람을 말한다.

2. "아동복지"란 아동이 행복한 삶을 누릴 수 있는 기본적인 여건을 조성하고 조화롭게 성장·발달할 수 있도록 하기 위한 경제적·사회적·정서적 지원을 말한다.

7. "아동학대"란 보호자를 포함한 성인이 아동의 건강 또는 복지를 해치거나 정상적 발달을 저해할 수 있는 신체적·정신적·성적 폭력이나 가혹행위를 하는 것과 아동의 보호자가 아동을 유기하거나 방임하는 것을 말한다.

제17조 【금지행위】 누구든지 다음 각 호의 어느 하나에 해당하는 행위를 하여서는 아니 된다.

1. 아동을 매매하는 행위

2. 아동에게 음란한 행위를 시키거나 이를 매개하는 행위 또는 아동을 대상으로 하는 성희롱 등의 성적 학대행위

3. 아동의 신체에 손상을 주거나 신체의 건강 및 발달을 해치는 신체적 학대행위

5. 아동의 정신건강 및 발달에 해를 끼치는 정서적 학대행위(「가정폭력범죄의 처벌 등에 관한 특례법」 제2조 제1호에 따른 가정폭력에 아동을 노출시키는 행위로 인한 경우를 포함한다) [2024(74). 경위]

6. 자신의 보호·감독을 받는 아동을 유기하거나 의식주를 포함한 기본적 보호·양육·치료 및 교육을 소홀히 하는 방임행위

7. 장애를 가진 아동을 공중에 관람시키는 행위

8. 아동에게 구걸을 시키거나 아동을 이용하여 구걸하는 행위

9. 공중의 오락 또는 흥행을 목적으로 아동의 건강 또는 안전에 유해한 곡예를 시키는 행위 또는 이를 위하여 아동을 제3자에게 인도하는 행위

10. 정당한 권한을 가진 알선기관 외의 자가 아동의 양육을 알선하고 금품을 취득하거나 금품을 요구 또는 약속하는 행위

11. 아동을 위하여 증여 또는 급여된 금품을 그 목적 외의 용도로 사용하는 행위

단원별 지문 O/X

01 일상생활에 도움이 필요한 아동과 노인을 적절히 돌보지 않는 행위도 가정폭력의 범주에 포함될 수 있다. (   )
[2022(72). 경위]

02 「가정폭력범죄의 처벌 등에 관한 특례법」상 보호관찰처분을 받은 자의 보호관찰 기간은 1년이다. (   ) [2021. 교정 7급]

03 「가정폭력범죄의 처벌 등에 관한 특례법」에 따르면 피해자는 행위자가 자기 또는 배우자의 직계존속인 경우에도 고소할 수 있게 하여 피해자를 보호하고 있다. (   ) [2016. 사시]

04 「가정폭력범죄의 처벌 등에 관한 특례법」상 사회봉사명령을 부과하면서, 행위시 법상 사회봉사명령 부과시간의 상한인 100시간을 초과하여 상한을 200시간으로 올린 신법을 적용한 것은 적법하다. (   ) [2013. 교정 7급]

05 「아동복지법」에서는 가정폭력에 아동을 노출시키는 행위를 정서적 학대에 포함한다. (   ) [2024(74). 경위]

---

01 ○ 가정폭력은 폭력의 대상에 따라 신체적 폭력, 정신적 폭력, 성폭력, 방임 등으로 구분된다. 이 중 방임은 아동학대와 노인학대에서 주로 많이 나타나는 가정폭력의 유형의 하나로 경제적 자립 능력이 부족하거나 일상생활에 도움이 필요한 아동과 노인을 방치하는 행위를 말한다.

02 × 6개월을 초과할 수 없다(가정폭력범죄의 처벌 등에 관한 특례법 제41조).

03 ○ 가정폭력범죄의 처벌 등에 관한 특례법 제6조 제2항

04 × 가정폭력범죄의 처벌 등에 관한 특례법상 사회봉사명령을 부과하면서, 행위시법상 사회봉사명령 부과시간의 상한인 100시간을 초과하여 상한을 200시간으로 올린 신법을 적용한 것은 위법하다(대법원 2008.7.24. 2008어4).

05 ○ 누구든지 아동의 정신건강 및 발달에 해를 끼치는 정서적 학대행위(「가정폭력범죄의 처벌 등에 관한 특례법」 제2조 제1호에 따른 가정폭력에 아동을 노출시키는 행위로 인한 경우를 포함한다)를 하여서는 아니 된다(아동복지법 제17조 제5호).

제4절 절도, 사기

01 절도

(1) 개념 및 특성
① 절도란 타인의 재물을 불법적으로 취득하는 일련의 행위를 의미한다.
② 형법상 절도죄는 타인의 재물을 그 의사에 반하여 절취함으로써 성립하는 범죄로 절도, 야간주거침입절도, 특수절도, 자동차 등의 불법 사용으로 구분된다.
③ 절도범의 특성은 절도범죄행위의 지속성에 따라 비상습적 절도범과 전문 절도범의 두 가지 관점에서 살펴볼 수 있다.

비상습적 절도범	㉠ 매년 발생하는 절도 범죄 중에서 상당수는 비상습적 절도범에 의해 우발적으로 저질러지는 것으로 조사되었다. ㉡ 범죄를 저지를 기회나 상황적 유인이 있을 때 주로 발생한다. ㉢ 일반적으로 기술이 서툴고 충동적이며 무계획적으로 범행을 저지르는 경우가 대다수이다. ㉣ 동기화된 범죄자, 적절한 범행대상, 범죄를 억제할 수 있는 보호 및 감시의 부재라는 세 가지 요소가 시·공간에서 수렴되는 경우, 범죄의 발생이 커진다고 주장하는 일상활동이론적 측면에서 이해할 수 있다.
전문 절도범	㉠ 범죄에서 얻을 수 있는 이익이 의사결정과정에서 중요한 요인 중 하나이다. ㉡ 즉, 우발적 범행이 아닌 경찰에 체포될 가능성을 최소화하면서 금전적 이익을 극대화하는 방법을 강구하고, 고도의 기술을 활용하여 매우 치밀하게 준비하여 실행에 옮긴다. ㉢ 범죄자들은 자신의 자유의지에 따라 범죄로 인한 경제적 혜택과 비용의 합리적 계산을 통해 범행대상을 선정하고 이익이 비용보다 클 경우, 범죄의 확률이 높아진다는 합리적 선택이론의 관점으로 설명이 가능하다.

> ⊕ **PLUS** 서덜랜드(Sutherland)의 전문 절도범 분류
>
> 서덜랜드는 전문 절도범을 ① 소매치기, ② 신용사기와 관련된 절도범, ③ 위조범, ④ 불법 활동을 하는 사람을 착취하는 범죄자, ⑤ 호인임을 이용하는 신용사기꾼, ⑥ 호텔 등에서 물건을 훔치는 절도범, ⑦ 가짜 보석을 진짜 보석과 바꿔치기 하는 보석절도범, ⑧ 좀도둑, ⑨ 상점, 은행, 사무실을 범행대상으로 하는 좀도둑 등 9가지 유형으로 분류하였다.

(2) 유형
① **범행장소 기준**: 주택절도, 상점절도, 업소절도, 지하철절도, 노상절도, 공장절도, 학교절도 등으로 구분한다.
② **범행대상**: 현금절도, 귀금속절도, 차량절도, 자전거절도, 음식물절도 등으로 분류된다.
③ **범행수법**: 침입절도, 속임수절도, 치기절도, 차량이용절도 등으로 구분된다.
④ 미국의 경우, 범행대상 및 수법에 따라 주거침입절도, 단순절도, 차량절도로 구분하며, 주거침입절도와 단순절도의 차이점은 타인의 재물을 절취하기 위해 주거를 위한 건축물을 불법적으로 침입했는지 여부가 중요하며, 침입을 위해 반드시 무력을 사용할 필요는 없다(미 연방경찰. FBI).

02 사기

(1) 개념 및 특성
① 형법에서는 사람을 기망하여 재물을 교부받거나 재산상 이익을 취득하는 것으로 규정하고 있고, 일반 사기, 컴퓨터 등 사용사기, 준사기, 편의시설 부정이용, 부당이득 등의 범죄행위를 포함한다.
② 경찰청 범죄분류에서는 사기, 컴퓨터 등 사용사기, 준사기, 편의시설 부정이용, 부당이득을 지능범죄의 한 유형인 사기로 분류하고 있다.
③ 대검찰청의 형법범죄 분류체계에서는 재산범죄의 하위유형으로 분류하고 있다.
④ 사기범죄에 있어 가장 중요한 구성요소는 기망이며, 이는 재산상 거래관계에서 신의성실의 의무를 위배하여 상대방을 착오에 빠지게 하는 행위를 의미한다.
⑤ 사기범죄자들은 급변하는 사회 상황에 따라 새로운 사기수법을 지속적으로 개발한다는 특성을 지닌다.

(2) 유형
① 범죄자의 고의와 계획성에 따라 연성사기, 경성사기, 악성사기로 구분된다.

연성사기	처음부터 사기를 계획하지 않았지만 사업의 실패, 과다한 채무발생, 불의의 사고 등으로 인해 중간에 변제능력이 없어져 발생하는 사기범죄를 말한다.
경성사기	처음부터 피해자를 기망하여 재산상 이익을 취득하는 사기행위를 말한다.
악성사기	보이스피싱이나 다단계 투자사기와 같이 2인 이상이 공모한 계획적 사기행위를 의미한다.

② 피해자의 유형에 따라 피해자가 국가인 국가사기, 피해자가 회사(조직)인 조직사기, 피해자가 불특정 다수인 다중사기, 피해자가 개인인 개인사기 등으로 유형화할 수 있다.
③ 컴퓨터, 인터넷 등 사이버 수단의 활용 여부에 따라 전통적 사기와 사이버 사기로 구분된다.

단원별 지문

01 비상습적 절도는 범죄를 저지를 기회나 상황적 유인이 있을 때 주로 발생한다. (   )

02 비상습적 절도는 일반적으로 기술이 서툴고 충동적이며 무계획적으로 범행을 저지르는 경우가 대다수이다. (   )

03 전문절도범은 우발적 범행이 아닌 경찰에 체포될 가능성을 최소화하면서 금전적 이익을 극대화하는 방법을 강구하고, 고도의 기술을 활용하여 매우 치밀하게 준비하여 실행에 옮긴다. (   )

04 전문절도 범죄자들은 자신의 자유의지에 따라 범죄로 인한 경제적 혜택과 비용의 합리적 계산을 통해 범행대상을 선정하고 이익이 비용보다 클 경우, 범죄의 확률이 높아진다는 합리적 선택이론의 관점으로 설명이 가능하다. (   )

05 연성사기는 처음부터 피해자를 기망하여 재산상 이익을 취득하는 사기행위를 말한다. (   )

06 경성사기는 처음부터 피해자를 기망하여 재산상 이익을 취득하는 사기행위를 말한다. (   )

07 악성사기는 보이스피싱이나 다단계 투자사기와 같이 2인 이상이 공모한 계획적 사기행위를 의미한다. (   )

08 피해자의 유형에 따라 컴퓨터, 인터넷 사기로 나눌 수 있다. (   )

09 컴퓨터, 인터넷 등 사이버 수단의 활용 여부에 따라 전통적 사기와 사이버 사기로 구분된다. (   )

---

01 ○

02 ○

03 ○

04 ○

05 ✕ 연성사기는 처음부터 사기를 계획하지 않았지만 사업의 실패, 과다한 채무발생, 불의의 사고 등으로 인해 중간에 변제능력이 없어져 발생하는 사기범죄를 말한다.

06 ○

07 ○

08 ✕ 피해자의 유형에 따라 피해자가 국가인 국가사기, 피해자가 회사(조직)인 조직사기, 피해자가 불특정 다수인 다중사기, 피해자가 개인인 개인사기 등으로 구분할 수 있다.

09 ○

제20장 / 특수범죄 유형론

제1절 화이트칼라범죄

01 개념

(1) 서덜랜드의 개념

① 화이트칼라범죄(White-collar Crime)라는 용어는 상류계층의 사람이나 권력이 있는 사람들이 자신의 <u>직업</u> <u>활동과정</u>에서 자신의 <u>지위</u>를 이용하여 저지르는 범죄를 의미하며, 1939년 서덜랜드(Sutherland)가 부유한 사람과 권력 있는 사람들의 범죄활동을 기술하기 위해 처음 사용한 용어이다. [2022(72). 경위] 총 5회 기출

② 따라서 비록 상류계층에 의해 발생된 범죄라도 살인, 폭력, 성폭력 등과 같이 범죄행위가 직업적 절차나 과정의 일부로 보기 힘든 경우에는 화이트칼라범죄라고 할 수 없다.

③ 마찬가지로, 재산이 많은 범죄조직의 보스에 의한 범죄도 그들의 사회적 지위가 높거나 사회적 추앙을 받는 사람이 아니므로 화이트칼라범죄의 범주에 포함되지 않는다.

④ 서덜랜드는 하류계층보다 사회적 지위가 높으며 비교적 존경받는 사람이 자신의 직업과정에서 수행되는 직업적 범죄라고 정의하고 있다.

⑤ 서덜랜드는 사회제도와 조직에 그다지 큰 영향을 미치지 않는 전통적 범죄와는 달리 화이트칼라범죄는 사회구성원 간의 신뢰를 파괴하고 불신을 초래하며, 더 나아가 사회 전반에 도덕성 해이라는 큰 문제를 야기한다고 주장하였다.

(2) 개념의 확장

① 화이트칼라범죄의 개념과 적용범위를 넓게 보는 경향에 있다. 즉, 서덜랜드가 정의하였던 <u>사회적 지위</u> <u>와 직업적 과정</u>이라는 두 가지 특성을 중심으로 새롭게 개념을 재정립하였다.

② **콘클린**(Conklin)**의 직업적 특성**

　　㉠ 반드시 사회적 지위가 높은 사람에 의해 범해지는 것만은 아니다.

　　㉡ 기업조직의 하급지위자가 범하는 고용자 절도나 횡령은 하류계층의 사람에 의해서도 저질러질 수 있기 때문에 콘클린은 화이트칼라범죄라고 하지 않고 '기업범죄'라고 하였다.

　　㉢ 그럼에도 콘클린의 정의가 화이트칼라범죄의 범주에 속한다고 볼 수 있는 것은 범죄의 직업적 특성을 고려했기 때문이다.

③ 오늘날의 정의는 자신의 범죄활동을 목적으로 시장을 이용하는 개인의 범죄적 활동, 즉 조세범죄, 신용카드범죄 등과 정부나 기업에서의 자신의 지위를 이용한 횡령범죄 등도 이에 포함한다.

④ 더불어 조직적 범죄행위, 즉 기업범죄까지도 범주에 포함된다. 따라서 모든 사회계층 사람들이 자신의 직업적 과정에서 범행하는 <u>직업지향적 법률 위반</u>이라고 정의할 수 있다.

⑤ 그러나 대부분의 화이트칼라범죄는 서덜랜드가 규정한 바와 같이 '사회적 지위 높은 사람에 의한 직업적 범죄'로 볼 수 있기 때문에 서덜랜드의 개념정의가 아직은 상당한 비중을 가질 수밖에 없다.

02 폐해와 특성

(1) 폐해
① 통상적인 범죄에 비해 경제적 손실 외에도 신체적 손상, 사회적 폐해가 크다.
② 직접적인 피해자뿐만 아니라 대부분의 다른 사람에게도 영향을 미치기 때문에 일반인이 그 유해성을 느끼지 못한다. [2018. 보호 7급]
③ 사회 윤리적 조직의 붕괴
　㉠ 경제적 손실보다 더 큰 폐해는 예측할 수 없는 사회적 손실 또는 비용이며, 화이트칼라범죄의 사회적 비용 중 대표적인 것은 우리 사회의 윤리적 조직을 붕괴시킨다는 사실이다.
　㉡ 티오(Thio)의 세력이론이 주장하는 바와 같이 화이트칼라범죄의 증대는 강도 등 하류계층의 노상범죄 동기를 자극하게 되고, 나아가 사회의 부도덕성 또는 법의식의 둔감증을 초래하게 되어 무규범의 사회를 조장할 수도 있게 한다.
④ 사회지도층에 대한 신뢰를 파괴하고 불신을 초래할 수 있으며, 청소년비행이나 하류계층 범인성의 표본이나 본보기가 될 수 있다. [2013. 보호 7급]
⑤ 화이트칼라범죄의 폭력성은 눈에 잘 띄지 않으며 복잡한 형태이고, 그 피해가 천천히 오래 지속되며, 그 원인이나 가해자를 직접적으로 추적하기 쉽지 않기 때문에 그 피해가 확산되고 심화된다. 이런 점에서 화이트칼라범죄의 폭력성을 '지연된 폭력'이라고 한다.

(2) 특성
① 주로 전문적인 지식을 가진 사람에 의하여 일상적인 직업활동과정에서 합법성을 가장하여 발생하므로 증거수집이 어려워 암수범죄의 비율이 높다. [2024(74). 경위]
② 피해의 규모가 큰 반면 법률의 허점을 교묘히 이용하거나 권력과 결탁하여 조직적으로 은밀히 이루어지기 때문에 암수범죄가 많이 발생한다.
③ 기업가의 범죄가 있다고 해도 동료집단 사이에 어떤 상징적 제재를 받지 않는 경향이 있다.
④ 경제발전과 소득증대로 화이트칼라범죄를 범하는 계층은 점차 확대되어 가는 경향이 있다. [2013. 보호 7급]

⊕ PLUS 노칼라(No Collar)와 화이트칼라(White Collar) 비교	
No Collar	프롤레타리아적, 서민적, 무력적, 폭력적, 약탈적, 직접적, 절망적, 곤궁적
	상습적, 단독적, 충동적, 발각적, 저격적, 원시적, 유죄적, 가중적
White Collar	부르주아적, 관료적, 권력적, 지능적, 착취적, 간접적, 욕망적, 이욕적
	직업적, 조직적, 계획적, 은폐적, 신분적, 근대적, 무죄적, 감경적

03 유형과 원인

(1) 유형
① 범행동기에 따른 구분 [2024(74). 경위]

조직적 범죄	사기기만형	사기, 부당광고, 탈세 등의 범죄를 말한다.
	시장통제형	불공정거래 행위나 가격담합 행위를 말한다.
	뇌물매수형	상업적 뇌물과 정치적 뇌물로 구분된다. ㉠ 상업적 뇌물은 행정조치를 묵인하는 대가로 재산상의 이익과 향응을 제공받는 행위를 의미한다. ㉡ 정치적 뇌물은 정치인에게 불법 정치자금을 제공하는 행위를 말한다.
	기본권침해형	권력을 이용하여 인간의 기본적 권리를 침해하는 행위를 말한다.
직업적 범죄		㉠ 범죄자의 신분에 따라 기업범죄, 정부범죄, 전문가범죄 등으로 분류된다. ㉡ 현행법상 정부관련 직업범죄로는 공무원에 의한 직무유기, 직권남용, 수뢰, 증뢰 등을 포함한 공무원범죄가 대표적이다.

② 에덜허츠(Edelhertz)의 수법·목적 등 가해자 중심 4가지 유형

특별위반	복지연금사기나 세금사기 등 일련의 삽화적 사건으로서 개인적 이득을 위해 범해진다.
신뢰남용	조직 내에서 신뢰할 만한 위치에 있는 사람의 횡령이나 뇌물수수를 말한다.
방계적 기업범죄	공정거래위반 등 기업의 이익을 확대하기 위해 기업조직에 의해서 범해진다.
사기수법	토지사기처럼 고객을 속이기 위한 목적으로 범해진다.

③ 무어(Moore)의 범행수법에 따른 7가지 유형

신용사기	상품의 방문판매에서 어음사기에 이르기까지 다양한 사기를 포함한다.
사취	계량기를 조작하거나 부당한 요금 청구 등 규칙적으로 소비자나 고객을 기망하는 행위를 말한다.
조직 내의 권한의 사적 사용	자신의 조직 내의 권한을 활용하여 개인적 이익을 취하는 경우를 말한다.
횡령	조직 내 자신의 지위를 이용하여 조직의 재물을 자신이 불법으로 소유하는 행위를 의미한다.
고객사기	보험사기, 신용카드사기, 복지 관련 사기, 의료사기 등 고객이 조직을 상대로 하는 일종의 절도를 의미한다.
정보판매와 뇌물	기관의 중요 기밀, 정보 등을 불법적으로 전달하거나 판매하는 행위를 의미한다.
기업범죄	기업이 경제, 정치, 정부기관의 규정을 고의적으로 위반하는 행위를 말하며 가격담합, 불공정거래, 환경범죄 등이 이에 속한다.

④ 티오(Thio)의 범죄의 피해자가 누구인지를 기준으로 한 분류
㉠ 회사에 대한 범죄
㉡ 고용원에 대한 범죄
㉢ 고객에 대한 범죄
㉣ 일반시민에 대한 범죄

(2) 원인에 대한 설명이론

심리적 소질론	① 정직한 기업세계의 극히 일부인 '썩은 사과'를 대표하는 희귀한 현상으로 화이트칼라범죄를 보고 있다. ② 비범죄자와 다른 심리학적 기질을 가지고 있으며, 그들은 기회만 주어진다면 남을 속이려는 타고난 소질을 가지고 있고, 법을 위반할 의향이나 유혹에 대한 저항이 낮은 인성을 갖고 있다고 주장한다.
차별적 접촉이론	① 서덜랜드(Sutherland)는 화이트칼라범죄가 일반범죄와 다를 바 없다고 보고 자신의 차별적 접촉이론을 이용하여 화이트칼라범죄를 설명하려 하였다. ② 차별적 사회조직: 기업조직은 법규나 규정의 위반을 위한 조직이지만, 정부조직은 기업규정의 위반에 강력히 대항하지 못하고 있기 때문에 범죄를 유발하는 차별적 접촉의 학습과정을 더욱 용이하게 한다는 것이다.
중화기술 이론	① 기업의 임직원이 담당 공무원에게 뇌물을 주고 특정 계약을 수주하는 것은 불법행위로 형사책임을 받아야 마땅하지만, 자신이 속한 기업의 입장에서는 기업의 이익을 위한 행동이었기 때문에 문제될 것이 없다고 인식될 수 있다. ② 횡령의 경우처럼 자신은 돈을 훔친 것이 아니라 잠시 빌렸을 뿐이라고 합리화시킬 수 있을 때, 그 가정을 화이트칼라범죄에 확대 적용한 것이다.

04 대책

(1) 법적·제도적 대책

① **법률 강화**: 화이트칼라범죄에 대한 처벌을 강화하여 억제 효과를 높인다. 경제범죄에 대한 징벌적 손해배상제도나 재산몰수제도를 도입해 범죄 동기를 제거한다.

② **감사 및 규제 강화**: 기업 및 공공기관의 재무보고서 감사와 내부 통제 시스템을 의무화한다.

③ **신고자 보호법**: 내부 고발자를 보호하고 장려하는 제도를 마련해 내부에서 범죄가 적발될 수 있는 환경을 조성한다.

(2) 기술적 대책

① 금융거래 데이터 분석 및 인공지능(AI) 기술로 의심스러운 금융활동이나 회계조작을 실시간으로 모니터링한다.

② 블록체인 기술 도입을 통한 데이터 위조 및 조작 방지, ERP(전사적 자원관리) 시스템과 같은 전산 시스템을 통해 기업 내 자원과 재정 흐름을 투명하게 관리한다.

(3) 교육 및 윤리 의식 강화

① **윤리 경영 교육**: 기업 내 임직원들에게 정기적으로 윤리 교육을 실시하여 법적·윤리적 기준을 명확히 인식시킨다.

② **사회적 책임 경영**(CSR): 기업이 법적 책임뿐 아니라 사회적 책임을 다하도록 유도한다.

③ **리더십 교육**: 고위 관리자들이 모범적 행동을 보이도록 리더십 교육을 강화한다.

(4) 기업 문화 및 내부 통제 강화

① **내부 감시 시스템 구축**: 내부감사팀을 강화하고 정기적으로 회계 및 업무 수행 절차를 점검한다.

② **권한 분산**: 특정 개인에게 과도한 권한이 집중되지 않도록 업무와 의사결정을 분산한다.

(5) 국제적 협력

① 국제 금융 기구(IMF, FATF)와 협력해 불법 자금 흐름을 추적하고 정보를 공유한다.

② **국제 협약 준수**: UN 반부패협약(UNCAC)이나 OECD 뇌물방지협약에 따라 국제 기준을 준수한다.

⊕ PLUS 준수 전략(Compliance Strategy)

1. **의의**: 조직, 기업, 또는 정부 기관 등이 법적 규제와 윤리적 기준을 준수하고, 이를 통해 신뢰를 구축하며, 운영을 투명하고 효율적으로 하기 위한 일련의 체계적인 접근 방식을 의미한다. 준수 전략은 특히 규제가 엄격하거나, 공공의 신뢰가 중요한 분야(예 금융, 보건, 제조업, 공공 행정 등)에서 효과적으로 활용된다.

2. **준수 전략의 핵심목적**: 법적 준수, 윤리적 행동, 리스크관리, 운영효율성 향상 등이다.

3. **준수 전략의 주요 구성 요소**: 정책 및 절차수립, 교육 및 훈련, 내부 감사 및 모니터링, 위반에 대한 대응 및 개선, 기술적 지원, 솔선수범하는 리더십의 역할 등이 있다.

단원별 지문

01 화이트칼라범죄(white-collar crimes)란 사회적 지위가 높은 사람이 주로 직업 및 업무 수행의 과정에서 범하는 범죄를 의미한다. (   )　　　　　　　　　　　　　　　　　　　[2023. 경찰1차]

02 오늘날 화이트칼라범죄의 존재와 현실을 부정하는 사람은 없으나, 대체로 초기 서덜랜드(Sutherland)의 정의보다는 그 의미를 좁게 해석하여 개념과 적용범위를 엄격하게 적용하려는 경향이 있다. (   )　　　　[2022. 교정 7급]

03 화이트칼라범죄의 통제방법 중 법을 따르도록 시장의 인센티브를 만들려는 시도로 행위자보다 행위에 초점을 맞추는 전략은 준수전략이다. (   )　　　　　　　　　　　　　　　　　　　[2023. 해경 경위]

04 화이트칼라범죄는 폭력성이 전혀 없다는 점에서 전통적인 범죄유형과 구별된다. (   )　　　　[2013. 보호 7급]

05 화이트칼라범죄 용어는 서덜랜드(Sutherland)가 최초로 사용하였다. (   )　　　　[2022(72). 경위]

06 화이트칼라범죄는 사회적 지위가 높은 사람이 주로 직업 및 업무수행 과정에서 범하는 범죄를 의미하고, 피해가 직접적이고 암수범죄의 비율이 낮으며 선별적 형사소추가 문제된다. (   )　　　　[2024(74). 경위]

07 화이트칼라범죄는 범행동기에 따라 조직적 범죄와 직업적 범죄로 나눌 수 있는데, 직업적 범죄는 사기기만형, 시장통제형, 뇌물매수형, 기본권 침해형으로 구분된다. (   )　　　　[2024(74). 경위]

08 어떠한 범죄가 화이트칼라범죄인지 여부는 범죄자의 사회적 지위만으로 판단할 수 있는 것이 아니다. (   )　　　　[2022(72). 경위]

---

01 ○

02 ✕　오늘날 화이트칼라범죄의 존재와 현실을 부정하는 사람은 없으나, 대체로 초기 서덜랜드의 정의보다는 그 의미를 확대해석하여 화이트칼라범죄의 개념과 적용범위를 넓게 보는 경향이 있다. 즉 서덜랜드가 정의하였던 사회적 지위와 직업적 과정이라는 두 가지 특성으로 화이트칼라범죄를 특정지었던 것을 중심으로 새롭게 개념을 재정립하게 되었다.

03 ○

04 ✕　화이트칼라범죄는 폭력성이 전혀 없는 것이 아니라, 약하고 복잡하다는 특징을 가진다.

05 ○

06 ✕　피해가 직접적이지 않고 간접적이고 장기간에 걸쳐 나타나는 경우가 많아 피해자의 피해의식이나 저항감이 낮다. 피해의 규모가 큰 반면 법률의 허점을 교묘히 이용하거나 권력과 결탁하여 조직적으로 은밀히 이루어지기 때문에 암수범죄가 많이 발생한다.

07 ✕　조직적 범죄는 사기기만형, 시장통제형, 뇌물매수형, 기본권 침해형으로 구분되고, 직업적 범죄는 범죄자의 신분에 따라 기업범죄, 정부범죄, 전문가범죄 등으로 분류된다.

08 ○　서덜랜드에 따르면 화이트칼라범죄는 높은 사회적 지위를 가지고 존경받고 있는 사람이 자신의 직업 활동과 관련하여 행하는 범죄로 정의된다.

제2절 조직범죄

01 개념과 특성

(1) 개념
① 조직이란 불법 활동을 수행할 목적으로 설립된 고도로 중앙 집중화된 그룹을 의미하고, 이러한 조직이 불법적 재화와 서비스 판매를 통해 이윤을 달성할 수 있도록 행하는 일련의 활동 또는 범죄행위를 조직범죄라 한다.
② 조직범죄는 법집행기관을 중심으로 하는 공식적 입장과 사회학자들을 중심으로 한 학계의 입장이 있다.

(2) 조직범죄에 대한 견해

공식적 입장	학계의 비공식적 입장
<미국 '법집행과 형사사법행정에 관한 대통령위원회'> ① 조직범죄는 미국국민과 정부의 밖에서 활동하려는 사회, 일반 대기업의 구조만큼 복잡한 구조 내에서 합법적 정부의 법률보다 더 엄격하게 집행되는 법규를 따르며 움직이는 수천 명의 범죄자가 소속되어 있다. ② 활동은 충동적이라기보다 얽히고설킨 음모의 결과이며, 거대한 이익을 챙기기 위해서 전 분야에서 통제력을 행사하고 있다. <미국 '형사사법기준 및 목표에 관한 국가자문위원회'> ① 조직범죄는 강탈행위에 관여하고 적절한 경우에는 복잡하게 얽힌 금융조작에도 개입한다. ② 불법적 이익과 권력을 추구하기 위하여 형법을 위반하는 활동을 주로 하는 사람들의 집단이다.	① 조직범죄: 동일한 또는 서로 다른 도시에서 독립적으로 활동하는 전문범죄자들이 느슨하고 비공식적인 동맹에 불과한 것으로 정의하고 있다. ② 기능면에서 본 조직범죄는 사회의 주요한 한 부분이지만 단지 그것이 사회적 해악이라는 데 문제가 있는 것으로 이해되고 있다. ③ 범죄학계에서는 불법적 또는 합법적 활동에 참여함으로써 이득과 권력을 확보할 목적으로 구성원 상호간 긴밀한 상호작용을 하는 위계적 근거로 조직된 사람들의 비이념적 사업으로 조직범죄를 해석하고 있다.
견고하게 조직화된 조직	아주 느슨하게 조직된 조직

(3) 미국 '형사사법기준 및 목표에 관한 국가자문위원회'의 조직범죄 5가지 특성

1. 음모적	불법적 수단에 의한 합법적 목표의 추구나 불법적 행동의 계획과 집행에 있어서 많은 사람의 공조를 요하는 음모적 활동이다.
2. 경제적 이득	권력과 신분의 확보도 동기요인이 되지만, 불법적 재화와 용역의 독점을 통한 경제적 이득의 확보에 조직범죄의 주요 목적이 있다.
3. 불법의 무제한성	조직범죄의 활동이 불법적 용역의 제공에 국한되지 않는다.
4. 약탈적	위협·폭력·매수 등 약탈적 전술을 구사한다.
5. 훈육·통제 즉시성	경험·관습·관행상 조직범죄는 조직구성원, 관련자, 피해자 등에 대한 훈육과 통제가 매우 즉각적이고 효과적이다.

(4) 아바딘스키(Abadinsky)**는 8가지 포괄적 특성** [2023. 보호 7급]

1. 비이념적	정치적 목적이나 이해관계가 개입되지 않으며, 일부 정치적 참여는 자신들의 보호나 면책을 위한 수단에 지나지 않는 비이념적인 특성을 가지고 있다.
2. 위계적·계층적	매우 위계적·계층적이다.
3. 구성원의 배타성	조직구성원은 매우 제한적이며 배타적이다.
4. 조직활동의 영속성	조직활동이나 구성원의 참여가 거의 영구적일 정도로 영속적이다.
5. 폭력과 뇌물 활용	목표달성을 쉽고 빠르게 하기 위해서 조직범죄는 불법적 폭력과 뇌물을 활용한다.
6. 분업화·전문화	전문성에 따라 또는 조직 내 위치에 따라 임무와 역할이 철저하게 분업화되고 전문화되었다.
7. 독점성	이익을 증대시키기 위해서 폭력을 쓰거나 관료를 매수하는 등의 방법으로 특정 지역이나 사업분야를 독점한다.
8. 규칙에 의한 통제	합법적 조직과 마찬가지로 조직의 규칙과 규정에 의해 통제된다.

(5) 하스켈(Haskell)**과 야블론스키**(Yablonsky)**의 조직범죄 5가지 특성**

1. 계층구조	대기업이나 군대와 유사한 계층구조를 가지고 있다.
2. 무력사용	통상 무력을 사용하거나 무력으로 위협한다.
3. 철저한 계획	기업운영, 인사관리, 정치인과 경찰과의 관계, 이익 배분 등에 관한 철저한 계획을 한다.
4. 면책성	비교적 형사처벌로부터 면책되는 경우가 많다.
5. 집단간 상호관련성	관련된 집단의 지도자들끼리 상호 맞물려 있다.

02 유형과 원인

(1) 알비니(Albini)**의 조직형태와 구조에 따른 조직범죄 분류**

1. 정치사회적 조직범죄	정치사회적 목적을 달성하기 위해 테러나 급진적 사회운동을 펼치는 유형을 의미한다.
2. 집단 조직범죄	전통적 갱(gang)과 같이 금전적 이익을 극대화하기 위해 약탈적인 행동을 일삼는 유형을 말한다.
3. 집단 내부지향적 조직범죄	활동의 주된 목적이 구성원들의 심리적 만족에 있으며, 폭음을 내면서 무리를 지어 질주하는 폭주족이 대표적 예이다.
4. 신디케이트범죄	무력이나 위협을 기반으로 불법행위에 적극적으로 가담하여 대중의 수요가 많은 불법서비스를 제공하고 정치세력을 활용하여 책임을 회피하는 유형의 조직범죄이다.

(2) 알바니스(Albanese)**는 조직범죄활동을 기준으로 한 유형분류**

1. 불법용역의 제공	고리대금업이나 성매매 등 불법적 용역제공을 말한다.
2. 불법재화의 공급	마약이나 장물과 같은 불법적 재화공급을 말한다.
3. 노조이익갈취	노동조합 관련 이익갈취 행위를 말한다.
4. 합법적 사업침투	오물수거나 자판기사업 관련 불법인수와 같은 강탈 등 합법적 사업침투이다.

(3) 조직범죄 원인

① **외래적 음모이론**: 정부 등 공식적 입장의 시각으로서 조직범죄란 시칠리안-이탈리안(Sicilian-Italian)의 산물로서 마피아에 의해 미국으로 들어오게 되었다는 주장이다.

② **내생설**: 블록(Block)은 조직범죄를 기존의 미국체계를 반영하는 느슨하게 구조화된 사회체계로 설명하려 하였다. 즉, 사회체계로 간주하여 조직범죄가 외래 음모설 또는 유입설이 아닌 내생설로 조직범죄를 설명하고자 하였다.

단원별 지문

01 아바딘스키(Abadinsky)에 의하면 조직범죄는 정치적 목적이나 이해관계가 개입되지 않는 점에서 비이념적이다. (   )
[2023. 보호 7급]

02 아바딘스키(Abadinsky)에 의하면 조직범죄는 내부 구성원이 따라야 할 규칙을 갖고 있고, 이를 위반한 경우에는 상응한 응징이 뒤따른다. (   )
[2023. 보호 7급]

03 아바딘스키(Abadinsky)에 의하면 조직범죄는 조직의 활동이나 구성원의 참여가 일정 정도 영속적이다. (   )
[2023. 보호 7급]

04 아바딘스키(Abadinsky)에 의하면 조직범죄는 조직의 지속적 확장을 위하여, 조직구성원이 제한되지 않고 배타적이지 않다. (   )
[2023. 보호 7급]

05 하스켈과 야블론스키(Haskell & Yablonsky)에 의하면 조직범죄는 대기업이나 군대와 유사한 계층구조를 가지고 있다. (   )

06 하스켈과 야블론스키(Haskell & Yablonsky)에 의하면 조직범죄는 통상 무력을 사용하거나 무력으로 위협한다. (   )

07 하스켈과 야블론스키(Haskell & Yablonsky)에 의하면 조직범죄는 기업운영, 인사관리, 정치인과 경찰과의 관계, 이익 배분 등에 관한 계획이 있지만 그 관리는 치밀하지 못하고 느슨한 편이다. (   )

08 하스켈과 야블론스키(Haskell & Yablonsky)에 의하면 조직범죄는 비교적 형사처벌로부터 면책되는 경우가 많다. (   )

09 하스켈과 야블론스키(Haskell & Yablonsky)에 의하면 조직범죄는 관련된 집단의 지도자들끼리 상호 맞물려 있다. (   )

01 ○
02 ○
03 ○
04 × 조직구성원은 매우 제한적이며 배타적이다.
05 ○
06 ○
07 × 조직범죄는 기업운영, 인사관리, 정치인과 경찰과의 관계, 이익 배분 등에 관한 철저한 계획을 한다.
08 ○
09 ○

제3절 표적범죄

01 증오범죄

(1) 의의
① 증오범죄(hate crimes)란 가해자가 특정 사회집단 또는 인종을 별다른 이유 없이 표적으로 삼아 범행을 저지르는 범죄의 유형을 말하며, 특정 대상을 표적으로 삼아 범행을 실행하기 때문에 표적범죄(target crimes)의 한 유형으로 본다.
② 미국 FBI의 정의에 따르면, 증오범죄란 인종, 종교, 장애, 성적 지향, 성별 또는 성정체성에 대한 범죄자의 편견이 범행의 전체 또는 일부 동기가 되어 발생하는 범죄를 의미한다. [2022(72). 경위] 총 2회 기출
③ 미국 증오범죄통계법에 의하면, 증오범죄란 살인, 치사, 강간, 폭력, 위협, 방화, 재물의 파괴나 손괴 등의 범죄를 포함하는 인종, 종교, 성적 성향, 민족에 기초한 편견의 증거가 분명한 범죄를 말한다.
④ 피해자에 대한 개인적 원한이나 복수심 때문에 발생하는 것이 아니다. 증오범죄를 범하는 범죄자는 자신의 행동이 옳다고 확신하고 피해자는 그러한 운명을 받을 만하다고 믿는다. [2024. 경찰2차]

(2) 유형
범죄자의 범행동기에 따라 스릴형, 방어형, 복수형, 사명형으로 구분된다. [2024. 경행2차]

스릴형	개인의 즐거움과 스릴을 추구할 목적으로 범죄를 행하는 유형이다.
방어형	자신의 구역과 집단을 지키기 위해 범죄를 행하는 유형이다.
복수형	복수를 할 목적으로 상대 집단이나 개인을 공격하는 유형이다.
사명형	집단의 이익을 위해 사탄이나 마귀로 여겨지는 개인이나 집단에게 무력을 행사하는 유형이다.

02 스토킹범죄

(1) 개요
① 스토킹(stalking)이란 개인 또는 집단이 원치 않는 타인을 반복적으로 따라다니거나 감시하는 행위를 말하며, 괴롭힘, 협박과 밀접한 관련이 있다. 표적범죄의 한 유형이다.
② 특정한 사람이 원하지 않는데도 불구하고 방문하거나, 물건을 전달하거나, 협박하는 등의 행위를 2회 이상 반복적으로 행함으로써 해당인에게 공포감을 주는 모든 일체의 행위이다.
③ 스토킹의 법률적 요소

행위의 연속성	스토킹이 법률적으로 고려되기 위해서는 일회성 또는 단발성이 아닌 일련의 스토킹이 연속적으로 이루어져서 종횡적으로 일정한 행동유형을 보여주는 것을 전제로 한다.
위협의 요건	스토커가 누구나 두려움을 느끼게 되는 정도나 방법으로 행동하거나 위협을 가할 것을 요한다.
스토커의 의도	스토커가 형사처벌되기 위해서는 피해자에게 공포를 야기하려는 범죄적 의사, 즉 범의가 있어야 한다.

(2) 스토킹 범죄유형

스토킹(범죄) 유형		행위자(스토커) 유형	
조나, 팔라레아, 레인, 미국 전국범죄피해자센터 [가해자-피해자 관계]	범행 동기에 따른 분류	조나 등 가해자-피해자 관계에 따른 분류	멀렌(Mullen)
단순집착형	연애 또는 복수형	단순집착자	친밀형스토커
애정집착형	망상형	애정집착자	거부형스토커
연애망상형	탤런트형	연애망상자	무능형스토커
허위피해망상형	직업형		분노형스토커
			약탈형스토커

① 스토킹의 유형(가해자-피해자 관계 유형학)

㉠ 조나(Zona), 팔라레아(Palarea), 레인(Lane)에 의한 스토킹유형이다.

㉡ 미국 전국범죄피해자센터(The National Center for Victims of Crime)에서 사용되었다. [2024(74). 경위] 총 2회 기출

유형	내용
단순 집착형 (Simple obessional type)	ⓐ 전남편, 전처, 전 애인 등 주로 피해자와 스토커가 서로 잘 알고 있는 관계에서 발생한다. ⓑ 가정 내 폭력의 연장선상, 가장 흔한 유형으로 위험하고 치명적인 사건 가능성이 높다. ⓒ 대부분 피해자가 관계를 끊으려 할 때 발생 - 스토커의 과도한 집착으로 기물파손이나 최후 신체적 위해로 발전된다. ⓓ 스토커는 자신의 애인, 아내나 파트너를 지배하고 위협함으로써 자신의 낮은 자긍심을 보상하려는 특징을 보인다. ⓔ 행위 동기는 관계회복이나 복수를 위해 단순히 괴롭히고자 하는 데 있다. ⓕ 단순히 안면관계로 직장에서도 종종 발생하고, 호감있는 직장동료에게 친밀한 관계를 만들려는 시도가 좌절되었을 때 발생한다.
애정 집착형 (Love obessional type)	ⓐ 피해자와 스토커 사이에 특별한 교류가 없이 서로 잘 모르는 관계에서 발생하는 유형이다. ⓑ 주된 피해자는 대중매체 등에 노출된 사회저명인사·공인·스타들로, 스토커는 대중매체를 통해서 피해자를 인지한다. ⓒ 스토커 대부분 정신분열증과 양극성장애 등 정상적인 사회생활이 어려운 경우가 많다. ⓓ 주로 전화를 걸어 데이트 신청, 거절되면 점차 화를 내거나 위협적인 언행 행사, 대부분 단순 집착형에 비해서 피해자에 대한 직접적인 피해는 적은 편이다.
연애 망상형 (Erotomanic type)	ⓐ 자신이 피해자에 의해 사랑을 받고 있다는 환상을 가진 점에서 애정 집착형과 구별된다. ⓑ 타인의 성적 매력보다는 타인과 자신 사이에 낭만적 사랑과 영적 결합이 있다고 망상하는 데서 주로 발생한다. ⓒ 스토커들은 주로 정신분열증과 편집증으로 통상의 방법으로 타인과 관계를 맺지 못하여 타인과 환상적 관계를 상상하여 그 속에서 살아간다. ⓓ 스토커 대부분이 여성으로 높은 사회적 지위를 지닌 중년 남성을 대상(문제해결 어려움) ⓔ 스토커들은 피해자와 관계를 맺기 위해서 매우 폭력적 성향을 띠지만, 실제 신체적 위해를 가하는 경우는 적은 편이다.
허위 피해 망상형 (False victimational syndrome)	ⓐ 실제 스토커가 존재하지 않음에도, 피해자 스스로 자신이 스토킹 피해를 당하고 있다는 허위상황을 설정하여 발전시키는 유형이다. ⓑ 주로 히스테릭한 인지부조화 상태에 있는 여성들이 많다. ⓒ 이전의 관계를 회복하고자 하는 바람에서 그 동기를 찾을 수 있다.

② **스토킹 동기에 따른 유형 분류**(스토킹이 무엇을 목표로 하는가에 따른 분류)

유형	내용
연애형 또는 복수형 스토킹	㉠ 가장 많이 발생하는 스토킹 유형으로, 연애관계 동반, 직장 또는 학교에서의 왕따, 부조리한 해고, 증오 등에 의한 '긴장상태'가 발단이 되어 보복 또는 복수의 수단으로 쓸데없는 전화, 주거 오손, 파괴 등을 행한다. ㉡ 매우 질서적·계획적이어서 쉽게 스토커가 누구인지 알 수 있다. ㉢ 스토커에게 정신적 혹은 기질적인 문제(증상)는 거의 보이지 않기 때문에 제3자에 의한 적극적인 가해자 접촉이 가능하다. ㉣ 피해자는 자신의 책임을 완강히 부정하는 경향이 강하므로 피해자와 스토커의 직접적 접촉은 바람직하지 않다. ㉤ 쌍방 모두 감정적인 주장으로 가득 차 있으므로 중도적 입장에 있는 제3자를 개입시켜 차분한 화해교섭을 통해서만 해결이 가능하다. 어느 한 쪽을 두둔하는 조정자는 곤란하다. ㉥ 스토커가 형사사건으로 입건될 경우 법정에서 피해자의 중과실이 폭로되어 피해자의 손해가 크게 확대될 가능성이 있으므로 공권력 이용은 신중을 기하여야 한다.
망상형 스토킹	㉠ 가장 대표적인 유형이면서도 가장 발생빈도가 적은 스토킹 유형이다. ㉡ 가해자에게는 인지장해, 기질적 편차, 뇌파 이상 등이 의사에 의한 검사단계에서 확인된다. ㉢ 남녀를 불문하고 30세경부터 망상분열에 기인하는 스토킹이 산발적으로 발견된다고 한다. ㉣ 이 유형은 2~3개월에 걸쳐 서서히 증가하다가 갑자기 스토킹 행위 자체가 소멸된다. ㉤ 행위가 무질서하고 가감이 없으며, 변덕이 심해 3일 이상의 정지기간이 들어 있다. ㉥ 스토커는 정상적인 정신상태가 아니므로 문외한에 의한 문제해결은 곤란하다(경찰신고와 동시에 변호사 상담 필요). ㉦ 연애형 또는 복수형 스토킹과 달리 투약치료에 의한 높은 완치율로 지정병원에 입원하면 퇴원후의 보복가능성은 대개 낮아진다.
탤런트 스토킹	㉠ 망상형과 혼동하기 쉽지만 '유동적인 망상'과 '확신적 희망'이 명확히 분리된 점이 다르다. ㉡ 탤런트 의미는 '희소적 존재'로, 유명 연예인, 직장이나 동호회 등 폐쇄적 환경에서 두드러지게 눈에 띄는 사람도 타겟이 될 수 있다. ㉢ 스토커 심리에는 피해자에의 접근의욕에 대한 강력한 '희망달성정신'이 뿌리깊다. ㉣ 범인은 편집기질이 표면화된 경우가 많지만, 처음부터 자신을 밝히고 시작하므로 스토커가 명확히 특정되어 있는 경우에는 탤런트유형으로 보아도 좋다. ㉤ 요구가 단도직입적이고, 명확하여 범죄요건을 구성할 수 없는 경우가 많다. ㉥ '생활스타일에의 간섭'이나 '논리적인 말참견', '패션에 대한 요구' 등 마치 범인이 피해자를 독점한 것과 같은 언동이 현저하다. ㉦ 후에 연애형 또는 복수형으로 변질될 가능성이 있지만, 초기에 단호하게 간섭하지 말라는 의사를 범인에게 전하면 중단되는 경우가 많다. ㉧ 범인의 이름이 알려져 있으므로 범인을 대상으로 강제력이나 경찰신고는 수리되기 어렵고 오히려 연애형 또는 복수형 스토킹으로 변질되기 쉬우므로 상당히 조심하여야 한다.
직업형 스토킹	㉠ 소위 '파파라치'라고 불리는 특종기사추적집단, 고리대금업자의 돈을 받아오는 사람이 존재한다. ㉡ 메시지와 목적이 명확한 직업, 스토킹 당하는 측에도 동등한 요인이 존재한다. ㉢ 연예인의 경우 보안회사에 의뢰하여 대책마련 가능, 사전 예방조치가 가장 중요하다.

03 스토킹 행위자의 유형

(1) 스토킹 행위자(stalker)는 일반적으로 지배하기 위한 의도로 피해자의 공포심을 이용하는 방법을 사용한다.

(2) 스토킹 행위자는 전형적으로 교활하고, 심리적 테러의 기술을 익힌 자들이다. 그래서 스토킹 행위는 처음에는 폭력이나 육체적인 접촉(physical contact)의 형태로 나타나지 않는다.

(3) 조나(Zona) 등 가해자 - 피해자 관계에 따른 스토킹 행위자 유형은 연애망상자 또는 이상성욕자(Erotomania), 애정집착자(Love Obessional), 단순집착자(Simple Obessional) 등의 3가지 유형이다.

유형	내용
연애망상자	① 피해자가 스토커(Stalker)를 사랑하고 있다는 망상적인 믿음을 가지고 있는 것이 특징이다. ② 스토커가 그 피해자를 알지 못함에도 이상성욕자는 피해자가 어떤 외부적인 장애 때문에 자신에 대한 사랑의 감정을 표현하는데 방해를 받고 있다고 믿는다.
애정집착자	① 피해자가 사랑이나 애정의 감정을 보일 것이라는 믿음을 가지고 있지 않다는 점에서 연애망상자와 구별된다. ② 피해자가 자신을 알 수 있는 기회가 있다면, 자신의 감정에 보답할 것이라고 생각한다. ③ 이는 피해자에게 끊임없이 접촉을 시도함으로써 자신을 알리기 위해 노력하도록 만든다. ④ 연애망상자만큼 피해자를 위협하지는 않지만, 피해자에 대해서 사랑과 증오의 감정 사이를 전전하는 경향이 있다.
단순집착자	① 연애망상자나 애정집착자와는 달리 피해자와 이미 관계를 가지고 있다. ② 그 관계는 고객과 상인처럼 일상적인 것일 수도 있고, 낭만적일 수도 있다. ③ 친밀관계가 끝났거나, 피해자로부터 나쁜 감정을 느낄 때 피해자에게 스토킹을 시작한다. ④ 스토킹행위는 사랑을 되찾거나 복수를 하기 위한 시도로, 대부분 위협을 가하는데, 그 중 30%는 위협한 내용을 실제로 행동에 옮기는 것으로 나타났다.

(4) 멀렌(Mullen)의 범행동기에 따른 스토커 유형

멀렌은 "스토킹은 범죄이고 피해자는 피해의식 때문에 대인기피 증세를 보이게 된다. 따라서 스토킹은 사회적·법적 문제로서만이 아니라 건강 문제로도 다뤄야 한다."고 강조한다. 그는 스토커의 유형으로 친밀형 스토커, 거부형 스토커, 무능형 스토커, 분노형 스토커, 약탈형 스토커 등 5가지 유형을 제시하였다.

유형	내용
친밀형 (Intimacy Seeker)	① 사랑하는 사람을 따라다니는 유형으로 자신과 아무 관계가 없고 개인적으로도 알지 못하는 사람과 영적(靈的) 결합이 있다고 망상을 갖는 부류이다. ② 유명인이나 길에서 우연히 마주친 사람 등이 피해자가 되는 경우가 많다.
거부형 (Rejected Seeker)	① 애인·친구·직장동료 등과의 관계가 끝난 뒤 화해와 복수라는 이중적 감정을 갖고 쫓아다니는 유형이다. ② 대부분 사회부적응, 편집증적 질투 등의 인격장애를 갖고 있으며 피해자는 이전의 배우자나 애인이 대부분으로 폭력에 의존하는 경향이 두드러진다.
무능형 (Incompetent Seeker)	① 자신의 지적·사회적 능력이 부족하지만 현실적으로 관계를 맺기 어려운 상대방과 사귀고 싶어하는 유형이다. ② 관계 형성을 위한 적절한 사회성이 부족한 스토커 유형으로, 대체로 관계를 풀어갈 능력이 없는 경우이다. 친밀형 스토커와는 달리 피해자에게 매력은 느끼지만, 이것을 진정한 사랑이라 믿으며 열중하지는 않는다.
분노형 (Resentful Seeker)	① 보복을 추구하는 유형으로 피해자를 놀라게 하고 괴롭히는 것을 목적으로 삼는 경우를 말한다. ② 평소 불만이나 혐오하는 사람을 대상으로 자기가 정당하며 스스로가 희생자라고 생각한다.
약탈형 (Predatory Seeker)	① 힘으로 스토킹 대상을 제압하려고 공격을 계획하는 유형으로, 타인에 대한 스토킹을 통해 자신의 힘과 통제력을 확인하면서 기쁨을 느끼는 부류이다. ② 이들 대부분은 성적 변태가 많고, 성범죄 전과를 가지고 있다. 이들은 성적인 공격을 하기에 앞서 피해자가 전혀 눈치채지 못하도록 조심한다.

단원별 지문

01 증오범죄(hate crimes)란 인종, 종교, 장애, 성별 등에 대한 범죄자의 편견이 범행의 전체 또는 일부 동기가 되어 발생하는 범죄를 의미한다. (　　) 　　　　　　　　　　　　　　　　　　　　　　　　　　[2023. 경찰1차]

02 증오범죄는 특정 대상에 대한 편견을 바탕으로 범행을 실행하므로 표적범죄(target crime)의 한 유형으로 볼 수 있다. (　　) 　　　　　　　　　　　　　　　　　　　　　　　　　　　　　　　　[2024. 경찰2차]

03 증오범죄의 유형 중 스릴추구형은 특정 대상에게 고통을 주는 행위를 통한 가학성 스릴을 즐기는 경향이 있다. (　　) 　　　　　　　　　　　　　　　　　　　　　　　　　[2024. 경찰2차]

04 증오범죄의 유형 중 사명형은 특정 대상을 괴롭히는 것이 세상의 악을 없애기 위해 자신에게 부여된 신성한 사명이라고 여긴다. (　　) 　　　　　　　　　　　　　　　　　　　　　　[2024. 경찰2차]

05 증오범죄는 피해자에 대한 개인적 원한이나 복수심에 의하여 주로 발생되며, 증오범죄자는 자신의 행동이 옳다고 믿는다. (　　) 　　　　　　　　　　　　　　　　　　　　　[2024. 경찰2차]

06 미국 FBI의 정의에 따르면, 증오범죄란 피해자에 대한 개인적 원한 또는 복수심이 원인이 되어 발생하는 범죄를 말한다. (　　) 　　　　　　　　　　　　　　　　　　　[2022(72). 경위]

07 미국의 전국범죄피해자센터(The National Center for Victims of Crime)에서 제시한 스토킹의 4가지 유형 중 단순 집착형(Simple Obsessional Stalking)은 전남편, 전처, 전 애인 등 주로 피해자와 스토커가 서로 잘 알고 있는 관계에서 많이 발생하는 유형으로 위험성이 가장 높다. (　　) 　　　　　　　　　　　　[2023(73). 경위]

08 미국의 전국범죄피해자센터(The National Center for Victims of Crime)에서 제시한 스토킹의 4가지 유형 중 애정 집착형(Love Obsessional Stalking)은 피해자와 스토커 사이에 기존에 특별한 교류가 없어 서로 잘 모르는 관계에서 발생하는 유형으로 단순 집착형에 비해서 피해자에 대한 직접적인 피해는 적은 편이다. (　　) 　　　　　　　[2023(73). 경위]

---

01 ○

02 ○

03 ○

04 ○

05 × 증오범죄는 인종, 종교, 장애, 성적 지향, 성별 또는 성정체성에 대한 범죄자의 편견이 범행의 전체 또는 일부 동기가 되어 발생하고, 피해자에 대한 개인적 원한이나 복수심 때문에 발생하는 것이 아니다. 증오범죄를 범하는 범죄자는 자신의 행동이 옳다고 확신하고 피해자는 그러한 운명을 받을 만하다고 믿는다.

06 × 증오범죄(hate crimes)란 가해자가 특정 사회집단 또는 인종을 별다른 이유 없이 표적으로 삼아 범행을 저지르는 범죄의 유형을 말한다. 특정 대상을 표적으로 삼아 범행을 실행하기 때문에 표적범죄(target crimes)의 한 유형으로 본다. 미국 FBI의 정의에 따르면, 증오범죄란 인종, 종교, 장애, 성적 지향, 성별 또는 성정체성에 대한 범죄자의 편견이 범행의 전체 또는 일부 동기가 되어 발생하는 범죄를 의미한다.

07 ○

08 ○

09 미국의 전국범죄피해자센터(The National Center for Victims of Crime)에서 제시한 스토킹의 4가지 유형 중 증오 망상형(Hate Obsessional Stalking)은 피해자와 스토커 사이에 원한 관계가 있는 경우로 피해자에게 심리적 고통을 주기 위해 스토킹하는 유형이다. (   )   [2023(73). 경위]

10 미국의 전국범죄피해자센터(The National Center for Victims of Crime)에서 제시한 스토킹의 4가지 유형 중 허위 피해 망상형(False Victimization Syndrome)은 실제로는 스토커가 없는데 피해자 자신이 스토킹 피해를 당하고 있다는 망상에 빠진 유형이다. (   )   [2023(73). 경위]

---

09 ✕ 연애 망상형은 자신이 피해자에 의해 사랑을 받고 있다는 환상을 가지고 있다는 점에서 애정 집착형과 구별된다. 이 유형은 타인의 성적인 매력보다는 타인과 자신 사이에 낭만적 사랑과 영적 결합이 있다고 망상하는 데서 주로 발생한다.

10 ○

제4절 사이버범죄

01 개념

(1) 의의
① 일반적으로 컴퓨터를 포함한 사이버공간에서 행해지는 모든 범죄행위를 포괄적으로 지칭하며, 현행법상으로는 정보통신망에서 일어나는 범죄로 정의된다.
② 즉, 사이버범죄란 사이버공간을 범행의 수단, 표적, 범죄발생 장소로 삼는 모든 범죄행위를 말한다.
[2022. 경찰2차]

(2) 특징
① 전통적인 범죄와 구별되는 특징으로는 비대면성, 익명성, 용이성, 탈규범성(놀이성), 전문성, 암수성, 피해의 광범위성 등이 있다. [2022. 경찰2차]
② 특히, 익명성과 탈규범성은 사이버범죄와 전통적 범죄를 구분하는 중요한 특성 중의 하나이다. [2023. 경찰1차]

02 유형

★ 핵심정리 사이버범죄유형: 경찰청 사이버안전국의 사이버범죄 유형

정보통신망 침해 범죄	해킹		권한이 없거나 권한을 초과하여 통신망에 침입, 계정도용, 단순침입, 자료유출, 자료훼손 등을 포함하는 개념
	서비스거부 공격(DDoS)		사용불능, 성능저하와 같은 정보통신망에 장애를 야기하는 행위
정보통신망 이용 범죄	사기 등의 전통적 범죄에 정보통신망 또는 컴퓨터시스템이 활용되는 범죄		
	사이버 사기		직거래, 쇼핑몰, 게임 사기 등 정보통신망 이용, 기망 금품편취
	사이버 금융범죄	피싱(phishing)	금융정보 탈취수단으로 금융기관을 가장한 이메일을 활용
		파밍(pharming)	악성코드에 감염된 피해자 개인 컴퓨터를 이용
		스미싱(smishing)	무료쿠폰 제공 등의 문자 메시지를 활용
		메모리해킹	피해자 컴퓨터 메모리에 상주한 악성코드 활용, 자금 이체
		몸캠피싱	음란화상채팅 후, 영상을 유포하겠다고 협박하여 금전을 갈취
불법 컨텐츠 범죄	정보통신망 이용 불법 재화, 서비스 또는 정보 배포, 판매, 임대, 전시하는 행위 예 사이버성폭력, 사이버 도박, 사이버 명예훼손·모욕, 사이버 스토킹, 사이버 스팸메일 등		
	사이버 성폭력		불법 성영상물, 아동 성착취물, 불법촬영물을 유포하는 범죄행위
	사이버 도박		정보통신망이용 도박사이트 개설, 도박 또는 사행행위를 한 경우

(1) 경찰청 사이버안전국의 분류 [2022(72). 경위] 총 3회 기출
① **정보통신망 침해범죄**: 컴퓨터 및 정보통신망 자체에 대한 공격행위를 수반하는 범죄를 말한다.
   ㉠ 해킹은 정당한 접근권한 없이 또는 허용된 접근권한을 초과하여 정보통신망에 침입하는 행위로 계정도용, 단순침입, 자료유출, 자료훼손 등을 포함하는 개념이다.
   ㉡ 서비스거부 공격(DDoS)은 정보통신망에 대량의 신호, 데이터를 보내거나 부정한 명령을 처리하도록 하여 사용불능, 성능저하와 같은 정보통신망에 장애를 야기하는 행위를 말한다.

② **정보통신망 이용범죄**: 인터넷 사용자 간의 범죄로, 사기 등의 전통적인 범죄를 행하기 위하여 정보통신망 또는 컴퓨터시스템이 활용되는 범죄를 말한다.
- ㉠ 사이버 사기는 직거래 사기, 쇼핑몰 사기, 게임 사기와 같이 정보통신망을 통하여 이용자에게 물품이나 용역을 제공할 것처럼 기망하여 피해자로부터 금품을 편취하는 범죄행위를 말한다.
- ㉡ 사이버 금융범죄는 정보통신망을 이용하여 피해자의 계좌로부터 자금을 이체받거나, 소액결제가 되게 하는 신종 범죄로, 피해자 금융정보 탈취수단에 따라 금융기관을 가장한 이메일을 활용할 경우에는 피싱(phishing), 악성코드에 감염된 피해자 개인 컴퓨터를 이용할 때에는 파밍(pharming), 무료쿠폰 제공 등의 문자 메시지를 활용할 경우에는 스미싱(smishing)이라고 한다. [2023. 해경 경위]
- ㉢ 메모리해킹은 피해자 컴퓨터 메모리에 상주한 악성코드를 활용하여 자금을 이체하고, 몸캠피싱은 음란화상채팅 후, 영상을 유포하겠다고 협박하여 금전을 갈취하는 행위를 말한다.

③ **불법 컨텐츠 범죄**: 정보통신망을 통하여 법률에서 금지하는 재화, 서비스 또는 정보를 배포, 판매, 임대, 전시하는 행위를 말한다.
- ㉠ 사이버 성폭력은 불법 성영상물, 아동 성착취물, 불법촬영물을 유포하는 범죄행위를 말한다.
- ㉡ 사이버 도박은 정보통신망을 통하여 도박사이트를 개설하거나 도박 또는 사행 행위를 한 경우를 말한다.
- ㉢ 사이버 성폭력과 사이버 도박은 「정보통신망 이용촉진 및 정보보호 등에 관한 법률」상 금지 규정만 있고 처벌 규정은 없으나, 심각한 사회적 문제로 대두되는 현실을 고려하여 사이버범죄로 포함되었다.

(2) 기타 사이버범죄기법 [2024. 해경 경위] 총 2회 기출

e-후킹 (Hooking)	해킹기법의 하나로, PC이용자가 키보드를 누른 정보를 밖으로 빼돌리는 것으로, 신용카드번호나 각종 비밀번호 등 중요한 정보를 유출시키는 기법이다.
스푸핑 (spoofing)	눈속임(spoof)에서 파생된 용어로, 직접적으로 시스템에 침입을 시도하지 않고 피해자가 공격자의 악의적인 시도에 의한 잘못된 정보, 혹은 연결을 신뢰하게끔 만드는 일련의 기법들을 의미한다.
스미싱 (Smishing)	스미싱(Smishing, SMS + Phishing)은 인터넷이 가능한 휴대폰 사용자에게 문자 메시지를 보낸 후, 사용자가 웹사이트에 접속하면, 트로이목마를 주입해 휴대폰을 통제하는 수법을 말한다.
비싱 (Vishing)	비싱(Vishing, VoIP + Phishing)은 피싱이 발전된 수법으로, 인터넷 전화(VoIP)를 이용하여 은행계좌에 문제가 있다는 자동 녹음된 메시지를 보낸 뒤, 사용자가 비밀번호 등을 입력하면 미리 설치한 중계기로 이를 빼내가는 수법을 말한다.
스피어피싱 (spear phishing)	불특정 다수의 개인정보를 빼내는 피싱(phising)과 달리 특정인의 정보를 캐내기 위한 피싱 공격을 말한다. 특정 목표자나 조직의 정보를 정밀하게 수집하고 그 정보를 활용하여 타깃에게 신뢰성 있는 메일을 보내는 특징이 있다.
살라미 기술 (salami technique)	많은 사람들로부터 눈치채지 못할 정도의 적은 금액을 빼내는 컴퓨터 사기수법의 하나이다.
돼지도살 사기 (pig butchering scam)	피해자가 점차적으로 사기성 암호화폐 계획에 암호화폐 형태로 기부금을 늘리도록 유도하는 일종의 장기 사기 및 투자 사기이다.
슈퍼재핑 (super zapping)	① 컴퓨터가 고장으로 가동이 불가능할 때 비상용으로 쓰이는 프로그램이다. ② 패스워드나 각종 보안 장치 기능을 일시적으로 마비시켜 컴퓨터의 기억 장치에 수록된 모든 파일에 접근해 자료를 몰래 복사해 가는 수법이다.

단원별 지문

01 사이버범죄 기법 중 e-후킹(Hooking)은 해킹기법의 하나로, PC이용자가 키보드를 누른 정보를 밖으로 빼돌리는 것으로, 신용카드번호나 각종 비밀번호 등 중요한 정보를 유출시키는 기법이다. (   ) [2023. 해경 경위]

02 사이버범죄 기법 중 스푸핑(spoofing)이란, 눈속임(spoof)에서 파생된 용어로, 직접적으로 시스템에 침입을 시도하지 않고 피해자가 공격자의 악의적인 시도에 의한 잘못된 정보, 혹은 연결을 신뢰하게끔 만드는 일련의 기법들을 의미한다. (   ) [2023. 해경 경위]

03 사이버범죄 기법 중 스미싱(Smishing, SMS+Phishing)은 인터넷이 가능한 휴대폰 사용자에게 문자 메시지를 보낸 후, 사용자가 웹사이트에 접속하면, 트로이목마를 주입해 휴대폰을 통제하는 수법을 말한다. (   ) [2023. 해경 경위]

04 사이버범죄 기법 중 비싱(Vishing, VoIP+Phishing)은 피싱이 발전된 수법으로, 인터넷 전화(VoIP)를 이용하여 은행계좌에 문제가 있다는 자동 녹음된 메시지를 보낸 뒤, 사용자가 비밀번호 등을 입력하면 미리 설치한 중계기로 이를 빼내가는 수법을 말한다. (   ) [2023. 해경 경위]

05 사이버금융범죄 중 '무료쿠폰 제공', '돌잔치 초대장' 등을 내용으로 하는 문자메시지 내 인터넷 주소를 클릭하면, 악성코드가 스마트폰에 설치되어, 피해자가 모르는 사이에 소액이 결제되거나 개인·금융정보를 탈취해가는 수법은 스미싱(Smishing)이다. (   ) [2024(74). 경위]

06 사이버범죄란 일반적으로 사이버공간을 범행의 수단, 대상, 발생 장소로 하는 범죄행위를 의미한다. (   ) [2022. 경찰2차]

07 전통적 범죄와 달리 사이버범죄는 비대면성, 익명성, 피해의 광범위성 등의 특성이 있다. (   ) [2022. 경찰2차]

08 경찰청 사이버범죄 분류(2021년 기준)에 따르면 몸캠피싱은 불법 컨텐츠 범죄 중 사이버 성폭력에 속한다. (   ) [2022. 경찰2차]

09 사이버범죄(cyber crimes)란 사이버공간을 범행의 수단·대상·발생장소로 하는 범죄행위로 비대면성, 익명성, 피해의 광범위성 등의 특성이 있는 범죄를 의미한다. (   ) [2023. 경찰1차]

---

01 ○
02 ○
03 ○
04 ○
05 ○
06 ○ 일반적으로 컴퓨터를 포함한 사이버공간에서 행해지는 모든 범죄행위를 포괄적으로 지칭하며, 현행법상으로는 정보통신망에서 일어나는 범죄로 정의된다. 즉, 사이버범죄란 사이버공간을 범행의 수단, 표적, 범죄발생 장소로 삼는 모든 범죄행위를 말한다.
07 ○ 전통적인 범죄와 구별되는 특징으로는 비대면성, 익명성, 용이성, 탈규범성(놀이성), 전문성, 암수성, 피해의 광범위성 등이 있다.
08 × 경찰청 사이버안전국의 사이버범죄 분류에 따르면 몸캠피싱은 정보통신망 이용범죄 중 사이버 금융범죄에 속한다. 정보 통신망 이용범죄에는 사이버 사기, 사이버 금융범죄(피싱, 파밍, 스미싱, 메모리해킹, 몸캠피싱 등), 개인·위치정보 침해, 사이버 저작권 침해, 사이버 스팸메일, 기타 정보통신망 이용형 범죄 등이 있다.
09 ○

제5절 마약 및 약물범죄

01 의의

(1) 정의
① **마약류 관리에 관한 법률**: 마약류란 마약·향정신성의약품 및 대마를 말한다. [2023. 경찰2차]

마약	양귀비, 아편, 코카 잎(엽)과 이들에게서 추출되는 모든 알카로이드 및 화학적 합성품을 말한다.
향정신성 의약품	인간의 중추신경계에 작용하는 것으로서 이를 오용하거나 남용할 경우 인체에 심각한 위해가 있다고 인정되는 약물을 말한다.
대마	대마초와 그 수지, 대마초 또는 그 수지를 원료로 하여 제조된 모든 제품 등을 말하며, 대마초의 종자·뿌리 및 성숙한 대마초의 줄기와 그 제품은 제외한다.

② **세계보건기구**(WHO): 마약을 '사용하기 시작하면 사용하고 싶은 충동을 느끼고(의존성), 사용할 때마다 양을 증가시키지 않으면 효과가 없으며(내성), 사용을 중지하면 온몸에 견디기 힘든 이상을 일으키며(금단증상), 개인에게 한정되지 않고 사회에도 해를 끼치는 물질'로 정의하고 있다. [2023. 경찰2차]
③ 우리나라는 형법에 따라 아편, 몰핀 또는 그 화합물을 제조, 수입, 판매 또는 판매할 목적으로 소지하거나 약물을 흡입·주사한 자를 엄격히 처벌하고 있다.

(2) 마약(약물)범죄의 특성과 영향
① 약물범죄는 대표적인 피해자 없는 범죄로 불법약물의 사용, 제조, 판매, 유통하는 행위를 통칭한다. 약물범죄의 심각성은 의존성과 내성에 의한 신체적·정신적 피해가 심각하다는 점에 있다. [2024(74). 경위]
② 약물범죄자들은 처음에는 술에서 시작하고, 그다음은 마리화나 그리고 강력한 환각상태를 경험하기 위해 약물로 서서히 진행된다.
③ 약물범죄는 약물사용자 스스로가 가해자인 동시에 피해자가 되는 것이지 특정인이나 제3자가 범죄피해자가 되는 것이 아니라는 점에서 대표적인 피해자 없는 범죄(Victimless Crime)에 해당된다. [2023(73). 경위]
④ **광범위성**: 마약류와 연관된 문제는 특정계층에 국한되지 않고 주부나 학생 그리고 일반인에 이르기까지 다양한 연령층과 직업군에 모두 해당한다. [2023. 경찰2차]
⑤ 약물남용자는 강력한 중독성으로 스스로 중단이 거의 불가능하여 상습적이라는 점에서 심각한 범죄현상을 낳고, 마약을 구입할 자금을 마련하기 위해 범죄행위에 가담하고 지속할 확률이 높다.
⑥ 사건의 국제성으로 인해 국제공조의 필요성이 큰 특징이 있다.
⑦ 구드(Goode)는 약물의 효과에 영향을 미치는 것으로 알려진 주요 변수로 정체성, 복용량, 효능과 순도, 혼용, 복용방법, 습관성, 상황을 들고 있다.

(3) 주요생산지 [2024(74). 경위] 총 4회 기출

아편	① 세계 아편 생산량의 90% 이상은 <u>황금의 삼각지대</u>(Golden Triangle. 태국, 미얀마, 라오스)와 <u>황금의 초승달</u> 지역(Golden Crescent. 아프가니스탄, 이란, 파키스탄)에서 생산된다. ② 세계 남용인구의 절반 이상도 이들 인접국에 집중되어 있다.
코카인	콜럼비아, 페루, 볼리비아 등 남미 안데스 산맥 3개국에서 생산된다.

02 마약의 유형

(1) 생산방식에 의한 분류 [2023(73). 경위]

생산방식	천연약물	아편계통, 코카계통, 대마계통 등
	합성약물	메스암페타민, LSD, 엑스터시
	대용약물	본드, 아교, 스프레이, 각성제, 진정제 등
대마		세계에서 가장 널리 남용되고 있는 마약류로 세계 전역에서 생산되어 마리화나, 해시시, 대마유 등의 형태로 가공되어 유통되고 있음

⊕ PLUS 마약류의 특성 [2024. 해경 경위]

1. 양귀비 계열

아편(Opium)	양귀비 수지에서 추출, 통증완화 및 진정효과(모르핀과 코데인 성분)
몰핀(Morphine)	아편 양귀비에서 추출되는 진통제
헤로인(Heroin)	모르핀을 화학적으로 처리하여 만든 강력한 마약, 심각한 중독
코데인(Codeine)	경증에서 중등도의 진통 효과, 기침약이나 진통제

2. 대마(Cannabis) 계열

대마초(Indica)	진정 효과, 불면증이나 불안 감소에 사용
사티바(Sativa)	각성 효과, 기분을 고양시키고 에너지를 증가시키는 데 사용
THC	대마의 정신활성 주요성분, 환각작용
대마초(Marijuana)	마리화나, 대마의 꽃, 잎, 줄기 등을 건조하거나 가공한 형태로, 주로 흡입을 통해 사용, 진정효과
해시시(Hashish)	대마의 수지 부분을 추출하여 압축한 형태로, THC 농도가 높음. 주로 흡입하거나 음식에 섞어 사용된다. 해시시는 대마초보다 강력한 효과

3. 코카인 계열

코카인(Cocaine)	코카 식물 추출 알칼로이드로, 강력한 자극제, 도파민, 노르에피네프린, 세로토닌의 재흡수 차단, 기분을 고양시키고 에너지를 증가 효과
크랙 코카인 (Crack cocaine)	코카인에 베이킹파우더를 섞어 담배형태로 흡입, 매우 강한 자극 효과, 주로 흡입하여 사용

4. 합성마약

L.S.D	호밀에 생기는 곰팡이인 맥각에서 추출된 물질로 향정신성의약품, 주로 종이에 묻혔다가 뜯어서 혓바닥을 통해 사용
암페타민 (Amphetamine)	중추신경계에 작용하여 각성 효과, 도파민과 노르에피네프린의 분비를 촉진, 기분을 고양시키고 집중력과 에너지 증가, ADHD와 기면증 치료제의 성분
메스암페타민 (Methamphetamine)	강력한 중추신경계 자극제, 도파민 분비 촉진, 강력한 각성효과
엑스터시	"몰리(Molly)", 환각제와 자극제의 성질, 감정적 친밀감 증대, 기분 고양시키는 효과
YABA	태국어로 '미친 약'이란 뜻, 강력한 각성(흥분) 효과를 가진 필로폰과 카페인의 합성물, 대부분 태국에서 제조·유통

5. 기타

메스칼린(Mescaline)	선인장 종류인 페요테(Peyote)와 산 페드로(San Pedro) 같은 식물에서 자연적으로 추출되는 환각제, 중남미 원주민들 사이에서 의식, 종교적 의례 등에 사용
프실로시빈(Psilocybin)	특정 버섯(매직 머쉬룸)에서 발견되는 천연 환각물질, 세로토닌 수용체에 영향, 강렬한 시각적·감각적 환각과 심리 변화 유도
벤조디아제핀 (Benzodiazepine)	중추신경계에 작용하여 진정, 항불안, 근육 이완 및 항경련 효과

(2) 효과성(작용)에 의한 분류 [2024(74). 경위]

진정제	신경활동을 줄이고 이완촉진, 뇌의 GABA 활성: 아편, 몰핀, 알코올, 벤조디아제핀
각성제	도파민, 노르에피네프린 등 증가: 카페인, 니코틴, 코카인, 암페타민
환각제	환시, 환청 등 지각, 사고과정 변환, 세로토닌에 영향: LSD, 마리화나, 프실로시빈, 메스칼린

(3) 마약범죄자 유형분류

① 약물범죄자 유형은 주로 마약의 종류, 역할(제조, 판매, 운반, 소비), 전과 경력 등 다양한 요인으로 구분이 가능하다.

② 야쿠비안(Yacoubian): 마약의 종류, 알코올 중독 여부, 동종 및 이종 전과 경력에 따라 5가지 유형으로 분류하였다.

술꾼	중추신경계 약물의 사용빈도가 가장 높고, 동종 전과가 있음
판촉원	마약을 구입하기 위해 성매매를 하고 성범죄 전과가 다수
전환자	주로 젊은 남성이며, 일반적으로 쉽게 구할 수 있는 중추신경계 약물을 선호하고, 마약 구입자금을 마련하기 위해 강도와 재산범죄를 많이 저지름
폭력적 알코올 중독자	매우 폭력적이고 알코올 중독 증상을 보임
조력자	약물중독의 정도가 높지 않고, 다른 범죄를 저지르기 위해 마약을 사용

03 원인에 대한 이론

(1) 아노미이론(머튼)

① 문화적 목표와 제도화된 수단의 괴리에 대해서 사람들은 동조, 혁신, 의례, 도피, 반역 등의 양식으로 반응하는데, 약물남용은 도피(은둔)형의 반응양식이다.

② 즉, 문화적 목표와 제도화된 수단을 모두 수용하지 못하는 일종의 사회로부터의 탈출기제인 도피적 반응의 결과로 마약을 남용한다는 것이다.

(2) 차별적 기회구조이론(클라워드와 오린) [2023. 경찰2차]

① 합법적 방법으로 성공을 성취할 기회가 주어지지 않듯이 범죄적 방법으로 성공을 성취할 기회마저도 주어지지 않기 때문에 은둔하여 약물을 남용한다.

② 즉, 이들은 관습적 수단과 범죄적 수단 모두에 의해서도 성공을 성취하지 못한 사람들로서 이들을 이중실패자라 한다.

➕PLUS 알코올과 범죄

1. **명정상태**(급성알코올 중독상태)**의 범죄**
   ① 음주는 주의력의 산만, 천박한 사고, 자제력 감소, 기분발양에 따른 흥분, 고등감정의 후퇴 등으로 충동적·폭발적으로 행동하거나 망각증상이 발생하여 격정범죄 및 충동범죄, 과실범죄를 쉽게 일으키는 원인이 된다.
   ② 스캇(Scott)은 "모든 범죄의 70%는 알코올의 영향하에서 이루어진다."라고 주장하였고, 주로 상해와 폭행이 가장 많으며, 음주장소 근처에서 범죄가 발생하는 경향이 있다고 주장하였다.

2. **알코올의 범죄관련성**

직접적 범죄촉진	명정상태에서는 개인적 차이는 있으나 흥분이나 격앙에 의한 순간적 폭력범죄 또는 음주로 인한 정신작용의 감퇴로 과실에 의한 범죄를 일으키기 쉽다.
간접적 범죄촉진	① 알코올 중독으로 인한 가장의 실직, 가정의 빈곤화 등이 사회적 곤궁상태로 빠지게 하고 이러한 곤궁상태가 범죄적 환경을 만든다는 것이다. ② 옐리네크(Jellinek)는 알콜중독에 이르는 과정을 '징후기 → 전구기(前驅期) → 위험기 → 만성기' 4단계로 나누어 설명하고 있다.

3. **대책**
   ① **중벌주의**: 형법의 '원인에 있어서 자유로운 행위(제10조 제3항)', 도로교통법상 주취운전죄의 처벌, 특가법상 위험운전 등 치사상죄 등 가중처벌규정을 두고 있다. 독일형법은 명정범죄자에게 책임을 물을 수 없는 경우에도 처벌할 수 있는 완전명정죄를 두고 있다.
   ② **기타 대책**: 미성년자 주류판매 금지, 유해성 홍보와 교육, 음용상태에서 차량의 시동이 걸리지 않는 기계장치 또는 자가진단, 치료프로그램 등이 있다. 특히 치료프로그램은 약물을 이용하여 음주를 자제시키는 '행태치료법 또는 혐오치료법', 알코올 중독자가 설립한 '익명의 알코올중독자'라는 자기부조단체의 운영 등이 있다.

단원별 지문 O X

01 대마는 세계에서 가장 널리 남용되고 있는 마약류로 세계 전역에서 생산되어 마리화나, 해시시, 대마유 등의 형태로 가공되어 유통되고 있다. (   )
[2023(73). 경위]

02 마약의 주생산지 중 황금의 삼각지대와 황금의 초생달지역에서 세계 아편과 코카인의 대부분을 생산하고 있다. (   )
[2023(73). 경위]

03 「마약류 관리에 관한 법률」에 따르면 마약류란 마약·향정신성의약품 및 대마를 말한다. (   )
[2023. 경찰2차]

04 세계보건기구(WHO)는 마약을 '사용하기 시작하면 사용하고 싶은 충동을 느끼고(의존성), 사용할 때마다 양을 증가시키지 않으면 효과가 없으며(내성), 사용을 중지하면 온몸에 견디기 힘든 이상을 일으키며(금단증상), 개인에게 한정되지 않고 사회에도 해를 끼치는 물질'로 정의하고 있다. (   )
[2023. 경찰2차]

05 마약류는 특정 직업 및 계층에 국한되어 남용되고 있다. (   )
[2023. 경찰2차]

06 약물은 생산방식에 따라 천연약물, 합성약물, 대용약물로 구분되는데 합성약물에는 메스암페타민, LSD, 엑스터시 등이 있다. (   )
[2023(73). 경위]

07 약물범죄는 약물사용자 스스로가 가해자인 동시에 피해자가 되는 것이지 특정인이나 제3자가 범죄피해자가 되는 것이 아니라는 점에서 대표적인 피해자 없는 범죄(Victimless Crime)로 구분된다. (   )
[2023(73). 경위]

08 클로워드(Cloward)와 올린(Ohlin)의 차별기회이론(Differential Opportunity Theory)과 머튼(Merton)의 아노미이론(Anomie Theory) 등으로 약물 범죄의 원인을 설명할 수 있다. (   )
[2023. 경찰2차]

---

01 ○

02 ✕ 세계 아편 생산량의 90% 이상은 황금의 삼각지대(Golden Triangle. 태국, 미얀마, 라오스)와 황금의 초승달 지역(Golden Crescent. 아프가니스탄, 이란, 파키스탄)에서 생산되며, 세계 남용인구의 절반 이상도 이들 인접국에 집중되어 있다.
코카인은 대부분 코카나무 자생지인 콜롬비아(50%), 페루(32%), 볼리비아(15%) 등 남미 안데스 산맥의 3개국에서 생산되고 있다.

03 ○ 마약류 관리에 관한 법률 제2조 제1호

04 ○ 세계보건기구(WHO)는 마약을 ⓐ 약물사용의 욕구가 강제에 이를 정도로 강하고(의존성), ⓑ 사용약물의 양이 증가하는 경향이 있으며(내성), ⓒ 사용 중지 시, 온몸에 견디기 어려운 증상이 나타나며(금단증상), ⓓ 개인에 한정되지 아니하고 사회에도 해를 끼치는 약물로 정의하고 있다.

05 ✕ 마약류와 연관된 문제는 특정계층에 국한되지 않고 주부나 학생, 그리고 일반인에 이르기까지 다양한 연령층과 직업군에 모두 해당한다.

06 ○

07 ○

08 ○

09 약물범죄는 대표적인 피해자 없는 범죄로 불법약물의 사용, 제조, 판매, 유통하는 행위를 통칭한다. (   )

[2024(74). 경위]

10 작용에 따른 약물의 종류 중 각성제는 중앙신경계통 자극제로 아편, 몰핀, 헤로인, 합성제제 등이 있다. (   )

[2024(74). 경위]

11 작용에 따른 약물의 종류 중 환각제는 환각을 일으키는 물질로 LSD, 마리화나 등이 있다. (   )　　[2024(74). 경위]

12 세계적인 헤로인 생산지에는 미얀마, 태국, 라오스 3국의 접경지역에 있는 황금의 삼각지대와 아프가니스탄, 파키스탄, 이란 3국의 접경지역에 있는 황금의 초승달 지역이 있다. (   )　　[2024(74). 경위]

---

09 ○　약물범죄의 심각성은 의존성과 내성에 의한 신체적·정신적 피해가 심각하다는 점에 있다.

10 ×　작용에 따른 약물의 종류는 진정제, 각성제, 환각제가 있다. 아편, 몰핀, 헤로인, 합성제제 등은 진정제이다.

11 ○　작용에 따른 약물의 종류는 진정제, 각성제, 환각제가 있다. 아편, 몰핀, 헤로인, 합성제제 등은 진정제이다.

12 ○

제6절 정치·경제·환경범죄

01 정치범죄

(1) 개념

① 정치범죄는 범행의 동기가 정치적이거나 정치적 권한을 이용하여 정부 또는 정치권력에 저항하거나 도전하는 행위이다.

② 하그(Hagg)는 ㉠ 권력을 얻기 위해서, ㉡ 권력을 행사하기 위해서, ㉢ 권위에 도전하기 위해서, ㉣ 권위를 집행하기 위해서 이용되는 법률위반으로 정치적 범죄를 규정하고 있다.

(2) 유형

① 로벅(Roebuck)과 베버(Weber)는 정치범죄를 정부에 대한 범죄와 정부에 의한 범죄로 구분하였다.

정부에 대한 범죄	㉠ 개인적 목적이 아닌 정치적 이유로 법이나 공공의 안녕을 침해하는 행위로, 특정 정부나 정치 체제를 공격의 주요 대상으로 한다. ㉡ 정치범은 자신의 정치적 신념에 따라 사회구조를 공격하여 체제를 재편하는 불법행위를 저지른 개인으로 정의될 수 있다. ㉢ 정치범죄는 정부에 대한 저항운동이나 테러행위 등을 포함한 정부 또는 정치 체제의 이익을 침해하는 명백한 범죄행위를 말한다.
정부에 의한 범죄	㉠ 정치적 부패 또는 개인적 이득을 위한 공직자의 정치범죄가 대표적 유형이다. ㉡ 뇌물수수 등 재정적 이익을 취할 목적과 정치적 반대집단에 대한 도전으로부터 정권을 유지하기 위한 목적으로 행해지며, 선거법 위반, 불법 정치자금 모금, 선거자금 불법 사용 등이 이에 해당한다. ㉢ 권력남용과 같이 정부나 공무원이 자신의 지위와 권한을 과시할 목적으로 시민을 억압하고 군림하는 행위도 정치범죄의 한 유형이다.

② 하스켈(Haskell)과 야블론스키(Yablonsky)는 정치적 범죄를 3가지 형태로 분류하였다.

㉠ 테러나 혁명세력과 같이 정치적·사회적 제도의 변화에 영향을 미칠 목적으로 형법을 위반하는 행위나 형법에 규정된 의무를 다하지 않는 행위

㉡ 정치권력을 유지하기 위한 목적으로 행해지는 범죄로서 정치적 반대세력을 정부권력으로서 대항한다거나 정치권력에 도전하는 사람에 대한 불법적 체포, 불법선거자금 사용 등의 행위

㉢ 불법적 정치자금의 수수, 뇌물수수와 같이 선거에 의해 선출되거나 정치적으로 임명된 공직을 이용하여 개인적 이득을 취하는 행위

02 경제범죄

(1) 의의

① 국가사회의 경제구조 내지 기능을 침해하는 범죄이다.

② 재산범죄는 개인적 법익으로 경제범죄에 해당되지 않는다.

(2) 특징

영리성, 모방성 및 상호연쇄성, 지능성 및 전문성, 신분성 및 권력성(화이트칼라신분자의 권력결탁)을 띤다.

⊕ PLUS

구분	경제범죄	재산범죄
개념	① 지능적·조직적으로 경제적 이익추구 ② 법적·제도적 허점 악용 ③ 피해가 직접적으로 드러나지 않을 때도 많음 ④ 주로 기업, 금융기관, 또는 사회 시스템에 영향을 미침	① 타인의 재산을 침해 또는 탈취하여 이익을 얻는 범죄 ② 피해자와의 접촉이 물리적이거나 명확하며, 비교적 단순한 동기로 발생 ③ 주로 개인 대 개인 간에서 발생
범죄대상	조직, 기업, 사회 시스템	개인의 재산(금품, 물건 등)
범죄수법	지능적, 비폭력적, 체계적인 방식	물리적, 폭력적, 즉각적인 탈취
동기	고도의 재정적 이익, 탐욕, 조직적 계획	생계형 또는 충동적 행위
피해규모	대규모(국가적·사회적 파급 효과 가능)	소규모(개인이나 소수의 직접 피해)
범죄행태	계약, 법률, 제도 악용	재산 탈취, 손괴, 불법 점유
암수범죄	범죄 사실이 늦게 드러날 수 있음	즉각적으로 피해가 확인됨
사례	① 사기(보이스피싱, 투자사기) ② 횡령(회사 자금 유용) ③ 배임(부당한 계약 체결로 기업 손해 유발) ④ 조세포탈(탈세) ⑤ 금융범죄(주가조작, 내부자 거래)	① 절도(주거침입, 소매치기) ② 강도(무장 강도, 폭력 동반) ③ 손괴(차량이나 기물 파손) ④ 점유이탈물 횡령(유실물 무단 소유)
적용법례	특정경제범죄가중처벌법	형법
공통점	모두 금전적 이득을 목적으로 하는 경우가 많음	

03 환경범죄

(1) 개념 및 이론적 배경
① 환경범죄란 사람의 건강에 위해를 주거나 환경을 저해하는 환경오염행위와 환경훼손행위 등을 포함한 환경침해를 통칭하는 개념으로서 관련법에 의해 처벌되는 범죄행위를 의미한다.
② 우리나라 현행법은 환경보전 대상에 따라 대기, 토양, 수질, 야생생물, 산림, 폐기물, 해양 등을 보호하고 관리·보전하기 위해 대기환경보전법, 환경정책기본법 등의 법률로 규정하고 있다.
③ 환경범죄와 관련된 이론적 배경
  ㉠ 차별적 접촉이론은 범죄활동과 범행의 방법은 사회적으로 용인되는 행위로서 학습되는 것으로 간주한다.
  ㉡ 신아노미이론은 환경범죄가 발생하는 제도적 구조와 미시적 문화 전반에 초점을 맞추고 있다.

(2) 특성 및 유형
① 환경이라는 매개체를 통해 인간의 신체에 피해를 가하는 범죄이기 때문에 피해가 간접적이다.
② 가해과정에서 다른 요인들과 복합적으로 상호작용하는 경우가 일반적이기 때문에 환경침해의 인과관계를 파악하기 어렵다.
③ 피해자 없는 범죄로서 가해자를 특정하기 어렵고, 피해자가 불특정 다수인 경우가 많다.

단원별 지문 O/X

〈정치범죄〉

01 정치범죄는 범행의 동기가 정치적이거나 정치적 권한을 이용하여 정부 또는 정치권력에 저항하거나 도전하는 행위이다. (　　)

02 하그(Hagg)는 권력을 얻기 위해서, 권력을 행사하기 위해서, 권위에 도전하기 위해서, 권위를 집행하기 위해서 이용되는 법률위반으로 정치적 범죄를 규정하고 있다. (　　)

03 로벅(Roebuck)과 베버(Weber)는 정치범죄를 정부에 대한 범죄와 정부에 의한 범죄로 구분하였다. (　　)

04 로벅(Roebuck)과 베버(Weber)의 정부에 대한 범죄는 개인적 목적이 아닌 정치적 이유로 법이나 공공의 안녕을 침해하는 행위로, 특정 정부나 정치 체제를 공격의 주요 대상으로 한다. (　　)

05 로벅(Roebuck)과 베버(Weber)의 정부에 대한 범죄는 자신의 정치적 신념에 따라 사회구조를 공격하여 체제를 재편하는 불법행위를 저지른 개인으로 정의될 수 있다. (　　)

06 로벅(Roebuck)과 베버(Weber)의 정부에 의한 범죄는 정치적 부패 또는 개인적 이득을 위한 공직자의 정치범죄가 대표적 유형이다. (　　)

07 로벅(Roebuck)과 베버(Weber)의 정부에 의한 범죄는 뇌물수수 등 재정적 이익을 취할 목적과 정치적 반대집단에 대한 도전으로부터 정권을 유지하기 위한 목적으로 행해지며, 선거법 위반, 불법 정치자금 모금, 선거자금 불법 사용 등은 정부에 대한 범죄에 해당한다. (　　)

08 로벅(Roebuck)과 베버(Weber)의 정부에 대한 범죄는 권력남용과 같이 정부나 공무원이 자신의 지위와 권한을 과시할 목적으로 시민을 억압하고 군림하는 행위도 정치범죄의 한 유형이다. (　　)

09 하스켈(Haskell)과 야블론스키(Yablonsky)는 정치적 범죄를 테러나 혁명, 불법적 체포 등, 불법적 정치자금 수수 등 3가지 형태로 분류하였다. (　　)

---

01 ○
02 ○
03 ○
04 ○
05 ○
06 ○
07 × 정부에 의한 범죄에 대한 설명이다.
08 × 정부에 의한 범죄에 대한 설명이다.
09 ○

〈경제범죄〉

10 경제범죄는 국가사회의 경제구조 내지 기능을 침해하는 범죄로, 재산범죄는 대표적인 경제범죄에 속한다. (　　)

11 경제범죄는 영리성, 모방성 및 상호연쇄성, 지능성 및 전문성, 신분성 및 권력성(화이트칼라신분자의 권력결탁)을 띤다.
(　　)

〈환경범죄〉

12 환경범죄란 사람의 건강에 위해를 주거나 환경을 저해하는 환경오염행위와 환경훼손행위 등을 포함한 환경침해를 통칭하는
개념으로서 관련법에 의해 처벌되는 범죄행위를 의미한다. (　　)

13 환경범죄의 원인을 설명하는 이론으로 차별적 접촉이론은 범죄활동과 범행의 방법은 사회적으로 용인되는 행위로서 학습되
는 것으로 간주한다. (　　)

14 환경범죄는 환경이라는 매개체를 통해 인간의 신체에 피해를 가하는 범죄이기 때문에 피해가 직접적이다. (　　)

15 환경범죄는 피해자 없는 범죄로서 가해자를 특정하기 어렵고, 피해자가 소수인 경우가 대부분이어서 암수범죄의 위험이
없다. (　　)

---

10 ×　　경제범죄는 국가사회의 경제구조 내지 기능을 침해하는 범죄이다. 재산범죄는 개인적 법익으로 경제범죄에 해당되지 않는다.

11 ○

12 ○

13 ○

14 ×　　피해가 간접적이다.

15 ×　　환경범죄는 피해자 없는 범죄로서 가해자를 특정하기 어렵고, 피해자가 불특정 다수인 경우가 많아 암수범죄 위험이 높다.

해커스공무원
이언담 형사정책 기본서

제 4 편

범죄대책과 형사제재

제21장 / 범죄예측론

제1절 범죄예측의 개관

01 개관

(1) 의의

① 범죄예측이란 범죄를 저지를 가능성이 있는 사람 또는 범죄자를 대상으로 추후 <u>범죄개연성을 사전에 판별하는 활동</u>을 의미한다.

② 범죄예방, 수사, 재판, 교정의 각 단계에서 잠재적 범죄자의 범행가능성이나 범죄자의 재범 가능성을 판단하는 것이다. [2024(74). 경위] 총 2회 기출

③ 범죄자나 비행소년을 조사하여 그 장래의 범죄나 비행을 예측하는 것으로 사회적 예후라고도 한다.

(2) 유용성과 한계

① 범죄통계가 집단현상으로서의 범죄파악에 기여한다면, 범죄예측은 개별현상으로서의 범죄에 대한 이해를 돕는다.

② 형사정책상의 처분이나 그에 대한 개입과 처우의 기초를 제공한다.

③ 교도소의 과밀수용이나 보호관찰 등을 위한 교정단계, 전략순찰이나 문제지향의 순찰활동, 기타 범죄예방을 위한 각종 개입 등 범죄예방단계, 청소년 비행예측표의 활용과 가석방심사 시의 재범의 예측 등에 활용된다. [2023. 경찰2차]

④ 심리학적 원인론과 성과를 응용한 분야로 특히 정신의학적 진단과 깊은 관계를 가지고 있다.

⑤ 범죄예측은 아직 발생하지 않은 미래에 대한 예측을 근거로 불이익한 처우를 하는 것은 죄형법정주의나 책임원칙에 반할 수 있다. [2024(74). 경위]

⑥ 범죄예측 항목에 성별, 직업, 소득수준 같은 개인의 사회·경제적 지위와 관련된 내용이 포함되는 경우, 이로 인해 차별대우 등 공평한 사법처리에 반하는 윤리적 문제가 발생할 수 있다. [2024(74). 경위]

02 범죄예측의 발전과 전제조건

(1) 미국 [2024. 해경 경위]

워너 (Warner)	1923년 점수법을 기초로 메사추세츠 주 수용자 가운데서 가석방 대상을 가려내기 위해 수용 중의 교정 여부 등 약 60개 항목을 가지고 재범가능성을 점수화하여 범죄예측을 시행하였다(수용자의 가석방 후 재범 여부 연구). [2010. 보호 7급]
버제스 (Burgess)	1928년 일리노이 주에서 3,000명의 가석방자를 대상으로 21개의 인자를 분석하여 공통점을 추출함으로써 경험표에 해당하는 예측표(실점부여방식)를 작성하였다. [2023. 경찰2차]
글룩(Glueck) 부부	1940년대 메사추세츠 보스턴주의 비행소년 500명과 일반소년 500명에 대해 약 300개의 인자를 가지고 비교 연구하여, 아버지의 훈육, 어머니의 감독, 아버지의 애정, 어머니의 애정, 가족의 결집력 등 다섯 가지 요인을 가중실점방식(특정항목의 점수를 가중하거나 감점하는 방식)에 의한 조기예측법을 소개하였다. [2016. 보호 7급] 총 3회 기출

(2) 독일

엑스너 (Exner)	1935년 미국 버제스의 연구결과를 소개하고 예측의 필요성을 강조하였다.
쉬이트 (Schiedt)	1936년 바바리아 교도소에서 석방된 500명의 범죄인에 대한 인성을 조사하여 15개 인자를 기준으로 범죄예측표를 작성(교정가능·의문·불능으로 구분)하였다.

(3) 최근의 방법

① 하서웨이(Hathaway)와 맥켄리(Mckinly)의 미네소타식 다면성 인성검사표 검사법(MMPI)은 가장 표준화된 범죄자 인성조사방법으로, 정신이상 정도를 측정하여 성격진단과 상담치료를 하는 데에 가장 많이 이용되고 있다.

② MMPI가 문항수가 너무 많고 피검사자의 학력수준이 높아야 정확한 측정을 할 수 있다는 단점을 극복하기 위해 다양한 형태의 심리검사도구가 개발되어 활용되고 있다. CPI(캘리포니아 인성 검사표), 교정심리검사지 등이 있다.

(4) 우리나라

① **청소년예측**: 우리나라 범죄예측은 1967년부터 4년간 청소년보호대책위원회가 비행성예측표를 작성하였는 데서 시작되었다. 이는 사회적 예측인자와 성격테스트 예측인자를 조사하는 것을 내용으로 특히 성격테스트에서 위험성의 원인을 어느 정도 파악할 수 있도록 하기 위해 MMPI(미네소타식 다면성 인성검사표) 방식을 따르고 있다. [2023. 경찰2차]

② 2010년 한국형사정책 연구원 주관으로 KORAS-G(Korean Offender Risk Assessment System-General)를 개발하였다. 기존의 위험성 평가도구들에 대한 분석을 토대로 최종적으로 피의자의 만 나이, 교육수준, 혼인상태, 최초 경찰 입건 만 나이, 청소년기 시설 수용 경험, 과거 범죄점수 등 13개 요인으로 구성하였다.

③ **성인 교정재범예측표**: 법무부 교정본부는 2002년 1월 1일 성인수형자의 범죄 및 비행예측검사지를 개발하여 사용하다가, 2012년 2,500명 수형자의 정적·동적 재범요인을 추출하여 1등급부터 총 5단계로 위험성을 나눈 교정재범예측지표인 CO-REPI를 개발하여 현재 가석방심사 자료로 활용하고 있다.

④ **위험관리등급**(RM): 2018년 고위험군 수형자의 환경요인, 범죄의 심각성, 심리적 요인 등을 평가하여 교정시설 내의 관리수준과 출소 후 재범방지를 위한 유관기관의 개입수준을 측정하기 위한 도구로 4등급의 위험관리수준(Risk Management)을 정하고 있다. 각 지방교정청 분류센터에서 정밀분류심사 및 심리분석관에 의해 위험수준을 정하고 있다.

(5) 범죄예측의 전제조건 [2024. 경찰2차]

객관성	예측이 과학적으로 이루어져서 누가 예측을 하더라도 동일한 결과가 나오도록 신뢰성이 담보될 수 있는 것
타당성	예측의 목적에 따라서 예측이 합목적적 방법으로 수행되는 것
단순성	예측방법과 결과가 쉽게 이해될 수 있도록 단순하게 구성되어야 하는 것
경제성	예측에 소요되는 비용과 시간이 무제한일 수 없다는 것

(6) 예측지표인 위험요소

가족요인	아동과의 높은 갈등 수준, 아동에 대한 감독 부족, 낮은 수준의 아동과의 긍정적 참여
또래요인	일탈적 또래와의 접촉과 또래로부터의 거절
지역사회 요인	빈곤의 집중, 주거수준, 물리적 퇴락, 높은 인구 전출입, 약물 존재, 실업자와 교육수준이 낮은 젊은 남성의 집중
학교요인	학교폭력, 학업성적, 학교중퇴, 학업에 대한 열정과 교사에 대한 태도 등
심리 및 인성요인	도덕수준이 낮을수록 높은 비행확률, 낮은 지능, 과잉행동장애(ADHD), 낮은 자기통제력
생물학적 위험요소	가계연구, 쌍생아와 입양아연구, 골상학적 연구, 체형과 범죄 등

(7) 범죄예측 항목의 윤리적 문제

① **차별과 편향성**: 범죄예측 항목에 성별, 직업, 소득수준과 같은 개인의 사회·경제적 지위와 관련된 내용이 포함되는 경우에 이로 인해 차별대우 등 공평한 사법처리에 반하는 문제가 발생할 수 있다. [2024(74). 경위]

② **인권침해와 낙인효과**: 개인의 위치, 행동, 나아가 소셜 미디어 활동까지 포함한 데이터 기반 범죄예측 평가는 개인의 프라이버시와 인권을 침해할 수 있고, 특정 개인이나 집단을 "잠재적 범죄자"로 분류하여 부정적 낙인효과를 가져올 수 있다.

③ **책임소재와 예측자료의 오용**: 잘못된 예측의 오류로 인해 발생한 피해에 대해 누구에게 책임을 물어야 하는지의 문제와 특정 개인이나 집단을 감시하는 도구로 악용되어 권위주의적인 통제나 억압 수단으로 사용될 가능성에 대한 불안감으로 형사사법제도에 대한 신뢰를 떨어뜨릴 수 있다.

단원별 지문

01 범죄예측이란 예방, 수사, 재판, 교정의 각 단계에서 잠재적 범죄자의 범행가능성이나 범죄자의 재범가능성을 판단하는 것이다. (   ) [2023. 경찰2차]

02 범죄예측의 네 가지 요소는 객관성, 경제성, 단순성, 타당성이다. (   ) [2024. 경찰2차]

03 1928년에 버제스(E.W. Burgess)는 '경험표'라고 불렸던 예측표를 작성하여 객관적인 범죄예측의 기초를 마련하였다. (   ) [2023. 해경 경위]

04 버제스(E. W. Burgess)는 경험표(Experience Table)라 불렸던 예측표를 작성·활용하여 객관적인 범죄예측의 기초를 마련하였다. (   ) [2020. 교정 7급]

05 범죄예측은 아직 발생하지 않은 미래에 대한 예측을 근거로 불이익한 처우를 하는 것은 죄형법정주의나 책임원칙에 반할 수 있다. (   ) [2024(74). 경위]

06 범죄예측 항목에 성별, 직업, 소득수준 같은 개인의 사회·경제적 지위와 관련된 내용이 포함되는 경우에, 이로 인해 차별대우 등 공평한 사법처리에 반하는 윤리적 문제가 발생할 수 있다. (   ) [2024(74). 경위]

07 범죄예측은 형사사법 절차 중 예방 및 재판 단계에서는 유용하나, 수사 및 교정 단계에서는 유용하지 않다. (   ) [2024(74). 경위]

---

01 ○ 범죄예측이란 범죄를 저지를 가능성이 있는 사람 또는 범죄자를 대상으로 추후 범죄개연성을 사전에 판별하는 활동을 의미한다. 즉 범죄예방, 수사, 재판, 교정의 각 단계에서 잠재적 범죄자의 범행가능성이나 범죄자의 재범 가능성을 판단하는 것이다.

02 ○

03 ○ 버제스(E. W. Burgess)는 1928년 일리노이 주에서 3,000명의 가석방자를 대상으로 21개의 인자를 분석하여 공통점을 추출함으로써 경험표에 해당하는 예측표(실점부여방식)를 작성하였다.

04 ○ 버제스(E. W. Burgess)는 1928년 일리노이 주에서 3,000명의 가석방자를 대상으로 21개의 인자를 분석하여 공통점을 추출함으로써 경험표에 해당하는 예측표(실점부여방식)를 작성하였고, 글룩(Glueck) 부부는 1940년대 메사추세츠 주의 비행소년 500명과 보스턴의 일반소년 500명에 대해 약 300개의 인자를 가지고 비교 연구하여, 아버지의 훈육, 어머니의 감독, 아버지의 애정, 어머니의 애정, 가족의 결집력 등 다섯 가지 요인을 가중실점방식(특정항목의 점수를 가중하거나 감점하는 방식)에 의한 조기예측법을 소개하였다.

05 ○

06 ○

07 × 범죄예측은 예방단계 예측과 수사·재판·교정단계의 예측이 있다. 예방단계의 예측은 주로 소년범죄 예측에 사용되는데 잠재적인 비행소년을 식별함으로써 비행을 미연에 방지하고자 하는 방법이다. 수사단계의 예측은 경찰·검찰이 범죄자나 비행자에 대한 수사를 종결하면서 내릴 처분내용을 결정할 때 사용하는 예측을 말하며, 재판단계의 예측은 재판단계에서 유무죄 판결이나 처분의 종류를 정하는 과정에서의 예측은 양형책임을 결정하는 중요한 수단으로 작용하며, 재범예측과 적응예측이 있고, 교정단계의 예측은 주로 가석방 시 예측으로 교도소 및 소년원에서 가석방 및 임시퇴원을 결정할 때 그 대상자의 누범 및 재범위험성을 예측하는 것이다.

제2절 형사사법 각 단계별 범죄예측

01 예방단계 조기예측

(1) 의의
① 조기예측은 특정인에 대해 범행 이전에 미리 그 위험성을 예측하는 것을 말한다.
② 잠재적 비행자를 조기에 식별하여 위험한 사람을 분류함으로써 범죄예방에 도움을 주기 위한 목적을 가지고 있어 사법예측이 아니라는 특징이 있다.

(2) 대상
① 예방단계의 예측은 주로 소년범죄 예측에 사용되는데 잠재적인 비행소년을 식별함으로써 비행을 미연에 방지하고자 하는 방법이다. [2016. 보호 7급]
② 글룩(Glueck) 부부의 「소년비행의 해명」(1950), 우리나라의 소년분류심사원에서 행하는 일반소년에 대한 외래분류심사가 이에 속한다.

02 수사 · 재판 · 교정단계의 예측 [2020. 보호 7급] 총 5회 기출

수사단계	① 경찰 · 검찰이 범죄자나 비행자에 대한 수사를 종결하면서 내릴 처분내용을 결정할 때 사용하는 예측을 말한다. ② 기소 또는 기소유예처분 여부, 소년의 경우에는 가정법원 송치나 훈계결정 등 주로 장래의 수사방향이나 재판가능성 등을 내다보는 것으로 매우 중요한 의미를 가진다. ③ 범죄자나 비행소년에 대한 위험성 판정을 전제로 하며, 이에 대한 적정한 예측은 수사종결 후 처분 선정을 하는 데 있어서 중요한 역할을 한다. [2024. 해경 경위] ④ 경찰단계 범죄예측: 범죄사건예측, 범죄자예측, 범죄자신원(동일성)예측, 피해자예측 등 4가지 영역으로 구분된다. [2023(73). 경위]
재판단계	① 재판단계에서 유무죄 판결이나 처분의 종류를 정하는 과정에서의 예측은 양형책임을 결정하는 중요한 수단으로 작용하며, 재범예측과 적응예측이 있다. ② 효율적인 양형산정과 처우의 개별화를 위한 매우 중요한 예측이다. ③ 장래위험성에 대한 정확한 예측의 한계를 보완하기 위해 판결 전 조사제도가 활용되고 있다.
교정단계	① 주로 가석방 시 예측으로 교도소 및 소년원에서 가석방 및 임시퇴원을 결정할 때 그 대상자의 누범 및 재범위험성을 예측하는 것이다. [2023. 경찰2차] ② 석방 시 사후관리, 사회보호를 위한 보호관찰이나 갱생보호의 위탁 등의 결정에 필요한 예측을 포함한다.

> **⊕ PLUS**
>
> 1. **범죄예측의 발전순서:** 석방 시 예측 ⇨ 재판 시 예측 ⇨ 조기 예측
> 2. 가석방 시의 예측은 가석방을 결정할 때 그 대상자의 재범위험성 등을 예측하는 것으로, 수용성적뿐만 아니라 사회복귀 후의 환경 등을 고려하여 가석방 여부를 결정한다. [2020. 보호 7급]
> 3. 수사종결처분, 양형의 산정, 가석방 결정 등에 필요한 범죄예측은 교정시설의 과밀화 현상을 해소하는 데에 기여될 수 있다. [2018. 보호 7급]

단원별 지문 O X

01 범죄예측은 크게 범죄사건예측, 범죄자예측, 범죄자신원(동일성)예측, 피해자예측 등 4가지 영역으로 구분된다. (　　)
[2023(73). 경위]

02 범죄예측에 있어 현재 우리나라 경찰청에서는 CCTV를 활용한 AI인식시스템으로 프리카스(Pre-CAS)를 활용하고 있다. (　　)
[2023(73). 경위]

03 범죄를 예측하고 경찰활동에 체계적으로 적용한 미국 내 최초의 사례는 뉴욕경찰국(NYPD)의 공간지각시스템(DAS)이다. (　　)
[2023(73). 경위]

04 미국 법무부산하 국립사법연구소(NIJ)는 예측적 경찰활동이란 "다양한 분석기법을 활용하여 경찰개입이 필요한 목표물을 통계적으로 예측함으로써 범죄를 예방하거나 해결하는 제반활동"이라고 정의하였다. (　　)
[2023(73). 경위]

05 수사단계에서의 범죄예측은 수사를 종결하면서 범죄자에 대한 처분을 내리는 데에 중요한 역할을 할 수 있다. (　　)
[2018. 보호 7급]

06 교정단계의 예측은 가석방 여부와 가석방 시기를 결정하기 위해 필요하다. (　　)
[2023. 경찰2차]

07 우리나라에서 범죄예측은 청소년의 재범을 예측하기 위해서 시작되었다. (　　)
[2023. 경찰2차]

08 범죄예측은 재판단계 및 교정단계에서도 행해지지만 교정시설의 과밀화 현상을 해소하는 데는 기여할 수 없다. (　　)
[2018. 보호 7급]

---

01 ○ 경찰단계의 범죄예측 분류이다.

02 ○

03 × 범죄를 예측하고 경찰활동에 체계적으로 적용한 미국 내 최초의 사례는 미국 캘리포니아주 LA경찰국(LAPD)과 산타크루즈 경찰서(SCPD)에서 시행한 프레드폴(PredPol)로 알려져 있다.

04 ○

05 ○

06 ○ 교정단계의 예측은 주로 가석방 시 예측으로 교도소 및 소년원에서 가석방 및 임시퇴원을 결정할 때 그 대상자의 누범 및 재범위험성을 예측하는 것이다. 석방 시 사후관리, 사회보호를 위한 보호관찰이나 갱생보호의 위탁 등의 결정에 필요한 예측을 포함한다.

07 ○ 글룩부부의 범죄예측이 전파되면서 우리나라에서도 청소년들의 재범을 예측하고자 하는 몇 개의 연구가 수행되었다. 이러한 연구의 대부분은 주로 비행소년문제를 실제 관리하는 실무자들에 의해 실시되었다.

08 × 수사종결처분, 양형의 산정, 가석방 결정 등에 필요한 범죄예측은 교정시설의 과밀화 현상을 해소하는 데에 기여될 수 있다.

제3절 예측방법의 분류와 한계

01 예측방법의 분류 [2024. 해경 경위] 총 11회 기출

분류	의의	단점
직관적 관찰법 (전체적 관찰법)	① 대상자의 소질과 인격 전체에 대한 구체적 상황을 종합분석하여 예측하는 방법이다. ② 예측자의 직관적 예측능력을 토대로 하는 예측방법으로, 실무에서 자주 사용되는 방법이다. ③ 인간의 보편적 예측능력, 판사·검사·교도관 등 법법자를 대상으로 한 직업경험이 중요한 역할을 한다.	① 판단자의 주관적 입장·지식·경험에 의존하여 신뢰하기 어렵다. ② 주관적 자의와 한계 및 합리적 판단기준의 결여를 극복하기 어렵다.
임상적 예측법 (경험적 개별예측)	① 정신건강의학과 의사나 범죄심리학자가 행위자의 성격분석을 위한 조사와 관찰, 임상실험의 도움을 통해 내리는 예측을 말한다. ② 각 개인에 내재하는 특수성이나 특이성을 집중적으로 관찰할 수 있다.	판단자의 주관적 평가의 개입가능성(객관성이 결여될 수 있다), 자료해석의 오류가능성, 비용이 많이 소요된다.
통계적 예측법 (점수법)	① 전체적 평가법에서 범하기 쉬운 객관성 문제를 개선하기 위해 개발된 방법이다. ② 여러 자료를 통하여 범죄예측요인을 수량화함으로써 점수의 비중에 따라 범죄나 비행을 예측하는 방법으로 예측표를 작성하여 활용된다. ③ 누구나 쉽게 사용할 수 있고(전문가의 개입을 요하지 않는다), 객관적 기준에 의해 실효성·공평성이 높으며 비용도 절감된다.	① 예측표의 목록은 개별연구자에 따라 상이하여 보편타당한 예측표나 절차가 불가능하다. ② 일반적 경향성은 나타낼 수 있지만, 행위자의 인격적 특수성이나 자유로운 의지가 고려되지 못한다.
통합적 예측법 (구조예측)	직관적 방법과 통계적 예측방법을 조합하여 각각의 단점을 보완하고자 하는 방법이다.	각각의 예측방법의 결함은 어느 정도 줄일 수 있으나 완전히 제거하는 것은 불가능하다.

▶ 전체적 관찰법을 직관적 관찰법과 일상적 관찰법을 통합하여 설명하는 경우가 있다.

02 범죄예측의 한계

(1) 기술적 측면 [2024(74). 경위] 총 2회 기출
① **잘못된 긍정**(false positive): 범죄가 있을 것으로 예측했으나 그렇지 않은 경우로, 개인의 권리침해 요인이 된다.
② **잘못된 부정**(false negative): 범죄가 없을 것이라고 예측했지만 실제로 범죄를 저지른 경우로, 사회와 구성원의 안전에 위협이 될 수 있다.

(2) 윤리적 측면
① 범죄예측이 죄형법정주의와 책임형법의 원칙과 어떻게 조화를 이룰 수 있느냐는 것이다.
② 임상적 예측의 경우 전문가들의 주관적 판단에 기초함으로써 객관성이 결여되어 있다.
③ 통계적 예측의 경우 행위자의 인격적 특수성이나 자유로운 의지가 고려되지 못한다.

단원별 지문

01 전체적 평가법은 대상자의 소질과 인격 전체에 대한 구체적 상황을 종합분석하여 그 사람의 범죄성향을 임상적 경험에 의하여 예측하는 방법이다. (　　) 　　　　　　　　　　　　　　　　　　　　　　　　　　　　　　　[2023. 해경 경위]

02 통계적 예측법은 여러 자료를 통하여 범죄예측 요인을 수량화함으로써 점수의 비중에 따라 범죄 또는 비행을 예측하는 것이다. (　　) 　　　　　　　　　　　　　　　　　　　　　　　　　　　　　　　　　[2023. 해경 경위]

03 통계적 예측법은 범죄자의 소질과 인격에 대한 상황을 분석하여 범죄자의 범죄성향을 임상적 경험에 의하여 예측하는 방법이다. (　　) 　　　　　　　　　　　　　　　　　　　　　　　　　　　　　　　　　[2020. 교정 7급]

04 범죄예측의 방법 중 '임상적 예측법(경험적 예측법)'은 대상자의 범죄성향을 임상전문가가 종합분석하여 대상자의 범죄가능성을 판단하는 것이므로 대상자의 특성을 집중관찰할 수 있는 장점이 있다. (　　) 　　　　　　　　　[2018. 보호 7급]

05 경험적 개별예측은 정신과 의사나 범죄학을 교육받은 심리학자가 행위자의 성격 분석을 위한 조사와 관찰 등을 토대로 내리는 예측을 말한다. 대상자에게 내재되어 있는 특성을 집중적으로 관찰할 수 있는 장점이 있는 반면, 판단자의 자료해석 오류가능성이나 주관적 평가가 개입될 위험으로 인해 객관성이 결여될 수 있고, 비용이 많이 든다는 단점이 있다. (　　) 　　　　　　　　　　　　　　　　　　　　　　　　　　　　　　　　　[2022(72). 경위]

06 임상적 예측법은 정신과 의사나 범죄심리학자가 조사와 관찰 등에 의해 행위자의 성격분석을 토대로 내리는 예측이므로 판단자의 자료해석의 오류나 주관적 평가가 개입할 위험이 있다. (　　) 　　　　　　　　　　　　　　[2016. 사시]

07 범죄예측상 기술적인 측면에서 100%의 정확도를 가진 예측은 현실적으로 불가능하므로, 오류 긍정(False Positive)과 오류 부정(False Negative)의 잘못된 결과가 나타날 가능성이 있다. (　　) 　　　　　　　　　　　　[2024(74). 경위]

---

01 ○　전체적 평가법은 예측자의 직관적 예측능력을 토대로 하는 예측방법으로, 실무에서 자주 사용되는 방법이다. 인간의 보편적 예측능력, 판사·검사·교도관 등 범법자를 대상으로 한 직업경험이 중요한 역할을 한다.

02 ○　통계적 예측법은 전체적 평가법에서 범하기 쉬운 객관성 문제를 개선하기 위해 개발된 방법이다. 여러 자료를 통하여 범죄예측요인을 수량화함으로써 점수의 비중에 따라 범죄나 비행을 예측하는 방법으로 예측표를 작성하여 활용된다.

03 ×　전체적 평가법 또는 임상적 예측법에 대한 설명이다. 통계적 예측법은 여러 자료를 통하여 범죄예측요인을 수량화함으로써 점수의 비중에 따라 범죄를 예측하는 것이다.

04 ○

05 ○　범죄예측 방법 중 경험적 개별예측(임상적 예측법)에 대한 설명이다.

06 ○　임상적 예측법은 판단자의 주관적 평가의 개입가능성이 있어 객관성이 결여될 수 있고, 판단자의 자료해석의 오류가능성, 비용이 많이 소요된다.

07 ○

제22장 / 범죄예방

제1절 범죄예방의 의의와 예방모델

01 범죄예방의 의의

(1) 의의

① 범죄예방이란 범죄를 사전에 방지하기 위한 대책으로서 법과 제도, 정책, 범죄적 환경의 개선 등을 포함하는 활동으로, 범죄발생의 원인을 제거하거나 범죄억제작용을 하는 여러 원인을 강화함으로써 장래에 범죄가 발생하지 않도록 하는 것을 말한다.

② 범죄예방을 주된 임무로 하는 기관은 경찰이지만, 민간기관이나 시민들도 범죄예방활동에 관여할 수 있다.

③ **사후 진압적 방법**: 이미 행하여진 범죄를 진압함으로써 범죄예방 효과를 얻는 방법으로, 이는 당해 범죄자의 재범을 방지하는 특별예방의 효과와 일반인의 범죄의사를 저지하는 일반예방 효과를 거둘 수 있다.

④ **사전 예방적 방법**: 사후 진압적 방법의 범죄예방책은 범죄피해자 발생, 범죄자의 검거와 교정의 비용 발생, 범죄자 가족의 사회적 타격, 범죄증가로 인한 일반국민의 불안감 증대 등의 부정적 효과가 있으므로, 사전적 범죄예방대책이 우선적으로 강구되어야 한다. [2024. 경찰2차]

(2) 범죄예방과 형사사법제도 비교 [2024. 경찰2차]

① 범죄예방은 사전 예방적인 반면, 형사사법제도는 사후 대응적이다.

② 범죄예방의 범주는 범죄행동뿐 아니라 범인성, 두려움 등에도 중점을 두는 반면, 형사사법제도의 범주는 범죄행동에 중점을 둔다.

③ 범죄예방의 접근방법은 개입뿐 아니라 예측 및 평가도 포함하는 반면, 형사사법제도의 접근방법은 개입에만 중점을 둔다.

④ 범죄예방은 비공식적 사회통제에 중점을 두는 반면, 형사사법제도는 공식적 사회통제에 중점을 둔다.

(3) 제프리(C. R. Jeffery)**의 범죄예방**

① 범죄예방이란 범죄발생 이전의 활동이며 범죄행동에 대한 직접적인 통제이다.

② 개인의 행동에 초점을 맞추는 것이 아니라 개인이 속한 환경과 그 환경 내의 인간관계에 초점을 맞춰야 하며 인간의 행동을 연구하는 다양한 학문을 배경으로 하는 것이다. [2023(73). 경위]

③ 범죄예방모델로 ㉠ 범죄억제모델, ㉡ 사회복귀모델, ㉢ 환경공학적 범죄통제모델을 제시하였으며, 세 가지 모델은 상호보완관계에 있다고 보았다. [2023(73). 경위]

(4) 랩(S. P. Lab)**의 범죄예방**

① 랩은 범죄예방을 '실제의 범죄발생을 줄이고 범죄에 대한 일반의 두려움을 줄이는 사전활동'으로 정의하고, 사전적 범죄예방대책을 강조하였다. [2023(73). 경위]

② 범죄예방은 범죄의 실질적인 발생을 줄이려는 정책과 일반시민이 범죄에 대하여 가지는 막연한 두려움과 공포를 줄여나가는 정책을 포함하여야 한다고 보았다. [2023. 경행2차] 총 3회 기출

02 범죄의 두려움

(1) 의의
① 범죄의 두려움이란 일반적으로 특정 범죄의 피해자가 될 가능성의 추정이나 범죄 등에 대한 막연한 두려움의 추정을 의미한다.
② 두려움은 국민이 느끼는 삶의 질이 범죄피해 자체보다 범죄의 두려움에 더 큰 영향을 받는다고 보아, 범죄예방의 개념과 정책목표에서 범죄의 두려움이 중시되고 있다.
③ 범죄의 두려움은 CCTV, 거리 조명 개선 등의 범죄예방효과를 확인하기 위한 지역주민의 주관적 평가에 활용할 수 있다. [2023(73). 경위]

(2) 범죄두려움을 설명하는 4가지 모형

범죄피해 모형	직접적·간접적인 범죄피해의 경험이 두려움을 증가시킨다는 견해이다.
취약성 모형	여성, 노약자, 1인 가구 등 신체적·사회적 취약성이 두려움을 증가시킨다는 견해이다.
무질서 모형	개인에게 지각되는 지역사회의 물리적·사회적 무질서, 즉 빈집, 쓰레기, 낙서 등 무질서한 상태나 성매매, 음주소란 등 무질서한 행위가 두려움을 증가시킨다는 견해이다.
사회통제 모형	지역주민의 유대와 협력, 지역경찰에 대한 신뢰도 등에 따라 두려움이 달라진다는 견해이다.

> **⊕ PLUS 지역사회 두려움 모델** [2023(73). 경위]
>
> | 이웃통합 모델
(Neighborhood Integration Model) | 이웃지역의 결속과 상호신뢰가 존재한다면 지역의 두려움은 감소될 수 있다는 것이다. |
> |---|---|

(3) 범죄피해 – 두려움의 역설
① 범죄피해 – 두려움의 역설(Victimization-fear Paradox)이란 범죄에 대한 두려움과 실제 범죄피해 위험 간의 불일치, 즉 개인이 느끼는 범죄에 대한 두려움이 실제 통계적인 범죄율과 맞지 않는 경우를 의미한다.
② 범죄율이 낮은 지역의 사람들이 범죄두려움을 더 느낄 수 있고, 반대로 범죄율이 높은 지역에 사는 사람들이 오히려 상대적으로 두려움이 적을 수도 있다는 것이다.
③ 일반적으로 여성이나 노인, 장애인 등 사회적 약자는 젊은 남성에 비해 범죄피해율이 매우 낮지만 상대적으로 범죄두려움은 더 높게 나타나는 현상이다. [2023(73). 경위]
④ **원인**: 범죄피해 – 패러독스는 미디어의 과장된 보도, 지역사회의 사회적 결속력이나 신뢰 수준, 개인의 과거 경험 그리고 사회적 불안정성, 나이, 성별, 경제적 지위에 따라서도 두려움의 정도가 달라질 수 있다.

03 범죄예방의 기본모델

(1) 제프리(Jeffery)**의 범죄대책모델**(모델 간 상호보완적 관계 중시)

① **범죄억제모델**
- ㉠ 비결정론적 인간관을 전제로, 형법 또는 형벌을 통하여 범죄를 억제하는 가장 전통적인 방법으로 고전학파의 범죄이론과 맥을 같이 한다. [2023. 경찰2차]
- ㉡ 처벌을 통하여 범죄자들의 잠재적 범죄를 예방하고, 이를 통하여 사회를 안전하게 보호하는 데 중점을 둔다. [2013. 보호 7급]
- ㉢ 처벌을 통한 범죄예방의 효과를 높이기 위하여 처벌의 확실성, 엄격성, 신속성을 요구한다. [2018. 보호 7급] 총 2회 기출

② **사회복귀모델**
- ㉠ 범죄인의 재사회화와 재범방지에 중점을 둔 임상적 개선방법 등 결정론적 실증주의의 특별예방 관점에서의 행형론의 주요한 모델이다.
- ㉡ 형집행단계에서 <u>특별예방의 관점을 강조</u>하며, 주관주의 형법이론과 맥을 같이 하는 것으로 임상적 치료, 교육, 직업훈련에 의한 사회복귀를 추구한다. [2023. 경찰2차] 총 3회 기출
- ㉢ 범죄인의 생물학적·심리학적 특성과 사회적 환경에 따른 효과에 차이가 난다는 문제가 있다.

③ **환경개선을 통한 범죄예방모델**
- ㉠ 제프리가 특히 강조한 모델로, 도시정책, 환경정화, 인간관계의 개선과 정치·경제·사회 각 분야에서의 갈등해소 등 <u>환경개혁을 통하여 범죄를 예방</u>하고자 하는 범죄억제모델이다.
- ㉡ 범죄의 원인을 개인과 환경과의 상호작용에서 찾음으로써 사회적 범죄환경요인을 개선 내지 제거할 것을 주장한다. [2013. 보호 7급]
- ㉢ 환경설계를 통한 범죄예방(CPTED) 개념을 제시하고, 주택 및 도시설계를 범죄예방에 적합하도록 구성하려고 하였다.

(2) 브랜팅햄(Brantingham)**과 파우스트**(Faust)**의 범죄예방모델**

① 범죄예방모델은 질병예방의 <u>보건의료모형을 차용</u>하였다. [2024(74). 경위] 총 3회 기출

② **분류**
- ㉠ **1차적 예방**: 질병예방을 위해 주변환경의 청결·소독과 같은 위생상태를 개선하는 것과 유사하다.
- ㉡ **2차적 예방**: 질병에 걸린 사람들을 격리하고 주변 사람들에게 예방접종을 하는 것과 유사하다.
- ㉢ **3차적 예방**: 중병에 걸린 사람을 입원시켜 치료하는 것과 유사하다.

③ **1차적 범죄예방**(일반시민)
- ㉠ <u>사회정책적</u> 측면에서 이루어지는 범죄예방으로, 범죄행위를 야기할 가능성이 있는 문제들을 미연에 방지할 목적으로 범죄기회를 제공하거나 범죄를 촉진하는 물리적·사회적 환경조건을 변화시키는 것을 말한다.
- ㉡ 방법으로는 조명·자물쇠장치·접근통제 등과 같은 환경설비, 이웃감시·시민순찰 등과 같은 이웃감시, 범죄 실태에 대한 <u>대중교육 등과 같은 범죄예방교육</u>, 경찰방범활동, 민간경비 등이 있다. [2024(74). 경위] 총 3회 기출

④ **2차적 범죄예방**(우범자)
- ㉠ 범행가능성이 있는 <u>잠재적 범죄자를 조기에 발견</u>(범죄예측)하고 그를 감시·교육함으로써 반사회적 행위에 이르기 전에 미리 예방하는 것을 말한다. [2024. 해경 경위] 총 3회 기출
- ㉡ 범죄가능성이 높은 취약지역이나 개인을 대상으로 하기 때문에 이들과 많이 접촉하는 지역사회의 지도자나 부모, 교사 등에게 많이 의존하게 된다. 이는 <u>상황적 범죄예방 모델</u>에 속한다. [2023. 경찰2차] 총 2회 기출

ⓒ 방법으로는 범죄예측, 우범지역 순찰, 비행가능성이 있는 소년의 직업훈련 및 교육프로그램 실시, 범죄발생지역의 분석, 전환제도 등이 있다. [2025. 경찰1차]

⑤ **3차적 범죄예방**(범죄자)

ⓐ 범죄자를 대상으로 하는 예방조치로써 과거에 범행한 적이 있는 범죄자를 대상으로 재범하지 않도록 하는 것이 주된 임무이다.

ⓑ 이 기능의 대부분은 형사사법기관에 의해 이루어지고 있으며 구금, 교정 및 치료, 사회복귀, 갱생보호사업, 지역사회교정 등이 여기에 해당한다. [2022(72). 경위]

(3) 톤리와 패링턴(M.Tonry & D.Farrington)의 범죄예방모델

① **사회적 예방**

ⓐ 지역사회에서 범죄를 유발하는 사회적 조건의 변화를 통한 범죄예방정책이다.

ⓑ 빈곤과 무질서를 개선하고 지역조직, 유대와 결속을 강화하여 사회적 자본을 증진함으로써 공동체의 회복 및 자정능력의 향상을 목표로 한다.

② **상황적 예방**

ⓐ 장소의 특징과 상황을 변화를 통한 범죄예방정책이다.

ⓑ 범죄실행을 곤란하게 하거나 적발과 체포의 위험을 증가시키고 범죄의 보상이나 이익을 감소시키는 전략이다.

③ **발달적 예방**

ⓐ 위험요인과 보호요인을 적절히 조작하여 범죄가능성을 차단하는 정책이다.

ⓑ 아동기와 청소년기 조기개입에 초점이 맞춰져 있다.

④ **법집행 예방**

ⓐ 법집행을 통한 범죄억제정책이다.

ⓑ 일반억제와 특별억제 효과를 거둘 수 있다.

(4) 뉴먼(Newman)과 레피토(Reppetto)의 범죄예방모델

① **방어공간**: 주택건축과정에서 공동체의 익명성을 줄이고 범죄자의 침입과 도주를 차단하며, 순찰·감시가 용이하도록 구성하여 범죄예방을 도모하여야 한다는 방어공간의 개념을 사용하였다.

② **상황적 범죄예방모델**: 범죄행위에 대한 위험과 어려움을 높여 범죄기회를 줄임으로써 범죄예방을 도모하려는 방법을 상황적 범죄예방모델이라고 한다.

③ **이론적 근거**: 범행을 촉발하는 요인으로 동기화된 범죄자, 범행에 적합한 대상 그리고 감시의 부재를 들고, 범죄기회가 주어지면 누구든지 범죄를 저지를 수 있는 것으로 보는 일상활동이론은 상황적 범죄예방모델의 이론적 근거가 된다.

단원별 지문 O X

01 범죄예측은 사실상 범죄자의 재범위험성에 대한 예측이기 때문에, 브랜팅햄(Brantingham)과 파우스트(Faust)의 범죄예방모형에 따르면, 3차적 범죄예방에 해당한다. (　　) [2023. 해경 경위]

02 범죄예방은 사후 대응적(reactive)인 반면, 형사사법제도는 사전 예방적(proactive)이다. (　　) [2024. 경찰2차]

03 범죄예방의 범주는 범죄행동에 중점을 두는 반면, 형사사법제도는 범죄행동뿐 아니라 범인성, 두려움 등에도 중점을 둔다. (　　) [2024. 경찰2차]

04 범죄예방의 접근방법은 개입에만 중점을 두는 반면, 형사사법제도는 개입뿐 아니라 예측 및 평가도 포함한다. (　　) [2024. 경찰2차]

05 범죄예방은 비공식적 사회통제에 중점을 두는 반면, 형사사법제도는 공식적 사회통제에 중점을 둔다. (　　) [2024. 경찰2차]

06 제프리(Jeffery)는 범죄예방이란 범죄발생 이전의 활동이며, 범죄행동에 대한 직접적 통제이며, 개인의 행동에 초점을 맞추는 것이 아니라 개인이 속한 환경과 그 환경 내의 인간관계에 초점을 맞춰야 하며, 인간의 행동을 연구하는 다양한 학문을 배경으로 하는 것이라고 하였다. (　　) [2023(73). 경위]

07 제프리(Jeffery)는 범죄예방모델로 범죄억제모델(Deterrent Model), 사회복귀모델(Rehabilitation Model), 환경공학적 범죄통제모델(Crime Control Through Environmental Engineering)을 제시하였으며, 세 가지 모델은 상충관계에 있다. (　　) [2023(73). 경위]

08 제프리(Jeffery)가 제시한 범죄대책 중 범죄억제모델은 주로 형집행단계에서 특별예방의 관점을 강조하고 있다. (　　) [2023. 경찰2차]

09 브랜팅햄과 파우스트(Brantingham & Faust)는 범죄예방을 1차적 범죄예방, 2차적 범죄예방, 3차적 범죄예방으로 나누었다. (　　) [2023(73). 경위]

---

01 ✕　범죄예측은 잠재적 범죄자의 조기발견을 의미하는 것으로 브랜팅햄과 파우스트의 2차 범죄예방모형에 해당된다.

02 ✕　형사사법제도는 사후 대응적인 반면, 범죄예방은 사전 예방적이다.

03 ✕　형사사법제도의 범주는 범죄행동에 중점을 두는 반면, 범죄예방의 범주는 범죄행동뿐 아니라 범인성, 두려움 등에도 중점을 둔다.

04 ✕　형사사법제도의 접근방법은 개입에만 중점을 두는 반면, 범죄예방의 접근방법은 개입뿐 아니라 예측 및 평가도 포함한다.

05 ○　형사사법제도는 공식적 사회통제에 중점을 두는 반면, 범죄예방은 비공식적 사회통제에 중점을 둔다.

06 ○

07 ✕　제프리(Jeffery)는 범죄대책모델로 범죄억제모델, 사회복귀모델, 환경개선을 통한 범죄예방모델을 제시하였으며, 이 세 가지 모델은 상호보완관계에 있다.

08 ✕　사회복귀모델에 대한 설명이다. 범죄억제모델은 처벌을 통하여 범죄자들의 잠재적 범죄를 예방하고, 이를 통하여 사회를 안전하게 보호하는데 중점을 두며, 처벌을 통한 범죄예방의 효과를 높이기 위하여 처벌의 확실성, 엄격성, 신속성을 요구한다.

09 ○

10 상황적 범죄예방모델은 브랜팅햄(Brantingham)과 파우스트(Faust)의 범죄예방모델 중에서 2차적 범죄예방에 속한다. ( ) [2023. 경찰2차]

11 브랜팅햄(Brantingham)과 파우스트(Faust)의 범죄예방모델에 따르면 잠재적 범죄자를 조기에 판별하고 이들이 불법행위를 저지르기 전에 개입하려는 시도는 2차적 범죄예방에 해당한다고 볼 수 있다. ( ) [2022(72). 경위]

12 브랜팅햄(Brantingham)과 파우스트(Faust)의 범죄예방모델에 따르면 범죄 실태에 대한 대중교육을 실시하는 것은 1차적 범죄예방에 가장 가깝다. ( ) [2022(72). 경위]

13 브랜팅햄(Brantingham)과 파우스트(Faust)의 범죄예방모델에 따르면 2차적 범죄예방은 대부분 형사사법기관에 의해 이루어진다. ( ) [2022(72). 경위]

14 브랜팅햄(Brantingham)과 파우스트(Faust)는 질병예방에 관한 보건의료모형을 응용하여 단계화한 범죄예방모델을 제시하였다. ( ) [2023. 보호 7급]

15 이웃감시와 주민순찰은 브랜팅햄과 파우스트(Brantingham & Faust)가 제시한 1차적 범죄예방과 관련이 있다. ( ) [2024(74). 경위]

16 랩(Lab)은 범죄예방의 개념을 실제의 범죄발생 및 시민의 범죄에 대해서 가지는 두려움을 제거하는 활동이라고 하였다. ( ) [2023(73). 경위]

17 랩(Lab)은 범죄예방의 개념을 '실제의 범죄발생 및 범죄두려움(fear of crime)을 제거하는 활동'이라 정의하고, 범죄예방은 범죄의 실질적인 발생을 줄이려는 정책과 일반시민이 범죄에 대하여 가지는 막연한 두려움과 공포를 줄여나가는 정책을 포함하여야 한다고 주장한다. ( ) [2023. 경찰2차]

---

10 ○ 상황적 범죄예방모델은 범죄기회가 주어지면 누구든지 저지를 수 있는 행위로 보고, 범죄예방은 범죄기회를 감소시킴으로써 성취될 수 있다고 하였고, 2차적 범죄예방은 범행가능성이 있는 잠재적 범죄자를 조기에 발견하고 그를 감시·교육함으로써 반사회적 행위에 이르기 전에 미리 예방하는 것을 말한다. 그러므로 상황적 범죄예방모델은 브랜팅햄과 파우스트의 범죄예방모델 중에서 2차적 범죄예방과 비슷한 개념이다.

11 ○ 2차적 범죄예방은 범행가능성이 있는 잠재적 범죄자를 조기에 발견하고 그를 감시·교육함으로써 반사회적 행위에 이르기 전에 미리 예방하는 것을 말한다(대상: 우범자, 우범집단).

12 ○ 1차적 범죄예방의 방법으로는 조명·자물쇠장치·접근통제 등과 같은 환경설비, 감시·시민순찰 등과 같은 이웃감시, 경찰방범활동, 범죄예방교육, 민간경비 등이 있다(대상: 일반인).

13 × 2차적 예방은 범죄가능성이 높은 취약지역이나 개인을 대상으로 하기 때문에 이들과 많이 접촉하는 지역사회의 지도자나 부모, 교사 등에게 많이 의존하게 된다. 3차적 범죄예방은 범죄자를 대상으로 하는 예방조치로써 과거에 범행한 적이 있는 범죄자를 대상으로 재범하지 않도록 하는 것이며, 이 기능의 대부분은 형사사법기관에 의해 이루어지고 있으며 구금, 교정 및 치료, 사회복귀, 갱생보호사업, 지역사회교정 등이 여기에 해당한다(대상: 범죄자).

14 ○ 브랜팅햄과 파우스트의 범죄예방모델은 질병예방의 보건의료모형을 차용하였다. 1차적 예방은 질병예방을 위해 주변환경의 청결·소독과 같은 위생상태를 개선하는 것과 유사하고, 2차적 예방은 질병에 걸린 사람들을 격리하고 주변 사람들에게 예방접종을 하는 것과 유사하며, 3차적 예방은 중병에 걸린 사람을 입원시켜 치료하는 것과 유사하다.

15 ○ 1차적 범죄예방은 사회정책적 측면에서 이루어지는 범죄예방으로, 범죄행위를 야기할 가능성이 있는 문제들을 미연에 방지할 목적으로 범죄기회를 제공하거나 범죄를 촉진하는 물리적·사회적 환경조건을 변화시키는 것을 말한다. 방법으로는 조명·자물쇠장치·접근통제 등과 같은 환경설비, 감시·시민순찰 등과 같은 이웃감시, 범죄 실태에 대한 대중교육 등과 같은 범죄예방교육, 경찰방범활동, 민간경비 등이 있다.

16 ○

17 ○

제2절 환경범죄학

01 환경범죄학과 상황적 범죄이론

(1) 환경범죄학
주택이나 건물, 지역 등의 환경이 가진 범죄취약 요인을 분석하여 범죄기회를 감소시키기 위해 환경설계를 통한 범죄예방 전략을 강조하는 이론으로, 방어공간이론, CPTED, 일상활동이론, 깨진 유리창이론 등을 포함한다.

(2) 상황적 범죄학
① 과거에는 범죄를 개인의 속성에서 찾았으나, 상황적 범죄예방이론은 범죄기회가 주어지면 누구든지 저지를 수 있는 행위로 보고, 범죄예방은 범죄기회를 감소시킴으로써 성취될 수 있다고 한다.
② 상황적 범죄이론은 환경적 범죄기회 제거뿐만 아니라 개인의 생활양식의 개선에 의한 범죄기회 제거를 강조하는 생활양식이론까지 포함한다는 측면에서 환경범죄학보다 그 범위가 더 넓다.
③ **정책대안:** 범죄예방을 위해서는 ㉠ 사람이나 재물 같은 범죄표적물에 대한 주의 깊은 보호, ㉡ 범죄수단에 대한 통제, ㉢ 잠재적 범죄자들의 행동에 대한 주의 깊은 추적 등 세 가지 요소를 기초로 이루어진다.

02 환경설계(CPTED)의 발달

(1) 뉴먼(Newman)의 방어공간이론(defensible space theory)
① 1972년 뉴먼(Newman)은 주택건설설계를 통해서 범죄자의 범죄기회를 제거하거나 감소시킬 수 있는 4가지 구성요소로 방어공간이론을 제시하였다. [2022(72). 경위]
② 방어공간이론은 많은 도시시설 가운데 특히, 주거시설에 초점을 두고 정립되었다. [2024(74). 경위]
③ 방어공간에는 ㉠ 영역성, ㉡ 자연적 감시, ㉢ 이미지, ㉣ 환경의 네 가지 구성요소가 있는데, 이 가운데 영역성을 강조하였다. [2024(74). 경위]
④ 방어공간의 ㉠ 영역은 사적 영역, ㉡ 준사적 영역, ㉢ 준공적 영역, ㉣ 공적 영역으로 나뉘는데, 이 가운데 사적영역과 준사적 영역에서의 범죄발생 위험에 주목하고 범죄예방을 위한 방어공간이론을 주장하였다. [2024(74). 경위]

📋 뉴먼의 방어공간이론 4가지 구성요소 [2024(74). 경위]

영역성 설정 원칙	영역성은 건물의 배치, 도로의 설계, 상징적인 혹은 실제 통제공간을 설계하여 그 지역의 거주자들이 자신들의 소유나 책임 영역이라는 의식을 심화시켜 범죄를 예방하려는 통제전략이다.
자연스런 감시의 확보 원칙	자연적 감시는 합법적인 이용자들에게 이웃과 외부인의 일상활동을 관찰할 수 있도록 영역을 설계함으로써 주민들에 의한 자연적인 감시가 이루어져야 한다는 것을 의미한다.
거주지 이미지 형성 원칙	주택단지가 범죄에 취약하게 보이지 않고 지역사회로부터 고립되지 않도록 거주지를 조성해야 한다는 원칙으로, 특정 지역·장소에 있는 특정한 사람이 범행하기 쉬운 대상으로 인식되지 않도록 하는 것을 의미한다
입지조건 원칙 (환경)	입지조건은 특정 장소 주변지역의 성격을 말하는 것으로서, 주택지 주위에 범죄유발 위험시설이 없는 지역에 배치하고, 유흥시설이나 사행성 오락시설 또는 윤락업소 같은 풍속에 유해한 영향을 미치는 시설은 주택단지 주변에 위치하지 못하게 한다. 또한 경찰 등 범죄통제나 감시기관이 많은 지역을 선택함으로써 주거지역이 범죄로부터 안전을 확보해야 한다는 것을 강조한다.

(2) 제프리의 환경설계를 통한 범죄예방(CPTED)

① 제프리(Jeffery)는 환경의 적절한 설계와 효과적인 사용이 범죄에 대한 두려움과 발생범위를 줄이고 삶의 질을 증대시킨다는 개념의 셉테드를 주장하였다.

② 신고전주의 범죄학이론에 근거한 대표적인 범죄예방정책으로, 건축학자 뉴먼의 방어공간이론을 환경범죄학적 견지에서 발전시킨 범죄학자 제프리에 의해서 셉테드로 개념화되었다.

③ 범죄자, 피해자, 취약한 공간구조의 세 가지 조건이 갖추어질 때 범죄가 발생한다는 일상활동이론의 기본요소와 이의 근간이 되는 합리적 선택이론을 토대로 범죄기회요인을 감소시키는 전략에 집중한다.

④ 그는 「환경설계를 통한 범죄예방(CPTED)」(1971)에서 방어공간의 개념을 주택지뿐만 아니라 학교나 공장 같은 비주거지역에 적용함으로써 범죄예방을 위한 환경설계는 미국 전역의 관심을 받기 시작했다.

⑤ 주거 및 도시지역의 물리적 환경설계 또는 재설계를 통하여 범죄를 예방하고자 하는 전략을 말한다.
[2022(72). 경위] 총 2회 기출

⑥ 접근통제, 감시, 활동지원, 동기강화가 자연스럽게 이루어지는 환경을 설계하여 잠재적인 범죄자가 범행을 포기하는 결정을 하도록 합리적이고 과학적으로 유도하는 것을 목표로 한다.

⑦ "세상에는 환경적 조건에 따른 범죄행동만 있을 뿐 범죄자는 존재하지 않는다."라고 주장하였다. [2016. 교정 7급]

🗐 제프리의 셉테드(CPTED) 기본 원리 [2022(72). 경위] 총 7회 기출

자연적 감시	① 주민들이 자연스럽게 낯선 사람을 볼 수 있도록 건물과 시설물을 배치하는 것을 말한다. ② 건물 입구나 출입문에 대한 가시성 증가, 방문이나 창문을 주변 도로에서 잘 보이도록 설계, 고강도 가로등 설치, 주차장이나 현관에 CCTV 설치에 의한 침입자 관찰, 전자감시 장치 이용 등이 그 기법이다.
자연적 접근통제	① 일정한 지역에 접근하는 사람들을 정해진 공간으로 유도하거나 외부인의 출입을 통제하도록 설계함으로써 접근에 대한 심리적 부담을 증대시켜 범죄를 예방하려는 원리이다. ② 건물 출입구의 수 줄이기, 특수 잠금장치 설치, 방범경보장치 설치, 방범창 설치, 방범견 배치, 경비원 배치 등이 있다.
영역성	① 사적 공간, 준사적 공간, 공적 공간 사이의 경계를 분명히 하여 공간이용자들이 사적 공간에 들어갈 때 심리적 부담을 주는 원리이다. ② 조경, 도로의 포장, 특수 울타리 설치, 출입구 통제 강화, 표지판 설치, 내부 공원조성 등은 주민들의 소유재산이나 자기의 사적 영역이라는 인식을 강화한다.
활용성 증대	시민들이 공공장소를 그 목적에 맞게 활발하게 활용하도록 유도하여 비행이나 범죄행위를 억제하는 원리이다.
유지관리	① 장소나 건물을 설계목적대로 사용할 수 있도록 보수하고 관리하는 것을 말한다. ② 부서지거나 노후된 시설을 방치하면 정상적 이용자들의 활용성이 떨어지고, 이는 범죄자들을 유인하는 요소가 된다.

(3) 셉테드(CPTED)의 발전

물리적 환경에 집중하던 제1세대 셉테드에서 사회적 환경적 요소를 중시하는 제2세대 셉테드, 그리고 테크놀로지와 녹색 지속가능성으로 설명되는 제3세대 셉테드의 개념까지 확대되고 있다.

셉테드(CPTED)의 발전 [2024(74). 경위] 총 3회 기출

1세대 **(물리적 환경)**	① 자연적 감시, 접근 통제, 영역성의 강화 등 셉테드의 기본 원리에 입각하여, 범죄예방에 효과적인 물리 환경을 설계·개선하는 하드웨어 중심의 접근 방법이다. ② 가로등 세우기, CCTV 설치, 쓰레기 치우기 등과 같이 물리적 환경을 설계하고 개선하는 접근이 많다.
2세대 **(사회적 결속)**	① 범죄의 원인이 물리적 환경뿐만 아니라 주민이 직접적으로 관계를 맺고 살아가는 사회 환경에도 영향을 받는다는 점에 착안하여, 주민이 환경 개선 과정에 직접 참여하여 물리적 개선과 함께 심리적·사회적 유대감(사회적 응집)을 재생하는 소프트웨어적 접근 방법이다. ② 범죄예방에 필요한 매개요인들에 대한 직접 개입을 주목적으로 한다. ③ 사빌과 클리블랜드(Saville & Cleveland)는 사회적 융화(social cohesion), 연결성(connectivity), 지역사회 문화(community culture), 임계능력(threshold capacity)의 고려를 통한 모든 사회-경제적 계층과 인종 모두를 위한 제대로 잘 유지·관리되는 도시와 사회·경제적으로 균형이 잡힌 지역사회공동체에 초점을 둔다. [2022. 경찰2차] ④ 참여와 커뮤니케이션: 시민방범순찰, 주민 커뮤니티 시설을 만들거나 주민 쉼터, 안전지도 제작 등을 통한 사회유대감증진을 목표로 한다. ⑤ 사회적 취약계층보호: 빈곤, 소외 등의 사회적 요인으로 인한 범죄노출예방을 위한 자원 등을 포함한다.
3세대 **(지속가능한 도시설계)**	① 지역공동체사회 주도의 사회혁신과 지속가능성에 기초한 도시설계와 공동체의 생태적 안정성을 중시한 범죄예방전략이다. ② 안전한 도시개념을 인공두뇌학적으로 강화되고 향상된 녹색설계전략에 기초한 지속가능한 녹색 도시를 상상했다. ③ 장소, 사람, 기술 및 네트워크를 핵심요소로 하여 안전한 공동체 형성을 지향한다. [2022. 경찰2차] ④ 1세대의 통제와 감시, 2세대의 효과적인 물리적 설계와 사회-문화의 다양성을 포함한 통합적 접근이다. ⑤ 이는 매슬로우(Maslow)의 인간욕구 단계개념을 원용한 것으로, 1세대가 1단계의 안전욕구, 2세대가 중간 수준의 심리적 욕구로 그려지는 사회적 소속감과 집합효율성과 같은 맥락이라면, 3세대는 자아실현과 초월성이라는 더 높은 수준의 욕구로 확대된다. ⑥ 재생 가능한 자원 활용, 녹지와 공원의 확충, 환경보전에 대한 책임감 장려 등을 중시하여 제3세대 셉테드를 에코셉테드(Eco-CPTED)라고도 한다.

(4) 한국 경찰의 셉테드(CPTED) 도입

① 2005년 CPTED 프로그램 추진계획을 수립하여 경기도 부천시에서 시범 실시하였다.
② 2016년부터는 경찰서에 범죄예방 진단팀제도를 도입하면서 셉테드 원리를 범죄예방 대응책 마련에 적용하고 있다.
③ 범죄예방 전문요원(CPO)은 문제지향 경찰활동과 더불어 셉테드 원리를 적용하여 지역사회와 함께 범죄예방 활동을 추진한다.

단원별 지문

01 뉴만(Newman)의 방어공간이론은 많은 도시시설 가운데 특히, 주거시설에 초점을 두고 정립되었다. (   )
[2024(74). 경위]

02 뉴만(Newman)의 방어공간에는 영역성, 자연적 감시, 이미지, 환경의 네 가지 구성요소가 있는데, 이 가운데 영역성을 강조하였다. (   )
[2024(74). 경위]

03 환경설계를 통한 범죄예방(CPTED) 중 접근통제(Access Control)는 일정한 지역에 접근하는 사람들을 정해진 공간으로 유도하거나 외부인의 출입을 통제하도록 설계함으로써 접근에 대한 심리적 부담을 증대시켜 범죄를 예방하는 원리이다. (   )
[2022. 보호 7급]

04 환경설계를 통한 범죄예방(CPTED)을 주장한 제프리(Jeffrey)는 "세상에는 환경적 조건에 따른 범죄행동만 있을 뿐 범죄자는 존재하지 않는다."라고 주장하였다. (   )
[2016. 교정 7급]

05 뉴만(Newman)의 방어공간의 영역은 사적 영역, 준사적 영역, 준공적 영역, 공적 영역으로 나뉘는데, 이 가운데 준공적 영역과 공적 영역의 범죄발생 위험성이 높다고 하였다. (   )
[2024(74). 경위]

06 제프리(Jeffery)는 사회환경개선을 통한 범죄예방모델로 환경설계를 통한 범죄예방(Crime Prevention Through Environmental Design: CPTED)을 제시하였다. (   )
[2018. 보호 7급]

07 사빌과 클리블랜드(Saville & Cleveland)가 제시한 2세대 환경설계를 통한 범죄예방(CPTED)의 구성요소 가운데 핵심전략(Core Strategy)은 사회적 응집이다. (   )
[2024(74). 경위]

---

01 ○

02 ○

03 ○

04 ✕   제프리(Jeffery)는 광범위한 사회정책에서부터 개인의 심리적 수준까지 다양한 차원의 범죄예방전략을 제안하였다. 특히, "세상에는 환경적 조건에 따른 범죄행동만 있을 뿐 범죄자는 존재하지 않는다."라고 주장하여, 매우 급진적인 시각을 갖고 있음을 알 수 있다.

05 ✕   뉴만(Newman)은 사적영역과 준사적 영역에서의 범죄발생 위험에 주목하고 범죄예방을 위한 방어공간이론을 주장했다.

06 ○

07 ○   2세대 환경설계를 통한 범죄예방(CPTED)은 범죄의 원인이 물리적 환경뿐만 아니라 <u>주민이 직접적으로 관계를 맺고 살아가는 사회 환경에도 영향을 받는다</u>는 점에 착안하여, 주민이 환경 개선 과정에 직접 참여하여 물리적 개선과 함께 유대감을 재생하는 소프트웨어적 접근 방법이다. 범죄예방에 필요한 매개요인들에 대한 직접 개입을 주목적으로 하며, 주민 커뮤니티 시설을 만들거나 주민 쉼터, 안전지도 제작 등과 같이 주민들이 참여해 물리적 개선과 유대감을 키우는 것을 목적으로 한다. 연계성은 지역안전을 위한 내외부 관계 기관과의 네트워크를 말하고, 지역사회 문화는 공유문화의 활성화, 한계수용량은 인구나 공공시설의 적절성을 의미한다.

08 시민방범순찰은 1세대 환경설계를 통한 범죄예방(CPTED) 전략을 활용한 범죄예방 방안에 속한다. (   )

[2023(73). 경위]

09 ○○경찰서에는 관할구역 내 방치된 공·폐가와 인적이 드문 골목길에 대한 민원이 자주 접수되고 있다. 이에 경찰서는 관할 구청과 협조하여 방치된 공·폐가는 카페로 조성하고 골목길에는 벤치와 운동기구를 설치하였다. 새로 조성된 카페와 시설물을 주민들이 적극적으로 이용하면서 자연스럽게 감시 기능이 향상되는 결과가 나타난 것은 환경설계를 통한 범죄예방 원리 중 활동성 지원에 해당된다. (   )

[2023. 경찰1차]

10 CPTED는 물리적 환경설계를 통한 범죄예방전략을 의미한다. (   )

[2022. 경찰2차]

11 환경설계를 통한 범죄예방(CPTED)에 관한 설명으로 목표물 견고화(target hardening)란 잠재적 범행대상이 쉽게 피해를 보지 않도록 하는 일련의 조치를 말한다. (   )

[2022. 경찰2차]

12 CPTED의 기본원리 중 자연적 접근통제(natural access control)란 사적 공간, 준사적 공간, 공적 공간상의 경계를 분명히 하여 공간이용자들이 사적 공간에 들어갈 때 심리적 부담을 주는 원리를 의미한다. (   )

[2022. 경찰2차]

13 2세대 CPTED는 범죄예방에 필요한 매개요인들에 대한 직접 개입을 주목적으로 하지만, 3세대 CPTED는 장소, 사람, 기술 및 네트워크를 핵심요소로 하여 안전한 공동체 형성을 지향한다. (   )

[2022. 경찰2차]

14 CPTED는 주거 및 도시지역의 물리적 환경설계 또는 재설계를 통해 범죄기회를 감소시키고자 하는 기법이다. (   )

[2022(72). 경위]

15 CPTED의 기본원리 중 자연적 감시는 사적 공간에 대한 경계를 제거하여 주민들의 책임의식과 소유의식을 감소시킴으로써 사적공간에 대한 관리권을 약화시키는 원리이다. (   )

[2022(72). 경위]

16 CPTED의 기본원리 중 자연적 접근통제는 일정한 지역에 접근하는 사람들을 정해진 공간으로 유도하거나 외부인의 출입을 통제하도록 설계함으로써 접근에 대한 심리적 부담을 증대시켜 범죄를 예방하려는 원리이다. (   )

[2022(72). 경위]

08 × 시민방범순찰은 2세대 CPTED 전략을 활용한 범죄예방 방안이다. 1세대 CPTED는 자연적 감시, 접근 통제, 영역성의 강화 등 셉테드의 기본 원리에 입각하여, 범죄예방에 효과적인 물리 환경을 설계·개선하는 하드웨어 중심의 접근 방법으로, 가로등 세우기, CCTV 설치, 쓰레기 치우기 등과 같이 물리적 환경을 설계하고 개선하는 접근이 많다.

09 ○ 활동성 지원은 시민들이 공공장소를 그 목적에 맞게 활발하게 활용하도록 유도하여 비행이나 범죄행위를 억제하는 원리이다.

10 ○

11 ○

12 × CPTED의 기본원리 중 영역성에 대한 설명이다.

13 ○

14 ○

15 × CPTED의 기본원리 중 자연적 감시는 주민들이 자연스럽게 낯선 사람을 볼 수 있도록 건물과 시설물을 배치하는 것을 말한다. 영역성은 사적공간, 준사적공간, 공적공간 사이의 경계를 분명히 하여 공간 이용자들이 사적공간에 들어갈 때 심리적 부담을 주는 원리이다.

16 ○

제3절 상황적 범죄예방

01 상황적 범죄이론

(1) 코니쉬(Cornish)**와 클라크**(Clarke)**의 상황적 범죄예방**(Situational Crime Prevention)

① 미국에서 물리적 환경설계에 대한 관심으로 시작된 셉테드는 1970년대 영국 내무성의 핵심인물인 클라크(Clarke)의 범죄예방활동에 기원을 두며 보다 통합적인 환경조성에 관심을 둔 상황적 범죄예방으로 발전하였다.

② 코니쉬(Cornish)와 클라크(Clarke)의 상황적 범죄예방이란 사회나 사회제도 개선에 의존하는 것이 아니라 단순히 범죄기회의 감소에 의존하는 예방적 접근을 말한다(범죄기회이론).

   ▶ **범죄기회이론**: 합리적 선택이론, 일상활동이론, 상황적 범죄예방론

③ 이러한 접근들은 일차적으로 범죄행위가 나타날 것으로 예상되는 즉각적인 환경이나 상황, 특징들에 초점을 맞춘다.

④ 구체적인 범죄를 대상으로 체계적이고 장기적으로 직접적인 환경을 관리·조정하며, 범죄기회를 감소시키고, 잠재적 범죄자로 하여금 범행이 위험할 수 있음을 인지하도록 하는데 목표를 두고 있다.

⑤ 셉테드에 비해 통합적인 범죄예방의 원리를 제공한다.

⑥ 상황적 범죄예방의 5가지 목표(노력의 증가, 위험의 증가, 보상의 감소, 자극의 감소, 변명의 제거)와 25가지 구체적 기법을 제시하였다.

⑦ 상황적 범죄예방은 자극의 감소라는 사회심리학적 범주까지 포괄하여 확장되었는데, 이로 인해 범죄예방에 대한 폭넓은 원리를 제시하였다는 긍정적인 평가와 더불어 개념의 지나친 확장으로 논리적 일관성의 원리에서 벗어났다는 비판 또한 받고 있다.

코니쉬와 클라크의 상황적 범죄예방목표와 25가지 구체적 기법 [2024(74). 경위] 총 4회 기출

목표	구체적 기법				
	대상물 강화	시설접근통제	출입구 검색	잠재적 범죄자 분산	도구/무기 통제
노력증가	① 운전대 잠금장치 ② 강도방지 차단막	① 전자카드 출입 ② 소지품 검색	① 출구통과티켓 ② 전자상품 인식표	① 여자화장실 분리 ② 술집 분산	① 스마트 건 (안면인식) ② 도난휴대폰 작동불능화
	보호기능확장	자연적 감시	익명성 감소	장소감독자 활용	공식적 감시강화
위험증가	① 일상경계강화 (야간집단이동) ② 이웃감시 프로그램	① 가로등 개선 ② 방어적 공간설계	① 택시운전기사 ID의무화 ② 학생교복착용	① 편의점 2인 운영 ② 신고보상	① 침입절도 경보기 ② 민간경비원
	대상물감추기	대상물제거	소유자표시	장물시장교란	이익불허
보상감소	① 식별 안 되는 전화번호부 ② 표식 없는 금고운송트럭	① 탈부착 가능 차량라디오 ② 여성피난시설	① 재물표식 ② 자동차고유 번호	① 전당포 감시감독 ② 노점상 인가제도	① 상품도난방지택 ② 스피드광 과속방지턱
	좌절감, 스트레스 감소	논쟁피하기	감정적 자극감소	친구압력중화	모방좌절시키기
자극감소	① 효율적 줄서기 ② 부드러운 음악과 조명	① 라이벌 축구팬 분리관람석 ② 택시요금 정찰제	① 폭력적 포르노물 통제 ② 인종적 비하언어 금지	① 음주운전 비난 ② 문제아 분리조치	① 상세한 범죄 수법노출방지 ② TV폭력물 제어칩 설치
	규칙명확화	지침의 게시	양심에 호소	준법행동 보조	약물·알콜통제
변명제거	① 괴롭힘방지 규정 ② 주택임대규정	① 주차금지 ② 사유지	① 도로 옆 속도 알림표시판 ② 세관신고서 작성	① 간편한 도서관 체크아웃 ② 공중화장실, 쓰레기통	① 술집에 음주측정기 ② 알코올 없는 행사

⊕ PLUS 장소 · 시간 · 물품의 취약성

1. 범죄다발지역(Hot-spot)	범죄발생 빈도, 최소한 1년 이상 기간 동안 예측가능한 작은 장소(범죄패턴이론)
2. 범죄다발시간(Hot-time)	일상활동이론: 범죄자, 표적, 보호 세 가지 요소의 시간과 공간의 융합 결과

3. 범죄다발물품(취약물품)(Hot-products)

① 의의: 인기물품, 피해다발물품으로, 절도범들의 관심과 매력을 끄는 물품
② DAC(Design Against Crime): 범죄에 대응하는 제품설계에 적용
③ 클라크와 코니쉬는 코헨과 펠슨의 VIVA개념을 확장하여 물건의 종류나 특성에 따라 범죄피해의 대상이 되는 빈도에 차이가 있고, 이러한 차이를 물건의 특성으로 설명하고자 시도
④ 재산범죄 범죄자들이 선호하는 경향이 있는 물건, 피해대상의 속성을 은폐성, 이동의 용이성, 사용성, 수익성, 오락성, 처분용이성을 통해 설명 [2023(73). 경위]

일상활동이론의 VIVA(펠슨)	CRAVED(클라크) [2024. 해경 경위]
① 가치(value): 범죄자에 의해 결정되는 가치 ② 비활성화 · 관성(Inertia): 무게와 이동성 ③ 가시성(Visibility): 눈에 잘 띄는 ④ 접근성(Accessibility): 쉬운 접근가능성	① 은익성(Concealable) ② 이동용이성(Removable) ③ 사용성(Available) ④ 수익성(Valuable) ⑤ 오락성(Enjoyable) ⑥ 처분용이성(Disposable)

(2) 브랜팅햄(Brantingham)의 범죄패턴이론(Crime Pattern Theory)

① 범죄는 일정한 장소적 패턴이 있으며 이는 범죄자의 일상적인 행동패턴과 유사하다는 논리로, 범죄자의 여가활동장소나 이동경로 · 이동수단 등을 분석하여 범행지역을 예측함으로써 연쇄살인이나 연쇄강간 등의 연쇄범죄해결에 도움을 줄 수 있다는 범죄예방론이다.
② 범죄의 공간적 패턴을 분석할 때 범죄자들이 평범한 일상생활 속에서 범죄기회와 조우하는 과정을 설명한다.
③ 개인은 의사결정을 통해 일련의 행동을 하게 되는데, 활동들이 반복되는 경우 의사결정과정은 규칙화된다.
④ 범죄자들은 평범한 일상생활 속에서 범행기회와 조우하게 된다.
⑤ 범죄자는 일반인과 같은 정상적인 시공간적 행동패턴을 갖는다. [2016. 보호 7급]
⑥ 잠재적 피해자는 잠재적 범죄자의 활동공간과 교차하는 활동공간이나 위치를 갖는다.
⑦ 사람들이 활동하기 위해 움직이고 이동하는 것과 관련하여 축(교차점, nodes), 통로(경로, paths), 가장자리(edges)의 세 가지 개념을 제시한다.
⑧ 범죄핫스팟 분석, 범죄자 프로파일링(범죄지역 예측) 등 도시계획에서 범죄예방을 위한 환경설계에 활용하는 데 유용하다.

범죄패턴이론의 주요개념

1. 활동 공간 (Activity Space)	자신이 익숙하게 다니는 일상적인 활동공간에서 범죄기회 탐색 예 집, 직장, 여가 장소 등
2. 경로(Paths)	일상적인 이동경로에 있는 특정 지점을 통해 범죄기회 인식 예 주거지와 직장, 여가공간을 오가는 길
3. 노드(Nodes)	자신이 자주 방문하는 특정 장소나 지점으로, 노드와 노드 사이를 오가는 경로에서 범죄 기회 가능성 높아짐 예 집, 직장, 학교 등
4. 가장자리(Edges)	낯선 지역으로 이동 시 또는 지역 간 경계 등 자신이 잘 모르는 곳에서 활동할 때 기회범 죄 많이 발생 예 번화가나 주거지와 상업지의 경계
5. 범죄 흡인지대 (Crime Attractors)	범죄자들이 의도적으로 찾아오는 장소, 범죄를 저지르기 쉬운 곳 예 유흥가, 번화가, 상업지역 등
6. 범죄 배출지대 (Crime Generators)	많은 사람이 모이는 장소로, 그 자체가 범죄 유발지대 예 대형 쇼핑몰, 공항, 대중교통 환승역 등 우발범죄 많이 발생

▶ **범죄핫스팟**(crime Hot spots): 일상활동 + 환경적 기회 + 공간적 상호작용에 따른 범죄다발지역

02 상황적 범죄예방의 이익확산 및 전이효과

(1) 클라크와 와이즈버드의 범죄통제 이익의 확산효과(Diffusion of Benefit)

① 한 지역의 상황적 범죄예방활동의 효과는 다른 지역으로 확산되어 다른 지역의 범죄예방에도 긍정적인 영향을 미치게 된다는 것이 이익의 확산효과이다. [2022. 경찰2차] 총 2회 기출

② 클라크(Clarke)와 와이즈버드(Weisburd)는 이익의 확산에 대해 '대상이 되는 장소, 개인, 범죄, 시간대 등을 넘어서 긍정적인 영향이 퍼지는 것'이라고 정의하고, 범죄통제 이익의 확산효과의 유형을 다음과 같이 구분하였다.

억제효과	범죄예방활동이 약화되었음에도 불구하고, 잠재적 범죄자가 그것을 인지하지 못하고 지속적으로 상황적 두려움을 느껴 범행을 저지르지 않는 효과
단념효과	범죄에 가장 취약한 대상을 중심으로 안전정책을 시행하면 범행억제효과가 다른 대상에게도 미치는 효과

(2) 레페토의 범죄전이 효과(Crime Displacement Effects)

① **의의**: 레페토(Reppetto)는 '개인적 또는 사회적 범죄예방활동에 따라 범죄에 변화가 일어나는 것'이라고 정의하였다. [2023(73). 경위]

② 특정지역을 범죄로부터 보호하고자 경찰을 집중배치하거나, CCTV를 집중적으로 설치하는 등의 안전 정책의 도움으로 해당지역의 범죄발생은 감소할 것이지만 안전정책을 도입한 지역에서 감소한 범죄는 실제 감소한 것이 아니고 인근지역으로 옮겨가 인근지역에서 발생한다는 것이 '범죄의 넘침, 엎질러짐', 이라고 하는데 이는 풍선효과(Balloon Effect) 또는 범죄전이효과이다. [2022. 경찰2차]

③ 레페토와 랩의 범죄전이 세 가지 가설 [2023. 경찰2차]

⊙ 범죄의 비탄력성 (Crime Inelasticity)	⊙ 범법자는 정해진 기간에 걸쳐 일정 수의 범죄를 범하게 되어있다고 가정하고 있기 때문에 범죄예방으로 범죄가 제거되지 않는다. ⓒ 범죄자는 범행하도록 동기가 부여되어 있고, 그 동기를 실현할 범죄의 기회를 찾게 된다. ⓒ 그러나 그 기회는 제한적이기 때문에 범죄전이의 가능성에도 영향을 미친다. ⓔ 우발적인 범죄자, 합리적 의사결정을 전제로 범죄를 저지르는 범죄자에게 적용하기에는 다소 무리가 있다.
ⓒ 잠재적 범죄자의 이동성	⊙ 범죄자는 이동가능한 주체이다. 즉, 범죄의 전이는 단순한 부분적 이동이 아닌, 각 범죄자가 이동 가능한 반경에 따라 그 정도가 달라진다. ⓒ 모든 잠재적 범법자들이 동일한 수준의 이동성이나 기동성을 가지는 것은 아니다. 주변의 여건, 상황, 환경 특징에 따라 제한되기도 한다.
ⓒ 범법자의 합리적 선택	⊙ 범죄자도 자유의지의 소유자요, 합리적 선택을 할 수 있는 사고하는 존재이다. ⓒ 잠재적 범죄자는 물리적 · 사회적 · 환경적 요인 등 다양한 요인에 반응하여 합리적 의사결정을 내리며, 범행 여부를 결정한다. 때문에 다양한 요인의 변화는 범죄의 전이를 유도할 수 있다. ⓒ 범죄자가 합리적 선택의 능력이 없다면 범죄예방에 기인하는 전이(대체)를 무효화시키게 된다. 이는 비탄력성 가정과 상반되기도 한다.

④ 레페토의 범죄전이 유형 [2024. 해경 경위]

공간적 전이 (Territorial)	한 지역에서 다른 지역, 일반적으로 인접지역으로의 이동을 말한다.
시간적 전이 (Temporal)	낮에서 밤으로와 같이 한 시간에서 다른 시간으로의 범행의 이동을 말한다.
전술적(방법) 전이 (Tactical)	범행에 사용하는 방법을 바꾼다. 예 이중자물쇠 등 표적강화로 출입문대신 창문깨고 침입
목표물 전이 (Target)	같은 지역에서 다른 피해자를 선택한다. 예 이웃감시에 참여하지 않는 주민의 주택으로 새로운 피해자 선택
기능적(유형) 전이 (Functional)	범죄자가 한 범죄를 그만두고, 다른 범죄유형으로 옮겨간다. 예 주거침입절도를 포기하고 노상강도, 절도에서 마약매매
범법자의 대체 (perpetrator)	랩이 추가한 전이유형으로, 어느 범법자가 범행을 중단하자 다른 사람이 기회로 보고 범행하는 것이다.

(3) 상황적 범죄예방의 비판

① 상황적 범죄예방활동은 전이효과를 가지기 때문에 사회의 전체적인 측면에서 범죄를 줄일 수 없다.

② 상황적 범죄예방활동은 높은 담, 철조망 등 과도한 경비시설에 의해 요새화된 사회를 형성하고, 국가기관에 의해 과도하게 통제되는 통제사회를 만들어 결국에는 국민의 인권을 침해할 소지를 안고 있다.

기준	랩(Lab)	레페토(Reppetto)
의의	조건부로 발생하는 현상	예방 조치의 필연적 결과로 발생하는 현상
평가	중립적이고 전체적 효과를 고려	부정적으로 평가, 예방 조치의 한계로 간주
초점	범죄 전이의 조건과 결과 분석	전이 유형의 체계적 정의 및 예방 조치의 약점 탐구
효과 평가	전이로 인해 전체 범죄율이나 심각성이 감소하면 긍정적	전이가 최소화되거나 없는 경우에만 효과적

03 상황적 범죄이론에 기초한 범죄예방전략(제13장 제2절 06에서 상술)

(1) 콜만(Coleman)의 사회자본

(2) 윌슨과 켈링의 깨진 유리창이론(broken windows theory)

(3) 샘슨의 집합효율성이론(collective efficacy theory)

단원별 지문

01 상황적 범죄예방활동에 대해서는 '이익의 확산효과'로 인해 사회 전체적인 측면에서는 범죄를 줄일 수 없게 된다는 비판이 있다. (　　) [2022. 보호 7급]

02 코니쉬(Cornish)와 클락(Clarke)의 상황적 범죄예방 기법 중 '노력의 증가'에서 전자카드 출입, 소지품 검색은 시설접근 통제에 속한다. (　　) [2023. 경찰1차]

03 코니쉬(Cornish)와 클락(Clarke)의 상황적 범죄예방 기법 중 '노력의 증가'에서 전자식 상품 태그, 퇴장 시 티켓 확인은 출구검색에 해당한다. (　　) [2023. 경찰1차]

04 코니쉬(Cornish)와 클락(Clarke)의 상황적 범죄예방 기법 중 '노력의 증가'에서 가로등 개선, 방어적 공간설계는 자연적 감시 지원에 해당한다. (　　) [2023. 경찰1차]

05 코니쉬와 클락(Cornish & Clarke, 2003)이 제시한 상황적 범죄예방에서, 관련 규정과 규칙을 명확하게 하고 표시판 등을 통해 양심에 호소하는 것은 '변명의 제거'를 목표로 하는 기법이다. (　　) [2024(74). 경위]

06 코니쉬와 클락(Cornish & Clarke, 2003)은 상황적 범죄예방의 목표를 '노력의 증가', '위험의 감소', '보상의 감소', '변명의 제거' 네 가지로 제시하였다. (　　) [2024(74). 경위]

07 소유자 표시는 클락(Clarke)이 제시한 상황적 범죄예방 기법 중 보상의 감소에 해당한다. (　　) [2022(72). 경위]

08 클라크(Clarke)는 절도범죄와 관련하여 VIVA 모델과 CRAVED 모델을 제시하였다. 두 모델의 구성 개념들은 일부 중첩되는데, VIVA 모델에서 말한 관성(Inertia)은 CRAVED 모델의 이동성(Removable)과 가장 가까운 개념이다. (　　) [2023. 해경 경위]

09 레페토(Reppetto)의 범죄의 전이는 개인 또는 사회의 예방활동에 의한 범죄의 변화를 의미한다. (　　)[2023(73). 경위]

---

01 ✕　상황적 범죄예방활동은 전이효과를 가지기 때문에 사회의 전체적인 측면에서 범죄를 줄일 수 없게 된다는 비판이 있다.

02 ○

03 ○

04 ✕　자연적 감시는 5가지 목표 중 '위험의 증가'의 기법에 해당한다.

05 ○

06 ✕　상황적 범죄예방의 5가지 목표(노력의 증가, 위험의 증가, 보상의 감소, 자극의 감소, 변명의 제거)와 25가지 구체적 기법을 제시하였다.

07 ○

08 ○　일상활동이론을 주장한 코헨(Cohen)과 펠슨(Felson)은 절도범죄를 설명하면서 VIVA 모델을 제시했는데, 알파벳 I는 Inertia의 약자로서 '이동의 용이성'을 의미한다. 클라크(Clarke)는 취약물품의 특성을 설명하기 위해 코헨(Cohen)과 펠슨(Felson)의 VIVA 개념을 확장하여 CRAVED 개념을 제시하였다. 알파벳 R은 Removable의 약자로서 '이동성'을 의미한다.

09 ○

10 레페토(Reppetto)의 기능적 전이(Functional Displacement)란 기존 범죄자의 활동 중지가 또 다른 범죄자에 의해 대체되는 것을 의미한다. (　　) [2023(73). 경위]

11 레페토(Reppetto)의 목표의 전이(Target Displacement)란 같은 지역에서 다른 피해자 또는 범행대상을 선택하는 것을 의미한다. (　　) [2023(73). 경위]

12 레페토(Reppetto)의 전술적 전이(Tactical Displacement)란 범죄에 사용하는 범행수법을 바꾸는 것을 의미한다. (　　) [2023(73). 경위]

13 레페토(Reppetto)는 범죄는 탄력적이며, 범죄자들은 합리적 선택을 한다고 가정하였다. (　　) [2023. 경찰2차]

14 CCTV의 증설로 인하여 차량절도범이 인접 지역으로 이동해 범행을 저지르는 것은 레페토(Reppetto)가 제안한 전이의 유형 중 영역적 전이에 해당한다. (　　) [2023. 경찰2차]

15 범죄자 乙은 B지역에서 범행을 계획하였으나, A지역의 순찰이 강화된 것을 인지하고 A지역과 인접한 B지역 대신 멀리 떨어진 C지역으로 이동해서 범죄를 저질렀다. 이 경우 A지역의 순찰강화가 B지역에 미친 효과는 이익의 확산이다. (　　) [2022. 경찰2차]

16 깨진 유리창 이론(Broken Windows Theory)을 근거로 도출된 범죄예방모델에서는 무관용 원칙을 중요시한다. (　　) [2023. 경찰2차]

17 깨진 유리창 이론에 의하면 이웃사회의 무질서는 비공식적 사회통제 참여활동을 감소시켜 이로 인해 지역사회가 점점 더 무질서해지는 악순환에 빠져 지역사회의 붕괴로 이어지게 된다. (　　) [2023(73). 경위]

18 깨진 유리창 이론은 기존 범죄대책이 범죄자 개인에 집중하는 개인주의적 관점을 취하는 것에 반하여 공동체적 관점으로의 전환을 주장하고 범죄예방활동의 중요성을 강조하였다. (　　) [2023(73). 경위]

19 깨진 유리창 이론은 윌슨과 켈링(Wilson & Kelling)이 발표하였다. (　　) [2023(73). 경위]

20 1990년대 미국 시카고 시에서 깨진 유리창 이론을 적용하여 사소한 범죄라도 강력히 처벌하는 무관용주의(Zero Tolerrance)를 도입하였다. (　　) [2023(73). 경위]

---

10 ✕　기능적 전이는 범죄자가 한 범죄를 그만두고, 다른 범죄유형으로 옮겨가는 것을 의미한다.
11 ○
12 ○
13 ✕　레페토(Reppetto)에 의하면 범죄는 범죄의 총량 및 종류는 비탄력적이기 때문에 범죄예방활동으로서 범죄를 완전히 제거할 수 없다고 보았다.
14 ○
15 ○
16 ○
17 ○
18 ○
19 ○
20 ✕　1990년대 미국 뉴욕 시에서 깨진 유리창 이론을 적용하여 사소한 범죄라도 강력히 처벌하는 무관용주의(Zero Tolerrance)를 도입하였다.

제4절 범죄방지활동

01 범죄예방을 위한 대책

(1) 형벌의 일반예방기능과 특별예방기능
① 일반예방기능이란 범죄예방의 대상을 일반인에게 두고 형벌에 의하여 일반인을 위하·경계시킴으로써 범죄를 행하지 않도록 하는 데에 형벌의 기능이 있다. [2018. 보호 7급]
② 형벌은 일반예방 기능 외에도 범죄인 당사자의 개선을 통한 특별예방적 효과도 거둘 수 있어 초범뿐만 아니라 재범방지에도 효과적이다.

(2) 지역사회의 조직화
① 지역사회가 범죄나 비행의 예방을 위하여 범인성 환경을 정비하는 조직적 활동을 말한다.
② 범죄를 개인문제 이상의 사회적 현상으로 이해하고 범죄에 영향을 미치는 사회의 여러 조직을 개편·개선함으로써 범죄를 감소시킬 수 있는 전략이다.
③ 이는 초범예방 및 재범방지에도 효과적이다.

(3) 경찰의 범죄예방활동
① 경찰은 범죄진압과 범죄예방기능을 담당한다.
② 예방차원으로 범죄기회와 범죄유발요인을 제거하거나 줄이는 일반방범활동과 특별한 대상을 상대로 하거나 특별한 사항에 관하여 시행하는 특별방범활동이 있다.

(4) 매스컴의 범죄예방활동
① 새롭게 범죄화되는 행위나 숨은 범죄는 매스컴을 통해 신속하고 광범위하게 알릴 수 있기 때문에 매스컴은 범죄를 예방하는 좋은 수단이 될 수 있다.
② 탐사보도, 추적 25시 등의 프로가 좋은 예이다.

(5) 그룹워크(Group Work)
① 그룹활동을 통해 범죄성을 치료하는 범죄대책으로 반사회적 성향이 있는 사람을 별도로 분류하여 교육을 시키거나 다양한 방법으로 치료를 함으로써 사회에 긍정적인 태도를 갖도록 하는 것을 말한다.
② 범죄가능성이 높은 사람을 특정집단에 참여시키는 개인중심의 방법과 반사회적 성격이 강한 집단에 대해 행해지는 집단중심의 방법이 있다.

(6) 여가지도
① 조직적인 레크레이션 활동 등을 통해 범죄에 대한 욕구를 억제시키고 건전한 정신을 가지게 하여 범죄성을 예방하는 것을 말한다.
② 반항적 가치관을 의미하는 반달리즘(Vandalism, 문화예술의 파괴)의 치료방법으로 효과적이다.

(7) 협력회의의 편성과 활동
① 경찰·소년법원·학교·아동상담소·행정당국·사회복지단체 등 범죄예방 유관기관 간의 조직적·통합적 연계를 통한 범죄예방활동을 말한다.
② 관계기관들이 자발적·적극적으로 참여하지 않으면 형식주의에 흐를 수 있고, 기관의 이해관계가 우선될 경우 체계적·통일적 운용이 어렵다는 단점이 있다.

02 재범방지를 위한 대책

(1) 교정시설을 통한 재범예방

① **자유형의 재범예방기능**: 자유형(형벌)을 중심으로 특별예방적 차원에서 범죄인의 교화개선에 중점을 둔 미래지향적 개선작용을 의미한다.

② **기계적 개선법**

    ㉠ 수형기간 동안 강제적 방법으로 작업부과 · 직업훈련 · 교양교육과 준법생활을 하도록 함으로써 도덕심을 함양하고 사회에 대한 적응능력을 높이는 것이다.

    ㉡ 이때 사용되는 강제수단으로는 교정프로그램의 참여 자세를 점수화하여 가석방 자료로 활용하는 것을 포함한다.

    ㉢ 수형자의 의사를 무시하고 특정한 교육과정을 강제하는 방법이 정당한가에 대하여 비판적 견해가 있다.

③ **임상적 개선법**

    ㉠ 범죄인에게 존재하는 생물학적 · 정신의학적 · 심리학적 이상이나 결함을 발견하여 치료하는 데에 중점을 두는 방법을 말한다.

    ㉡ 통상 정신건강의학과 의사나 범죄학 교육을 받은 심리학자가 행위자의 성격분석을 토대로 예측을 하며, 치료감호처분, 약물중독자에 대한 치료프로그램 등이 여기에 해당한다.

    ㉢ 개인적 원인에 의한 범죄인에게 그 실효성이 인정되고 범죄인의 특성에 맞는 대책을 수립할 수 있다는 장점이 있다.

    ㉣ 판단자의 주관적 평가가 개입될 가능성이 높고, 사회환경적 원인에 의한 범죄인에게는 실효를 거두기 어려우며, 투입되는 시간과 비용에 비해 그 효과가 크지 않다는 단점이 있다.

④ **집단관계에 의한 개선법**

    ㉠ 사회적 범죄원인을 중시하여 수형자의 대인관계를 개선함으로써 재범가능성을 감소시키는 방법이다.

    ㉡ 치료를 위한 학교, 수형자 자치제도 등이 있다.

⑤ **전문기술의 적용에 의한 개선**

    ㉠ 임상적 개선법이 치료 위주의 재사회화를 시도하는 반면, 이 방법은 대상자의 능력을 발견하고 발전시켜서 사회에 대한 적응능력을 높일 수 있도록 원조 · 지도하는 과정이다.

    ㉡ 대표적인 방법으로 사회사업가(Social Worker)의 역할이 있다.

(2) 교정시설 밖의 재범예방

① **교육 · 훈련**

    ㉠ 범죄자가 사회에 적응하도록 교육하고 훈련하는 노력은 석방 이후에도 계속되어야 한다.

    ㉡ 형기를 마친 사람에게 지속적으로 직업훈련과 준법교육을 시켜 전문가가 이들의 재활을 돕는 것이다.

② **사회여건 개선**: 전과자의 사회적응을 가능하게 하는 가장 좋은 방법은 사회의 제반여건을 개선하는 데 있다.

03 민간범죄예방활동과 향후 방향

(1) 민간인의 범죄방지 역할

① 범죄 유발환경을 개선하고, 범죄자의 사회복귀를 위한 민간의 이해와 협력을 구할 수 있으며, 교정의 밀행주의를 방지하면서 국가기관에 의한 범죄대처활동의 독단이나 전횡을 막고, 시설 내 교정의 취약 분야를 보완할 수 있다.

② 더불어 민간인은 수형자에게 인간관계에 있어 친화력을 줄 수 있고, 지역사회의 전문적인 지도와 상담, 원조가 가능하다.

(2) 범죄예방대책의 방향

① **비공식적 사회통제의 강화**: 공식적인 사회통제수단의 인력이나 재원의 한계를 극복하기 위해 시민에 의한 지역사회의 연대감과 통합성은 비공식적 사회통제의 효율성을 높여 공식적 사회통제의 한계를 극복하고 지역사회 범죄를 감소시키는 역할을 한다.

② **지역사회경찰활동의 강화**: 경찰이 지역사회와 공동으로 범죄예방활동을 해 나가는 것으로, 경찰은 지역주민과의 관계를 개선하고, 시민과 함께 범죄예방프로그램을 운영하고, 시민범죄 예방조직들을 지원하고, 법집행과는 관계가 적은 시민 서비스적 활동을 강화하는 것 등을 추진하여야 할 것이다.

③ **환경설계를 통한 범죄예방**: 셉테드(CPTED)는 도시 공간의 물리적 환경설계를 범죄 방어적인 구조로 적용 또는 변경함으로써 범죄와 범죄피해에 대한 일반의 공포심을 차단하거나 감소시켜 준다.

단원별 지문 O/X

01 형벌의 일반예방기능, 선시제도, 지역사회 조직화, 그룹워크, 경찰의 범죄예방활동은 초범방지대책에 속한다. ( )

02 특별예방기능이란 범죄예방의 대상을 일반인에게 두고 형벌에 의하여 일반인을 위하·경계시킴으로써 범죄를 행하지 않도록 하는 데에 형벌의 기능이 있다. ( )　　　　　　　　　　　　　　　　　　　　　　[2018. 교정 7급]

03 형벌은 일반예방 기능에는 효과적이지만, 당사자의 개선을 통한 특별예방적 효과는 기대할 수 없는 한계로 인해 재범을 재외한 초범예방에 효과적이다. ( )

04 그룹활동을 통해 범죄성을 치료하는 범죄대책으로 반사회적 성향이 있는 사람을 별도로 분류하여 교육을 시키거나 다양한 방법으로 치료를 함으로써 사회에 긍정적인 태도를 갖도록 하는 것을 말한다. ( )

05 자유형(형벌)은 특별예방적 차원에서 범죄인의 교화개선에 중점을 둔 미래지향적 개선작용을 의미한다. ( )

06 수형기간 동안 강제적 방법으로 작업부과·직업훈련·교양교육과 준법생활을 하도록 함으로써 도덕심을 함양하고 사회에 대한 적응능력을 높이는 것은 임상적 개선법에 속한다. ( )

07 임상적 개선법은 범죄인에게 존재하는 생물학적·정신의학적·심리학적 이상이나 결함을 발견하여 치료하는 데에 중점을 두는 방법을 말한다. ( )

08 집단관계에 의한 개선법은 생물학적 범죄원인을 중시하여 수형자의 대인관계를 개선함으로써 재범가능성을 감소시키는 방법이다. 치료를 위한 학교, 수형자 자치제도 등이 있다. ( )

---

01 ✕　형벌의 일반예방기능, 지역사회의 조직화, 경찰의 범죄예방활동, 매스컴의 범죄예방활동, 그룹워크(Group Work), 여가지도, 협력회의의 편성과 활동이 초범예방을 위한 대책에 해당한다.

02 ✕　일반예방기능에 대한 설명이다.

03 ✕　형벌은 일반예방 기능 외에도 범죄인 당사자의 개선을 통한 특별예방적 효과도 거둘 수 있어 초범뿐만 아니라 재범방지에도 효과적이다.

04 ○

05 ○

06 ✕　기계적 개선법에 속한다.

07 ○

08 ✕　집단관계에 의한 개선법은 사회적 범죄원인을 중시하여 수형자의 대인관계를 개선하는 것을 목표로 한다.

제5절 경찰의 범죄예측과 범죄예방

01 예측적 경찰활동 [2022(72). 경위]

(1) 미국의 경찰예측

① 문제지향적 경찰활동을 토대로 데이터 분석을 강조한 정보 기반 경찰활동, 데이터 기반 경찰활동, 증거 기반 경찰활동 등에 빅데이터 기술이 접목되어 등장한 것이 바로 예측적 경찰활동이다.

② 미국 법무부 산하 국립사법연구소(NIJ)는 예측적 경찰활동이란 "다양한 분석기법을 활용하여 경찰개입이 필요한 목표물을 통계적으로 예측함으로써 범죄를 예방하거나 해결하는 제반활동"이라고 정의하였다. [2023(73). 경위]

③ 뉴욕 경찰국(NYPD)과 마이크로소프트사의 협력으로 DAS(Domain Awareness System, 공간지각시스템)를 구축하였는데, 이는 사람, 사물, 장소 간의 연관성을 밝혀낼 수 있는 정보를 실시간으로 제공하여 범죄예측과 함께 실시간 감시와 대응을 강조하는 특징이 있다. [2023(73). 경위]

⊕ PLUS 콤프스탯과 프레드폴

구분	콤프스탯(Compstat:Comparative Statistics)	프레드폴(PredPol)
목적	범죄 데이터 분석을 통해 조직 관리와 성과 평가를 최적화하며 자원을 효율적으로 배치	예측적 경찰활동(Predictive Policing)은 과거 데이터를 기반으로 특정 시간과 장소에서 범죄 발생 가능성을 예측하여 범죄 예방에 초점
연혁	1994년, 뉴욕 경찰(NYPD)의 범죄율 감소와 자원 배치 효율화를 위한 데이터기반 경찰운영 개선 시스템	2012년, 캘리포니아 로스앤젤레스 대학(UCLA), 산타클라라 대학과 캘리포니아 경찰청의 협력으로 시작, 로스앤젤레스 경찰국(LAPD)의 프레드폴(PredPol)
중점	① 실시간 데이터 수집·분석, 범죄 "핫스팟(Hotspots)" 시각화 ② 경찰력의 효율적 배치 ③ 정기적 회의를 통한 책임지역 성과평가 ④ 문제해결을 위한 전략적 대응	절도, 폭행, 차량 절도와 같은 비교적 예측 가능한 범죄에 초점
발전	범죄율 감소, "깨진 유리창 이론"과 같은 새로운 경찰 전략과 함께 성공으로 평가, 전국 및 세계적 확산	2020년 이후, 윤리적 우려와 실효성에 대한 논란 지속
비판	성과 압박에 따른 데이터 조작, 장기적인 지역사회 관계구축이나 예방적 접근에 소홀, 데이터의 편향성	데이터 편향성과 사회적 불공정 문제, 특히 소수민족 커뮤니티에 불리한 결과 반복적으로 생성 등 기술의 윤리적 문제 부각

---

(2) 우리나라

① 우리나라 경찰청은 2021년부터 CCTV를 활용한 AI인식시스템으로 Pre-CAS(Predictive Crime Risk Analysis System, 범죄위험도 예측분석 시스템)를 시행하고 있다. [2023(73). 경위]

② 이는 치안과 공공데이터를 통합한 빅데이터를 최신 알고리즘에 적용한 AI로 분석하여 지역별 범죄위험도와 범죄발생건수를 예측하고 효과적인 순찰경로는 안내하는 시스템이다.

02 경찰의 범죄예방

(1) 경찰의 임무
① 경찰의 주요한 임무는 범죄의 예방과 범죄자의 발견과 처벌이다.
② 이러한 인식은 주로 미국에서 경찰 전문시대에 범죄전문가로서의 입장을 강조한 것이다.
③ 현재는 깨진 유리창이론과 이를 바탕으로 한 무관용 경찰활동 전략을 강조하면서 지역사회 질서유지, 지역사회 경찰활동과 맞물려 지역사회에 대한 서비스도 강조되고 있다.

(2) 범죄학 이론과 경찰예방활동
① 경찰 범죄예방활동 전반에 이론적 근거를 제시하는 것은 합리적 선택 계열의 이론이다.
② 18C 고전주의 범죄학에서 범죄는 범죄자가 합리적으로 판단하여 범죄로 인한 이익이 발각과 처벌로 인한 불이익보다 크다고 예상이 되면 발생한다고 설명한다.
③ 이후 1980년대 신고전주의 이론들로 합리적 선택이론과 일상활동이론이 등장하였다.
④ 이러한 인간의 합리성을 강조한 고전주의 또는 신고전주의 이론이 경찰의 범죄예방활동의 이론적 근거를 제시한다고 할 수 있다.

(3) 표준적 경찰활동
① 미국에서 지역사회 경찰활동이 등장하기 이전에 경찰이 해오던 표준적인 경찰활동을 지칭하기 위해 사용된 개념이다.
② 미국에서 경찰 발전 시기를 구분할 때 전문화 시대에 주로 강조되었던 활동으로, 억제이론을 바탕으로 하면서 경찰력을 이용한 체포와 처벌을 주된 수단으로 강조하였다.
③ 범죄별로 맞춤 전략이나 지역적 특색을 고려한 대응 전략보다 대부분 종류의 범죄에 대하여 엄격한 단속과 처벌을 강조하는 것이 특징이었다.
④ 범죄예방을 위한 순찰도 강조하지만, 적극적이고 능동적인 범죄대응 전략보다 범죄가 발생하고 난 후에 수사와 체포를 강조하는 활동을 주로 해왔다.
⑤ 경찰의 무작위 순찰과 수사력을 이용한 체포와 단속 위주의 경찰활동은 표준적 경찰활동의 핵심이라 할 수 있다.

03 지역사회 경찰활동

(1) 지역사회 경찰활동의 이해
① 지역사회 및 주민들의 비공식적인 네트워크가 갖는 사회통제 능력을 강조하는 전략이다.
② 1980년대까지 행해져 오던 표준적 경찰활동(무작위 차량순찰, 범죄수사, 긴급출동 등)이 효과가 없거나 미미하다는 연구결과들이 지역사회 경찰활동이 도입된 배경이다.
③ 범죄와 더불어 무질서 그리고 범죄의 두려움을 감소하는 것을 강조하면서, 지역주민의 삶의 질 향상을 경찰활동의 목표로 삼았다.
④ 경찰 내부의 역량에만 의존하여 범죄문제를 해결하는 방식을 탈피하고, 지역사회를 포함한 다양한 사회와 단체 기관들의 자원을 이용하여 범죄문제를 해결하는 것을 강조한다.
⑤ 따라서 범죄와 비행의 원인이 되는 지역사회의 문제를 주민과의 연대를 통하여 해결하는 것을 지향한다.
⑥ **지역사회 경찰활동에 포함되는 요소**
　㉠ 범죄와 지역사회 문제를 해결하는 데 있어서 지역사회의 참여가 수반된다.
　㉡ 권한의 분산과 일선 경찰관에 대한 재량권 확대가 수반되어야 한다.

© 문제해결 경찰활동이 요소에 포함되며, 문제해결 경찰활동은 문제지향 경찰활동보다 범위가 좁고 경찰관 개인 수준에서 수행하는 것을 의미한다.

(2) 지역중심 경찰활동(Community-Oriented Policing; COP)
① 토로야노비치와 버케로의 <u>사전예방적 대응을 강조</u>한 주장이다.
② 지역사회와 경찰 사이의 새로운 관계를 증진시키는 조직적인 전략이고 원리이다.
③ 경찰과 지역사회 구성원과 함께 마약·범죄와 범죄에 대한 두려움, 사회적·물리적 무질서 그리고 전반적인 지역의 타락과 같은 당면의 문제들을 확인하고 우선순위를 정하여 해결하고자 함께 노력하는 것을 목표로 한다.

(3) 이웃지향적 경찰활동(Neighborhood-Oriented Policing; NOP)
① 윌리엄스에 의해 주장된 경찰활동이다.
② 지역에서 범죄는 비공식적 사회통제의 약화와 경제적 궁핍이 소외를 정당화하기 때문에 발생한다고 보았다.
③ 지역조직은 경찰관에게서 중요한 역할을 부여받으며, 서로를 위해 감시하고 공식적인 민간순찰을 실시하는 등 경찰과 주민의 의사소통을 활성화하고 <u>주민들에 의한 순찰</u>을 실시하는 등 지역사회에 기초를 둔 범죄예방 활동 등을 위한 노력이 필요하다.
④ 지역조직은 거주자들에게 지역에 관한 정보를 제공하며 경찰과 협동하여 범죄 억제기능을 수행한다.

(4) 문제지향적 경찰활동(Problem-Oriented Policing; POP)
① 특정한 문제들을 해결하기 위해서 경찰과 지역사회가 함께 노력하고 적절한 대응방안을 개발함으로써, 문제해결에 대한 특별한 관심을 이끌어내는 것이다.
② 지역사회 경찰활동 개념이 도입되면서 동시에 발달된 개념이다.
③ 문제지향 경찰활동은 골드스타인(Goldstein)이 제안한 것으로, 경찰이 개별적인 사건 하나하나에 대응하는 방식을 벗어나서 <u>근본문제를 해결하는 경찰활동</u>을 할 것을 강조하였다.
④ 문제해결 경찰활동은 지역사회 경찰활동의 한 요소로 작은 규모이면서 경찰관 개인 수준에서 적용하는 것인 반면에, 문제지향 경찰활동은 문제에 대한 접근 범위가 더 넓고, 보다 심도 있는 분석과 다양한 대응방안을 강조한다.
⑤ 에크(Eck)와 스펠만(Spelman): 경찰의 문제해결과정으로 SARA모델을 제시하였다. [2023(73). 경위]

조사·탐색단계 (Scanning)	① 문제의 인지: 순찰구역 내 문제들을 확인하고 문제의 유형이나 지역에서 반복적·지속적으로 발생하는 사건들을 찾아내는 과정에서 출발한다. ⓒ 범주화: 문제라고 여겨지는 개인과 관련된 사건을 분류하고, 정확하고 유용한 용어를 활용하여 이러한 문제들을 범주화하는 단계이다.
분석단계 (Analysis)	① 발견된 문제의 원인과 범위 그리고 효과들을 파악하는 단계이다. ⓒ 각종 통계자료 등 수집된 자료를 활용하여 심층적인 분석을 실시한다. ⓒ 자료는 <u>경찰내부조직을 통한 자료에 국한하지 않는다.</u>
대응단계 (Response)	① 분석된 문제의 원인을 제거하는 등 문제를 해결하기 위하여 행동하는 단계이다. ⓒ 경찰과 지역사회가 협력이 필요한 단계이다.
평가단계 (Assessment)	① 과정(결과×)평가와 효과평가의 두 단계로 구성되며, 대응책이 적정하였는지 여부를 평가하는 단계이다. ⓒ 환류를 통해 각 단계가 지속적인 순환과정으로 작동할 수 있도록 한다는 점에서 중요한 의미를 가진다.

04 새로운 경찰활동 전략

(1) 정보기반 경찰활동(Intelligence-Led Policing; ILP)

① 경찰의 효과성 향상을 위한 전략으로 범죄에 대한 정보를 수집하고 이와 관련한 문제점들을 해결하기 위한 가장 좋은 방법을 만들어 내는 것이다.

② 범죄자의 활동, 조직범죄집단, 중범죄자 등에 관한 관리, 예방 등에 초점을 두고 증가하는 범죄를 감소시키기 위해서는 범죄자 정보와 사건분석을 위해 지리정보시스템을 활용하여 분석기법을 통한 법집행 위주의 경찰활동을 의미한다.

③ 환경범죄학의 다양한 범죄분석 기법은 정보주도 경찰활동에 활용되고 있다. [2016. 교정 7급]

(2) 증거기반 경찰활동(Evidence Based Policing; EBP)

① 셔먼의 주장으로 경찰의 정책결정에 있어서 각종 과학적 증거 또는 의학적 증거에 기반한 경찰활동을 의미한다.

② 증거기반 경찰활동은 단순한 통계적 분석이나 경험적 분석을 넘어 임상실험에서 얻어진 결과를 더 중요시한다.

(3) 전략지향적 경찰활동(Strategic-Oriented Policing; SOP)

① 범죄적 요소나 사회무질서의 원인을 제거하는 효과적인 범죄통제가 목적이다.

② 경찰자원들을 재분배하고 전통적인 경찰활동 및 절차들을 전략적으로 이용하는데, 특히 지역사회참여가 경찰임무의 중요한 측면이라고 인식한다.

05 민간경비(Private Security)의 역할과 한계

(1) 의의
① 민간경비는 공공치안 유지가 아닌, 민간 차원에서 개인이나 기업의 재산과 신변을 보호하는 활동을 의미한다.
② 경찰과 같은 공공치안 기관과 달리, 사적 기업이나 개인이 고용한 보안요원이 수행하는 경비 활동으로 주로 상업시설, 공공행사, 주거지역 등에서 치안 유지와 범죄 예방을 위한 다양한 서비스를 제공한다.

(2) 필요성
① **공공치안의 보완**: 갈수록 복잡·다원화되는 사회환경에서 경찰의 인력이나 자원의 공백을 메워 범죄예방과 안전유지에 기여할 수 있다. [2012. 보호 7급]
② **신속한 대응**: 민간경비는 특정 장소나 사람에 대해 지속적인 감시를 수행하므로, 사건이 발생할 때 즉각적으로 대응할 수 있다.
③ **맞춤형 보안 서비스**: 고객의 요구에 맞춘 경호와 보안 서비스를 제공할 수 있어, 다양한 상황과 필요에 맞는 경비 활동이 가능하다.
④ **국가예산의 절감**: 민간병지는 수익자부담의 원칙에 따라 국가의 치안관련 예산을 절감할 수 있고 경찰력을 보다 필요한 곳에 집중 배치할 수 있게 된다. [2012. 보호 7급]

(3) 문제점 및 한계
① **법적 권한 제한**: 경찰과 달리 민간경비원은 체포나 수색 같은 법적 권한이 없기 때문에 범죄 발생 시 경찰에 의존해야 하는 한계가 있다.
② **형평성의 문제**: 경비원이 충분히 훈련되지 않거나 무책임한 경우가 발생할 수 있고, 특정 의뢰자와의 계약에 의한 수익자부담 원칙이므로 대가의 유무나 서비스의 내용에 따라 그 질이 달라질 수 있어 사회적 형평성을 저해할 수 있다.

단원별 지문 O X

01 에크와 스펠만(Eck & Spelman)이 제시한 SARA 모델에서 탐색(Scanning) 단계는 지역사회 문제, 쟁점, 관심사 등을 인식하고 범주화하는 단계이다. ( )
[2023(73). 경위]

02 에크와 스펠만(Eck & Spelman)이 제시한 SARA 모델에서 분석(Analysis) 단계는 경찰 내부 조직을 통해 문제의 범위와 성격에 따라 문제에 대한 원인을 파악하기 위해 데이터를 수집하고 분석하는 단계이다. ( )　　[2023(73). 경위]

03 에크와 스펠만(Eck & Spelman)이 제시한 SARA 모델에서 대응(Response) 단계는 경찰과 지역사회의 다양한 주체가 협력하여 분석된 문제의 원인을 제거하고 해결하는 단계이다. ( )
[2023(73). 경위]

04 에크와 스펠만(Eck & Spelman)이 제시한 SARA 모델에서 평가(Assessment) 단계는 대응 후의 효과성을 검토하는 단계로서 문제해결의 전 과정에 대한 문제점을 분석하고 환류를 통해 대응방안 개선을 도모한다. ( )　[2023(73). 경위]

05 순찰을 통해 경찰력을 주민들에게 자주 노출시키는 것은 억제이론(Deterrence Theory)에 해당한다. ( )
[2022(72). 경위]

06 전환처우(다이버전)를 통해 형사처벌의 부작용을 줄이는 것은 자기통제이론(Self-Control Theory)에 해당한다. ( )
[2022(72). 경위]

07 지역주민들을 범죄예방활동에 참여하도록 유도하는 것은 사회해체이론(Social Disorganization Theory)에 해당한다. ( )
[2022(72). 경위]

08 방범용 CCTV를 설치함으로써 범죄 위험 지역의 감시를 강화하는 것은 허쉬의 사회통제이론(Social Control Theory)에 해당한다. ( )
[2022(72). 경위]

09 지역 내 무질서 행위를 철저히 단속하는 것은 깨어진 유리창이론(Broken Windows Theory)에 해당한다. ( )
[2022(72). 경위]

---

01 ○

02 ✕ 에크(Eck)와 스펠만(Spelman)은 경찰의 문제해결과정으로 SARA모델을 제시하였다. SARA모델은 조사(탐색), 분석, 대응, 평가의 과정을 통하여 문제를 해결하는 과정을 설명한다. 분석단계는 문제의 범위와 성격에 따라 문제에 대한 원인을 파악하기 위하여 데이터를 수집하고 분석하는 단계이다. 데이터의 수집은 내부조직에 국한하지 않는다.

03 ○

04 ○

05 ○

06 ✕ 전환처우(다이버전)를 통해 형사처벌의 부작용을 줄이는 것 - 낙인이론

07 ○

08 ✕ 방범용 CCTV를 설치함으로써 범죄 위험 지역의 감시를 강화하는 것 - 합리적 선택이론, 환경설계를 통한 범죄예방(CPTED)

09 ○

10 지역사회경찰활동(Community Policing)은 발생한 범죄와 범죄자에 대한 대응활동에 중점을 둔 경찰활동을 말한다.
( )
[2012. 보호 7급]

11 지역사회경찰활동(Community Policing)은 범죄와 비행의 원인이 되는 지역사회의 문제를 주민과의 연대를 통하여 해결하는 것을 지향한다. ( )
[2012. 보호 7급]

12 지역사회경찰활동(Community Policing)은 지역사회경찰활동이 성공을 거두기 위해서는 경찰조직의 중앙집권적 지휘명령체계를 변화시키는 것이 필요하다. ( )
[2012. 보호 7급]

13 지역사회경찰활동(Community Policing)은 지역사회 및 주민들의 비공식적인 네트워크가 갖는 사회통제 능력을 강조하는 전략이다. ( )
[2012. 보호 7급]

14 민간경비는 갈수록 복잡·다원화되는 사회에서 경찰 등 공권력의 공백을 메워줄 수 있다. ( ) [2012. 보호 7급]

15 민간경비는 국민의 요구에 부합하는 양질의 치안서비스를 제공하고 사회 형평성을 증대하는 효과가 있다. ( )
[2012. 보호 7급]

16 민간경비는 수익자부담 원칙에 따라 국가의 치안관련예산을 절감할 수 있다. ( ) [2012. 보호 7급]

17 민간경비는 경찰력을 보다 필요한 곳에 집중 배치할 수 있게 된다. ( ) [2012. 보호 7급]

18 환경범죄학의 다양한 범죄분석 기법은 정보주도 경찰활동(Intelligence-Led Policing: ILP)에 활용되고 있다. ( )
[2016. 교정 7급]

---

10 ✕ 경찰이 범죄예방활동을 효율적으로 수행해 나가기 위해서는 지역주민의 적극적인 참여가 전제되어야 한다. 경찰이 지역사회와 공동으로 범죄예방활동을 해 나가는 것을 지역사회경찰활동(Community Policing)이라 한다.

11 ○

12 ○

13 ○

14 ○

15 ✕ 일반국민이 아니라 특정 의뢰자와의 계약에 의하여 받은 보수만큼 서비스를 제공하고(대가의 유무나 다소에 따라 서비스의 내용이 달라지는 경합적 서비스) 특별한 개인적 서비스에 대한 수익자부담원칙이므로 사회형평성을 저해한다.

16 ○

17 ○

18 ○ 환경범죄학은 인간과 상황의 상호작용 기제나 범죄패턴의 묘사보다는 범죄예방 전략의 제시방법에 더 관련이 있다. 즉, 경찰에게 환경적 측면의 중재를 실시하도록 하는 방법이나 도구를 제공하는 것에 더 관심을 갖는다. 대표적으로 골드스타인(Goldstein)의 문제지향 경찰활동(POP)이나 윌슨(Wilson)과 켈링(Kelling)의 깨진 유리창 개념을 통해 환경범죄학의 교훈이 전달되고 있다. 최근에는 정보주도 경찰활동(ILP)에 환경범죄학의 다양한 범죄분석 기법이 활용되고 있다.

제23장 형벌론

제1절 형벌이론

★ 핵심정리 신·구학파의 형벌관

구분 \ 학파	구파(고전학파)	신파(근대학파)
시기	18C 후반~19C	19C 후반~현대
배경	개인주의, 자유주의, 합리주의, 계몽주의, 법치주의	범죄의 격증, 소년범·누범·상습범의 증가, 자연과학 사상의 발전, 실증주의
인간관	자유의사론	의사결정론
범죄론	객관주의(침해결과중시): 범죄의 외부에 나타난 행위와 결과를 중시(범죄주의, 사실주의)	주관주의(침해적 인격중시): 행위자(범죄인)의 반사회적 성격을 중시
책임론	도의적 책임론(행위책임): 자유의사를 가진 자가 자유의사에 의해 적법한 행위 대신 위법행위를 한 데 대한 윤리적 비난	사회적 책임론(행위자책임): 책임은 소질과 환경에 의해 결정된 행위자의 반사회적 성격에 대해 가해지는 사회적 비난가능성
형벌론	응보형주의, 일반예방주의	교육형주의, 특별예방주의
보안처분론	이원론	일원론
공헌	형벌권의 제한, 개인의 자유와 권리 보장	형벌의 개별화, 범죄인의 재사회화 촉진
목표	형벌의 감소	범죄의 감소
자유형	정기형제도	집행유예, 선고유예, 가석방, 상대적 부정기형제도, 단기자유형의 제한
처우모형	구금모델, 정의모델(사법모델)	의료모델, 개선모델, 재통합모델

01 형벌의 의의

(1) 형벌이란 국가가 형벌권의 주체가 되어 범죄에 대한 법률상의 효과로서 범죄자에게 과하는 법익의 박탈을 말한다.

(2) 형벌의 주체는 국가이므로 형벌은 언제나 공형벌이며, 또한 형벌은 범죄에 대한 법률효과이므로 범죄가 없으면 형벌도 있을 수 없지만, 형벌은 범죄에 대하여 과하는 것이 아니라 범죄인에 대하여 과하는 제재이다.

> ⊕ **PLUS** 광의의 형벌
>
> 1. **형벌**(협의의 형벌): 책임을 기초로 과거의 침해에 대한 제재이다(형식적 의의).
> 2. **보안처분**: 범죄인의 위험성을 기초로 미래에 대한 제재이다.

02 형벌의 목적에 관한 이론

(1) 응보형주의(절대주의, 절대설)
① 형벌의 본질을 범죄에 대한 응보로서의 해악으로 이해하는 사상으로 형벌은 범죄를 범하였기 때문에 당연히 과하여지는 것이지 다른 목적이 있을 수 없다고 본다. 즉, 형벌의 본질은 응보로서 그 자체가 목적이 된다. [2021. 보호 7급] 총 3회 기출
② 이론적 근거는 자유의사를 바탕으로 하며, 대표적 학자로는 칸트(Kant. 정의설, 절대적 응보형론), 헤겔(Hegel. 변증법적 응보론, 이성적 응보형론), 빈딩(Binding. 법률적 응보형론) 등의 견해가 대표적이다.

(2) 목적형주의
① 형벌의 목적을 형벌의 집행 그 자체에서 구하지 않고, 범죄인에게 구하려는 사상에서 비롯한다.
② 목적형주의는 '형벌은 그 자체가 목적이 아니라 범죄로부터 사회를 방어·보호하는 목적을 달성하기 위한 수단'이라고 한다.
③ 장래의 범죄를 예방하기 위하여 형벌이 필요하다는 주장으로 범죄예방의 대상이 누구냐에 따라 일반예방주의와 특별예방주의로 나뉜다. [2018. 보호 7급]

일반예방	㉠ 일반예방은 일반인에 대한 형벌 위하 또는 규범의식의 강화를 수단으로 범죄를 예방하려는 것이다. ㉡ 소극적 일반예방은 준엄한 형집행을 통해 일반인을 위하함으로써 범죄예방의 목적을 달성한다. [2022(72). 경위] ㉢ 적극적 일반예방은 형벌을 통해 일반인의 규범의식을 강화하여 사회의 규범 안정을 도모한다.
특별예방	㉠ 특별예방은 범죄인 개개인을 중심으로 범죄를 예방하려는 것이다. ㉡ 소극적 특별예방은 형벌의 고통을 체험하게 함으로써 범죄자가 스스로 재범을 억제하도록 한다(범죄인의 격리를 추구). ㉢ 적극적 특별예방은 형벌을 통해 범인을 교육·개선함으로써 범죄자의 재범을 예방한다(범죄인의 재사회화를 추구).

④ 형벌에 의한 사회질서의 유지는 범죄인을 개선시켜 선량한 국민으로 재사회화시킴으로써 그 완벽을 도모할 수 있다.
⑤ 이론적 근거는 의사결정론을 바탕으로 하며, 대표적 학자로는 리스트 등이 있다.

(3) 교육형주의

① 형벌을 교육이라고 보는 사상에서 비롯되었으며, 목적형주의를 순화하여 범죄 진압에 가장 합리적이며 효과적인 방법이다.

② 범죄인의 자유박탈과 사회로부터의 격리를 교육을 위한 수단으로 본다. [2021. 보호 7급]

③ 현대의 교정목적은 응보형주의를 지양하고, 교육형주의의 입장에서 수형자를 교정·교화하여 사회에 복귀시키는 데에 중점을 둔다. [2021. 보호 7급]

④ 리프만에 의해 최초로 주장되었고 란짜, 살다니아 등에 의해 발전하였다.

(4) 신응보형주의

① 1970년대 중반 이후 미국에서 교육형주의에 입각하여 범죄자를 대상으로 하는 여러 교육프로그램들이 재범이나 누범의 방지에 실패하였다는 주장에서 비롯되었다.

② 수형자들을 강제적인 교육프로그램에 참여시키는 것을 반대하면서 수형자의 개선보다는 인간적인 조건 아래서의 구금을 강조한다.

③ 알렌, 모리스, 윌슨, 포겔, 마틴슨 등 응보형주의적 바탕 위에 구금 위주의 행형을 지향한다고 하여 흔히 '신응보형주의'라고 부른다.

단원별 지문 O/X

01 형벌의 목적 중 소극적 일반예방은 형벌을 통해 범인을 교육·개선함으로써 범죄자의 재범을 예방한다. (   )

[2022(72). 경위]

02 형벌의 목적 중 소극적 일반예방은 형벌을 통해 일반인의 규범의식을 강화하여 사회의 규범 안정을 도모한다. (   )

[2022(72). 경위]

03 형벌의 목적 중 소극적 일반예방은 준엄한 형집행을 통해 일반인을 위하함으로써 범죄예방의 목적을 달성한다. (   )

[2022(72). 경위]

04 형벌의 목적 중 소극적 일반예방은 형벌의 고통을 체험하게 함으로써 범죄자가 스스로 재범을 억제하도록 한다. (   )

[2022(72). 경위]

05 응보형주의에 따르면 범죄는 정의에 반하는 악행이므로 범죄자에 대해서는 그 범죄에 상응하는 해악을 가함으로써 정의가 실현된다. (   )

[2018. 보호 7급]

06 목적형주의에 따르면 형벌은 과거의 범행에 대한 응보가 아니라 장래의 범죄예방을 목적으로 한다. (   )

[2018. 보호 7급]

07 일반예방주의는 범죄자에게 형벌을 과함으로써 수형자에 대한 범죄예방의 효과를 기대하는 사고방식이다. (   )

[2018. 보호 7급]

08 특별예방주의는 형벌의 목적을 범죄자의 사회복귀에 두고 형벌을 통하여 범죄자를 교육·개선함으로써 그 범죄자의 재범을 예방하려는 사고방식이다. (   )

[2018. 보호 7급]

---

01 × 적극적 특별예방에 대한 설명이다.

02 × 적극적 특별예방에 대한 설명이다.

03 ○ 예방이론은 형벌이 그 자체로 성립되는 것이 아니라 예방이라는 목적에 의하여 정당화된다는 입장이다. 예방이론은 그 대상에 따라 일반예방과 특별예방으로 나누어지는데, 일반예방은 일반인에 대한 형벌위하 내지 규범의식의 강화를 수단으로 범죄의 예방을 꾀하는 것이고, 특별예방은 범죄인 개개인을 중심으로 범죄를 예방하려는 것이다. 일반예방은 일반인에 대한 위하를 추구하는 소극적 일반예방과 일반인의 규범의식의 강화를 추구하는 적극적 일반예방으로, 특별예방은 범죄인의 격리를 추구하는 소극적 특별예방과 범죄인의 재사회화를 추구하는 적극적 특별예방으로 구분할 수 있다.

04 × 소극적 특별예방에 대한 설명이다.

05 ○

06 ○

07 × 일반예방주의는 목적형주의의 입장에서 범죄예방의 대상을 일반인에게 두고 형벌에 의하여 일반인을 위하·경계시킴으로써 범죄를 행하지 않도록 하는 데에 형벌의 목적을 두는 것을 말한다.

08 ○

제2절 미결구금제도와 공소단계의 형사정책

01 미결구금제도

(1) 의의
① 형사피의자·피고인으로 체포되거나 구속영장의 집행을 받은 자를 구금하여 수사하고, 재판에서의 심리 및 형벌의 집행을 확보하기 위한 수단으로 궁극적으로 <u>형사소송의 원활한 수행을 위한 수용자에 대한 처우</u>이다.
② 미결수용자란 형사피의자 또는 형사피고인으로서 체포되거나 구속영장의 집행을 받아 교정시설에 수용된 사람을 말한다(형집행법 제2조 제2호).

(2) 미결구금의 제문제
① **판결선고 전 구금일수의 통산**: <u>판결 선고 전의 구금일수는 그 전부를 유기징역, 유기금고, 벌금이나 과료에 관한 유치 또는 구류에 산입한다</u>(형법 제57조 제1항).
② **무죄추정의 원칙**: 형이 확정되기 전까지는 원칙적으로 무죄추정을 받는 자이므로 형사소송의 원활한 수행을 위한 목적으로 구금되었다고 하더라도 국민의 일원이므로 일반 사회인과 다를 바 없는 헌법상의 기본적 인권이 보장된다.

> ⊕ **PLUS** 무죄추정의 원칙
>
> 1. 형사피고인은 유죄의 판결이 확정될 때까지는 무죄로 추정된다(헌법 제27조 제4항).
> 2. 피고인은 유죄의 판결이 확정될 때까지는 무죄로 추정된다(형사소송법 제275조의2).
> 3. 미결수용자는 무죄의 추정을 받으며 그에 합당한 처우를 받는다(형집행법 제79조).

③ **구금 장소**: 미결수용자의 처우를 전문적으로 담당할 수 있는 구치소가 부족하며 대부분의 지역에서 교도소 내에 미결수용실을 운영하고 있는 실태이다.
④ **법규 미비**: 형집행법은 일반적으로 수형자의 처우에 관하여 규정함을 목적으로 하는 것인바, 미결수용자의 구금목적에 부합한 구체적인 내용들을 상세히 수록할 수 없으므로 미결수용의 목적에 부합하는 독립된 미결수용법을 제정할 필요가 있다.

(3) 미결수용의 개선방안
① 수사 및 법원 심리를 신속화한다.
② 보상제도를 현실화한다(무죄석방자에 대한 손실보상 등).
③ 불구속수사를 원칙으로 한 구속수사의 지양한다.
④ 석방제도를 적극 활용한다.
⑤ 피구금자의 가족을 보호한다.
⑥ 미결구금시설을 개선한다.
⑦ 실질적인 접견·교통권을 보장한다.

(4) 「형의 집행 및 수용자 처우에 관한 법률」상 미결수용자의 처우

① **구분수용과 예외**: 미결수용자는 구치소에 수용한다(법 제11조 제1항 제3호). 다음의 어느 하나에 해당하는 사유가 있으면 <u>교도소에 미결수용자를 수용할 수 있다</u>(법 제12조 제1항).

> ⊕**PLUS** 구분수용의 예외(법 제12조 제1항) [2020. 6급 승진] 총 7회 기출
> 1. 관할 법원 및 검찰청 소재지에 구치소가 없는 때
> 2. 구치소의 수용인원이 정원을 훨씬 초과하여 정상적인 운영이 곤란한 때
> 3. 범죄의 증거인멸을 방지하기 위하여 필요하거나 그 밖에 특별한 사정이 있는 때

② **미결수용자 처우의 원칙**: 미결수용자는 <u>무죄의 추정</u>을 받으며 그에 합당한 처우를 받는다(법 제79조).

③ **참관 금지**: 미결수용자가 수용된 거실은 참관할 수 없다(법 제80조).

④ **사복 착용**: 미결수용자는 수사·재판·국정감사 또는 법률로 정하는 조사에 참석할 때에는 사복을 착용할 수 있다. 다만, 소장은 도주 우려가 크거나 특히 부적당한 사유가 있다고 인정하면 교정시설에서 지급하는 의류를 입게 할 수 있다(법 제82조).

⑤ **이발**: 미결수용자의 머리카락과 수염은 특히 필요한 경우가 아니면 본인의 의사에 반하여 짧게 깎지 못한다(법 제83조).

⑥ **변호인과의 접견 및 편지수수**(법 제84조)
   ㉠ 미결수용자와 변호인(변호인이 되려고 하는 사람을 포함)과의 접견에는 교도관이 참여하지 못하며 그 내용을 청취 또는 녹취하지 못한다. 다만, 보이는 거리에서 미결수용자를 관찰할 수 있다(제1항). [2019. 8급 승진] 총 11회 기출
   ㉡ 미결수용자와 변호인 간의 접견은 시간과 횟수를 제한하지 아니한다(제2항). [2019. 8급 승진] 총 3회 기출
   ㉢ 미결수용자가 변호인과 접견하는 경우에는 접촉차단시설이 설치되지 아니한 장소에서 접견하게 한다(법 제41조 제2항 제1호). [2023. 6급 승진]
   ㉣ 미결수용자와 변호인 간의 편지는 교정시설에서 상대방이 변호인임을 확인할 수 없는 경우를 제외하고는 검열할 수 없다(제3항). [2019. 8급 승진] 총 7회 기출

⑦ **작업과 교화**
   ㉠ 소장은 미결수용자에 대하여는 신청에 따라 교육 또는 교화프로그램을 실시하거나 작업을 부과할 수 있다(법 제86조 제1항). [2020. 교정 9급] 총 13회 기출
   ㉡ 미결수용자에 대한 교육·교화프로그램 또는 작업은 교정시설 밖에서 행하는 것은 포함하지 아니한다(시행령 제103조 제1항). [2019. 6급 승진] 총 7회 기출
   ㉢ 소장은 작업이 부과된 미결수용자가 작업의 취소를 요청하는 경우에는 그 미결수용자의 의사, 건강 및 교도관의 의견 등을 고려하여 작업을 취소할 수 있다(시행령 제103조 제2항). [2020. 교정 9급] 총 3회 기출
   ㉣ 미결수용자에게 교육 또는 교화프로그램을 실시하거나 작업을 부과하는 경우에는 교육, 교화프로그램, 작업의 부과, 집중근로에 따른 처우, 휴일의 작업, 작업의 면제, 작업수입, 위로금·조위금, 다른 보상·배상과의 관계, 위로금·조위금을 지급받을 권리의 보호 규정을 준용한다(법 제86조 제2항). [2018. 6급 승진] 총 2회 기출

⑧ **경찰서 유치장**
   ㉠ 경찰관서에 설치된 유치장은 교정시설의 미결수용실로 보아 이 법을 준용한다(법 제87조). [2016. 5급 승진]
   ㉡ 경찰관서에 설치된 유치장에는 수형자를 30일 이상 수용할 수 없다(시행령 제107조). [2019. 5급 승진] 총 3회 기출

⚖ 판례 |

[1] 판결선고 전 미결구금일수 형기산입, 별도의 판단 불필요

형법 제57조 제1항 중 "또는 일부" 부분은 헌법재판소 2009.6.25. 2007헌바25 사건의 위헌결정으로 효력이 상실되었다. 그리하여 판결선고 전 미결구금일수는 그 전부가 법률상 당연히 본형에 산입하게 되었으므로, 판결에서 <u>별도로 미결구금일수 산입에 관한 사항을 판단할 필요가 없다</u>고 할 것이다(대법원 2009.12.10. 2009도11448). [2017. 교정 9급] 총 2회 기출

[2] 상소제기기간의 구금일수 본형 미산입, 신체의 자유침해 인정

미결구금은 신체의 자유라는 중요한 기본권을 제한하는 것인데, 기본권의 제한은 부득이한 범위에 한하여야 하고, 원칙적으로 미결구금기간 전부는 재정통산 또는 법정통산의 방법으로 본형에 산입될 수 있도록 하고 있는 것에 비추어, 상소제기기간에 한하여 특별히 통산대상에서 제외할 이유가 없다. 오히려 형사소송절차에서의 상소제도의 중요성이나 상소제기기간을 둔 본래의 취지에 비추어 그 기간동안은 아무런 불이익의 염려가 없이 상소에 대하여 숙고할 여유를 가질 수 있게 하여야 할 것이다. 특히, 피고인이 판결선고일에 상소를 포기하고, 검사가 상소를 포기하지 아니하고, 상소도 하지 아니하는 경우 검사도 즉시 상소를 포기한 경우와 비교하면 법원이 선고한 형의 집행기간이 7일이나 연장되게 된다. 이러한 결과는 소송의 한 당사자인 검사의 의사에 따라 실질적으로 법원이 선고한 형에 변경을 가져오게 되고, 피고인의 신체의 자유를 침해하게 된다(헌재 2000.7.20. 99헌가7).

02 기소유예제도

(1) 공소제기

① **의의**: 검사는 수사결과 범죄의 객관적 혐의가 인정되고 유죄의 판결을 받을 수 있다고 판단할 때에는 공소를 제기한다.

② **불고불리의 원칙**: 공소제기가 없는 때에는 법원은 그 사건에 대하여 심판을 할 수 없다.

(2) 공소제기의 역사

① **탄핵주의 확립**: 고전주의는 중세 형사소송절차의 개시와 심리가 일정한 소추권자의 소추에 의하지 않고 법원의 직권에 의하여 행해지는 규문주의 형사절차의 폐단을 지적하고, 원고의 소추를 기다려서 소송절차를 개시하는 탄핵주의를 주장하였다.

규문주의	법원의 직권에 의하여 탄핵을 기다리지 않고 소송절차를 개시하고, 피고인은 다만 소송의 객체로서만 취급되고 규문되어 그것에 대하여 진술을 하고, 전문 법관에 의한 재판이 이루어지는 주의로, 1532년의 '카롤리나 법전'은 그 대표적인 법전이다.
탄핵주의	탄핵주의는 소추기관·피고인·재판기관의 3면적 소송구조를 취하고, 재판의 공개와 구두주의·불고불리의 원칙을 채용하게 되며 인권옹호적 기능을 가지게 된다.

② **기소법정주의와 기소편의주의**: 국가소추주의를 취할 때에 소추기관이 기소 여부를 결정할 수 있는 재량 여부에 따라 기소법정주의와 기소편의주의로 구별된다.

기소법정주의	고전학파는 기소재량의 인정은 법 앞의 평등에 반하고 법적 안정성을 해치기 쉽다는 이유로 기소법정주의 원칙의 입장이다.
기소편의주의	실증주의학파는 기소가 형벌목적을 달성할 수 없을 때에는 기소하지 않는 것이 오히려 현명하다는 기소편의주의의 입장이다.

(3) 기소유예제도 의의

공소를 제기하기에 충분한 범죄의 혐의가 있고 소송조건도 구비되었으나 범인의 연령·성행·지능과 환경, 범행의 동기·수단과 결과, 피해자에 대한 관계, 범행 후의 정황 등(형법 제51조) 양형인자를 참작하여 검사의 재량에 의하여 공소를 제기하지 않는 처분을 말한다. [2014. 사시]

(4) 장점

① 기소법정주의에 따른 형식적 공평과 경직성을 지양하고, 구체적 정의의 실현과 실질적 공평의 추구에 필요한 탄력성을 제공한다.
② 피의자에게 전과의 낙인 없이 기소 전 단계에서 형사정책적 고려를 통하여 사회복귀를 가능하게 하고, 단기자유형의 폐해를 방지할 수 있다. [2017. 보호 7급] 총 3회 기출
③ 합리적 공소제기로 일반의 신뢰 및 공소제기 자체의 일반예방적 효과와 특별예방적 효과를 증대시킨다.
④ 낙인없이 기소 전에 사회복귀를 가능하게 하고, 법원 및 교정기관의 부담을 경감시킨다. [2017. 보호 7급]
   총 2회 기출

(5) 단점

① 범죄인의 유·무죄 판단을 법원의 사법처분이 아닌 검찰의 행정적 처분에 맡기는 것은 옳지 않다.
② 정치적 개입이나 부당한 불기소처분의 가능성 등 검사의 지나친 자의적 재량의 여지가 있다. [2014. 보호 7급]
③ 무죄결정이 아닌 시효가 완성될 때까지 기소유예기간 동안 피의자는 불안한 법적 지위를 가져야 하기 때문에 법적 안정성을 침해할 수 있다. 그러나 이러한 피의자의 불이익 때문에 기소유예제도는 오히려 형벌적 기능을 담당할 수 있다고 한다. [2017. 보호 7급]
④ 광범위한 기소유예가 인정되면 불기소처분이 가능한 사안을 오히려 기소유예로 안이하게 처리하는 경우도 배제할 수 없다.
⑤ 교화·개선가능성보다 검사의 자의적 판단에 좌우될 위험이 있고, 불기소처분을 할 사건에 대해 안이하게 기소유예처분을 하는 폐단마저 생길 수 있다.

(6) 소년법에 의한 선도조건부 기소유예제도

① 「소년법」 개정(2007)에 따라 조건부 기소유예제도가 도입되었다.
② 이는 선도조건부 기소유예제도를 법제화함과 동시에 선도의 내용을 범죄예방 자원봉사위원 선도, 소년 선도·교육과 관련된 단체·시설에서의 상담·교육·활동 등으로 다양화하였다.
③ 이는 보호관찰관에 의한 전문적인 보호관찰이 수반되는 보호관찰소 선도위탁제도와는 구별된다.

> **[소년법]**
> **제49조의3【조건부 기소유예】** 검사는 피의자에 대하여 다음 각 호에 해당하는 선도 등을 받게 하고, 피의사건에 대한 공소를 제기하지 아니할 수 있다. 이 경우 소년과 소년의 친권자·후견인 등 법정대리인의 동의를 받아야 한다.
> 1. 범죄예방자원봉사위원의 선도
> 2. 소년의 선도·교육과 관련된 단체·시설에서의 상담·교육·활동 등

(7) 개선방안

① **재정신청**: 고소·고발 사건에 대해 검사가 불기소처분 시 관할지방법원의 심판에 부하는 제도
② 고소·고발인의 검찰항고·재항고제도(검찰청법 제10조)
③ 헌법소원(헌법재판소법 제68조 제1항)
  ▶ 피의자도 헌소제기 가능
④ 불기소처분 통지제도, 불기소처분 이유고지제도 등

[형사소송법]

제258조【고소인 등에의 처분고지】 ① 검사는 고소 또는 고발있는 사건에 관하여 공소를 제기하거나 제기하지 아니하는 처분, 공소의 취소 또는 제256조의 송치를 한 때에는 그 처분한 날로부터 <u>7일 이내에 서면으로 고소인 또는 고발인에게 그 취지를 통지</u>하여야 한다.
② 검사는 불기소 또는 제256조의 처분을 한 때에는 피의자에게 즉시 그 취지를 통지하여야 한다.

제259조【고소인 등에의 공소불제기이유고지】 검사는 고소 또는 고발있는 사건에 관하여 공소를 제기하지 아니하는 처분을 한 경우에 고소인 또는 고발인의 청구가 있는 때에는 <u>7일 이내에 고소인 또는 고발인에게 그 이유를 서면으로 설명</u>하여야 한다.

제259조의2【피해자 등에 대한 통지】 검사는 범죄로 인한 피해자 또는 그 법정대리인(피해자가 사망한 경우에는 그 배우자·직계친족·형제자매를 포함한다)의 신청이 있는 때에는 당해 사건의 공소제기 여부, 공판의 일시·장소, 재판결과, 피의자·피고인의 구속·석방 등 구금에 관한 사실 등을 <u>신속하게 통지하여야</u> 한다.

제260조【재정신청】 ① 고소권자로서 고소를 한 자(「형법」 제123조부터 제126조까지의 죄에 대하여는 고발을 한 자를 포함한다. 이하 이 조에서 같다)는 검사로부터 공소를 제기하지 아니한다는 통지를 받은 때에는 그 검사 소속의 지방검찰청 소재지를 관할하는 고등법원(이하 "관할 고등법원"이라 한다)에 그 당부에 관한 재정을 신청할 수 있다. 다만, 「형법」 제126조의 죄에 대하여는 피공표자의 명시한 의사에 반하여 재정을 신청할 수 없다.
② 제1항에 따른 재정신청을 하려면 「검찰청법」 제10조에 따른 항고를 거쳐야 한다. 다만, 다음 각 호의 어느 하나에 해당하는 경우에는 그러하지 아니하다.
  1. 항고 이후 재기수사가 이루어진 다음에 다시 공소를 제기하지 아니한다는 통지를 받은 경우
  2. 항고 신청 후 항고에 대한 처분이 행하여지지 아니하고 3개월이 경과한 경우
  3. 검사가 공소시효 만료일 30일 전까지 공소를 제기하지 아니하는 경우
③ 제1항에 따른 재정신청을 하려는 자는 항고기각 결정을 통지받은 날 또는 제2항 각 호의 사유가 발생한 날부터 10일 이내에 지방검찰청검사장 또는 지청장에게 재정신청서를 제출하여야 한다. 다만, 제2항 제3호의 경우에는 공소시효 만료일 전날까지 재정신청서를 제출할 수 있다.
④ 재정신청서에는 재정신청의 대상이 되는 사건의 범죄사실 및 증거 등 재정신청을 이유있게 하는 사유를 기재하여야 한다.

[검찰청법]

제10조【항고 및 재항고】 ① 검사의 불기소처분에 불복하는 고소인이나 고발인은 그 검사가 속한 지방검찰청 또는 지청을 거쳐 서면으로 관할 고등검찰청 검사장에게 항고할 수 있다. 이 경우 해당 지방검찰청 또는 지청의 검사는 항고가 이유 있다고 인정하면 그 처분을 경정(更正)하여야 한다.
② 고등검찰청 검사장은 제1항의 항고가 이유 있다고 인정하면 소속 검사로 하여금 지방검찰청 또는 지청 검사의 불기소처분을 직접 경정하게 할 수 있다. 이 경우 고등검찰청 검사는 지방검찰청 또는 지청의 검사로서 직무를 수행하는 것으로 본다.

③ 제1항에 따라 항고를 한 자[「형사소송법」 제260조에 따라 재정신청(裁定申請)을 할 수 있는 자는 제외한다. 이하 이 조에서 같다]는 그 항고를 기각하는 처분에 불복하거나 항고를 한 날부터 항고에 대한 처분이 이루어지지 아니하고 3개월이 지났을 때에는 그 검사가 속한 고등검찰청을 거쳐 서면으로 검찰총장에게 재항고할 수 있다. 이 경우 해당 고등검찰청의 검사는 재항고가 이유 있다고 인정하면 그 처분을 경정하여야 한다.

[헌법재판소법]

제68조 【청구사유】 ① 공권력의 행사 또는 불행사로 인하여 헌법상 보장된 기본권을 침해받은 자는 법원의 재판을 제외하고는 헌법재판소에 헌법소원심판을 청구할 수 있다. 다만, 다른 법률에 구제절차가 있는 경우에는 그 절차를 모두 거친 후에 청구할 수 있다.

단원별 지문 OX

01 미결구금의 폐해를 줄이기 위한 정책으로는 구속영장실질심사제, 신속한 재판의 원칙, 범죄피해자보상제도, 미결구금 전용 수용시설의 확대 등이 있다. (　　) [2022. 보호 7급]

02 미결구금된 사람을 위하여 변호인이 되려는 자의 접견교통권은 변호인의 조력을 받을 권리의 실질적 확보를 위해서 헌법상 기본권으로서 보장되어야 한다. (　　) [2022. 보호 7급]

03 판결선고 전 미결구금일수는 그 전부가 법률상 당연히 본형에 산입되므로 판결에서 별도로 미결구금일수 산입에 관한 사항을 판단할 필요가 없다. (　　) [2022. 보호 7급]

04 재심재판에서 무죄가 확정된 피고인이 미결구금을 당하였을 때에는 국가에 대하여 그 구금에 대한 보상을 청구할 수 있다. (　　) [2022. 보호 7급]

05 미결수용자 처우의 원칙: 미결수용자는 무죄의 추정을 받으며 그에 합당한 처우를 받는다. (　　) [2020. 교정 9급]

06 미결수용자가 수용된 거실은 참관할 수 없다. (　　)

07 미결수용자는 수사 · 재판 · 국정감사 또는 법률로 정하는 조사에 참석할 때에는 사복을 착용할 수 있다. 다만, 소장은 도주 우려가 크거나 특히 부적당한 사유가 있다고 인정하면 교정시설에서 지급하는 의류를 입게 할 수 있다. (　　)

08 미결수용자와 변호인(변호인이 되려고 하는 사람을 포함)과의 접견에는 교도관이 참여하지 못하며 그 내용을 청취 또는 녹취하지 못한다. 다만, 보이는 거리에서 미결수용자를 관찰할 수 있다. (　　) [2019. 8급 승진]

09 경찰관서에 설치된 유치장은 교정시설의 미결수용실로 보아 이 법을 준용한다. (　　) [2016. 5급 승진]

---

01 ✕ 범죄피해자보상제도는 미결구금의 폐해를 줄이기 위한 정책과는 관련이 없다. 미결구금의 폐해를 줄이기 위한 정책으로는 불구속수사를 원칙으로 한 구속수사의 지양, 구속영장실질심사제, 수사 및 법원 심리의 신속화, 보상제도의 현실화(무죄석방자에 대한 손실보상 등), 석방제도의 적극 활용, 피구금자의 가족보호, 미결구금시설의 개선, 실질적인 접견 · 교통권의 보장 등이 있다.

02 ○ 헌재 2019.2.28. 2015헌마1204

03 ○ 대법원 2009.12.10. 2009도11448

04 ○ 형사소송법에 따른 일반 절차 또는 재심이나 비상상고 절차에서 무죄재판을 받아 확정된 사건의 피고인이 미결구금을 당하였을 때에는 국가에 대하여 그 구금에 대한 보상을 청구할 수 있다(형사보상 및 명예회복에 관한 법률 제2조 제1항).

05 ○ 형집행법 제79조

06 ○ 형집행법 제80조

07 ○ 법 제82조

08 ○

09 ○ 형집행법 제87조

제3절 재판단계의 형사정책

01 양형의 개념

(1) 의의
① 양형이란 유죄가 인정된 피고인에게 구체적 형벌의 종류와 범위를 정하는 것을 말한다.
② 법정형을 토대로 형의 종류를 선택하고 필요한 가중감경을 한 처단형의 범위 내에서 해당 사건에 상당하다고 인정되는 형벌의 종류와 정도를 구체적으로 결정하는 법원의 작용을 의미한다.

📋 법원의 양형결정 단계 [2023. 해경 경위]

법정형	법관은 먼저 피고인에게 적용된 구성요건의 형벌범위를 정하는 법정형을 확인하는 단계
처단형	법정형을 토대로 법률상 가중·감경을 하고 피고인에게 정상에 참작할만한 사유가 있으면 정상참작감경을 하는 단계
선고형	처단형을 토대로 「형법」 제51조 양형인자를 고려하여 최종 선고하는 단계

(2) 양형의 기준
① **책임주의**: 양형에서 정해지는 형벌의 양은 행위자의 개별적인 책임과 균형을 이루는 범위 내에서 정해져야 한다는 것으로 형법상의 책임주의 원칙이 기본적인 전제가 된다. 다만, 책임주의는 형벌의 최상한을 정한다고 하는 소극적인 의미의 소극적 책임주의라고 보아야 하며, 책임의 범위 내에서 범죄인의 개선·교화와 사회복귀의 목적을 함께 추구해야 한다.
② **예방주의**: 범죄자의 성공적 사회복귀에 도움이 되고, 그의 사회적 지위를 필요 이상으로 침해하는 일이 없도록 유의해야 한다는 재사회화 목적과 범죄자의 위험으로부터 일반인을 보호하는 특별예방목적에 부합하고, 또한 형벌은 범죄행위 결과를 일반인들에게 부정적 본보기로 보여주고 동시에 일반인의 규범의식을 강화시켜 주는 역할인 일반예방목적에 부합해야 한다.

(3) 양형인자(형법 제51조)
① 범인의 연령·성행·지능과 환경
② 피해자에 대한 관계
③ 범행의 동기·수단과 결과
④ 범행 후의 정황
▶ 양형인자가 아닌 것: 성별(남녀), 범인의 건강·체격, 국적 여부, 범죄전력(전과 여부) 등 [2025. 보호 9급]

(4) 문제점
① 양형과정상 법관들의 개인차로 인한 양형의 불평등을 가져와 궁극적으로 부적합한 양형은 재범의 원인이 되는 등 형벌의 목적에 반하는 결과를 가져올 수 있다.
② 형벌책임의 근거를 비난가능성에서 구하는 것은 객관적이고 중립적이어야 할 국가형벌권의 행사가 감정에 치우칠 위험이 있다.

> ⊕ **PLUS** 이중평가금지의 원칙
>
> 누범가중의 기초가 된 범인의 전과를 양형에서 범인의 성행 불량으로 다시 고려해서는 안 되는 경우와 같이 이미 구성요건의 불법과 책임을 근거지우거나 가중·감경사유가 된 상황은 다시 양형의 자료로 고려해서는 아니 된다는 원칙을 말한다.

02 양형이론

(1) 유일점 형벌이론(유일형이론)
① 책임은 언제나 고정된 일정한 크기를 가지므로 정당한 형벌은 오직 하나일 수밖에 없다는 이론이다. 즉, 책임에 상응하는 형벌은 하나의 점의 형태로 존재한다. [2013. 보호 7급] 총 3회 기출
② 나아가 형벌을 확정하는데는 책임 이외에 어떤 관점도 기준이 되어서는 안 된다고 한다.
③ 절대적 형벌이론을 전제로 한 것이기 때문에 형벌 목적의 모순관계를 해결할 수 있는 기준을 제시하지 못한다는 비판을 받는다. 즉, 일반예방이나 특별예방을 고려하지 못한다.

(2) 폭의이론(책임범위이론, 범주이론)
① 독일연방최고법원이 취하고 있는 이론으로 오늘날 지배적인 양형이론이다.
② 법관은 책임에 상응한 형벌범위 안에서 일반예방과 특별예방을 고려하여 최종적으로 구체적인 형량을 결정하게 된다.
③ 형량은 수량개념이지만, 가치개념이므로 책임에 상응하는 정당하고 유일한 형벌을 찾아내는 것은 현실적으로 불가능한 일이라는 점에 근거를 두고 있다.
④ 예방의 관점을 고려한 것으로 법관에게 일정한 형벌목적으로 고려할 수 있는 일정한 재량범위를 인정하는 장점을 가지고 있다. [2012. 보호 7급]
⑤ 비판: 책임이 일정한 범위로 형벌 제한기능을 온전히 수행한다는 것은 불가능한 일이고, 이론적으로 완전히 정립되지 않은 일반예방·특별예방에 의해 구체적 형량을 결정한다는 것은 현실을 무시한 것이라는 비판이 있다.

(3) 단계이론(위가이론)
① 유일점 형벌이론과 폭의이론이 대립하는 과정에서 폭의 이론을 변형하기 위한 시도로 등장한 이론으로, 양형의 단계에 따라 개별적인 형벌목적의 의의와 가치를 결정해야 한다는 이론이다.
② 형량은 불법과 책임에 따라 결정하고 형벌의 종류와 집행 여부는 예방적 목적을 고려하여 결정해야 한다는 것이다.
③ 양형의 단계마다 상이한 형벌목적이 적용되는 것은 타당하지 않다는 비판이 있다.

(4) 특별예방형 위가이론
① 록신(Roxin)의 주장으로 범주이론과 단계이론을 결합이론다.
② 응보형이론을 배제하고, 책임을 상한선으로 하고, 법질서 방위의 적극적 예방목적을 하한선으로 하여 그 범위안에서 특별예방 목적의 우위를 주장한다.

03 양형의 합리화를 위한 판결 전 조사제도

(1) 의의와 연혁
① 의의: 형의 종류나 양 및 보안처분의 적용에 있어서 다른 방법으로 조사할 수 없는 피고인의 인격 및 환경에 관한 자료를 수집하여 교정처우과정에서 활용함으로써 범죄자의 교정과 갱생의 촉진에 크게 기여하는 제도이다. 유죄인부절차에서 유죄가 인정된 자를 대상으로 형량결정을 위하여 판결 전에 보호관찰회부 여부, 재범의 위험성 여부, 갱생에 도움이 될 만한 사회적·개인적 지원, 범죄자의 개별특성, 생활환경 등을 면밀히 조사하는 행위를 말한다.
② 연혁: 1911년 미국의 일리노이 주 시카고 시에서 처음 실시되었고 1940년 표준보호관찰법(SPA)에서 공식화되었다. [2010. 보호 7급]

③ **소송절차이분론**: 사실심리절차와 양형절차를 분리하는 소송절차이분을 전제로 하며, 미국에서 보호관찰 제도와 밀접한 관련을 가지고 발전되어 온 제도이다. [2012. 보호 7급]

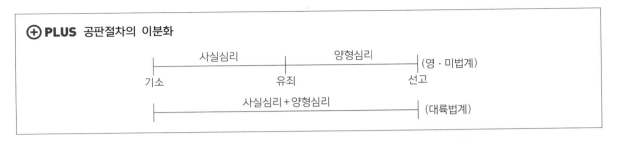

⊕ **PLUS** 공판절차의 이분화

(2) 유용성
① 판사가 가장 유효·적절한 판결을 할 수 있도록 <u>양형의 합리화</u>에 도움을 준다. [2012. 보호 7급] 총 3회 기출
② 변호인의 변호활동을 보완하는 기능을 하며 피고인의 인권보장에 기여한다.
③ 교정시설에서 수용자에 대한 개별처우의 자료로 활용된다. [2012. 보호 7급] 총 3회 기출
④ 보호관찰 시 조사보고서(보안처분의 기초자료)는 지역사회에서의 범죄인처우지침으로 활용된다.
⑤ 양형절차 이전에 유죄인부절차에서 무죄판결 시 피고인의 인격에 대한 조사가 불필요하여 소송경제에 도 유리하다.

(3) 문제점
① 조사결과에 대한 피고인 측의 반대신문권의 확보문제, 조사결과의 피고인에 대한 공개 여부, 직권주의 의 부활, 소송의 신속한 진행을 저해하는 등 소송경제에 반한다는 비판이 있다.
② 정보제공자들이 주로 가까운 친지 등이므로 피고인과의 인간관계를 해칠 우려가 있다.
③ 소송법상에서는 엄격한 증거조사가 요구되는데, 판결 전 조사는 엄격한 증거조사와는 동떨어진 사회조 사이다.

(4) 현행법상 판결 전 조사 [2024(74). 경위]
① 법원은 <u>피고인(성인·소년 포함)</u>에 대하여 형법 제59조의2(선고유예 시 보호관찰) 및 제62조의2(집행유예 시 보호 관찰, 사회봉사·수강명령)에 따른 보호관찰, 사회봉사 또는 수강을 명하기 위하여 필요하다고 인정하면 그 법원의 소재지 또는 피고인의 주거지를 관할하는 보호관찰소의 장에게 범행 동기, 직업, 생활환경, 교 우관계, 가족상황, 피해회복 여부 등 피고인에 관한 사항의 조사를 요구할 수 있다(보호관찰 등에 관한 법률 제19조 제1항). [2024(74). 경위]
② 법원은 <u>성폭력범죄를 범한 피고인</u>에 대하여 보호관찰, 사회봉사, 수강명령 또는 이수명령을 부과하기 위하여 필요하다고 인정하면 그 법원의 소재지 또는 피고인의 주거지를 관할하는 보호관찰소의 장에게 피고인의 신체적·심리적 특성 및 상태, 정신성적 발달과정, 성장배경, 가정환경, 직업, 생활환경, 교우 관계, 범행동기, 병력, 피해자와의 관계, 재범위험성 등 피고인에 관한 사항의 조사를 요구할 수 있다(성 폭력범죄의 처벌 등에 관한 특례법 제17조 제1항).
③ 법원은 <u>피고인</u>에 대하여 보호관찰, 사회봉사, 수강명령 또는 이수명령을 부과하거나 취업제한 명령을 부과하기 위하여 필요하다고 인정하면 그 법원의 소재지 또는 피고인의 주거지를 관할하는 보호관찰소 의 장에게 피고인의 신체적·심리적 특성 및 상태, 정신성적 발달과정, 성장배경, 가정환경, 직업, 생활 환경, 교우관계, 범행동기, 병력, 피해자와의 관계, 재범위험성 등 피고인에 관한 사항의 조사를 요구할 수 있다(아동·청소년의 성보호에 관한 법률 제22조 제1항).

(5) 현행법상 결정 전 조사

① 법원은 <u>소년 보호사건에 대한 조사 또는 심리</u>를 위하여 필요하다고 인정하면 그 법원의 소재지 또는 소년의 주거지를 관할하는 보호관찰소의 장에게 소년의 품행, 경력, 가정상황, 그 밖의 환경 등 필요한 사항에 관한 조사를 의뢰할 수 있다(보호관찰 등에 관한 법률 제19조의2 제1항). [2020. 보호 7급]

② 소년부 판사는 조사관에게 사건 본인, 보호자 또는 참고인의 심문이나 그 밖에 필요한 사항을 조사하도록 명할 수 있다(소년법 제11조).

04 대법원 양형위원회의 양형기준

(1) 대법원 양형위원회

① 법원조직법에 양형위원회를 통한 양형기준을 마련하고 법관은 형의 종류와 형량을 정하는데 양형기준을 존중하도록 하고 있다. 다만, 이를 벗어날 경우 판결서에 양형이유를 기재할 뿐 <u>법적구속력을 가지는 것은 아니다.</u> [2023. 해경 경위]

② **미국의 양형위원회**: 유죄가 인정된 피고인에 대한 양형 과정의 일부를 위원회 형식의 협의체에 맡기는 방법으로 법관 이외에 범죄학, 형사정책 및 교정학 등의 전문가가 참여하며, 법관은 자유롭게 토론하고 그 결과를 양형에 참고하는 제도이다.

③ 우리나라의 양형위원회에서 정한 양형기준은 <u>실제 재판에 관여하지 않는다</u>는 점에서 미국의 그것과는 차이가 있다.

[법원조직법]

제81조의7 【양형 기준의 효력 등】 ① 법관은 형의 종류를 선택하고 형량을 정할 때 양형기준을 존중하여야 한다. 다만, <u>양형기준은 법적 구속력을 갖지 아니한다.</u> [2025. 보호 9급]

② 법원이 양형기준을 벗어난 판결을 하는 경우에는 판결서에 양형의 이유를 적어야 한다. 다만, 약식절차 또는 즉결심판절차에 따라 심판하는 경우에는 그러하지 아니하다. [2025. 보호 9급]

---

(2) 양형기준과 대상

① **양형기준**(범죄군별): 양형위원회는 모든 범죄에 통일적으로 적용되는 단일한 양형기준을 설정하는 방식이 아닌, <u>개별 범죄의 특성을 반영</u>하여 범죄군별로 독립적인 양형기준을 설정하는 방식을 채택하였다. 즉, 보호법익과 행위태양을 기준으로 유사한 범죄군을 통합하고, 그 범죄군 내에서 다시 범죄의 특수성을 고려하여 개별적인 양형기준을 설정하는 방식을 취하고 있다. [2022. 보호 7급]

② **대상범죄**: 동일 범죄군에 속하는 구성요건 전부가 양형기준의 적용 대상이 되는 것은 아니고, 대상범죄군에 속하는 개별 범죄 중에서도 일정범위의 범죄만을 양형기준의 우선 적용대상범죄로 정하였다.

(3) 양형기준의 적용방법

① **범죄유형의 결정**: 당해 범죄에 적용할 양형기준이 정해지면, 그 범죄가 어느 유형에 속하는지를 결정하여야 한다. 유형분류만으로 형량범위가 전체 법정형 범위 내에서 일정한 구간으로 제한된다(징역 3년~8년). 예 살인범죄군, 뇌물범죄군, 강도범죄군 등

② **권고형량의 범위 결정**: 각 유형의 형량범위를 범죄유형별로 감경영역, 기본영역, 가중영역의 3단계 권고영역으로 나눈 다음 각 사안별로 존재하는 구체적인 양형인자를 비교·평가한다. 권고형량범위를 도출하기 위해서는 <u>특별양형인자의 존부</u>를 확인한 다음 이를 비교·평가하여야 한다.

> 형량범위 결정 시 해당 특별양형인자의 내용과 질보다 <u>개수를 더 중요하게 고려한다.</u> 양형기준에 의한 최종 형량범위의 결정은 각 유형별로 제시된 3단계 권고 영역 중 하나를 선택한 다음 이를 조정하는 과정을 거쳐 이루어진다. 구체적으로, ① 양형인자의 존부 확정 ⇨ ② 복수 특별양형인자의 평가 ⇨ ③ 형량범위의 특별 조정 및 서술식 기준 적용 ⇨ ④ 다수범죄 처리기준 적용의 순으로 진행된다. [2023. 해경 경위]

③ **선고형의 결정**: 권고 영역이 정해지면 그 범위 내에서 법관은 구체적 사안에 적합한 선고형을 정하게 된다. 이때 <u>일반양형인자는 물론, 특별양형인자도 종합적으로 고려</u>하여야 하고, 양형기준에서 제시되지 않은 다양한 일반양형인자도 양형에 반영하는 것이 합리적이라고 판단되는 경우에는 종합적으로 고려하여야 한다.

④ **형의 집행유예 여부 결정**: 선고형이 3년 이하의 징역 또는 금고에 해당하는 경우에는, 실형이 권고되는 경우, 집행유예가 권고되는 경우, 어느 쪽도 권고되지 않는 경우(실형과 집행유예 중에서 선택 가능)를 구분하고 있는 <u>집행유예 기준에 따라 법관은 집행유예 여부를 결정</u>하게 된다. 양형기준은 책임단계와 예방단계를 구별하는 전제에서 형종 및 형량 기준과 별도로 집행유예 기준을 두고 있다.

(4) 양형인자의 질적 구분

의의	다양한 양형인자의 기본 성격을 규명하고(행위, 행위자), 책임의 경중에 미치는 내용(가중, 감경)과 그 정도(특별, 일반)를 구분하는 것	
감경인자	책임감소인자	
가중인자	책임증가인자	
특별양형인자	당해 범죄유형의 <u>형량에 큰 영향력을 갖는 인자로서 권고 영역을 결정</u>하는 데 사용되는 인자로써 일반양형인자들보다 더 중요하게 고려됨 [2024(74). 경위] 총 2회 기출	
일반양형인자	영향력이 특별양형인자에 미치지 못하는 인자로서 <u>권고 영역을 결정</u>하는 데에는 사용되지 못하고, 결정된 권고 형량범위 내에서 선고형을 정하는 데 고려되는 인자	
행위인자	범죄행위 자체에 관련되는 요소	계획적 범행, 잔혹한 범행수법
행위자/기타인자	범죄인 자신에 관련된 요소, 범행 후의 정황에 관련된 요소	처벌불원, 자수, 전과 등

(5) 적용범위

① 양형기준은 효력이 발생 된 이후 법원에 공소제기된 범죄에 대하여 내·외국인 모두에게 적용된다.
② 양형기준은 기수뿐만 아니라 <u>살인의 경우 미수의 경우에도</u> 적용한다. [2024(74). 경위]

(6) 기타 합리화 방안

① 양형지침서(양형기준표), 적응예측표의 활용, 양형위원회의 설치, 판결 전 조사제도의 활용, 공판절차의 이분화(유무죄 인부절차와 형의 양형절차), 검사 구형의 합리화, 판결서에 양형이유의 명시 등을 들 수 있다.
② 법관의 양형재량의 확대, 독일의 참심제 도입은 양형의 합리화 방안이 될 수 없다.

▤ 배심제와 참심제

배심제	일반시민으로 구성된 배심원단이 형사사건에서 유·무죄 판단 등 사실문제에 대한 평결을 내리고, 법관은 그 평결 결과에 구속되어 양형재판을 하는 제도
참심제	일반시민인 참심법관이 직업법관과 함께 재판부의 일원으로 참여하여 직업법관과 동등한 권한을 가지고 사실문제 및 법률문제를 모두 판단하는 제도

단원별 지문 O/X

01 유일점 형벌이론은 형이상학적 목적형사상을 기초로 한 절대적 형벌이론이다. (   ) [2013. 보호 7급]

02 공판절차 이분론은 소송절차를 범죄사실의 인정절차와 양형절차로 나누자는 주장을 말한다. (   ) [2013. 보호 7급]

03 우리나라의 양형기준은 효력이 발생 된 이후에 법원에 공소제기 된 범죄에 대하여 내·외국인 모두에게 적용되며, 모든 범죄에서 미수에 대해서는 적용되지 않고 기수에 대해서만 적용된다. (   ) [2024(74). 경위]

04 우리나라에서는 소년형사범을 대상으로만 판결 전 조사가 이루어지고 있다. (   ) [2024(74). 경위]

05 우리나라의 현행 양형기준은 법적 구속력을 갖지 아니한다. (   ) [2023. 해경 경위]

06 우리나라의 현행 양형은 법정형 ⇨ 처단형 ⇨ 선고형의 3단계 과정을 거쳐서 이루어진다. (   ) [2023. 해경 경위]

07 우리나라의 현행 양형기준에서 특별양형인자들이 일반양형인자들보다 더 중요하게 고려된다. (   ) [2023. 해경 경위]

08 우리나라의 현행 양형기준에서 형량범위 결정 시 해당 특별양형인자의 개수보다 그 내용과 질을 더 중요하게 고려한다. (   ) [2023. 해경 경위]

---

01 ✕ 유일점 형벌이론은 책임은 언제나 고정된 일정한 크기를 가지므로 정당한 형벌은 오직 하나일 수밖에 없다는 이론이다. 다만, 책임에 상응한 형벌을 찾아내는 과정에서 우리는 인식능력의 불완전성 내지 법관의 불확실성으로 인하여 산술적으로 정확히 확인할 수 없을 뿐이라는 것이다. 범주 이론은 행위자의 책임만을 기준으로 양형을 할 수 없으며 일반예방이나 특별예방의 목적도 고려하여야 한다고 주장한 목적형 이론 중의 하나이다.

02 ○

03 ✕ 양형기준은 양형기준의 효력이 발생된 이후 법원에 공소제기된 범죄에 대하여 적용한다. 양형기준은 내국인과 외국인을 구분하지 않고 적용한다. 양형기준은 살인미수범에 관하여 적용된다. 그러나 양형기준이 다른 대상범죄의 미수범죄 전반에 관하여 기준을 제시하고 있지 않기 때문에 살인죄를 제외한 다른 범죄군의 미수범에 대해서는 양형기준이 적용되지 않는다.

04 ✕ 판결 전 조사는 성인형사범, 소년형사범을 대상으로 하고 있다(보호관찰 등에 관한 법률 제19조 제1항).

05 ○

06 ○ 양형기준이란 법관이 형을 정함에 있어 참고할 수 있는 기준을 말한다. 법관이 법정형(각 범죄에 대응하여 법률에 규정되어 있는 형벌) 중에서 선고할 형의 종류(징역 또는 벌금형)를 선택하고, 법률에 규정된 바에 따라 형의 가중·감경을 함으로써 주로 일정한 범위의 형태로 처단형이 정하여 지는데, 처단형의 범위 내에서 특정한 선고형을 정하고 형의 집행유예 여부를 결정함에 있어 참조되는 기준이 바로 양형기준이다.

07 ○

08 ✕ 형량범위 결정 시 해당 특별양형인자의 내용과 질보다 개수를 더 중요하게 고려한다. 양형기준에 의한 최종 형량범위의 결정은 각 유형별로 제시된 3단계 권고 영역 중 하나를 선택한 다음 이를 조정하는 과정을 거쳐 이루어진다. 구체적으로, ① 양형인자의 존부 확정 ⇨ ② 복수 특별양형인자의 평가 ⇨ ③ 형량범위의 특별 조정 및 서술식 기준 적용 ⇨ ④ 다수범죄 처리기준 적용의 순으로 진행된다.

제4절 재판단계 전환정책(선고유예와 집행유예)

01 선고유예

(1) 의의
① 법정이 비교적 경미한 범죄인에 대해 일정기간 형의 선고를 유예하고 그 유예기간(2년)을 실효됨이 없이 경과하면 면소된 것으로 간주하는 제도로 이는 처벌의 오점을 남기지 않음으로써 장차 피고인의 사회복귀를 용이하게 하는 특별예방적 목적을 달성하기 위한 제도라는 점에서 특별예방을 위해 책임주의를 양보한 것이라 할 수 있다.
② 선고유예는 형의 선고 자체를 유예한다는 점에서 형을 선고하되 그 집행만을 유예하는 집행유예와는 다르며, 유죄판결이지만 형을 선고하지 않고 일정기간 유예한다는 점에서 형법상의 제재 중 가장 가벼운 제재라고 할 수 있다.

(2) 요건
① 1년 이하의 징역이나 금고, 자격정지 또는 벌금의 형을 선고할 경우에 제51조(양형의 조건)의 사항을 고려하여 뉘우치는 정상이 뚜렷할 때에는 그 형의 선고를 유예할 수 있다. 다만, 자격정지 이상의 형을 받은 전과가 있는 사람에 대해서는 예외로 한다(형법 제59조 제1항).
② 형을 병과할 경우에도 형의 전부 또는 일부에 대하여 선고를 유예할 수 있다(형법 제59조 제2항).
  ▶ 비교: 형을 병과할 경우에는 그 형의 일부에 대하여 집행을 유예할 수 있다(형법 제62조 제2항).
③ 구류나 과료의 형을 선고할 경우에는 선고를 유예할 수 없다.

(3) 보호관찰
① 형의 선고를 유예하는 경우에 재범방지를 위하여 지도 및 원호가 필요한 때에는 보호관찰을 받을 것을 명할 수 있다(형법 제59조의2 제1항). [2018. 보호 7급] 총 6회 기출
② 보호관찰의 기간은 1년으로 한다(형법 제59조의2 제2항). [2020. 보호 7급] 총 6회 기출
③ 형의 선고를 유예하는 경우에는 사회봉사나 수강을 명할 수 없다. [2018. 보호 7급]

(4) 효과
형의 선고유예를 받은 날로부터 2년을 경과한 때에는 면소된 것으로 간주한다(형법 제60조). [2020. 보호 7급] 총 4회 기출

(5) 실효
① 형의 선고유예를 받은 자가 유예기간 중 자격정지 이상의 형에 처한 판결이 확정되거나 자격정지 이상의 형에 처한 전과가 발견된 때에는 유예한 형을 선고한다(형법 제61조 제1항).
② 보호관찰을 명한 선고유예를 받은 자가 보호관찰기간 중에 준수사항을 위반하고 그 정도가 무거운 때에는 유예한 형을 선고할 수 있다(형법 제61조 제2항). [2016. 보호 7급] 총 2회 기출

02 집행유예

(1) 의의

① 형의 선고 후 범정이 가볍고 형의 현실적 집행의 필요가 없다고 인정되는 경우에 일정기간 형의 집행을 유예하고 그 기간을 특정한 사고 없이 경과한 때에는 형의 선고가 효력을 상실하여 형의 선고가 없었던 것과 동일한 효과를 발생하게 하는 제도(조건부 유죄판결제도)이다.

② 단기자유형의 집행으로 인한 폐해를 방지하고 피고인의 자발적·능동적인 사회복귀를 도모한다는 점에서 특별예방의 목적을 달성할 수 있는 제도이다. 개정형법(1995년)에서 집행유예에 보호관찰·사회봉사명령·수강명령제도를 신설하였다.

(2) 요건

① 3년 이하의 징역이나 금고 또는 500만원 이하의 벌금의 형을 선고할 경우에 제51조의 사항을 참작하여 그 정상에 참작할 만한 사유가 있는 때에는 1년 이상 5년 이하의 기간 형의 집행을 유예할 수 있다. 다만, 금고 이상의 형을 선고한 판결이 확정된 때부터 그 집행을 종료하거나 면제된 후 3년까지의 기간에 범한 죄에 대하여 형을 선고하는 경우에는 그러하지 아니하다(형법 제62조 제1항). [2020. 5급 승진] 총 2회 기출

② 형을 병과할 경우에는 그 형의 일부에 대하여 집행을 유예할 수 있다(형법 제62조 제2항). [2020. 보호 7급] 총 3회 기출

   ▶ 500만원을 초과하는 벌금, 자격정지, 구류, 과료의 형을 선고할 경우에는 집행유예를 할 수 없다.

(3) 보호관찰 및 사회봉사명령과 수강명령

① 형의 집행을 유예하는 경우에는 보호관찰을 받을 것을 명하거나 사회봉사 또는 수강을 명할 수 있다(형법 제62조의2 제1항). [2016. 보호 7급] 총 9회 기출

② 보호관찰의 기간은 집행을 유예한 기간으로 한다. 다만, 법원은 유예기간의 범위 내에서 보호관찰기간을 정할 수 있다(형법 제62조의2 제2항). [2020. 보호 7급] 총 7회 기출

③ 사회봉사명령 또는 수강명령은 집행유예기간 내에 이를 집행한다(형법 제62조의2 제3항). [2020. 보호 7급] 총 4회 기출

   ▶ 보호관찰은 형벌이 아니라 보안처분의 성격을 갖는 것이다(대법원 1997.6.13. 97도703).

⊕ PLUS 사회봉사명령과 수강명령

1. 사회봉사명령과 수강명령은 선고유예나 가석방에는 할 수 없고 집행유예를 하는 경우에만 할 수 있다. [2016. 보호 7급]

2. 사회봉사명령은 500시간, 수강명령은 200시간의 범위 내에서 법원이 그 기간을 정해야 한다(보호관찰 등에 관한 법률 제59조). [2020. 교정 9급] 총 7회 기출

---

(4) 실효와 취소 및 효과

① **집행유예의 실효**: 집행유예의 선고를 받은 자가 유예기간 중 고의로 범한 죄로 금고 이상의 실형을 선고받아 그 판결이 확정된 때에는 집행유예의 <u>선고는 효력을 잃는다</u>(형법 제63조).

② **집행유예의 취소**

   ㉠ 집행유예의 선고를 받은 후 제62조 단행의 사유(금고 이상의 형을 선고한 판결이 확정된 때부터 그 집행을 종료하거나 면제된 후 3년까지의 기간에 범한 죄에 대하여 형을 선고하는 경우)가 발각된 때에는 집행유예의 선고를 취소한다(형법 제64조 제1항).

   ㉡ 보호관찰이나 사회봉사 또는 수강을 명한 집행유예를 받은 자가 준수사항이나 명령을 위반하고 그 정도가 무거운 때에는 집행유예의 선고를 취소할 수 있다(형법 제64조 제2항).

③ **집행유예의 효과**: 집행유예의 선고를 받은 후 그 선고의 실효 또는 취소됨이 없이 유예기간을 경과한 때에는 <u>형의 선고는 효력을 잃는다</u>(형법 제65조).

⚖ 판례 | 형법 제65조 '형의 선고는 효력을 잃는다'의 의미

[1] 형의 집행유예를 선고받은 자는 형법 제65조에 의하여 그 선고가 실효 또는 취소됨이 없이 정해진 유예기간을 무사히 경과하여 형의 선고가 효력을 잃게 되었다고 하더라도 <u>형의 선고의 법률적 효과가 없어진다는 것일 뿐, 형의 선고가 있었다는 기왕의 사실 자체까지 없어지는 것은 아니므로</u>, 형법 제59조 제1항 단행에서 정한 <u>선고유예 결격사유인 '자격정지 이상의 형을 받은 전과가 있는 자'에 해당한다</u>고 보아야 한다(대법원 2003.12.26. 2003도3768).

[2] **집행유예 경과 시 '형선고의 효력을 잃는다'는 의미; 그 전과 자체를 징역형을 받은 경우로 볼 수 없다**(대법원 2014.9.4. 2014도7088)

집행유예의 효과에 관한 형법 제65조에서 '형의 선고가 효력을 잃는다'는 의미는 형의 실효 등에 관한 법률에 의한 형의 실효와 같이 형의 선고에 의한 법적 효과가 장래에 향하여 소멸한다는 취지이므로 위 규정에 따라 형의 선고가 효력을 잃는 경우 <u>그 전과 자체를 특정범죄 가중처벌 등에 관한 법률 제5조의4 제5항에서 정한 '징역형을 받은 경우'로 볼 수 없다</u>. 그리고 어느 전과의 징역형의 실효기간이 경과하기 전에 징역형의 집행유예 전과가 있었지만 그 집행유예가 실효 또는 취소되지 않고 그 유예기간이 경과하였고, 그 무렵 집행유예 이전의 징역형도 그 자체의 실효기간이 경과하였다면, 집행유예 이전의 징역형도 역시 실효되어 특가법 제5조의4 제5항에서 정한 '징역형을 받은 경우'에 해당하지 않는 것으로 보아야 한다.

▶ **집행유예 경과자에 대한 '형의 선고는 효력을 잃는다'는 의미**: 선고유예 결격사유(자격정지 이상의 형을 받은 전과가 있는 자)에 해당한다는 것이고, 특가법 제5조의4 제5항 적용에 있어서는 '징역형을 받은 경우'에 해당되지 않는다는 해석을 하고 있다. 결과적으로 '형의 선고는 효력을 잃는다'는 각각의 사례에서 구체적·개별적으로 검토해야 한다.

[3] **자유형 중 일부에 대한 집행유예선고, 불가**

자유형 중 일부에 대해서는 실형을, 나머지에 대해서는 집행유예를 선고하는 것은 허용되지 않는다(대법원 2007.2.22. 2006도8555).

[4] **준수사항위반과 동시에 범죄행위가 된 경우, 집행유예 취소의 요건심리는 검사의 청구에 의한 임의적 절차**

보호관찰이나 사회봉사 또는 수강을 명한 집행유예를 받은 자가 준수사항이나 명령을 위반한 경우에 그 위반사실이 동시에 범죄행위로 되더라도 그 기소나 재판의 확정여부 등 형사절차와는 별도로 법원이 보호관찰 등에 관한 법률에 의한 검사의 청구에 의하여 집행유예 취소의 요건에 해당하는가를 심리하여 준수사항이나 명령 위반사실이 인정되고 위반의 정도가 무거운 때에는 집행유예를 취소할 수 있다(대법원 1999.3.10. 99모33).

단원별 지문 OX

01 1년 이하의 징역이나 금고, 자격정지 또는 벌금의 형을 선고할 경우에 「형법」 제51조(양형의 조건)의 사항을 고려하여 뉘우치는 정상이 뚜렷할 때에는 그 형의 선고를 유예할 수 있다. ( )   [2016. 사시]

02 선고유예는 형의 선고 자체를 유예한다는 점에서 형을 선고하되 집행만을 유예하는 집행유예와 다르다. ( )
[2016. 사시]

03 형의 선고유예를 받은 날로부터 2년을 경과한 때에는 기소유예된 것으로 간주한다. ( )   [2020. 보호 7급]

04 형의 집행유예 시 부과되는 수강명령은 집행유예기간이 완료된 이후에 이를 집행한다. ( )   [2020. 보호 7급]

05 형을 병과할 경우에는 그 형의 일부에 대하여 집행을 유예할 수 있다. ( )   [2020. 보호 7급]

06 선고유예는 유예기간을 실효됨이 없이 경과하면 면소된 것으로 간주함으로써 피고인의 사회복귀를 용이하게 하는 특별예방적 목적을 달성할 수 있다. ( )   [2016. 사시]

07 하나의 형의 일부에 대한 집행유예는 허용되지만, 형을 병과하는 경우 그 일부의 형에 대하여는 집행유예를 선고할 수 없다. ( )   [2016. 사시]

08 「형법」상 집행유예기간 중 과실로 범한 죄로 금고 1년의 형이 확정된 때에는 집행유예의 선고는 효력을 잃는다. ( )
[2015. 사시]

09 「형법」상 집행유예의 선고를 받은 후 그 선고의 실효 또는 취소됨이 없이 유예기간을 경과한 때에는 형의 집행을 종료한 것으로 본다. ( )   [2015. 사시]

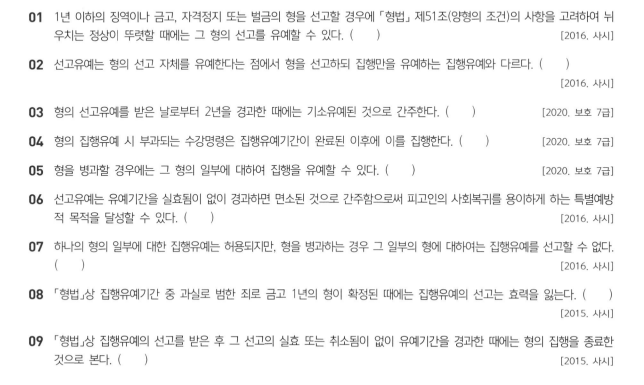

01 ○ 형법 제59조 제1항

02 ○

03 ✕ 형의 선고유예를 받은 날로부터 2년을 경과한 때에는 면소된 것으로 간주한다(형법 제60조).

04 ✕ 형의 집행유예 시 부과되는 수강명령은 집행유예기간 내에 이를 집행한다(형법 제62조의2 제3항).

05 ○ 형법 제62조 제2항

06 ○

07 ✕ 하나의 자유형 중 일부에 대해서는 실형을, 나머지에 대해서는 집행유예를 선고하는 것은 허용되지 않지만(대법원 2007.2.22. 2006도8555), 형을 병과할 경우에는 그 형의 일부에 대하여 집행을 유예할 수 있다(형법 제62조 제2항).

08 ✕ 집행유예의 선고를 받은 자가 유예기간 중 고의로 범한 죄로 금고 이상의 실형을 선고받아 그 판결이 확정된 때에는 집행유예의 선고는 효력을 잃는다(형법 제63조).

09 ✕ 집행유예의 선고를 받은 후 그 선고의 실효 또는 취소됨이 없이 유예기간을 경과한 때에는 형의 선고는 효력을 잃는다(형법 제65조).

제5절 형의 실효 및 사면제도

01 형의 실효

구분	형법상 실효(징역, 금고)(형법 제81조)	형실효법상 실효(징역, 금고, 벌금)(제7조 제1항) (형집행법상 범죄횟수와 동일)
요건	징역 또는 금고의 집행종료 또는 면제된 자가 ① 피해자의 손해를 보상하고 ② 자격정지 이상의 형을 받음이 없이 ③ 7년을 경과한 때	자격정지 이상 형을 받지 않고, 형 종료·면제된 날부터 다음 기간 경과 시 실효된다. ① 3년 초과 징역·금고: 10년 ② 3년 이하 징역·금고: 5년 ③ 벌금: 2년 ▶ 구류, 과료: 형집행종료나 면제된 때 실효된다.
절차	본인 또는 검사의 신청에 의하여 법원은 재판의 실효를 선고할 수 있다(법원의 선고실효).	① 기간경과 시 실효된다(당연 실효). ② 하나의 판결로 여러 개 형이 선고된 경우: 각 형의 집행종료나 면제된 날부터 가장 무거운 형에 대한 위 기간이 경과한 때 형의 선고는 효력을 잃는다. 다만, 징역과 금고는 같은 종류의 형으로 보고 각 형기를 합산한다(제7조 제2항).

02 사면과 복권제도

구분	일반사면	특별사면	감형	복권
대상 (제3조)	죄를 범한 모든 자	형을 선고받은 특정의 자	형을 선고받은 자	형의 선고로 자격이 상실되거나 정지된 자
효과 (제5조 제1항)	형 선고의 효력 상실, 형을 선고받지 아니한 자에 대하여는 공소권이 상실, 다만, 특별한 규정이 있는 경우 예외로 한다.	형의 집행이 면제된다. 다만, 특별한 사정이 있을 때에는 이후 형 선고의 효력을 상실하게 할 수 있다.	① 일반감형: 특별한 규정이 없는 경우에는 형을 변경한다. ② 특정한 자 감형: 형의 집행을 경감한다. 다만, 특별한 사정이 있는 경우 형을 변경할 수 있다.	형 선고의 효력으로 인하여 상실되거나 정지된 자격을 회복한다.
	형의 선고에 따른 기성의 효과는 사면, 감형 및 복권으로 인하여 변경되지 아니한다(제5조 제2항).			

① 형의 집행유예를 선고받은 자에 대하여는 형 선고의 효력을 상실하게 하는 특별사면 또는 형을 변경하는 감형을 하거나 그 유예기간을 단축할 수 있다(제7조).
② 일반사면, 죄 또는 형의 종류를 정하여 하는 감형 및 일반에 대한 복권은 대통령령으로 한다. 이 경우 일반사면은 죄의 종류를 정하여야 한다(제8조).
③ 특별사면, 특정한 자에 대한 감형 및 복권은 대통령이 한다(제9조).

⚖ **판례 |**

[1] 재심판결 확정에 따른 원판결이나 부수처분 법률적 효과 상실

유죄의 확정판결에 대하여 재심개시결정이 확정되어 법원이 그 사건에 대하여 다시 심판을 한 후 재심 판결을 선고하고 그 재심판결이 확정된 때에는 종전의 확정판결은 당연히 효력을 상실하므로, 재심판결 이 확정됨에 따라 원판결이나 그 부수처분의 법률적 효과가 상실되고 형 선고가 있었다는 기왕의 사실 자체의 효과가 소멸한다(대법원 2023.11.30. 2023도10699).

[2] 형의 실효 등에 관한 법률상의 실효 효과, 앞선 모든 형 실효

형의 실효 등에 관한 법률 제7조 제1항은 '수형인이 자격정지 이상의 형을 받음이 없이 형의 집행을 종 료하거나 그 집행이 면제된 날부터 같은 항 각호에서 정한 기간이 경과한 때에는 그 형은 실효된다.'고 정하고, 같은 항 제2호에서 3년 이하의 징역·금고형의 경우는 그 기간을 5년으로 정하고 있다. 위 규정 에 따라 형이 실효된 경우에는 형의 선고에 의한 법적 효과가 장래에 향하여 소멸되므로, 그 전과를 특 정범죄 가중처벌 등에 관한 법률 제5조의4 제5항에서 정한 "징역형을 받은 경우"로 볼 수 없다. 한편 형 실효법의 입법 취지에 비추어 보면, 2번 이상의 징역형을 받은 자가 자격정지 이상의 형을 받음이 없이 마지막 형의 집행을 종료한 날부터 위 법에서 정한 기간을 경과한 때에는 그 마지막 형에 앞서는 형도 모두 실효되는 것으로 보아야 한다(대법원 2023.11.30. 2023도10699).

[3] 법원의 불처분결정 수사자료삭제를 규정하지 않은 형실효법, 개인정보자기결정권 침해 인정

법원에서 불처분결정된 소년부송치 사건에 대한 수사경력자료의 보존기간 및 삭제에 관하여 규정하지 않은 형의실효등에 관한 법률 제8조의2 제1항 및 제2항은 과잉금지원칙을 위반하여 소년부송치 후 불 처분결정을 받은 자의 개인정보자기결정권을 침해한다(헌재 2021.6.24. 2018헌가2).

단원별 지문 O/X

01 징역 또는 금고의 집행을 종료하거나 집행이 면제된 자가 피해자의 손해를 보상하고 벌금 이상의 형을 받음이 없이 5년을 경과한 때에는 본인 또는 검사의 신청에 의하여 그 재판의 실효를 선고할 수 있다. (   )   [2015. 5급 승진]

02 현행법상 수형인이 3년 이하의 징역형인 경우, 자격정지 이상의 형을 받지 아니하고 형의 집행을 종료하거나 그 집행이 면제된 날부터 5년이 경과한 때에 그 형은 실효된다. (   )   [2017. 교정 9급]

03 현행법상 구류와 과료는 형의 집행을 종료하거나 그 집행이 면제된 날부터 1년이 경과한 때에 그 형은 실효된다. (   )   [2017. 교정 9급]

04 「사면법」상 특별사면은 형을 선고받은 자를 대상으로 한다. (   )   [2023. 보호 7급]

05 「사면법」상 일반사면이 있으면 특별한 규정이 없는 한 형을 선고받지 아니한 자에 대하여는 공소권이 상실된다. (   )   [2023. 보호 7급]

06 「사면법」상 형의 집행유예를 선고받은 자에 대하여는 형 선고의 효력을 상실하게 하는 특별사면을 할 수 없다. (   )   [2023. 보호 7급]

07 「사면법」상 일반사면은 죄의 종류를 정하여 대통령령으로 한다. (   )   [2023. 보호 7급]

---

01 ✕ 징역 또는 금고의 집행을 종료하거나 집행이 면제된 자가 피해자의 손해를 보상하고 자격정지 이상의 형을 받음이 없이 7년을 경과한 때에는 본인 또는 검사의 신청에 의하여 그 재판의 실효를 선고할 수 있다(형의 실효 등에 관한 법률 제81조).

02 ○ 형의 실효 등에 관한 법률 제7조 제1항

03 ✕ 수형인이 자격정지 이상의 형을 받지 아니하고 형의 집행을 종료하거나 그 집행이 면제된 날부터 3년을 초과하는 징역·금고는 10년, 3년 이하의 징역·금고는 5년, 벌금은 2년이 경과한 때에 그 형은 실효된다. 다만, 구류와 과료는 형의 집행을 종료하거나 그 집행이 면제된 때에 그 형이 실효된다(형의 실효 등에 관한 법률 제7조 제1항).

04 ○ 사면법 제3조 제2호

05 ○ 사면법 제5조 제1항 제1호

06 ✕ 형의 집행유예를 선고받은 자에 대하여는 형 선고의 효력을 상실하게 하는 특별사면 또는 형을 변경하는 감형을 하거나 그 유예기간을 단축할 수 있다(사면법 제7조).

07 ○ 사면법 제8조

제24장 / 형벌의 종류

제1절 사형제도

01 의의와 존·폐론

(1) 의의

① 사형은 수형자의 생명을 박탈하여 그를 사회로부터 영구히 제거시키는 형벌로서, 형법에 규정된 형벌 중 가장 중한 것으로 교정시설 안에서 교수하여 집행한다(형법 제66조).
② 사형은 소속 군 참모총장 또는 군사법원의 관할관이 지정한 장소에서 총살로써 집행한다(군형법 제3조).

(2) 사형제도 존·폐론

존치론	폐지론
① 사람을 살해한 자는 생명을 박탈해야 한다는 것이 국민의 법감정이다.	① 사형은 야만적이고 잔혹하므로 인간의 존엄성에 반한다.
② 흉악범 등 중대범죄에 대하여는 사형으로써 위하하지 않으면 법익보호의 목적을 달성할 수 없다.	② 국가는 사람의 생명을 박탈하는 권리를 가질 수 없다.
③ 극악한 인물은 국가사회에 대하여 유해하므로 사회방위를 위해서는 사회로부터 완전히 제거되어야 한다.	③ 오판에 의한 사형집행은 이를 회복할 방법이 없다.
④ 사형에 대한 오판의 우려는 지나친 염려이다.	④ 사형은 일반사회의 기대처럼 범죄억제효과가 크지 않다.
⑤ 사형은 무기형보다는 정부의 재정적 부담을 덜어준다.	⑤ 사형은 형벌의 교육적·개선적 기능을 전혀 달성할 수 없다.
⑥ 사형은 위하에 의한 범죄억제력의 효과가 있다.	⑥ 사형은 피해자에 대한 손해배상이나 구제에 도움이 되지 않는다.
⑦ 사형제도 자체를 위헌이라고 할 수 없다.	⑦ 사형은 미국연방수정헌법이 금지하고 있는 '잔혹하고 비정상적인 형벌'에 해당되어 위헌이다.
⑧ 엘리히(Ehrlich)의 연구에 의하면 사형에는 범죄 억제력이 있는 것으로 나타났다.	⑧ 산업사회의 노동력으로 활용하는 것이 더 유용하다.
사형존치론자	**사형폐지론자**
칸트(Kant, 정의실현수단), 비르크메이어(Birkmeyer), 로크(Locke), 헤겔(Hegel), 루소(Rousseau)	베카리아(Beccaria, 사회계약설), 존 하워드(Howard, 감옥상태론), 페스탈로치(Pestalozzi, 교육적 기능), 셀린(Sellin, 범죄억제력 부정), 캘버트(Calvert), 서덜랜드(Sutherland), 라드브르흐(Radbruch), 리프만(Lipman)

▶ 우리나라는 1997년 마지막 사형집행 이후 현재까지 사형집행을 하지 않고 있으며 국제사면위원회는 우리나라를 실질적 사형폐지국가로 분류하고 있다. [2013. 보호 7급]

02 법제와 판례

> **[형법]**
>
> **제66조 【사형】** 사형은 <u>교정시설 안에서 교수하여</u> 집행한다.
>
> ▶ **제93조 【여적】** 적국과 합세하여 대한민국에 항적한 자는 <u>사형</u>에 처한다(<u>절대적 사형규정</u>). [2013. 보호 7급]
>
> **[형사소송법]**
>
> **제463조 【사형의 집행】** 사형은 <u>법무부장관의 명령</u>에 의하여 집행한다.
>
> **제465조 【사형집행명령의 시기】** ① 사형집행의 명령은 판결이 <u>확정된 날로부터 6월 이내</u>에 하여야 한다.
>
> ② 상소권회복의 청구, 재심의 청구 또는 비상상고의 신청이 있는 때에는 그 절차가 종료할 때까지의 기간은 전항의 기간에 산입하지 아니한다.
>
> **제466조 【사형집행의 기간】** 법무부장관이 사형의 집행을 명한 때에는 <u>5일 이내</u>에 집행하여야 한다.
>
> **제469조 【사형 집행의 정지】** ① 사형선고를 받은 사람이 심신의 장애로 <u>의사능력이 없는 상태</u>이거나 임신 중인 여자인 때에는 법무부장관의 명령으로 집행을 정지한다.
>
> ② 제1항에 따라 형의 집행을 정지한 경우에는 심신장애의 회복 또는 출산 후에 법무부장관의 명령에 의하여 형을 집행한다.
>
> **[형집행법]**
>
> **제91조 【사형의 집행】** ① 사형은 교정시설의 사형장에서 집행한다.
>
> ② 공휴일과 토요일에는 사형을 집행하지 아니한다.

> **⚖ 판례 Ⅰ**
>
> [1] 사형제도는 헌법에서 규정한 인간의 존엄과 가치, 생명권의 침해가 아니다(헌재 2010.2.25. 2008헌가23).
>
> [2] 사형은 응보를 통하여 정의를 실현하고, 당해 범죄인의 재범 가능성을 영구히 차단함으로써 사회를 방어하려는 것으로 그 입법목적의 달성을 위한 적합한 수단이다. 한편, 오판가능성은 사법제도의 숙명적 한계이지 사형이라는 형벌제도 자체의 문제로 볼 수 없으며 심급제도, 재심제도 등의 제도적 장치 및 그에 대한 개선을 통하여 해결할 문제이지, 오판가능성을 이유로 사형이라는 형벌의 부과 자체가 위헌이라고 할 수는 없다(헌재 2010.2.25. 2008헌가23).

03 개선방안

(1) 대상범죄의 제한 필요성

① 사상적 · 정치적 범죄에 대한 사형조항은 민주주의 이념에 합치되지 않는다.

② 특별법을 통한 특정범죄에 대한 가중처벌로서 사형을 인정하는 경우는 적법절차의 관점에서 정당하다고 보기 어렵다.

③ 격정범이나 가중적 결과로서 사망에 이른 경우 사형을 폐지하거나 그 범위를 제한하는 것이 타당하다.

(2) 선고의 신중

① 신중한 절차적 진행을 통한 적법성을 보장하고 오판의 가능성을 최소화한다는 차원에서 사형선고는 신중하게 이루어져야 한다.

② 국선변호인제도, 필요적 변호제도 등을 통해 신중을 기하고 있다.

(3) 집행의 제한
① **사형집행연기제도:** 사형판결과 동시에 집행연기제도를 도입하여 일정기간 그 태도를 볼 수 있는 제도이다.
② **사형집행정지제도:** 심신의 장애로 의사능력이 없는 상태이거나 임신 중인 여자인 때에는 법무부장관의 명령으로 집행을 정지한다.

🔨 판례 ㅣ

사형집행을 위한 구금은 미결구금도 아니고 형의 집행기간도 아니며 특별감형은 형을 변경하는 효과만 있을 뿐이고 이로 인하여 형의 선고에 의한 기성의 효과는 변경되지 아니하므로 사형이 무기징역으로 특별감형된 경우 사형의 판결확정일에 소급하여 무기징역형이 확정된 것으로 보아 무기징역형의 형기 기산일을 사형의 판결 확정일로 인정할 수도 없고 사형집행대기 기간이 미결구금이나 형의 집행기간으로 변경된다고 볼 여지도 없으며, 또한 특별감형은 수형 중의 행장의 하나인 사형집행대기기간까지를 참작하여 되었다고 볼 것이므로 사형집행대기기간을 처음부터 무기징역을 받은 경우와 동일하게 가석방 요건 중의 하나인 형의 집행기간에 다시 산입할 수는 없다(대법원 1991.3.4. 90모59).

01 사형선고를 받은 사람이 심신의 장애로 의사능력이 없는 상태이거나 임신 중인 여자인 때에는 대통령의 명령으로 집행을 정지한다. (   )
[2018. 5급 승진]

02 사형은 일반국민에 대한 심리적 위하를 통하여 범죄의 발생을 예방하며 극악한 범죄에 대한 정당한 응보를 실현하는 형벌로 위헌이라 할 수 없다. (   )
[2013. 사시]

03 헌법재판소에 의하면, 사형제도를 법률상 존치시킬 것인지 또는 폐지할 것인지의 문제는 사형제도의 존치가 바람직한지에 관한 평가를 통하여 민주적 정당성을 가진 입법부가 결정할 입법정책적 문제이지 헌법재판소가 심사할 대상은 아니라고 한다. (   )
[2013. 보호 7급]

04 현재 우리나라는 거의 매년 사형이 집행되어 국제사면위원회(Amnesty International)가 규정한 실질적 사형존속국에 속한다. (   )
[2013. 보호 7급]

05 현행법상 사형은 교수형의 방식으로만 가능하며, 가스살이나 독살은 허용되지 않는다. (   )
[2010. 사시]

06 사형선고에 대한 상고는 포기할 수 없으며, 대법원은 전원재판부 3분의 2 이상의 찬성으로만 사형을 선고할 수 있다. (   )
[2010. 사시]

07 현행법상 사형집행의 명령은 검찰총장이 아닌 법무부장관의 권한이며 그 명령은 판결이 확정된 날로부터 6개월 이내에 하여야 한다. (   )
[2010. 사시]

---

01 ✕ 사형선고를 받은 사람이 심신의 장애로 의사능력이 없는 상태이거나 임신 중인 여자인 때에는 법무부장관의 명령으로 집행을 정지한다(형사소송법 제469조 제1항).

02 ○ 헌재 2010.2.25. 2008헌가23

03 ○ 헌재 2010.2.25. 2008헌가23

04 ✕ 우리나라는 1997년 12월 30일 마지막으로 사형을 집행한 이래 현재까지 사형집행을 하지 않고 있어, 국제사면위원회는 실질적 사형폐지국가로 분류하고 있다.

05 ✕ 사형은 교정시설 안에서 교수하여 집행하며(형법 제66조), 군에 대한 사형은 소속 군 참모총장 또는 군사법원의 관할관이 지정한 장소에서 총살로써 집행한다(군형법 제3조).

06 ✕ 피고인 또는 상소대리권자는 사형 또는 무기징역이나 무기금고가 선고된 판결에 대하여는 상소의 포기를 할 수 없다(형사소송법 제349조 단서). 대법원이 전원재판부 3분의 2 이상의 찬성으로만 사형을 선고할 수 있도록 하자는 사형개선책이 학계에 논의되고 있지만, 현재 실시하지는 않는다.

07 ○

제2절 자유형제도

01 의의와 종류

(1) 의의
① 자유형이란 수형자의 신체적 자유를 박탈하는 것을 내용으로 하는 것으로, 현행 형법은 징역, 금고 및 구류의 세 가지 자유형을 인정하고 있다.
② 자유형의 주된 목적은 교화·개선을 통한 수형자의 재사회화에 있다.

(2) 자유형의 종류와 기간

구분	내용	기간
징역	정역에 복무하게 한다.	1월 이상 30년 이하(가중 시 50년 이하), 무기의 경우 기간 제한 없다.
금고	신청에 의해 작업부과 가능하다.	
구류	주로 경범죄처벌법 등에 규정되어 있고, 신청에 의해 작업부과 가능하다.	1일 이상 30일 미만

02 자유형의 단일화

(1) 의의
① 목적형·교육형주의의 입장에서 자유형의 내용에 따른 구별을 폐지하고, 자유형을 자유박탈을 내용으로 하는 형벌로 단일화하여 행형의 통일을 기하고자 하는 노력이다.
② 협의로는 징역과 금고를, 광의로는 징역·금고·구류를 징역으로의 단일화를 의미한다.

(2) 연혁
① 역사적으로 금고형은 비파렴치범(사상범·정치범·확신범·과실범 등)에게 명예존중의 목적으로 정역을 면제하는 형벌로 이해되었고, 징역형은 파렴치범에게 강제노역을 부과하는 형벌로 평가되었다.
② 모든 자유형은 교육·개선에 목적을 두고 있으므로 형벌의 내용에 따른 구별은 의미가 없다는 인식에 따라 자유형 단일화의 주장은 <u>제2회 국제형법 및 형무회의에서 처음으로 주장</u>되었다.

(3) 단일화 및 세분화 논거

단일화 논거	세분화 논거
① 정역에 따른 구분은 교육수단으로서 노동의 효과를 도외시한 전근대적인 노동천시 사상에 지나지 않다.	① 노동이 형벌과 함께 강제된다는 사실만으로도 노동의 형벌성을 인정할 수 있다.
② 징역형자에게 파렴치범이라는 개념 자체가 상대적이고, 이는 낙인효과로 사회복귀를 어렵게 한다.	② 파렴치범의 여부는 다소 상대적이긴 하지만 그 구별이 불가능한 것은 아니다.
③ 노역에 따른 구분은 응보형사고의 잔재로 인도적이지도, 합리적이지도 않다.	③ 형벌의 개별화는 교정행정의 분류처우의 낙후성을 극복할 수 있다.
④ 실제에 있어서도 금고수형자의 대부분이 신청에 의한 작업을 하고 있다.	④ 자유형은 교육뿐 아니라 응보적 징벌의 의미도 있기 때문에 그 구분은 필요하다.
⑤ 자유형의 목적은 수형자의 교육·개선에 있으므로 형식적인 구별은 의미가 없다.	⑤ 비파렴치범에 대한 대우는 국민의 법적 확신이다.

(4) 논의
① 현실적으로 금고수형자 대부분이 신청에 의한 작업을 실시하고 있고, 노동 고유의 교정·개선기능을 살리고, 행형(교정)을 통한 형벌의 개별화 취지에서 자유형을 단일화하는 것이 요청된다.
② 수형자에 대한 과학적 분류체계의 발전에 기초하여 수형자의 개성에 따른 과학적인 분류를 하고 이를 기초로 범죄자의 개선과 재사회화라는 관점에서 교도작업 기타 필요한 처우가 탄력적으로 운용되어야 한다.

03 단기자유형 폐지론

(1) 단기자유형의 폐해 주장
① **포레스타**(Poresta): 수형자의 개선을 위해서는 너무나 짧은 기간이지만, 그를 부패시키는 데는 충분한 기간이다.
② **리스트**(Liszt): 단기자유형(6주 이하)에 맞서 싸우는 십자군임을 자칭하면서, 단기자유형은 형사정책상 무용할 뿐만 아니라 해롭기까지 한 형벌이라고 하였다.
③ 비교적 경미한 범죄, 초범자 등이 적용대상이 된다.

(2) 단기의 기준
3월 이하, 6월 이하, 1년 이하 등 다양하나 일반적으로 6월 이하를 단기로 본다. 현행법상 단기의 기준은 규정되어 있지 않다.

(3) 문제점
① 직업훈련·성격개선 등 처우프로그램을 실행할 시간적 여유가 없다.
② 수형자에 대한 정신적 고통이 적어 위하력이 약하다.
③ 비록 짧은 기간이지만 자유박탈에 따른 폐해는 그대로 내포하고 있다. 즉, 구금의 충격이 크고 사회화의 단절로 직업의 상실 등 정신적 부담이 크다. [2012. 교정 9급]
④ 범죄의 정도에 비해 가족이 겪는 고통이 너무 크다.
⑤ 누범가중이나 집행유예결격의 사유가 될 수 있다. [2017. 보호 7급]
⑥ 전과자라는 낙인의 결과를 가져와 재범가능성이 커진다.
⑦ 수형시설 내 범죄자들의 범죄성향에 오염(악성감염)될 위험성이 높아 형벌의 예방적 효과를 위태롭게 한다. [2017. 보호 7급] 총 2회 기출
⑧ 교정기관의 업무가 가중되고 교정시설의 생활환경을 열악하게 한다.
⑨ 수형시설의 부족현상을 가중한다. [2017. 보호 7급]

(4) 개선방안 [2017. 교정 9급] 총 6회 기출
① **벌금형의 활용**: 단기자유형을 대체하는 수단으로 가장 빈번하게 논의되는 대안이다.
② **선고·집행·기소유예제도의 활용**: 단기자유형 대체수단으로 실무에서 가장 활발하게 이용되며, 범죄인의 정서에 충격을 주면서 동시에 재사회화 가능성을 높일 수 있다는 장점이 있다. 그러나 대체형벌로서 정당성이 있는가 하는 문제점이 있다.
③ **구금제도의 완화**: 자유형제도를 유지하면서 신체구금을 완화하는 다양한 방법을 말한다. 주말구금, 휴일구금, 단속구금, 반구금제도 등과 무구금노역제도, 선행보증, 가택구금, 거주제한 등을 수반하는 독자적인 보호관찰(probation) 등 [2017. 보호 7급]
④ **기타**: 불간섭주의, 원상회복, 사회봉사명령제도 등

(5) 구류형의 문제와 개선방안

① 구류(1일 이상 30일 미만)는 단기자유형에 해당하여, 단기자유형의 문제점과 구류 자체의 문제점을 내포하고 있다.

② 문제점
  ㉠ 자유형임에도 불구하고 현행법상 집행유예나 선고유예를 할 수 없다.
  ㉡ 경미한 위법행위에 대해 자유형 부과는 지나친 형법의 개입이다.
  ㉢ 피고인의 방어권이 제약받는 즉결심판절차에 의한 구류형은 법치국가적 요청에 반한 것이다.
  ㉣ 구류형의 집행장소가 대부분 경찰서 유치장으로 분류미흡, 범죄학습 등의 문제가 있다.

③ 개선방안
  ㉠ 경미한 위법행위에 대해 과태료를 부과하여 비범죄화하여야 한다.
  ㉡ 벌금 또는 과료로 대체하는 방법을 고려하여야 한다.
  ㉢ 즉결심판절차를 통해서는 구류를 선고할 수 없도록 하여야 한다.
  ㉣ 자유형의 단일화와 재산형의 단일화를 통해 해결하여야 한다.

(6) 단기자유형의 효용성

① 단기자유형의 폐해에도 불구하고 현실에서는 단기자유형을 선고하지 않을 수 없는 사건들이 많은 것이 현실이다. 따라서 단기자유형의 폐해를 가능한 한 줄이고 단기자유형을 효과적으로 활용하기 위한 방안을 모색할 필요가 있다.

② 특히 최근에는 경고적 의미의 단기자유형이 반드시 부정적인 효과만을 초래하는 것은 아니라는 주장이 있다. 교통범죄나 소년범죄·경제범죄 등에 대해서는 제한적으로 단기자유형을 효과적으로 활용하는 방안으로 단기교정요법을 개발·실시하자는 논의이다.

📋 경고적 의미의 단기자유형

미국	단기자유형 집행 후 보호관찰(shock probation), 단기자유형 집행 후 가석방(shock parole), 형의 일부에 대한 집행유예(split sentencing) 등
영국	청소년에 단기수용소(3개월 수용)에서 작업과 스포츠로 훈련시키는 3S주의(shot, sharp, shock) 적용
독일	소년구금에 대해서는 자각형으로서 단기형 인정

(7) 논의

① 부정기형제도나 혼합양형제도는 단기자유박탈을 전제로 하고 있기 때문에 단기자유형의 대체방안이 아니다. 다만, 혼합양형제도는 구금제도의 완화라는 측면에서 단기자유형의 대체방안 중의 하나로 보는 견해도 있다.

② 최근에는 경고적 의미의 단기자유형이 반드시 부정적인 효과만을 초래하는 것은 아니라는 주장을 주목하여야 한다. 미국의 경우 단기구금을 할 수 있는 단기자유형 집행 후 보호관찰, 단기자유형 집행 후 가석방, 형의 일부에 대한 집행유예를 허용하는 것이 그 예이다.

③ 단기자유형을 벌금형으로 대체하더라도 총액벌금제를 취하고 있는 우리나라에서는 실효성이 없는 것으로 사료된다. 벌금형으로 대체하더라도 자유형을 부과하는 것과 동일한 형벌효과가 기대되어야 하는데 통상의 경제능력을 기준으로 하는 벌금액만으로는 일반인, 특히 경제적으로 부유한 사람에 대하여 형벌 효과를 기대하기 어렵기 때문이다. 벌금형으로의 대체제도는 독일과 같이 일수벌금제도를 취할 때 비로소 실효성이 있을 것이다. [2017. 보호 7급]

04 부정기형제도의 도입문제

(1) 의의

① 정기형은 재판에서 일정한 자유형의 기간을 확정하여 형을 선고하는 것을 말하고, 부정기형은 자유형을 선고할 때 형기를 확정하지 않는 것으로서 형기는 형집행단계에서 결정된다.

② 절대적 부정기형과 상대적 부정기형이 있으며, 절대적 부정기형은 전혀 형기를 정하지 않는 것으로 죄형법정주의의 명확성의 원칙에 반한다. [2022(72). 경위]

절대적 부정기형	형의 기간에 대한 일체의 언급이 없는 경우, 죄형법정주의 명확성의 원칙에 위배
상대적 부정기형	기간을 장기와 단기로 정하여 일정한 범위로 형벌을 선고하는 경우

③ 현형 「형법」은 정기형을 원칙으로 하고 있지만, 「소년법」은 상대적 부정기형을 규정하고 있다(제60조 제1항). [2022(72). 경위]

(2) 연혁

① 19C 말 미국의 드와이트(Dwight), 와인즈(Wines), 브록웨이(Brockway) 등이 아메리카 감옥협회를 조직하여 부정기형 운동을 전개하였다.

② 1877년 뉴욕 주의 엘마이라 감화원에서 최초로 상대적 부정기형을 실시하였다.

③ 런던 국제감옥회의(1925): 부정기형은 형벌 개별화의 필연적 결과이며, 범죄로부터의 사회방위에 있어 가장 유력한 방법 중의 하나이다.

④ 소년범을 제외하고 거의 채택하지 않는 것이 일반적이다.

(3) 부정기형 도입 찬성 논거

① 부정기형은 범죄자 개선목적을 달성하기 위한 가장 적당한 방법이다.

② 개선되지 않은 자의 사회복귀를 막을 수 있고, 형의 감경은 개선의욕을 촉진시킨다. [2022(72). 경위]

③ 자율적 개선노력이 요구되는 소년범의 경우에는 상대적 부정기형이 적절하다.

④ 성인범의 경우 위험범죄자나 상습적 누범자에 대하여 장기간의 구금확보로 사회방위에 유리하다.

⑤ 사회적 위험성이 큰 범죄인에게 위하효과가 있다.

⑥ 행형단계에서 수형자를 더욱 면밀히 관찰하고 범죄성을 다시 평가하여 형량을 정하는 등 형의 불균형을 시정할 수 있다.

⑦ 수형기간을 개선정도에 따라 결정할 수 있으므로 사회나 수형자 모두에 대하여 이익이 된다.

(4) 부정기형 도입 반대 논거

① 부정기형의 개선효과를 입증하기 곤란하다.

② 부정기형은 주로 사회적 약자에게 과해지므로 부당한 장기화 등 사회적 불공정을 야기하기 쉽다.

③ 운용상 교도관과 수형자 간 인간관계를 왜곡하고, 인권을 침해할 수 있다.

④ 교활한 수형자에게는 유리하지만, 정직한 수형자에게는 오히려 준엄한 형벌이 될 수 있다.

⑤ 석방기일이 분명하지 않기 때문에 가족에 대해서도 상당한 압박이 될 수 있다.

⑥ 부정기형에서 형의 정도를 판단할 수 있는 객관적인 기준이 없다.

⑦ 부정기형은 행위 당시의 책임을 넘어서는 처벌을 가능하게 할 수 있어 형의 판단은 행위 당시의 책임을 기준으로 하여야 한다는 죄형법정주의 이념에 위배된다. [2022(72). 경위]

(5) 검토

① 책임에 상응한 형벌 상한과 일반예방에 상응한 형벌 하한 사이에서 상대적 부정기형이 부과되는 경우에는 이를 거부할 이유가 없다. 책임원칙의 보장기능과 일반예방의 형벌 목적의 범위에서 자율적인 개선·교화라는 특별예방의 형벌목적을 실현할 수 있기 때문이다.

② 책임에 성인범의 경우 가석방제도를 통해 사실상 상대적 부정기형제도의 기능을 가지고 있다. 가석방제도의 실질적 운용이 필요하다.

단원별 지문

01 사형을 무기징역으로 특별감형한 경우, 사형집행 대기기간을 처음부터 무기징역을 받은 경우와 동일하게 가석방요건 중의 하나인 형의 집행기간에 산입할 수 있다. ( )
[2021. 보호 7급]

02 징역형 수형자에게 정역의무를 부과하는 것은 헌법상 신체의 자유를 침해하지 않는다. ( )
[2013. 사시]

03 유기징역 또는 유기금고는 1개월 이상 25년 이하로 하되, 형을 가중하는 때에는 50년까지로 한다. ( )
[2022. 보호 7급]

04 무기징역의 집행 중에 있는 자에 대하여 20년이 경과하면 법원의 결정으로 가석방을 할 수 있다. ( ) [2013. 사시]

05 구류는 수형자의 신청이 있으면 작업을 하도록 할 수 있다. ( )
[2013. 사시]

06 단기자유형을 받는 수형자가 개선되기는커녕 시설 내의 다른 범죄자들로부터 악영향을 받는다는 비판이 제기되고 있다. ( )
[2015. 사시]

07 현행법은 단기자유형의 폐단을 방지하기 위해 충격구금(Shock Probation), 주말구금, 휴일구금을 도입하고 있다. ( )
[2015. 사시]

08 우리나라의 경우 총액벌금제를 취하고 있으므로 단기자유형을 벌금형으로 대체한다면 경제적으로 부유한 사람에 대하여 큰 형벌효과를 가져올 수 있다. ( )
[2017. 5급 승진]

09 부정기형제도는 수형자의 개선의욕을 촉진할 수 있다. ( )
[2022(72). 경위]

---

01 ✕ 사형집행대기기간을 처음부터 무기징역을 받은 경우와 동일하게 가석방요건 중의 하나인 형의 집행기간에 다시 산입할 수는 없다 (대법원 1991.3.4. 90모59).

02 ○ 헌재 2012.11.29. 2011헌마318

03 ✕ 징역 또는 금고는 무기 또는 유기로 하고 유기는 1개월 이상 30년 이하로 한다. 단, 유기징역 또는 유기금고에 대하여 형을 가중하는 때에는 50년까지로 한다(형법 제42조).

04 ✕ 징역이나 금고의 집행 중에 있는 사람이 행상이 양호하여 뉘우침이 뚜렷한 때에는 무기형은 20년, 유기형은 형기의 3분의 1이 지난 후 행정처분으로 가석방을 할 수 있다(형법 제72조 제1항).

05 ○ 소장은 금고형 또는 구류형의 집행 중에 있는 사람에 대하여는 신청에 따라 작업을 부과할 수 있다(형집행법 제67조).

06 ○

07 ✕ 현행법은 도입하고 있지 않으며 주말구금, 휴일구금 등은 단기자유형의 개선방안으로 제시되고 있다.

08 ✕ 단기자유형을 벌금형으로 대체하더라도 총액벌금제를 취하고 있는 우리나라에서는 실효성이 없는 것으로 사료된다.

09 ○ 부정기형 도입 찬성 논거에 해당한다.

제3절 재산형제도

01 개관

(1) 의의
① 재산형이란 국가가 범죄인에게 일정한 금전의 지급을 명하여 범죄인으로부터 일정한 재산을 박탈하는 것을 내용으로 하는 형벌이다.
② 벌금형이 단기자유형에 대한 대체방안으로 주목을 받고 있다. 현행형법은 재산형으로 벌금, 과료 및 몰수 세 가지를 규정하고 있다.

(2) 벌금형의 확대경향
① 벌금형은 경제적 능력의 차이를 불문하는 형평성 문제와 재범방지의 효과에 대한 회의적 시각으로 형사제재로서의 실효성에 의문을 제기하는 견해가 많았다.
② 20C 전후 재산형은 단기자유형의 폐단을 줄이는 대체수단으로 이용되었고, 독일의 리스트가 대표적인 주장자이다.
③ 벌금형 처벌가능 영역의 형성, 자유형의 문제점으로 인한 형벌관의 변화, 교정시설 과밀화와 운영경비의 증가, 재범률을 낮추면서 재사회화 효과를 거둘 수 있는 점 등을 이유로 벌금형이 확대되는 경향을 보이고 있다.
④ 일정한 범죄영역에서 벌금형으로 처벌할 수 있는 영역이 형성된 점, 자유형의 문제점을 인식한 형벌관의 변화, 수형기관의 과밀화 방지와 운영경비 절감, 범죄자의 재범률을 낮추면서 사회활동의 기회를 높이는 효과 등을 이유로 확대되는 경향이 있다.
⑤ **집행유예보다 벌금 선호**: 집행유예는 징역이나 금고형 선고를 전제로 하기 때문에 직장인에게는 벌금형에 비해 높은 단계의 형벌부과로 무용한 불이익이 크다.
⑥ 미국의 경우에는 경제적 시각의 접근, 즉 교정시설 유지비와 과밀화 문제로 인한 국민의 세금부담 증가를 해결하기 위해 벌금형이 중요한 형사제재로 활용되고 있다.
⑦ 그밖에도 범죄수익 박탈의 수단으로서의 유용성, 일수벌금제도 도입으로 형평성 문제가 해결된 점은 벌금형 증가의 원인이 되었다.

02 벌금과 과료

(1) 의의
① 벌금은 일정금액의 벌금을 국고에 납부하는 것을 내용으로 하는 형벌이다. 과료는 경미범죄에 부과하고 금액도 벌금보다 적다.
② 몰수가 재산권을 일방적으로 국가에 귀속시키는 효과를 갖는다면, 벌금은 독립된 형벌로서 일정한 금액의 납입의무만을 부담시킨다.

[형법]

제45조【벌금】 벌금은 5만원 이상으로 한다. 다만, 감경하는 경우에는 5만원 미만으로 할 수 있다.

제47조【과료】 과료는 2천원 이상 5만원 미만으로 한다.

제477조【재산형 등의 집행】① 벌금, 과료, 몰수, 추징, 과태료, 소송비용, 비용배상 또는 가납의 재판은 검사의 명령에 의하여 집행한다.

② 전항의 명령은 집행력 있는 채무명의와 동일한 효력이 있다.

⑥ 벌금, 과료, 추징, 과태료, 소송비용 또는 비용배상의 분할납부, 납부연기 및 납부대행기관을 통한 납부 등 납부방법에 필요한 사항은 법무부령으로 정한다.

제478조【상속재산에 대한 집행】몰수 또는 조세, 전매 기타 공과에 관한 법령에 의하여 재판한 벌금 또는 추징은 그 재판을 받은 자가 <u>재판확정 후 사망한 경우에는</u> 그 <u>상속재산에 대하여 집행할 수 있다.</u>

제479조【합병 후 법인에 대한 집행】법인에 대하여 벌금 ,과료, 몰수, 추징, 소송비용 또는 비용배상을 명한 경우에 법인이 그 <u>재판확정 후 합병에 의하여 소멸한 때</u>에는 합병 후 존속한 법인 또는 합병에 의하여 설립된 법인에 대하여 집행할 수 있다.

(2) 현행벌금제도: 총액벌금제도

① 원칙적으로 범행을 기준으로 일정한 금액이 정해지므로, 범죄인의 빈부를 고려하지 않고 동일액의 벌금액을 부과하는 벌금제도이다.

② 제3자에 의한 대납을 금지하며, 국가에 대한 채권과 상계할 수 없고, 공동연대책임을 인정하지 않고 개별책임을 원칙으로 한다. [2014. 교정 9급]

③ 벌금은 상속되지 않는 일신전속(一身專屬)적 성격을 가지고 있다. 즉, 벌금납부의무자가 사망하면 납부의무까지도 소멸하는 것이다. [2014. 교정 9급] 총 2회 기출

④ 범죄인의 빈부의 차이에 따라 같은 액수라도 형벌이 가지는 효과는 다를 수밖에 없어 배분적 정의에 의한 벌금형의 형평성 문제를 야기할 수 있다.

(3) 벌금형의 장점

① 자유형보다는 형집행 비용이 적고 구금으로 인한 실업, 가정파탄, 범죄오염 등의 위험성을 제거할 수 있다.

② 주로 이욕적인 범죄자에게 효과적이며, 국고의 수입을 늘릴 수 있다.

③ 벌금형을 탄력적으로 운영하면 빈부에 따른 정상참작이 가능하다.

④ 단체, 즉 법인에 대한 적절한 형벌수단이 된다.

⑤ 오판 시 회복이 가능하고 신속한 업무처리를 할 수 있다.

⑥ 피해자와 범죄인의 명예 보호적 측면도 있다.

⑦ 형사정책상 비시설화의 도모로 인한 범죄자의 사회화에 기여한다.

(4) 벌금의 문제점

① **평등문제**: 벌금형은 가난한 자에게는 무거운 형이 되지만, 재산이 많은 사람에게는 형벌의 효과가 거의 없을수도 있는 상대적 불평등의 문제가 있다.

② **범죄예방효과**: 징역형과 비교하면 사회통념상 현저히 가벼운 형벌로, 범죄인을 사회에 방치함으로써 공공의 안전을 해칠 수 있고, 재산이 많은 사람의 경우에는 위하력이 떨어지고, 직업범인의 경우 벌금을 일종의 세금으로 생각하는 풍조, 벌금의 대납 시 형벌의 실효성 의문, 화폐가치의 변동 등에 따라 범죄예방효과에 차이가 발생할 수 있다.

③ **환형처분**(노역장유치): 벌금미납자에 대한 노역장유치는 단기자유형의 폐해를 고스란히 드러냄으로서 벌금형의 장점을 살릴 수 없게 된다.

④ **간접형벌**: 가족 중 한 사람이 벌금형에 처해지면 나머지 가족에게도 금전적 손실을 초래하여 생계에 영향을 미칠 수 있다.
⑤ 현재 벌금 미납자의 노역집행을 위한 별도의 시설이 없고, 거액의 벌금 미납자도 3년 이하의 노역으로 벌금을 대체하므로 형평성에 위배된다.
⑥ 벌금제도는 교육·개선작용이 미흡하여 형벌의 개별화와 거리가 멀다.

03 일수벌금제도 도입논의

(1) 연혁과 취지
① 1910년 스웨덴의 타이렌(Thyren) 교수에 의해서 주장되어 포르투갈에서 처음 실시되었고, 스칸디나비아 제국을 중심으로 발전함으로써 '스칸디나비아식'이라고도 한다.
② 핀란드, 스웨덴, 덴마크가 처음 채택하였고, 독일과 오스트리아에 도입 시행 중이다.
③ **미국**: 1992년 뉴욕 주와 위스콘신 주에서 시행 결과 중간형태의 형사제재로 인정받았다.
④ **취지**: 범죄인의 경제력에 따른 벌금액의 차등화를 통하여 형벌의 상대적인 균등화를 이룩하는 데 있다.

(2) 내용
① 행위자의 경제상태 내지 지불능력을 고려하는 벌금형 선고방식의 하나이다.
② 먼저 행위자의 불법과 책임에 따라 "○○일의 일수벌금에 처한다."라는 점을 판단한다.
③ 행위자의 수입, 자산, 부양의무 기타 경제사정을 고려하여 1일의 벌금액을 산정한 다음 양자를 곱하여 벌금액을 정하는 방법이다(전체일수 × 1일 벌금액수).

(3) 장단점

장점	① 불법과 책임이 동일한 행위는 행위자의 경제적 능력에 관계없이 일수에 의해 동일하게 처벌받게 됨으로써 정의가 실현된다는 인상을 주게 된다. ② 일수정액의 산정은 경제적 능력을 기초로 결정되므로 빈부에 관계없이 형벌의 목적을 달성할 수 있게 하고 동시에 환형유치의 집행가능성을 현저히 감소시켜 단기자유형의 폐해를 막을 수 있다. ③ 벌금형 미납 시의 환형유치에 대한 기준이 명료하게 해결될 수 있다. 즉, 대체자유형의 범위는 일수와 자유형이 1:1의 비율에 의해 간단히 산출될 수 있다. ④ 피고인의 자력에 관계없이 동일한 형벌적응력을 갖게 하는 것으로 정의의 관념과 형벌 개별화사상에 부합하는 제도이다. ⑤ 형벌의 책임주의에 의한 위하력과 배분적 정의의 실현이라는 희생동등의 원칙이 동시에 가능하다.
단점	① 벌금총액의 증대에 따른 법관들의 기계적인 1일 벌금액 산정의 위험성이 있다. ② 벌금형의 산정에 경제적 능력을 고려하는 것은 행위자의 경제적 능력에 대하여 다른 양형사유보다 우월한 지위를 인정하는 것이 되고 이는 양형에 있어 경제적 능력에 의미를 지나치게 강조하는 것이다. ③ 실제 적용에 있어 법관이 먼저 벌금형의 총액을 정하고 이를 일수와 일수정액으로 분할하여 선고함으로써 이 제도의 본래 취지를 상실시킬 위험이 있다. ④ 피고인의 경제적 능력에 대한 정확한 조사·확정이 현실적으로 대단히 어렵다.

04 벌금제도 개선방안

(1) 벌금의 분납·연납제도
① 벌금을 일시에 납부하는 것이 곤란한 경우에 나누어 내거나 연기 후에 내는 제도이다.
② 우리나라는 현재 「재산형 등에 관한 검찰 집행사무규칙」에 의해 벌과금의 일부납부 또는 납부연기가 인정되고 있다(동 규칙 제12조).

(2) 기타 개선방안
① **과태료 전환 필요성**: 행정벌에서 벌금형과 과태료를 구분하여 규정하는 것은 납득할 만한 일관성·균형성 유지가 어렵고, 다수 국민이 전과자가 되는 것을 방지하기 위해 벌금형의 과태료 전환이 필요하다.
② **집행유예제도의 도입**: 형법은 벌금형의 선고유예와 최근 형사정책적 판단에 따라 500만 원 이하의 벌금형에 제한된 집행유예제도가 도입되었다.
③ **자유형과 벌금형의 선택형 확대**: 자유형만을 규정하고 있는 비교적 가벼운 범죄에 대해서 벌금형을 선택형으로 규정하여 적용범위를 확대할 필요가 있다.
④ **자유노동에 의한 상환제도**: 범죄인이 관공영의 공장·농장 등에서 노동하게 하거나 또는 이용주에게 위탁하여 그 자금의 일부를 정부에 납부하게 하는 제도로 독일에서 시행한 바 있다.
⑤ **노역장 유치기간 연장**: 소위 황제노역을 방지하기 위하여 대형경제사범의 경우 3년 이상의 노역장 유치기간을 연장할 필요가 있다.
⑥ **과료의 문제**: 현재의 경제수준에서 2천 원 이상 5만 원 미만의 금액을 형벌로 부과하는 것은 형벌의 실효성이라는 측면에서 효과를 기대하기 어렵다. 과료의 대상범죄를 비범죄화하거나 범칙금·과태료와 같은 행정벌로의 대체가 필요하며 벌금과 과료를 일원화한다는 취지에서 바람직하다.

05 대체자유형제도(환형처분)

(1) 의의
① **대체자유형**(환형처분): 법관의 자유재량으로 벌금형을 자유형으로 바꾸어 부과하는 것을 말한다.
② **노역장유치**: 벌금을 완납할 때까지 노역장에 유치함으로써 벌금의 납입을 강제하거나 벌금·과료 미납자를 노역장에 유치하여 작업에 복무하게 함으로써 납입을 대체하도록 하고 있다.

[형법]

제69조【벌금과 과료】① 벌금과 과료는 판결확정일로부터 30일 내에 납입하여야 한다. 단, 벌금을 선고할 때에는 동시에 그 금액을 완납할 때까지 노역장에 유치할 것을 명할 수 있다.
② 벌금을 납입하지 아니한 자는 1일 이상 3년 이하, 과료를 납입하지 아니한 자는 1일 이상 30일 미만의 기간 노역장에 유치하여 작업에 복무하게 한다.

제70조【노역장 유치】① 벌금이나 과료를 선고할 때에는 이를 납입하지 아니하는 경우의 노역장 유치기간을 정하여 동시에 선고하여야 한다.
② 선고하는 벌금이 1억원 이상 5억원 미만인 경우에는 300일 이상, 5억원 이상 50억원 미만인 경우에는 500일 이상, 50억원 이상인 경우에는 1천일 이상의 노역장 유치기간을 정하여야 한다.

제71조【유치일수의 공제】벌금이나 과료의 선고를 받은 사람이 그 금액의 일부를 납입한 경우에는 벌금 또는 과료액과 노역장 유치기간의 일수(日數)에 비례하여 납입금액에 해당하는 일수를 뺀다.

---

(2) 문제점

① 대체자유형은 단기자유형의 문제점을 그대로 가질 뿐만 아니라 악용될 염려도 있다. 벌금이 지나치게 높은 경우 집행 불가로 노역장에 유치되는 것이 범죄자에게 더 유리한 결과가 될 수 있다.

② 노역장 유치자를 전담하여 수용하는 독립된 전문시설이 없이 일반 교정시설에서 집행되고 있고, 체계적인 전문프로그램도 미비되어 있다.

③ 아무리 많은 벌금이라도 노역장 유치기간이 3년을 초과할 수 없어 형사제재의 실효성을 확보하기 어렵다.

④ 대체자유형은 일수벌금제도와 결합될 때 비로소 범죄인의 불법과 책임에 상응하는 형벌의 의미를 갖는다고 할 수 있다.

⚒ 판례 ┃

[1] 노역장유치는 그 실질이 신체의 자유를 박탈하는 것으로서 징역형과 유사한 형벌적 성격을 가지고 있으므로 형벌불소급원칙의 적용대상이 된다(헌재 2017.10.26. 2015헌바239). [2019. 5급 승진]

[2] 벌금 미납자에 대한 노역장 유치, 형벌집행방법의 변경에 불과
노역장 유치는 이미 형벌을 받은 사건에 대해 또 다시 형을 부과하는 것이 아니라, 단순한 형벌집행방법의 변경에 불과하다(헌재 2009.3.26. 2008헌바52).

---

06 벌금 미납자의 사회봉사 집행제도

(1) 의의

① 「벌금 미납자의 사회봉사 집행에 관한 특례법」 제정을 통해 경제적 사정으로 인한 벌금 미납자의 환형유치에 대한 문제점을 개선하기 위한 제도 개선이다.

② 경제적 무능력을 이유로 벌금을 납입하지 못한 사람에 대하여 노역장 유치에 앞서 미납벌금을 사회봉사로 대체하여 집행할 수 있도록 「형법」 제69조 제2항에 대한 특례를 마련하였다.

③ 이는 노역장 유치에 따른 범죄학습, 가족관계 단절, 구금시설 과밀화 등의 문제점을 해소하거나 최소화하는 동시에 벌금 미납자에 대한 편익을 도모하자는 취지에서 비롯된 것이다.

(2) 「벌금 미납자의 사회봉사 집행에 관한 특례법」의 주요내용

제1조 【목적】 이 법은 「형법」 제69조 제2항의 벌금 미납자에 대한 노역장 유치를 사회봉사로 대신하여 집행할 수 있는 특례와 절차를 규정함으로써 경제적인 이유로 벌금을 낼 수 없는 사람의 노역장 유치로 인한 구금을 최소화하여 그 편익을 도모함을 목적으로 한다.

제4조 【사회봉사의 신청】 ① 대통령령으로 정한 금액 범위 내의 벌금형이 확정된 벌금 미납자는 검사의 납부명령일부터 30일 이내에 주거지를 관할하는 지방검찰청(지방검찰청지청을 포함한다. 이하 같다)의 검사에게 사회봉사를 신청할 수 있다. 다만, 검사로부터 벌금의 일부납부 또는 납부연기를 허가받은 자는 그 허가기한 내에 사회봉사를 신청할 수 있다.

② 제1항에도 불구하고 다음 각 호의 어느 하나에 해당하는 사람은 사회봉사를 신청할 수 없다.
  1. 징역 또는 금고와 동시에 벌금을 선고받은 사람
  2. 「형법」 제69조 제1항 단서에 따라 법원으로부터 벌금 선고와 동시에 벌금을 완납할 때까지 노역장에 유치할 것을 명받은 사람
  3. 다른 사건으로 형 또는 구속영장이 집행되거나 노역장에 유치되어 구금 중인 사람

4. 사회봉사를 신청하는 해당 벌금에 대하여 법원으로부터 사회봉사를 허가받지 못하거나 취소당한 사람. 다만, 사회봉사 불허가 사유가 소멸한 경우에는 그러하지 아니하다.

③ 제1항의 사회봉사를 신청할 때에 필요한 서류 및 제출방법에 관한 사항은 대통령령으로 정하되, 신청서 식 및 서식에 적을 내용 등은 법무부령으로 정한다.

제5조【사회봉사의 청구】 ① 제4조 제1항의 신청을 받은 검사는 사회봉사 신청인(이하 "신청인"이라 한다)이 제6조 제2항 각 호의 요건에 해당하지 아니하는 때에는 법원에 사회봉사 <u>허가를 청구하여야 한다.</u>

② 검사는 사회봉사의 청구 여부를 결정하기 위하여 필요한 경우 신청인에게 출석 또는 자료의 제출을 요구 하거나, 신청인의 동의를 받아 공공기관, 민간단체 등에 벌금 납입 능력 확인에 필요한 자료의 제출을 요 구할 수 있다.

③ 신청인이 정당한 이유 없이 검사의 출석 요구나 자료제출 요구를 거부한 경우 검사는 신청을 기각할 수 있다.

④ 검사는 신청일부터 <u>7일 이내에 사회봉사의 청구 여부를 결정하여야 한다.</u> 다만, 제2항에 따른 출석 요구, 자료제출 요구에 걸리는 기간은 위 기간에 포함하지 아니한다.

⑤ 검사는 사회봉사의 신청을 기각한 때에는 이를 지체 없이 신청인에게 서면으로 알려야 한다.

⑥ 사회봉사의 신청을 기각하는 검사의 처분에 대한 이의신청에 관하여는 「형사소송법」 제489조를 준용한다.

제6조【사회봉사 허가】 ① 법원은 검사로부터 사회봉사 허가 <u>청구를 받은 날부터 14일 이내에</u> 벌금 미납자의 경제적 능력, 사회봉사 이행에 필요한 신체적 능력, 주거의 안정성 등을 고려하여 <u>사회봉사 허가 여부를 결정한다.</u> 다만, 제3항에 따른 출석 요구, 자료제출 요구에 걸리는 기간은 위 기간에 포함하지 아니한다.

③ 법원은 사회봉사 허가 여부를 결정하기 위하여 필요한 경우 신청인에게 출석 또는 자료의 제출을 요구하 거나 신청인의 동의를 받아 공공기관, 민간단체 등에 벌금 납입 능력 확인에 필요한 자료의 제출을 요구 할 수 있다.

④ 법원은 사회봉사를 허가하는 경우 벌금 미납액에 의하여 계산된 노역장 유치 기간에 상응하는 사회봉사 시간을 산정하여야 한다. 다만, 산정된 사회봉사시간 중 <u>1시간 미만은 집행하지 아니한다.</u>

⑤ <u>사회봉사를 허가받지 못한 벌금 미납자</u>는 그 결정을 고지받은 날부터 <u>15일 이내에 벌금을 내야 하며,</u> 위 의 기간 내에 벌금을 내지 아니할 경우 노역장에 유치한다. 다만, 사회봉사 불허가에 관한 통지를 받은 날부터 15일이 지나도록 벌금을 내지 아니한 사람 중 「형법」 제69조 제1항에 따른 벌금 납입기간이 지나 지 아니한 사람의 경우에는 그 납입기간이 지난 후 노역장에 유치한다.

제7조【사회봉사 허가 여부에 대한 통지】 ① 법원은 제6조제1항의 결정을 검사와 신청인에게 서면으로 알려야 한다.

② 법원은 사회봉사를 허가하는 경우 그 확정일부터 3일 이내에 사회봉사 대상자의 주거지를 관할하는 보 호관찰소(보호관찰지소를 포함한다. 이하 같다)의 장에게 사회봉사 허가서, 판결문 등본, 약식명령 등본 등 사회봉사 집행에 필요한 서류를 송부하여야 한다. [2025. 보호 9급]

제8조【사회봉사의 신고】 ① 사회봉사 대상자는 법원으로부터 사회봉사 허가의 <u>고지를 받은 날부터 10일 이 내에</u> 사회봉사 대상자의 주거지를 관할하는 보호관찰소의 장에게 주거, 직업, 그 밖에 대통령령으로 정 하는 사항을 신고하여야 한다.

② 사회봉사 대상자로부터 제1항의 신고를 받은 보호관찰소의 장은 사회봉사 대상자에게 사회봉사의 내용, 준수사항, 사회봉사 종료 및 취소 사유 등에 대하여 고지하여야 한다.

제9조【사회봉사의 집행담당자】 ① 사회봉사는 <u>보호관찰관이 집행한다.</u> 다만, 보호관찰관은 그 집행의 전부 또는 일부를 국공립기관이나 그 밖의 단체 또는 시설의 협력을 받아 집행할 수 있다. [2025. 보호 9급]

② 검사는 보호관찰관에게 사회봉사 집행실태에 대한 관련 자료의 제출을 요구할 수 있고, 집행방법 및 내 용이 부적당하다고 인정하는 경우에는 이에 대한 변경을 요구할 수 있다.

③ 보호관찰관은 검사로부터 제2항의 변경 요구를 받으면 그에 따라 사회봉사의 집행방법 및 내용을 변경 하여 집행하여야 한다.

제10조【사회봉사의 집행】① 보호관찰관은 사회봉사 대상자의 성격, 사회경력, 범죄의 원인 및 개인적 특성 등을 고려하여 사회봉사의 집행분야를 정하여야 한다.

② 사회봉사는 1일 9시간을 넘겨 집행할 수 없다. 다만, 사회봉사의 내용상 연속집행의 필요성이 있어 보호관찰관이 승낙하고 사회봉사 대상자가 분명히 동의한 경우에만 연장하여 집행할 수 있다.

③ 사회봉사의 집행시간은 사회봉사 기간 동안의 집행시간을 합산하여 시간 단위로 인정한다. 다만, 집행시간을 합산한 결과 1시간 미만이면 1시간으로 인정한다.

④ 집행 개시 시기와 그 밖의 사회봉사 집행기준에 관한 사항은 대통령령으로 정하되, 구체적인 절차 및 서식에 적을 내용 등은 법무부령으로 정한다.

제11조【사회봉사의 집행기간】사회봉사의 집행은 사회봉사가 허가된 날부터 6개월 이내에 마쳐야 한다. 다만, 보호관찰관은 특별한 사정이 있으면 검사의 허가를 받아 6개월의 범위에서 한 번 그 기간을 연장하여 집행할 수 있다. [2025. 보호 9급]

제12조【사회봉사 대상자의 벌금 납입】① 사회봉사 대상자는 사회봉사의 이행을 마치기 전에 벌금의 전부 또는 일부를 낼 수 있다.

② 사회봉사 집행 중에 벌금을 내려는 사회봉사 대상자는 보호관찰소의 장으로부터 사회봉사집행확인서를 발급받아 주거지를 관할하는 지방검찰청의 검사에게 제출하여야 한다.

③ 제2항의 사회봉사집행확인서를 제출받은 검사는 미납한 벌금에서 이미 집행한 사회봉사시간에 상응하는 금액을 공제하는 방법으로 남은 벌금을 산정하여 사회봉사 대상자에게 고지한다.

④ 검사는 사회봉사 대상자가 벌금을 전부 또는 일부 낸 경우 그 사실을 지체 없이 사회봉사를 집행 중인 보호관찰소의 장에게 통보하여야 한다.

⑤ 사회봉사 대상자가 미납벌금의 일부를 낸 경우 검사는 법원이 결정한 사회봉사시간에서 이미 납입한 벌금에 상응하는 사회봉사시간을 공제하는 방법으로 남은 사회봉사시간을 다시 산정하여 사회봉사 대상자와 사회봉사를 집행 중인 보호관찰소의 장에게 통보하여야 한다.

제13조【사회봉사 이행의 효과】이 법에 따른 사회봉사를 전부 또는 일부 이행한 경우에는 집행한 사회봉사시간에 상응하는 벌금액을 낸 것으로 본다.

07 몰수와 추징

(1) 몰수

① 범죄의 반복을 막거나 범죄로부터 이득을 얻지 못하게 할 목적으로 범행과 관련된 재산을 박탈하여 이를 국고에 귀속시키는 재산형이다.

② 법관의 자유재량에 속하는 임의적 몰수가 원칙이지만(형법 제48조 제1항), 수뢰죄의 경우에 '범인 또는 사정을 아는 제3자가 받은 뇌물 또는 뇌물로 제공하려고 한 금품'에 대해서는 필요적 몰수를 인정한다(형법 제134조).

③ 몰수는 다른 형벌에 부가하여 과하는 것을 원칙으로 하지만, 예외적으로 행위자에게 유죄의 재판을 아니할 때에도 몰수의 요건이 있는 때에는 몰수만을 선고할 수 있다(형법 제49조).

④ 몰수는 실정법(형법)상 또는 형식상 형벌이지만, 실질적으로는 범죄반복의 위험성을 예방하고 범인이 범죄로부터 부당한 이득을 취하지 못하도록 하는 것을 목적으로 하는 대물적 보안처분의 성질을 갖는다는 것이 다수설의 입장이다.

> **[형법]**
>
> **제48조【몰수의 대상과 추징】** ① 범인 외의 자의 소유에 속하지 아니하거나 범죄 후 범인 외의 자가 사정을 알면서 취득한 다음 각 호의 물건은 전부 또는 일부를 몰수할 수 있다.
> 1. 범죄행위에 제공하였거나 제공하려고 한 물건
> 2. 범죄행위로 인하여 생겼거나 취득한 물건
> 3. 제1호 또는 제2호의 대가로 취득한 물건
> ② 제1항 각 호의 물건을 몰수할 수 없을 때에는 그 가액(價額)을 추징한다.
> ③ 문서, 도화(圖畵), 전자기록(電磁記錄) 등 특수매체기록 또는 유가증권의 일부가 몰수의 대상이 된 경우에는 그 부분을 폐기한다.
>
> **제49조【몰수의 부가성】** 몰수는 타형에 부가하여 과한다. 단, 행위자에게 유죄의 재판을 아니할 때에도 몰수의 요건이 있는 때에는 몰수만을 선고할 수 있다.

(2) 추징

① 몰수할 대상물의 전부 또는 일부를 몰수하기 불가능한 때에는 몰수에 갈음하여 그 가액의 납부를 명하는 사법처분의 일종이다.
② 형법상의 형벌이 아니며, 몰수의 취지를 관철하기 위한 일종의 사법처분이나 실질적으로는 부가형으로서의 성질을 가진다.

08 범죄수익박탈제도

(1) 의의

① 현행 몰수제도는 몰수의 대상을 한정하고 범죄인의 재산과 범죄 사이에 인과관계가 증명되지 못한 경우에는 효과적인 범죄수익박탈이 곤란하다는 점이 문제로 지적되어 왔다.
② 이에 범죄인의 재산 일반에 대한 박탈 내지 몰수를 인정하기 위해 고안된 제도로, 형사정책의 초점이 범죄인의 재사회화나 정당한 처벌에서 <u>범죄무력화로 이행되는 경향</u>을 나타내는 것이라는 점에 주목해야 한다.
③ **관심영역:** 범죄수익박탈제도는 조직·약물·기업범죄 등 주로 범죄로 인한 이익이 범죄의 주된 동기를 이루는 영역에서 범죄활동의 이득을 박탈하는 것이 그러한 범죄를 억제·무력화하는 데 중요한 역할을 할 수 있다는 데 중점을 둔다.

(2) 주요내용

> **[범죄수익 은닉의 규제 및 처벌 등에 관한 법률]**
>
> **제1조【목적】** 이 법은 특정범죄와 관련된 범죄수익(犯罪收益)의 취득 등에 관한 사실을 가장(假裝)하거나 특정범죄를 조장할 목적 또는 적법하게 취득한 재산으로 가장할 목적으로 범죄수익을 은닉(隱匿)하는 행위를 규제하고, 특정범죄와 관련된 범죄수익의 몰수 및 추징(追徵)에 관한 특례를 규정함으로써 특정범죄를 조장하는 경제적 요인을 근원적으로 제거하여 건전한 사회질서의 유지에 이바지함을 목적으로 한다.
>
> **제2조【정의】** 이 법에서 사용하는 용어의 뜻은 다음과 같다.
> 1. "특정범죄"란 재산상의 부정한 이익을 취득할 목적으로 범한 죄로서 다음 각 목의 어느 하나에 해당하는 것을 말한다(사형, 무기, 장기 3년이상 징역이나 금고 등).
> 4. "범죄수익등"이란 범죄수익, 범죄수익에서 유래한 재산 및 이들 재산과 그 외의 재산이 합쳐진 재산을 말한다.

제8조 【범죄수익 등의 몰수】 ① 다음 각 호의 재산은 몰수할 수 있다.

1. 범죄수익
2. 범죄수익에서 유래한 재산
3. 제3조 또는 제4조의 범죄행위에 관계된 범죄수익 등
4. 제3조 또는 제4조의 범죄행위에 의하여 생긴 재산 또는 그 범죄행위의 보수로 얻은 재산
5. 제3호 또는 제4호에 따른 재산의 과실 또는 대가로 얻은 재산 또는 이들 재산의 대가로 얻은 재산, 그 밖에 그 재산의 보유 또는 처분에 의하여 얻은 재산

⚖ 판례 |

[1] 징역형과 벌금형 병과시 징역형에만 작량감경, 위법

하나의 죄에 대하여 징역형과 벌금형을 병과하여야 할 경우에 특별한 규정이 없는 한 징역형에만 작량감경을 하고 벌금형에는 작량감경을 하지 않는 것은 위법하다(대법원 2011.5.26. 2011도3161).

[2] 벌금 미납자의 사회봉사 집행에 관한 특례법 제4조 제1항에서 정한 '납부명령일부터 30일 이내'가 벌금 미납자의 사회봉사 신청기간의 종기만을 규정한 것인지 여부(적극) **및 이때 '납부명령일'의 의미**(= 납부명령이 벌금 미납자에게 고지된 날)

시기를 특별히 제한하여 해석할 이유는 없으므로, 신청은 벌금형이 확정된 때부터 가능하다고 볼 것이다. 따라서 위 규정은 신청을 할 수 있는 종기만을 규정한 것으로 새기는 것이 타당하고, 그 종기는 검사의 납부 '명령일'이 아니라 <u>납부명령이 벌금 미납자에게 '고지된 날'로부터 30일이 되는 날이라고 해석하는 것이 옳다</u>(대법원 2013.1.16. 2011모16).

[3] 몰수; 선고유예 시 몰수·추징에 대해서도 선고유예 가능, 선고유예 아니하면서 몰수·추징에 대해서만 선고유예 불가

몰수는 선고유예의 대상으로 규정되어 있지 아니하고 다만 몰수 또는 이에 갈음하는 추징은 부가형적 성질을 띠고 있어 그 주형에 대하여 선고를 유예하는 경우에는 <u>그 부가할 몰수·추징에 대하여도 선고를 유예할 수 있으나, 그 주형에 대하여 선고를 유예하지 아니하면서 이에 부가할 몰수·추징에 대하여서만 선고를 유예할 수는 없다</u>(대법원 1988.6.21. 88도551).

[4] 공범자의 소유물 몰수 가능

형법 제48조 제1항의 범인에는 공범자도 포함되므로 피고인의 소유물은 물론 <u>공범자의 소유물도 그 공범자의 소추 여부를 불문하고 몰수할 수 있고</u>, 여기에서의 공범자에는 공동정범, 교사범, 방조범에 해당하는 자는 물론 필요적 공범관계에 있는 자도 포함된다(대법원 2006.11.23. 2006도5586).

[5] 몰수물의 가액산정, 재판선고 시의 가격 기준(대법원 1991.5.28. 91도352)

몰수의 취지가 범죄에 의한 이득의 박탈을 그 목적으로 하는 것이고 추징도 이러한 몰수의 취지를 관철하기 위한 것이라는 점을 고려하면 몰수하기 불능한 때에 추징하여야 할 가액은 범인이 그 물건을 보유하고 있다가 몰수의 선고를 받았더라면 잃었을 이득상당액을 의미한다고 보아야 할 것이므로 그 <u>가액산정은 재판선고시의 가격을 기준으로 하여야 할 것이다.</u>

[6] 추징에 관한 법원의 직권적용 인정

추징은 일종의 형으로서 검사가 공소를 제기함에 있어 관련 추징규정의 적용을 빠뜨렸다 하더라도 <u>법원은 직권으로 이를 적용하여야 한다</u>(대법원 2007.1.25. 2006도8663).

[7] 징역형에 대한 특별사면 시 추징의 선고효력 상실, 불인정

추징은 부가형이지만 징역형의 집행유예와 추징의 선고를 받은 사람에 대하여 징역형의 선고의 효력을 상실케 하는 동시에 복권하는 <u>특별사면이 있은 경우에 추징에 대하여도 형 선고의 효력이 상실된다고 볼 수는 없다</u>(대법원 1996.5.14. 96모14).

단원별 지문 O X

01 선고하는 벌금이 1억원 이상 5억원 미만인 경우에는 300일 이상, 5억원 이상 50억원 미만인 경우에는 500일 이상, 50억 원 이상인 경우에는 1천일 이상의 노역장 유치기간을 정하여야 한다. 다만, 그 상한은 3년으로 제한된다. (   )

[2015. 5급 승진]

02 500만원 이하의 벌금형이 확정된 벌금 미납자는 검사의 납부명령일부터 30일 이내(검사로부터 벌금의 일부납부 또는 납부 연기를 허가받은 자는 그 허가기한 내)에 사회봉사를 신청할 수 있지만, 징역 또는 금고와 동시에 벌금을 선고받은 경우에 는 사회봉사를 신청할 수 없다. (   )

[2020. 5급 승진]

03 1천만원 이하의 벌금의 형을 선고할 경우에 「형법」 제51조의 사항을 참작하여 그 정상에 참작할 만한 사유가 있는 때에는 1년 이상 5년 이하의 기간 형의 집행을 유예할 수 있다. (   )

[2020. 5급 승진]

04 「형법」상 벌금은 5만원 이상으로 한다. 다만, 감경하는 경우에는 5만원 미만으로 할 수 있다. (   )   [2016. 보호 7급]

05 노역장 유치는 그 실질이 신체의 자유를 박탈하는 것으로서 징역형과 유사한 형벌적 성격을 가지므로 형벌불소급원칙의 적 용대상이 된다. (   )

[2019. 5급 승진]

06 징역 또는 금고와 동시에 벌금을 선고받은 사람은 노역장 유치를 대신하기 위한 사회봉사를 신청할 수 없다. (   )

[2019. 5급 승진]

07 벌금형에 따르는 노역장 유치는 실질적으로 자유형과 동일하므로, 그 집행에 대하여는 자유형의 집행에 관한 규정이 준용 된다. (   )

[2021. 보호 7급]

08 주형의 선고를 유예하지 않으면서 몰수와 추징에 대해서만 선고를 유예할 수는 없다. (   )   [2012. 사시]

09 행위자에게 유죄의 재판을 하지 않을 경우에도 몰수만을 선고할 수는 있다. (   )   [2012. 사시]

10 추징가액은 범죄행위시의 가격을 기준으로 한다. (   )   [2012. 사시]

---

01 ○ 형법 제70조 제2항, 벌금을 납입하지 아니한 자는 1일 이상 3년 이하의 기간 노역장에 유치하여 작업에 복무하게 한다(동법 제69 조 제2항).

02 ○ 벌금 미납자의 사회봉사 집행에 관한 특례법 제4조 제1항·제2항

03 × 500만원 이하의 벌금의 형을 선고할 경우에 형법 제51조의 사항을 참작하여 그 정상에 참작할 만한 사유가 있는 때에는 1년 이상 5년 이하의 기간 형의 집행을 유예할 수 있다(동법 제62조 제1항).

04 ○ 동법 제45조

05 ○ 헌재 2017.10.26. 2015헌바239

06 ○ 벌금 미납자의 사회봉사 집행에 관한 특례법 제4조 제2항 제1호

07 ○ 대법원 2013.9.12. 2012도2349

08 ○ 대법원 1988.6.21. 88도551

09 ○ 형법 제49조

10 × 몰수의 취지가 범죄에 의한 이득의 박탈을 그 목적으로 하는 것이고 추징도 이러한 몰수의 취지를 관철하기 위한 것이라는 점을 고려하면 몰수하기 불능한 때에 추징하여야 할 가액은 범인이 그 물건을 보유하고 있다가 몰수의 선고를 받았더라면 잃었을 이득 상당액을 의미한다고 보아야 할 것이므로 그 가액산정은 재판 선고시의 가격을 기준으로 하여야 할 것이다(대법원 1991.5.28. 91 도352).

제4절 명예형제도

01 자격상실과 자격정지

(1) 자격상실
① 사형, 무기징역 또는 무기금고의 선고가 있으면 별도의 선고 없이 자격이 당연히 상실되는 것으로 이는 형벌선고에 따르는 부대적 효력이다.
② 자격상실은 무기형을 선고받은 자가 사면·가석방이 되더라도 복권의 별도조치가 없는 한 자격이 영구히 상실된다는 점에서 매우 가혹하다는 비판이 있다.

> **[형법]**
> **제43조【형의 선고와 자격상실, 자격정지】** ① 사형, 무기징역 또는 무기금고의 판결을 받은 자는 다음의 자격을 상실한다.
> 1. 공무원이 되는 자격
> 2. 공법상의 선거권과 피선거권
> 3. 법률로 요건을 정한 공법상의 업무에 관한 자격
> 4. 법인의 이사, 감사 또는 지배인 기타 법인의 업무에 관한 검사역이나 재산관리인이 되는 자격

(2) 자격정지
① 일정 기간 동안 일정한 자격의 전부 또는 일부를 정지시키는 것을 말한다.
② 일정한 형의 판결을 받은 자에게 당연히 정지되는 당연정지와 판결의 선고로 정지되는 선고정지가 있다.

당연정지	유기징역 또는 유기금고의 판결을 받은 자에 대하여 그 형의 집행이 종료되거나 면제될 때까지 일부 자격이 당연히 정지되는 것
선고정지	판결선고에 의해 자격의 전부 또는 일부를 1년 이상 15년 이하의 기간 동안 정지시키는 것

02 자격정지 기간과 기산일

> **[형법]**
> **제43조【형의 선고와 자격상실, 자격정지】** ② 유기징역 또는 유기금고의 판결을 받은 자는 그 형의 집행이 종료하거나 면제될 때까지 다음의 자격이 정지된다. 다만, 다른 법률에 특별한 규정이 있는 경우에는 그 법률에 따른다.
> 1. 공무원이 되는 자격
> 2. 공법상의 선거권과 피선거권
> 3. 법률로 요건을 정한 공법상의 업무에 관한 자격
>
> **제44조【자격정지】** ① 전조에 기재한 자격의 전부 또는 일부에 대한 정지는 1년 이상 15년 이하로 한다.
> ② 유기징역 또는 유기금고에 자격정지를 병과한 때에는 징역 또는 금고의 집행을 종료하거나 면제된 날로부터 정지기간을 기산한다.

단원별 지문 OX

01 사형, 무기징역 또는 무기금고의 판결을 받은 자는 법인의 이사, 감사 또는 지배인 기타 법인의 업무에 관한 검사역이나 재산관리인이 되는 자격을 상실한다. ( )

02 유기징역의 판결을 받은 자도 별도의 명예형이 병과되지 않는 한 법률에 정한 일정한 자격이 당연히 정지되는 것은 아니다. ( )

03 모든 형벌은 그 자체로서 범죄자에게 불명예인데 따로 명예형을 부과하는 것은 이중형벌이 될 위험성이 크다는 비판이 있다. ( )

04 명예형의 낙인효과는 개인의 주관적 명예감정에 따라 다르게 나타날 수 있다. ( )

05 유기징역 또는 유기금고의 판결을 받은 자는 그 형의 집행이 종료하거나 면제될 때까지 공무원이 되는 자격, 공법상의 선거권과 피선거권, 법률로 요건을 정한 공법상의 업무에 관한 자격이 정지된다. ( )

---

01 ○ 형법 제43조 제1항 제4호
02 ×
03 ○
04 ○
05 ○ 형법 제43조 제2항

제25장 / 보안처분론

제1절 보안처분의 의의와 이론

01 의의

(1) 보안처분과 형벌

① 보안처분이란 형벌로는 행위자의 사회복귀와 범죄로부터 사회방위가 불가능하거나 부적당한 경우에 범죄행위자 또는 장래 범죄의 위험성이 있는 자에 대하여 과해지는 형벌 이외의 범죄예방처분을 말한다.

② 형벌의 책임주의에 따른 사회방위수단으로서의 한계를 보충하기 위한 수단으로, 현행 헌법은 보안처분 법정주의를 선언하고 있다(헌법 제12조 제1항). [2012. 교정 9급]

(2) 형벌과 보안처분의 구별 [2020. 보호 7급] 총 2회 기출

형벌	보안처분
① 책임주의: 책임을 전제로 하고 책임주의의 범위 내에서 과해진다.	① 위험성: 행위자의 사회적 위험성을 전제로 하여 특별예방의 관점에서 과해진다.
② 과거: 과거 침해행위를 대상으로 하는 형사제재이다.	② 미래: 장래에 대한 예방적 성격을 가진 형사제재이다.
③ 행위 시 법의 적용을 받는다.	③ 재판 시 법의 적용을 받는다.
④ 사회보호, 범죄인의 개선에 목적이 있다.	④ 유책성이 없어도 가능하다.
⑤ 일반예방효과와 특별예방효과를 목표로 한다.	⑤ 특별예방효과를 목표로 한다.

02 연혁

(1) 근대 이전의 보안처분

시대	내용
고대국가	정치범의 국외추방·주류 판매 금지
중세국가	걸인에 대한 사형, 신체 상해형, 부정기 보안구금, 교정구금, 노역장유치
근세 초기 경찰국가	혐의형, 보안감치, 개선구금
최초의 이론정립	독일의 클라인(Klein): 특별예방을 위한 보안처분사상을 형법이론에 도입하면서, 이원주의의 이론적 기초 제공
19C 법치국가	죄형법정주의 및 완고한 응보형 사상의 영향으로 클라인의 보안처분론 좌절

(2) 근대적 보안처분의 발달

① **페리(Ferri)의 형벌대용물사상**: 형벌 이외의 형벌 대용제도를 강조하여 자유형을 대체할 제도를 '페리초안'에서 주장하고 형벌 대신 '제재'라는 말을 사용하여 형벌과 보안처분의 구별을 없애고 상대적 또는 절대적 부정기형을 내용으로 하는 제재로 통일하자는 주장이다.

② **리스트(Liszt)의 목적형주의**: '형법에 있어서 목적사상'이라는 강연에서 종래의 응보형을 행위자에 대한 특별예방에 목적을 두는 목적형으로, 진압형을 방위형으로 전환할 것을 역설하고 형벌만으로 특별예방의 효과를 거둘 수 없는 경우 개선·보안을 위한 형사처분을 주장(형벌과 보안처분을 일원화)하였다.

③ **슈토스(Carl Stoss)**: 리스트의 주장을 구체화하여 보안처분제도를 처음 형법전에 도입(1893년 슈토스 예비초안)하고 신·구 양파의 학설을 절충하여 형벌 이외에 보안처분을 규정(이원주의)하였다. 이는 응보형론에 기반을 두면서도 형벌과는 분리된 보안처분제도를 인정한 예이다.

④ **그 외의 학자**: 마이어(Mayer), 비르크메이어(Birkmeyer), 베링(Beling) 등이 있다.

03 보안처분의 종류

(1) 대인적 보안처분

① **자유박탈적 보안처분**: 자유를 박탈하여 범죄적 위험성을 제거·치료하기 위한 목적의 보안처분을 말한다.

구분	자유박탈의 대인적 보안처분	근거법률
치료감호처분	치료감호대상자에 대한 치료시설수용처분	치료감호 등에 관한 법률
교정처분	알코올, 마약중독자 등에 대한 시설수용처분	
보호감호처분	상습범 등에 대한 보안감호시설수용처분	구 사회보호법
노동시설수용처분	노동개선처분, 노작처분	
사회치료처분	환경요법, 행동요법 등 전문사회치료시설에 수용처분	

② **자유제한적 보안처분**: 대상자의 자유제한으로 범죄예방효과를 목표로 하는 보안처분을 말한다.

구분	자유제한의 대인적 보안처분
보호관찰	일정조건하에서 범죄인을 사회 내에서 처우하는 처분
사회봉사명령	무보수 사회봉사활동, 보호관찰보다 형벌적 성격이 강한 단기자유형 대체 효과의 처분
수강명령	범죄자의 여가시간을 박탈하여 처벌의 효과와 여가를 건전하게 활용하는 교육적 개선 효과목적으로 하는 처분
선행보증	보증금 몰수라는 심리적 압박을 통한 선행유도처분
직업금지	작업 또는 직업이나 영업을 일정 기간 금지시키는 처분
거주제한	일정한 범죄인에게 거주를 제한하는 보안처분
기타	국외추방, 음주점 출입금지, 운전면허 박탈, 단종·거세

(2) 대물적 보안처분

물건의 몰수	형벌과 보안처분의 양면적 성격을 갖는 보안처분
영업소의 폐쇄	범죄에 이용되는 영업소의 일시 또는 영구적 폐쇄처분
법인의 해산	범죄 관련 법인조직의 해산처분

04 보안처분의 정당성(비례의 원칙)

(1) 의의

① 보안처분의 정당성은 비례의 원칙에 기인하며, 이는 보안처분에 의한 개인의 자유에 대한 침해는 사회 방위와 균형을 이루어야 함을 말한다. [2012. 교정 9급] 총 2회 기출

② **독일 형법**: "개선·보안처분이 행위자가 저지른 범행과 그에게 기대되는 범죄의 의미 및 그 자로부터 나타나는 위험의 정도와 비례되지 아니하는 경우에 그것을 명해서는 아니 된다."라고 명시하고 있다.

(2) 비례의 원칙 내용

① **적합성의 원칙**: 개인의 자유박탈 내지 제한은 사회보호 및 피처분자의 사회복귀의 실현에 적합·유용한 것이어야 하고 과도한 수단이어서는 아니 된다.

② **필요성의 원칙**: 수단과 개인의 자유권은 서로 교량되어야 하며, 수단의 선택은 최소한의 침해에 그친 필요불가결한 수단이어야 한다.

③ **협의의 비례성의 원칙**(균형성): 비록 적합·필요하다 하더라도 침해의 중요성과 얻을 수 있는 결과 사이에 불균형을 초래해서는 아니 된다.

(3) 비례성의 판단 기준

① **행위자가 행한 범죄**: 범죄의 경중, 종류, 빈도, 장래의 행위와의 관련성 등

② **행위자에 대하여 기대되는 범행**: 법익침해의 종류와 경중

③ **행위자로부터 나오는 위험의 정도**: 새로운 행위에 대한 개연성의 정도와 시간적 근접성

▶ 보안처분에서 가장 강조되는 원칙은 비례의 원칙이다.

05 보안처분이론

(1) 이원론

① 의의

　㉠ 형벌의 본질이 응보에 있다고 보는 입장에서 형벌과 보안처분은 각기 그 성격을 달리한다고 보는 관점이다.

　㉡ 형벌의 본질이 책임을 전제로 한 과거 행위에 대한 응보이고, 보안처분은 장래에 예상되는 위험성에 대한 사회방위처분이라는 점에서 양자의 차이를 인정한다. [2020. 보호 7급] 총 2회 기출

　㉢ 형벌이 범죄라는 과거의 사실에 중점을 두는 반면, 보안처분은 장래에 예상되는 범죄의 예방에 중점을 둔다.

　㉣ 관련학자로는 18C 말 독일의 클라인(Klein), 마이어(Mayer), 비르크메이어(Birkmeyer), 베링(Beling) 등이 있다.

　㉤ 슈토스(Stoss)는 제한적 이원주의적 입장에서 형벌 이외의 보안처분을 규정한 1893년 스위스 형법의 예비초안자이다.

② **법령 및 문제점**

　　㉠ 구(舊) 사회보호법상 보호감호의 경우 형벌을 선 집행하고, 보안처분을 후 집행하여 이원론적 입장을 취하고 있다.

　　㉡ **문제점**: 사실상 이중처벌의 결과를 초래하여 양자가 중복적으로 집행될 경우 행위자는 가혹한 처벌을 받는다는 생각을 갖게 되어 형사정책적 효과를 거둘 수 없다는 비판이 있다.

(2) 일원론

① **의의**

　　㉠ 교육형주의 관점에서 형벌이나 보안처분 가운데 어느 하나만을 선고·집행해야 한다는 주장으로, 관련학자로는 록신(Roxin), 리스트(Liszt), 페리(Ferri) 등이 있다.

　　㉡ 형벌과 보안처분의 목적을 모두 사회방위와 범죄인의 교육·개선으로 본다. [2020. 보호 7급] 총 2회 기출

② **문제점**

　　㉠ 행위자의 개별 책임뿐만 아니라 행위자의 반사회적 위험성까지 척도로 하여 일정한 제재를 가하게 되면 형벌의 대원칙인 책임주의에 반할 위험성이 있다.

　　㉡ 이러한 문제점을 수용하고 책임원칙과 모순되지 않는 적용을 위해서는 비례성의 원칙이 필요하다.

(3) 대체주의(제한적 이원론)

① **의의**

　　㉠ 형벌은 책임의 정도에 따라 선고하되 그 집행단계에서 보안처분에 의해 대체하거나 보안처분의 집행이 종료된 후에 집행하는 주의를 말한다.

　　㉡ 형벌과 보안처분이 선고되어 보안처분이 집행된 경우 그 기간을 형기에 산입하여야 한다.

　　㉢ 일원론자들은 형벌과 보안처분 양자의 대체성을 인정하고, 이원론자들은 부정한다.

② **근거**

　　㉠ 형사정책상 형벌과 보안처분에는 별 차이가 없다.

　　㉡ 이중적 처벌의 폐단이 있는 이원주의를 배제할 수 있다.

③ **현행법과 문제점**

　　㉠ 「치료감호 등에 관한 법률」상 치료감호는 대체주의(제한적 이원론)에 근거한다.

　　㉡ 형벌과 보안처분의 교환이 책임형법에 합치되지 아니하며, 형벌과 보안처분의 한계가 불명확하다.

　　㉢ 보안처분을 받은 자가 형벌만을 선고받은 자보다 유리하게 되어 정의 관념에 반한다.

🦌 판례 |

[1] 성폭력 치료프로그램 이수명령조항, 행동자유권 침해 및 이중처벌금지원칙 위배 부인

이수명령조항은 교육, 훈련 및 상담 등을 통하여 카메라등이용촬영죄를 범한 성폭력범죄자의 재범을 방지하고 건전한 사회 복귀를 도모하며 사회 안전을 확보하기 위한 것으로서 그 입법목적의 정당성과 수단의 적절성이 인정된다. 성폭력 치료프로그램은 재범의 방지를 위한 근본적인 해결책 중 하나이다. 카메라등이용촬영죄도 왜곡된 성 의식과 피해자에 대한 공감능력의 부족, 성충동 조절의 실패 등에서 비롯되는 경우가 많으므로, 카메라등이용촬영죄를 범한 사람에 대하여 이수명령을 부과하도록 한 것이 불합리하다고 볼 수 없다. 선고유예의 경우나 특별한 사정이 있는 경우 이수명령을 병과하지 아니할 수 있고, 교육시간의 상한이 500시간으로 제한되어 있으며, 법원은 그 범위 내에서 범죄의 경중과 재범의 위험성 등을 고려하여 교육시간을 탄력적으로 결정할 수 있다. 이수명령 조항이 달성하고자 하는 공익의 중요성을 고려하면 일정 기간 동안 일정 장소에 참석하여 성폭력 치료프로그램을 이수하여야 하는 불이익은 그다지 큰 불이익이라고 볼 수 없다. 따라서 이수명령조항은 일반적 행동자유권을 침해한다고 볼 수 없다. 이중처벌 금지의 원칙에 위반된다고 할 수도 없다(헌재 2016.12.29. 2016헌바153).

[2] 보호감호처분과 형벌 병과, 일사부재리원칙 위배 부인

보호감호처분과 형벌은 신체의 자유를 박탈하는 수용처분이라는 점에서 유사하나, 보호감호처분은 재범의 위험성이 있고 특수한 교육 개선이 필요하다고 인정되는 자에 대하여 사회복귀를 촉진하고 사회를 보호하기 위한 보안처분으로서 헌법 제12조 제1항에 근거를 두고 있으며, 그 본질과 목적 및 기능에 있어서 형벌과는 다른 독자적 의의를 가진 사회보호적인 처분이므로, 형과 보호감호를 병과하여 선고한다고 해서 헌법 제13조 제1항 후단의 일사부재리의 원칙에 위배된다고 할 수 없다(헌재 1996.11.28. 95헌바20).

[3] 소급입법에 의한 보호감호처분, 죄형법정주의 위반으로 위헌

헌법이 제12조 제1항 후문에서 … 처벌과 보안처분을 나란히 열거하고 있는 점을 생각해보면, 상습범 등에 대한 보안처분의 하나로서 신체에 대한 자유의 박탈을 그 내용으로 하는 보호감호처분은 형벌과 같은 차원에서의 적법한 절차와 헌법 제13조 제1항에 정한 죄형법정주의의 원칙에 따라 비로소 과해질 수 있는 것이라 할 수 있고, 따라서 … 소급입법에 의한 보호감호처분은 허용될 수 없다고 할 것이다(헌재 1989.7.14. 88헌가5 등).

[4] 위치추적전자장치 부착명령, 소급효금지원칙 적용 부인

위치추적전자장치 부착명령은 범죄행위를 한 사람에 대한 응보를 주된 목적으로 그 책임을 추궁하는 사후적 처분인 형벌과 구별되는 비형벌적 보안처분으로서 소급효금지원칙이 적용되지 아니한다(헌재 2012.12.27. 2010헌가82).

[5] DNA신원확인정보의 수집·이용, 소급효금지원칙 적용 및 이중처벌 부인

DNA신원확인정보의 수집·이용이 범죄의 예방효과를 가지는 보안처분으로서의 성격을 일부 지닌다고 하더라도 이는 형벌과는 구별되는 비형벌적 보안처분으로서 소급입법금지원칙이 적용되지 아니한다. 헌법 제13조 제1항에서 말하는 '처벌'이라고 할 수 없다(헌재 2014.8.28. 2011헌마28 등).

[6] 보안관찰처분 행정소송 시 전혀 집행정지를 할 수 없도록 한 규정, 적법절차원칙 위배로 위헌

보안관찰처분을 다투는 행정소송에서는 다른 행정소송사건에서와는 달리 집행정지를 전혀 할 수 없도록 한 보안관찰법 제24조 단서의 심판대상조항의 입법목적은 충분한 심리가 이루어지지 않는 신청절차에서 부적절하게 보안관찰처분의 집행이 정지되지 않도록 하려는 것이지만, 이러한 목적은 집행정지 내지 가처분을 원천적, 일률적으로 봉쇄하는 방법으로만 달성된다고 하기 어렵다. … 보안관찰처분의 적법 여부에 대한 법원의 판단을 받을 수 있는 기회를 실질적으로 제한받고, 경우에 따라서는 박탈당하기도 한다. 이 법률조항은 피보안관찰자로 하여금 상당범위의 자유제한을 감내하도록 요구하는 보안관찰처분의 적법여부를 다투는 소송절차의 내용을 형성함에 있어서 피보안관찰자의 기본권보장이 합리적 이유 없이 축소되도록 하였다는 점에서 그 내용이 합리성과 정당성을 갖춘 것이라고 볼 수 없으므로 적법절차원칙에 위배된다(헌재 2001.4.26. 98헌바79 등).

[7] 치료감호기간을 법정으로 정하지 않고 계속 수용치료, 신체의 자유침해 부정; 사회보호위원회에 의한 종료 여부 결정, 재판청구권 침해 부정(헌재 2005.2.3. 2003헌바1)

① 치료감호의 기간을 미리 법정하지 않고 계속 수용하여 치료할 수 있도록 하는 것은 정신장애자의 개선 및 재활과 사회의 안전에 모두 도움이 되고 이로서 달성되는 사회적 공익은 상당히 크다고 할 수 있다. 한편, 피치료감호자는 계속적인 치료감호를 통하여 정신장애로부터의 회복을 기대할 수 있는 이익도 있을 뿐만 아니라, 가종료, 치료위탁 등 법적 절차를 통하여 장기수용의 폐단으로부터 벗어날 수도 있으므로, 이 사건 법률조항이 치료감호에 기간을 정하지 아니함으로 말미암아 초래될 수 있는 사익의 침해는 그로써 얻게 되는 공익에 비하여 크다고 볼 수 없다. 따라서 이 사건 법률조항은 과잉금지의 원칙에 위배되지 아니하므로 청구인의 신체의 자유를 침해하는 것이라고 볼 수 없다.

② 이 사건 법률조항은 법관의 선고에 의하여 개시된 치료감호를 사회보호위원회가 그 종료 여부를 결정하도록 규정하고 있으나, 피치료감호자 등은 치료감호의 종료 여부를 심사·결정하여 줄 것을 사회보호위원회에 신청할 수 있고, 위원회가 신청을 기각하는 경우에 이들은 그 결정에 대하여 행정소송을 제기하여 법관에 의한 재판을 받을 수 있다고 해석되므로, 피치료감호자 등의 재판청구권이 침해된 것이 아니다.

[8] 치료감호심의위원회에 의한 치료감호의 관리·집행, 적법절차 원칙 위배 부인

치료감호심의위원회의 심사대상은 이미 판결에 의하여 확정된 보호감호처분을 집행하는 것에 불과하므로 이를 법관에게 맡길 것인지, 아니면 제3의 기관에 맡길 것인지는 입법 재량의 범위 내에 있으며, 위원회의 결정에 대하여 불복이 있는 경우 행정소송 등 사법심사의 길이 열려 있으므로 법관에 의한 재판을 받을 권리를 침해한다고 할 수 없다. 나아가, 치료감호심의위원회의 구성, 심사절차 및 심사대상에 비추어 볼 때 위원회가 보호감호의 관리 및 집행에 관한 사항을 심사·결정하도록 한 것이 헌법상 적법절차 원칙에 위배된다고 볼 수 없다(헌재 2009.3.26. 2007헌바50).

[9] 보안관찰심의위원회에 의한 보안관찰처분; 일사부재리원칙, 정당한 재판을 받을 권리침해 부정(헌재 1997.11.27. 92헌바28)

① 이 법상의 보안관찰처분 역시 그 본질이 헌법 제12조 제1항에 근거한 보안처분인 이상, 형의 집행 종료 후 별도로 이 법상의 보안관찰처분을 명할 수 있다고 하여 헌법 제13조 제1항이 규정한 일사부재리의 원칙에 위반하였다고 할 수 없다.

② 그 법이 추구하는 입법목적의 정당성, 국민에게 부과되는 자유제한의 정도, 보안관찰처분심의위원회의 구성과 보안관찰처분의 개시 및 불복절차에 비추어 적법절차의 원칙이 요청하는 합리성, 정당성 및 절차적 공평성을 갖추고 있다고 할 것이므로 헌법 제12조 제1항 후문의 적법절차의 원칙 내지 법관에 의한 정당한 재판을 받을 권리를 보장하고 있는 헌법 제27조 제1항에 위배되지 아니한다.

[10] 판결확정자에 대한 폐지된 사회보호법의 적용, 적법절차원칙 위배 부인

입법자가 종전 사회보호법을 폐지하면서 적지 않은 수의 보호감호 대상자가 일시에 석방될 경우 초래될 사회적 혼란의 방지, 법원의 양형실무 및 확정판결에 대한 존중 등을 고려하여 법률 폐지 이전에 이미 보호감호 판결이 확정된 자에 대하여는 보호감호를 집행하도록 한 것이므로, 이중처벌에 해당하거나 비례원칙을 위반하여 신체의 자유를 과도하게 침해한다고 볼 수 없으며, 판결 미확정자와의 사이에 발생한 차별은 입법재량 범위 내로서 이를 정당화할 합리적 근거가 있으므로 헌법상 평등원칙에 반하지 아니하고, 치료감호심의위원회와 관련하여 그 심사대상은 이미 판결에 의하여 확정된 보호감호처분을 집행하는 것에 불과하므로 이를 법관에게 맡길 것인지, 아니면 제3의 기관에 맡길 것인지는 입법재량의 범위 내에 있으며, 위원회의 결정에 대하여 불복이 있는 경우 행정소송 등 사법심사의 길이 열려 있으므로 법관에 의한 재판을 받을 권리를 침해한다고 볼 수 없고, 치료감호심의위원회의 구성, 심사절차 및 심사대상에 비추어 볼 때 보호감호의 관리 및 집행에 관한 사항을 심사·결정하도록 한 것이 헌법상 적법절차원칙에 위배된다고 볼 수 없다고 판시하였다(헌재 2009.3.26. 2007헌바50; 2015.9.24. 2014헌바222).

[11] 마약류사범이 아닌 매매만 한 사람에 대한 이수명령병과, 불법

「마약류 관리에 관한 법률」은 '마약류사범'에 대하여 선고유예 외의 유죄판결을 선고하는 경우 재범예방에 필요한 교육의 수강명령이나 재활교육 프로그램의 이수명령을 병과하도록 규정하였다(제40조의2 제2항). 여기서 말하는 '마약류사범'이란 마약류를 투약, 흡연 또는 섭취한 사람을 가리킨다(마약류관리법 제40조의2 제1항). 그런데 피고인에 대한 공소사실은 마약류를 매매하였다는 것뿐이다. <u>피고인이 마약류의 투약, 흡연 또는 섭취한 행위로 기소되지 않은 이상 '마약류사범'이 아니므로 마약류관리법 제40조의2 제2항에 따른 이수명령을 할 수 없다.</u> 피고인에게 유죄판결을 선고하면서 이수명령을 병과한 원심판결에는 '마약류사범'의 의미를 오해하여 판결에 영향을 미친 잘못이 있다(대법원 2023.11.16. 2023도12478).

단원별 지문 O X

01 일반적으로 보안처분은 반사회적 위험성을 가진 자에 대하여 사회방위와 교화를 목적으로 하는 예방적 처분이라는 점에서 범죄자에 대하여 응보를 주된 목적으로 하는 사후적 처분인 형벌과 그 본질을 달리한다. (   )   [2014. 보호 7급]

02 보안처분의 정당성은 비례의 원칙에 기인하며, 이는 보안처분에 의한 개인의 자유에 대한 침해는 사회방위와 균형을 이루어야 함을 말한다. (   )   [2012. 교정 9급]

03 형벌은 행위자가 저지른 과거의 불법에 대한 책임을 전제로 부과되는 제재이다. (   )   [2020. 보호 7급]

04 보안처분은 행위자의 재범의 위험성에 근거한 것으로 책임능력이 있어야 부과되는 제재이다. (   )   [2020. 보호 7급]

05 이원주의에 따르면 형벌은 책임을, 보안처분은 재범의 위험성을 전제로 부과되는 것으로 양자는 그 기능이 다르다고 본다. (   )   [2020. 보호 7급]

06 일원주의에 따르면 형벌과 보안처분이 모두 사회방위와 범죄인의 교육 및 개선을 목적으로 하므로 본질적 차이가 없다고 본다. (   )   [2020. 보호 7급]

07 형벌과 보안처분의 관계에서 대체주의는 형벌과 보안처분이 선고되어 보안처분이 집행된 경우 그 기간을 형기에 산입하여야 한다고 한다. (   )   [2011. 사시]

---

01 ○ 대법원 1988.11.16. 88초60
02 ○
03 ○
04 × 형벌은 책임을 전제로 하고 책임주의의 범위 내에서 과해지지만, 보안처분은 행위자의 사회적 위험성을 전제로 하여 특별예방의 관점에서 과해지는 제재이다.
05 ○
06 ○
07 ○

제2절 보호관찰제도와 갱생보호

01 보호관찰제도

(1) 의의

① **의의**: 범죄인을 교정시설에 수용하는 대신 일정기간 동안 판결의 선고 또는 집행을 유예하고 일정한 조건을 붙인 후에 <u>일상의 사회생활</u>을 하면서 재범에 빠지지 않도록 <u>보호관찰관의 지도 및 감독, 원호</u>를 받게 하는 <u>사회 내 처우제도</u>이다.

② **광의**: 일반적으로 보호관찰제도라 할 때에는 협의의 보호관찰과 사회봉사명령, 수강명령 등을 포함한 광의의 의미로 사용된다.

광의	보호관찰부 선고유예 · 집행유예 · 가석방 · 임시퇴원 · 사회봉사명령 · 수강명령 등 모두를 의미
협의	법관의 보호관찰 결정 이후 보호관찰관의 지도 · 감독 · 원호의 과정만을 의미

(2) 연혁

① **최초의 보호관찰**

  ㉠ 존 오거스터스(John Augustus): 1841년 미국의 매사추세츠 주 보스턴 시에서 제화점을 경영하면서 금주협회 회원으로 활동하던 <u>민간독지가인 존 오거스터스</u>가 한 알코올중독자의 재판에서 법관에게 청원하여 형의 선고유예를 얻어 내고 그를 근면한 시민으로 갱생시키는 데 성공한 데서 비롯되었다.

  ㉡ <u>최초로 프로베이션(Probation)이라는 용어를 사용</u>하고 케이스 워크(Case work) 방법으로 보호관찰제도의 원형을 완성하였다.

> **⊕ PLUS** 보호관찰 실시 방법 – 케이스 워크제도와 집중접근제도
>
> 1. **케이스 워크제도**(Case Work System)
>   ① 보호관찰관 1인이 대상자를 1 대 1로 접촉하여 요구사항이나 문제점을 분석하여 그를 갱생시키기에 적합한 처우방법을 찾는 방식이다.
>   ② 케이스 워크 방법이 그룹상담과 같은 기법을 배제하는 것은 아니다.
> 2. **집중접근제도**(집단지도방식)(Team Approach System)
>   ① 보호관찰관 1인이 대상자의 모든 사항을 점검하고 원호 · 보호하는 케이스 워크의 문제점을 극복하기 위한 방법으로 등장했다.
>   ② 보호관찰관들을 각 분야의 전문가들로 구성하여 자신의 전문지식이나 기술을 전제로 하여 자신의 책임영역 안에서 대상자를 원호 · 보호하고 적절한 처우방법을 찾는 방식이다.

② **현대적 의미의 Probation**: <u>1878년 매사추세츠 주</u>에서 국가가 채용한 보호관찰관이 시행하는 강제적(공식적) 보호관찰제도가 최초로 입법화(여기에 처음으로 Probation이라는 용어가 규정됨)되면서 보호관찰제도의 권리장전으로 불리었다.

  ▶ **보호관찰제도**: 처음 시작은 민간인(John Augustus)에 의해 도입 ⇨ 국가 중심으로 운영

(3) 보호관찰제도의 유형

① **보호관찰부 집행유예**(Probation): 영미법계에서 발전된 보호관찰제도의 유형으로 유죄가 인정되는 범죄인에 대하여 그 형의 선고를 유예하거나 형의 집행을 유예하면서 그 유예기간 중 재범방지 및 재사회화를 달성하기 위해서 보호관찰을 행하는 것을 말한다.

② **보호관찰부 가석방**(Parole): 대륙법계에서 발전된 보호관찰제도의 유형으로 교정성적이 양호한 자를 가석방 또는 임시퇴원시키면서 그 목적을 달성하기 위하여 그 기간 중 필요적으로 보호관찰을 행하는 것을 말한다.

(4) 보호관찰의 기능과 법적 성격

① **기능**: 처벌기능, 재활기능, 범죄통제기능, 지역사회통합기능을 가진다.

② **보호관찰의 법적 성격**

보안처분설 (통설과 판례 입장)	범죄의 특별예방을 목적으로 하는 보안처분이다. 다만, 보안처분이 시설 내 처우를 원칙으로 한 책임무능력자에 대한 사회방위처분인 데 반하여, 보호관찰제도는 사회 내 처우를 원칙으로 한 범죄인의 갱생보호를 목적으로 한다는 점에서 양자는 구별된다.
변형된 형벌집행설	범죄가 발생한 것을 전제로 하여 준수사항을 부여하고 이를 위반하면 재구금하는 등 시설 내 수용처분과 자유로운 상태와의 중간형태로 파악할 수 있기 때문에 자유형의 변형이라고 본다.
독립된 제재수단설	형벌도 보안처분도 아닌 제3의 형법적 제재방법이라고 보는 설로 단기자유형의 폐단을 예방하면서 범죄자의 장래 범행의 위험으로부터 보호함으로써 재사회화를 실현하는 데에 현실적으로 최상의 방법이기 때문에 제3의 제재수단이라는 것이다.

(5) 보호관찰관의 유형 등

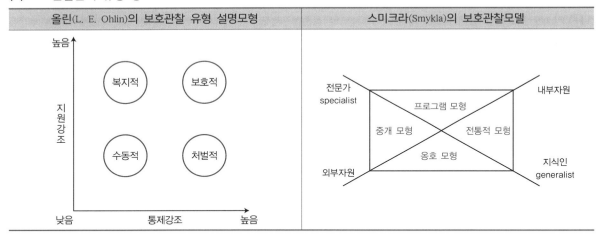

① 올린(L. E. Ohlin)의 보호관찰관 유형 [2021. 보호 7급] 총 2회 기출

보호관찰관 유형	내용
처벌적(Punitive)	㉠ 위협과 처벌을 수단으로 범죄자를 사회에 동조하도록 강요한다. ㉡ 사회의 보호, 범죄자의 통제, 범죄자에 대한 체계적 의심 등을 중요시한다.
보호적(Protective)	㉠ 지역사회 보호와 범죄자 보호, 양자 사이를 망설이는 유형으로 주로 직접적인 지원이나 강연 또는 칭찬과 꾸중의 방법을 이용한다. ㉡ 지역사회와 범죄자의 입장을 번갈아 편들기 때문에 어정쩡한 입장에 처하기 쉽다.
복지적(Welfare)	㉠ 자신의 목표를 범죄자에 대한 복지의 향상에 두고 범죄자의 능력과 한계를 고려하여 적응할 수 있도록 도와주려고 한다. ㉡ 범죄자의 개인적 적응 없이는 사회의 보호도 있을 수 없다고 믿고 있다.
수동적(Passive)	㉠ 통제나 지원 모두에 소극적이다. ㉡ 자신의 임무는 최소한의 개입이라고 믿는 유형이다.

② 스미크라(Smykla)의 보호관찰 모델: 보호관찰관의 기능과 자원의 활용 측면 [2021. 보호 7급] 총 2회 기출

보호관찰 모형	의미
전통적 모형 (traditional model)	㉠ 보호관찰관이 지식인으로서 내부자원을 이용한다. ㉡ 지역적으로 균등배분된 대상자에 대해서 지도·감독에서 보도·원호에 이르기까지 다양한 기능을 수행하나 통제를 중시한다.
프로그램모형 (program model)	㉠ 보호관찰관은 전문가를 지향하지만, 목적수행을 위한 자원은 내부적으로 해결하려고 한다. ㉡ 보호관찰관이 전문가의 기능을 지향하기 때문에 대상자를 전문성에 따라 배정하게 된다. ㉢ 문제점: 범죄자의 상당수는 특정한 한 가지 문제만으로 범죄자가 된 것은 아니며, 한 가지의 처우만을 필요로 하는 것도 아니라는 것이다.
옹호모형 (advocacy model)	㉠ 보호관찰관은 지식인으로서 외부자원을 적극 활용한다. ㉡ 무작위로 배정된 대상자들을 다양하고 전문적인 사회적 서비스를 제공받을 수 있도록 사회기관에 위탁하는 것을 주된 임무로 한다.
중개모형 (brokerage Model)	㉠ 보호관찰관은 전문가로서 외부자원을 적극 활용한다. ㉡ 자신의 전문성에 맞게 배정된 대상자에 대하여 사회자원의 개발과 중개의 방법으로 전문적인 보호관찰을 한다.

(6) 우리나라의 보호관찰제도

① 보호관찰 등의 목적: 이 법은 죄를 지은 사람으로서 재범 방지를 위하여 보호관찰, 사회봉사, 수강 및 갱생보호 등 체계적인 사회 내 처우가 필요하다고 인정되는 사람을 지도하고 보살피며 도움으로써 건전한 사회 복귀를 촉진하고, 효율적인 범죄예방 활동을 전개함으로써 개인 및 공공의 복지를 증진함과 아울러 사회를 보호함을 목적으로 한다(보호관찰법 제1조).

② **보호관찰이 규정되어 있는 법률** [2013. 보호 7급]

    1. 형법
    2. 보호관찰 등에 관한 법률
    3. 치료감호 등에 관한 법률
    4. 전자장치 부착 등에 관한 법률
    5. 성폭력범죄자의 성충동 약물치료에 관한 법률
    6. 스토킹범죄 처벌에 관한 법률
    7. 소년법
    8. 성매매알선 등 행위의 처벌에 관한 법률
    9. 아동·청소년의 성보호에 관한 법률
    10. 성폭력범죄의 처벌 등에 관한 특례법
    11. 가정폭력범죄의 처벌 등에 관한 특례법

02 갱생보호제도

(1) 의의

① 갱생보호란 출소자들의 사회재적응을 보다 용이하게 함으로써 범죄의 위협으로부터 사회를 보호하고 재범을 방지하며 범죄자 개인의 복리도 증진시키는 사회 내에서의 보호활동을 말한다.
② 정신적·물질적 원조를 제공하여 건전한 사회인으로 복귀할 수 있는 기반을 조성할 수 있다. [2011. 교정 9급]

(2) 연혁

① 갱생보호제도는 18C를 전후하여 신파형벌이론(교육형주의와 목적형주의)과 기독교 박애사상의 영향을 받아 등장하였는데, 영미법계 국가에서는 주로 민간인 운영 형태로 발달하였고 대륙법계 국가에서는 국가적 차원의 정책적 성격으로 발달하였다.
② **미국 - 리차드 위스터**(R. Wister)**와 존 어거스터스**(J. Augustus): 1776년 민간보호단체인 '불행한 수형자를 돕기 위한 필라델피아협회'를 조직하여 출소자 보호활동을 전개하였고, 1789년 '교도소의 열악한 상태를 완화하기 위한 필라델피아협회'로 명칭을 변경하여 존 어거스터스(J. Augustus)를 중심으로 행형개량과 갱생보호활동을 하였다.

> ⊕**PLUS** 리차드 위스터와 존 어거스터스
> 1. **리차드 위스터**(R. Wister): 출소자 갱생보호사업의 개척자이다.
> 2. **존 어거스터스**(J. Augustus): 보호관찰제도의 창시자로 갱생보호 발전에 기여하였다.

③ **영국**: 보호관찰부 선고유예(Probation)나 보호관찰부 가석방(Parole)이라는 유권적(필요적·강제적) 갱생보호 형태로 발달하였다. 1862년 「갱생보호법」이 제정되었고, 1907년에는 「범죄자보호관찰법」에 의해 유권적 갱생보호에 해당하는 보호관찰을 실시하였다.

(3) 갱생보호의 종류

① 보호형태에 따른 분류

사후보호 (After-care)	형기만료 등으로 석방된 출소자에 대하여 본인의 신청이나 동의에 의하여 물질적·정신적인 지원을 통하여 사회복귀를 도와주는 제도(가장 고전적인 형태)
보호관찰부 집행유예 (Probation)	형의 선고나 집행을 유예하고 사회 내에서 유예기간 중 국가기관 등에 의하여 원조·지도·감독 등 보호관찰을 받게 하는 제도
보호관찰부 가석방 (Parole)	교정처우를 받고 있는 자로 형기만료 전에 가석방 또는 임시퇴원으로 출소시켜 사회 내에서 일정 기간 국가기관 등에 의해 원조·지도·감독 등 보호관찰을 받게 하는 제도

② 보호방법에 따른 분류

임의적 (자선적)	출소자 본인의 신청이나 동의를 전제로 하여 물질적·정신적인 원조를 제공하는 방법으로 사회사업적 보호방법(보호관찰법상 갱생보호)
유권적 (필요적·강제적)	형의 선고유예나 집행유예를 받은 자 또는 가석방자에게 본인의 신청이나 동의 없이 국가 권한과 필요에 따라 일정 기간 강제적으로 보호하는 것(보호관찰법상 보호관찰)

(4) 갱생보호의 문제점과 개선안

문제점	개선방안
① 국가의 재정지원이 취약 ② 전문직원이 절대 부족 ③ 사회일반인의 관심 부족 ④ 중간처우 내지 사회 내 처우와 연결되지 못함	① 중간처우 내지 사회 내 처우와 결합 필요 ② 전문직원 양성 등 전문화 필요 ③ 재정지원 확충 필요 ④ 직업훈련과 취업지원 필요

(5) 현행법상 갱생보호(보호관찰법)

① **임의적 갱생보호의 원칙**: 갱생보호 대상자와 관계 기관은 보호관찰소의 장, 갱생보호사업 허가를 받은 자 또는 한국법무보호복지공단에 갱생보호 신청을 할 수 있다(법 제66조 제1항). [2021. 교정 9급] 총 4회 기출

② **갱생보호 대상자 및 사무관장**

㉠ 갱생보호를 받을 사람은 <u>형사처분 또는 보호처분을 받은 사람</u>으로서 자립갱생을 위한 숙식 제공, 주거 지원, 창업 지원, 직업훈련 및 취업 지원 등 보호의 필요성이 인정되는 사람으로 한다(법 제3조 제3항). [2019. 5급 승진] 총 2회 기출

▶ 형의 선고유예·집행유예 처분을 받은 자도 갱생보호의 대상이 되나, 보석 중인 자, 구속집행정지 중인 자, 형 집행정지 중인 자 등은 갱생보호의 대상이 되지 않는다.

㉡ 갱생보호는 갱생보호를 받을 사람이 친족 또는 연고자 등으로부터 도움을 받을 수 없거나 이들의 도움만으로는 충분하지 아니한 경우에 한하여 행한다(시행령 제40조 제1항). [2023. 보호 7급] 총 2회 기출

㉢ **사무관장**: 갱생보호의 실시에 관한 사무는 보호관찰소가 담당한다(법 제15조 제2호).

③ **갱생보호의 방법**(법 제65조 제1항) [2015. 보호 7급]

갱생보호의 방법(보호관찰법 제65조 제1항)	
1. 숙식 제공 2. 주거 지원 3. 창업 지원 4. 직업훈련 및 취업 지원 5. 출소예정자 사전상담	6. 갱생보호 대상자의 가족에 대한 지원 7. 심리상담 및 심리치료 8. 사후관리 9. 그 밖에 갱생보호 대상자에 대한 자립 지원

▶ **갱생보호 방법이 아닌 것**(여·선·생): 여비지급, 선행지도, 생업도구, 생업조성금품의 지급 또는 대여

④ 갱생보호 주체

한국법무보호복지공단	갱생보호사업을 효율적으로 추진하기 위하여 한국법무보호복지공단을 설립(법 제71조) [2021. 교정 9급] 총 4회 기출
갱생보호사업자	① 갱생보호사업을 하려는 자는 법무부령으로 정하는 바에 따라 법무부장관의 허가를 받아야 함(법 제67조 제1항)(일반인의 갱생보호사업 근거 규정) [2015. 보호 7급] ② 법무부장관은 갱생보호사업의 허가를 취소하거나 정지하려는 경우에는 청문을 하여야 함(법 제70조의2) [2021. 교정 9급]

⊕ PLUS 사법처분과 행정처분상의 보안처분

사법처분	① 「보호관찰 등에 관한 법률」상 보호관찰, 사회봉사 · 수강명령 ② 「형법」상 보호관찰, 사회봉사 · 수강명령 ③ 「소년법」상 보호처분(제1호 ~ 제10호 처분) ④ 「치료감호 등에 관한 법률」상 치료감호처분, 보호관찰, 치료명령 ⑤ 「가정폭력범죄의 처벌 등에 관한 특례법」상 보호처분(보호관찰, 사회봉사 · 수강명령) ⑥ 「성폭력범죄의 처벌 등에 관한 특례법」상 보호관찰, 수강명령 · 이수명령 ⑦ 「아동 · 청소년의 성보호에 관한 법률」상 보호관찰, 수강명령 · 이수명령, 신상공개명령 및 고지명령 ⑧ 「성매매알선 등 행위의 처벌에 관한 법률」상 보호처분(보호관찰, 사회봉사 · 수강명령) ⑨ 「전자장치 부착 등에 관한 법률」상 전자장치부착명령, 보호관찰, 보호관찰명령 ⑩ 「성폭력범죄자의 성충동 약물치료에 관한 법률」상 약물치료명령, 보호관찰
행정처분	① 「국가보안법」상 공소보류를 받은 자에 대한 감시 · 보도처분 ② 「보안관찰법」상 국가보안사범에 대한 보안관찰처분 ③ 「마약류 관리에 관한 법률」상 치료보호처분

단원별 지문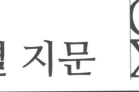

01 보호관찰제도는 시설 내 처우가 초래하는 비인도성·낙인효과 등의 문제를 감소시킬 수 있다. (　　) [2024(74). 경위]

02 보호관찰제도는 구금 비용의 절감으로 국가의 재정부담을 줄일 수 있다. (　　) [2024(74). 경위]

03 보호관찰제도는 사회를 보호하는 동시에 범죄자의 자유를 보장할 수 있다. (　　) [2024(74). 경위]

04 보호관찰제도는 재범 방지에 대한 실증적 효과가 탁월하고, 형사사법망을 축소시킬 수 있다. (　　) [2024(74). 경위]

05 미국의 매사추세츠 주 보스턴 시에서 민간독지가인 존 어거스터스가 알코올중독자의 재판에서 법관에게 청원하여 형의 선고유예를 얻어 내고 그를 근면한 시민으로 갱생시키는 데 성공한 데서 출발하였다. (　　)

06 보호관찰의 법적 성격에 대해 보안처분으로 보는 것이 대법원 판례의 입장이다. (　　)

07 영미법계 국가에서의 갱생보호제도는 국가적 차원의 정책적 성격으로 발달하였다. (　　)

08 갱생보호를 실시하는 기관은 보호관찰과 마찬가지로 보호관찰소이다. (　　)

09 갱생보호의 방법은 숙식제공, 여비지급, 학비지원 등이 있다. (　　)

---

01 ○

02 ○

03 ○

04 ✕　재범 방지에 대한 실증적 효과가 의문시되고, 형사사법망을 확대시킬 수 있다. 형사사법망의 확대는 망의 확대, 망의 강화, 새로운 망의 신설 등으로 나타난다.

05 ○

06 ○

07 ✕　최초 갱생보호제도는 미국의 리차드 위스터를 중심으로 한 민간보호단체에서 출발하였다.

08 ○

09 ✕　숙식제공, 주거지원, 창업지원, 직업훈련 및 취업지원 등이다(보호관찰 등에 관한 법률 제65조 제1항).

제3절 중간처우와 중간처벌

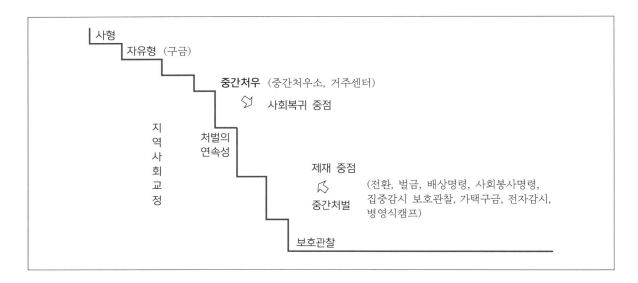

01 범죄인의 지역사회 처우

(1) 의의

① 지역사회교정(community based correction)이란 지역사회와 범죄자와의 상호 의미 있는 유대라는 개념을 바탕으로 지역사회에서 행해지는 범죄자에 대한 다양한 제재와 비시설 내 교정프로그램을 말한다. [2016. 5급 승진]

② **재통합모델**: 지역사회교정은 범죄에 대한 사회적 책임을 강조하고 재통합 모델의 관점에서 사회 내 처우 형태를 선호하며, 처우의 과학화보다는 처우의 사회화를 실현하는 제도이다. [2024. 교정 9급]

③ **필요성**: 범죄자에 대한 인도주의적 처우, 사회복귀의 긍정적 효과 그리고 교정경비의 절감과 재소자관리상 이익의 필요성 등의 요청에 의해 대두되었다. [2024. 교정 9급] 총 2회 기출

(2) 출현배경(1950년대 후반~1960년대, 미국)

① 재범률의 증가와 신종범죄 및 범죄의 양적 급증은 교정시설의 과밀수용으로 나타났고, 이는 형사사법기관의 업무량 증가와 비효율화를 초래하게 되었다(⇨ 과밀수용의 해결방안으로 선별적 무능력화와 함께 지역사회 교정에 관심이 모아졌다).

② 구금과 보호관찰의 양극적 처우의 부적당성 증대, 범죄환경의 변화에 따른 다양한 처벌의 필요성이 대두되었다.

③ **교도소와 지역사회의 인식변화**: 교도소가 범죄인의 개선이 아닌 악풍감염과 낙인으로 범죄를 악화시키는 장소로 인식되는 등 낙인이론의 영향을 받아 범죄자를 낙인찍지 않고 지역사회와 유대를 지속하도록 하는 사회적 추세의 변화도 그 요인이 되었다.

④ 그러나 보호관찰대상자의 높은 재범률로 보호관찰제도는 비판을 받게 되었고, 1990년대 강력한 통제전략의 일환으로 양형조건의 강화 등 엄격한 양형정책으로 강력범죄인 모두를 구금하는 집합적 무능화를 통한 구금이 강화되어 과잉구금으로 인한 교정비용이 급격히 증가하게 되었다.

⑤ **2000년대 지역사회교정의 재등장**: 과밀수용과 교정비용의 증가에 따른 대책으로 지역사회교정이 재차 대두되었으며 중간처벌의 확대, 사법단계에서의 부정기형의 재도입, 선별적 무능화 활용 등이 시도되었다. [2024. 교정 9급]

(3) 지역사회교정의 목표

지역사회의 보호	① 각 단계별 모든 처벌프로그램의 <u>중요한 공동목표</u>가 된다. ② 지역사회 보호를 위해 대상자의 범주와 자격기준을 적절히 지정하고 과학적으로 선발하면서 제약의 유형과 통제수단을 적절히 강구해야 한다.
처벌의 연속성 제공	① 구금과 보호관찰의 양극적인 처벌에 더한 다양한 처벌방식을 제공하여 범죄뿐만 아니라 범죄자에 따라 처벌을 <u>의미 있게 차별화</u>하여야 한다. ② <u>범죄에 상응한 다양한 처벌</u>로 범죄뿐만 아니라 <u>범죄자에게도 적합한 연속적 처벌</u>과 다양한 프로그램을 제공한다. [2024. 교정 9급]
사회복귀와 재통합	① 범죄자의 사회 내 처우를 통해 기존의 <u>사회적 유대관계를 지속</u>시키고 나아가 새롭고 보다 긍정적인 사회관계를 개발하도록 원조하는 데 그 목표가 있다. ② 1970년대 이후 재통합에 대한 열망은 상당히 감소되었다.
비용효과	① 최소비용으로 지역사회의 보호와 사회복귀를 달성할 수 있다. ② 비구금적인 지역사회교정의 가장 적절한 목표이다.
목표들 간의 갈등해소	① 지역사회교정 프로그램의 여러 목표 간에는 갈등요소들이 내재되어 있다. ② 이는 각 프로그램의 구체적인 목표달성 여부를 확인하기 어렵게 한다는 문제가 있다.

(4) 지역사회교정의 실현 형태

지역사회교정은 대체로 전환·옹호·재통합의 형태로 시행되고 있다. [2021. 교정 9급] 총 3회 기출

전환 (diversion)	① 낙인의 영향을 최소화하고 범죄자의 사회복귀를 용이하게 하기 위해서 범죄자를 공식적인 형사사법절차와 과정으로부터 <u>비공식적인 절차와 과정으로 우회</u>시키는 제도이다. ② 대부분의 지역사회교정은 최소한 이러한 전환을 전제로 한다. [2016. 5급 승진]
옹호 (advocacy)	① 범죄자의 변화보다는 <u>사회의 변화</u>를 더 강조하는 것이다. ② 단순히 기존의 자원에 범죄자를 위탁하는 것만으로는 충분치 못하고 필요한 자원이 부적절하다면 그 자원을 개발하고 기존의 자원이 활용하기 어려운 것이라면 이용 가능하도록 만들어야 한다.
재통합 (reintegration)	① <u>범죄자와 사회의 공동의 변화</u>를 추구하는 것이다. ② 대표적으로 <u>중간처우소</u>(Halfway house)와 <u>집단가정</u>(group house)이 있다. ③ 지역사회와 교정프로그램의 연계, 프로그램에 대한 <u>범죄자의 참여</u> 등과 같은 <u>지역사회와 교정프로그램의 상호작용</u>을 극대화하는 노력이 중요한 가치로 평가된다. [2020. 5급 승진] 총 2회 기출

(5) 지역사회교정의 장단점 [2024. 교정 9급] 총 4회 기출

장점	단점
① 시설 내 처우로 인한 사회단절과 악풍감염의 폐해를 줄이고 범죄배양효과 내지는 낙인효과를 피하게 해준다.	① 국민법감정과 배치되며, 사회방위를 침해할 수 있다.
② 전환제도로 이용되면 형사시설의 과밀화 방지에 기여하여 형사사법기관의 부담을 감소시킬 수 있다.	② 시설 내 구금의 한계를 극복하기 위한 신종의 사회통제전략으로 형사사법망의 확대에 불과하다.
③ 대상자에게 가족, 지역사회, 집단 등과 유대관계를 유지하게 하여 범죄자의 지역사회 재통합 가능성을 높여 줄 수 있다.	③ 형식적으로는 구금이 아니나, 사회 내 처우 관련기관들이 개입하므로 실질적으로 처벌적 구금기능을 할 수 있다.
④ 사회 내 재범가능자들을 감시하고 지도함으로써 지역사회의 안전과 보호에 기여한다.	④ 대상자 선별에 있어서 자의와 독선이 개입할 우려가 적지 않고, 보호관찰조건이 가혹하거나 엄격한 경우 또는 자의적이거나 애매한 경우가 적지 않다.
⑤ 재범률 감소와 보호감호와 치료감호의 대체수단으로 이용되고 범죄인의 자기책임의식을 촉진·강화하여 자신의 능력의 적극화를 통한 변화를 추구한다.	⑤ 보호관찰이 동시에 요구하는 자발성과 강제성 사이에는 모순이 존재하며, 오히려 대상자에게 심리적 구금감을 들게 할 우려가 있다.
⑥ 소년초범 및 부녀자에 대한 실효성 있는 처우수단이고 시민의 직접적 협동이 가능하다.	⑥ 미국의 랜드(Rand) 연구소의 연구결과에 의하면 거의 모든 보호관찰대상자가 다시 체포된 것으로 밝혀져 이 제도가 재범방지에 효과적인가에 대한 의문이 있다.
⑦ 선고유예·집행유예제도와 병행하여 시행함으로써 효과를 상승시킬 수 있다.	

(6) 지역사회교정의 비판 - 형사사법망의 확대

지역사회교정의 확대는 과거에는 범죄통제의 대상이 되지 않았던 대상자를 범죄의 통제대상이 되게 함으로써 형사사법망 확대(net widening)를 초래한다는 비판을 받고 있다. [2024. 교정 9급] 총 4회 기출

📋 지역사회교정으로 인한 형사사법망의 확대 유형

망의 확대(wider nets)	국가에 의해서 통제되고 규제되는 시민의 비율이 증가 현상, 즉 더 많은 사람을 잡을 수 있도록 그물망을 확대한다.
망의 강화(stronger nets)	범죄자에 대한 개입의 강도를 높임으로써 범죄자에 대한 통제를 강화한다.
상이한 망(different nets)의 설치	범죄자를 사법기관이 아닌 다른 기관으로 위탁하여 실제로는 더 많은 사람을 범죄의 통제대상화한다.

02 중간처우

(1) 의의와 연혁

① 의의: 중간처우는 수형자 처우의 인도화와 합리화라는 관점에서 나온 제도로서, 시설 내 처우와 사회 내 처우의 중간형태 내지 결합형태라고 할 수 있다.

광의	교정시설 내의 범죄자를 지역사회에 연계시키기 위하여 재사회화의 필요에 따라 수형자에 대한 통제를 완화함과 동시에 자율을 강조하는 개방처우를 포함하는 개념으로 쓰인다.
협의	처우의 장소를 교정시설로부터 지역사회로 전환하는, 즉 폭넓은 자유를 허용하는 중간시설을 이용하여 사회 내 처우의 효과적인 운영을 도모하는 방식을 말한다. ▶ 중간처우의 집, 석방전 지도센터, 보호관찰 호스텔, 다목적센터 등

② 1854년 아일랜드의 교도소장이었던 크로프톤이 누진제를 실시하면서 가석방의 전단계로 중간교도소를 설치한 것이 시초이다.

(2) 중간처우시설의 구분

교정시설 내 처우의 사회화 (시설 내 중간처우)		외부방문, 귀휴, 외부통근작업 및 외부통학제도 등 개방처우이다.
지역사회 내 주거시설 (사회 내 중간처우)	구금 전	보석대상자, 피해자 없는 범죄자 등을 중간처우시설에 단기간 강제거주시킨다.
	구금 후	만기 혹은 가석방에 의해 출소되기 전까지 잔여형기 동안의 과도기적 장소를 말한다.
우리나라 사례		교정시설 내 중간처우소는 안양교도소 소망의 집이 있고, 지역사회 내 중간처우소인 밀양교도소 밀양희망센터, 천안교도소 아산희망센터, 화성직업훈련교도소 평택희망센터 등은 수형자가 외부업체에서 일하고 지역사회 내의 기숙사에서 생활하는 형태로 운영되고 있다.

(3) 중간처우의 종류

① 중간처우의 집(Halfway house)

석방 전 중간처우의 집 (Halfway-out House)	⊙ 1950년 최초로 미시간주와 콜로라도주의 교도소에서 채택되어 교도소로부터 떨어진 독립된 시설을 두고 석방준비단계의 수형자들을 수용한다. 일반적으로 중간처우라 함은 석방 전 중간처우소를 말한다. ⓛ 교도소에서 지역사회로 전환하는 데 필요한 도움과 지도를 제공한다. [2021. 보호 7급]
입소 전 중간처우의 집 (Halfway-in House)	범죄인이 교정시설에 입소하기 전에 일정기간 중간시설에 수감된 후 교정시설에 수용하여 구금의 충격을 완화시켜 주는 제도이다.

② 사회 내 처우센터(Community Treatment Center): 중간처우의 집과 마찬가지로 석방 이전에 수형자의 사회복귀를 준비시키기 위하여 교정시설과 사회의 중간에 설치한 처우시설이다.

③ 기타유형: 석방 전 지도센터(Prerelease Guidance Center), 석방 전 호스텔(Pre-discharged Hostel), 보호관찰부 가석방 및 보호관찰 호스텔(Parole & Probation Hostel), 다목적센터(Community Diagnostic and Treatment Center), 엠마우스 하우스(Emmaus House) 등이 있다.

03 중간처벌제도

(1) 의의
① **의의**: 중간처벌이란 구금형과 일반보호관찰 사이에 존재하는 대체처벌로서, 중간처우가 사회복귀에 중점을 두는 것이라면 중간처벌은 제재에 보다 중점을 둔 제도이다. [2019. 보호 7급] 총 2회 기출
② **장점**: 형사제재의 연속성 제공, 완충적 형벌단계 제공, 이분법적 처벌형태의 독단성 억제, 교정시설 과밀수용해소 기여 등의 장점이 있다.
③ **형사사법망 확대의 억제**: 다양한 중간처벌제도의 개발은 형사사법망의 확대라는 비판을 받고 있는 사회 내 처우에 대하여 새로운 활로를 제공한다.

(2) 발달배경
① **대체처벌의 필요**: 1980년대 이후 과밀수용의 문제와 보호관찰대상자들의 높은 재범률에 따라 일정한 범죄인(구금형은 너무 엄격하고 일반보호관찰은 너무 관대한 법법자)에 대한 새로운 대체처벌방안의 필요성 대두되었다.
② **구금의 폐해**: 구금에 의한 특별예방적 효과 외에는 오히려 범죄의 학습과 낙인이라는 부정적 결과만을 초래할 뿐 아니라 사회경제적 비용만을 증가시키므로 구금에 의한 형벌집행이라는 전통적 방식에 변화가 요구되었다.
③ **보호관찰 강화 필요**: 보호관찰대상자가 점차 증가하게 되면 사법기관의 통제영역에서 경미한 범죄가 제외되는 현상이 발생되고 이는 경력범죄자를 양산하여 누범률을 더욱 증가시키는 악순환이 되풀이될 것이라는 우려가 제기되었다.

> ⊕ **PLUS** 구금의 대안을 주장하는 이론
> 1. **긴장·기회이론**: 범죄자가 준법적인 사회인으로서 생활하기 위해서는 합법적인 목표를 달성할 수 있는 기회와 기술이 필요하므로 구금된 상태로서는 그 기회와 기술습득이 충분하지 못하다고 주장한다.
> 2. **차별적 접촉이론**: 구금은 악풍감염과 범죄의 학습의 폐해를 유발하기 때문에 구금보다는 그 대안이 바람직하다고 주장한다.
> 3. **사회통제이론**: 사회와의 유대가 약화되어 범행한 재소자를 사회로부터 완전히 격리구금한다면 사회와의 관계는 더욱 악화되어 일탈의 위험성은 더 높아지므로 구금을 대신할 수 있는 대안적 정책이 필요하다고 주장한다.

(3) 유형

재판단계 중간처벌	벌금형, 판결 전 전환 등이 있다.
보호관찰관련 중간처벌	집중감시보호관찰, 배상제도, 가택구금, 사회봉사·수강명령제도, 전자감시 등이 있다.
교정관련 중간처벌	충격구금, 병영식 캠프 등이 있다.

(4) 중간처벌의 문제점
① **적용대상의 한계**: 주로 경미한 범죄를 대상으로 하므로 강력범죄자에게는 적용하기 곤란하다는 점이다.
② **종류선택 및 집행기관 선정의 곤란**: 어떤 종류의 중간처벌을 선택하느냐에 따라 대상자가 체감하는 제재의 정도가 달라질 수 있으므로 종류별 형평성이 문제될 수 있다.
③ **형사사법망의 확대 및 강화**: 전자감시와 같은 중간처벌은 범죄인의 활동경로를 세세히 감시하게 되므로 이러한 경우 범죄인에 대한 통제력을 약화시키기보다는 오히려 강화시키는 결과가 된다는 지적이 있다.
④ 처벌의 완화라는 인식을 주어 국민의 응보적 법감정과 배치될 수 있다.

04 중간처벌의 종류

(1) 배상명령과 벌금형제도
① **배상명령**: 범죄인으로 하여금 피해자에 대하여 <u>금전적으로 배상을 명령</u>하는 제도이다. [2017. 교정 9급]
② **장단점** [2019. 보호 7급] 총 2회 기출

장점	단점
㉠ 국민이나 교정당국에 아무런 비용을 부담시키지 않는다. ㉡ 사법업무의 과중을 완화시킬 수 있으며 형벌의 응징적 역할을 감소시킨다. ㉢ 사회로부터 격리수용하지 않으므로 가족과의 유대관계 및 종전 직업을 유지할 수 있다. ㉣ 형벌의 처벌적 측면과 교화적 측면을 모두 만족시킬 수 있다. ㉤ 피해자를 형사사법과정에 참여하게 함으로써 형사사법에 대한 인식의 개선과 피해자 지원을 용이하게 한다.	㉠ 경제적 능력이 없는 가해자에게는 가혹한 처벌이 될 수 있다. ㉡ 경제적 능력이 있는 사람에게는 형벌적 효과를 거둘 수 없게 되어 차별적 형사정책이라는 비판이 있다.

③ **벌금형**: 가장 오래된 처벌 형태이지만 현재에도 보호관찰과 구금형 간의 하나의 대안으로서 많은 지지를 받고 있다.

(2) 집중감시보호관찰
① **의의**: 구금과 보호관찰에 대한 대체방안으로, 감독의 강도가 <u>일반보호관찰보다는 엄격하고 교도소의 구금에 비해서는 관대한 중간처벌</u>을 말한다. [2020. 5급 승진] 총 3회 기출
② 집중적인 접촉관찰로 대상자의 욕구와 문제점을 보다 정확히 파악하고, 이에 알맞은 지도·감독 및 원호를 실시하여 재범방지의 효과를 높일 수 있다.
③ 보호관찰부 가석방(parole)이나 보호관찰부 선고유예(probation) 두 가지 경우 모두 활용가능한 제도이다.
④ 보편적으로 <u>재범의 위험성이 높은 보호관찰대상자</u>를 대상으로 하고, <u>과밀수용의 해소방안</u>으로서 중요한 의미를 가진다. [2020. 5급 승진]
⑤ 일반보호관찰보다는 비용이 많이 들지만 구금형보다는 적게 들며 대상자의 재범률을 저하시키는 효과를 거두고 있는 것으로 나타나고 있다.
⑥ <u>보호관찰이 지나치게 관대한 처벌이라는 느낌</u>을 주지 않으면서 범죄자를 사회 내에서 처우할 수 있는 기회를 제공한다.
⑦ 범법자의 <u>가족관계를 유지</u>시켜주는 데 도움이 되고 고용을 계속적으로 유지시킬 수 있으며 <u>사회적으로 낙인효과를 줄일 수 있는 것</u>으로 평가되고 있다.
⑧ **방법**: 주중 수차례의 대상자 및 친지와의 접촉, 야간이나 주말 동안의 무작위 방문, 약물복용에 대한 불시검사, 규칙의 엄격한 적용 등을 포함하며 사회봉사명령이나 전자감시, 즉 대상자의 신체에 전자추적장치를 부착하여 제한 구역을 이탈하면 즉시 감응장치가 작동하도록 하는 추적관찰방법을 병행한다. [2020. 5급 승진]

(3) 충격구금(Shock Incarceration)

① **의의**: 충격구금은 범죄인의 <u>구금기간이 장기화됨에 따라 부정적 낙인</u>의 골이 깊어지고 범죄적 악풍감염 정도는 심화되지만 구금에 따른 박탈과 그로 인한 고통은 점차 줄어들게 된다는 점과 구금의 고통은 입소 후 6~7개월에 최고조에 달하다가 그 이후 급격히 떨어진다는 점을 근거로 구금의 고통이 가장 큰 기간만 구금하여 범죄제지효과를 극대화하자는 데 제도적 의의가 있다. [2015. 보호 7급]

② 보호관찰에 앞서 <u>일시적인 구금의 고통이 미래 범죄행위에 대한 억지력을 발휘할 것</u>이라고 가정하는 처벌형태로, 이는 장기구금에 따른 폐해와 부정적 요소를 해소하거나 줄이는 대신 구금이 가질 수 있는 긍정적 측면을 강조하기 위한 것이다. [2019. 보호 7급] 총 2회 기출

③ 짧은 기간 구금되지만 범죄자가 악풍에 감염될 우려가 있다. [2015. 보호 7급]

④ **유형과 내용**

충격가석방 (shock parole)	보호관찰에 회부하기 전에 단기간의 구금을 통해 교정시설의 실상을 인식하게 하여 다시는 범죄를 하지 않도록 제지하자는 제도
분할구금 (split sentence)	보호관찰과 충격구금과 같은 단속적인 구금에 처하는 두 가지의 처벌형태
충격보호관찰 (Shock probation)	㉠ 병영식 캠프의 전신, 1965년 오하이오에서 시작, 구금경력이 없는 청소년을 대상으로 1~4개월 단기간 구금 후 보호관찰조건부 석방 ㉡ 단점: 일단 구금의 악영향을 경험하므로 보호관찰 본래의 의미를 상실, 구금의 낙인효과 등
병영식 캠프 (boot camp)	㉠ 1983년 미국 조지아 주에서 구금형과 일반보호관찰에 대한 대체방안으로 개발 ㉡ 3~4개월간 군대식 엄격한 규율과 규칙적인 생활습관 및 책임의식 강조하는 단기훈련 기간을 갖는 시설 ㉢ 수형자의 자원에 의해 실시, 과밀수용해소와 형기감소 목표 달성, 1990년대 가장 보편적인 중간처벌로 정착 ㉣ 운영주체: 주로 민간이 맡으며, 엄격한 규율아래 마약이나 알코올과의 접촉을 차단시키는 단기교정프로그램

(4) 전자감시제도

① **의의**: 보호관찰대상자가 지정된 장소에 있는지의 여부를 확인하기 위한 <u>원격감시시스템</u>으로, 보통 손목이나 발목에 휴대용 전자발신장치를 부착시키고 감시대상자의 주택에 현장감시장치를 설치하여 대상자가 감시장치로부터 일정거리 이상을 벗어나거나 휴대용 발신기를 풀면 즉시 중앙통제소에 경보가 울리도록 한 <u>재택수감방식</u>이다.

② 처벌프로그램의 종류라기보다는 대상자의 위치를 파악할 수 있는 <u>감시기술</u>로서, 구금으로 인한 폐해를 줄일 수 있고 대상자가 교화·개선에 도움이 되는 각종 교육훈련과 상담을 받을 수 있다. [2017. 교정 9급]

③ 장단점

장점	단점
⊙ 구금과 사회 내 처우 양쪽 처우의 한계를 극복하는 대안이 될 수 있다. ⓛ 사회의 안전확보, 구금비용의 절감뿐 아니라 신응보적 형벌개념이 대두되는 오늘날의 시민 감정에 어느 정도 부응할 수 있다. ⓒ 보호관찰관의 감시업무부담을 경감시켜 대상자의 원조활동에 전념할 수 있게 한다. ⓔ 특별한 시설을 필요로 하지 않으며, 미결·기결에 관계없이 형사사법의 각 단계에 있어서 폭넓게 이용이 가능하다. [2016. 교정 9급] ⓜ 가족관계 및 종전 직장을 유지할 수 있어 생계유지와 피해자 배상이 유리하다. ⓗ 시설수용에 따른 사회적 낙인과 단기자유형에 따르는 폐해를 제거할 수 있다. [2016. 교정 9급] ⓢ 임산부 등 특별한 처우가 필요한 범죄자에게도 실시할 수 있다. [2016. 교정 9급]	⊙ 대상자 선정에 있어 재량권 남용 등의 문제로 공정성을 기하기가 용이하지 않다. [2014. 보호 7급] ⓛ 감시장치를 통해 얻은 정보는 소재만을 파악할 수 있을 뿐 감시구역 내에서 대상자가 어떤 행동(마약복용 등)을 하고 있는지 파악할 수 없다. [2023. 교정 9급] ⓒ 범죄인을 시설구금이 아닌 사회 내에서 처우하는 것이므로 공공의 안전이 위협받으며, 국민의 법감정에 부합하지 않는다. ⓔ 전체수형자에 비해 전자감시 대상자의 비율이 극히 적어 과밀수용문제의 해결을 위한 근본적인 대책이 되기 어렵다. ⓜ 범죄자가 가정에 머물러 있게 됨으로써 아동학대나 가정 내 폭력이 대두될 수 있다.

④ 법적 쟁점

인간의 존엄성 침해 여부	기계를 통해 인간을 감시하는 점에서 인간의 존엄성을 침해한다는 비판이 있으나 자유형의 대체물이자 통상 대상자의 동의에 의해 선택되고 있다는 점에서 보다 많은 자유제공의 기회로 보아야 한다.
평등권 침해 여부	통상 전자감시의 조건으로 확실한 주거지와 전화를 소유하고 있어야 하고 전자감시비용을 부담할 경제적 능력이 요구된다는 점에서 경제적 능력에 따라 형벌의 경중이 결정되는 결과를 초래하여 평등권을 침해한다는 문제가 제기되고 있다.
사생활 침해 여부	전자장비는 24시간 모든 행동과 대화를 영상으로 녹화하고 전송하는 것으로 발달되어 필요 이상의 사생활이 노출될 우려가 있으며 대상자 동거가족의 사생활 침해도 문제될 수 있다. [2023. 교정 9급]

(5) 사회봉사명령과 수강명령제도

① 의의

사회봉사명령	범죄인을 교도소나 소년원에 구금하는 대신에 정상적인 사회생활을 영위하게 하면서 일정한 기간 내에 지정된 시간 동안 무보수로 근로에 종사하도록 명하는 것이다.
수강명령	범죄인이나 보호소년을 교화·개선목적의 강의나 교육을 받도록 명하는 것이다. 여가박탈로 처벌 효과와 교육훈련을 통한 자기 개선적 효과가 기대된다. [2017. 교정 9급]

② 연혁

영국	㉠ 1960년 영국에서 과잉구금 해결방안으로 당사자의 동의를 전제로 자유노동을 통해 자유형을 대체하려는 시도로 출발하였다. ㉡ 1970년 보호관찰보다 형벌의 성격이 강하면서 단기구금형을 대체할 수 있다는 장점에 따라 사회봉사명령제도 도입되었다.
우리나라	㉠ 보호관찰 등에 관한 법률, 형법, 소년법, 성매매알선 등 행위의 처벌에 관한 법률, 아동·청소년의 성보호에 관한 법률, 성폭력범죄의 처벌 등에 관한 특례법, 가정폭력범죄의 처벌 등에 관한 특례법에서 사회봉사명령·수강명령을 규정하였다. ㉡ 특징: 사회봉사명령 시 당사자의 동의를 전제로 하지 않으며, 그 집행을 보호관찰관이 담당하여 지역사회에 기반을 둔 민간 독지가에 의한 처우의 성격이 없다.

③ 사회봉사명령의 기능

처벌적 기능 (Punishment)	육체적인 고된 작업과 훈련 그리고 가시적인 성과라는 요소를 가지면서 무보수의 의무적인 작업을 실시함으로써 처벌의 성격을 지니고 있다.
배상의 기능 (Reparation)	피해자나 지역사회에 봉사작업을 함으로써 범죄인은 사회일반의 복지에 유익한 기여자로서 사회에 대한 보상이 이루어진다.
사회와의 화해기능 (Reconciliation)	범죄자를 사회에 재통합 내지 재사회화에 기여하여 범죄자와 사회와의 화해를 가능하게 한다. '보호관찰 이래 최대의 형벌개혁'으로 평가받고 있다.

④ 성격

구금회피수단설	단순히 과잉구금에 대처하기 위한 구금회피의 수단으로 보는 견해이다.
사회책임설	사회적 책임을 환기시키거나 사회에 대한 보상의 기회를 제공한다는 견해이다.
봉사정신자각설	자원봉사의 정신을 배우게 하고 봉사작업의 중요성을 일깨우는 데에 기여하였다.
구금형 대체수단설	주로 단기나 중기의 구금형에 대한 대체수단으로 보는 견해이다.

⊕ PLUS 보호관찰과 사회봉사명령의 비교

보호관찰	사회봉사명령
① 종래 사회 내 처우의 기본형태로서 보호관찰관에 의해 처우되었다. ② 지도나 원조를 받는 수동적 객체로 처우하였다. ③ 범죄인의 행동을 사회에 대한 보상이라는 관점에서 보았다. ④ 처우의 중점을 원조나 지도에 두었다. ⑤ 제도의 운용상 인적·물적 자원의 측면에서 비용이 많이 필요하다.	① 봉사활동을 행하는 능동적 주체로 전환시켰다. ② 처우의 중점을 통제로 이행시켜 구금형의 범죄인에 대한 관리통제기능을 사회로 대체시켰다. ③ 보호관찰보다 비용이 적게 든다. ④ 여러 가지 형벌목적을 결합시킬 수 있으므로 자유형에 상응한 효과를 지닌다. ⑤ 비구금처우 중 형벌의 엄격함을 도입하여 구금형과 종래의 비구금처우의 간격을 좁혔다.

단원별 지문 $\frac{O}{X}$

01 지역사회 교정의 목표는 사회가 범죄자에게 교육과 취업기회를 제공해주고 사회적 유대를 구축 또는 재구축하는 것이다.
( ) [2020. 보호 7급]

02 지역사회교정은 교정개혁에 초점을 둔 인간적 처우를 증진하며 범죄자의 책임을 경감시키는 시도이다. ( )
[2020. 교정 7급]

03 지역사회 교정은 교정시설의 과밀수용 문제를 해소하기 위한 방안 중 하나이다. ( ) [2024. 교정 9급]

04 지역사회 교정은 범죄자의 처벌·처우에 대한 인도주의적 관점이 반영된 것이다. ( ) [2024. 교정 9급]

05 지역사회 교정은 형사제재의 단절을 통해 범죄자의 빠른 사회복귀와 재통합을 실현하고자 한다. ( ) [2024. 교정 9급]

06 지역사회 교정은 실제로는 범죄자에 대한 통제를 증대시켰다는 비판이 있다. ( ) [2024. 교정 9급]

07 병영식 캠프는 3~4개월간 군대식 훈련을 중심으로 엄격한 규율과 규칙적인 생활습관 및 책임의식을 강조한다. ( )

08 중간처벌은 보호관찰과 구금형의 양극단적 결정을 탈피하여 양극을 연결하는 중간선상에 새로운 처벌형태를 말한다.
( )

09 중간처벌정착에 대한 기대효과로 구금인구 중 강력범 비율이 감소된다고 할 수 있다. ( )

10 중간처벌은 사회 내 처우센터, 배상명령, 충격구금, 가택구금제도, 전자감시 등을 들 수 있다. ( )

11 우리나라의 전자감시제도는 그 대상이 성폭력범죄자에게만 국한되고 있다는 특징이 있다. ( )

12 병영식 캠프는 1983년 미국 조지아주에서 시작된 것으로 구금형과 일반보호관찰에 대한 대체 방안의 하나로 개발되었다.
( )

---

01 ○

02 ✕ 사생활침해 등의 우려가 높고, 실제로는 범죄자에 대한 통제를 증대시킨다는 비판도 있어 범죄자의 책임을 경감시킨다는 의미는 적절치 않다.

03 ○

04 ○

05 ✕ 처벌의 연속성에 기여한다.

06 ○

07 ○

08 ○

09 ✕ 중간처벌로 인해 구금은 강력범위주로 변화하기 때문에 구금인구 중 강력범 비율은 증가한다고 볼 수 있다.

10 ✕ 사회 내 처우센터는 중간처우에 해당한다.

11 ✕ 성폭력범죄자, 미성년약취유인범죄, 살인범죄, 강도범죄, 스토킹범죄로 확대되고 있다.

12 ○

제26장 / 보안처분 주요 5법

보안처분 적용 관계법령

근거 법률	보호관찰		사회봉사 · 수강명령
① 선고유예(형법)	1년		※ 사 · 수 없음
② 집행유예(형법)	그 유예기간, 따로 정한 경우에는 그 기간		수강 200시간, 사회봉사 500시간
③ 가석방자(형법)	무기 10년, 유기형은 남은 형기		
가석방자(소년법)	가석방 전에 집행을 받은 기간과 같은 기간		
④ 임시퇴원자(소년법)	퇴원일부터 6개월 이상 2년 이하(보관위)		
⑤ 보호처분(소년법)	• 단기: 1년 • 장기: 2년 +1년 범위 1회 연장 가능		• 사회봉사(14세 이상) 200시간 초과× • 수강(12세 이상) 100시간 초과×
⑥ 치료감호법	가종료, 치료위탁 시 보호관찰 3년		※ 사 · 수 없음
	(심미고, 알마고) 선 · 집시 치료명령 시 그 기간 보호관찰		
⑦ 전자부착법	• 형종료 후 전자부착기간 보호관찰 • 형종료 후 보호관찰명령 시 2년 이상 5년 이하 • 미선특가석방 전자부착 + 보호관찰		※ 사 · 수 없음
⑧ 약물치료법상 치료명령	법원판결(범죄자) 15년 범위 내 치료명령, 치료받는 기간 보호관찰		
	법원결정(수형자) 치료명령 결정(15년 초과×) 치료받는 기간 보호관찰		
	치감위 결정 가종료, 가출소자 치료명령 결정시 치료받는 기간 보호관찰		
⑨ 스토킹처벌법	• 유죄판결을 선고하거나 약식명령을 고지하는 경우에는 200시간의 범위에서 수강명령 또는 스토킹 치료프로그램의 이수명령을 병과할 수 있음 • 형의 집행을 유예하는 경우에는 수강명령 외에 그 집행유예기간 내에서 보호관찰 또는 사회봉사 중 하나 이상의 처분을 병과할 수 있음		
⑩ 성매매알선법	6개월 초과×(종전 합산 1년 초과×)		사 · 수 100시간 초과×(종전 합산 200 초과×)
⑪ 성폭력처벌법 ⑫ 아 · 청법상	소년	아 · 청대상 19세 미만 소년, 선고유예하는 경우 반드시 보호관찰을 명하여야 함	
	아 · 청 대상 성범죄자	유죄판결, 약식명령 고지 시 500시간 범위 재범예방 수강명령 또는 이수명령을 병과하여야 함. 다만, 특별한 사정이 있는 경우에는 그러하지 아니함	
		수강명령	성폭력 치료프로그램 이수명령
		• 수강명령은 형 집행유예 시 그 기간 내에 병과하고, 이수명령은 아 · 청대상 성범죄자가 벌금 이상의 형을 선고하거나 약식명령을 고지할 경우에 병과함. 다만, 이수명령은 전자부착법상 치료프로그램 이수명령 부과받은 경우에는 병과하지 아니함. • 형의 집행을 유예하는 경우에는 수강명령 외에 그 집행유예기간 내 보호관찰 또는 사회봉사 중 하나 이상의 처분을 병과할 수 있음	
		• 집행유예: 집행유예기간 내 보호관찰소장이 집행 • 벌금형: 확정일부터 6개월 이내 보호관찰소장이 집행 • 징역 이상의 실형: 형기 내 교정시설의 장이 집행	
⑬ 가정폭력처벌법	6개월 초과×(종전 합산 1년 초과×)		사 · 수 200시간 초과×(종전 합산 400 초과×)
⑭ 벌금미납자 사회봉사	–		벌금 500만원, 법원시간 산정, 6개월 내 집행

제1절 보호관찰 등에 관한 법률

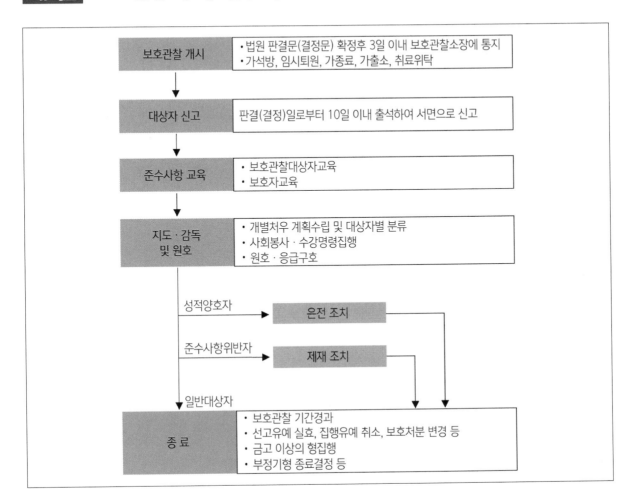

01 총칙

제1조【목적】 이 법은 죄를 지은 사람으로서 재범 방지를 위하여 보호관찰, 사회봉사, 수강(受講) 및 갱생보호(更生保護) 등 체계적인 사회 내 처우가 필요하다고 인정되는 사람을 지도하고 보살피며 도움으로써 건전한 사회 복귀를 촉진하고, 효율적인 범죄예방 활동을 전개함으로써 개인 및 공공의 복지를 증진함과 아울러 사회를 보호함을 목적으로 한다.

제2조【국민의 협력 등】 ① 모든 국민은 제1조의 목적을 달성하기 위하여 그 지위와 능력에 따라 협력하여야 한다.

② 국가와 지방자치단체는 죄를 지은 사람의 건전한 사회 복귀를 위하여 보호선도 사업을 육성할 책임을 진다.

③ 국가는 이 법의 집행과정에서 보호관찰을 받을 사람 등의 인권이 부당하게 침해되지 않도록 주의하여야 한다.

제3조【대상자】 ① 보호관찰을 받을 사람(이하 "보호관찰 대상자"라 한다)은 다음 각 호와 같다.

[보호관찰 대상자] [2016. 보호 7급] 총 2회 기출

1. 「형법」 제59조의2에 따라 보호관찰을 조건으로 형의 선고유예를 받은 사람
2. 「형법」 제62조의2에 따라 보호관찰을 조건으로 형의 집행유예를 선고받은 사람
3. 「형법」 제73조의2 또는 이 법 제25조에 따라 보호관찰을 조건으로 가석방되거나 임시퇴원된 사람
4. 「소년법」 제32조 제1항 제4호(단기 보호관찰) 및 제5호(장기 보호관찰)의 보호처분을 받은 사람
5. 다른 법률에서 이 법에 따른 보호관찰을 받도록 규정된 사람

② 사회봉사 또는 수강을 하여야 할 사람(이하 "사회봉사 · 수강명령 대상자"라 한다)은 다음 각 호와 같다.

[사회봉사 · 수강명령 대상자]

1. 「형법」 제62조의2에 따라 사회봉사 또는 수강을 조건으로 형의 집행유예를 선고받은 사람
2. 「소년법」 제32조에 따라 사회봉사명령 또는 수강명령을 받은 사람
3. 다른 법률에서 이 법에 따른 사회봉사 또는 수강을 받도록 규정된 사람

③ 갱생보호를 받을 사람(이하 "갱생보호 대상자"라 한다)은 형사처분 또는 보호처분을 받은 사람으로서 자립갱생을 위한 숙식 제공, 주거 지원, 창업 지원, 직업훈련 및 취업 지원 등 보호의 필요성이 인정되는 사람으로 한다. [2025. 보호 9급]

제4조【운영의 기준】 보호관찰, 사회봉사, 수강 또는 갱생보호는 해당 대상자의 교화, 개선 및 범죄예방을 위하여 필요하고도 적절한 한도 내에서 이루어져야 하며, 대상자의 나이, 경력, 심신상태, 가정환경, 교우관계, 그 밖의 모든 사정을 충분히 고려하여 가장 적합한 방법으로 실시되어야 한다.

02 보호관찰기관

제1절 보호관찰 심사위원회

제5조【설치】 ① 보호관찰에 관한 사항을 심사 · 결정하기 위하여 법무부장관 소속으로 보호관찰 심사위원회(이하 "심사위원회"라 한다)를 둔다.

② 심사위원회는 고등검찰청 소재지 등 대통령령으로 정하는 지역에 설치한다.

제6조【관장 사무】 심사위원회는 이 법에 따른 다음 각 호의 사항을 심사 · 결정한다.

> **[보호관찰심사위원회 관장사무]**(법 제6조) [2020. 교정 9급] 총 3회 기출
>
> 1. (소년수형자에 대한) 가석방과 (보호관찰을 받는 성인 · 소년 가석방 대상자의) 그 취소에 관한 사항
> 2. 임시퇴원, 임시퇴원의 취소 및 「보호소년 등의 처우에 관한 법률」 제43조 제3항에 따른 보호소년의 퇴원에 관한 사항
> 3. 보호관찰의 임시해제와 그 취소에 관한 사항
> 4. 보호관찰의 정지와 그 취소에 관한 사항
> 5. 가석방 중인 사람의 부정기형의 종료에 관한 사항
> 6. 이 법 또는 다른 법령에서 심사위원회의 관장사무로 규정된 사항
> 7. 제1호부터 제6호까지의 사항과 관련된 사항으로서 위원장이 회의에 부치는 사항

제7조【구성】 ① 심사위원회는 위원장을 포함하여 <u>5명 이상 9명 이하의 위원</u>으로 구성한다. [2020. 5급 승진] 총 2회 기출

② 심사위원회의 위원장은 고등검찰청 검사장 또는 고등검찰청 소속 검사 중에서 법무부장관이 임명한다.

③ 심사위원회의 위원은 판사, 검사, 변호사, 보호관찰소장, 지방교정청장, 교도소장, 소년원장 및 보호관찰에 관한 지식과 경험이 풍부한 사람 중에서 법무부장관이 임명하거나 위촉한다.

④ 심사위원회의 위원 중 3명 이내의 상임위원을 둔다.

제8조【위원의 임기】 위원의 임기는 2년으로 하되, 연임할 수 있다. 다만, 공무원인 비상임위원의 임기는 그 직위에 있는 기간으로 한다.

제9조【위원의 해임 및 해촉】 위원이 다음 각 호의 어느 하나에 해당하면 해임하거나 해촉할 수 있다.

1. 심신장애로 직무수행이 불가능하거나 현저히 곤란하다고 인정될 때
2. 직무 태만, 품위 손상, 그 밖의 사유로 인하여 위원으로서 직무를 수행하기 적당하지 아니하다고 인정될 때

제10조【위원의 신분 등】 ① 상임위원은 고위공무원단에 속하는 일반직공무원 또는 4급 공무원으로서 「국가공무원법」 제26조의5에 따른 임기제공무원으로 한다. [2013. 교정 9급]

② 상임위원이 아닌 위원은 명예직으로 한다. 다만, 예산의 범위에서 법무부령으로 정하는 바에 따라 여비나 그 밖의 수당을 지급할 수 있다.

제11조【심사】 ① 심사위원회는 심사자료에 의하여 제6조 각 호의 사항을 심사한다.

② 심사위원회는 심사에 필요하다고 인정하면 보호관찰 대상자와 그 밖의 관계인을 소환하여 심문하거나 상임위원 또는 보호관찰관에게 필요한 사항을 조사하게 할 수 있다. [2013. 교정 9급]

③ 심사위원회는 심사에 필요하다고 인정하면 국공립기관이나 그 밖의 단체에 사실을 알아보거나 관계 자료의 제출을 요청할 수 있다.

제12조【의결 및 결정】 ① 심사위원회의 회의는 재적위원 과반수의 출석으로 개의하고, 출석위원 과반수의 찬성으로 의결한다. [2013. 교정 9급]

② 제1항에도 불구하고 회의를 개최할 시간적 여유가 없는 등 부득이한 경우로서 대통령령으로 정하는 경우에는 서면으로 의결할 수 있다. 이 경우 재적위원 과반수의 찬성으로 의결한다.

③ 심사위원회의 회의는 비공개로 한다.

④ 결정은 이유를 붙이고 심사한 위원이 서명 또는 기명날인한 문서로 한다.

제12조의2 【벌칙 적용에서 공무원 의제】 심사위원회의 위원 중 공무원이 아닌 사람은 「형법」 제127조 및 제129조부터 제132조까지의 규정을 적용할 때에는 공무원으로 본다.

제13조 【명칭, 관할 구역, 운영 등】 심사위원회의 명칭, 관할 구역 및 직무범위와 위원의 임명 또는 위촉, 그 밖에 심사위원회의 운영에 필요한 사항은 대통령령으로 정한다.

제2절 보호관찰소

제14조 【보호관찰소의 설치】 ① 보호관찰, 사회봉사, 수강 및 갱생보호에 관한 사무를 관장하기 위하여 법무부장관 소속으로 보호관찰소를 둔다.

② 보호관찰소의 사무 일부를 처리하게 하기 위하여 그 관할 구역에 보호관찰지소를 둘 수 있다.

제15조 【보호관찰소의 관장 사무】 보호관찰소(보호관찰지소를 포함한다. 이하 같다)는 다음 각 호의 사무를 관장한다.

> **[보호관찰소의 관장 사무]** [2025. 보호 9급] 총 2회 기출
> 1. 보호관찰, 사회봉사명령 및 수강명령의 집행
> 2. 갱생보호
> 3. 검사가 보호관찰관이 선도함을 조건으로 공소제기를 유예[선도조건부 기소유예(성인·소년)]하고 위탁한 선도 업무
> 4. 범죄예방 자원봉사위원에 대한 교육훈련 및 업무지도
> 5. 범죄예방활동
> 6. 이 법 또는 다른 법령에서 보호관찰소의 관장 사무로 규정된 사항
> ▶ 갱생보호업무 - 보호관찰소, 갱생보호사업 - 한국법무보호복지공단

제16조 【보호관찰관】 ① 보호관찰소에는 제15조 각 호의 사무를 처리하기 위하여 보호관찰관을 둔다.

② 보호관찰관은 형사정책학, 행형학, 범죄학, 사회사업학, 교육학, 심리학, 그 밖에 보호관찰에 필요한 전문적 지식을 갖춘 사람이어야 한다.

제17조 【보호관찰소의 명칭 등】 보호관찰소의 명칭, 관할 구역, 조직 및 정원, 그 밖에 필요한 사항은 대통령령으로 정한다.

제18조 【범죄예방 자원봉사위원】 ① 범죄예방활동을 하고, 보호관찰활동과 갱생보호사업을 지원하기 위하여 범죄예방 자원봉사위원(이하 "범죄예방위원"이라 한다)을 둘 수 있다.

② 법무부장관은 법무부령으로 정하는 바에 따라 범죄예방위원을 위촉한다.

③ 범죄예방위원의 명예와 이 법에 따른 활동은 존중되어야 한다.

④ 범죄예방위원은 명예직으로 하되, 예산의 범위에서 직무수행에 필요한 비용의 전부 또는 일부를 지급할 수 있다.

⑤ 범죄예방위원의 위촉 및 해촉, 정원, 직무의 구체적 내용, 조직, 비용의 지급, 그 밖에 필요한 사항은 법무부령으로 정한다.

03 판결 전 조사와 형의 유예

제1절 판결 전 조사

제19조【판결 전 조사】 ① 법원은 피고인에 대하여 「형법」 제59조의2 및 제62조의2에 따른 보호관찰, 사회봉사 또는 수강을 명하기 위하여 필요하다고 인정하면 그 법원의 소재지(所在地) 또는 피고인의 주거지를 관할하는 보호관찰소의 장에게 범행 동기, 직업, 생활환경, 교우관계, 가족상황, 피해회복 여부 등 피고인에 관한 사항의 조사를 요구할 수 있다. [2023. 교정 9급] 총 4회 기출

② 제1항의 요구를 받은 보호관찰소의 장은 지체 없이 이를 조사하여 서면으로 해당 법원에 알려야 한다. 이 경우 필요하다고 인정하면 피고인이나 그 밖의 관계인을 소환하여 심문하거나 소속 보호관찰관에게 필요한 사항을 조사하게 할 수 있다. [2023. 교정 9급] 총 2회 기출

③ 법원은 제1항의 요구를 받은 보호관찰소의 장에게 조사진행상황에 관한 보고를 요구할 수 있다. [2023. 교정 9급]

제19조의2【결정 전 조사】 ① 법원은 「소년법」 제12조에 따라 소년 보호사건에 대한 조사 또는 심리를 위하여 필요하다고 인정하면 그 법원의 소재지 또는 소년의 주거지를 관할하는 보호관찰소의 장에게 소년의 품행, 경력, 가정상황, 그 밖의 환경 등 필요한 사항에 관한 조사를 의뢰할 수 있다. [2023. 교정 9급] 총 2회 기출

② 제1항의 의뢰를 받은 보호관찰소의 장은 지체 없이 조사하여 서면으로 법원에 통보하여야 하며, 조사를 위하여 필요한 경우에는 소년 또는 관계인을 소환하여 심문하거나 소속 보호관찰관으로 하여금 필요한 사항을 조사하게 할 수 있다.

제2절 형의 선고유예 및 집행유예와 보호관찰

제20조【판결의 통지 등】 ① 법원은 「형법」 제59조의2 또는 제62조의2에 따라 보호관찰을 명하는 판결이 확정된 때부터 3일 이내에 판결문 등본 및 준수사항을 적은 서면을 피고인의 주거지를 관할하는 보호관찰소의 장에게 보내야 한다.

② 제1항의 경우 법원은 그 의견이나 그 밖에 보호관찰에 참고가 될 수 있는 자료를 첨부할 수 있다.

③ 법원은 제1항의 통지를 받은 보호관찰소의 장에게 보호관찰 상황에 관한 보고를 요구할 수 있다.

04 가석방과 임시퇴원

제21조 【교도소장 등의 통보의무】 ① 교도소·구치소·소년교도소의 장은 징역 또는 금고의 형을 선고받은 소년(이하 "소년수형자"라 한다)이 「소년법」 제65조 각 호의 기간을 지나면 그 교도소·구치소·소년교도소의 소재지를 관할하는 심사위원회에 그 사실을 통보하여야 한다. [2024. 보호 9급]

② 소년원장은 보호소년이 수용된 후 6개월이 지나면 그 소년원의 소재지를 관할하는 심사위원회에 그 사실을 통보하여야 한다.

제22조 【가석방·퇴원 및 임시퇴원의 신청】 ① 교도소·구치소·소년교도소 및 소년원(이하 "수용기관"이라 한다)의 장은 「소년법」 제65조 각 호의 기간이 지난 소년수형자 또는 수용 중인 보호소년에 대하여 법무부령으로 정하는 바에 따라 관할 심사위원회에 가석방, 퇴원 또는 임시퇴원 심사를 신청할 수 있다.

② 제1항의 신청을 할 때에는 제26조 또는 제27조에 따라 통지받은 환경조사 및 환경개선활동 결과를 고려하여야 한다.

제23조 【가석방·퇴원 및 임시퇴원의 심사와 결정】 ① 심사위원회는 제22조 제1항에 따른 신청을 받으면 소년수형자에 대한 가석방 또는 보호소년에 대한 퇴원·임시퇴원이 적절한지를 심사하여 결정한다. [2020. 보호 7급] 총 2회 기출

② 심사위원회는 제21조에 따른 통보를 받은 사람에 대하여는 제22조 제1항에 따른 신청이 없는 경우에도 직권으로 가석방·퇴원 및 임시퇴원이 적절한지를 심사하여 결정할 수 있다.

③ 심사위원회는 제1항 또는 제2항에 따라 소년수형자의 가석방이 적절한지를 심사할 때에는 보호관찰의 필요성을 심사하여 결정한다.

④ 심사위원회는 제1항부터 제3항까지의 규정에 따라 심사·결정을 할 때에는 본인의 인격, 교정성적, 직업, 생활태도, 가족관계 및 재범 위험성 등 모든 사정을 고려하여야 한다.

제24조 【성인수형자에 대한 보호관찰의 심사와 결정】 ① 심사위원회는 「형의 집행 및 수용자의 처우에 관한 법률」 제122조에 따라 가석방되는 사람에 대하여 보호관찰의 필요성을 심사하여 결정한다.

② 심사위원회는 제1항에 따른 보호관찰심사를 할 때에는 제28조에 따른 보호관찰 사안조사 결과를 고려하여야 한다.

제25조 【법무부장관의 허가】 심사위원회는 제23조에 따른 심사 결과 가석방, 퇴원 또는 임시퇴원이 적절하다고 결정한 경우 및 제24조에 따른 심사 결과 보호관찰이 필요없다고 결정한 경우에는 결정서에 관계 서류를 첨부하여 법무부장관에게 이에 대한 허가를 신청하여야 하며, 법무부장관은 심사위원회의 결정이 정당하다고 인정하면 이를 허가할 수 있다.

05 환경조사 및 환경개선활동

제26조【환경조사】 ① 수용기관·병원·요양소·「보호소년 등의 처우에 관한 법률」에 따른 의료재활소년원의 장은 소년수형자 및 「소년법」 제32조 제1항 제7호(의료소년원)·제9호(단기소년원)·제10호(장기소년원)의 보호처분 중 어느 하나에 해당하는 처분을 받은 사람(이하 "수용자"라 한다)을 수용한 경우에는 지체 없이 거주예정지를 관할하는 보호관찰소의 장에게 신상조사서를 보내 환경조사를 의뢰하여야 한다. [2016. 보호 7급]

② 제1항에 따라 환경조사를 의뢰받은 보호관찰소의 장은 수용자의 범죄 또는 비행의 동기, 수용 전의 직업, 생활환경, 교우관계, 가족상황, 피해회복 여부, 생계대책 등을 조사하여 수용기관의 장에게 알려야 한다. 이 경우 필요하다고 인정하면 수용자를 면담하거나 관계인을 소환하여 심문(審問)하거나 소속 보호관찰관에게 필요한 사항을 조사하게 할 수 있다.

제27조【환경개선활동】 ① 보호관찰소의 장은 제26조에 따른 환경조사 결과에 따라 수용자의 건전한 사회복귀를 촉진하기 위하여 필요하다고 인정하면 본인의 동의를 얻거나 가족·관계인의 협력을 받아 본인의 환경개선을 위한 활동을 할 수 있다.

② 보호관찰소의 장은 제1항에 따른 환경개선활동을 위하여 필요하다고 인정하면 수용기관의 장에게 수용자의 면담 등 필요한 협조를 요청할 수 있다.

③ 보호관찰소의 장은 제1항에 따른 환경개선활동의 결과를 수용기관의 장과 수용기관의 소재지를 관할하는 심사위원회에 알려야 한다.

제28조【성인수형자에 대한 보호관찰 사안조사】 ① 교도소·구치소·소년교도소의 장은 징역 또는 금고 이상의 형을 선고받은 성인(이하 "성인수형자"라 한다)에 대하여 「형의 집행 및 수용자의 처우에 관한 법률」 제121조에 따라 가석방심사위원회에 가석방 적격심사신청을 할 때에는 신청과 동시에 가석방 적격심사신청 대상자의 명단과 신상조사서를 해당 교도소·구치소·소년교도소의 소재지를 관할하는 심사위원회에 보내야 한다.

② 심사위원회는 교도소·구치소·소년교도소의 장으로부터 가석방 적격심사신청 대상자의 명단과 신상조사서를 받으면 해당 성인수형자를 면담하여 직접 제26조 제2항 전단에 규정된 사항, 석방 후의 재범 위험성 및 사회생활에 대한 적응 가능성 등에 관한 조사(이하 "보호관찰 사안조사"라 한다)를 하거나 교도소·구치소·소년교도소의 소재지 또는 해당 성인수형자의 거주예정지를 관할하는 보호관찰소의 장에게 그 자료를 보내 보호관찰 사안조사를 의뢰할 수 있다.

③ 제2항에 따라 보호관찰 사안조사를 의뢰받은 보호관찰소의 장은 지체 없이 보호관찰 사안조사를 하고 그 결과를 심사위원회에 통보하여야 한다.

④ 교도소·구치소·소년교도소의 장은 심사위원회 또는 보호관찰소의 장으로부터 보호관찰 사안조사를 위하여 성인수형자의 면담 등 필요한 협조 요청을 받으면 이에 협조하여야 한다.

06 보호관찰의 개시

제29조【보호관찰의 개시 및 신고】① 보호관찰은 법원의 판결이나 결정이 확정된 때 또는 가석방·임시퇴원된 때부터 시작된다. [2025. 보호 9급] 총 4회 기출

② 보호관찰 대상자는 대통령령으로 정하는 바에 따라 주거, 직업, 생활계획, 그 밖에 필요한 사항을 관할 보호관찰소의 장에게 신고하여야 한다.

시행령 제16조【보호관찰 대상자의 신고】 보호관찰대상자는 다음의 어느 하나에 해당하는 때에는 10일 이내에 주거지를 관할하는 보호관찰소에 출석하여 서면으로 신고를 하여야 한다.

> **[보호관찰 신고 시기]**(시행령 제16조)
> 1. 형법 제59조의2(선고유예) 또는 제62조의2(집행유예)의 규정에 의한 판결이 확정된 때
> 2. 형법 제73조의2(가석방) 또는 보호관찰법 제25조(법무부장관의 허가)에 따라 가석방 또는 임시퇴원된 때
> 3. 소년법 제32조 제1항 제4호(단기 보호관찰) 또는 제5호(장기 보호관찰)의 보호처분이 확정된 때
> 4. 다른 법률에 의하여 이 법에 의한 보호관찰을 받도록 명하는 판결 또는 결정이 확정된 때

제30조【보호관찰의 기간】 보호관찰 대상자는 다음 각 호의 구분에 따른 기간에 보호관찰을 받는다. [2024. 보호 9급] 총 7회 기출

보호관찰	기간
1. 보호관찰을 조건으로 형의 선고유예를 받은 사람	1년
2. 보호관찰을 조건으로 형의 집행유예를 선고받은 사람	그 유예기간. 다만, 법원이 보호관찰 기간을 따로 정한 경우에는 그 기간 [2025. 보호 9급] 총 4회 기출
3. 형법(제73조의2)에 의한 가석방자	무기형에 있어서는 10년, 유기형에 있어서는 남은 형기
소년법(제66조)에 의한 가석방자	가석방 전에 집행을 받은 기간과 같은 기간 [2024. 보호 9급]
4. 임시퇴원자	퇴원일부터 6개월 이상 2년 이하의 범위에서 심사위원회가 정한 기간 [2016. 5급 승진]
5. 소년법(제32조 제1항 제4호) 단기보호관찰 처분	1년
소년법(제32조 제1항 제5호) 장기보호관찰 처분	2년, 1년의 범위에서 1회 연장 가능 [2024. 보호 9급]
6. 다른 법률에 따라 이 법에서 정한 보호관찰을 받는 사람	그 법률에서 정한 기간

제31조【보호관찰 담당자】 보호관찰은 보호관찰 대상자의 주거지를 관할하는 보호관찰소 소속 보호관찰관이 담당한다. [2016. 5급 승진]

제32조【보호관찰 대상자의 준수사항】① 보호관찰 대상자는 보호관찰관의 지도·감독을 받으며 준수사항을 지키고 스스로 건전한 사회인이 되도록 노력하여야 한다.

② 보호관찰 대상자는 다음 각 호의 사항을 지켜야 한다.

[보호관찰 대상자의 일반준수사항] [2023. 교정 9급] 총 3회 기출

1. 주거지에 상주하고 생업에 종사할 것
2. 범죄로 이어지기 쉬운 나쁜 습관을 버리고 선행을 하며 범죄를 저지를 염려가 있는 사람들과 교제하거나 어울리지 말 것
3. 보호관찰관의 지도·감독에 따르고 방문하면 응대할 것
4. 주거를 이전하거나 1개월 이상 국내외 여행을 할 때에는 미리 보호관찰관에게 신고할 것
▶ **비교**: 전자장치부착자, 약물치료명령을 받은 자는 주거이전, 7일 이상 국내여행, 출국시 보호관찰관의 허가를 받을 것

[시행령]

제18조 ② 보호관찰대상자가 다른 보호관찰소의 관할구역 안으로 주거를 이전한 때에는 10일 이내에 신 주거지를 관할하는 보호관찰소에 출석하여 서면으로 주거이전의 사실을 신고하여야 한다

③ 법원 및 심사위원회는 판결의 선고 또는 결정의 고지를 할 때에는 제2항의 준수사항 외에 범죄의 내용과 종류 및 본인의 특성 등을 고려하여 필요하면 보호관찰 기간의 범위에서 기간을 정하여 다음 각 호의 사항을 특별히 지켜야 할 사항으로 따로 과(科)할 수 있다.

[보호관찰대상자의 특별준수사항](법 제32조 제3항) [2023. 교정 7급] 총 4회 기출

1. 야간 등 재범의 기회나 충동을 줄 수 있는 특정 시간대의 외출 제한
2. 재범의 기회나 충동을 줄 수 있는 특정 지역·장소의 출입 금지
3. 피해자 등 재범의 대상이 될 우려가 있는 특정인에 대한 접근 금지
4. 범죄행위로 인한 손해를 회복하기 위하여 노력할 것
5. 일정한 주거가 없는 자에 대한 거주장소 제한
6. 사행행위에 빠지지 아니할 것
7. 일정량 이상의 음주를 하지 말 것
8. 마약 등 중독성 있는 물질을 사용하지 아니할 것
9. 「마약류관리에 관한 법률」상의 마약류 투약, 흡연, 섭취 여부에 관한 검사에 따를 것
10. 그 밖에 보호관찰대상자의 재범 방지를 위하여 필요하다고 인정되어 대통령령으로 정하는 사항

[보호관찰대상자의 특별준수사항](시행령 제19조) [2013. 보호 7급]

1. 운전면허를 취득할 때까지 자동차(원동기장치자전거를 포함) 운전을 하지 않을 것
2. 직업훈련, 검정고시 등 학과교육 또는 성행(성품과 행실)개선을 위한 교육, 치료 및 처우 프로그램에 관한 보호관찰관의 지시에 따를 것
3. 범죄와 관련이 있는 특정 업무에 관여하지 않을 것
4. 성실하게 학교수업에 참석할 것
5. 정당한 수입원에 의하여 생활하고 있음을 입증할 수 있는 자료를 정기적으로 보호관찰관에게 제출할 것
6. 흉기나 그 밖의 위험한 물건을 소지 또는 보관하거나 사용하지 아니할 것
7. 가족의 부양 등 가정생활에 있어서 책임을 성실히 이행할 것
8. 그 밖에 보호관찰대상자의 생활상태, 심신의 상태, 범죄 또는 비행의 동기, 거주지의 환경 등으로 보아 보호관찰대상자가 준수할 수 있고 자유를 부당하게 제한하지 아니하는 범위에서 개선·자립에 도움이 된다고 인정되는 구체적인 사항

④ 보호관찰 대상자가 제2항 또는 제3항의 준수사항을 위반하거나 사정변경의 상당한 이유가 있는 경우에는

법원은 보호관찰소의 장의 신청 또는 검사의 청구에 따라	각각 준수사항의 전부 또는 일부를 추가, 변경하거나 삭제할 수 있다.
심사위원회는 보호관찰소의 장의 신청에 따라	

⑤ 제2항부터 제4항까지의 준수사항은 서면으로 고지하여야 한다.

제33조【지도·감독】① 보호관찰관은 보호관찰 대상자의 재범을 방지하고 건전한 사회 복귀를 촉진하기 위하여 필요한 지도·감독을 한다.

② 제1항의 지도·감독 방법은 다음 각 호와 같다.

> **[지도·감독 방법]**
> 1. 보호관찰대상자와 긴밀한 접촉을 가지고 항상 그 행동 및 환경 등을 관찰하는 것
> 2. 보호관찰대상자에게 준수사항을 이행하기에 적절한 지시를 하는 것
> 3. 보호관찰대상자의 건전한 사회 복귀를 위하여 필요한 조치를 하는 것

제33조의2【분류처우】① 보호관찰소의 장은 범행 내용, 재범위험성 등 보호관찰 대상자의 개별적 특성을 고려하여 그에 알맞은 지도·감독의 방법과 수준에 따라 분류처우를 하여야 한다. [2016. 보호 7급]

② 제1항에 따른 분류처우에 관하여 필요한 사항은 대통령령으로 정한다.

제34조【원호】① 보호관찰관은 보호관찰 대상자가 자조(自助)의 노력을 할 때에는 그의 개선과 자립을 위하여 필요하다고 인정되는 적절한 원호(援護)를 한다.

② 제1항의 원호의 방법은 다음 각 호와 같다.

보호관찰관의 원호의 방법(제34조 제2항)	갱생보호의 방법(법 제65조 제1항) [2015. 보호 7급]
1. 숙소 및 취업의 알선	1. 숙식 제공
2. 직업훈련 기회의 제공	2. 주거 지원
3. 환경의 개선	3. 창업 지원
4. 보호관찰대상자의 건전한 사회 복귀에 필요한 원조의 제공	4. 직업훈련 및 취업 지원
	5. 출소예정자사전상담
	6. 갱생보호 대상자의 가족에 대한 지원
	7. 심리상담 및 심리치료
	8. 사후관리
	9. 그 밖에 갱생보호 대상자에 대한 자립 지원

> **[원호협의회]**(보호관찰 등에 관한 법률 시행규칙 제25조의2)
> 1. 보호관찰소의 장은 원호활동을 종합적이고 체계적으로 전개하기 위하여 원호협의회를 설치할 수 있다. [2014. 교정 9급]
> 2. 원호협의회는 5명 이상의 위원으로 구성하되, 보호관찰소의 장은 당연직 위원으로서 위원장이 되고, 위원은 위원장이 위촉한다. [2014. 교정 9급]
> 3. 위원의 임기는 2년으로 한다. [2014. 교정 9급]
> 4. 위원장은 위원의 활동이 부진하거나 품위손상 등 사유로 직무수행이 곤란하다고 인정되는 경우에는 그 위원을 해촉할 수 있다.
> 5. 위원장은 보호관찰대상자와 그의 가족에 대한 생계, 의료·교육·법률 문제 해결, 직업훈련, 취업알선, 기초생활수급자 지정 등 종합적인 지원이 필요한 경우 협의회를 소집하여 원호의 내용, 분야, 규모 등을 협의할 수 있다.

6. 위원장은 보호관찰대상자와 그의 가족에 대한 특정 분야의 원호활동을 각 위원에게 개별적으로 의뢰할 수 있다. [2014. 교정 9급]

제35조【응급구호】 보호관찰소의 장은 보호관찰 대상자에게 부상, 질병, 그 밖의 긴급한 사유가 발생한 경우에는 대통령령으로 정하는 바에 따라 필요한 구호를 할 수 있다.

제36조【갱생보호사업자 등의 원조와 협력】 보호관찰소의 장은 제34조에 따른 원호와 제35조에 따른 응급구호를 위하여 필요한 경우에는 국공립기관, 제67조 제1항에 따라 갱생보호사업 허가를 받은 자, 제71조에 따른 한국법무보호복지공단, 그 밖의 단체에 대하여 숙식 제공이나 그 밖의 적절한 원조 또는 협력을 요청할 수 있다. 이 경우 필요한 비용은 국가가 예산의 범위에서 지급한다.

제36조의2【정신질환 보호관찰 대상자의 치료 등을 위한 협력】 ① 보호관찰 대상자로서 정신건강의학과전문의가 「정신건강증진 및 정신질환자 복지서비스 지원에 관한 법률」 제3조 제1호에 따른 정신질환자로 진단하거나 감정한 사람(이하 "정신질환 보호관찰 대상자"라 한다)은 같은 조 제3호의 정신건강복지센터에 등록하여 상담, 진료, 재활 지원 등의 서비스를 받을 수 있다.

② 보호관찰소의 장은 제1항의 정신질환 보호관찰 대상자의 보호관찰이 종료되는 때에는 심사위원회의 심사를 거쳐 그 종료사실을 정신질환 보호관찰 대상자의 주소지를 관할하는 경찰관서의 장 및 지방자치단체의 장에게 통보할 수 있다.

③ 심사위원회는 제2항에 따라 정신질환 보호관찰 대상자의 보호관찰 종료사실통보가 적절한지 심사할 때에는 정신질환 보호관찰 대상자의 재범 방지 및 치료의 필요성 여부를 심사하여 결정한다.

④ 제2항에 따라 통보하는 정보의 구체적인 범위, 통보 방법 및 통보 절차 등에 필요한 사항은 대통령령으로 정한다.

07 보호관찰 대상자의 조사와 구인절차

구인	보호관찰소장(신청) ⇨ 검사(청구) ⇨ 판사(구인장 발부) ⇨ 보호관찰관(검사 지휘 - 집행)
긴급구인	보호관찰소장(긴급구인) ⇨ 긴급구인서 작성(12시간 이내 신청) ⇨ 검사(승인) ⇨ 승인 못받으면 즉시 석방
유치청구	보호관찰소장(신청) ⇨ 검사(청구: 구인 때부터 48시간 이내) ⇨ 판사(허가)
선·집청구	보호관찰소장(신청: 24시간 이내) ⇨ 검사(청구: 48시간 이내) ⇨ 법원(결정: 선고유예 실효, 집행유예 취소)

제37조【보호관찰 대상자 등의 조사】 ① 보호관찰소의 장은 보호관찰을 위하여 필요하다고 인정하면 보호관찰 대상자나 그 밖의 관계인을 소환하여 심문하거나 소속 보호관찰관에게 필요한 사항을 조사하게 할 수 있다.

② 보호관찰소의 장은 보호관찰을 위하여 필요하다고 인정하면 국공립기관이나 그 밖의 단체에 사실을 알아보거나 관련 자료의 열람 등 협조를 요청할 수 있다.

③ 제1항과 제2항의 직무를 담당하는 사람은 직무상 비밀을 엄수하고, 보호관찰 대상자 및 관계인의 인권을 존중하며, 보호관찰 대상자의 건전한 사회 복귀에 방해되는 일이 없도록 주의하여야 한다.

제38조【경고】 보호관찰소의 장은 보호관찰 대상자가 제32조의 준수사항을 위반하거나 위반할 위험성이 있다고 인정할 상당한 이유가 있는 경우에는 준수사항의 이행을 촉구하고 형의 집행 등 불리한 처분을 받을 수 있음을 경고할 수 있다. [2016. 5급 승진]

제39조【구인】① 보호관찰소의 장은 보호관찰 대상자가 제32조의 준수사항을 위반하였거나 위반하였다고 의심할 상당한 이유가 있고, 다음 각 호의 어느 하나에 해당하는 사유가 있는 경우에는 관할 지방검찰청의 검사에게 신청하여 검사의 청구로 관할 지방법원 판사의 구인장을 발부받아 보호관찰 대상자를 구인(拘引)할 수 있다. [2024. 보호 9급] 총 3회 기출

[보호관찰소장의 구인사유](법 제39조 제1항)
1. 일정한 주거가 없는 경우
2. 제37조 제1항(조사에 따른 소환)에 따르지 아니한 경우
3. 도주한 경우 또는 도주할 염려가 있는 경우

② 제1항의 구인장은 검사의 지휘에 따라 보호관찰관이 집행한다. 다만, 보호관찰관이 집행하기 곤란한 경우에는 사법경찰관리에게 집행하게 할 수 있다.

제40조【긴급구인】① 보호관찰소의 장은 제32조의 준수사항을 위반한 보호관찰 대상자가 제39조 제1항 각 호의 어느 하나에 해당하는 사유가 있는 경우로서 긴급하여 제39조에 따른 구인장을 발부받을 수 없는 경우에는 그 사유를 알리고 구인장 없이 그 보호관찰 대상자를 구인할 수 있다. 이 경우 긴급하다 함은 해당 보호관찰 대상자를 우연히 발견한 경우 등과 같이 구인장을 발부받을 시간적 여유가 없는 경우를 말한다. [2014. 보호 7급]

② 보호관찰소의 장은 제1항에 따라 보호관찰 대상자를 구인한 경우에는 긴급구인서를 작성하여 즉시 관할 지방검찰청 검사의 승인을 받아야 한다. [2019. 5급 승진] 총 2회 기출

③ 보호관찰소의 장은 제2항에 따른 승인을 받지 못하면 즉시 보호관찰 대상자를 석방하여야 한다. [2014. 보호 7급]

구분	구인	긴급구인
조건	1. 준수사항 위반이나 2. 위반하였다는 의심할만한 상당한 이유가 있고 구인사유 어느 하나에 해당하는 사유	1. 준수사항 위반하여 구인사유가 있는 경우로 2. 긴급(우연발견)하여 구인장 발부받을 수 없는 경우, 사유 알리고 구인장 없이 구인

▶ 비교·구분: 형사소송법상 구속사유는 일정한 주거가 없는 때, 증거를 인멸할 염려가 있는 때, 도망하거나 도망할 염려가 있는 때이다.

제41조【구인 기간】보호관찰소의 장은 제39조 또는 제40조에 따라 보호관찰 대상자를 구인하였을 때에는 제42조에 따라 유치(留置) 허가를 청구한 경우를 제외하고는 구인한 때부터 48시간 이내에 석방하여야 한다. 다만, 제42조 제2항에 따른 유치 허가를 받지 못하면 즉시 보호관찰 대상자를 석방하여야 한다. [2025. 보호 9급] 총 2회 기출

제42조【유치】① 보호관찰소의 장은 다음 각 호의 신청이 필요하다고 인정되면 제39조 또는 제40조에 따라 구인한 보호관찰 대상자를 수용기관 또는 소년분류심사원에 유치할 수 있다.

[유치 사유](법 제42조 제1항) [2019. 보호 7급] 총 3회 기출
1. 제47조에 따른 보호관찰을 조건으로 한 형(벌금형을 제외한다)의 선고유예의 실효 및 집행유예의 취소 청구의 신청
2. 제48조에 따른 가석방 및 임시퇴원의 취소 신청
3. 제49조에 따른 보호처분의 변경 신청

② 제1항에 따른 유치를 하려는 경우에는 보호관찰소의 장이 검사에게 신청하여 검사의 청구로 관할 지방법원 판사의 허가를 받아야 한다. 이 경우 검사는 보호관찰 대상자가 구인된 때부터 48시간 이내에 유치 허가를 청구하여야 한다. [2024. 보호 9급] 총 2회 기출

③ 보호관찰소의 장은 유치 허가를 받은 때부터 24시간 이내에 제1항 각 호의 신청을 하여야 한다. [2019. 5급 승진]

④ 검사는 보호관찰소의 장으로부터 제1항 제1호의 신청을 받고 그 이유가 타당하다고 인정되면 48시간 이내에 관할 지방법원에 보호관찰을 조건으로 한 형의 선고유예의 실효 또는 집행유예의 취소를 청구하여야 한다. [2024. 보호 9급]

제43조【유치기간】 ① 제42조에 따른 유치의 기간은 제39조 제1항 또는 제40조 제1항에 따라 구인한 날부터 20일로 한다. [2019. 보호 7급] 총 2회 기출

② 법원은	보호관찰을 조건으로 한 형의 선고유예의 실효 및 집행유예의 취소 청구(제42조 제1항 제1호) 또는 보호처분의 변경 신청(동항 제3호)이 있는 경우에 심리를 위하여 필요하다고 인정되면	심급마다 20일의 범위에서 한 차례만 유치기간을 연장할 수 있다.
③ 보호관찰소의 장은	가석방 및 임시퇴원의 취소 신청(제42조 제1항 제2호)이 있는 경우에 보호관찰심사위원회의 심사에 필요하면 검사에게 신청하여 검사의 청구로 지방법원 판사의 허가를 받아	10일의 범위에서 한 차례만 유치기간을 연장할 수 있다.

제44조【유치의 해제】 보호관찰소의 장은 다음 각 호의 어느 하나에 해당하는 경우에는 유치를 해제하고 보호관찰 대상자를 즉시 석방하여야 한다.
1. 검사가 제47조 제1항에 따른 보호관찰소의 장의 신청을 기각한 경우
2. 법원이 제47조 제1항에 따른 검사의 청구를 기각한 경우
3. 심사위원회가 제48조에 따른 보호관찰소의 장의 신청을 기각한 경우
4. 법무부장관이 제48조에 따른 심사위원회의 신청을 허가하지 아니한 경우
5. 법원이 제49조에 따른 보호관찰소의 장의 신청을 기각한 경우

제45조【유치기간의 형기 산입】 제42조에 따라 유치된 사람에 대하여 보호관찰을 조건으로 한 형의 선고유예가 실효되거나 집행유예가 취소된 경우 또는 가석방이 취소된 경우에는 그 유치기간을 형기에 산입한다. [2025. 보호 9급] 총 4회 기출

제45조의2 삭제

제46조【준용 규정】 보호관찰 대상자의 구인 및 유치에 관하여는 「형사소송법」 제72조, 제75조, 제82조, 제83조, 제85조 제1항·제3항·제4항, 제86조, 제87조, 제89조, 제204조, 제214조의2 및 제214조의3을 준용한다.

08 보호장구

제46조의2 【보호장구의 사용】 ① 보호관찰소 소속 공무원은 보호관찰 대상자가 다음 각 호의 어느 하나에 해당하고, 정당한 직무집행 과정에서 필요하다고 인정되는 상당한 이유가 있으면 제46조의3 제1항에 따른 보호장구를 사용할 수 있다.

> **[보호장구의 사용요건]**(법 제46조의2) [2017. 보호 7급] 총 2회 기출
>
> 1. 제39조 및 제40조에 따라 구인 또는 긴급구인한 보호관찰대상자를 보호관찰소에 인치하거나 수용기관 등에 유치하기 위해 호송하는 때
> 2. 제39조 및 제40조에 따라 구인 또는 긴급구인한 보호관찰대상자가 도주하거나 도주할 우려가 있는 때
> 3. 위력으로 보호관찰소 소속 공무원의 정당한 직무집행을 방해하는 때
> 4. 자살 · 자해 또는 다른 사람에 대한 위해의 우려가 큰 때
> 5. 보호관찰소 시설의 설비 · 기구 등을 손괴하거나 그 밖에 시설의 안전 또는 질서를 해칠 우려가 큰 때

② 보호장구를 사용하는 경우에는 보호관찰 대상자의 나이, 신체적 · 정신적 건강상태 및 보호관찰 집행 상황 등을 고려하여야 한다.
③ 그 밖에 보호장구의 사용절차 및 방법 등에 관하여 필요한 사항은 법무부령으로 정한다.

제46조의3 【보호장구의 종류 및 사용요건】 ① 보호장구의 종류는 다음 각 호와 같다.
② 보호장구의 종류별 사용요건은 다음 각 호와 같다.

종류(제1항)	사용요건(제2항)
수갑 · 포승 · 보호대	1. 구인 또는 긴급구인한 보호관찰대상자를 보호관찰소에 인치하거나 수용기관 등에 유치하기 위해 호송하는 때 2. 구인 또는 긴급구인한 보호관찰대상자가 도주하거나 도주할 우려가 있는 때 3. 위력으로 보호관찰소 소속 공무원의 정당한 직무집행을 방해하는 때 4. 자살 · 자해 또는 다른 사람에 대한 위해의 우려가 큰 때 5. 보호관찰소 시설의 설비 · 기구 등을 손괴하거나 그 밖에 시설의 안전 또는 질서를 해칠 우려가 큰 때
가스총	위 1.을 제외한 2.~5.의 사유가 있을 때 사용 가능
전자충격기	위 1.을 제외한 2.~5.의 어느 하나에 해당하는 경우로서 상황이 긴급하여 다른 보호장구만으로는 그 목적을 달성할 수 없는 때 [2025. 보호 9급]

제46조의4 【보호장구 사용의 고지 등】 ① 제46조의3 제1항 제1호부터 제3호까지의 보호장구를 사용할 경우에는 보호관찰 대상자에게 그 사유를 알려주어야 한다. 다만, 상황이 급박하여 시간적인 여유가 없을 때에는 보호장구 사용 직후 지체 없이 알려주어야 한다.
② 제46조의3 제1항 제4호 및 제5호의 보호장구를 사용할 경우에는 사전에 상대방에게 이를 경고하여야 한다. 다만, 상황이 급박하여 경고할 시간적인 여유가 없는 때에는 그러하지 아니하다.

제46조의5 【보호장구 남용 금지】 제46조의3 제1항에 따른 보호장구는 필요한 최소한의 범위에서 사용하여야 하며, 보호장구를 사용할 필요가 없게 되면 지체 없이 사용을 중지하여야 한다.

09 보호관찰의 종료

선고유예실효, 집행유예취소	보호관찰소장 신청-검사청구	법원의 결정
보호처분 변경	보호관찰소장 신청	법원의 결정
가석방·임시퇴원 취소	보호관찰소장 신청이나 심사위 직권	심사위 결정-장관 허가
부정기형 종료(가석방중 단기경과자)	보호관찰소장 신청이나 심사위 직권	심사위 형 집행종료 결정

제47조【보호관찰을 조건으로 한 형의 선고유예의 실효 및 집행유예의 취소】 ①「형법」제61조 제2항에 따른 선고유예의 실효 및 같은 법 제64조 제2항에 따른 집행유예의 취소는 검사가 보호관찰소의 장의 신청을 받아 법원에 청구한다.

② 제1항의 실효 및 취소절차에 관하여는「형사소송법」제335조를 준용한다.

제48조【가석방 및 임시퇴원의 취소】 ① 심사위원회는 가석방 또는 임시퇴원된 사람이 보호관찰기간 중 제32조의 준수사항을 위반하고 위반 정도가 무거워 보호관찰을 계속하기가 적절하지 아니하다고 판단되는 경우에는 보호관찰소의 장의 신청을 받거나 직권으로 가석방 및 임시퇴원의 취소를 심사하여 결정할 수 있다. [2013. 교정 9급] 총 2회 기출

② 심사위원회는 제1항에 따른 심사 결과 가석방 또는 임시퇴원을 취소하는 것이 적절하다고 결정한 경우에는 결정서에 관계 서류를 첨부하여 법무부장관에게 이에 대한 허가를 신청하여야 하며, 법무부장관은 심사위원회의 결정이 정당하다고 인정되면 이를 허가할 수 있다.

제49조【보호처분의 변경】 ① 보호관찰소의 장은「소년법」제32조 제1항 제4호 또는 제5호의 보호처분에 따라 보호관찰을 받고 있는 사람이 보호관찰 기간 중 제32조의 준수사항을 위반하고 그 정도가 무거워 보호관찰을 계속하기 적절하지 아니하다고 판단되면 보호관찰소 소재지를 관할하는 법원에 보호처분의 변경을 신청할 수 있다.

② 제1항에 따른 보호처분의 변경을 할 경우 신청대상자가 19세 이상인 경우에도「소년법」제2조 및 제38조 제1항에도 불구하고 같은 법 제2장의 보호사건 규정을 적용한다.

제50조【부정기형의 종료 등】 ①「소년법」제60조 제1항에 따라 형을 선고받은 후 가석방된 사람이 그 형의 단기(短期)가 지나고 보호관찰의 목적을 달성하였다고 인정되면 같은 법 제66조에서 정한 기간 전이라도 심사위원회는 보호관찰소의 장의 신청을 받거나 직권으로 형의 집행을 종료한 것으로 결정할 수 있다.

② 임시퇴원자가 임시퇴원이 취소되지 아니하고 보호관찰 기간을 지난 경우에는 퇴원된 것으로 본다.

제51조【보호관찰의 종료】 ① 보호관찰은 보호관찰 대상자가 다음 각 호의 어느 하나에 해당하는 때에 종료한다.

[보호관찰의 종료] [2023. 보호 7급] 총 2회 기출

1. 보호관찰 기간이 지난 때
2. 「형법」제61조에 따라 보호관찰을 조건으로 한 형의 선고유예가 실효되거나 같은 법 제63조 또는 제64조에 따라 보호관찰을 조건으로 한 집행유예가 실효되거나 취소된 때
3. 제48조 또는 다른 법률에 따라 가석방 또는 임시퇴원이 실효되거나 취소된 때
4. 제49조에 따라 보호처분이 변경된 때
5. 제50조에 따른 부정기형 종료 결정이 있는 때
6. 제53조에 따라 보호관찰이 정지된 임시퇴원자가 22세가 된 때
7. 다른 법률에 따라 보호관찰이 변경되거나 취소·종료된 때

② 보호관찰 대상자가 보호관찰 기간 중 금고 이상의 형의 집행을 받게 된 때에는 해당 형의 집행기간 동안 보호관찰 대상자에 대한 보호관찰 기간은 계속 진행되고, 해당 형의 집행이 종료·면제되거나 보호관찰 대상자가 가석방된 경우 보호관찰 기간이 남아있는 때에는 그 잔여기간 동안 보호관찰을 집행한다. [2025. 보호 9급]

제52조【임시해제】① 심사위원회는 보호관찰 대상자의 성적이 양호할 때에는 보호관찰소의 장의 신청을 받거나 직권으로 보호관찰을 임시해제할 수 있다. [2023. 보호 7급]

② 임시해제 중에는 보호관찰을 하지 아니한다. 다만, 보호관찰 대상자는 준수사항을 계속하여 지켜야 한다.

③ 심사위원회는 임시해제 결정을 받은 사람에 대하여 다시 보호관찰을 하는 것이 적절하다고 인정되면 보호관찰소의 장의 신청을 받거나 직권으로 임시해제 결정을 취소할 수 있다.

④ 제3항에 따라 임시해제 결정이 취소된 경우에는 그 임시해제 기간을 보호관찰 기간에 포함한다. [2023. 보호 7급] 총 2회 기출

제53조【보호관찰의 정지】① 심사위원회는 가석방 또는 임시퇴원된 사람이 있는 곳을 알 수 없어 보호관찰을 계속할 수 없을 때에는 보호관찰소의 장의 신청을 받거나 직권으로 보호관찰을 정지하는 결정(이하 "정지결정"이라 한다)을 할 수 있다.

② 심사위원회는 제1항에 따라 보호관찰을 정지한 사람이 있는 곳을 알게 되면 즉시 그 정지를 해제하는 결정(이하 "정지해제결정"이라 한다)을 하여야 한다.

③ 보호관찰 정지 중인 사람이 제39조 또는 제40조에 따라 구인된 경우에는 구인된 날에 정지해제결정을 한 것으로 본다.

④ 형기 또는 보호관찰 기간은 정지결정을 한 날부터 그 진행이 정지되고, 정지해제결정을 한 날부터 다시 진행된다.

⑤ 심사위원회는 제1항에 따라 정지결정을 한 후 소재 불명이 천재지변이나 그 밖의 부득이한 사정 등 보호관찰 대상자에게 책임이 있는 사유로 인한 것이 아닌 것으로 밝혀진 경우에는 그 정지결정을 취소하여야 한다. 이 경우 정지결정은 없었던 것으로 본다.

10 보호관찰사건의 이송

제54조【직무상 비밀과 증언 거부】 심사위원회 및 보호관찰소의 직원이거나 직원이었던 사람이 다른 법률에 따라 증인으로 신문(訊問)을 받는 경우에는 그 직무상 알게 된 다른 사람의 비밀에 대하여 증언을 거부할 수 있다. 다만, 본인의 승낙이 있거나 중대한 공익상 필요가 있는 경우에는 그러하지 아니하다.

제55조【보호관찰사건의 이송】 보호관찰소의 장은 보호관찰 대상자가 주거지를 이동한 경우에는 새 주거지를 관할하는 보호관찰소의 장에게 보호관찰사건을 이송할 수 있다.

제55조의2【기부금품의 접수】① 보호관찰소의 장은 기관·단체 또는 개인이 보호관찰 대상자에 대한 원호 등을 위하여 보호관찰소에 자발적으로 기탁하는 금품을 접수할 수 있다.

② 기부자에 대한 영수증 발급, 기부금품의 용도 지정, 장부의 열람, 그 밖에 필요한 사항은 대통령령으로 정한다.

제55조의3【보호관찰 종료사실 등의 통보】① 보호관찰소의 장은 다음 각 호의 어느 하나에 해당하는 범죄를 저지른 가석방자의 보호관찰이 종료된 때에 재범 방지 등을 위하여 필요하다고 인정하면 가석방자의 보호관찰 종료사실 등을 그의 주거지를 관할하는 경찰관서의 장에게 통보할 수 있다.

1. 「전자장치 부착 등에 관한 법률」제2조 제2호에 따른 성폭력범죄, 같은 조 제3호의2에 따른 살인범죄, 같은 조 제3호의3에 따른 강도범죄

2. 다음 각 목의 어느 하나에 해당하는 범죄

    가. 「형법」 제2편 제31장 약취(略取), 유인(誘引) 및 인신매매의 죄 중 제287조(미성년자의 약취, 유인) · 제288조(추행 등 목적 약취, 유인 등) · 제289조(인신매매) · 제290조(약취, 유인, 매매, 이송 등 상해 · 치상) · 제291조(약취, 유인, 매매, 이송 등 살인 · 치사) · 제292조(약취, 유인, 매매, 이송된 사람의 수수 · 은닉 등) · 제294조(미수범)의 죄, 같은 법 제2편 제37장 권리행사를 방해하는 죄 중 제324조 의2(인질강요) · 제324조의3(인질상해 · 치상)의 죄 및 같은 법 제2편 제38장 절도와 강도의 죄 중 제 336조(인질강도)의 죄

    나. 「특정범죄 가중처벌 등에 관한 법률」 제5조의2(약취 · 유인죄의 가중처벌)의 죄

    다. 가목과 나목의 죄로서 다른 법률에 따라 가중처벌되는 죄

3. 「폭력행위 등 처벌에 관한 법률」 제4조(단체 등의 구성 · 활동), 제5조(단체 등의 이용 · 지원)의 죄 및 「형법」 제2편 제5장 공안(公安)을 해하는 죄 중 제114조(범죄단체 등의 조직)의 죄

4. 다음 각 목의 어느 하나에 해당하는 범죄

    가. 「형법」 제2편 제13장 방화와 실화의 죄 중 제164조(현주건조물 등에의 방화) · 제165조(공용건조물 등에의 방화) · 제166조(일반건조물 등에의 방화) · 제167조(일반물건에의 방화) · 제168조(연소) · 제 172조(폭발성물건파열) · 제172조의2(가스 · 전기 등 방류) · 제173조(가스 · 전기 등 공급방해) 및 제174 조(미수범)의 죄

    나. 「산림자원의 조성 및 관리에 관한 법률」 제71조(벌칙)의 죄

    다. 「산림보호법」 제53조(벌칙)의 죄(같은 조 제5항의 죄는 제외한다)

    라. 가목부터 다목까지의 죄로서 다른 법률에 따라 가중처벌되는 죄

5. 「마약류 관리에 관한 법률」 제58조(벌칙) · 제59조(벌칙) · 제60조(벌칙)의 죄(제59조 제1항 제3호 · 제5 호 · 제9호 · 제12호의 죄 및 제60조 제1항 제2호 중 향정신성의약품 등을 수수, 소지, 소유, 사용, 관리, 조 제, 투약, 제공한 죄 또는 향정신성의약품을 기재한 처방전을 발급한 죄는 제외한다), 「마약류 불법거 래 방지에 관한 특례법」 제6조(업으로서 한 불법수입 등) · 제7조(불법수익등의 은닉 및 가장) · 제8조(불 법수익등의 수수) · 제9조(마약류 물품의 수입 등)의 죄 및 「특정범죄 가중처벌 등에 관한 법률」 제11조 (마약사범 등의 가중처벌)의 죄

② 제1항에 따라 보호관찰소의 장이 통보할 사항은 다음 각 호와 같다.

[가석방종료자에 대한 보호관찰소장의 경찰서장 통보사항]

1. 성명
2. 주민등록번호
3. 주소
4. 죄명
5. 판결내용
6. 보호관찰 종료일

③ 제1항에 따른 통보의 절차 등에 관하여 필요한 사항은 대통령령으로 정한다.

제55조의4【범죄경력자료 등의 조회 요청】 ① 법무부장관은 이 법에 따른 보호관찰의 집행이 종료된 사람의 재범 여부를 조사하고 보호관찰명령의 효과를 평가하기 위하여 필요한 경우에는 그 집행이 종료된 때부 터 3년 동안 관계 기관에 그 사람에 관한 범죄경력자료와 수사경력자료에 대한 조회를 요청할 수 있다.

② 제1항의 요청을 받은 관계 기관의 장은 정당한 사유 없이 이를 거부해서는 아니 된다.

제56조【군법 적용 대상자에 대한 특례】「군사법원법」제2조 제1항 각 호의 어느 하나에 해당하는 사람에게는 이 법을 적용하지 아니한다.

제57조【형사소송법의 준용】 보호관찰에 관하여 이 법에 특별한 규정이 있는 경우를 제외하고는 그 성질에 반하지 아니하는 범위에서 「형사소송법」을 준용한다.

제58조【형의 집행 및 수용자의 처우에 관한 법률 적용의 일부 배제】이 법(제28조는 제외한다)에 따른 가석방에 관하여는 「형의 집행 및 수용자의 처우에 관한 법률」 제119조부터 제122조까지의 규정을 적용하지 아니한다.

11 사회봉사 및 수강

제59조【사회봉사명령·수강명령의 범위】① 법원은 「형법」 제62조의2에 따른 사회봉사를 명할 때에는 500시간, 수강을 명할 때에는 200시간의 범위에서 그 기간을 정하여야 한다. 다만, 다른 법률에 특별한 규정이 있는 경우에는 그 법률에서 정하는 바에 따른다. [2020. 교정 9급] 총 7회 기출
② 법원은 제1항의 경우에 사회봉사·수강명령 대상자가 사회봉사를 하거나 수강할 분야와 장소 등을 지정할 수 있다. [2016. 교정 9급]

제60조【판결의 통지 등】① 법원은 「형법」 제62조의2에 따른 사회봉사 또는 수강을 명하는 판결이 확정된 때부터 3일 이내에 판결문 등본 및 준수사항을 적은 서면을 피고인의 주거지를 관할하는 보호관찰소의 장에게 보내야 한다. [2020. 교정 9급]
② 제1항의 경우에 법원은 그 의견이나 그 밖에 사회봉사명령 또는 수강명령의 집행에 참고가 될 만한 자료를 첨부할 수 있다.
③ 법원 또는 법원의 장은 제1항의 통지를 받은 보호관찰소의 장에게 사회봉사명령 또는 수강명령의 집행상황에 관한 보고를 요구할 수 있다.

제61조【사회봉사·수강명령 집행 담당자】① 사회봉사명령 또는 수강명령은 보호관찰관이 집행한다. 다만, 보호관찰관은 국공립기관이나 그 밖의 단체에 그 집행의 전부 또는 일부를 위탁할 수 있다. [2016. 교정 9급]
총 4회 기출
② 보호관찰관은 사회봉사명령 또는 수강명령의 집행을 국공립기관이나 그 밖의 단체에 위탁한 때에는 이를 법원 또는 법원의 장에게 통보하여야 한다.
③ 법원은 법원 소속 공무원으로 하여금 사회봉사 또는 수강할 시설 또는 강의가 사회봉사·수강명령 대상자의 교화·개선에 적당한지 여부와 그 운영 실태를 조사·보고하도록 하고, 부적당하다고 인정하면 그 집행의 위탁을 취소할 수 있다.
④ 보호관찰관은 사회봉사명령 또는 수강명령의 집행을 위하여 필요하다고 인정하면 국공립기관이나 그 밖의 단체에 협조를 요청할 수 있다.

제62조【사회봉사·수강명령 대상자의 준수사항】① 사회봉사·수강명령 대상자는 대통령령으로 정하는 바에 따라 주거, 직업, 그 밖에 필요한 사항을 관할 보호관찰소의 장에게 신고하여야 한다.
② 사회봉사·수강명령 대상자는 다음 각 호의 사항을 준수하여야 한다.

[사회봉사·수강명령 대상자의 일반준수사항] [2020. 교정 9급] 총 3회 기출
1. 보호관찰관의 집행에 관한 지시에 따를 것
2. 주거를 이전하거나 1개월 이상 국내외 여행을 할 때에는 미리 보호관찰관에게 신고할 것

③ 법원은 판결의 선고를 할 때 제2항의 준수사항 외에 대통령령으로 정하는 범위에서 본인의 특성 등을 고려하여 특별히 지켜야 할 사항을 따로 과(科)할 수 있다.
④ 제2항과 제3항의 준수사항은 서면으로 고지하여야 한다. [2015. 5급 승진]

제63조【사회봉사·수강의 종료】① 사회봉사·수강은 사회봉사·수강명령 대상자가 다음 각 호의 어느 하나에 해당하는 때에 종료한다.

> **[사회봉사·수강명령 대상자의 종료]** [2016. 5급 승진] 총 3회 기출
> 1. 사회봉사명령 또는 수강명령의 집행을 완료한 때
> 2. 형의 집행유예 기간이 지난 때
> 3. 「형법」제63조 또는 제64조에 따라 사회봉사·수강명령을 조건으로 한 집행유예의 선고가 실효되거나 취소된 때
> 4. 다른 법률에 따라 사회봉사·수강명령이 변경되거나 취소·종료된 때

② 사회봉사·수강명령 대상자가 사회봉사·수강명령 집행 중 금고 이상의 형의 집행을 받게 된 때에는 해당 형의 집행이 종료·면제되거나 사회봉사·수강명령 대상자가 가석방된 경우 잔여 사회봉사·수강명령을 집행한다. [2024. 보호 9급] 총 2회 기출

제64조【준용 규정】① 사회봉사·수강명령 대상자에 대하여는 제34조부터 제36조까지, 제54조, 제55조, 제55조의4, 제56조 및 제57조를 준용한다.

② 사회봉사·수강명령 대상자의 준수사항이나 명령 위반에 따른 경고, 구인, 유치, 집행유예 취소 및 보호처분 변경 등에 관하여는 제37조부터 제45조까지, 제46조, 제46조의2부터 제46조의5까지, 제47조 및 제49조를 준용한다.

12 갱생보호

제1절 갱생보호의 방법 및 개시

제65조【갱생보호의 방법】① 갱생보호는 다음 각 호의 방법으로 한다.

> **[갱생보호의 방법]** [2016. 5급 승진] 총 3회 기출
> 1. 숙식 제공
> 2. 주거 지원
> 3. 창업 지원
> 4. 직업훈련 및 취업 지원
> 5. 출소예정자 사전상담
> 6. 갱생보호 대상자의 가족에 대한 지원
> 7. 심리상담 및 심리치료
> 8. 사후관리
> 9. 그 밖에 갱생보호 대상자에 대한 자립 지원

② 제1항 각 호의 구체적인 내용은 대통령령으로 정한다.

> **[시행령]**
> 제41조【숙식 제공】① 법 제65조 제1항 제1호에 따른 숙식 제공은 생활관 등 갱생보호시설에서 갱생보호 대상자에게 숙소·음식물 및 의복 등을 제공하고 정신교육을 하는 것으로 한다.

② 제1항의 규정에 의한 숙식제공은 6월을 초과할 수 없다. 다만, 필요하다고 인정하는 때에는 매회 6월의 범위 내에서 3회에 한하여 그 기간을 연장할 수 있다.

③ 제1항의 규정에 의하여 숙식을 제공한 경우에는 법무부장관이 정하는 바에 의하여 소요된 최소한의 비용을 징수할 수 있다.

제41조의2【주거 지원】 법 제65조 제1항 제2호에 따른 주거 지원은 갱생보호 대상자에게 주택의 임차에 필요한 지원을 하는 것으로 한다.

제41조의3【창업 지원】 법 제65조 제1항 제3호에 따른 창업 지원은 갱생보호 대상자에게 창업에 필요한 사업장 임차보증금 등을 지원하는 것으로 한다.

제44조【직업훈련】 ① 법 제65조 제1항 제4호에 따른 직업훈련은 갱생보호 대상자에게 취업에 필요한 기능훈련을 시키고 자격 취득을 위한 교육을 하는 것으로 한다.

② 제1항의 규정에 의한 직업훈련은 다른 직업훈련기관에 위탁하여 행할 수 있다.

제45조【취업 지원】 법 제65조 제1항 제4호에 따른 취업 지원은 갱생보호 대상자에게 직장을 알선하고 필요한 경우 신원을 보증하는 것으로 한다.

제45조의2【출소예정자 사전상담】 ① 법 제65조 제1항 제5호에 따른 출소예정자 사전상담은 출소예정자에게 출소 전에 갱생보호의 방법을 안내하고 자립계획 등에 대하여 상담을 실시하는 것으로 한다.

② 갱생보호사업의 허가를 받은 자 또는 법 제71조에 따른 한국법무보호복지공단(이하 "공단"이라 한다)은 제1항의 상담을 위하여 수용기관의 장에게 출소예정자의 수용자 번호를 통보하여 줄 것을 요청할 수 있다. 이 경우 수용기관의 장은 특별한 사유가 없으면 이에 협조하여야 한다.

제45조의3【갱생보호 대상자의 가족에 대한 지원】 법 제65조 제1항 제6호에 따른 갱생보호 대상자의 가족에 대한 지원은 갱생보호 대상자의 가족에게 심리상담 및 심리치료, 취업 지원, 학업 지원 등을 하는 것으로 한다.

제45조의4【심리상담 및 심리치료】 법 제65조 제1항 제7호에 따른 심리상담 및 심리치료는 갱생보호 대상자에게 심리적 안정과 사회적응을 위한 상담 및 「정신건강증진 및 정신질환자 복지서비스 지원에 관한 법률」에 따른 정신건강전문요원 등 전문가에 의한 치료를 실시하는 것으로 한다.

제45조의5【사후관리】 법 제65조 제1항 제8호에 따른 사후관리는 같은 항 제1호부터 제7호까지 또는 제9호의 갱생보호를 받은 갱생보호 대상자에게 사회복귀 상황을 점검하여 필요한 조언을 하는 것으로 한다.

제46조【자립 지원】 법 제65조 제1항 제9호에 따른 갱생보호 대상자에 대한 자립 지원은 사회복지시설에의 의탁 알선, 가족관계 등록 창설, 주민등록, 결혼 주선, 입양 및 의료 시혜 등 갱생보호 대상자의 자립을 위하여 필요한 사항을 지원하는 것으로 한다.

제46조의2【갱생보호 대상자 수용기간 등의 통보 요청】 ① 갱생보호사업의 허가를 받은 자 또는 공단은 갱생보호 대상자의 적절한 보호를 위하여 필요한 경우 갱생보호 대상자의 동의를 받아 수용기관의 장에게 다음 각 호의 사항(1. 수용기간, 2. 가족 관계 및 보호자 관계, 3. 직업경력 및 학력, 4. 생활환경, 5. 성장과정, 6. 심리적 특성, 7. 범행내용 및 범죄횟수)을 통보하여 줄 것을 요청할 수 있다. [2025. 보호 9급]

③ 제71조에 따른 한국법무보호복지공단 또는 제67조에 따라 갱생보호사업의 허가를 받은 자는 제1항 각 호의 갱생보호활동을 위하여 갱생보호시설을 설치 · 운영할 수 있다.

④ 제3항의 갱생보호시설의 기준은 법무부령으로 정한다.

제66조【갱생보호의 신청 및 조치】① 갱생보호 대상자와 관계 기관은 보호관찰소의 장, 제67조 제1항에 따라 갱생보호사업 허가를 받은 자 또는 제71조에 따른 한국법무보호복지공단에 갱생보호 신청을 할 수 있다.

② 제1항의 신청을 받은 자는 지체 없이 보호가 필요한지 결정하고 보호하기로 한 경우에는 그 방법을 결정하여야 한다.

③ 제1항의 신청을 받은 자가 제2항에 따라 보호결정을 한 경우에는 지체 없이 갱생보호에 필요한 조치를 하여야 한다.

제2절 갱생보호사업자

제67조【갱생보호사업의 허가】① 갱생보호사업을 하려는 자는 법무부령으로 정하는 바에 따라 법무부장관의 허가를 받아야 한다. 허가받은 사항을 변경하려는 경우에도 또한 같다.

② 법무부장관은 갱생보호사업의 허가를 할 때에는 사업의 범위와 허가의 기간을 정하거나 그 밖에 필요한 조건을 붙일 수 있다.

제68조【허가의 기준】법무부장관은 다음 각 호의 기준에 맞지 아니할 때에는 갱생보호사업의 허가를 하여서는 아니 된다.

[갱생보호사업 허가요건](법 제68조)
1. 갱생보호사업에 필요한 경제적 능력을 가질 것
2. 갱생보호사업의 허가신청자가 사회적 신망이 있을 것
3. 갱생보호사업의 조직 및 회계처리 기준이 공개적일 것

제69조【보고의무】갱생보호사업의 허가를 받은 자(이하 "사업자"라 한다)는 법무부령으로 정하는 바에 따라 다음 해의 사업계획과 전년도의 회계 상황 및 사업 실적을 법무부장관에게 보고하여야 한다.

제70조【갱생보호사업의 허가 취소 등】법무부장관은 사업자가 다음 각 호의 어느 하나에 해당할 때에는 그 허가를 취소하거나 6개월 이내의 기간을 정하여 그 사업의 전부 또는 일부의 정지를 명할 수 있다. 다만, 제1호 또는 제4호에 해당하는 때에는 그 허가를 취소하여야 한다.

[갱생보호사업의 허가 취소 사유](법 제70조) [2024. 보호 7급] 총 3회 기출
1. 부정한 방법으로 갱생보호사업의 허가를 받은 경우
2. 갱생보호사업의 허가 조건을 위반한 경우
3. 목적사업 외의 사업을 한 경우
4. 정당한 이유 없이 갱생보호사업의 허가를 받은 후 6개월 이내에 갱생보호사업을 시작하지 아니하거나 1년 이상 갱생보호사업의 실적이 없는 경우
5. 제69조에 따른 보고를 거짓으로 한 경우
6. 이 법 또는 이 법에 따른 명령을 위반한 경우

제70조의2【청문】법무부장관은 제70조에 따라 갱생보호사업의 허가를 취소하거나 정지하려는 경우에는 청문을 하여야 한다.

제3절 한국법무보호복지공단

제71조【한국법무보호복지공단의 설립】갱생보호사업을 효율적으로 추진하기 위하여 한국법무보호복지공단(이하 "공단"이라 한다)을 설립한다.

제72조【법인격】공단은 법인으로 한다.

제73조【사무소】① 공단의 주된 사무소의 소재지는 정관으로 정한다.

② 공단은 정관으로 정하는 바에 따라 필요한 곳에 지부와 지소를 둘 수 있다.

제74조【정관】① 공단의 정관에는 다음 각 호의 사항이 포함되어야 한다.

② 공단은 정관을 변경하려면 <u>법무부장관의 인가</u>를 받아야 한다.

제75조【등기】공단은 그 주된 사무소의 소재지에서 설립등기를 함으로써 성립한다.

제76조【임원 및 그 임기】① 공단에 이사장 1명을 포함한 15명 이내의 이사와 감사 2명을 둔다.

② 이사장은 법무부장관이 임명하고, 그 임기는 3년으로 하되 연임할 수 있다. 다만, 임기가 만료된 이사장은 그 후임자가 임명될 때까지 그 직무를 행한다.

③ 이사는 갱생보호사업에 열성이 있고, 학식과 덕망이 있는 사람 중에서 이사장의 제청에 의하여 법무부장관이 임명하거나 위촉하며, 임기는 3년으로 하되 연임할 수 있다. 다만, 공무원인 이사의 임기는 그 직위에 있는 동안으로 한다.

④ 감사는 이사장의 제청에 의하여 법무부장관이 임명하며, 임기는 2년으로 하되 연임할 수 있다.

제77조【임원의 직무】① 이사장은 공단을 대표하고 공단의 업무를 총괄한다.

② 감사는 공단의 업무 및 회계를 감사한다.

③ 이사장 아닌 이사와 감사는 비상근으로 할 수 있다.

제78조【임원의 결격사유】다음 각 호의 어느 하나에 해당하는 사람은 공단의 임원이 될 수 없다.

  1. 대한민국 국민이 아닌 사람

  2.「국가공무원법」제33조 각 호의 어느 하나에 해당하는 사람

제79조【임원의 해임】① 임원이 제78조 각 호의 어느 하나에 해당하게 되면 당연히 퇴직한다.

② 법무부장관은 임원이 다음 각 호의 어느 하나에 해당할 때에는 그 임원을 해임하거나 해촉할 수 있다.

[갱생보호사업의 허가취소 사유](법 제70조) [2024. 보호 7급] 총 3회 기출

1. 부정한 방법으로 갱생보호사업의 허가를 받은 경우
2. 갱생보호사업의 허가 조건을 위반한 경우
3. 목적사업 외의 사업을 한 경우
4. 정당한 이유 없이 갱생보호사업의 허가를 받은 후 6개월 이내에 갱생보호사업을 시작하지 아니하거나 1년 이상 갱생보호사업의 실적이 없는 경우
5. 제69조에 따른 보고를 거짓으로 한 경우
6. 이 법 또는 이 법에 따른 명령을 위반한 경우

---

  1. 갱생보호사업에 열성이 없다고 인정될 때

  2. 직무상의 의무를 위반하거나 직무수행을 게을리하였을 때

  3. 그 밖의 사유로 인하여 임원으로서 부적당하다고 인정될 때

제80조【이사회】① 공단의 업무에 관한 주요 사항을 심의·의결하기 위하여 공단에 이사회를 둔다.

② 이사회는 이사장과 이사로 구성한다.

③ 이사장은 이사회를 소집하고 그 의장이 된다.

④ 감사는 이사회에 출석하여 의견을 진술할 수 있다.

제81조【직원의 임면】공단의 직원은 정관으로 정하는 바에 따라 이사장이 임면(任免)한다.

제82조【공단의 사업】공단은 그 목적을 달성하기 위하여 다음 각 호의 사업을 한다.

[공단의 사업](법 제82조)

1. 갱생보호
2. 갱생보호제도의 조사·연구 및 보급·홍보
3. 갱생보호사업을 위한 수익사업
4. 공단의 목적 달성에 필요한 사업

제83조 【공단의 자산】 공단은 다음 각 호의 재산을 그 자산으로 한다.

> **[공단의 자산]**(법 제83조)
>
> 1. 공단이 소유하고 있는 부동산과 그 밖의 재산
> 2. 국고보조금
> 3. 자산으로부터 생기는 과실(果實)
> 4. 그 밖의 수입

제84조 【공단의 사업계획 등】 ① 공단의 회계연도는 정부의 회계연도에 따른다.

② 공단은 법무부령으로 정하는 바에 따라 매 회계연도가 시작되기 전에 다음 회계연도에 실시할 공단의 사업계획 및 예산을 법무부장관에게 제출하여 그 승인을 받아야 한다. 이를 변경할 때에도 또한 같다.

③ 공단은 법무부령으로 정하는 바에 따라 매 회계연도의 종료 후 전년도의 사업 실적과 결산을 법무부장관에게 제출하여야 한다.

제85조 【기부금품의 접수 및 보고】 ① 공단은 기관·단체 또는 개인이 갱생보호사업을 위하여 공단에 자발적으로 기탁하는 금품을 접수할 수 있다.

② 제1항에 따라 기부금품을 접수한 경우 공단은 그 접수 상황 및 처리 상황을 법무부장관에게 보고하여야 한다.

③ 기부자에 대한 영수증 발급, 기부금품의 용도 지정, 장부의 열람, 그 밖에 필요한 사항은 대통령령으로 정한다.

제86조 【갱생보호기금의 설치】 갱생보호사업의 추진에 필요한 재원을 확보하기 위하여 공단에 갱생보호기금(이하 "기금"이라 한다)을 설치한다.

제87조 【기금의 재원】 기금은 다음 각 호의 재원으로 조성한다.

> **[기금조성]**(법 제87조)
>
> 1. 기금의 운용으로 생기는 수익금
> 2. 공단의 사업으로 생기는 수입금
> 3. 관계 법령에 따른 기부금

제88조 【기금의 운용·관리】 ① 기금은 공단이 운용·관리한다.

② 기금의 운용·관리에 필요한 사항은 대통령령으로 정한다.

제89조 【기금의 사용】 기금은 제82조 각 호의 사업을 위하여 사용한다.

제90조 【자금의 차입】 공단은 기금 운용에 필요하다고 인정하면 법무부장관의 승인을 받아 기금의 부담으로 자금을 차입할 수 있다.

제91조 【이익금의 처리】 공단은 매 사업연도의 결산 결과 이익금이 생기면 이월손실금의 보전(補塡)에 충당하고, 그 나머지는 기금으로 적립하여야 한다.

제92조 【준용 규정】 공단에 관하여 이 법에서 규정한 것을 제외하고는 「민법」 중 재단법인에 관한 규정을 준용한다.

제93조 【벌칙 적용 시의 공무원 의제】 공단의 임직원은 「형법」과 그 밖의 법률에 따른 벌칙을 적용할 때에는 공무원으로 본다.

제4절 갱생보호사업의 지원 및 감독

제94조【보조금】 국가나 지방자치단체는 사업자와 공단에 대하여 보조할 수 있다.

제95조【조세감면】 국가나 지방자치단체는 갱생보호사업에 대하여 「조세특례제한법」 및 「지방세특례제한법」에서 정하는 바에 따라 국세 또는 지방세를 감면할 수 있다.

제96조【수익사업】 ① 사업자 또는 공단은 갱생보호사업을 위하여 수익사업을 하려면 사업마다 법무부장관의 승인을 받아야 한다. 이를 변경할 때에도 또한 같다.

② 법무부장관은 수익사업을 하는 사업자 또는 공단이 수익을 갱생보호사업 외의 사업에 사용한 경우에는 수익사업의 시정이나 정지를 명할 수 있다.

제97조【감독】 ① 법무부장관은 사업자와 공단을 지휘·감독한다.

② 법무부장관은 사업자와 공단에 대하여 감독상 필요한 경우에는 그 업무에 관한 사항을 보고하게 하거나 자료의 제출이나 그 밖에 필요한 명령을 할 수 있으며, 소속 공무원에게 사업자 및 공단의 운영 실태를 조사하게 할 수 있다.

③ 제2항에 따라 조사를 하는 공무원은 그 권한을 나타내는 증표를 지니고 이를 관계인에게 내보여야 한다.

제98조【유사명칭의 사용금지】 ① 이 법에 따른 공단이 아닌 자는 한국법무보호복지공단 또는 이와 유사한 명칭을 사용하지 못한다.

② 이 법에 따른 사업자가 아닌 자는 갱생보호회 또는 이와 유사한 명칭을 사용하지 못한다.

제6장 벌칙

제99조【벌칙】 다음 각 호의 어느 하나에 해당하는 자는 1년 이하의 징역 또는 1천만원 이하의 벌금에 처한다.

> **[1년 이하의 징역 또는 1천만원 이하의 벌금]**(법 제99조)
> 1. 갱생보호사업의 허가를 받지 아니하고 갱생보호사업 명목으로 영리행위를 한 자
> 2. 갱생보호사업의 허가를 받은 후 이를 이용하여 갱생보호사업의 목적에 반하여 영리행위를 한 자
> 3. 제70조에 따른 정지명령을 위반한 자
> 4. 제96조 제2항에 따른 명령을 위반한 자

제100조【양벌규정】 법인의 대표자나 법인 또는 개인의 대리인, 사용인, 그 밖의 종업원이 그 법인 또는 개인의 업무에 관하여 제99조의 위반행위를 하면 그 행위자를 벌하는 외에 그 법인 또는 개인에게도 해당 조문의 벌금형을 과(科)한다. 다만, 법인 또는 개인이 그 위반행위를 방지하기 위하여 해당 업무에 관하여 상당한 주의와 감독을 게을리하지 아니한 경우에는 그러하지 아니하다.

제101조【과태료】 ① 제98조를 위반한 자에게는 200만원 이하의 과태료를 부과한다.

② 제1항에 따른 과태료는 대통령령으로 정하는 바에 따라 법무부장관이 부과·징수한다.

판례 |

[1] 보호관찰은 형벌이 아니라 보안처분의 성격을 갖는 것으로서, 재판시의 규정에 의하여 보호관찰을 받을 것을 명할 수 있다고 보아야 할 것이고, 이와 같은 해석이 형벌불소급의 원칙 내지 죄형법정주의에 위배되는 것이라고 볼 수 없다(대법원 1997.6.13. 97도703).

[2] 일반적으로 보안처분은 반사회적 위험성을 가진 자에 대하여 사회방위와 교화를 목적으로 격리수용하는 예방적 처분이라는 점에서 범죄행위를 한 자에 대하여 응보를 주된 목적으로 그 책임을 추궁하는 사후적 처분인 형벌과 구별되어 그 본질을 달리하는 것으로서 형벌에 관한 죄형법정주의나 일사부재리 또는 법률불소급의 원칙은 보안처분에 그대로 적용되지 않는다(대법원 1988.11.16. 88초60).

[3] **보호관찰명령 없이 사회봉사·수강명령만 선고하는 경우, 보호관찰대상자에 대한 특별준수사항을 사회봉사·수강명령대상자에게 그대로 적용할 수 있는지 여부(소극)**
보호관찰명령이 보호관찰기간 동안 바른 생활을 영위할 것을 요구하는 추상적 조건의 부과이거나 악행을 하지 말 것을 요구하는 소극적인 부작위조건의 부과인 반면, 사회봉사명령·수강명령은 특정시간 동안의 적극적인 작위의무를 부과하는 데 그 특징이 있다는 점 등에 비추어 보면, 사회봉사·수강명령대상자에 대한 특별준수사항은 보호관찰대상자에 대한 것과 같을 수 없고, 따라서 보호관찰대상자에 대한 특별준수사항을 사회봉사·수강명령대상자에게 그대로 적용하는 것은 적합하지 않다(대법원 2009.3.30. 2008모1116). [2020. 5급 승진] 총 3회 기출

[4] **사회봉사명령의 특별준수사항으로 "2017년 말까지 이 사건 개발제한행위 위반에 따른 건축물 등을 모두 원상복구할 것"을 부과할 수 있는지 여부(소극)**
보호관찰법 제32조 제3항이 보호관찰대상자에게 과할 수 있는 특별준수사항으로 정한 "범죄행위로 인한 손해를 회복하기 위하여 노력할 것(제4호)" 등 같은 항 제1호부터 제9호까지의 사항은 보호관찰대상자에 한해 부과할 수 있을 뿐, 사회봉사명령·수강명령 대상자에 대해서는 부과할 수 없다. 한편 보호관찰법 제32조 제3항 제4호는 보호관찰대상자에게 과할 수 있는 특별준수사항으로 '범죄행위로 인한 손해를 회복하기 위해 노력할 것'을 정하고 있는데, 이 사건 특별준수사항은 범죄행위로 인한 손해를 회복하기 위하여 노력할 것을 넘어 일정 기간 내에 원상회복할 것을 명하는 것으로서 보호관찰법 제32조 제3항 제4호를 비롯하여 같은 항 제1호부터 제9호까지 정한 보호관찰의 특별준수사항으로도 허용될 수 없다 (대법원 2020.11.5. 2017도18291). [2024 보호 9급]

[5] **일정한 금원의 출연을 내용으로 하는 사회봉사명령이 허용되는지 여부(소극)**
법원이 형의 집행을 유예하는 경우 명할 수 있는 사회봉사는 자유형의 집행을 대체하기 위한 것으로서 500시간 내에서 시간 단위로 부과될 수 있는 일 또는 근로활동을 의미하는 것으로 해석되므로, 법원이 형법 제62조의2의 규정에 의한 사회봉사명령으로 피고인에게 일정한 금원을 출연하거나 이와 동일시할 수 있는 행위를 명하는 것은 허용될 수 없다(대법원 2008.4.11. 2007도8373).

[6] 피고인으로 하여금 자신의 범죄행위와 관련하여 어떤 말이나 글을 공개적으로 발표하라는 사회봉사를 명하는 것은 경우에 따라 피고인의 명예나 인격에 대한 심각하고 중대한 침해를 초래할 수 있고, 이러한 사회봉사명령은 위법하다(대법원 2008.4.11. 2007도8373).

[7] 법원이 보호관찰대상자에게 특별히 부과할 수 있는 '재범의 기회나 충동을 줄 수 있는 장소에 출입하지 아니할 것'이라는 사항을 만연히 사회봉사·수강명령대상자에게 부과하고 사회봉사·수강명령대상자가 재범한 것을 집행유예 취소사유로 삼는 것은 신중하여야 한다(대법원 2009.3.30. 2008모1116).

[8] **형법 제64조 제2항에 규정된 집행유예취소의 요건에 해당하는지 여부를 심리할 때의 평가 요소**
법원이 보호관찰 등에 관한 법률에 의한 검사의 청구에 의하여 형법 제64조 제2항에 규정된 집행유예 취소의 요건에 해당하는가를 심리함에 있어, 보호관찰기간 중의 재범에 대하여 따로 처벌받는 것과는 별도로 보호관찰자 준수사항 위반 여부 및 그 정도를 평가하여야 하고, 보호관찰이나 사회봉사 또는 수강명령은 각각 병과되는 것이므로 사회봉사 또는 수강명령의 이행 여부는 보호관찰자 준수사항 위반 여부나 그 정도를 평가하는 결정적인 요소가 될 수 없다(대법원 2010.5.27. 2010모446). [2020. 5급 승진]

[9] 형의 집행을 유예하면서 사회봉사를 명할 수 있도록 한 형법 제62조의2 제1항 중 사회봉사 명령에 관한 부분이 범죄자에게 부과하는 일 또는 근로활동이라고 해석할 수 있고, 사회봉사명령의 부과요건 및 부과대상자는 범죄사실이 유죄로 인정되어 3년 이하의 징역 또는 금고의 형을 선고받음과 동시에 그 형의 집행을 유예받는 피고인이며, 사회봉사명령의 집행방법은 보호관찰 등에 관한 법률에서 집행기관, 집행담당자, 집행절차 등을 규정하고 있으므로, 이 사건 법률조항은 <u>명확성원칙에 위배되지 아니한다</u> (헌재 2012.3.29. 2010헌바100).

[10] 형의 집행을 유예하면서 사회봉사를 명할 수 있도록 한 이 사건 법률조항은 범죄인에게 근로를 강제하여 형사제재적 기능을 함과 동시에 사회에 유용한 봉사활동을 통하여 사회와 통합하여 재범방지 및 사회복귀를 용이하게 하려는 것으로서, 이에 근거하여 부과되는 <u>사회봉사명령이 자유형 집행의 대체 수단으로서 자유형의 집행으로 인한 범죄인의 자유의 제한을 완화하여 주기 위한 수단인 점, 기간이 500시간 이내로 제한되어 있는 점</u> 등을 종합하여 보면 범죄인의 일반적 행동의 자유를 과도하게 제한한다고 볼 수 없어 <u>과잉금지원칙에 위배되지 아니한다</u>(헌재 2012.3.29. 2010헌바100).

[11] 형법 제62조에 의하여 집행유예를 선고할 경우에는 같은 법 제62조의2 제1항에 규정된 보호관찰과 사회봉사 또는 수강을 동시에 명할 수 있다고 해석함이 상당하다(대법원 1998.4.24. 98도98).

[12] **보호관찰 등에 관한 법률 제56조, 제64조 제1항의 해석상 군법 적용 대상자에게 보호관찰, 사회봉사, 수강명령을 명할 수 있는지 여부: 불가**
현역 군인 등 이른바 군법 적용 대상자에 대한 특례 조항을 두고 있는데, 위 특례 조항은 군법 적용 대상자에 대하여는 보호관찰법이 정하고 있는 보호관찰, 사회봉사, 수강명령의 실시 내지 집행에 관한 규정을 적용할 수 없음은 물론 보호관찰, 사회봉사, 수강명령 자체를 명할 수 없다는 의미로 해석된다 (대법원 2012.2.23. 2011도8124).

[13] "보호관찰기간 중 노조지부장 선거에 후보로 출마하거나 피고인을 지지하는 다른 조합원의 출마를 후원하거나 하는 등의 방법으로 선거에 개입하지 말 것"이라는 내용의 특별준수사항을 부과한 사안에서, 범행에 이르게 된 동기와 내용, 피고인의 지위, 업무 환경, 생활상태, 기타 개별적·구체적 특성들을 종합할 때, 원심이 피고인의 재범을 방지하고 개선·자립에 도움이 된다고 판단하여 위와 같은 특별준수사항을 부과한 것은 정당하다(대법원 2010.9.30. 2010도6403). [2025. 보호 9급]

단원별 지문

01 보호관찰을 조건으로 한 형의 선고유예의 실효는 보호관찰 심사위원회가 심사·결정한다. (　)   [2020. 교정 9급]

02 보호관찰을 조건으로 형의 선고유예를 받은 사람의 경우, 보호관찰 기간은 1년이다. (　)   [2024. 보호 9급]

03 보호관찰은 법원의 판결이나 결정이 확정된 때 또는 가석방·임시퇴원된 때부터 시작된다. (　)   [2024. 보호 9급]

04 보호관찰 대상자는 주거를 이전하거나 10일 이상 국내외 여행을 할 때에는 미리 보호관찰관에게 신고하여야 한다. (　)
    [2023. 교정 9급]

05 보호관찰의 임시해제 결정이 취소된 경우 그 임시해제 기간을 보호관찰 기간에 포함한다. (　)   [2023. 보호 7급]

06 「보호관찰 등에 관한 법률」 제19조에 따른 판결 전 조사는 법원이 「형법」 제59조의2 및 제62조의2에 따른 보호관찰, 사회봉사 또는 수강을 명하기 위하여 필요하다고 인정되는 경우에 조사를 요구할 수 있는 것을 말한다. (　)
    [2020. 보호 7급]

07 법원은 형의 집행을 유예하는 경우, 500시간의 범위에서 기간을 정하여 사회봉사를 명할 수 있다. (　)
    [2022. 교정 7급]

08 보호관찰명령 없이 사회봉사·수강명령만 선고하는 경우, 보호관찰대상자에 대한 특별준수사항을 사회봉사·수강명령대상자에게 그대로 적용하는 것은 적합하지 않다. (　)   [2013. 교정 7급]

09 집행유예 선고시 보호관찰을 명할 경우 반드시 사회봉사명령과 수강명령을 동시에 명해야 한다. (　)   [2016. 사시]

---

01 ✕   보호관찰을 조건으로 한 형의 선고유예의 실효 및 집행유예의 취소는 법원에서 한다.

02 ○   보호관찰 등에 관한 법률 제30조 제1호, 형법 제59조의2 제2항

03 ○   보호관찰 등에 관한 법률 제29조 제1항

04 ✕   주거를 이전하거나 1개월 이상 국내외 여행을 할 때에는 미리 보호관찰관에게 신고할 것(보호관찰 대상자의 일반준수사항, 보호관찰 등에 관한 법률 제32조 제2항 제4호)

05 ○   보호관찰 등에 관한 법률 제52조 제4항

06 ○   보호관찰 등에 관한 법률 제19조 제1항

07 ○   법원은 형의 집행을 유예하는 경우에는 사회봉사를 명할 수 있으며(형법 제62조의2 제1항), 사회봉사를 명할 때에는 500시간의 범위에서 그 기간을 정하여야 한다(보호관찰 등에 관한 법률 제59조 제1항).

08 ○   대법원 2009.3.30. 2008모1116

09 ✕   집행유예를 선고할 경우에는 보호관찰과 사회봉사 또는 수강을 동시에 명할 수 있다(대법원 1998.4.24. 98도98).

10 형의 집행을 유예하는 경우에 명해지는 보호관찰은 장래의 위험성으로부터 행위자를 보호하고 사회를 방위하기 위한 조치이다. (   )

[2024. 보호 9급]

11 판례에 따르면, 「보호관찰 등에 관한 법률」 제32조 제3항이 보호관찰 대상자에게 과할 수 있는 특별준수사항으로 정한 '범죄행위로 인한 손해를 회복하기 위하여 노력할 것(제4호)'은 수강명령대상자에 대해서도 부과할 수 있다. (   )

[2024. 보호 9급]

12 형의 집행을 유예하는 경우, 보호관찰을 받을 것을 명하거나 사회봉사 또는 수강을 명할 수 있다. 이 경우 보호관찰, 사회봉사 · 수강명령은 모두 동시에 명할 수 없다. (   )

[2013. 보호 7급]

---

10 ○ 대법원 1997.6.13. 97도703

11 × 사회봉사명령 · 수강명령 대상자에 대한 특별준수사항은 보호관찰 대상자에 대한 것과 같을 수 없고, 따라서 보호관찰 대상자에 대한 특별준수사항을 사회봉사명령 · 수강명령 대상자에게 그대로 적용하는 것은 적합하지 않다(대법원 2020.11.5. 2017도18291).

12 × 집행유예를 선고할 경우에는 보호관찰과 사회봉사 또는 수강을 동시에 명할 수 있다(대법원 1998.4.24. 98도98).

제2절 치료감호 등에 관한 법률

01 총칙

제1조【목적】 이 법은 심신장애 상태, 마약류·알코올이나 그 밖의 약물중독 상태, 정신성적(精神性的) 장애가 있는 상태 등에서 범죄행위를 한 자로서 재범(再犯)의 위험성이 있고 특수한 교육·개선 및 치료가 필요하다고 인정되는 자에 대하여 적절한 보호와 치료를 함으로써 재범을 방지하고 사회복귀를 촉진하는 것을 목적으로 한다. [2014. 보호 7급]

제2조【치료감호대상자】 ① 이 법에서 "치료감호대상자"란 다음 각 호의 어느 하나에 해당하는 자로서 치료감호시설에서 치료를 받을 필요가 있고 재범의 위험성이 있는 자를 말한다.

> **[치료감호대상자]**(법 제2조 제1항) [2021. 교정 9급] 총 7회 기출
> 1. 「형법」 제10조 제1항(심신상실자)에 따라 벌하지 아니하거나 제2항(심신미약자)에 따라 형을 감경할 수 있는 심신장애인으로서 금고 이상의 형에 해당하는 죄를 지은 자
> 2. 마약·향정신성의약품·대마, 그 밖에 남용되거나 해독을 끼칠 우려가 있는 물질이나 알코올을 식음·섭취·흡입·흡연 또는 주입받는 습벽이 있거나 그에 중독된 자로서 금고 이상의 형에 해당하는 죄를 지은 자
> 3. 소아성기호증, 성적가학증 등 성적 성벽이 있는 정신성적 장애인으로서 금고 이상의 형에 해당하는 성폭력범죄를 지은 자

② 제1항 제2호의 남용되거나 해독을 끼칠 우려가 있는 물질에 관한 자세한 사항은 대통령령으로 정한다.

제2조의2【치료감호 대상 성폭력범죄의 범위】 제2조 제1항 제3호의 성폭력범죄는 다음 각 호의 범죄를 말한다.

> **[치료감호 대상 성폭력범죄]** [법 제2조 제1항 제3호의 성폭력범죄(제2조의2)] [2016. 교정 9급] 총 2회 기출
> 1. 「형법」 제297조(강간)·제297조의2(유사강간)·제298조(강제추행)·제299조(준강간, 준강제추행)·제300조(미수범)·제301조(강간 등 상해·치상)·제301조의2(강간 등 살인·치사)·제302조(미성년자 등에 대한 간음)·제303조(업무상위력 등에 의한 간음)·제305조(미성년자에 대한 간음, 추행)·제305조의2(상습범)·제339조(강도강간)·제340조(해상강도) 제3항(사람을 강간한 죄만을 말한다) 및 제342조(미수범)의 죄(제339조 및 제340조 제3항 중 사람을 강간한 죄의 미수범만을 말한다)
> 2. 「성폭력범죄의 처벌 등에 관한 특례법」 제3조(특수강도강간 등), 제4조(특수강간 등), 제5조(친족관계에 의한 강간 등), 제6조(장애인에 대한 강간·강제추행 등), 제7조(13세 미만의 미성년자에 대한 강간, 강제추행 등), 제8조(강간 등 상해·치상), 제9조(강간 등 살인·치사), 제10조(업무상 위력 등에 의한 추행) 및 제15조(미수범. 제3조부터 제9조까지의 미수범으로 한정한다)의 죄
> 3. 「아동·청소년의 성보호에 관한 법률」 제7조(아동·청소년에 대한 강간·강제추행 등)·제9조(강간 등 상해·치상)·제10조(강간 등 살인·치사)의 죄
> 4. 제1호부터 제3호까지의 죄로서 다른 법률에 따라 가중 처벌되는 죄

제2조의3 【치료명령대상자】 이 법에서 "치료명령대상자"란 다음 각 호의 어느 하나에 해당하는 자로서 통원 치료를 받을 필요가 있고 재범의 위험성이 있는 자를 말한다.

[치료명령대상자](법 제2조의3)

1. 「형법」제10조 제2항(심신미약자)에 따라 형을 감경할 수 있는 심신장애인으로서 금고 이상의 형에 해당하는 죄를 지은 자
2. 알코올을 식음하는 습벽이 있거나 그에 중독된 자로서 금고 이상의 형에 해당하는 죄를 지은 자
3. 마약·향정신성의약품·대마, 그 밖에 대통령령으로 정하는 남용되거나 해독을 끼칠 우려가 있는 물질을 식음·섭취·흡입·흡연 또는 주입받는 습벽이 있거나 그에 중독된 자로서 금고 이상의 형에 해당하는 죄를 지은 자

제3조 【관할】 ① 치료감호사건의 토지관할은 치료감호사건과 동시에 심리하거나 심리할 수 있었던 사건의 관할에 따른다.
② 치료감호사건의 제1심 재판관할은 지방법원합의부 및 지방법원지원 합의부로 한다. 이 경우 치료감호가 청구된 치료감호대상자(이하 "피치료감호청구인"이라 한다)에 대한 치료감호사건과 피고사건의 관할이 다른 때에는 치료감호사건의 관할에 따른다.

02 치료감호사건의 절차 등

제4조 【검사의 치료감호 청구】 ① 검사는 치료감호대상자가 치료감호를 받을 필요가 있는 경우 관할 법원에 치료감호를 청구할 수 있다.

대상(제2조 제1항)	검사의 청구(제4조 제2항)
1. 심신장애인으로 금고 이상의 형에 해당하는 죄를 지은 자	정신건강의학과 등 전문의 진단이나 감정을 참고하여야 한다.
2. 마약 등 남용되거나 해독을 끼칠 우려가 있는 물질이나 알코올 습벽이 있거나 중독된 자로 금고 이상의 형에 해당하는 죄를 지은 자	
3. 소아성기호증, 성적가학증 등 성적 성벽이 있는 정신성적 장애인으로 금고 이상의 형에 해당하는 성폭력범죄를 지은 자	정신건강의학과 등의 전문의 진단이나 감정을 받은 후 치료감호를 청구하여야 한다.

③ 치료감호를 청구할 때에는 검사가 치료감호청구서를 관할 법원에 제출하여야 한다. 치료감호청구서에는 피치료감호청구인 수만큼의 부본(副本)을 첨부하여야 한다.
④ 치료감호청구서에는 다음 각 호의 사항을 적어야 한다.

[치료감호청구서 기재사항](법 제4조 제4항)

1. 피치료감호청구인의 성명과 그 밖에 피치료감호청구인을 특정할 수 있는 사항
2. 청구의 원인이 되는 사실
3. 적용 법 조문
4. 그 밖에 대통령령으로 정하는 사항

⑤ 검사는 공소제기한 사건의 항소심 변론종결 시까지 치료감호를 청구할 수 있다.
⑥ 법원은 치료감호 청구를 받으면 지체 없이 치료감호청구서의 부본을 피치료감호청구인이나 그 변호인에게 송달하여야 한다. 다만, 공소제기와 동시에 치료감호 청구를 받았을 때에는 제1회 공판기일 전 5일까지, 피고사건 심리 중에 치료감호 청구를 받았을 때에는 다음 공판기일 전 5일까지 송달하여야 한다.

⑦ 법원은 공소제기된 사건의 심리결과 치료감호를 할 필요가 있다고 인정할 때에는 검사에게 치료감호 청구를 요구할 수 있다. [2018. 5급 승진] 총 3회 기출

제5조【조사】 ① 검사는 범죄를 수사할 때 범죄경력이나 심신장애 등을 고려하여 치료감호를 청구함이 상당하다고 인정되는 자에 대하여는 치료감호 청구에 필요한 자료를 조사하여야 한다.

② 사법경찰관리(특별사법경찰관리를 포함한다. 이하 같다)는 검사의 지휘를 받아 제1항에 따른 조사를 하여야 한다.

제6조【치료감호영장】 ① 치료감호대상자에 대하여 치료감호를 할 필요가 있다고 인정되고 다음 각 호의 어느 하나에 해당하는 사유가 있을 때에는 검사는 관할 지방법원 판사에게 청구하여 치료감호영장을 발부받아 치료감호대상자를 보호구속[보호구금(保護拘禁)과 보호구인(保護拘引)을 포함한다. 이하 같다]할 수 있다.

> **[감호영장 청구 사유]**(법 제6조 제1항)
> 1. 일정한 주거가 없을 때
> 2. 증거를 인멸할 염려가 있을 때
> 3. 도망하거나 도망할 염려가 있을 때

② 사법경찰관은 제1항의 요건에 해당하는 치료감호대상자에 대하여 검사에게 신청하여 검사의 청구로 관할 지방법원 판사의 치료감호영장을 발부받아 보호구속할 수 있다.

③ 제1항과 제2항에 따른 보호구속에 관하여는「형사소송법」제201조 제2항부터 제4항까지, 제201조의2부터 제205조까지, 제208조, 제209조 및 제214조의2부터 제214조의4까지의 규정을 준용한다.

제7조【치료감호의 독립 청구】 검사는 다음 각 호의 어느 하나에 해당하는 경우에는 공소를 제기하지 아니하고 치료감호만을 청구할 수 있다.

> **[공소를 제기하지 아니하고 치료감호만을 청구할 수 있는 경우]**(법 제7조) [2025. 보호 9급] 총 8회 기출
> 1. 피의자가「형법」제10조 제1항(심신상실자)에 해당하여 벌할 수 없는 경우
> 2. 고소 · 고발이 있어야 논할 수 있는 죄에서 그 고소 · 고발이 없거나 취소된 경우 또는 피해자의 명시적인 의사에 반하여 논할 수 없는 죄에서 피해자가 처벌을 원하지 아니한다는 의사표시를 하거나 처벌을 원한다는 의사표시를 철회한 경우
> 3. 피의자에 대하여「형사소송법」제247조(기소유예)에 따라 공소를 제기하지 아니하는 결정을 한 경우

제8조【치료감호 청구와 구속영장의 효력】 구속영장에 의하여 구속된 피의자에 대하여 검사가 공소를 제기하지 아니하는 결정을 하고 치료감호 청구만을 하는 때에는 구속영장은 치료감호영장으로 보며 그 효력을 잃지 아니한다. [2020. 교정 9급] 총 3회 기출

제9조【피치료감호청구인의 불출석】 법원은 피치료감호청구인이「형법」제10조 제1항에 따른 심신장애로 공판기일에의 출석이 불가능한 경우에는 피치료감호청구인의 출석 없이 개정(開廷)할 수 있다.

제10조【공판절차로의 이행】 ① 제7조 제1호에 따른 치료감호청구사건의 공판을 시작한 후 피치료감호청구인이「형법」제10조 제1항에 따른 심신장애에 해당되지 아니한다는 명백한 증거가 발견되고 검사의 청구가 있을 때에는 법원은「형사소송법」에 따른 공판절차로 이행(移行)하여야 한다.

② 제1항에 따라 공판절차로 이행한 경우에는 치료감호를 청구하였던 때에 공소를 제기한 것으로 본다. 이 경우 치료감호청구서는 공소장과 같은 효력을 가지며, 공판절차로 이행하기 전의 심리는 공판절차에 따른 심리로 본다. 공소장에 적어야 할 사항은「형사소송법」제298조의 절차에 따라 변경할 수 있다.

③ 약식명령(略式命令)이 청구된 후 치료감호가 청구되었을 때에는 약식명령청구는 그 치료감호가 청구되었을 때부터 공판절차에 따라 심판하여야 한다.

제11조【공판 내용의 고지】 제10조에 따라 공판절차로 이행하는 경우 피고인의 출석 없이 진행된 공판의 내용은 공판조서의 낭독이나 그 밖의 적당한 방법으로 피고인에게 고지(告知)하여야 한다.

제12조【치료감호의 판결 등】 ① 법원은 치료감호사건을 심리하여 그 청구가 이유 있다고 인정할 때에는 판결로써 치료감호를 선고하여야 하고, 이유 없다고 인정할 때 또는 피고사건에 대하여 심신상실 외의 사유로 무죄를 선고하거나 사형을 선고할 때에는 판결로써 청구기각을 선고하여야 한다. [2019. 교정 9급]
② 치료감호사건의 판결은 피고사건의 판결과 동시에 선고하여야 한다. 다만, 제7조에 따라 공소를 제기하지 아니하고 치료감호만을 청구한 경우에는 그러하지 아니하다.
③ 치료감호선고의 판결이유에는 요건으로 되는 사실, 증거의 요지와 적용 법 조문을 구체적으로 밝혀야 한다.
④ 법원은 피고사건에 대하여 「형사소송법」 제326조 각 호, 제327조 제1호부터 제4호까지 및 제328조 제1항 각 호(제2호 중 피고인인 법인이 존속하지 아니하게 되었을 때는 제외한다)의 사유가 있을 때에는 치료감호청구사건에 대하여도 청구기각의 판결 또는 결정을 하여야 한다. 치료감호청구사건에 대하여 위와 같은 사유가 있을 때에도 또한 같다.

제13조【전문가의 감정 등】 법원은 제4조 제2항에 따른 정신건강의학과 전문의 등의 진단 또는 감정의견만으로 피치료감호청구인의 심신장애 또는 정신성적 장애가 있는지의 여부를 판단하기 어려울 때에는 정신건강의학과 전문의 등에게 다시 감정을 명할 수 있다.

제14조【항소 등】 ① 검사 또는 피치료감호청구인과 「형사소송법」 제339조부터 제341조까지에 규정된 자는 「형사소송법」의 절차에 따라 상소할 수 있다.
② 피고사건의 판결에 대하여 상소 및 상소의 포기·취하가 있을 때에는 치료감호청구사건의 판결에 대하여도 상소 및 상소의 포기·취하가 있는 것으로 본다. 상소권회복 또는 재심(再審)의 청구나 비상상고가 있을 때에도 또한 같다.

제15조【준용규정】 ① 법원에서 피치료감호청구인을 보호구속하는 경우의 치료감호영장에 관하여는 제6조 제1항을 준용한다.
② 제2조 제1항 각 호의 어느 하나에 해당하는 치료감호대상자에 대한 치료감호청구사건에 관하여는 「형사소송법」 제282조 및 제283조를 준용한다.

03 치료감호의 집행

제16조【치료감호의 내용】 ① 치료감호를 선고받은 자(이하 "피치료감호자"라 한다)에 대하여는 치료감호시설에 수용하여 치료를 위한 조치를 한다.
② 피치료감호자를 치료감호시설에 수용하는 기간은 다음 각 호의 구분에 따른 기간을 초과할 수 없다. [2025. 교정, 보호 9급] 총 6회 기출

1. 제2조 제1항 제1호 및 제3호에 해당하는 자 [2025. 교정 9급] • 「형법」 제10조 제1항(심신상실자)에 따라 벌하지 아니하거나 제2항(심신미약자)에 따라 형을 감경할 수 있는 심신장애인으로서 금고 이상의 형에 해당하는 죄를 지은 자 • 소아성기호증, 성적가학증 등 성적 성벽이 있는 정신성적 장애인으로서 금고 이상의 형에 해당하는 성폭력범죄를 지은 자	15년
2. 제2조 제1항 제2호에 해당하는 자 • 마약·향정신성의약품·대마, 그 밖에 남용되거나 해독을 끼칠 우려가 있는 물질이나 알코올을 식음·섭취·흡입·흡연 또는 주입받는 습벽이 있거나 그에 중독된 자로서 금고 이상의 형에 해당하는 죄를 지은 자	2년

③ 「전자장치 부착 등에 관한 법률」 제2조 제3호의2에 따른 살인범죄(이하 "살인범죄"라 한다)를 저질러 치료감호를 선고받은 피치료감호자가 살인범죄를 다시 범할 위험성이 있고 계속 치료가 필요하다고 인정되는 경우에는 법원은 치료감호시설의 장의 신청에 따른 검사의 청구로 3회까지 매회 2년의 범위에서 제2항 각 호의 기간을 연장하는 결정을 할 수 있다.

④ 치료감호시설의 장은 정신건강의학과 등 전문의의 진단이나 감정을 받은 후 제3항의 신청을 하여야 한다.

⑤ 제3항에 따른 검사의 청구는 제2항 각 호의 기간 또는 제3항에 따라 연장된 기간이 종료하기 6개월 전까지 하여야 한다. [2019. 교정 9급]

⑥ 제3항에 따른 법원의 결정은 제2항 각 호의 기간 또는 제3항에 따라 연장된 기간이 종료하기 3개월 전까지 하여야 한다.

⑦ 제3항의 결정에 대한 검사, 피치료감호자, 그 법정대리인의 항고와 재항고에 관하여는 「성폭력범죄자의 성충동 약물치료에 관한 법률」 제22조 제5항부터 제11항까지의 규정을 준용하되, "성폭력 수형자"는 "피치료감호자"로 본다.

⑧ 제1항에 따른 치료감호시설에서의 치료와 그 밖에 필요한 사항은 대통령령으로 정한다.

제16조의2【치료감호시설】 ① 제16조 제1항에서 "치료감호시설"이란 다음 각 호의 시설을 말한다.

[치료감호시설](법 제16조의2 제1항)
1. 국립법무병원
2. 국가가 설립·운영하는 국립정신의료기관 중 법무부장관이 지정하는 기관(지정법무병원)

② 지정법무병원은 피치료감호자를 다른 환자와 구분하여 수용한다.

③ 국가는 지정법무병원에 대하여 예산의 범위에서 시설의 설치 및 운영에 필요한 경비를 보조하여야 한다.

④ 지정법무병원의 지정절차, 운영, 치료, 경비보조, 그 밖에 필요한 사항은 대통령령으로 정한다.

제17조【집행 지휘】 ① 치료감호의 집행은 검사가 지휘한다.

② 제1항에 따른 지휘는 판결서등본을 첨부한 서면으로 한다.

제18조【집행 순서 및 방법】 치료감호와 형(刑)이 병과(併科)된 경우에는 치료감호를 먼저 집행한다. 이 경우 치료감호의 집행기간은 형 집행기간에 포함한다. [2025. 교정 9급] 총 16회 기출

제19조【구분 수용】 피치료감호자는 특별한 사정이 없으면 제2조 제1항 각 호의 구분에 따라 구분하여 수용하여야 한다.

제20조【치료감호 내용 등의 공개】 이 법에 따른 치료감호의 내용과 실태는 대통령령으로 정하는 바에 따라 공개하여야 한다. 이 경우 피치료감호자나 그의 보호자가 동의한 경우 외에는 피치료감호자의 개인신상에 관한 것은 공개하지 아니한다. [2018. 5급 승진] 총 2회 기출

제21조【소환 및 치료감호 집행】 ① 검사는 보호구금되어 있지 아니한 피치료감호자에 대한 치료감호를 집행하기 위하여 피치료감호자를 소환할 수 있다.

② 피치료감호자가 제1항에 따른 소환에 응하지 아니하면 검사는 치료감호집행장을 발부하여 보호구인할 수 있다.

③ 피치료감호자가 도망하거나 도망할 염려가 있을 때 또는 피치료감호자의 현재지(現在地)를 알 수 없을 때에는 제2항에도 불구하고 소환 절차를 생략하고 치료감호집행장을 발부하여 보호구인할 수 있다.

④ 치료감호집행장은 치료감호영장과 같은 효력이 있다.

제21조의2【치료감호시설 간 이송】 ① 제37조에 따른 치료감호심의위원회는 피치료감호자에 대하여 치료감호 집행을 시작한 후 6개월마다 국립법무병원에서 지정법무병원으로 이송할 것인지를 심사·결정한다.

② 지정법무병원으로 이송된 피치료감호자가 수용질서를 해치거나 증상이 악화되는 등의 사유로 지정법무병원에서 계속 치료하기 곤란할 경우 제37조에 따른 치료감호심의위원회는 지정법무병원의 피치료감호자를 국립법무병원으로 재이송하는 결정을 할 수 있다.

③ 제37조에 따른 치료감호심의위원회는 제1항 및 제2항의 결정을 위하여 치료감호시설의 장 또는 소속 정신건강의학과 의사의 의견을 청취할 수 있다.

제22조【가종료 등의 심사·결정】 제37조에 따른 치료감호심의위원회는 피치료감호자에 대하여 치료감호 집행을 시작한 후 매 6개월마다 치료감호의 종료 또는 가종료(假終了) 여부를 심사·결정하고, 가종료 또는 치료위탁된 피치료감호자에 대하여는 가종료 또는 치료위탁 후 매 6개월마다 종료 여부를 심사·결정한다. [2016. 교정 9급]

제23조【치료의 위탁】 ① 제37조에 따른 치료감호심의위원회는 치료감호만을 선고받은 피치료감호자에 대한 집행이 시작된 후 1년이 지났을 때에는 상당한 기간을 정하여 그의 법정대리인, 배우자, 직계친족, 형제자매(이하 "법정대리인등"이라 한다)에게 치료감호시설 외에서의 치료를 위탁할 수 있다. [2019. 교정 9급]

② 제37조에 따른 치료감호심의위원회는 치료감호와 형이 병과되어 형기(刑期)에 상당하는 치료감호를 집행받은 자에 대하여는 상당한 기간을 정하여 그 법정대리인등에게 치료감호시설 외에서의 치료를 위탁할 수 있다.

③ 제1항이나 제2항에 따라 치료위탁을 결정하는 경우 치료감호심의위원회는 법정대리인등으로부터 치료감호시설 외에서의 입원·치료를 보증하는 내용의 서약서를 받아야 한다.

제24조【치료감호의 집행정지】 피치료감호자에 대하여 「형사소송법」 제471조 제1항 각 호의 어느 하나에 해당하는 사유가 있을 때에는 같은 조에 따라 검사는 치료감호의 집행을 정지할 수 있다. 이 경우 치료감호의 집행이 정지된 자에 대한 관찰은 형집행정지자에 대한 관찰의 예에 따른다. [2018. 5급 승진] 총 2회 기출

[자유형의 집행정지](형사소송법 제471조 제1항)

① 징역, 금고 또는 구류의 선고를 받은 자에 대하여 다음 각 호의 1에 해당한 사유가 있는 때에는 형을 선고한 법원에 대응한 검찰청검사 또는 형의 선고를 받은 자의 현재지를 관할하는 검찰청검사의 지휘에 의하여 형의 집행을 정지할 수 있다.
  1. 형의 집행으로 인하여 현저히 건강을 해하거나 생명을 보전할 수 없을 염려가 있는 때
  2. 연령 70세 이상인 때
  3. 잉태 후 6월 이상인 때
  4. 출산 후 60일을 경과하지 아니한 때
  5. 직계존속이 연령 70세 이상 또는 중병이나 장애인으로 보호할 다른 친족이 없는 때
  6. 직계비속이 유년으로 보호할 다른 친족이 없는 때
  7. 기타 중대한 사유가 있는 때
② 검사가 전항의 지휘를 함에는 소속 고등검찰청검사장 또는 지방검찰청검사장의 허가를 얻어야 한다.

---

04 피치료감호자 및 피치료감호청구인 등의 처우와 권리

제25조【피치료감호자의 처우】① 치료감호시설의 장은 피치료감호자의 건강한 생활이 보장될 수 있도록 쾌적하고 위생적인 시설을 갖추고 의류, 침구, 그 밖에 처우에 필요한 물품을 제공하여야 한다.

② 피치료감호자에 대한 의료적 처우는 정신병원에 준하여 의사의 조치에 따르도록 한다.

③ 치료감호시설의 장은 피치료감호자의 사회복귀에 도움이 될 수 있도록 치료와 개선 정도에 따라 점진적으로 개방적이고 완화된 처우를 하여야 한다.

제25조의2【피치료감호청구인의 처우】① 피치료감호청구인은 피치료감호자와 구분하여 수용한다. 다만, 다음 각 호의 어느 하나에 해당하는 경우에는 피치료감호청구인을 피치료감호자와 같은 치료감호시설에 수용할 수 있다.

> **[피치료감호청구인과 피치료감호자 같은 시설 수용요건]**(법 제25조의2 제1항)
> 1. 치료감호시설이 부족한 경우
> 2. 범죄의 증거인멸을 방지하기 위하여 필요하거나 그 밖에 특별한 사정이 있는 경우

② 제1항 단서에 따라 같은 치료감호시설에 수용된 피치료감호자와 피치료감호청구인은 분리하여 수용한다.

③ 치료감호시설의 장은 피치료감호청구인이 치료감호시설에 수용된 경우에는 그 특성을 고려하여 적합한 처우를 하여야 한다.

④ 제3항에 따른 피치료감호청구인에 대한 처우의 구체적 기준 및 절차는 대통령령으로 정한다.

제25조의3【격리 등 제한의 금지】① 치료감호시설의 장은 피치료감호자 및 피치료감호청구인(이하 "피치료감호자등"이라 한다)이 다음 각 호의 어느 하나에 해당하는 경우가 아니면 피치료감호자등에 대하여 격리 또는 묶는 등의 신체적 제한을 할 수 없다. 다만, 피치료감호자등의 신체를 묶는 등으로 직접적으로 제한하는 것은 제1호의 경우에 한정한다.

격리가 가능한 행위(법 제25조의3 제1항)	묶는 행위가 가능한 행위(보호복 또는 억제대 이용)	
1. 자신이나 다른 사람을 위험에 이르게 할 가능성이 뚜렷하게 높고 신체적 제한 외의 방법으로 그 위험을 회피하는 것이 뚜렷하게 곤란하다고 판단되는 경우	격리 또는 신체를 묶는 등으로 직접적인 제한가능 정신건강의학과 전문의 지시에 따라야 한다.	
2. 중대한 범법행위 또는 규율위반 행위를 한 경우	격리만 가능	담당의사의 지시에 따를 수 있다.
3. 그 밖에 수용질서를 문란케 하는 중대한 행위를 한 경우	격리만 가능	

② 치료감호시설의 장은 제1항에 따라 피치료감호자 등에 대하여 격리 또는 묶는 등의 신체적 제한을 하려는 경우 정신건강의학과 전문의의 지시에 따라야 한다. 다만, 제1항 제2호 또는 제3호에 해당하는 경우에는 담당 의사의 지시에 따를 수 있다.

③ 제1항 및 제2항에 따라 피치료감호자등을 격리하는 경우에는 해당 치료감호시설 안에서 하여야 한다.

④ 제1항 및 제2항에 따라 피치료감호자등을 신체적으로 제한한 경우에는 그 사유, 제한의 기간 및 해제 시기를 포함한 내용을 대통령령으로 정하는 바에 따라 작성·보존하여야 한다.

제26조【면회 등】치료감호시설의 장은 수용질서 유지나 치료를 위하여 필요한 경우 외에는 피치료감호자등의 면회, 편지의 수신·발신, 전화통화 등을 보장하여야 한다.

제27조【텔레비전 시청 등】피치료감호자등의 텔레비전 시청, 라디오 청취, 신문·도서의 열람은 일과시간이나 취침시간 등을 제외하고는 자유롭게 보장된다.

제28조【환자의 치료】① 치료감호시설의 장은 피치료감호자등이 치료감호시설에서 치료하기 곤란한 질병에 걸렸을 때에는 외부의료기관에서 치료를 받게 할 수 있다.

② 치료감호시설의 장은 제1항의 경우 본인이나 보호자 등이 직접 비용을 부담하여 치료 받기를 원하면 이를 허가할 수 있다.

제29조【근로보상금 등의 지급】근로에 종사하는 피치료감호자에게는 근로의욕을 북돋우고 석방 후 사회정착에 도움이 될 수 있도록 법무부장관이 정하는 바에 따라 근로보상금을 지급하여야 한다. [2019. 교정 9급]

총 2회 기출

제30조【처우개선의 청원】① 피치료감호자등이나 법정대리인등은 법무부장관에게 피치료감호자등의 처우개선에 관한 청원(請願)을 할 수 있다.

② 제1항에 따른 청원의 제기, 청원의 심사, 그 밖에 필요한 사항에 관하여는 대통령령으로 정한다.

⊕ **PLUS** 처우개선의 청원(시행령 제8조)

1. 피치료감호자 등이나 법정대리인 등이 피치료감호자 등의 처우개선에 관하여 청원할 경우에는 법무부장관에게 문서로 하여야 한다.

형집행법	수용자는 그 처우에 관한 불복하는 경우 법무부장관·순회점검공무원 또는 관할 지방교정청장에게 청원할 수 있다(법 제117조 제1항).
보호소년법	보호소년 등은 그 처우에 대하여 불복할 때에는 법무부장관에게 문서로 청원할 수 있다(법 제11조).

2. 청원하려는 사람은 청원서를 작성하여 봉한 후 치료감호시설의 장에게 제출하여야 한다.
3. 치료감호시설의 장은 청원서를 개봉하여서는 아니 되며, 지체 없이 법무부장관에게 송부하여야 한다.
4. 치료감호시설의 장은 피치료감호자 등 또는 법정대리인 등이 청원을 하지 못하게 하거나 청원을 하였다는 이유로 피치료감호자 등에게 불이익을 주어서는 아니 된다.
5. 법무부장관은 청원의 처리 결과를 치료감호시설의 장에게 문서로 통보하고, 치료감호시설의 장은 지체 없이 청원인에게 전달하여야 한다.

제31조【운영실태 등 점검】법무부장관은 연 2회 이상 치료감호시설의 운영실태 및 피치료감호자등에 대한 처우상태를 점검하여야 한다. [2025. 교정 9급]

제31조의2【피감정유치자의 처우】「형사소송법」 또는 그 밖에 다른 법률에 따라 정신감정을 위하여 치료감호시설에 유치된 자에 대하여는 제25조의2, 제25조의3, 제26조부터 제28조까지, 제30조 및 제31조를 준용한다.

05 보호관찰

제32조【보호관찰】① 피치료감호자가 다음 각 호의 어느 하나에 해당하게 되면 「보호관찰 등에 관한 법률」에 따른 보호관찰(이하 "보호관찰"이라 한다)이 시작된다.

[피치료감호자의 보호관찰의 시작 사유](법 제32조 제1항) [2025. 교정 9급] 총 8회 기출

1. 피치료감호자에 대한 치료감호가 가종료되었을 때
2. 피치료감호자가 치료감호시설 외에서 치료받도록 법정대리인 등에게 위탁되었을 때
3. 치료감호기간(치료감호시설 수용기간 또는 살인범죄 피치료감호자의 연장된 수용 기간)이 만료되는 피치료감호자에 대하여 치료감호심의위원회가 심사하여 보호관찰이 필요하다고 결정한 경우에는 치료감호기간이 만료되었을 때

② 보호관찰의 기간은 3년으로 한다. [2025. 교정 9급] 총 7회 기출

③ 보호관찰을 받기 시작한 자(이하 "피보호관찰자"라 한다)가 다음 각 호의 어느 하나에 해당하게 되면 보호관찰이 종료된다.

[보호관찰의 종료 사유](법 제32조 제3항) [2018. 교정 9급] 총 3회 기출

1. 보호관찰기간이 끝났을 때
2. 보호관찰기간이 끝나기 전이라도 제37조에 따른 치료감호심의위원회의 치료감호의 종료결정이 있을 때
3. 보호관찰기간이 끝나기 전이라도 피보호관찰자가 다시 치료감호 집행을 받게 되어 재수용되었을 때

④ 피보호관찰자가 보호관찰기간 중 새로운 범죄로 금고 이상의 형의 집행을 받게 된 때에는 보호관찰은 종료되지 아니하며, 해당 형의 집행기간 동안 피보호관찰자에 대한 보호관찰기간은 계속 진행된다.

⑤ 피보호관찰자에 대하여 제4항에 따른 금고 이상의 형의 집행이 종료·면제되는 때 또는 피보호관찰자가 가석방되는 때에 보호관찰기간이 아직 남아있으면 그 잔여기간 동안 보호관찰을 집행한다.

제33조【피보호관찰자의 준수사항】① 피보호관찰자는 「보호관찰 등에 관한 법률」 제32조 제2항에 따른 준수사항을 성실히 이행하여야 한다.

[보호관찰대상자의 일반준수사항](보호관찰 등에 관한 법률 제32조 제2항)

1. 주거지에 상주(常住)하고 생업에 종사할 것
2. 범죄로 이어지기 쉬운 나쁜 습관을 버리고 선행(善行)을 하며 범죄를 저지를 염려가 있는 사람들과 교제하거나 어울리지 말 것
3. 보호관찰관의 지도·감독에 따르고 방문하면 응대할 것
4. 주거를 이전(移轉)하거나 1개월 이상 국내외 여행을 할 때에는 미리 보호관찰관에게 신고할 것

② 제37조에 따른 치료감호심의위원회는 피보호관찰자의 치료경과 및 특성 등에 비추어 필요하다고 판단되면 제1항에 따른 준수사항 외에 다음 각 호의 사항 중 전부 또는 일부를 따로 보호관찰기간 동안 특별히 지켜야 할 준수사항으로 부과할 수 있다.

[피보호관찰자의 특별준수사항](법 제33조 제2항)

1. 주기적인 외래치료 및 처방받은 약물의 복용 여부에 관한 검사
2. 야간 등 재범의 기회나 충동을 줄 수 있는 특정 시간대의 외출 제한
3. 재범의 기회나 충동을 줄 수 있는 특정지역·장소에 출입 금지
4. 피해자 등 재범의 대상이 될 우려가 있는 특정인에게 접근 금지
5. 일정한 주거가 없는 경우 거주 장소 제한
6. 일정량 이상의 음주 금지

7. 마약 등 중독성 있는 물질 사용 금지
8. 「마약류 관리에 관한 법률」에 따른 마약류 투약, 흡연, 섭취 여부에 관한 검사
9. 그 밖에 피보호관찰자의 생활상태, 심신상태나 거주지의 환경 등으로 보아 피보호관찰자가 준수할 수 있고 그 자유를 부당하게 제한하지 아니하는 범위에서 피보호관찰자의 재범 방지 또는 치료감호의 원인이 된 질병·습벽의 재발 방지를 위하여 필요하다고 인정되는 사항

③ 제37조에 따른 치료감호심의위원회는 피보호관찰자가 제1항 또는 제2항의 준수사항을 위반하거나 상당한 사정변경이 있는 경우에는 직권 또는 보호관찰소의 장의 신청에 따라 준수사항 전부 또는 일부의 추가·변경 또는 삭제에 관하여 심사하고 결정할 수 있다.

④ 제1항부터 제3항까지의 규정에 따른 준수사항은 서면으로 고지하여야 한다.

⑤ 보호관찰소의 장은 피보호관찰자가 제1항부터 제3항까지의 준수사항을 위반하거나 위반할 위험성이 있다고 인정할 상당한 이유가 있는 경우에는 준수사항의 이행을 촉구하고 제22조에 따른 가종료 또는 제23조에 따른 치료의 위탁(이하 "가종료등"이라 한다)의 취소 등 불리한 처분을 받을 수 있음을 경고할 수 있다.

제33조의2【유치 및 유치기간 등】 ① 보호관찰소의 장은 제33조에 따른 준수사항을 위반한 피보호관찰자를 구인(拘引)할 수 있다. 이 경우 피보호관찰자의 구인에 대해서는 「보호관찰 등에 관한 법률」 제39조 및 제40조를 준용한다.

② 보호관찰소의 장은 다음 각 호의 어느 하나에 해당하는 신청을 검사에게 요청할 필요가 있다고 인정하는 경우에는 구인한 피보호관찰자를 교도소, 구치소 또는 치료감호시설에 유치할 수 있다.

[피보호관찰자의 유치 사유](법 제33조의2 제2항)

1. 제22조에 따른 가종료의 취소 신청
2. 제23조에 따른 치료 위탁의 취소 신청

③ 보호관찰소의 장은 제2항에 따라 피보호관찰자를 유치하려는 경우에는 검사에게 신청하여 검사의 청구로 관할 지방법원 판사의 허가를 받아야 한다. 이 경우 검사는 피보호관찰자가 구인된 때부터 48시간 이내에 유치허가를 청구하여야 한다.

④ 보호관찰소의 장은 유치허가를 받은 때부터 24시간 이내에 검사에게 가종료등의 취소 신청을 요청하여야 한다.

⑤ 검사는 보호관찰소의 장으로부터 제4항에 따른 신청을 받았을 경우에 그 이유가 타당하다고 인정되면 48시간 이내에 제37조에 따른 치료감호심의위원회에 가종료등의 취소를 신청하여야 한다.

⑥ 보호관찰소의 장이 제2항에 따라 피보호관찰자를 유치할 수 있는 기간은 구인한 날부터 30일로 한다. 다만, 보호관찰소의 장은 제5항에 따른 검사의 신청이 있는 경우에 제37조에 따른 치료감호심의위원회의 심사에 필요하면 검사에게 신청하여 검사의 청구로 관할 지방법원 판사의 허가를 받아 20일의 범위에서 한 차례만 유치기간을 연장할 수 있다.

⑦ 보호관찰소의 장은 다음 각 호의 어느 하나에 해당하는 경우에는 유치를 해제하고 피보호관찰자를 즉시 석방하여야 한다.

[피보호관찰자의 유치 해제 사유](법 제33조의2 제7항)

1. 제37조에 따른 치료감호심의위원회가 제43조 제1항에 따른 검사의 가종료 등의 취소 신청을 기각한 경우
2. 검사가 제43조 제3항에 따른 보호관찰소의 장의 가종료 등의 취소 신청에 대한 요청을 기각한 경우

⑧ 제2항에 따라 유치된 피보호관찰자에 대하여 가종료등이 취소된 경우에는 그 유치기간을 치료감호기간에 산입한다.

제34조【피보호관찰자 등의 신고 의무】 ① 피보호관찰자나 법정대리인등은 대통령령으로 정하는 바에 따라 출소 후의 거주 예정지나 그 밖에 필요한 사항을 미리 치료감호시설의 장에게 신고하여야 한다.

② 피보호관찰자나 법정대리인등은 출소 후 10일 이내에 주거, 직업, 치료를 받는 병원, 피보호관찰자가 등록한 「정신건강증진 및 정신질환자 복지서비스 지원에 관한 법률」 제3조 제3호에 따른 정신건강복지센터(이하 "정신건강복지센터"라 한다), 그 밖에 필요한 사항을 보호관찰관에게 서면으로 신고하여야 한다.

제35조【치료감호의 종료】 ① 제32조 제1항 제1호 또는 제2호에 해당하는 경우에는 보호관찰기간이 끝나면 피보호관찰자에 대한 치료감호가 끝난다. [2021. 교정 9급]

② 제37조에 따른 치료감호심의위원회는 피보호관찰자의 관찰성적 및 치료경과가 양호하면 보호관찰기간이 끝나기 전에 보호관찰의 종료를 결정할 수 있다.

제36조【가종료 취소와 치료감호의 재집행】 제37조에 따른 치료감호심의위원회는 피보호관찰자(제32조 제1항 제3호에 따라 치료감호기간 만료 후 피보호관찰자가 된 사람은 제외한다)가 다음 각 호의 어느 하나에 해당할 때에는 결정으로 가종료등을 취소하고 다시 치료감호를 집행할 수 있다.

[가종료 취소와 치료감호의 재집행 사유](법 제36조)
1. 금고 이상의 형에 해당하는 죄를 지은 때. 다만, 과실범은 제외한다.
2. 제33조의 준수사항이나 그 밖에 보호관찰에 관한 지시·감독을 위반하였을 때
3. 제32조 제1항 제1호에 따라 피치료감호자에 대한 치료감호가 가종료되어 피보호관찰자가 된 사람이 증상이 악화되어 치료감호가 필요하다고 인정될 때

---

06 치료감호시설 출소자의 치료 및 관리

제36조의2【치료감호시설 출소자의 정신건강복지센터 등록 등】 치료감호가 종료 또는 가종료되거나 제24조에 따라 집행정지된 사람(이하 "치료감호시설 출소자"라 한다)은 정신건강복지센터에 등록하여 상담, 진료, 사회복귀훈련 등 정신건강복지센터의 정신보건서비스를 받을 수 있다.

제36조의3【외래진료】 ① 치료감호시설 출소자가 치료감호시설에서의 외래진료를 신청한 경우에 치료감호시설의 장은 검사, 투약 등 적절한 진료 및 치료를 실시할 수 있다.

② 제1항에 따른 외래진료의 절차 등에 관하여 필요한 사항은 법무부령으로 정한다.

제36조의4【보호관찰소와 정신건강복지센터의 공조】 ① 보호관찰소의 장과 정신건강복지센터의 장은 피보호관찰자의 치료 및 재범방지, 사회복귀를 위하여 상호 협조하여야 한다.

② 보호관찰소의 장은 피보호관찰자에 대한 등록, 상담, 진료, 사회복귀훈련 및 이에 관한 사례 관리 등 정신보건 관련 정보를 정신건강복지센터의 장에게 요청할 수 있다.

③ 정신건강복지센터의 장은 피보호관찰자의 공동 면담 등 피보호관찰자의 치료 및 재범방지, 사회복귀를 위하여 필요한 경우 보호관찰소의 장에게 협조를 요청할 수 있다.

---

07 치료감호심의위원회

제37조【치료감호심의위원회】 ① 치료감호 및 보호관찰의 관리와 집행에 관한 사항을 심사·결정하기 위하여 법무부에 치료감호심의위원회(이하 "위원회"라 한다)를 둔다.
② 위원회는 판사, 검사, 법무부의 고위공무원단에 속하는 일반직공무원 또는 변호사의 자격이 있는 6명 이내의 위원과 정신건강의학과 등 전문의의 자격이 있는 3명 이내의 위원으로 구성하고, 위원장은 법무부차관으로 한다.
③ 위원회는 다음 각 호의 사항을 심사·결정한다.

[치료감호심의위원회 심사·결정사항](법 제37조 제3항)
1. 피치료감호자에 대한 치료감호시설 간 이송에 관한 사항
2. 피치료감호자에 대한 치료의 위탁·가종료 및 그 취소와 치료감호 종료 여부에 관한 사항
3. 피보호관찰자에 대한 준수사항의 부과 및 준수사항 전부 또는 일부의 추가·변경 또는 삭제에 관한 사항
4. 피치료감호자에 대한 치료감호기간 만료 시 보호관찰 개시에 관한 사항
5. 그 밖에 제1호부터 제4호까지에 관련된 사항

④ 위원회에는 전문적 학식과 덕망이 있는 자 중에서 위원장의 제청으로 법무부장관이 위촉하는 자문위원을 둘 수 있다.
⑤ 위원회의 위원 중 공무원이 아닌 위원은 「형법」과 그 밖의 법률에 따른 벌칙을 적용할 때에는 공무원으로 본다.
⑥ 위원회의 구성·운영·서무 및 자문위원의 위촉과 그 밖에 필요한 사항은 대통령령으로 정한다.

제38조【결격사유】 다음 각 호의 어느 하나에 해당하는 자는 위원회의 위원이 될 수 없다.
1. 「국가공무원법」 제33조 각 호의 결격사유 어느 하나에 해당하는 자
2. 제39조에 따라 위원에서 해촉(解囑)된 후 3년이 지나지 아니한 자

제39조【위원의 해촉】 법무부장관은 위원회의 위원이 다음 각 호의 어느 하나에 해당하면 그 위원을 해촉할 수 있다.
1. 심신장애로 인하여 직무수행을 할 수 없거나 직무를 수행하기가 현저히 곤란하다고 인정될 때
2. 직무태만·품위손상, 그 밖의 사유로 위원으로서 적당하지 아니하다고 인정되는 때

제40조【심사】 ① 위원회는 심의자료에 따라 제37조 제3항에 규정된 사항을 심사한다.
② 위원회는 제1항에 따른 심사를 위하여 필요하면 법무부 소속 공무원으로 하여금 결정에 필요한 사항을 조사하게 하거나 피치료감호자 및 피보호관찰자(이하 "피보호자"라 한다)나 그 밖의 관계자를 직접 소환·심문하거나 조사할 수 있다.
③ 제2항에 따라 조사 명령을 받은 공무원은 다음 각 호의 권한을 가진다.
1. 피보호자나 그 밖의 관계자의 소환·심문 및 조사
2. 국공립기관이나 그 밖의 공공단체·민간단체에 대한 조회 및 관계 자료의 제출요구
④ 피보호자나 그 밖의 관계자는 제2항과 제3항의 소환·심문 및 조사에 응하여야 하며, 국공립기관이나 그 밖의 공공단체·민간단체는 제3항에 따라 조회나 자료 제출을 요구받았을 때에는 국가기밀 또는 공공의 안녕질서에 해를 끼치는 것이 아니면 이를 거부할 수 없다.

제41조【의결 및 결정】 ① 위원회는 위원장을 포함한 재적위원 과반수의 출석으로 개의(開議)하고, 출석위원 과반수의 찬성으로 의결한다. 다만, 찬성과 반대의 수가 같을 때에는 위원장이 결정한다.
② 결정은 이유를 붙이고 출석한 위원들이 기명날인한 문서로 한다.
③ 위원회는 제1항에 따른 의결을 할 때 필요하면 치료감호시설의 장이나 보호관찰관에게 의견서를 제출하도록 할 수 있다.

④ 치료감호시설의 장은 제3항에 따른 의견서를 제출할 때에는 피보호자의 상태 및 예후, 치료감호 종료의 타당성 등에 관한 피보호자 담당 의사의 의견을 참조하여야 한다.

제42조【위원의 기피】 ① 피보호자와 그 법정대리인등은 위원회의 위원에게 공정한 심사·의결을 기대하기 어려운 사정이 있으면 위원장에게 기피신청을 할 수 있다.

② 위원장은 제1항에 따른 기피신청에 대하여 위원회의 의결을 거치지 아니하고 신청이 타당한지를 결정한다. 다만, 위원장이 결정하기에 적절하지 아니한 경우에는 위원회의 의결로 결정할 수 있다.

③ 제1항에 따라 기피신청을 받은 위원은 제2항 단서의 의결에 참여하지 못한다.

제43조【검사의 심사신청】 ① 피보호자의 주거지(시설에 수용된 경우에는 그 시설을 주거지로 본다)를 관할하는 지방검찰청 또는 지청의 검사는 제37조 제3항에 규정된 사항에 관하여 위원회에 그 심사·결정을 신청할 수 있다.

② 제1항에 따른 신청을 할 때에는 심사신청서와 신청사항의 결정에 필요한 자료를 제출하여야 한다. 이 경우 치료감호시설의 장이나 보호관찰소의 장의 의견을 들어야 한다.

③ 치료감호시설의 장이나 보호관찰소의 장은 검사에게 제1항에 따른 신청을 요청할 수 있다.

제44조【피치료감호자 등의 심사신청】 ① 피치료감호자와 그 법정대리인등은 피치료감호자가 치료감호를 받을 필요가 없을 정도로 치유되었음을 이유로 치료감호의 종료 여부를 심사·결정하여 줄 것을 위원회에 신청할 수 있다.

② 제1항에 따른 신청을 할 때에는 심사신청서와 심사신청이유에 대한 자료를 제출하여야 한다.

③ 제1항에 따른 신청은 치료감호의 집행이 시작된 날부터 6개월이 지난 후에 하여야 한다. 신청이 기각된 경우에는 6개월이 지난 후에 다시 신청할 수 있다.

④ 위원회는 제1항에 따른 신청에 대한 심사를 마친 때에는 지체 없이 심사 기준과 그 결정 이유를 피치료감호자와 법정대리인등에게 통보하여야 한다.

08 치료명령사건

제44조의2【선고유예 시 치료명령 등】 ① 법원은 치료명령대상자에 대하여 형의 선고 또는 집행을 유예하는 경우에는 치료기간을 정하여 치료를 받을 것을 명할 수 있다. [2020. 보호 7급]

② 제1항의 치료를 명하는 경우 보호관찰을 병과하여야 한다.

③ 제2항에 따른 보호관찰기간은 선고유예의 경우에는 1년, 집행유예의 경우에는 그 유예기간으로 한다. 다만, 법원은 집행유예 기간의 범위에서 보호관찰기간을 정할 수 있다.

④ 제1항의 치료기간은 제3항에 따른 보호관찰기간을 초과할 수 없다.

제44조의3【판결 전 조사】 ① 법원은 제44조의2에 따른 치료를 명하기 위하여 필요하다고 인정하면 피고인의 주거지 또는 그 법원의 소재지를 관할하는 보호관찰소의 장에게 범죄의 동기, 피고인의 신체적·심리적 특성 및 상태, 가정환경, 직업, 생활환경, 병력(病歷), 치료비용 부담능력, 재범위험성 등 피고인에 관한 사항의 조사를 요구할 수 있다.

② 제1항의 요구를 받은 보호관찰소의 장은 지체 없이 이를 조사하여 서면으로 해당 법원에 알려야 한다. 이 경우 필요하다고 인정하면 피고인이나 그 밖의 관계인을 소환하여 심문하거나 소속 보호관찰관에게 필요한 사항을 조사하게 할 수 있다.

③ 보호관찰소의 장은 제2항의 조사를 위하여 필요하다고 인정하면 국공립 기관이나 그 밖의 단체에 사실을 알아보거나 관련 자료의 열람 등 협조를 요청할 수 있다.

제44조의4【전문가의 진단 등】 법원은 제44조의2에 따른 치료를 명하기 위하여 필요하다고 인정하는 때에는 정신건강의학과 전문의에게 피고인의 정신적 상태, 알코올 의존도 등에 대한 진단을 요구할 수 있다.

제44조의5【준수사항】 치료명령을 받은 사람은 다음 각 호의 사항을 준수하여야 한다.

> **[치료명령대상자의 준수사항]**(법 제44조의5)
> 1. 보호관찰관의 지시에 따라 성실히 치료에 응할 것
> 2. 보호관찰관의 지시에 따라 인지행동 치료 등 심리치료 프로그램을 성실히 이수할 것

제44조의6【치료명령의 집행】 ① 치료명령은 검사의 지휘를 받아 보호관찰관이 집행한다.
② 치료명령은 정신건강의학과 전문의의 진단과 약물 투여, 상담 등 치료 및 「정신건강증진 및 정신질환자 복지서비스 지원에 관한 법률」에 따른 정신건강전문요원 등 전문가에 의한 인지행동 치료 등 심리치료 프로그램의 실시 등의 방법으로 집행한다.
③ 보호관찰관은 치료명령을 받은 사람에게 치료명령을 집행하기 전에 치료기관, 치료의 방법·내용 등에 관하여 충분히 설명하여야 한다.
④ 그 밖에 치료명령의 집행에 관하여 필요한 사항은 대통령령으로 정한다.

제44조의7【치료기관의 지정 등】 ① 법무부장관은 치료명령을 받은 사람의 치료를 위하여 치료기관을 지정할 수 있다.
② 제1항에 따른 치료기관의 지정기준 등 필요한 사항은 법무부령으로 정한다.

제44조의8【선고유예의 실효 등】 ① 법원은 제44조의2에 따라 치료를 명한 선고유예를 받은 사람이 정당한 사유 없이 치료기간 중에 제44조의5의 준수사항을 위반하고 그 정도가 무거운 때에는 유예한 형을 선고할 수 있다.
② 법원은 제44조의2에 따라 치료를 명한 집행유예를 받은 사람이 정당한 사유 없이 치료기간 중에 제44조의5의 준수사항을 위반하고 그 정도가 무거운 때에는 집행유예의 선고를 취소할 수 있다.
③ 치료명령대상자에 대한 경고·구인·긴급구인·유치·선고유예의 실효 및 집행유예의 취소 등에 대하여는 「보호관찰 등에 관한 법률」 제38조부터 제45조까지, 제45조의2, 제46조 및 제47조를 준용한다.

제44조의9【비용부담】 ① 제44조의2에 따른 치료명령을 받은 사람은 치료기간 동안 치료비용을 부담하여야 한다. 다만, 치료비용을 부담할 경제력이 없는 사람의 경우에는 국가가 비용을 부담할 수 있다.
② 비용부담에 관하여 필요한 사항은 대통령령으로 정한다.

09 보칙

제45조【치료감호 청구의 시효】 ① 치료감호 청구의 시효는 치료감호가 청구된 사건과 동시에 심리하거나 심리할 수 있었던 죄에 대한 공소시효기간이 지나면 완성된다.
② 치료감호가 청구된 사건은 판결의 확정 없이 치료감호가 청구되었을 때부터 15년이 지나면 청구의 시효가 완성된 것으로 본다. [2011. 교정 9급] 총 2회 기출

제46조【치료감호의 시효】 ① 피치료감호자는 그 판결이 확정된 후 집행을 받지 아니하고 다음 각 호의 구분에 따른 기간이 지나면 시효가 완성되어 집행이 면제된다.

1. 제2조 제1항 제1호 및 제3호에 해당하는 자 　• 「형법」 제10조 제1항(심신상실자)에 따라 벌하지 아니하거나 제2항(심신미약자)에 따라 형을 감경할 수 있는 심신장애인으로서 금고 이상의 형에 해당하는 죄를 지은 자 　• 소아성기호증, 성적가학증 등 성적 성벽이 있는 정신성적 장애인으로서 금고 이상의 형에 해당하는 성폭력범죄를 지은 자	10년
2. 제2조 제1항 제2호에 해당하는 자: 마약·향정신성의약품·대마, 그 밖에 남용되거나 해독을 끼칠 우려가 있는 물질이나 알코올을 식음·섭취·흡입·흡연 또는 주입받는 습벽이 있거나 그에 중독된 자로서 금고 이상의 형에 해당하는 죄를 지은 자	7년

② 시효는 치료감호의 집행정지 기간 또는 가종료 기간이나 그 밖에 집행할 수 없는 기간에는 진행되지 아니한다.

③ 시효는 피치료감호자를 체포함으로써 중단된다.

제47조【치료감호의 선고와 자격정지】 피치료감호자는 그 치료감호의 집행이 종료되거나 면제될 때까지 다음 각 호의 자격이 정지된다.

1. 공무원이 될 자격
2. 공법상의 선거권과 피선거권
3. 법률로 요건을 정한 공법상 업무에 관한 자격

제48조【치료감호의 실효】 ① 치료감호의 집행을 종료하거나 집행이 면제된 자가 피해자의 피해를 보상하고 자격정지 이상의 형이나 치료감호를 선고받지 아니하고 7년이 지났을 때에는 본인이나 검사의 신청에 의하여 그 재판의 실효(失效)를 선고할 수 있다. 이 경우 「형사소송법」 제337조를 준용한다.

② 치료감호의 집행을 종료하거나 집행이 면제된 자가 자격정지 이상의 형이나 치료감호를 선고받지 아니하고 10년이 지났을 때에는 그 재판이 실효된 것으로 본다.

제49조【기간의 계산】 ① 치료감호의 기간은 치료감호를 집행한 날부터 기산(起算)한다. 이 경우 치료감호 집행을 시작한 첫날은 시간으로 계산하지 아니하고 1일로 산정한다.

② 치료감호의 집행을 위반한 기간은 그 치료감호의 집행기간에 포함하지 아니한다.

내용	청구 시효	감호 기간	시효	실효
• 심신장애인으로서 금고 이상 죄를 지은 자 • 정신성적 장애인으로 금고 이상 성폭력범죄 지은 자	15년	15년	10년	• 7년 경과 시 본인이나 검사의 신청 • 10년 경과 시
• 마약 등으로 금고 이상 죄를 지은 자 • 알코올 중독 등으로 금고 이상 죄를 지은 자		2년	7년	

🔨 판례 |

[1] 치료감호법상의 보호관찰은 치료감호소 밖에서의 사회 내 처우를 통해 치료감호의 목적을 달성하기 위한 보안처분으로 형벌과 그 본질 및 목적, 기능에 있어서 독자적인 의의를 가지는 것이므로, 치료감호 가종료 시 보호관찰이 개시되도록 하는 것을 두고 거듭처벌이라고 할 수 없다(헌재 2012.12.27. 2011헌마285).

[2] 치료감호법상의 보호관찰과 형법상의 보호관찰은 그 대상 및 성질, 기간만료 전의 종료 여부에 있어서 차이가 있으므로, 치료감호법상의 보호관찰대상자와 형법상의 보호관찰대상자를 본질적으로 동일한 집단으로 볼 수는 없다(헌재 2012.12.27. 2011헌마285).

[3] 치료감호와 치료명령이 함께 청구된 경우에는, 치료감호를 통한 치료에도 불구하고 치료명령의 집행시점에도 여전히 약물치료가 필요할 만큼 피청구자에게 성폭력범죄를 다시 범할 위험성이 있고 피청구자의 동의를 대체할 수 있을 정도의 상당한 필요성이 인정되는 경우에 한하여 치료감호와 함께 치료명령을 선고할 수 있다고 보아야 한다(대법원 2014.12.11. 2014도6930). [2025. 보호 9급]

단원별 지문 O/X

01 「치료감호 등에 관한 법률」상 치료감호 가종료자의 보호관찰 기간은 3년이다. (　　)   [2021. 교정 7급]

02 치료감호 대상자는 의사무능력이나 심신미약으로 인하여 형을 감경할 수 있는 심신장애인으로서 징역형 이상의 형에 해당하는 죄를 지은 자이다. (　　)   [2021. 교정 9급]

03 검사는 심신장애인으로 금고 이상의 형에 해당하는 죄를 지은 자에 대하여 정신건강의학과 등의 전문의의 진단이나 감정을 받은 후, 치료감호를 청구하여야 한다. (　　)   [2021. 보호 7급]

04 소아성기호증 등 성적 성벽이 있는 장애인으로서 금고 이상의 형에 해당하는 성폭력범죄를 지은 자에 대한 치료감호의 기간은 2년을 초과할 수 없다. (　　)   [2020. 보호 7급]

05 치료감호와 형이 병과된 경우 형 집행 완료 후 치료감호를 집행한다. (　　)   [2020. 보호 7급]

06 피치료감호자에 대한 치료감호가 가종료되면 보호관찰이 시작된다. (　　)   [2022. 교정 7급]

07 피치료감호자가 치료감호시설 외에서 치료받도록 법정대리인 등에게 위탁되었을 때 보호관찰이 시작된다. (　　)   [2022. 교정 7급]

08 법원은 치료명령대상자에 대하여 형의 선고를 유예하는 경우 치료기간을 정하여 치료를 받을 것을 명할 수 있으며, 이때 보호관찰을 병과할 수 있다. (　　)   [2020. 보호 7급]

---

01 ○　치료감호 등에 관한 법률 제32조 제2항

02 ✕　치료감호대상자는 형법 제10조 제1항(심신상실자)에 따라 벌하지 아니하거나 제2항(심신미약자)에 따라 형을 감경할 수 있는 심신장애인으로서 금고 이상의 형에 해당하는 죄를 지은 자이다(치료감호 등에 관한 법률 제2조 제1항 제1호).

03 ✕　치료감호대상자에 대한 치료감호를 청구할 때에는 정신건강의학과 등의 전문의의 진단이나 감정을 참고하여야 한다. 다만, 소아성기호증, 성적가학증 등 성적 성벽이 있는 정신성적 장애인으로서 금고 이상의 형에 해당하는 성폭력범죄를 지은 자에 대하여는 정신건강의학과 등의 전문의의 진단이나 감정을 받은 후 치료감호를 청구하여야 한다(치료감호 등에 관한 법률 제4조 제2항).

04 ✕　치료감호의 기간은 15년을 초과할 수 없다(치료감호 등에 관한 법률 제16조 제2항).

05 ✕　치료감호와 형이 병과된 경우에는 치료감호를 먼저 집행한다(치료감호 등에 관한 법률 제18조).

06 ○　치료감호 등에 관한 법률 제32조 제1항 제1호

07 ○　치료감호 등에 관한 법률 제32조 제1항 제2호

08 ✕　법원은 치료명령대상자에 대하여 형의 선고 또는 집행을 유예하는 경우에는 치료기간을 정하여 치료를 받을 것을 명할 수 있으며(동법 제44조의2 제1항), 치료를 명하는 경우 보호관찰을 병과하여야 한다(치료감호 등에 관한 법률 제44조의2 제2항).

01 총칙

제1조【목적】 이 법은 수사·재판·집행 등 형사사법 절차에서 전자장치를 효율적으로 활용하여 불구속재판을 확대하고, 범죄인의 사회복귀를 촉진하며, 범죄로부터 국민을 보호함을 목적으로 한다.

제2조【정의】 이 법에서 사용하는 용어의 정의는 다음과 같다.

1. "특정범죄"란 성폭력범죄, 미성년자 대상 유괴범죄, 살인범죄, 강도범죄 및 스토킹범죄를 말한다. [2020. 보호 7급] 총 4회 기출

2. "성폭력범죄"란 다음 각 목의 범죄를 말한다.
   - 가. 「형법」 제2편 제32장 강간과 추행의 죄 중 제297조(강간)·제297조의2(유사강간)·제298조(강제추행)·제299조(준강간, 준강제추행)·제300조(미수범)·제301조(강간등 상해·치상)·제301조의2(강간 등 살인·치사)·제302조(미성년자등에 대한 간음)·제303조(업무상위력등에 의한 간음)·제305조(미성년자에 대한 간음, 추행)·제305조의2(상습범), 제2편 제38장 절도와 강도의 죄 중 제339조(강도강간)·제340조(해상강도) 제3항(사람을 강간한 죄만을 말한다) 및 제342조(미수범)의 죄(제339조 및 제340조 제3항 중 사람을 강간한 죄의 미수범만을 말한다)
   - 나. 「성폭력범죄의 처벌 등에 관한 특례법」 제3조(특수강도강간 등)부터 제10조(업무상 위력 등에 의한 추행)까지의 죄 및 제15조(미수범)의 죄(제3조부터 제9조까지의 미수범만을 말한다)
   - 다. 「아동·청소년의 성보호에 관한 법률」 제7조(아동·청소년에 대한 강간·강제추행 등)·제8조(장애인인 아동·청소년에 대한 간음 등)·제9조(강간 등 상해·치상) 및 제10조(강간 등 살인·치사)의 죄
   - 라. 가목부터 다목까지의 죄로서 다른 법률에 따라 가중 처벌되는 죄

3. "미성년자 대상 유괴범죄"란 다음 각 목의 범죄를 말한다.
   - 가. 미성년자에 대한 「형법」 제287조부터 제292조까지, 제294조, 제296조, 제324조의2 및 제336조의 죄
   - 나. 미성년자에 대한 「특정범죄가중처벌 등에 관한 법률」 제5조의2(약취·유인죄의 가중처벌)의 죄
   - 다. 가목과 나목의 죄로서 다른 법률에 따라 가중 처벌되는 죄

3의2. "살인범죄"란 다음 각 목의 범죄를 말한다.
   - 가. 「형법」 제2편 제1장 내란의 죄 중 제88조(내란목적의 살인)·제89조(미수범)의 죄(제88조의 미수범만을 말한다), 제2편 제24장 살인의 죄 중 제250조(살인, 존속살해)·제251조(영아살해)·제252조(촉탁, 승낙에 의한 살인등)·제253조(위계등에 의한 촉탁살인등)·제254조(미수범)·제255조(예비, 음모), 제2편 제32장 강간과 추행의 죄 중 제301조의2(강간등 살인·치사) 전단, 제2편 제37장 권리행사를 방해하는 죄 중 제324조의4(인질살해·치사) 전단·제324조의5(미수범)의 죄(제324조의4 전단의 미수범만을 말한다), 제2편 제38장 절도와 강도의 죄 중 제338조(강도살인·치사) 전단·제340조(해상강도) 제3항(사람을 살해한 죄만을 말한다) 및 제342조(미수범)의 죄(제338조 전단 및 제340조 제3항 중 사람을 살해한 죄의 미수범만을 말한다)
   - 나. 「성폭력범죄의 처벌 등에 관한 특례법」 제9조(강간 등 살인·치사) 제1항의 죄 및 제15조(미수범)의 죄(제9조 제1항의 미수범만을 말한다)
   - 다. 「아동·청소년의 성보호에 관한 법률」 제10조(강간 등 살인·치사) 제1항의 죄
   - 라. 「특정범죄 가중처벌 등에 관한 법률」 제5조의2(약취·유인죄의 가중처벌) 제2항 제2호의 죄 및 같은 조 제6항의 죄(같은 조 제2항 제2호의 미수범만을 말한다)
   - 마. 가목부터 라목까지의 죄로서 다른 법률에 따라 가중처벌되는 죄

3의3. "강도범죄"란 다음 각 목의 범죄를 말한다.

　　가. 「형법」 제2편 제38장 절도와 강도의 죄 중 제333조(강도)·제334조(특수강도)·제335조(준강도)·제336조(인질강도)·제337조(강도상해, 치상)·제338조(강도살인·치사)·제339조(강도강간)·제340조(해상강도)·제341조(상습범)·제342조(미수범)의 죄(제333조부터 제341조까지의 미수범만을 말한다) 및 제343조(예비, 음모)의 죄

　　나. 「성폭력범죄의 처벌 등에 관한 특례법」 제3조(특수강도강간 등) 제2항 및 제15조(미수범)의 죄(제3조 제2항의 미수범만을 말한다)

　　다. 가목과 나목의 죄로서 다른 법률에 따라 가중처벌되는 죄

3의4. "스토킹범죄"란 「스토킹범죄의 처벌 등에 관한 법률」 제18조 제1항 및 제2항의 죄를 말한다.

4. "위치추적 전자장치(이하 "전자장치"라 한다)"란 전자파를 발신하고 추적하는 원리를 이용하여 위치를 확인하거나 이동경로를 탐지하는 일련의 기계적 설비로서 대통령령으로 정하는 것을 말한다.

제3조【국가의 책무】 국가는 이 법의 집행과정에서 국민의 인권이 부당하게 침해되지 아니하도록 주의하여야 한다.

제4조【적용 범위】 만 19세 미만의 자에 대하여 부착명령을 선고한 때에는 19세에 이르기까지 이 법에 따른 전자장치를 부착할 수 없다. [2025. 보호 9급] 총 6회 기출

　▶ 주의: 19세 미만의 자라도 부착명령을 선고할 수 있다. [2019. 교정 9급] 총 3회 기출

02 형 집행 종료 후의 전자장치 부착 [2025. 보호 9급]

제5조【전자장치 부착명령의 청구】 ① 검사는 다음 각 호의 어느 하나에 해당하고, 성폭력범죄를 다시 범할 위험성이 있다고 인정되는 사람에 대하여 전자장치를 부착하도록 하는 명령(이하 "부착명령"이라 한다)을 법원에 청구할 수 있다.

　[성폭력범죄자 전자장치부착명령 청구사유](1, 2, 3은 재범, 4, 5는 초범)(법 제5조 제1항) [2024. 보호 9급] 총 6회 기출

　1. 성폭력범죄로 징역형의 실형을 선고받은 사람이 그 집행을 종료한 후 또는 집행이 면제된 후 10년 이내에 성폭력범죄를 저지른 때

　2. 성폭력범죄로 이 법에 따른 전자장치를 부착받은 전력이 있는 사람이 다시 성폭력범죄를 저지른 때

　3. 성폭력범죄를 2회 이상 범하여(유죄의 확정판결을 받은 경우를 포함한다) 그 습벽이 인정된 때

　4. 19세 미만의 사람에 대하여 성폭력범죄를 저지른 때

　5. 신체적 또는 정신적 장애가 있는 사람에 대하여 성폭력범죄를 저지른 때

② 검사는 미성년자 대상 유괴범죄를 저지른 사람으로서 미성년자 대상 유괴범죄를 다시 범할 위험성이 있다고 인정되는 사람에 대하여 부착명령을 법원에 청구할 수 있다. 다만, 유괴범죄로 징역형의 실형 이상의 형을 선고받아 그 집행이 종료 또는 면제된 후 다시 유괴범죄를 저지른 경우에는 부착명령을 청구하여야 한다. [2024. 보호 9급] 총 4회 기출

③ 검사는 살인범죄를 저지른 사람으로서 살인범죄를 다시 범할 위험성이 있다고 인정되는 사람에 대하여 부착명령을 법원에 청구할 수 있다. 다만, 살인범죄로 징역형의 실형 이상의 형을 선고받아 그 집행이 종료 또는 면제된 후 다시 살인범죄를 저지른 경우에는 부착명령을 청구하여야 한다. [2023. 교정 7급]

④ 검사는 다음 각 호의 어느 하나에 해당하고 강도범죄를 다시 범할 위험성이 있다고 인정되는 사람에 대하여 부착명령을 법원에 청구할 수 있다.

[강도범죄자 전자장치부착명령 청구사유](법 제4항) [2024. 보호 9급] 총 3회 기출

1. 강도범죄로 징역형의 실형을 선고받은 사람이 그 집행을 종료한 후 또는 집행이 면제된 후 10년 이내에 다시 강도범죄를 저지른 때
2. 강도범죄로 이 법에 따른 전자장치를 부착하였던 전력이 있는 사람이 다시 강도범죄를 저지른 때
3. 강도범죄를 2회 이상 범하여(유죄의 확정판결을 받은 경우를 포함한다) 그 습벽이 인정된 때

⑤ 검사는 다음 각 호의 어느 하나에 해당하고 스토킹범죄를 다시 범할 위험성이 있다고 인정되는 사람에 대하여 부착명령을 법원에 청구할 수 있다.

[스토킹범죄 부착대상](법 제5조 제5항)(임의적 청구) [2024. 보호 9급]

1. 스토킹범죄로 징역형의 실형을 선고받은 사람이 그 집행을 종료한 후 또는 집행이 면제된 후 10년 이내에 다시 스토킹범죄를 저지른 때
2. 스토킹범죄로 이 법에 따른 전자장치를 부착하였던 전력이 있는 사람이 다시 스토킹범죄를 저지른 때
3. 스토킹범죄를 2회 이상 범하여(유죄의 확정판결을 받은 경우를 포함한다) 그 습벽이 인정된 때

⑥ 제1항부터 제5항까지의 규정에 따른 부착명령의 청구는 공소가 제기된 특정범죄사건의 항소심 변론종결 시까지 하여야 한다. [2025. 보호 9급] 총 5회 기출
⑦ 법원은 공소가 제기된 특정범죄사건을 심리한 결과 부착명령을 선고할 필요가 있다고 인정하는 때에는 검사에게 부착명령의 청구를 요구할 수 있다. [2014. 보호 7급]
⑧ 제1항부터 제5항까지의 규정에 따른 특정범죄사건에 대하여 판결의 확정 없이 공소가 제기된 때부터 15년이 경과한 경우에는 부착명령을 청구할 수 없다.

제6조【조사】 ① 검사는 부착명령을 청구하기 위하여 필요하다고 인정하는 때에는 피의자의 주거지 또는 소속 검찰청(지청을 포함한다. 이하 같다) 소재지를 관할하는 보호관찰소(지소를 포함한다. 이하 같다)의 장에게 범죄의 동기, 피해자와의 관계, 심리상태, 재범의 위험성 등 피의자에 관하여 필요한 사항의 조사를 요청할 수 있다. [2020. 보호 7급] 총 2회 기출
② 제1항의 요청을 받은 보호관찰소의 장은 조사할 보호관찰관을 지명하여야 한다.
③ 제2항에 따라 지명된 보호관찰관은 지체 없이 필요한 사항을 조사한 후 검사에게 조사보고서를 제출하여야 한다.
④ 검사는 제1항의 요청을 받은 보호관찰소의 장에게 조사진행상황의 보고를 요구할 수 있다.
⑤ 검사는 부착명령을 청구함에 있어서 필요한 경우에는 피의자에 대한 정신감정이나 그 밖에 전문가의 진단 등의 결과를 참고하여야 한다.

제7조【부착명령 청구사건의 관할】 ① 부착명령 청구사건의 관할은 부착명령 청구사건과 동시에 심리하는 특정범죄사건의 관할에 따른다.
② 부착명령 청구사건의 제1심 재판은 지방법원 합의부(지방법원지원 합의부를 포함한다. 이하 같다)의 관할로 한다.

제8조【부착명령 청구서의 기재사항 등】 ① 부착명령 청구서에는 다음 각 호의 사항을 기재하여야 한다.

[부착명령 청구서의 기재사항](법 제8조 제1항)

1. 부착명령 청구대상자(이하 "피부착명령청구자"라 한다)의 성명과 그 밖에 피부착명령청구자를 특정할 수 있는 사항
2. 청구의 원인이 되는 사실
3. 적용 법조
4. 그 밖에 대통령령으로 정하는 사항

② 법원은 부착명령 청구가 있는 때에는 지체 없이 부착명령 청구서의 부본을 피부착명령청구자 또는 그의 변호인에게 송부하여야 한다. 이 경우 특정범죄사건에 대한 공소제기와 동시에 부착명령 청구가 있는 때에는 제1회 공판기일 5일 전까지, 특정범죄사건의 심리 중에 부착명령 청구가 있는 때에는 다음 공판기일 5일 전까지 송부하여야 한다. [2013. 교정 9급]

제9조【부착명령의 판결 등】 ① 법원은 부착명령 청구가 이유 있다고 인정하는 때에는 다음 각 호에 따른 기간의 범위 내에서 부착기간을 정하여 판결로 부착명령을 선고하여야 한다. 다만, 19세 미만의 사람에 대하여 특정범죄를 저지른 경우에는 부착기간 하한을 다음 각 호에 따른 부착기간 하한의 2배로 한다. [2023. 교정 7급] 총 2회 기출

1. 법정형의 상한이 사형 또는 무기징역인 특정범죄	10년 이상 30년 이하(20년)
2. 법정형 중 징역형의 하한이 3년 이상의 유기징역인 특정범죄 (제1호에 해당하는 특정범죄는 제외한다)	3년 이상 20년 이하(6년)
3. 법정형 중 징역형의 하한이 3년 미만의 유기징역인 특정범죄 (제1호 또는 제2호에 해당하는 특정범죄는 제외한다)	1년 이상 10년 이하(2년)

▶ **치료감호의 판결**: 기간의 상한(심신장애 15년, 마약·알코올 2년)만 있고, 치료감호기간은 이를 초과할 수 없다.

② 여러 개의 특정범죄에 대하여 동시에 부착명령을 선고할 때에는 법정형이 가장 중한 죄의 부착기간 상한의 2분의 1까지 가중하되, 각 죄의 부착기간의 상한을 합산한 기간을 초과할 수 없다. 다만, 하나의 행위가 여러 특정범죄에 해당하는 경우에는 가장 중한 죄의 부착기간을 부착기간으로 한다. [2016. 보호 7급]

③ 부착명령을 선고받은 사람은 부착기간 동안 「보호관찰 등에 관한 법률」에 따른 보호관찰을 받는다.

④ 법원은 다음 각 호의 어느 하나에 해당하는 때에는 판결로 부착명령 청구를 기각하여야 한다.

[부착명령청구 기각 사유](법 제9조 제4항)

1. 부착명령 청구가 이유 없다고 인정하는 때
2. 특정범죄사건에 대하여 무죄(심신상실을 이유로 치료감호가 선고된 경우는 제외)·면소·공소기각의 판결 또는 결정을 선고하는 때
3. 특정범죄사건에 대하여 벌금형을 선고하는 때
4. 특정범죄사건에 대하여 선고유예 또는 집행유예를 선고하는 때(특정범죄를 범한 자에 대하여 형의 집행을 유예하면서 보호관찰을 받을 것을 명할 때에는 보호관찰기간의 범위 내에서 기간을 정하여 준수사항의 이행여부 확인 등을 위하여 전자장치를 부착할 것을 명할 때를 제외한다)

[부착명령 청구 기각한 자에 대한 보호관찰 명령선고](제21조의3 제2항)

1호(부착명령 청구가 이유없다고 인정하는 때)에 해당하여 부착명령을 기각하는 경우에도 특정범죄를 다시 범할 위험성이 있다고 인정되는 경우에 해당되어 보호관찰명령을 선고할 필요가 있다고 인정하는 때에는 직권으로 2년 이상 5년 이하의 범위에서 보호관찰 명령을 선고할 수 있다.

⑤ 부착명령 청구사건의 판결은 특정범죄사건의 판결과 동시에 선고하여야 한다. [2014. 교정 9급]

⑥ 부착명령 선고의 판결이유에는 요건으로 되는 사실, 증거의 요지 및 적용 법조를 명시하여야 한다.

⑦ 부착명령의 선고는 특정범죄사건의 양형에 유리하게 참작되어서는 아니 된다.

⑧ 특정범죄사건의 판결에 대하여 상소 및 상소의 포기·취하가 있는 때에는 부착명령 청구사건의 판결에 대하여도 상소 및 상소의 포기·취하가 있는 것으로 본다. 상소권회복 또는 재심의 청구나 비상상고가 있는 때에도 또한 같다.

⑨ 제8항에도 불구하고 검사 또는 피부착명령청구자 및 「형사소송법」 제340조·제341조에 규정된 자는 부착명령에 대하여 독립하여 상소 및 상소의 포기·취하를 할 수 있다. 상소권회복 또는 재심의 청구나 비상상고의 경우에도 또한 같다.

제9조의2 【준수사항】 ① 법원은 제9조 제1항에 따라 부착명령을 선고하는 경우 부착기간의 범위에서 준수기간을 정하여 다음 각 호의 준수사항 중 하나 이상을 부과할 수 있다. 다만, 제4호의 준수사항은 500시간의 범위에서 그 기간을 정하여야 한다.

> **[전자부착자 준수사항]**(법 제9조의2 제1항 본문)
> 1. 야간, 아동·청소년의 통학시간 등 특정 시간대의 외출제한(19세 미만에 대한 성폭력범죄자 필요적)
> 2. 어린이 보호구역 등 특정지역·장소에의 출입금지 및 접근금지
> **2의2.** 주거지역의 제한
> 3. 피해자 등 특정인에의 접근금지(19세 미만에 대한 성폭력범죄자 필요적)
> 4. 특정범죄 치료 프로그램의 이수(500시간의 범위 내에서 그 기간을 정하여야 한다.)
> 5. 마약 등 중독성 있는 물질의 사용금지
> 6. 그 밖에 부착명령을 선고받는 사람의 재범방지와 성행교정을 위하여 필요한 사항

③ 제1항에도 불구하고 법원은 성폭력범죄를 저지른 사람(19세 미만의 사람을 대상으로 성폭력범죄를 저지른 사람으로 한정한다) 또는 스토킹범죄를 저지른 사람에 대해서 제9조 제1항에 따라 부착명령을 선고하는 경우에는 다음 각 호의 구분에 따라 제1항의 준수사항을 부과하여야 한다. [2021. 교정 9급]

1. 19세 미만의 사람에 대해서 성폭력범죄를 저지른 사람	제1항 제1호(야간, 아동·청소년의 통학시간 등 특정 시간대의 외출제한) 및 제3호(피해자 등 특정인에의 접근금지) 준수사항을 포함할 것. 다만, 제1항 제1호의 준수사항을 부과하여서는 아니 될 특별한 사정이 있다고 판단되는 경우에는 해당 준수사항을 포함하지 아니할 수 있다.
2. 스토킹범죄를 저지른 사람	제1항 제3호(피해자 등 특정인에의 접근금지)의 준수사항을 포함할 것

제10조 【부착명령 판결 등에 따른 조치】 ① 법원은 제9조에 따라 부착명령을 선고한 때에는 그 판결이 확정된 날부터 3일 이내에 부착명령을 선고받은 자(이하 "피부착명령자"라 한다)의 주거지를 관할하는 보호관찰소의 장에게 판결문의 등본을 송부하여야 한다.
② 교도소, 소년교도소, 구치소, 국립법무병원 및 군교도소의 장(이하 "교도소장등"이라 한다)은 피부착명령자가 석방되기 5일 전까지 피부착명령자의 주거지를 관할하는 보호관찰소의 장에게 그 사실을 통보하여야 한다.

제11조 【국선변호인 등】 부착명령 청구사건에 관하여는 「형사소송법」 제282조 및 제283조를 준용한다.

제12조 【집행지휘】 ① 부착명령은 검사의 지휘를 받아 보호관찰관이 집행한다. [2011. 보호 7급]
② 제1항에 따른 지휘는 판결문 등본을 첨부한 서면으로 한다.

제13조 【부착명령의 집행】 ① 부착명령은 특정범죄사건에 대한 형의 집행이 종료되거나 면제·가석방되는 날 또는 치료감호의 집행이 종료·가종료되는 날 석방 직전에 피부착명령자의 신체에 전자장치를 부착함으로써 집행한다. 다만, 다음의 경우에는 각 호의 구분에 따라 집행한다. [2018. 5급 승진]

> **[부착명령의 집행]**(법 제13조 제1항)
> 1. 부착명령의 원인이 된 특정범죄사건이 아닌 다른 범죄사건으로 형이나 치료감호의 집행이 계속될 경우에는 부착명령의 원인이 된 특정범죄사건이 아닌 다른 범죄사건에 대한 형의 집행이 종료되거나 면제·가석방 되는 날 또는 치료감호의 집행이 종료·가종료 되는 날부터 집행한다.
> 2. 피부착명령자가 부착명령 판결 확정 시 석방된 상태이고 미결구금일수 산입 등의 사유로 이미 형의 집행이 종료된 경우에는 부착명령 판결 확정일부터 부착명령을 집행한다.

② 제1항 제2호에 따라 부착명령을 집행하는 경우 보호관찰소의 장은 피부착명령자를 소환할 수 있으며, 피부착명령자가 소환에 따르지 아니하는 때에는 관할 지방검찰청의 검사에게 신청하여 부착명령 집행장을 발부받아 구인할 수 있다.

③ 보호관찰소의 장은 제2항에 따라 피부착명령자를 구인한 경우에는 부착명령의 집행을 마친 즉시 석방하여야 한다.

④ 부착명령의 집행은 신체의 완전성을 해하지 아니하는 범위 내에서 이루어져야 한다. [2018. 5급 승진]

⑤ 부착명령이 여러 개인 경우 확정된 순서에 따라 집행한다.

⑥ 다음 각 호의 어느 하나에 해당하는 때에는 부착명령의 집행이 정지된다. [2020. 보호 7급] 총 2회 기출

부착명령 집행의 정지사유(제6항)	집행이 정지된 부착명령의 잔여기간 집행(제8항)
1. 부착명령의 집행 중 다른 죄를 범하여 구속영장의 집행을 받아 구금된 때	그 구금이 해제되거나 금고 이상의 형의 집행을 받지 아니하게 확정된 때부터 그 잔여기간을 집행한다.
2. 부착명령의 집행 중 다른 죄를 범하여 금고 이상의 형의 집행을 받게 된 때	그 형의 집행이 종료되거나 면제된 후 또는 가석방된 때부터 그 잔여기간을 집행한다.
3. 가석방 또는 가종료된 자에 대하여 전자장치 부착기간 동안 가석방 또는 가종료가 취소되거나 실효된 때	그 형이나 치료감호의 집행이 종료되거나 면제된 후 그 잔여기간을 집행한다.

⑦ 제6항 제1호에도 불구하고 구속영장의 집행을 받아 구금된 후에 다음 각 호의 어느 하나에 해당하는 사유로 구금이 종료되는 경우 그 구금기간 동안에는 부착명령이 집행된 것으로 본다. 다만, 제1호 및 제2호의 경우 법원의 판결에 따라 유죄로 확정된 경우는 제외한다.

[다른 죄로 구금되어 집행이 정지되었으나 부착명령이 집행된 경우로 보는 경우](법 제13조 제7항) [2018. 5급 승진]
1. 사법경찰관이 불송치결정을 한 경우
2. 검사가 혐의 없음, 죄가 안 됨, 공소권없음 또는 각하의 불기소처분을 한 경우
3. 법원의 무죄, 면소, 공소기각 판결 또는 공소기각 결정이 확정된 경우
▶ 다만, 1. 및 2.의 경우 법원의 판결에 따라 유죄로 확정된 경우는 제외한다.

⑧ 제6항에 따라 집행이 정지된 부착명령의 잔여기간에 대하여는 다음 각 호의 구분에 따라 집행한다.
1. 제6항 제1호의 경우에는 구금이 해제되거나 금고 이상의 형의 집행을 받지 아니하게 확정된 때부터 그 잔여기간을 집행한다.
2. 제6항 제2호의 경우에는 그 형의 집행이 종료되거나 면제된 후 또는 가석방된 때부터 그 잔여기간을 집행한다.
3. 제6항 제3호의 경우에는 그 형이나 치료감호의 집행이 종료되거나 면제된 후 그 잔여기간을 집행한다.

⑨ 제1항부터 제8항까지 규정된 사항 외에 부착명령의 집행 및 정지에 관하여 필요한 사항은 대통령령으로 정한다.

제14조 【피부착자의 의무】 ① 전자장치가 부착된 자(이하 "피부착자"라 한다)는 전자장치의 부착기간 중 전자장치를 신체에서 임의로 분리·손상, 전파 방해 또는 수신자료의 변조, 그 밖의 방법으로 그 효용을 해하여서는 아니 된다. [2016. 5급 승진]

② 피부착자는 특정범죄사건에 대한 형의 집행이 종료되거나 면제·가석방되는 날부터 10일 이내에 주거지를 관할하는 보호관찰소에 출석하여 대통령령으로 정하는 신상정보 등을 서면으로 신고하여야 한다. [2018. 5급 승진] 총 2회 기출

③ 피부착자는 주거를 이전하거나 7일 이상의 국내여행을 하거나 출국할 때에는 미리 보호관찰관의 허가를 받아야 한다. [2023. 교정 7급] 총 5회 기출

제14조의2 【부착기간의 연장 등】 ① 피부착자가 다음 각 호의 어느 하나에 해당하는 경우에는 법원은 보호관찰소의 장의 신청에 따른 검사의 청구로 1년의 범위에서 부착기간을 연장하거나 제9조의2 제1항의 준수사항을 추가 또는 변경하는 결정을 할 수 있다.

> **[부착기간 연장 등의 결정사유]**(법 제14조의2 제1항)
> 1. 정당한 사유 없이 「보호관찰 등에 관한 법률」 제32조에 따른 준수사항을 위반한 경우
> 2. 정당한 사유 없이 제14조 제2항을 위반하여 신고하지 아니한 경우
> 3. 정당한 사유 없이 제14조 제3항을 위반하여 허가를 받지 아니하고 주거 이전·국내여행 또는 출국을 하거나, 거짓으로 허가를 받은 경우
> 4. 정당한 사유 없이 제14조 제3항에 따른 출국허가 기간까지 입국하지 아니한 경우

② 제1항 각 호에 규정된 사항 외의 사정변경이 있는 경우에도 법원은 상당한 이유가 있다고 인정되면 보호관찰소의 장의 신청에 따른 검사의 청구로 제9조의2제1항의 준수사항을 부과, 추가, 변경 또는 삭제하는 결정을 할 수 있다.

제14조의3 【피부착명령자에 대한 준수사항의 부과 등】 피부착명령자의 재범의 위험성에 관하여 행형(行刑) 성적 등 자료에 의해 판결 선고 당시에 예상하지 못한 새로운 사정이 소명되는 등 특별한 사정이 있는 경우 법원은 보호관찰소의 장의 신청에 따른 검사의 청구로 제9조의2 제1항의 준수사항을 부과, 추가, 변경 또는 삭제하는 결정을 할 수 있다.

제15조 【보호관찰관의 임무】 ① 보호관찰관은 피부착자의 재범방지와 건전한 사회복귀를 위하여 필요한 지도와 원호를 한다.
② 보호관찰관은 전자장치 부착기간 중 피부착자의 소재지 인근 의료기관에서의 치료, 상담시설에서의 상담치료 등 피부착자의 재범방지 및 수치심으로 인한 과도한 고통의 방지를 위하여 필요한 조치를 할 수 있다.
③ 보호관찰관은 필요한 경우 부착명령의 집행을 개시하기 전에 교도소장등에게 요청하여 「형의 집행 및 수용자의 처우에 관한 법률」 제63조의 교육, 제64조의 교화프로그램 및 제107조의 징벌에 관한 자료 등 피부착자의 형 또는 치료감호 집행 중의 생활실태를 확인할 수 있는 자료를 확보하고, 형 또는 치료감호의 집행을 받고 있는 피부착자를 면접할 수 있다. 이 경우 교도소장등은 보호관찰관에게 협조하여야 한다.

제16조 【수신자료의 보존·사용·폐기 등】 ① 보호관찰소의 장은 피부착자의 전자장치로부터 발신되는 전자파를 수신하여 그 자료(이하 "수신자료"라 한다)를 보존하여야 한다.
② 수신자료는 다음 각 호의 경우 외에는 열람·조회·제공 또는 공개할 수 없다.

> **[수신자료의 열람·조회·제공 또는 공개의 사용이 가능한 경우]**(법 제16조 제2항)
> 1. 피부착자의 특정범죄 혐의에 대한 수사 또는 재판자료로 사용하는 경우
> 2. 보호관찰관이 지도·원호를 목적으로 사용하는 경우
> 3. 「보호관찰 등에 관한 법률」 제5조에 따른 보호관찰심사위원회의 부착명령 임시해제와 그 취소에 관한 심사를 위하여 사용하는 경우
> 4. 보호관찰소의 장이 피부착자의 제38조(전자장치를 신체에서 임의로 분리·손상 등) 또는 제39조(준수사항 위반)에 해당하는 범죄 혐의에 대한 수사를 의뢰하기 위하여 사용하는 경우

④ 검사 또는 사법경찰관은 제2항 제1호에 해당하는 사유로 수신자료를 열람 또는 조회하는 경우 관할 지방법원(군사법원을 포함한다) 또는 지원의 허가를 받아야 한다. 다만, 관할 지방법원 또는 지원의 허가를 받을 수 없는 긴급한 사유가 있는 때에는 수신자료 열람 또는 조회를 요청한 후 지체 없이 그 허가를 받아 보호관찰소의 장에게 송부하여야 한다.

⑤ 검사 또는 사법경찰관은 제4항 단서에 따라 긴급한 사유로 수신자료를 열람 또는 조회하였으나 지방법원 또는 지원의 허가를 받지 못한 경우에는 지체 없이 열람 또는 조회한 수신자료를 폐기하고, 그 사실을 보호관찰소의 장에게 통지하여야 한다.

⑥ 보호관찰소의 장은 다음 각 호의 어느 하나에 해당하는 때에는 수신자료를 폐기하여야 한다.

> **[수신자료의 폐기 사유]**(법 제16조 제6항)
> 1. 부착명령과 함께 선고된 형이 「형법」 제81조에 따라 실효된 때
> 2. 부착명령과 함께 선고된 형이 사면으로 인하여 그 효력을 상실한 때
> 3. 전자장치 부착이 종료된 자가 자격정지 이상의 형 또는 이 법에 따른 전자장치 부착을 받음이 없이 전자장치 부착을 종료한 날부터 5년이 경과한 때

⑦ 제1항부터 제6항까지에서 규정한 사항 외에 수신자료의 보존·사용·열람·조회·제공·폐기 등에 관하여 필요한 사항은 대통령령으로 정한다.

제16조의2【피부착자의 신상정보 제공 등】 ① 보호관찰소의 장은 범죄예방 및 수사에 필요하다고 판단하는 경우 피부착자가 제14조 제2항에 따라 신고한 신상정보 및 피부착자에 대한 지도·감독 중 알게 된 사실 등의 자료를 피부착자의 주거지를 관할하는 경찰관서의 장 등 수사기관에 제공할 수 있다.

② 수사기관은 범죄예방 및 수사활동 중 인지한 사실이 피부착자 지도·감독에 활용할 만한 자료라고 판단할 경우 이를 보호관찰소의 장에게 제공할 수 있다.

③ 보호관찰소의 장은 피부착자가 범죄를 저질렀거나 저질렀다고 의심할만한 상당한 이유가 있을 때에는 이를 수사기관에 통보하여야 한다. [2016. 5급 승진] 총 2회 기출

④ 수사기관은 체포 또는 구속한 사람이 피부착자임을 알게 된 경우에는 피부착자의 주거지를 관할하는 보호관찰소의 장에게 그 사실을 통보하여야 한다.

⑤ 제1항부터 제4항에 따른 제공 및 통보의 절차와 관리 등에 필요한 사항은 대통령령으로 정한다.

제16조의3【위치추적 관제센터의 설치·운영 등】 ① 법무부장관은 보호관찰소의 장 및 보호관찰관이 피부착자의 위치를 확인하고 이동경로를 탐지하며, 전자장치로부터 발신되는 전자파를 수신한 자료를 보존·사용·폐기하는 업무를 지원하기 위하여 위치추적 관제센터를 설치하여 운영할 수 있다.

② 위치추적 관제센터의 장은 피부착자가 제9조의2제1항 각 호(제4호 및 제6호는 제외한다)에 따른 준수사항 또는 제14조 제1항에 따른 효용 유지 의무를 위반하거나, 위반하였다고 의심할만한 상당한 이유가 있고 피부착자에 대한 신속한 지도·감독을 위하여 긴급히 필요한 경우 지방자치단체의 장에게 「개인정보 보호법」 제2조 제7호에 따른 고정형 영상정보처리기기를 통하여 수집된 영상정보의 제공 등 협조를 요청할 수 있다.

③ 제2항에 따라 피부착자에 관한 영상정보를 제공받은 위치추적 관제센터의 장은 영상정보의 열람이 종료된 후 그 사실을 해당 피부착자에게 통지하여야 한다.

④ 제3항에 따른 통지의 시기 및 방법 등 영상정보 열람사실의 통지에 필요한 사항은 법무부령으로 정한다.

제17조【부착명령의 임시해제 신청 등】 ① 보호관찰소의 장 또는 피부착자 및 그 법정대리인은 해당 보호관찰소를 관할하는 심사위원회에 부착명령의 임시해제를 신청할 수 있다. [2019. 교정 9급]

② 제1항의 신청은 부착명령의 집행이 개시된 날부터 3개월이 경과한 후에 하여야 한다. 신청이 기각된 경우에는 기각된 날부터 3개월이 경과한 후에 다시 신청할 수 있다.

③ 제2항에 따라 임시해제의 신청을 할 때에는 신청서에 임시해제의 심사에 참고가 될 자료를 첨부하여 제출하여야 한다.

신청내용	기간	신청권자	위원회
전자부착 임시해제 (전자부착법 제17조 제2항)	3개월 경과 후	보호관찰소장 · 피부착자 · 법정대리인	보호관찰심사
치료명령 임시해제 (성충동약물치료법 제17조 제2항)	6개월 경과 후	보호관찰소장 · 치료명령을 받은 사람 · 법정대리인	보호관찰심사
치료감호 종료 여부 (치료감호법 제44조 제3항)	6개월 경과 후	피치료감호자 · 법정대리인 등	치료감호심의

제18조【부착명령 임시해제의 심사 및 결정】 ① 심사위원회는 임시해제를 심사할 때에는 피부착자의 인격, 생활태도, 부착명령 이행상황 및 재범의 위험성에 대하여 보호관찰관 등 전문가의 의견을 고려하여야 한다.

② 심사위원회는 임시해제의 심사를 위하여 필요한 때에는 보호관찰소의 장으로 하여금 필요한 사항을 조사하게 하거나 피부착자나 그 밖의 관계인을 직접 소환·심문 또는 조사할 수 있다.

③ 제2항의 요구를 받은 보호관찰소의 장은 필요한 사항을 조사하여 심사위원회에 통보하여야 한다.

④ 심사위원회는 피부착자가 부착명령이 계속 집행될 필요가 없을 정도로 개선되어 재범의 위험성이 없다고 인정하는 때에는 부착명령의 임시해제를 결정할 수 있다. 이 경우 피부착자로 하여금 주거이전 상황 등을 보호관찰소의 장에게 정기적으로 보고하도록 할 수 있다.

⑤ 심사위원회는 부착명령의 임시해제를 하지 아니하기로 결정한 때에는 결정서에 그 이유를 명시하여야 한다.

⑥ 제4항에 따라 부착명령이 임시해제된 경우에는 제9조 제3항에 따른 보호관찰과 제9조의2에 따른 준수사항 및 「아동·청소년의 성보호에 관한 법률」 제61조 제3항에 따른 보호관찰이 임시해제된 것으로 본다. 다만, 심사위원회에서 보호관찰 또는 준수사항 부과가 필요하다고 결정한 경우에는 그러하지 아니하다.

제19조【임시해제의 취소 등】 ① 보호관찰소의 장은 부착명령이 임시해제된 자가 특정범죄를 저지르거나 주거이전 상황 등의 보고에 불응하는 등 재범의 위험성이 있다고 판단되는 때에는 심사위원회에 임시해제의 취소를 신청할 수 있다. 이 경우 심사위원회는 임시해제된 자의 재범의 위험성이 현저하다고 인정될 때에는 임시해제를 취소하여야 한다.

② 제1항에 따라 임시해제가 취소된 자는 잔여 부착명령기간 동안 전자장치를 부착하여야 하고, 부착명령할 때 개시된 보호관찰을 받아야 하며, 부과된 준수사항(준수기간이 종료되지 않은 경우에 한정한다)을 준수하여야 한다. 이 경우 임시해제기간은 부착명령기간에 산입하지 아니한다.

제20조【부착명령 집행의 종료】 제9조에 따라 선고된 부착명령은 다음 각 호의 어느 하나에 해당하는 때에 그 집행이 종료된다.

[부착명령 집행의 종료](법 제20조)
1. 부착명령기간이 경과한 때
2. 부착명령과 함께 선고한 형이 사면되어 그 선고의 효력을 상실하게 된 때
3. 부착명령이 임시해제된 자가 그 임시해제가 취소됨이 없이 잔여 부착명령기간을 경과한 때

제21조【부착명령의 시효】 ① 피부착명령자는 그 판결이 확정된 후 집행을 받지 아니하고 함께 선고된 특정범죄사건의 형의 시효가 완성되면 그 집행이 면제된다.

② 부착명령의 시효는 피부착명령자를 체포함으로써 중단된다.

03 형 집행 종료 후의 보호관찰

제21조의2 【보호관찰명령의 청구】 검사는 다음 각 호의 어느 하나에 해당하는 사람에 대하여 형의 집행이 종료된 때부터 「보호관찰 등에 관한 법률」에 따른 보호관찰을 받도록 하는 명령(이하 "보호관찰명령"이라 한다)을 법원에 청구할 수 있다.

> **[보호관찰명령의 청구]**(제21조의2)
>
> 1. 성폭력범죄를 저지른 사람으로서 성폭력범죄를 다시 범할 위험성이 있다고 인정되는 사람
> 2. 미성년자 대상 유괴범죄를 저지른 사람으로서 미성년자 대상 유괴범죄를 다시 범할 위험성이 있다고 인정되는 사람
> 3. 살인범죄를 저지른 사람으로서 살인범죄를 다시 범할 위험성이 있다고 인정되는 사람
> 4. 강도범죄를 저지른 사람으로서 강도범죄를 다시 범할 위험성이 있다고 인정되는 사람
> 5. 스토킹범죄를 저지른 사람으로서 스토킹범죄를 다시 범할 위험성이 있다고 인정되는 사람

제21조의3 【보호관찰명령의 판결】 ① 법원은 제21조의2 각 호의 어느 하나에 해당하는 사람이 금고 이상의 선고형에 해당하고 보호관찰명령의 청구가 이유 있다고 인정하는 때에는 2년 이상 5년 이하의 범위에서 기간을 정하여 보호관찰명령을 선고하여야 한다. [2015. 교정 9급]
② 법원은 제1항에도 불구하고 제9조 제4항 제1호에 따라 부착명령 청구를 기각하는 경우로서 제21조의2 각 호의 어느 하나에 해당하여 보호관찰명령을 선고할 필요가 있다고 인정하는 때에는 직권으로 제1항에 따른 기간을 정하여 보호관찰명령을 선고할 수 있다.

> **⊕ PLUS** 법원의 직권에 의한 보호관찰명령
>
> 1. **문)** 법원은 부착명령이 청구된 사건에 대하여 부착명령보다 보호관찰명령을 선고할 필요가 있다고 인정하는 때에는 검사에게 보호관찰명령의 청구를 요청할 수 있다. (×)
> 2. **해설)** 개정 前 제21조의2 제2항의 내용인데, 2017.12.12.에 개정되면서 제21조의2 제2항이 삭제되고 제21조의3 제2항이 신설되었다.

제21조의4 【준수사항】 ① 법원은 제21조의3에 따라 보호관찰명령을 선고하는 경우 제9조의2 제1항 각 호의 준수사항 중 하나 이상을 부과할 수 있다. 다만, 제9조의2 제1항 제4호(특정범죄 치료 프로그램의 이수)의 준수사항은 300시간의 범위에서 그 기간을 정하여야 한다.
② 제1항 본문에도 불구하고 법원은 성폭력범죄를 저지른 사람(19세 미만의 사람을 대상으로 성폭력범죄를 저지른 사람으로 한정한다) 또는 스토킹범죄를 저지른 사람에 대해서는 제21조의3에 따라 보호관찰명령을 선고하는 경우 제9조의2 제1항 제3호(피해자 등 특정인에의 접근금지)를 포함하여 준수사항을 부과하여야 한다.

부착 시와 보호관찰명령 시 준수사항 비교

준수사항(제9조의2 제1항)(임의적)	부착명령 선고 시	보호관찰명령 선고 시
1. 야간, 아동·청소년의 통학시간 등 특정 시간대의 외출제한	19세 미만의 사람에 대한 성폭력범죄자(필요적)	
2. 어린이 보호구역 등 특정지역·장소에의 출입금지 및 접근금지		
2의2. 주거지역의 제한		
3. 피해자 등 특정인에의 접근금지	• 19세 미만의 사람에 대한 성폭력범죄자(필요적) • 스토킹범죄를 저지른 사람(필요적)	
4. 특정범죄 치료 프로그램의 이수	500시간의 범위 내(필요적)	300시간의 범위 내(필요적)
5. 마약 등 중독성 있는 물질의 사용금지		
6. 그 밖에 부착명령을 선고받는 사람의 재범방지와 성행교정을 위하여 필요한 사항		

제21조의5 【보호관찰명령의 집행】 보호관찰명령은 특정범죄사건에 대한 형의 집행이 종료되거나 면제·가석방되는 날 또는 치료감호 집행이 종료·가종료되는 날부터 집행한다. 다만, 보호관찰명령의 원인이 된 특정범죄사건이 아닌 다른 범죄사건으로 형이나 치료감호의 집행이 계속될 경우에는 보호관찰명령의 원인이 된 특정범죄사건이 아닌 다른 범죄사건에 대한 형의 집행이 종료되거나 면제·가석방되는 날 또는 치료감호의 집행이 종료·가종료되는 날부터 집행한다.

제21조의6 【보호관찰대상자의 의무】 ① 보호관찰대상자는 특정범죄사건에 대한 형의 집행이 종료되거나 면제·가석방되는 날부터 10일 이내에 주거지를 관할하는 보호관찰소에 출석하여 서면으로 신고하여야 한다.
② 보호관찰대상자는 주거를 이전하거나 7일 이상의 국내여행을 하거나 출국할 때에는 미리 보호관찰관의 허가를 받아야 한다.

제21조의7 【보호관찰 기간의 연장 등】 ① 보호관찰대상자가 정당한 사유 없이 제21조의4 또는 「보호관찰 등에 관한 법률」 제32조에 따른 준수사항을 위반하거나 제21조의6에 따른 의무를 위반한 때에는 법원은 보호관찰소의 장의 신청에 따른 검사의 청구로 다음 각 호의 결정을 할 수 있다.

[법원의 결정](법 제21조의7 제1항)
1. 1년의 범위에서 보호관찰 기간의 연장
2. 제21조의4에 따른 준수사항의 추가 또는 변경

② 제1항 각 호의 처분은 병과할 수 있다.
③ 제1항에 규정된 사항 외의 사정변경이 있는 경우에도 법원은 상당한 이유가 있다고 인정하면 보호관찰소의 장의 신청에 따른 검사의 청구로 제21조의4에 따른 준수사항을 추가, 변경 또는 삭제하는 결정을 할 수 있다.

제21조의8 【준용규정】 보호관찰대상자에 대해서는 제5조 제6항·제8항, 제6조부터 제8조까지, 제9조 제2항부터 제9항까지, 제9조의2, 제10조부터 제12조까지, 제13조 제5항부터 제9항까지, 제15조 및 제17조부터 제21조까지의 규정을 준용하되, "부착명령"은 "보호관찰명령"으로, "부착기간"은 "보호관찰 기간"으로, "피부착명령청구자"는 "피보호관찰명령청구자"로, "피부착자"는 "보호관찰대상자"로, "전자장치 부착"은 "보호관찰"로 본다. [2025. 보호 9급]

제26장 보안처분 주요 5법 **585**

04 가석방 및 가종료 등과 전자장치 부착

제22조【가석방과 전자장치 부착】① 제9조에 따른 부착명령 판결을 선고받지 아니한 특정 범죄자로서 형의 집행 중 가석방되어 보호관찰을 받게 되는 자는 준수사항 이행 여부 확인 등을 위하여 가석방기간 동안 전자장치를 부착하여야 한다. 다만, 심사위원회가 전자장치 부착이 필요하지 아니하다고 결정한 경우에는 그러하지 아니하다.

② 심사위원회는 특정범죄 이외의 범죄로 형의 집행 중 가석방되어 보호관찰을 받는 사람의 준수사항 이행 여부 확인 등을 위하여 가석방 예정자의 범죄내용, 개별적 특성 등을 고려하여 가석방 기간의 전부 또는 일부의 기간을 정하여 전자장치를 부착하게 할 수 있다.

③ 심사위원회는 제1항 및 제2항의 결정을 위하여 가석방 예정자에 대한 전자장치 부착의 필요성과 적합성 여부 등을 조사하여야 한다.

④ 심사위원회는 제1항 및 제2항에 따라 전자장치를 부착하게 되는 자의 주거지를 관할하는 보호관찰소의 장에게 가석방자의 인적사항 등 전자장치 부착에 필요한 사항을 즉시 통보하여야 한다.

⑤ 교도소장등은 제1항 및 제2항에 따른 가석방 예정자가 석방되기 5일 전까지 그의 주거지를 관할하는 보호관찰소의 장에게 그 사실을 통보하여야 한다.

제23조【가종료 등과 전자장치 부착】①「치료감호 등에 관한 법률」제37조에 따른 치료감호심의위원회(이하 "치료감호심의위원회"라 한다)는 제9조에 따른 부착명령 판결을 선고받지 아니한 특정 범죄자로서 치료감호의 집행 중 가종료 또는 치료위탁되는 피치료감호자나 보호감호의 집행 중 가출소되는 피보호감호자(이하 "가종료자등"이라 한다)에 대하여「치료감호 등에 관한 법률」또는「사회보호법」(법률 제7656호로 폐지되기 전의 법률을 말한다)에 따른 준수사항 이행 여부 확인 등을 위하여 보호관찰 기간의 범위에서 기간을 정하여 전자장치를 부착하게 할 수 있다.

② 치료감호심의위원회는 제1항에 따라 전자장치 부착을 결정한 경우에는 즉시 피부착결정자의 주거지를 관할하는 보호관찰소의 장에게 통보하여야 한다.

③ 치료감호시설의 장·보호감호시설의 장 또는 교도소의 장은 가종료자등이 가종료 또는 치료위탁되거나 가출소되기 5일 전까지 가종료자등의 주거지를 관할하는 보호관찰소의 장에게 그 사실을 통보하여야 한다.

제24조【전자장치의 부착】① 전자장치 부착은 보호관찰관이 집행한다.

② 전자장치는 다음 각 호의 어느 하나에 해당하는 때 석방 직전에 부착한다.

1. 가석방되는 날
2. 가종료 또는 치료위탁되거나 가출소되는 날. 다만, 제23조 제1항에 따른 피치료감호자에게 치료감호와 병과된 형의 잔여 형기가 있거나 치료감호의 원인이 된 특정범죄사건이 아닌 다른 범죄사건으로 인하여 집행할 형이 있는 경우에는 해당 형의 집행이 종료·면제되거나 가석방되는 날 부착한다.

③ 전자장치 부착집행 중 보호관찰 준수사항 위반으로 유치허가장의 집행을 받아 유치된 때에는 부착집행이 정지된다. 이 경우 심사위원회가 보호관찰소의 장의 가석방 취소신청을 기각한 날 또는 법무부장관이 심사위원회의 허가신청을 불허한 날부터 그 잔여기간을 집행한다.

제25조【부착집행의 종료】제22조 및 제23조에 따른 전자장치 부착은 다음 각 호의 어느 하나에 해당하는 때에 그 집행이 종료된다.

1. 가석방 기간이 경과하거나 가석방이 실효 또는 취소된 때
2. 가종료자등의 부착기간이 경과하거나 보호관찰이 종료된 때
3. 가석방된 형이 사면되어 형의 선고의 효력을 상실하게 된 때
4. 삭제 <2010.4.15.>

제26조【수신자료의 활용】보호관찰관은 수신자료를 준수사항 이행여부 확인 등「보호관찰 등에 관한 법률」에 따른 보호관찰대상자의 지도·감독 및 원호에 활용할 수 있다.

제27조【준용】이 장에 따른 전자장치 부착에 관하여는 제13조 제4항·제6항 제1호·제8항 제1호·제9항, 제14조, 제15조, 제16조, 제16조의2, 제16조의3 및 제17조부터 제19조까지의 규정을 준용한다.

05 형의 집행유예와 보석에 대한 전자장치 부착

제28조(형의 집행유예와 부착명령)	제31조의2(보석과 전자장치 부착)
① 법원은 특정범죄를 범한 자에 대하여 형의 집행을 유예하면서 보호관찰을 받을 것을 명할 때에는 보호관찰기간의 범위 내에서 기간을 정하여 준수사항의 이행여부 확인 등을 위하여 전자장치를 부착할 것을 명할 수 있다. [2015. 교정 9급] 총 2회 기출 ② 법원은 제1항에 따른 부착명령기간 중 소재지 인근 의료기관에서의 치료, 지정 상담시설에서의 상담치료 등 대상자의 재범방지를 위하여 필요한 조치들을 과할 수 있다(제2항). ③ 법원은 제1항에 따른 전자장치 부착을 명하기 위하여 필요하다고 인정하는 때에는 피고인의 주거지 또는 그 법원의 소재지를 관할하는 보호관찰소의 장에게 범죄의 동기, 피해자와의 관계, 심리상태, 재범의 위험성 등 피고인에 관하여 필요한 사항의 조사를 요청할 수 있다(제3항).	① 법원은 「형사소송법」 제98조 제9호(피고인의 출석을 보증하기 위하여 법원이 정하는 적당한 조건을 이행할 것)에 따른 보석조건으로 피고인에게 전자장치 부착을 명할 수 있다(제1항). ② 필요시 법원의 소재지 또는 피고인의 주거지를 관할하는 보호관찰소의 장에게 피고인의 직업, 경제력, 가족상황, 주거상태, 생활환경 및 피해회복 여부 등 피고인에 관한 사항의 조사를 의뢰할 수 있다(제2항). ③ 조사의 의뢰를 받은 보호관찰소의 장은 지체 없이 조사하여 서면으로 법원에 통보하여야 하며, 조사를 위하여 필요한 경우에는 피고인이나 그 밖의 관계인을 소환하여 심문하거나 소속 보호관찰관에게 필요한 사항을 조사하게 할 수 있다(제3항). ④ 보호관찰소의 장은 조사를 위하여 필요하다고 인정하면 국공립 기관이나 그 밖의 단체에 사실을 알아보거나 관련 자료의 열람 등 협조를 요청할 수 있다(제4항).
제29조(부착명령의 집행)	**제31조의3(전자장치 부착의 집행)**
① 부착명령은 전자장치 부착을 명하는 법원의 판결이 확정된 때부터 집행한다(제1항). ② 부착명령의 집행 중 보호관찰 준수사항 위반으로 유치허가장의 집행을 받아 유치된 때에는 부착명령 집행이 정지된다. 이 경우 검사가 보호관찰소의 장의 집행유예 취소신청을 기각한 날 또는 법원이 검사의 집행유예취소청구를 기각한 날부터 그 잔여기간을 집행한다(제2항).	① 법원은 전자장치 부착을 명한 경우 지체 없이 그 결정문의 등본을 피고인의 주거지를 관할하는 보호관찰소의 장에게 송부하여야 한다(제1항). ② 전자장치 부착명령을 받고 석방된 피고인(전자장치 보석피고인)은 법원이 지정한 일시까지 주거지를 관할하는 보호관찰소에 출석하여 신고한 후 보호관찰관의 지시에 따라 전자장치를 부착하여야 한다(제2항). ③ 보호관찰소의 장은 피고인의 보석조건 이행 여부 확인을 위하여 적절한 조치를 하여야 한다(제3항).
제30조(부착명령 집행의 종료)	**제31조의5(전자장치 부착의 종료)**
1. 부착명령기간이 경과한 때 2. 집행유예가 실효 또는 취소된 때 3. 집행유예된 형이 사면되어 형의 선고의 효력을 상실하게 된 때 4. 삭제 **제31조 【준용】** 이 장에 따른 부착명령에 관하여는 제6조, 제9조 제5항부터 제7항까지, 제10조 제1항, 제12조, 제13조 제4항·제6항 제1호·제8항 제1호·제9항, 제14조, 제15조 제1항, 제16조, 제16조의2, 제16조의3, 제17조부터 제19조까지 및 제26조를 준용한다.	1. 구속영장의 효력이 소멸한 경우 2. 보석이 취소된 경우 3. 「형사소송법」 제102조에 따라 보석조건이 변경되어 전자장치를 부착할 필요가 없게 되는 경우 **제31조의4 【보석조건 이행 상황 등 통지】** ① 보호관찰소의 장은 제31조의2 제1항에 따른 피고인의 보석조건 이행 상황을 법원에 정기적으로 통지하여야 한다. ② 보호관찰소의 장은 피고인이 제31조의2제1항에 따른 전자장치 부착명령을 위반한 경우 및 전자장치 부착을 통하여 피고인에게 부과된 주거의 제한 등 「형사소송법」에 따른 다른 보석조건을 위반하였음을 확인한 경우 지체 없이 법원과 검사에게 이를 통지하여야 한다. ③ 제2항에 따른 통지를 받은 법원은 「형사소송법」 제102조에 따라 피고인의 보석조건을 변경하거나 보석을 취소하는 경우 이를 지체 없이 보호관찰소의 장에게 통지하여야 한다. ④ 제1항부터 제3항까지의 규정에 따른 통지의 절차 및 방법 등에 관한 사항은 대통령령으로 정한다.

06 스토킹행위자에 대한 전자장치 부착

제31조의6【전자장치 부착의 집행】 ① 법원은 「스토킹범죄의 처벌 등에 관한 법률」 제9조 제1항 제3호의2에 따른 잠정조치(이하 이 장에서 "잠정조치"라 한다)로 전자장치의 부착을 결정한 경우 그 결정문의 등본을 스토킹행위자의 사건 수사를 관할하는 경찰관서(이하 이 장에서 "관할경찰관서"라 한다)의 장과 스토킹행위자의 주거지를 관할하는 보호관찰소(이하 이 장에서 "보호관찰소"라 한다)의 장에게 지체 없이 송부하여야 한다. [2025. 보호 9급]

② 잠정조치 결정을 받은 스토킹행위자는 법원이 지정한 일시까지 보호관찰소에 출석하여 대통령령으로 정하는 신상정보 등을 서면으로 신고한 후 보호관찰관의 지시에 따라 전자장치를 부착하여야 한다. [2025. 보호 9급]

③ 보호관찰소의 장은 스토킹행위자가 제2항에 따라 전자장치를 부착하면 관할경찰관서의 장에게 이를 즉시 통지하여야 하고, 관할경찰관서의 장은 「스토킹범죄의 처벌 등에 관한 법률」 제9조 제1항 제2호 및 제3호의2에 따른 스토킹행위자의 잠정조치 이행 여부를 확인하기 위하여 피해자에 대한 다음 각 호의 사항을 보호관찰소의 장에게 즉시 통지하여야 한다.

[경찰서장의 보호관찰소장에게 즉시통지 사항](법 제31조의6 제3항)
1. 성명
2. 주민등록번호
3. 주소 및 실제 거주지
4. 직장 소재지
5. 전화번호
6. 그 밖에 대통령령으로 정하는 피해자의 보호를 위하여 필요한 사항

④ 보호관찰소의 장은 스토킹행위자가 다음 각 호의 어느 하나에 해당하는 경우 그 사실을 관할경찰관서의 장에게 즉시 통지하여야 한다.

[보호관찰소장의 경찰관서장에게 즉시통지 사항](법 제31조의6 제4항)
1. 정당한 사유 없이 제2항에 따라 법원이 지정한 일시까지 보호관찰소에 출석하여 신고하지 아니하거나 전자장치 부착을 거부하는 경우
2. 잠정조치 기간 중 「스토킹범죄 처벌법」 제9조 제1항 제2호(피해자 또는 그의 동거인, 가족이나 그 주거 등으로부터 100미터 이내의 접근 금지)를 위반하였거나 위반할 우려가 있는 경우
3. 잠정조치 기간 중 「스토킹범죄 처벌법」 제9조 제4항(전자장치 효용을 해치는 행위)을 위반하였거나 위반하였다고 의심할 상당한 이유가 있는 경우
4. 그 밖에 잠정조치의 이행 및 피해자의 보호를 위하여 적절한 조치가 필요한 경우로서 대통령령으로 정하는 사유가 있는 경우

⑤ 관할경찰관서의 장은 제4항에 따른 통지가 있는 경우 즉시 스토킹행위자가 소재한 현장에 출동하는 등의 방법으로 그 사유를 확인하고, 「스토킹범죄의 처벌 등에 관한 법률」 제9조 제1항 제4호에 따른 유치 신청 등 피해자 보호에 필요한 적절한 조치를 하여야 한다.

⑥ 관할경찰관서의 장은 「스토킹범죄의 처벌 등에 관한 법률」 제11조 제5항에 따라 잠정조치 결정이 효력을 상실하는 때에는 보호관찰소의 장에게 이를 지체 없이 통지하여야 한다.

⑦ 법원은 잠정조치의 연장·변경·취소 결정을 하는 경우 관할경찰관서의 장과 보호관찰소의 장에게 이를 지체 없이 통지하여야 한다.

⑧ 제1항부터 제7항까지에 따른 전자장치 부착의 집행 등에 필요한 사항은 대통령령으로 정한다.

제31조의7【전자장치 부착의 종료】 제31조의6에 따른 전자장치 부착은 다음 각 호의 어느 하나에 해당하는 때에 그 집행이 종료된다. [2025. 보호 9급]

> **[전자장치 부착의 종료]**(법 제31조의7)
> 1. 잠정조치의 기간이 경과한 때
> 2. 잠정조치가 변경 또는 취소된 때
> 3. 잠정조치가 효력을 상실한 때

제31조의8【스토킹행위자 수신자료의 보존·사용·폐기 등】 ① 보호관찰소의 장은 제31조의6제2항에 따라 전자장치를 부착한 스토킹행위자의 전자장치로부터 발신되는 전자파를 수신하여 그 자료(이하 "스토킹행위자 수신자료"라 한다)를 보존하여야 한다.
② 스토킹행위자 수신자료는 다음 각 호의 경우 외에는 열람·조회·제공 또는 공개할 수 없다.

> **[스토킹행위자 수신자료 열람·조회·제공 또는 공개 가능사유]**(법 제31조의8 제2항)
> 1. 「스토킹범죄 처벌법」 제2조 제2호에 따른 스토킹범죄 혐의에 대한 수사 또는 재판자료로 사용하는 경우
> 2. 「스토킹범죄 처벌법」 제9조 제1항 제2호(피해자 또는 그의 동거인, 가족이나 그 주거 등으로부터 100미터 이내의 접근 금지) 및 제3호의2(「전자장치부착법」 제2조 제4호의 위치추적 전자장치의 부착)에 따른 잠정조치 이행 여부를 확인하기 위하여 사용하는 경우
> 3. 「스토킹범죄 처벌법」 제11조에 따른 잠정조치의 연장·변경·취소의 청구 또는 그 신청을 위하여 사용하는 경우
> 4. 「스토킹범죄 처벌법」 제20조 제1항 제1호(전자장치의 효용을 해치는 행위를 한 사람) 및 같은 조 제2항[제9조 제1항 제2호(피해자 또는 그의 동거인, 가족이나 그 주거 등으로부터 100미터 이내의 접근 금지) 또는 제3호(피해자 또는 그의 동거인, 가족에 대한 「전기통신기본법」 제2조 제1호의 전기통신을 이용한 접근 금지)의 잠정조치를 이행하지 아니한 사람]에 해당하는 범죄 혐의에 대한 수사를 위하여 사용하는 경우

③ 검사 또는 사법경찰관이 제2항 제1호에 해당하는 사유로 스토킹행위자 수신자료를 열람 또는 조회하는 경우 그 절차에 관하여는 제16조 제4항 및 제5항을 준용한다.
④ 보호관찰소의 장은 다음 각 호의 어느 하나에 해당하는 때에는 스토킹행위자 수신자료를 폐기하여야 한다.

> **[스토킹행위자 수신자료 폐기 사유]**(법 제31조의8 제4항) [2025. 보호 9급]
> 1. 잠정조치가 효력을 상실한 때
> 2. 잠정조치의 원인이 되는 스토킹범죄사건에 대해 법원의 무죄, 면소, 공소기각 판결 또는 공소기각 결정이 확정된 때
> 3. 잠정조치 집행을 종료한 날부터 5년이 경과한 때

07 보칙

제32조【전자장치 부착기간의 계산】 ① 전자장치 부착기간은 이를 집행한 날부터 기산하되, 초일은 시간을 계산함이 없이 1일로 산정한다. [2020. 보호 7급]

② 다음 각 호의 어느 하나에 해당하는 기간은 전자장치 부착기간에 산입하지 아니한다. 다만, 보호관찰이 부과된 사람의 전자장치 부착기간은 보호관찰 기간을 초과할 수 없다. [2025. 보호 9급]

[부착기간 불산입 사유](법 제32조 제2항)
1. 피부착자가 제14조 제1항을 위반하여 전자장치를 신체로부터 분리하거나 손상하는 등 그 효용을 해한 기간
2. 피부착자의 치료, 출국 또는 그 밖의 적법한 사유로 전자장치가 신체로부터 일시적으로 분리된 후 해당 분리사유가 해소된 날부터 정당한 사유 없이 전자장치를 부착하지 아니한 기간

제32조의2【부착명령 등 집행전담 보호관찰관의 지정】 보호관찰소의 장은 소속 보호관찰관 중에서 다음 각 호의 사항을 전담하는 보호관찰관을 지정하여야 한다. 다만, 보호관찰소의 장은 19세 미만의 사람에 대해서 성폭력범죄를 저지른 피부착자 중 재범의 위험성이 현저히 높은 사람에 대해서는 일정기간 그 피부착자 1명만을 전담하는 보호관찰관을 지정하여야 한다.

[전담보호관찰관 지정](법 제32조의2)
1. 부착명령 및 보호관찰명령을 청구하기 위하여 필요한 피의자에 대한 조사
2. 부착명령 및 보호관찰명령의 집행
3. 피부착자 및 보호관찰대상자의 재범방지와 건전한 사회복귀를 위한 치료 등 필요한 조치의 부과
4. 그 밖에 피부착자 및 보호관찰대상자의 「보호관찰 등에 관한 법률」 등에 따른 준수사항 이행 여부 확인 등 피부착자 및 보호관찰대상자에 대한 지도·감독 및 원호

제33조【전자장치 부착 임시해제의 의제】 보호관찰이 임시해제된 경우에는 전자장치 부착이 임시해제된 것으로 본다. [2025. 보호 9급]

제33조의2【범죄경력자료 등의 조회 요청】 ① 법무부장관은 이 법에 따른 부착명령 또는 보호관찰명령의 집행이 종료된 사람의 재범 여부를 조사하고 부착명령 또는 보호관찰명령의 효과를 평가하기 위하여 필요한 경우에는 그 집행이 종료된 때부터 5년 동안 관계 기관에 그 사람에 관한 범죄경력자료와 수사경력자료에 대한 조회를 요청할 수 있다.

② 제1항의 요청을 받은 관계 기관의 장은 정당한 사유 없이 이를 거부하여서는 아니 된다.

제34조【군법 피적용자에 대한 특칙】 이 법을 적용함에 있어서 「군사법원법」 제2조 제1항 각 호의 어느 하나에 해당하는 자에 대하여는 군사법원은 법원의, 군검사는 검사의, 군사법경찰관리는 사법경찰관리의, 군교도소장은 교도소장의 이 법에 따른 직무를 각각 행한다.

제35조【다른 법률의 준용】 이 법을 적용함에 있어서 이 법에 규정이 있는 경우를 제외하고는 그 성질에 반하지 아니하는 범위 안에서 「형사소송법」 및 「보호관찰 등에 관한 법률」의 규정을 준용한다.

08 벌칙

08 벌칙

제36조【벌칙】 ① 전자장치 부착 업무를 담당하는 자가 정당한 사유 없이 피부착자의 전자장치를 해제하거나 손상한 때에는 1년 이상의 유기징역에 처한다.

② 전자장치 부착 업무를 담당하는 자가 금품을 수수·요구 또는 약속하고 제1항의 죄를 범한 때에는 2년 이상의 유기징역에 처한다.

③ 수신자료(스토킹행위자 수신자료를 포함한다)를 관리하는 자가 제16조 제2항 또는 제31조의8 제2항을 위반한 때에는 1년 이상의 유기징역에 처한다.

제37조【벌칙】 ① 타인으로 하여금 부착명령 또는 보호관찰명령을 받게 할 목적으로 공무소 또는 공무원에 대하여 허위의 사실을 신고하거나「형법」제152조 제1항의 죄를 범한 때에는 10년 이하의 징역에 처한다.

② 제2장의 부착명령 또는 보호관찰명령 청구사건에 관하여 피부착명령청구자 또는 피보호관찰명령청구자를 모해할 목적으로「형법」제154조·제233조 또는 제234조(허위작성진단서의 행사에 한한다)의 죄를 범한 때에는 10년 이하의 징역에 처한다. 이 경우 10년 이하의 자격정지를 병과한다.

제38조【벌칙】 ① 피부착자가 제14조 제1항(제27조 및 제31조에 따라 준용되는 경우를 포함한다)을 위반하여 전자장치의 부착기간 중 전자장치를 신체에서 임의로 분리·손상, 전파 방해 또는 수신자료의 변조, 그 밖의 방법으로 그 효용을 해한 때에는 7년 이하의 징역 또는 2천만원 이하의 벌금에 처한다.

② 제1항의 미수범은 처벌한다.

제39조【벌칙】 ① 피부착자 또는 보호관찰대상자가 제9조의2 제1항 제3호 또는 제4호의 준수사항을 정당한 사유 없이 위반한 때에는 3년 이하의 징역 또는 3천만원 이하의 벌금에 처한다.

② 피부착자 또는 보호관찰대상자가 정당한 사유 없이「보호관찰 등에 관한 법률」제32조 제2항 또는 제3항에 따른 준수사항을 위반하여 같은 법 제38조에 따른 경고를 받은 후 다시 정당한 사유 없이 같은 법 제32조 제2항 또는 제3항에 따른 준수사항을 위반한 경우 1년 이하의 징역 또는 1천만원 이하의 벌금에 처한다.

③ 피부착자 또는 보호관찰대상자가 제9조의2 제1항 제1호·제2호·제2호의2·제5호 또는 제6호의 준수사항을 정당한 사유 없이 위반한 때에는 1년 이하의 징역 또는 1천만원 이하의 벌금에 처한다.

판례 |

[1] 전자장치부착법에 의한 성폭력범죄자에 대한 전자감시제도는 성폭력범죄로부터 국민을 보호함을 목적으로 하는 일종의 보안처분이며, 전자감시제도는 범죄행위를 한 자에 대한 응보를 주된 목적으로 책임을 추구하는 사후적 처분인 형벌과 구별되어 본질을 달리한다(대법원 2011.7.28. 2011도5813).

[2] 치료감호 원인이 된 심신장애 등의 종류와 정도 및 치료 가능성, 피부착명령청구자의 치료의지 및 주위 환경 등 치료감호 종료 후에 재범의 위험성을 달리 볼 특별한 사정이 있는 경우에는 치료감호를 위한 재범의 위험성이 인정된다 하여 부착명령을 위한 재범의 위험성도 인정된다고 섣불리 단정하여서는 안 된다(대법원 2012.5.10. 2012도2289).

[3] 입법자가 여러 가지 요소를 종합적으로 고려하여 법률로써 법관의 양형재량의 범위를 좁혀 놓았다고 하더라도 범죄와 형벌 간 비례의 원칙상 수긍할 수 있는 정도라면 위헌이라고 할 수는 없는바, 특정 성폭력 범죄자에 대하여 위치추적 전자장치 부착명령을 선고하였다고 해서 이를 성폭력범죄사건의 양형에 유리하게 참작하지 못하도록 하는 전자장치부착법 제9조 제7항(양형제한조항)은 일사부재리원칙, 평등원칙, 책임원칙 등에 위반되지 아니한다(헌재 2010.9.30. 2009헌바116).

[4] 전자장치부착법 제28조 제1항은 "법원은 특정범죄를 범한 자에 대하여 형의 집행을 유예하면서 보호관찰을 받을 것을 명할 때에는 보호관찰기간의 범위 내에서 기간을 정하여 준수사항의 이행 여부 확인 등을 위하여 전자장치를 부착할 것을 명할 수 있다."고 규정하고 있고, 제9조 제4항 제4호는 "법원은 특정범죄사건에 대하여 선고유예 또는 집행유예를 선고하는 때에는 판결로 부착명령 청구를 기각하여야 한다."고 규정하고 있으므로, 법원이 특정범죄를 범한 자에 대하여 형의 집행을 유예하는 경우에는 보호관찰을 받을 것을 명하는 때에만 전자장치를 부착할 것을 명할 수 있다(대법원 2012.2.23. 2011도8124).
[2013. 보호 7급]

[5] 피부착자가 이를 위반하여 <u>휴대용 추적장치를 휴대하지 아니하고 위와 같은 장소에 출입함으로써 부착장치의 전자파를 추적하지 못하게 하는 경우에는 전자장치부착법 제38조의 기타의 방법으로 전자장치의 효용을 해한 경우에 해당한다</u>(대법원 2017.3.15. 2016도17719).

[6] <u>전자장치부착법에 의한 전자감시제도는</u> 성폭력범죄자의 재범방지와 성행교정을 통한 재사회화를 위하여 그의 행적을 추적하여 위치를 확인할 수 있는 전자장치를 신체에 부착하게 하는 부가적인 조치를 취함으로써 성폭력범죄로부터 국민을 보호함을 목적으로 하는 일종의 보안처분으로, 범죄행위를 한 자에 대한 응보를 주된 목적으로 그 책임을 추궁하는 사후적 처분인 형벌과 구별되어 그 본질을 달리하는 것으로서 형벌에 관한 <u>소급입법금지의 원칙이 그대로 적용되지 않으므로</u>, 위 법률이 개정되어 부착명령 기간을 연장하도록 규정하고 있더라도 그것이 소급입법금지의 원칙에 반한다고 볼 수 없다(대법원 2010.12.23. 2010도11996).

[7] 성폭력범죄를 2회 이상 범하여 그 습벽이 인정된 때에 해당하고 성폭력범죄를 다시 범할 위험성이 인정되는 자에 대해 검사의 청구와 법원의 판결로 3년 이상 20년 이하의 기간 동안 전자장치 부착을 명할 수 있도록 한 부분(제9조 제1항 제2호)과 법원이 부착기간 중 기간을 정하여 야간 외출제한 및 아동시설 출입금지 등의 준수사항을 명할 수 있도록 한 부분(제9조의2)은 헌법에 위반되지 아니한다(헌재 2012.12.27. 2011헌바89).

[8] 2회 이상의 성폭력범죄사실로 공소가 제기된 성폭력범죄사건에서 일부 범죄사실에 대하여 면소 또는 공소기각의 재판이 선고되는 경우, 그러한 일부 범죄사실에 대하여는 부착명령청구사건에서 실체적 심리·판단이 허용되지 않는다고 보아야 한다. 따라서 그 일부 범죄사실은 전자장치부착법 제5조 제1항 제3호가 부착명령의 요건으로 규정한 "성폭력범죄를 2회 이상 범하여 그 습벽이 인정된 때"에서 말하는 2회 이상 범한 성폭력범죄에 포함된다고 볼 수 없다(대법원 2009.10.29. 2009도7282).

[9] **전자장치 부착 등에 관한 법률 제5조 제1항 제3호에서 부착명령청구 요건으로 정한 '성폭력범죄를 2회 이상 범하여'에 '소년보호처분을 받은 전력'이 포함되는지 여부, 불인정**
'성폭력범죄를 2회 이상 범하여(유죄의 확정판결을 받은 경우를 포함한다) 그 습벽이 인정된 때'라고 규정하고 있는데, 이 규정 전단은 문언상 '유죄의 확정판결을 받은 전과사실을 포함하여 성폭력범죄를 2회 이상 범한 경우'를 의미한다고 해석된다. 따라서 피부착명령청구자가 소년법에 의한 보호처분(소년보호처분)을 받은 전력이 있다고 하더라도, 이는 유죄의 확정판결을 받은 경우에 해당하지 아니함이 명백하므로, 피부착명령청구자가 2회 이상 성폭력범죄를 범하였는지를 판단할 때 소년보호처분을 받은 전력을 고려할 것이 아니다(대법원 2012.3.22. 2011도15057).
▶ 보호처분을 받은 사실의 상습성 인정(대법원 1989.12.12. 89도2097), 과거 전과로서의 징역형에는 소년으로서 처벌받은 징역형도 포함(대법원 2010.4.29. 2010도973)

[10] 위치추적 전자장치의 효용을 해한 행위를 처벌하는 전자장치 부착 등에 관한 법률 제38조에서 효용을 해하는 행위의 의미 및 부작위라도 고의적으로 그 효용이 정상적으로 발휘될 수 없도록 한 경우 처벌 대상이 되는지 여부(적극)

효용을 해하는 행위는 전자장치를 부착하게 하여 위치를 추적하도록 한 전자장치의 실질적인 효용을 해하는 행위를 말하는 것으로서, 전자장치 자체의 기능을 직접적으로 해하는 행위뿐 아니라 전자장치의 효용이 정상적으로 발휘될 수 없도록 하는 행위도 포함하며, 부작위라고 하더라도 고의적으로 그 효용이 정상적으로 발휘될 수 없도록 한 경우에는 처벌의 대상이 된다. 피부착자가 재택 감독장치가 설치되어 있는 자신의 독립된 주거공간이나 가족 등과의 공동 주거공간을 떠나 타인의 생활공간 또는 타인이 공동으로 이용하는 공간을 출입하고자 하는 경우에는 휴대용 추적장치를 휴대하여야 한다. 따라서 피부착자가 이를 위반하여 휴대용 추적장치를 휴대하지 아니하고 위와 같은 장소에 출입함으로써 부착장치의 전파를 추적하지 못하게 하는 경우에는 전자장치부착법 제38조의 기타의 방법으로 전자장치의 효용을 해한 경우에 해당한다(대법원 2017.3.15. 2016도17719).

단원별 지문 OX

01 19세 미만의 사람에 대하여 성폭력범죄를 저지른 경우에는 부착기간 상한을 법이 정한 부착기간 상한의 2배로 한다. (   )

[2023. 교정 7급]

02 피부착자는 주거를 이전하거나 7일 이상 국내여행을 하거나 출국할 때에는 미리 보호관찰관에게 신고하여야 한다. (   )

[2023. 교정 7급]

03 살인범죄로 징역형의 실형 이상의 형을 선고받아 그 집행이 면제된 후 다시 살인범죄를 저지른 사람에 대해서 검사는 부착명령을 청구하여야 한다. (   )

[2023. 교정 7급]

04 만 19세 미만의 자에 대하여 부착명령을 선고한 때에는 19세에 이르기까지 전자장치를 부착할 수 없다. (   )

[2021. 보호 7급]

05 전자장치 부착명령은 검사의 지휘를 받아 보호관찰관이 집행한다. (   )

[2021. 보호 7급]

06 전자장치 부착명령의 청구는 공소제기와 동시에 하여야 한다. (   )

[2020. 교정 7급]

07 전자장치 부착기간은 이를 집행한 날부터 기산하되, 초일은 산입하지 아니한다. (   )

[2020. 교정 7급]

08 「전자장치 부착 등에 관한 법률」상 성폭력범죄자에 대한 전자감시는 성폭력범죄자의 재범방지와 성행교정을 통한 재사회화를 위하여 위치추적 전자장치를 신체에 부착함으로써 성폭력범죄로부터 국민을 보호함을 목적으로 하는 일종의 보안처분이다. (   )

[2014. 보호 7급]

09 구 「특정 성폭력범죄자에 대한 위치추적 전자장치 부착에 관한 법률」상 전자감시제도는 일종의 보안처분으로서, 범죄행위를 한 자에 대한 응보를 주된 목적으로 그 책임을 추궁하는 사후적 처분인 형벌과 구별되어 그 본질을 달리하는 것이다. (   )

[2022. 보호 7급]

---

01 ✕ 19세 미만의 사람에 대하여 특정범죄(성폭력범죄, 미성년자 대상 유괴범죄, 살인범죄, 강도범죄, 스토킹범죄)를 저지른 경우에는 전자장치 부착기간 하한을 법률에서 정한 부착기간 하한의 2배로 한다(전자장치 부착 등에 관한 법률 제9조 제1항).

02 ✕ 전자장치 피부착자는 주거를 이전하거나 7일 이상의 국내여행을 하거나 출국할 때에는 미리 보호관찰관의 허가를 받아야 한다(전자장치 부착 등에 관한 법률 제14조 제3항).

03 ○ 전자장치 부착 등에 관한 법률 제5조 제3항

04 ○ 전자장치 부착 등에 관한 법률 제4조

05 ○ 전자장치 부착 등에 관한 법률 제12조 제1항

06 ✕ 부착명령의 청구는 공소가 제기된 특정범죄사건의 항소심 변론종결 시까지 하여야 한다(전자장치 부착 등에 관한 법률 제5조 제5항).

07 ✕ 전자장치 부착기간은 이를 집행한 날부터 기산하되, 초일은 시간을 계산함이 없이 1일로 산정한다(전자장치 부착 등에 관한 법률 제32조 제1항).

08 ○ 대법원 2011.7.28. 2011도5813

09 ○ 대법원 2011.7.28. 2011도5813

제4절 성폭력범죄자의 성충동 약물치료에 관한 법률

01 총칙

제1조【목적】 이 법은 사람에 대하여 성폭력범죄를 저지른 성도착증 환자로서 성폭력범죄를 다시 범할 위험성이 있다고 인정되는 사람에 대하여 성충동 약물치료를 실시하여 성폭력범죄의 재범을 방지하고 사회복귀를 촉진하는 것을 목적으로 한다.

제2조【정의】 이 법에서 사용하는 용어의 뜻은 다음과 같다.

1. 성도착증 환자	「치료감호 등에 관한 법률」 제2조 제1항 제3호(소아성기호증, 성적가학증 등 성적 성벽이 있는 정신성적 장애인으로서 금고 이상의 형에 해당하는 성폭력범죄를 지은 자)에 해당하는 사람 및 정신건강의학과 전문의의 감정에 의하여 성적 이상 습벽으로 인하여 자신의 행위를 스스로 통제할 수 없다고 판명된 사람을 말한다.
2. 성폭력범죄자	가. 「아동·청소년의 성보호에 관한 법률」 제7조(아동·청소년에 대한 강간·강제추행 등), 제8조(장애인인 아동·청소년에 대한 간음 등), 제9조(강간 등 상해·치상), 제10조(강간 등 살인·치사)의 죄 나. 「성폭력범죄의 처벌 등에 관한 특례법」 제3조(특수강도강간 등), 제4조(특수강간 등), 제5조(친족관계에 의한 강간 등), 제6조(장애인에 대한 강간·강제추행 등), 제7조(13세 미만의 미성년자에 대한 강간, 강제추행 등), 제8조(강간 등 상해·치상), 제9조(강간 등 살인·치사), 제10조(업무상 위력 등에 의한 추행), 제11조(공중 밀집 장소에서의 추행), 제12조(성적 목적을 위한 다중이용장소 침입행위), 제13조(통신매체를 이용한 음란행위)의 죄 및 제15조(미수범)의 죄(제3조부터 제9조까지의 미수범만을 말한다) 다. 「형법」 제297조(강간)·제297조의2(유사강간)·제298조(강제추행)·제299조(준강간, 준강제추행)·제300조(미수범)·제301조(강간 등 상해·치상)·제301조의2(강간 등 살인·치사)·제302조(미성년자 등에 대한 간음)·제303조(업무상 위력 등에 의한 간음)·제305조(미성년자에 대한 간음, 추행)·제339조(강도강간), 제340조(해상강도) 제3항(사람을 강간한 죄만을 말한다) 및 제342조(미수범)의 죄(제339조 및 제340조 제3항 중 사람을 강간한 죄의 미수범만을 말한다) 라. 가목부터 다목까지의 죄로서 다른 법률에 따라 가중 처벌되는 죄
3. 성충동 약물치료	비정상적인 성적 충동이나 욕구를 억제하기 위한 조치로서 성도착증 환자에게 약물 투여 및 심리치료 등의 방법으로 도착적인 성기능을 일정기간 동안 약화 또는 정상화하는 치료를 말한다. [2013. 교정 9급]

제3조【약물치료의 요건】 약물치료는 다음 각 호의 요건을 모두 갖추어야 한다.

[약물치료의 요건](법 제3조)
1. 비정상적 성적 충동이나 욕구를 억제하거나 완화하기 위한 것으로서 의학적으로 알려진 것일 것
2. 과도한 신체적 부작용을 초래하지 아니할 것
3. 의학적으로 알려진 방법대로 시행될 것

02 약물치료명령의 청구 및 판결

제4조【치료명령의 청구】 ① 검사는 사람에 대하여 성폭력범죄를 저지른 성도착증 환자로서 성폭력범죄를 다시 범할 위험성이 있다고 인정되는 19세 이상의 사람에 대하여 약물치료명령(이하 "치료명령"이라고 한다)을 법원에 청구할 수 있다. [2018. 5급 승진] 총 2회 기출 → 합헌(헌재 2015.12.23. 2013헌가9)

② 검사는 치료명령 청구대상자(이하 "치료명령 피청구자"라 한다)에 대하여 정신건강의학과 전문의의 진단이나 감정을 받은 후 치료명령을 청구하여야 한다. [2013. 교정 9급]

③ 제1항에 따른 치료명령의 청구는 공소가 제기되거나 치료감호가 독립청구된 성폭력범죄사건(이하 "피고사건"이라 한다)의 항소심 변론종결 시까지 하여야 한다.

④ 법원은 피고사건의 심리결과 치료명령을 할 필요가 있다고 인정하는 때에는 검사에게 치료명령의 청구를 요구할 수 있다.

⑤ 피고사건에 대하여 판결의 확정 없이 공소가 제기되거나 치료감호가 독립청구된 때부터 15년이 지나면 치료명령을 청구할 수 없다.

⑥ 제2항에 따른 정신건강의학과 전문의의 진단이나 감정에 필요한 사항은 대통령령으로 정한다.

제5조【조사】 ① 검사는 치료명령을 청구하기 위하여 필요하다고 인정하는 때에는 치료명령 피청구자의 주거지 또는 소속 검찰청(지청을 포함한다. 이하 같다) 소재지를 관할하는 보호관찰소(지소를 포함한다. 이하 같다)의 장에게 범죄의 동기, 피해자와의 관계, 심리상태, 재범의 위험성 등 치료명령 피청구자에 관하여 필요한 사항의 조사를 요청할 수 있다.

② 제1항의 요청을 받은 보호관찰소의 장은 조사할 보호관찰관을 지명하여야 한다.

③ 제2항에 따라 지명된 보호관찰관은 검사의 지휘를 받아 지체 없이 필요한 사항을 조사한 후 검사에게 조사보고서를 제출하여야 한다.

제6조【치료명령 청구사건의 관할】 ① 치료명령 청구사건의 관할은 치료명령 청구사건과 동시에 심리하는 피고사건의 관할에 따른다.

② 치료명령 청구사건의 제1심 재판은 지방법원 합의부(지방법원지원 합의부를 포함한다. 이하 같다)의 관할로 한다.

제7조【치료명령 청구서의 기재사항】 ① 치료명령 청구서에는 다음 각 호의 사항을 적어야 한다.

1. 치료명령 피청구자의 성명과 그 밖에 치료명령 피청구자를 특정할 수 있는 사항
2. 청구의 원인이 되는 사실
3. 적용 법조
4. 그 밖에 대통령령으로 정하는 사항

② 법원은 치료명령 청구를 받으면 지체 없이 치료명령 청구서의 부본을 치료명령 피청구자 또는 그 변호인에게 송달하여야 한다. 이 경우 공소제기 또는 치료감호의 독립청구와 동시에 치료명령 청구가 있는 때에는 제1회 공판기일 5일 전까지, 피고사건 심리 중에 치료명령 청구가 있는 때에는 다음 공판기일 5일 전까지 송달하여야 한다.

제8조【치료명령의 판결 등】 ① 법원은 치료명령 청구가 이유 있다고 인정하는 때에는 15년의 범위에서 치료기간을 정하여 판결로 치료명령을 선고하여야 한다. → 헌법불합치 결정(헌재 2015.12.23. 2013헌가9)

② 치료명령을 선고받은 사람(이하 "치료명령을 받은 사람"이라 한다)은 치료기간 동안 「보호관찰 등에 관한 법률」에 따른 보호관찰을 받는다. [2014. 보호 7급]

③ 법원은 다음 각 호의 어느 하나에 해당하는 때에는 판결로 치료명령 청구를 기각하여야 한다.

④ 치료명령 청구사건의 판결은 피고사건의 판결과 동시에 선고하여야 한다.
⑤ 치료명령 선고의 판결 이유에는 요건으로 되는 사실, 증거의 요지 및 적용 법조를 명시하여야 한다.
⑥ 치료명령의 선고는 피고사건의 양형에 유리하게 <u>참작되어서는 아니 된다</u>.

📋 비교 · 구분

참작 ×	• 치료명령의 선고는 피고사건의 양형에 유리하게 참작되어서는 아니 된다(성충동약물치료법 제8조 제6항). • 부착명령의 선고는 특정범죄사건의 양형에 유리하게 참작되어서는 아니 된다(전자장치부착법 제9조 제7항). • 보호관찰명령의 선고는 특정범죄사건의 양형에 유리하게 참작되어서는 아니 된다(전자장치부착법 제21조의8 준용규정).
고려 ○	• 가석방심사위원회는 성폭력 수형자의 가석방 적격심사를 할 때에는 치료명령이 결정된 사실을 고려하여야 한다(성충동약물치료법 제23조 제2항). • 소년부 판사는 소년이 화해의 권고에 따라 피해자와 화해하였을 경우에는 보호처분을 결정할 때 이를 고려할 수 있다(소년법 제25조의3 제3항).

⑦ 피고사건의 판결에 대하여 「형사소송법」에 따른 상소 및 상소의 포기·취하가 있는 때에는 치료명령 청구사건의 판결에 대하여도 상소 및 상소의 포기·취하가 있는 것으로 본다. 상소권회복 또는 재심의 청구나 비상상고가 있는 때에도 또한 같다.
⑧ 검사 또는 치료명령 피청구자 및 「형사소송법」 제340조·제341조에 규정된 사람은 치료명령에 대하여 독립하여 「형사소송법」에 따른 상소 및 상소의 포기·취하를 할 수 있다. 상소권회복 또는 재심의 청구나 비상상고의 경우에도 또한 같다.

제8조의2【치료명령의 집행 면제 신청 등】 ① 징역형과 함께 치료명령을 받은 사람 및 그 법정대리인은 주거지 또는 현재지를 관할하는 지방법원(지원을 포함한다. 이하 같다)에 치료명령이 집행될 필요가 없을 정도로 개선되어 성폭력범죄를 다시 범할 위험성이 없음을 이유로 치료명령의 집행 면제를 신청할 수 있다. 다만, 징역형과 함께 치료명령을 받은 사람이 치료감호의 집행 중인 경우에는 치료명령의 집행 면제를 신청할 수 없다.
② 제1항 본문에 따른 신청은 치료명령의 원인이 된 범죄에 대한 징역형의 집행이 종료되기 전 12개월부터 9개월까지의 기간에 하여야 한다. 다만, 치료명령의 원인이 된 범죄가 아닌 다른 범죄를 범하여 징역형의 집행이 종료되지 아니한 경우에는 그 징역형의 집행이 종료되기 전 12개월부터 9개월까지의 기간에 하여야 한다.
③ 징역형과 함께 치료명령을 받은 사람은 제1항 본문에 따른 치료명령의 집행 면제를 신청할 때에는 신청서에 치료명령의 집행 면제의 심사에 참고가 될 자료를 첨부하여 제출하여야 한다.
④ 법원은 제1항 본문의 신청을 받은 경우 징역형의 집행이 종료되기 3개월 전까지 치료명령의 집행 면제 여부를 결정하여야 한다.
⑤ 법원은 제4항에 따른 결정을 하기 위하여 필요한 경우에는 그 법원의 소재지를 관할하는 보호관찰소의 장에게 치료명령을 받은 사람의 교정성적, 심리상태, 재범의 위험성 등 필요한 사항의 조사를 요청할 수 있다. 이 경우 조사에 관하여는 제5조를 준용하며, "검사"는 "법원"으로 본다.

⑥ 법원은 제4항에 따른 결정을 하기 위하여 필요한 때에는 치료명령을 받은 사람에 대하여 정신건강의학과 전문의의 진단이나 감정을 받게 할 수 있다.

⑦ 제1항에 따른 치료명령 집행 면제 신청사건의 관할에 관하여는 제6조 제2항을 준용한다.

⑧ 징역형과 함께 치료명령을 받은 사람 및 그 법정대리인은 제4항의 결정에 대하여 항고(抗告)를 할 수 있다.

⑨ 제8항의 항고에 관하여는 제22조 제5항부터 제11항까지를 준용한다. 이 경우 "성폭력 수형자"는 "치료명령을 받은 사람"으로 본다.

제8조의3【치료감호심의위원회의 치료명령 집행 면제 등】 ① 「치료감호 등에 관한 법률」 제37조에 따른 치료감호심의위원회(이하 "치료감호심의위원회"라 한다)는 같은 법 제16조 제1항에 따른 피치료감호자 중 치료명령을 받은 사람(피치료감호자 중 징역형과 함께 치료명령을 받은 사람의 경우 형기가 남아 있지 아니하거나 9개월 미만의 기간이 남아 있는 사람에 한정한다)에 대하여 같은 법 제22조 또는 제23조에 따른 치료감호의 종료·가종료 또는 치료위탁 결정을 하는 경우에 치료명령의 집행이 필요하지 아니하다고 인정되면 치료명령의 집행을 면제하는 결정을 하여야 한다.

② 치료감호심의위원회는 제1항의 결정을 하기 위하여 필요한 경우에는 치료명령을 받은 사람에 대하여 정신건강의학과 전문의의 진단이나 감정을 받게 할 수 있다.

제8조의4【치료명령의 집행 면제 결정 통지】 법원 또는 치료감호심의위원회는 제8조의2제4항 또는 제8조의3 제1항에 따라 치료명령의 집행 면제에 관한 결정을 한 때에는 지체 없이 신청인 또는 피치료감호자, 신청인 또는 피치료감호자의 주거지를 관할하는 보호관찰소의 장, 교도소·구치소 또는 치료감호시설의 장에게 결정문 등본을 송부하여야 한다.

제9조【전문가의 감정 등】 법원은 제4조 제2항에 따른 정신건강의학과 전문의의 진단 또는 감정의견만으로 치료명령 피청구자의 성도착증 여부를 판단하기 어려울 때에는 다른 정신건강의학과 전문의에게 다시 진단 또는 감정을 명할 수 있다. [2014. 보호 7급]

제10조【준수사항】 ① 치료명령을 받은 사람은 치료기간 동안 「보호관찰 등에 관한 법률」 제32조 제2항 각 호(제4호는 제외한다)의 준수사항과 다음 각 호의 준수사항을 이행하여야 한다.

> **[보호관찰대상자의 일반준수사항]**(보호관찰법 제32조 제2항)(제4호는 제외)
> 1. 주거지에 상주하고 생업에 종사할 것
> 2. 범죄로 이어지기 쉬운 나쁜 습관을 버리고 선행을 하며 범죄를 저지를 염려가 있는 사람들과 교제하거나 어울리지 말 것
> 3. 보호관찰관의 지도·감독에 따르고 방문하면 응대할 것
>
> > **[치료명령을 받은 사람의 준수사항]**(법 제10조)
> > 1. 보호관찰관의 지시에 따라 성실히 약물치료에 응할 것
> > 2. 보호관찰관의 지시에 따라 정기적으로 호르몬 수치 검사를 받을 것
> > 3. 보호관찰관의 지시에 따라 인지행동 치료 등 심리치료 프로그램을 성실히 이수할 것

② 법원은 제8조 제1항에 따라 치료명령을 선고하는 경우 「보호관찰 등에 관한 법률」 제32조 제3항 각 호의 준수사항을 부과할 수 있다.

③ 법원은 치료명령을 선고할 때에 치료명령을 받은 사람에게 치료명령의 취지를 설명하고 준수사항을 적은 서면을 교부하여야 한다.

④ 제1항 제3호의 인지행동 치료 등 심리치료 프로그램에 관하여 필요한 사항은 대통령령으로 정한다.

[인지행동 치료 등 심리치료 프로그램](시행령 제5조)

① 법 제10조 제1항 제3호에 따른 인지행동 치료 등 심리치료 프로그램(이하 "심리치료프로그램"이라 한다)은 다음 각 호의 내용을 포함하여야 한다.
  1. 인지 왜곡과 일탈적 성적 기호(嗜好)의 수정
  2. 치료 동기의 향상
  3. 피해자에 대한 공감 능력 증진
  4. 사회적응 능력 배양
  5. 일탈적 성행동의 재발 방지
  6. 그 밖에 성폭력범죄의 재범 방지를 위하여 필요한 사항
② 심리치료프로그램은 성충동 약물치료(이하 "약물치료"라 한다) 기간 동안 월 1회 이상 실시되어야 한다.
③ 법무부장관은 심리치료프로그램의 개발과 전문 집행 인력의 양성을 위하여 노력하여야 한다.

제11조【치료명령 판결 등의 통지】 ① 법원은 제8조 제1항에 따라 치료명령을 선고한 때에는 그 판결이 확정된 날부터 3일 이내에 치료명령을 받은 사람의 주거지를 관할하는 보호관찰소의 장에게 판결문의 등본과 준수사항을 적은 서면을 송부하여야 한다.
② 교도소, 소년교도소, 구치소 및 치료감호시설의 장은 치료명령을 받은 사람이 석방되기 3개월 전까지 치료명령을 받은 사람의 주거지를 관할하는 보호관찰소의 장에게 그 사실을 통보하여야 한다.

제12조【국선변호인 등】 치료명령 청구사건에 관하여는 「형사소송법」 제282조 및 제283조를 준용한다.

03 치료명령의 집행

제13조【집행지휘】 ① 치료명령은 검사의 지휘를 받아 보호관찰관이 집행한다. [2024. 보호 9급] 총 2회 기출
② 제1항에 따른 지휘는 판결문 등본을 첨부한 서면으로 한다.

제14조【치료명령의 집행】 ① 치료명령은 「의료법」에 따른 의사의 진단과 처방에 의한 약물 투여, 「정신건강증진 및 정신질환자 복지서비스 지원에 관한 법률」에 따른 정신보건전문요원 등 전문가에 의한 인지행동 치료 등 심리치료 프로그램의 실시 등의 방법으로 집행한다.
② 보호관찰관은 치료명령을 받은 사람에게 치료명령을 집행하기 전에 약물치료의 효과, 부작용 및 약물치료의 방법·주기·절차 등에 관하여 충분히 설명하여야 한다.
③ 치료명령을 받은 사람이 형의 집행이 종료되거나 면제·가석방 또는 치료감호의 집행이 종료·가종료 또는 치료위탁으로 석방되는 경우 보호관찰관은 석방되기 전 2개월 이내에 치료명령을 받은 사람에게 치료명령을 집행하여야 한다. [2024. 보호 9급]

[수용시설 수용자의 이송 등](시행령 제10조)

① 치료명령을 받은 사람을 수용하고 있는 수용시설의 장은 치료명령을 받은 사람이 형의 집행이 종료되거나 면제·가석방 등의 사유로 석방되기 3개월 전부터 2개월 전까지 사이에 「형의 집행 및 수용자의 처우에 관한 법률」 제37조 제2항에 따라 치료명령을 받은 사람을 치료감호시설로 이송하여야 한다.
② 치료감호시설의 장은 제1항에 따라 치료명령을 받은 사람을 이송받은 경우에는 지체 없이 그 사실을 그 사람의 주거지를 관할하는 보호관찰소의 장에게 통보하여야 한다.
③ 치료감호시설의 장은 치료명령을 받은 사람이 형 또는 치료감호의 집행이 종료되거나 면제·가석방, 가종료 등의 사유로 석방되기 5일 전까지 석방 예정 사실을 그 사람의 주거지를 관할하는 보호관찰소의 장에게 통보하여야 한다.

④ 다음 각 호의 어느 하나에 해당하는 때에는 치료명령의 집행이 정지된다.

[치료명령의 집행 정지 사유](법 제14조 제4항)[2021. 교정 9급]

1. 치료명령의 집행 중 구속영장의 집행을 받아 구금된 때
2. 치료명령의 집행 중 금고 이상의 형의 집행을 받게 된 때
3. 가석방 또는 가종료 · 가출소된 자에 대하여 치료기간 동안 가석방 또는 가종료 · 가출소가 취소되거나 실효된 때

⑤ 제4항에 따라 집행이 정지된 치료명령의 잔여기간에 대하여는 다음 각 호의 구분에 따라 집행한다.

[집행이 정지된 치료명령의 잔여기간에 대한 재집행](법 제14조 제5항)[2024. 보호 9급]

1. 치료명령의 집행 중 구속영장의 집행을 받아 구금된 때의 경우에는 구금이 해제되거나 금고 이상의 형의 집행을 받지 아니하는 것으로 확정된 때부터 그 잔여기간을 집행한다.
2. 치료명령의 집행 중 금고 이상의 형의 집행을 받게 된 때의 경우에는 그 형의 집행이 종료되거나 면제된 후 또는 가석방된 때부터 그 잔여기간을 집행한다.
3. 가석방 또는 가종료 · 가출소된 자에 대하여 치료기간 동안 가석방 또는 가종료 · 가출소가 취소되거나 실효된 때의 경우에는 그 형이나 치료감호 또는 보호감호의 집행이 종료되거나 면제된 후 그 잔여기간을 집행한다.

⑥ 그 밖에 치료명령의 집행 및 정지에 관하여 필요한 사항은 대통령령으로 정한다.

제15조【치료명령을 받은 사람의 의무】① 치료명령을 받은 사람은 치료기간 중 상쇄약물의 투약 등의 방법으로 치료의 효과를 해하여서는 아니 된다. [2014. 보호 7급]

② 치료명령을 받은 사람은 형의 집행이 종료되거나 면제 · 가석방 또는 치료감호의 집행이 종료 · 가종료 또는 치료위탁되는 날부터 10일 이내에 주거지를 관할하는 보호관찰소에 출석하여 서면으로 신고하여야 한다. [2021. 교정 9급]

③ 치료명령을 받은 사람은 주거 이전 또는 7일 이상의 국내여행을 하거나 출국할 때에는 미리 보호관찰관의 허가를 받아야 한다. [2024. 보호 9급] 총 3회 기출

제16조【치료기간의 연장 등】① 치료 경과 등에 비추어 치료명령을 받은 사람에 대한 약물치료를 계속 하여야 할 상당한 이유가 있거나 다음 각 호의 어느 하나에 해당하는 사유가 있으면 법원은 보호관찰소의 장의 신청에 따른 검사의 청구로 치료기간을 결정으로 연장할 수 있다. 다만, 종전의 치료기간을 합산하여 15년을 초과할 수 없다. [2021. 교정 9급]

[치료기간의 연장 사유](법 제16조 제1항)[2021. 교정 9급]

1. 정당한 사유 없이 「보호관찰 등에 관한 법률」 제32조 제2항(일반준수사항)(제4호 제외: 주거를 이전하거나 1개월 이상 국내외 여행을 할 때에는 미리 보호관찰관에게 신고할 것) 또는 제3항(특별준수사항)에 따른 준수사항을 위반한 경우
2. 정당한 사유 없이 제15조 제2항(서면신고의무)을 위반하여 신고하지 아니한 경우
3. 거짓으로 제15조 제3항(여행 시 허가조건)의 허가를 받거나, 정당한 사유 없이 제15조 제3항을 위반하여 허가를 받지 아니하고 주거 이전, 국내여행 또는 출국을 하거나 허가기간 내에 귀국하지 아니한 경우

② 법원은 치료명령을 받은 사람이 제1항 각 호의 어느 하나에 해당하는 경우에는 보호관찰소의 장의 신청에 따른 검사의 청구로 제10조 제2항의 준수사항을 추가 또는 변경하는 결정을 할 수 있다.

③ 제1항 각 호에 규정된 사항 외의 사정변경이 있는 경우에도 법원은 상당한 이유가 있다고 인정되면 보호관찰소의 장의 신청에 따른 검사의 청구로 제10조 제2항의 준수사항을 추가, 변경 또는 삭제하는 결정을 할 수 있다.

제17조【치료명령의 임시해제 신청 등】 ① 보호관찰소의 장 또는 치료명령을 받은 사람 및 그 법정대리인은 해당 보호관찰소를 관할하는 「보호관찰 등에 관한 법률」 제5조에 따른 보호관찰 심사위원회(이하 "심사위원회"라 한다)에 치료명령의 임시해제를 신청할 수 있다.

② 제1항의 신청은 치료명령의 집행이 개시된 날부터 6개월이 지난 후에 하여야 한다. 신청이 기각된 경우에는 기각된 날부터 6개월이 지난 후에 다시 신청할 수 있다. [2014. 교정 9급]

③ 임시해제의 신청을 할 때에는 신청서에 임시해제의 심사에 참고가 될 자료를 첨부하여 제출하여야 한다.

제18조【치료명령 임시해제의 심사 및 결정】 ① 심사위원회는 임시해제를 심사할 때에는 치료명령을 받은 사람의 인격, 생활태도, 치료명령 이행상황 및 재범의 위험성에 대한 전문가의 의견 등을 고려하여야 한다.

② 심사위원회는 임시해제의 심사를 위하여 필요한 때에는 보호관찰소의 장으로 하여금 필요한 사항을 조사하게 하거나 치료명령을 받은 사람이나 그 밖의 관계인을 직접 소환·심문 또는 조사할 수 있다.

③ 제2항의 요구를 받은 보호관찰소의 장은 필요한 사항을 조사하여 심사위원회에 통보하여야 한다.

④ 심사위원회는 치료명령을 받은 사람이 치료명령이 계속 집행될 필요가 없을 정도로 개선되어 죄를 다시 범할 위험성이 없다고 인정하는 때에는 치료명령의 임시해제를 결정할 수 있다.

⑤ 심사위원회는 치료명령의 임시해제를 하지 아니하기로 결정한 때에는 결정서에 그 이유를 명시하여야 한다.

⑥ 제4항에 따라 치료명령이 임시해제된 경우에는 제10조 제1항 각 호 및 같은 조 제2항에 따른 준수사항이 임시해제된 것으로 본다.

제19조【임시해제의 취소 등】 ① 보호관찰소의 장은 치료명령이 임시해제된 사람이 성폭력범죄를 저지르거나 주거 이전 상황 등의 보고에 불응하는 등 재범의 위험성이 있다고 판단되는 때에는 심사위원회에 임시해제의 취소를 신청할 수 있다. 이 경우 심사위원회는 임시해제된 사람의 재범의 위험성이 현저하다고 인정될 때에는 임시해제를 취소하여야 한다.

② 임시해제가 취소된 사람은 잔여 치료기간 동안 약물치료를 받아야 한다. 이 경우 임시해제기간은 치료기간에 산입하지 아니한다.

제20조【치료명령 집행의 종료】 제8조 제1항에 따라 선고된 치료명령은 다음 각 호의 어느 하나에 해당하는 때에 그 집행이 종료된다.

> **[치료명령 집행의 종료 사유]**(법 제20조)
> 1. 치료기간이 지난 때
> 2. 치료명령과 함께 선고한 형이 사면되어 그 선고의 효력을 상실하게 된 때
> 3. 치료명령이 임시해제된 사람이 그 임시해제가 취소됨이 없이 잔여 치료기간을 지난 때

제21조【치료명령의 시효】 ① 치료명령을 받은 사람은 그 판결이 확정된 후 집행을 받지 아니하고 함께 선고된 피고사건의 형의 시효 또는 치료감호의 시효가 완성되면 그 집행이 면제된다. [2014. 교정 9급]

② 치료명령의 시효는 치료명령을 받은 사람을 체포함으로써 중단된다.

04 수형자·가종료자 등에 대한 치료명령

제22조【성폭력 수형자에 대한 치료명령 청구】 ① 검사는 사람에 대하여 성폭력범죄를 저질러 징역형 이상의 형이 확정되었으나 제8조 제1항에 따른 치료명령이 선고되지 아니한 수형자(이하 "성폭력 수형자"라 한다) 중 성도착증 환자로서 성폭력범죄를 다시 범할 위험성이 있다고 인정되고 약물치료를 받는 것을 동의하는 사람에 대하여 그의 주거지 또는 현재지를 관할하는 지방법원에 치료명령을 청구할 수 있다.
[2015. 5급 승진]
② 제1항의 수형자에 대한 치료명령의 절차는 다음 각 호에 따른다.

> ⊕ **PLUS** 수형자에 대한 치료명령의 절차
>
> 1. **교도소장 등의 확인**: 교도소·구치소(수용시설)의 장은 「형법」 제72조 제1항의 가석방 요건을 갖춘 성폭력 수형자에 대하여 약물치료의 내용, 방법, 절차, 효과, 부작용, 비용부담 등에 관하여 충분히 설명하고 동의 여부를 확인하여야 한다.
> 2. **동의자에 대한 통보**: 제1호의 성폭력 수형자가 약물치료에 동의한 경우 수용시설의 장은 지체 없이 수용시설의 소재지를 관할하는 지방검찰청의 검사에게 인적사항과 교정성적 등 필요한 사항을 통보하여야 한다.
> 3. **검사의 보호관찰소장 조사 요청**: 검사는 소속 검찰청 소재지 또는 성폭력 수형자의 주소를 관할하는 보호관찰소의 장에게 성폭력 수형자에 대하여 제5조 제1항에 따른 조사를 요청할 수 있다.
> 4. **2개월 이내 조사보고서 제출**: 보호관찰소의 장은 검사의 요청을 접수한 날부터 2개월 이내에 제5조 제3항의 조사보고서를 제출하여야 한다.
> 5. **검사의 동의확인, 전문의 진단이나 감정을 받아 법원 청구**: 검사는 성폭력 수형자에 대하여 약물치료의 내용, 방법, 절차, 효과, 부작용, 비용부담 등에 관하여 설명하고 동의를 확인한 후 정신건강의학과 전문의의 진단이나 감정을 받아 법원에 치료명령을 청구할 수 있다. 이때 검사는 치료명령 청구서에 제7조 제1항 각 호의 사항 외에 치료명령 피청구자의 동의사실을 기재하여야 한다.
> 6. **법원의 결정**: 법원은 제5호의 치료명령 청구가 이유 있다고 인정하는 때에는 결정으로 치료명령을 고지하고 치료명령을 받은 사람에게 준수사항 기재서면을 송부하여야 한다.

③ 제2항 제6호의 결정에 따른 치료기간은 15년을 초과할 수 없다. [2018. 보호 7급] 총 2회 기출
④ 검사는 제2항 제5호에 따른 정신건강의학과 전문의의 진단이나 감정을 위하여 필요한 경우 수용시설의 장에게 성폭력 수형자를 치료감호시설 등에 이송하도록 할 수 있다.
⑤ 제2항 제6호의 결정이 다음 각 호의 어느 하나에 해당하면 결정을 고지받은 날부터 7일 이내에 검사, 성폭력 수형자 본인 또는 그 법정대리인은 고등법원에 항고할 수 있다.

[항고 사유](법 제22조 제5항)

1. 해당 결정에 영향을 미칠 법령위반이 있거나 중대한 사실오인이 있는 경우
2. 처분이 현저히 부당한 경우

⑥ 항고를 할 때에는 항고장을 원심법원에 제출하여야 하며, 항고장을 제출받은 법원은 3일 이내에 의견서를 첨부하여 기록을 항고법원에 송부하여야 한다.
⑦ 항고법원은 항고 절차가 법률에 위반되거나 항고가 이유 없다고 인정한 경우에는 결정으로써 항고를 기각하여야 한다.
⑧ 항고법원은 항고가 이유 있다고 인정한 경우에는 원결정을 파기하고 스스로 결정을 하거나 다른 관할 법원에 이송하여야 한다.
⑨ 항고법원의 결정에 대하여는 그 결정이 법령에 위반된 때에만 대법원에 재항고를 할 수 있다.

⑩ 재항고의 제기기간은 항고기각 결정을 고지받은 날부터 7일로 한다.

⑪ 항고와 재항고는 결정의 집행을 정지하는 효력이 없다.

⑫ 수용시설의 장은 성폭력 수형자가 석방되기 5일 전까지 그의 주소를 관할하는 보호관찰소의 장에게 그 사실을 통보하여야 한다. [2015. 5급 승진]

⑬ 제2항 제6호에 따라 고지된 치료명령은 성폭력 수형자에게 선고된 제1항의 징역형 이상의 형이 사면되어 그 선고의 효력을 상실하게 된 때에 그 집행이 종료된다.

⑭ 치료명령을 받은 사람은 치료명령 결정이 확정된 후 집행을 받지 아니하고 10년이 경과하면 시효가 완성되어 집행이 면제된다. [2018. 보호 7급]

제23조【가석방】 ① 수용시설의 장은 제22조 제2항 제6호의 결정이 확정된 성폭력 수형자에 대하여 법무부령으로 정하는 바에 따라 「형의 집행 및 수용자의 처우에 관한 법률」 제119조의 가석방심사위원회에 가석방 적격심사를 신청하여야 한다.

② 가석방심사위원회는 성폭력 수형자의 가석방 적격심사를 할 때에는 치료명령이 결정된 사실을 고려하여야 한다. [2018. 보호 7급] 총 3회 기출

제24조【비용부담】 ① 제22조 제2항 제6호의 치료명령의 결정을 받은 사람은 치료기간 동안 치료비용을 부담하여야 한다. 다만, 치료비용을 부담할 경제력이 없는 사람의 경우에는 국가가 비용을 부담할 수 있다.
[2018. 보호 7급] 총 2회 기출

② 비용부담에 관하여 필요한 사항은 대통령령으로 정한다.

제25조【가종료 등과 치료명령】 ① 「치료감호 등에 관한 법률」 제37조에 따른 치료감호심의위원회(이하 "치료감호심의위원회"라 한다)는 성폭력범죄자 중 성도착증 환자로서 치료감호의 집행 중 가종료 또는 치료위탁되는 피치료감호자나 보호감호의 집행 중 가출소되는 피보호감호자(이하 "가종료자 등"이라 한다)에 대하여 보호관찰 기간의 범위에서 치료명령을 부과할 수 있다.

② 치료감호심의위원회는 제1항에 따라 치료명령을 부과하는 결정을 할 경우에는 결정일 전 6개월 이내에 실시한 정신건강의학과 전문의의 진단 또는 감정 결과를 반드시 참작하여야 한다.

③ 치료감호심의위원회는 제1항에 따라 치료명령을 부과하는 결정을 한 경우에는 즉시 가종료자 등의 주거지를 관할하는 보호관찰소의 장에게 통보하여야 한다.

제26조【준수사항】 치료감호심의위원회는 제25조에 따른 치료명령을 부과하는 경우 치료기간의 범위에서 준수기간을 정하여 「보호관찰 등에 관한 법률」 제32조 제3항 각 호의 준수사항 중 하나 이상을 부과할 수 있다.

제27조【치료명령의 집행】 보호관찰관은 가종료자 등이 가종료·치료위탁 또는 가출소 되기 전 2개월 이내에 치료명령을 집행하여야 한다. 다만, 치료감호와 형이 병과된 가종료자의 경우 집행할 잔여 형기가 있는 때에는 그 형의 집행이 종료되거나 면제되어 석방되기 전 2개월 이내에 치료명령을 집행하여야 한다.

제28조【치료명령 집행의 종료】 제25조에 따른 약물치료는 다음 각 호의 어느 하나에 해당하는 때에 그 집행이 종료된다.

[치료명령 집행의 종료](법 제28조)

1. 치료기간이 지난 때
2. 가출소·가종료·치료위탁으로 인한 보호관찰 기간이 경과
3. 보호관찰이 종료된 때

제29조【준용】 ① 이 장에 따른 치료명령에 관하여는 제10조 제1항·제4항, 제14조 제1항·제2항·제4항 제1호 및 제2호·제5항 제1호 및 제2호, 제15조, 제17조부터 제19조까지 및 제20조 제3호를 준용한다.

② 제22조에 따른 치료명령에 관하여는 제1항의 규정 외에 제6조 제2항, 제7조, 제8조 제2항·제5항, 제9조, 제10조 제2항, 제11조 제1항, 제12조, 제13조, 제14조 제3항·제4항 제3호·제5항 제3호, 제16조, 제20조 제1호 및 제21조 제2항을 준용한다.

05 보칙 및 벌칙

제30조【치료기간의 계산】 치료기간은 최초로 성 호르몬 조절약물을 투여한 날 또는 제14조 제1항에 따른 심리치료 프로그램의 실시를 시작한 날부터 기산하되, 초일은 시간을 계산함이 없이 1일로 산정한다. [2018. 5급 승진]

제31조【치료명령 등 집행전담 보호관찰관의 지정】 보호관찰소의 장은 소속 보호관찰관 중에서 다음 각 호의 사항을 전담하는 보호관찰관을 지정하여야 한다.

> **[치료명령 전담보호관찰관 지정]**(법 제31조)
> 1. 치료명령을 청구하기 위하여 필요한 치료명령 피청구자에 대한 조사
> 2. 치료명령의 집행
> 3. 치료명령을 받은 사람의 재범방지와 건전한 사회복귀를 위한 치료 등 필요한 조치의 부과
> 4. 그 밖에 치료명령을 받은 사람의「보호관찰 등에 관한 법률」등에 따른 준수사항 이행 여부 확인 등 치료명령을 받은 사람에 대한 지도·감독 및 원호

제32조【수용시설의 장 등의 협조】 제14조 제3항 및 제27조에 따른 보호관찰관의 치료명령 집행에 수용시설의 장, 치료감호시설의 장, 보호감호시설의 장은 약물의 제공, 의사·간호사 등 의료인력 지원 등의 협조를 하여야 한다. [2018. 5급 승진]

제33조【군법 피적용자에 대한 특칙】 이 법을 적용함에 있어서「군사법원법」제2조 제1항 각 호의 어느 하나에 해당하는 자에 대하여는 군사법원은 법원의, 군검사는 검사의, 군사법경찰관리는 사법경찰관리의, 군교도소장은 교도소장의 이 법에 따른 직무를 각각 행한다.

제34조【다른 법률의 준용】 이 법을 적용함에 있어서 이 법에 규정이 있는 경우를 제외하고는 그 성질에 반하지 아니하는 범위에서「형사소송법」및「보호관찰 등에 관한 법률」을 준용한다.

제35조【벌칙】 ① 이 법에 따른 약물치료를 받아야 하는 사람이 도주하거나 정당한 사유 없이 제15조 제1항의 의무를 위반한 때에는 7년 이하의 징역 또는 2천만원 이하의 벌금에 처한다.
② 이 법에 따른 약물치료를 받아야 하는 사람이 정당한 사유 없이 제10조 제1항 각 호의 준수사항을 위반한 때에는 3년 이하의 징역 또는 1천만원 이하의 벌금에 처한다.
③ 이 법에 따른 약물치료를 받아야 하는 사람이 정당한 사유 없이 제10조 제2항에 따른 준수사항을 위반한 때에는 1천만원 이하의 벌금에 처한다.

판례 |

[1] 성폭력범죄를 저지른 성도착증 환자로서 재범의 위험성이 인정되는 19세 이상의 사람에 대해 법원이 15년의 범위에서 치료명령을 선고할 수 있도록 한 성폭력범죄자의 성충동 약물치료에 관한 법률 제8조 제1항이 치료명령 피청구인의 신체의 자유 등 기본권을 침해하는지 여부(적극)

장기형이 선고되는 경우 치료명령의 선고시점과 집행시점 사이에 상당한 시간적 간극이 있어 집행시점에서 발생할 수 있는 불필요한 치료와 관련한 부분에 대해서는 침해의 최소성과 법익균형성을 인정하기 어렵다. 따라서 제8조 제1항은 집행 시점에서 불필요한 치료를 막을 수 있는 절차가 마련되어 있지 않은 점으로 인하여 과잉금지원칙에 위배되어 치료명령 피청구인의 신체의 자유 등 기본권을 침해한다 (헌법불합치 결정)(헌재 2015.12.23. 2013헌가9).

[2] 성충동약물치료 명령에 따른 준수사항 위반행위를 처벌하는 성폭력범죄자의 성충동약물치료에 관한 법률 제35조 제2항에서 정한 '정당한 사유'는 구성요건해당성을 조각하는 사유로, 정당한 사유가 없다는 사실을 검사가 증명하여야 하고, 이는 형법상 위법성조각사유인 정당행위나 책임조각사유인 기대불가능성과는 구별된다(대법원 2021.8.19. 2020도16111).

[3] 「성폭력범죄의 처벌 등에 관한 특례법」에 따라 병과하는 수강명령 또는 이수명령은 이른바 범죄인에 대한 사회 내 처우의 한 유형으로서 형벌 그 자체가 아니라 보안처분의 성격을 가지는 것이지만, 의무적 강의 수강 또는 성폭력 치료프로그램의 의무적 이수를 받도록 함으로써 실질적으로는 신체적 자유를 제한하는 것이 된다(대법원 2018.10.4. 2016도15961). [2020. 5급 승진]

단원별 지문 OX

01 법원은 성충동 약물치료명령 청구가 이유 있다고 인정하는 때에는 15년의 범위에서 치료기간을 정하여 판결로 치료명령을 선고하여야 한다. (   )
[2022. 보호 7급]

02 성충동 약물치료명령의 대상은 사람에 대하여 성폭력범죄를 저지른 성도착증 환자로서, 성폭력범죄를 다시 범할 위험성이 있다고 인정되는 19세 이상의 사람이다. (   )
[2022. 보호 7급]

03 치료명령은 검사의 지휘를 받아 보호관찰관이 집행한다. (   )
[2021. 교정 9급]

04 교도소 · 구치소의 장은 가석방 요건을 갖춘 성폭력 수형자에 대하여 약물치료의 내용, 방법, 절차, 효과, 부작용, 비용부담 등에 관하여 충분히 설명하고 동의 여부를 확인하여야 한다. (   )
[2022. 교정 7급]

05 수용시설의 장은 법원의 치료명령 결정이 확정된 성폭력 수형자에 대하여 가석방심사위원회에 가석방 적격심사를 신청하여야 한다. (   )
[2022. 교정 7급]

06 검사는 성폭력 수형자의 주거지 또는 소속 검찰청 소재지를 관할하는 교도소 · 구치소의 장에게 범죄의 동기 등 성폭력 수형자에 관하여 필요한 사항의 조사를 요청할 수 있다. (   )
[2022. 교정 7급]

07 「성폭력범죄자의 성충동 약물치료에 관한 법률」상 약물치료명령은 헌법이 보장하고 있는 신체의 자유와 자기결정권에 대한 침익적인 처분에 해당하지 않는다. (   )
[2022. 보호 7급]

---

01 ○ 성폭력범죄자의 성충동 약물치료에 관한 법률 제8조 제1항
02 ○ 성폭력범죄자의 성충동 약물치료에 관한 법률 제4조 제1항
03 ○ 성폭력범죄자의 성충동 약물치료에 관한 법률 제13조 제1항
04 ○ 성폭력범죄자의 성충동 약물치료에 관한 법률 제22조 제2항 제1호
05 ○ 성폭력범죄자의 성충동 약물치료에 관한 법률 제23조 제1항
06 ✕ 검사는 소속 검찰청 소재지 또는 성폭력 수형자의 주소를 관할하는 보호관찰소의 장에게 성폭력 수형자에 대하여 제5조 제1항에 따른 조사(범죄의 동기, 피해자와의 관계, 심리상태, 재범의 위험성 등 필요한 사항의 조사)를 요청할 수 있다(성폭력범죄자의 성충동 약물치료에 관한 법률 제22조 제2항 제3호).
07 ✕ 원칙적으로 형 집행 종료 이후 신체에 영구적인 변화를 초래할 수도 있는 약물의 투여를 피청구자의 동의 없이 강제적으로 상당기간 실시하게 된다는 점에서 헌법이 보장하고 있는 신체의 자유와 자기결정권에 대한 가장 직접적이고 침익적인 처분에 해당한다(대법원 2014.12.11. 2014도6930).

제5절 스토킹범죄의 처벌 등에 관한 법률

01 총칙

제1조【목적】 이 법은 스토킹범죄의 처벌 및 그 절차에 관한 특례와 스토킹범죄 피해자에 대한 보호절차를 규정함으로써 피해자를 보호하고 건강한 사회질서의 확립에 이바지함을 목적으로 한다.

제2조【정의】 이 법에서 사용하는 용어의 뜻은 다음과 같다. [2023. 보호 7급]

1. "스토킹행위"란 상대방의 의사에 반(反)하여 정당한 이유 없이 다음 각 목의 어느 하나에 해당하는 행위를 하여 상대방에게 불안감 또는 공포심을 일으키는 것을 말한다.

> **[스토킹 행위]**(법 제2조 제1호)
>
> 가. 상대방 또는 그의 동거인, 가족(상대방 등)에게 접근하거나 따라다니거나 <u>진로를 막아서는 행위</u>
> 나. 상대방 등의 주거, 직장, 학교, 그 밖에 일상적으로 생활하는 장소(주거 등) 또는 그 부근에서 <u>기다리거나 지켜보는 행위</u>
> 다. 상대방 등에게 우편·전화·팩스 또는 「정보통신망법」 제2조 제1항 제1호의 정보통신망을 이용하여 물건이나 글·말·부호·음향·그림·영상·화상(물건 등)을 도달하게 하거나 정보통신망을 이용하는 프로그램 또는 전화의 기능에 의하여 글·말·부호·음향·그림·영상·화상이 상대방 등에게 나타나게 하는 행위
> 라. 상대방 등에게 직접 또는 제3자를 통하여 물건 등을 도달하게 하거나 주거 등 또는 그 부근에 물건 등을 두는 행위
> 마. 상대방 등의 주거 등 또는 그 부근에 놓여져 있는 물건 등을 훼손하는 행위
> 바. 다음의 어느 하나에 해당하는 상대방 등의 정보를 정보통신망을 이용하여 제3자에게 제공, 배포 또는 게시행위
>
>> 1. 「개인정보 보호법」 제2조 제1호의 개인정보
>> 2. 「위치정보보호법」 제2조 제2호의 개인위치정보
>> 3. 1 또는 2의 정보를 편집·합성 또는 가공한 정보(해당 정보주체를 식별할 수 있는 경우로 한정)
>
> 사. 정보통신망을 통하여 상대방 등의 이름, 명칭, 사진, 영상 또는 신분에 관한 정보를 이용하여 자신이 상대방 등인 것처럼 가장하는 행위

2. "스토킹범죄"란 지속적 또는 반복적으로 스토킹행위를 하는 것을 말한다.
3. "피해자"란 스토킹범죄로 직접적인 피해를 입은 사람을 말한다.
4. "피해자 등"이란 피해자 및 스토킹행위의 상대방을 말한다.

02 스토킹범죄 등의 처리절차

제3조【스토킹행위 신고 등에 대한 응급조치】 사법경찰관리는 진행 중인 스토킹행위에 대하여 신고를 받은 경우 즉시 현장에 나가 다음 각 호의 조치를 하여야 한다.

> **[사법경찰관리의 응급조치]**(법 제3조) [2024. 보호 9급]
> 1. 스토킹행위의 제지, 향후 스토킹행위의 중단 통보 및 스토킹행위를 지속적 또는 반복적으로 할 경우 처벌 서면경고
> 2. 스토킹행위자와 피해자 등의 분리 및 범죄수사
> 3. 피해자 등에 대한 긴급응급조치 및 잠정조치 요청의 절차 등 안내
> 4. 스토킹 피해 관련 상담소 또는 보호시설로의 피해자 등 인도(피해자 등이 동의한 경우만 해당한다)

제4조【긴급응급조치】 ① 사법경찰관은 스토킹행위 신고와 관련하여 스토킹행위가 지속적 또는 반복적으로 행하여질 우려가 있고 스토킹범죄의 예방을 위하여 긴급을 요하는 경우 스토킹행위자에게 직권으로 또는 스토킹행위의 상대방이나 그 법정대리인 또는 스토킹행위를 신고한 사람의 요청에 의하여 다음 각 호에 따른 조치를 할 수 있다. [2024. 보호 9급]

> 1. 스토킹행위의 상대방 등(상대방, 동거인, 가족)이나 그 주거 등으로부터 100미터 이내의 접근 금지
> 2. 스토킹행위의 상대방 등에 대한 「전기통신기본법」 제2조 제1호의 전기통신을 이용한 접근 금지

② 사법경찰관은 제1항에 따른 조치(이하 "긴급응급조치"라 한다)를 하였을 때에는 즉시 스토킹행위의 요지, 긴급응급조치가 필요한 사유, 긴급응급조치의 내용 등이 포함된 긴급응급조치결정서를 작성하여야 한다.

제5조【긴급응급조치의 승인 신청】 ① 사법경찰관은 긴급응급조치를 하였을 때에는 지체 없이 검사에게 해당 긴급응급조치에 대한 사후승인을 지방법원 판사에게 청구하여 줄 것을 신청하여야 한다.
② 제1항의 신청을 받은 검사는 긴급응급조치가 있었던 때부터 48시간 이내에 지방법원 판사에게 해당 긴급응급조치에 대한 사후승인을 청구한다. 이 경우 제4조 제2항에 따라 작성된 긴급응급조치결정서를 첨부하여야 한다.
③ 지방법원 판사는 스토킹행위가 지속적 또는 반복적으로 행하여지는 것을 예방하기 위하여 필요하다고 인정하는 경우에는 제2항에 따라 청구된 긴급응급조치를 승인할 수 있다.
④ 사법경찰관은 검사가 제2항에 따라 긴급응급조치에 대한 사후승인을 청구하지 아니하거나 지방법원 판사가 제2항의 청구에 대하여 사후승인을 하지 아니한 때에는 즉시 그 긴급응급조치를 취소하여야 한다.
⑤ 긴급응급조치기간은 1개월을 초과할 수 없다.

제6조【긴급응급조치의 통지 등】 ① 사법경찰관은 긴급응급조치를 하는 경우에는 스토킹행위의 상대방 등이나 그 법정대리인에게 통지하여야 한다.
② 사법경찰관은 긴급응급조치를 하는 경우에는 해당 긴급응급조치의 대상자(이하 "긴급응급조치대상자"라 한다)에게 조치의 내용 및 불복방법 등을 고지하여야 한다.

제7조【긴급응급조치의 변경 등】 ① 긴급응급조치대상자나 그 법정대리인은 긴급응급조치의 취소 또는 그 종류의 변경을 사법경찰관에게 신청할 수 있다.
② 스토킹행위의 상대방 등이나 그 법정대리인은 제4조 제1항 제1호의 긴급응급조치가 있은 후 스토킹행위의 상대방 등이 주거등을 옮긴 경우에는 사법경찰관에게 긴급응급조치의 변경을 신청할 수 있다.
③ 스토킹행위의 상대방이나 그 법정대리인은 긴급응급조치가 필요하지 아니한 경우에는 사법경찰관에게 해당 긴급응급조치의 취소를 신청할 수 있다.
④ 사법경찰관은 정당한 이유가 있다고 인정하는 경우에는 직권으로 또는 제1항부터 제3항까지의 규정에 따른 신청에 의하여 해당 긴급응급조치를 취소할 수 있고, 지방법원 판사의 승인을 받아 긴급응급조치의 종류를 변경할 수 있다.

⑤ 사법경찰관은 제4항에 따라 긴급응급조치를 취소하거나 그 종류를 변경하였을 때에는 스토킹행위의 상대방등 및 긴급응급조치대상자 등에게 다음 각 호의 구분에 따라 통지 또는 고지하여야 한다.

1. **스토킹행위의 상대방 등이나 그 법정대리인**: 취소 또는 변경의 취지 통지
2. **긴급응급조치대상자**: 취소 또는 변경된 조치의 내용 및 불복방법 등 고지

⑥ 긴급응급조치(제4항에 따라 그 종류를 변경한 경우를 포함한다. 이하 이 항에서 같다)는 다음 각 호의 어느 하나에 해당하는 때에 그 효력을 상실한다.

[긴급응급조치 효력 상실](법 제7조 제6항)

1. 긴급응급조치에서 정한 기간이 지난 때
2. 법원이 긴급응급조치대상자에게 다음 각 목의 결정을 한 때(스토킹행위의 상대방과 같은 사람을 피해자로 하는 경우로 한정한다)

   가. 제4조 제1항 제1호의 긴급응급조치(100m 이내 접근금지)에 따른 스토킹행위의 상대방 등과 같은 사람을 피해자 또는 그의 동거인, 가족으로 하는 제9조 제1항 제2호에 따른 조치(100m 이내 접근금지)의 결정
   나. 제4조 제1항 제1호의 긴급응급조치(100m 이내 접근금지)에 따른 주거 등과 같은 장소를 피해자 또는 그의 동거인, 가족의 주거 등으로 하는 제9조 제1항 제2호에 따른 조치(100m 이내 접근금지)의 결정
   다. 제4조 제1항 제2호의 긴급응급조치(전기통신을 이용한 접근금지)에 따른 스토킹행위의 상대방 등과 같은 사람을 피해자 또는 그의 동거인, 가족으로 하는 제9조 제1항 제3호(전기통신을 이용한 접근금지)에 따른 조치의 결정

제8조【잠정조치의 청구】 ① 검사는 스토킹범죄가 재발될 우려가 있다고 인정하면 직권 또는 사법경찰관의 신청에 따라 법원에 제9조 제1항 각 호의 조치를 청구할 수 있다.
② 피해자 또는 그 법정대리인은 검사 또는 사법경찰관에게 제1항에 따른 조치의 청구 또는 그 신청을 요청하거나, 이에 관하여 의견을 진술할 수 있다.
③ 사법경찰관은 제2항에 따른 신청 요청을 받고도 제1항에 따른 신청을 하지 아니하는 경우에는 검사에게 그 사유를 보고하여야 하고, 피해자 또는 그 법정대리인에게 그 사실을 지체 없이 알려야 한다.
④ 검사는 제2항에 따른 청구 요청을 받고도 제1항에 따른 청구를 하지 아니하는 경우에는 피해자 또는 그 법정대리인에게 그 사실을 지체 없이 알려야 한다.

제9조【스토킹행위자에 대한 잠정조치】 ① 법원은 스토킹범죄의 원활한 조사·심리 또는 피해자 보호를 위하여 필요하다고 인정하는 경우에는 결정으로 스토킹행위자에게 다음 각 호의 어느 하나에 해당하는 조치(이하 "잠정조치"라 한다)를 할 수 있다. [2024. 보호 9급]

1. 피해자에 대한 스토킹범죄 중단에 관한 서면 경고	–
2. 피해자 또는 그의 동거인, 가족이나 그 주거 등으로부터 100미터 이내의 접근 금지	• 3개월 초과 × • 2차례에 한정하여 각 3개월 범위에서 연장가능
3. 피해자 또는 그의 동거인, 가족에 대한 「전기통신기본법」 제2조 제1호의 전기통신을 이용한 접근 금지	
3의2. 「전자장치 부착법」 제2조 제4호의 위치추적 전자장치의 부착	
4. 국가경찰관서의 유치장 또는 구치소에의 유치	• 변호인 선임, 항고 고지 • 1개월 초과 ×

② 제1항 각 호의 잠정조치는 병과(併科)할 수 있다.

③ 법원은 제1항 제3호의2 또는 제4호의 조치에 관한 결정을 하기 전 잠정조치의 사유를 판단하기 위하여 필요하다고 인정하는 때에는 검사, 스토킹행위자, 피해자, 기타 참고인으로부터 의견을 들을 수 있다. 의견을 듣는 방법과 절차, 그 밖에 필요한 사항은 대법원규칙으로 정한다.

④ 제1항 제3호의2에 따라 전자장치가 부착된 사람은 잠정조치기간 중 전자장치의 효용을 해치는 다음 각 호의 행위를 하여서는 아니된다.

　1. 전자장치를 신체에서 임의로 분리하거나 손상하는 행위

　2. 전자장치의 전파(電波)를 방해하거나 수신자료를 변조(變造)하는 행위

　3. 제1호 및 제2호에서 정한 행위 외에 전자장치의 효용을 해치는 행위

⑤ 법원은 잠정조치를 결정한 경우에는 검사와 피해자 또는 그의 동거인, 가족, 그 법정대리인에게 통지하여야 한다.

⑥ 법원은 제1항 제4호에 따른 잠정조치를 한 경우에는 스토킹행위자에게 변호인을 선임할 수 있다는 것과 제12조에 따라 항고할 수 있다는 것을 고지하고, 다음 각 호의 구분에 따른 사람에게 해당 잠정조치를 한 사실을 통지하여야 한다.

> **1. 스토킹행위자에게 변호인이 있는 경우:** 변호인
> **2. 스토킹행위자에게 변호인이 없는 경우:** 법정대리인 또는 스토킹행위자가 지정하는 사람

⑦ 제1항 제2호·제3호 및 제3호의2에 따른 잠정조치기간은 3개월, 같은 항 제4호에 따른 잠정조치기간은 1개월을 초과할 수 없다. 다만, 법원은 피해자의 보호를 위하여 그 기간을 연장할 필요가 있다고 인정하는 경우에는 결정으로 제1항 제2호·제3호 및 제3호의2에 따른 잠정조치에 대하여 두 차례에 한정하여 각 3개월의 범위에서 연장할 수 있다.

제10조【잠정조치의 집행 등】 ① 법원은 잠정조치 결정을 한 경우에는 법원공무원, 사법경찰관리, 구치소 소속 교정직공무원 또는 보호관찰관으로 하여금 집행하게 할 수 있다.

② 제1항에 따라 잠정조치 결정을 집행하는 사람은 스토킹행위자에게 잠정조치의 내용, 불복방법 등을 고지하여야 한다.

③ 피해자 또는 그의 동거인, 가족, 그 법정대리인은 제9조 제1항 제2호의 잠정조치 결정이 있은 후 피해자 또는 그의 동거인, 가족이 주거등을 옮긴 경우에는 법원에 잠정조치 결정의 변경을 신청할 수 있다.

④ 제3항의 신청에 따른 변경 결정의 스토킹행위자에 대한 고지에 관하여는 제2항을 준용한다.

⑤ 제1항부터 제4항까지에서 규정한 사항 외에 제9조 제1항 제3호의2에 따른 잠정조치 결정의 집행 등에 관하여는 「전자장치 부착 등에 관한 법률」 제5장의2에 따른다.

제11조【잠정조치의 변경 등】

스토킹행위자나 그 법정대리인의 신청	결정의 취소 또는 종류의 변경신청
검사직권 또는 사법경찰관 신청에 의한 검사의 청구	기간연장, 종류변경, 취소청구 가능

① 스토킹행위자나 그 법정대리인은 잠정조치 결정의 취소 또는 그 종류의 변경을 법원에 신청할 수 있다.

② 검사는 수사 또는 공판과정에서 잠정조치가 계속 필요하다고 인정하는 경우에는 직권이나 사법경찰관의 신청에 따라 법원에 해당 잠정조치기간의 연장 또는 그 종류의 변경을 청구할 수 있고, 잠정조치가 필요하지 아니하다고 인정하는 경우에는 직권이나 사법경찰관의 신청에 따라 법원에 해당 잠정조치의 취소를 청구할 수 있다. <개정 2023.7.11.>

③ 법원은 정당한 이유가 있다고 인정하는 경우에는 직권 또는 제1항의 신청이나 제2항의 청구에 의하여 결정으로 해당 잠정조치의 취소, 기간의 연장 또는 그 종류의 변경을 할 수 있다.

④ 법원은 제3항에 따라 잠정조치의 취소, 기간의 연장 또는 그 종류의 변경을 하였을 때에는 검사와 피해자 및 스토킹행위자 등에게 다음 각 호의 구분에 따라 통지 또는 고지하여야 한다.

1. 검사, 피해자 또는 그의 동거인, 가족, 그 **법정대리인**: 취소, 연장 또는 변경의 취지 통지
2. **스토킹행위자**: 취소, 연장 또는 변경된 조치의 내용 및 불복방법 등 고지
3. **제9조 제6항 각 호의 구분에 따른 사람**: 제9조 제1항 제4호에 따른 잠정조치를 한 사실

⑤ 잠정조치 결정(제3항에 따라 잠정조치기간을 연장하거나 그 종류를 변경하는 결정을 포함한다. 이하 제12조 및 제14조에서 같다)은 스토킹행위자에 대해 검사가 불기소처분을 한 때 또는 사법경찰관이 불송치 결정을 한 때에 그 효력을 상실한다.

제12조【항고】① 검사, 스토킹행위자 또는 그 법정대리인은 긴급응급조치 또는 잠정조치에 대한 결정이 다음 각 호의 어느 하나에 해당하는 경우에는 항고할 수 있다.

1. 해당 결정에 영향을 미친 법령의 위반이 있거나 중대한 사실의 오인이 있는 경우
2. 해당 결정이 현저히 부당한 경우

② 제1항에 따른 항고는 그 결정을 고지받은 날부터 7일 이내에 하여야 한다.

제13조【항고장의 제출】① 제12조에 따른 항고를 할 때에는 원심법원에 항고장을 제출하여야 한다.
② 항고장을 받은 법원은 3일 이내에 의견서를 첨부하여 기록을 항고법원에 보내야 한다.

제14조【항고의 재판】① 항고법원은 항고의 절차가 법률에 위반되거나 항고가 이유 없다고 인정하는 경우에는 결정으로 항고를 기각(棄却)하여야 한다.
② 항고법원은 항고가 이유 있다고 인정하는 경우에는 원결정(原決定)을 취소하고 사건을 원심법원에 환송하거나 다른 관할법원에 이송하여야 한다. 다만, 환송 또는 이송하기에 급박하거나 그 밖에 필요하다고 인정할 때에는 원결정을 파기하고 스스로 적절한 잠정조치 결정을 할 수 있다.

제15조【재항고】① 항고의 기각 결정에 대해서는 그 결정이 법령에 위반된 경우에만 대법원에 재항고를 할 수 있다.
② 제1항에 따른 재항고의 기간, 재항고장의 제출 및 재항고의 재판에 관하여는 제12조 제2항, 제13조 및 제14조를 준용한다.

제16조【집행의 부정지】항고와 재항고는 결정의 집행을 정지하는 효력이 없다.

제17조【스토킹범죄의 피해자에 대한 전담조사제】① 검찰총장은 각 지방검찰청 검사장에게 스토킹범죄 전담 검사를 지정하도록 하여 특별한 사정이 없으면 스토킹범죄 전담 검사가 피해자를 조사하게 하여야 한다.
② 경찰관서의 장(국가수사본부장, 시·도경찰청장 및 경찰서장을 의미한다. 이하 같다)은 스토킹범죄 전담 사법경찰관을 지정하여 특별한 사정이 없으면 스토킹범죄 전담 사법경찰관이 피해자를 조사하게 하여야 한다.
③ 검찰총장 및 경찰관서의 장은 제1항의 스토킹범죄 전담 검사 및 제2항의 스토킹범죄 전담 사법경찰관에게 스토킹범죄의 수사에 필요한 전문지식과 피해자 보호를 위한 수사방법 및 수사절차 등에 관한 교육을 실시하여야 한다.

제17조의2【피해자 등에 대한 신변안전조치】법원 또는 수사기관이 피해자 등 또는 스토킹범죄를 신고(고소·고발을 포함한다. 이하 이 조에서 같다)한 사람을 증인으로 신문하거나 조사하는 경우의 신변안전조치에 관하여는 「특정범죄신고자 등 보호법」 제13조 및 제13조의2를 준용한다. 이 경우 "범죄신고자 등"은 "피해자 등 또는 스토킹범죄를 신고한 사람"으로 본다.

제17조의3【피해자 등의 신원과 사생활 비밀 누설 금지】① 다음 각 호의 어느 하나에 해당하는 업무를 담당하거나 그에 관여하는 공무원 또는 그 직에 있었던 사람은 피해자 등의 주소, 성명, 나이, 직업, 학교, 용모, 인적사항, 사진 등 피해자 등을 특정하여 파악할 수 있게 하는 정보 또는 피해자 등의 사생활에 관한 비밀을 공개하거나 다른 사람에게 누설하여서는 아니 된다.

1. 제3조에 따른 조치에 관한 업무
2. 긴급응급조치의 신청, 청구, 승인, 집행 또는 취소·변경에 관한 업무
3. 잠정조치의 신청, 청구, 결정, 집행 또는 취소·기간연장·변경에 관한 업무
4. 스토킹범죄의 수사 또는 재판에 관한 업무

② 누구든지 피해자 등의 동의를 받지 아니하고 피해자 등의 주소, 성명, 나이, 직업, 학교, 용모, 인적 사항, 사진 등 피해자 등을 특정하여 파악할 수 있게 하는 정보를 신문 등 인쇄물에 싣거나 「방송법」 제2조 제1호에 따른 방송 또는 정보통신망을 통하여 공개하여서는 아니 된다.

제17조의4【피해자에 대한 변호사 선임의 특례】 ① 피해자 및 그 법정대리인은 형사절차상 입을 수 있는 피해를 방어하고 법률적 조력을 보장받기 위하여 변호사를 선임할 수 있다.

② 제1항에 따라 선임된 변호사(이하 이 조에서 "변호사"라 한다)는 검사 또는 사법경찰관의 피해자 및 그 법정대리인에 대한 조사에 참여하여 의견을 진술할 수 있다. 다만, 조사 도중에는 검사 또는 사법경찰관의 승인을 받아 의견을 진술할 수 있다.

③ 변호사는 피의자에 대한 구속 전 피의자심문, 증거보전절차, 공판준비기일 및 공판절차에 출석하여 의견을 진술할 수 있다. 이 경우 필요한 절차에 관한 구체적 사항은 대법원규칙으로 정한다.

④ 변호사는 증거보전 후 관계 서류나 증거물, 소송계속 중의 관계 서류나 증거물을 열람하거나 복사할 수 있다.

⑤ 변호사는 형사절차에서 피해자 및 법정대리인의 대리가 허용될 수 있는 모든 소송행위에 대한 포괄적인 대리권을 가진다.

⑥ 검사는 피해자에게 변호사가 없는 경우 국선변호사를 선정하여 형사절차에서 피해자의 권익을 보호할 수 있다.

03 벌칙

제18조【스토킹범죄】	
스토킹범죄를 저지른 사람	3년 이하 징역 또는 3천만원 이하 벌금
흉기 또는 그 밖의 위험한 물건을 휴대하거나 이용하여 스토킹범죄를 저지른 사람	5년 이하 징역 또는 5천만원 이하 벌금

① 스토킹범죄를 저지른 사람은 3년 이하의 징역 또는 3천만원 이하의 벌금에 처한다.

② 흉기 또는 그 밖의 위험한 물건을 휴대하거나 이용하여 스토킹범죄를 저지른 사람은 5년 이하의 징역 또는 5천만원 이하의 벌금에 처한다.

제19조【형벌과 수강명령 등의 병과】 ① 법원은 스토킹범죄를 저지른 사람에 대하여 유죄판결(선고유예는 제외한다)을 선고하거나 약식명령을 고지하는 경우에는 200시간의 범위에서 다음 각 호의 구분에 따라 재범 예방에 필요한 수강명령(「보호관찰 등에 관한 법률」에 따른 수강명령을 말한다. 이하 같다) 또는 스토킹 치료프로그램의 이수명령(이하 "이수명령"이라 한다)을 병과할 수 있다. [2023. 보호 7급]

② 법원은 스토킹범죄를 저지른 사람에 대하여 형의 집행을 유예하는 경우에는 제1항에 따른 수강명령 외에 그 집행유예기간 내에서 보호관찰 또는 사회봉사 중 하나 이상의 처분을 병과할 수 있다.

🏛 스토킹처벌법상 수강명령과 이수명령

구분	① 수강명령	이수명령
② 대상	형의 집행을 유예할 경우에 그 집행유예기간 내에서 병과할 수 있다.	벌금형 또는 징역형의 실형을 선고하거나 약식명령을 고지할 경우에 병과할 수 있다.
③ 내용	1. 스토킹 행동의 진단·상담 2. 건전한 사회질서와 인권에 관한 교육 3. 그 밖에 스토킹범죄를 저지른 사람의 재범 예방을 위하여 필요한 사항	
④ 집행기간	1. 형의 집행을 유예할 경우: 그 집행유예기간 내 2. 벌금형을 선고하거나 약식명령을 고지할 경우: 형 확정일부터 6개월 이내 [2023. 보호 7급] 3. 징역형의 실형을 선고할 경우: 형기 내	
⑤ 집행기관	수강명령 또는 이수명령이 벌금형 또는 형의 집행유예와 병과된 경우	보호관찰소장이 집행
	징역형의 실형과 병과된 경우	교정시설의 장이 집행
	다만, 징역형의 실형과 병과된 이수명령을 모두 이행하기 전에 석방 또는 가석방되거나 미결구금일수 산입 등의 사유로 형을 집행할 수 없게 된 경우에는 보호관찰소의 장이 남은 이수명령을 집행한다.	
⑥ 준용	이 법 외의 내용은 보호관찰법을 준용한다.	

제20조 【벌칙】

① 다음 각 호의 어느 하나에 해당하는 사람은 3년 이하의 징역 또는 3천만원 이하의 벌금에 처한다.	1. 제9조 제4항을 위반하여 전자장치의 효용을 해치는 행위를 한 사람 2. 제17조의3 제1항을 위반하여 피해자 등을 특정하여 파악할 수 있게 하는 정보 또는 피해자 등의 사생활에 관한 비밀을 공개·누설한 사람 3. 제17조의3 제2항을 위반하여 피해자 등을 특정하여 파악할 수 있게 하는 정보를 신문 등 인쇄물에 싣거나「방송법」제2조 제1호에 따른 방송 또는 정보통신망을 통하여 공개한 사람
② 2년 이하의 징역 또는 2천만원 이하의 벌금에 처한다.	제9조 제1항 제2호 또는 제3호의 잠정조치를 이행하지 아니한 사람
③ 1년 이하의 징역 또는 1천만원 이하의 벌금에 처한다.	긴급응급조치(검사가 제5조 제2항에 따른 긴급응급조치에 대한 사후승인을 청구하지 아니하거나 지방법원 판사가 같은 조 제3항에 따른 승인을 하지 아니한 경우는 제외)를 이행하지 아니한 사람
④ 제19조 제1항에 따라 이수명령을 부과받은 후 정당한 사유 없이 보호관찰소의 장 또는 교정시설의 장의 이수명령 이행에 관한 지시에 따르지 아니하여「보호관찰 등에 관한 법률」또는「형의 집행 및 수용자의 처우에 관한 법률」에 따른 경고를 받은 후 다시 정당한 사유 없이 이수명령 이행에 관한 지시를 따르지 아니한 경우	1. 벌금형과 병과된 경우에는 500만원 이하의 벌금에 처한다. 2. 징역형의 실형과 병과된 경우에는 1년 이하의 징역 또는 1천만원 이하의 벌금에 처한다.

⚖️ 판례 |

[1] 빌라 아래층에 살던 사람이 주변의 생활소음에 대한 불만으로 이웃을 괴롭히기 위해 불상의 도구로 수 개월에 걸쳐 늦은 밤부터 새벽 사이에 반복하여 벽 또는 천장을 두드려 '쿵쿵' 소리를 내어 이를 위층에 살던 피해자의 의사에 반하여 피해자에게 도달하게 한 경우, 피고인의 위 행위는 층간소음의 원인 확인 이나 해결방안 모색 등을 위한 사회통념상 합리적 범위 내의 정당한 이유 있는 행위라고 볼 수 없고, 객관적·일반적으로 상대방에게 불안감 내지 공포심을 일으키기에 충분하며, 나아가 위와 같은 일련의 행위가 지속되거나 반복되었으므로 '스토킹범죄'를 구성한다(대법원 2023.12.14. 2023도10313). [2024. 경찰1차]

[2] 피해자와의 전화통화 당시 아무런 말을 하지 않은 경우, 이는 피해자가 전화를 수신하기 전에 전화 벨소리를 울리게 하거나 발신자 전화번호를 표시되도록 한 것까지 포함하여 피해자에게 불안감이나 공포심을 일으킨 것이었음이 밝혀지지 않더라도, 피고인과 피해자의 관계, 지위, 성향, 행위 전후의 여러 사정을 종합하여 전화통화 행위가 피해자의 불안감 또는 공포심을 일으키는 것으로 평가되면, 「스토킹범죄의 처벌 등에 관한 법률」 제2조 제1호 (다)목 스토킹행위에 해당하게 된다(대법원 2023.5.18. 2022도12037). [2024. 경찰1차]

[3] 구 「스토킹범죄의 처벌 등에 관한 법률」 제2조 제1호 각 목의 행위가 객관적·일반적으로 볼 때 이를 인식한 상대방으로 하여금 불안감 또는 공포심을 일으키기에 충분한 정도라고 평가될 수 있다면 현실적으로 상대방이 불안감 내지 공포심을 갖게 되었는지와 관계없이 '스토킹행위'에 해당하고, 나아가 그와 같은 일련의 스토킹행위가 지속되거나 반복되면 '스토킹범죄'가 성립한다. 이때 구 스토킹처벌법 제2조 제1호 각 목의 행위가 객관적·일반적으로 볼 때 상대방에게 불안감 또는 공포심을 일으키기에 충분한 정도인지는 행위자와 상대방의 관계·지위·성향, 행위에 이르게 된 경위, 행위 태양, 행위자와 상대방의 언동, 주변의 상황 등 행위 전후의 여러 사정을 종합하여 객관적으로 판단하여야 한다(대법원 2023.12.14. 2023도10313). [2024. 경찰1차]

[4] 스토킹범죄의 성립 요건

스토킹행위를 전제로 하는 스토킹범죄는 행위자의 어떠한 행위를 매개로 이를 인식한 상대방에게 불안감 또는 공포심을 일으킴으로써 그의 자유로운 의사결정의 자유 및 생활형성의 자유와 평온이 침해되는 것을 막고 이를 보호법익으로 하는 위험범이라고 볼 수 있으므로 구 스토킹처벌법 제2조 제1호 각 목의 행위가 객관적·일반적으로 볼 때 이를 인식한 상대방으로 하여금 불안감 또는 공포심을 일으키기에 충분한 정도라고 평가될 수 있다면 현실적으로 상대방이 불안감 또는 공포심을 갖게 되었는지 여부와 관계없이 '스토킹행위'에 해당하고, 나아가 그와 같은 일련의 스토킹행위가 지속되거나 반복되면 '스토킹범죄'가 성립한다(대법원 2023.9.27. 2023도6411, 2023.12.14. 2023도10313).

단원별 지문

01 스토킹행위가 지속적 또는 반복적으로 이루어진 경우가 아니라면 스토킹범죄에 해당하지 않는다. (   ) [2023. 보호 7급]

02 상대방의 의사에 반하여 정당한 이유 없이 상대방 또는 그의 동거인, 가족을 따라다님으로써 상대방에게 불안감을 일으켰다면 스토킹행위에 해당한다. (   ) [2023. 보호 7급]

03 법원은 스토킹범죄의 피해자 보호를 위하여 필요하다고 인정하는 경우, 결정으로 스토킹행위자에게 '피해자의 주거로부터 100미터 이내의 접근 금지' 조치를 할 수 있다. (   ) [2024. 보호 9급]

04 사법경찰관은 스토킹범죄의 원활한 조사·심리를 위하여 필요하다고 인정하는 경우, 직권으로 스토킹행위자에게 '국가경찰관서의 유치장 또는 구치소에의 유치' 조치를 할 수 있다. (   ) [2024. 보호 9급]

05 법원이 스토킹범죄를 저지른 사람에 대하여 벌금형의 선고와 함께 120시간의 스토킹 치료프로그램의 이수를 명한 경우 그 이수명령은 형 확정일부터 6개월 이내에 집행한다. (   ) [2023. 보호 7급]

06 빌라 아래층에 살던 사람이 주변의 생활소음에 대한 불만으로 이웃을 괴롭히기 위해 불상의 도구로 수개월에 걸쳐 늦은 밤부터 새벽 사이에 반복하여 벽 또는 천장을 두드려 '쿵쿵' 소리를 내어 이를 위층에 살던 피해자의 의사에 반하여 피해자에게 도달하게 한 경우, 이는 객관적·일반적으로 상대방에게 불안감 내지 공포심을 일으키기에 충분한 행위라 볼 수 없어 스토킹범죄를 구성하지 않는다. (   ) [2024. 경찰1차]

---

01 ○ 스토킹범죄란 지속적 또는 반복적으로 스토킹행위를 하는 것을 말한다(스토킹범죄의 처벌등에 관한 법률 제2조 제2호).

02 ○ 스토킹범죄의 처벌등에 관한 법률 제2조 제1호 가목

03 ○ 스토킹범죄의 처벌등에 관한 법률 제9조 제1항 제2호

04 × 검사는 스토킹범죄가 재발될 우려가 있다고 인정하면 직권 또는 사법경찰관의 신청에 따라 법원에 스토킹행위자에 대한 잠정조치를 청구할 수 있다(스토킹범죄의 처벌등에 관한 법률 제8조 제1항).

05 ○ 스토킹범죄의 처벌등에 관한 법률 제19조 제4항 제2호

06 × 피고인의 위 행위는 층간소음의 원인 확인이나 해결방안 모색 등을 위한 사회통념상 합리적 범위 내의 정당한 이유 있는 행위라고 볼 수 없고, 객관적·일반적으로 상대방에게 불안감 내지 공포심을 일으키기에 충분하며, 나아가 위와 같은 일련의 행위가 지속되거나 반복되었으므로 '스토킹범죄'를 구성한다(대법원 2023.12.14. 2023도10313).

07 피해자와의 전화통화 당시 아무런 말을 하지 않은 경우, 이는 피해자가 전화를 수신하기 전에 전화 벨소리를 울리게 하거나 발신자 전화번호를 표시되도록 한 것까지 포함하여 피해자에게 불안감이나 공포심을 일으킨 것으로 평가되더라도 '음향, 글 등을 도달하게 하는 행위'로 볼 수 없어 스토킹행위에 해당하지 않는다. (　　　)　　　　　　　　　　[2024. 경찰1차]

08 구「스토킹범죄의 처벌 등에 관한 법률」제2조 제1호 각 목의 행위가 객관적·일반적으로 볼 때 이를 인식한 상대방으로 하여금 불안감 또는 공포심을 일으키기에 충분한 정도라고 평가되는 경우라도 상대방이 현실적으로 불안감 내지 공포심을 갖게 되어야 스토킹행위에 해당한다. (　　　)　　　　　　　　　　[2024. 경찰1차]

---

07 × 피고인이 피해자의 의사에 반하여 정당한 이유 없이 전화를 걸어 피해자와 전화통화를 하여 말을 도달하게 한 행위는, 전화통화 내용이 불안감 또는 공포심을 일으키는 것이었음이 밝혀지지 않더라도, 피고인과 피해자의 관계, 지위, 성향, 행위 전후의 여러 사정을 종합하여 전화통화 행위가 피해자의 불안감 또는 공포심을 일으키는 것으로 평가되면, 「스토킹범죄의 처벌 등에 관한 법률」 제2조 제1호 (다)목 스토킹행위에 해당하게 된다(대법원 2023.5.18. 2022도12037).

08 × 객관적·일반적으로 볼 때 이를 인식한 상대방에게 불안감 또는 공포심을 일으키기에 충분한 정도라고 평가될 수 있다면 현실적으로 상대방이 불안감 내지 공포심을 갖게 되었는지와 관계없이 '스토킹행위'에 해당하고, 나아가 그와 같은 일련의 스토킹행위가 지속되거나 반복되면 '스토킹범죄'가 성립한다. 이때 구 스토킹처벌법 제2조 제1호 각 목의 행위가 객관적·일반적으로 볼 때 상대방에게 불안감 또는 공포심을 일으키기에 충분한 정도인지는 행위자와 상대방의 관계·지위·성향, 행위에 이르게 된 경위, 행위 태양, 행위자와 상대방의 언동, 주변의 상황 등 행위 전후의 여러 사정을 종합하여 객관적으로 판단하여야 한다(대법원 2023.12.14. 2023도10313).

01 범죄자 신상정보 공개 관련 법률

[특정중대범죄 피의자 등 신상정보 공개에 관한 법률]

제1조【목적】 이 법은 국가, 사회, 개인에게 중대한 해악을 끼치는 특정중대범죄 사건에 대하여 수사 및 재판 단계에서 피의자 또는 피고인의 신상정보 공개에 대한 대상과 절차 등을 규정함으로써 국민의 알권리를 보장하고 범죄를 예방하여 안전한 사회를 구현하는 것을 목적으로 한다.

제3조【다른 법률과의 관계】 수사 및 재판 단계에서 신상정보의 공개에 대하여는 다른 법률의 규정에도 불구하고 이 법을 우선 적용한다.

제4조【피의자의 신상정보 공개】 ① 검사와 사법경찰관은 다음 각 호의 요건을 모두 갖춘 특정중대범죄사건의 피의자의 얼굴, 성명 및 나이(이하 "신상정보"라 한다)를 공개할 수 있다. 다만, 피의자가 미성년자인 경우에는 공개하지 아니한다.
  1. 범행수단이 잔인하고 중대한 피해가 발생하였을 것(제2조 제3호부터 제6호까지의 죄에 한정한다)
  2. 피의자가 그 죄를 범하였다고 믿을 만한 충분한 증거가 있을 것
  3. 국민의 알권리 보장, 피의자의 재범 방지 및 범죄예방 등 오로지 공공의 이익을 위하여 필요할 것
② 검사와 사법경찰관은 제1항에 따라 신상정보 공개를 결정할 때에는 범죄의 중대성, 범행 후 정황, 피해자 보호 필요성, 피해자(피해자가 사망한 경우 피해자의 유족을 포함한다)의 의사 등을 종합적으로 고려하여야 한다.
③ 검사와 사법경찰관은 제1항에 따라 신상정보를 공개할 때에는 피의자의 인권을 고려하여 신중하게 결정하고 이를 남용하여서는 아니 된다.
④ 제1항에 따라 공개하는 피의자의 얼굴은 특별한 사정이 없으면 공개 결정일 전후 30일 이내의 모습으로 한다. 이 경우 검사와 사법경찰관은 다른 법령에 따라 적법하게 수집·보관하고 있는 사진, 영상물 등이 있는 때에는 이를 활용하여 공개할 수 있다.
⑤ 검사와 사법경찰관은 제1항에 따라 피의자의 얼굴을 공개하기 위하여 필요한 경우 피의자를 식별할 수 있도록 피의자의 얼굴을 촬영할 수 있다. 이 경우 피의자는 이에 따라야 한다.
⑥ 검사와 사법경찰관은 제1항에 따라 피의자의 신상정보 공개를 결정하기 전에 피의자에게 의견을 진술할 기회를 주어야 한다. 다만, 신상정보공개심의위원회에서 피의자의 의견을 청취한 경우에는 이를 생략할 수 있다.
⑦ 검사와 사법경찰관은 피의자에게 신상정보 공개를 통지한 날부터 5일 이상의 유예기간을 두고 신상정보를 공개하여야 한다. 다만, 피의자가 신상정보 공개 결정에 대하여 서면으로 이의 없음을 표시한 때에는 유예기간을 두지 아니할 수 있다.
⑧ 검사와 사법경찰관은 정보통신망을 이용하여 그 신상정보를 30일간 공개한다.
⑨ 신상정보의 공개 등에 관한 절차와 방법 등 그 밖에 필요한 사항은 대통령령으로 정한다.

제5조【피고인의 신상정보 공개】 ① 검사는 공소제기 시까지 특정중대범죄사건이 아니었으나 재판 과정에서 특정중대범죄사건으로 공소사실이 변경된 사건의 피고인으로서 제4조 제1항 각 호의 요건을 모두 갖춘 피고인에 대하여 피고인의 현재지 또는 최후 거주지를 관할하는 법원에 신상정보의 공개를 청구할 수 있다. 다만, 피고인이 미성년자인 경우는 제외한다. [2025. 보호 9급]
② 제1항에 따른 청구는 해당 특정중대범죄 피고사건의 항소심 변론종결 시까지 하여야 한다.
③ 제1항에 따른 청구에 관하여는 해당 특정중대범죄 피고사건을 심리하는 재판부가 아닌 별도의 재판부에서 결정한다.
④ 법원은 피고인의 신상정보 공개 여부를 결정하기 위하여 필요하다고 인정하는 때에는 검사, 피고인, 그 밖의 참고인으로부터 의견을 들을 수 있다.

제8조 【신상정보공개심의위원회】 ① 검찰총장 및 경찰청장은 제4조에 따른 신상정보 공개 여부에 관한 사항을 심의하기 위하여 신상정보공개심의위원회를 둘 수 있다.
② 신상정보공개심의위원회는 위원장을 포함하여 10인 이내의 위원으로 구성한다.
③ 신상정보공개심의위원회는 신상정보 공개 여부에 관한 사항을 심의할 때 피의자에게 의견을 진술할 기회를 주어야 한다. [2025. 보호 9급]
④ 신상정보공개심의위원회 위원 또는 위원이었던 사람은 심의 과정에서 알게 된 비밀을 외부에 공개하거나 누설하여서는 아니 된다.
⑤ 신상정보공개심의위원회의 구성 및 운영 등에 관한 구체적인 사항은 검찰총장 및 경찰청장이 정한다.

📚 판례 | 피의자 신상정보 공개 보안처분성

성범죄자 신상공개제도는 성범죄를 저지르고 유죄판결을 확정된 자에게 판결의 선고와 함께 법관에 의해 이루어지는 일종의 보안처분의 성격을 가진다. 이에 반해 피의자 신상공개제도는 유죄판결이 확정되지 않은 채 체포, 구속된 피의자에 대하여 경찰 또는 검찰 수사단계에서 신상이 공개되며, 법관이 아닌 검사 또는 사법경찰관의 결정에 의해 이루어지는바, 형벌이나 보안처분으로 보기는 어렵다(헌재, 헌법재판연구원의 견해).
[2024(74). 경위]

[아동 · 청소년의 성보호에 관한 법률]

제49조 【등록정보의 공개】 ① 법원은 다음 각 호의 어느 하나(아동 · 청소년대상 성범죄자 등)에 해당하는 자에 대하여 판결로 제4항의 공개정보를 「성폭력범죄의 처벌 등에 관한 특례법」 제45조 제1항의 등록기간 동안 정보통신망을 이용하여 공개하도록 하는 명령(이하 "공개명령"이라 한다)을 등록대상 사건의 판결과 동시에 선고하여야 한다. 다만, 피고인이 아동 · 청소년인 경우, 그 밖에 신상정보를 공개하여서는 아니 될 특별한 사정이 있다고 판단하는 경우에는 그러하지 아니하다.

제50조 【등록정보의 고지】 ① 법원은 공개대상자 중 다음 각 호의 어느 하나에 해당하는 자에 대하여 판결로 제49조에 따른 공개명령 기간 동안 제4항에 따른 고지정보를 제5항에 규정된 사람에 대하여 고지하도록 하는 명령(이하 "고지명령"이라 한다)을 등록대상 성범죄 사건의 판결과 동시에 선고하여야 한다. 다만, 피고인이 아동 · 청소년인 경우, 그 밖에 신상정보를 고지하여서는 아니 될 특별한 사정이 있다고 판단하는 경우에는 그러하지 아니하다.
② 고지명령을 선고받은 자(이하 "고지대상자"라 한다)는 공개명령을 선고받은 자로 본다.
③ 고지명령은 다음 각 호의 기간 내에 하여야 한다.
 1. 집행유예를 선고받은 고지대상자는 신상정보 최초 등록일부터 1개월 이내
 2. 금고 이상의 실형을 선고받은 고지대상자는 출소 후 거주할 지역에 전입한 날부터 1개월 이내
 3. 고지대상자가 다른 지역으로 전출하는 경우에는 변경정보 등록일부터 1개월 이내

제51조 【고지명령의 집행】 ① 고지명령의 집행은 여성가족부장관이 한다.
② 법원은 고지명령의 판결이 확정되면 판결문 등본을 판결이 확정된 날부터 14일 이내에 법무부장관에게 송달하여야 하며, 법무부장관은 제50조 제3항에 따른 기간 내에 고지명령이 집행될 수 있도록 최초등록 및 변경등록 시 고지대상자, 고지기간 및 같은 조 제4항 각 호에 규정된 고지정보를 지체 없이 여성가족부장관에게 송부하여야 한다.
④ 여성가족부장관은 제50조 제4항에 따른 고지정보를 관할구역에 거주하는 아동 · 청소년이 속한 세대의 세대주와 다음 각 호의 자에게 우편 · 이동통신단말장치 등 여성가족부령으로 정하는 바에 따라 송부하고, 읍 · 면 사무소 또는 동(경계를 같이 하는 읍 · 면 또는 동을 포함한다) 주민센터 게시판에 30일간 게시하는 방법으로 고지명령을 집행한다.

제52조【공개명령의 집행】① 공개명령은 여성가족부장관이 정보통신망을 이용하여 집행한다.

② 법원은 공개명령의 판결이 확정되면 판결문 등본을 판결이 확정된 날부터 14일 이내에 법무부장관에게 송달하여야 하며, 법무부장관은 제49조 제2항에 따른 공개기간 동안 공개명령이 집행될 수 있도록 최초 등록 및 변경등록 시 공개대상자, 공개기간 및 같은 조 제4항 각 호에 규정된 공개정보를 지체 없이 여성가족부장관에게 송부하여야 한다.

③ 공개명령의 집행·공개절차·관리 등에 관한 세부사항은 대통령령으로 정한다.

제56조【아동·청소년 관련기관등에의 취업제한 등】① 법원은 아동·청소년대상 성범죄 또는 성인대상 성범죄 (이하 "성범죄"라 한다)로 형 또는 치료감호를 선고하는 경우에는 판결(약식명령을 포함한다. 이하 같다) 로 그 형 또는 치료감호의 전부 또는 일부의 집행을 종료하거나 집행이 유예·면제된 날(벌금형을 선고 받은 경우에는 그 형이 확정된 날)부터 일정기간(이하 "취업제한 기간"이라 한다) 동안 다음 각 호에 따른 시설·기관 또는 사업장(이하 "아동·청소년 관련기관등"이라 한다)을 운영하거나 아동·청소년 관련 기관등에 취업 또는 사실상 노무를 제공할 수 없도록 하는 명령(이하 "취업제한 명령"이라 한다)을 성범죄 사건의 판결과 동시에 선고(약식명령의 경우에는 고지)하여야 한다. 다만, 재범의 위험성이 현저히 낮은 경우, 그 밖에 취업을 제한하여서는 아니 되는 특별한 사정이 있다고 판단하는 경우에는 그러하지 아니한다.

⚖️ **판례 ┃**

[1] 청소년 성매수자에 대한 신상공개 규정은 공개되는 신상과 범죄사실은 이미 공개재판에서 확정된 유죄 판결의 일부로서, 개인의 신상 내지 사생활에 관한 새로운 내용이 아니고, 공익목적을 위하여 이를 공개 하는 과정에서 부수적으로 수치심 등이 발생된다고 하여 이것을 기존의 형벌 외에 또 다른 형벌로서 수치형이나 명예형에 해당한다고 볼 수는 없다. 그렇다면, 신상공개제도는 헌법 제13조의 이중처벌금지 원칙에 위배되지 않는다(헌재 2003.6.26. 2002헌가14). [2025. 보호 9급] 총 2회 기출

[2] 아동·청소년의 성보호에 관한 법률이 정한 공개명령 및 고지명령 제도는 아동·청소년대상 성폭력범 죄 등을 효과적으로 예방하고 그 범죄로부터 아동·청소년을 보호함을 목적으로 하는 일종의 보안처분 으로서, 범죄행위를 한 자에 대한 응보 등을 목적으로 그 책임을 추궁하는 사후적 처분인 형벌과 구별 되어 그 본질을 달리한다(대법원 2012.5.24. 2012도2763). [2024. 보호 9급] 총 2회

[3] 아동·청소년의 성보호에 관한 법률 제49조 제1항 단서, 제50조 제1항 단서에서 공개명령 또는 고지명령 선고의 예외사유로 규정한 피고인이 아동·청소년인 경우의 판단 기준 시점(=사실심 판결 선고시) 아동·청소년의 성보호에 관한 법률 제49조 제1항 단서, 제50조 제1항 단서는 피고인이 아동·청소년인 경우, 그 밖에 신상정보를 공개 또는 고지하여서는 아니 될 특별한 사정이 있다고 판단되는 경우를 공개명령 또는 고지명령 선고에 관한 예외사유로 규정하고 있는데, 공개명령 및 고지명령의 성격과 본질, 관련 법률의 내용과 취지 등에 비추어 공개명령 등의 예외사유로 규정되어 있는 위 피고인이 아동·청소년인 경우에 해당하는지는 사실심 판결의 선고시를 기준으로 판단하여야 한다(대법원 2012.5.24. 2012도2763). [2018. 5급 승진] 총 2회 기출

[4] 취업제한명령은 범죄인에 대한 사회 내 처우의 한 유형으로 형벌 그 자체가 아니라 보안처분의 성격을 가지는 것이다(대법원 2019.10.17. 2019도11540). [2022. 보호 7급]

[5] 성범죄 전력만으로 재범의 위험성이 있다고 간주하고 일률적으로 장애인복지시설에 10년간 취업제한을 하는 것은 헌법에 위반된다(헌재 2016.7.28. 2015헌마915). [2022. 보호 7급]

[6] 아동·청소년으로 인식될 수 있는 사람이나 표현물…, 헌법 위반 부인

아동·청소년의 성보호에 관한 법률 제2조 제5호, 제11조 제2항 및 제3항 중 아동·청소년이용음란물 가운데 "아동·청소년으로 인식될 수 있는 사람이나 표현물이 등장하여 그 밖의 성적 행위를 하는 내용을 표현하는 것" 부분은 헌법에 위반되지 아니한다(2015.6.25. 2013헌가17).

[7] 아동·청소년의 성보호에 관한 법률 제11조 제3항 중 '아동·청소년이 등장하는 아동·청소년성착취물을 배포한 자'에 관한 부분, 헌법 위반 부정(2022.11.24. 2021헌바144)

▶ 헌법재판소는 2019.12.27. 2018헌바46 결정에서 아동·청소년이용음란물을 '제작'한 자를 무기 또는 5년 이상의 징역에 처하는 '아동·청소년의 성보호에 관한 법률' 조항에 대하여 합헌결정을 하였는데, 이 사건에서는 아동·청소년이 등장하는 아동·청소년성착취물 '배포'행위를 처벌하는 조항에 관해 합헌결정을 하였다는 점에서 의의가 있다.

[8] 민법상 법정대리인의 동의를 받았다 하더라도, 청소년 술판매 행위 위법

청소년보호법의 입법 취지와 목적 및 규정 내용 등에 비추어 볼 때, 18세 미만의 청소년에게 술을 판매함에 있어서 가사 그의 민법상 법정대리인의 동의를 받았다고 하더라도 그러한 사정만으로 위 행위가 정당화될 수는 없다(대법원 1999.7.13. 99도2151).

[9] 일반음식점 영업허가로 주류판매라면, 청소년보호법상 청소년고용금지업소에 해당 인정

일반음식점 영업허가를 받은 업소라고 하더라도 실제로는 음식류의 조리·판매보다는 주로 주류를 조리·판매하는 영업행위가 이루어지고 있는 경우에는 청소년보호법상의 청소년고용금지업소에 해당하며, 나아가 일반음식점의 실제의 영업형태 중에서는 주간에는 주로 음식류를 조리·판매하고 야간에는 주로 주류를 조리·판매하는 형태도 있을 수 있는데, 이러한 경우 음식류의 조리·판매보다는 주로 주류를 조리·판매하는 야간의 영업형태에 있어서의 그 업소는 위 청소년보호법의 입법취지에 비추어 볼 때 청소년보호법상의 청소년고용금지업소에 해당한다(대법원 2004.2.12. 2003도6282).

[10] 청소년보호법상 '불건전 전화서비스 등'에 관한 규정, 명확성원칙·죄형법정주의 위배 부정

피고인의 광고 내용인 화상채팅 서비스가 청소년보호법 제8조 등에 의한 청소년보호위원회 고시에서 규정하는 '불건전 전화서비스 등'에 포함된다고 해석하는 것이 형벌법규의 명확성 원칙에 반하거나 죄형법정주의에 의하여 금지되는 확장해석 내지 유추해석에 해당하지 아니한다(대법원 2006.5.12. 2005도6525).

[11] 청소년보호위원회에 의한 청소년유해매체물의 결정, 합헌

법관은 청소년보호위원회 등의 결정이 적법하게 이루어진 것인지에 관하여 독자적으로 판단하여 이를 기초로 재판할 수도 있으므로 청소년유해매체물의 결정권한을 청소년보호위원회 등에 부여하고 있다고 하여 법관에 의한 재판을 받을 권리를 침해하는 것이라고는 볼 수 없다(대법원 2000.6.29. 99헌가16).

[12] 아동·청소년의 성을 사는 행위를 한 사람, 행위의 상대방이 아동·청소년 인식필요 부정

아동·청소년의 성을 사는 행위를 알선하는 행위를 업으로 하여 알선영업행위죄가 성립하기 위해서는 알선행위를 업으로 하는 사람이 아동·청소년을 알선의 대상으로 삼아 그 성을 사는 행위를 알선한다는 것을 인식하여야 하지만, 이에 더하여 알선행위로 아동·청소년의 성을 사는 행위를 한 사람이 행위의 상대방이 아동·청소년임을 인식하여야 한다고 볼 수는 없다(대법원 2016.2.18. 2015도15664).

[13] 자신의 웹사이트에 아동·청소년성착취물에 바로 접할 수 있는 상태를 실제로 조성한 경우, 아동·청소년보호법상 배포 및 공연히 전시에 해당

아동·청소년의 성보호에 관한 법률(제11조 제3항)상 링크의 게시를 포함한 일련의 행위가 불특정 또는 다수인에게 다른 웹사이트 등을 단순히 소개·연결하는 정도를 넘어 링크를 이용하여 별다른 제한 없이 아동·청소년성착취물에 바로 접할 수 있는 상태를 실제로 조성한다면, 이는 아동·청소년성착취물을 직접 '배포'하거나 '공연히 전시'한 것과 실질적으로 다를 바 없다고 평가할 수 있으므로, 위와 같은 행위는 전체적으로 보아 아동·청소년성착취물을 배포하거나 공연히 전시한다는 구성요건을 충족한다(대법원 2023.10.12. 2023도5757).

[14] 자신이 지배하지 않는 서버에 저장된 성착취물을 다운로드 등 실제 지배할 수 있는 상태로 나아가지 않은 경우, 소지 불인정

아동·청소년의 성보호에 관한 법률 제11조 제5항에서 정한 아동·청소년성착취물 '소지'의 의미 및 피고인이 자신이 지배하지 않는 서버 등에 저장된 아동·청소년성착취물에 접근하였으나 위 성착취물을 다운로드하는 등 실제로 지배할 수 있는 상태로 나아가지는 않은 경우, 특별한 사정이 없는 한 아동·청소년성착취물을 '소지'한 것으로 평가하기는 어렵다(대법원 2023.10.12. 2023도5757).

[성폭력범죄의 처벌 등에 관한 특례법]

제16조 【형벌과 수강명령 등의 병과】 ① 법원이 성폭력범죄를 범한 사람에 대하여 형의 선고를 유예하는 경우에는 1년 동안 보호관찰을 받을 것을 명할 수 있다. 다만, 성폭력범죄를 범한 「소년법」 제2조에 따른 소년에 대하여 형의 선고를 유예하는 경우에는 반드시 보호관찰을 명하여야 한다.

② 법원이 성폭력범죄를 범한 사람에 대하여 유죄판결(선고유예는 제외한다)을 선고하거나 약식명령을 고지하는 경우에는 500시간의 범위에서 재범예방에 필요한 수강명령 또는 성폭력 치료프로그램의 이수명령(이하 "이수명령"이라 한다)을 병과하여야 한다. 다만, 수강명령 또는 이수명령을 부과할 수 없는 특별한 사정이 있는 경우에는 그러하지 아니하다.

③ 성폭력범죄를 범한 자에 대하여 제2항의 수강명령은 형의 집행을 유예할 경우에 그 집행유예기간 내에서 병과하고, 이수명령은 벌금 이상의 형을 선고하거나 약식명령을 고지할 경우에 병과한다. 다만, 이수명령은 성폭력범죄자가 「전자장치 부착 등에 관한 법률」 제9조의2 제1항 제4호에 따른 이수명령을 부과받은 경우에는 병과하지 아니한다.

④ 법원이 성폭력범죄를 범한 사람에 대하여 형의 집행을 유예하는 경우에는 제2항에 따른 수강명령 외에 그 집행유예기간 내에서 보호관찰 또는 사회봉사 중 하나 이상의 처분을 병과할 수 있다.

제44조 【등록대상자의 신상정보 등록 등】 ① 법무부장관은 제43조 제5항, 제6항 및 제43조의2 제3항에 따라 송달받은 정보와 다음 각 호의 등록대상자 정보를 등록하여야 한다. [2025. 보호 9급]

1. 등록대상 성범죄 경력정보
2. 성범죄 전과사실(죄명, 횟수)
3. 「전자장치 부착 등에 관한 법률」에 따른 전자장치 부착 여부

제47조 【등록정보의 공개】 ① 등록정보의 공개에 관하여는 「아동·청소년의 성보호에 관한 법률」 제49조, 제50조, 제52조, 제54조, 제55조 및 제65조를 적용한다.

② 등록정보의 공개는 여성가족부장관이 집행한다.

③ 법무부장관은 등록정보의 공개에 필요한 정보를 여성가족부장관에게 송부하여야 한다.

④ 제3항에 따른 정보 송부에 관하여 필요한 사항은 대통령령으로 정한다.

[1] 「성폭력범죄의 처벌 등에 관한 특례법」에 따라 병과하는 수강명령 또는 이수명령은 이른바 범죄인에 대한 사회 내 처우의 한 유형으로서 형벌 그 자체가 아니라 보안처분의 성격을 가지는 것이지만, 의무적 강의 수강 또는 성폭력 치료프로그램의 의무적 이수를 받도록 함으로써 실질적으로는 신체적 자유를 제한하는 것이 된다(대법원 2018.10.4. 2016도15961). [2020. 5급 승진]

[2] 성범죄자 취업제한제도, 형벌불소급원칙 적용 부인

청소년성보호법이 정하는 취업제한제도로 인해 성범죄자에게 일정한 직종에 종사하지 못하는 제재가 부과되기는 하지만, 위 취업제한제도는 형법이 규정하고 있는 형벌에 해당하지 않으므로, 헌법 제13조 제1항 전단의 형벌불소급원칙이 적용되지 않는다(헌재 2016.3.31. 2013헌마585).

[3] 성범죄자 신상정보공개·고지명령, 소급처벌금지원칙 및 이중처벌 금지원칙 위반 부인

성폭력범죄의 처벌 등에 관한 특례법의 신상정보 공개·고지명령은 형벌과는 구분되는 비형벌적 보안처분으로서 어떠한 형벌적 효과나 신체의 자유를 박탈하는 효과를 가져오지 아니하므로 소급처벌금지원칙이 적용되지 아니한다. 또한 이중처벌금지의 원칙에 위반된다고 할 수도 없다(헌재 2016.12.29. 2015헌바196).

02 개인정보 보호법

제25조【고정형 영상정보처리기기의 설치·운영 제한】① 누구든지 다음 각 호의 경우를 제외하고는 공개된 장소에 고정형 영상정보처리기기를 설치·운영하여서는 아니 된다.

② 누구든지 불특정 다수가 이용하는 목욕실, 화장실, 발한실(發汗室), 탈의실 등 개인의 사생활을 현저히 침해할 우려가 있는 장소의 내부를 볼 수 있도록 고정형 영상정보처리기기를 설치·운영하여서는 아니 된다. 다만, 교도소, 정신보건 시설 등 법령에 근거하여 사람을 구금하거나 보호하는 시설로서 대통령령으로 정하는 시설에 대하여는 그러하지 아니하다.

⑤ 고정형영상정보처리기기운영자는 고정형 영상정보처리기기의 설치 목적과 다른 목적으로 고정형 영상정보처리기기를 임의로 조작하거나 다른 곳을 비춰서는 아니 되며, 녹음기능은 사용할 수 없다. [2024(74). 경위]

03 보안관찰법

제1조【목적】이 법은 특정범죄를 범한 자에 대하여 재범의 위험성을 예방하고 건전한 사회복귀를 촉진하기 위하여 보안관찰처분을 함으로써 국가의 안전과 사회의 안녕을 유지함을 목적으로 한다.

제3조【보안관찰처분대상자】이 법에서 "보안관찰처분대상자"라 함은 보안관찰해당범죄 또는 이와 경합된 범죄로 금고 이상의 형의 선고를 받고 그 형기합계가 3년 이상인 자로서 형의 전부 또는 일부의 집행을 받은 사실이 있는 자를 말한다.

제4조【보안관찰처분】② 보안관찰처분을 받은 자는 이 법이 정하는 바에 따라 소정의 사항을 주거지 관할 경찰서장(이하 "管轄警察署長"이라 한다)에게 신고하고, 재범방지에 필요한 범위안에서 그 지시에 따라 보안관찰을 받아야 한다.

제5조【보안관찰처분의 기간】① 보안관찰처분의 기간은 2년으로 한다.
② 법무부장관은 검사의 청구가 있는 때에는 보안관찰처분심의위원회의 의결을 거쳐 그 기간을 갱신할 수 있다.

제7조【보안관찰처분의 청구】보안관찰처분청구는 검사가 행한다.

제14조【결정】① 보안관찰처분에 관한 결정은 위원회의 의결을 거쳐 법무부장관이 행한다.
② 법무부장관은 위원회의 의결과 다른 결정을 할 수 없다. 다만, 보안관찰처분대상자에 대하여 위원회의 의결보다 유리한 결정을 하는 때에는 그러하지 아니하다.

단원별 지문 O X

〈특정중대범죄 피의자 등 신상공개에 관한 법률〉

01 「특정중대범죄 피의자 등 신상정보 공개에 관한 법률」상 검사는 이 법상 신상정보 공개요건을 모두 갖춘 특정중대범죄사건의 피의자에 대하여 법원에 신상정보 공개를 청구할 수 있다. 다만, 피의자가 미성년자인 경우에는 제외한다. (　　)

[2024(74). 경위], 경찰학

02 「특정중대범죄 피의자 등 신상정보 공개에 관한 법률」상 검사와 사법경찰관은 피의자의 얼굴을 공개하기 위하여 필요한 경우 피의자를 식별할 수 있도록 피의자의 얼굴을 촬영할 수 있다. 이 경우 신상정보공개심의위원회에서 피의자의 의견을 청취해야 한다. (　　)

[2024(74). 경위], 경찰학

03 「특정중대범죄 피의자 등 신상정보 공개에 관한 법률」상 검사와 사법경찰관은 피의자에게 신상정보 공개를 통지한 날부터 5일 이상의 유예기간을 두고 신상정보를 공개하여야 한다. 다만, 피의자가 신상정보 공개 결정에 대하여 서면으로 이의 없음을 표시한 때에는 유예기간을 두지 아니할 수 있다. (　　)

[2024(74). 경위], 경찰학

04 「특정중대범죄 피의자 등 신상정보 공개에 관한 법률」상 신상정보를 공개하는 피의자의 얼굴은 특별한 사정이 없으면 공개 결정일 전후 30일 이내의 모습으로 한다. 이 경우 검사와 사법경찰관은 다른 법령에 따라 적법하게 수집·보관하고 있는 사진, 영상물 등이 있는 때에는 이를 활용하여 공개할 수 있다. (　　)

[2024(74). 경위], 경찰학

05 수사단계에서의 피의자 신상공개는 피의자의 재범방지 및 범죄예방 등을 위하여 필요한 경우에 활용하므로 보안처분에 해당한다. (　　)

[2024(74). 경위]

---

01 ✕ 검사는 공소제기 시까지 특정중대범죄사건이 아니었으나 재판 과정에서 특정중대범죄사건으로 <u>공소사실이 변경된 사건의 피고인</u>으로서 제4조 제1항 각 호의 요건을 모두 갖춘 피고인에 대하여 피고인의 현재지 또는 최후 거주지를 관할하는 <u>법원에 신상정보의 공개를 청구할</u> 수 있다. 다만, 피고인이 미성년자인 경우는 제외한다(동법 제5조 제1항).

02 ○ 동법 제4조 제5항 제6항, 제8조 제3항

03 ○ 동법 제4조 제7항

04 ○ 동법 제4조 제4항

05 ✕ 성범죄자 신상공개제도는 성범죄를 저지르고 유죄판결을 확정된 자에게 판결의 선고와 함께 법관에 의해 이루어지는 일종의 보안처분의 성격을 가진다. 이에 반해 <u>피의자 신상공개제도는 유죄판결이 확정되지 않은 채 체포, 구속된 피의자에 대하여 경찰 또는 검찰 수사단계에서 신상이 공개되며, 법관이 아닌 검사 또는 사법경찰관의 결정에 의해 이루어지는바, 형벌이나 보안처분으로 보기는 어렵다.</u>

⟨성폭력처벌에 관한 법률 및 아동·청소년 성보호에 관한 법률⟩

06 청소년 성매수자에 대한 신상공개는 성매수자의 일반적 인격권과 사생활의 비밀의 자유가 제한되는 정도가 청소년 성보호라는 공익적 요청에 비해 크다고 할 수 없어 과잉금지원칙에 위배되지 않는다. (　　)　　　　　　　　　　　[2013. 사시]

07 신상정보 등록의 원인이 된 성범죄로 형의 선고를 유예받은 사람이 선고유예를 받은 날부터 2년이 경과하여 면소된 것으로 간주되면 신상정보 등록을 면제한다. (　　)　　　　　　　　　　　[2024. 보호 9급]

08 신상정보의 등록은 여성가족부장관이 집행하고, 신상정보의 공개·고지는 법무부장관이 집행한다. (　　)[2024. 보호 9급]

09 아동·청소년의 성보호를 위한 공개명령 및 고지명령 제도는 일종의 보안처분이므로 범죄행위를 한 자에 대한 응보 등을 목적으로 그 책임을 추궁하는 사후적 처분인 형벌과 구분되어 그 본질을 달리한다. (　　)　　　　　[2017. 5급 승진]

10 「아동·청소년의 성보호에 관한 법률」에 규정된 청소년 성매수자에 대한 신상공개는 이를 공개하는 과정에서 수치심 등이 발생하므로 기존의 형벌 외에 또 다른 형벌로서 수치형이나 명예형에 해당하여 이중처벌 금지원칙에 위배된다. (　　)　　　　　　　　　　　　　　　　　　　　　　　　　　　　　　　　　　　　　[2013. 보호 7급]

⟨개인정보 보호법⟩

11 「개인정보 보호법」에 따르면 고정형 영상정보처리기기 운영자는 고정형 영상정보처리기기의 설치 목적과 다른 목적으로 고정형 영상정보처리기기를 임의로 조작하거나 다른 곳을 비춰서는 아니 되며, 녹음기능은 사용할 수 없다. (　　)　　　　　　　　　　　　　　　　　　　　　　　　　　　　　　　　　　　　　　[2024(74). 경위]

---

06 ○　헌재 2003.6.26. 2002헌가14

07 ○

08 ×　신상정보의 등록은 법무부장관이 집행하고, 신상정보의 공개·고지는 여성가족부장관이 집행한다(아동·청소년의 성보호에 관한 법률 제50조~제52조).

09 ○　대법원 2012.5.24. 2012도2763

10 ×　공익목적을 위하여 이를 공개하는 과정에서 부수적으로 수치심 등이 발생된다고 하여 이것을 기존의 형벌 외에 또 다른 형벌로서 수치형이나 명예형에 해당한다고 볼 수는 없다. 그렇다면, 신상공개제도는 헌법 제13조의 이중처벌금지 원칙에 위배되지 않는다(헌재 2003.6.26. 2002헌가14).

11 ○　개인정보 보호법 제25조 제5항

〈보안관찰법〉

12 「보안관찰법」상 보안관찰처분의 기간은 2년이다. (   )　　　　　　　　　　　　　　　　　　　[2014. 교정 9급]

13 「보안관찰법」상 검사가 보안관찰처분을 청구한다. (   )　　　　　　　　　　　　　　　　　　　[2014. 교정 9급]

14 「보안관찰법」상 보안관찰처분심의위원회의 위촉위원의 임기는 2년이다. (   )　　　　　　　　[2014. 교정 9급]

15 「보안관찰법」상 보안관찰을 면탈할 목적으로 은신한 때에는 5년 이하의 징역에 처한다. (   )　　[2014. 교정 9급]

16 보안관찰처분심의위원회는 위원장 1인과 6인의 위원으로 구성한다. (   )　　　　　　　　　　　[2020. 5급 승진]

---

12 ○　보안관찰법 제5조 제1항

13 ○　보안관찰법 제7조

14 ○　보안관찰법 제12조 제5항

15 ×　보안관찰처분대상자 또는 피보안관찰자가 보안관찰처분 또는 보안관찰을 면탈할 목적으로 은신 또는 도주한 때에는 3년 이하의 징역에 처한다(보안관찰법 제27조 제1항).

16 ○

해커스공무원 학원 · 인강
gosi.Hackers.com

해커스공무원
이언담 형사정책 기본서

제5편

소년사법 정책론

제27장 / 소년보호론의 발전

제1절 개관

01 의의

소년은 아직 인격이 미완성 상태에 있기 때문에 범죄나 일탈에 쉽게 빠지기 쉬운 특성을 가지고 있는 반면, 개선 가능성 또한 크기 때문에 소년에 대해서는 일반범죄자의 처리과정과는 다른 특별한 보호를 요하는 보호주의의 특징을 가지고 있다.

02 소년사법의 발전배경

(1) 영미법계: 국친사상에 기초한 형평법(Equity)이론

① 소년사법의 대상이 범죄소년에 국한하지 않고 널리 보호를 요하는 아동까지 포함하며, 대상 소년을 형사정책의 대상이라기보다는 국가나 법원이 소년을 부모된 입장에서 보호와 후견의 대상으로 보는 입장이다.

② 미국의 소년법원운동은 로마법에서 유래한 가부장적 사상에 기원을 둔 국친사상에 바탕을 둔 형평법이론을 기초로 발전하였다. 이는 일찍이 발달한 영국의 보통법(Common Law)에 대한 보충 내지 추가를 의미하는 것이다.

(2) 대륙법계: 교육형사상에 기초한 형사정책이론

① 교육형주의라는 형사정책적 사상에 입각하여 소년의 개선·교화에 중점을 두고 소년심판의 사법적 기능을 중시하면서 소년사법 대상을 점차 넓혀 복지이념과 후견사상을 도입하였다.

② 이는 보호관점을 강조한 것으로 일반예방이나 사회방위 및 처우개념을 강조한 것은 아니다.

03 소년법 제정의 연혁

(1) 미국

분리재판	1870년 메사추세츠주에서 최초로 성인범과 분리하여 재판 시작
소년법원	① 1899년 일리노이주 최초 소년법원법(소년만을 위한 형사소송법) 제정, 시카고 소년법원(소년만을 위한 전담 법원) 개설 ② 형벌이 아닌 보호와 지도 및 개별처우계획 수립을 기본원리로 함
덴버(Denver)방식	1903년 린제이(Lindsey) 판사에 의해 비행소년뿐만 아니라 유기된 소년과 소년문제에 책임 있는 성인에 대해서도 소년법원이 관할권을 갖는 방식(가정식)으로 발전
재량권의 제한	1980년대 소년사법절차에 있어 광범위한 재량권 행사의 제한에 집중

(2) 소년보호를 위한 입법 [2014. 교정 7급]

법규	명칭	적용범위	목적
형법	형사미성년자	14세 미만	형사책임 무능력자
	아동	16세 미만	아동혹사죄의 객체
소년법	소년	19세 미만	반사회성이 있는 소년의 환경 조정과 품행 교정을 위한 보호처분 등의 필요한 조치, 소년보호를 위한 기본법
아동·청소년의 성보호에 관한 법률	아동·청소년	19세 미만	성범죄에서의 아동·청소년의 성 보호
청소년보호법	청소년	19세 미만	청소년에 대한 보호
청소년기본법	청소년	9세 이상, 24세 이하	청소년의 권리 및 책임과 청소년정책에 관한 기본적인 사항을 규정
아동복지법	아동	18세 미만	요보호 아동의 보호육성

04 소년법원

(1) 개요
① 국친사상을 기초로 대상소년에 대한 처벌보다 보호와 육성을 목적으로 한다.
② 초기의 소년법원은 비행소년뿐 아니라 방치되거나 혼자 살 수 없는 소년의 경우까지를 대상으로 하였다.

目 형사법원과 소년법원

형사법원	소년법원
재판	심판
판결	결정
처벌 또는 형벌	처분
공개	비공개
범죄사실의 유무죄	아동에 최선의 이익

(2) 소년법원이 일반법원과 다른 특성 [2021. 교정 9급]
① **소년법원의 철학**: 소년법원은 처음부터 처벌과 억제 지향에 반대되는 교화개선과 재활의 철학을 지향하고 있다.
② **관할대상**: 범죄소년만을 대상으로 하지 않는다. 소년법원은 그 관할 대상을 비행소년은 물론, 지위비행자와 방치된 소년뿐만 아니라 다양한 유형의 가정문제까지도 대상으로 하고 있다. 특히 우범소년을 소년범죄의 대상으로 삼고 있는 우리 소년법이 이를 잘 대변해 주고 있다.
③ **절차의 비공식성과 융통성**: 소년법원 절차는 일반법원에 비해 훨씬 비공식적이고 융통성이 있다. 반면, 적법절차에 대한 관심은 적다는 사실이다. 이는 법정에서의 용어부터 차이를 보이는 데서 알 수 있다.
④ **감별 또는 분류심사 기능의 발달**: 일반법원에 비해 소년법원은 감별 또는 분류심사 기능과 절차 및 과정이 비교적 잘 조직되어 있다. 이는 소년분류심사원이나 법원의 소년 조사관제도에서 엿볼 수 있다.
⑤ **처분의 종류의 다양성**: 일반법원이 선택할 수 있는 형의 종류에 비해 소년법원에서 결정할 수 있는 처분의 종류가 더 다양하다.

⑥ **아동의 보호**: 비행소년을 형사법원에서 재판할 때 생기는 부작용인 부정적 낙인으로부터 아동을 보호하기 위한 것이다.

(3) 소년법원의 변화방안(미국변호사협회)

① **처분의 명확성**: 청소년의 필요에 대한 법원의 견해가 아니라 비행의 경중에 기초한 상응한 처분이 애매하고 주관적인 범주를 대체해야 한다. 즉, 가능한 처분의 특성과 기간이 명시되고 비행의 경중과 전과경력에 기초해야 한다.

② **부정기형의 폐지**: 처분이 결정형이어야 한다. 청소년을 임의적으로 구금하고 석방할 수 있도록 교정당국에 허용하였던 부정기형제도는 폐지되어야 한다.

③ **최소제한적 대안**: 청소년이나 그 가족의 생활에 개입하기 위한 의사결정권자의 선택은 최소제한적 대안이어야 한다.

④ **사적범죄의 제외**: 지위비행과 같은 비범죄적 행위와 피해자 없는 범죄와 같은 사적범죄는 소년법원의 대상에서 제외되어야 한다.

⑤ **재량권 남용의 억제**: 의사결정의 책임성과 가시성이 보장되어 폐쇄적 절차와 무제한적 재량권의 남용이 없어져야 한다.

⑥ **적법절차 강조**: 소년사법절차상 모든 단계에서 변호인의 조력을 받을 권리 등 가능한 적법절차권리가 보호되어야 한다.

⑦ **형사법정 이송에 대한 기준**: 소년범죄자의 일반형사범으로서의 형사법정 이송을 규제하기 위한 엄격한 기준이 마련되어야 한다.

05 소년범죄의 특징과 경향

(1) 소년범죄의 특징 [2012. 교정 7급]

① **비계획적**: 범죄동기가 자기중심적이고 행동이 충동적이어서 범죄수단이 비계획적이다.

② **조포범**(粗暴犯): 범행은 주로 조포범(때려 부수는 범죄)이 많고 재산범, 특히 절도범이 많으며 일반적으로 단독범보다는 공범의 형태가 현저한 집단적 범죄에 주로 가담한다.

③ **지위비행**: 가출, 음주, 흡연, 무단결석, 거짓말, 도박, 음란물 관람 등 청소년이라는 신분에 의한 신분범죄(지위비행)가 많다.

(2) 소년범죄의 경향

① 청소년 범죄의 격증, 약물범죄의 증가, 성범죄의 증가, 집단비행의 증가의 경향이 있다.

② 저연령화, 이유 없는 비행의 증가, 스피드·스릴 등을 추구하는 자동차 절도 증가, 학생범죄의 증가의 경향이 있다.

06 비행소년의 사회 내 처우

(1) 비행소년의 사회 내 처우
① **협력주의**: 청소년범죄의 대책을 마련하기 위해서는 정부와 사회단체, 국민의 협력이 필요하다.
② **리야드 지침**: 청소년비행예방은 사회에서의 범죄예방의 본질적인 부분이므로, 청소년의 인격을 존중하고 조화롭게 성장할 수 있도록 사회 모두가 노력하여야 한다. 청소년은 단순한 사회화나 통제의 대상이 아닌 능동적 역할과 함께 사회의 동반자가 되어야 한다.

(2) 사회 내 처우의 형태
① **청소년 봉사국**: 사법절차로부터 청소년을 전환시키기 위해 설치된 비강제적·독립적 공공기관이다.
② **대리가정**: 비행소년을 대리 또는 양육가정에 보내어 보호와 훈련을 받도록 하는 프로그램이다.
③ **집단가정**: 가족 같은 분위기에서 가정과 같은 생활을 강조하는 비보안적 거주프로그램이다.
④ **주간처우**: 주간에는 교육을 행하고 야간에는 가정으로 돌려보내는 처우이다.
⑤ **야외실습**: 황야의 생존프로그램과 같은 실험적 학습환경을 제공한다.

단원별 지문 OX

01 「아동복지법」상 아동이란 18세 미만인 사람을 말한다. (　　) [2014. 보호 7급]

02 「아동 · 청소년의 성보호에 관한 법률」상 아동 · 청소년이란 19세 미만의 자를 말한다. 다만, 19세에 도달하는 연도의 1월 1일을 맞이한 자는 제외한다. (　　) [2014. 보호 7급]

03 「청소년 보호법」상 청소년이란 만 19세 미만인 사람을 말한다. 다만, 만 19세가 되는 해의 1월 1일을 맞이한 사람은 제외한다. (　　) [2014. 보호 7급]

04 「청소년 기본법」상 청소년이란 9세 이상 19세 미만인 사람을 말한다. (　　) [2014. 보호 7급]

05 「형법」상 형사미성년자는 14세가 되지 아니한 자이다. (　　) [2023. 보호 7급]

06 「소년법」상 소년은 19세 미만인 자를 말한다. (　　) [2023. 보호 7급]

07 「청소년 기본법」상 청소년은 8세 이상 24세 이하인 사람을 말한다. 다만, 다른 법률에서 청소년에 대한 적용을 다르게 할 필요가 있는 경우에는 따로 정할 수 있다. (　　) [2023. 보호 7급]

08 국가는 모든 국민의 보호자이며 부모가 없는 경우나, 있더라도 자녀를 보호해 줄 수 없는 경우, 국가가 나서서 대신 보호해 주어야 한다는 소년보호제도의 기본이념은 국친 사상이다. (　　) [2024(74). 경위]

09 소년법원은 반사회성이 있는 소년의 형사처벌을 지양하며 건전한 성장을 도모하기 위한 교화개선과 재활철학을 이념으로 한다. (　　) [2021. 교정 9급]

10 소년법원의 절차는 일반법원에 비해 비공식적이고 융통성이 있다. (　　) [2021. 교정 9급]

11 소년법원은 감별 또는 분류심사 기능과 절차 및 과정이 잘 조직되어 있지 못한 한계가 있다. (　　) [2021. 교정 9급]

---

01 ○

02 × 19세 미만의 사람을 말한다(동법 제2조 제1호).

03 ○

04 × 청소년 기본법상 청소년이란 9세 이상 24세 이하인 사람을 말한다(청소년 기본법 제3조 제1호).

05 ○ 형법 제9조

06 ○ 소년법 제2조

07 × 청소년이란 9세 이상 24세 이하인 사람을 말한다. 다만, 다른 법률에서 청소년에 대한 적용을 다르게 할 필요가 있는 경우에는 따로 정할 수 있다(청소년 기본법 제3조 제1호).

08 ○ 국친사상은 부모가 소년을 보호하지 못하면, 국가를 대리하는 소년법원이 부모가 베풀지 않는 정도까지 부모의 책임을 인수한다는 사상이다.

09 ○

10 ○

11 × 일반법원에 비해 소년법원은 감별 또는 분류심사 기능과 절차 및 과정이 비교적 잘 조직되어 있다.

제2절 소년사법의 현대적 동향과 처우모델

01 소년법제의 새로운 경향

(1) 범죄통제모델의 등장
1960년대 재사회화모델에 대한 비판이 제기되면서 1970년대에는 소년도 응보로써 처우해야 한다는 청소년범죄의 성인 사법화 경향이 대두되었다.

(2) 비범죄화와 전환(Diversion)
형법의 탈도덕화 경향과 낙인이론의 영향을 받아 비행소년을 형사절차에 개입시키지 않으려는 정책으로 낙인화, 상습범화, 높은 재범률을 회피하기 위한 목적에서 논의된다.

비범죄화와 전환 (Diversion)	3D이론	비범죄화(Decriminalization), 비형벌화(Depenalization), 비시설수용화(Deinstitutionalization)
	4D이론	비범죄화, 비형벌화, 비시설수용화, 전환(Diversion)
	5D이론	비범죄화, 비형벌화, 비시설수용화, 전환, 적법절차(Due process)

① 비범죄화: 경미한 일탈에 대해서는 비범죄화하여 공식적으로 개입하지 않음으로써 낙인을 최소화하자는 것이다.
② 비시설수용: 청소년범죄자는 시설수용보다는 비시설수용적 처우와 지역사회 처우를 하여, 구금으로 인한 범죄의 학습과 악풍의 감염, 부정적 낙인 등의 폐해를 방지하고자 하는 것이다.
 ▶ 비시설수용은 소년전담시설에 별도로 수용하는 것까지를 포함한다. [2025. 보호 9급]
③ 적법절차: 소년사법절차에서 절차적 권리를 철저하고 공정하게 보장하여야 한다는 것을 의미한다.
④ 전환: 비행소년을 공식적인 소년사법절차 대신에 비사법적인 절차에 의해 처우하자는 것이다.
 ▶ 선도조건부 기소유예: 검찰단계의 전환의 주요한 예에 해당한다.

(3) 청년사건의 형사사건화 및 처벌의 이원화 경향
① 청년사건의 형사사건화는 18~20세는 소년이 아닌 성인으로 보아 일반형사사건으로 처리하여 범죄에 강력히 대응하자는 경향이다. 소년은 단순한 보호의 대상이 아니라 책임과 권리의 주체로서 자기의 범죄에 대하여 책임을 져야 한다는 데 기초한 것이다.
② 처벌의 이원화는 중한 범죄자에게는 실형 등 형사처분을, 경한 범죄자에 대해서는 전환이나 보호처분을 선택하는 경향을 말한다.

(4) 적법절차의 보장
① 소년법제의 복지적·후견적 기능을 반성·수정하는 경향으로 사법적 기능과의 조화를 모색하여 적법절차를 강조하고 있으며, 소년법 제10조의 진술거부권은 이러한 취지의 반영이다.
② 갈트 판결: 국친사상에 의한 소년보호절차도 적법절차에 의한 제한을 받는다.

02 소년사법모델의 변천

(1) 교정주의 모델(Correctionalism): **치료와 처우에 초점**(실증주의적 시각)
① 19C와 20C 초 형사사법정책을 주도하는 기본이념으로 실증주의적 주요범죄학은 통제면에서 교정주의와 연결되어 발전하였다.
② 대표적 정책모델로 보호관찰, 사회봉사명령 등 사회 내 처우, 소년법원, 부정기형제도를 들 수 있다.

(2) 사회반응이론모델(Social reaction theory): **낙인이론**
① 1960년대 범죄를 통제하는 규범 자체 또는 통제작용에서 범죄의 원인을 찾고자 하였다.
② 낙인이론이 대표적인 것으로 불개입주의, 반교정주의로 나타난다.

(3) 정의모델(Justice Model): **강경책**(고전주의 시각)
① 1980년대에 미국을 중심으로 범죄에 대한 강력한 대응을 요구하는 모델로 형벌균형주의에 입각한 응보사상을 내세운다.
② 고전학파의 응보적 일반예방주의와는 개념범위에서 약간의 차이가 있지만 형벌의 목적을 응분의 대가로 보는 점은 같은 입장이다.
③ 국가의 강력한 사법통제에 의한 범죄문제의 해결을 주장하여 교정주의의 쇠퇴현상을 보인다.

⊕ PLUS 균형적·회복적 사법(Balanced and Restorative Justice) [2025. 보호 9급]

1. **의의**: 균형적·회복적 사법이란 "균형 잡힌 접근계획(Bazemore, 1992)"과 "회복적 사법" 철학에 근거하여 청소년범죄자에 대한 지역사회 감독을 보다 발전시키려는 모델이다.
2. **목표**: 책임성, 지역사회보호, 능력개발을 목표로 피해자, 가해자, 지역사회간의 상호 필요에 대응할 수 있는 공통프로그램과 감독실행을 통해서, 삼자간 이해관계의 화해를 위한 기초를 제공하는 데 있다.
   ① **책임성**: 손해배상, 지역사회봉사, 피해자 – 가해자 조정(VOM) 등을 통해, 가해자에게 피해자의 영향에 대해서 공감과 경각심을 갖게 하며, 피해자 및 지역사회를 위해 가해자가 개선(교정) 행동을 취하도록 요구한다. 가능한 피해자를 사법과정에 직접적으로 참여시키도록 한다.

② **지역사회 보호**: 지역사회중심 감독 및 제재시스템은 과외활동시간동안 가해자의 시간과 에너지를 생산적인 활동에 투여하도록 유도해야 한다. 연속적인 감시와 제재를 통해, 청소년의 능력을 개발하고 책임목표에 부응할 수 있는 개선과 발전을 이끌어내는 감독조건 및 유인동기를 제공한다.

③ **능력개발**: 노동경험, 적극적 학습(교육), 봉사 등을 통해서 가해자에게 기술(skills)의 발전, 일반 성인들과의 긍정적인 상호작용, 돈 벌기 등의 경험을 제공한다.

03 바툴라스와 밀러(Bartollas & Miller)의 소년교정모형 [2019. 교정 9급] 총 2회 기출

(1) 의료모형(medical model)

① 국친사상의 철학 및 실증주의 범죄학과 결정론을 결합시킨 것이다.

② 교정은 질병치료라고 보고, 소년원에 있어 교정교육기법의 기저가 되었다.

③ 비행소년은 자신이 통제할 수 없는 요인에 의해서 범죄자로 결정되었으며, 이들은 사회적으로 약탈된 사회적 병질자이기 때문에 처벌의 대상이 아니라 치료의 대상이다.

(2) 적응(개선, 조정)모형(adjustment model) [2017. 교정 9급]

① 실증주의와 국친사상 등 의료모형의 가정과 재통합의 철학을 결합시킨 것이다.

② 비행소년은 치료의 대상으로 과학적 전문가의 치료를 필요로 하지만, 환자가 아닌 스스로 책임 있는 선택과 합리적 결정을 할 수 있다.

③ 처우기법으로는 현실요법, 환경요법, 집단지도 상호작용, 교류분석, 긍정적 동료문화 등이 있으며, 이를 통해 범죄소년의 사회재통합을 강조한다.

(3) 범죄통제모형(crime control model)

① 청소년범죄자에 대한 강경대응정책모형으로, 범죄에 상응한 처벌이 범죄행동을 통제할 것이라고 보았다.

② 청소년도 자신의 행동에 대해서 책임을 져야 하므로, 청소년범죄자에 대한 처벌을 강화하는 것만이 청소년범죄를 줄일 수 있다.

③ 폭력범죄자에 대해서는 범죄통제모형이 적용되고 있다.

(4) 최소제한(제약)모형(least restrictive model)

① 청소년범죄자에 대한 개입을 최소화하자는 것이다.

② 낙인이론에 근거하여 시설수용의 폐단을 지적하며 처벌 및 처우개념을 모두 부정한다.

③ 비행소년에 대해서 소년사법이 개입하게 되면, 이들 청소년들이 지속적으로 법을 위반할 가능성이 증대될 것이다.

④ 지위나 신분비행자에 대해서는 비시설수용을 중심으로 하는 최소제한모형이 적용되고 있다.

04 스트리트의 조직과 행정모형 [2016. 교정 7급]

(1) 의의

① 스트리트(David Street) 등은 「처우조직」(1966)에서 처우 – 구금 – 처우의 연속선상에서 처우 조직을 복종/동조, 재교육/발전 그리고 처우의 세 가지 유형으로 분류하였다.

② 각 조직의 구조는 각 조직의 목표와 연관된다.

(2) 처우조직의 모형

구금적 시설 (복종/동조 모형)	① 대규모 보안직원과 적은 수의 처우요원을 고용하고, 규율이 엄격 ② 수형자는 강제된 동조성을 강요당하는 준군대식 형태로 조직됨 ③ 습관, 동조성훈련, 권위에 대한 복종, 조절(conditioning)이 강조됨 ④ 청소년은 외부통제에 즉각적으로 동조하도록 요구받음 ⑤ 구금을 강조하는 대부분의 소년교정시설을 대표
재교육과 개선을 강조하는 시설 (재교육/발전 모형)	① 엄격한 규율과 제재가 적용되었으나 복종보다는 교육을 강조 ② 직원들은 대부분 교사로서 기술습득과 가족과 같은 분위기 창출에 관심이 큼 ③ 훈련을 통한 청소년의 변화를 강조 ④ 복종/동조 모형에 비해 청소년과 직원의 밀접한 관계를 강조 ⑤ 청소년의 태도와 행동의 변화, 기술의 습득, 개인적 자원의 개발에 중점을 둠
처우를 중시하는 조직 (처우 모형)	① 가능한 많은 처우요원을 고용하고 있어 조직구조가 가장 복잡 ② 처우요원과 보안요원의 협조와 청소년 각자의 이해를 강조 ③ 처우모형은 청소년의 인성변화, 심리적 재편에 초점을 강조 ④ 처벌은 자주 이용되지 않으며 엄하지 않게 집행됨 ⑤ 다양한 활동과 성취감, 자기 존중심의 개발과 자기 성찰을 강조 ⑥ 개인적 통제와 사회적 통제를 동시에 강조하기 때문에 청소년의 개인적 문제해결에 도움을 주며 지역사회생활에의 준비도 강조됨

05 소년의 분류와 처우

(1) 미국의 웨스트 버지니아 케네디 센터

① **목적**: 웨스트 버지니아 케네디 센터(West virginia, Kennedy Center)는 수용생활의 모든 것이 차별적 또는 개별적 처우의 목적을 지향하고 있다.

② **소년원생 비행행위에 따른 4가지 유형 분류**

미성숙 소년원생 (inadequate immature)	㉠ 게으름, 편견적, 부주의, 산만, 무책임, 어린아이같이 활동하는 소년 ㉡ 성장을 위한 안전한 환경과 분위기 조성 노력
신경과민적-갈등적 원생 (neurotic-conflicted)	㉠ 불안, 죄책감, 열등감, 우울감의 특성이 있는 소년 ㉡ 자신의 한계, 강점, 잠재력에 대한 이해증진 노력
비사회화된 공격적 또는 정신병적 원생 (unsicialized aggressive or psychopathic)	㉠ 공격적이고 믿을 수 없는 소년 ㉡ 타인을 이용하고 권위를 부정하며 흥분을 갈구하는 문제아들 ㉢ 이들에게는 직선적이고 강인한 매우 통제된 환경에서 규율에 따르고 자신의 행동에 대한 책임을 감수하며 타인과 의미있는 관계를 발전시킬 수 있도록 학습 필요
사회화된 또는 부문화적 비행소년 (socialized or subcultural delinquents)	㉠ 동료집단에 가담하여 집착하는 소년들 ㉡ 시설 내 적당치 적응하지만 당국과 갈등이나 마찰 시 일탈집단 지지 ㉢ 사회적 수용방법으로 자신의 지위를 찾을 수 있도록 지도

(2) 워렌(warren)**의 대인성숙도**(I-Level) **단계유형**(제9장 제6절에서 상술)

① 워렌은 비행소년을 6가지 유형으로 대별하고, 각 유형별 비행소년의 특성을 기술하고, 유형별 비행의 원인과 적정한 처우기법을 소개하고 있다. [2019. 5급 승진] 총 2회 기출

② 비사회적, 동조형, 반사회적, 상황적, 부문화 동일화에 속하는 2~4단계 낮은 단계의 미성숙이 비행의 주요 원인으로 보았다.

단원별 지문 O X

01 비시설수용(Deinstitutionalization)은 구금으로 인한 폐해를 막고자 성인교도소가 아닌 소년 전담시설에 별도로 수용하는 것을 의미한다. (　　)
[2022. 교정 9급]

02 적법절차(Due Process)는 소년사법절차에서 절차적 권리를 철저하고 공정하게 보장하여야 한다는 것을 의미한다. (　　)
[2022. 교정 9급]

03 전환(Diversion)은 비행소년을 공식적인 소년사법절차 대신에 비사법적인 절차에 의해 처우하자는 것이다. (　　)
[2022. 교정 9급]

04 바톨라스(C. Bartollas)의 적응(개선)모델에 따르면 비행소년 스스로 책임 있는 선택과 합법적 결정을 할 수 있다고 하며, 이 모형에 따른 처우로서는 현실요법, 환경요법, 집단지도 상호작용, 교류분석 등의 방법이 이용되고 있다. (　　)
[2017. 교정 9급]

05 바톨라스(Bartollas)와 밀러(Miller)의 소년교정모델 중 의료모형(Medical Model) - 비행소년은 자신이 통제할 수 없는 요인에 의해서 범죄자로 결정되었으며, 이들은 사회적으로 약탈된 사회적 병질자이기 때문에 처벌의 대상이 아니라 치료의 대상이다. (　　)
[2014. 교정 7급]

06 바톨라스(Bartollas)와 밀러(Miller)의 소년교정모델 중 범죄통제모형(Crime Control Model) - 청소년도 자신의 행동에 대해서 책임을 져야 하므로, 청소년 범죄자에 대한 처벌을 강화하는 것만이 청소년범죄를 줄일 수 있다. (　　)
[2014. 교정 7급]

07 바톨라스(Bartollas)와 밀러(Miller)의 소년교정모델 중 최소제한모형(Least-Restrictive Model) - 비행소년에 대해서 소년사법이 개입하게 되면, 이들 청소년들이 지속적으로 법을 위반할 가능성이 증대될 것이다. (　　)　[2014. 교정 7급]

08 데이비드 스트리트(David Street) 등은 「처우조직(Organization for Treatment)」에서 소년범죄자들에 대한 처우조직 유형분류하였다. (　　)
[2016. 교정 7급]

---

01 ✕　비시설수용(Deinstitutionalization)은 청소년범죄자는 시설수용보다는 비시설수용적 처우와 지역사회 처우를 하여, 구금으로 인한 범죄의 학습과 악풍의 감염, 부정적 낙인 등의 폐해를 방지하고자 하는 것이다.

02 ○

03 ○

04 ○

05 ○

06 ○

07 ○

08 ○

제28장 / 소년법과 보호소년법

제1절 소년법의 특징과 소년보호이념

01 소년법의 특징

(1) 보호사건과 형사특칙으로 구성

보호처분(일반법적 성격)	형사처분(특별법적 성격)
소년보호처분에 대한 일반법적 성격	14세 이상 19세 미만의 소년에게 부과하는 형사처분 절차상·심판상·행형상의 특칙

(2) 보호와 형벌

① 보호처분과 일반형사처분의 비교

구분	보호처분	일반형사처분
연령	10세 이상 19세 미만	14세 이상
심리대상	요보호성·범죄행위	범죄행위
법적 제재	보호처분	형벌
제1심법원	가정법원·지방법원 소년부	형사지방법원
심리구조	직권주의 / 결정	당사자주의 / 판결
검사의 재판관여	없음	관여
재판공개	비공개	공개
적용법률	소년법	형법, 형사소송법, 소년법
진술거부권	인정	인정

② 소년원과 소년교도소의 비교

구분	소년원(보호)	소년교도소(형벌)
처분청	가정법원 · 지방법원 소년부	형사법원
적용법률	보호소년 등의 처우에 관한 법률	형집행법
처분의 종류	보호처분(8 · 9 · 10호처분)	형벌(징역, 금고)
시설	소년원	소년교도소
수용대상	범죄소년, 촉법소년, 우범소년	범죄소년
수용기간	교육훈련기간(부정기, 22세까지)	선고에 의한 자유형의 집행기간
사회복귀	퇴원	만기석방
	임시퇴원	가석방

(3) 소년보호의 대상

범죄소년	죄를 범한 14세 이상 19세 미만의 소년(보호처분이나 형사처분 모두 가능)
촉법소년	형벌법령에 저촉된 행위를 한 10세 이상 14세 미만의 소년(보호처분만 가능)
우범소년	장래 형법 저촉 행위의 우려가 있는 10세 이상의 소년(보호처분만 가능)

(4) 법원선의주의와 검사선의주의

① 의의: 소년사법에 있어서 보호처분으로 할 것인가 혹은 형사처분으로 할 것인가에 대하여 누가 선결권을 갖는 것이 적절한가에 대한 논의이다. 일반적으로 보호처분우선주의에서는 법원선의주의가, 형사처분우선주의에서는 검사선의주의가 지배하고 있다. 우리나라는 검사선의주의를 채택하고 있다.

② 검사선의주의: 검사가 우선적으로 선의권을 갖는 경우로, 장단점은 다음과 같다.

장점	비판
⊙ 형사정책적 필요에 따라 형벌과 보호처분을 효과적으로 조화시킬 수 있음 ⓒ 전국적으로 일관된 기준을 정립하는 데 있어서 법원보다 용이 ⓒ 검사가 절차의 초기단계에서 사법처리여부, 처리절차의 종류 등을 결정하는 것이 소년비행 당사자의 불안감을 완화하고 법원의 업무부담을 경감할 수 있음 ② 검사가 행정부 소속이라는 점을 살려 소년복지를 위한 다른 행정적 조치를 강구하기에 유리	⊙ 검사의 처벌우선 경향으로 소년보호이념에 적합한 선의권 행사를 기대하기 어려움 ⓒ 검사가 선의권을 행사한다 하더라도 이에 대해 사법권인 법원이 통제를 할 수밖에 없어 사실상 절차중복이나 처리지연이라는 문제가 발생 ⓒ 형사법원에서 소년법원에 송치하는 경우에는 미결구금의 연장을 초래하는 경우로 이어짐

⊕ **PLUS** 소년법상 검사선의권 행사의 예외

1. 경찰 송치사건(우범, 촉법)
2. 보호자 등 통고사건(범죄, 우범, 촉법)
3. 검사가 소년부로 보낸 사건을 소년부판사가 역송한 경우(법 제49조): 검사의 보호처분 회부 제한
4. 검사가 기소한 사건을 법원이 소년부로 보내는 경우(법 제50조): 부당한 선의권 행사 제한
5. 경찰의 독자적 훈방, 선도, 즉결심판

---

③ **개선 논의:** 검사는 기소유예만 허용하고 나머지는 법원에서 선의권을 행사하도록 하자는 것과 검사의 불기소 외에 약식명령 청구 사건까지는 법원의 선의권에서 제외하는 방안이 거론되고 있다.

02 소년법의 실체법과 절차법적 성격(소년보호이념)

(1) 실체법적 성격

보호주의 규범주의 목적주의	① 소년법은 보호적·복지적 측면과 형사법적 측면이 결합하여 조화를 이룬다. ② 소년법 제1조 "반사회성이 있는 소년의 환경 조정과 품행 교정을 위한 보호처분 등의 필요한 조치를 하고, 형사처분에 관한 특별조치를 함으로써 소년이 건전하게 성장하도록 돕는 것을 목적으로 한다."라고 명시하여 이러한 이념을 반영하고 있다. [2013. 보호 7급] 총 2회 기출
교육주의	소년범죄자의 대응수단으로 처벌이 주가 되어서는 안 된다는 것이다.
인격주의	① 소년을 보호하기 위해서는 개별소년의 행위·태도에서 나타난 개성과 환경을 중시하여야 한다. [2024. 보호 9급] 총 2회 기출 ② 소년보호절차는 교육기능 및 사법기능을 동시에 수행하기 때문에 객관적 비행사실과 함께 소년의 인격과 관련된 개인적 특성도 함께 고려되어야 한다. ③ 소년법 제1조 "반사회성이 있는 소년의 … 품행 교정을 위한 보호처분 등의 필요한 조치를 하고 … 건전하게 성장하도록 돕는 것을 목적으로 한다."라는 규정과 소년에 대한 사법의 개별화를 선언하고 있는 소년법 제9조는 인격주의를 표현한 것이다.
예방주의	① 범행한 소년의 처벌이 목적이 아니라, 범죄소년의 재범방지와 장래 죄를 범할 우려가 있는 우범소년이 범죄에 빠지지 않도록 범죄예방에 비중을 두는 것이다. [2018. 보호 7급] ② 소년법 제4조 제1항 제3호(집단적으로 몰려다니며 주위 사람들에게 불안감을 조성하는 성벽이 있는 것, 정당한 이유 없이 가출하는 것, 술을 마시고 소란을 피우거나 유해환경에 접하는 성벽이 있는 것)의 우범소년에 관한 규정은 예방주의를 표현한 것이다. [2013. 보호 7급] 총 3회 기출

(2) 절차법적 성격

개별주의	① 소년사법절차에서는 언제나 소년 개인을 단위로 한 <u>독자적 사건으로 취급</u>하여야 한다. [2024. 보호 9급] 총 2회 기출 ② 처우의 개별화 원리에 따라 개성을 중시한 구체적인 인격에 대한 처우를 강구한다. ③ 법 제9조 "조사는 의학 · 심리학 · 교육학 · 사회학이나 그 밖의 전문적인 지식을 활용하여 소년과 보호자 또는 참고인의 품행, 경력, 가정 상황, 그 밖의 환경 등을 밝히도록 노력하여야 한다."라는 규정은 개별주의를 표현한 것이다. [2013. 보호 7급] 총 2회 기출 예 분리수용, <u>심리절차 및 집행의 분리</u> 등 [2024. 보호 9급]
직권주의 심문주의	① 심리가 쟁송의 성격이 아닌 소년의 후견적 입장에서 <u>적극적 · 지도적</u>으로 이루어져야 한다. ② 소년은 심판의 대상이 아닌 심리의 객체로서 대립되는 당사자 소송방식보다는 심문의 방식을 취하여야 한다.
과학주의	① 소년사법이 예방주의와 개별주의를 추구하기 위해서는 개인성향과 범죄환경에 대한 실증 연구, 소년에게 어떤 종류의 형벌을 어느 정도 부과하는 것이 적당한가에 대한 <u>과학적 분석과 검토</u>가 필요하다는 것이다. [2024. 보호 9급] ② 법 제12조 "소년부는 조사 또는 심리를 할 때에 <u>정신건강의학과 의사 · 심리학자 · 사회사업가 · 교육자나 그 밖의 전문가의 진단, 소년 분류심사원의 분류심사 결과와 의견, 보호관찰소의 조사결과와 의견 등을 고려하여야</u> 한다."라는 규정은 과학주의를 표현한 것이다. [2024. 해경 경위] 총 3회 기출
협력주의	① 효율적 소년보호를 위해 국가는 물론이고 소년의 <u>보호자를 비롯한 민간단체 등이 서로 협력</u>해야 한다는 것을 말한다. [2024. 보호 9급] 총 3회 기출 ② 소년보호를 위해 행정기관 · 학교 · 병원 기타 공사단체에 필요한 협력 요구, 조사관의 조사 시 공무소나 공사단체에 조회나 서류송부의 요청 등 소년보호에 관계되는 사회자원의 총동원을 의미한다.
밀행주의 (비밀주의)	① 보호소년을 개선하여 사회생활에 적응시키고 건전하게 육성하기 위해서는 문제소년을 가급적이면 노출시키지 않아야 한다는 것을 의미한다. [2024. 해경 경위] 총 3회 기출 ② 법 제68조 제1항에서 "이 법에 따라 조사 또는 심리 중에 있는 보호사건이나 형사사건에 대하여는 성명 · 연령 · 직업 · 용모 등으로 비추어 볼 때 그 자가 당해 <u>사건의 당사자라고 미루어 짐작할 수 있는 정도의 사실이나 사진을 신문이나 그 밖의 출판물에 싣거나 방송할 수 없다.</u>"라고 규정하고 있는 것은 밀행주의의 표현이라고 할 수 있다. 예 ⊙ 비공개 재판 - 보호사건, ⓒ 보도금지 - 형사사건, 보호사건, ⓒ 조회응답금지 - 보호사건
통고주의	① 공중소추(민간소추)적 성격으로 보호자 또는 학교와 사회복지시설의 장도 범죄소년을 관할 소년부에 통고할 수 있는 주의이다. ② 법 제4조 제3항에서 "범죄소년, 촉법소년, 우범소년에 해당하는 소년을 발견한 보호자 또는 학교와 사회복리시설의 장 및 보호관찰소의 장은 이를 <u>관할소년부에 통고할 수 있다.</u>"라고 규정하고 있는 것은 통고주의의 표현이다.

단원별 지문

01 소년보호의 원칙상 밀행주의와 협력주의는 절차법적 성격을 가진다. (   )   [2024. 경찰2차]

02 소년보호의 원칙상 소년범죄자에 대한 사회 내 처우는 보호주의 및 예방주의와 관련이 있다. (   )   [2024. 경찰2차]

03 소년보호의 원칙상 「소년법」 제24조 제2항에서 규정한 심리의 비공개는 인격주의와 관련이 있다. (   ) [2024. 경찰2차]

04 소년보호의 원칙상 소년분류심사원의 분류심사는 과학주의와 관련이 있다. (   )   [2024. 경찰2차]

05 인격주의는 소년사법절차에서 소년 개인을 단위로 한 독자적 사건으로 취급해야 한다는 것이다. (   ) [2023(73). 경위]

06 교육주의는 소년범죄자에 대한 처벌이 주된 수단이 되어서는 안 된다는 것이다. (   )   [2023(73). 경위]

07 예방주의는 범법행위를 저지른 소년이 더이상 규범을 위반하지 않도록 하고, 죄를 범할 우려가 있는 우범소년이 범죄에 빠지지 않도록 하는데 소년법의 목적이 있다는 것이다. (   )   [2023(73). 경위]

08 비밀주의는 소년범죄자가 사회에 적응하는 과정에서 다른 사람에게 범죄경력이 노출되지 않도록 하여 소년의 인권보장과 재범방지를 추구하는 것을 말한다. (   )   [2023(73). 경위]

09 소년보호조치를 할 때 소년 개개인을 독립된 단위로 하여 독자적인 사건으로 취급해야 한다. (   )   [2022(72). 경위]

10 비행소년의 처우는 법률전문가인 법관에 의한 분석과 검토만을 고려해서 결정해야 한다. (   )   [2022(72). 경위]

11 소년보호절차에서는 객관적 판단이 중요하므로 개인적 환경 특성에 대한 판단을 최소화하고 비행사실 자체에 중점을 두어야 한다. (   )   [2022(72). 경위]

12 소년범죄자에 대해서는 시설 내 처우를 우선적으로 고려하여야 한다. (   )   [2022(72). 경위]

---

01 ○   보호주의, 규범주의, 목적주의, 교육주의, 인격주의, 예방주의는 실체법적 성격을 가지고, 개별주의, 직권주의, 심문주의, 과학주의, 협력주의, 밀행주의, 통고주의는 절차법적 성격을 가진다.

02 ○   소년범죄자에 대한 보호관찰관의 단기 보호관찰, 보호관찰관의 장기 보호관찰, 수강명령, 사회봉사명령 등의 사회 내 처우는 보호주의 및 예방주의와 관련이 있다.

03 ×   심리의 비공개(소년법 제24조 제2항), 보호사건·형사사건의 보도금지(동법 제68조 제1항), 보호사건의 응답금지(동법 제70조 제1항)는 밀행주의(비밀주의)와 관련이 있다.

04 ○   소년분류심사제도는 비행소년이 처한 환경적 특성과 비행소년의 개인적 특성에 대한 조사와 진단을 통해 적합한 처우방안을 제시하기 위한 제도이다. 분류심사결과는 법원의 처분결정 시 주요 참고자료로 활용되고, 여타 소년보호기관에서도 처우계획과 지도방향을 설정하는데 도움을 제공한다.

05 ×   개별주의에 대한 설명이다. 인격주의는 소년보호를 위해 개별 소년의 행위 원인에 놓인 개성과 환경을 중시해야 한다는 것이다.

06 ○

07 ○

08 ○

09 ○   소년보호의 원칙 중 개별주의에 대한 설명이다.

10 ×   소년범죄에 대한 법률의 단순한 적용보다 소년을 교육하고 보호하는데 적합한 대책을 전문가의 의견을 들어 결정하는 것이 중요하다.

11 ×   인격주의: 소년을 보호하기 위해서는 소년의 행위·태도에서 나타난 개성과 환경을 중시하는 것을 말한다. 소년보호절차는 교육기능 및 사법기능을 동시에 수행하기 때문에 객관적 비행사실만 중요하게 취급되어서는 안 되고, 소년의 인격과 관련된 개인적 특성도 함께 고려되어야 한다.

12 ×   낙인효과를 최소화하기 위해 사회 내 처우를 우선적으로 고려하여야 한다.

제2절 소년법

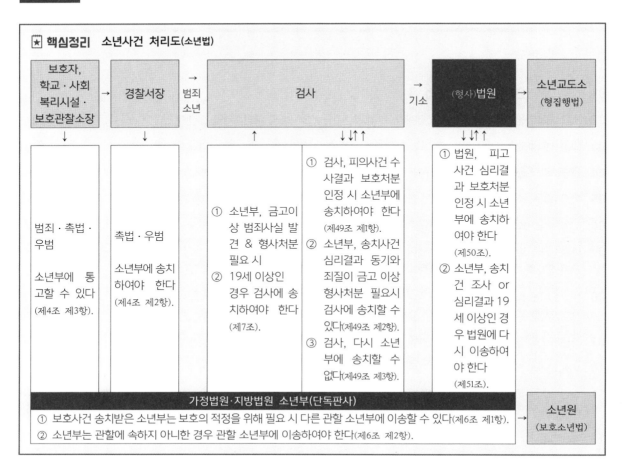

★ 핵심정리 소년사건 처리도(소년법)

보호자, 학교·사회복리시설·보호관찰소장	경찰서장		검사		(형사)법원	소년교도소 (형집행법)
→ 범죄소년				→ 기소		
↓	↓	↑	↓↓↑↑		↓↓↑↑	
범죄·촉법·우범 소년부에 통고할 수 있다 (제4조 제3항).	촉법·우범 소년부에 송치하여야 한다 (제4조 제2항).	① 소년부, 금고이상 범죄사실 발견 & 형사처분 필요 시 ② 19세 이상인 경우 검사에 송치하여야 한다 (제7조).	① 검사, 피의사건 수사결과 보호처분 인정 시 소년부에 송치하여야 한다 (제49조 제1항). ② 소년부, 송치사건 심리결과 동기와 죄질이 금고 이상 형사처분 필요시 검사에 송치할 수 있다(제49조 제2항). ③ 검사, 다시 소년부에 송치할 수 없다(제49조 제3항).		① 법원, 피고사건 심리결과 보호처분 인정 시 소년부에 송치하여야 한다 (제50조). ② 소년부, 송치건 조사 or 심리결과 19세 이상인 경우 법원에 다시 이송하여야 한다 (제51조).	소년원 (보호소년법)

가정법원·지방법원 소년부(단독판사)

① 보호사건 송치받은 소년부는 보호의 적정을 위해 필요 시 다른 관할 소년부에 이송할 수 있다(제6조 제1항).
② 소년부는 관할에 속하지 아니한 경우 관할 소년부에 이송하여야 한다(제6조 제2항).

01 총칙

제1조 【목적】 이 법은 반사회성(反社會性)이 있는 소년의 환경 조정과 품행 교정(矯正)을 위한 보호처분 등의 필요한 조치를 하고, 형사처분에 관한 특별조치를 함으로써 소년이 건전하게 성장하도록 돕는 것을 목적으로 한다.

제2조 【소년 및 보호자】 이 법에서 "소년"이란 19세 미만인 자를 말하며, "보호자"란 법률상 감호교육(監護敎育)을 할 의무가 있는 자 또는 현재 감호하는 자를 말한다.

---

02 보호사건

제1절 통칙

제3조【관할 및 직능】 ① 소년 보호사건의 관할은 소년의 행위지, 거주지 또는 현재지로 한다.

② 소년 보호사건은 가정법원소년부 또는 지방법원소년부[이하 "소년부(少年部)"라 한다]에 속한다.

③ 소년 보호사건의 심리(審理)와 처분 결정은 소년부 단독판사가 한다. [2017. 5급 승진] 총 5회 기출

제4조【보호의 대상과 송치 및 통고】 ① 다음 각 호의 어느 하나에 해당하는 소년은 소년부의 보호사건으로 심리한다. [2013. 교정 9급] 총 3회 기출

구분	보호사건의 대상	대상 나이
1. 범죄소년	죄를 범한 소년	14세 이상 19세 미만인 소년
2. 촉법소년	형벌 법령에 저촉되는 행위를 한 소년	10세 이상 14세 미만인 소년
3. 우범소년	다음에 해당하는 사유가 있고 그의 성격이나 환경에 비추어 앞으로 형벌 법령에 저촉되는 행위를 할 우려가 있는 소년(예방주의) 가. 집단적으로 몰려다니며 주위 사람들에게 불안감을 조성하는 성벽이 있는 것 나. 정당한 이유 없이 가출하는 것 다. 술을 마시고 소란을 피우거나 유해환경에 접하는 성벽이 있는 것	10세 이상 19세 미만인 소년

② 제1항 제2호 및 제3호에 해당하는 소년이 있을 때에는 경찰서장은 직접 관할 소년부에 송치(送致)하여야 한다. (의무규정) [2023. 보호 7급] 총 5회 기출

③ 제1항 각 호의 어느 하나에 해당하는 소년을 발견한 보호자 또는 학교·사회복리시설·보호관찰소(보호관찰지소를 포함한다. 이하 같다)의 장은 이를 관할 소년부에 통고할 수 있다. (재량규정)(통고주의) [2023. 보호 7급] 총 4회 기출

제5조【송치서】 소년 보호사건을 송치하는 경우에는 송치서에 사건 본인의 주거·성명·생년월일 및 행위의 개요와 가정 상황을 적고, 그 밖의 참고자료를 첨부하여야 한다.

제6조【이송】 ① 보호사건을 송치받은 소년부는 보호의 적정을 기하기 위하여 필요하다고 인정하면 결정(決定)으로써 사건을 다른 관할 소년부에 이송할 수 있다. [2021. 교정 9급]

② 소년부는 사건이 그 관할에 속하지 아니한다고 인정하면 결정으로써 그 사건을 관할 소년부에 이송하여야 한다. [2023. 보호 7급] 총 2회 기출

제7조【형사처분 등을 위한 관할 검찰청으로의 송치】 ① 소년부는 조사 또는 심리한 결과 금고 이상의 형에 해당하는 범죄 사실이 발견된 경우 그 동기와 죄질이 형사처분을 할 필요가 있다고 인정하면 결정으로써 사건을 관할 지방법원에 대응한 검찰청 검사에게 송치하여야 한다. [2018. 5급 승진] 총 4회 기출

② 소년부는 조사 또는 심리한 결과 사건의 본인이 19세 이상인 것으로 밝혀진 경우에는 결정으로써 사건을 관할 지방법원에 대응하는 검찰청 검사에게 송치하여야 한다. 다만, 제51조에 따라 법원에 이송하여야 할 경우에는 그러하지 아니하다.

제8조【통지】 소년부는 제6조와 제7조에 따른 결정을 하였을 때에는 지체 없이 그 사유를 사건 본인과 그 보호자에게 알려야 한다.

제2절 조사와 심리

제9조【조사 방침】 조사는 의학·심리학·교육학·사회학이나 그 밖의 전문적인 지식을 활용하여 소년과 보호자 또는 참고인의 품행, 경력, 가정 상황, 그 밖의 환경 등을 밝히도록 노력하여야 한다.

[소년에 대한 조사제도 비교] [2016. 보호 7급]
1. **조사명령**(제11조)**과 결정 전 조사**(보호관찰 등에 관한 법률 제19조의2): 소년보호사건
2. **조사의 위촉**(제56조)**과 판결 전 조사**(보호관찰 등에 관한 법률 제19조): 소년형사사건
3. **환경조사**(보호관찰 등에 관한 법률 제26조): 소년수형자, 보호소년

제10조【진술거부권의 고지】 소년부 또는 조사관이 범죄 사실에 관하여 소년을 조사할 때에는 미리 소년에게 불리한 진술을 거부할 수 있음을 알려야 한다. [2025. 보호 9급] 총 5회 기출

제11조【조사명령】 ① 소년부 판사는 조사관에게 사건 본인, 보호자 또는 참고인의 심문이나 그 밖에 필요한 사항을 조사하도록 명할 수 있다. [2023. 교정 9급] 총 2회 기출
② 소년부는 제4조 제3항에 따라 통고된 소년을 심리할 필요가 있다고 인정하면 그 사건을 조사하여야 한다.

제12조【전문가의 진단】 소년부는 조사 또는 심리를 할 때에 정신건강의학과의사·심리학자·사회사업가·교육자나 그 밖의 전문가의 진단, 소년 분류심사원의 분류심사 결과와 의견, 보호관찰소의 조사결과와 의견 등을 고려하여야 한다. [2023. 교정 9급] 총 2회 기출

제13조【소환 및 동행영장】 ① 소년부 판사는 사건의 조사 또는 심리에 필요하다고 인정하면 기일을 지정하여 사건 본인이나 보호자 또는 참고인을 소환할 수 있다. [2025. 보호 9급] 총 15회 기출
② 사건 본인이나 보호자가 정당한 이유 없이 소환에 응하지 아니하면 소년부 판사는 동행영장을 발부할 수 있다. [2023. 교정 7급]
  ▶ 참고인은 소환 대상이나(제13조 제1항), 소환에 불응 시 동행영장을 발부할 수는 없다(제13조 제2항).

제14조【긴급동행영장】 소년부 판사는 사건 본인을 보호하기 위하여 긴급조치가 필요하다고 인정하면 제13조 제1항에 따른 소환 없이 동행영장을 발부할 수 있다.

제15조【동행영장의 방식】 동행영장에는 다음 각 호의 사항을 적고 소년부 판사가 서명날인하여야 한다.
1. 소년이나 보호자의 성명
2. 나이
3. 주거
4. 행위의 개요
5. 인치(引致)하거나 수용할 장소
6. 유효기간 및 그 기간이 지나면 집행에 착수하지 못하며 영장을 반환하여야 한다는 취지
7. 발부연월일

제16조【동행영장의 집행】 ① 동행영장은 조사관이 집행한다.
② 소년부 판사는 소년부 법원서기관·법원사무관·법원주사·법원주사보나 보호관찰관 또는 사법경찰관리에게 동행영장을 집행하게 할 수 있다. [2023. 교정 9급]
③ 동행영장을 집행하면 지체 없이 보호자나 보조인에게 알려야 한다.

⊕ PLUS 법원 조사관 제도

법관의 명을 받아 심판에 필요한 자료를 수집, 조사하고 필요한 업무담당. 4·5급 법원공무원, 임기제, 파견공무원 등

제17조 【보조인 선임】 ① 사건 본인이나 보호자는 소년부 판사의 허가를 받아 보조인을 선임할 수 있다. [2018. 보호 7급]

② 보호자나 변호사를 보조인으로 선임하는 경우에는 제1항의 허가를 받지 아니하여도 된다. [2025. 보호 9급] 총 4회 기출

③ 보조인을 선임함에 있어서는 보조인과 연명날인한 서면을 제출하여야 한다. 이 경우 변호사가 아닌 사람을 보조인으로 선임할 경우에는 위 서면에 소년과 보조인과의 관계를 기재하여야 한다.

④ 소년부 판사는 보조인이 심리절차를 고의로 지연시키는 등 심리진행을 방해하거나 소년의 이익에 반하는 행위를 할 우려가 있다고 판단하는 경우에는 보조인 선임의 허가를 취소할 수 있다. [2024. 교정 9급]

⑤ 보조인의 선임은 심급마다 하여야 한다.

⑥ 「형사소송법」 중 변호인의 권리의무에 관한 규정은 소년 보호사건의 성질에 위배되지 아니하는 한 보조인에 대하여 준용한다.

제17조의2 【국선보조인】 ① 소년이 소년분류심사원에 위탁된 경우 보조인이 없을 때에는 법원은 변호사 등 적정한 자를 보조인으로 선정하여야 한다. [2024. 교정 9급] 총 10회 기출

② 소년이 소년분류심사원에 위탁되지 아니하였을 때에도 다음의 경우 법원은 직권에 의하거나 소년 또는 보호자의 신청에 따라 보조인을 선정할 수 있다.

[분류심사원 불위탁자의 법원 직권이나 보호자 신청에 의한 보조인 선정사유](법 제17조의2 제2항)
1. 소년에게 신체적·정신적 장애가 의심되는 경우
2. 빈곤이나 그 밖의 사유로 보조인을 선임할 수 없는 경우
3. 그 밖에 소년부 판사가 보조인이 필요하다고 인정하는 경우

③ 제1항과 제2항에 따라 선정된 보조인에게 지급하는 비용에 대하여는 「형사소송비용 등에 관한 법률」을 준용한다.

제18조 【임시조치】 ① 소년부 판사는 사건을 조사 또는 심리하는 데에 필요하다고 인정하면 소년의 감호에 관하여 결정으로써 다음 각 호의 어느 하나에 해당하는 조치를 할 수 있다.

[소년부 판사의 임시조치](법 제18조 제1항) [2023. 교정 7급] 총 9회 기출
1. 보호자, 소년을 보호할 수 있는 적당한 자 또는 시설에 위탁: 3개월
2. 병원이나 그 밖의 요양소에 위탁: 3개월
3. 소년분류심사원에 위탁: 1개월

[위탁기간의 연장]
1. 및 2.의 위탁기간은 3개월을, 3.의 위탁기간은 1개월을 초과하지 못한다. 다만, 특별히 계속 조치할 필요가 있을 때에는 한 번에 한하여 결정으로써 연장할 수 있다(제3항).

② 동행된 소년 또는 제52조 제1항에 따라 인도된 소년에 대하여는 도착한 때로부터 24시간 이내에 제1항의 조치를 하여야 한다.

③ 제1항 제1호 및 제2호의 위탁기간은 3개월을, 제1항 제3호의 위탁기간은 1개월을 초과하지 못한다. 다만, 특별히 계속 조치할 필요가 있을 때에는 한 번에 한하여 결정으로써 연장할 수 있다.

④ 제1항 제1호 및 제2호의 조치를 할 때에는 보호자 또는 위탁받은 자에게 소년의 감호에 관한 필요 사항을 지시할 수 있다.

⑤ 소년부 판사는 제1항의 결정을 하였을 때에는 소년부 법원서기관·법원사무관·법원주사·법원주사보, 소년분류심사원 소속 공무원, 교도소 또는 구치소 소속 공무원, 보호관찰관 또는 사법경찰관리에게 그 결정을 집행하게 할 수 있다.

⑥ 제1항의 조치는 언제든지 결정으로써 취소하거나 변경할 수 있다. [2013. 보호 7급] 총 2회 기출

제19조【심리 불개시의 결정】① 소년부 판사는 송치서와 조사관의 조사보고에 따라 사건의 심리를 개시(開始)할 수 없거나 개시할 필요가 없다고 인정하면 심리를 개시하지 아니한다는 결정을 하여야 한다. 이 결정은 사건 본인과 보호자에게 알려야 한다. [2016. 보호 7급] 총 2회 기출
② 사안이 가볍다는 이유로 심리를 개시하지 아니한다는 결정을 할 때에는 소년에게 훈계하거나 보호자에게 소년을 엄격히 관리하거나 교육하도록 고지할 수 있다. [2025. 보호 9급] 총 4회 기출
③ 제1항의 결정이 있을 때에는 제18조의 임시조치는 취소된 것으로 본다.
④ 소년부 판사는 소재가 분명하지 아니하다는 이유로 심리를 개시하지 아니한다는 결정을 받은 소년의 소재가 밝혀진 경우에는 그 결정을 취소하여야 한다.

제20조【심리 개시의 결정】① 소년부 판사는 송치서와 조사관의 조사보고에 따라 사건을 심리할 필요가 있다고 인정하면 심리 개시 결정을 하여야 한다.
② 제1항의 결정은 사건 본인과 보호자에게 알려야 한다. 이 경우 심리 개시 사유의 요지와 보조인을 선임할 수 있다는 취지를 아울러 알려야 한다.

제21조【심리 기일의 지정】① 소년부 판사는 심리 기일을 지정하고 본인과 보호자를 소환하여야 한다. 다만, 필요가 없다고 인정한 경우에는 보호자는 소환하지 아니할 수 있다. [2024. 교정 9급]
② 보조인이 선정된 경우에는 보조인에게 심리 기일을 알려야 한다.

제22조【기일 변경】소년부 판사는 직권에 의하거나 사건 본인, 보호자 또는 보조인의 청구에 의하여 심리 기일을 변경할 수 있다. 기일을 변경한 경우에는 이를 사건 본인, 보호자 또는 보조인에게 알려야 한다.

제23조【심리의 개시】① 심리 기일에는 소년부 판사와 서기가 참석하여야 한다.
② 조사관, 보호자 및 보조인은 심리 기일에 출석할 수 있다.

제24조【심리의 방식】① 심리는 친절하고 온화하게 하여야 한다. [2011. 보호 7급] 총 3회 기출
② 심리는 공개하지 아니한다. 다만, 소년부 판사는 적당하다고 인정하는 자에게 참석을 허가할 수 있다. [2017. 5급 승진] 총 2회 기출

제25조【의견의 진술】① 조사관, 보호자 및 보조인은 심리에 관하여 의견을 진술할 수 있다.
② 제1항의 경우에 소년부 판사는 필요하다고 인정하면 사건 본인의 퇴장을 명할 수 있다.

제25조의2【피해자 등의 진술권】소년부 판사는 피해자 또는 그 법정대리인·변호인·배우자·직계친족·형제자매(이하 이 조에서 "대리인등"이라 한다)가 의견진술을 신청할 때에는 피해자나 그 대리인등에게 심리 기일에 의견을 진술할 기회를 주어야 한다. 다만, 다음 각 호의 어느 하나에 해당하는 경우에는 그러하지 아니하다.

[피해자 등 의견진술 제한](법 제25조의2) [2015. 교정 9급] 총 2회 기출
1. 신청인이 이미 심리절차에서 충분히 진술하여 다시 진술할 필요가 없다고 인정되는 경우
2. 신청인의 진술로 심리절차가 현저히 지연될 우려가 있는 경우

제25조의3【화해권고】① 소년부 판사는 소년의 품행을 교정하고 피해자를 보호하기 위하여 필요하다고 인정하면 소년에게 피해 변상 등 피해자와의 화해를 권고할 수 있다. [2014. 보호 7급] 총 5회 기출
② 소년부 판사는 제1항의 화해를 위하여 필요하다고 인정하면 기일을 지정하여 소년, 보호자 또는 참고인을 소환할 수 있다.
③ 소년부 판사는 소년이 제1항의 권고에 따라 피해자와 화해하였을 경우에는 보호처분을 결정할 때 이를 고려할 수 있다. [2021. 교정 9급] 총 2회 기출

제26조【증인신문, 감정, 통역·번역】① 소년부 판사는 증인을 신문(訊問)하고 감정(鑑定)이나 통역 및 번역을 명할 수 있다.
② 제1항의 경우에는 「형사소송법」 중 법원의 증인신문, 감정이나 통역 및 번역에 관한 규정을 보호사건의 성질에 위반되지 아니하는 한도에서 준용한다.

제27조【검증, 압수, 수색】① 소년부 판사는 검증, 압수 또는 수색을 할 수 있다.

② 제1항의 경우에는「형사소송법」중 법원의 검증, 압수 및 수색에 관한 규정은 보호사건의 성질에 위반되지 아니하는 한도에서 준용한다.

제28조【원조, 협력】① 소년부 판사는 그 직무에 관하여 모든 행정기관, 학교, 병원, 그 밖의 공사단체(公私團體)에 필요한 원조와 협력을 요구할 수 있다.

② 제1항의 요구를 거절할 때에는 정당한 이유를 제시하여야 한다.

제29조【불처분 결정】① 소년부 판사는 심리 결과 보호처분을 할 수 없거나 할 필요가 없다고 인정하면 그 취지의 결정을 하고, 이를 사건 본인과 보호자에게 알려야 한다. [2021. 교정 9급] 총 2회 기출

② 제1항의 결정에 관하여는 제19조 제2항과 제3항을 준용한다.

제30조【기록의 작성】① 소년부 법원서기관·법원사무관·법원주사 또는 법원주사보는 보호사건의 조사 및 심리에 대한 기록을 작성하여 조사 및 심리의 내용과 모든 결정을 명확히 하고 그 밖에 필요한 사항을 적어야 한다.

② 조사 기록에는 조사관 및 소년부 법원서기관·법원사무관·법원주사 또는 법원주사보가, 심리기록에는 소년부 판사 및 법원서기관·법원사무관·법원주사 또는 법원주사보가 서명날인하여야 한다.

제30조의2【기록의 열람·등사】소년 보호사건의 기록과 증거물은 소년부 판사의 허가를 받은 경우에만 열람하거나 등사할 수 있다. 다만, 보조인이 심리 개시 결정 후에 소년 보호사건의 기록과 증거물을 열람하는 경우에는 소년부 판사의 허가를 받지 아니하여도 된다.

제31조【위임규정】소년 보호사건의 심리에 필요한 사항은 대법원규칙으로 정한다.

03 보호처분

제32조【보호처분의 결정】[2018. 보호 7급] 총 12회 기출

📋 보호처분 정리

10호: 장기 소년원(12세 이상)	2년 초과 ×	[병합 가능]
9호: 단기 소년원	6개월 초과 ×	1, 2, 3, 4
8호: 1개월 이내 소년원	1개월 이내	1, 2, 3, 5
7호: 병원, 요양소, 의료재활 소년원 등 위탁	6개월 + 6개월	4, 6 5, 6 5, 8
6호: 아동복지시설, 소년보호 시설 감호 위탁	6개월 + 6개월	※ 7, 9, 10 (친구집) 병합 불가
5호: 장기 보호관찰	2년 + 1년 이내	1. 3개월 이내, 보호소년법에 따른 대안교육 등 명령 가능
4호: 단기 보호관찰	1년(연장 ×)	2. 1년 이내, 야간 등 특정시간대 외출제한 명령 가능 3. 보호자 소년보호 특별교육명령 가능
3호: 사회봉사명령(14세 이상)	200시간 이내	
2호: 수강명령(12세 이상)	100시간 이내	
1호: 보호자 등 감호위탁	6개월 + 6개월	

① 소년부 판사는 심리 결과 보호처분을 할 필요가 있다고 인정하면 결정으로써 다음 각 호의 어느 하나에 해당하는 처분을 하여야 한다.

[보호처분의 종류](법 제32조 제1항)

1. 보호자 또는 보호자를 대신하여 소년을 보호할 수 있는 자에게 감호 위탁
2. 수강명령(12세 이상)
3. 사회봉사명령(14세 이상)
4. 보호관찰관의 단기 보호관찰
5. 보호관찰관의 장기 보호관찰
6. 「아동복지법」에 따른 아동복지시설이나 그 밖의 소년보호시설에 감호 위탁
7. 병원, 요양소 또는 「보호소년 등의 처우에 관한 법률」에 따른 의료재활소년원에 위탁
8. 1개월 이내의 소년원 송치
9. 단기 소년원 송치
10. 장기 소년원 송치(12세 이상)

② 다음 각 호 안의 처분 상호간에는 그 전부 또는 일부를 병합할 수 있다. [2024. 보호 9급] 총 9회 기출

1. 제1항 제1호 · 제2호 · 제3호 · 제4호 처분
2. 제1항 제1호 · 제2호 · 제3호 · 제5호 처분
3. 제1항 제4호 · 제6호 처분
4. 제1항 제5호 · 제6호 처분
5. 제1항 제5호 · 제8호 처분

③ 제1항 제3호의 처분은 14세 이상의 소년에게만 할 수 있다. [2021. 교정 9급] 총 14회 기출
④ 제1항 제2호 및 제10호의 처분은 12세 이상의 소년에게만 할 수 있다. [2023. 보호 7급] 총 16회 기출
⑤ 제1항 각 호의 어느 하나에 해당하는 처분을 한 경우 소년부는 소년을 인도하면서 소년의 교정에 필요한 참고자료를 위탁받는 자나 처분을 집행하는 자에게 넘겨야 한다.
⑥ 소년의 보호처분은 그 소년의 장래 신상에 어떠한 영향도 미치지 아니한다. [2012. 보호 7급] 총 2회 기출

제32조의2 【보호관찰처분에 따른 부가처분 등】 ① 제32조 제1항 제4호 또는 제5호의 처분을 할 때에 3개월 이내의 기간을 정하여 「보호소년 등의 처우에 관한 법률」에 따른 대안교육 또는 소년의 상담 · 선도 · 교화와 관련된 단체나 시설에서의 상담 · 교육을 받을 것을 동시에 명할 수 있다. [2025. 보호 9급] 총 4회 기출
② 제32조 제1항 제4호 또는 제5호의 처분을 할 때에 1년 이내의 기간을 정하여 야간 등 특정 시간대의 외출을 제한하는 명령을 보호관찰대상자의 준수 사항으로 부과할 수 있다. [2024. 보호 9급] 총 7회 기출
③ 소년부 판사는 가정상황 등을 고려하여 필요하다고 판단되면 보호자에게 소년원 · 소년분류심사원 또는 보호관찰소 등에서 실시하는 소년의 보호를 위한 특별교육을 받을 것을 명할 수 있다. [2020. 보호 7급] 총 6회 기출

제33조 【보호처분의 기간】 ① 제32조 제1항 제1호 · 제6호 · 제7호의 위탁기간은 6개월로 하되, 소년부 판사는 결정으로써 6개월의 범위에서 한 번에 한하여 그 기간을 연장할 수 있다. 다만, 소년부 판사는 필요한 경우에는 언제든지 결정으로써 그 위탁을 종료시킬 수 있다. [2020. 교정 9급] 총 8회 기출
② 제32조 제1항 제4호의 단기 보호관찰기간은 1년으로 한다. [2024. 보호 9급] 총 8회 기출
③ 제32조 제1항 제5호의 장기 보호관찰기간은 2년으로 한다. 다만, 소년부 판사는 보호관찰관의 신청에 따라 결정으로써 1년의 범위에서 한 번에 한하여 그 기간을 연장할 수 있다. [2024. 보호 9급] 총 12회 기출
④ 제32조 제1항 제2호의 수강명령은 100시간을, 제32조 제1항 제3호의 사회봉사명령은 200시간을 초과할 수 없으며, 보호관찰관이 그 명령을 집행할 때에는 사건 본인의 정상적인 생활을 방해하지 아니하도록 하여야 한다. [2021. 교정 9급] 총 12회 기출

⑤ 제32조 제1항 제9호에 따라 단기로 소년원에 송치된 소년의 보호기간은 6개월을 초과하지 못한다. [2020. 교정 9급] 총 5회 기출

⑥ 제32조 제1항 제10호에 따라 장기로 소년원에 송치된 소년의 보호기간은 2년을 초과하지 못한다. [2025. 보호 9급] 총 6회 기출

⑦ 제32조 제1항 제6호부터 제10호까지의 어느 하나에 해당하는 처분을 받은 소년이 시설위탁이나 수용 이후 그 시설을 이탈하였을 때에는 위 처분기간은 진행이 정지되고, 재위탁 또는 재수용된 때로부터 다시 진행한다. [2025. 보호 9급]

제34조【몰수의 대상】 ① 소년부 판사는 제4조 제1항 제1호·제2호에 해당하는 소년에 대하여 제32조의 처분을 하는 경우에는 결정으로써 다음의 물건을 몰수할 수 있다.

[몰수 대상 물건](제34조 제1항)

1. 범죄 또는 형벌 법령에 저촉되는 행위에 제공하거나 제공하려 한 물건
2. 범죄 또는 형벌 법령에 저촉되는 행위로 인하여 생기거나 이로 인하여 취득한 물건
3. 제1호와 제2호의 대가로 취득한 물건

② 제1항의 몰수는 그 물건이 사건 본인 이외의 자의 소유에 속하지 아니하는 경우에만 할 수 있다. 다만, 사건 본인의 행위가 있은 후 그 정을 알고도 취득한 자가 소유한 경우에는 그러하지 아니하다.

제35조【결정의 집행】 소년부 판사는 제32조 제1항 또는 제32조의2에 따른 처분 결정을 하였을 때에는 조사관, 소년부 법원서기관·법원사무관·법원주사·법원주사보, 보호관찰관, 소년원 또는 소년분류심사원 소속 공무원, 그 밖에 위탁 또는 송치받을 기관 소속의 직원에게 그 결정을 집행하게 할 수 있다.

제36조【보고와 의견 제출】 ① 소년부 판사는 제32조 제1항 제1호·제6호·제7호의 처분을 한 경우에는 위탁받은 자에게 소년에 관한 보고서나 의견서를 제출하도록 요구할 수 있다.

② 소년부 판사는 조사관에게 제32조 제1항 제1호·제6호·제7호의 처분에 관한 집행상황을 보고하게 할 수 있고, 필요하다고 인정되면 위탁받은 자에게 그 집행과 관련된 사항을 지시할 수 있다.

제37조【처분의 변경】 ① 소년부 판사는 위탁받은 자나 보호처분을 집행하는 자의 신청에 따라 결정으로써 제32조의 보호처분과 제32조의2의 부가처분을 변경할 수 있다. 다만, 보호자 등에게 감호 위탁(제1호), 아동복지시설이나 그 밖의 소년보호시설에 감호 위탁(제6호), 병원·요양소 또는 의료재활소년원에 위탁의 보호처분(제7호)과 보호관찰 처분 시 대안교육 또는 상담·교육 처분(제32조의2 제1항)은 직권으로 변경할 수 있다. [2023. 보호 7급] 총 2회 기출

② 제1항에 따른 결정을 집행할 때에는 제35조를 준용한다.

③ 제1항의 결정은 지체 없이 사건 본인과 보호자에게 알리고 그 취지를 위탁받은 자나 보호처분을 집행하는 자에게 알려야 한다.

제38조【보호처분의 취소】 ① 보호처분이 계속 중일 때에 사건 본인이 처분 당시 19세 이상인 것으로 밝혀진 경우에는 소년부 판사는 결정으로써 그 보호처분을 취소하고 다음의 구분에 따라 처리하여야 한다.

[보호처분 취소 후의 처리](법 제38조 제1항) [2024. 보호 9급] 총 3회 기출

1. 검사·경찰서장의 송치 또는 보호자, 학교·사회복리시설·보호관찰소의 장의 통고(제4조 제3항)에 의한 사건인 경우에는 관할 지방법원에 대응하는 검찰청 검사에게 송치한다.
2. 제50조(법원의 송치)에 따라 법원이 송치한 사건인 경우에는 송치한 법원에 이송한다.

② 제4조 제1항 제1호·제2호의 소년에 대한 보호처분이 계속 중일 때에 사건 본인이 행위 당시 10세 미만으로 밝혀진 경우 또는 제4조 제1항 제3호의 소년에 대한 보호처분이 계속 중일 때에 사건 본인이 처분 당시 10세 미만으로 밝혀진 경우에는 소년부 판사는 결정으로써 그 보호처분을 취소하여야 한다.

제39조【보호처분과 유죄판결】보호처분이 계속 중일 때에 사건 본인에 대하여 유죄판결이 확정된 경우에 보호처분을 한 소년부 판사는 그 처분을 존속할 필요가 없다고 인정하면 결정으로써 보호처분을 취소할 수 있다. [2024. 보호 9급] 총 5회 기출

제40조【보호처분의 경합】보호처분이 계속 중일 때에 사건 본인에 대하여 새로운 보호처분이 있었을 때에는 그 처분을 한 소년부 판사는 이전의 보호처분을 한 소년부에 조회하여 어느 하나의 보호처분을 취소하여야 한다. [2024. 보호 9급] 총 8회 기출

제41조【비용의 보조】제18조 제1항 제1호·제2호의 조치에 관한 결정이나 제32조 제1항 제1호·제6호·제7호(「보호소년 등의 처우에 관한 법률」에 따른 의료재활소년원 위탁처분은 제외한다)의 처분을 받은 소년의 보호자는 위탁받은 자에게 그 감호에 관한 비용의 전부 또는 일부를 지급하여야 한다. 다만, 보호자가 지급할 능력이 없을 때에는 소년부가 지급할 수 있다.

제42조【증인 등의 비용】① 증인·감정인·통역인·번역인에게 지급하는 비용, 숙박료, 그 밖의 비용에 대하여는 「형사소송법」 중 비용에 관한 규정을 준용한다.
② 참고인에게 지급하는 비용에 관하여는 제1항을 준용한다.

04 보호처분에 대한 항고·재항고

제4절 항고

제43조【항고】① 제32조에 따른 보호처분의 결정 및 제32조의2에 따른 부가처분 등의 결정 또는 제37조의 보호처분·부가처분 변경 결정이 다음 각 호의 어느 하나에 해당하면 사건 본인·보호자·보조인 또는 그 법정대리인은 관할 가정법원 또는 지방법원 본원 합의부에 항고할 수 있다.

> **[항고사유]**(법 제43조 제1항) [2020. 보호 7급] 총 6회 기출
> 1. 해당 결정에 영향을 미칠 법령 위반이 있거나 중대한 사실 오인이 있는 경우
> 2. 처분이 현저히 부당한 경우

② 항고를 제기할 수 있는 기간은 7일로 한다. [2020. 보호 7급] 총 3회 기출

제44조【항고장의 제출】① 항고를 할 때에는 항고장을 원심(原審) 소년부에 제출하여야 한다. [2018. 보호 7급] 총 2회 기출
② 항고장을 받은 소년부는 3일 이내에 의견서를 첨부하여 항고법원에 송부하여야 한다.

제45조【항고의 재판】① 항고법원은 항고 절차가 법률에 위반되거나 항고가 이유 없다고 인정한 경우에는 결정으로써 항고를 기각하여야 한다. [2015. 5급 승진]
② 항고법원은 항고가 이유가 있다고 인정한 경우에는 원결정(原決定)을 취소하고 사건을 원소년부에 환송(還送)하거나 다른 소년부에 이송하여야 한다. 다만, 환송 또는 이송할 여유가 없이 급하거나 그 밖에 필요하다고 인정한 경우에는 원결정을 파기하고 불처분 또는 보호처분의 결정을 할 수 있다. [2020. 보호 7급] 총 2회 기출
③ 제2항에 따라 항고가 이유가 있다고 인정되어 보호처분의 결정을 다시 하는 경우에는 원결정에 따른 보호처분의 집행 기간은 그 전부를 항고에 따른 보호처분의 집행 기간에 산입[제32조 제1항 제8호(1개월 이내의 소년원 송치)·제9호(단기 소년원 송치)·제10호(장기 소년원 송치) 처분 상호 간에만 해당한다]한다. → 즉 제3항은 소년원 송치처분 상호 간에만 적용됨

제46조【집행 정지】항고는 결정의 집행을 정지시키는 효력이 없다. [2018. 보호 7급] 총 2회 기출

제47조【재항고】① 항고를 기각하는 결정에 대하여는 그 결정이 법령에 위반되는 경우에만 대법원에 재항고를 할 수 있다. [2020. 보호 7급] 총 2회 기출
② 제1항의 재항고에 관하여는 제43조 제2항(항고를 제기할 수 있는 기간: 7일) 및 제45조 제3항(집행 기간의 산입)을 준용한다. [2015. 5급 승진]

05 형사사건

제1절 통칙

제48조【준거법례】 소년에 대한 형사사건에 관하여는 이 법에 특별한 규정이 없으면 일반 형사사건의 예에 따른다.

제49조【검사의 송치】 ① 검사는 소년에 대한 피의사건을 수사한 결과 보호처분에 해당하는 사유가 있다고 인정한 경우에는 사건을 관할 소년부에 송치하여야 한다. [2018. 5급 승진] 총 7회 기출

② 소년부는 제1항에 따라 송치된 사건을 조사 또는 심리한 결과 그 동기와 죄질이 금고 이상의 형사처분을 할 필요가 있다고 인정할 때에는 결정으로써 해당 검찰청 검사에게 송치할 수 있다. [2018. 5급 승진] 총 5회 기출

③ 제2항에 따라 송치한 사건은 다시 소년부에 송치할 수 없다. [2015. 5급 승진] 총 3회 기출

제49조의2【검사의 결정 전 조사】 ① 검사는 소년 피의사건에 대하여 소년부 송치, 공소제기, 기소유예 등의 처분을 결정하기 위하여 필요하다고 인정하면 피의자의 주거지 또는 검찰청 소재지를 관할하는 보호관찰소의 장, 소년분류심사원장 또는 소년원장(이하 "보호관찰소장등"이라 한다)에게 피의자의 품행, 경력, 생활환경이나 그 밖에 필요한 사항에 관한 조사를 요구할 수 있다. [2020. 보호 7급] 총 6회 기출

② 제1항의 요구를 받은 보호관찰소장등은 지체 없이 이를 조사하여 서면으로 해당 검사에게 통보하여야 하며, 조사를 위하여 필요한 경우에는 소속 보호관찰관 · 분류심사관 등에게 피의자 또는 관계인을 출석하게 하여 진술요구를 하는 등의 방법으로 필요한 사항을 조사하게 할 수 있다.

③ 제2항에 따른 조사를 할 때에는 미리 피의자 또는 관계인에게 조사의 취지를 설명하여야 하고, 피의자 또는 관계인의 인권을 존중하며, 직무상 비밀을 엄수하여야 한다.

④ 검사는 보호관찰소장등으로부터 통보받은 조사 결과를 참고하여 소년피의자를 교화 · 개선하는 데에 가장 적합한 처분을 결정하여야 한다. [2015. 5급 승진]

제49조의3【조건부 기소유예】 검사는 피의자에 대하여 다음 각 호에 해당하는 선도(善導) 등을 받게 하고, 피의사건에 대한 공소를 제기하지 아니할 수 있다. 이 경우 소년과 소년의 친권자 · 후견인 등 법정대리인의 동의를 받아야 한다.

> **[검사의 선도조건부 기소유예]**(법 제49조의3) [2018. 보호 7급] 총 10회 기출
>
> 1. 범죄예방자원봉사위원의 선도
> 2. 소년의 선도 · 교육과 관련된 단체 · 시설에서의 상담 · 교육 · 활동 등
>
> > **[소년법상의 기소유예와 보호관찰법상의 기소유예 차이]**
> > 소년과 법정대리인의 동의에 의한 선도조건부 기소유예제도는 소년법에 기초하고 있으나, 보호관찰 등에 관한 법률 제15조(보호관찰소의 관장 사무) 제3호(검사가 보호관찰관이 선도함을 조건으로 공소제기를 유예하고 위탁한 선도업무)는 대상과 절차가 다르다.

제50조【법원의 송치】 법원은 소년에 대한 피고사건을 심리한 결과 보호처분에 해당할 사유가 있다고 인정하면 결정으로써 사건을 관할 소년부에 송치하여야 한다. [2018. 5급 승진] 총 4회 기출

제51조【이송】 소년부는 제50조에 따라 송치받은 사건을 조사 또는 심리한 결과 사건의 본인이 19세 이상인 것으로 밝혀지면 결정으로써 송치한 법원에 사건을 다시 이송하여야 한다. [2023. 보호 7급] 총 5회 기출

제52조【소년부 송치 시의 신병 처리】 ① 제49조 제1항이나 제50조에 따른 소년부 송치결정이 있는 경우에는 소년을 구금하고 있는 시설의 장은 검사의 이송 지휘를 받은 때로부터 법원 소년부가 있는 시 · 군에서는 24시간 이내에, 그 밖의 시 · 군에서는 48시간 이내에 소년을 소년부에 인도하여야 한다. 이 경우 구속영장의 효력은 소년부 판사가 제18조 제1항에 따른 소년의 감호에 관한 결정을 한 때에 상실한다. [2019. 교정 9급]

② 제1항에 따른 인도와 결정은 구속영장의 효력기간 내에 이루어져야 한다.

제53조【보호처분의 효력】 제32조의 보호처분을 받은 소년에 대하여는 그 심리가 결정된 사건은 다시 공소를 제기하거나 소년부에 송치할 수 없다. 다만, 제38조 제1항 제1호의 경우에는 공소를 제기할 수 있다.

▶ **동일사건 공소제기 시 공소기각 판결:** 소년법 제32조의 보호처분을 받은 사건과 동일한 사건에 대하여 다시 공소제기가 되었다면 동조의 보호처분은 확정판결이 아니고 따라서 기판력도 없으므로 이에 대하여 면소판결을 할 것이 아니라 공소제기절차가 소년법 제53조(다시 공소를 제기할 수 없다)의 규정에 위배되어 무효인 때에 해당한 경우이므로 공소기각의 판결을 하여야 한다(대법원 1985.5.28, 85도21). [2018. 5급 승진] 총 2회 기출

제54조【공소시효의 정지】 제20조에 따른 심리 개시 결정이 있었던 때로부터 그 사건에 대한 보호처분의 결정이 확정될 때까지 공소시효는 그 진행이 정지된다.

제55조【구속영장의 제한】 ① 소년에 대한 구속영장은 부득이한 경우가 아니면 발부하지 못한다. [2018. 교정 9급] 총 4회 기출

② 소년을 구속하는 경우에는 특별한 사정이 없으면 다른 피의자나 피고인과 분리하여 수용하여야 한다.

06 형사사건의 조사와 심판

제56조【조사의 위촉】 법원은 소년에 대한 형사사건에 관하여 필요한 사항을 조사하도록 조사관에게 위촉할 수 있다.

▶ 형사사건 – 조사의 위촉, 보호사건 – 조사명령(제11조)

제57조【심리의 분리】 소년에 대한 형사사건의 심리는 다른 피의사건과 관련된 경우에도 심리에 지장이 없으면 그 절차를 분리하여야 한다. [2018. 교정 9급] 총 4회 기출

제58조【심리의 방침】 ① 소년에 대한 형사사건의 심리는 친절하고 온화하게 하여야 한다.

② 제1항의 심리에는 소년의 심신상태, 품행, 경력, 가정상황, 그 밖의 환경 등에 대하여 정확한 사실을 밝힐 수 있도록 특별히 유의하여야 한다.

제59조【사형 및 무기형의 완화】 죄를 범할 당시(행위시 · 범죄시) 18세 미만인 소년에 대하여 사형 또는 무기형(無期刑)으로 처할 경우(처단형 ○, 법정형 ×)에는 15년의 유기징역으로 한다. [2025. 보호 9급] 총 14회 기출

▶ **18세 미만 특강범 사형, 무기 시 20년 유기징역:** 특정 강력범죄(살인, 존속살해, 미성년약취유인, 2일 이상 합동강간, 강도 등)를 범한 당시 18세 미만인 소년을 사형 또는 무기형에 처하여야 할 때에는 소년법 제59조에도 불구하고 그 형을 20년의 유기징역으로 한다(특정강력범죄의 처벌에 관한 특례법 제4조 제1항). [2024. 보호 9급] 총 2회 기출

▶ **처단형 기준:** 소년법 제59조 소정의 "사형 또는 무기형으로 처할 것인 때에는 15년의 유기징역으로 한다."라는 규정은 소년에 대한 처단형이 사형 또는 무기형일 때에 15년의 유기징역으로 한다는 것이지 법정형이 사형 또는 무기형인 경우를 의미하는 것은 아니다(대법원 1986.12.23, 86도2314).

제60조【부정기형】 ① 소년이 법정형으로 장기 2년 이상의 유기형(有期刑)에 해당하는 죄를 범한 경우에는 그 형의 범위에서 장기와 단기를 정하여 선고한다. 다만, 장기는 10년, 단기는 5년을 초과하지 못한다. [2025. 보호 9급] 총 10회 기출

② 소년의 특성에 비추어 상당하다고 인정되는 때에는 그 형을 감경할 수 있다. [2016. 5급 승진]

③ 형의 집행유예나 선고유예를 선고할 때에는 제1항을 적용하지 아니한다. [2018. 교정 9급] 총 4회 기출

④ 소년에 대한 부정기형을 집행하는 기관의 장은 형의 단기가 지난 소년범의 행형(行刑) 성적이 양호하고 교정의 목적을 달성하였다고 인정되는 경우에는 관할 검찰청 검사의 지휘에 따라 그 형의 집행을 종료시킬 수 있다. [2025. 보호 9급] 총 3회 기출

제61조【미결구금일수의 산입】 제18조 제1항 제3호의 조치가 있었을 때에는 그 위탁기간은 「형법」 제57조 제1항의 판결선고 전 구금일수(拘禁日數)로 본다. [2012. 보호 7급] 총 2회 기출

제62조【환형처분의 금지】18세 미만인 소년에게는 「형법」 제70조에 따른 유치선고를 하지 못한다. 다만, 판결 선고 전 구속되었거나 제18조 제1항 제3호의 조치가 있었을 때에는 그 구속 또는 위탁의 기간에 해당하는 기간은 노역장(勞役場)에 유치된 것으로 보아 「형법」 제57조를 적용할 수 있다. [2020. 보호 7급] 총 9회 기출

제63조【징역·금고의 집행】징역 또는 금고를 선고받은 소년에 대하여는 특별히 설치된 교도소 또는 일반 교도소 안에 특별히 분리된 장소에서 그 형을 집행한다. 다만, 소년이 형의 집행 중에 23세가 되면 일반 교도소에서 집행할 수 있다. [2023. 보호 7급] 총 9회 기출

제64조【보호처분과 형의 집행】보호처분이 계속 중일 때에 징역, 금고 또는 구류를 선고받은 소년에 대하여 는 먼저 그 형을 집행한다. [2016. 5급 승진] 총 12회 기출

제65조【가석방】징역 또는 금고를 선고받은 소년에 대하여는 다음 각 호의 기간이 지나면 가석방(假釋放) 을 허가할 수 있다.

[소년의 가석방 요건](법 제65조) [2023. 교정 7급] 총 16회 기출

1. 무기형의 경우에는 5년
2. 15년 유기형의 경우에는 3년
3. 부정기형의 경우에는 단기의 3분의 1

제66조【가석방 기간의 종료】징역 또는 금고를 선고받은 소년이 가석방된 후 그 처분이 취소되지 아니하고 가석방 전에 집행을 받은 기간과 같은 기간이 지난 경우에는 형의 집행을 종료한 것으로 한다. 다만, 제59조의 형기(죄를 범할 당시 18세 미만인 소년에 대하여 사형 또는 무기형으로 처할 경우에는 15년의 유기징역) 또는 제60조 제1항에 따른 장기(소년이 장기 2년 이상의 유기형에 해당하는 죄를 범한 경우에 선고된 부정기형의 장기)의 기간이 먼저 지난 경우에는 그 때에 형의 집행을 종료한 것으로 한다.

제67조【자격에 관한 법령의 적용】① 소년이었을 때 범한 죄에 의하여 형의 선고 등을 받은 자에 대하여 다음 각 호의 경우 자격에 관한 법령을 적용할 때 장래에 향하여 형의 선고를 받지 아니한 것으로 본다.

[자격에 관하여 장래에 향하여 형의 선고를 받지 아니한 것으로 보는 경우](법 제67조) [2015. 5급 승진] 총 3회 기출

1. 형을 선고받은 자가 그 집행을 종료하거나 면제받은 경우
2. 형의 선고유예나 집행유예를 선고받은 경우

② 제1항에도 불구하고 형의 선고유예가 실효되거나 집행유예가 실효·취소된 때에는 그 때에 형을 선고받은 것으로 본다.

▶ 비교·구분: 소년의 보호처분은 그 소년의 장래 신상에 어떠한 영향도 미치지 아니한다(소년법 제32조 제6항).

07 비행 예방

제67조의2【비행 예방정책】법무부장관은 제4조 제1항에 해당하는 자(이하 "비행소년"이라 한다)가 건전하게 성장하도록 돕기 위하여 다음 각 호의 사항에 대한 필요한 조치를 취하여야 한다.

1. 비행소년이 건전하게 성장하도록 돕기 위한 조사·연구·교육·홍보 및 관련 정책의 수립·시행
2. 비행소년의 선도·교육과 관련된 중앙행정기관·공공기관 및 사회단체와의 협조체계의 구축 및 운영

08 벌칙

제68조【보도 금지】① 이 법에 따라 조사 또는 심리 중에 있는 보호사건이나 형사사건에 대하여는 성명·연령·직업·용모 등으로 비추어 볼 때 그 자가 당해 사건의 당사자라고 미루어 짐작할 수 있는 정도의 사실이나 사진을 신문이나 그 밖의 출판물에 싣거나 방송할 수 없다.

② 제1항을 위반한 다음 각 호의 자는 1년 이하의 징역 또는 1천만원 이하의 벌금에 처한다.

[보도금지 위반에 대한 처벌 대상자](1년 이하의 징역 또는 1천만원 이하 벌금)(법 제68조 제2항)

1. **신문:** 편집인 및 발행인
2. **그 밖의 출판물:** 저작자 및 발행자
3. **방송:** 방송편집인 및 방송인

제69조【나이의 거짓 진술】 성인(成人)이 고의로 나이를 거짓으로 진술하여 보호처분이나 소년 형사처분을 받은 경우에는 1년 이하의 징역에 처한다.

제70조【조회 응답】① 소년 보호사건과 관계있는 기관은 그 사건 내용에 관하여 재판, 수사 또는 군사상 필요한 경우 외의 어떠한 조회에도 응하여서는 아니 된다.

② 제1항을 위반한 자는 1년 이하의 징역 또는 1천만원 이하의 벌금에 처한다.

제71조【소환의 불응 및 보호자 특별교육명령 불응】 다음 각 호의 어느 하나에 해당하는 자에게는 300만원 이하의 과태료를 부과한다.

1. 제13조 제1항에 따른 소환에 정당한 이유 없이 응하지 아니한 자
2. 제32조의2 제3항의 특별교육명령에 정당한 이유 없이 응하지 아니한 자

⚖ 판례 |

[1] 소년에 대한 피고사건을 심리한 법원이 그 결과에 따라 보호처분에 해당할 사유가 있는지의 여부를 인정하는 것은 법관의 자유재량에 의하여 판정될 사항이다(대법원 1991.1.25. 90도2693). [2016. 5급 승진]

[2] 소년법 제1조나 제32조 제6항의 규정이 있다 하여 보호처분을 받은 사실을 상습성 인정의 자료로 삼을 수 없는 것은 아니다(대법원 1989.12.12. 89도2097). [2018. 5급 승진]

[3] 소년법 제43조 제1항 중 '사건 본인, 보호자, 보조인 또는 그 법정대리인' 부분이 청구인의 평등권을 침해하는지 여부(소극)

소년심판은 형사소송절차와는 달리 소년에 대한 후견적 입장에서 소년의 환경조정과 품행교정을 위한 보호처분을 하기 위한 심문절차이며, 보호처분을 함에 있어 범행의 내용도 참작하지만 주로 소년의 환경과 개인적 특성을 근거로 소년의 개선과 교화에 부합하는 처분을 부과하게 되므로 일반 형벌의 부과와는 차이가 있다. 그리고 소년심판은 심리의 객체로 취급되는 소년에 대한 후견적 입장에서 법원의 직권에 의해 진행되므로 검사의 관여가 반드시 필요한 것이 아니고 이에 따라 소년심판의 당사자가 아닌 검사가 상소 여부에 관여하는 것이 배제된 것이다. 위와 같은 소년심판절차의 특수성을 감안하면, 차별대우를 정당화하는 객관적이고 합리적인 이유가 존재한다고 할 것이어서 이 사건 법률조항은 청구인의 평등권을 침해하지 않는다(헌재 2012.7.26. 2011헌마232).

[4] 공범이 있는 소년 피고인에 대한 소년부 송치결정을 위한 판단기준, 자유재량이지만 소년보호이념에 따른
한계 인정(대법원 2024.3.13. 2024모398)
① 법원은 소년에 대한 피고사건을 심리한 결과 보호처분에 해당할 사유가 있다고 인정하면 결정으로
써 사건을 관할 소년부에 송치하여야 한다(소년법 제50조). 소년에 대한 피고사건을 심리한 법원이 그
결과에 따라 보호처분에 해당할 사유가 있는지 여부를 인정하는 것은 법관의 자유재량에 의하여 판
정될 사항이다.
② '보호처분에 해당할 사유'에 대한 판단이 법관의 재량에 맡겨져 있다고 하더라도 거기에는 앞서 본
바와 같이 소년의 건전한 성장이라는 소년법의 지도이념과 보호처분의 목적에 따른 재량의 한계가
있고, 따라서 그 재량의 한계를 현저하게 벗어난 판단은 허용되지 아니한다고 할 것이다.
③ 공범들 사이의 형사처분 또는 보호처분의 처우에 있어 형평성과 균형에 현저히 반하지 않도록 함으
로써 보호처분이 소년의 건전한 성장이라는 소년법의 지도이념을 달성하는 데 적합한 처우인지를
살펴 '보호처분에 해당할 사유'가 있는지를 판단하였어야 한다. 그럼에도 원심은 위와 같은 사정에
대해 충실하게 심리하지 아니한 채 피고사건에 대하여 1회 기일에 변론을 진행, 종결한 다음 약 1개
월 뒤 그 판시와 같은 이유로 소년부송치결정을 하였다. 이러한 원심의 조치 및 판단은 재량의 한계
를 현저하게 벗어난 판단으로서, 원심결정에는 '보호처분에 해당할 사유'를 인정하기 위한 소년에 대
한 피고사건의 심리 및 판단기준에 관한 법리를 오해하여 소년법 제50조를 위반함으로써 재판에 영
향을 미친 잘못이 있다.

[5] 소년에 대하여 사형, 무기형 또는 유기형의 법정형 중 사형이나 무기형을 선택한 경우에는 부정기형은
과할 수 없다(대법원 1970.5.12. 70도675).

[6] 항소심이 미성년자에 대하여 정기형을 선고하였음이 위법이라는 이유로 상고심이 항소심판결을 파기하
고 자판하는 경우에 동 피고인이 성년에 달하였다면 부정기형을 선고한 제1심 판결까지 파기하고 정기
형을 선고하여야 한다(대법원 1981.12.8. 81도2414).

[7] 제1심에서 부정기형을 선고한 판결에 대한 항소심 계속중 개정 소년법이 시행되었고 항소심 판결선고시에
는 이미 신법상 소년에 해당하지 않게 된 경우, 법원이 취하여야 할 조치(정기형)
항소심 판결선고 당시 미성년자로서 부정기형을 선고받은 피고인이 상고심 계속 중에 성년이 되었다
하더라도 항소심의 부정기형선고를 정기형으로 고칠 수는 없다(대법원 1990.11.27. 90도2225).

[8] 소년범 중 형의 집행이 종료되거나 면제된 자에 한하여 자격에 관한 법령의 적용에 있어 장래에 향하여
형의 선고를 받지 아니한 것으로 본다고 규정한 소년법 제67조가 평등원칙에 위반되는지 여부(헌법불합치)
집행유예를 선고받은 자의 자격제한을 완화하지 아니하여 집행유예 기간이 경과한 경우에도 그 후 일
정 기간 자격제한을 받게 되었으므로, 명백히 자의적인 차별에 해당하여 평등원칙에 위반된다(헌재
2018.1.25. 2017헌가7). ⇨ 소년법 제67조 개정(2018.9.18.)

[9] 소년법 제67조의 규정 취지 및 구 특정범죄 가중처벌 등에 관한 법률 제5조의4 제5항의 적용 요건인 과
거 전과로서의 징역형에 '소년범'으로서 처벌받은 징역형도 포함되는지 여부(적극)
위 규정은 「사람의 자격」에 관한 법령의 적용에 있어 장래에 향하여 형의 선고를 받지 아니한 것으로
본다는 취지에 불과할 뿐 전과까지 소멸한다는 것은 아니다. 따라서 특정범죄 가중처벌 등에 관한 법률
제5조의4 제5항을 적용하기 위한 요건으로서 요구되는 과거 전과로서의 징역형에는 소년으로서 처벌받
은 징역형도 포함된다고 보아야 한다(대법원 2010.4.29. 2010도973).

[10] 소년보호사건에서 항고제기기간 내에 항고이유를 제출하지 않은 항고인에게 항고법원이 별도로 항고이유 제출 기회를 주어야 하는지 여부, 부정

소년법 제43조 제2항은 '항고를 제기할 수 있는 기간은 7일로 한다'고 규정하고 있고, 같은 법 제31조는 '소년보호사건의 심리에 필요한 사항은 대법원규칙으로 정한다'고 규정하고 있으며, 이에 따라 제정된 소년심판규칙 제44조는 '항고장에는 항고의 이유를 간결하게 명시하여야 한다'고 규정하고 있는바, 따라서 소년보호사건의 경우 제1심의 보호처분에 대하여 항고를 제기함에 있어서는 그 항고장에 항고이유를 기재하거나, 적법한 항고제기기간 내에 항고이유를 기재한 서면을 제출하여야 하고, 이와 별도로 항고법원이 항고인에게 항고이유의 제출 기회를 부여하여야 하는 것은 아니다(대법원 2008.8.12. 2007트13).

[11] 법정형 중 사형이나 무기형을 선택한 경우 소년에게 부정기형을 선고할 수 있는지의 여부, 부정

① 소년에 대하여 사형, 무기형 또는 유기형의 법정형 중 사형이나 무기형을 선택한 경우에는 부정기형은 과할 수 없다(대법원 1970.5.12. 70도675).

② 소년법 제54조(現. 제60조)는 소년이 법정형 장기 2년 이상의 유기형에 해당하는 죄를 범한 때에는 그 법정형기 범위 내에서 장기와 단기를 정하여 선고한다고 규정하고 있으므로 법정형이 사형, 무기징역, 유기징역이 있는 때에 그 법정형 중 사형이나 무기징역형을 선택하고 작량감경한 결과로 피고인에게 유기징역형을 선고할 경우에는 위 소년법 제54조는 그 적용이 없다(대법원 1985.6.25. 85도881).

③ 법정형 중에서 무기징역을 선택한 후 작량감경한 결과 유기징역을 선고하게 되었을 경우에는 피고인이 미성년자라 하더라도 부정기형을 선고할 수 없다(대법원 1991.4.9. 91도357).

④ 법정형이 사형이나 무기징역 뿐이면 소년법 제54조 제1항(現. 제60조 제1항)의 적용이 없으므로 설사 법정형을 감경하여 유기징역을 선고하는 경우도 정기형을 선고하는 것이 위법이 아니다(대법원 1969.7.29. 69도933).

[12] 항소심이 미성년자에 대하여 정기형을 선고하였음이 위법이라는 이유로 상고심이 항소심 판결을 파기자판하는 경우에 성년이 된 피고인에 대하여 선고할 형, 정기형(대법원 1981.12.8. 81도2414)

항소심이 미성년자에 대하여 정기형을 선고하였음이 위법이라는 이유로 상고심이 항소심판결을 파기하고 자판하는 경우에 동 피고인이 성년에 달하였다면 부정기형을 선고한 제1심 판결까지 파기하고 정기형을 선고하여야 한다.

이 판례는 상고심이 항소심 판결을 파기하고 자판하는 경우이다. 항소심 판결을 파기했으므로 이제는 기준이 상고심 자신의 판결시점이고 이때 피고인이 성년이 되었으므로 정기형을 선고해야 한다(대법원이 파기자판을 하는 것이므로 대법원 판결시를 기준으로 한 것).

① 제1심에서 부정기형을 선고한 판결에 대한 항소심 계속중 개정 소년법이 시행되었고 항소심 판결 선고시에는 이미 신법상 소년에 해당하지 않게 된 경우, 법원이 취하여야 할 조치(정기형)

② 항소심판결 선고 당시 성년이 된 자에 대한 부정기형의 적부(소극): 항소심판결 선고 당시 성년이 되었음에도 불구하고 정기형을 선고함이 없이 부정기형을 선고한 제1심판결을 인용하여 항소를 기각한 것은 위법하다(대법원 1990.4.24. 90도539).

③ 범행 당시 미성년자(연령이 만 20세 미만)이었다 하더라도 재판시에 성년자가 된 사실이 인정되면 정기형을 선고하여야 한다(대법원 1963.10.10. 63도219).

[13] 항소심에서 부정기형이 선고된 후 상고심 계속 중 성년이 된 경우 정기형으로 고칠 수 있는지의 여부(소극)

① 상고심에서의 심판대상은 항소심 판결 당시를 기준으로 하여 그 당부를 심사하는 데에 있는 것이므로 항소심판결 선고 당시 미성년이었던 피고인이 상고 이후에 성년이 되었다고 하여 항소심의 부정기형의 선고가 위법이 되는 것은 아니다(대법원 1998.2.27. 97도3421).

② 항소심 판결선고 당시 미성년자로서 부정기형을 선고받은 피고인이 상고심 계속 중에 성년이 되었다 하더라도 항소심의 부정기형선고를 정기형으로 고칠 수는 없다(대법원 1990.11.27. 90도2225).

③ 상고심의 심판대상은 원심판결 당시를 기준으로 하여 그 당부를 심사하는 것으로 원심판결 당시 미성년으로서 부정기형을 선고받은 자가 그 후 상고심계속 중 가까운 시일 안에 성년이 된다하여 원심의 부정기형 선고가 위법이 될 수 없고 위와 같은 사유는 적법한 상고이유가 되지 아니한다(대법원 1985.10.8. 85도1721).

[14] 단기형 합계가 징역 5년을 초과 시, 부정기형 가능

소년범에 대하여 형법 제37조 후단의 경합범에 해당한다 하여 2개의 형을 선고하는 경우에 그 단기형의 합계가 징역 5년을 초과하더라도 이는 소년법 제54조(現. 제60조) 제1항 단서의 규정(단기 5년, 장기 10년을 초과하지 못한다)에 저촉된다고 볼 수 없다(대법원 1983.10.25. 83도2323).

[15] 상한과 하한의 폭이 6개월에 불과한 경우, 부정기형 적법

소년법 제54조(現. 제60조)에 의하여 부정기형을 선고할 때 그 장기와 단기의 폭에 관하여는 법정한 바 없으므로, 소년인 피고인에 대하여 선고한 형량의 장기가 3년, 단기가 2년 6월 이어서 그 폭이 6월에 불과하다 하여 소년법 제54조(現. 제60조)의 해석을 잘못한 위법이 있다고 할 수 없다(대법원 1983.2.8. 82도2889).

[16] 작량감경 사유에 따른 부정기 상한 감경, 부정 [2018. 5급 승진]

형법 제53조에 의한 작량감경은 법정형을 감경하여 처단형을 정하는 과정이며 법원은 이 처단형의 범위 내에서 선고형을 양정하게 되는 것인바, 소년법 제60조 제1항 단서는 소년에 대한 부정기 선고형의 상한을 정한 것에 불과하고 법정형을 정한 것이 아니므로 피고인에게 형법 제53조에 의한 작량감경 사유가 있다고 하 소년법 소정의 부정기 선고형의 상한도 아울러 감경되어야 하는 것은 아니다(대법원 1983.6.14. 83도993).

[17] 소년범 감경에 관한 소년법 제60조 제2항 등의 적용대상인 '소년'인지 여부를 판단하는 시기, 사실심판결 선고시 [2025. 보호 9급] 총 3회 기출

소년법이 적용되는 '소년'이란 심판시에 19세 미만인 사람을 말하므로, 소년법의 적용을 받으려면 심판시에 19세 미만이어야 한다. 따라서 소년법 제60조 제2항의 적용대상인 '소년'인지의 여부도 심판시, 즉 사실심판결 선고시를 기준으로 판단되어야 한다. 이러한 법리는 '소년'의 범위를 20세 미만에서 19세 미만으로 축소한 소년법 개정법률이 시행되기 전에 범행을 저지르고, 20세가 되기 전에 원심판결이 선고되었다고 해서 달라지지 아니한다(대법원 2009.5.28. 2009도2682).

[18] 소년보호사건의 보조인에 대한 심리기일의 통지를 하지 아니하여 보조인이 출석하지 아니한 채 심리를 종결하고 보호처분의 결정을 한 경우 그 보호처분결정은 취소되어야 한다(대법원 1994.11.5. 94트10). [2025. 보호 9급]

단원별 지문

〈소년보호처분〉

01 「소년법」상 단기 보호관찰처분을 받은 자의 보호관찰 기간은 1년이다. (   )　　　　　　　　[2021. 보호 7급]

02 촉법소년과 우범소년에 해당하는 소년이 있을 때에는 경찰서장은 직접 관할 소년부에 송치하여야 한다. (   )

　　　　　　　　[2024(74). 경위]

03 소년보호사건의 심리는 공개하지 아니한다. 다만, 중요 강력범죄의 경우에는 공개할 수 있다. (   )　　[2024(74). 경위]

04 소년 보호사건의 기록과 증거물은 소년부 판사의 허가를 받은 경우에만 열람하거나 등사할 수 있으며, 보조인이 심리 개시 결정 후에 소년 보호사건의 기록과 증거물을 열람하는 경우에 소년부 판사의 허가를 받아야 한다. (   )

　　　　　　　　[2024(74). 경위]

05 형벌 법령에 저촉되는 행위를 한 10세 이상 14세 미만인 소년도 「소년법」의 규율대상으로 하는 것은 비밀주의와 직접 관련이 있는 규정이다. (   )　　　　　　　　[2024(74). 경위]

06 소년이 소년분류심사원에 위탁된 경우 보조인이 없을 때에는 법원은 변호사 등 적당한 자를 보조인으로 선정하여야 한다.
(   )　　　　　　　　[2022. 보호 7급]

07 소년부 또는 조사관이 범죄 사실에 관하여 소년을 조사할 때에는 미리 소년에게 불리한 진술을 거부할 수 있음을 알려야 한다. (   )　　　　　　　　[2023. 보호 7급]

08 소년부는 조사 또는 심리를 할 때에 정신건강의학과의사 등 전문가의 진단, 소년분류심사원의 분류심사 결과와 의견, 보호관찰소의 조사결과와 의견 등을 고려하여야 한다. (   )　　　　　　　　[2023. 보호 7급]

---

01 ○　소년법 제32조 제1항 제4호

02 ○　소년법 제4조 제2항

03 ×　심리는 공개하지 아니한다. 다만, 소년부 판사는 적당하다고 인정하는 자에게 참석을 허가할 수 있다(동법 제24조 제2항).

04 ×　소년 보호사건의 기록과 증거물은 소년부 판사의 허가를 받은 경우에만 열람하거나 등사할 수 있다. 다만, 보조인이 심리 개시 결정 후에 소년 보호사건의 기록과 증거물을 열람하는 경우에는 소년부 판사의 허가를 받지 아니하여도 된다(동법 제30조의2).

05 ×　예방주의와 관련이 있다.

06 ○　소년법 제17조의2 제1항

07 ○　소년법 제10조

08 ○　소년부는 조사 또는 심리를 할 때에 정신건강의학과의사·심리학자·사회사업가·교육자나 그 밖의 전문가의 진단, 소년 분류심사원의 분류심사 결과와 의견, 보호관찰소의 조사결과와 의견 등을 고려하여야 한다(소년법 제12조).

09 「소년법」상 소년은 19세 미만인 자를 말한다. (   ) [2023. 보호 7급]

10 형벌 법령에 저촉되는 행위를 한 10세 이상 14세 미만인 소년이 있을 때에는 경찰서장은 직접 관할 소년부에 송치하여야 한다. (   ) [2023. 보호 7급]

11 정당한 이유 없이 가출하고 그의 성격이나 환경에 비추어 앞으로 형벌 법령에 저촉되는 행위를 할 우려가 있는 10세의 소년을 발견한 보호자는 이를 관할 소년부에 통고할 수 있다. (   ) [2023. 보호 7급]

12 소년이 소년분류심사원에 위탁되지 아니하였을 때에도 소년에게 신체적·정신적 장애가 의심되는 경우에는 법원은 직권으로 보조인을 선정하여야 한다. (   ) [2022. 보호 7급]

13 소년이 보호자나 변호사를 보조인으로 선임하는 경우에 소년부 판사의 허가 없이 보조인을 선임할 수 있다. (   ) [2022. 보호 7급]

14 1개월 이내의 소년원 송치 처분을 하는 경우 이 처분과 장기보호관찰을 병합할 수 없다. (   ) [2024. 보호 9급]

15 소년부 판사는 소년의 품행을 교정하고 피해자를 보호하기 위하여 필요하다고 인정하면 소년에게 피해 변상 등 피해자와의 화해를 권고할 수 있다. (   ) [2021. 보호 7급]

16 소년부 판사는 소년이 화해권고에 따라 피해자와 화해하였을 경우에는 보호처분을 결정할 때 이를 고려할 수 있다. (   ) [2021. 보호 7급]

17 소년부 판사는 가정상황 등을 고려하여 필요하다고 판단되면 보호자에게 보호관찰소 등에서 실시하는 소년의 보호를 위한 특별교육을 받을 것을 명할 수 있다. (   ) [2020. 보호 7급]

---

09 ○ 소년법 제2조

10 ○ 소년법 제4조 제2항

11 ○ 소년법 제4조 제1항

12 × 소년이 소년분류심사원에 위탁되지 아니하였을 때에도 다음의 경우 법원은 직권에 의하거나 소년 또는 보호자의 신청에 따라 보조인을 선정할 수 있다(소년법 제17조 제2항).
1. 소년에게 신체적·정신적 장애가 의심되는 경우
2. 빈곤이나 그 밖의 사유로 보조인을 선임할 수 없는 경우
3. 그 밖에 소년부 판사가 보조인이 필요하다고 인정하는 경우

13 ○ 소년법 제17조 제2항

14 × 제32조 제1항 제5호(장기보호관찰)·제8호 처분(1개월 이내의 소년원 송치)은 그 전부 또는 일부를 병합할 수 있다(소년법 제32조 제2항 제5호).

15 ○ 소년법 제25조의3 제1항

16 ○ 소년법 제25조의3 제3항

17 ○ 소년법 제32조의2 제3항

〈소년형사처분〉

18 소년에 대한 부정기형을 집행하는 기관의 장은 형의 단기가 지난 소년범의 행형 성적이 양호하고 교정의 목적을 달성하였다고 인정되는 경우에는 관할 지방법원 판사의 명령에 따라 그 형의 집행을 종료시킬 수 있다. ( ) [2023. 교정 7급]

19 무기징역을 선고받은 소년에 대하여는 5년의 기간이 지나면 가석방을 허가할 수 있다. ( ) [2023. 보호 7급]

20 징역 또는 금고를 선고받은 소년에 대하여는 특별히 설치된 교도소 또는 일반 교도소 안에 특별히 분리된 장소에서 그 형을 집행한다. 다만, 소년이 형의 집행 중에 23세가 되면 일반 교도소에서 집행할 수 있다. ( ) [2023. 보호 7급]
[2022. 보호 7급]

21 죄를 범할 당시 18세 미만인 소년에 대하여 사형 또는 무기형으로 처할 경우에는 15년의 유기징역으로 한다. ( )
[2023. 보호 7급]

22 소년에 대한 구속영장은 부득이한 경우가 아니면 발부하지 못한다. ( ) [2022. 교정 9급]

23 소년이 법정형으로 장기 2년 이상의 유기형에 해당하는 죄를 범한 경우에는 그 형의 범위에서 장기와 단기를 정하여 선고한다. ( )
[2022. 교정 9급]

24 소년에 대한 형사사건의 심리는 다른 피의사건과 관련된 경우 심리에 지장이 없으면 그 절차를 병합하여야 한다. ( )
[2022. 교정 7급]

25 보호처분 당시 19세 이상인 것으로 밝혀진 경우를 제외하고는 「소년법」 제32조의 보호처분을 받은 소년에 대하여는 그 심리가 결정된 사건은 다시 공소를 제기하거나 소년부에 송치할 수 없다. ( ) [2022. 보호 7급]

26 「소년법」 제49조의2에 따른 검사의 결정 전 조사는 검사가 소년 피의사건에 대하여 소년부 송치, 공소제기, 기소유예 등의 처분을 결정하기 위하여 필요하다고 인정되는 경우에 조사를 요구할 수 있는 것을 말한다. ( ) [2020. 보호 7급]

27 17세인 소년 乙에게 벌금형이 선고된 경우 노역장유치 선고로 환형처분할 수 없다. ( ) [2020. 보호 7급]

---

18 ✕ 소년에 대한 부정기형을 집행하는 기관의 장은 형의 단기가 지난 소년범의 행형 성적이 양호하고 교정의 목적을 달성하였다고 인정되는 경우에는 관할 검찰청 검사의 지휘에 따라 그 형의 집행을 종료시킬 수 있다(소년법 제60조 제4항).

19 ○ 소년법 제65조

20 ○ 소년법 제63조

21 ○ 소년법 제59조

22 ○ 소년법 제55조 제1항

23 ○ 소년법 제60조 제1항

24 ✕ 소년에 대한 형사사건의 심리는 다른 피의사건과 관련된 경우에도 심리에 지장이 없으면 그 절차를 분리하여야 한다(소년법 제57조).

25 ○ 소년법 제53조

26 ○ 소년법 제49조의2 제1항

27 ○ 18세 미만인 소년에게는 「형법」 제70조(노역장 유치)에 따른 유치선고(환형유치선고)를 하지 못한다(소년법 제62조).

제3절 보호소년 등의 처우에 관한 법률

01 총칙

제1조【목적】 이 법은 보호소년 등의 처우 및 교정교육과 소년원과 소년분류심사원의 조직, 기능 및 운영에 관하여 필요한 사항을 규정함을 목적으로 한다.

제1조의2【정의】 이 법에서 사용하는 용어의 뜻은 다음과 같다.

1. 보호소년	「소년법」 제32조 제1항 제7호(병원, 요양소 또는 의료재활소년원에 위탁), 제8호(1개월 이내의 소년원 송치), 제9호(단기 소년원 송치), 제10호(장기 소년원 송치)의 규정에 따라 가정법원소년부 또는 지방법원소년부(법원소년부)로부터 위탁되거나 송치된 소년을 말한다.
2. 위탁소년	「소년법」 제18조 제1항 제3호(임시조치 - 소년분류심사원에 위탁)에 따라 법원소년부로부터 위탁된 소년을 말한다.
3. 유치소년	「보호관찰 등에 관한 법률」 제42조(유치) 제1항에 따라 유치된 소년을 말한다.
4. 보호소년 등	보호소년, 위탁소년 또는 유치소년을 말한다.

제2조【처우의 기본원칙】 ① 소년원장 또는 소년분류심사원장(이하 "원장"이라 한다)은 보호소년등을 처우할 때에 인권보호를 우선적으로 고려하여야 하며, 그들의 심신 발달 과정에 알맞은 환경을 조성하고 안정되고 규율있는 생활 속에서 보호소년등의 성장 가능성을 최대한으로 신장시킴으로써 사회적응력을 길러 건전한 청소년으로서 사회에 복귀할 수 있도록 하여야 한다.

② 보호소년에게는 품행의 개선과 진보의 정도에 따라 점차 향상된 처우를 하여야 한다.

제3조【임무】 ① 소년원은 보호소년을 수용하여 교정교육을 하는 것을 임무로 한다.

② 소년분류심사원은 다음 각 호의 임무를 수행한다.

> **[소년분류심사원의 임무]** (법 제3조 제2항) [2013. 보호 7급]
> 1. 위탁소년의 수용과 분류심사
> 2. 유치소년의 수용과 분류심사
> 3. 「소년법」 제12조에 따른 전문가 진단의 일환으로 법원소년부가 상담조사를 의뢰한 소년의 상담과 조사
> 4. 「소년법」 제49조의2(검사의 결정 전 조사)에 따라 소년 피의사건에 대하여 검사가 조사를 의뢰한 소년의 품행 및 환경 등의 조사
> 5. 제1호부터 제4호까지의 규정에 해당되지 아니하는 소년으로서 소년원장이나 보호관찰소장이 의뢰한 소년의 분류심사

제4조【관장 및 조직】 ① 소년원과 소년분류심사원은 법무부장관이 관장한다.

② 소년원과 소년분류심사원의 명칭, 위치, 직제(職制), 그 밖에 필요한 사항은 대통령령으로 정한다.

제5조【소년원의 분류 등】 ① 법무부장관은 보호소년의 처우상 필요하다고 인정하면 대통령령으로 정하는 바에 따라 소년원을 초·중등교육, 직업능력개발훈련, 의료재활 등 기능별로 분류하여 운영하게 할 수 있다.

② 법무부장관은 제1항에 따라 의료재활 기능을 전문적으로 수행하는 소년원을 의료재활소년원으로 운영한다.

소년원의 기능별 분류·운영(시행령 제3조)	
초·중등교육 소년원	「초·중등교육법」에 따른 초·중등교육이 필요한 소년을 수용·교육하는 소년원
직업능력개발훈련 소년원	「국민평생직업능력 개발법」에 따른 직업능력개발훈련이 필요한 소년을 수용·교육하는 소년원
의료·재활교육 소년원	약물 오·남용, 정신·지적발달 장애, 신체질환 등으로 집중치료나 특수교육이 필요한 소년을 수용·교육하는 소년원
인성교육 소년원	정서순화, 품행교정 등 인성교육이 집중적으로 필요한 소년을 수용·교육하는 소년원

제6조【소년원 등의 규모 등】① 신설하는 소년원 및 소년분류심사원은 수용정원이 150명 이내의 규모가 되도록 하여야 한다. 다만, 소년원 및 소년분류심사원의 기능·위치나 그 밖의 사정을 고려하여 그 규모를 증대할 수 있다. [2021. 보호 7급]
② 보호소년등의 개별적 특성에 맞는 처우를 위하여 소년원 및 소년분류심사원에 두는 생활실은 대통령령으로 정하는 바에 따라 소규모로 구성하여야 한다.
③ 소년원 및 소년분류심사원의 생활실이나 그 밖의 수용생활을 위한 설비는 그 목적과 기능에 맞도록 설치되어야 한다.
④ 소년원 및 소년분류심사원의 생활실은 보호소년등의 건강한 생활과 성장을 위하여 적정한 수준의 공간과 채광·통풍·난방을 위한 시설이 갖추어져야 한다.

02 수용·보호

제7조【수용절차】① 보호소년등을 소년원이나 소년분류심사원에 수용할 때에는 법원소년부의 결정서, 법무부장관의 이송허가서 또는 지방법원 판사의 유치허가장에 의하여야 한다. [2020. 보호 7급] 총 2회 기출
② 원장은 새로 수용된 보호소년등에 대하여 지체 없이 건강진단과 위생에 필요한 조치를 하여야 한다.
③ 원장은 새로 수용된 보호소년등의 보호자나 보호소년등이 지정하는 자(이하 "보호자등"이라 한다)에게 지체 없이 수용 사실을 알려야 한다.

제8조【분류처우】① 원장은 보호소년등의 정신적·신체적 상황 등 개별적 특성을 고려하여 생활실을 구분하는 등 적합한 처우를 하여야 한다.
▶ 소년원장은 분류처우를 할 때에는 분류심사 결과와 법원 소년부로부터 송부된 자료를 고려하여야 한다(시행령 제9조 제1항).
② 보호소년등은 다음 각 호의 기준에 따라 분리 수용한다.

[보호소년 등의 분리 수용](법 제8조 제2항) [2022. 교정 9급]
1. 남성과 여성
2. 보호소년, 위탁소년 및 유치소년

③「소년법」제32조 제1항 제7호의 처분을 받은 보호소년은 의료재활소년원에 해당하는 소년원에 수용하여야 한다.
④ 원장은 보호소년 등이 희망하거나 특별히 보호소년등의 개별적 특성에 맞는 처우가 필요한 경우 보호소년등을 혼자 생활하게 할 수 있다.
제8조의2 삭제

제9조【보호처분의 변경 등】 ① 소년원장은 보호소년이 다음 각 호의 어느 하나에 해당하는 경우에는 소년원 소재지를 관할하는 법원소년부에 「소년법」 제37조에 따른 보호처분의 변경을 신청할 수 있다.

> **[보호처분의 변경 신청 사유]**(법 제9조 제1항)
>
> 1. 중환자로 판명되어 수용하기 위험하거나 장기간 치료가 필요하여 교정교육의 실효를 거두기가 어렵다고 판단되는 경우
> 2. 심신의 장애가 현저하거나 임신 또는 출산(유산·사산한 경우를 포함한다), 그 밖의 사유로 특별한 보호가 필요한 경우
> 3. 시설의 안전과 수용질서를 현저히 문란하게 하는 보호소년에 대한 교정교육을 위하여 보호기간을 연장할 필요가 있는 경우

② 소년분류심사원장은 위탁소년이 제1항 각 호의 어느 하나에 해당하는 경우에는 위탁 결정을 한 법원소년부에 「소년법」 제18조에 따른 임시조치의 취소, 변경 또는 연장에 관한 의견을 제시할 수 있다. [2021. 보호 7급]

③ 소년분류심사원장은 유치소년이 제1항 제1호 또는 제2호에 해당하는 경우에는 유치 허가를 한 지방법원 판사 또는 소년분류심사원 소재지를 관할하는 법원소년부에 유치 허가의 취소에 관한 의견을 제시할 수 있다.

④ 제3항에 따른 의견 제시 후 지방법원 판사 또는 법원소년부 판사의 유치 허가 취소 결정이 있으면 소년분류심사원장은 그 유치소년을 관할하는 보호관찰소장에게 이를 즉시 통보하여야 한다.

⑤ 제1항에 따른 보호처분의 변경을 할 경우 보호소년이 19세 이상인 경우에도 「소년법」 제2조 및 제38조 제1항에도 불구하고 같은 법 제2장의 보호사건 규정을 적용한다.

제10조【원장의 면접】 원장은 보호소년등으로부터 처우나 일신상의 사정에 관한 의견을 듣기 위하여 수시로 보호소년등과 면접을 하여야 한다.

제11조【청원】 보호소년등은 그 처우에 대하여 불복할 때에는 법무부장관에게 문서로 청원할 수 있다.
[2021. 보호 7급] 총 2회 기출

제12조【이송】 ① 소년원장은 분류수용, 교정교육상의 필요, 그 밖의 이유로 보호소년을 다른 소년원으로 이송하는 것이 적당하다고 인정하면 법무부장관의 허가를 받아 이송할 수 있다. [2023. 보호 7급] 총 2회 기출

② 「소년법」 제32조 제1항 제7호의 처분을 받은 보호소년은 의료재활소년원에 해당하지 아니하는 소년원으로 이송할 수 없다.

제13조【비상사태 등의 대비】 ① 원장은 천재지변이나 그 밖의 재난 또는 비상사태에 대비하여 계획을 수립하고 보호소년등에게 대피훈련 등 필요한 훈련을 실시하여야 한다.

② 원장은 천재지변이나 그 밖의 재난 또는 비상사태가 발생한 경우에 그 시설 내에서는 안전한 대피방법이 없다고 인정될 때에는 보호소년등을 일시적으로 적당한 장소로 긴급 이송할 수 있다.

제14조【사고 방지 등】 ① 원장은 보호소년등이 이탈, 난동, 폭행, 자해(自害), 그 밖의 사고를 일으킬 우려가 있을 때에는 이를 방지하는 데에 필요한 조치를 하여야 한다.

② 보호소년등이 소년원이나 소년분류심사원을 이탈하였을 때에는 그 소속 공무원이 재수용할 수 있다.
[2014. 교정 9급]

제14조의2【보호장비의 사용】 ① 보호장비의 종류는 다음 각 호와 같다.

> **[보호장비의 종류]**(법 제14조의2 제1항) [2025. 보호 9급] 총 5회 기출
>
> 1. 수갑
> 2. 포승
> 3. 가스총
> 4. 전자충격기
> 5. 머리보호장비
> 6. 보호대

② 원장은 다음의 어느 하나에 해당하는 경우에는 소속 공무원으로 하여금 보호소년 등에 대하여 수갑, 포승 또는 보호대를 사용하게 할 수 있다(제2항).

[수갑 · 포승 · 보호대 사용 요건](법 제14조의2 제2항) [2023. 교정 9급] 총 3회 기출

1. 이탈 · 난동 · 폭행 · 자해 · 자살을 방지하기 위하여 필요한 경우
2. 법원 또는 검찰의 조사 · 심리, 이송, 그 밖의 사유로 호송하는 경우
3. 그 밖에 소년원 · 소년분류심사원의 안전이나 질서를 해칠 우려가 현저한 경우

③ 원장은 다음 각 호의 어느 하나에 해당하는 경우에는 소속 공무원으로 하여금 보호소년등에 대하여 수갑, 포승 또는 보호대 외에 가스총이나 전자충격기를 사용하게 할 수 있다.

[가스총 · 전자충격기 사용 요건](법 제14조의2 제3항) [2020. 5급 승진] 총 3회 기출

1. 이탈, 자살, 자해하거나 이탈, 자살, 자해하려고 하는 때
2. 다른 사람에게 위해를 가하거나 가하려고 하는 때
3. 위력으로 소속 공무원의 정당한 직무집행을 방해하는 때
4. 소년원 · 소년분류심사원의 설비 · 기구 등을 손괴하거나 손괴하려고 하는 때
5. 그 밖에 시설의 안전 또는 질서를 크게 해치는 행위를 하거나 하려고 하는 때

④ 제3항에 따라 가스총이나 전자충격기를 사용하려면 사전에 상대방에게 이를 경고하여야 한다. 다만, 상황이 급박하여 경고할 시간적인 여유가 없는 때에는 그러하지 아니하다. [2023. 교정 9급]
⑤ 원장은 보호소년등이 자해할 우려가 큰 경우에는 소속 공무원으로 하여금 보호소년등에게 머리보호장비를 사용하게 할 수 있다. [2023. 교정 9급]
⑥ 보호장비는 필요한 최소한의 범위에서 사용하여야 하며, 보호장비를 사용할 필요가 없게 되었을 때에는 지체 없이 사용을 중지하여야 한다. [2023. 교정 9급]
⑦ 보호장비는 징벌의 수단으로 사용되어서는 아니 된다. [2025. 보호 9급] 총 4회 기출
⑧ 보호장비의 사용방법 및 관리에 관하여 필요한 사항은 법무부령으로 정한다.

제14조의3【전자장비의 설치 · 운영】① 소년원 및 소년분류심사원에는 보호소년등의 이탈 · 난동 · 폭행 · 자해 · 자살, 그 밖에 보호소년등의 생명 · 신체를 해치거나 시설의 안전 또는 질서를 해치는 행위(이하 이 조에서 "자해등"이라 한다)를 방지하기 위하여 필요한 최소한의 범위에서 전자장비를 설치하여 운영할 수 있다.
② 보호소년등이 사용하는 목욕탕, 세면실 및 화장실에 전자영상장비를 설치하여 운영하는 것은 자해등의 우려가 큰 때에만 할 수 있다. 이 경우 전자영상장비로 보호소년등을 감호할 때에는 여성인 보호소년등에 대해서는 여성인 소속 공무원만, 남성인 보호소년등에 대해서는 남성인 소속 공무원만이 참여하여야 한다. [2020. 보호 7급] 총 4회 기출
③ 제1항 및 제2항에 따라 전자장비를 설치 · 운영할 때에는 보호소년등의 인권이 침해되지 아니하도록 하여야 한다.
④ 전자장비의 종류 · 설치장소 · 사용방법 및 녹화기록물의 관리 등에 필요한 사항은 법무부령으로 정한다.

제14조의4【규율 위반 행위】보호소년등은 다음 각 호의 행위를 하여서는 아니 된다.

[규율 위반 행위](법 제14조의4)

1. 「형법」, 「폭력행위 등 처벌에 관한 법률」, 그 밖의 형사 법률에 저촉되는 행위
2. 생활의 편의 등 자신의 요구를 관철할 목적으로 자해하는 행위
3. 소년원 · 소년분류심사원의 안전 또는 질서를 해칠 목적으로 단체를 조직하거나 그 단체에 가입하거나 다중을 선동하는 행위
4. 금지물품을 반입하거나 이를 제작 · 소지 · 사용 · 수수 · 교환 또는 은닉하는 행위

5. 정당한 사유 없이 교육 등을 거부하거나 게을리하는 행위
6. 그 밖에 시설의 안전과 질서 유지를 위하여 법무부령으로 정하는 규율을 위반하는 행위

제15조【징계】① 원장은 보호소년등이 제14조의4 각 호의 어느 하나에 해당하는 행위를 하면 제15조의2 제1항에 따른 보호소년등처우·징계위원회의 의결에 따라 다음 각 호의 어느 하나에 해당하는 징계를 할 수 있다.

[징계의 종류](법 제15조 제1항)

1. 훈계
2. 원내 봉사활동
3. 서면 사과
4. 20일 이내의 텔레비전 시청 제한
5. 20일 이내의 단체 체육활동 정지
6. 20일 이내의 공동행사 참가 정지
7. 20일 이내의 기간 동안 지정된 실(室) 안에서 근신하게 하는 것

② 제1항 제3호부터 제6호까지의 처분은 함께 부과할 수 있다.
③ 제1항 제7호의 처분은 14세 미만의 보호소년등에게는 부과하지 못한다. [2023. 보호 7급] 총 3회 기출
④ 원장은 제1항 제7호의 처분을 받은 보호소년등에게 개별적인 체육활동 시간을 보장하여야 한다. 이 경우 매주 1회 이상 실외운동을 할 수 있도록 하여야 한다. [2025. 보호 9급]
⑤ 제1항 제7호의 처분을 받은 보호소년등에게는 그 기간 중 같은 항 제4호부터 제6호까지의 처우 제한이 함께 부과된다. 다만, 원장은 보호소년등의 교화 또는 건전한 사회복귀를 위하여 특히 필요하다고 인정하면 텔레비전 시청, 단체 체육활동 또는 공동행사 참가를 허가할 수 있다. [2022. 교정 9급]
⑥ 소년원장은 보호소년이 제1항 각 호의 어느 하나에 해당하는 징계를 받은 경우에는 법무부령으로 정하는 기준에 따라 교정성적 점수를 빼야 한다.
⑦ 징계는 당사자의 심신상황을 고려하여 교육적으로 하여야 한다.
⑧ 원장은 보호소년등에게 제1항에 따라 징계를 한 경우에는 지체 없이 그 사실을 보호자에게 통지하여야 한다.
⑨ 원장은 징계를 받은 보호소년등의 보호자와 상담을 할 수 있다.

제15조의2【보호소년등처우·징계위원회】① 보호소년등의 처우에 관하여 원장의 자문에 응하게 하거나 징계대상자에 대한 징계를 심의·의결하기 위하여 소년원 및 소년분류심사원에 보호소년등처우·징계위원회를 둔다.
② 제1항에 따른 보호소년등처우·징계위원(이하 "위원회"라 한다)는 위원장을 포함한 5명 이상 11명 이하의 위원으로 구성하고, 민간위원은 1명 이상으로 한다.
③ 위원회가 징계대상자에 대한 징계를 심의·의결하는 경우에는 1명 이상의 민간위원이 해당 심의·의결에 참여하여야 한다.
④ 위원회는 소년보호에 관한 학식과 경험이 풍부한 외부인사로부터 의견을 들을 수 있다.
⑤ 제1항부터 제4항까지에서 규정한 사항 외에 위원회의 구성과 운영 등에 필요한 사항은 대통령령으로 정한다.
⑥ 위원회의 위원 중 공무원이 아닌 사람은 「형법」 제127조 및 제129조부터 제132조까지의 규정을 적용할 때에는 공무원으로 본다.

제16조【포상】① 원장은 교정성적이 우수하거나 품행이 타인의 모범이 되는 보호소년등에게 포상을 할 수 있다. [2023. 보호 7급]
② 원장은 제1항에 따라 포상을 받은 보호소년등에게는 특별한 처우를 할 수 있다.

제17조【급여품 등】① 보호소년등에게는 의류, 침구, 학용품, 그 밖에 처우에 필요한 물품을 주거나 대여한다.

② 보호소년등에게는 주식, 부식, 음료, 그 밖의 영양물을 제공하되, 그 양은 보호소년등이 건강을 유지하고 심신의 발육을 증진하는 데에 필요한 정도이어야 한다.

③ 제1항 및 제2항에 따른 급여품과 대여품의 종류와 수량의 기준은 법무부령으로 정한다.

제18조【면회 · 편지 · 전화통화】① 원장은 비행집단과 교제하고 있다고 의심할 만한 상당한 이유가 있는 경우 등 보호소년등의 보호 및 교정교육에 지장이 있다고 인정되는 경우 외에는 보호소년등의 면회를 허가하여야 한다. 다만, 제15조 제1항 제7호의 징계를 받은 보호소년등에 대한 면회는 그 상대방이 변호인이나 보조인(이하 "변호인등"이라 한다) 또는 보호자인 경우에 한정하여 허가할 수 있다.

▶ 보호소년 등의 면회는 평일[원장이 필요하다고 인정하는 경우에는 토요일(공휴일은 제외)을 포함]에 교육 등 일과 진행에 지장이 없는 범위에서 1일 1회 40분 이내로 한다. 다만, 특별한 사유가 있을 때에는 그렇지 않다(시행령 제36조 제1항).

[면회 허가 제한 사유](시행령 제38조)

원장은 보호소년 등을 면회하려는 사람이 다음의 어느 하나에 해당한다고 인정되면 면회를 허가하지 않을 수 있다.

1. 비행집단과 교제하고 있거나 특정 비행집단에 소속되어 있다고 의심할 만한 상당한 이유가 있는 경우
2. 보호소년 등과 소년원 등에서 함께 수용된 적이 있는 사람으로서 그와 교류하는 것이 보호소년 등의 교육에 지장을 줄 수 있다고 판단되는 경우
3. 보호소년 등의 보호자 등 없이 단독으로 면회하려는 경우. 다만, 학교 교사, 소년보호위원 또는 자원봉사자 등 교정교육에 도움이 된다고 인정되거나 보호소년 등과 사실혼 관계에 있다고 인정되는 경우는 제외한다.
4. 그 밖에 보호소년 등과의 관계가 불명확하거나 음주 · 폭언 · 폭행 등으로 보호소년 등의 교육에 해가 될 수 있다고 판단되는 경우

② 보호소년등이 면회를 할 때에는 소속 공무원이 참석하여 보호소년등의 보호 및 교정교육에 지장이 없도록 지도할 수 있다. 이 경우 소속 공무원은 보호소년등의 보호 및 교정교육에 지장이 있다고 인정되는 경우에는 면회를 중지할 수 있다. [2019. 5급 승진]

③ 제2항 전단에도 불구하고 보호소년등이 변호인등과 면회를 할 때에는 소속 공무원이 참석하지 아니한다. 다만, 보이는 거리에서 보호소년등을 지켜볼 수 있다. [2019. 5급 승진] 총 2회 기출

④ 원장은 공동으로 비행을 저지른 관계에 있는 사람의 편지인 경우 등 보호소년등의 보호 및 교정교육에 지장이 있다고 인정되는 경우에는 보호소년등의 편지 왕래를 제한할 수 있으며, 편지의 내용을 검사할 수 있다. [2019. 교정 9급] 총 2회 기출

⑤ 제4항에도 불구하고 보호소년등이 변호인등과 주고받는 편지는 제한하거나 검사할 수 없다. 다만, 상대방이 변호인등임을 확인할 수 없는 때에는 예외로 한다. [2019. 5급 승진]

⑥ 원장은 공범 등 교정교육에 해가 된다고 인정되는 사람과의 전화통화를 제한하는 등 보호소년등의 보호 및 교정교육에 지장을 주지 아니하는 범위에서 가족 등과 전화통화를 허가할 수 있다. [2016. 교정 9급]

⑦ 제1항과 제2항에 따른 면회 허가의 제한과 면회 중지, 제4항에 따른 편지 왕래의 제한 및 제6항에 따른 전화통화의 제한 사유에 관한 구체적인 범위는 대통령령으로 정한다.

[전화통화 제한 사유](시행령 제39조의2 제1항)

원장은 전화통화 허가를 신청한 보호소년 등에게 다음의 어느 하나에 해당하는 사유가 있는 경우에는 전화통화를 허가하지 않을 수 있다.

1. 공동으로 비행을 저지르는 등 교정교육에 해가 된다고 인정되는 사람과 전화통화를 하려는 경우
2. 지속적인 규율 위반으로 교정성적이 현저하게 낮은 경우
3. 그 밖에 보호소년 등의 교정교육 또는 수용질서에 부정적 영향을 끼칠 우려가 있는 경우

▶ 전화통화는 평일 근무시간에 한정한다. 다만, 원장은 특별히 필요하다고 인정하는 경우에는 야간 및 휴일에도 전화통화를 허가할 수 있다(시행규칙 제36조의2 제2항). [2019. 5급 승진]

⑧ 제6항에 따른 전화통화를 위하여 소년원 및 소년분류심사원에 설치하는 전화기의 운영에 필요한 사항은 법무부장관이 정한다.

제19조【외출】 소년원장은 보호소년에게 다음 각 호의 어느 하나에 해당하는 사유가 있을 때에는 본인이나 보호자등의 신청에 따라 또는 직권으로 외출을 허가할 수 있다.

제20조【환자의 치료】 ① 원장은 보호소년등이 질병에 걸리면 지체 없이 적정한 치료를 받도록 하여야 한다.
② 원장은 소년원이나 소년분류심사원에서 제1항에 따른 치료를 하는 것이 곤란하다고 인정되면 외부 의료기관에서 치료를 받게 할 수 있다.
③ 원장은 보호소년등이나 그 보호자등이 자비(自費)로 치료받기를 원할 때에는 이를 허가할 수 있다.
④ 소년원 및 소년분류심사원에 근무하는 간호사는 「의료법」 제27조에도 불구하고 야간 또는 공휴일 등 의사가 진료할 수 없는 경우 대통령령으로 정하는 경미한 의료행위를 할 수 있다.

제20조의2【진료기록부 등의 관리】 ① 소년원 및 소년분류심사원에 근무하는 의사와 간호사는 보호소년등에 대한 진료기록부, 간호기록부, 그 밖의 진료에 관한 기록(이하 "진료기록부등"이라 한다)을 소년원과 소년분류심사원의 정보를 통합적으로 관리하기 위하여 법무부장관이 운영하는 정보시스템에 입력하여야 한다.
② 법무부장관은 진료기록부등을 법무부령으로 정하는 바에 따라 보존하여야 한다.

제20조의3【출원생의 외래진료】 ① 의료재활소년원장은 의료재활소년원 출원생(出院生)이 외래진료를 신청하는 경우 의료재활소년원에서 검사, 투약 등 적절한 진료 및 치료를 받도록 할 수 있다.
② 법무부장관은 의료재활소년원 출원생이 신청하는 경우 「치료감호 등에 관한 법률」 제16조의2제1항 제2호에 따른 법무부장관이 지정하는 기관에서 외래진료를 받도록 할 수 있다. 이 경우 법무부장관은 예산의 범위에서 진료비용을 지원할 수 있다.

③ 제1항 및 제2항에 따른 외래진료의 기간과 방법 및 진료비용 지원 등에 필요한 사항은 법무부령으로 정한다.

제21조【감염병의 예방과 응급조치】 ① 원장은 소년원이나 소년분류심사원에서 감염병이 발생하거나 발생할 우려가 있을 때에는 이에 대한 상당한 조치를 하여야 한다.

② 원장은 보호소년등이 감염병에 걸렸을 때에는 지체 없이 격리 수용하고 필요한 응급조치를 하여야 한다.

제22조【금품의 보관 및 반환】 ① 원장은 보호소년등이 갖고 있던 금전, 의류, 그 밖의 물품을 보관하는 경우에는 이를 안전하게 관리하고 보호소년등에게 수령증을 내주어야 한다.

② 원장은 보호소년등의 퇴원, 임시퇴원, 사망, 이탈 등의 사유로 금품을 계속 보관할 필요가 없게 되었을 때에는 본인이나 보호자등에게 반환하여야 한다.

③ 제2항에 따라 반환되지 아니한 금품은 퇴원, 임시퇴원, 사망, 이탈 등의 사유가 발생한 날부터 1년 이내에 본인이나 보호자등이 반환 요청을 하지 아니하면 국고에 귀속하거나 폐기한다.

제23조【친권 또는 후견】 원장은 미성년자인 보호소년등이 친권자나 후견인이 없거나 있어도 그 권리를 행사할 수 없을 때에는 법원의 허가를 받아 그 보호소년등을 위하여 친권자나 후견인의 직무를 행사할 수 있다. [2025. 보호 9급] 총 3회 기출

03 분류심사

제24조【분류심사】 ① 분류심사는 제3조 제2항에 해당하는 소년의 신체, 성격, 소질, 환경, 학력 및 경력 등에 대한 조사를 통하여 비행 또는 범죄의 원인을 규명하여 심사대상인 소년의 처우에 관하여 최선의 지침을 제시함을 목적으로 한다.

② 분류심사를 할 때에는 심리학·교육학·사회학·사회복지학·범죄학·의학 등의 전문적인 지식과 기술에 근거하여 보호소년등의 신체적·심리적·환경적 측면 등을 조사·판정하여야 한다.

제25조【분류심사관】 ① 제3조 제2항에 따른 임무를 수행하기 위하여 소년분류심사원에 분류심사관을 둔다.

② 분류심사관은 제24조 제2항에 따른 학문적 소양과 전문지식을 갖추어야 한다.

제26조【청소년심리검사 등】 소년분류심사원장은 「청소년기본법」 제3조 제1호에 따른 청소년이나 그 보호자가 적성검사 등 진로탐색을 위한 청소년심리검사 또는 상담을 의뢰하면 이를 할 수 있다. 이 경우에는 법무부장관이 정하는 바에 따라 실비를 받을 수 있다.

제27조【분류심사 결과 등의 통지】 ① 소년분류심사원장은 제3조 제2항 제1호부터 제4호까지의 규정에 따른 분류심사 또는 조사 결과와 의견 등을 각각 법원소년부 또는 검사에게 통지하여야 한다.

② 소년분류심사원장은 제3조 제2항 제1호부터 제3호까지에 규정된 소년이 보호처분의 결정을 받으면 그 소년의 분류심사 결과 및 의견 또는 상담조사 결과 및 의견을 지체 없이 그 처분을 집행하는 소년원이나 보호관찰소에서 정보시스템으로 열람할 수 있도록 통지하여야 한다.

③ 소년분류심사원장은 제3조 제2항 제5호에 따른 분류심사 또는 제26조에 따른 청소년심리검사 등을 하였을 때에는 그 결과를 각각 분류심사 또는 심리검사 등을 의뢰한 자에게 통지하고 필요한 의견을 제시할 수 있다.

04 교정교육 등

제28조【교정교육의 원칙】 소년원의 교정교육은 규율있는 생활 속에서 초·중등교육, 직업능력개발훈련, 인성교육, 심신의 보호·지도 등을 통하여 보호소년이 전인적인 성장·발달을 이루고 사회생활에 원만하게 적응할 수 있도록 하여야 한다.

제29조【학교의 설치·운영】 법무부장관은 대통령령으로 정하는 바에 따라 소년원에 「초·중등교육법」 제2조 제1호부터 제4호까지의 학교(이하 "소년원학교"라 한다)를 설치·운영할 수 있다.

제29조의2【초·중등교육법에 관한 특례】 ① 소년원학교에 대하여는 「초·중등교육법」 제4조, 제10조, 제11조, 제18조, 제18조의2, 제30조의2, 제30조의3, 제31조, 제31조의2, 제32조부터 제34조까지, 제34조의2 및 제63조부터 제65조까지의 규정을 적용하지 아니한다.

② 소년원학교에 대하여 「초·중등교육법」 제6조부터 제9조까지의 규정을 적용할 때에는 "교육부장관"을 "법무부장관"으로 본다.

③ 교육부장관은 「교육기본법」 및 「초·중등교육법」에 관한 사항(제1항에 따라 적용이 배제되는 사항은 제외한다)에 대하여 법무부장관에게 필요한 권고를 할 수 있으며, 법무부장관은 정당한 사유를 제시하지 아니하는 한 이에 따라야 한다.

제29조의3【학교폭력예방 및 대책에 관한 법률에 관한 특례】 소년원학교에 대해서는 「학교폭력예방 및 대책에 관한 법률」 제12조부터 제16조까지, 제16조의2, 제17조, 제17조의2 및 제18조부터 제20조까지의 규정을 적용하지 아니한다.

제30조【교원 등】 ① 소년원학교에는 「초·중등교육법」 제21조 제2항에 따른 자격을 갖춘 교원을 두되, 교원은 일반직공무원으로 임용할 수 있다.

② 제1항에 따라 일반직공무원으로 임용된 교원의 경력·연수 및 직무 수행 등에 관하여 필요한 사항은 대통령령으로 정한다. 이 경우 「교육기본법」 및 「교육공무원법」에 따라 임용된 교원과 동등한 처우를 받도록 하여야 한다.

③ 제1항과 제2항에도 불구하고 소년원학교의 교장(이하 "소년원학교장"이라 한다)은 소년원학교가 설치된 소년원의 장이, 교감은 그 소년원의 교육과정을 총괄하는 부서의 장으로서 대통령령으로 정하는 자가 겸직할 수 있다.

④ 소년원학교장은 소년원학교의 교육과정을 원활하게 운영하기 위하여 필요하면 관할 교육청의 장에게 소년원학교 교사와 다른 중·고등학교 교사간 교환수업 등 상호 교류협력을 요청할 수 있다.

제31조【학적관리】 ① 보호소년이 소년원학교에 입교하면 「초·중등교육법」에 따라 입학·전학 또는 편입학한 것으로 본다.

② 「초·중등교육법」 제2조의 학교에서 재학하던 중 소년분류심사원에 위탁되거나 유치된 소년 및 「소년법」 제32조 제1항 제8호의 처분을 받은 소년의 수용기간은 그 학교의 수업일수로 계산한다.

③ 소년원학교장은 보호소년이 입교하면 그 사실을 보호소년이 최종적으로 재학했던 학교[이하 "전적학교(前籍學校)"라 한다]의 장에게 통지하고 그 보호소년의 학적에 관한 자료를 보내줄 것을 요청할 수 있다.

④ 제3항에 따른 요청을 받은 전적학교의 장은 교육의 계속성을 유지하는 데에 필요한 학적사항을 지체 없이 소년원학교장에게 보내야 한다.

제32조【다른 학교로의 전학·편입학】 보호소년이 소년원학교에서 교육과정을 밟는 중에 소년원에서 퇴원하거나 임시퇴원하여 전적학교 등 다른 학교에 전학이나 편입학을 신청하는 경우 전적학교 등 다른 학교의 장은 정당한 사유를 제시하지 아니하는 한 이를 허가하여야 한다.

제33조【통학】 소년원장은 교정성적이 양호한 보호소년의 원활한 학업 연계를 위하여 필요하다고 판단되면 보호소년을 전적학교 등 다른 학교로 통학하게 할 수 있다.

제34조【전적학교의 졸업장 수여】① 소년원학교에서 교육과정을 마친 보호소년이 전적학교의 졸업장 취득을 희망하는 경우 소년원학교장은 전적학교의 장에게 학적사항을 통지하고 졸업장의 발급을 요청할 수 있다.
② 제1항에 따른 요청을 받은 전적학교의 장은 정당한 사유를 제시하지 아니하는 한 졸업장을 발급하여야 한다. 이 경우 그 보호소년에 관한 소년원학교의 학적사항은 전적학교의 학적사항으로 본다.

제35조【직업능력개발훈련】① 소년원의 직업능력개발훈련은 「국민 평생 직업능력 개발법」으로 정하는 바에 따른다.
② 소년원장은 법무부장관의 허가를 받아 산업체의 기술지원이나 지원금으로 직업능력개발훈련을 실시하거나 소년원 외의 시설에서 직업능력개발훈련을 실시할 수 있다.
③ 고용노동부장관은 보호소년의 직업능력개발훈련에 관하여 법무부장관에게 필요한 권고를 할 수 있다.

제36조【직업능력개발훈련교사】직업능력개발훈련을 실시하는 소년원에는 「국민 평생 직업능력 개발법」으로 정한 자격을 갖춘 직업능력개발훈련교사를 둔다.

제37조【통근취업】① 소년원장은 보호소년이 직업능력개발훈련과정을 마쳤을 때에는 산업체에 통근취업하게 할 수 있다.
② 소년원장은 보호소년이 제1항에 따라 취업을 하였을 때에는 해당 산업체로 하여금 「근로기준법」을 지키게 하고, 보호소년에게 지급되는 보수는 전부 본인에게 지급하여야 한다.

제38조【안전관리】① 소년원장은 직업능력개발훈련을 실시할 때 보호소년에게 해롭거나 위험한 일을 하게 하여서는 아니 된다.
② 소년원장은 직업능력개발훈련을 실시할 때 기계, 기구, 재료, 그 밖의 시설 등에 의하여 보호소년에게 위해가 발생할 우려가 있으면 이를 방지하는 데에 필요한 조치를 하여야 한다.

제39조【생활지도】원장은 보호소년등의 자율성을 높이고 각자가 당면한 문제를 스스로 해결하여 사회생활에 적응할 수 있는 능력을 기르도록 생활지도를 하여야 한다.

제40조【특별활동】소년원장은 보호소년의 취미와 특기를 신장하고 집단생활의 경험을 통하여 민주적이고 협동적인 생활태도를 기르도록 특별활동지도를 하여야 한다.

제41조【교육계획 등】① 소년원장은 보호소년의 연령, 학력, 적성, 진로, 교정의 난이도 등을 고려하여 처우과정을 정하고 교정목표를 조기에 달성할 수 있도록 교육계획을 수립·시행하여야 한다.
② 소년원장은 제1항의 교육계획에 따른 교육과정을 운영하고 법무부장관이 정하는 바에 따라 그 결과를 평가하여 출원(出院), 포상 등 보호소년의 처우에 반영할 수 있다.

제42조【장학지도】법무부장관은 교정교육 성과를 평가하고 개선하기 위하여 소속 공무원으로 하여금 장학지도를 하게 할 수 있다.

제42조의2【대안교육 및 비행예방 등】① 소년원 및 소년분류심사원은 청소년 등에게 비행예방 및 재범방지 또는 사회적응을 위한 체험과 인성 위주의 교육을 실시하기 위하여 다음 각 호의 교육과정(이하 "대안교육과정"이라 한다)을 운영한다.

[대안교육과정](법 제42조의2 제1항)
1. 「소년법」 제32조의2 제1항에 따라 법원소년부 판사가 명한 대안교육
2. 「소년법」 제49조의3 제2호에 따라 검사가 의뢰한 상담·교육·활동 등
3. 「초·중등교육법」 제18조에 따른 징계대상인 학생으로서 각급 학교의 장이 의뢰한 소년의 교육
4. 「학교폭력예방 및 대책에 관한 법률」 제15조 제3항에 따른 학교폭력 예방교육과 가해학생 및 보호자 특별교육

② 원장은 행정기관, 지방자치단체, 학교, 그 밖의 단체 등과 협력하여 지역사회의 청소년 비행을 예방하기 위하여 적극 노력하여야 한다.
③ 대안교육과정의 운영에 필요한 사항은 법무부령으로 정한다.

제42조의3【보호자교육】① 소년원과 소년분류심사원은 「소년법」 제32조의2제3항에 따라 교육명령을 받은 보호자 또는 보호소년등의 보호자를 대상으로 역할개선 중심의 보호자교육과정을 운영한다.
② 제1항에 따른 보호자교육의 절차 및 방법 등에 관하여 필요한 사항은 대통령령으로 정한다.

05 출원

제43조【퇴원】① 소년원장은 보호소년이 22세가 되면 퇴원시켜야 한다. [2020. 보호 7급]
② 소년원장은 「소년법」 제32조 제1항 제8호 또는 같은 법 제33조 제1항·제5항·제6항에 따라 수용상한기간에 도달한 보호소년은 즉시 퇴원시켜야 한다.
③ 소년원장은 교정성적이 양호하며 교정의 목적을 이루었다고 인정되는 보호소년(「소년법」 제32조 제1항 제8호에 따라 송치된 보호소년은 제외한다)에 대하여는 「보호관찰 등에 관한 법률」에 따른 보호관찰심사위원회에 퇴원을 신청하여야 한다. [2022. 보호 7급]
④ 위탁소년 또는 유치소년의 소년분류심사원 퇴원은 법원소년부의 결정서에 의하여야 한다. [2022. 보호 7급]

제44조【임시퇴원】소년원장은 교정성적이 양호한 자 중 보호관찰의 필요성이 있다고 인정되는 보호소년(「소년법」 제32조 제1항 제8호에 따라 송치된 보호소년은 제외한다)에 대하여는 「보호관찰 등에 관한 법률」 제22조 제1항에 따라 보호관찰심사위원회에 임시퇴원을 신청하여야 한다.

제44조의2【보호소년의 출원】소년원장은 제43조 제3항 및 제44조의 신청에 대하여 「보호관찰 등에 관한 법률」 제25조에 따른 법무부장관의 퇴원·임시퇴원 허가를 통보받으면 해당 허가서에 기재되어 있는 출원예정일에 해당 보호소년을 출원시켜야 한다. 다만, 제46조에 따라 계속 수용하는 경우(제45조 제3항의 경우를 포함한다)에는 그러하지 아니하다.

제45조【보호소년의 인도】① 소년원장은 보호소년의 퇴원 또는 임시퇴원이 허가되면 지체 없이 보호자등에게 보호소년의 인도에 관하여 알려야 한다.
② 소년원장은 퇴원 또는 임시퇴원이 허가된 보호소년을 보호자등에게 직접 인도하여야 한다. 다만, 보호소년의 보호자등이 없거나 제44조의2 본문에 따른 출원예정일부터 10일 이내에 보호자등이 인수하지 아니하면 사회복지단체, 독지가, 그 밖의 적당한 자에게 인도할 수 있다.
③ 제2항 단서에 따라 사회복지단체 등에 인도되기 전까지의 보호소년에 대해서는 제46조 제1항에 따른 계속 수용에 준하여 처우한다.

제45조의2【사회정착지원】① 원장은 출원하는 보호소년등의 성공적인 사회정착을 위하여 장학·원호·취업 알선 등 필요한 지원을 할 수 있다.
② 제1항에 따른 사회정착지원(이하 이 조에서 "사회정착지원"이라 한다)의 기간은 6개월 이내로 하되, 6개월 이내의 범위에서 한 번에 한하여 그 기간을 연장할 수 있다. [2021. 교정 7급] 총 2회 기출
③ 원장은 제51조에 따른 소년보호협회 및 제51조의2에 따른 소년보호위원에게 사회정착지원에 관한 협조를 요청할 수 있다.
④ 사회정착지원의 절차와 방법 등에 관하여 필요한 사항은 법무부령으로 정한다.

제46조【퇴원자 또는 임시퇴원자의 계속 수용】① 퇴원 또는 임시퇴원이 허가된 보호소년이 질병에 걸리거나 본인의 편익을 위하여 필요하면 본인의 신청에 의하여 계속 수용할 수 있다. [2016. 교정 9급] 총 2회 기출
② 소년원장은 제1항에 따른 계속 수용의 사유가 소멸되면 지체 없이 보호소년을 보호자등에게 인도하여야 한다.
③ 소년원장은 제1항에 따라 임시퇴원이 허가된 보호소년을 계속 수용할 때에는 그 사실을 보호관찰소장에게 통지하여야 한다.

제47조【물품 또는 귀가여비의 지급】소년원장은 보호소년이 퇴원허가 또는 임시퇴원허가를 받거나 「소년법」 제37조 제1항에 따라 처분변경 결정을 받았을 때에는 필요한 경우 물품 또는 귀가여비를 지급할 수 있다.

제48조【임시퇴원 취소자의 재수용】① 소년원장은 「보호관찰 등에 관한 법률」 제48조에 따라 임시퇴원이 취소된 자는 지체 없이 재수용하여야 한다.

② 제1항에 따라 재수용된 자의 수용기간은 수용상한기간 중 남은 기간으로 한다.

③ 제1항에 따라 재수용된 자는 새로 수용된 보호소년에 준하여 처우를 한다.

06 보칙

제49조【방문 허가 등】① 보호소년등에 대한 지도, 학술연구, 그 밖의 사유로 소년원이나 소년분류심사원을 방문하려는 자는 그 대상 및 사유를 구체적으로 밝혀 원장의 허가를 받아야 한다.

② 소년원이나 소년분류심사원을 방문하지 아니하고 설문조사를 하려는 자는 미리 그 내용을 원장과 협의하여야 한다.

제50조【협조 요청】① 원장은 제3조에 따른 교정교육, 분류심사 또는 조사에 특히 필요하다고 인정하면 행정기관, 학교, 병원, 그 밖의 단체에 대하여 필요한 협조를 요청할 수 있다.

② 제1항의 요청을 거절할 때에는 정당한 이유를 제시하여야 한다.

제50조의2【청소년심리상담실】① 소년분류심사원장은 제26조에 따른 업무를 처리하기 위하여 청소년심리상담실을 설치·운영할 수 있다.

② 제1항에 따른 청소년심리상담실의 설치와 운영에 필요한 사항은 법무부령으로 정한다.

제51조【소년보호협회】① 보호소년등을 선도하기 위하여 법무부장관 감독하에 소년 선도에 관하여 학식과 경험이 풍부한 인사로 구성되는 소년보호협회를 둘 수 있다.

② 소년보호협회의 설치, 조직, 그 밖의 운영에 필요한 사항은 대통령령으로 정한다.

③ 국가는 소년보호협회에 보조금을 지급할 수 있다.

④ 국가는 보호소년등의 교정교육과 사회복귀 지원 및 청소년 비행예방을 위하여 필요하다고 인정하는 경우에는 「국유재산법」에도 불구하고 소년보호협회에 소년원, 소년분류심사원 및 「보호관찰 등에 관한 법률」 제14조에 따른 보호관찰소의 시설, 그 밖에 대통령령으로 정하는 국유재산을 무상으로 대부하거나 사용허가할 수 있다.

⑤ 제4항에 따라 국유재산을 무상으로 대부하거나 사용허가하는 경우 그 기간은 「국유재산법」 제35조 제1항 또는 같은 법 제46조 제1항에서 정하는 바에 따른다.

⑥ 제5항의 대부기간 또는 사용허가기간이 끝난 국유재산에 대해서는 그 대부기간 또는 사용허가기간을 초과하지 아니하는 범위에서 종전의 대부계약 또는 사용허가를 갱신할 수 있다.

⑦ 국가나 지방자치단체는 소년보호협회에 대하여 「조세특례제한법」 및 「지방세특례제한법」에서 정하는 바에 따라 국세 또는 지방세를 감면할 수 있다.

제51조의2【소년보호위원】① 보호소년등의 교육 및 사후지도를 지원하기 위하여 소년보호위원을 둘 수 있다.

② 소년보호위원은 명예직으로 하며, 법무부장관이 위촉한다.

③ 소년보호위원에게는 예산의 범위에서 직무수행에 필요한 비용의 전부 또는 일부를 지급할 수 있다.

④ 소년보호위원의 위촉·해촉 및 자치조직 등에 관하여 필요한 사항은 법무부령으로 정한다.

제52조【소년분류심사원이 설치되지 아니한 지역에서의 소년분류심사원의 임무수행】소년분류심사원이 설치되지 아니한 지역에서는 소년분류심사원이 설치될 때까지 소년분류심사원의 임무는 소년원이 수행하고, 위탁소년 및 유치소년은 소년원의 구획된 장소에 수용한다.

제53조【기부금품의 접수】 ① 원장은 기관·단체 또는 개인이 보호소년등에 대한 적절한 처우, 학업 지원 및 보호소년등의 사회 정착 등을 위하여 소년원이나 소년분류심사원에 자발적으로 기탁하는 금품을 접수할 수 있다.

② 기부자에 대한 영수증 발급, 기부금품의 용도 지정, 장부의 열람, 그 밖에 필요한 사항은 대통령령으로 정한다.

제54조【범죄경력자료 등의 조회 요청】 ① 법무부장관은 제43조 제1항 및 제2항에 따라 소년원에서 퇴원한 보호소년의 재범 여부를 조사하고 소년원 교정교육의 효과를 평가하기 위하여 보호소년이 같은 조 제1항 및 제2항에 따라 퇴원한 때부터 3년 동안 관계 기관에 그 소년에 관한 범죄경력자료와 수사경력자료에 대한 조회를 요청할 수 있다.

② 제1항의 요청을 받은 관계 기관의 장은 정당한 사유 없이 이를 거부해서는 아니 된다.

단원별 지문 OX

01 보호장비는 필요한 최소한의 범위에서 사용하여야 하며, 보호장비를 사용할 필요가 없게 되었을 때에는 지체 없이 사용을 중지하여야 한다. (　　)　　　　　　　　　　　　　　　　　　　　　　　　　　　　　　　　　　　　　[2023. 교정 9급]

02 원장은 보호소년 등이 자해할 우려가 큰 경우에는 소속 공무원으로 하여금 보호소년 등에게 머리보호장비를 사용하게 할 수 있다. (　　)　　　　　　　　　　　　　　　　　　　　　　　　　　　　　　　　　　　　　　[2023. 교정 9급]

03 소년원장은 분류수용, 교정교육상의 필요, 그 밖의 이유로 보호소년을 다른 소년원으로 이송하는 것이 적당하다고 인정하면 법무부장관의 허가를 받아 이송할 수 있다. (　　)　　　　　　　　　　　　　　　　　　　　　　　[2023. 보호 7급]

04 소년원장은 품행이 타인의 모범이 되는 보호소년에게 포상을 할 수 있고, 이에 따른 포상을 받은 보호소년에게는 특별한 처우를 할 수 있다. (　　)　　　　　　　　　　　　　　　　　　　　　　　　　　　　　　　　　　[2023. 보호 7급]

05 보호장비는 징벌의 수단으로 사용되어서는 아니 된다. (　　)　　　　　　　　　　[2022. 9급] [2021. 보호 7급]

06 소년원 또는 소년분류심사원에서 보호소년 등이 사용하는 목욕탕, 세면실 및 화장실에는 전자영상장비를 설치하여서는 아니 된다. (　　)　　　　　　　　　　　　　　　　　　　　　　　　　　　　　　　　　　　　[2022. 교정 9급]

07 보호장비의 종류에는 수갑, 포승, 가스총, 전자충격기, 머리보호장비, 보호대가 있다. (　　)　　　　[2021. 보호 7급]

08 소년원장이 필요하다고 판단하는 경우 수갑, 포승 등 보호장비를 징벌의 수단으로 사용할 수 있다. (　　)

[2020. 보호 7급]

---

01 ○　제14조의2 제5항·제6항
02 ○　제14조의2 제5항·제6항
03 ○　제12조 제1항
04 ○　제16조 제2항
05 ○　제14조의2 제7항
06 ✕　보호소년 등이 사용하는 목욕탕, 세면실 및 화장실에 전자영상장비를 설치하여 운영하는 것은 자해 등의 우려가 큰 때에만 할 수 있다. 이 경우 전자영상장비로 보호소년 등을 감호할 때에는 여성인 보호소년 등에 대해서는 여성인 소속 공무원만, 남성인 보호소년 등에 대해서는 남성인 소속 공무원만이 참여하여야 한다(제14조의3 제2항).
07 ○　제14조의2 제1항
08 ✕　보호장비는 징벌의 수단으로 사용되어서는 아니 된다(제14조의2 제7항).

09 소년원장 또는 소년분류심사원장은 보호소년 등이 위력으로 소속 공무원의 정당한 직무집행을 방해하는 때에는 소속 공무원으로 하여금 보호소년 등에 대하여 수갑, 포승 또는 보호대 외에 가스총이나 전자충격기를 사용하게 할 수 있다. (　　) [2020. 5급 승진]

10 위탁소년 또는 유치소년의 소년분류심사원 퇴원은 법원소년부의 결정서에 의하여야 한다. (　　) [2022. 보호 7급]

11 소년분류심사원이 설치되지 아니한 지역에서는 소년분류심사원이 설치될 때까지 소년분류심사원의 임무는 소년을 분리 유치한 구치소에서 수행한다. (　　) [2021. 보호 7급]

12 소년원장은 보호소년이 19세가 되면 퇴원시켜야 한다. (　　) [2020. 보호 7급]

13 「보호소년 등의 처우에 관한 법률」상 소년원장은 비행집단과 교제하고 있다고 의심할 만한 상당한 이유가 있는 경우 보호소년의 면회를 허가하지 않을 수 있다. (　　) [2024. 보호 7급]

14 「보호소년 등의 처우에 관한 법률」상 지정된 실(室) 안에서 근신하는 처분을 받은 보호소년도 매주 1회 이상 실외운동을 할 수 있도록 하여야 한다. (　　) [2024. 보호 7급]

---

09 ○　제14조의2 제2항

10 ○　제43조 제4항

11 ×　소년분류심사원이 설치되지 아니한 지역에서의 소년분류심사원의 임무수행 - 소년분류심사원이 설치되지 아니한 지역에서는 소년분류심사원이 설치될 때까지 소년분류심사원의 임무는 소년원이 수행하고, 위탁소년 및 유치소년은 소년원의 구획된 장소에 수용한다(제52조).

12 ×　소년원장은 보호소년이 22세가 되면 퇴원시켜야 한다(제43조 제1항).

13 ○　제18조 제1항

14 ○　제15조 제4항

MEMO

2026 대비 최신판

해커스공무원

이언담
형사정책 기본서

초판 1쇄 발행 2025년 4월 30일

지은이	이언담 편저
펴낸곳	해커스패스
펴낸이	해커스공무원 출판팀

주소	서울특별시 강남구 강남대로 428 해커스공무원
고객센터	1588-4055
교재 관련 문의	gosi@hackerspass.com
	해커스공무원 사이트(gosi.Hackers.com) 교재 Q&A 게시판
	카카오톡 플러스 친구 [해커스공무원 노량진캠퍼스]
학원 강의 및 동영상강의	gosi.Hackers.com

ISBN	979-11-7244-993-3 (13360)
Serial Number	01-01-01

공무원 교육 1위,
해커스공무원 gosi.Hackers.com

해커스공무원

· **해커스공무원 학원 및 인강**(교재 내 인강 할인쿠폰 수록)
· **해커스 스타강사**의 **공무원 형사정책 무료 특강**
· 정확한 성적 분석으로 약점 극복이 가능한 **합격예측 온라인 모의고사**(교재 내 응시권 및 해설강의 수강권 수록)